U0936642

《上海工会年鉴》2004年
在第三届全国年鉴编纂出版质量评比中
荣获综合奖二等奖
《上海工会年鉴》2005年
获第二届全国年鉴编校质量检查
评比一等奖

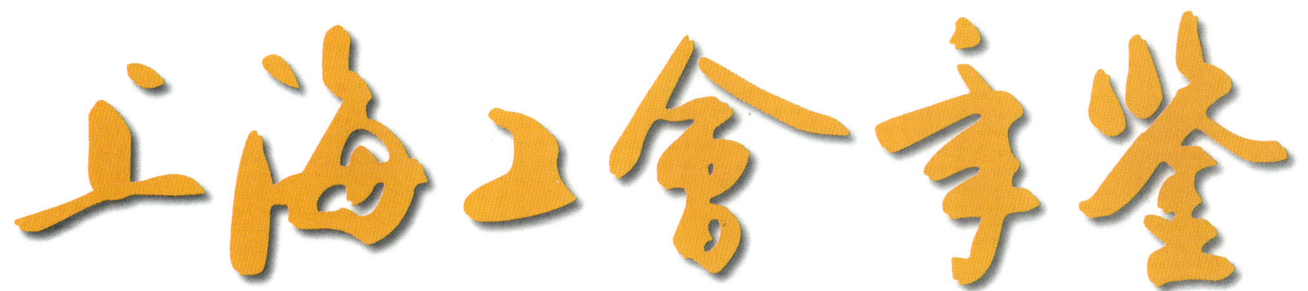

《上海工会年鉴》编纂委员会

2010

THE YEARBOOK OF SHANGHAI TRADE UNIONS

上海社会科学院出版社

《上海工会年鉴（2010）》编纂委员会

《上海工会年鉴》编辑部

1月21日，中共中央政治局委员、上海市委书记俞正声出席劳动模范春节茶话会并亲切接见劳模代表 （吴良荣摄）

1月8月，中共上海市委副书记、市长韩正接见立功竞赛先进代表

（刘　群摄）

6月4日，时任全国总工会副主席、书记处第一书记孙春兰慰问世博工地建设者

（应启跃摄）

4月14日，全国总工会副主席、书记处书记乔传秀在上海调研国际金融危机对上海企业的影响

（吴良荣摄）

4月7日，市人大常委会主任刘云耕视察中福会妇幼院

（殷淑荣摄）

11月24日，上海市政协主席冯国勤赴上海电气临港重装备基地考察核电主设备生产制造情况

（申卫星摄）

9月10日，中共上海市委副书记殷一璀会见全国优秀工会干部先进事迹报告团成员

（吴良荣摄）

7月15日，市人大常委会副主任、市总工会主席陈豪慰问长江隧桥建设者

（吴良荣摄）

1月16日，市总工会副主席肖堃涛在上海市政协十一届二次全会上代表工会界发言

（申卫星摄）

3月6日，市总工会副主席、市女职工委员会主任汪兰洁在女职工职介专场上与应聘者亲切交谈

（吴良荣摄）

4月27日，市总工会副主席杜仁伟在虹桥机场欢送劳模代表赴京参加五一庆祝活动

（吴良荣摄）

1月15日，市总工会副主席陈国华慰问纺织系统特困职工

（徐志康摄）

5月12日，在市总工会第二届法律顾问团受聘仪式上，市总工会副主席茆荣华向市律师协会会长刘正东颁发聘书

（吴良荣摄）

6月15日，市总工会秘书长周志军在闸北区为迎世博倒计时牌揭牌

（费联浦摄）

副巡视员、市总工会组织部部长杜乃根在市总工会十二届五次全委(扩大)会议小组会上讲话

(陈进修摄)

副巡视员、市总工会财务部部长夏惠珍参加迎世博志愿者活动

(吴良荣摄)

市总工会经审会主任杨永平在工会资产工作研讨会上讲话

(吴良荣摄)

1月7日，市总工会召开十二届三次全委(扩大)会议

(吴良荣摄)

7月16日，市总工会召开十二届四次全委(扩大)会议

(陈进修摄)

市人大常委会副主任、市总工会主席陈豪向开展“奔向世博，拚搏200”技能大比武的工会代表授旗 （吴良荣摄）

3月26日，市总工会、市迎世博600天窗口服务指挥部、市精神文明建设办公室联合举办“上海市窗口服务行业重点商圈(街)立功竞赛启动仪式” （应启跃摄）

9月23日，市总工会、世博局联合召开上海市推进世博会重大工程建功立业劳动竞赛暨奋战百日誓师大会 （吴良荣摄）

10月13日，市总工会、市迎世博600天行动社会动员指挥部、窗口服务指挥部、城市管理指挥部联合举办上海职工“奔向世博，拼搏200”主题活动

（吴良荣摄）

举行上海女职工为世博工地建设者编织毛衣赠送仪式　　（吴良荣摄）

上海交通运输行业举行迎世博出租汽车“工人先锋号”发车仪式

（杨松敏）

上海市卫生系统举办迎世博主题实践活动授牌仪式　　（吴嘉民摄）

上海电力建设公司召开立功竞赛动员推进会
（陶文进摄）

中交上航局青草沙项目部召开立功竞赛推进会
（杨建平摄）

地铁四号线全国工人先锋号挂牌
（钱　蓉摄）

召开上海市对口支援都江堰市灾后重建工程立功竞赛中途推进表彰大会
（汪建然摄）

1月21日，2009年上海市劳动模范春节茶话会在展览中心隆重举行

（吴良荣摄）

7月6日，举行第十一届上海读书节开幕式　（吴良荣摄）

11月18日，市总工会召开宝钢最佳实践者活动现场经验交流会　（应启跃摄）

2月18日，市总工会副主席肖堃涛为西山休养院劳动模范疗养基地揭牌　　（吴良荣摄）

闸北区召开历届劳模迎接新中国成立60周年座谈会暨《闸北劳模风采》明信片发行仪式　　（费联浦摄）

黄浦区南京东路街道社区总工会凝聚区域内著名劳模为地区企业抵御金融危机影响贡献“金点子”力量　（查建华摄）

4月27日，市总工会召开上海市五一劳动奖状、奖章表彰大会 （吴良荣摄）

8月11日，上海市总工会召开维稳工作浦东新区现场经验交流会 （周礼昊摄）

市总工会调研金桥出口加工区国际金融危机背景下企业劳资关系状况 （陈建林摄）

黄浦区总工会发起“保增长、稳岗位、稳收入、稳队伍”的“共同约定行动”和推进“同舟共济保增长、建功立业促发展”竞赛活动 （吕诚陆摄）

静安区总工会召开“同舟共济保增长，建功立业促发展”主题活动动员会

（陈章翠摄）

闵行区成立心理咨询协会以抵御国际金融危机对企业职工产生的心理影响

（胡　译摄）

1月12日，上海国家会计学院，青浦区徐泾镇工会举办“同舟共济、应对危机”企业发展论坛　（马美君摄）

崇明县总工会召开“保稳定、促发展”研讨会　（易建军摄）

5月18日，上海市职工科技创新工作会议暨第三届上海职工科技节开幕 （吴良荣摄）

5月12日，奉贤区总工会召开职工科技创新会议 （刘传军）

4月22日，上海电气举行庆“五·一”劳模先进大会 （吴良荣摄）

9月24日，市总工会女职工委员会、市绿化和市容管理局工会、市插花协会联合举行上海女职工迎国庆插花比赛　　（吴良荣摄）

上海电信浦东局举行迎世博服务技能大赛　（朱东亚摄）

松江区总工会与区人保局、教育局等单位举办“迎世博”职业技能竞赛　（莫永涛摄）

锦江国际工会举办“迎世博”职工技能竞赛　　（张祥伟摄）

23家金融机构职工参加“金融系统员工迎世博服务才艺大赛”
（查建华摄）

中海工会组团参加2009年中央企业职工技能大赛船舶水手、船舶机工决赛 （李时云摄）

上海机场举办迎世博候机楼服务技能大赛 （吴云舟摄）

9月10日，巴士公交职工举行技术大比武 （查建华摄）

市总工会召开女职工权益保护专项集体合同工作交流推进会 （朱莉颖摄）

徐汇区总工会律师给外来务工人员讲解法律知识 （吴　鉴摄）

7月8日，长宁区总工会与区司法局联手召开区劳动纠纷预防化解调处联动机制成立一周年培训推进会 （吴志华摄）

松江区召开劳动关系三方联席会议　　（莫永涛摄）

TESCO(中国)企业与工会签订伙伴关系协议

（赵　勇摄）

上海联通举行集体合同签约仪式　　（康　迪摄）

12月1日，市总工会女职工委员会和杨浦区总工会举行遏制艾滋履行承诺——上海“职工红丝带健康行动”宣传活动 （吴良荣摄）

春节前夕，沪东重机公司工会为2000多名职工和1000多名劳务工送文化大礼包 （范国忠摄）

2月22日，上海工会举行“百万农民工援助行动”招聘会　（吴良荣摄）

长宁区总工会组织医务人员为农民工讲解健康知识　（查建华摄）

海立集团派专车送农民工返乡过年　（吴良荣摄）

12月21日，市总工会召开2009年上海市工会组织工作交流暨建家活动表彰大会

（吴良荣摄）

黄浦区举行2009年外商投资企业工会组建工作联席会议

（吕诚陆摄）

市纺织工会推行工会主席目标责任制考核　（徐志康摄）

上海电力建设公司工会召开第三次代表大会

（陶文进摄）

上海建筑材料(集团)总公司工会第五次代表大会的代表投下庄严一票　　（冯　霞摄）

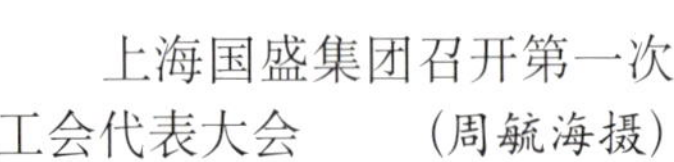

上海国盛集团召开第一次工会代表大会　　（周毓海摄）

9月25日，上海市庆祝新中国成立60周年劳模先进座谈会在展览中心举行

（吴良荣摄）

9月21日，市总工会召开机关系统离退休老同志庆祝新中国成立60周年座谈会

（陈进修摄）

9月17日，上海市教育工会举行新中国60年上海百位杰出女教师表彰仪式暨风采展示活动 （陈建中摄）

市总工会命名首批6个上海职工文学创作基地 （陈进修摄）

市总工会女职工委员会召开上海市五一巾帼示范岗创建活动现场经验交流会 （吴良荣摄）

11月30日，第三届上海市"五一文化奖"颁奖典礼 （张晓龙摄）

杨浦区总工会召开推进学习型企业创建工作研讨会 （张念宏摄）

上海城投置地公司工会举行“迎世博，树窗口形象，建活力班组”现场交流活动

（吴良荣摄）

上海市医药工会召开班组建设现场交流会　（张根良摄）

城建集团工会召开班组建设年会暨特色工作发布会

（朱　强摄）

上海航天局工会积极推进创新型班组建设，举办“班组长沙龙”创新讲座

（沈　恺摄）

6月17日，市总工会、市文明办等10个单位联合启动“迎世博农民工基本素质教育培训工程”（吴良荣摄）

宝山区总工会举行“职工书屋”授牌仪式　（胡立伟摄）

5月21日，嘉定区总工会举办“迎世博”知识竞赛决赛（张方明摄）

金山区机关举行“庆国庆60周年，迎上海世博会”“双语”演讲比赛　（常　菁摄）

市总工会举行上海市庆祝五一歌咏大会　　（赖成钊摄）

上海市劳模春节茶话会上的精彩文艺演出　　（赖成钊摄）

5月19日，纺织工会在“上海职业女性联谊会成立20周年”大会上作时装表演　　（徐志康摄）

上海市医药工会举办庆祝中华人民共和国成立60周年歌咏大会　　（王贤征摄）

上海邮政举办2009新年音乐会 （厉文德摄）

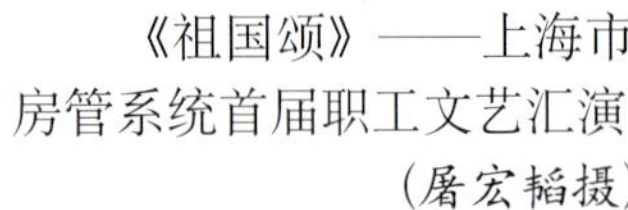
《祖国颂》——上海市房管系统首届职工文艺汇演 （屠宏韬摄）

上海市税务局举行“红色经典旋律”——爱国歌曲大家唱活动 （何翠蓉摄）

上海金融职工参加上海艺术节天天演活动 （金文龙摄）

上海职工桥牌大赛暨工会主席桥牌邀请赛
（陈进修摄）

城建集团职工运动会龙舟赛
（陆　政摄）

宝钢拔河队勇夺世界著名在华企业健身大赛拔河比赛冠军　（刘　杰摄）

上海市烟草(集团)公司三产管理中心舞蹈队获“岳阳杯”排舞比赛第一名

(马日盛摄)

上海第二工业大学举办教工围棋比赛　　(严治俊摄)

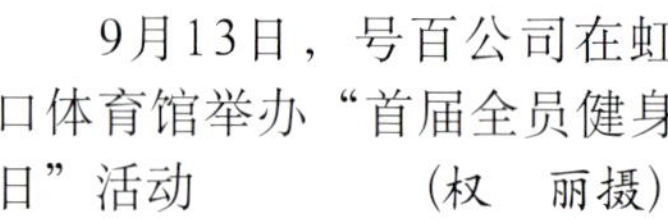

9月13日，号百公司在虹口体育馆举办“首届全员健身日”活动　　(权　丽摄)

8月26日，市人大常委会副主任、市总工会主席陈豪会见由麦克·佐默尔主席率领的德国工会联合会代表团 （张国峰摄）

11月7日，陈豪主席会见台湾省高雄市总工会大陆参访团 （吴良荣摄）

上海市总工会副主席肖堃涛于10月16日会见由阿卜杜•瓦希德•奥马尔主席率领的尼日利亚教师工会代表团 （张国峰摄）

10月27日，上海市总工会副主席汪兰洁会见以色列工会代表团

（张国峰摄）

10月30日，上海市总工会副主席杜仁伟会见以副主席戴维•坎贝为团长的美国洛杉矶县劳工联合会访华代表团一行 （张国峰摄）

6月15日，上海市总工会副主席陈国华会见以副主席丽芙·温汉姆女士为团长的挪威工业和能源工会访华代表团　（张国峰摄）

7月12日，以上海市总工会副主席茆荣华为团长的上海市总工会代表团在越南首都河内拜访了河内市劳联，与阮进颖主席等深入交流　（张国峰摄）

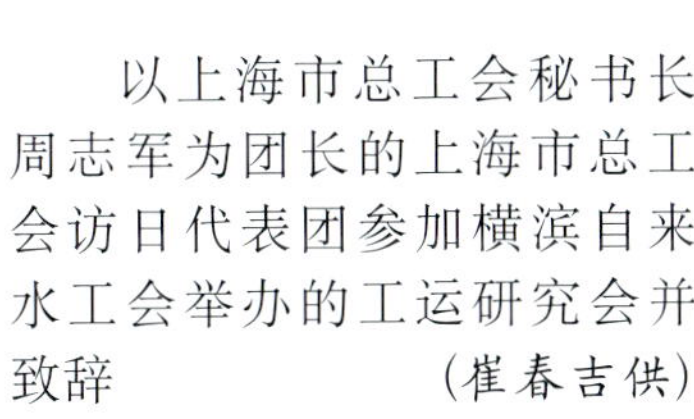

以上海市总工会秘书长周志军为团长的上海市总工会访日代表团参加横滨自来水工会举办的工运研究会并致辞　（崔春吉供）

上港集团工会与来访的日本大阪港运工会代表团互赠纪念品　　　（戴龙骏摄）

联合国国际劳工组织和全国总工会领导到普陀区总工会参观指导　　（赵　勇摄）

10月26日，美国洛杉矶县劳工联合会访华代表团参观上海轨道交通7号线浦江南浦站，并同上海建工(集团)总公司工会就共同关心的问题进行交流　　　（张国峰摄）

编辑说明

1．《上海工会年鉴》由上海市总工会编纂出版，是一部汇集记录上年度工会工作成果和经验的资料性工具书。工会年鉴的编纂出版旨在总结经验，借鉴创新，开拓发展，对各级工会拓展思路，探索把握新时期工会工作发展规律、特点和方法具有指导参考作用。本年鉴由上海市总工会主办，各区县局（产业）工会及市总工会直管单位供稿，《上海工会年鉴》编辑部负责编纂出版，至今已连续编撰出版了15册。

2．本年鉴框架体例采用分类编排的架构，设置栏目、分目、条目三级结构层次。以栏目为基本单元，栏目内设置若干分目，分目以下设条目（包括短信息、照片、图表等）为主要信息载体。2010年年鉴共设26个栏目，100个分目，选辑1577个条目，总字数为120万字。

3．本年鉴卷首专设宣传彩页，用以概要地记录上海工会上年度重要会议、重要工作和重要活动等信息。正文部分起首设"特载"、"专文"、"专记"等栏目，"特载"选辑了党和国家领导和上海市委、全国总工会领导有关工会工作的重要文章（讲话）；"专文"则选辑上海市总工会领导对上海工会工作全局或工会重要工作所作的总结性、综合性、指导性的署名文章（讲话）；"专记"则为汇集某项重要工作（活动）的署名文章。

4．各记事栏目之首设"综述"，区县局（产业）工会及市总工会直管单位设"概况"，用以综合记述工会重要工作以及各地区（系统）、部门（单位）的总体工作情况，便于考察比较各年度工作连续性及统计资料的完整性。

5．各栏目中录用机关部室、区县局（产业）工会、直管单位提供的文字条目，其编排按机关部室、区县局（产业）工会、直管单位的顺序排列。年鉴卷尾设"索引"以便查询。

6．年鉴编辑部根据上年度工会重点工作的变化情况，对记事栏目及分目在整体框架中的设置作相应调整，本卷有关"应对国际金融危机"分目撤销，其下属相关条目归在专记中。

7．本年鉴录用的市总工会机关部室、区县局（产业）工会、直管单位提供的文章、照片、图表等资料，其记录时间为2009年1月1日至2009年12月31日。

8．"统计"栏目中辑录的所有统计数据均由上海市总工会统计部门提供，其他栏目中刊用的相关数据则由撰稿单位的作者提供。

9．"附录"栏目选辑市总工会2009年下发文件和《劳动报》、《工会理论研究》发表的重要新闻、理论文献的目录，目的在于增加年鉴两次文献检索信息量。

10．本年鉴的目录索引采用主题词分析索引方法，即按条目主题词首字汉语拼音字母顺序排列。

11．本年鉴全书内容制作成CD-R电子光盘，附于年鉴封三随年鉴赠送，便于读者检索下载。

特　载

专　文

专　记

大事记

概　况

重要会议·工作·活动·调研

重要工作图示

推进经济建设

劳　模

工会组织建设

职工素质工程

协调劳动关系

维护民主权利

保障经济权益

加强自身建设

理论与调研

信息与信访

财务与经审

工会经济事业

友好交往

区县工会概况

局(产业)工会概况

直管单位概况

表　彰

统　计

附　录

索　引

特　　载

Special Documents

在庆祝“五一”国际劳动节暨保增长促发展劳动竞赛推进大会上的讲话

（2009年4月28日）

习近平

同志们，朋友们：

今天，我们在这里隆重集会，共同庆祝即将到来的全世界工人阶级和劳动群众的盛大节日“五一”国际劳动节，表彰全国各条战线劳动模范和先进工作者，并对新形势下开展的“同舟共济保增长、建功立业促发展”劳动竞赛活动进行深入动员和推进。首先，我代表党中央、国务院，向全国各族工人、农民、知识分子和其他劳动群众，向人民解放军指战员、武警部队官兵和公安民警，向香港特别行政区同胞、澳门特别行政区同胞、台湾同胞和海外侨胞致以节日的问候！向长期以来为社会主义建设作出突出贡献的老劳模、老先进工作者致以崇高的敬意！向荣获今年全国“五一”劳动奖状、奖章和全国“工人先锋号”的先进集体和先进个人表示热烈的祝贺！向全国各级工会干部和广大工会积极分子表示亲切的慰问！我还要代表中国工人阶级和劳动群众，向世界各国工人阶级和劳动群众致以诚挚的问候和良好的祝愿！

今年“五一”国际劳动节，是在全国各族人民即将迎来新中国成立60周年的喜庆时刻到来的。新中国的成立，标志着中国人民历经百年奋斗推翻帝国主义、封建主义、官僚资本主义三座大山、从此当家作主站起来，标志着中华民族的振兴发展从此开启了历史新纪元。新中国成立60年来，我国社会主义革命、建设、改革取得辉煌成就，综合国力大幅提升，人民生活持续改善，民族团结空前增强，国际地位不断提高，中华民族巍然屹立于世界民族之林，在中国特色社会主义道路上迎来伟大复兴的光明前景。党的七届二中全会关于“我们不但善于破坏一个旧世界，我们还将善于建设一个新世界”的科学预言，已经和正在变为现实。

劳动创造世界，奋斗成就伟业。新中国成立60年来特别是改革开放30年来祖国大地发生的翻天覆地变化，是工人阶级和劳动群众辛勤劳动、不懈奋斗、无私奉献的结果。在中国共产党领导下，我国工人阶级和劳动群众，始终站在时代前列，积极投身社会主义革命、建设、改革伟大实践，创造了坚持独立自主、自力更生而又打开国门搞建设的人间奇迹。我国独立的比较完整的工业体系和国民经济体系的形成，辽阔内地和民族地区一大批新的工业基地的开辟，关系国计民生的重点工程的建设，追赶世界先进水平的科学技术的突破，教育卫生体育事业的兴旺，文化艺术事业的繁荣，国家“一穷二白”面貌的改变，无不凝结着我国工人阶级和劳动群众辛勤劳动的汗水、创新创造的智慧。60年来，我国工人阶级队伍日益壮大，整体素质不断提高，先进性明显增强，利益进一步实现，领导阶级地位更加巩固，主力军作用得到充分体现。

劳模齐聚一堂，见证沧桑巨变。今年全国“五一”庆祝大会和其他庆祝活动，特意请来了新中国成立以后在不同历史时期的著名全国劳动模范和先进工作者。60年来，我国各行各业、各条战线像长江后浪推前浪那样，先后涌现出孟泰、时传祥、张秉贵、王进喜、蒋筑英、包起帆、王启民、徐虎、李斌、孔祥瑞、许振超、王洪军、窦铁成、王顺友等成千上万先进模范人物。他们把人生追求和伟大事业融为一体，在平凡的工作岗位上创造了不平凡的业绩。他们中，有长期奋战在生产一线的产业工人，有岗位成才的技术工人，有勇攀高峰的科技人员，有自强自立的下岗再就业带头人，有带领职工再创辉煌的国有企业管理者，也有敢闯新路的自主创业者。劳动模范的成批涌现，生动诠释了劳动光荣、知识崇高、人才宝贵、创造伟大；深刻体现了一切为我国社会主义现代化建设作出贡献的劳动，不论是体力劳动还是脑力劳动，不论是简单劳动还是复杂劳动，都是光荣的，都会得到全社会承认和尊重；同时也有力见证了新中国60年的历史巨变同劳动模范和先进工作者的无私奉献密不可分。党和人民会永远记住他们，共和国的历史丰碑上会永远铭刻他们的功勋。

今年“五一”国际劳动节，也是在全国广泛开展“同舟共济保增长、建功立业促发展”劳动竞赛活动的热潮中到来的。群众性劳动竞赛活动，作为提高职工素质、推动企业进步、促进经济发展的重要途径，作为工会围绕中心、服务大局的重要载体，在新中国60年发展史上写下了并继续书写着浓重的一笔。长盛不衰的社会主义劳动竞赛活动，主题始终紧扣时代脉搏、围绕党和国家中心工作展开，领域不断拓宽，内涵不断丰富，方式不断创新。可以说，群众性劳动竞赛活动锻造了劳动模范，而劳动模范的成批涌现推动了劳动竞赛活动不断向深度和广度进军。

去年12月，由中华全国总工会发起开展的“同舟共济保增长、建功立业促发展”劳动竞赛活动，是贯彻落实科学发展观、坚持走中国特色社会主义工会发展道路新的载体，是我国工人阶级贯彻中央决策部署，在积极应对国际金融危机冲击、保持经济平稳较快发展中发挥主力军作用的创新举措，是近几年来各级工会组织开展的“当好主力军、建功‘十一五’、和谐奔小康”主题竞赛活动的重要内容。这一顺时应势的劳动竞赛活动，感召力强、吸引力大。

目前,全国大多数企事业单位和职工群众已经参与到竞赛活动中来。竞赛活动紧紧围绕中央关于保增长、保民生、保稳定的重大部署,针对本地区、本产业、本企业的发展战略目标,以重点工程竞赛、企业技术创新、职工素质提高、发挥劳模示范带动作用为突破口,以创建"工人先锋号"为载体,引导职工群众更加自觉、更加积极地与企业同舟共济、共克时艰。广大职工踊跃参加竞赛活动,充分展现了我国工人阶级识大体、顾大局,为党分忧、为国建功的主人翁风采。中央充分肯定和高度评价这一劳动竞赛活动,希望及时总结经验、发扬成绩,再接再厉、乘势而上,把劳动竞赛活动搞得更加生动活泼、扎实有效。

当前,国际金融危机给世界经济同时也给我国经济社会发展带来了前所未有的冲击和挑战。党中央、国务院审时度势、沉着应对,及时果断实施积极的财政政策和适度宽松的货币政策,出台进一步扩大内需、促进经济平稳较快发展的一揽子计划。现在,这些应对之策已初见成效,全国经济运行出现积极变化,社会大局保持稳定。这表明,中央应对国际金融危机冲击、促进经济平稳较快发展的政策措施是及时有力有效的,各地区各部门贯彻中央决策部署是自觉积极得力的。

同时,我们也要清醒地看到,当前国际金融危机还在蔓延和深化,对我国经济的影响还在加深。工会各级组织要深刻认识开展深入学习实践科学发展观活动在当前形势下的重大意义和现实紧迫性,认真搞好第二批深入学习实践科学发展观活动,引导广大干部职工把思想和行动统一到中央对当前国内外经济形势的科学判断上来,统一到中央各项决策部署上来。要以科学发展观为指导,深入开展"同舟共济保增长、建功立业促发展"劳动竞赛活动,动员广大职工群众进一步坚定信心、迎难而上,突出重点、扎实工作,为保增长、保民生、保稳定作贡献,为实现经济平稳较快发展建功立业。

要把开展劳动竞赛活动同深入贯彻落实中国工会十五大精神、当好时代先锋和行动楷模结合起来。去年召开的中国工会第十五次全国代表大会,按照党的十七大精神,强调夺取全面建设小康社会新胜利是新的历史起点上充分发挥工人阶级主力军作用的聚焦点,是发挥各级工会组织优势的切入点;强调我国工人阶级要自觉肩负起时代赋予的光荣使命,成为继续解放思想、锐意改革创新的时代先锋,成为推动科学发展、促进社会和谐的行动楷模。广大职工要树立战胜困难的坚定信心,为应对国际金融危机冲击、完成"十一五"规划、夺取全面建设小康社会新胜利而团结奋斗。要充分认识自身利益与企业利益、国家利益息息相关,自觉做到胸怀全局、立足本职,以主人翁姿态踊跃参加劳动竞赛活动,用实际行动当好时代先锋和行动楷模。

要把开展劳动竞赛活动同提高职工队伍整体素质、培养造就一大批知识型技术型创新型高素质职工结合起来。提高包括广大职工在内的全民族文明素质,是实现中华民族伟大复兴的百年大计。中央提出,要充分发挥工会大学校作用,把提高职工队伍整体素质作为一项战略任务抓紧抓好。因此,主题竞赛活动既要见物又要见人。要注重提高职工群众思想道德水平和科学文化水平。坚持在广大职工中深入开展社会主义核心价值体系教育,特别是要引导广大职工牢固树立中国特色社会主义共同理想和实现中华民族伟大复兴的坚定信念。引导职工进一步增强爱岗敬业和岗位成才意识,主动适应科学技术日新月异的新形势,自觉学习、刻苦学习、终身学习,努力掌握新知识、锻造新技能、增长新本领,加快职工队伍知识化进程。我国要建成创新型国家,在科技前沿必须有一大批具有原始创新能力和世界一流水平的高科技人才,在生产一线必须有一大批高技能人才。要大力实施职工素质建设工程,结合劳动竞赛活动,组织职工广泛深入开展岗位练兵、技术交流、技能培训,踊跃参加技术革新、技术协作、合理化建议等活动,着力培养知识型、技术型、创新型人才队伍,为推动经济发展方式转变、经济结构调整作贡献。

要把开展劳动竞赛活动同发扬光大劳模精神、保持工人阶级昂扬向上、奋发进取的精神状态结合起来。新中国成立60年来,一代又一代劳动模范既创造了巨大的物质财富,又创造了宝贵的精神财富。他们以自己的模范行动铸就了爱岗敬业、争创一流,艰苦奋斗、勇于创新,淡泊名利、甘于奉献的伟大劳模精神。劳模精神是以爱国主义为核心的民族精神和以改革创新为核心的时代精神的生动体现,是激励我国工人阶级和劳动群众不为任何风险所惧、不被任何干扰所惑、在中国特色社会主义道路上奋勇前进的强大精神动力。最近,各地结合迎接新中国成立60周年,充分利用工人文化宫、俱乐部、报刊杂志、网络等宣传阵地,突出宣传为社会主义现代化建设作出重要贡献的劳动模范的先进事迹,进一步营造了尊重劳动、尊重知识、尊重人才、尊重创造的良好风尚。深入开展"同舟共济保增长、建功立业促发展"劳动竞赛活动,要同发扬光大劳模精神紧密结合起来,组织职工群众深入学习新中国成立以来各个时期、各行各业的劳动模范和先进模范人物,以他们的崇高思想、先进事迹、优秀品质为楷模,引导职工群众崇尚劳模、学赶先进、争创一流,保持工人阶级昂扬向上、奋发进取的精神状态,用工人阶级的先进思想和模范行动影响和带动全社会。

工会是党领导的工人阶级群众组织,是党联系职工群众的桥梁和纽带,是国家政权的重要社会支柱,是会员和职工利益的代表。新中国成立60年来,特别是改革开放30年来,在党的领导下,各级工会紧紧围绕中心、服务大局,全面履行各项职能,突出维护职能,把维护职工群众具体利益同维护全国人民根本利益紧密结合起来。去年以来,面对国际金融危机冲击,各级工会广泛组织开展"共同约定行动"、"同舟共济保增长、建功立业促发展"劳动竞赛活动,既推动了企业发展,又促进了职工权益实现,受到广大职工普遍欢迎,赢得社会各方面广泛支持,充分体现了中国特色社会主义工会发展道路的独特优势。希望各级工会组织按照以人为本、关注民生、促进和谐的要求,深入推进"千万农民工援助行动"等各项帮扶活动,加强对下岗失业职工、零就业家庭、困难职工大学生子女、农民工的就业服务,更加自觉、更加积极地维护职工队伍稳定和社会稳定。

各级党委和政府要始终坚持全心全意依靠工人阶级的方针,尊重职工群众首创精神,充分发挥工人阶级在全面建设小康社会、加快推进社会主义现代化中的主力军作用，充分发挥工人阶级在应对国际金融危机冲击、保持经济平稳较快发展中的主力军作用。要完善广大职工群众参与国家事务、社会事务管理和企事业民主管理的制度，认真解决广大职工群众最关心最直接最现实的利益问题，使广大职工群众共享改革发展成果。要在健全党和政府主导的维护职工权益机制过程中，充分发挥各级工会的作用。要切实加强和改善党对工会工作的领导，支持工会依照法律和章程创造性地开展工作，及时研究解决工会工作中的重大问题。要把更多资源和手段赋予工会组织，为工会履行职责提供更好的环境和条件，把党政所需、职工所急、工会所能的事情更多交给工会组织去办，不断扩大工会组织的社会影响，使工会在社会生活中发挥应有作用。

当前这场国际金融危机给世界各国人民特别是劳动者利益带来深刻影响。中国工会要同各国工人阶级和劳动群众增进合作、共同努力，携手应对挑战。要在和平、发展、合作、工人权益的旗帜下，遵循独立、平等、互相尊重、互不干涉内部事务的交往原则，进一步发展同各国工会组织、国际和区域工会组织的关系，为推动建立公正合理、民主和谐的国际工运新秩序，为促进实现体面劳动和人的全面发展贡献力量。

同志们，让我们紧密团结在以胡锦涛同志为总书记的党中央周围，坚持以邓小平理论和“三个代表”重要思想为指导，深入贯彻落实科学发展观，进一步发扬求真务实、真抓实干精神，以保增长、保民生、保稳定各项工作的优异成绩，迎接新中国成立60周年！

深入学习贯彻党中央重要指示精神 努力使中国特色社会主义工会发展道路越走越宽广

王兆国

在中国工会十五大期间，胡锦涛总书记发表重要讲话，习近平同志代表党中央致祝词，都强调指出中国特色社会主义工会发展道路是中国特色社会主义道路的重要组成部分，明确要求全面把握这条道路的精神实质，努力使中国特色社会主义工会发展道路越走越宽广。这对于我们坚定不移地走中国特色社会主义工会发展道路，开创工会工作新局面，具有十分重要的意义。

一、深刻认识中国特色社会主义工会发展道路形成的时代背景和重大意义

走什么样的工会发展道路、建设什么样的工会，事关党的工运事业全局，事关工人阶级的根本利益，事关中国工会的前途命运。随着改革开放的深入推进和社会主义市场经济的不断发展，中国工会如何立足国情会情，把握时代特点，遵循客观规律，坚持正确方向，是新的历史条件下面临的重大课题。坚持走中国特色社会主义工会发展道路，就是对这一时代课题的科学回答。

第一，中国特色社会主义工会发展道路是在中国特色社会主义理论体系指导下形成和发展的，是党的历代领导集体关于工人阶级和工会工作指导思想的集中体现。我们党历来高度重视工人阶级和工会工作。在革命、建设和改革各个历史时期，以毛泽东、邓小平、江泽民同志为核心的党的三代领导集体，都对工人阶级和工会工作作出过一系列重要论述，为坚持走中国特色社会主义工会发展道路奠定了坚实的理论基础。党的十六大以来，以胡锦涛同志为总书记的党中央从时代特点出发，在继承发展中又作出了许多新概括新论断，强调坚持全心全意依靠工人阶级方针，充分发挥工人阶级主力军作用；牢牢把握新世纪新阶段我国工人运动的主题，坚持工人运动的正确方向；正确认识我国工会的性质地位，充分发挥工会组织、引导、服务职工和维护职工合法权益的作用；进一步加强和改善党对工会工作的领导，支持工会依照法律和章程创造性地开展工作，等等。这些重要思想，进一步发展了我们党关于坚持走中国特色社会主义工会发展道路的理论，是中国特色社会主义理论体系的重要组成部分，为中国工运事业的发展进一步指明了前进方向。

第二，中国特色社会主义工会发展道路是在推进中国特色社会主义伟大事业中形成和发展的，是对中国工会80多年、新中国成立60年特别是改革开放30多年来中国工会实践创新的科学总结。中国特色社会主义工会发展道路是马克思主义工运理论与中国工会实践相结合的产物，是坚持中国特色社会主义道路对工会事业发展的必然要求。中国工会自诞生之日起，就紧紧围绕党在各个历史时期的中心任务开展工作，并在为党的事业不懈奋斗的历程中不断发展壮大。改革开放以来，经济体制深刻变革，非公有制经济日益发展，社会主义市场经济体制逐步建立；社会结构深刻变动，出现了非公有制经济人士等新的社会阶层，职工队伍不断壮大，农民工成为工人阶级的重要组成部分；利益格局深刻调整，分配方式更加多样，劳动、资本、技术和管理等生产要素按贡献参与分配，劳动关系日趋复杂；思想观念深刻变化，包括职工在内的广大群众的自主性、选择性、差异性显著增强；工会工作的领域、对象、内容、方式等都发生了新的变化。中国工会顺应时代要求，把握国情会情、总结历史经验、发扬光荣传统，不断开拓创新，坚持服从服务于党和国家工作大局，紧紧围绕发展这个第一要务，加强协调劳动关系，依法维护职工权益，扩大工作覆盖面，增强组织凝聚力，团结动员广大职工为推进中国特色社会主义伟大事业作出新贡献，为坚持走中国特色社会主义工会发展道路奠定了坚实的实践基础。

第三，中国特色社会主义工会发展道路是在我国对外开放不断扩大的背景下形成和发展的，是工会适应经济全球化、应对国际工运新变化的必然要求。在新的历史时期，经济全球化深入发展，多极化趋势日益明显，国际工运形势发生重大变化，我国工会发展面临严峻挑战。我国对外开放领域不断扩大、程度不断加深，与世界各国的交流合作不断加强。在这种情况下，如何既坚持中国工会的性质，又适应时代发展变化的要求，成为我们面临的一个重要课题。按照党中央的要求，中国工会认真分析各种国际因素对职工和工会工作的影响，深入研究世界工人阶级状况和国际工会运动发展的新情况新特点，保持清醒、站稳立场，积极应对、迎接挑战，拓展新平台、开创新局面，在国际工会运动中树立起与我国经济社会发展相适应的中国工会新形象，走出了一条具有鲜明中国特色的社会主义工会发展新路子。

总之，中国特色社会主义工会发展道路，创造性地回答了“走什么样的工会发展道路、建设什么样的工会”这一重大时代课题，体现了共产主义远大理想与中国特色社会主义共同理想的统一，体现了时代要求与中国国情的统一，体现了工人阶级长远利益与当前利益的统一，丰富和发展了新时期的中国工运理论，使我们对改革开放和社会

主义市场经济条件下工会工作特点和规律的认识达到了一个新高度。

二、准确把握中国特色社会主义工会发展道路的科学内涵和精神实质

中国特色社会主义工会发展道路作为历史经验的总结、时代要求的体现、方向模式的选择、指导原则的升华，具有极其丰富、深邃的内涵。党中央对坚持走中国特色社会主义工会发展道路的重要指示，为我们正确认识其科学内涵、深刻把握其精神实质提供了重要指导。这条发展道路的基本内涵，主要包括以下几个方面。

第一，坚持自觉接受中国共产党的领导。中国共产党是中国特色社会主义事业的领导核心，也是中国工人运动和工会事业的领导核心。中国共产党是工人阶级的先锋队，工会是党领导的职工自愿结合的工人阶级群众组织，是党联系职工群众的桥梁纽带。工会工作是党的群众工作的重要组成部分，自觉接受党的领导是中国工会的政治原则，也是坚持走中国特色社会主义工会发展道路的根本要求。在中国革命、建设、改革的各个历史时期，党都及时作出正确决策和明确指示，领导工人运动和工会事业不断从胜利走向胜利。在新的历史时期，坚持自觉接受党的领导，坚决贯彻党的路线方针政策和决策部署，中国工人运动才能有自觉的统一的行动，工会工作才能始终坚持正确的政治方向，工运事业才能永葆生机活力。

第二，坚持以中国特色社会主义理论体系为指导。中国特色社会主义理论体系作为马克思主义中国化的最新成果，是指导中国特色社会主义事业发展的强大思想武器，也是坚持走中国特色社会主义工会发展道路的行动指南。中国工运事业是中国特色社会主义事业有机组成部分，只有始终以中国特色社会主义理论体系为指导，深入贯彻落实科学发展观，努力提高运用马克思主义的立场、观点和方法分析问题、指导工作、推动实践的能力和水平，才能着眼党和国家的工作全局，深入探索社会主义市场经济条件下工会工作的特点和规律，准确把握经济关系、劳动关系和职工队伍发展变化的新特点，在推进中国特色社会主义伟大事业中发挥更大的作用。

第三，坚持中国工会的社会主义性质。工会的性质从来都与工人阶级、工人阶级政党和国家的性质紧密相关。我国是工人阶级领导的、以工农联盟为基础的人民民主专政的社会主义国家，社会主义制度是我国的根本制度。中国共产党作为执政党，始终把建设社会主义、实现共产主义作为自己的奋斗目标。工人阶级作为国家的领导阶级，是建设中国特色社会主义的根本依靠力量。这从根本上决定了中国工会的社会主义性质，决定了中国工运事业的社会主义方向。在改革开放新的历史条件下，社会主义市场经济体制不断完善，社会主义民主政治制度日益健全，工会的社会主义性质更加鲜明，地位作用更加突出，成为建设中国特色社会主义伟大事业的重要社会力量。坚持走中国特色社会主义工会发展道路，必须坚持中国工会的社会主义性质不动摇，坚持工会鲜明的阶级性、广泛的群众性和高度的政治性的统一。

第四，坚持服从服务于党和国家工作大局。工人阶级的前途命运总是与党和国家的前途命运紧密联系在一起的。中国共产党是中国人民利益的忠实代表，党的全部奋斗历史，就是一部为实现和发展包括工人阶级在内的全体中国人民的根本利益而奋斗的历史。中国工会服务职工群众、维护职工合法权益，与服从服务党和国家工作大局在根本上是一致的。充分发挥群众组织的优势，努力为全党和全国工作大局服务，始终是中国工会的优良传统和重要特征。坚持走中国特色社会主义工会发展道路，就是要把工会工作放到党和国家工作大局中去思考、去把握、去部署、去实施，动员和组织广大职工为促进社会主义经济建设、政治建设、文化建设、社会建设以及生态文明建设积极贡献力量，在推动科学发展和实现社会和谐中充分展示工人阶级的伟大作用。

第五，坚持维护职工群众的合法权益。工会是职工利益的代表者和维护者，在全面履行维护、建设、参与、教育等各项社会职能的同时，必须突出维护职能。这是工会的基本职责，也是工会存在和发展的必然要求。坚持走中国特色社会主义工会发展道路，必须大力推动全心全意依靠工人阶级方针的贯彻落实，坚持“以职工为本，主动依法科学维权”的维权观，把密切联系职工群众作为工会工作的生命线，把竭诚为职工群众服务作为工会一切工作的出发点和落脚点，坚持“组织起来、切实维权”的工作方针，把职工群众最广泛地组织到工会中来，维护、实现和发展好广大职工的合法权益。必须把维护全国人民的总体利益与维护职工群众的具体利益结合起来，把维护职工群众的经济利益与维护职工群众的民主政治权利、精神文化需求和社会权利结合起来，把维护职工合法权益与提高职工素质结合起来。必须把维护职工合法权益贯穿于推动改革、促进发展、积极参与、大力帮扶的全过程，建立健全利益协调机制、诉求表达机制、矛盾调处机制、权益保障机制。必须从我国劳动关系的性质和特点出发，推动建立规范有序、公正合理、互利共赢、和谐稳定的中国特色社会主义新型劳动关系，为共建共享社会主义和谐社会作出积极贡献。

第六，坚持不断发展工人阶级先进性。工人阶级是推动先进生产力发展和促进社会全面进步的决定性力量，是推进中国特色社会主义伟大事业的主力军。这种决定性力量的迸发和主力军作用的发挥，很大程度上取决于工人阶级的先进性。先进性是职工队伍思想政治觉悟、科学文化技术素质和组织纪律水平的集中体现。坚持走中国特色社会主义工会发展道路，就是要把全面提高职工队伍的整体素质作为发展工人阶级先进性的基础工程和战略任务，充分发挥工会“大学校”作用，坚持用中国特色社会主义理论体系武装广大职工，引导广大职工牢固树立中国特色社会主义的共同理想和实现中华民族伟大复兴的坚定信念，努力适应新科技革命对职工文化技术素质的新要求，着力培养造就一大批知识型、技术型、创新型的高素质职工，在推进改革开放和社会主义现代化建设中，坚定不移地依靠主力军、建设主力军、发展主力军。

第七，坚持维护工人阶级的团结和工会组织的统一。中国工会在长期实践中，逐步建立了按照产业和地方工会相结合、以地方工会领导为主的原则组织起来、统一接受中华全国总工会领导的体制。这是维护工人阶级利益和实现工人阶级使命的重要保障,是坚持走中国特色社会主义工会发展道路的重要原则,符合工人阶级的根本利益,符合工会工作的发展规律。在新的历史条件下,坚持走中国特色社会主义工会发展道路,必须把包括农民工在内的广大职工最广泛地组织到工会中来,不断扩大工会工作覆盖面,增强工会组织凝聚力,努力巩固工人阶级队伍的团结和工会组织的统一,为发挥中国工会的国家政权重要社会支柱作用,增强党的阶级基础、扩大党的群众基础、巩固党的执政地位提供重要保证。

第八,坚持推动形成公正合理的国际工运新秩序。加强工会对外交往,是经济全球化深入发展的条件下推进改革开放、维护我国国家利益和职工权益的必然要求,也是中国特色社会主义工会发展道路的重要内容。要主动把工会国际工作纳入国家外交的总体部署之中,奉行独立自主、互相尊重、求同存异、加强合作、增进友谊的方针,不断增进与世界各国工会和工人的友谊、合作与交流,把中国工会建设成为推动形成公正合理的国际工运新秩序、维护我国根本利益和职工权益的积极力量,不断推动发展相互尊重、平等交流、友好合作、民主团结的国际工会关系。

坚定不移地走中国特色社会主义工会发展道路,核心是坚持中国共产党的领导,根本是坚持社会主义性质,关键是坚持维护职工合法权益。

三、努力使中国特色社会主义工会发展道路越走越宽广

理论的价值在于推动实践。胡锦涛总书记强调指出,要全面把握中国特色社会主义工会发展道路的精神实质,把坚决按照工会章程和有关法律法规独立自主开展工作同自觉接受党的领导紧密结合起来,把维护职工群众具体利益同维护全国人民根本利益紧密结合起来,把服务职工、维护职工合法权益同组织职工、教育引导职工紧密结合起来,不断提高为职工群众服务的能力和水平。我们要认真学习、深刻领会胡锦涛总书记的重要讲话精神,在理论研究和实践探索中努力贯彻落实。坚持走中国特色社会主义工会发展道路,要注重处理好几个重大关系。

第一,要处理好自觉接受党的领导与独立自主创造性地开展工作的关系。工会作为党领导的群众组织,必须把自觉接受党的领导和依照法律和章程独立自主创造性地开展工作有机结合起来。要充分认识中国共产党是中国特色社会主义事业的领导核心,进一步增强接受党的领导的自觉性和坚定性,在思想上、政治上、行动上同党中央保持高度一致。坚持接受同级党委和上级工会双重领导、以同级党委领导为主,重大问题及时向党委请示汇报。特别是要通过富有特色的创造性工作,把对党负责和对职工群众负责统一起来,把党的要求和职工群众的愿望统一起来,把执行党的政策的坚定性与为职工服务的实效性统一起来。党组织要注意照顾工会组织的特点,进一步加强和改善对工会的领导,定期研究工会工作重大问题,为工会工作创造更好的环境和条件。

第二,要处理好争取政府支持与工会主动发挥作用的关系。我国政府是人民的政府。在发展社会生产力,构建社会主义和谐社会,维护工人阶级和人民群众利益,巩固社会主义国家政权的目标上,政府与工会是完全一致的。工会要组织和动员职工依法管理国家事务和社会事务、管理经济和文化事业,参与有关立法和政策的制定,推动建立健全工会与政府联席(联系)会议制度和劳动关系三方协商机制。教育职工群众遵守政府法令,维护政府权威,响应政府号召,努力做好工作。引导职工理性合法地表达利益诉求,维护职工队伍和社会稳定,巩固社会主义国家政权的群众基础。政府要依靠工会联系和组织广大职工,把那些党政所急、职工所盼、工会所能的事情,更多地交给工会组织去做。

第三,要处理好促进企业发展与维护职工权益的关系。我国社会主义劳动关系双方是矛盾统一体和利益共同体。离开了企业的发展,职工的利益就会受到影响;离开了职工的创造性劳动,企业发展就会失去动力。工会必须始终遵循"促进企业发展、维护职工权益"的原则,把两者有机统一起来。一方面,要引导职工热爱企业,在本职岗位上创造一流业绩,为搞好企业积极献计出力;另一方面,要督促经营管理者关心和关爱职工,尊重职工的主体地位,保障职工的合法权益,积极履行社会责任,巩固发展和谐劳动关系。当前正在开展的工会与企业、职工的"共同约定行动",多种形式的劳动竞赛,创建"工人先锋号"、"同舟共济保增长、建功立业促发展"活动等,都是工会把促进企业发展和维护职工权益相统一的具体实践与有益尝试,要结合时代特点和企业实际更好地加以推进。

第四,要处理好服务职工与依靠职工的关系。工会是职工群众自己的组织,职工群众是工会组织的力量源泉,密切联系职工是工会的最大优势,脱离职工是工会的最大危险。这就决定了工会既要竭诚为职工群众服务,又要真心依靠职工群众办会,不断增强工会对职工群众的吸引力和凝聚力。要真心服务职工,按照以人为本、关注民生、促进和谐的要求,加大维权和帮扶力度,促进党和政府主导的维护职工权益机制建设,推进"千万农民工援助行动",开展送温暖工程、困难职工帮扶中心建设、职工书屋建设、金秋助学行动等各项帮扶活动,加强对下岗失业职工、零就业家庭、困难职工大学生子女、农民工的就业服务,推动实现体面劳动。要真正依靠职工,充分体现工会组织的群众性,充分调动职工群众参与工会活动、推动工会建设的主动性,走专职工会干部、兼职工会干部、工会积极分子"专兼群"三结合的路子,使广大职工群众真正成为工会服务的主体和工会工作的主体。

第五,要处理好学习借鉴国外工会有益经验与坚持中国工会特色的关系。随着我国改革开放的不断深化,中国工会与世界各国工会和国际工会组织的联系日益紧密,工会组织之间的相互影响不断增强。坚持走中国特色社会主义工会发展道路,必须以开放的姿态和宽广的胸怀,增进与各国工会的对话交流,创建更多载体,创新工作方式,健全对话机制,提高交往层次,拓展交往内容。同时也要清醒认识各国历史文化、社会制度和工会发展道路的不同,从中国的实际出发,牢牢把握中国工会的本质特征,始终坚持走自己的路,决不照搬西方工会的发展模式,努力发挥自己的特点和优势,为营造促进我国发展的良好国际

环境作出应有的贡献。

中国特色社会主义工会发展道路已经开辟。在新的征程上，只要我们紧密团结在以胡锦涛同志为总书记的党中央周围，高举中国特色社会主义伟大旗帜，以邓小平理论和“三个代表”重要思想为指导，深入贯彻落实科学发展观，自觉承担起时代赋予的重任，奋发进取，开拓创新，就一定能够使中国特色社会主义工会发展道路越走越宽广。

（该文系中共中央政治局委员、全国人大常委会副委员长、中华全国总工会主席王兆国在“坚定不移地走中国特色社会主义工会发展道路理论与实践研讨会”上的讲话摘要）

专　　文

Monograph

认清形势　坚定信心　齐心协力　克难奋进
团结动员广大职工为上海实现“四个确保”作贡献

——在上海市总工会十二届三次全委(扩大)会议上的工作报告

(2009年1月7日)

陈　豪

各位委员、同志们：

我受市总工会常委会委托，向全委会作工作报告，请予审议。

一、2008年上海工会主要工作

2008年是很不寻常、很不平凡的一年。面对国内外接连不断的重大挑战和严峻考验，在党中央、市委的坚强领导下，在党的十七大精神指引下，各级工会团结带领全市广大职工，服从服务党和国家工作大局，切实履行工会各项职能，为保持经济社会平稳健康较快发展发挥了重要作用。在这极不平凡的一年里，中国工会十五大、上海市第十二次工代会成功召开，各级工会深入学习宣传贯彻大会精神，认真学习、深刻领会党中央领导和市委、全总领导重要讲话精神，以及党中央、市委的一系列重要指示精神，进一步增强了做好新形势下工会工作的责任感和使命感，进一步明确了上海工会事业的奋斗目标和努力方向。

(一) 围绕大局，突出重点，工会在推动科学发展、促进社会和谐中的重要作用得到充分发挥

全面启动上海职工迎世博行动计划，在筹办世博会中发挥工人阶级主力军作用。制定实施《上海职工迎世博600天行动计划》，全面推开世博园区工程、世博重点配套工程、城市管理、窗口服务行业四大立功竞赛活动，区县局(产业)工会都开展了各具特色的迎世博立功竞赛活动和创建“工人先锋号”活动。广泛开展迎世博“五一巾帼示范岗”创建活动，调动女职工建设世博、服务世博的劳动热情。在各窗口行业启动实施“上海职工迎世博学双语三年行动计划”，全年参加培训职工达25.4万人。

积极应对国际金融危机，在保持经济平稳较快发展中发挥工人阶级主力军作用。市总及时研究和部署，把各级工会思想和行动统一到中央和市委对当前经济形势的判断和决策上来，准确把握工会工作阶段性特点，团结动员职工群众为推进经济平稳较快发展作贡献。各级工会迅速行动起来，走访企业，深入职工，开展调研，宣传政策，掌握劳动关系状况和企业经营情况，组织动员职工群策群力、共渡难关，研究制定服务企业、服务职工的工作举措，与企业共同发布“抱团倡议”，建立“企业群体性纠纷化解工作指导组”，健全劳动争议预防、信息上报、调处机制，引导职工依法理性表达利益诉求，努力促进劳动关系和谐稳定。

广泛开展节能减排活动，在加快转变经济发展方式中发挥工人阶级主力军作用。聚焦重点行业和企业，开展以节能减排为主要内容的职工群众性科技创新活动。举办“上海职工节能减排活动月”，开展节能环保知识竞赛、科技创新与专利知识讲座、企业发展疑难问题招标揭榜、节能减排“金点子”征集、女职工节能家家行等活动，聘任首批237名职工节能减排义务监督员，表彰并推动职工节能减排优秀成果转化。一年来，职工提出合理化建议71.18万件，其中已实施47.34万件；技术革新项目8564项，发明创造项目2483项，推广先进操作法1528项。

大力弘扬“一方有难、八方支援”的工人阶级优良传统，在支援抗震救灾和灾后重建工作中发挥工人阶级主力军作用。在市委统一领导下，市总工会把支援抗震救灾和灾后重建作为重大的政治任务，在第一时间作出全面部署。各级工会迅速行动，发动职工捐款捐物、参加一线救援、抓紧救灾物资生产运输、支援灾后重建工作，全市工会共捐款3.39亿元。对在沪灾区农民工认真做好思想疏导、关心慰问、帮扶救助工作。开展“重建家园、再献爱心”大行动，动员职工积极参加医疗队、救援队、施工队等，奔赴抗震救灾、灾后重建第一线。市总工会制定和启动《上海工会结对帮扶都江堰市工会灾后重建项目实施计划》，对都江堰市困难职工子女、农民工子女进行助学帮困，帮助都江堰市建立了22个职工书屋示范点，帮助首批40名都江堰市工会干部在沪培训，支援都江堰市工会开展灾后重建工作。

(二) 推动实施劳动法律法规，维护职工权益各项工作取得积极成效

以《劳动合同法》、《上海市集体合同条例》等法律法规实施为契机，积极推进工会维权机制建设。深入地区、企业尤其是非公企业集聚的经济园区，加大“二法一条例”等的普法宣传力度。推进企业劳动合同制度建设，指导帮助职工签订劳动合同，依法参与用人单位规章制度修订。推进以工资集体协商为重点的集体协商机制建设，各区县都建立了工资协商推进领导小组。推进以职代会为基本形式的厂务公开民主管理制度建设，制订落实“贯彻执行《劳动合同法》等法律法规过程中履行职代会民主程序”、“规范完善本市企业薪酬分配民主程序”等意见。推进劳动争议调解机制建设，建立企业劳动争议调解委员会，积极参与劳动争议仲裁，为职工提供多种

形式法律援助服务，切实维护职工合法权益。

以完善收入分配制度为着力点，积极推进职工收入增长机制建设。推动本市最低工资标准调整，建立健全上海工会职工收入状况调查网，逐步形成本市职工收入水平及生活状况指标体系，为政府宏观调控收入分配及工会参与研究、制定收入分配政策提供参考依据。开展公共汽电车行业职工收入状况调研，拟订"完善公共汽电车行业职工工资收入的指导意见"，推动建立公交行业一线职工工资正常增长机制。纺织、市容环卫、新闻出版、出租车等行业工会加强与地区工会联动，参与岗位劳动定额测定，协商行业工资指导线和行业最低标准，推动提高一线职工收入。

以职工援助服务中心规范化建设为抓手，积极推进工会帮扶工作长效机制建设。健全职工援助服务中心三级组织网络，制定达标创优办法，加强规范化建设。组织开展以"三进"、"四送"为主题的元旦春节送温暖活动，通过职工"一日捐"活动，筹集帮困资金近6700万元；协助党政领导走访慰问困难职工近31万人，发放慰问金总计1.42亿元。参与制定《职业技能培训条例》及2008年度补贴培训目录和补贴标准，为提高职工就业培训质量创造条件。完善工会再就业援助服务网络，大力开展"百企千岗进社区"活动、"民营企业招聘周"活动等。启动"上海工会关爱农民工健康行"等活动，协助做好农民工工资支付专项检查、"平安返乡"等工作，推动改善农民工生产生活条件。

（三）扎实推进职工素质工程，职工群众思想文化技能素质进一步提高

深入学习党的十七大精神，广泛开展改革开放30周年纪念活动。以基层、一线、班组为重点，编写出版班组（职工）学习读本，开展形式多样的"学习十七大，岗位作奉献，和谐奔小康"主题教育活动。召开上海工会纪念改革开放30周年座谈会，纪念和复排话剧《于无声处》，认真安排全国劳模参观考察活动，各级工会积极举办各种纪念活动，以改革开放和现代化建设巨大成就鼓舞和教育职工，继续当好支持和推进改革的"带头羊"。

坚持以劳模精神引领职工，营造学习劳模、尊重劳模的良好氛围。加大劳模先进事迹宣传力度，与文广集团联合推出综艺节目《劳动最光荣》，取得良好社会效应。评选表彰全国和上海市五一劳动奖状（奖章），对在抗冰抢险和抗震救灾重建家园、奥运会及残奥会、奥运服务保障、"神七"发射中作出突出贡献的先进集体和个人，即时授予荣誉称号。开展劳模基本信息普查，组织劳模疗休养、体检，落实好劳模养老金专加工作，帮助劳模解决工作和生活问题。

着力提高职工文化技能水平，加强职工教育阵地建设。深化百万职工技能登高计划，举办市级职业技能大赛，参赛职工近2万人；广泛开展"高师带徒"活动，推行首席技师制度，推动出台高技能人才享受政府特殊津贴政策。在"两新"组织和企事业单位开展"创争"活动，已建立300多个职工书屋，以"读书，让人生更精彩"为主题推进振兴中华读书活动，评选"五一文化奖"，开设女职工知识讲座等。组织"健康迎奥运，和谐展风采"职工体育健身活动，推动形成全民健身、参与奥运的生动局面。

（四）落实"发展、巩固、提高"总体要求，工会组织建设继续推进

以外资等非公企业为重点，工会组建力度进一步加大。开展世界500强等跨国公司工会组建集中行动，易初莲花、马士基、百胜等一批影响较大的外资企业成功建会。工会组建任务全面完成，全市会员总数达到690万人，其中农民工会员253万人。工会组织4.8万多个，覆盖单位18万多家；外商投资企业建会1.6万多个，世界500强等跨国公司建会1233家，建会率达85%。

以创建劳动关系和谐企业、职工之家等活动为载体，基层建设进一步巩固。制订完善模范职工之家、劳动关系和谐企业创建标准和条件，开展"职工最满意企（事）业"和"职工信赖的经营（管理）者"评选。贯彻落实《企业工会工作条例》，以争创"六好"乡镇街道工会、"双爱双评"活动等为抓手，健全基层工会工作制度，维护基层工会干部权益，激发基层工会组织活力。

以经济发展和机构改革为动力，工会组织体制进一步完善。加强街道乡镇总工会建设，196家街道乡镇已建立总工会。积极推进区县建立行业性工会组织，不少区县已建立起街道乡镇一级行业工会。根据市委工作党委体制调整方案和市政府机构改革方案，及时制定落实工会组织管理体制调整方案，确保工会组织不断、不乱、不散，进一步理顺工会组织格局。

（五）深入开展学习实践活动，工会工作整体水平不断提升

认真开展"深入学习实践科学发展观"活动。突出实践特色，开展调查研究，查找突出问题，广泛征求意见，研究整改措施，着力于创新体制机制，增强服务大局和服务职工能力。加强工会干部教育培训，举办新任市总委员专题培训班、大型企业工会主席培训班等，市工会学院、各区县局（产业）工会广泛开展基层工会干部培训。认真做好工会干部协管工作，配齐、配强各级工会领导班子。工代会代表常任制和工会主席直选工作有序推进，工会干部队伍综合素质和工作能力不断提高。

全面推进工会各项工作。与国际工会组织开展友好交往、定期互访和工会工作专题研讨，基本形成了具有一定规模、影响和特色的工会对外交往格局。工会女职工组织建设得到进一步加强，市区联动推进女职工特殊权益保护专项检查，女职工权益保护专项集体合同签订工作取得突破。制定实施工会固定资产监督管理、企业转改制中工会资产处置和工会企事业单位产权管理等办法，规范工会资产运作，推动工会企事业发展。加强工会财务工作，完善经费收缴机制，理顺票据管理秩序，推进工会经费"收、管、用"的规范有序。强化工会经审监督职能，切实加大审查审计力度，加强规范化考核，经审工作实效不断增强。

在这不平凡的一年里，工会各项工作都取得了显著进步，但同时也存在着不适应不符合科学发展观要求的问题。一是应对职工队伍的新变化和新需求，工会在组织引导职工方面还存在不适应，劳动竞赛、职工宣传思想

工作、维权机制等在不同所有制企业职工中的覆盖面、吸引力、有效性还不尽理想，部分基层工会工作基础还比较薄弱。二是应对复杂多发的劳动关系矛盾，工会在维护职工权益、促进劳动关系和谐稳定方面还存在不适应，劳动关系预防、预警、调处机制建设亟待加强，一些工会干部思想上存在顾虑和畏难情绪、工作上能力欠缺和知识储备不足等状况亟待改善。三是应对市场经济发展和政府职能转变，工会在组织体制工作机制方面还存在不适应，一些产业、行业工会组织体制尚未理顺，街道乡镇总工会规范化建设需进一步加强，工会干部配备普遍不足，知识、能力结构还需优化。四是应对党和职工群众对工会工作的新要求，工会在工作方式方法方面还存在不适应，机关化、行政化倾向仍然存在，工作表面化、形式主义现象尚未消除，重点工作合力推进机制还需完善。我们一定要以学习实践科学发展观活动为契机，积极采取措施，不断创新体制机制，加快解决瓶颈问题。

二、2009年上海工会工作的主要任务

2009年是新中国成立60周年，是上海推进"十一五"规划实施的关键一年，是全面推进世博会筹办工作的重要一年。同时，2009年是上海经济发展面临更大挑战的一年，也是蕴含重大机遇的一年。工会工作也必将面临新的挑战和机遇。根据面临的新形势和新任务，2009年上海工会工作的总体要求是：全面贯彻落实党的十七大、十七届三中全会、中央经济工作会议、九届市委六次全会、全总十五届二次执委会精神，高举中国特色社会主义伟大旗帜，以邓小平理论和"三个代表"重要思想为指导，深入贯彻落实科学发展观，围绕中国工会十五大、上海市工会第十二次代表大会提出的目标任务，把团结动员职工推动经济平稳较快发展作为首要任务，把维护职工合法权益、促进劳动关系和社会和谐稳定作为突出重点，把开展深入学习实践科学发展观活动作为关键措施，进一步增强服务大局服务职工能力，进一步调动好职工的积极性主动性创造性，进一步坚定信心、振奋精神、齐心协力、共克时艰，为上海实现"四个确保"作贡献，以优异成绩迎接新中国成立60周年。

（一）认清形势，坚定信心，把思想和行动统一到中央和市委的决策部署上来

中央经济工作会议明确提出了2009年经济工作的总体要求和重点任务，九届市委六次全会对2009年上海经济社会发展作出了全面部署，全总十五届二次执委会明确提出了2009年工会工作要求和目标任务。我们要深刻领会、深入贯彻中央、市委和全总会议精神，准确把握改革发展稳定工作面临的新形势新任务，把各级工会干部和广大职工的思想和行动统一到中央和市委的决策部署上来，把智慧和力量凝聚到推进"四个率先"、实现"四个确保"的工作目标上来，认清形势，坚定信心，振奋精神，迎难而上，在促进经济社会又好又快发展中发挥工会组织的重要作用。

我们要对经济社会发展形势的严峻性和复杂性有足够估计。就国际而言，随着当前国际金融危机向全球蔓延、向新兴市场国家传导、向实体经济扩散，世界经济增长呈现了总体放缓甚至面临衰退的风险；而且这场历史罕见、冲击力极强的国际金融危机本身尚未见底，对实体经济的影响正进一步加深，世界经济不稳定、不确定因素明显增多，2009年外部经济环境将更加严峻。就国内而言，经济发展的基本面和长期趋势没有改变，但经济下行压力明显加大，财政收入增幅下降，部分行业企业生产经营困难增多，加上经济社会领域尚未解决的体制性、结构性、深层次的问题和障碍，各类社会矛盾碰头叠加、相互影响，诱发群体性事件的因素增多，2009年国内发展面临着新世纪以来最为严峻的挑战。就上海而言，在经济运行总体保持平稳有序、社会发展保持和谐稳定的同时，发展转型关键阶段遇到新的困难和问题，体制机制障碍、能源资源环境瓶颈、深层结构矛盾、发展方式转变等难题尚未突破，受国际金融危机影响多项经济指标下滑，民生保障面临挑战，因企业破产、职工下岗引发的群体性事件可能多发，维护城市和谐稳定的任务更加艰巨。2009年上海发展面临着外部环境变化冲击和自身发展转型挑战的双重考验。面对异常复杂、异常严峻的形势，工会必须审时度势，科学分析，深入领会贯彻中央、市委的决策措施，把握节奏，突出重点，在围绕中心、服务大局中体现更大作为。

我们要对经济发展形势对劳动关系和职工队伍的深刻影响有充分认识。经济连着民生，关系职工切身利益。随着国际金融危机不断扩散和蔓延，涉及职工就业、分配、保障等民生问题逐步增多，经济关系、劳动关系将更加复杂多变。受国内外经济增长放缓的影响，今年就业形势将更加严峻，农村富余劳动力和城镇就业困难人员的就业安置任务将明显加重，下岗失业人员再就业难度更大。中小企业生存和发展压力加大，减产、停产甚至破产的企业可能增多，裁员、减薪、降低福利等引发的劳动争议案件呈现进一步增多趋势。部分企业在处理劳动关系时不走法定程序、职工合法权益受到损害、职工表达利益诉求渠道不畅、利益诉求的合理性与诉求方式的无序化等因素交织在一起，使劳动关系群体性事件多发、易发，影响职工队伍和社会稳定。职工利益需求日益多元，思想上的独立性、选择性、多变性、差异性日益显著；特别是由于受到国际金融危机的冲击，一些职工利益受到影响，思想产生波动，维护职工队伍团结统一、维护劳动关系和谐稳定的工作难度在逐步加大。今年政治敏感时段相对集中，必须警惕境外敌对势力插手、利用劳资纠纷特别是群体性纠纷，在职工中实施"西化"、分化图谋，加强防范抵御工作任务更重。工会作为党领导的工人阶级群众组织，作为经济关系特别是劳动关系矛盾的产物，要认真研究劳动关系和职工队伍稳定面临的新情况新问题，自觉、全面地履行各项职能，在协调劳动关系、保持职工队伍稳定中发挥积极作用。

我们要进一步坚定战胜困难、实现"四个确保"的信心和决心。中央经济工作会议、九届市委六次全会都强调指出，尽管我国经济发展面临着来自国际国内的严重困难和严峻挑战，但我国仍处于发展的重要战略机遇期，当前遇到的问题和挑战是前进中的问题，完全有条件变压力为动力、化挑战为机遇，把国际金融危机的不利影响降到最低程度，继续推动经济社会又好又快发展。工会

组织要立足于市情、会情的新变化,充分认识到国际金融危机的冲击既给工会工作带来了前所未有的挑战,也为推动工会工作创新发展提供了前所未有的机遇,要善于在应对挑战中把握发展机遇、从形势变化中创造发展条件,更好地担负起党赋予的职责和任务。要切实发挥好桥梁纽带作用,把党的方针政策转化为职工群众的自觉行动,把职工群众的意愿反映在党的决策部署中,深入开展形势任务教育,广泛宣传党和政府的政策措施,引导职工统一思想、坚定信心,同心同德、共渡难关,为确保经济平稳较快发展凝聚强大力量。要切实发挥好维护代表职工权益作用,越是在经济发展、企业发展面临较大困难的时候,越要保障好职工合法权益,积极回应职工群众对解决"三最"问题的关切和期待,主动担当起职工权益表达者和维护者的职责,为促进民生持续改善积极建言献策。要切实发挥好国家政权重要社会支柱作用,严密防范敌对势力利用企业遇到的困难对职工队伍进行渗透和破坏,协助党政做好维权维稳工作,加大劳动关系矛盾调处力度,维护职工队伍团结稳定。我们要把应对挑战、战胜困难,作为锻炼群众工作能力、提高群众工作水平的难得机遇,把服务大局、服务职工,作为扩大工会工作影响力、增强工会组织凝聚力的有利时机。

在国际国内的新形势下,在上海发展转型的新阶段,我们必须进一步把思想统一到科学发展观的要求上来,统一到中央对国内外经济形势的判断上来,统一到中央和市委的决策部署上来,坚定不移地推进改革开放和社会主义现代化建设,坚定不移地走中国特色社会主义工会发展道路,坚定不移地探索现代化国际大都市工会工作格局,为上海实现"四个确保"作出不懈努力。

(二)进一步发挥工人阶级主力军作用,为确保经济平稳较快发展贡献智慧和力量

应对经济运行中的困难和挑战,必须最广泛地调动和凝聚职工群众的智慧和力量,团结动员全市职工在特殊时期作出特殊贡献,在保增长、扩内需、调结构中勇当改革发展的"带头羊"。

*1. 广泛开展"同舟共济保增长,建功立业促发展"竞赛活动,激发工人阶级主人翁责任感。*保持经济平稳较快发展是今年经济工作的首要任务。要更加自觉地以发展为第一要务,全面开展"同舟共济保增长,建功立业促发展"主题竞赛活动,增强职工群众的主人翁责任感和使命感,不断深化节能减排、挖潜增效、降本增收劳动竞赛和合理化建议活动,动员职工为企业发展集思广益、献计出力。要着力抓好建功立业主题活动和创建"工人先锋号"活动,在城市基础设施、重大项目建设中广泛开展劳动竞赛,动员职工为保增长、扩内需作贡献。要充分发挥劳模带头作用,着重宣传艰苦创业、岗位成才、自主创新、共克时艰等方面的先进集体和个人,激励广大职工以主人翁的姿态、昂扬向上的斗志攻坚克难、奋勇当先,在经济发展主战场上发挥好主力军作用。

*2. 落实上海职工迎世博600天行动计划,为确保世博会筹办有序推进作贡献。*严格按时间节点推进上海职工迎世博行动计划,坚持以"当好主力军,建功世博会,展示新风采"为主题,继续抓好四大立功竞赛,努力创建一流精品工程、一流服务品质、一流城市形象。深化"迎世博、讲文明、树新风"职工文明践行活动,深入开展群众性精神文明创建、职业道德和公共道德教育,引导职工不断提升职业素养、规范公共行为。开展"世博企业行"宣传教育系列活动,运用图片展、知识竞赛、文艺演出等多种宣传手段,打造职工群众迎世博的互动平台和生动舞台,把世博主题转化为广大职工的自觉意识和生动实践。

*3. 围绕产业转型升级和发展方式转变,深化职工科技创新活动。*国际金融危机导致外部需求大量减少,为我国调整产业结构提供了巨大的倒逼动力。中央和市委都强调,必须把推进结构调整和自主创新作为转变发展方式的主攻方向。加快经济结构调整和发展方式的转变,是关系上海未来发展的紧迫而重大的战略任务。工会要大力推进职工群众性科技创新活动,以攻克制约产业和企业优化升级的核心技术和关键技术为重点,持之以恒地组织职工开展技术革新、技术攻关。发扬职工技协为国分忧、为企业解难的光荣传统,发挥技术和人才优势,引领技协会员在自主创新上发挥骨干作用。特别要在推动企业提高自主创新能力、加快创新成果转化方面,加大奖励表彰力度,培养和选树一线创新人才,把职工群众中蕴藏着的巨大创造活力激发出来,为提升产业能级、增强企业持续发展能力贡献聪明才智。

*4. 发挥工会"大学校"作用,提高职工队伍整体素质。*职工素质工程建设是工会长期的战略任务,面对严峻的经济形势和更高的发展要求,工会要把加大职工培训力度、提高职工整体素质,作为服务经济发展大局的重要举措。要坚持在职工中深入开展社会主义核心价值体系教育,引导广大职工坚定中国特色社会主义共同理想,打牢团结奋斗的共同思想基础;以开展新中国成立60周年庆祝活动为契机,以爱国主义凝聚人心、鼓舞斗志,把职工群众的爱国热情转化为振兴中华之责、奋发图强之志、敬业爱岗之举、报效企业之策。要不断创新职工文化技能素质培训的方式和手段,培育推广具有上海特色、行业特点的素质工程品牌,逐步形成多层次、开放式、信息化的职工教育培训网络,注重高技能人才培养,推广实施企业首席技师制度,扎实推进职工技能登高活动,启动百万农民工素质培训等,全面提升上海职工队伍整体素质。要充分运用工会新闻舆论宣传阵地,进一步加强对职工的教育引导。要切实加强职工文化建设,大力发展具有工会特色的文化事业,评选表彰"五一文化奖"、"职工艺术家",鼓励更多优秀的文艺人才和文化作品脱颖而出。

(三)把握维权工作重点,推动构建和谐劳动关系

保民生和保稳定是相辅相成、互相促进的,是实现经济平稳较快发展的重要保证。越是在经济形势严峻的时候,工会越是要高度关注职工群众的"三最"问题,越是要高度关心困难职工群体,越是要高度重视维护劳动关系和社会和谐稳定,这是工会组织使命所系、职责所在。

*1. 切实加强工会就业援助服务。*实施更加积极的就业政策,全方位促进就业增长,是今年经济工作的重点任务。工会要把保就业作为维权工作重点,大力宣传政府"特别计划"等政策措施,倡导企业不裁员、少减员,千

方百计稳定就业岗位。积极协助政府实施“鼓励和扶持创业三年行动计划”，支持职工创业，加快形成政策宣传、创业培训、创业服务的工作机制，以创业带动就业。强化工会再就业援助网络的服务功能，发挥市总培训中心及分中心、地区产业工会职工援助服务中心在就业咨询、创业指导、技能培训、职业介绍等方面的积极作用，尤其要协助企业抓好农民工、失业职工、停产待岗职工、转岗职工等的技术培训工作。继续抓好“百企千岗进社区”活动，协助政府做好困难职工、零就业家庭、大学生职业见习等就业援助工作。

2. 切实维护职工劳动经济权益。统筹兼顾企业发展和职工利益，把握节奏、稳妥有序地推进工资集体协商，推动实现市区两级直管国有企业普遍建立工资集体协商制度，提高区域性和行业性工资集体协商、女职工权益保护专项集体合同等的建制率。加大对困难职工帮扶力度，强化市职工援助服务（困难职工帮扶）中心统筹、协调、指导职能，推进工会帮困工作信息化，进一步做好帮困送温暖、金秋助学、农民工团体医疗帮困等工作，提高职工互助保障计划在非公企业的参保率，依托公惠医院开展实物医疗帮困，不断增强帮困实效。重视做好职工安全培训和劳动保护工作，保障职工群众身心健康。把农民工列为重点帮扶对象，确保农民工工资按时足额发放，落实农民工安全生产培训，帮助农民工排忧解难，让农民工感受到党和政府及工会组织的温暖。

3. 切实发挥劳动关系协调作用。在当前劳动争议特别是群体性纠纷高发、易发阶段，工会要进一步发挥协调劳动关系作用，参与化解群体性纠纷，维护职工合法权益，维护社会稳定，这是市委对工会提出的明确要求，也是工会服务“四个确保”的重要着力点。要坚持“基层为主、预防为主、调解为主”的原则，积极深入协调工作第一线，牢牢把握协调工作主动权，争取资源，主动揽活，发挥作用，扩大影响，努力促进劳动关系和谐、职工队伍稳定、企业稳定、社会稳定。要完善劳动关系协调机制，建立健全网络化、动态化的劳动争议预警、调处机制，加强对行业、区域、企业劳动关系状况的分析研究，及时掌握企业经营生产状况和职工思想动态，加强对职工的思想引导，对苗头性、倾向性问题要提前介入、及时疏导、积极化解，对可能引发群体性事件的劳动争议，力争在第一时间、第一现场协助党政妥善处理，努力把劳动争议化解在基层和萌芽状态。要充分发挥集体协商机制在调处劳动关系中的积极作用，把职工利益诉求引导到有序协商的轨道上来，倡导企业和职工开展“共同约定行动”，通过平等协商确定职工薪酬，稳定职工岗位，督促企业履行社会责任，促进职工和企业共渡难关、共谋发展。要发挥好“企业群体性纠纷化解工作指导组”作用，落实责任制，加强信息报送，重点做好政策性转改制企业、经济性裁员企业、持续性减产减薪企业和关闭破产企业的维权维稳工作，协助党政做好劳动纠纷的预警和处置。要联合各级人大、劳动保障部门加强执法监督检查，及时处置欠薪欠保、超时加班、非法用工等侵害职工权益行为，避免矛盾激化。各级工会要充分发挥主观能动性，做到见事早、情况明、反应快、效果好，为确保经济平稳较快发展营造和谐的劳动关系和社会环境。

4. 切实加大源头参与力度。主动参与立法和政策措施的研究制定，从源头上维护职工权益。要积极参与《社会保险法》、《企业工资条例》等法律法规的修订，积极参与基本医疗卫生制度的制定，积极参与本市住房供应和保障体系的建立以及失业、工伤、生育保险制度的完善等，把职工群众的意愿体现在法律法规政策中。通过劳动关系三方机制、工会与政府联席会议制度等源头维权机制，及时研究解决劳动关系中的新情况新问题，推动解决影响职工队伍稳定的难点热点问题，增强工会协调劳动关系的成效。完善以职代会为基本形式的企事业单位民主管理制度，推进《上海市职工（代表）大会条例》立法调研，实现公有制企事业单位职代会全面建制，积极推动职工董监事制度，广泛推行非公企业“2 + X”民主管理模式，使基层民主管理制度真正成为职工有序表达利益诉求、促进劳资合作共赢的有效渠道。

（四）以深入学习实践科学发展观活动为动力，切实加强工会自身建设

紧密联系实际，突出实践特色，是这次深入学习实践科学发展观活动的显著特点。工会要紧密结合当前形势，紧紧围绕实践载体，扎扎实实推进学习实践活动，为做好工会各项工作、加强工会自身建设提供强大动力。

1. 进一步加强思想建设，坚持以中国特色社会主义理论体系武装头脑、指导实践。要增强工会干部理论素养，坚持用马克思主义中国化最新成果武装头脑，深刻把握中央和市委对工人阶级和工会工作的一系列指示精神，牢固树立政治意识、大局意识、责任意识、群众意识，自觉运用科学理论分析和解决工作中的实际问题。要增强政治敏锐性，坚定工会发展方向，准确把握经济形势、劳动关系和职工队伍发展变化的新特点，积极探索社会主义市场经济条件下、现代化国际大都市中、现代企业制度构架内工会工作规律，推动上海工会在中国特色社会主义工会发展道路上继续走在前列。要增强“两个服务”的自觉意识，在经济社会发展的新形势下，统筹兼顾企业利益和职工利益、当前利益和长远利益、不同岗位职工的利益关系，在服务职工、维护职工权益的过程中教育引导职工，进一步提高服务大局、服务职工的能力和水平。

2. 进一步加强组织建设，推动工会工作持续发展。要始终坚持一手抓组建，一手抓运作，避免因工会组织的缺失或工会工作的缺失，导致在维护职工权益、协调劳动关系上工会作用的缺失。贯彻落实“组织起来、切实维权”工作方针，把服务企业发展、协调劳资纠纷作为推进工会组建的有利时机，继续以加强世界500强等跨国公司和私营企业工会组建为重点，进一步提高工会组建率和职工入会率。不断加强基层工会组织建设，推进企业工会达标工作，以非公企业为重点建立健全基层工作制度，加强企业工会规范化、制度化建设，鼓励基层工会创新工作机制和活动方式，切实提高整体工作水平，切实增强在职工群众中的影响力。在产业结构优化、国资国企改革和政府机构调整中，及时调整健全工会组织体制，加强街道乡镇总工会规范化建设，充分发挥区域性、行业性

工会组织作用,探索不同层级行业工会的运行机制,探索基层联合工会行之有效的工作模式,在推动形成组织开放、布局合理、制度规范、运行高效的上海工会组织体系进程中迈出坚实步伐。

3. 进一步加强能力建设,为工会工作创新发展提供坚实保障。面对新形势新任务新要求,广大工会干部特别是领导干部必须加强能力建设。要进一步提高服从服务于党和政府工作大局的能力,始终把工会工作放到大局工作中去思考和把握,找准工作定位,有效发挥作用。要进一步提高组织、引导、服务职工和维护职工权益的能力,善于把服务职工、维护职工权益的各项工作,贯穿于推动改革、促进发展、积极参与、大力帮扶的全过程,善于把办实事和抓机制结合起来,把职工群众真正凝聚到工会组织中来。要进一步提高构建和谐稳定劳动关系的能力,积极协助党政解决劳动关系领域的新情况新问题,及时反映职工群众的愿望与呼声,妥善处理职工群体性事件,维护好职工队伍和社会稳定。要进一步提高创新体制机制的能力,善于把实践中创造的经验转化为长效的工作机制,使各项工作更好地体现时代性、把握规律性、富于创造性。要高度重视工会干部的教育培训,抓好各级工会主席尤其是基层新任工会主席培训、非公企业工会干部培训,有效整合市总、区县局产业工会、基层工会培训资源,充分调动各级工会开展干部教育培训的积极性,为提高各级工会干部的理论水平、专业技能和综合素质创造机会和条件。要拓宽工会干部选拔、聘用的视野和渠道,培育一支庞大的职业化、社会化、专业化工会工作者队伍,为工会事业发展提供强有力的人才保障。

4. 进一步加强作风建设,在特殊时期发扬特殊精神。要切实增强自我加压的意识,清醒地看到工会工作面临的艰巨任务、严峻考验,以及工作中的差距和不足,进一步增强做好新形势下工会工作的使命感、责任感和紧迫感。要切实增强服务职工的意识,把实现好、维护好、发展好职工群众根本利益作为一切工作的出发点和落脚点,把职工群众呼声作为第一信号,把职工群众需要作为第一选择,把职工群众利益作为第一原则,真正做到面对面倾听职工呼声,心贴心解决职工诉求,真正与职工同呼吸、共命运、心连心。要切实增强勤俭办会的意识,发扬求真务实的作风,多干打基础、利长远的工作,改进会议多、文件多、评比多、活动多的现象,把更多的资源用在为职工办实事、做好事上,用在为基层服务、为职工帮困上。各级工会领导班子要坚持民主集中制原则,完善党风廉政建设各项规章制度,不断增强领导班子的凝聚力和战斗力。各级工会领导机关要不断改进工作方式,深入基层一线,开展调查研究,建立领导机关联系和服务基层职工的工作机制,根据基层工会工作的实际情况,及时做好协调服务,加强分类指导。各级工会要在特殊时期发扬特殊精神、作出特殊努力,把党政所需、职工所急、工会所能的事,高效率、高质量地落到实处,以不畏艰难、敢于攻坚,不辞辛劳、甘于奉献的精神状态,推动各项工作取得更大进步。

同志们,做好今年的工会工作,任务繁重,使命光荣。我们要紧密团结在以胡锦涛同志为总书记的党中央周围,在市委领导下,坚定信心,迎难而上,锐意进取,扎实工作,团结动员广大职工齐心协力,克难奋进,共同推动上海逆势中飞扬、逆境中崛起,以优异成绩迎接新中国成立60周年!

在宝钢最佳实践者活动现场经验交流会上的讲话

(2009年11月18日)

陈　豪

同志们:

今天,我们在宝钢集团公司召开最佳实践者活动现场经验交流会,对于学习贯彻党的十七届四中全会精神和九届市委九次全会精神,进一步贯彻落实党的全心全意依靠工人阶级指导方针,以改革创新的精神加强和改进工会建设,进一步激励动员广大职工为上海实现"四个确保"、建设"四个中心"和现代化国际大都市建功立业,具有十分重要的意义。

刚才,宝钢集团公司党委书记刘国胜、总经理何文波分别作了很好的讲话,充分肯定了最佳实践者活动在企业应对危机、凝聚力量、降本增效、创新发展中发挥的积极作用。集团工会主席汪金德全面介绍了最佳实践者活动的开展情况及其取得的成效,2家单位党政领导交流了开展这一活动的具体做法和体会,4位来自基层一线的最佳实践者代表也作了生动的发言,听了很受鼓舞、很受启发。宝钢最佳实践者活动得到了全总领导的高度肯定,要求加强对宝钢经验的宣传和推广;近来,上海一些地区、产业工会也主动学习宝钢经验,结合自身实际在广大职工和工会干部中开展最佳实践者活动。下面,我对全市工会广泛学习借鉴宝钢经验,以改革创新精神做好新形势下工会工作讲三点意见。

一、充分认识宝钢最佳实践者活动对加强工会建设的深刻启示和现实意义

学习宝钢经验,在深入了解最佳实践者活动内容和具体做法的基础上,关键是要总结、认识活动中蕴含的理念和内涵,才能对各级工会具有普遍的借鉴意义和实际的推广价值,才能启发各级工会在发展变化的新形势下更好地履行职责和发挥作用。

第一，要始终坚持企业工会工作原则，找准服务发展大局、服务职工群众的着力点和结合点。发现、培养、宣传“最佳实践者”，是宝钢工会在公司面临国际金融危机前所未有的冲击、推动实施一系列应对举措的关键时刻，组织实施的一项全员参与的活动。在党委和行政的支持下，这一活动在集团上下得到全面推进，使企业的决策、措施通过最佳实践得到了高效率的响应和高质量的落实，使广大职工通过创造最佳实践得到了个人价值的实现和认可，增强了企业的核心竞争力和抗风险能力，提升了职工的岗位技能和综合素质，激励了广大职工与企业同舟共济、共谋发展的主动性和积极性。可以说，最佳实践者活动是宝钢工会在党委领导下，以科学发展观为指导，坚持贯彻“促进企业发展、维护职工权益”工作原则的一次最佳实践，是在党政所急、职工所盼、工会所能的结合点上展现工会作为的一次成功示范。学习宝钢经验，就是要学习他们主动适应新形势新任务，把握工作定位，创新工作载体，把服务发展大局和服务职工群众有机统一起来，充分发挥好工会组织、凝聚职工的优势和特点。

第二，要始终坚持以职工为本，激发工人阶级的主力军作用和主人翁精神。发现、培育、宣传最佳实践者，为企业贯彻全心全意依靠职工办企业方针提供了有效的途径，为普通职工岗位学习、岗位成才、岗位创新、岗位奉献提供了展示的舞台，极大地激发了广大职工的主人翁责任感和自豪感，为宝钢战胜困难、“二次创业”最大限度地凝聚起智慧和力量。最佳实践者活动取得的显著成效，充分证明了工人阶级是推动先进生产力发展的根本力量，职工群众中蕴藏着应对挑战、战胜困难、推动创新的智慧和力量。学习宝钢经验，就是要学习他们贯彻科学发展观以人为本的核心理念，把促进职工全面发展作为各项工作的出发点和落脚点，充分尊重职工的主体地位和首创精神，调动好、保护好、发挥好职工的积极性主动性创造性，切实把党的全心全意依靠工人阶级指导方针落到实处，使工人阶级先进性得到充分体现和发展。

第三，要始终坚持和谐发展，构建中国特色社会主义新型劳动关系。最佳实践者活动拓宽了企业最高层领导与最基层职工沟通交流的渠道，增强了劳动关系双方利益共同体的意识，增进了企业管理者和普通职工齐心协力、共克时艰、共促发展的共识。职工自觉地创造最佳实践，促进企业健康发展；企业管理者依靠职工的最佳实践，提高企业管理效率，使企业管理流程形成良性循环，使劳动关系双方实现目标一致、共同发展。学习宝钢经验，就是要学习他们把企业发展与职工发展紧密结合起来，积极构建和谐的劳动关系、和谐的企业文化、和谐的工作环境，促进形成企业和职工效益共创、利益共享的格局，为推动企业劳动生产率的提高和持续健康的发展以及职工利益的不断增长奠定坚实的基础。

第四，要始终坚持求真务实、勇于创新，扩大工会工作的覆盖面和影响力。国际金融危机对经济形势、企业发展、职工权益带来的严重冲击，对工会工作既是考验，更是机遇。宝钢工会从企业实际出发，审时度势、及时推出最佳实践者活动，集团内所有企业、各个层级、不同岗位的职工都能参与进来，都能成为最佳实践案例的创造者和传播者，使这一活动广泛覆盖各类单位和职工群体，增强了工会组织的影响力和感召力。学习宝钢经验，就是要学习他们紧跟形势、开拓创新、攻坚克难、务求实效的精神，把应对危机、迎接挑战，作为扩大工会工作影响力、增强工会组织凝聚力的有利时机，在理论上有新发展，在实践上有新创造，使工会工作更好地体现时代性、把握规律性、富于创造性。

宝钢最佳实践者活动，把中国特色社会主义工会的基本内涵和根本要求，贯穿和体现在了基层工会的生动实践中。各级工会要认真汲取借鉴这些好经验、好做法，在学习中创新，在实践中完善，不断提高全市工会工作的整体水平。

二、大力发扬工人阶级主人翁精神，为上海经济社会发展凝心聚力

九届市委九次全会指出，当前上海面临着加快转变经济发展方式、调整经济结构的艰巨任务，面临着维护社会和谐稳定、协调各种利益关系的重大考验，面临着举办一届成功、精彩、难忘世博会的光荣使命。全市各级工会要以强烈的政治意识、大局意识、责任意识，坚定不移地贯彻全心全意依靠工人阶级指导方针，进一步团结引领广大职工群众认清形势、坚定信心，拼搏奉献、开拓奋进，为上海加快实现经济社会发展目标、夺取新的胜利作出更大贡献。

一要进一步深化群众性劳动竞赛和技术创新活动。宝钢最佳实践者活动既融入和优化了企业的管理行为，又整合和完善了工会原有的活动载体和工作方法。各级工会要更加自觉地围绕经济发展的中心任务，进一步深化“同舟共济保增长、建功立业促发展”先锋号行动、“共同约定行动”等主题活动，组织动员广大职工积极投身保增长、促发展的各项重点工作中去。要适应经济发展方式转变、高新技术产业化、制造业提升能级等新要求，以促进企业持续发展、提高自主创新能力为重点，推动职工群众性科技创新活动向新兴产业、非公企业、中小企业延伸，激发全体职工的创造活力和聪明才智，帮助企业改进工艺、创新管理、节能降耗、提高效益。要推进劳动竞赛、技能比武、技术革新、合理化建议等各项群众性建功立业活动的制度化、规范化，扩大企业和职工的参与面，切实增强工作实效，把广大职工爱岗敬业的热情和创新创造的潜能最大限度地激发出来。

二要进一步掀起建设、服务、奉献世博的新热潮。俞正声同志在九届市委九次全会上强调，能否举办一届成功、精彩、难忘的世博会，是对全市党组织的执政水平、领导能力和党建成效的重大考验和检验。宝钢最佳实践者活动体现了工会服务大局的主动精神及优势和能力。各级工会要紧紧围绕举办世博会这一全市第一位的工作，把团结动员各行各业职工建设、服务、奉献世博，作为对工会组织凝聚力、战斗力、号召力的考验和检验，扎实推进上海职工迎世博行动计划，进一步掀起迎世博活动热潮。要发动职工在世博重大工程、配套工程中发挥主力军作用，全员参与“奋战100天、确保试运行”立功竞赛，共同打造一流精品工程。要引领职工在推进城市管理中

发挥主力军作用，积极参与市容环境整治和公共秩序维护，为营造优美、有序、文明的城市环境作贡献。要动员职工在提高窗口行业服务水平中发挥主力军作用，以“五比五赛”百日大检查行动为抓手，全面提升服务技能、服务质量、服务效率、服务艺术。各级工会要充分激发职工群众主人翁、东道主的自豪感和责任感，在参与、奉献世博中充分展示上海工人阶级良好的职业素养和精神风貌。

三要进一步发挥好工会“大学校”作用。宝钢最佳实践者活动，创造了特殊时期开展职工宣传思想工作、深化职工素质工程建设的新方法，选树典型，以点带面，增强了引导、宣传、教育职工的说服力和感染力。各级工会要始终把培养适应时代发展要求的高素质职工队伍作为一项战略任务抓紧抓好，以制定实施《2010－2014年上海职工素质发展规划》为契机，推动学习型企事业单位创建工作，着力培养创新型、技能型、专业型、复合型职工人才队伍；不断创新宣传动员、教育培训职工的方式方法，善于依靠职工群众开展自我教育，充分发挥职工主观能动性，培育更多受职工欢迎、卓有成效的素质工程工作品牌，创造人人皆学、时时能学、处处可学的氛围和条件，全面提高职工队伍的整体素质，努力为经济发展和企业发展提供智力支持和人才保证。

三、坚持以改革创新精神加强和改进工会自身建设

九届市委九次全会认真学习贯彻党的十七届四中全会精神，进一步提出了上海加强和改进新形势下党的建设的新要求、新举措。工会是党领导下的工人阶级群众组织，工会工作是党的群众工作的重要组成部分。各级工会要深入学习贯彻中央、市委精神，以改革创新精神推进新形势下的工会建设，进一步提高服务党的事业、服务发展大局、服务职工群众的能力和水平。学习、推广宝钢最佳实践者活动经验，就要站在加强和改进工会自身建设的高度，努力从以下三方面下功夫。

一要在争取和整合党政赋予更多资源上下功夫，把工会的政治优势转化为工作优势。最佳实践者活动在宝钢集团内部广泛开展并形成热潮，离不开集团公司党政领导和基层单位党政组织的有力领导和大力支持，使这一活动最终形成以各级管理者为责任主体，以广大职工为实施主体，党政工团合力推进的工作格局。这一方面说明宝钢集团党政领导依靠职工办企业的政治智慧和对工会工作的高度重视，另一方面也说明宝钢工会紧贴党政中心工作积极作为的敏锐性和创造性。习近平同志在中国工会十五大上的祝词中对各级党委和政府提出了“两个更多”的要求，充分体现了中国工会的政治优势和组织优势，是工会加强自身建设、切实发挥作用的重要保障。推动“两个更多”的落实，关键要靠各级工会自身努力。要深刻领会新时期党对工会工作提出的新要求新任务，认真思考在党的事业的总体布局中工会组织全面履行各项职能的途径和方法，主动承接党政交办的任务，积极争取党政赋予更多的资源和手段，不断增强工会组织的社会影响力和动员能力，在夯实党的执政基础和群众基础上发挥更大作用。

二要在切实转变工作作风上下功夫，更有效地发挥工会联系和服务职工群众的作用。宝钢最佳实践者活动促进了各级管理者管理方式和工作作风的转变，进一步完善了各个层面管理者与职工面对面沟通对话的制度和渠道。各级工会要借鉴宝钢的工作理念，把联系职工、宣传职工、组织职工、服务职工、凝聚职工的工作做得更好。要切实转变思想作风和工作作风，深入基层一线，深入职工群众，面对面地了解职工所思所愿，心贴心地帮助职工排忧解难，以对职工群众的深厚感情和满腔热情，赢得职工的信赖和支持。要建立健全联系、服务职工群众的工作制度，推进工会各项工作更加制度化、规范化，切实提高工作效率和实际效果，以扎实有效的工作进一步增强工会组织的凝聚力。要按照九届市委九次全会的要求，积极推进基层工会组织直接选举，从机制上促进工会组织更好地代表、联系、服务职工。

三要在加强工会干部能力建设上下功夫，切实推进工会工作的创新发展。创新，是新形势下加强工会建设、履行工会职能的强大动力；创新，需要工会干部具备深厚的理论功底、知识储备和实践积累。以改革创新的精神加强工会自身建设，关键要加快提高工会干部队伍的能力和素质。要大力推进学习型工会建设，加强工会干部教育培训工作，优化工会干部知识结构，增强运用理论政策发现、分析、解决实际问题的能力，增强新形势下组织、引导、宣传职工的能力，重视对经济、政治、文化、社会和生态建设领域新知识、新观念、新技能的学习和储备，为新时期工会工作的创新发展打牢基础。要完善工会干部培养、选拔、任用、考核、激励、保护机制，扩大职业化、专业化、社会化基层工会工作者队伍建设，进一步提高服务科学发展、服务和谐社会、服务职工群众的能力和水平。

同志们，党的十七届四中全会和九届市委九次全会对加强和改进党的群众工作提出了新的更高要求。我们要按照中央、市委的要求和部署，以强烈的责任感和使命感，解放思想、开拓创新，求真务实、克难奋进，团结动员全市职工群众为上海经济社会又好又快发展作出更大贡献，以服务科学发展、服务职工群众的工作实效检验工会建设的新成绩。

在区县总工会分管主席座谈会上的讲话

（2009 年 1 月 19 日）

肖堃涛

同志们：

在近阶段的群体性劳动纠纷调处中，各级工会认真贯彻市委市府关于加强维稳工作的指示精神，加强领导、健全组织，完善制度、健全机制，整合资源、有序引导，主动参与群体性纠纷化解工作。各级工会在构建和谐劳动关系、促进经济平稳较快发展中发挥了一定的作用，得到了市委领导的高度评价。

从各区县工会汇报的情况来看，近阶段各区县在化解群体性纠纷方面做了大量工作：一是坚持重要信息即时报告和每周综合报告制度，发挥了化解工作组织网络作用。二是坚持职工队伍稳定情况定期研判制度，实现了预警、预测、预防、预控。三是坚持企业群体性纠纷应急处置机制，自觉承担了第一知情人、第一报告人职责。四是探索了与基层工会的上下联动机制，第一时间赶赴现场，第一时间掌握第一手资料，第一时间传递第一手信息。五是探索了与劳动保障、工商、公安等部门的联合调处机制，调动一切优势资源，运用一切有效手段，千方百计化解群体性劳动纠纷。

最近，市委书记俞正声、副书记殷一璀对工会参与化解群体性劳动纠纷连续作了一系列重要批示，“要求工会成为劳资双方矛盾的一方（工人）代表，真正履行工会的职责，使无序的纷争成为有序的协商、谈判”，“加大源头预警、协商谈判及共度难关、依法维权的工作力度”。最近，市委又召开了专题会议，强化市劳资纠纷工作指导机构的人员配备，市人力资源和社会保障局、市总工会、市国资委、市维稳办、市信访办等部门都派专人合署办公。为全面落实市委领导的批示精神，贯彻好市委专题会议精神，进一步加强工会参与化解群体性劳动纠纷工作，我想谈四点意见。

一、认清形势，进一步增强化解劳动纠纷，维护社会稳定，促进经济发展的责任感和信心

上海正面临国际经济金融危机冲击和自身发展转型关键期的双重考验。目前总体形势是平稳可控，但发展趋势不容乐观。我们要把困难想得多一些，要对当前劳动关系的复杂性、严峻性有充分认识，要加强对劳动纠纷的前瞻性预测和研判。从全市当前群体性劳动纠纷发展趋势来看，呈现 4 个特点：一是纠纷的区域正从郊区向中心城区延伸；二是纠纷内容正从减薪为主向减员增多的趋势转变；三是纠纷对象正从农民工向本市户籍职工延伸；四是纠纷方式正由突发性向常态化转变。前一阶段农民工群体的欠薪性纠纷较突出，但来得快，也去得快，农民工拿到薪酬立即平息了，但下一阶段的批量裁员、减人问题，就可能带来就业困难、失业保障等社会性问题，群体纠纷显现常态化发展趋势。

各级工会要把维稳工作作为当前工作的重中之重来抓，增强维护职工队伍稳定、维护社会稳定的责任感和使命感，不辜负党政领导对工会的希望；充分发挥工会在发展和谐劳动关系中的重要作用，调动好、保护好职工群众的积极性、主动性和创造性，为确保经济平稳较快发展营造和谐的社会环境。

韩正市长在“两会”上说“没有什么困难能够阻挡上海前进的步伐”。有政府的政策扶持、有各级领导的重视、有各方力量的聚合，各级工会要“抱团过冬”，克服畏难情绪，树立必胜信心。各级工会既要积极主动地参与纠纷化解，又要积极主动地依法维护职工合法权益；既要旗帜鲜明地反对采取违法或非理性手段表达利益诉求，又要旗帜鲜明地反对侵害职工合法权益的行为。

二、认真学习，进一步贯彻落实好两则《意见》精神，变无序纷争为有序协商

大家应该已经看到市总工会、市人力资源和社会保障局、市企业联合会三方联合下发的《关于积极发挥集体协商机制作用促进经济平稳较快发展，维护社会和谐稳定的意见》，以及市总工会下发的《关于积极开展集体协商妥善化解企业群体性纠纷的指导意见》。这两则文件是在特定时期，凝聚了市委领导的指示精神，汇聚了大家的智慧和建议而出台的，对我们当前群体性纠纷的化解工作有着极其重要的指导作用。大家要认真学习，深刻领会，正确把握，贯彻落实。

一要充分发挥协商机制在解决群体性纠纷中的重要作用。通过集体协商，引导职工采取合法有序的方式理性表达诉求，依法规范企业和职工在处理劳动关系和利益关系方面的行为，促进和改善企业与员工的关系，增进双方的理解和谅解，同舟共济、共度时艰，共谋企业发展大业，共享企业发展成果。

二要正确把握集体协商的方式方法，依法规范进行协商。各级工会要根据《意见》的要求，从依法提出集体协商要约、依法推荐集体协商代表、依法把握集体协商内容、依法履行集体协商民主程序、依法妥善处理集体协商争议、依法加强企业集体协商工作指导等 6 个方面，围绕引发群体性纠纷的重点、难点和焦点，加以规范和把握。

三要加强对协商工作的领导，引导职工理性维权。区县工会要加强对集体协商工作的指导，对没有工会组织的企业要借势推进工会组织建立。各级工会要积极主动、自觉接受党委领导，加强与政府有关部门的协调沟

通；要明确职能部门和工作人员，切实加强对集体协商工作的指导和参与；要及时总结开展集体协商化解企业群体性劳资纠纷的成功案例，通过新闻媒体广泛宣传。

三、抓住重点，进一步做好促进就业工作，提高群体性劳动纠纷化解的针对性和有效性

随着国际金融危机影响的深入，企业歇工、停产、关厂等原因带来岗位流失的趋势正逐步加大。保岗位是近阶段化解群体性劳动纠纷的重要手段，保岗位、促就业也将成为2009年工会维权工作的重中之重。

一要排摸企业用工信息。春节过后，随着大批农民工的回潮，岗位的缺失、就业的压力更趋严重。今年农村富余劳动力和城镇就业困难人员的就业安置任务将明显加重，下岗失业人员再就业难度更大。各级工会要重点分析本地区企业减员群体性劳动纠纷的特点及趋势，近阶段特别要配合劳动部门排摸本地区企业的生产和用工信息，做到未雨绸缪，尽早排摸，做好准备。

二是通过协商保岗位。各级工会要积极响应政府的号召，大力宣传政府“特别计划”等政策措施，倡导企业不裁员、少减员，千方百计稳定就业岗位。要推动企业与职工开展集体协商，采取灵活用工、弹性工时、组织培训等办法，稳定现有就业岗位，化解群体性劳动纠纷。

三是促进就业和再就业。各级工会要充分发挥上海工会就业、再就业援助服务网络的资源优势，做强做实为下岗失业职工提供“就业咨询、创业指导、技能培训、职业介绍”一条龙服务的品牌，帮助他们谋求自主创业和实现自谋职业。

四、健全机制，整合资源，进一步做深做实群体性劳动纠纷的化解工作，全面推进工会的各项工作

突发的群体性劳动纠纷是暂时的，但工会参与协调劳动关系的任务是长期的。我们要总结经验、创新理念，加强机制建设，全面推动工会的各项工作。

一是进一步健全三方协商机制。各区县工会要通过三方协商机制定期研究本地区劳动关系变化的重大趋势、劳动纠纷的重大问题、劳动政策的重大决策。要主动加强与劳动监察、劳动仲裁、法院、司法、律师协会、公安等部门的联合，加大劳动争议社会化调解力度，确保上海经济发展的稳定局面。

二是进一步健全劳动争议预警、预防、调处、援助一体化机制。要加强劳动关系协调员、劳动法律监督员、工会工作网格指导员、工会工作志愿者队伍建设，及时准确把握职工思想动态、劳动关系发展态势；要加强区县（产业）职工援助中心建设，把劳动争议调处和法律援助相结合；要加强工会群体性纠纷化解工作组织网络建设，努力把群体性纠纷化解在基层和萌芽状态。

三是进一步整合内部资源，提升工会组织的整体效能。群体性纠纷中，职工的情绪需要安抚、职工依法维权的途径需要指导、职工的困难需要帮扶，各级工会要注重从群体性劳动纠纷化解的实践中总结经验，整合工会内部资源，趁势推进工会的组建、普法、集体协商、帮困送温暖、职业培训、再就业等各项工作。

同志们：国际金融危机的冲击既给工会工作带来了前所未有的挑战，也为推动工会工作创新发展提供了前所未有的机遇。我们要变压力为动力、化挑战为机遇，在应对挑战中把握发展机遇、从形势变化中创造发展条件，抓住重点、统筹兼顾，开好局、起好步，为确保上海经济平稳较快发展贡献力量。

发挥工会大学校作用　推进学习型企业创建

（2009年12月7日）

汪兰洁

创建学习型企业，是近年来上海工会认真贯彻落实胡锦涛总书记提出的提高职工队伍整体素质和上海创建学习型社会要求的一项重要举措，是市总工会联手市文明委、市教委、市发改委、市国资委、市科委、市人保局、市工商联等八委办共同推进的一项重要工作。市总工会围绕“什么是学习型企业”、“为什么要创建学习型企业”以及“如何创建学习型企业”3个关键问题，循序渐进，探索实践，持之以恒，逐步理顺和形成了学习型企业的创建思路，取得了较好成果。

一、理念先导，形成创建学习型企业的共识

当今世界，科学技术突飞猛进，知识已经是社会经济发展的最重要的资源，学习与创新已经成为社会发展的最根本动力，国力的强弱越来越取决于劳动者的素质和企业的学习创新能力。上海改革发展的新形势也使企业、工会、职工都在思考，怎样才能跟上时代发展的需求，怎样才能在竞争中立于不败之地，怎样才能真正维护好职工的长远利益，答案是共同的，那就是开展“创建学习型企业、争当知识型职工”活动。我们认识到：学习型企业应当是以共同愿景为基础，以团队学习为特征，以企业和个人的全面发展为中心，以培育不断学习新知识并实现知识转化为生产力的现代企业为目标，以持续增强企业学习力、竞争力，提高人的综合素质为宗旨。

2001年以来，市总工会举办了20期有5 000多名基层工会干部参加的“创争”活动骨干培训班，在编写“创争”活动读本的基础上，出版了《创争活动精选50例》、《学习型班组和班组长》、《怎样做学习型员工》等书籍，举办了有3 000多名区县局（产业）工会和大型企业党政领导参加的《上海职工发展论坛》。积极引导广大职工

在学习观念、学习内容、学习方式上努力实现3个转变，即：在学习观念上要从“一纸文凭定终身”的传统思维转向“终身学习”的全新理念；在学习内容上，要从单一的岗位读书、技能培训向提升学习能力和注重接受新知识、新技术转变；在学习方式上，要从“缺什么、补什么”向超前跨岗学习新知识、新本领转变，保证创建活动的健康发展。

工会在创建学习型企业的实践中，努力促进企业的四大变革：一是促进学习的变革，由个人学习向团队学习、组织学习变化；二是促进制度的变革，通过学习活动，促进企业人事制度、考评制度、奖励制度的变革；三是促进企业管理的变革，由学习的变革转化为管理形态的变革，促进管理方法、管理目的的变化；四是促进企业文化的变革，发挥先进文化的聚焦作用、引领作用、激励作用。并在以下三方面形成共识：一是创建“学习型”企事业，重要的不是“学习型”的招牌，而是“学习型”的效果，强化创建过程；二是不仅仅强调个体学习和组织学习，而是要强调不断主动学习，持续创新，与信息社会发展相适应的那种创造性学习；三是不一般化地强调学习的必要性、重要性，建立一般的学习制度，而是要形成一套全体员工终身学习的机制。

二、注重实践，打造创建活动的特色品牌

创建学习型企业，是建设学习型社会的重要载体和抓手。

*一是实施职工素质工程发展规划。*按照全总、中央文明办等九部委的《关于开展全国“创争”活动的实施意见》和市委市政府《关于推进学习型社会建设的指导意见》要求，2006年2月，市总工会制定下发了《“十一五”期间上海职工素质工程发展规划》，2008年又制订3年实施意见，明确提出了建设学习型社会背景下职工素质工程深入开展的指导思想、总体目标、主要任务和保障措施。根据这一规划，力争5年内“创建学习型组织、争做知识型职工”活动的覆盖面达到70%以上，参加各类教育培训的职工达到90%以上，文明班组（岗位）创建率达到90%以上，窗口行业职业道德规范实施率达到90%以上，有10%高级工、60%中级工、30%初级工的技能上一个等级，高技能高素质创新人才占技术人员的比例达到25%，基本形成勤奋学习、岗位成才、建功立业的良好氛围，为创建学习型企业提出了明确的目标。

*二是打造具有企业特点的学习品牌。*市总工会致力于培育创建活动的特色品牌，倡导鼓励创建的工作思路、内容形式和活动载体的创新。如宝钢集团开展最佳实践者活动，为激发职工的聪明才智和创造活力提供了施展舞台；上海电信工会以职业生涯设计激发职工学习热情，以和谐企业文化建设为载体推进学习型企业创建；上海机电工会将学习全国知识型职工标兵李斌活动品牌化、基地化、制度化，“宣传一个，培育一批，造就一代”；普陀区总工会大力推进新经济组织学习型企业建设，建立职工优秀人才促进会，为职工搭建学习交流平台等等。这些品牌从不同侧面反映了创建活动内容、形式和载体的时代特征、行业特色和企业特点，展示了各行各业创建学习型企业蓬勃发展的生机和活力。

*三是构筑多样化的职工学习平台。*市总工会把持续开展27年的振兴中华读书活动，作为建设学习型社会的基础工程来抓，通过举办每年一度的上海读书节、两年一度的先进表彰、新经济组织读书活动、外来建设者读书活动、上海十大读书明星评选等，推进读书活动的社会化、信息化、网络化，弘扬了求知、明理、成才、奉献的社会新风，为学习型企业创建奠定了坚实的群众基础。市总工会努力构筑多样化职工学习平台，与上海电视大学联合举办职工初级工商管理（EBA）资格培训及开放式大专学历教育，8年来已连续举办16期培训，培训学员近7万名，培训合格率达90%以上，其中60%以上学员接读电大工商管理大专，目前已有2万多名学员获得大专毕业证书。

*四是开展科技创新技能登高活动。*各级工会围绕科教兴市战略，在创建学习型企业活动中，积极开展“百万职工科技创新活动”，举办职工技术创新成果展，推广先进操作法，积极拓展职工科技成果转化的服务平台，提高职工创新意识和创造能力，自2006年起连续举办2届职工科技节，吸引4 570个基层单位和90多万职工积极参与，2007年全年开展技术革新11 751项，总结推广先进操作法3 490项，形成了“培训、练兵、比武、晋级”四位一体技能升级模式，全年组织开展各类技术培训讲座18 885期次，培训职工120.9万人次。

*五是推广优秀创建工作法与先进典型。*以创建现代企业的学习环境、学习氛围、学习组织和学习机制为主要内容，不断推进“创争”活动深入开展，通过编写“创争”读本，推出“创争”活动十佳工作法，制定学习型企业评估体系，评选先进典型，营造了团队学习、全员学习和工作学习化、学习工作化的良好氛围，促进了企业职工学习能力、竞争能力和创新能力的提高，一大批优秀的“创争”活动先进典型脱颖而出，有力地推进了学习型企业创建活动的蓬勃开展。

三、着眼长远，构建创建学习型企业长效机制

学习型企业创建活动开展以来，职工、企业评价积极，成效明显，创建规模已经从初创时期15%区县产业工会的几百个企事业单位，发展到目前，全市已有60%区县局（产业）工会和15 000多个企业工会启动了学习型企业单位的创建，参加各类文化技术学习培训的职工已突破400多万人次。在调查中，认为学习型企业单位创建活动“声势较大，富有成效”的职工占88%。我们认为，良好的机制是推进学习型企业创建的重要保障：

*一是基本形成了创建组织推进机制。*市总工会成立了两个联席会议，一是市总工会、市文明办、市发改委、市国资委、市教委、市科委、市人保局、市工商联等8家单位加强合作，建立了上海市学习型企业创建活动联席会议制度；二是在市总工会系统成立职工素质工程联席会议，统筹协调职工素质工程与学习型企业创建的各类事宜，各区县局（产业）工会基本形成了党委领导、行政支持、工会运作、职工参与的学习型企业创建工作格局，为推进创建活动提供了有力的组织保证，初步形成了总体规划、阶段目标、实施内容、工作进度、情况反馈等环环相扣的长效管理模式，把创建学习型企业单位，构建职工终身教

育体系的目标任务落到实处。

二是基本形成了创建的资源整合机制。市总工会充分发挥工会系统职工教育资源的自身优势和规模效应，加强职工教育培训阵地建设。同时积极整合外部资源，加强与政府有关部门及各类高等院校、社会职业培训机构和行业企业培训中心的合作，目前，已建成2批共195家职工素质工程教育培训基地，与上海远程教育集团联手开展初级工商管理（EBA）培训，为职工参加社会化教育培训搭建平台。

三是基本形成创建的经费保障机制。按照法律、法规和有关文件的规定，我们对企业职工教育经费使用情况进行监督。把职工教育经费使用纳入职工民主管理范畴，列入平等协商和签订集体合同的范围，并通过职代会报告、厂务公开、专项监督检查、职工代表巡视等途径，对职工教育经费的使用情况进行全程监督，确保职工培训经费专款专用，为深入开展职工素质工程，推进学习型企业创建提供必要的经费保障。

四是基本形成创建的评估表彰机制。创建活动开展以来，先后三次修订学习型企业的评估标准，从目标规划、组织管理、保障机制、活动载体、创建基础、创建成效、学习力和职工综合素质、职工参与面、认同度等方面，形成了比较完善的学习型企业评估三级指标体系，并四次开展全市性学习型企业、知识型职工的评比表彰活动。到目前为止，共有200多个学习型企事业创建先进集体和个人受到全国总工会表彰，400多个先进集体和个人受到市总工会表彰。

四、创建学习型企业实践的主要体会

在开展创建活动的实践中，我们有以下几点体会：

一是必须始终按照胡锦涛总书记所提出的充分发挥工会大学校作用，把提高职工队伍总体素质作为一项战略任务抓紧抓好的要求和上海市委、市政府提出的创建学习型社会的要求紧密结合起来，在服务大局中找到工会可以作为的切入点。

二是始终坚持党委领导、行政支持、工会运作、职工参与的学习型企业创建格局，坚持八委办联手推进学习型企业创建工作。

三是坚持做到三个同步：社会、企业、职工同步发展；职工生存权、学习权、发展权同步维护；国有企业和新经济组织同步关注。

四是坚持分层推进，分类指导，完善创建机制，促进持续发展。探索具有产业特色、行业特征、单位特点的创建模式。企业性质、人员结构和经济结构的多样性，决定了学习型企业的创建不能“一刀切”，必须建立与其相适应的目标机制、评估机制和共享机制。

我们要认真落实市委、市政府《关于推进学习型社会建设的指导意见》，发挥工会大学校的作用，不断扩大学习型企业创建活动的参与面和覆盖率。我们的目标是，到2010年，参加各类教育培训的职工达到90%以上，参与创建活动的单位覆盖面达到70%以上。同时，在市学习委的统一部署下，构建完备的职工教育学习培训体系，探索新经济组织和劳动密集型产业创建学习型企业的方法和途径，把创建活动提升到一个新水平，使之真正成为全面提高职工队伍素质的系统工程，发展先进生产力、先进文化的基础工程，维护广大职工群众的学习权、发展权和其他精神文化权益的民心工程。为培养和造就高素质职工队伍，不断增强企业的创新能力和可持续发展能力作出我们应有的贡献。

发扬工人阶级先进性　发展社会主义劳动竞赛

（2009年12月30日）

杜仁伟

广泛深入地开展社会主义劳动竞赛，是工会服从服务于党和国家工作大局的重要举措，是工人阶级发扬主人翁精神发挥主力军作用的重要载体。“十一五”以来，尤其在应对国际金融危机和迎世博各项工作中，上海各级工会大力开展的社会主义劳动竞赛在凝聚力量、集聚智慧、激发活力，促进经济发展，推动社会进步中发挥了重要作用，取得了显著成效。

当前，上海正面临着率先转变经济发展方式的重要任务，肩负着办好2010年上海世博会的光荣使命，又处在全面完成“十一五”规划，高质量编制“十二五”规划的关键阶段。新形势新任务对工会工作的创新发展提出了新要求，也为推进社会主义劳动竞赛提供了新机遇。

一、从发扬工人阶级先进性的高度，充分认识新时期开展社会主义劳动竞赛的重要性

胡锦涛总书记在同全总领导班子和工会十五大部分代表座谈时强调，“中国工人阶级是我国先进生产力和生产关系的代表”，“是全面建设小康社会、发展中国特色社会主义的主力军。”实践证明，我国工人阶级不仅具有鲜明的政治立场和坚定的理想信念，在思想上、行动上始终与党中央保持一致，而且识大体、顾大局，具有强烈的使命感和责任意识。他们善于学习，坚持用先进的科学理论武装自己，始终走在时代发展的前列；他们善于实践，爱岗敬业、团结协作、攻坚克难、勇于担当，掌握并运用科学知识和先进技术，立足岗位探索实践，成为推动经济发展和社会进步的主力军，成为先进生产力的代表；他们善于创造，具有强烈的开拓意识和首创精神，坚韧不拔、创新奉献、勇立潮头、引领未来。工人阶级在长期的革命、建设、改革开放和现代化建设中形成的光荣传统和崇高精神是我们这个时代的宝贵财富。我们要站在弘扬工人阶级先进性的高度,进一步深化对新时期开展社会主义劳动竞赛重要性的认识。

1. 劳动竞赛是创造先进生产力的重要载体

劳动创造世界,劳动创造价值,开展劳动竞赛的过程,既是劳动价值的创造过程,也是促进先进生产力的发展过程。劳动竞赛不仅激发了职工的主人翁责任感和创造活力,使蕴藏在他们中的智慧和力量得到充分发挥,而且激励了他们立足岗位,奋发有为,通过开展增值型、创新型、攻关型、技能型、节约型和优质型劳动竞赛和"五小"活动,在改进技术工艺、完善经营管理、促进节能减排、转变发展方式、增强自主创新能力,提高企业核心竞争力中发挥积极作用。包起帆、李斌、韩明明、王军、王康建等一大批创新型、攻关型典型,他们所获得国家科技进步奖或国际发明奖,充分反映了他们对企业对国家对推动先进生产力的重要作用。2009 年为应对国际金融危机的影响,本市各级工会广泛开展的"同舟共济保增长、建功立业促发展"劳动竞赛,为实现市委市政府提出的"四个确保"目标发挥了重要作用。据不完全统计,当年职工提出的合理化建议 71.3 万条,实施 52.6 万条。仅宝钢集团工会开展的"最佳实践者"活动中,广大职工围绕集团开展公司级成本改善劳动竞赛项目达 102 项,员工主动发现问题,自我解决问题,一年提出合理化建议 16 万条,实现经济效益 10 多亿元,促进了经济平稳较快发展。

2. 劳动竞赛是锻造劳模先进的重要途径

竞赛激发活力,竞赛激励先进,如同体育竞赛在创造新记录中锻造了体育明星,凝练了体育精神;劳动竞赛是在创造劳动价值中,为劳模先进脱颖而出搭建了舞台,使凝练在他们身上的"爱岗敬业、争创一流、艰苦奋斗、勇于创新、淡泊名利、甘于奉献"的劳模精神得到发扬光大,并以此丰富城市精神,引领时代精神。在上海以杨怀远、包起帆、徐虎、李斌等为代表的一大批劳模先进就是在推动社会主义建设、改革开放和现代化发展中,在火热的生产一线和市场经济竞争中脱颖而出的杰出人物。

3. 劳动竞赛是建设职工素质工程的重要抓手

劳动竞赛是以劳动为基础、职工为主体、竞赛为途径,着力于在竞赛中"以科学理论教育职工,以先进技术武装职工,以劳模精神引领职工,以先进文化陶冶职工"。通过劳动竞赛,促进职工岗位学习、岗位创新,岗位成才、岗位奉献,提高工人阶级的知识化程度和职业技能水平,最大限度地激发人的潜力、提升职业能力、培育职业精神,使职工在劳动竞赛中提升自我、超越自我,在创造劳动价值的同时实现自己的人生价值。因此,劳动竞赛的深入开展,对于深化职工素质工程建设,进一步发扬工人阶级先进性、发挥工人阶级主力军具有十分重要的意义。

4. 劳动竞赛是工会发挥优势、服务大局的内在要求

中国工会是党领导的工人阶级群众组织,是党联系职工群众的桥梁和纽带,是国家政权的重要社会支柱。开展群众性劳动竞赛,工会具有天然的组织优势、群众基础和实践经验,根据《工会法》,中国工会既要充分行使维权的基本职责,又要广泛深入地开展劳动竞赛;既要通过维权来保护生产力,调动职工积极性,形成和谐的发展环境;又要通过开展劳动竞赛,发挥并发扬工人阶级的先进性,创造先进生产力,从根本上保护职工的劳动经济权益和职业发展权力。这是中国工会服从服务于党和国家工作大局的重要举措和内在要求,也是走中国特色社会主义工会发展道路的具体体现。

总之,开展劳动竞赛,有利于弘扬职工的主人翁精神,彰显工人阶级先进性;有利于提升职工队伍水平,推动先进生产力的发展;有利于更好地实现劳动价值,推动经济社会又好又快发展。

二、从新时期劳动竞赛的特点,充分认识社会主义劳动竞赛的强大生命力

1. 以人为本,科学发展,劳动竞赛呈现五大特点

"十一五"以来,各级工会紧紧围绕加快推进"四个率先",加快建设"四个中心"和现代化国际大都市的总体要求,广泛开展劳动竞赛,竞赛从粗放型管理向精细化管理转变,从体制内向体制外辐射,呈现出增值型、创新型、攻关型、技能型、节约型和优质型六大类型,形成了全方位、多层次、宽领域、有重点的竞赛格局,呈现出五大特点。

竞赛主题体现时代性。"十一五"以来,劳动竞赛更加注重围绕中心、服务大局。以迎世博工作为例,据对 53 家区县局(产业)工会的统计表明,在 11.3 万家企业中,有 8.9 万家企业(402.6 万名职工)参加了"当好主力军,建功世博会,展示新风采"主题实践活动,占被调查企业的 78.8%,竞赛主题凸显同城效应。

竞赛组织体现科学性。各级工会注重把握竞赛的内在规律,把开展竞赛与推动经济发展、促进企业管理结合起来,与提升职工素质、实现职工权益结合起来。在竞赛的组织方式上,体现出上下联动、内外互动、合力推进的良好态势。比如:市总工会牵头,分别与市迎世博三大指挥部、世博局联合发文,开展迎世博专项劳动竞赛,充分发挥工会组织优势和政府部门的作用,协同推进,取得了良好成效。

竞赛载体体现多样性。经过探索实践,增值型、创新型、攻关型、技能型、节约型、优质型六种类型劳动竞赛得到广泛认可。比如:在开展科技创新活动中,92 万职工参加了第三届职工科技节;在提升职工技能上,在第三届全国职工职业技能大赛中上海代表队进入了团体前五名;在节能减排工作中,开展了对标升级专项劳动竞赛,实施了职工节能减排监督活动;在提高服务质量上,窗口服务行业"五比五赛"立功竞赛形成亮点,十二大重点商圈立功竞赛各具特色。工会还以创建"工人先锋号"为载体,推动劳动竞赛向纵深发展。目前已形成了全国、上海市和区县局(产业)三级"工人先锋号",覆盖各行业。劳动竞赛的吸引力和感染力不断增强。

竞赛活动体现参与性。据对 42 个区县局(产业)工会的调查,75.5% 的企业开展了劳动竞赛,参赛职工比例为 81.4%,达到了"十一五"以来最高水平。竞赛领域从

国有企业向非公企业延伸，竞赛区域从产业为主向地区延伸，竞赛行业从制造业为主向现代服务业延伸，劳动竞赛从生产环节，向科研、管理、服务等方面拓展，劳动竞赛的群众基础和社会影响力明显增强。

竞赛工作体现实效性。各级工会不仅通过劳动竞赛凝聚职工力量，集聚职工智慧，激发职工创造活力，促进经济发展，还通过竞赛锻造劳模先进，凝炼竞赛精神，提升职工素质，营造了良好的社会氛围，工人阶级的先进性在竞赛中得到发挥和发展。

从上述五大特点看，劳动竞赛与时俱进，不断发展，无论是在市场经济条件下，现代企业制度中，还是在多元经济的发展中，劳动竞赛都体现出旺盛的生命力。

2. 市场经济条件下，劳动竞赛与时俱进充满生机

社会主义劳动竞赛诞生于计划经济时代。在社会主义建设时期，广大劳动者为国家的繁荣富强而奋斗，积极参加各类体力型、突击型的劳动竞赛，为国家经济建设作出了贡献。

改革开放和现代化建设以来，劳动竞赛与时俱进，呈现出旺盛的生命力。市场经济更注重价值导向，与传统的竞赛相比，新时期劳动竞赛更重视岗位创新和价值创造，逐步从“体力型”为主向“智力型”为主向转变，从“运动型”为主向“攻关型”为主转变，从“粗放型”为主向“精细化”为主转变，职工群众的聪明才智和创造活力在竞赛中竞相迸发，节能降耗，提高效率，提升企业经济效益，劳动竞赛价值创造的特点更加凸显。据对上海172件劳动竞赛特色项目的分析表明，劳动竞赛不仅促进了经济发展，还通过职工知识产权等要素参与分配，实现了“企业增效，职工增收，共建共享，和谐发展”的竞赛理念。

3. 多种所有制经济中，劳动竞赛各具特色活力初显

劳动竞赛是充分发挥劳动者的主动性和积极性，以普遍提高劳动生产率和工作效率为目的的群众性竞赛活动，它在不同所有制企业都能发挥重要作用，不少非公企业开展劳动竞赛同样取得了良好成效。据对上海各区县工会的调查显示，区县内非公企业“普遍开展”劳动竞赛的占27.8%。比如：中美合资上海通用汽车公司在车市低迷时开展“同舟共济，攻坚克难”劳动竞赛，在行业回暖时开展万名职工劳动竞赛，均取得了显著成效；私营企业上海嘉实（集团）有限公司持续开展“安康杯”竞赛，获得了全国“安康杯”竞赛活动优胜企业“六连冠”称号，企业和职工实现双赢。需要重视的是，任何企业开展劳动竞赛，都必须坚持“以人为本”，在保障劳动者的合法权益基础上进行。

4. 现代企业制度下，劳动竞赛激发了职工创造潜力

企业是个经济组织，只有当资本与劳动有机结合，并使两者活力互现时，才能得到全面发展。劳动竞赛与现代企业管理正是这种活力互现的催化剂。现代企业管理制度有其科学性，但其管理思维、管理方法同样需要在实践中不断完善。

广大职工群众与社会生产实践有着最经常、最直接、最密切的联系，在长期的实践中，最容易发现问题，提出改进，解决问题。现代企业的科学管理并不能代替人的潜力发挥，而开展竞赛可以激发职工的创造活力，改进工艺，完善流程，降低成本，尤其是近年来，劳动竞赛往往要求在关键环节的创新攻关上下功夫，使生产过程更趋完善，管理的科学化水平更高。以推行现代企业制度的上汽集团为例，在金融危机来临时，全员参与“同舟共济、共度时艰——先锋号在行动”，掀起了竞赛高潮，2009年，集团整车销量272万辆，同比上升57%，高于全国平均增长率13%。广泛开展的群众性合理化建议活动、先进操作法的推广都说明，开展劳动竞赛是对现代企业管理的有益补充，能帮助企业攻坚克难、创新管理、加快发展。

三、从工会服务服从大局的新要求，进一步推动社会主义劳动竞赛的创新发展

目前，上海正处于发展转型关键时期和改革攻坚阶段，面临着率先转变经济发展方式，后世博发展等新要求。工会要更加自觉、主动地站在新的高度，适应以创新为驱动力，以发展服务经济为重点，以提高劳动者素质为基础，走资源节约型、环境友好型发展道路，加快发展先进制造业、现代服务业，建设国际金融中心、航运中心和现代化国际大都市的要求，推动劳动竞赛的创新发展。

要进一步深化全方位、多层次、宽领域、多方式的劳动竞赛格局，努力培养知识型、技能型、创新型的职工队伍，充分发扬工人阶级先进性，凝聚力量，集聚智慧，激发活力，凝炼精神，推动发展。

1. 加强竞赛活动组织，构建竞赛工作新格局

建立市级劳动竞赛委员会。根据《中华全国总工会关于广泛深入开展社会主义劳动竞赛的决定》：“要建立健全由党委、政府（行政）或工会领导为主任、相关部门为成员单位的劳动竞赛委员会，凡没有建立的地区和单位，都要尽快把劳动竞赛委员会建立起来。”

目前，21个省（自治区、直辖市）都已建立省级劳动竞赛委员会，我们要加快建立上海市劳动竞赛委员会，对全市劳动竞赛工作进行集中统一领导，市总工会负责竞赛委员会办公室日常工作。各区县局（产业）、基层单位相应建立劳动竞赛委员会（或领导小组）和竞赛办公室（或工作小组），推动劳动竞赛深入开展。

健全劳动竞赛的组织机构，深化“党委领导、政府支持、工会运作、职工参与、各方协同、全面推进”的竞赛工作格局。充分发挥工会组织优势，整合本地区、本系统、本单位各职能部门的专业力量，积极整合社会资源，共同推进竞赛。可以根据竞赛实际，打破地区和行业条块体制的局限，以设立联席会议制度等方式，形成地区与产业协同的竞赛格局。

2. 突出竞赛活动重点，明确竞赛工作新要求

在竞赛的思路上，要做到“五个结合”：坚持把开展劳动竞赛与贯彻全心全意依靠工人阶级方针，凝心聚力、推动发展紧密结合；与倡导“以人为本”，尊重职工首创精神和创造活力，引导职工岗位学习、岗位创新、岗位成才、岗位奉献紧密结合；与完善现代企业管理制度，营造争先创优的企业文化紧密结合；与工会发挥组织优势，服务工作大局，增强基层活力紧密结合；与锻造劳模先进，弘扬劳模精神、丰富城市精神、引领时代精神紧密结合，

用工人阶级的先进性引领全社会。

在竞赛的重点上，要做到“四个着力”。即：围绕成功举办世博会，着力在引导职工服务世博、奉献世博上下功夫，增强职工的东道主意识，发挥主力军作用，弘扬主人翁精神，展示先锋号形象；围绕率先转变经济发展方式，着力在深化职工素质工程上下功夫，提升技能水平，增强创新能力，促进上海产业结构优化升级；围绕民营企业和中小企业健康发展，着力在推动科技型非公企业开展劳动竞赛上下功夫，促进企业发展，维护职工权益；围绕关注民生，构建和谐社会，着力在提升职工职业安全和健康水平上下功夫，强化安全生产，促进劳动关系和谐稳定。

在竞赛的要求上，要做到“五个把握”：一要把握上海提高经济增长质量和效益的新要求，充分发挥工人阶级在率先转变发展方式上的主力军作用。二是要把握新形势下深化群众性建功立业活动的新要求，深入推进社会主义劳动竞赛。三要把握大力提高自主创新能力的新要求，加快首席技师工作站、创新工作站建设，推进合理化建议、“五小”活动等群众性科技创新活动向新兴产业、战略产业延伸，在民营企业，尤其是在民营科技型中小企业探索开展劳动竞赛。四要把握高新技术产业化的新要求，广泛开展群众性技术革新、技术交流、技术协作、技术升级等活动，尤其要在新能源、信息网络、新材料等战略性新兴产业，促进职工科技创新成果转化。五是要把握发展现代服务业，形成服务经济为主的产业结构的新要求，在金融、航运、商贸、生产性服务业、信息服务业等新兴产业，加快推进群众性劳动竞赛。

3. 深化竞赛活动机制，体现竞赛工作新水平

开展劳动竞赛，要用好“九大载体”。包括：广泛开展创建“工人先锋号”活动，深化工人先锋号的内涵，使之成为长期坚持、职工认可、影响广泛的劳动竞赛品牌；加快首席技师工作站和创新工作站建设，给予政策资金支持，提供技术攻关条件，加强技术交流合作；广泛开展合理化建议活动和先进操作法总结推广，创造宽松的政策环境，规范流程管理和效果评估；广泛开展职业技能大赛，围绕上海经济社会发展紧缺人才培养目标，深化“高师带徒”活动，深化培训、练兵、比武、晋级“四位一体”的职业技能发展模式；开展“五小”活动，办好优秀发明选拔赛，创新创意大赛等，特别是着眼于上海创意产业、先进制造业、现代服务业、战略性新兴产业发展，引导职工岗位创新，并推动职工科技成果转化；实施难题招标揭榜和对标升级竞赛，动员组织职工通过技术改进、管理升级，提高劳动生产率，推动节能降耗。

强化劳动竞赛，要深化“五大激励机制”：一是荣誉激励，在劳模、五一奖、工人先锋号等综合奖项评比外，推进工人发明家、职工科技创新英才、首席技师、职工岗位技术能手、优秀合理化建议、先进操作法等单项荣誉命名激励；二是要素激励，探索职工知识产权要素参与分配的长效机制；三是机会激励，在培训进修、学术交流、课题攻关等方面向先进倾斜；四是品牌激励，以劳模、高技能人才名字命名先进操作法，建立首席技师工作站和创新工作站；五是舆论激励，为他们搭建更多平台，提供更多资源，创造更多机会。

新形势新任务对发展社会主义劳动竞赛提出了新要求，提供了新机遇，我们要进一步创新工作思路，深化工作机制，明确工作载体，强化激励机制，推动劳动竞赛在“十二五”期间取得新发展，为上海经济社会发展作出新的更大的贡献。

在2009年上海工会保障工作会议上的讲话

（2009年2月12日）

陈国华

同志们：

2008年以来，全市各级工会组织和广大工会干部切实按照党的十七大提出的关于“注重社会建设，保障和改善民生”的总体要求，深入贯彻落实中国工会十五大、上海工会十二大精神及市总全年工作安排，以推动建立“一般困难机制帮，突出困难重点帮，突发困难及时帮”的工会帮扶长效工作机制为主线，高度关注民生，在着力完善上海工会再就业援助服务网络，推进工会长效帮扶机制建设，建立健全具有上海特点的工资决定机制、增长机制和支付保障机制，推动社会保障制度的健全完善以及全力以赴配合做好支援地震灾区抗震救灾、灾后重建工作等方面取得了显著成绩，深受广大职工群众的好评。

已经到来的2009年将是上海工会保障工作承前启后、继往开来，应对新形势，谋求新发展的重要一年。根据当前面临的形势和任务，2009年上海工会保障工作的总体思路是：全面贯彻党的十七大、十七届三中全会和中央经济工作会议精神，落实市委九届六次全会和全总十五届二次执委会精神，深入学习实践科学发展观，切实按照市委市府“四个确保”的总体要求，积极应对国际金融危机给本市广大职工就业和生产生活带来的影响，协助党政着力推动解决职工群众在劳动就业、社会保障、收入分配、困难帮扶等方面的突出问题，共克时艰，共暖人心，共度难关，共谋发展，努力推动上海工会保障工作的创新发展。

下面，我就做好2009年上海工会保障工作，具体提出以下几项任务和要求：

一、紧紧围绕上海工会就业援助服务“12345”工作计划，深入开展“千方百计促就业，齐心协力保稳定”——就业援助服务行动

当前，在严峻经济形势下，实施更加积极的就业政策，全方位促进就业增长，成为今年本市政府工作的重点任务，同时，上海工会也将“促就业、保稳定”作为工会保障工作的重点工作。为此，市总工会已于春节前制定、下发了《关于深入开展“千方百计促就业，齐心协力保稳定”——就业援助服务行动的通知》，要求本市各级工会组织要充分发挥自身优势，协调社会各方面力量，切实将本市就业困难职工特别是受国际金融危机冲击严重的重点地区、行业和企业的下岗失业人员、农民工、“零就业”家庭人员及“双困”人员作为重点对象，深入推进上海工会就业援助服务“12345”工作计划（即在2009年，通过多种渠道和形式，建立1 000个职工创业示范点；组织、举办20场针对各种就业群体的职介专场；实现工会举办的再就业创业基金及发放的小额贷款总规模达到3 000万元；帮助和扶持40 000名就业困难人员实现就业、再就业；职业技能培训50 000名就业困难人员），努力为下岗失业人员实现就业、再就业办实事、做好事。今天，上海工会“千方百计促就业，齐心协力保稳定”——就业援助服务行动已正式启动，各级工会组织要根据文件要求，精心组织、周密安排，切实将其列为当前上海工会保障工作的首要任务，并紧紧围绕“12345”工作计划的顺利推进，重点做好以下五项工作：

1. *推动落实政府扩大就业的各项政策、措施。*要大力协助政府宣传、落实“1＋3”计划，督促企业承担社会责任，努力倡导企业不裁员、少减员，同时，帮助困难企业申请实行不定时工作制或综合计算工时工作制，以及申请社会保险费补贴和岗位补贴，并鼓励、引导其在停工或半停工期间，通过职代会（或职工大会）等形式进行集体协商，采取缩短工时、轮班工作、转岗培训等措施，千方百计稳定就业岗位；要协助政府做好困难职工、“零就业”家庭、青年（大学生）职业见习等就业援助工作，进一步推动、协助政府实施“创业带动就业专项计划”，配合做好“就业援助服务周”、“民营企业招聘周”及“基层公共服务岗位推广”等系列活动；要把促进就业、再就业及其相关问题作为工会与政府召开联席（联系）会议、三方协商会议的重要内容，积极推动、参与人大、政府对落实扩大就业政策落实情况的监督检查。

2. *建立、健全工会就业困难职工档案。*各级工会要努力做好针对就业困难人员尤其是受国际金融危机影响关闭、破产企业的下岗失业人员、农民工、以及“零就业”家庭、“双困”人员的走访排摸工作，并在此基础上，建立、完善上海工会就业困难职工档案，详细记录其生产生活状况、面临的实际困难及就业需求等情况，对不能享受政府就业扶持政策或享受后仍无法实现就业的就业困难人员要及时纳入工会就业援助服务范畴，给予重点帮扶。

3. *建立、完善工会职介服务平台。*各级工会要继续以开展“百企千岗进社区”活动为抓手，实现“条块结合”，逐步建立、完善上海工会职介服务平台。一是要抓紧在全市工会职介系统中建立上海工会系统就业信息公共服务网，并实现与政府公共就业服务信息系统的对接，即时动态发布政府各项有关失业、就业、创业扶持等政策及公共服务资源，进一步拓宽就业渠道；二是各级工会职业介绍所及各区县职工援助服务中心、分中心要增加职介窗口，配齐、配足就业指导人员，及时统计、分析劳动力市场用工信息，不断健全、完善求职登记、职业介绍、信息反馈等“一条龙”、“一站式”服务机制，切实提高职介成功率；三是要加大工作力度，积极创造条件，至少每季度举办一次针对白领、大龄就业困难人员和农民工等不同求职群体的招聘专场。

4. *全力打造工会职业技能培训服务平台。*各级工会要根据劳动力市场需求，通过自主培训、校企联办、委托培训等方式，切实开展技能培训工作，重点为受国际金融危机影响关闭、破产企业的下岗职工、农民工、停产待岗职工和转岗职工等开展适应性的职业技能培训，不断提高职工就业竞争能力和抵御风险能力。一是要进一步加大资金投入力度，在政策咨询、培训场地、培训师资、培训补贴等方面给予必要的资金保证，对生活困难职工和就业困难群体要实行免费培训（或发放培训补贴），在全力完成全总给予上海2009年度完成技术培训5 000名就业困难人员（其中，60%的人员获得初级以上劳动技能证书）目标和任务的基础上，切实加大力度，完成年内技能培训50 000名就业困难人员的工作目标；二是要实行送培训进困难企业的计划，力争在企业对员工实行减员和轮岗计划前，结合企业职工和工会的实际需求，开设心理疏导、技能提升、创业培训等有针对性的转岗培训；三是各级工会培训机构要在立足传统培训模式的基础上，进一步拓宽培训渠道，研发更适合目前就业需求的培训项目，并实现与政府补贴培训政策的有机衔接；四是要切实把针对下岗失业人员和转岗就业困难人员开设的后勤管理师、厨师、家政服务及水电工等服务基层、服务一线职工的公益性培训项目做大做深，形成初、中、高级逐步晋升的培训跟踪服务体制；五是要增拨一定的培训资金用于扩大农民工培训的覆盖面和范围，通过与政府（行政）、输出地工会联办等形式，在农民工集中的地区、行业和企业实施多技能培训服务，同时，积极推动政府完善对农民工参加职业技能培训等级培训实行补贴办法，切实将农民工参加职业技能培训由单纯的上岗培训转向职业资格等级培训。

5. *着力健全工会扶持创业服务平台。*各级工会要根据政府“创业带动就业专项计划”的部署和要求，加快形成政策宣传、创业培训、创业服务“三位一体”的工会促进创业带动就业的工作机制，不断提高创业职工创业初始成功率、创业稳定率和创业带动就业率。一是要大力宣传政府扶持创业的相关政策，对有自主创业意愿的职工，帮助其落实培训补贴、注册登记、税费减免、资金信贷等方面的政策；二是要培育、选树创业带头人典型，建立系统化、专业化的工会创业培训与辅导体系，加大实施创业培训的力度，切实增强创业培训实效；三是要强化创业援助服务，充分发挥各级工会职工援助服务中心、分中心和培训机构的窗口作用，通过设立“创业指导窗口”、“创业指导工作室”以及定期邀请工商、税务、劳动保障、法律等方面的专家开设创业指导咨询会等形式，切实为创业职工提供有效的服务与帮助；四是要加大创业扶持资金的投入力度，有条件

的地区、行业工会可设立创业基金，同时，研究探索与本市小额贷款公司的合作，形成稳定的工会扶持创业资金链；五是要注重经营场地扶持，进一步整合区域、行业资源，为创业职工提供开业园区、创业园区、小企业孵化园、闲置厂房仓库和沿街底层住房等信息资源，并可根据吸纳就业的情况，给予一定期限的房租补贴。

二、扎实推进工会工资工作，建立、完善具有上海特点的工资决定机制、增长机制和支付保障机制

工资是关系广大职工利益的核心问题之一。在当前严峻经济形势下，以合理的劳动力成本促进企业的发展，并通过职工收入水平的提高进一步扩大内需是实现经济平稳较快发展、社会和职工队伍和谐稳定的主要途径，也是广大职工的迫切希望和要求。为此，各级工会仍应把推动建立健全工资决定机制、增长机制和支付保障机制作为2009年的一项工作，争取取得新的进展。

1. 推动提高本市一线从业人员的收入水平。要积极推动公交汽电车行业职工收入分配指导意见尽快出台及认真实施，切实提高公交一线职工收入水平。要深入调研出租车司机及环卫职工收入状况，积极推动这些行业职工收入的提高。要督促、指导有条件的企业，尤其是市区两级国有企业通过进一步规范企业工资分配制度、完善经营者收入管理及全面推进工资集体协商制度等措施，逐步建立一线职工收入正常增长机制。

2. 积极参与劳动定额、工资标准等劳动标准的科学制定。要将一线工种劳动定额研究工作向劳动密集型和以计件工资形式计算劳动者报酬的行业和岗位推进，重点研究这些行业和岗位劳动定额实施现状。对劳动定额标准混乱的行业，指导行业工会会同行业协会开展行业劳动定额标准制定和认证工作，并在此基础上，协商制定行业工资指导线及行业最低工资标准。

3. 不断丰富工资集体协商的内涵。指导企业工会特别是非公企业通过工资集体协商建立与企业劳动生产率、政府工资增长指导线和居民消费价格指数同步提高的职工收入正常增长机制，进一步提高协商水平，增强实效性。

4. 健全、完善职工收入分配状况调查和监控体系。进一步加强职工收入分配状况调查网、职工家计统计网、主副食品价格采集网及居民社保联系网建设，及时掌握本市职工收入、生活状况的基本信息，为政府合理调整各项最低保障标准提供参考依据。

5. 切实做好欠薪保障工作。要督促企业依法、按时、足额支付工资，防止因企业破产、关闭造成的大规模欠薪问题；积极推动政府相关部门，加大执法力度，帮助因企业破产、倒闭而导致工资被拖欠和社会保险关系中断的职工特别是农民工追讨欠薪欠保。

6. 积极发挥职工物价监督的作用。以开展“争先创优”活动为抓手，进一步扩大采价点的覆盖面，不断推动职工物价监督规范化、制度化建设；充分发挥基层物价监督员队伍的作用，及时收集反映职工群众呼声，确保民生持续得到改善。

三、深入推进职工援助服务中心建设，健全、完善“一般困难机制帮，突出困难重点帮，突发困难及时帮”的工会长效帮扶机制

建立工会长效帮扶机制是全总的明确要求，也是广大职工特别是困难职工的殷切希望。各级工会要将职工援助服务中心的正常有效运作，帮扶工作的社会广泛参与，帮扶工作制度的健全完善，帮扶工作水平的逐步提高以及帮扶工作效果的长期巩固等作为开展工会帮扶工作的主要目标。当前，我们要着力加强五方面的工作：

1. 不断完善职工援助服务中心四级网络建设。各地区工会要强化职工援助服务中心的两级组织网络建设，力争2009年年底前实现街道、乡镇全覆盖，进一步构建、完善市、区（县）、街道（乡镇）、工业园区职工援助服务中心四级网络。

2. 切实加强上海工会职工援助服务中心“标准化、制度化、规范化”建设。要以开展“达标创优”活动为主线，有步骤地通过整合、完善工会内部帮困档案信息管理、信访接待、政策咨询、就业援助、法律援助、互助保障等制度，实行规范化管理，有效形成、推广面对广大职工特别是困难职工的“一门式”、“一站式”、“一条龙”服务理念和服务模式；要根据《上海工会职工援助服务中心社区（街道、乡镇）分中心达标创优工作办法（试行）》的要求，分类设置具体指标及考核要求，推进分中心规范化建设，确保分中心有效运作。

3. 深入开展行之有效的工会援助服务活动。各级工会要深入了解因国际金融危机造成的困难职工状况，通过各种方式确保他们基本生活不受影响，帮助他们渡过难关，并要进一步做好元旦春节送温暖、“金秋助学”、“三定”帮困及农民工团体医疗帮困等工作。

4. 积极推进职工健康服务工作。要积极推动带薪年休假制度的落实，进一步指导督促用人单位落实职工疗休养待遇，不断提高职工疗休养的覆盖面；以推动企事业职工食堂等级评定为抓手，与政府主管部门联手开展职工食堂、工地食堂食品安全专项检查和从业人员培训工作。

5. 扎实推动工会互助互济活动。推动职工互助保障计划向非公企业延伸，扩大参保覆盖面；依托公惠医院开展各类实物医疗帮困，不断提高医疗帮困实效。

四、不断加大源头参与力度，推动建立与本市经济发展水平相适应的多层次社会保障体系

健全的社会保障体系是社会主义市场经济的重要支柱，也是构建社会主义和谐社会的重要内容。因此，各级工会要以贯彻落实《上海市社会保障“十一五”规划》为契机，进一步加大源头参与力度，切实将推动和协助政府完善本市社会保障体系作为当前及今后一段时期上海工会保障工作的一项重要任务，抓实、抓好。

1. 源头参与制定本市有关社会保险、收入分配、帮扶救助等方面的法规和政策。抓住国务院研究、制定《社会保险法》、《企业工资条例》、《社会救助法》及《劳动争议调解仲裁法》的有利时机，在建言献策、推动实施的基础上，要通过各种渠道积极反映职工群众的合理诉求和工会的意见建议，使之成为地方性法规或政策，并推动本市出台具体实施细则。

2. 推动深化国家医药卫生体制改革。要密切关注国务院《关于深化医药卫生体制改革的意见》的实施，在推动建立覆盖城乡居民的公共卫生体系、医疗服务体系、医疗保障体系、药品供应保障体系“四位一体”的基本医疗卫生制度的基础上，通过各种渠道，推动政府进一步加大对工会医疗互助活动的财政支持力度。

3. 推动深化本市农民工社会保障制度的完善。要进一步研究国务院《农民工养老保险办法》及《职工社会保险关系跨地区转移与接续办法》出台后与上海“综保”制度的衔接。同时，着力推动提高“综保”参保率，完善和落实本市对农民工的社会保障政策，不断提高农民工养老、医疗、工伤等待遇水平。

4. 推动深化本市养老保险制度改革。要积极参与、密切关注事业单位养老保险制度改革；参与制定本市养老金调整方案，研究企业退休早养老金偏低人员、具有高级职称的企业退休科技人员、企业退休劳模的倾斜政策；关注基本养老金计发办法的调整，推动建立企业年金制度，提高养老金替代率。

5. 推动深化本市住房供应和保障体系的建立完善。重点研究保障对象的确定，廉租房和经济适用房供应体系的建立。继续推动、督促政府有关部门加大住房公积金的归集力度，进一步发挥住房公积金的应有作用。

6. 推动深化本市失业、工伤、生育保险制度的完善。要推动政府部门根据全市职工平均工资增长及居民消费价格指数变化等因素，提出调整本市职工及来沪从业人员的伤残津贴、生活护理费及抚恤金标准等建议；推动调整失业保险金标准、生育生活津贴和医疗费补贴标准。

五、大力开展政策研究、宣传及培训工作，不断提高上海工会保障工作的参与能力和协调能力

各级工会要加强对保障职工劳动经济权益和社会权益政策的研究，尤其要关注、重视严峻经济形势下对职工经济权益的影响，及时排摸、反映企业在生产销售、停产歇业、人员裁减、工资福利及劳动关系不稳定因素等情况，并通过开展深入扎实的调研活动，提出具有指导性、针对性、前瞻性的政策意见和建议，增强维权的主动性、科学性，切实提高参与力与建议力；要加强工会保障干部政策培训，通过定期举办研讨会、学习会、培训班、辅导讲座及编印发放政策汇编等形式，加大培训力度，积极引导工会保障干部全面掌握专业知识和政策，切实提高实施力，为做好工会保障工作提供有力的人才支持；同时，要进一步加强与政府相关部门的沟通。建立与人大、政协和政府劳动保障、民政、医保及统计等部门的定期沟通制度，切实提高协调能力，实现工会保障工作与政府相关领域工作的有机衔接。

同志们，2009年受国际金融危机影响，上海工会保障工作的任务将十分繁重，各级工会组织要加强组织领导，强化工作措施，切实将工会保障工作作为工会工作考核的重要指标，认真、及时制定工作方案，明确目标和进度，落实责任和措施，强化监督和检查，确保年初制定的各项目标和任务落到实处，振奋精神，真抓实干，不断开创上海工会保障工作新局面，切实以职工队伍的稳定促进企业和社会的和谐稳定。

在2009年上海工会法律工作会议上的讲话

（2009年3月9日）

茆荣华

同志们：

今天，我们在这里召开2009年上海工会法律工作会议，研究部署今年工会的法律工作。下面，我就去年上海工会法律工作、新时期工会法律工作的地位和作用以及今年工会法律工作需要把握的重点谈几点意见，供大家参考。

一、2008年上海工会法律工作的简要回顾

（一）劳动合同制度建设取得新经验

一年来，各级工会主要从加大宣传力度、开展课题调研、指导开展工作3个方面，营造《劳动合同法》贯彻实施的正确舆论氛围，破解《劳动合同法》实施过程中的新问题，培育工会贯彻实施劳动法规的典型经验。市总工会重点组织开展了专题调研，提出了加强劳动合同制度建设的建议对策；着力指导地区、系统、基层工会把握劳动关系建立、运行、调处、监督等关键环节，推进劳动合同制度建设。

各区县局（产业）工会深入基层、工地、楼宇和工业园区，开展形式多样的培训、咨询、指导及宣传教育活动，总结培育了一批劳动合同制度建设的新经验。

（二）集体协商机制建设取得新突破

一年来，各级工会主要从推动形成政府主导推进工资协商建制的工作格局、扩大工资集体协商覆盖面、提高协商代表的协商能力等方面推进集体协商机制建设。市总工会重点发挥市三方工资集体协商工作推进小组和职工工资分配联席会议的作用，着力推动建立职工收入分配的协商共决机制、职工收入正常增长机制、职工收入分配监督保障机制；重点指导沃尔玛、麦当劳等大型跨国连锁企业建立集体协商机制。

各区县工会与劳动保障部门密切配合，联手相关部门全力推进工资集体协商工作，建立了工资协商推进领导小组，以政府为主导推进工资协商建制的工作格局已经初步形成。市总工会和区县、产业工会联合推进以高于最低工资标准和保障职工合理福利待遇为主要内容的区域性工资集体协商，推进以行业主体工种工时定额和工价标准为主要内容的行业性工资集体协商。

（三）农民工权益保障工作取得新成效

一年来，各级工会紧紧围绕组织入会、权益维护、教育培训、服务管理、困难帮扶5个环节，突出发展农民工加入工会、推动保障农民工权益相关法律法规政策的落实和帮助农民工解决困难3个重点，推进工会各项维权机制与举措向农民工群体延伸和覆盖，依法维护农民工的合法权益。市总工会先后下发了《上海市总工会2008年农民工工作要点》等文件，提出做好灾害时期农民工权益保障工作的要求，部署和指导全年农民工工作要求，全面推进农民工维权工作。

各区县产业(局)工会积极配合政府劳动保障监察机构等部门在全市开展农民工工资支付情况专项监督检查活动。普陀区总工会等6家单位被评为全国工会维护农民工合法权益工作先进集体。

(四)"五五"普法教育工作取得新进展

一年来，各级工会认真组织开展中期检查、加强工会干部培训、组织知识竞赛、举办系列活动，着力推进法律进企事业单位、进车间(科室)、进班组、进园(社)区，全面实施"五五"普法规划，提高工会干部和广大职工法律意识和素质。市总工会重点组织开展了本市工会系统的"五五"普法中期检查，全面落实《上海工会"五五"普法教育规划》。

各区县、产业工会组织职工参加普法教育格言征集活动，积极探索实践"法律四进"的有效途径和形式，增强职工的法律意识。

(五)劳动争议调解和法律援助工作取得新提升

一年来，各级工会从宣传贯彻《劳动争议调解仲裁法》、建立健全劳动争议预防和预警机制、参与劳动争议仲裁和劳动争议诉讼、依法提供法律援助4个方面，加强劳动争议调解和法律援助工作。市总工会重点指导基层工会做实企业内部劳动争议调解工作，建立健全劳动争议预防预警机制，探索区域性、行业性、多层次、广覆盖的劳动争议调解模式。

区县总工会大力加强与法院、司法、劳动、律师协会等部门的联合，积极探索劳动争议调解新模式、法律援助新途径。全市两级职工法律援助中心共为职工提供法律服务39 681人次，较好地维护了职工群众的合法权益。

二、新时期工会法律工作的地位和作用

(一)工会法律工作在推进法制建设中承担着重要责任

首先，工会法律工作对源头参与劳动立法具有重要作用。工会法律工作有3个不可替代的作用：一是发挥组织化优势，代表职工利益参与到立法过程之中，成为立法博弈中的重要力量；二是有效利用组织网络，很好地汇聚广大职工群体对立法工作和具体法律的意见、建议；三是贡献工会在调处劳动关系过程中的有益探索和经验，为劳动立法提供宝贵的实践依据。

其次，工会法律工作在提升职工法制素养上具有教育引导作用。工会在帮助职工解决生产生活中具体困难的同时，更要清醒地认识到"授人以鱼，不如授人以渔"的道理，有责任教育、引导职工学法、知法、懂法、守法、用法，提高职工自我保护的能力。工会法律工作的重要职责是引导职工以合法的形式表达利益诉求，用法律武器保护自身利益不受侵害。

再次，工会法律工作对监督法律执行具有积极作用。监督国家各项劳动法律的贯彻执行是工会组织主要职责，需要各级工会建立和完善工会劳动法律监督组织网络、监督机制和制度，建立一支具备优秀素质的工会劳动法律监督员队伍，积极主动地发挥好监督作用，督促企业贯彻执行各项劳动法律制度，也需要工会加强与行政执法部门联手开展劳动法律执法检查和专项监督检查，强化执法监督的力度。

(二)工会法律工作在推进和谐社会建设中承担着重要使命

一是推进劳动关系协调机制建设。建立和完善劳动关系协调机制是工会法律工作重中之重的环节，需要我们积极建立三方协商会议制度、政府与工会联席会议制度等社会化劳动关系协调机制，建立和完善以劳动合同、集体合同、职代会制度为主要内容的企业内部劳动关系协调机制。通过机制建设，及时预警和化解劳动争议，把劳动关系矛盾纳入到依法调处的轨道之中。

二是维护职工共建共享企业发展成果。共建共享企业发展成果是和谐社会的应有要义，主要体现在企业内部利益分配的合理性。工资集体协商是协调利益分配关系最有效的制度手段。近年来，工会法律工作致力于推动工资集体协商，取得了一定成果，当前和今后一段时期里，工会法律工作在大力提高工资集体协商的质量，推动职工实现共建共享权利的责任依然重大。

三是依法调处劳动关系。近年来，劳动争议案件数量逐年攀高，2008年全市劳动争议仲裁数量达64 580件，同比上升了119%。在这种情况下，需要工会承担起更加繁重的调处任务，积极推动构筑多层次、多元化的调解网络，建立健全企业劳动争议调解委员会，特别要在非公企业集聚的工业园区、社区，大力推进区域性、行业性劳动争议调解组织建设，最大限度地将矛盾在"第一时间"化解在基层。

(三)工会法律工作在维护职工队伍和社会稳定中承担着重要任务

首先，教育引导职工理性表达利益诉求。现阶段的群体性事件大多为基于合理利益之争的群体性纠纷。在这种情况下，更需要工会发挥调处劳资矛盾的优势，进行双向引导，妥善协调利益关系。

其次，把群体性矛盾和纠纷纳入到集体协商的轨道。经济困难时期，往往也是劳资矛盾的多发时期，劳资协商应成为一种常态的社会秩序。需要工会充分发挥集体协商的积极作用，切实把劳资矛盾纳入到集体协商的轨道，把握关键环节，依法组织好协商，并对协商结果的履行情况进行有效监督。

第三，敢于和善于维护职工的合法权益。敢于维权，要求工会法律工作者必须清楚自己的身份和责任，处理好职工的长远利益与眼前利益的关系，坚决维护好职工的合法权益，努力为职工争取合理利益；当发生群体性纠纷事件时，要在第一时间赶赴现场，第一时间掌握第一手资料，第一时间传递第一手信息。善于维权，要求我们掌握一定的维权策略和技巧，善于深入开展调查研究，分析研判劳

动关系的发展趋势，找准维权的切入口。

三、今年工会法律工作需要把握的重点

（一）正确研判形势，努力把握工会法律工作的策略和力度

随着上海经济体制的深刻变革，社会结构的深刻变动，利益格局的深刻调整，职工队伍的深刻变化，经济关系、劳动关系日趋复杂化。特别是受当前国际金融危机影响，劳动关系的矛盾越发显性化，工会法律工作也越发显得更加重要。越是在困难的时候，越是要更好地维护职工合法权益。这就要求我们既要敢于维权，又要善于维权；既要讲原则，又要讲策略。我们要始终坚持维护职工长远利益和眼前利益的统一，始终坚持促进企业发展和维护职工权益的统一，始终坚持依法维权和理性引导的统一。

在《劳动合同法》的宣传和贯彻上，工会法律工作者要理直气壮地维护法律的尊严；同时，我们也要引导职工理解并支持企业在生产任务不足时采取轮岗、培训、休假等方式，争取不裁员、少减员。在群体性劳动纠纷的协调处置上，要高度重视、妥善处理企业群体性纠纷，建立健全应急处置机制，既要维护职工合法权益，又要引导职工有序、合理地主张权利，力争在第一时间、第一现场协助党政妥善处理，避免矛盾激化影响社会稳定。在工资集体协商工作的推进上，要统筹兼顾企业效益和职工权益，稳妥有序地推进工资集体协商。特别要加强分类指导，对生产经营正常的企业，要促使职工收入水平在原有基础上有所增长；对生产经营出现困难的企业，要保障好职工基本的经济利益，尽可能降低受影响的程度；对区域性、行业性工资集体协商，女职工权益保护专项集体合同等，要进一步提高建制率，着力规范和改善劳动标准和工作条件。

（二）牢牢抓住重点，努力发挥工会法律工作在调处劳动关系中的重要作用

今年，市总工会法律工作的重点是三项制度和机制建设。一是推进劳动合同制度建设。市总工会将制定工会推进劳动合同制度建设的指导意见，加强对劳动合同工作的指导。二是推进集体协商机制建立。以世界500强企业和效益较好的企业为重点，推动外商在沪企业建立工资集体协商机制；以社区、村区、楼宇、工业园区为单位，以高于最低工资标准和保障职工福利待遇为重点开展区域性工资集体协商，以行业主体工种最低工资、工时定额和工价标准为主要内容开展协商，推动和提高区域性行业性集体协商建制率。三是推进劳动关系预警、预防、调处、援助一体化工作机制建设。将总结推广工会与劳动保障、司法、法院等有关部门联手开展社会化劳动争议调解的模式，努力构筑多层次、多元化的调解网络。

各地区系统工会要从劳动关系实际出发，积极探索和参与具有行业特点的劳动合同规范文本的制订和推广，指导基层工会推进劳动合同制度建设，提高劳动合同的签订率、履约率和履约质量；要从本地区系统的经济发展状况出发，根据各企业的经济状况，推进集体协商机制建立，发挥集体协商机制在劳动关系预防调处和解决群体性纠纷中的重要作用；要从本地区系统的工会组织状况、劳动争议调解和工会法律援助网络现状出发，建立健全企业劳动争议调解委员会，充分发挥企业调委会“第一道防线”的作用。在推进企业建立健全劳动争议调解委员会的基础上，探索在街镇、工业园区和区县2个层面建立劳动争议调解委员会，争取年底能够全覆盖。加强与人力资源和社会保障局、法院、司法局的协作，提高劳动争议调解的质量和效力，努力将更多的劳动纠纷化解在基层，化解在萌芽状态。

（三）注重整合资源，努力放大工会法律工作的整体效应

今年，在建立工资集体协商机制的推进上，市总工会将加强与市人保局的联系沟通，巩固政府主导的推进工作格局；健全与市国资委建立的规范国有企业职工收入分配联席会议制度，推进市区两级直管国有企业普遍建立工资集体协商机制建设。在群体性劳动纠纷调处上，将积极贯彻落实市总工会与市人力资源和社会保障局、市企业联合会联合下发的《关于积极发挥集体协商机制作用，促进经济平稳较快发展，维护社会和谐稳定的意见》，努力把矛盾调处依法纳入协商轨道上来。在加强工会劳动法律监督上，市总工会将继续加强与市人大、市政协、市劳动保障监察机构等部门的联系，加大对劳动法律法规执行情况的联合执法检查和专项监督检查力度。

各区县工会要主动加强与人力资源和社会保障部门、企联等组织的联系，建立健全劳动关系三方联席会议制度，合力推进劳动合同制度、集体合同制度建设；要主动与法院、司法、律师协会、劳动部门联合，加大劳动争议社会化调解力度。各级工会应当处理好工会法律工作和工会其他工作的关系，加强与工会组织工作、保障工作、劳动安全生产工作、职工民主管理工作、职工教育培训工作等的整合联动，以提高工会工作的整体水平。

（四）加强调查研究，努力提高工会法律工作的针对性和实效性

市总工会法律部将结合重点工作的开展、难点工作的突破，开展系列调研。一是开展《关于做好本市农民工工作若干问题的建议》专题调研，反映农民工群体近年来的权益实现基本状况和当前主要的利益诉求，为全市农民工问题的立法和政策制定提出对策建议。二是开展劳动争议调处和职工法律援助工作调研，提出完善劳动争议调处机制和职工法律援助办法的措施建议。三是参与《职工代表大会条例》的立法调研及《工会法》贯彻情况调研。

各区县系统工会要积极参与和配合市总相关课题的调研，并结合本地区、本系统的实际，围绕建立和发展和谐劳动关系的难点，围绕工会法律工作的重点，确立重点课题开展调查研究。要注重发挥调查研究在总结经验、树立典型，破解难题、探索规律，创新思路、创新方法中的作用，不断提高工作效率和服务能级。

（五）积极探索实践，努力打造本地区系统工会法律工作品牌

市总工会将加强工作指导、特色总结、经验推介工作，扩大特色工作成果，放大工会工作品牌效应。在品牌打造上，我们已经有了一定的工作基础，如黄浦区总工会成立了“黄浦区总工会阿林法律工作室”，为职工免费提供法律援助服务，工作室经过2年多的运作，已经成为工会维权品牌，林志祥也被光荣评为全国维护职工权益杰出律

师；普陀区成立了“普陀区总工会农民工权益保障分中心朱雪芹工作室”，把工会援助窗口前移，加大政策咨询和法律援助的工作力度，把“农民工有困难找工会”落到实处。

各区县系统工会要结合本地区、本系统、本行业的经济发展实际、劳动关系发展状况，结合当前工会工作的重点、劳动争议的焦点、职工群众关心的热点，创新思路、创新方式、创新载体，提炼经验、总结特色，打造品牌。同时，要注重增强基层工会活力，尊重基层工会的首创精神。上级工会要深入基层，悉心指导、真心服务、用心总结；要结合工会法律重点工作，加强工作典型树立和示范基地培育。

（六）加强学习培训，努力造就一支新时期工会法律工作者队伍

各级工会法律干部要加强学习，不断提升法律素质和服务能力。一要努力提高政治素质。要深入学习和实践科学发展观，深入学习中国特色社会主义理论体系，深入学习中国特色社会主义维权观。二要努力提高业务素质。要加强法律法规政策业务知识学习，努力成为化解利益矛盾、协调劳动关系的行家里手。市总工会将继续发挥市区两级法律顾问团的作用，加强工会法律援助队伍建设，建立区工会法律干部定期学习培训制度。将组织工会法律援助队伍加强对劳动争议调解案例的收集和分析，编辑最佳劳动争议调解案例集。

各区县系统工会要积极推荐选派优秀的同志充实到工会法律工作岗位上来。这几年不少区县产业工会增加了新生力量，尤其是一大批法律专业的年轻人才充实到工会法律队伍中。各级工会要充分用好这股新生力量，为工会法律人才施展才能搭建舞台。同时，要充分发挥劳动争议兼职仲裁员、劳动法律监督员、劳动争议调解员、劳动关系协调员、集体协商指导员、普法宣传员的作用，充实和壮大工会法律工作者队伍。

同志们，在劳动关系发生深刻变化的今天，工会法律工作意义重大而深远，我们要振奋精神，鼓足信心，迎难而上，开拓创新，努力开创工会法律工作的新局面，以优异成绩迎接新中国成立60周年。

专　　记

Special Reports

上海工会庆祝中华人民共和国成立60周年

【上海职工庆祝祖国60华诞系列文化活动】 9月起，市总工会开展"歌颂祖国·奉献世博"上海职工庆祝祖国60华诞系列文化活动。主办《咱们工人有力量——中国工业主题美术作品展》，展出作品180件；参加由全国总工会主办的庆祝新中国成立60周年全国摄影展，推荐103幅摄影作品，分获一、二、三等奖和优秀组织奖。"歌颂祖国·奉献世博"上海职工庆祝祖国60华诞系列文化活动共设8个分会场，在市、区县局（产业）和基层单位三个层面同时开展活动，有40多个区县局（产业）工会参与各分会场职工文化活动。（宋　昶）

【市总工会举行上海市庆祝新中国成立60周年劳模先进座谈会】 9月25日，上海市庆祝新中国成立60周年劳模先进座谈会在展览中心隆重举行，160余位全国和上海市劳模、全国五一劳动奖状（章）获得者代表与会。市委副书记殷一璀出席并代表市委向劳模先进和广大职工致以节日的问候，要求充分发挥劳模和先进典型的引领示范作用，抢抓机遇，克难奋进，在上海加快推进"四个率先"、加快建设"四个中心"和现代化国际大都市中再立新功，再创辉煌。市人大常委会副主任、市总工会主席陈豪主持会议。市人大常委会副主任王培生，市政协副主席朱晓明，市委副秘书长姚海同，市人保局党委书记刘嘉音，市总工会副主席汪兰洁、杜仁伟、陈国华等参加座谈会。劳模先进和劳模集体代表杨怀远、何向东、邓子新、赵炯、吴美娟、李治国等交流发言，刘幸偕、沈亚龙等做书面交流。（李　伟）

举行上海市庆祝新中国成立60周年劳模先进座谈会（吴良荣）

【市总机关系统开展"庆国庆、迎世博"活动】 市总机关系统各级党组织开展形式多样的庆祝建国60周年活动，组织党员参观《建国60周年大型图片展览》、江南造船集团基地、虹桥综合交通枢纽项目等，参与市级机关党工委"纪念建国60周年征文活动"。根据市委、市政府《迎世博600天行动计划》要求，各级党组织广泛开展"迎世博、讲文明、树新风"活动，提升党员和职工队伍的素质，带头做世博知识的传播者、带头做窗口文明形象的展示者、带头做文明出行的领路者、带头做文明办公的示范者、带头做社会公益的志愿者。机关党委通过开展"迎世博"建言献策、举办"迎世博"专题讲座、播放"文明礼仪教育"资料片、组织参加外滩地区环境清扫等活动，突出市总机关系统党员的表率作用，展现良好的社会形象。（余　铮）

【徐汇区总工会举行庆祝国庆60周年系列活动】 6月27日，徐汇区职工迎世博卡拉OK比赛决赛暨"红五月"系列活动颁奖仪式在区工人文体中心三楼多功能厅举行。有79个企事业单位的1 020名职工参与，除了卡拉OK比赛之外，还设有保龄球、射击、乒乓、桥牌、扑克牌80分和中国象棋等6个项目。活动组委会向22家单位颁发优秀组织奖。9月18日，区总工会在徐家汇社区文化活动中心二楼剧场举行徐汇职工"为中华喝彩——喜庆共和国六十华诞"文艺汇演。参加演出的14个节目，大多是区各行业职工自编自导自演的文艺节目，有舞蹈、秧歌、大合唱、歌曲串烧、情景朗诵和新民乐等，展现新中国60年取得的成就，表现人民群众的幸福生活。（张均敏）

【静安区总工会开展庆祝建国60周年活动】 9月21日，区总工会在艺海剧院小剧场举行"迎世博盛会，建国际静安"——静安区职工庆祝国庆60周年卡拉OK决赛。比赛从6月初拉开序幕，历时4个月，1 000多名职工参加，经过层层筛选，选拔出76名歌手参加复赛，并有16名歌手进入决赛。9月18日，区退休职工管理委员会在中福会少年宫小伙伴剧场举办了静安区退休职工"迎世博、庆国庆、庆敬老节"文艺汇演。现场举行了"企业社区双重关爱签约仪式"。除了文艺演出，区总工会还举办了"方寸之间颂祖国"集邮知识竞赛、"魅力静安"摄影作品展示、"城市，让生活更美好"征文比赛、"静安、长宁两区书画作品展"等。（姜颖洁）

【上海电力开展庆祝建国60周年系列活动】 国庆前夕，举行"光耀祖国·点靓世博"庆祝国庆60周年歌咏会暨先进表彰大会。广大职工以歌言志，抒发上海电力职工当好世博主人翁的豪情壮志。同时，举办了"光耀祖国、点靓世博"庆祝建国60周年职工书画摄影作品展，编辑出版了《庆祝建国60周年职工书画摄影作品选》。（余传毅）

【上海电建公司工会开展庆祝建国60周年系列活动】 电建公司工会以"颂扬祖国60华诞，讴歌电建光辉历程"

为主题,组织开展了庆祝国庆60周年职工文学、摄影、书画作品征集活动。近300件作品集中体现了职工们对祖国的深厚情怀,和对企业的热爱。公司工会筛选了60件作品,出版了《上海电建职工文学、摄影、书画作品集》,播放了职工自行编制的《与共和国同行》电视片,回顾了上海电建53年的发展轨迹和成就,举行了《庆祝国庆60周年上海电建职工文学、摄影、书画作品集》首发仪式。

(张文标)

【上港集团工会开展喜迎建国60周年职工系列文艺活动】 重点开展三方面活动:一是举办"岁月如歌——上港集团庆祝建国60周年征文、演讲、歌咏"活动。并在9月底建国60周年大庆前夕,组织了一台大型歌咏会。二是创作集团企业歌。完成了"上港之歌"的创制,将歌曲光盘下发至基层单位,在职工中唱响集团企业歌。三是发挥集团职工业余艺术协会的作用。围绕"歌唱伟大祖国"的主题,发挥集团合唱团、影视评论、书画、集邮等艺术协会作用,开展丰富多彩的职工业余艺术活动。(张晨琦)

【中铁上海设计院集团有限公司工会开展庆祝建国60周年系列活动】 8月,相继开展了"创业杯"羽毛球团体赛、职工拔河比赛、"迎博杯"职工游泳比赛、篮球和足球比赛以及桥牌比赛等系列比赛项目。集团公司工会还与团委联合开展实用软件征集活动,经第一阶段的宣传和发动,截至8月底,已收到来自10个单位27项实用软件项目的申报,9月份进行软件比赛。举办第二届职工卡拉OK演唱大赛,有近70支歌队参赛,由专业评委和院内评委以及院内职工共同评选出"优秀歌手奖"、"优秀组织奖"以及各个单项奖等。

(吴梅珍)

【上海市医务工会庆祝成立60周年系列活动】 12月6日,举行庆祝医务工会成立60周年系列活动。一是编辑制作反映市医务工会成立60周年历程的专题纪实片。成立了纪实片编辑工作小组,邀请医务工会的老同志回忆当年情况,收集历史图片,制作完成了"医务工会,我们共同的家"和"走过60年——上海市医务工会60年简史"2部纪录片。二是召开大型座谈会。11月27日,在上海市展览中心友谊会堂宴会厅举行"上海市医务工会成立60周年座谈会",向历届工会老领导颁发"上海市医务工会成立60周年杰出贡献奖",并合影留念。三是举办第七届文化艺术节。12月2日晚,在东方艺术中心举行上海市医务工会成立60周年庆祝大会暨医务职工第七届文化艺术节闭幕式,近千人参加第七届文化艺术节活动。

(钱菊敏)

纪念《劳动报》创刊60周年座谈会 (吴良荣)

【《劳动报》创刊60周年纪念活动】 1949年的7月1日,《劳动报》在上海创刊。为纪念创刊,6月29日,200多位社会各界人士聚集上海国际会议中心,与劳动报人一起庆祝报庆。中共中央政治局委员、上海市委书记俞正声,市委副书记、市长韩正,市人大常委会主任刘云耕、市政协主席冯国勤、市委副书记殷一璀等领导及中华全国总工会办公厅等分别发来了贺信,市委常委、宣传部长王仲伟,市人大常委会副主任、市总工会主席陈豪等出席座谈会并讲话,原《劳动报》社长、总编辑马达,普陀区总工会主席严爱科,著名全国劳模、上海电器液压气动有限公司总工艺师、数控专家李斌,劳动报社党委书记、总编辑陈必华以及《劳权周刊》部主任张红星等相继在庆祝会上发言。为做好报庆60周年纪念活动,报社职工发扬团队合作精神,协同作战,在短时间内策划出版《劳动报》纪念特刊,制作多媒体宣传片,成功举办报庆60周年座谈会,首次尝试在报社网站直播网络视频,在全市设点赠送报庆60周年纪念特刊,并制作了有收藏价值的纪念卡等。期间,报社根据陈豪主席关于开展"爱党、爱祖国、爱工会、爱报社"主题教育活动的意见,以"我与《劳动报》"为主题,在报社职工中进行感言征集,在160条感言中有28条入围评选最佳感言,经全体报社职工投票,最终评出了10条最佳感言。

(姚惠福)

上海工会实施《上海职工迎世博600天行动计划》

【上海工会在迎世博活动中深入推进职工精神文明建设】 为落实《迎世博600天行动计划》和《上海职工迎世博600天行动计划》,引导全市职工投身"当好主力军,建功世博会,展示新风采"主题实践活动,让广大职工了解世博、参与世博、奉献世博、共享世博,市总工会发挥工会组织优势和工作优势,以"世博理念我宣传"和"世博文明我践行"为两大重点,不断提升职工队伍整体素质。(1)突出分类指导,重在典型培育,增强广大职工参与世博的文明示范

市总工会与市有关部门联合举办上海职工“奔向世博，拼搏200”主题活动 （吴良荣）

和道德引领。一是启动上海百万职工迎世博“三五”集中行动。4月15日，召开迎世博上海工会精神文明建设工作会议，部署全市工会迎世博精神文明建设工作。全国劳模王震代表近1 000个新当选的文明班组发出“迎世博行动起来”的倡议，全市职工积极参与每月5日以“擦亮窗口，规范服务”为主题的“窗口服务日”活动每月15日以“清扫家门，清洁家园”为主题的“环境清洁日”活动和每月25日以“文明出行，守序有礼”为主题的“公共秩序日”活动。由电气李斌班组、航天唐建平班组、上汽徐小平班组等劳模班组、文明班组和市总工会机关干部组成的职工志愿者服务队200余人，在外白渡桥周边开展环境清洁活动。二是加强上海职工职业道德教育。市总工会依托上海职工“诚信在我心，文明伴我行”践行职业道德宣传周，聚焦世博相关行业，命名10家单位为“上海职工职业道德教育示范基地”，引领更多的职工拥有崇高的职业精神，精湛的职业技能，良好的职业礼仪和严格的职业纪律；积极组织职工参与“百万职工学礼仪”活动，全市共有9万名职工参与培训考核，其中2万名为农民工；引导全市职工参与“文明在我脚下，文明在我手中，文明在我口中”公共道德践行活动。（2）精心设计方案，提供服务指导，增强广大职工参与世博的理念认同。一是广泛开展“与世博同行，为世博添彩——世博企业行”宣传教育系列活动。2月，市总工会、世博局、市文明办联合下发《关于在全市职工中开展“与世博同行，为世博添彩——世博企业行”宣传教育活动的实施意见》。选择全市范围内有影响力、有代表性、与世博相关的200家单位作为重要站点，通过免费提供世博展板、图书资料、互动体验、知识讲座、双语培训等途径，将世博知识推广到企业、渗透到基层、宣传到职工，并借助各区县行业和企事业单位自身组织，引导职工开展迎接世博、投身世博的实践活动；组织动员至少2万名职工积极参与“寄语世博——海宝画卷签名留言活动”，即参展职工在世博心愿卡上留下憧憬世博、服务世博、建功世博的诚恳建议、美好寄语或衷心祝愿，已有3.5万名职工留下了寄语世博、建言世博的肺腑之言，约2万名职工直接参与“海宝画卷”签名互动体验，逾1.8万家企业的260万名职工参与该项活动。二是开展上海职工“与祖国共命运、与世博共奋进、与企业共发展”感言良策征集。李斌、唐建平、朱雪芹等著名劳模带头参与，广大职工群众积极参与，共收到感言良策3.5万条，从中选出“十佳”爱国感言、世博寄语和兴企良策，为提高职工思想道德素质、激发职工爱国主义热情，增强职工主人翁责任感和使命感发挥了积极作用。（3）加强教育培训，提供教材辅导，增强广大职工参与世博的文明素养。一是开展迎世博百万农民工基本素质教育培训。由市总工会牵头，联合市文明办、市人保局、市教委等10家单位开展迎世博农民工基本素质教育培训工程。培训以提高农民工综合素质，丰富农民工精神文化生活为主要目的，以引导广大农民工了解世博基本知识、懂得基本法律法规、遵守基本文明规范、保障基本生命安全、掌握基本生活常识为主要内容，以《迎世博农民工基本素质教育培训读本》、《精彩世博，文明先行》电视教学片及配套的扑克牌为基本教材，以全市1 500多家农民工业余学校、50多家电大分校、18家区县社区学院、200多家社区学校以及工人文化宫、企业培训中心、员工学校、女职工周末学校等为基本阵地，以教师、专业工作者、企业管理人员、工会干部、农民工先进人物、大学生志愿者等为基本师资，以与各委办局、区域、行业已经开展的农民工培训项目相衔接为基本途径，以集中面授、电视教学、网上课堂等为培训手段，在农民工较为集中的行业和地区有步骤、分阶段推进，力争在2009—2010年两年内完成培训200万农民工的目标。已向相关单位和区县产业工会颁发培训任务书，向首批400名农民工基本素质教育培训讲师团成员颁发聘书，向培训单位和农民工代表赠送5万册《迎世博上海农民工基本素质教育培训读本》、1万张电视宣传片和2万副文明礼仪扑克牌。自6月启动至年底，已培训农民工114.27万人。二是深入推进上海职工迎世博学双语活动。在世博会倒计时1 000天、900天和800天之际，市总工会会同世博局、市文明办、上海远程教育集团等单位共同启动百万职工迎世博学双语活动，推出《上海市民迎世博学双语读本》和双语视频教材，落实培训基地，开展师资培训，并联合3家单位下发文件《上海职工“迎世博、学双语”三年行动计划》，率先在全市职工中开展双语教育培训和考核，成为全市第一家在全市倡导并发起该活动的组织。市总工会以2008年为职工学双语活动推动年，2009年为深化年，2010年为展示年，努力为广大职工建设世博、服务世博提供必要的素质条件和智力支持。全市各区县和产业工会纷纷行动起来，以商业、旅游、餐饮、铁路、城市交通、邮政、电信等窗口行业为重点，开展学习，培训教员，组织考核，实施奖励等，截至10月，参加双语培训考核的职工人数已近60万名。（4）搭建活动平台，提供展示舞台，增强广大职工参与世博的文化自觉。一是围绕世博主题开展读书活动。2009年，第十一届上海读书节覆盖企业职工、学生、楼宇白领、新上海人、农民工、教师等不同社会群体，为开展“迎世博、迎国庆、讲文明、树新风”活动和推进学习型社会建设营造氛围。期间开展“相约世博，共享知识”苏浙沪职工世博知识趣味挑战赛，得到了苏、浙两省总工会和上海各区县局和产业（集团）工会以及各基层单位的大力支持，3个月内共有42万人次的市民和职工参加了网上世博知识测试，收到书面答题卡2.2万余张，参赛手机短信3.5万条。二是开展“歌颂祖国·奉献世博”上海职工庆祝祖国60华诞系列文化活动。市总工会聚焦世博主题，形成以“文艺晚会、文化奖项、文艺展示、文化节庆”为载体的职工文化工作格局。在中国上海国际艺术节期间和“上海职工展演周”期间，安排地铁、机场、电信、大众出租等窗口服务单位以文艺表演的方式展示各单位迎接世博、建设世博的职工风采和企业形象，引导各区县局（产业）工会积极参与世博、融入世博，举办富有地域特色、行业特点、世博内涵的职工文化艺术节，借助世博文化辐射效应，有效提升职工文化素养。2009年，由市总工会、市文化广播影视管理局、市文联等单位共同主办上海市职工歌手大赛，约2 000多名歌手参加比赛，在全市职工中掀起歌曲创作、演唱新高潮，广泛传唱爱国主义和世博歌曲。据统计，全市有100多个区县局（产业）工会参与系列文化活动。 （陈 祷）

启动迎世博上海百万职工“五一”特别行动暨窗口服务行业劳模先进巡访活动 （吴良荣）

【召开上海世博会重大工程建设建功立业劳动竞赛推进暨现场交流大会】 3月26日，在迎世博倒计时400天时，市总工会与上海世博局联合召开上海世博会重大工程建设建功立业劳动竞赛推进暨现场交流大会。上海世博局党委副书记许伟国、上海世博局副局长丁浩、市总工会副主席杜仁伟、市总工会秘书长周志军等出席会议。丁浩作2009年劳动竞赛工作报告，世博集团分赛区、中建八局项目部、中国馆施工单位、文广集团世博演艺中心有限公司等交流发言。 （李 伟）

【上海市窗口服务行业职工迎世博重点商圈（街）立功竞赛正式启动】 3月26日，市总工会、市窗口服务指挥部、市文明办联合举行“上海市窗口服务行业职工迎世博重点商圈（街）立功竞赛启动仪式”，标志着上海重点商圈（街）窗口服务行业正式进入迎世博临战阶段。立功竞赛以“比服务环境，赛整洁优美；比服务设施，赛安全便捷；比服务品质，赛仪态仪表；比服务水平，赛技术技能；比服务管理，赛常态长效”等“五比五赛”为重点，努力推动全市重点商圈（街）窗口服务行业服务水平和服务质量的整体提升。启动仪式上开展了《上海市窗口服务行业职工文明服务公约》系列宣传活动，通过12生肖演绎电视宣传片的形式，在公交、地铁、商场等处进行滚动播放，并发放20万张《上海市窗口服务行业职工文明服务公约》地铁卡。仪式上还表彰了一批“上海市工人先锋号”和聘请了第二批窗口服务行业优质服务督导员。南京东路步行街、豫园商城、静安南京路、徐家汇商圈、长寿路商业街、上海站地区、新上海商城、陆家嘴商圈、四川北路商业街、淮海路商业街、虹桥地区商圈、江湾五角场商圈等12个重点商圈（街）窗口服务行业代表参加启动仪式。 （李 伟）

【上海市举行推进世博会重大工程建功立业劳动竞赛暨奋战百日誓师大会】 9月23日，为确保世博会各项工程建设任务按时保质保量完成，市总工会、上海世博局联合召开上海市推进世博会重大工程建功立业劳动竞赛暨奋战百日誓师大会。中华全国总工会书记处书记、党组纪检组组长王瑞生，市委常委、常务副市长杨雄出席会议并讲话。大会由市人大常委会副主任、市总工会主席陈豪主持，上海世博会执委会专职副主任、世博局党委书记钟燕群致词。大会向上海世博会重大工程参建单位授“奋战100天，确保试运行，创建工人先锋号”锦旗，号召全体建设单位和广大建设者为圆满完成上海世博会工程的各项建设任务而努力奋斗。会上，中华全国总工会、市总工会和上海世博会重大工程建设建功立业劳动竞赛委员会还分别对劳动竞赛中涌现出来的一批全国五一劳动奖状（章）、全国工人先锋号，上海市五一劳动奖状（章）、上海市工人先锋号以及“七彩世博杯”、“十佳公司”、“百佳建设者”获奖者进行表彰。 （李 伟）

【联合召开迎世博城市管理“工人先锋号”表彰暨争当创造“美好环境美好生活”先锋动员大会】 1月16日，市总工会、市城市管理指挥部办公室联合召开市迎世博城市管理“工人先锋号”表彰暨争当创造“美好环境美好生活”先锋动员大会。会上，市总工会副主席杜仁伟对竞赛工作进行了总结和部署。市城市管理指挥部副指挥、办公室主任李毓毅号召广大职工发扬敢于突破、勇于攻关的创新精神，只争朝夕、时不我待的拼搏精神，跨前一步、主动作为的补台精神，深入实际、锲而不舍的求实精神，不计得失、乐于奉献的牺牲精神，通过打好高架战役、世博周边战役、

表彰城市管理系统迎世博立功竞赛先进 （吴良荣）

江河战役、交通干线战役、重要地点战役等“五大战役”，圆满完成市委、市政府布置的迎世博城市管理的各项任务。会议表彰了立功竞赛活动中涌现出来的50家上海市“工人先锋号”集体。（李 伟）

【市总工会开展“当好主力军、建功世博会、展示新风采”主题活动】 市总工会以世博园区建设为“点”，以世博重点配套工程建设、窗口行业优质服务、市容环境和城市运行综合保障为“线”，以重点特色商圈、商街、商场为“圈”，以全市各行各业为“面”，设立了世博园区工程、重点配套工程、城市管理工程和窗口服务行业等“四大工程”示范性立功竞赛赛区，动员和组织全市各行各业广大职工广泛开展“当好主力军、建功世博会、展示新风采”主题活动，为办好一届“成功、精彩、难忘”的上海世博会献计出力。(1)大力推进世博园区重大工程建设立功竞赛。竞赛活动以“追求一流、创新超越、共铸精品”为主题，以赛工程质量、赛工程进度、赛工程安全、赛团结协作、赛服务保障、赛科技创新、赛环保节能、赛廉洁守法、赛和谐文明为重点，以“三见四促五提高”为目标，即见人、见物、见精神，促安全生产、促进度达标、促“双优”工程(工程优质、干部优秀)、促和谐工程，提高企业素质、提高员工素质、提高管理水平、提高服务水平、提高科技含量。为促进竞赛健康发展，制定了《上海世博会重大工程建设建功立业劳动竞赛实施办法》，作为竞赛的总体规划纲要。此外，每年对竞赛工作进行全面回顾总结并结合工程建设的阶段性重点任务制定新一年的具体工作计划；调动基层班组和广大职工的参赛积极性，健全竞赛网络和协调机制，定期召开各分赛区竞赛负责人例会，通报竞赛进展情况，研究部署阶段性工作重点，协调解决竞赛中的重要事项，推进竞赛的顺利开展；定期组织各分赛区开展竞赛互查，相互促进，共同提高；做好竞赛组织情况、竞赛推进情况及队伍建设情况3个基本台账和资料积累，加强竞赛细节和节点管理，确保各项任务顺利完成；注重典型的选树和宣传，不断扩大示范引领作用和社会影响力。(2)大力推进窗口服务行业立功竞赛。市总工会联合市窗口服务指挥部和市文明办联合制定下发了《关于开展上海职工迎世博窗口服务行业立功竞赛活动的决定》。赛区下设公共服务、交通运输、综合服务、文化娱乐4个分赛区，共涉及58个行业，400万职工。各分指挥部和各成员单位结合各自实际，建立了竞赛组织机构，并按照时间节点，制定了具体的立功竞赛方案。竞赛围绕实现“四个一流”、“四个无障碍”、“四个标志”的目标，努力提升“四个率”(世博知晓率、竞赛参与率、规范执行率、顾客满意率)。以迎世博倒计时时间节点为序分阶段开展十大行动(全员大培训、世博大讨论、签约大行动、对标大升级、技能大比武、建议大征集、环境大整治、顽症大攻关、风采大展示、成果大检阅)。努力培育、打造、表彰具有时代新意、上海特色、社会影响、行业特点的“百个服务品牌、千个工人先锋号、万个服务明星”。制定推出《上海市窗口服务行业职工文明服务公约》，制作《服务公约》电视宣传片和地铁卡。(3)大力开展城市管理立功竞赛。联合城市管理指挥部联合制定并下发《关于开展上海职工迎世博加强市容环境建设和管理立功竞赛活动的决定》，围绕市迎世博600天行动城市管理“三大工程”30项工作任务，组织开展比组织协调，赛措施有力有效；比机制创新，赛管理常态长效；比宣传发动，赛参与广度深度；比质量安全，赛要求达规达标；比任务完成，赛成果显著显效，形成了全面动员、全员参与、全力推进的良好氛围。各牵头部门、区县结合各自实际，按照“同类竞赛，分类指导”的原则成立了相应的立功竞赛组织，并建立机制，制定各自的竞赛方案。牵头单位和19个区县城市管理指挥部和区总工会一道，围绕“先行先试”等城市管理工作重点，积极开展立功竞赛活动。同时贯彻市“三五”集中行动要求，在迎世博倒计时300天之际，制定下发《关于广泛开展“百万职工清洁单位”活动的通知》。(4)大力开展世博重点配套工程建设立功竞赛。积极探索立功竞赛新模式，有选择、有重点地在长江隧桥、虹桥枢纽、轨道交通、洋山港区、外滩通道、青草沙水源地等投资多、周期长、影响大的综合性建设项目中，开展“迎世博600天行动”立功竞赛。并建立世博配套工程建设立功竞赛联席会议制度。竞赛开展过程中，聚焦科技创新、聚焦节能减排、聚焦安全和谐，比施工进度、赛安全生产，比工程质量、赛科技创新，比环境保护、赛节能减排，比工程管理、赛和谐创建，比团结协作、赛精神风貌的“五比五赛”活动，推动了工程建设进程。（李 伟）

迎世博上海出租车行业“工人先锋号”发车仪式（吴良荣）

【举行迎世博上海出租汽车行业“工人先锋号”发车仪式】 7月5日，在上海进入迎世博倒计时300天之际，市总工会、市窗口服务指挥部、市城市管理指挥部、市文明办、市建交委、市交通港口局联合举办迎世博上海出租汽车行业“工人先锋号”发车仪式。仪式上，市委副书记殷一璀向大众、海博、强生、巴士、锦江、法兰红、蓝色联盟七大出租车公司授予“工人先锋号”旗帜，市人大常委会副主任、市总工会主席陈豪向上海大众出租汽车有限公司授予全国“工人先锋号”奖牌，副市长沈骏向七大出租车公司“工人先锋号”代表授予缎带，市劳模杨志明带领出租车驾驶员代表发出迎世博“工人先锋号”誓言。（李 伟）

【上海职业女性迎世博系列活动】 市总工会女职工委员会开展“迎世博600天，上海女职工在行动”建功立业主题活动。(1)建功世博。一是由建设、建工、城建、世博局、世博集团等工会女职工组织引导女职工积极参与到世博场馆、配套设施建设的各项工作中去。涌现出“虹桥综合交通枢纽总体组”、“世博工地五朵金花”、“交通设计前沿铿锵玫瑰”等一批建功世博的先进集体和个人。二是开展“迎世博600天，上海市五一巾帼示范岗”创建活动。在全市窗口服务行业命名了22个女劳模班组为首批示范岗，以劳模班组为示范，以1带5的姐妹班组结对共进方式，辐射、带领更多的女职工班组争创示范岗。在世博倒计时300天之际，市女职工委员会召开创建活动现场经验交流会，授予100个窗口服务单位女职工班组“迎世博600天上海市五一巾帼示范岗”称号，动员组织百个示范岗继续以“结对”的方式，最终在世博会召开之前，创建600个示范岗。市女职工委员会成立了创建活动劳模指导团，聘请吴尔愉、马海燕、马卫星、陶依嘉、于井子等知名女劳模作为创建活动劳模指导团成员，引导结对班组之间通过召开座谈会、参观考察、明查暗访、巡视、轮岗挂职、技能比武等多种形式，分享服务经验，切磋服务技能，进一步创新、丰富和提升各自的服务内涵。市女职工委员会组织“迎世博600天上海市五一巾帼示范岗”代表进京参加“建功奥运、奉献世博——京沪两地先进女职工班组服务经验交流会”，举行京沪姐妹班组结对仪式，学习北京先进女职工班组服务奥运的经验。创建活动开展以来，全市涌现出翔音组、英姿组、蓝馨岗、吴尔愉、凌燕、银鹤乘务组、楼帼玲温馨家居工作室、海博出租巾帼班组、陈扣娣班组、邮政女子分发班、浦江木兰班组、巴士133路巾帼线等一批窗口女职工特色班组，整体提升了窗口行业女职工职业道德、服务水平。(2)奉献世搏。各级工会女职工组织发挥女职工独特优势，积极组织形式多样的女职工志愿服务活动。成立了上海市女职工志愿者服务队，由黄浦、虹口、宝山、闸北、医务、建工等15支分队组成。利用周末先后6次走进世博工地，开展理发、补衣、修鞋、摄影等免费服务，并为建设者进行医疗咨询、提供质优价廉的生活用品等，累计服务5 000余人次。同时，女职工志愿者充分发挥女性细腻贴心的特点，为世博建设者夏送清凉，冬送温暖，并将关爱延续到建设者子女中，为外来建设者子女送上了100套秋衣秋裤。春节到来之际，女职工志愿者又为建设者送上春联。(3)宣传世博。以女职工周末学校为载体，在女职工中广泛开展职业道德、职业规范、职业礼仪教育、宣传和培训，增强女职工东道主意识。同时运用图片展、知识竞赛、演讲比赛、文艺演出等宣传手段，在女职工中掀起学习世博知识、宣传世博理念的热潮。在女职工周末学校中专聘世博知识讲师，开设了百场世博礼仪和形象课程。周末学校大讲堂面向全市女职工五次开设“中国的机遇，世界的盛会”世博知识专场讲座，邀请有关专家为女职工讲授世博知识，宣传世博理念，真正做到世博理念深入人心，世博知识你我皆知。市女职工委员会与城建集团工会联合开设“迎世博600天上海女职工在行动”专栏，及时宣传先进典型，引导女职工人人参与，立足岗位迎世博。以上海职业女性联谊会成立20周年为契机，在优秀女性中宣传世博。以“六一”为契机，向世博建设者子女和单亲困难女职工子女宣传世博。通过在世博工地上工作的妈妈向小朋友们介绍世博；通过世博、文明礼仪知识问答让小朋友们了解世博；通过海宝拼图、齐心协力绘世博等游戏，表达小朋友们期盼世博的热切心情，勾画心中的世博蓝图；通过《世博我们期待着您》等主题演讲表达小朋友们从我做起，争做文明少年，争做热情东道主的决心。 （朱莉颖）

市总工会女职工委员会组织部分区、局女职工志愿者服务队到世博工地为建设者服务 （吴良荣）

【市总工会开展“迎世博、促和谐”系列援助帮扶活动】
一是分别在龙华旅游城步行街、沪西工人文化宫“天天职场”和上海矽钢有限公司举行上海工会“迎世博、促和谐”职介专场，共有217家用工单位进场设摊招聘，提供3 341个就业岗位，涉及机械制造、物业管理、物流、餐饮及房产等行业，进场招聘2 107人，接待求职者1 307人，达成用工意向401人。二是市职工物价监督总站组织开展餐饮、百货、旅游等窗口服务行业“迎世博市场价格系列检查”主题活动，累计组织商户检查263次，出动1 395人次，涉及经营者2 302户，发现问题并提醒告诫1 297件。三是会同食药监部门开展2009年“世博食安二号行动”暨企事业单位职工食堂及工地食堂食品安全专项检查，分别对全市企事业单位职工食堂、工地食堂全面展开监管，并对供水、供电、供气、通信单位、医院等公共服务性质的企事业单位职工食堂、重大工程尤其是世博和虹桥枢纽等工地食堂为重点单位进行了全覆盖检查，共出动监督员1.9万人次，检查企事业单位职工食堂7 156户次、工地食堂1 619户次。 （曹宏亮 杨 驯 王正园）

【浦东新区工会开展世博建设者高温慰问系列活动】
7月31日，由浦东新区总工会牵头，浦东发展(集团)有限公司工会、浦东社会事业工会、新区安全生产监督局、新区外地劳动力管理所、上钢社区总工会、新区工会文化宫等单位联合举办“迎接世博、服务世博、建功世博——浦东新区世博建设者高温慰问”活动。来自浦南医院、上钢社区总工会世博职工综合服务基地的医务人员和志愿者，为世博建设者提供了医疗服务和理发、缝补衣物、自行车修理等服务；浦东新区安监局、外劳所、新区工惠培训中心等单位，为世博建设者提供了劳动政策、安全生产、技能培训等政策咨询。 （蔡雪康）

【浦东新区召开“迎接世博、建功世博、服务世博”一周年推进会】 4月28日召开。总结新区广大职工参与世博建设和服务工作经验,同时,为“浦东新区世博建设者风采展示基地”、第二批“浦东新区职工创新基地”、“浦东新区职工志愿者协会”揭牌并为浦东新区职工志愿者服务队授旗,为获得全国五一劳动奖章、上海市五一劳动奖章(状)、上海市“工人先锋号”、浦东新区“工人先锋号”等荣誉的集体和个人颁奖。与会代表参观了浦东新区世博建设者风采展示基地举办的“迎接世博、建功世博、服务世博——浦东新区职工世博建设者风采摄影展”。 (陈建林)

浦东新区召开迎接世博、建功世博、服务世博一周年推进会 (陈建林)

【徐汇区总工会实施迎世博600天行动计划】 3月2日,举行徐汇职工“争做世博主人”主题活动启动仪式,动员全区职工广泛开展迎世博窗口行业立功竞赛,确保迎世博600天各项目标任务顺利完成。“争做世博主人”主题活动包含了普及世博知识、优化世博服务、立功世博建设、加大世博宣传、文化世博展示、评选世博先进等五大项内容。要求全区各级工会团结动员广大职工积极主动支持世博、参与世博、服务世博,以“争做世博主人”主题活动为抓手,全面落实徐汇职工迎世博600天行动计划;积极发挥工会的“大学校”作用,大力宣传世博理念,普及世博知识;以“当好主力军,建功世博会,展示新风采”为主题,把迎世博窗口行业立功竞赛推向高潮。 (张均敏)

【普陀区总工会把握“四个切入点”推进职工迎世博优质服务立功竞赛】 区总工会启动“争创工人先锋号,优质服务迎世博”窗口服务行业职工立功竞赛,建立窗口单位定期联席会议制度,制定窗口行业职工“五比五赛”竞赛方案。一是创新“双十”运作模式。区总工会突破传统以区属单位职工为主体的竞赛模式,以长寿路市级商业街窗口职工“五比五赛”立功竞赛为基点,发挥梅川路、兰溪路等十大商业街属地工会和商贸、卫生、餐饮等十大行业工会的组织优势,以“条与块联合,体制内外联手,区域与区属单位联动”的运作模式,深入开展“五比五赛”窗口职工优质服务竞赛。二是拓展网上活动方式。区总工会把征集窗口优质服务规范和优质服务金点子,作为推进立功竞赛活动的重要环节,在广泛发动职工参与征集活动的同时,以“青工e坊”网络论坛为载体,开展“与祖国同命运,与世博共奋进”为主题的网上感言和良策征集活动。三是打造竞赛特色品牌。区总工会指导各街镇和行业工会结合自身特色打造竞赛品牌。长寿路商业街推行“窗口服务志愿者”行动;梅川路商业街根据窗口单位的分布,组织“左餐饮、右商贸”百日技能竞赛;卫生系统深入推行窗口职工“十要服务”核心公约;餐饮、商贸等行业推出礼品包装、果蔬雕刻、英语对话、礼仪展示等14场技能比赛,打造“一商圈一品牌,一行业一品牌”。四是强化评比激励措施。把争创“工人先锋号”活动与世博服务贡献奖、迎世博优质服务示范窗口、优质服务示范员评比表彰工作相衔接,大力培育全区窗口单位中的先进班组和个人,选树窗口服务行业“工人先锋号”。 (赵　勇)

【闸北区总工会开展“当好主力军、建功世博会、展示新风采”主题实践活动】 着重以“四个抓”来推进活动的开展,即一抓资源整合,进一步形成迎世博合力。上海站地区为全市十大重点商圈,结合上海站地区的实际,通过与区商委、区旅游局、上海站地区管委办等部门联合组织开展了上海站地区迎世博“六比六赛”和窗口行业“五比五赛”活动,对上海站、星级宾馆、邮局、银行、出租车上下客枢纽站库等重点窗口行业,主动联系,加强指导服务,有力推动了上海站地区迎世博工作开展。二抓宣传发动,进一步掀起迎世博高潮。通过深入宣传世博会重大意义和基本知识,有效提升了职工迎世博的知晓度、认同度、参与度。据统计,在迎世博活动中共向基层单位发放1万余张世博知识小卡片、1万余册《上海市民迎世博读本》,制作下发世博宣传海报、宣传立牌、世博徽章等宣传品。三抓培训指导,不断提高迎世博服务水平。在活动中以一线职工、一线窗口单位为重点,积极组织开展服务质量、行业服务技能、文明礼仪、双语服务礼仪、世博知识等多种培训,进一步增强了广大职工主人翁意识,提高了参与世博热情,提升了服务技能和职业素养。四抓立功竞赛,进一步推进迎世博形象展示。全力推进以“当好主力军、建功世博会、展示新风采”为主题的“七彩杯”立功竞赛活动。先后联手上海站管委办、商务会、旅游局开展了上海站地区“六比六赛”,围绕服务形象、诚信服务、优质服务开展窗口行业的“五比五赛”活动,联手市容局,围绕公厕管理、市容管理、清道保洁、市容协管的提升,开展了以技术练兵比武、规范达标、群众满意度和争先创优为主要内容的立功竞赛,联手建委,围绕旧区改造、市政道路整修、道路设施设备等内容,开展了旧区改造,提升城市形象为主要内容的立功竞赛。 (倪增强)

【卢湾区总工会组织实施迎世博600天行动计划】 区总工会运用“世博企业行”图片展、发放“窗口服务行业职工文明服务公约卡”、承办市总工会等单位举办的“相约世博、共享知识”江浙沪职工世博知识竞赛等宣传方式,普及世博知识,宣传世博理念,营造迎世博的氛围。采取专题报告、班组学习等方式,落实2 000多人次农民工迎世博基本素质培训计划。组织迎世博窗口服务行业和城市综合管理立功竞赛活动,印制和发放“创一流、树形象、优质服务迎世博”宣传台卡和窗口行业服务公约,以流动红旗

黄浦区民营企业宇宝工贸公司职工拧成一股绳，研究提高外销产品质量（吕诚陆）

【黄浦区机关工会联合会开展“服务经济迎世博，抵御危机保增长”立功竞赛】 1月13日，黄浦区机关工会联合会正式部署开展“服务经济迎世博，抵御危机保增长”立功竞赛活动。竞赛分金点子征集和贯穿全年的立功竞赛两项，针对区域经济布局、现代服务业发展、招商、安商、留商的政策环境、机关作风的改变、节能环保等方面征集“同舟共济谋发展”合理化建议。年内，机关部门工会会员提供的443条合理化建议受到有关部门的重视。（吕诚陆）

【卢湾区总工会动员职工同舟共济突出“三个稳定”】 年初，面对经济发展形势的变化，卢湾区总工会重点围绕“三个稳定”，营造企业、职工共谋发展对策的良好局面。一是稳定企业经营。围绕企业经营的稳定和发展开展有针对性的工作，以职代会、座谈会等形式，建立和畅通职工与企业理解和沟通的渠道，引导职工与企业同舟共济、共度难关。二是稳定职工岗位。发动企业和职工开展“共同约定”行动，引导企业与职工开展集体协商，采取在岗培训、轮岗轮休、弹性工时、薪酬协商等措施，争取不裁员、少裁员，稳定现有岗位，最大限度减少失业。三是稳定工资收入。以融洽劳资关系为着眼点，建立职工工资与企业经济效益同向发展的工资集体协商机制，带领企业和职工开展“保增长，促发展”活动，共同为促进企业健康发展和卢湾经济平稳较快发展做贡献。（葛家敏）

【静安区开开集团工会采取“四项措施”应对企业困难】 2009年，开开集团公司经营发展面临来自国际金融危机和市政动迁的双重压力，集团工会积极应对，为企业走出困境发挥特殊作用。一是深化劳动竞赛。制定竞赛计划，开展以“同舟共济保增长，双增双节促发展”为主题的劳动竞赛。在企业研发、生产、销售、服务和管理等环节，以班组为单位开展赛创新、赛质量、赛技能、赛协作，争创“先锋号”班组的“四赛一创”活动。二是签订“共同约定”协议书。组织集团各级工会代表职工与企业签订“共同约定”协议书，企业方作出不裁员、不减薪、不降低福利的“三不”承诺。职工方承诺立足岗位，同甘共苦，力克时艰。三是激发职工的积极性、主动性和创造性。倡议广大职工积极开展新开商业网点的义务劳动，帮助做好新开网点的搬迁、整理、备货和环境布置等工作。组织职工开展新品创意赛，为企业开发新产品献计献策。通过节能节耗降低生产成本，增加企业的经济效益。四是源头参与，做好稳定工作。集团公司工会主动参与市政动迁企业职工安置的方案制定，切实解决职工实际困难，最大限度地维护职工利益。（任忠美）

【静安区总工会发起“共同约定”行动】 2月24日，区总工会召开“同舟共济保增长，建功立业促发展——静安区职工主题活动动员会”，并发起了“共同约定”行动。区总工会与区企联通过协商，形成符合静安特点的《共同约定书》。在“共同约定”中，区总工会代表全区职工做出动员组织职工为企业发展建功立业，并教育职工通过工会理性、有序表达利益诉求的承诺；区企业联合会代表全区企业做出尊重职工的民主权利，做到不裁员、不减薪、不降低福利的承诺。为提高共同约定书的执行力，发挥共同约定的作用，区总工会指导各级工会开展形式多样的签约活动，注重强化共同约定书的履约效力。特别是通过指导各街道总工会召开楼宇职代会，将“共同约定”的内容具体化，把控制裁员降薪幅度，明确裁员降薪程序，确定员工最低工资标准，楼宇企业在用工、业务方面互帮互助等条款列入楼宇职代会审议通过的《楼宇集体合同》等文件中，使原本具有双方承诺性质的“共同约定”上升为能从源头上维护职工合法权益的具有相应法律效力的文件。区总工会明确将这一做法作为年内楼宇职代会的主要内容在全区楼宇中推广。截至11月底，“共同约定”行动已覆盖全区2 508家企业和5.9万名职工。（蒋康乐）

【青浦区徐泾镇总工会举办“同舟共济、应对危机”企业发展论坛】 1月12日，徐泾镇总工会举办“同舟共济、应对危机”企业发展论坛，邀请上海国家会计学院彭润中博士和区人保局领导分别就当前全球经济形势变化、金融危机对中国经济的影响和金融危机对青浦劳动就业的影响、政府部门采取的应对措施等作了主题演讲。四家企业行政代表交流了自金融危机以来，通过开展文化活动凝聚人心，通过加强培训控制成本、节能挖潜，与全体职工一起共

6月30日，举行青浦区“工人先锋号”颁奖暨“同舟共济保增长，建功立业促发展”主题活动推进大会（马美君）

克时艰的体会。论坛上,41 家落户企业的行政和工会签署了"同舟共济谋发展,保障权益促稳定"共同约定书,并倡议全镇企业积极应对危机,履行社会责任,千方百计稳定就业、稳定职工收入,切实保障职工权益。 (马美君)

【青浦区总工会开展"五个一"活动应对国际金融危机影响】 为有效应对全球金融危机对企业和职工生产生活带来的不利影响,青浦区总工会在全区工会和广大职工中开展了以"渡难关、谋发展,我与企业共命运"为主题的"五个一"活动,即进行一次大排摸、召开一次职代会、开展一次大讨论、"我为企业发展献一计"和畅通一条"职工热线",通过这些活动的开展,切实加强对职工的形势政策教育,引导职工识大体、顾大局,增强"爱我企业,当好主人"的意识,进一步坚定战胜困难的信心,恪尽职守,爱岗敬业,努力完成各项生产任务,与企业共克时艰、共谋发展。还发起全区1 000余家企业经营者和工会参与的"同舟共济谋发展,保障权益促稳定"共同约定行动,为振奋职工精神、稳定企业发展起到了良好的示范效应。

(马美君)

【南汇区总工会对企业职工进行心理疏导】 1 月 9 日,南汇区总工会聘请专职心理讲师对农民工培训师资库教师进行集中备课辅导。据统计,截至 11 月底,有 301 家企业关闭,其中受金融危机影响关闭歇业的有 196 家,占企业总数的 3.6%,另有 192 家企业因订单减少、产品滞销、融资困难而进行减员,占企业总数 3.5%,涉及职工 2.31 万名。区总工会决定从"心"开始,为企业职工、农民工"解疑释忧,破冰供暖"。通过心理教育疏导,减轻职工、农民工们的精神压力,逐步帮助化解部分职工因金融危机导致的心理问题。 (李玉香)

【崇明县总工会召开"保稳定、促发展"研讨会】 3 月 13 日,县总工会召开"保稳定、促发展"研讨会,各委局、乡镇党委分管领导、工会主席出席会议。会上县工业园区、经委党委和兴港机械制作有限公司联合工会、竖新镇工会分别交流了应对金融危机影响,教育引导职工投入经济建设和企业发展,协调劳动关系,构建和谐企业的新思路、新办法。 (易建军)

【上海汽轮机厂有限公司营造抗击金融危机冲击的企业氛围】 公司工会充分运用企业赋予工会的资源和条件,让职工群众在企业氛围中,众志成城,逆势飞扬,坚决打好"抗风险、保增长、促发展"的攻坚战。一是以"讲形势、谈任务,增信心、抗风险"为主题组织"大家谈"活动,把大家的思想统一到对经济形势的准确判断上来。将"我为企业降本保利作贡献"活动作为工会组织参与企业防范风险的着力点予以积极推进,同时不断增强职工群众的"过冬"能力和"过紧日子"意识,让职工在参与中增强责任感。二是始终注意把抵御风险保增长作为创建和谐企业的前提,营造职工与企业良性互动,利益兼顾的和谐氛围,让职工在共建中拥有安全感。三是发挥工会"大学校"作用,积极搭建"练好内功上技能,加强冬锻升素质"的有效载体和实践平台,让职工在冬锻中追求成就感。四是以"进一步体现帮扶实效性、进一步扩大保障覆盖面、进一步提升职工满意度"为工作目标,让职工在共享中体验幸福感。 (谢雪琼)

【上海汽轮机厂有限公司练好内功上技能,加强"冬锻"升素质】 受全球金融危机影响,企业出现了排产困难、产能放空的暂时困难。厂工会抓住时机担当责任,发挥工会"大学校"作用,积极创建"练好内功上技能,加强'冬锻'升素质"的有效载体和实践平台,把推进素质工程建设与应对金融危机,提高企业核心竞争力结合起来;与优化企业人力资源、体现职工自身价值结合起来;与弘扬奉献精神、钻研精神、创新精神和团队精神,建设企业先进文化结合起来。在支持车间部门、工段班组通过岗位练兵、岗位培训等形式,增强"冬锻"效果的基础上,通过工会筹划、部门搭台,组织具有训赛结合、紧贴生产的职工技能系列竞赛活动,进一步强化技术工人的实战能力,加速高技能、复合型职工的成长,让各个岗位的领军人物脱颖而出,壮大企业的核心团队。 (史 良)

【飞乐音响亚尔光源公司工会开展越冬自救行动】 面对全球金融危机冲击下市场疲软、出口下滑、订单骤减的严峻形势,亚尔光源公司发动职工开展越冬自救行动,公司工会号召发动广大职工积极投身于行动之中,提出"三比"活动:一是自己与自己历史最高记录比,超越自我;二是与他人最好水平比,聪明地干,争当技术比武状元;三是与行业世界先进水平比,向市场竞争者挑战,与国际品牌同台竞技。活动得到广大职工积极响应,参与率达到100%。同时,工会组织开展技术攻关、降本增效活动,提高了工效。 (顾 文)

【轻工业工会与行业协会联合发出"共克时艰"倡议书】 面对金融危机影响带来的新课题新挑战,轻工工会主动应对,与轻工行业协会联合发出"勇担社会责任,携手共克时艰"倡议书,共同倡议轻工企业履行社会责任,与职工共度难关、共谋发展;共同倡议轻工职工以主人翁精神贡献自己的睿智和才华,群策群力,战胜危机,促进发展。钟

上海交运(集团)公司召开坚定信心,应对挑战,共建发展立功竞赛动员大会 (顾见华)

表行业和自行车行业等协会网站，纷纷登载倡议书全文，上海轻工业协会和室内装饰等协会在协会会员大会上宣读了“勇担社会责任，携手共克时艰”倡议书，及时向全行业企业和职工宣传。不少企业在应对危机中体现出良好的社会责任意识，尽量做到“不减薪、不裁员”，努力维护职工的权益。企业工会积极组织职工参加“同舟共济、共克时艰”主题竞赛活动，引导职工与企业共度难关，正确处理当前利益与长远利益的关系，顾全大局，苦练内功，引导职工针对企业发展中遇到的困难和突出问题，开展合理化建议、技术攻关、提升技能等活动，帮助企业抵御危机影响，提高市场竞争能力，为促进轻工行业经济平稳较快发展出力。 （陈建国）

【上海关勒铭有限公司工会多管齐下助企业走出困境】受全球金融危机影响，企业面临开工不足的困境。面对挑战，上海关勒铭有限公司工会变危机为机遇，多管齐下组织全公司200多名职工苦练内功，为企业复苏打下基础。(1)司校合作强化技能培训。公司与市北职业学校联手制定培训计划，根据生产流程及外来工文化程度现状，编制专门的培训教材，学校派出骨干教师授课，确保职工培训工作的顺利展开。(2)依靠职工，技改技革。公司花15万美金，从世界钟表王国瑞士引进一批关键设备。为尽快消化外来技术，公司工会发动全体职工群策群力，开展提合理化建议活动，经调试现已投入使用。满足了产品进入国际市场的需求，增强了出口产品的竞争能力。(3)关心职工切身利益。公司提出不裁员，不减薪，尽可能保证职工的岗位。企业实行弹性工作制，职工每周多休息2—3天，以出勤天数计算岗位工资(日工资的部分)，实际影响职工收入约8%，职工愿与企业共度难关。企业承诺一年三大节日，半年及年终一次性奖金照常发放。对由于收入受到影响，生活确有困难的职工，工会给予帮扶性的困难补助。(4)年初企业与工会对上一轮的集体合同履行情况作了检查，并续签集体合同。 （徐俊彦）

【中海工业公司兑现保职工收入目标】 年初，国际金融危机给企业生产经营带来巨大困难，修造船的订单明显减少。面对严峻的形势，公司党政工达成共识，想方设法克服困难稳定经济，保证职工工资不减少。在年初的公司职工代表大会上，行政和工会协商后，公司行政承诺不减员、不减薪，并以公司职工代表大会决议的形式来确保职工收入的稳定。公司行政推出一系列内部成本控制和挖潜举措，逐步稳定了公司的生产经营，为保障职工收入不减少奠定了坚实的物质基础。公司工会发挥群众组织的优势，带领群众开展以“增收节支、降本增效”为内容的“中海杯”劳动竞赛。所属15家企业工会运用宣传栏、局域网、企业报、班组会等形式，宣传动员职工参加劳动竞赛，调动职工“与企业共发展”的积极性。 （范国忠）

【上港集团工会推进“三项竞赛”团结职工共克时艰】 为降低国际金融危机对集团生产经营和改革发展的负面影响，2009年，围绕集团年度工作目标，继续推进综合赛区立功竞赛、“安康杯”竞赛和创建节约型企业“三项竞赛”活动。做到3个结合：一是与搞好企业安全生产工作相结合。以发动职工“寻找身边的危险源”、“关爱生命、安全发展”为主题，将搞好企业安全生产与推进“三项竞赛”活动结合起来。二是与集团组织的相关竞赛活动相结合。2009年集团组织开展“客户服务年活动”和“百人千万吨竞赛活动”，工会团结动员广大职工投身企业的生产建设主战场，帮助企业生产经营尽快走出低谷，赋予“三项竞赛”活动新的形式和内涵。三是与中国海员建设工会组织的活动相结合。下半年，参与中国海员建设工会港口联委会组织开展的全国港口系统“增产增收、开源节流”竞赛活动。 （焦小涵）

避风塘企业、工会、职工三方约定共度难关
（张全桥）

【机场集团“寒冬”时期制定“暖心”协议】 2月17日，集团公司二届五次职工代表大会高票通过了《集团公司2009年工资集体协议》、《职工安全生产劳动保护专项协议》、《员工管理规章制度告知管理办法》、《员工带薪年休假管理办法》等，突出了对员工合法权益的维护。集团党委、行政、工会在金融危机时期，仍积极设法保障职工权益和发展权利的做法，得到广大职工的充分认可，增强了职工共抗风险、发展企业前景的信心。 （陆敏峰）

【上海沧达公司工会与行政签订共同约定书】 4月2日，上海沧达投资经济发展有限公司举行工会与行政“共同约定书”签约仪式。公司工会主席代表职工与公司董事长签订了经过双方协商后的“共同约定书”，约定书以稳员增效为重点，充分体现“同舟共济保增长、建功立业促发展”的要求，对推动员工与企业同舟共济、共克时艰、共谋发展、互利共赢起到积极作用。 （钱 蓉）

【光明集团工会为保增长促发展作贡献】 为应对全球金融危机带来的影响，光明集团工会在职工中广泛开展同舟共济保增长，建功立业促发展——“我为光明作贡献”职工合理化建议主题竞赛活动，引导职工正确对待经济发展和企业困难时期的利益调整，组织动员职工与企业共度金融危机难关，为凝聚智慧、鼓舞士气起到了促进作用。同时，企业与工会以“共同约定”行动为抓手，做到不裁员、不减薪，想方设法使企业正常生产，职工工作不受影响。各级工会结合“工人先锋号”的创建和“迎世博600天行动计划”的实施，持续推进群众性劳动竞赛、技能登高和合理化建议活动。以促进企业发展为目标，以提升职工素质为目的，动员和激励职工为企业的发展克难奋进、献计献策。2009 年，集团职工合理化建议活动呈现出“主动攻坚出成果、献计献策出成效、节能减排成重点、集体研发成主流”等四个方面特点。据统计，年内，广大职工围绕企业经济发展共提出6 581条合理化建议，其中被企业采纳的有1 998条，实施的有1 549条，创效益6 820万元。

（桑树德）

【锦江国际工会力保民生】 在国际金融危机背景下，锦江国际集团的经营利润大幅度下滑，集团工会在保民生中发挥积极作用，坚持“企业一线岗位不裁员，普通员工不减薪”的目标。进一步扩大帮困救助范围，2009 年有1 000多万资金用于困难职工、农民工的帮困救助送温暖工作。

（张祥伟）

【工会管理职业学院承办“经济危机中的劳动关系研讨会”】 3 月 12 日，“经济危机中的劳动关系研讨会”在沪召开。此次研讨会是由上海市总工会与艾伯特基金会上海办公室共同主办，由上海工会管理职业学院承办。市总工会副主席汪兰洁和艾伯特基金会上海办公室主任鲁道夫・特劳普・梅茨致欢迎词。来自德国不来梅大学的沃尔夫冈・多伊布勒教授、德国汉斯・博克勒基金会托尔斯腾・舒尔腾博士介绍了德国工会应对经济危机的有关举措；复旦大学社会发展与公共政策学院王菊芬教授分析了金融危机对中国劳动关系的影响以及工会应采取的策略；上海社会科学院研究员陶冶分析了改革开放 30 年来中国工会组织的发展，并介绍了上海工会组织职工开展“共同约定”行动等应对经济危机的做法；上海国际港务集团工会主席王晓华介绍了集团工会在金融危机中坚持与管理层协商，得到了管理层认同并承诺不裁员、不减薪、实行带薪脱产培训的做法；普陀区总工会主席严爱科认为，当前工会面临的机遇与挑战并存，要坚持两手抓：一手抓制度和机制运作，一手抓为职工办实事；纺织工会副主席张世军认为，中国的产业工会在雇主与员工之间起桥梁和纽带作用，促进合作共赢，帮助企业有效发展，因为企业发展是员工最好的保障。来自杨浦区总工会、黄浦区总工会、上汽集团工会等单位的领导以及学院部分教师也参与了讨论。

（周正言）

大　事　记

Chronicle of Events

2009 年大事记

1 月份

6 日　市总工会主席陈豪一行走访慰问困难企业、全国劳模和困难职工。市总工会副主席肖堃涛、陈国华，秘书长周志军陪同慰问。

7 日　市总工会召开十二届三次全委(扩大)会议。市委副书记殷一璀出席会议并讲话。市总工会主席陈豪作《认清形势，坚定信心，齐心协力克难奋进，团结动员广大职工为上海实现“四个确保”作贡献》的工作报告。市总工会副主席肖堃涛、汪兰洁、杜仁伟、陈国华、茆荣华，秘书长周志军出席会议。

16 日　市总工会、市城市管理指挥部办公室召开市迎世博城市管理“工人先锋号”表彰暨争当创造“美好环境、美好生活”先锋动员大会。市城市管理指挥部副指挥、办公室主任李毓毅，市总工会副主席、竞赛组委会主任杜仁伟，市城市管理指挥部办公室副主任、竞赛组委会主任鲁建平出席会议。

20 日　市总工会主席陈豪一行赴上海虹桥枢纽工程现场慰问工程建设者。市总工会副主席肖堃涛、杜仁伟，秘书长周志军陪同慰问。

21 日　市总工会举办 2009 年上海市劳动模范春节茶话会。中共中央政治局委员、上海市委书记俞正声，市委副书记、市长韩正以及市领导刘云耕、冯国勤、殷一璀、吴志明、王仲伟、沈红光、杨晓渡、杨雄、屠光绍、丁薛祥、徐麟、唐登杰、胡延照、沈晓明、赵雯等出席茶话会。市人大常委会副主任、市总工会主席陈豪主持茶话会。市总工会副主席、秘书长等出席茶话会。

2 月份

12 日　市总工会召开机关系统加强党风廉政建设干部大会。市总工会党组书记、主席陈豪出席会议并讲话。市总工会党组副书记、副主席肖堃涛主持会议。市总工会党组纪检组组长、副主席汪兰洁传达中央、市委领导讲话精神，回顾总结 2008 年市总机关系统党风廉政建设工作，部署 2009 年工作。市总工会副主席陈国华、茆荣华，秘书长周志军出席会议。

17 日　全国总工会召开全国工会“千万农民工援助行动”电视电话会议，市总工会副主席肖堃涛出席上海分会场会议并讲话。市总工会副主席陈国华、茆荣华，秘书长周志军出席会议。

18 日　由市总工会投资，按四星级标准改造装修的(太湖)西山休养院暨苏州海鸥湖心岛度假村正式建成营业。市总工会副主席肖堃涛为劳模疗养基地西山休养院建成揭牌，市总工会副主席杜仁伟出席开业典礼并致词。

22 日　市总工会举办“百万农民工援助行动”——农民工招聘专场。市总工会副主席肖堃涛、汪兰洁、杜仁伟、陈国华、茆荣华，秘书长周志军分赴 5 个招聘会现场检查指导。

25 日　市总工会召开十二届常委会第三次全体会议，传达学习市委九届七次全会精神，审议上海市总工会 2008 年度经费收支决算和 2009 年度经费收支预算方案。

26 日　市总工会召开市总机关系统深入学习实践科学发展观活动总结大会。市总工会党组书记、市总工会主席、市总机关系统学习实践活动领导小组组长陈豪出席会议并讲话，市委学习实践活动第二指导检查组组长刘纪舟出席会议并讲话。市总工会党组副书记、市总工会副主席、市总机关系统学习实践活动领导小组副组长肖堃涛主持会议，市总工会副主席、市总机关系统学习实践活动领导小组副组长汪兰洁对活动进行了总结。市委学习实践活动第二指导检查组副组长吴秋珍，市总工会副主席杜仁伟、陈国华、茆荣华，秘书长周志军出席会议。

3 月份

3 日　市厂务公开领导小组召开 2009 年上海市厂务公开民主管理工作会议暨先进表彰会议。市委副书记、市厂务公开领导小组组长殷一璀出席会议并讲话。市人大常委会副主任、市总工会主席、市厂务公开领导小组副组长陈豪，副市长、市厂务公开领导小组副组长沈晓明出席会议。市总工会副主席肖堃涛也出席会议。

4 日　市总工会女职工委员会五届一次全委会议召开。市总工会主席陈豪，市妇联主席张丽丽出席会议并讲话。市总工会副主席肖堃涛主持会议。市总工会副主席、女职工委员会主任汪兰洁作工作报告。市总工会副主席杜仁伟、陈国华、茆荣华，市总工会副巡视员、组织部部长杜乃根出席会议。

5 日　市总工会召开上海工会宣传思想工作会议。市委常委、市委宣传部长王仲伟，市人大常委会副主任、市总工会主席陈豪出席会议并讲话。市总工会副主席肖堃涛、汪兰洁，秘书长周志军出席会议。

11 日　市总工会召开同舟共济、共克时艰、共谋发展—上海职业女性纪念“三八”国际劳动妇女节 99 周年座谈会。市总工会副主席、女职工委员会主任汪兰洁出席会议。

12 日　召开中共上海市总工会直属机关第六次代表大会。市总工会党组书记、主席陈豪出席并讲话。中共上海市市级机关工作委员会副书记王禄宁出席会议。市总工会直属机关党委书记、市总工会秘书长周志军主持大会。大会选举产生中共上海市总工会直属机关新一届委员会和纪律检查委员会，审议通过中共上海市总工会直属机关第五届委员会工作报告和第三届纪律检查委员会工作报告，审议通过中共上海市总工会直属机关第五届委员会关于党费收缴使用管理的情况报告。市总工会副主席肖堃涛、汪兰洁、杜仁伟、陈国华、茆荣华等出席会议。

13 日　市总工会召开“同舟共济保增长，建功立业促发展——百万职工先锋号行动”座谈会。市总工会副主席杜仁伟出席会议并讲话，秘书长周志军主持会议。

26 日　市总工会、市迎世博 600 天窗口服务指挥部、市精神文明建设委员会办公室联合举行“上海市窗口服务行业职工迎世博重点商圈(街)立功竞赛启动仪式”。市总工会副主席汪兰洁、杜仁伟出席启动仪式。

4 月份

8 日　云南“兴边富民工程”工会

行动计划——云南省边境县、藏区县工会主席上海培训班正式开班。市总工会副主席肖堃涛出席开班仪式并讲话。

10日 由市总工会、市文明办和上海世博事务协调局联合主办的“与世博同行,为世博添彩——世博企业行”宣传教育活动进入第50站——“黄浦·新世界城”站。市总工会主席陈豪为新世界城世博倒计时牌揭牌。市总工会副主席肖堃涛向新世界城授予“世博企业行”第50站纪念证书。市文明办副主任、市迎世博窗口服务行业立功竞赛组委会主任陈振民,市总工会副主席汪兰洁、杜仁伟,市迎世博600天行动窗口服务指挥部办公室副主任姚海和中共黄浦区委副书记蔡志荣,市总工会秘书长周志军出席。

14—15日 中华全国总工会副主席、书记处书记乔传秀专程来沪,调研上海工会积极应对国际金融危机影响,团结动员广大职工促进经济平稳较快发展,切实维护职工合法权益,维护职工队伍和社会稳定的有关情况。

15日 市总工会召开上海工会迎世博精神文明建设工作会议。市总工会副主席肖堃涛、汪兰洁、杜仁伟、陈国华等出席会议。

15日 市总工会召开上海市推行首席技师制,深化职工素质工程上海电气现场经验交流会。市总工会主席陈豪出席会议并讲话,市总工会副主席杜仁伟出席会议。

27日 市总工会召开上海市五一劳动奖状、奖章表彰大会。市委副书记殷一璀出席会议并讲话,市人大常委会副主任、市总工会主席陈豪主持大会,副市长沈晓明出席会议。全国五一劳动奖章获得者、宝钢股份公司宝钢分公司冷轧厂高级技师王康健代表全体获奖者向全市职工发出“同舟共济促发展、不辱使命做贡献,百万职工先锋号行动”的倡议。市总工会副主席肖堃涛、汪兰洁、杜仁伟、陈国华、茆荣华,秘书长周志军出席。

29日 市总工会举行2009年上海市庆祝“五一”国际劳动节歌咏大会。中共中央政治局委员、市委书记俞正声,市委副书记、市长韩正等出席2009年上海市庆祝“五一”国际劳动节歌咏大会。刘云耕、冯国勤、殷一璀、董君舒、王仲伟、杨晓渡、江勤宏、杨雄、徐麟、周禹鹏、胡炜、王培生、杨定华、郑惠强、沈晓明、周太彤、李良园、钱景林、吴幼英、周汉民、蔡威、陈旭、钟燕群等领导出席歌咏大会。市老领导叶公琦、陈铁迪、罗世谦,驻沪部队和武警上海市总队领导,各部委办局、群众团体主要负责人出席了歌咏大会。市人大常委会副主任、市总工会主席陈豪致辞。市总工会副主席、秘书长等出席歌咏大会。

30日 市总工会举行电影《铁人》上海首映式,同时启动“歌颂祖国,奉献世博”上海职工文化活动月。市总工会主席陈豪、副主席肖堃涛、汪兰洁、杜仁伟、陈国华、茆荣华,秘书长周志军出席。

5月份

1日 市总工会举行“当好主力军、建功世博会、展示新风采”迎世博上海百万职工“五一”特别行动暨窗口服务行业劳模先进巡访启动仪式。市委副书记殷一璀向劳模巡访团授旗。市总工会主席陈豪,副主席肖堃涛、汪兰洁、杜仁伟、陈国华、茆荣华,秘书长周志军参加活动。

7日 市人力资源和社会保障局、市总工会、市企业联合会/企业家协会联合召开2009年上海市工资集体协商工作会议。市总工会副主席茆荣华出席会议。

18日 上海市职工科技创新工作会议暨第三届上海职工科技节开幕式举行。中华全国总工会书记处书记、党组纪检组组长王瑞生,市总工会主席陈豪出席仪式并讲话,市总工会副主席肖堃涛、汪兰洁、杜仁伟、陈国华,秘书长周志军出席开幕式。

19日 2009年都江堰市工会干部上海培训班开班。上海市总工会副主席陈国华,市总工会副巡视员、组织部部长杜乃根,都江堰市总工会党组书记、常务副主席汪鹏,副主席李爱玲等出席开班仪式。

20日 举行市工人疗养院劳模体检基地揭牌仪式。市总工会主席陈豪和全国老劳模杨富珍为上海市工人疗养院新大楼竣工暨劳模体检基地揭牌。市总工会副主席肖堃涛、杜仁伟、陈国华,秘书长周志军出席揭牌仪式。

27日 市总工会召开第三届上海职工科技节闭幕式暨上海职工节能减排活动推进大会。市总工会副主席肖堃涛出席会议并讲话,市总工会副主席杜仁伟出席。

30日 市总工会举办同享阳光、共迎世博——上海工会纪念“六一”儿童节活动。市总工会副主席汪兰洁出席。

31日 市总工会召开上海工会“千方百计促就业,齐心协力保稳定”就业援助行动工作推进会。市总工会副主席肖堃涛出席会议并讲话,市总工会副主席陈国华出席会议。

6月份

3—4日 中华全国总工会副主席、书记处第一书记孙春兰一行来沪调研。市总工会主席陈豪,副主席肖堃涛、杜仁伟,秘书长周志军陪同调研。

17日 市总工会、市文明办等10家单位联合举行迎世博农民工基本素质教育培训启动仪式。市总工会主席陈豪出席仪式并启动培训工作。市委宣传部副部长、市文明办主任马春雷主持启动仪式,市总工会副主席汪兰洁作培训工作开展情况介绍,市总工会副主席肖堃涛、茆荣华等出席启动仪式。

17日 市总工会培训中心和10家区县总工会联合举行上海市工会大学生见习岗位专场招聘会。市总工会副主席肖堃涛、陈国华等到现场指导。

19日 市总工会机关党委召开迎七一座谈会。市总工会党组副书记、副主席肖堃涛,秘书长、直属机关党委书记周志军出席会议。

25日 市总工会召开上海市总工会机关工会第六次全体会员大会。市总工会副主席肖堃涛、杜仁伟、陈国华、茆荣华等出席,市总工会秘书长、市总直属机关党委书记周志军讲话。会议选举产生了新一届上海市总工会机关工会委员会。

30日 市总工会举行上海工会法律人才库成立仪式。市总工会副主席杜仁伟出席会议并讲话。

7月份

3日　市总工会举行迎世博倒计时300天淮海路商街“五比五赛”活动现场会暨长春食品店现场观摩交流会。市总工会副主席肖堃涛、杜仁伟出席。

5日　市总工会、市窗口服务指挥部、市城市管理指挥部、市文明办、市建交委、市交通港口局等联合举办迎世博上海出租汽车行业“工人先锋号”发车仪式。市委副书记殷一璀向出租车公司授“工人先锋号”旗帜，市人大常委会副主任、市总工会主席陈豪向上海大众出租汽车有限公司授予全国“工人先锋号”奖牌，副市长沈骏向出租车公司“工人先锋号”代表授予缎带。市总工会副主席肖堃涛、杜仁伟参加发车仪式。

6日　举行第十一届上海读书节开幕式暨“相约世博，共享知识”江浙沪职工世博知识趣味挑战赛启动仪式。市委副书记、市振兴中华读书指导委员会主任殷一璀出席会议并讲话。市总工会主席陈豪，副主席肖堃涛、汪兰洁出席。

8日　全国人大内司委副主任委员刘振华率全国人大常委会《工会法》执法检查组专程赴上海听取上海市总工会相关工作专题汇报。市总工会主席陈豪作情况介绍，市总工会副主席肖堃涛作专题汇报，市总工会副主席杜仁伟、陈国华出席。

8日　市总工会举行“迎世博600天”上海市五一巾帼示范岗创建活动现场经验交流会。市总工会副主席汪兰洁出席会议。

8日　市总工会举行迎世博2009年上海市职业技能大赛暨百万职工技术大比武启动仪式。市总工会副主席杜仁伟出席仪式。

15日　市总工会主席陈豪一行慰问长江隧桥建设者。市总工会副主席肖堃涛、杜仁伟，秘书长周志军陪同慰问。

22日　市总工会召开十二届四次全委（扩大）会议。市总工会主席陈豪作工作报告，副主席肖堃涛主持会议，副主席汪兰洁、杜仁伟、陈国华，秘书长周志军出席会议。

27日　市总工会举办市总机关系统青年论坛。市总工会主席陈豪，副主席肖堃涛，秘书长周志军出席。

30日　市总工会召开2009年上海市“安康杯”竞赛先进表彰暨工作推进会。市总工会副主席杜仁伟出席。

8月份

4日　市总工会主席陈豪一行到华东电网向家坝——上海±800千伏特高压直流换流站工程施工现场，慰问奋战在重大工程建设一线的广大建设者。市总工会副主席肖堃涛、杜仁伟，秘书长周志军陪同慰问。

6日　市总工会举行上海工会宣传文化工作会议暨首场“五一文化讲坛”。市总工会副主席肖堃涛、汪兰洁、陈国华，秘书长周志军出席会议。

7日　市总工会在都江堰市经济开发区勤俭人家安置点举行“上海工会援建都江堰市职工帮扶分中心建设项目”启动仪式。市总工会副主席陈国华出席启动仪式。

8日　由市总工会、市体育局联合举办上海职工健身活动月暨职工桥牌和工会主席桥牌邀请赛。市总工会副主席汪兰洁出席活动并宣布邀请赛开幕。

11日　上海工会维稳工作浦东新区现场经验交流会召开。市总工会主席陈豪出席会议并讲话，市总工会副主席肖堃涛、茆荣华出席会议。

17日　由上海市人民政府合作交流办公室、市总工会联合举办的2009年西藏日喀则、新疆阿克苏工会干部上海培训班开班。市总工会副主席肖堃涛出席开班仪式并讲话。

20日　市级机关学习型机关评估小组到市总工会进行学习型机关创建工作评估。市总工会副主席肖堃涛，秘书长周志军出席会议。

21日　市工运研究会第七届理事会会议召开。市总工会副主席、市工运研究会会长茆荣华出席会议并讲话。

26日　中华全国总工会召开全国工会法人资格登记管理工作经验交流电视电话会议。市总工会副主席茆荣华出席上海分会场会议并讲话。

26日　应中华全国总工会邀请，由德国工会联合会主席麦克·佐默尔率领的德国工会联合会代表团一行抵沪访问。市总工会主席陈豪会见并宴请代表团一行，市总工会副主席肖堃涛参加会见。

9月份

2日　市总工会召开第三届全国职工职业技能大赛上海参赛动员会全体会议。市总工会副主席杜仁伟出席会议。

10日　全国优秀工会干部先进事迹报告会在上海展览中心举行。市委副书记殷一璀接见报告团成员，市总工会副主席肖堃涛、杜仁伟等出席报告会。

11日　市总工会、市窗口服务指挥部联合召开世博窗口服务指挥部第13次工作会议暨上海职工迎世博立功竞赛经验交流会。市总工会副主席杜仁伟出席会议。

16日　市总工会、德国艾伯特基金会联合举办“中德工会职业技能培训论坛”。市总工会副主席肖堃涛出席论坛并致开幕词。

21日　市总工会召开机关系统离退休老同志庆祝新中国成立60周年座谈会。市总工会主席陈豪出席会议并讲话，市总工会副主席肖堃涛，秘书长周志军出席会议。

23日　市总工会、世博局联合召开上海市推进世博会重大工程建功立业劳动竞赛暨奋战百日誓师大会。中华全国总工会书记处书记、党组纪检组组长王瑞生，市委常委、常务副市长杨雄出席会议并讲话。市总工会主席陈豪主持会议，市总工会副主席杜仁伟，秘书长周志军出席会议。

24日　市总工会主席陈豪会见荣获“时代领跑者——新中国成立以来最具影响的劳动模范”的上海四位劳动模范：包起帆、杨怀远、徐虎、李斌以及获得提名奖的孔利明。

24日　市总工会女职工委员会、市绿化和市容管理局工会、市插花花艺协会联合举行上海女职工“迎国庆”插花比赛。市总工会副主席汪兰洁出席。

25日　市总工会召开上海市庆祝新中国成立六十周年劳模先进大型座谈会。市委副书记殷一璀出席会议并讲话，市总工会主席陈豪主持会议，市人大常委会副主任王培生、市政协副主席朱晓明、市委副秘书长姚海同、市人力资源和社会保障局党委书记刘嘉音、市总工会副主席汪兰洁、杜仁伟、陈国华，秘书长周志军出席座谈会。

26日　对口支援干部家属和少数民族地区挂职干部联欢会举行。市委常委、市委秘书长丁薛祥出席会议并讲话，市人大常委会副主任、市总工会主席陈豪致辞，副市长胡延照、市政协副主席李良园出席，市总工会副主席汪兰洁、陈国华，秘书长周志军出席联欢会。

10月份

13日　市总工会、市迎世博600天行动社会动员指挥部、窗口服务指挥部、城市管理指挥部联合举办上海职工"奔向世博，拼搏200"活动。市总工会主席陈豪出席并讲话，市总工会副主席杜仁伟，秘书长周志军出席。

17日　市总工会组织市女职工志愿者服务队到世博工地，为世博建设者提供理发、补衣、修鞋、摄影及医疗咨询等服务。市总工会副主席汪兰洁出席。

23日　市总工会举行上海市职工歌手大赛决赛暨颁奖仪式。市总工会副主席汪兰洁出席。

23日　第三届全国职工职业技能大赛"李斌杯"数控机床装调维修工决赛颁奖仪式在上海举行。市总工会副主席肖堃涛、杜仁伟出席。由上海电气组成的上海代表队和上海电气第四机床厂的乔岳峰分获团体、个人冠军。

29日　市总工会党组举行中心组(扩大)学习会。由市委党校袁秉达作《以改革创新精神推进党的建设新的伟大工程——中共十七届四中全会〈决定〉解读》主题报告。市总工会副主席肖堃涛，秘书长周志军出席。

11月份

10月23日—11月4日　由上海市总工会主办，市金融工会、电信工会、大众交通集团工会承办的第三届上海职工文化展演周活动举行。市总工会副主席肖堃涛、汪兰洁、杜仁伟、陈国华，秘书长周志军分别出席活动。

5日　市总工会召开部分大口(系统)、行业工会主席座谈会。市总工会主席陈豪出席会议并讲话，副主席肖堃涛、汪兰洁、杜仁伟、陈国华，秘书长周志军出席会议。

6日　市总工会召开上海工会迎世博窗口服务行业立功竞赛交流会。市总工会副主席杜仁伟，秘书长周志军出席会议。

7日　应上海市总工会邀请，由理事长林明章率领的高雄市总工会大陆参访团一行13人抵沪访问。市总工会主席陈豪会见参访团一行，市总工会副主席肖堃涛，秘书长周志军陪同会见。

11日　市总工会、市人力资源和社会保障局举行上海支点人力资源有限公司股权转让仪式。市总工会副主席肖堃涛、陈国华，秘书长周志军出席仪式。

12日　由市总工会、虹口区总工会联合举办的凉城社区商圈一届一次职代会暨区域民主管理现场示范观摩会。市总工会副主席肖堃涛出席观摩并讲话。

18日　市总工会召开宝钢最佳实践者活动现场经验交流会。市总工会主席陈豪出席会议并讲话，副主席肖堃涛、杜仁伟，秘书长周志军出席会议。

18—19日　上海市总工会举办2009年度区县局(产业)工会劳动保护干部业务培训(复训)班。市总工会副主席杜仁伟出席开班典礼并讲话。

19—21日　市总工会召开2010年工作务虚会。市总工会主席陈豪出席会议并讲话，副主席肖堃涛、杜仁伟、陈国华、茆荣华，秘书长周志军出席会议。

24日　市总工会召开上海市职代会制度建设专题研讨交流会。市总工会副主席肖堃涛出席会议并讲话。

27日　市总工会举行上海市外商投资企业民主管理工作论坛。市总工会主席陈豪，副主席肖堃涛出席论坛。

30日　市总工会举行第三届上海市"五一文化奖"颁奖典礼。市总工会副主席肖堃涛、汪兰洁，秘书长周志军出席颁奖典礼。

12月份

1日　市总工会女职工委员会、杨浦区总工会等联合举行遏制艾滋履行承诺——上海"职工红丝带健康行动"宣传活动。市总工会副主席汪兰洁参加活动。

7日　市总工会召开上海市学习型企业建设推进大会。市委副书记殷一璀出席并讲话，市人大常委会副主任、市总工会主席陈豪出席并讲话，市委副秘书长姚海同主持会议，市政府副秘书长翁铁慧、市委宣传部副部长马春雷、市总工会副主席肖堃涛、市教委副主任李骏修出席会议。市总工会副主席汪兰洁作主题报告。

11日　上海市工运研究会第八次会员大会暨2009年年会召开。市总工会主席陈豪出席并讲话，市总工会副主席肖堃涛出席会议。市总工会副主席、市工运研究会会长茆荣华作上海市工人运动研究会第七届理事会工作报告。会议选举产生了上海市工运研究会第八届理事会领导班子，茆荣华当选为新一届上海市工运研究会会长。

12日　举行市总工会机关系统运动会。市总工会主席陈豪，副主席肖堃涛、汪兰洁，秘书长周志军出席。

15日　由市委组织部、市纪委、市国资委、市总工会、市城乡建设交通委、市社会工作党委等组成的市厂务公开工作调研检查组对闸北区及区卫生局、天目西社区、北方企业(集团)有限公司进行全市第七次厂务公开民主管理工作调研检查。市总工会主席陈豪出席并讲话，市总工会副主席肖堃涛出席调研。

21日　市总工会召开2009年上海市工会组织工作交流暨建家活动表彰大会。市总工会主席陈豪出席并讲话，市总工会副主席肖堃涛主持会议，副主席汪兰洁、杜仁伟、陈国华、茆荣华，秘书长周志军出席会议。

22日　市总工会召开第二届五一巾帼创新奖表彰座谈会。市总工会副主席汪兰洁出席会议。

22日　市总工会召开2009年上海市职工节能减排义务监督员会议。市总工会副主席杜仁伟出席。

23日　市总工会召开第十一届

读书节闭幕式暨2009年上海市振兴中华读书活动优秀项目表彰会。市总工会副主席汪兰洁出席。

23日　市总工会举办“相约世博,共享知识”江浙沪职工世博知识挑战赛。市总工会副主席汪兰洁出席。

23—24日　市总工会召开支援外地建设退休回沪定居人员困难补助工作会议。市总工会副主席陈国华出席。

24日　市总工会主办江浙沪宣教工作会议召开。市总工会副主席汪兰洁出席。

30日　市总工会召开市和谐劳动关系创建活动示范单位经验交流会。市总工会副主席肖堃涛、茆荣华出席。

概　况

Basic Facts

【组织概况】 上海市总工会机关设办公室、研究室、组织部、民主管理部、宣教文体部、经济工作部、保障工作部、国际联络部、财务部、女职工部、法律工作部、事业部、经费审查委员会办公室等13个职能部门和机关系统党、纪、工、团组织。市总工会机关核定人员编制141人，截至年底，机关在编人员121人。市总工会下属上海工会管理职业学院、劳动报社、上海海鸥控股(集团)有限公司等24个企事业单位。所辖区、县、局(产业)工会130个，建立工会基层组织51 952个，工会组织覆盖单位200 769家，工会会员为7 268 373名。（杨伟良）

上海市总工会领导及各部室负责人名单

中共上海市总工会党组名录

党组书记 陈 豪
党组副书记 肖堃涛
党组成员 汪兰洁(女) 杜仁伟 陈国华 茆荣华 周志军 杜乃根
党组纪检组组长 汪兰洁(女)

上海市总工会第十二届委员会主席、副主席、常委名录

主 席 陈 豪
副主席 肖堃涛 汪兰洁(女) 杜仁伟 陈国华 茆荣华
常 委 (按姓氏笔画为序)
严爱科(女) 杜乃根 肖长松 吴红星 吴诗仲 陈 欣(女) 陈必华 周志军 夏玲英(女) 熊宣国

上海市总工会经费审查委员会主任、副主任名录

主 任 杨永平(副局级)
副主任 黄银萍(女)

上海市总工会秘书长、副巡视员名录

秘书长 周志军
副巡视员 杜乃根 夏惠珍(女)

上海市总工会各部室负责人名录

办公室
主 任 李 鸣
副主任 夏 勇 王厚富

研究室
主 任 桂晓燕(女)

组织部
部 长 杜乃根(兼)
副部长 刘卫新 杨伟良(兼)

宣教文体部
部 长 丁 巍(女)
副部长 邵新宇(女)

经济工作部
部 长 彭剑明(女)
副部长 李卫军

保障工作部
部 长 宋 震
副部长 陈美琴(女)

财务部
部 长 夏惠珍(兼，女)
副部长 倪伟琦

民主管理部
部 长 张立群
副部长 周永宝

法律工作部
部 长 吴 萌
副部长 黄 琦(女)

女职工部
部 长 宋钟蓓(女)
副部长 庄 勤(女)

国际联络部
部 长 沈雄德
副部长 李 庆(女)

事业部
部 长 宫运利
副部长 朱国庆

经审办
主 任 杨永平(兼)
副主任 黄银萍(女)

上海市总工会直属机关党、纪、工、团负责人名录

直属机关党委
书 记 周志军(兼)
副书记 任新我

直属机关纪委
书 记 杨伟良

直属机关工会
主 任 任新我(兼)
副主任 卢家平

直属机关团委
书 记 庄 勤(兼，女)

机关工会
主 席 卢家平

（邵丽倩）

【上海市总工会综述】 2009年，市总工会紧紧围绕市委、市政府"四个确保"的中心任务，应时而动，主动作为，各项工作取得新成效。(1)以经济建设为中心。在全市开展以"当好主力军、建功'十一五'、和谐奔小康"为主题的重大工程立功竞赛，在世博园区、配套工程建设、虹桥综合交通枢纽、长江隧桥和轨道交通等重大工程中开展"工人先锋号"创建，全市参加竞赛的职工达430.7万人次；积极应对国际金融危机冲击，总结推广闵行区总工会倡议企业和职工集体承诺"抱团过冬"的经验，层层推进"共同约定"行动，团结凝聚职工与企业共克时艰、共谋发展；围绕

经济结构调整、产业升级和提升企业效能，动员职工开展技术攻关、技术创新、技术协作等群众性科技创新活动，举办第三届上海职工科技节，推广职工科技创新成果、优秀发明和先进操作法，召开长三角职工创新成果推介会等。(2)全面开展迎世博行动。以“当好主力军、建功世博会、展示新风采”为主题，有序推进世博园区重大工程、世博重点配套工程、城市管理市容环境整治工程和窗口服务行业四大立功竞赛活动，在12个重点商圈、58个行业中推进窗口服务行业百万职工优质服务立功竞赛，积极开展“与世博同行、为世博添彩”的世博企业行、“与祖国共命运、与世博共奋进、与企业共发展”的感言良策征集、江浙沪职工世博知识趣味挑战赛等活动，63万职工参加“学双语”培训考核；开展“三五”集中行动，实施农民工迎世博基本素质教育培训工程，培训农民工70万人。(3)加强劳动关系的协调和稳定。建立市区两级工会“群体性纠纷预防化解工作领导小组”，积极参与市劳资突出矛盾预防化解指导小组工作，建立每周群体性争议“零报告”和重要信息即时报告、职工思想动态分析研判、劳资纠纷应急处置、联动调处等工作机制，推广浦东新区总工会劳动争议“不出厂区、不出园区、不出地区”的工作经验，进一步推进职代会建制，全市10 039家公有制企事业单位建立职代会制度，9 291家企事业单位建立厂务公开制度。不断推进集体协商制度建设，促进集体合同签订和工资专项集体合同签订工作，全市签订集体合同2.1万多份，签订工资专项集体合同1.08万多份，签订女职工专项集体合同1.66万份。(4)大力推进职工素质工程建设。以庆祝新中国成立60周年为契机，开展新中国成立以来“双百”人物和“时代领跑者”——新中国成立以来最具影响的劳动模范评选，召开新中国成立60周年劳模座谈会，广泛开展群众性爱国主义教育活动，举办庆祝五一职工歌咏大会、“爱国歌曲大家唱”上海职工歌手大赛等；加强职工宣传思想工作，深入开展形势政策教育，深化“创争”活动，召开“学习型企业创建”工作推进大会；丰富职工文化活动，开展第三届上海市“五一文化奖”评选。(5)促进社会和谐稳定，发挥工会组织积极作用。高度关注职工就业，开展大学生见习和实施“百企千岗进社区”、家政服务培训、百万农民工援助行动和百名劳模企业家就业援助特别行动等；加大工会济困帮扶力度，举办农民工、大学毕业生、女职工等20个职介专场，提供就业岗位3.47万个，帮助4.82万名职工实现就业，帮助困难职工子女和困难大学毕业生就业，建立大学生见习基地，重视对职工创业的支持和服务，关注职工收入分配，积极推进工资集体协商工作，建立完善行业性工资集体协商机制，探索一线职工收入增长机制；高度关注困难职工生活，完善职工援助服务中心网络建设，197个街道(乡镇)、30个工业园区(产业集团)建立分中心；元旦春节期间，各级工会共筹措资金1.23亿元，走访慰问困难企业1 592家和困难职工家庭15万余户；配合市政府对6 667名支内退休回沪定居人员开展一次性特困补助；继续发展工会互助保障事业，年内参加四项医疗互助保障计划的会员达746.51万人次，给付保障金3.89亿元，惠及职工64.19万人次；深入开展“千个党支部与千名学生结对助学”、“千个文明班组、红旗文明岗牵手千名困难职工”及“助学帮困都江堰困难职工子女、农民工子女”等活动。(6)加强工会组织建设。以世界500强等跨国公司工会组建、农民工入会、区域行业工会联合会建设等为重点，进一步提高工会组建率和职工

上海市委副书记、市长韩正慰问上海建工世博工地建设者
(吉　恭)

时任全国总工会副主席、书记处第一书记孙春兰在上海视察工会工作
(吴良荣)

市人大常委会主任刘云耕调研工会维护农民工合法权益工作
（赵　勇）

入会率，全市基层工会达到5.2万个，覆盖企业20余万家，会员总数为727万人；针对劳动关系和职工队伍的新情况新问题，深入开展调查研究，围绕职工就业状况、劳动争议调解、职工利益诉求表达机制、农民工工作等进行重点调研，形成一批调研成果；举办各类工会干部培训班，受训者计11万人。（夏伟民）

【上海市总工会女职工委员会综述】 2009年，市总女职工委员会以推进经济平稳较快发展和迎世博为重点，以服务、维护女职工权益为抓手，各项工作取得丰硕成果。(1)在推进经济平稳较快发展中充分发挥女职工作用。举行“同舟共济、共克时艰、共谋发展”——上海职业女性纪念“三八”妇女节99周年座谈会，发出《坚定信心、振奋精神、共克时艰，为推进经济平稳较快发展贡献力量》的倡议。与市慈善基金会联合免费为500名外来务工女性进行家政服务（5级）、母婴护理（模块）培训；与徐汇、普陀区总工会联合开设女职工职介专场，有120多家单位提供了1 000多个适合女性就业的岗位，评选出20个上海市女职工创业示范点。(2)在“迎世博上海女职工在行动”中充分发挥独特作用。开展“迎世博600天——上海市五一巾帼示范岗”姐妹班组结对创建活动。命名22个女劳模班组为示范岗，并以1带5的姐妹班组结对共进方式，带动100个示范岗的创建。“三八”期间，组织12个示范班组长进京与奥运先进班组开展“建功奥运，奉献世博”——京沪两地先进女职工班组结对交流会。以女职工志愿者服务队为载体，在“三八”、“五一”、倒计时200天，三次深入世博工地为建设者提供医疗咨询、测量血压、摄影留念等免费服务，并开展“编织爱心，奉献世博”——女职工向世博工地建设者赠送毛衣活动。以女职工周末学校为载体，学习世博知识和宣传文明礼仪。举行“世博，让女性更精彩”——上海职业女性联谊会成立20周年庆典。举行“繁花似锦颂祖国”——上海女职工插花比赛。与城建集团工会联合开设“迎世博600天上海女职工在行动”专栏。(3)在保障女职工特殊权益中发挥工会女职工组织作用。联合市、区人力资源和社会保障局开展“三八”女职工专项督查，畅通女职工利益诉求渠道。2009年16 840 999女职工劳动权益求助热线、网上邮箱、维权信箱等共受理431件咨询和投诉。加强专项合同机制建设，规范程序、分类指导，与市人力资源和社会保障局联合召开“女职工权益保护专项集体合同工作交流推进会”，探索专项合同除报劳动部门外，报上一级工会女职工组织备案的做法。截至9月底，签订女职工专项集体合同（含附件）1.66万份。与解放军411医院共同发起关爱外来务工女性健康实事项目，启动为万名外来务工女性和困难女职工进行免费宫颈癌筛查。送97场女性保健和预防艾滋病知识讲座到基层，3 800多女职工参加培训；发放3 000盘预防艾滋病宣传片和6.7万册女性健康教育手册到女职工手中，开展“遏制艾滋，履行承诺”——上海职工红丝带健康行动，在杨浦区殷行、五角场职工援助服务中心建立首批职工红丝带健康行动工作站，成立首支红丝带健康行动职工志愿者服务队。启动上海工会援助都江堰女职工健康项目，援助灾区10 900名女职工。女职工团体特种保障参保数达到84.84万，全年为387名患病女职工提供379万元理赔服务。与杨浦、烟草、商飞集团、世博集团联合开展白领女性联谊活动。继续开展“双结对”活动，邀请单亲困难职工子女与世博建设者子女举行“同享阳光，共迎世博”庆“六一”活动。(4)在加强工会女职工组织自身建设中增强凝

上海市委副书记殷一璀会见上海当选全国劳模代表　（吴良荣）

聚力和影响力。完成市总工会女职工委员会换届工作，召开市总工会女职工委员会五届一次全委(扩大)会议，对今后5年的上海工会女职工工作进行全面部署。贯彻全总《工会女职工委员会工作条例》、《加强企业工会女职工工作的意见》，进一步加强基层工会女职工组织建设，工会女职工组织同步组建率达93.9%。制定《加强经济园区工会女职工工作的意见》，编印5万册《工会女职工委员会工作手册》发至基层，指导规范工会女职工工作。举办2009年区县局(产业)工会女职工干部学习《条例》和《意见》、"劳动保障法律监督员"培训班，启动基层工会规范工会女职工工作的学习培训工作。加强调查研究工作，开展《金融危机影响下企业女职工面临新情况新问题》调研。针对新闻、教育及主要交通行业的女职工特殊权益的保障情况进行专题研讨，及时总结解放报业集团通过减少工作指标等措施落实法规的经验并加以推广，指导相关行业、企业通过制定文件、签订专项合同具体落实女职工"三期"的特殊保护。举办中美"女性在工会运动中的作用"交流会，编印《工会女职工问题研究论文专辑》，指导各级工会女职工委员会深入研究问题。　（宋钟蓓）

1月6日，上海市人大常委会副主任、市总工会主席陈豪慰问受国际金融危机影响的困难企业　（吴良荣）

【上海市总工会经审会综述】　2009年，市总工会经审会坚持把工会所有经济活动纳入审查审计监督范围，以推进基层工会经审工作为主线，以审查审计为手段，以制度监督为重点，以规范化建设为抓手，以工作创新为动力，各项工作取得了新进展。2月，市总经审会十二届六次会议对市总工会本级2008年工会经费收支决算情况进行了审查。7月，市总经审会十二届七次会议审查了市总工会本级2009年上半年预算执行情况，会议认为执行情况良好。8月，市总经审会加强对市总工会重点基建工程项目的监督，专门组织部分经审委员视察工人疗养院等重点改扩建工程项目，听取海鸥控股集团有关工程规划和项目建设进展情况汇报。经审委员们经过实地视察后对工程项目后期管理积极建言献策。12月，市总经审会十二届八次会议听取并讨论《关于上海工会2008年经费审查工作情况和2009年经费审查工作安排的报告(讨论稿)》和2009年审计情况汇报。　（杨永平）

4月27日，上海市委副书记殷一璀为获得上海市五一劳动奖状、奖章的代表颁发奖状　（吴良荣）

【上海市职工技术协会综述】　2009年，市职工技协按照"在转型中走一条发展新路"的要求，积极组织各级职工技协和广大职工开展群众性科技创新活动和经济技术协作活动。(1)深化职工创新实践，推进群众性科技创新活动取得新成绩。一是举办以"岗位创新促发展，攻坚克难做贡献"为主题的第三届上海职工科技节。市级层面主要开展"上海市职工科技创新工作会议"、"上海职工科技创新成果展"、"第三届李斌技师网上论坛"、"上海职工绝技绝活绝招征集、选拔、展示"、"上海市工人发明家沙龙成立仪式"等10项活动。区县局(产业)层面举办有关科技节活动189项，12 767家基层单位组织92万余职工在科技节中开展职工科技创新活动。二是深化合理化建议活动，推进职工节能减排工作。深入基层开展调研，广泛征求意见，修改《上海市合理化建议和技术改进奖励实施办法》，完成《奖励实施办法》修订稿；开展职工节能减排优秀合理化建议评选活动，表彰215项职工节能减排优秀合理化建议；召开2009上海职工节能减排活动推进大会；组织"上海市职工科普讲师团"进企业作报告；组织工会干部、职工参观上海国际节能环保园区并举行上海市职工节能减排活动基地揭牌仪式。三是开展优秀发明选拔赛，提高职工发明创造积极性。开展第二十二届上海市优秀发明选拔赛评选工作，在报名参赛的1 219个项目中评选出优秀发明项目721项，已转化实施678项，创经济效益131亿元。做好第二十三届优秀发明选拔赛的组织、宣传、动员报名参赛等工作，已有1 433个项目报名参赛。组织135项发明成果参加第18届全国发明展，获得85项奖项，其中金银奖35项；推荐3个职工发明项目参加“第四届海峡两岸职工创新成果展”，全部获得金奖。(2)深化科技服务，推进科技成果转化工作取得新进展。一是加强“四技”活动的指导、协调和服务。研究“四技”活动的财税政策，争取技协优惠政策。多次举办技术服务工作培训班，指导基层签订技术合同、运用技协政策。组织全市各级技协进一步探索发挥技协组织优势，参与技术市场建设，开展技术中介，多渠道地开展技术开发、技术转让、技术咨询和技术服务活动，全年活动总规模达到6亿多元，上缴国家税金达到6 000多万元。二是加强职工科技创新服务平台建设。进一步发挥技术合同认定站、职工创新基金、职工科技创新网站等服务机构在服务基层、推动项目协作、促进科技成果转化中的积极作用，积极开展技术项目推介，做好信息服务工作。创新基金继续增加投入，新增资金800万元，总资本金达到8 500万元。同时，积极扶持职工创新项目，组织创新基金与“盾构电气技术革新”等10个职工创新项目与创新基金对接。对去年创新基金给予资金支持的“结合齿的冷热复合精密锻造”等6个项目进行全过程跟踪服务。(3)加强区域协作，对口支援工作取得新深化。一是开展区域性对口协作，推进对口支援地区发展。重点做好对云南地区的对口支援工作，以技术扶助为主，开展技术攻关、解决对口支援企业技术难题；建立对口支援工作服务体系、帮扶工作网络、信息交流机制和“帮扶结对”机制。据统计，为对口支援企业实施技术帮扶、协作项目8项，培训技术人员、教师、医务人员280余名。二是开展“双送”活动，支援四川都江堰重建。组织各级职工技协为灾区企业重建送技术，为灾区职工送技能。上半年，由上海汽车(集团)汇众汽车制造有限公司和上海医药(集团)药材有限公司对来自四川都江堰海蓉药业有限公司、四川银河汽车集团挂车有限责任公司和四川都江机械有限公司的30名技术人员进行了为期两周的技术培训。下半年，组织上汽帮扶“双送”活动专家组上门为都江堰结对企业送技术，帮助都江堰结对企业解决了10多项生产工艺和产品质量问题。三是加强创新工作合作，推进区域技协交流。举办“2009长三角职工科技创新工作论坛”和“长三角地区职工科技创新成果推介暨上海职工技术创新基金对接项目签约发布会”，苏浙沪三地在会上推介发布了“循环流化床锅炉焚烧城市污水厂脱水污泥”等6项职工技术创新成果项目，网上推介60项职工创新成果。(4)深化组织建设，推动技协规范管理取得新进步。一是加强培训，会同市科委、市发明专利局等有关单位对全市近100家单位技协专职管理干部、合同初审员、财务人员进行集中培训。二是规范管理，坚持将职工技协的管理纳入到同级工会的统一管理中，自觉接受同级工会的领导和监督；落实职工技协工作目标管理考核办法，认真开展2009年度技协工作目标考核；及时召开全市财务工作会议，开展小金库自查工作，改进技协的资金、会费管理，推进规范发展。 (王小龙)

【上海市退休职工管理委员会综述】 2009年，市退管会实现全年退管工作目标。(1)精神文明活动有新拓展。围绕“迎世博、迎国庆、迎重阳”，举办“世博文化解读报告会”，与老龄委等有关单位合作举行上海市万名老人“迎世博、看发展、作贡献”活动；开展退管系统“迎世博、讲文明、树新风‘三五’集中行动”示范活动，组织百名老劳模签名迎世博，开展“迎世博‘城建杯’上海市退休职工第三届钓鱼比赛；筹办“迎世博、展风采”上海市中老年书画优秀作品展暨上海市第二届中老年书画大赛活动；组织“九九关爱重阳歌会”——唱响中华歌咏汇演。(2)上海市退休职工住院补充医疗互助保障工作有新增长。截至年底，已有286万退休职工完成了参保和续保，给付人次达63万，给付金额达3.37亿元。(3)“冬送温暖、夏送清凉”活动有新成效。2009年元旦、春节和高温季节，对老劳模、老先进、退休困难人员开展帮困送温暖活动。据统计，全市退管系统走访慰问退休人员共计16.8万人次，慰问金额达1亿元。(4)为老服务工作有新发展。坚持开展尊老社会一条龙服务和双月社区为老服务活动。据统计，全市退管系统全年发放高龄老人优待证4.8万张；开展双月社区为老服务活动计276场，服务项目达69项，参加志愿者活动13 540人次，受益老人达16.09万人次。截至年底，有11.3万人次参保银发无忧计划，总金额达226万元。(5)调查研究和理论研讨有新成果。全年收到论文166篇，评选表彰30篇优秀论文。结合退管工作实际，开展退休人员管理服务工作现状与双重关爱的课题调查，并报市有关部门。(6)自身建设有新提高。开展退管工作评估活动，提高退管工作水平。切实加强退休人员来信来访工作，坚持信访工作例会制度，提高信访工作处理的有效性，对所有来信来访都作反馈和答复。 (郚时中)

重要会议·工作·活动·调研

Important Meetings·Work·Investigation And Study

重要会议

【市总工会召开十二届三次全委（扩大）会议】 1月7日召开。市委副书记殷一璀出席会议并作重要讲话。市人大常委会副主任、市总工会主席陈豪向全委会作工作报告。会议的主题是高举中国特色社会主义伟大旗帜，以邓小平理论和“三个代表”重要思想为指导，深入贯彻落实科学发展观，围绕中国工会十五大、上海市工会第十二次代表大会提出的目标任务，把团结动员职工推动上海经济平稳较快发展作为首要任务，把维护职工合法权益、促进劳动关系和社会和谐稳定作为突出重点，把开展深入学习实践科学发展观活动作为关键措施，进一步增强服务大局服务职工能力，进一步调动好职工的积极性主动性创造性，进一步坚定信心，振奋精神，齐心协力，共克时艰，为上海实现“四个确保”作贡献，以优异成绩迎接新中国成立60周年。会议总结了2008年工会工作，全面部署了2009年度上海工会的主要任务。会议认为，在过去的一年中，上海各级工会认真贯彻落实中央和市委、全总关于工人阶级和工会工作的一系列重要指示精神和工作部署，走中国特色社会主义工会发展道路，坚持围绕中心，服务大局；坚持把提高劳动者素质作为重要的战略任务；坚持把维权工作放在工会工作的突出位置；坚持“党建带动工建、工建服务党建”；工会工作有发展、有创新、有突破，为上海经济社会发展作出了积极贡献。会议指出，2009年将迎来新中国成立60周年，上海加快推进“四个率先”、加快建设“四个中心”、有序筹办世博会也将步入关键阶段。各级工会组织和广大工会干部要充分认识国际经济环境的严峻性和复杂性，充分认识国内经济面临的压力，充分认识上海企业经营、产业发展面临的困难，充分认识经济波动对职工群众生产生活带来的冲击，进一步增强大局意识、忧患意识和责任意识，坚持围绕中心服务大局，主动适应形势的发展变化，团结动员职工群众和衷共济、应对挑战，在抗击国际金融危机冲击、维护改革发展稳定大局、促进经济社会又好又快发展中，发挥好工人阶级的主力军作用。会议强调，各级工会组织要抓住机遇，乘势而为，扩大工会在职工中的影响力。要抓住企业建工会成为内在需求的机遇，加强工会组建，扩大工会覆盖面；抓住提高自身素质成为职工内在需求的机遇，发挥工会“大学校”作用，不断提高职工队伍整体素质；要抓住提高能力成为各级工会内在需求的机遇，加强工会自身建设。（吴　越）

【市总工会召开十二届四次全委（扩大）会议】 7月16日召开。市人大常委会副主任、市总工会主席陈豪作工作报告。会议主题是认真贯彻落实九届市委八次全会、全总十五届四次主席团会议精神，团结引领广大职工认清形势、振奋精神，扎实工作、拼搏奉献，为上海实现“四个确保”作出更大贡献。会议回顾了上半年工作，面对国际金融危机蔓延加深、国内经济结构调整压力加大、保民生和社会稳定任务加重等严峻挑战，全市各级工会紧紧围绕党和国家工作大局，在服务大局、服务职工中发挥了重要作用和为实现上海“四个确保”作出了积极贡献。会议指出，目前上海经济运行步入企稳上行轨道，年初制定的主要经济指标已基本实现时间过半、任务过半，但上海自身发展转型任务仍然繁重紧迫，经济稳定回升的基础还不稳固，与职工切身利益密切相关的就业、分配、社会保障等问题亟待解决，劳动关系领域的不确定不稳定因素仍需高度关注，这些都对工会团结动员广大职工群众，推动经济平稳较快发展提出新的任务和要求。会议强调，年内要重点开展的工作：一是服务大局，充分发挥上海工人阶级在保增长，促发展中的主力军作用。要坚持以“当好主力军、建功‘十一五’、和谐奔小康”为主题，在重大项目建设中深化劳动竞赛和立功竞赛；推动职工群众性科技创新活动向新兴产业、非公企业、中小企业延伸，发动职工开展技术革新、发明创造、技术协作、合理化建议等活动。要高扬新时代劳模精神，集中宣传各个时代具有代表性的劳动模范和先进工作者的事迹，广泛宣传上海工人阶级在不同历史时期的杰出贡献，激励职工把爱国热情转化为实际行动；要发挥工会“大学校”作用，加强职工宣传思想工作，提高职工队伍科学文化和技能素质，促进职工的全面发展。二是服务世博筹办工作，进一步增强职工群众参与世博、奉献世博的积极性和紧迫感。要把按时间节点有序推进上海职工迎世博行动计划，摆在工会工作的突出位置。要进一步加强示范引领，继续扩大世博会重大工程立功竞赛活动影响力和参与面，推进窗口服务行业立功竞赛，在商场、宾馆、旅游、餐饮、公共交通、出租汽车等服务行业中着力实施“十大行动”，着力打造“百个服务品牌、千个工人先锋号、万个服务明星”，持续掀起立功竞赛热潮。要大力普及世博知识，以开展“与世博同行、为世博添彩”世博企业行、农民工基本素质培训、江浙沪职工世博知识趣味挑战赛等活动为抓手，把世博知识送进企业、送进园区、送进班组，要把迎世博行动作为深化职工群众性精神文明创建活动的重要机遇，带领职工开展形式多样的文明践行活动，争当社会文明新风的倡导者和践行者。三是服务职工群众，大力推动发展社会主义和谐劳动关系。要认真贯彻落实市委要求，在保民生、促和谐中切实发挥好工会组织的重要作用。要突出维护职工劳动经济权益，始终关注职工就业问题，始终关注职工收入分配问题，始终关注困难职工工作生活问题，重视落实职工安全培训和劳动保护工作，履行好工会基本职责。要加强劳动关系协调工作，广泛开展民主法制教育，大力完善劳动关系协调机制，增强工会协调工作的预见性和主动性，把创建劳动关系和谐企业和开展“共同约定行动”有机结合起来，大力发展劳动争议调解组织，确保年底区县、街镇全部建立劳动争议调解组织，营造和谐稳定的发展环境。要提高源头参与水平，主动参与医药卫生、社会保险、农民工养老保险、医保政策等各项法律政策规章的制订和完善，充分表达职工意愿和工会主张。要加强职代会、厂务公开等企事业单位民主管理制度的功能建设，积极推动职工董事、监事制度建设，积极探索创新基层民主管理形式，使工会组织真正成为职工信赖的代言人和维护者。要继续大力推进工会组建，以世界500强等跨国公司工会组建、农民工入会、区域行业工会联合会建设等为重点，进一步提高工会组建率和职工入会率，完成年内净增会员36万的组建任务。

（吴　越）

【市工运研究会召开第八届会员大会暨2009年年会】 12月11日召开。来自全市工会系统、政府机关和理论研究单位的工运研究会会员、理事和顾问、专家委员共200余人参加会议。市人大常委会副主任、市总工会主席、市工运研究会名誉会长陈豪，市社联党组副书记桑玉成出席会议并讲话，市总工会副主席、市工运研究会会长茆荣华作第七届理事会工作报告。会议充分肯定了工运研究会第七届理事会取得的成绩。指出要进一步认识新形势下加强工运理论研究工作的重要意义，准确把握新时期新阶段工会工作的特点和规律，为推动工会工作实现理论创新、制度创新、实践创新提供强大的动力。5年来团体会员和个人会员报送参加优秀调研报告和论文评选的文章累计达到1 025篇，其中有21篇获得全国奖项。会议要求各级工会要高度重视工运研究工作，以党的十七届四中全会、九届市委九次全会精神为指导，在上海应对外部冲击和发展转型双重考验的新形势下，围绕上海经济发展方式的转变，充分认识国际经济、政治、工运形势深刻变化对上海工会工作的影响，积极主动为党政制定和落实关系职工利益的政策措施献计出力，科学回答劳动关系、职工权益、工会发展面临的新情况新问题，切实增强工会组织的凝聚力和影响力。各级工会要把工运研究摆在全局工作的重要位置，切实加强组织领导、制度建设、工作协调、目标考核、人才培养和资金投入，为提高工运研究水平创造良好的条件。大会选举产生了新一届理事会成员；选举产生了新一届理事会领导班子。茆荣华任会长，王水官、王剑明、肖长松、陈必华、陈鸿生、周文芳、夏玲英、顾骏、桂晓燕、傅小龙任副会长，桂晓燕兼任秘书长。理事会聘请尹继佐等6人担任顾问，聘请王大奔等17人担任专家咨询委员。会议还表彰了年度优秀调研报告、论文以及优秀团体会员。

（吴　越）

【市总工会召开工会组织工作交流暨建家活动表彰大会】 12月21日召开。市人大常委会副主任、市总工会主席陈豪出席会议并讲话。市总工会党组副书记、副主席肖堃涛主持会议。大会肯定了2009年全市各级工会积极应对国际金融危机带来的不利影响，在大力推进工会组建、增强基层工会组织活力等方面取得的成效，对继续做好2010年工会组织建设工作做出部署。大会要求，各级工会要认真贯彻落实党的十七届四中全会和九届市委九次全会精神，自觉围绕中心、服务大局，找准定位、创新工作，不断加强和改进工会组织建设，进一步凝聚广大职工群众为推进上海经济社会又好又快发展，为世博会的成功举办做出积极努力。一是要认清工会组织建设面临的新形势新任务，切实增强“党建带工建、工建服务党建”的责任意识。二是要提高工会组织建设整体水平，进一步完善现代化国际大都市工会组织体系。三是要着力激发基层工会活力和创造力，把各级工会组织建设成为职工信赖的职工之家。青浦区总工会、普陀区总工会、机电工会、电信集团工会在会上交流发言。会议表彰了10个“2008年上海市工会组建工作先进单位”、23个“上海市工会组建工作优秀单位”和302个“上海市模范职工之家”、297个“上海市模范职工小家”等先进集体。

（杨　娟）

市总工会召开2009年上海市工会组织工作交流暨建家活动表彰大会

（吴良荣）

【召开2009年厂务公开民主管理工作会议暨先进表彰会议】 3月3日召开。市委副书记、市厂务公开领导小组组长殷一璀出席会议并讲话。市人大常委会副主任、市总工会主席、市厂务公开领导小组副组长陈豪，副市长、市厂务公开领导小组副组长沈晓明，市厂务公开领导小组成员，以及各地区、系统党政工负责人、有关基层单位负责人共300余人出席了会议。大会充分肯定了10年来上海厂务公开民主管理工作取得的成绩，并指出大力推进厂务公开民主管理是贯彻落实科学发展观的现实需要，是新时期党风廉政建设和干部队伍建设的现实需要，也是上海实现“四个确保”的现实需要。会议指出，要把握好新形势下推进厂务公开民主管理工作的着力点，从维护社会稳定、保障职工权益着眼，把厂务公开民主管理工作放到重要位置，不断推进、继续深化；要通过实行厂务公开民主管理让职工知家底，为职工添信心，给职工筑防线，助企业保稳定，帮企业添效率，凝聚广大职工团结奋进的力量，与企业同舟共济，共克时艰。

召开2009年上海市厂务公开民主管理工作会议暨先进表彰会议
（吴良荣）

大会强调，各级党政工组织要在厂务公开民主管理工作中努力作为，按照厂务公开责任制的要求，各司其职，各尽其能，分工协作，合力推进。要把厂务公开民主管理提升到维护社会稳定的高度来认识，将其纳入全盘工作来考虑，并作为系统工程来筹划和视为民心工程来开展。切实按照中央和市委的部署，紧紧围绕上海改革发展稳定大局，分类指导，加强探索，提高厂务公开民主管理工作的水平。会上，上海交运（集团）公司、普陀区总工会、静安区石门二路街道、上海神明电机有限公司等单位代表作了交流发言。会议表彰了64项市厂务公开民主管理工作优秀成果奖、110名推进厂务公开民主管理工作先进工作者、38家推动厂务公开民主管理工作先进单位和130家市厂务公开民主管理工作先进单位。
（马艳芳）

【召开上海工会宣传思想工作会议】 3月5日，市总工会在上海展览中心友谊会堂召开上海工会宣传思想工作会议，市委常委、宣传部长王仲伟，市人大常委会副主任、市总工会主席陈豪出席会议并讲话。大会主题：站在全局和战略的高度，准确把握应对国际金融危机冲击、实现上海“四个确保”对工会宣传思想工作提出的新任务新要求，有的放矢地做好宣传思想政治工作，营造心齐气顺、共谋发展的良好社会氛围，确保职工队伍、企业和社会的稳定。会议充分肯定了上海工会宣传思想工作取得的成功经验，明确了新形势下工会更好地服务大局、服务职工，推动工会宣传思想工作创新发展的3项工作：一是深刻认识意识形态领域的新情况，深入分析职工群众精神文化生活的新需求，着力增强职工思想政治工作的吸引力，在组织、引导、教育职工中掌握话语权，赢得主动权，不断增强职工群众团结奋斗的精神动力。二是坚持以人为本，进一步增强工会宣传思想工作的针对性和有效性，充分展示上海职工良好的职业素养和道德风尚，为上海经济社会发展和世博会筹办提供有力的思想保障。三是切实加强工会宣传思想工作队伍建设，在宣传引导、团结凝聚职工群众中体现更大作为。会上机电工会、闵行区总工会、上汽集团工会、普陀区总工会等单位作了交流发言，并表彰了上海获得全国“创争”活动先进集体、先进个人的10家单位、18个班组、37名个人以及上海职工素质工程“十佳”品牌。
（程友谨）

【召开上海工会宣传文化工作会议暨首场“五一文化讲坛”】 8月6日，举行上海工会宣传文化工作会议暨首场“五一文化讲坛”，围绕“迎国庆、迎世博”主题，部署今后一段时期上海工会宣传文化工作基本任务，提出2009年—2010年上海职工文化建设目标，重点打造“六个一”活动项目，即打造一批职工文化工作品牌，构筑一个“三位一体”职工文化服务网络，建立一批职工文化示范基地，创办“五一文化讲坛”，搭建一批以上海职工文化活动月、周、日为标志的职工文化交流展示平台，开展每年一届市“五一文化奖”评选，努力形成工会实施、职工受益、企业欢迎、社会认同、各界参与的职工文化格局。会议命名了宝钢文学艺术团体联合

市总工会召开上海工会宣传思想工作会议 （陈进修）

会文学协会、上海电力作家协会、新东宫文艺创作中心、上海电信员工文学社、上海金融职工文学创作基地、上海机场职工文学协会为首批上海职工文学创作基地，表彰了一批上海市文化奖项获奖集体和个人。市政协副主席、上海世博会执委会副主任周汉民在首场“五一文化讲坛”上作世博会专题报告。（宋　昶）

【召开上海市学习型企业建设推进大会】 12月7日，上海市学习型企业建设推进大会在上海展览中心友谊会堂举行。市委副书记殷一璀出席作重要讲话，市人大常委会副主任、市总工会主席陈豪对创建学习型企业工作提出具体要求，副市长沈晓明出席会议，会议由市委副秘书长姚海同主持，市政府副秘书长翁铁慧、市委宣传部副部长马春雷出席会议，市总工会副主席汪兰洁作主题报告，市总工会副主席肖堃涛、市教委副主任李骏修宣读表彰名单。大会表彰了10家上海市学习型企事业标兵单位，并授予五一劳动奖章，10家上海市学习型企事业优秀单位，80家上海市学习型企业单位。宝钢集团有限公司、中国电信上海公司、上海柴油机股份有限公司、上海新世界股份有限公司等在会上作了经验交流。会议充分肯定上海学习型企事业单位创建工作取得的成绩，强调要充分认识学习型企事业建设的重要性，充分发挥学习型政党建设的引领和示范作用，形成党委领导，工会负责，学习办及其他相关职能部门分工合作的工作机制，完善体制、机制和保障措施，在创新学习载体、工作机制、评估体系、调研思路、保障机制等方面下功夫，抓出成效。会议提出，要充分发挥工会“大学校”作用，激发职工获取知识、更新知识的积极性、主动性和创造性，增强职工的学习能力、创新能力、竞争能力和创业能力，培养更多掌握新知识、新技能、新本领的知识型职工和一线创新人才。（程友谨）

【举行上海市五一劳动奖状、奖章表彰大会】 4月27日举行。市委副书记殷一璀出席会议并讲话，市人大常委会副主任、市总工会主席陈豪主持大会，副市长沈晓明出席会议。大会表彰了获得全国五一劳动奖状、奖章的16个集体和57名个人，获得上海五一劳动奖状、奖章的49个集体和99名个人以及获得全国和上海“工人先锋号”称号的440个集体。会上，全国五一劳动奖章获得者、宝钢股份公司宝钢分公司冷轧厂高级技师王康健代表全体劳模先进向全市职工发出“同舟共济促发展，不辱使命做贡献，百万职工先锋号行动”的倡议。（李　伟）

市总工会第五届女职工委员会第一次会议　（关良荣）

【市总工会女职工委员会召开五届一次全委会】 3月4日召开。市人大常委会副主任、市总工会主席陈豪出席会议并讲话。市总工会副主席、市女职工委员会主任汪兰洁代表第四届女职工委员会常委会向大会做工作报告。会议通过了第五届市女职工委员会委员、常委、副主任和主任名单，并聘请陆凤妹、唐国才、吕永杰、田赛男、汪泓、马强等9人为第五届市总工会女职工委员会顾问。会议表彰了全国五一巾帼奖集体、全国女职工建功立业标兵、全国女职工建功立业标兵岗、上海先进基层工会女职工组织等先进集体和个人。全委会充分肯定了第四届市总工会女职工委员会在过去五年中所做的工作。会议明确，各级女职工委员会要深入贯彻落实科学发展观，进一步增强促进科学发展、推进“四个率先”的自觉性和坚定性，认清形势，切实增强做好新时期女职工工作的责任感和紧迫感；大力实施女职工素质工程，不断提高女职工队伍整体素质，充分调动女职工积极性、主动性和创造性，为推动经济社会又好又快发展贡献智慧和力量；要把握维权工作阶段性特点，不断完善维护女职工权益长效机制，进一步增强女职工维权工作针对性和有效性，推动解决女职工最关心、最直接、最现实的利益问题，切实维护好女职工合法权益和特殊利益；要加强工会女职工组织自身建设，创新组建模式，扩大工作覆盖；要狠抓能力建设，打造过硬队伍。加强探索创新，创立特色品牌，不断提高工作能力和水平，努力把工会女职工组织建设成为充满爱心、充满阳光、深受广大女职工欢迎和信赖的女职工之家。（朱莉颖）

【市总工会召开现场会推广宝钢集团“最佳实践者活动”经验】 11月17日，市总工会召开宝钢集团公司“最佳实践者活动”现场经验交流会，市总工会主席陈豪出席会议并讲话。2008年下半年，遭遇全球金融危机突袭的宝钢集团遇到了投产30年来最大的困难、危机和挑战。宝钢一方面从成本改善、产品经营、管理变革入手提出一系列强有力举措，另一方面由宝钢工会率先提出在职工中开展“最佳实践者活动”，帮助企业进

市总工会、世博局联合召开上海市推进世博会重大工程建功立业劳动竞赛暨奋战百日誓师大会 （吴良荣）

一步唤醒每一个员工拥有的活力和智慧，帮助宝钢突破重围。市总工会要求全市工会要广泛学习借鉴宝钢经验，以改革创新精神做好新形势下工会工作。学习宝钢工会主动适应新形势新任务，把握工作定位，创新工作载体，把服务发展大局和服务职工群众有机统一起来；学习宝钢贯彻科学发展观以人为本的核心理念，把促进职工全面发展作为各项工作的出发点和落脚点，充分尊重职工的主体地位和首创精神，切实把党的全心全意依靠工人阶级指导方针落到实处；学习宝钢工会把企业发展与职工发展紧密结合起来，积极构建和谐的劳动关系、和谐的企业文化、和谐的工作环境，促进形成企业和职工效益共创、利益共享的格局；学习宝钢工会紧跟形势、开拓创新、攻坚克难、务求实效的精神，把应对危机、迎接挑战，作为扩大工会工作影响力、增强工会组织凝聚力的有利时机。 （张 路）

【召开上海市工资集体协商工作会议】 5月7日，市人力资源和社会保障局、市总工会、市企业联合会/企业家协会联合召开2009年上海市工资集体协商工作会议。会议回顾了上一年全市工资集体协商工作的开展情况，表彰了50家工资集体协商示范单位，交流了先进工作经验，并部署了新的一年工资集体协商的工作任务。会议下发了《关于2009年进一步推进工资集体协商工作的通知》，市总工会副主席茆荣华出席会议并讲话。会议充分肯定去年全市工资集体协商工作取得的成绩。会议指出，当前已经初步形成了以政府为主导推进工资集体协商机制的工作格局，各区县逐步形成了各具特色的工作模式，有效夯实了工资集体协商的工作基础。会议强调，要进一步把思想认识统一到中央精神上来，进一步坚定战胜各种困难和风险的信心。各级工会要积极主动作为，在确保完成全年指标的前提下，进一步提高工资集体协商的针对性，提升工资集体协商的质量，发挥典型示范引领作用，扎实有效推进工资集体协商取得新进展。 （邱晨鹤）

【市总工会召开维稳工作浦东新区现场经验交流会】 8月11日召开。市人大常委会副主任、市总工会主席陈豪出席会议并讲话，浦东新区区委副书记张才莲，市总工会副主席肖堃涛、茆荣华等出席会议，浦东新区总工会、金桥出口加工区工会联合会、新场镇总工会、威旭电子公司等单位作交流发言。会议指出，当前维护劳动关系和社会稳定是上海实现“四个确保”的重要基础，是有序推进世博筹办工作、充分利用世博带动效应的根本保证；维护劳动关系和社会稳定是实现职工群众合法权益的重要条件，保稳定才能保发展，才能保民生，才能保障和实现好职工群众的根本利益和具体利益。会议强调，各级工会要按照“预防为主、基层为主、调解为主”的原则，把握好工会开展维稳工作的切入点和着力点，建立健全集预防、化解、援助为一体的工会维稳工作格局。要加强源头预防，建立完善职工思想信息分析研判机制，及时回应、推动解决职工对“三最”问题的关切和期待；搭建企业与职工的沟通交流平台，让企业了解职工的意愿和诉求；建立常态化的调查研究制度，深入重点区域、重点企业开展调研，增强维权和维稳工作的预见性和主动性。各级工会要加强依法调处，有序推进平等协商工作，推动劳动法律法规和各项民生政策在企业中落实到位，在协商协调中平衡利益关系。各级工会要在加大组建力度、扩大工作覆盖面的基础上，继续探索完善区域性和行业性相结合、多层次、广覆盖的劳动争议调解网络，要确保区县、街镇在年内全部建立劳动争议调解组织，发挥好企业劳动争议调解委员会“第一道防线”作用。会议要求，各级工会贯彻“促进企业发展、维护职工权益”工作原则，与工会开展“保增长、促发展”主题实践活动相结合，深入开展“当好主力军、建功‘十一五’、和谐奔小康”主题活动，加快落实上海职工迎世博行动计划，继续深化“共同约定”行动，大力推进劳动关系和谐企业和工业园区创建活动，为营造和谐发展环境作出更大努力。会议强调，工会维稳工作要与工会服务和帮扶困难职工工作相结合，要全面实施工会“12345”就业援助计划，以援助服务中心为平台，加大帮扶力度，重点向受国际金融危机影响较大的企业和困难职工群体倾斜。工会维稳工作要与健全工会工作基本制度、激发基层工会活力相结合，特别是要推进劳动合同制度建设，着重加强平等协商集体合同制度、职代会制度、厂务公开民主管理制度等基础制度建设，切实增强基层工会的活力和创造力。 （邱晨鹤）

【市总工会举行上海工会保障工作会议暨深入开展“千方百计促就业，齐心协力保稳定”——就业援助服务行动动员大会】 2月12日举行。会议紧紧围绕市委市府“四个确保”的

由市总工会、团市委等联合主办的2009年上海大学生专场招聘会
（吴良荣）

总体要求，分析、研判国际金融危机对上海职工群体就业和生产生活带来的影响，明确部署当前及今后一个时期上海工会保障工作的主要任务与目标，启动实施上海工会“千方百计促就业，齐心协力保稳定”——就业援助服务行动。会议明确，一是要充分认识当前做好工会保障工作的重要意义，进一步增强责任感和使命感，积极协助党政着力推动解决职工群众在劳动就业、收入分配、社会保障、困难帮扶等方面的突出问题。二是要把“促就业、保稳定”作为工会维权的重点工作，大力宣传、推动落实市政府促进就业“1+3”计划，深入开展上海工会“千方百计促就业，齐心协力保稳定”——就业援助服务行动，推动上海工会就业援助服务“12345”工作计划的全面落实。三是要继续高度重视收入分配问题，督促、指导受国际金融危机影响经营困难的企业按照合理合法的程序进行减薪、减员，切实协同政府有关部门做好欠薪治理工作，帮助因企业破产、倒闭而导致工资被拖欠和社会保险关系中断的职工特别是农民工追讨欠薪欠保。四是要密切关注国家深化医药卫生体制改革推进工作，重点研究《农民工养老保险办法》及《职工社会保险关系跨地区转移与接续办法》出台后与上海“综保”制度的衔接，进一步推动政府加大对工会医疗互助活动的财政支持力度。五是要加大投入，加强管理，扎实推进各级工会职工援助服务中心标准化、制度化、规范化建设，积极运用各类工会帮扶平台，推动社会救助体系的完善。六是要加强学习，注重整合内外资源，进一步转变工作作风，不断提高新形势下工会保障工作的整体水平。市总工会党组副书记、副主席肖堃涛出席会议并讲话，市总工会副主席陈国华主持会议，并专题部署2009年上海工会保障工作。杨浦区总工会、普陀区总工会、市机电工会、市总培训中心等单位作了专题交流发言。（曹宏亮）

【市总工会经审会召开十二届六次会议】 2月20日，召开市总工会经审会十二届六次全体委员会议。市总工会经审会主任杨永平主持会议。市总工会副巡视员、财务部部长夏惠珍和事业部部长宫运利等列席了会议。(1)会议听取了夏惠珍关于市总工会2008年度预算执行情况的报告以及相关追加预算情况的补充说明。审议了市总工会2008年经费收支决算，对预算执行情况表示肯定。会议认为，2008年预算执行情况良好，在市总工会的正确领导下，在各级工会组织的大力支持下，市总财务部门围绕工作重点，积极组织收入，规范经费转移，创新收缴办法，确保工会经费的稳定增长，拨交经费收入完成预算的102.69%，全年支出完成预算的105.70%，造成支出超预算的主要原因为抗冰雪灾害捐款及汶川救灾捐款支出。总体预算执行情况良好。(2)会议审议并原则同意2009年经费收支预算（草案）。会议认为，2009年度经费收支预算体现了“统筹兼顾、突出重点、服务大局、服务基层”的要求。在经济形势比较严峻的大背景下，预算的编制体现了勤俭节约的原则，更加注重对预算支出的控制。预算支出安排上有亮点，关注民生问题、就业问题，为大学生职业见习安排专项经费预算等。(3)会议审议《上海市总工会经审会关于2008年度工会经审工作规范化建设考核结果的通报（审议稿）》。会议同意《上海市总工会经审会关于2008年度工会经审工作规范化建设考核结果的通报》。其中：浦东新区总工会经审会等63家单位获特等奖（考核达到A级标准）；上海船舶工业公司工会经审会等39家单位获一等奖；上海宝钢冶金技术服务有限公司工会经审会等15家单位获二等奖；上海市华虹（集团）有限公司工会经审会等3家单位获三等奖。（周　静）

【市总工会经审会召开十二届七次会议】 7月30日，市总工会十二届经审会在市总会议室召开第七次全体委员会议。市总工会经审会主任杨永平主持会议。市总工会副巡视员、财务部部长夏惠珍，事业部正处级调研员张卉、财务部陆娟等列席了会议。(1)会议听取了夏惠珍关于《上海市工会2009年上半年度预算执行情况的说明（送审稿）》。(2)会议原则同意市总2009年上半年度工会预算执行情况的报告。会议对2009年上半年经费预算执行情况表示肯定。会议认为，市总工会上半年预算执行情况良好，市总财务部拨交经费收入能做到时间过半任务过半，拨交经费收入完成全年预算的55.29%，特别是有效地推进了市、区两级机关及参照公务员管理的事业单位工会经费的统一划拨工作，经费总量增幅较大；同时创新收缴办法，加强分类指导，完善工作机制，加大监督检查力度，推进了经费的稳步增长。支出中

向重点工作倾斜，并积极贯彻大力压缩行政费、公务费等支出，控制严格、管理有效。经费支出完成预算的55.43%，其中补助下级支出已完成全年的92.88%，不断增大对下回拨补助力度。会议建议，2009年下半年市总财务部要围绕工会工作大局，增强各单位行政主动依法拨缴工会经费的意识，确保工会经费稳步增长；加强与财政部门协调，推进机关事业单位经费的统一划拨工作。对经费支出较大的项目要提供文字说明，有利于与预算的比较分析；事业支出中相关项目的资金使用情况要进行有效监控。市总工会经审会主任杨永平做了总结。（周　静）

【市总工会经审会召开十二届八次会议】 12月23日召开。市总工会经审会主任杨永平主持会议。市总工会副主席杜仁伟出席会议。会议听取并讨论《关于上海工会2009年经费审查工作情况和2010年经费审查工作安排的报告》。会议认为，经审工作报告立意较高，求真务实。报告总结回顾了2009年经审工作情况，开展了对全市各级工会以及市总本级、市总直管单位的审计；对区县局（产业）工会经审工作进行服务指导；推进了工会经审工作规范化进程。会议认为，经过全会努力工作，有效推进全市工会系统经审工作的全面发展。会议提出，2010年是迎接世博会，面临国际金融危机挑战，应对国家改革改制的关键时刻，工会经审工作要在如何适应党建新要求、工会工作新发展、适应“调结构、促转型”需要，在适应工会会计制度和国家经济监督形式上下功夫，在服务大局、服务基层、服务职工、服务世博、服务重点工作中发挥更好的作用。会议听取市总工会经审办2009年审计情况汇报。认为，对40个区县局（产业）工会进行的“2008年度工会经费预算执行情况暨财务收支情况的审计”，大部分单位工会经费的列支都能紧紧围绕工会中心工作，切实保证重点工作的开展；大部分单位都比较重视预算编制的科学性和预算的约束力、比较重视制度的建设并且执行情况基本良好；专项资金基本能做到专款专用、抗震救灾资金收支合法合规。但是在预算管理、内控制度、资产管理、专项资金管理等方面依然存在问题。会议指出，各级工会应积极落实审计意见的整改，市总工会经审会将对有普遍性的问题进行深入调研，会同有关部门提出指导性意见。（周　静）

【市总工会召开市总机关系统深入学习实践科学发展观活动总结大会】 2月26日召开。出席大会的有市总工会机关全体干部、离退休支部负责人、市总直管单位领导班子成员等。会上，劳动报社、海鸥饭店、培训中心等单位交流发言。市委学习实践活动第二指导检查组组长刘纪舟讲话。市人大常委会副主任、市总工会党组书记、主席陈豪讲话指出：经过为期4个月、3个阶段的工作学习，市总工会机关系统深入学习实践科学发展观活动已进入总结测评阶段。提出：一要巩固活动成果，切实增强以科学发展观指导工会工作的自觉性和坚定性。二要认清形势，深入实践，进一步贯彻落实科学发展观。三要进一步加强自身建设，不断提高服务大局、服务职工的能力和水平。陈豪强调：深入贯彻落实科学发展观是一项长期的战略任务。要以这次学习实践活动为新起点，始终把科学发展观作为指导工会工作的强大思想武器，不断提高在各项工作中深入贯彻落实科学发展观的水平，开拓创新，扎实工作，为上海实现“四个确保”做出更大贡献。（余　铮）

市总工会机关系统深入学习实践科学发展观活动总结大会
（陈进修）

重要工作

【市总工会制定下发充分发挥工会“大学校”作用的《实施意见》】 2月5日，为认真贯彻落实胡锦涛总书记“要充分发挥工会‘大学校’作用，把提高职工队伍整体素质作为一项战略任务抓紧抓好”的重要指示精神，根据全总《关于充分发挥工会“大学校”作用，提高职工队伍整体素质的决议》要求，结合上海工会实际，市总工会制定下发《充分发挥工会“大学校”作用，深入推进职工素质工程的实施意见》，《意见》提出了充分发挥工会“大学校”作用，深入推进职工素质工程的目标和任务，即坚持“四个始终”：一是始终坚持把社会主义核心价值体系建设作为主线，把工会“大学校”建成引领职工树立核心价值观的精神家园；二是始终坚持把提高广大职工的职业技能和科学文化素质作为基础，把工会“大学校”建成增强职工学习创新能力的智慧校园；三是始终坚持把精神文明创建和职工文化工作作为重点，把工会“大学校”建成提高职工文明素养和陶冶职工情操的文化乐园；四是始终坚持把做好职工思想政治工作和提升法律意识作为根本，把工会“大学校”建成促进职工身心和谐的心灵花园。《意见》提出，要切实加强领导，健全完善工会“大学校”建设、推进职工素质工程的“六大机制”：一是健全完善分类指导机制；二是健全完善目标管理机制；三是健全完善资源共享机制；四是健全完善典型培育机制；五是健全完善激励表彰机制；六是健全完善经费保障机制。（程友谨）

【市总工会深入开展“创争”活动】 市总工会围绕推进学习型社会建设目标要求，深入开展“创建学习型组织，争做知识型职工”活动，积极参与实施全市学习型组织“5511”工程，推选119家单位参加2009年度上海市创建学习型组织评估活动，组织参评单位参加上海市学习型组织创建工作培训，同时举办工会系统学习型企事业单位创建工作培训，邀请有关专家作“学习型组织新发展”和“新形势下学习型企事业单位创建的探索与思考”专题辅导，指导推进创建工作。市总工会与市学习办联合开展学习型企事业单位创建工作专题调研，先后赴中国电信上海股份公司、延锋伟世通饰件有限公司、上海石化股份公司、上海一建公司、上海汽车工业总公司、上海中医大学岳阳中西医结合医院等单位开展调研。10月中旬，市总工会、市学习办联合开展学习型企事业单位创建参评单位和评选申报单位检查评估工作，组成3个检查评估组，对宝钢、电信、电力、港务、航道等系统的20家基层单位进行了抽查评估。为树立典型，弘扬先进，以市总工会与市文明办、市教委等“创争”活动联席会议8家成员单位名义下发文件，开展第二届上海市学习型企事业单位评选表彰活动，在各区县局（产业）工会推荐申报的基础上，最终评选出10个“上海市学习型企事业标兵单位”、10个“上海市学习型企事业优秀单位”、80个“上海市学习型企事业单位”，并在上海市学习型企事业单位建设推进大会上予以表彰。（程友谨）

【上海工会积极推进“双措并举，二次覆盖”工作】 上海工会在不断完善“三级组织、四级网络”格局、创新发展行业性工会组织、加强社会化职业化工会工作者队伍的基础上，结合实际，积极推进“双措并举，二次覆盖”工作，努力实现“两个大幅度增长”。一是小型非公企业工会联合会建设取得大幅度进展。截至9月底，全市共组建基层工会联合会2 901个。其中，区域性的2 694个，行业性的207个，覆盖单位8.5万家，覆盖会员155万名。全总阳泉会议后新组建工会联合会107家，覆盖单位5 523家，覆盖会员近5万名。二是社会化、职业化工会干部数量大幅度增长。全市共选聘社会化、职业化工会干部2 400名。其中，从事基层工会联合会工作的982名，阳泉会议后增聘了42名。（刘卫新　杨　娟）

上海市五一巾帼示范岗创建活动现场经验交流会（吴良荣）

【市总工会开展全国百家示范乡镇（街道）工会评选】 根据《全总基层组织建设部关于评选推荐2009年度“全国百家示范乡镇（街道）工会”的通知》（工基组发〔2009〕14号）精神，经区县总工会推荐、实地考察、上海市总工会相关职能部门考核等程序，共评选出杨浦区定海地区总工会、徐汇区徐家汇社区总工会、奉贤区南桥镇总工会等3家单位为“全国百家示范乡镇（街道）工会”。截至年底，上海市共有3个单位获得“全国‘六好’乡镇（街道）工会”称号，16个单位获得“全国百家示范乡镇（街道）工会”称号。（刘卫新　刘　睿）

【全市开展第七次厂务公开民主管理工作调研检查】 9月至11月，市厂务公开工作领导小组开展了全市第七次厂务公开民主管理工作调研检查。9月至10月，各地区、系统厂务公开工作领导小组按照有关工作要求认真组织自查，全面总结和梳理了各地区、系统厂务公开民主管理工作的建制、运作情况，以及取得的进展和成效。11月24日，市厂务公开工作领导小组在上海铁路局召开了职代会制度建设专题交流研讨会。上海铁路局、建工集团、上海柴油机股份公司、南市自来水厂、三航设计院等单位围绕职代会制度建设专题介绍了各自经验和做法，与会人员就如何推进职代会制度的制度化、规范化建设开展了专题交流和研讨。12月15日，由市人大常委会副主任、市总工会主席、市厂务公开工作领导小组副组长陈豪率队，市纪委、市委组织部、市国资委、市总工会、市城乡建设交通委、市社会工作党委等成员单位领导组成的市厂务公开工作调研检查组对闸北区，及其所属的区卫生局、天目西社区、北方企业（集团）有限公司等进行调研检查。调研检查组对闸北区的厂务公开民主管理工作给予充分肯定。并指出，要进一步增强做好厂务公开民主管理工作的责任感和紧迫感。上海正处于调结构、促转型阶段，要通过厂务公开工作加强企业党风建设和反腐倡廉工作，促进基层民主的发展，确保上海经济社会健康发展和谐稳定。要引导职工群众依法有序地表达合理诉求，维护职工合法权益，促进企业科学管理，形成现代化管理制度，努力提高企业管理水平。要求进一步明确任务，突出重点，提高厂务公开民主管理工作实效。 （马艳芳）

【上海工会积极发挥集体协商机制作用，维护劳动关系和谐稳定】 2009年，为稳定上海职工队伍，促进劳动关系和谐，市劳动关系三方联合下发了《关于积极发挥集体协商机制作用，促进经济平稳较快发展，维护社会和谐稳定的意见》，市总工会随即制定下发了《关于积极开展集体协商，妥善处理企业群体性纠纷的指导意见》的配套文件，从提出协商要约、推荐协商代表、把握协商内容、履行民主程序、处理协商争议、加强工作指导等6个环节，指导各级工会引导职工理性表达诉求，将群体性纠纷导入依法规范的集体协商渠道。全市各级工会积极应对国际金融危机对劳动关系带来的影响，认真贯彻文件要求，切实维护劳动关系的和谐稳定。浦东新区总工会制定下发了《关于组织职工有序集体协商和规范企业工会协商程序，妥善化解企业群体性纠纷的操作细则》，对集体协商的原则、程序、内容、方式、基本要求等进行规范，提高了基层工会开展集体协商化解劳资群体性纠纷的能力。闵行、杨浦、静安、普陀等区号召基层工会开展集体协商，倡导企业践行社会责任，帮助企业生存和发展，化解劳资矛盾，并及时总结开展情况。使上海劳动关系群体性纠纷矛盾由年初多发呈现出逐月减少态势，总体平稳可控。 （邱晨鹤）

【上海工会建设多层次、多元化劳动争议调解组织】 2009年，市总工会以推进街道、乡镇、工业园区劳动争议调解组织建设为重点，积极推进多层次、多元化劳动争议调解组织建设。一是全面推进街道、乡镇、工业园区劳动争议调解组织建设。针对街道、乡镇劳动争议调解组织“第三方”调处的优势，结合非公企业积聚的工业园区的实际，市总工会着力推进街道、乡镇、工业园区劳动争议调解组织建设。截至10月底，全市213个街镇，除崇明县尚未达到全覆盖以外，其余各区县、街镇、工业园区均已全部建立劳动争议调解组织。二是建立健全企业劳动争议调解组织建设。各级工会督促和协助企业依法建立健全劳动争议调解组织，努力发挥企业劳动争议调解委员会第一道防线的作用，把矛盾化解在基层。奉贤区50人以上建会企业中92.4%建立了劳动争议调解组织。三是积极探索新型劳动争议调解组织。各区总工会根据区域性经济的发展特点，探索建立了楼宇劳动争议调解组织、街道地区内餐饮等新型行业性劳动争议调解组织。静安区115幢楼宇中建立了107个楼宇劳动争议调解组织，杨浦区凉城社区成立了社区商圈劳动争议调解组织。四是依托各种资源不断延伸劳动争议调解组织。各区县工会主动与司法等部门联手，利用人民调解组织网络，不断推进村、居委劳动争议调解组织建设。全市有1 696个村、居委会建立劳动争议调解组织，占已建工会村、居委数的56.46%。 （钱传东）

【深入推进女职工权益保护专项集体合同工作】 2009年专项集体合同工作在巩固机制、规范程序方面取得进展：一是探索建立对专项集体合同的预审和“双备案”制度，即上级工会对基层企业专项集体合同草案内容进行预审把关，基层工会把专项合同向劳动局备案的同时向上一级工会女职工委员会备案，有效提高专项集体合同质量。二是建立与职能部门的沟通联系制度。市总工会女职工部通过与劳动部门多次磋商，建立了联系制度，单独和附件形式的专项合同都纳入了劳动部门的统计，每半年对数据进行交流沟通，为工会女职工组织及时了解签订情况，有针对性地开展工作提供了依据。市总工会女职工部还与市人力资源和社会保障局劳动关系处联合召开“女职工权益保护专项集体合同工作交流推进会”，会议交流了普陀、长宁、松江等区县开展专项集体合同工作的做法，还就推进过程中存在的问题和解决办法进行了探讨，并对今后如何共同推进专项集体合同达成共识。2009年全市共签订女职工专项集体合同（含附件）1.66万份，占集体合同的77.2%。 （朱莉颖）

【上海工会深入开展“百万农民工援助行动”】 上海工会切实按照全总“千万农民工援助行动”的部署计划，深入开展“百万农民工援助行动”，着力缓解来沪务工农民工在劳动就业、生产生活等方面的突出困

市总工会女职工委员会在海鸥饭店举行上海职业女性联谊会成立20周年庆祝活动 （吴良荣）

难。一是在浦东、闸北、闵行等9个地区和纺织、船舶、港务等行业下属18家企业的2.37万名农民工中，通过召开座谈会、发放调查问卷、个案访谈等形式，开展农民工就业状况的调查，重点研究当前农民工集中关注的就业利益需求、就业权益诉求及就业利益实现基本状况等，并提出相关对策和建议。二是实施农民工就业援助计划。开展"农民工就业援助周"活动，各级工会职工援助服务中心及职介、培训机构共接待农民工政策咨询1.32万人，接受求职登记1.26万人，用工推荐6 940人，接受技能培训咨询及登记2 022人。开展"农民工招聘专场"活动，分设5个招聘专场，共组织439家用工单位设摊招聘，提供就业岗位近9 000个，近万名农民工进场求职，4个中心城区的农民工招聘专场接待求职3 955人，达成用工意向1 632人。开展"万名农民工技能培训"活动，重点实施各类适合农民工特点的就业技术技能培训。三是推动提高全市"外来从业人员综合保险"参保率，推动调整伤残津贴、生活护理费及抚恤金标准，进一步完善和落实对农民工的社会保障政策，不断提高农民工养老、医疗、工伤、住房待遇水平。四是推动提高市职工保障互助会"从业人员意外伤残计划"的覆盖面，截至年底，计划共有会员54.2万人，累计给付超过152万元。五是开展农民工团体医疗援助工作，共发放医药箱450个，发放团体医疗卡502张，帮扶总金额超过40万元。（曹宏亮）

【上海工会深入开展"千方百计促就业，齐心协力保稳定"——就业援助服务行动】 为着力缓解当前严峻经济形势给全市就业形势带来的不利影响，市总工会按照市委、市政府"四个确保"的总体要求，深入开展上海工会"千方百计促就业，齐心协力保稳定"——就业援助服务行动，指导动员全市各级工会组织将就业困难职工特别是受国际金融危机冲击严重的重点地区、行业和企业的下岗失业人员、农民工、"零就业"家庭人员及"双困"人员作为重点对象，有效推进上海工会就业援助服务"12345"工作计划（即在2009年，建立1 000个职工创业示范点，组织举办20场针对各种就业群体的职介专场，实现工会举办的再就业创业基金及发放的小额贷款总规模达到3 000万元，帮助和扶持4万名就业困难人员实现就业、再就业，职业技能培训5万名就业困难人员），积极协助党政为广大职工特别是下岗失业困难职工群体排忧解难。市总工会牵头举办包括农民工专场、大学生专场、女职工专场、就业困难人员专场、劳模企业家和大学生见习岗位招聘专场在内的20场职介专场，共有2 692家用工单位进场设摊招聘，提供就业岗位3.47万个，9.61万人次进场求职，接待求职者4.55万人次，达成用工意向1.36万人，意向率近30%。同时，积极配合政府举办好"就业援助周"、"春风行动"和"民营企业招聘周"等活动。各级工会共帮助7.07万名就业困难人员实现就业、再就业，其中，帮助农民工就业2.34万人。（曹宏亮）

2月12日，市总工会举行2009年上海工会保障工作会议暨上海工会深入开展"千方百计促就业，齐心协力保稳定"——就业援助服务行动动员大会（曹宏亮）

【上海工会扎实推进困难职工子女大学毕业就业援助服务工作】 2009年，开展"困难职工家庭高校毕业生阳光就业行动"，有效实施困难职工子女大学毕业就业援助服务工作，确保实现"一个不漏，一个不少"的目标和任务，着力缓解严峻经济形势给全市就业形势带来的不利影响。一是及时制定下发了《关于切实做好本市困难职工子女大学毕业就业援助工作的通知》，进一步明确目标任务和工作要求；二是快速细致地对工会困难职工档案中5 005名2009年毕业的困难职工子女就业情况进行调查排摸，共排摸出就业困难大学生2 614名，同时，进一步了解掌握其就业需求、技能特长及面临的实际困难等情况；三是在先期调查排摸的基础上，各级工会根据困难职工子女的就业需求和企业实际用工情况，积极给予其在就业咨询、职业介绍、职业见习、技能培训、创业扶持等方面的点对点的就业援助服务，同时，通过"千个党支部与千名困难职工子女结对助学"活动等载体，多形式多渠道开展困难职工子女大学生就业援助工作。经各级工会努力，共帮助解决就业2 313人，选择继续升学238人。（曹宏亮 顾 佳）

【上海工会系统吸纳大学生岗位见习】 年初，为应对国际金融危机对全市职工工作生活带来的不利影响，积极发挥工会组织在促进大学生就业工作中的作用，市总工会与人力资源和社会保障局就建立工会见习基地有关事宜进行联系沟通，并制订落实方案，在全市工会系统建立20个大学生见习基地，吸纳大学生岗位见习。6月17日，市总工会组织部会同保障部、培训中心，在市教育工会、卢湾区总工会的支持下，举办了市总工会见习基地的专场招聘会。共有886家工会组织提供岗位1 900余个，包括社区管理、交通运输、邮政、电信、教育、医疗、电力、百货、物业、金融证券等行业，吸引了7 600余名大学生前来参加，4 969人咨询登记，1 599人当场达成录用意向。各区县总工会见习基地通过自身渠道举办招聘会，发布见习岗位招聘信息，有1 984名大学生在区县工会系统职业见习，其中872名见习大学生成功就业，总体就业率为43.95%。（王　祺）

【市总工会稳步推进职工援助服务中心建设】 2009年，市总工会着力健全完善职工援助服务中心四级帮扶网络，并结合社区“一门式”服务窗口建设，进一步推动中心建设向街道（乡镇）、工业园区延伸，向全市覆盖。截至年底，全市已有196个社区（街道、乡镇）建立了职工援助服务分中心，其中159个分中心纳入了社区事务受理服务中心“一门式”服务平台；37个工会独立场所建立了分中心；31个工业园区、开发区（产业集团）建立了职工援助分中心。同时，根据《上海工会职工援助服务中心社区（街道、乡镇）分中心达标创优工作办法（试行）》，市总工会深入开展创优考评工作，在推进规范化建设的基础上，进一步强化中心、分中心在职业介绍、技能培训、创业扶持和帮扶救助等方面职能，不断提高帮扶水平。（卫　敏）

【市总工会实施工会经费由财政统一划拨的改革】 市总工会在进行广泛调研基础上，与市财政局联合下发《关于做好本市市级机关及参照公务员管理的事业单位计拨工会经费工作的通知》（沪工总财〔2008〕212号），并于2009年1月1日在各级工会和财政贯彻实施。文件规定，2009年起，上海全面实行市、区（县）2个层面的财政全额划拨，全额拨缴工会经费的办法。即通过市、区（县）层面工会再逐级拨付至辖属基层工会组织银行账户，并建立起完善有效的划拨经费工作机制。为了使统一划拨与加强基层工会财务管理同步，市总工会要求，一是各级工会必须依法独立设账，独立管理经费。必须加强监督管理，严格按《基层工会经费使用管理办法》及有关规定使用经费；必须加强预算管理，保证工会经费合理、合法、有效使用。二是建立与财政部门沟通交流制度，定期与财政部门磋商相关事宜，及时解决统一划拨工作中的问题，确保统一划拨工会经费的稳定增长和及时足额到位，提高财政统一划拨工作效率和经费收缴的及时到位。实行财政统一划拨以来，全市各区（县）已全部实行机关事业单位的财政统一划拨。在市总工会层面实行财政统一划拨（20%部分）拨缴经费收入后比实行自主收缴（20%部分）拨缴经费收入前净翻2倍。各区（县）层面已全面推进工会经费直接划拨工作，从掌握情况看，由于市、区（县）两个层面从源头上掌控机关事业单位的工会经费拨缴，能够加强财政统一划拨工作，促进工会经费的依法拨缴，确保经费收缴的稳步递增。（夏惠珍）

【上海市总工会与阿根廷工联建立友好交流关系】 9月，上海市总工会应邀首次派团访问阿根廷。在布宜诺斯艾利斯，上海市总工会代表团团长肖堃涛同阿根廷工联内务书记、司法工联总书记维克多·梅迪比尔等进行友好会谈；双方互通工会信息，交流工作经验，并就建立友好交流关系达成一致意见。阿根廷工联始建于1992年，现有会员100多万，系阿根廷最大的工会组织。阿根廷工联积极参与国内民主政治活动，反对新自由主义政策，在国家政治生活中享有举足轻重的地位。据了解，政府倘若得不到工会的支持，其相关政策就难以实施，甚至垮台。10多年来，阿根廷工联努力为在职职工和失业工人服务，在促进就业、教育、卫生保健和社会公正等方面做出了贡献。2008年12月，阿根廷工会联合会内务书记、阿根廷司法人员工会联合会总书记维克多·梅迪比尔随世界工联主席理事会代表团在访问了北京后顺访上海。在沪期间，阿根廷工会联合会与上海市总工会达成相互交流的意向。（张国峰）

重要活动

【市总工会举办第三届上海职工科技节】 5月16—27日，市总工会会同市发改委、市科委等7家政府部门和社团组织，围绕保增长、扩内需、调结构和转变经济发展方式，联合举办了以“岗位创新促发展，攻坚克难做贡献”为主题的第三届上海职工科技节。除在市级层面上举办了“上海市职工科技创新工作会议”、“上海职工科技创新成果展”、“第三届李斌技师网上论坛”、“上海职工绝技绝活绝招征集、选拔、展示”、“上海市工人发明家沙龙成立仪式”等10项活动外，82家区县局（产业）层面举行有关科技节活动189项，12 767家基层单位、92万余职工集中参与，活动形式有近40种。另据统计，第三届上海职工科技节期间，全市工会共举办有关职工科技创新论坛、讲座、报告会、座谈会、征文、演讲等活动1 288次；组织技术攻关、技术交流和先进操作法推广活动797次；68家区县局（产业）工会开展了合理化建议、金点子征集活动；55家区县局（产业）工会开展了先进人物和创新成果的评选、表彰活动；56家区县局（产业）工会举行了397个工种的职工技能比赛，参加人数达29.9万余人；还有30家区县局（产业）工会举行了2 486对技能人才“结对”活动。（王小龙）

【市总工会举办第十一届上海读书节】 7月6日开幕，历时5个月，实施11个主场项目和24个分场项目，覆盖企业职工、学生、楼宇白领、新上海人、农民工、教师等不同社会群体，活动项目包括“爱祖国、迎世博、谋发展”上海市民经典诵读大赛、“共同的阅读记忆”新中国成立60周年征文大赛、“读书家庭、美好人生”上海十大书香家庭评选活动等，为开展“迎世博、迎国庆、讲文明、树新风”活动和推进学习型社会建设作出积极贡献。期间还开展“相约世博，共享知识”江浙沪职工世博知识挑战赛，借助网络平台、手机短信、书面邮寄等多种渠道，引导参与世博会最重要的群体——职工群众积极参赛，共

市总工会召开第十一届读书节闭幕式暨2009年上海市振兴中华读书活动优秀项目表彰会（吴良荣）

有近50万职工参与答题，在江浙沪两省一市广大职工中提升世博会知晓度，扩大世博会影响力，营造两省一市职工了解世博、参与世博、共享世博的良好氛围。（陈 旖）

【第三届上海市“五一文化奖”评选圆满落幕】 由市总工会、市文广局、市文联共同主办的上海市五一文化奖评选活动选取“职工歌手大赛”和“职工文化活动品牌项目”两个门类开展评选。职工歌手大赛于6月下发通知，8月在全市9个分赛区相继展开，有2 000多名职工歌手参加初赛，经复赛和决赛，分别决出民族、美声、通俗3种唱法的金、银、铜奖获得者。职工文化活动品牌项目评选是首次推出的评选项目，各区县局（产业）工会推荐了55个较为成熟的职工文化活动项目参加品牌项目评选，内容涉及文化艺术、文艺演出、节庆晚会、摄影书画、文化交流、企业文化建设等方面，经评审选出十佳职工文化品牌、十佳职工文化特色活动。11月30日，市总工会在上海大剧院举行颁奖典礼。（宋 昶）

【市总工会举办2009年上海市庆祝五一国际劳动节歌咏大会】 4月29日，市总工会在东方艺术中心主办了以“歌唱祖国、奉献世博”为主题的2009年上海市庆祝“五一”国际劳动节歌咏大会。中共中央政治局委员，上海市委书记俞正声，市委副书记、市长韩正等市领导与全国劳模、全国五一劳动奖状和奖章获得者，市劳动模范、市五一劳动奖状和奖章获得者代表参加歌咏大会。齐声唱响共产党好、社会主义好、改革开放好、伟大祖国好、各族人民好的时代主旋律，进一步激发广大职工参与世博、参与社会主义现代化建设的责任感和使命感，团结动员广大职工群众与祖国共命运、与世博共奋进、与企业共发展。全市近40支职工合唱团的2 700多名职工演员参加了歌会。（宋 昶）

【市总工会开展上海职工“与祖国共命运、与世博共奋进、与企业共发展”感言良策征集评比】 以迎世博、迎国庆为重点，以国情、市情、企情宣传教育为抓手，在全市职工中征集爱祖国、迎世博、谋发展的感言良策，通过网络参与、发送手机短信、邮寄世博心愿卡等方式，引导广大职工抒发爱国情怀，表达世博心愿，贡献兴企良策。李斌、唐建平、朱雪芹等著名劳模带头参与，广大职工群众积极参与，共收到感言良策3.5万余条，从中选出“十佳”爱国感言、世博寄语和兴企良策，在迎世博倒计时200天时进行表彰。（陈 旖）

【京津沪渝苏浙四市两省民主管理工作交流研讨会在沪举行】 京津沪渝苏浙四市两省民主管理工作交流研讨会于11月27—29日在上海召开。中华全国总工会民主管理部部长郭军，上海市总工会党组副书记、副主席肖堃涛，副主席茆荣华，以及来自北京市、天津市、重庆市、江苏省、浙江省总工会民管工作的分管领导参加了交流研讨活动。会议围绕外商投资企业工会组织如何通过职代会制度平台体现协调劳动关系、维护职工合法权益的针对性和有效性，如何处理好职代会制度与不同国家、不同文化背景外资企业劳资沟通形式关系和区域性、行业性职代会定位、作用及运行机制，区域性、行业性职代会与基层民主建设、社区自治的关系等课题展开了热烈深入的研讨和交流。与会人员还现场观摩了普陀区长寿社区餐饮行业一届三次职代会。（马艳芳）

【市总工会成立第二届法律顾问团】 5月12日，市总工会召开了2009年法律顾问团工作研讨会暨第二届法律顾问团授聘仪式。市总工会副主席茆荣华为受聘的20名律师和大学教授颁发了证书。会上，顾问团成员围绕推进《上海市职工代表大会条例》立法、减缓劳动争议产生、加大劳动争议调处力度、加强法律顾问团建设、发挥顾问团作用等课题进行研讨。会议认为，围绕参与立法、劳动争议调处等工作，顾问团要定期进行工作研讨、通报工作进度、交流和沟通信息，健全法律顾问团各项工作制度，建立起长效运作机制，充分发挥律师和专家的智囊作用，加强市总工会、市司法局和市律师协会三方合作，构建劳动关系预警、预防、调处、援助一体化工作格局。（钱传东）

【上海工会举行2009年元旦春节送温暖援助服务日活动】 2008年12月27日，市总工会开展以“共克时艰，共暖人心，共度难关”为主题的2009年元旦春节送温暖援助服务日活动。针对国际金融危机对职工就业和生活带来的不利影响，这次活动专设杨浦、徐汇、普陀、闸北4个送温暖职介专场，分别开设现代服务业、中小企业农民工、大龄职工和创业者促进就业专区，近280多家单位进场

市总工会举行“共克时艰，共暖人心，共度难关”——2009年元旦春节送温暖援助服务日活动 （吴良荣）

招聘，提供就业岗位近2 200个，并现场提供求职咨询、创业指导等就业援助服务，为不同类型的职工群体实现创业、就业牵线搭桥。同时，全市19个区县总工会职工援助服务中心和各分中心也于当日，多形式、多渠道地开展政策法律法规咨询、求职咨询、创业指导及便民服务等活动，进一步推动“送政策、送岗位、送技能、送健康”、“进社区、进企业、进家庭”的“四送三进”活动的深入开展。

（曹宏亮）

【上海工会深入开展“金秋助学”活动】 2009年，上海工会贯彻落实全总关于“2009年全国工会‘金秋助学’活动”和“困难职工家庭高校毕业生阳光就业行动”的部署要求，明确以国家助学体系暂时没有覆盖，或者已经覆盖但需要进一步救助的困难职工和农民工上学子女以及就业困难的困难职工家庭高校毕业生为主要对象，进一步加大困难农民工子女助学帮困工作的力度，切实做好受国际金融危机影响关闭、破产企业的困难职工子女的助学帮困和就业援助工作，持续深入开展好“金秋助学”活动。市总工会通过市社会帮困基金会、市职工救急济难基金会筹资274.2万元，直接定向助学2 272名困难职工子女。全市各级工会组织结合开展“千个党支部与千名学生结对助学”、“千个文明班组、红旗文明岗牵手千名困难职工”等活动，共筹集助学款物6 989.29万元，资助6.1万名困难职工子女和农民工子女。同时，作为上海工会“金秋助学”活动的重要组成部分，助学帮困都江堰困难职工子女、农民工子女的帮扶计划有效实施，市总工会出资23.8万元，共资助234人次当地困难职工子女、农民工子女就学，共助学当地受灾学生471人次，累计发放助学款50万元。

（曹宏亮　顾　佳）

重要调研

【中华全国总工会副主席、书记处第一书记孙春兰调研上海工会工作】 6月3—4日，孙春兰在上海调研工会工作。孙春兰考察了建设中的世博园区，听取了上海世博会执委会专职副主任、世博局党委书记钟燕群和世博局党委副书记、工会主席许伟国所作的情况介绍，看望慰问了工程建设人员。赴宝钢了解上海企业和工会积极应对国际金融危机所采取的措施，听取了宝钢集团公司董事长徐乐江、党委书记刘国胜和工会主席汪金德等的情况介绍和工作汇报。孙春兰高度赞扬了上海广大职工在市委市政府的领导下，围绕“城市，让生活更美好”的主题，以满腔热情迎接世博会、参与世博会、奉献世博会，以实际行动为举办一届成功的世博会加油助威、增光添彩，作出了积极贡献。她高度肯定宝钢集团工会围绕企业中心工作，突出重点，不断掀起职工建功立业活动新高潮，特别是面对国际金融危机对企业带来的巨大冲击，工会组织职工积极参加全员、全面、全过程成本改善劳动竞赛，开展发现、培养、宣传最佳实践者活动，充分发挥了广大职工的聪明才智，为上海乃至全国企业工会工作提供了借鉴。调研中，她要求上海各级工会要把办好世博会作为当前头等大事，引导职工进一步增强立足本职岗位、自觉服务世博会的意识，把支持世博会的热情转化为做好本职工作的实际行动。全国广大职工和各级工会要关心世博会、支持世博会，充分发挥工人阶级主力军作用，力求精益求精、万无一失，确保世博会顺利开幕，为举办一届成功、精彩、难忘的世博会作出新的更大贡献。她还指出，当前国际金融危机仍在蔓延和深化，实体经济受到的影响日益明显，对做好工会工作提出了新的挑战。她希望各级工会既清醒地看到经济发展面临的严重困难和严峻挑战，又充分把握逆境中蕴含的重大机遇和有利条件，紧紧围绕中央的重大部署，按照习近平同志“五一重要讲话”的要求，组织动员广大职工深入开展“共同约定”行动和“同舟共济保增长、建功立业促发展”劳动竞赛，以创建“工人先锋号”为载体，以重点工程立功竞赛、企业技术创新、职工素质提高、发挥劳模示范带动作用为突破口，激发广大职工的劳动热情和创造活力；针对企业生产和职工就业面临的实际问题，深入开展“创争”活动，努力提高职工业务技术素质，增强抵御风险能力；坚定不移地推动《劳动合同法》的贯彻实施，构建劳动关系和谐企业创建体系；关心职工生活，及时解决困难职工和农民工面临的突出问题。中华全国总工会副主席、书记处书记徐振寰、陈荣书等一同参加调研。

（桂晓燕）

【全国人大常委会《工会法》执法检查组检查上海工会工作】 7月7—11日，全国人大内司委副主任委员刘振华率全国人大常委会《工会法》

7月8日，举行全国人大常委会《工会法》执法检查上海工会汇报会
（吴良荣）

执法检查组赴上海进行执法检查。7月8日在上海工会系统贯彻实施《工会法》情况汇报会上，市总工会主席陈豪作情况介绍，市总工会副主席肖堃涛作专题汇报，从深入贯彻实施《工会法》，充分发挥工会在改革发展稳定大局中的重要作用；积极应对国际金融危机影响，为上海实现“四个确保”作贡献；贯彻实施《工会法》的经验体会等3个方面阐述了上海工会紧紧围绕党和国家工作大局，认真贯彻实施《工会法》，全面履行各项社会职能，突出维护职工合法权益，加强和改进自身建设，进一步发挥党联系职工群众的桥梁纽带作用、国家政权的重要社会支柱作用、职工利益的代表者和维护者作用，努力为上海率先发展、科学发展、和谐发展作出积极贡献。纺织工会、普陀区总工会、宝山区顾村镇总工会、静安区恒安大厦工会联合会作交流发言。检查组还听取了市政府有关部门关于贯彻实施《工会法》情况的汇报，召开了部分企业经营管理人员和企业职工、工会干部座谈会，听取他们对于贯彻实施《工会法》的意见和建议，并实地考察了上海亚尔光源有限公司和宝钢集团。（邱晨鹤）

【陈豪在嘉定、南汇、徐汇等区总工会调研】 为深入了解各级工会在应对国际金融危机和实现上海“四个确保”中履行职责、发挥作用的情况，市人大常委会副主任、市总工会主席陈豪相继到嘉定、南汇和徐汇等区总工会进行调研。2月18日，陈豪在嘉定区委书记金建忠，区委副书记曹一丁，区人大常委会副主任、区总工会主席沈贵楚等的陪同下调研嘉定区总工会工作。陈豪充分肯定了嘉定区总工会积极应对国际金融危机给企业发展和社会稳定带来的影响，为维护包括农民工在内的广大职工的合法权益所做的大量工作。陈豪指出，一是要振奋精神、增强信心。工会、职工和企业要齐心协力、共度难关，尤其是工会组织要把职工团结动员起来，共同促进企业发展，切实维护职工合法权益。二是要高度关注就业问题。大力开展工会就业援助行动，尤其要关注农民工就业问题，做好农民工就业援助工作。三是要切实做好服务职工、服务企业的工作。要发挥工会的组织优势，有效整合信息资源，为职工找岗位服务、为企业招员工服务，将“两个服务”结合起来，使企业得到发展，职工权益得到保障，促进经济社会平稳发展。4月2日，陈豪来到南汇区调研工会工作，走访了上海美特斯邦威服饰股份有限公司和上海澳星照明电器制造有限公司，并召开了有企业党政组织、工会主席及职工代表参加的座谈会。南汇区委副书记、区长张建晨介绍了南汇近期经济社会发展的基本情况，区总工会主席杨德妹介绍了南汇各级工会组织引领全区广大职工应对金融危机所作的努力。陈豪对南汇广大干部职工为上海经济和社会发展所作的贡献给予了充分肯定，对南汇企业在金融危机大背景下，主动承担社会责任，以职工为本、与职工共度难关的做法给予了高度评价。陈豪指出，在当前的严峻形势下，各级工会必须紧紧围绕市委市政府提出的“四个确保”的要求开展工作。

2月18日，上海市人大常委会副主任、市总工会主席陈豪一行来到嘉定调研农民工工作
（徐　浩）

一是要以强烈的责任感，团结动员广大职工与企业共度难关。这是工会当前的重大任务，必须紧抓不放。企业与职工的命运是紧密相联的，各级工会组织要通过实施共同要约行动，一方面维护职工合法权益，一方面引导职工与企业抱团，共克时艰，共同促进企业发展。二是要关注民生，切实关心职工尤其是困难职工生产生活。越是在困难时期越是要关心职工利益，维护好职工合法权益，使党和政府的民生政策真正落实到职工身上。当前各级工会组织要抓住就业这一重点，协助党和政府缓解就业压力，特别是帮助解决困难职工家庭大学生就业问题。三是要解决好劳动关系领域的矛盾，切实维护职工队伍、企业和社会的稳定。各级工会组织要主动做好两方面工作，对职工权益确实受到侵害的，要当好职工利益代言人，畅通职工利益诉求渠道并协助党政解决问题；对职工提出的不合理要求，要主动引导，帮助其合理合法诉求，协调好企业与职工的关系。四是要广泛发动职工参与世博筹办、共同努力办好世博。7月29日，陈豪赴徐汇区总工会调研，先后考察了飞利浦照明电子（上海）有限公司、瑞侃电缆附件有限公司，并同区总工会及社区、企业工会代表座谈交流，深入了解各级工会应对国际金融危机、促进劳动关系和谐稳定方面的工作情况。座谈会上，徐汇区委常委、宣传部长章卫民介绍了徐汇区经济社会发展情况，区总工会主席乔德华等介绍了开展“工会企业服务年”活动、参与企业劳动争议调处等工作情况。陈豪充分肯定了在国际金融危机大背景下徐汇区各级工会坚持“促进企业发展、维护职工权益”工作原则，应对迅速、措施有力，定位准确、成效显著，促进了劳动关系和谐稳定，为加快经济社会发展作出了积极贡献。陈豪指出，进一步发挥工会组织和职工群众在保增长、促发展中的重要作用，是当前工会工作的主要任务。要扎实开展形势任务教育，引导职工自觉地以发展为第一要务，组织动员职工积极投身“当好主力军、建功十一五、和谐奔小康”主题活动，进一步深化“同舟共济保增长，建功立业促发展——百万职工先锋号行动”，广泛开展职工群众性科技创新、合理化建议等活动，发动职工为经济发展和企业发展群策群力、多作贡献；要继续倡导开展“共同约定”行动，充分调动职工积极性主动性创造性，凝聚职工力量共克时艰、共度难关。陈豪强调，确保职工队伍稳定和劳动关系和谐，工会承担着重要职责，必须进一步做深做细做实工会维权维稳工作。要坚持积极大胆主动为职工讲话，切实减少无序无理诉求，尽最大努力避免发生群体性纠纷。要健全完善劳动关系协调机制，大力加强劳动合同制度、平等协商集体合同制度、职代会制度、厂务公开民主管理制度和劳动争议调解制度建设，为保障劳动关系和谐稳定提供强有力的制度保障。（吴　越）

【陈豪在仪电控股（集团）公司、蔬菜（集团）公司和浦东金桥出口加工区调研】 3月17日，市人大常委会副主任、市总工会主席陈豪前往上海仪电控股（集团）公司调研，视察了上海长丰智能卡有限公司生产流水线，并主持召开了调研座谈会。上海仪电控股（集团）公司党委书记、董事长蒋耀、副总裁邵礼群介绍了公司生产经营情况和企业发展规划，仪电公司党委副书记、纪委书记、工会主席田原汇报了工会工作，长丰智能卡有限公司等企业的工会主席和职工代表参加座谈会并发言。陈豪充分肯定上海仪电行业为上海经济社会发展作出的贡献，充分肯定仪电公司工会在党委领导和行政支持下，围绕“四个确保”所做的大量富有成效的工作。他指出，公司工会为党政分忧，维护职工的合法权益，促进了职工队伍稳定和企业生产秩序的稳定，发挥了在促发展、保稳定中的重要作用。3月25日，陈豪前往上海蔬菜（集团）公司调研，视察了蔬菜公司江桥批发市场交易场所、结算中心、蔬菜检测中心和市场监控室，并主持召开了座谈会。座谈会上，公司党委书记、总经理安培介绍了集团公司生产经营情况，工会主席姚黄平汇报了工会开展工作的情况，江桥市场党政领导、集团下属企业工会干部、职工代表也在座谈会上发言。陈豪在座谈时充分肯定了蔬菜集团为确保上海蔬菜市场供应、确保食品安全和市场价格稳定作出的重要贡献；充分肯定了集团工会围绕企业发展中心、围绕服务职工所做的大量工作。他要求各级工会紧紧围绕“四个确保”的工作任务，把广大职工组织和发动起来，把职工群众的积极性、主动性和创造性有效地调动起来，与企业同舟共济、共度难关；要广泛开展劳动竞赛、合理化建议和技术革新、技术改造等活动，为企业发展贡献力量；要切实解决职工群众生产生活中的困难，维护好包括农民工在内的职工合法权益；要积极开展“共同约定”行

4月10日，市总工会主席陈豪一行赴百联股份公司调研（石义爱）

动，提倡企业特别是国有企业承担起社会责任，尽可能少裁员、不裁员，开展集体协商，维护职工权益；要大力协调好劳动关系，及时掌握职工思想动态，代表和表达好职工的合理意愿，引导职工理性表达诉求，维护好企业和社会稳定；要大力开展职工素质工程，充分发挥工会"大学校"作用，促进职工队伍思想道德素质和职业技能水平的全面提高。7 月 23 日，陈豪前往浦东金桥出口加工区调研。座谈会上浦东新区总工会主席熊宣国汇报了新区工会促进劳动关系和谐稳定的工作情况，金桥集团、金桥出口加工区工会联合会、上海马勒滤清系统有限公司等作了交流发言。陈豪充分肯定浦东新区各级工会积极应对国际金融危机影响，主动防范和化解群体性劳动关系矛盾，服务大局、服务职工、服务稳定，各项工作取得的显著成效，并就进一步做好稳定工作、构建和谐劳动关系提出要求。一是要提高认识，进一步增强做好维稳工作的政治责任感。要把握工会做好维稳工作的切入点，积极、主动、大胆代表职工表达诉求；要找准工会做好维稳工作的结合点，在促进企业发展中维护职工的合法权益，实现企业和职工合作共赢。二是要加强领导，进一步建立健全各项维稳工作制度和工作机制。要按照"预防为主、基层为主、调解为主"原则，进一步完善工会维稳工作组织网络和多层次、广覆盖的劳动争议调解网络，健全企业与职工信息沟通和宣传教育制度、职工队伍稳定情况定期研判制度和企业群体性纠纷应急处置机制，切实加强劳动合同制度、平等协商集体合同制度以及职代会制度、三方协商机制等各项基础性制度和机制的建设力度。三是要主动作为，进一步发挥工会在促发展、保民生、迎世博中的积极作用。要团结组织职工广泛开展"当好主力军、建功'十一五'、和谐奔小康"主题活动和"同舟共济保增长、建功立业促发展"立功竞赛活动，继续倡导开展"共同约定"行动，深入开展就业援助和困难职工帮扶服务，进一步落实"上海职工迎世博 600 天行动计划"，为实现"四个确保"作出积极贡献。 （吴　越）

【陈豪调研浦东新区群体性劳动关系矛盾防范化解工作】 7 月 23 日，市人大常委会副主任、市总工会主席陈豪一行到金桥出口加工区调研浦东新区群体性劳动关系矛盾防范化解工作，浦东新区区委副书记张才莲和市总工会副主席肖堃涛、茆荣华，秘书长周志军一同参加。陈豪等人听取了浦东新区总工会、金桥集团、金桥出口加工区工会联合会就促进劳动关系和谐稳定情况所做汇报。陈豪充分肯定了新区各级工会在金融危机背景下，防范和化解群体性劳动关系矛盾中"服务大局、服务职工、服务稳定"的服务意识和主动务实、积极创新、整合资源、及时有效的工作方法，并要求将金桥开发区防范和化解群体性劳动关系矛盾的经验成果在全市范围内予以交流和推广。并就如何做好稳定工作，构建和谐劳动关系提出了 3 点要求：一是要提高认识，进一步增强做好维稳工作的政治责任感。一方面要把握工会做好维稳工作的切入点，积极主动大胆地代表职工表达诉求，减少职工无序诉求；另一方面要找准工会做好维稳工作的结合点，在促进企业发展中维护职工的合法权益，追求企业和职工的合作共赢。二是要加强领导，进一步建立健全各项维稳工作制度和工作机制。要按照"预防为主、基层为主、调解为主"的原则，进一步完善工会维稳工作的组织网络和多层次、广覆盖的劳动争议调解机制，健全企业与职工信息沟通和宣传教育制度、职工队伍稳定情况定期研判制度和企业群体性纠纷应急处置机制，切实加强平等协商集体合同制度以及职代会制度、三方协商机制等各项基础性制度、机制的建设力度。三是要主动作为，进一步发挥工会在促发展、保民生、迎世博中的积极作用。

（王建中）

【市总工会领导班子集体调研浦东新区工会工作】 12 月 22 日，市人大常委会副主任、市总工会主席陈豪和市总工会班子全体成员到浦东进行工作调研，对浦东新区工会工作如何适应浦东改革开放新局面提出要求。中共浦东新区区委副书记张才莲出席并主持了汇报会议。浦东新区总工会主席姜鸣汇报了浦东新区近期工作和明年的工作思路。在听取了浦东新区总工会的工作汇报后，陈豪指出，在南汇并入浦东的过程中，两区工会工作整合得很好，顺利产生了新一届工会领导班子。他要求，新一届工会班子要加强自身建设，成为一个整合最好、最团结、最有战斗力的班子，在区委的领导下拧成一股绳，齐心协力做好工会工作。对新时期浦东的工会工作，陈豪提出五点希望：一是工会工作要为浦东的新一轮改革开放事业作出贡献。浦东改革开放事业正在进入一个新的阶段，新

全总领导在市级机关工会调研 （邱永前）

一届工会身逢其时、大有可为；二是工会工作要为浦东的产业结构调整和经济发展方式转变作出贡献。浦东重大战略的实施和工会工作息息相关，涉及所有职工，要找到工作的切入点；三是工会工作要为上海举办“精彩世博、难忘世博”作出贡献。世博的主战场在浦东，工会要动员广大职工投身世博，人人当好东道主；四是浦东新区工会要为上海工会工作的创新和发展作出新的贡献。浦东新区工会工作必须走在全市前列，为全市工会工作创造和积累工作经验，形成全市工会工作的亮点；五是要建设一支高素质的工会干部队伍。工会干部的政治素养、工作能力也要走在全市的前列，要抓紧抓好对干部的教育工作，为工会事业的开展提供坚实的保障。　　（王建中）

重要工作图示

Important Work Diagram

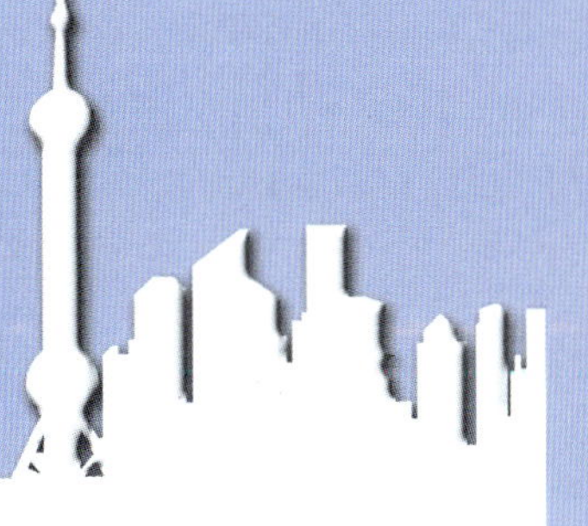

上海职工队伍结构(1)

总计:7 869 900　　　单位:人

(按国民经济行业分)

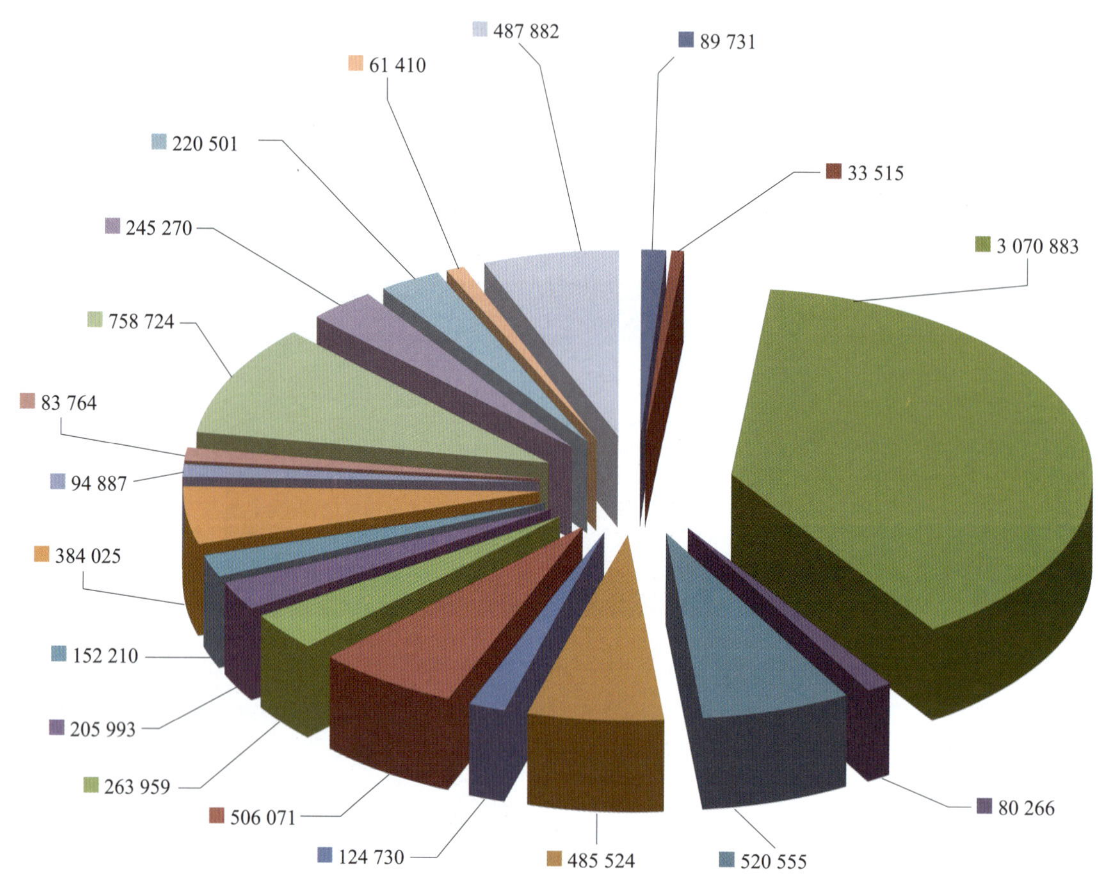

(吴　越)

上海职工队伍结构(2)

总计:7 869 900　　　　单位:人

(按经济类型分)

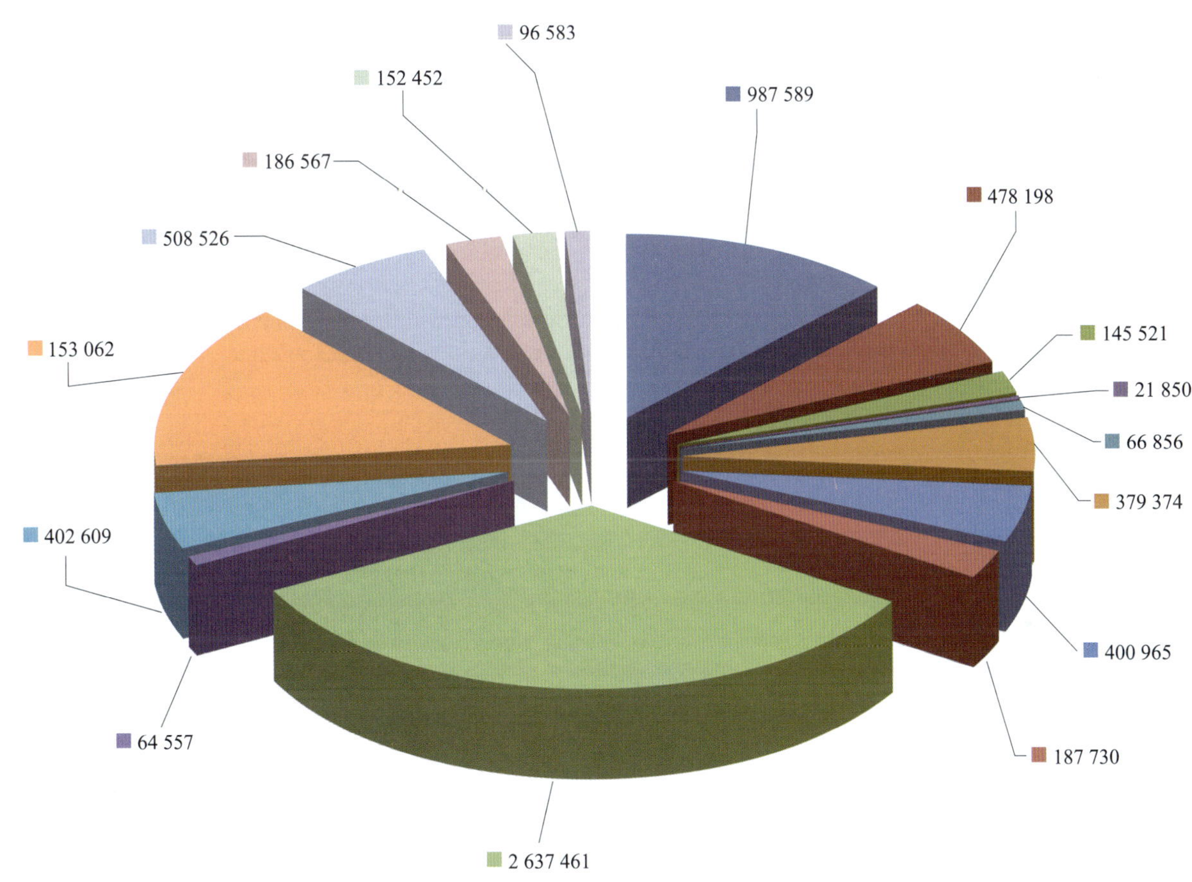

- 国有企业
- 集体企业
- 股份合作企业
- 联营企业
- 国有独资企业
- 其他有限责任公司
- 股份有限公司中的国有控股公司
- 其他股份有限公司
- 私营企业
- 其他内资企业
- 台港澳商投资企业
- 外商投资企业
- 财政拨款的事业单位
- 其他事业单位
- 机关
- 个体经济组织

(吴　越)

工会组织示意图

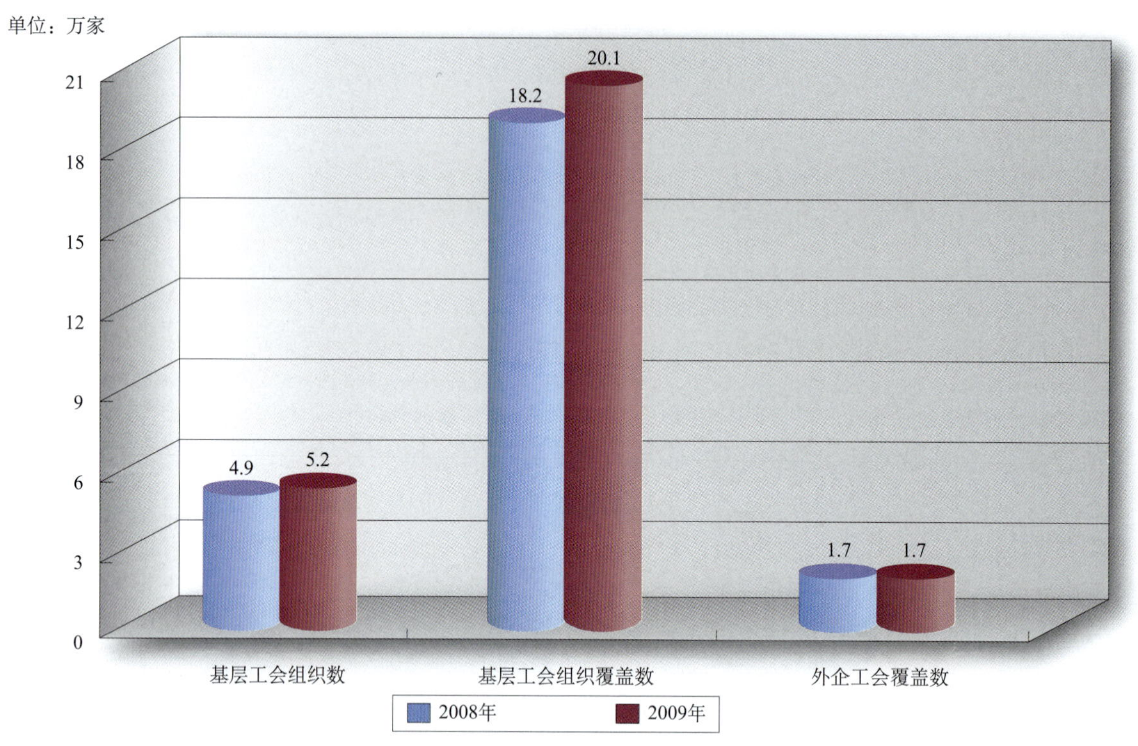

（杨　娟）

工会会员示意图

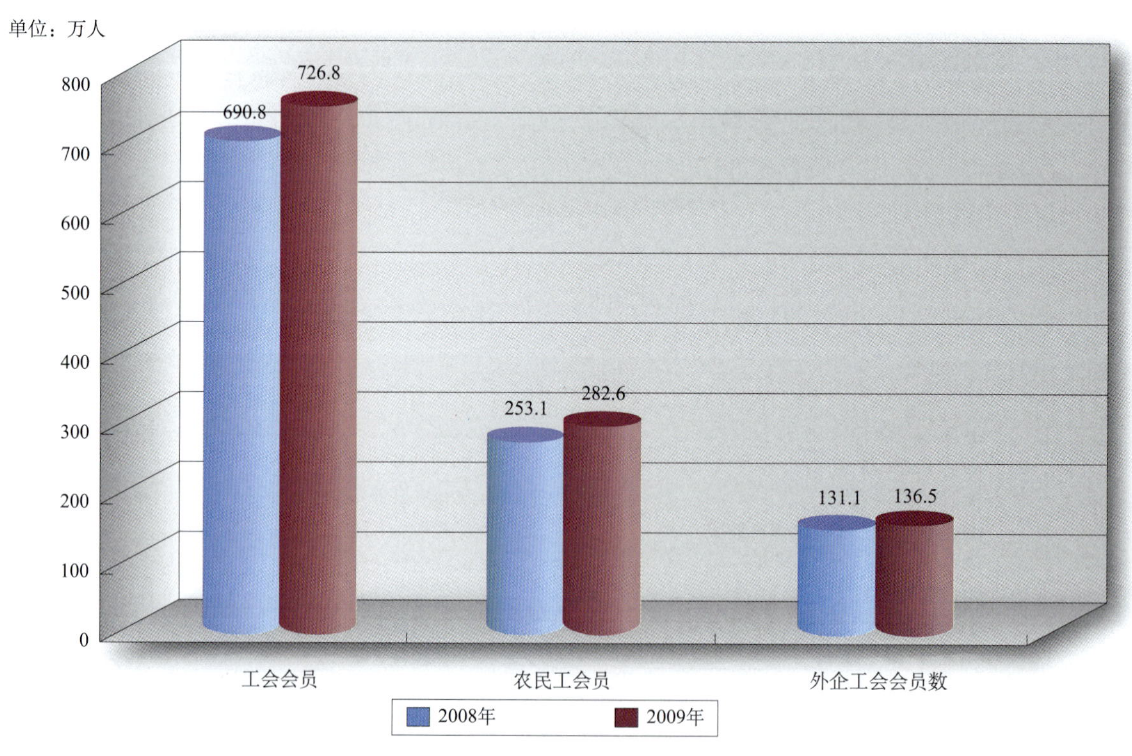

（杨　娟）

2008—2009 年度上海市职代会建制情况比较

单位：家

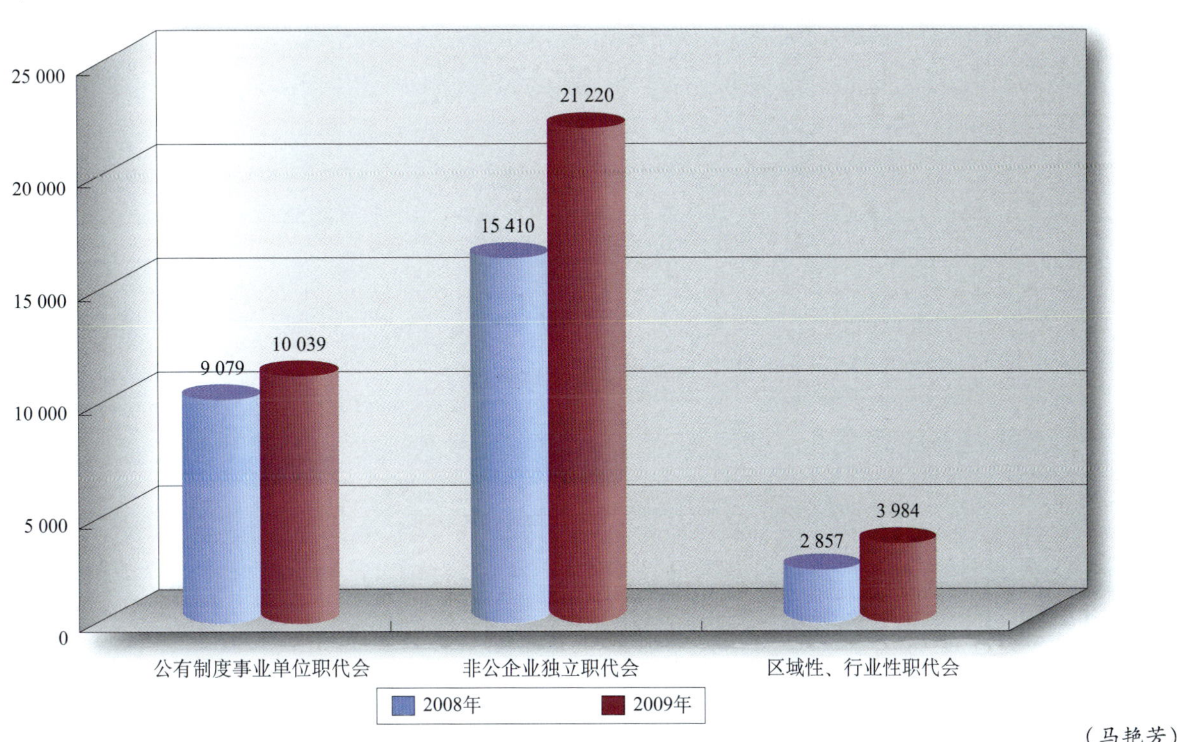

（马艳芳）

2008—2009 年度上海市厂务公开建制情况比较

单位：家

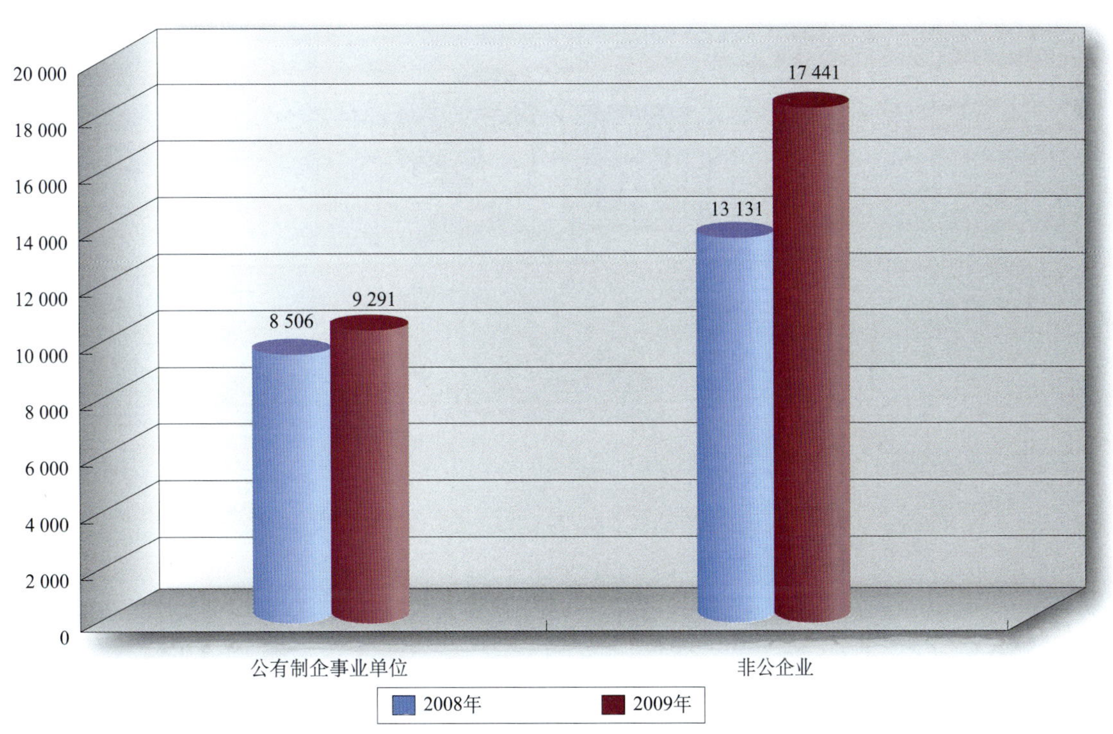

（马艳芳）

职工文体活动示意图

“歌颂祖国，奉献世博”上海职工庆祝祖国60华诞系列文化活动设立8个主会场，有60多个区县局（产业）工会参与分会场职工文化活动。《劳动报》设通栏宣传报道

第三届上海市“五一文化奖”评选
歌手大赛：设立9个分赛区，2 000多名职工歌手参赛
职工文化品牌项目评选：评选出十佳职工文化品牌、十佳职工文化特色活动

2009年上海市庆祝五一国际劳动节歌咏大会。有32家职工合唱团、2 700多名职工参加演出

上海市职工健身活动月暨上海职工桥牌邀请赛，有108支参赛队参加桥牌比赛
上海市职工健身活动月期间，全市各区县局（产业）工会开展近百项体育健身活动

上海工会宣传文化工作会议暨首场“五一文化讲坛”。提出2009—2010年上海职工文化建设目标：重点打造“六个一”活动项目

第十届中国上海国际艺术节
上海职工文化展演周
在南京路世纪广场连续举行7场职工文艺演出近千人参演

第五届世界著名在华企业健身大赛，共设计10个比赛项目，历时3个多月，参赛企业达217家

（宋　昶）

上海市职工技协成果展示图

135项发明成果参加十八届全国发明展，获得85项奖项，其中金银奖35项

1 433个职工发明创新项目报名参加第二十三届优秀发明选拔赛，比上届增长18%

为对口支援地区企业实施技术帮扶、协作项目8项，培训技术人员、教师、医务人员280余名

3项职工创新项目参加第四届海峡两岸职工创新成果展，全部获得金奖

推荐宝钢高级技师王康健参加中国发明协会“发明创业奖”评选，获得特等奖，授予“当代发明家”称号

8个职工高超技能被评为首批“上海市职工岗位绝技绝招”

（王小龙）

上海工会签订女职工特殊利益专项集体合同示意图

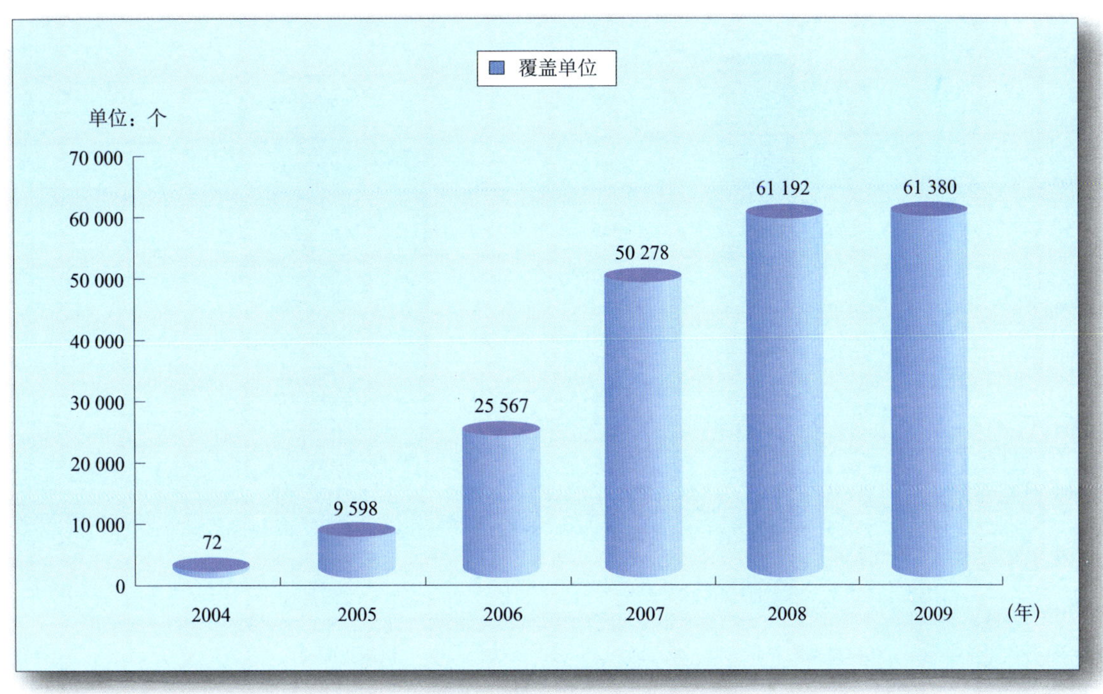

（朱莉颖）

女职工团体互助医疗特种保障计划参保人数示意图

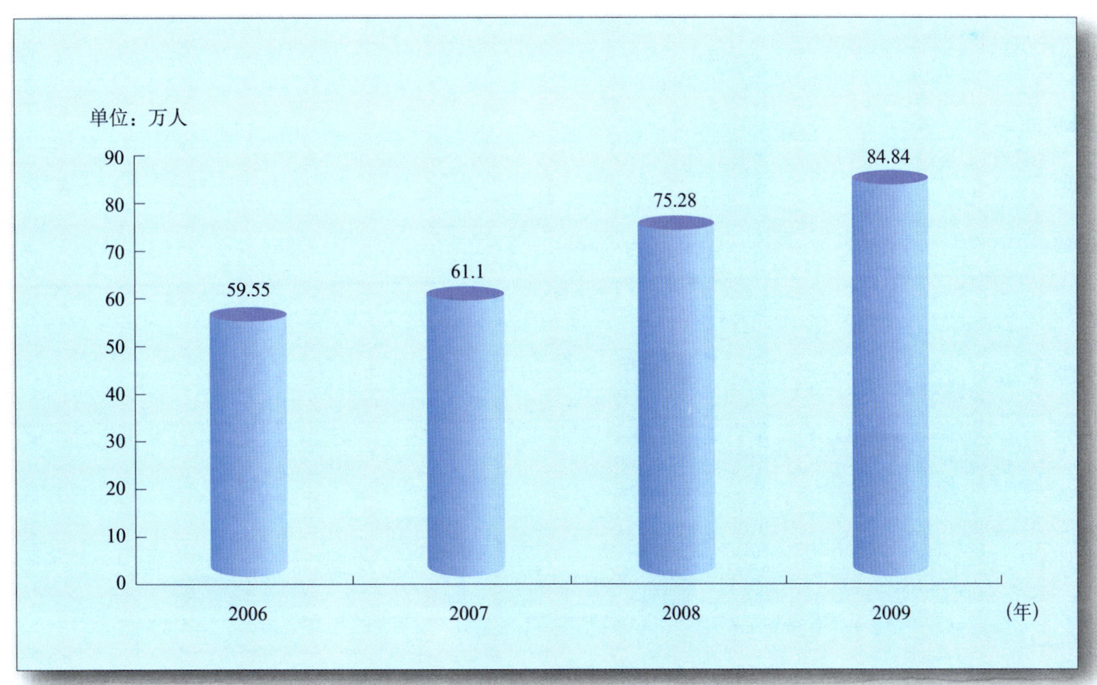

（朱莉颖）

实施法律援助(咨询)图

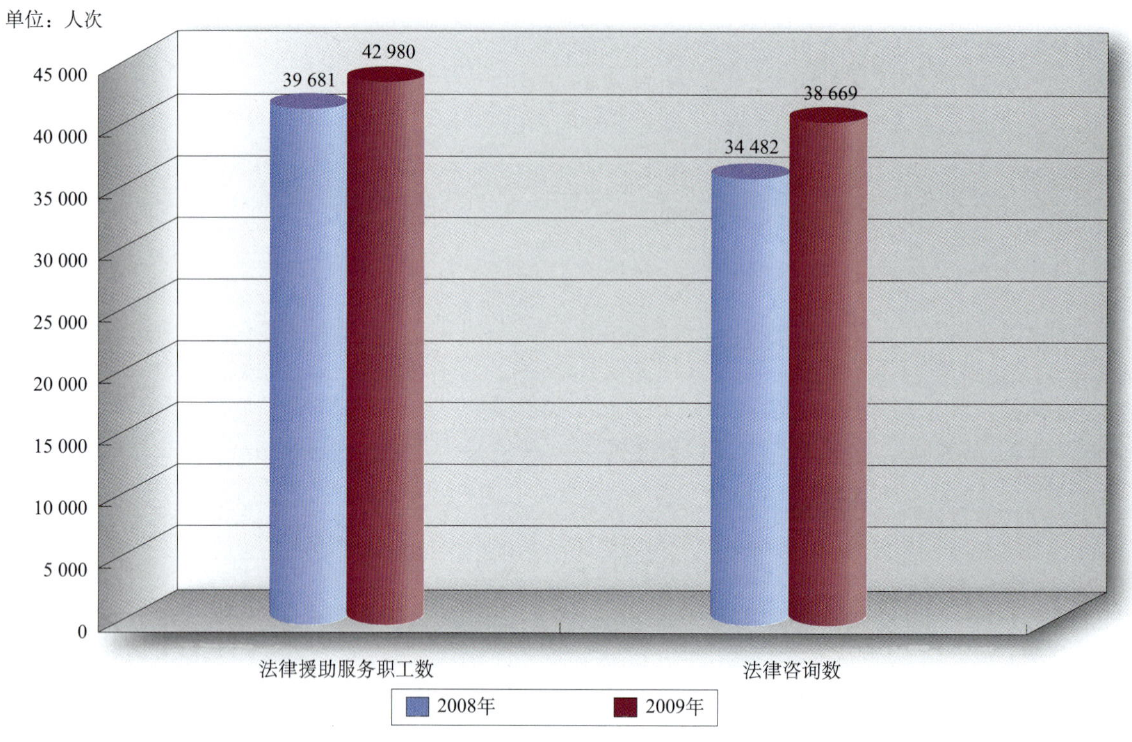

（钱传东）

法律维权示意图

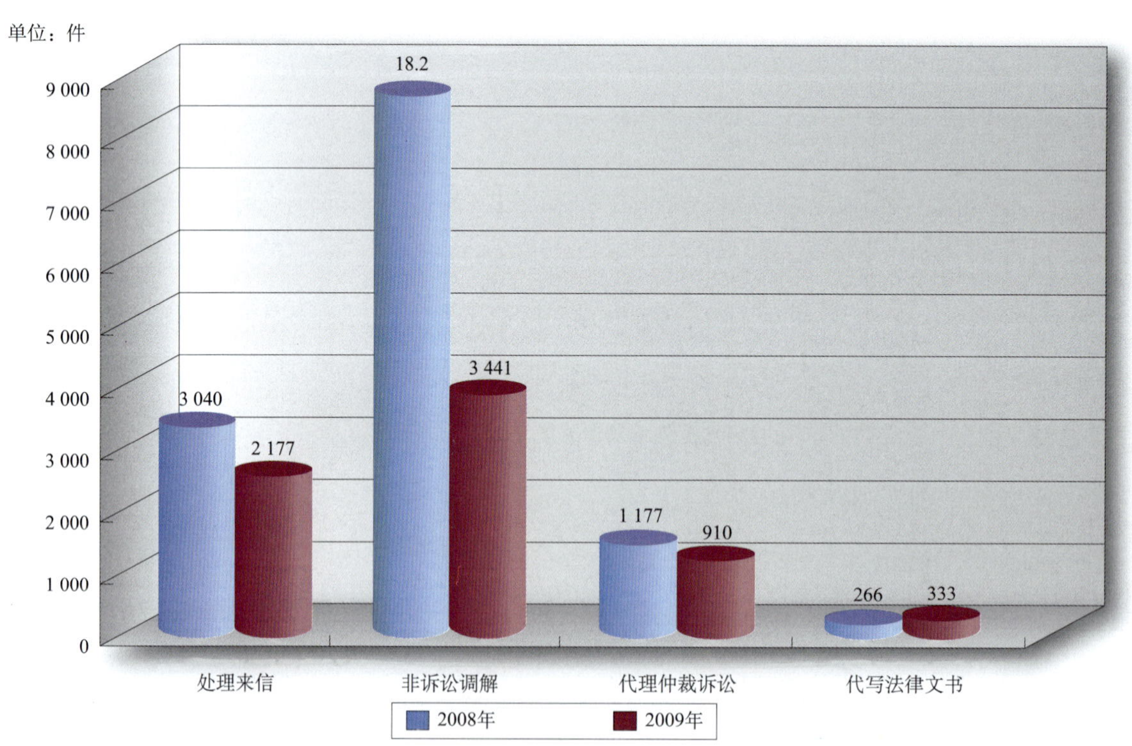

（钱传东）

市总工会、市人力资源和社会保障局等部门联合执法监督检查示意图

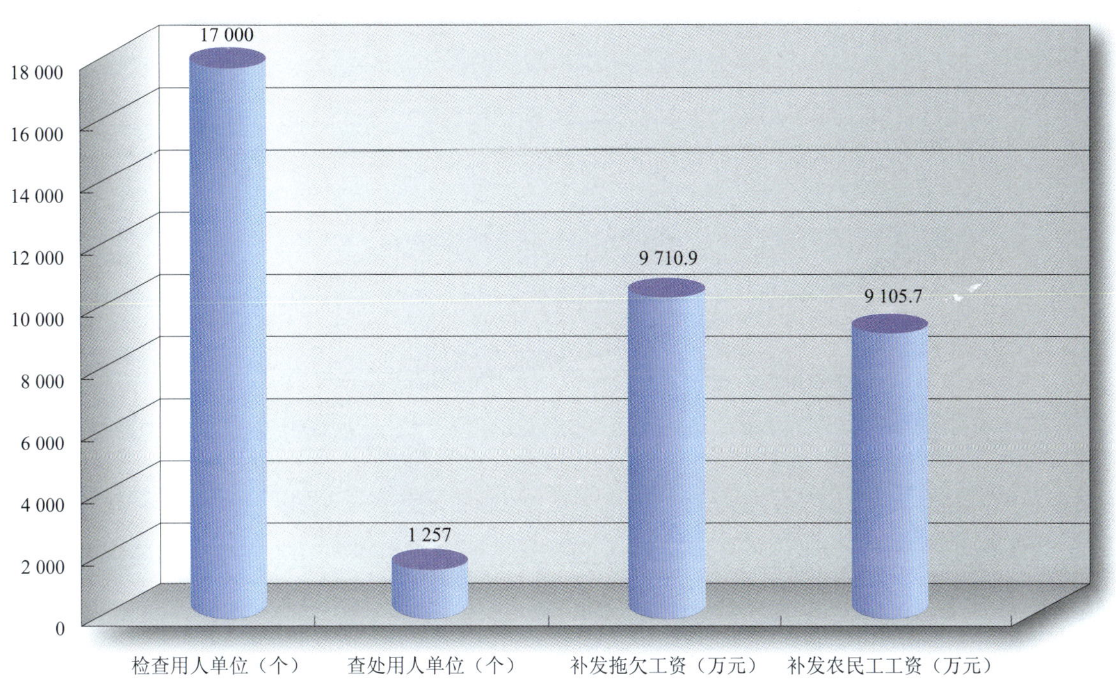

（甘党生）

上海工会帮扶工作示意图

单位：万人次

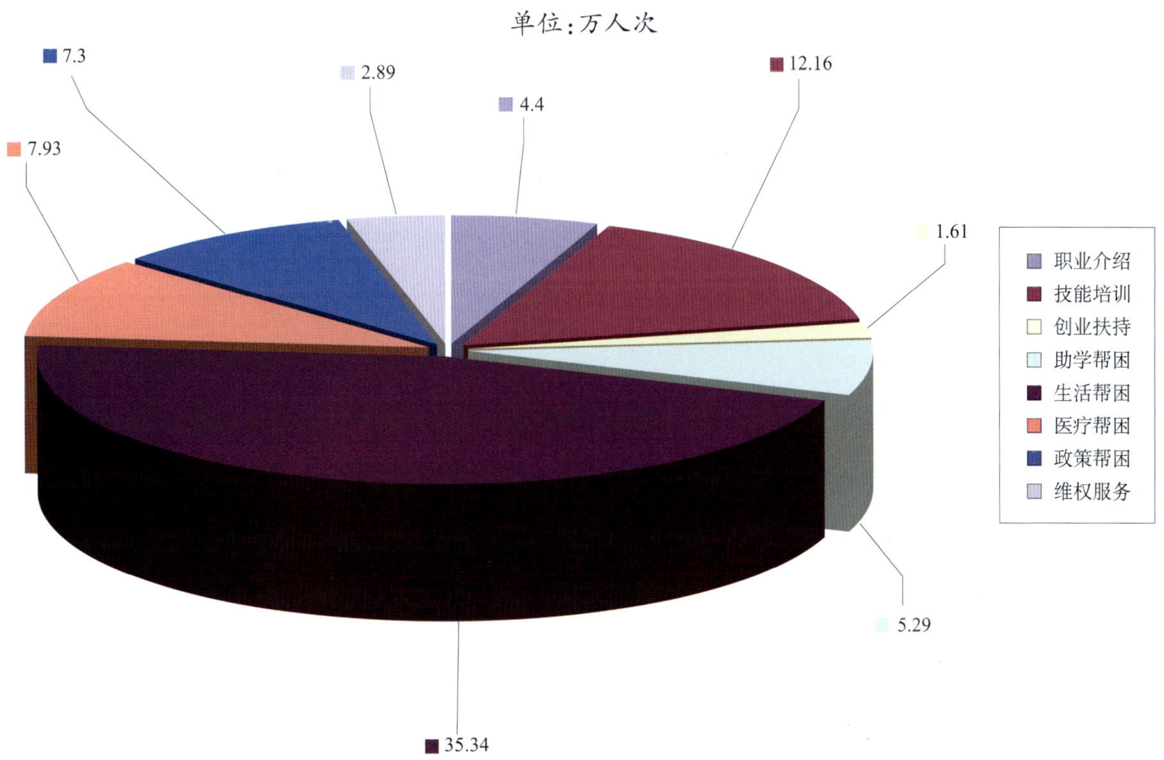

（曹宏亮）

各级工会职工援助服务中心帮扶工作示意图

单位：万人次

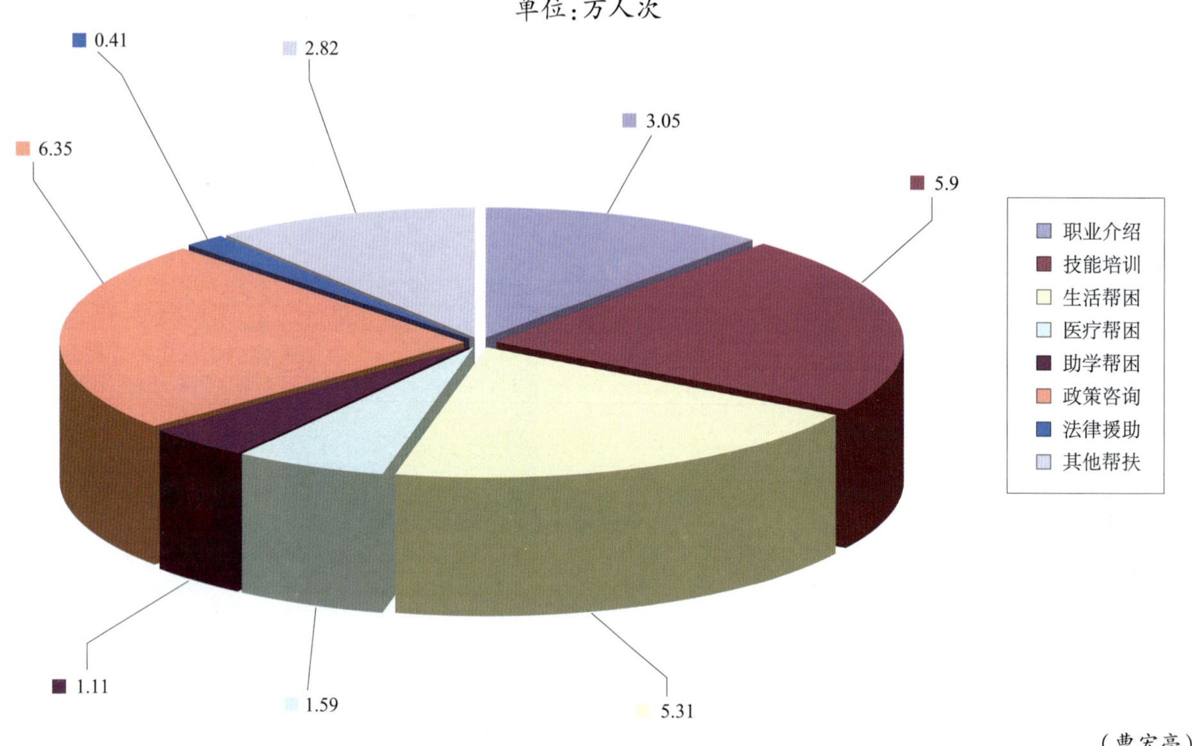

（曹宏亮）

推进经济建设

Promoting Economic Construction

综　述

2009年,市总工会经济工作贯彻落实九届市委六次、七次、八次全会和市总工会十二届三次全会精神,聚焦经济发展、聚焦建功世博,广泛动员组织全市职工为上海经济平稳较快发展和实现"四个确保"作贡献。(1)保增长,全面推进"同舟共济保增长,建功立业促发展——百万职工先锋号行动"。一是全面实施"百万职工先锋号行动"。完成《关于国际金融危机对本市企业影响和上海工会促进企业发展的对策研究》调研,制定下发《关于广泛开展"同舟共济保增长,建功立业促发展——上海百万职工先锋号行动"的通知》,据统计,51家区县局(产业)工会参加"保增长、促发展"竞赛活动的企业有10 527家,职工有152.31万人。研究新形势下劳动竞赛的体制机制创新,进行《发挥工人阶级先进性,发展社会主义劳动竞赛》调研;建立劳动竞赛信息直联点制度;开展劳动竞赛优秀品牌项目征集推广活动。二是广泛开展职工素质提升行动。与市人保局、市国资委联合制定下发《关于在本市企业中推行首席技师制的指导意见》,在上海电气召开经验交流会;会同市人保局、市科委组队参加第三届全国职工职业技能大赛,并组织承办"数控机床装调维修工"决赛。会同市人保局等部门办好2009年市级职业技能竞赛和"高师带徒"活动。三是广泛开展职工节约增效行动。聚焦重点污染排放和污染治理单位,开展节能减排对标升级专项劳动竞赛;与市职工技协联合召开"上海职工节能减排活动推进大会",表彰215项职工节能减排优秀合理化建议,举行优秀成果推荐评选表彰活动;加强职工节能减排义务监督员工作,有45个区县局(产业)工会建立了义务监督员领导小组。四是广泛开展职工科技创新行动。组织举办第三届上海职工科技节。在市级层面,会同市科委等部门举办职工科技创新工作会议、职工科技创新成果展等系列活动。在区县局(产业)工会层面,80家区县局(产业)工会举行有关活动189项,有12 767个基层单位、92万职工参加。(2)迎世博,深入开展群众性立功竞赛活动。迎世博倒计时500天时,召开"上海窗口行业百万职工优质服务立功竞赛推进会",推出窗口行业优质服务公约。会同城市管理指挥部,召开"上海市迎世博城市管理'工人先锋号'表彰暨争当创造'美好环境、美好生活'先锋动员大会"。迎世博倒计时400天时,召开上海世博会重大工程建设建功立业劳动竞赛推进和观摩大会。举行上海市窗口服务行业职工迎世博重点商圈(街)立功竞赛启动仪式,在12个重点商圈开展以"五比五赛"为重点的班组流动红旗竞赛,同时推出了《服务公约》系列宣传活动。迎世博倒计时一周年时,开展包括整治行动、慰问行动等在内的上海职工迎世博五一特别行动,举行了"窗口服务行业劳动模范、先进巡访启动仪式",推进重点商圈和交通运输类行业"五比五赛"活动;开展窗口服务行业合理化建议大征集活动,窗口服务行业职工提出建议近9 000条。迎世博倒计时300天时,会同窗口服务等3个指挥部举行迎世博上海出租汽车行业"工人先锋号"发车仪式,并会同市建交委等部门加强对出租车行业"工人先锋号"挂牌车辆的管理和监督;举行迎世博倒计时300天淮海路商街"五比五赛"暨长春食品店现场观摩交流会;会同人保局、团市委等举行迎世博市职业技能竞赛暨百万职工大练兵活动启动仪式。同时,制定下发《关于广泛开展"百万职工清洁单位"活动的通知》。迎世博倒计时200天时,举行上海职工"奔向世博,拼搏200"主题活动,同时启动"百万职工大练兵技能提升行动"、"五比五赛百日大检查行动"、"对标达标整治顽症行动"。迎世博倒计时100天时,举行上海市推进世博会重大工程建功立业劳动竞赛暨奋战百日誓师大会,号召建设单位和广大建设者为完成世博会工程各项建设任务努力奋斗。此外,还分别与长江隧桥工程建设指挥部等单位制定配套工程竞赛方案,建立世博配套工程建设立功竞赛联席会议制度。在竞赛开展过程中,即时表彰了近千个上海市"工人先锋号"和30个集体、45名个人获上海市五一劳动奖状(章)。　(彭剑明)

立功竞赛

【长宁区启动商业职工迎世博立功竞赛】　4月7日,区总工会联手区迎世博窗口服务指挥部等部门,在天山路商业街举行"窗口服务单位职工迎世博立功竞赛启动仪式"。区总工会广泛发动窗口行业单位职工参加迎世博立功竞赛活动,虹桥友谊商城、龙之梦购物中心、百联西郊购物中心、春秋国旅等33家龙头企业率先行动,向全区

4月7日,长宁区总工会联手区迎世博窗口服务指挥部等相关部门,在天山路商业街举行"窗口服务单位职工迎世博立功竞赛启动仪式"　(吴志华)

窗口行业单位发出开展迎世博立功竞赛活动倡议。启动仪式上向33家企业授予参赛单位铭牌，并向10个街镇的迎世博文明巡访团代表授予迎世博窗口服务立功竞赛巡访检查证。

（陈伟明）

【长宁区总工会深入推进迎世博重点商圈立功竞赛活动】 长宁区总工会深入推进迎世博重点商圈立功竞赛活动，在虹桥商圈"五比五赛"中提倡"以人为本"的服务理念，有效提升了服务水平。抓服务：长房国际广场工会开展"迎世博"窗口服务顽症整治，攻克了对顾客"抢逼围"、强行推销、搭卖等商业服务陋习；汇金百货虹桥店工会把服务竞赛中易被忽略的商场管理员、保安等职工，纳入到"迎世博服务形象专项劳动竞赛"的范围内，切实提升职工的服务形象。强素质：长房国际广场出台了71条规范服务的考核标准，积极开展世博知识、双语服务培训，开设了关于首问负责制的引导课程，并提出"三秒问候、三米跟进"等服务要求；新虹桥俱乐部工会邀请了武警官兵，为员工进行站姿和仪态培训。促和谐：新虹桥俱乐部强化激励机制，把立功竞赛与员工收入结合起来，扩大奖励面，大大提升了职工参赛的积极性；长房国际广场结合"五比五赛"的内容，对绩效考核与奖励机制进行整合评定，把开展立功竞赛与提升企业管理水平相结合。

（陈伟明）

【长宁区医务工会创建迎世博窗口服务示范岗】 长宁区医务工会开展创建"迎世博窗口服务示范岗"行动。创建活动制定了"迎世博窗口服务示范岗"指导手册，以职业道德、岗位形象、业务技能、综合业绩为主要内容，重点开展创建班组或集体负责人的培训和完善考核评估机制，以进一步规范创建工作。充分发挥劳模先进的引领示范作用，组织7名劳模和31名职工代表对创建岗位、班组进行中期巡视考评，及时掌握"迎世博窗口服务示范岗"创建工作的开展情况。各单位迎世博窗口服务示范岗创建规范、资料齐全、环境整洁、各具特色，展现了良好的服务水平和精神面貌。

（孙　雁）

【杨浦区总工会推出首届区百名产业精英】 1月18日，杨浦区召开"2009年杨浦区劳模（先进）迎春茶话会"，推出杨浦区首届百名产业精英。来自西门子（中国）公司、欧尚超市以及易保网络等知名企业的100名人才获第一批产业精英称号。评选活动于2008年6月启动，经过个人自荐、劳模（专家）举荐、组织和群众推荐、基层工会民主测评、同级党组织审核、专家组评审和名单公示等程序，并会同中共杨浦区委组织部、区人事局等部门共同审定。最终确定100名人选。人选中男性78人，女性22人；平均年龄40.3岁；大学以上文化程度占74%；具有中级以上职称的85人，其中有1名法国籍，1名德国籍，1名香港人。产业精英覆盖了杨浦知识型生产服务业、高新技术产业、都市型产业和基础性服务业四大主导产业。杨浦区将对产业精英实施常态管理，每3年评选一次，年度复审不合格者取消荣誉称号和相关待遇。

（张念宏）

【黄浦区服务世博显成果】 区总工会先后开展商业职工迎世博600天、400天优质服务立功竞赛，承办迎世博倒计时400天全市窗口服务行业重点商圈立功竞赛活动，开展"世博企业行"第50站、118站宣传和迎世博倒计时一周年暨南京路商圈劳模先进品牌展示等系列宣传；开展迎世博、攻旧改、促收尾百日行动等多项动拆迁立功竞赛；组织指导劳模、青年和市民等3个巡访团多次巡查督促151家重点商业服务单位；授予117名动拆迁竞赛先进个人为"工人先锋"称号；评选出25个迎世博窗口服务商业星级柜组；在世博服务窗口单位中表彰命名38个黄浦区"工人先锋号"、38名"工人先锋"；8家单位、19名个人荣获上海职工迎世博窗口服务行业立功竞赛先进称号。

（吕诚陆）

【静安建交委工会"三个结合"提升劳动竞赛品牌】 一是劳动竞赛与迎世博、迎新中国成立60周年相结合。围绕迎世博日标，明确重点，全面布置落实竞赛活动。在窗口行业强化"三五"行动，在建筑工地严格文明施工，提升环境质量。同时，以迎新中国成立60周年为契机，激发职工参与劳动竞赛的热情。二是劳动竞赛与实事立功竞赛和行业评比相结合。窗口服务单位以"三五"行动为重点，市政行业以环境整洁、文明施工为重点，物业管理以业主乐居、小区平安为重点，落实环境整治要求。三是劳动竞赛活动与保增长、保民生相结合。开展以"同舟共济保增长，建功立业促发展"为主题的"共同约定"签约行动，动员职工为企业发展献计献策，贡献力量。

（张锡明）

杨浦区总工会召开重大工程立功竞赛动员大会，推进新一轮竞赛活动

（张念宏）

【静安区启动楼宇职工迎世博“三五”集中行动】 6月15日，区总工会和南京西路社区(街道)联合举办的静安区楼宇职工“三五”集中行动启动仪式在东方海外大厦举行。区总工会号召：积极参与每月5日的“窗口服务日”活动。以“擦亮窗口、绽放笑容”为主题，深入开展微笑服务、规范服务、诚信服务，努力提高服务质量；积极参与每月15日的“环境清洁日”活动。以“清扫家门、清洁家园”为主题，投身到“人人动手，清洁环境”的大行动中，在商务楼宇、工业园区、机关、医院、商场等重点区域开展环境清洁活动；积极参与每月25日的“公共秩序日”活动。以“文明守序、展示风采”为主题，自觉参与“文明在我脚下，文明在我手中，文明在我口中”公共道德践行活动，充分展现静安职工文明礼貌、热情友好、谦和大方、积极健康的精神风貌。（陈章翠）

【静安置业集团劳动竞赛做到“五个到位”】 一是宣传发动到位。向动迁及物业服务工作人员进行宣传，营造全员投入，全方位展开，人人争先，你追我赶的竞赛氛围。二是竞赛管理到位。健全竞赛工作网络，在各参赛单位设立竞赛工作联络员。及时了解和收集竞赛信息。加强中途检查，健全竞赛工作报告制度，把握竞赛进度。三是竞赛资金到位。通过动迁基地、基层工会、集团工会3个方面筹集资金20万元，设立竞赛专项基金，专门用于奖励各个时间节点，完成预定目标任务，表现突出的集体和个人。四是主动服务到位。深入参赛单位了解情况，加强指导，帮助参赛单位结合实际完善竞赛方案，及时总结经验，弘扬先进事迹。做好关心慰问工作，解决职工困难。五是工作考评到位。把竞赛工作纳入基层工会工作目标考核的重要内容，开展各层次的评比，及时做好总结表彰工作。全年共完成动迁506户，收到锦旗100多面，表扬信200多封。（顾新生）

【嘉定区开展迎世博窗口服务行业工人先锋号行动】 8月5日，嘉定区总工会启动了嘉定区“迎世博窗口服务行业工人先锋号行动”。此项活动以窗口服务行业为主，以创建“工人先锋号”为载体，以比服务环境、赛整洁优美，比服务设施、赛安全便捷，比服务品质、赛仪态仪表，比服务水平、赛技术技能，比服务管理、赛常态长效的“五比五赛”为具体内容，积极开展迎世博全员大培训、签约大行动、技能大比武、建议大征集、环境大整治、风采大展示等“六大行动”，通过活动提升职工文明素质，提高窗口服务水平。（徐　浩）

【南汇区、洋山保税港区、临港产业区“三区”联合启动迎世博立功竞赛】 4月1日，南汇区、洋山保税港区和临港产业区3家工会联合举行迎世博立功竞赛活动启动仪式暨南汇区和谐企业创建推进大会。南汇区总工会各直属工会主席，各镇、街道、园区党委分管领导、劳动保障所所长及企业职工代表，洋山保税港区、临港产业区基层工会主席及职工代表共400余人参加会议。会议回顾了南汇区开展劳动关系和谐企业创建工作的情况，向第二批221家和谐企业授牌，并发布“三区”工会联合开展迎世博立功竞赛活动情况。（李玉香）

【金山区建交委开展“世博进工地”活动】 金山区建交委加强建筑工地文明施工管理，积极做好“世博进工地”专项宣传活动，将讲卫生、爱环境的观念融入到文明建筑工地的创建工作之中，同时通过教育培训不断增强建筑工地农民工的法制意识、维权意识和安全意识，进一步提高区建筑行业安全生产、文明施工管理水平，促进建筑行业安全生产稳定发展，全面提升建筑工地整体形象，为成功举办世博会创造良好的环境。（陈坚勇）

【奉贤区总工会评选百名服务能手】 2009年，区总工会开展了“奉贤区十大行业服务能手”评选活动，来自出租汽车、公安、税务、工商、物业管理、医疗卫生、旅游餐饮业、商业服务、文广影视、环卫等10个行业的100名职工被授予“奉贤区十大行业服务能手”称号。区总工会号召全体职工以百名服务能手作为行业标杆，积极投身“当好主力军，建功世博会，展示新风采”主题实践活动，不断提升服务质量，进一步增强参与世博、奉献世博的责任感和自觉性。（刘传军）

【奉贤区总工会“四项措施”深化迎世博活动】 一是通过宣传，提高职工世博知晓率。专门制作“知晓世博，文明先行”宣传展板，分期分批在全区470家百人以上企业中巡展；设计制作500套“迎世博、讲文明、树新风”宣传广告牌，下发张贴到基层企业。二是通过竞赛，提升窗口行业服务质量。组织开展“热情迎世博，文明我先行”奉贤出租汽车行业立功竞

由黄浦区总工会等主办的第三十五届南京路职工马路运动会暨迎世博窗口优质服务立功竞赛推进会在南京路步行街举行　（吕诚陆）

9月23日，奉贤区出租车行业立功竞赛总结表彰会 （刘传军）

赛活动，全区3家出租汽车公司的1 200多名驾驶员参加竞赛；开展餐饮服务、旅游、商业零售等十大窗口服务行业技能竞赛和职业风采展示活动，1万多名职工参与。三是通过培训，提高职工文明素质。成立讲师团，以工会流动学校为平台，开展万名职工世博知识和文明礼仪培训；整合社会资源，加强窗口服务行业一线职工"双语"培训；以世博知识和城市文明为重点，启动农民工基本素质教育培训，确保到世博会前完成3万名农民工教育培训任务。四是通过动员开展"三五"活动。号召全区职工积极参与"擦亮窗口，规范服务"、"清扫家门，清洁家园"、"文明出行，守序有礼"三大集中行动。 （刘传军）

【上海汽轮机厂增强立功竞赛活动内在动力】 为积极应对国际金融危机的冲击，厂工会组织开展全员立功竞赛活动，紧紧围绕企业中心工作，提出了"科技创新保增长，完成全年生产任务；管理提升促发展，落实各项经济指标"的竞赛口号。具体运作时，改变以往单一注重目标进度的做法，将产品质量、节能减排、技术创新、降本增效、安全生产和工作效率有机融合，形成了齐抓共管的工作合力，增强了竞赛活动的内在动力。另外，还通过汇编《职工科技创新月活动巡礼》和新闻橱窗展示等形式，深入推进群众性技术创新活动。 （史 良）

【上海高压容器有限公司工会开展主题劳动竞赛】 为应对国际金融危机影响，公司工会结合企业实际，在一线生产岗位开展了以实施模具单耗降本为主题的劳动竞赛。通过竞赛，生产车间模具单耗的实际使用寿命和效率均有显著提高，全年生产气瓶31万支，产品销售31万支，实现销售收入1.697亿元，出口创汇651.74万美元，实现利润81.4万元，为企业走出困境做出了重要贡献。 （徐俊彦）

【纺织集团建立劳动竞赛委员会】 为加强劳动竞赛组织体制建设，纺织控股公司和纺织工会成立了上海纺织控股（集团）公司劳动竞赛委员会。劳动竞赛委员会主任由公司行政领导挂帅，公司党政工相关负责人和相关职能部门负责人参加。在公司竞赛委员会领导下，纺织工会积极开展"保增长、促发展、创优、创新、创效"劳动竞赛和建功立业活动。据统计，有77家企业工会组织了182项各种类型的竞赛活动，参赛班组673个、参赛职工10 021人。活动中，职工提出合理化建议1 083条，实施技术革新53项，实现经济效益438.42万元。 （杜伟钧）

【上海电建公司工会开展立功竞赛活动的"三个重视"】 一是重视前期策划。年初在市重点工程漕泾电厂施工现场召开了立功竞赛动员会，结合电建施工生产任务，从"比安全、比质量、比进度、比管理、比技术创新、比育人廉洁"等6个方面，对全年立功竞赛活动作出部署和规划。二是重视规划落实。为确保市重点工程和世博会配套工程目标实现，组织开展了"迎难而上保发电"课题攻关活动，确定了14项攻关课题。为确保国际第一条特高压换流站按期优质完成，组织开展了特高压工程对口立功竞赛。三是重视检查考核。从"组织领导、安全管理、进度管理、质量管理、文明施工、技术创新"等6个方面制定了《立功竞赛检查考评表》，组织了竞赛中途检查考核，并召开了立功竞赛中途检查专题会议。 （张文标）

【上海电力机械厂工会以立功竞赛促施工生产】 为确保"东海大桥"34台风力发电风塔塔架制作项目如期竣工，工会组织项目部员工分成2个工作班组开展劳动竞赛，大幅度提高了设备、场地利用率和施工进度。针对施工难点，工会在竞赛中开展了技术攻关赛，各施工班组分别提出施工技术方案，并研究制定特殊的工艺方案，经过反复试验，攻克了施工难关，确保了工程进度和质量。在风电项目进入最后冲刺阶段时，工会组织了"最后冲刺，实现目标"的竞赛活动，参建人员克服困难，如期完成了31座风塔塔筒的制造任务，得到业主东电公司的高度评价。 （钱晓政）

【宝钢股份不锈钢事业部工会开展"最佳实践者"活动】 一是以形势任务教育为切入点，积极营造氛围。各级工会围绕党政中心工作，组织动员职工立足岗位，人人都做减亏扭亏的最佳实践者。二是以降本增效、技术创新活动为着力点，促进成本改善。事业部工会以"项目管理、精打细算"为推进模式，开展了"班班争最优，人人创最佳"的专项劳动竞赛。三是以发现最佳实践者为落脚点，体现活动价值。事业部建立了发现、培养、宣传最佳实践者的工作机制。各级工会积极挖掘在降本增效、技术创新、节能降耗等方面的最佳实践者，涌现了750名最佳实践者，并形成活动制度、工作标准和先进操作法48项。 （陈建东）

【宝钢股份不锈钢事业部工会深化全员劳动竞赛】 宝钢股份不锈钢事业部围绕全员、全面、全过程的成本改善活动，不断深化劳动竞赛活动。2009年环比累计实现降本增效16.28亿元。一是创建项目管理精打细算的模式，确立111个竞赛项目，深入开展对标升级、降本增效、节能降耗等六大劳动竞赛。其中，自力项目结题10 937项，产生效益4 127万元；自主项目结题3 709项，产生效益1.43亿元。二是开展专项竞赛。工会围绕事业部阶段性工作的重点，开展各类专项劳动竞赛，涌现出一大批最佳实践个人、团队和攻关项目。三是多形式改善成本管理。运用倒逼机制，锁紧成本改善目标，将市场的压力通过目标成本管理传导到现场，形成了管理周会上周周读，精打细算的自力、自主项目周周报，厂部长会议月月推，竞赛成效季季评的管理模式，取得显著成效。

（陈建东）

【宝钢股份公司本部工会开展固化“四有”模式劳动竞赛】 工会在劳动竞赛中找准定位，营造“比学赶帮超”氛围，固化“四有”工作模式，即有组织领导、有竞赛指标、有竞赛措施、有评价激励，较往年在竞赛氛围营造及员工积极性的调动上，有了很大起色。按照“全员、全面、全过程”的成本改善工作的要求，直属厂部开展了“推倒逼，保二争三”劳动竞赛；梅钢公司开展了“全员、全面、全过程”的成本改善劳动竞赛；中厚板分公司开展了“降低铁水成本”劳动竞赛；资材备件采购部开展了“人人行动，降本增效作贡献”劳动竞赛。各单位把劳动竞赛作为党委和工会工作的重点内容，大力推进，均达到了预期目标。全年本部劳动竞赛项目共实现降本增效72.15亿元，其中直属厂部、梅钢、中厚板分别为59.41亿元、3.83亿元、8.87亿元，分别比上年度增长22.71亿、1.34亿、5.36亿元。（王俊民）

【宝钢股份公司本部工会推进“最佳实践者”活动】 本部工会在推进最佳实践者活动中，制订下发了最佳实践者活动相关管理办法，先后4次召开最佳实践者活动现场推进会，制作最佳实践者事迹展板进行巡展，组织召开最佳实践者座谈会，利用《宝钢日报》、股份《信息快报》等各种载体宣传最佳实践者的先进事迹。一年来，最佳实践者活动取得了丰硕的成果，本部党委共命名表彰了102名最佳实践者，本部下属各单位共命名表彰了1 017名最佳实践者。最佳实践者活动的开展，促进了员工队伍综合素质的提高和生产经营任务的落实。

（王俊民）

【宝钢股份梅钢工会围绕企业中心任务组织开展劳动竞赛】 梅钢公司工会围绕企业中心任务组织开展原料供应成本改善、铁水成本改善、降低在制品与产成品库存等11项重点劳动竞赛，并细化为47个具体项目，全年实现降本增效3.83亿元，完成全年计划的119.52%，有效促进了梅钢各工序成本的改善。竞赛过程中，梅钢工会加强宣传引导，营造竞赛氛围。每月编发《劳动竞赛简报》，包括“总体概况、项目跟踪、典型事例、指标统计”等4个栏目，及时宣传报道竞赛项目进展、指标完成情况和典型事例；各级工会充分利用简报、内网、电子屏幕、车间的宣传栏、横幅等宣传劳动竞赛的进展情况，让广大员工感受劳动竞赛的浓厚氛围，促进了竞赛的顺利开展。（张斗海）

【宝钢股份梅钢公司大力开展“最佳实践者”活动】 一是在开展“最佳实践者”活动中，注重挖掘每一个普通员工的“闪光点”，受到员工的普遍欢迎，参与的积极性不断高涨，最大限度地调动了全体员工的积极性和创造力。二是将“最佳实践者”活动与改进日常管理方法相结合，各基层单位的管理者积极发现员工个体或群体在日常工作中表现的亮点，每个月在部门或作业区有关会议上进行表扬和倡导。三是2次召开推进会，对13位最佳实践者的事迹进行宣讲，并将19位最佳实践者的事迹制成展板到基层单位巡展；在公司门户网开辟“最佳实践者”宣传专栏；厂领导到定点联系车间，车间领导到作业区、班组进行表彰；把优秀的实践者事迹推荐到企业报纸上发表，并把宣传“最佳实践者”和形势任务教育紧密结合，通过生动具体的事例来深化形势任务教育。通过活动，涌现大批最佳实践者，有15名员工被评为宝钢股份本部最佳实践者；公司产生最佳实践者56人、最佳实践者团队5个；厂部产生最佳实践者537人；车间班组产生实践者明星2 136人。（张斗海）

【宝钢股份中厚板分公司工会开展“班组对标找差、指标升级劳动竞赛”】 为实现各类操作、技术经济指标的持续优化，提升整体制造能力，中厚板分公司工会主要生产厂（部），在对降低成本最为关键的、最为重要的一线同类型作业区（班组）中，开展了“班组对标找差、指标升级劳动竞赛”。据统计，共有32个作业区和4个班组的543名职工参加了此项竞赛。公司工会会同参赛单位党政，围绕“三最指标”，即与成本改善最主要、最重要、对降低成本贡献率最大的“操作指标、消耗指标”，确定了具有一定挑战性的23项竞赛指标。竞赛过程中，各级工会积极发挥工会在劳动竞赛中的组织、发动、宣传和牵头作用，为公司23项主要技术经济指标全部得到优化作出了贡献。（包　翔）

【宝钢集团发展公司工会组织开展“百日竞赛”活动】 为实践集团公司成本倒逼机制的管理理念，完成2009年的2.08亿元降本增效指标，公司工会围绕党政中心工作，开展全员、全面、全过程成本改善活动，对公司14个重点项目予以立项，促进降本增效工作落地。同时以开展百日劳动竞赛为突破口，围绕成本改善、安全管理、现场基础管理、最佳实践者等四大内容，制定竞赛指标，加强过程管理，逐项进行考评。通过“全员、全面、全过程”成本改善和百日竞赛活动，公司各项生产服务经营指标均有了大幅提升，提前2个月完成了全年公司内部和为宝钢股份本部两项降本指标，完成率分别达到113.94%和166.83%，实现经济效益1 016.26万元，在员工队伍中形成了“对标、创优、提升”的良好氛围。（朱　宏）

【宝钢集团公司开展“全员、全面、全过程成本改善”劳动竞赛】 “全员、全面、全过程成本改善”劳动竞赛，采用项目管理方法开展。全集团共确定了子公司级项目515项。各单位形成厂、部、车间级项目2 813项，作业区、班组级项目5 050项。宝钢股份直属厂部组织开展“推倒逼、保二争三竞赛”，设计7大类项目，超额完成年度目标；不锈钢事业部组织开展全员争当“项目管理、精打细算”最佳实践者活动；特钢事业部建立3级项目体系，努力营造全员“算细账，争最佳”的氛围；八钢公司确定公司级项目13个，分、子公司级项目198个，提出公司每月成本改善目标，滚动推进。另外，根据复杂多变的市场形势，各分、子公司还适时开展了一系列“短平快”竞赛。宝钢股份直属厂部开展了29项“短平快”竞赛项目，其中，冷轧厂开展的“奋战一百天、实现三确保”竞赛，仅7至9月就超额生产汽车板12.2万吨。

（李清泉）

【宝钢集团梅山公司工会扎实开展“最佳实践者”活动】 为应对国际金融危机影响，年初，梅山公司工会在全公司范围内开展了最佳实践者活动。广大员工围绕降本增效，班组成本改善，安全生产，新产线隐患查找、整改等重点工作，发挥积极作用。在活动过程中突出发现、培育、宣传3个环节，在内容上突出见人、见事、见精神的“最佳实践”，在对象上突出基层、一线、现场，营造了人人创造最佳实践、成为最佳实践者的浓郁氛围。经过层层发现、培育，全年，涌现了梅山公司及基层单位最佳实践者592名、最佳实践团队63个。

（郭树鸿）

【上海石化开展提高技术经济指标劳动竞赛】 3月，公司以减少非计划停车和提高技术经济指标为主要内容，开展技术经济指标劳动竞赛。公司以各主要生产装置为参赛对象，对照国际、国内同类装置先进水平，确定劳动竞赛主要技术经济指标，制定对策，落实措施。通过月度考核、季度累积评奖，形成百套装置、千个班组、万名员工共同参与格局。全年共有13家主要单位、6个辅助单位（部门）参与劳动竞赛，涉及8个条线的专项劳动竞赛项目87个，两级单位自主竞赛项目46个，共有9 867人参加。至年底，完成竞赛指标24个，完成率为27.6%；完成挑战指标47个，完成率为54%。其中44项指标达到或超过历史最好水平，占50.6%；有14项指标比上年有较大进步，占16%。竞赛以来非计划停车次数和时间分别比上年下降38.5%和22%。

（盛立新）

【长江计算机集团工会深化创建“工人先锋号”建功立业活动】 为动员组织职工实现集团3年发展规划建功立业，集团工会成功举办了“创建‘工人先锋号’活动在前进”图片巡展。在此基础上，集团所属各企业工会紧紧围绕企业发展目标，针对企业经营中遇到的重点、难点问题，广泛动员企业职工深入开展创建“工人先锋号”建功立业活动，并认真做好立项申报工作，有13家企业申报立项28项，参与职工达700余人，涉及项目开发、节能降耗、综合管理等多个领域。

（郭　蓓）

【鲁矿集团二期工程劳动竞赛取得成果】 鲁矿集团二期工程建设经过5年多的艰苦奋战，于2009年4月21日建成投产。在工程建设初期，集团公司工会牢牢抓住制约工程建设的重点环节，在小官庄铁矿、张家洼铁矿开展了二期工程劳动竞赛。竞赛组委会注重竞赛过程管理，根据工程重点，制定了竞赛标准和考核办法，通过实施定期检查、及时监控、季度兑现、年终总评的竞赛办法，保证竞赛活动的顺利进行。在工程建设进入关键时期，公司工会审时度势，及时将2#主井设备设施安装、选矿五系列安装等施工项目纳入竞赛范围，保证二期工程建设的顺利投产。参赛单位抽调精兵强将，配置优良设备，尽全力组织二期工程建设，参赛职工克服工程量大、工程建设复杂、施工条件艰苦、与一期生产交叉等困难，保质保量地完成了竞赛任务，使二期工程建设保持了快速、健康的发展态势。同时，公司工会抓好竞赛资金的落实，积极争取行政支持，企业行政拨付的二期工程劳动竞赛经费200万元，为竞赛提供了物质保障。

（杨庆荣）

【鲁矿集团小官庄铁矿工会开展重点工程劳动竞赛】 2009年，小官庄铁矿工会开展了以主井原矿提升、-400米水平南区拉矿、-400米水平北区掘进拉渣为内容的重点工程劳动竞赛活动。矿工会与有关科室制定了竞赛奖励办法，考核方面，每月由调度室、技术计划科、安环科、质计科负责相关竞赛内容的验收，报矿劳动竞赛委员会批准奖励。为保证安全和其他工程计划完成，规定相关单位除完成竞赛工程计划外，其他工程也要完成月计划。活动的开展将充分发挥劳动竞赛在凝聚职工力量、加强施工管理、打造精品工程、培育企业精神和建设过硬职工队伍等方面的促进作用，确保矿重点工程优质安全如期完成。

（吴玉圣）

【上海航天局149厂围绕中心任务开展劳动竞赛】 面对繁重的科研生产任务，厂围绕战术型号和电装生产两大重点任务，分别组织开展了“促型号、保批产、比贡献”主题劳动竞赛和“万点无虚焊”劳动竞赛活动。其中“促型号、保批产、比贡献”主题劳动竞赛共有来自一线的46个班组和200多名职工参与，“万点无虚焊”劳动竞赛有来自厂六车间电装组的60余名职工参与。竞赛活动以降低生产成本、提高生产效率、确保产品质量、保证进度节点为重点，有效地调动了职工的积极性，促进了厂科研生产任务的完成。

（沈　恺）

【上海航天局工会开展“保成功、促发展”主题劳动竞赛】 年内，局工会在系统内组织开展以“保成功、促发展”为主题的劳动竞赛，全局共有20余家单位开展了180余项劳动竞赛，有近400个班组参与。一是与合理化建议活动有机结合。局工会提炼并推广了基层单位有关节能减排方面行之有效的做法和经验。二是与开展节能减排、降耗增效专项活动有机结合。各单位以班组建设为载体，组建节能减排改进小组，具体包括提出节能减排合理化建议、试行节能改良技术、发明创造节能产品、监督节能制度执行和培养日常节能习惯等。三是与新一轮的班组创建活动有机结合。7月在创新型班组建设千人动员大会上，明确将节能减排作为班组创建活动的一项重要内容，纳入到年度班组考核中。

（沈　恺）

【烟草印刷包装公司工会结合厂庆80周年开展劳动竞赛】 公司工会围绕企业加快培养印刷专业化高技能领军人物和高素质人才队伍的目标，结合厂庆80周年组织开展了全员性劳动竞赛，激发调动职工"爱岗学技术、敬业钻技术、比武争能手"的积极性。公司工会通过"突出技能、注重实效"的理念指导竞赛活动，通过"认真筹划、草拟计划、选立主题、明确范围、提出方案、网上讨论"的方式确定竞赛项目，通过"组织报名、赛事策划、培训辅导、按项实施、阶段小结、改进方法、广泛宣传、总结交流"的步骤推进竞赛展开。竞赛中，共组织了22个工种706名职工参加技能培训和应知应会比武活动。经过比武，有6名选手获得公司技术能手称号，4名青年职工获得公司青年岗位能手称号。

（吴国屏）

【上汽工会授予上汽通用五菱16个先进集体为"先锋号"】 12月10日，上汽工会以"百万征途共成长，再踏征途攀新高——先锋号在行动"为主题，对上汽通用五菱公司发动机制造部缸体缸盖维修工段、青岛分公司涂装设备操作工段、华北销售区域团队等16个集体，分别授予"百万创新先锋号"、"节能减排(JJ)先锋号"、"质量先锋号"、"产品研发先锋号"、"营销服务先锋号"称号。上汽工会此次将16个"先锋号"牌匾一次性颁给上汽通用五菱，旨在表彰该公司在应对国际金融危机中积极作为，成为国内首家年销量超过百万辆的企业。

（陶牡丹）

【上汽工会开展"先锋号在行动——奋战300天——拼搏A级车"活动】

为组织动员职工打造自主品牌做贡献，上汽工会组织开展了"先锋号在行动——奋战300天——拼搏A级车"活动。活动以立功竞赛为主线，以"先锋号在行动"为抓手，同时结合自主品牌"以质量为生命，以用户为中心"主题实践活动，引导职工发扬特殊精神，全力奋战300天，投身荣威AP11项目，为按时保质地实现2010年2月28日的SOP(目标投产时间)目标贡献力量。

（刘蔚婧）

【中海上海海运服务公司海运大厦工会开展增效竞赛出实效】 海运大厦工会在职工中开展"我为企业增效益"劳动竞赛，职工踊跃参与。到11月底，大厦与上年同期相比减亏15万元。年初，受国际金融危机影响，客房入住率受到严重冲击。在上级公司工会帮助和指导下，大厦工会开展"我为企业增效益"劳动竞赛。工会还建议大厦经理直接与客户洽谈业务，建立起每月一次与租赁单位联系沟通制度等，均被大厦行政采纳。与租赁单位的沟通制度建立后，职工既能及时听到对方的意见、需求，又可了解租赁合同到期后对方的意向，减少了办公房的空置率。

（范国忠）

上汽工会开展"奋战300天 拼搏A级车"自主品牌立功竞赛

（刘蔚婧）

【交运集团开展迎世博应急预案演练】 为确保迎世博安全服务，更好地展示交运人服务世博、奉献世博的风采，交运集团公司下发了《上海交运(集团)公司关于开展迎世博行动应急预案演练和暗访活动》的通知，以安全服务工作为演练重点，以实施操作应急预案为基本要求，广泛组织开展13项迎世博演练和暗访活动。通过演练，广大职工明确了在实施应急预案中所承担的责任，掌握了应急预案的基本情况，为提升服务水平，确保世博安全做好了准备。同时，每项演练活动都由集团职工代表"观察员"参与并撰写观察报告。（王　勤）

【交运集团组织开展催讨应收账款专项竞赛】 2月至4月，集团系统组织开展了催讨应收账款专项竞赛活动。运输工会会同财务部、运输部、监察室等部门，制定了竞赛方案，明确了催讨重点、时间节点和催讨责任，紧扣"认真清理、分析成因、落实责任、强化催讨、创新管理、形成机制"6个环节，有序推进竞赛开展。竞赛活动促进了各单位摸清家底，理清成因并回收资金。通过竞赛，回收资金约3 500万元，取得了预期效果。

（吴　明）

【上海邮政开展"洁齐美"竞赛】

4月起，上海邮政开展了"洁齐美"竞赛专项活动。竞赛活动历时一年，各直属单位利用每月15日的"环境清洁日"，组织广大员工参与清洁环境，优化作业场所活动。竞赛活动分为2个层面开展，一是市公司层面，主要负责竞赛的组织、发动、推进和检查工作。二是基层层面，在加强宣传的基础上，充分体现竞赛活动的群众性和广泛性特点，动员广大员工认真做好环境清洁工作。通过竞赛，邮政服务窗口的环境面貌发生了显著变化。

（姚荣根）

【上海邮政开展迎世博"五比五赛"立功竞赛活动】 邮政工会根据市迎世博600天文明行动计划的总体部署，联合相关部门组织开展了迎世博"五比五赛"立功竞赛活动，明确目标要求，制定考核标准，落实工作节点，统一组织实施。活动中，注重将业务检查与"五比五赛"检查相结合，自查与上级抽查相结合，行业内检查与社会监督检查相结合，确保了竞赛有序开展。结合"五比五赛"活动开展，工会还制作了"先锋号窗口"流动红旗，以邮政支局为基本单位，广泛开展"先锋号窗口"流动红旗竞赛活动，推动了"五比五赛"活动的深入。 （蔡俊皓）

【中国移动上海公司开展迎世博员工风采 DV 赛和绿色环保袋设计大赛】 为鼓励员工爱岗敬业，展示移动员工服务世博的风采，移动公司开展了员工风采 DV 赛和绿色环保袋设计大赛，并通过组织员工在内部局域网上投票评选，选出了大家心目中的优秀作品。这些作品在迎世博倒计时 100 天之际，在公司内部的"移动之窗"中播出。 （史　旭）

【中国移动上海公司开展 TD 业务全员劳动竞赛】 针对 TD 发展中的难点重点，公司工会发起了为期 7 个月的"全员奋战，献礼国庆，拿下 TD 用户 30 万"劳动竞赛，并以三项措施强化赛程管理，全面实现预期目标。(1)建立工作制度。通过工会、专业部室和基层单位的信息沟通，及时疏通和解决竞赛瓶颈。(2)做好宣传工作。编印竞赛业务手册，开辟劳动竞赛咨询热线，开展业务培训，同时，每月以竞赛简报等多种形式宣传典型做法和先进人物。(3)协调组织竞赛。作为牵头单位的工会，每月深入班组进行调研，召开员工座谈会，及时了解竞赛过程，并每月向司务会汇报，完善竞赛方案。竞赛活动的开展促进了公司业务发展实现量的突破，以及销售能力实现质的飞跃。 （隋　奕）

【上海电信劳动竞赛紧贴企业发展中心】 上海电信工会紧贴企业中心工作，搭准公司业务发展脉搏，从年初的"奋战 60 天、实现开门红"，到年末的"冲刺 60 天、提升活跃度"，包括"双服务"、"天翼之星"、"基站寻址"、"互联网业务维护技能"及市重大工程立功竞赛等，前后八大劳动竞赛贯穿全年。各基层工会积极响应、广泛发动员工，赢得了胜利，其中"开门红"劳动竞赛共发展"天翼"用户 57.89 万户；"双服务"竞赛取得社会效益，在"上海市迎世博 600 天文明指数"百日测评中，公司连续 3 次获得生活服务类窗口行业服务文明满意度第一；"提升客户活跃度"竞赛已激活沉默客户 2.8 万户，为公司全业务发展奠定了扎实基础。 （朱东亚）

【上海航道局"三聚焦、三拓展"竞赛再创佳绩】 2009 年，航道局工会围绕实现"双百亿"的奋斗目标，开展了以"聚焦重大工程，在项目管理上有拓展；聚焦节能减排，在科技创新上有拓展；聚焦设备管理，在管修养用上有拓展"为主要内容的立功竞赛活动。活动中，通过科技创新、工程创精、岗位创优、管理创效、文明创佳等 5 个竞赛平台，让职工在立功竞赛的舞台上施展才华。同时，竞赛活动形式有了新的拓展，开展了项目部与项目部、船舶与船舶之间的对口赛，重大节点目标的专项竞赛和流动红旗赛等，并完善和建立了多项立功竞赛考核指标，使竞赛管理规范化，取得了显著的成果。 （杨建平）

【航道局女职工委员会争创巾帼文明岗】 局女职工委员会以抓典型、抓培育，积极推进示范点为抓手，取得可喜的成绩。年初，根据市妇联和建交委文件精神，开展了争创巾帼文明岗活动，并选择了航道医院五病区、勘察公司造价组 2 个示范点。其中，五病区护士们从"微笑服务，温馨服务，创优质品牌"做起，把争创活动的内涵落实在行动中，实现了零投诉的目标。一年中先后收到 20 多面锦旗，受到了院领导和病人及家属们的好评。勘察公司造价组结合各工程实际，每个员工从岗位做起，从自己做起，全组 7 位女职工完成了 100 多个设计项目的概预算任务，人均年产值达 100 万元以上，为公司的发展和国家港口建设做出了贡献。 （钱文勤）

【中交上航局曹妃甸项目部"六比"竞赛有成效】 中交上航局有限公司曹妃甸项目总部针对施工工地绞吸式挖泥多及工程进度慢等情况，开展了以"比安全生产、比工程质量、比节能减排、比人才培养、比科技创新、比文明施工"为主要内容的"六比"竞赛活动。项目部分别与新海豹、新海鲛、新海鹰轮等签订了"六比"竞赛协议，签约船舶根据各船的实际情况和施工区域，制订了立功竞赛的计划。竞赛中，坚持安全第一、质量优先，向技术要效益，向设备要效率，同时加强员工技术培训，提高员工整体素质，提高设备完好率、时间利用率，仅 8 月份就完成吹填产量 268 万立方米。竞赛活动掀起了比、学、赶、帮、超的新高潮，展现了上航局职工为建设曹妃甸工业区努力拼搏的精神风貌。 （杨建平）

【中交三航局有限公司"五个注重"推动文明工地建设】 一是注重营造文明创建氛围。广泛开展各种宣传活动，努力营造活动氛围，积极引导各基层单位从加快企业发展，提高企业品牌的高度来认识创建的必要性，积极为创建工作夯实思想基础。二是注重深化文明创建体系。全局各单位项目部全部建立"外来人员四证登记"制度，把外来务工人员也纳入创建体系，进一步提升创建活动的水平。三是注重落实安全管理措施。一方面，通过安全生产知识教育培训，以及开展"百日安全竞赛"、"安康杯"竞赛等活动，抓好安全监管工作。另一方面，充分发挥工程项目部的主体作用，有效提高施工安全管理的水平。四是注重文明施工规范管理。全局各工地结合各自实际，在工程所在地积极开展为民服务活动，落实便民利民措施，最大限度减少施工扰民现象。五是注重农民工权益维护。实行订金制度，健全预防拖欠农民工工资问题的长效机制，从源头上防止拖欠农民工工资情况的发生。 （黄书展）

【中交三航局以立功竞赛为载体全面推进工程建设】 2009 年，中交三航局克服国际金融危机带来的困难，群策群力，以竞赛促生产，以竞赛促发展，生产经营再上新台阶，全年施工产值破 190 亿元大关。竞赛中，全局各单位结合企业自身特点，采取形式多样的竞赛方式，如：二公司开展的科技型、智力型、管理型的竞赛活动；宁波分公司的"六比六看"、"文明职工课堂"；船舶公司开展的技能登高和安

全挑刺活动;兴安基公司的"四奖一赛"等,推动了企业生产经营上台阶。 (黄书展)

【上海海事局工会以立功竞赛服务世博水上安保】 局工会开展了"围绕中心强服务,率先达标促发展"立功竞赛活动,以"赛精神、赛声势、赛技能、赛形象、赛管理"为主要内容,各基层单位积极组织职工参与,掀起了提升海事监管与服务水平的热潮,为服务世博水上安保和上海国际航运中心建设保驾护航。各基层工会结合实际,开展了有声有色的活动。董家渡海事处工会开展以"迎世博、抓管理、强服务、促安全"为主题的立功竞赛活动;吴淞海事处工会开展了"服从大局、科学管理、团结协作、保障出行"为内容的立功竞赛活动;吴泾海事处组织职工参加"违章停靠船舶专项整治"立功竞赛活动;洋山港海事处工会组织开展通航秩序专项整治立功竞赛活动。 (朱卫平)

【上海建设交通系统职工实施迎世博五一特别行动】 5月1日,由市建设交通工会承办的"迎世博上海百万职工五一特别行动暨窗口服务行业劳模、先进巡访启动仪式"在地铁人民广场换乘大厅举行。仪式结束后,由建设交通系统的劳模带队,分10路对铁路南站、地铁、出租、物业管理、环境整治等有关站点、线路等窗口进行以"五比五赛"为主要内容的巡访活动,并进行现场示范和带教。当天上午,上海建设交通系统迎世博五一特别行动也拉开序幕。全市铁路车站、轨道交通、水上客运、轮渡及旅游码头、长途客运站、高速公路收费站等主要交通枢纽、主要站点和窗口职工提前半小时上班,集中开展窗口环境大整治活动,做到对外窗口清洁整齐,以崭新的面貌和文明形象进入迎接世博倒计时一周年,约1 500多名干部和职工参与环境大整治活动。 (钱 蓉)

【市建设交通综合赛区开展重大工程立功竞赛】 市建设交通综合赛区的28家参赛单位,紧紧围绕市政府对全市重大工程的总体部署,按照市立功竞赛领导小组提出的"三促进、三确保"的工作要求,积极组织职工开展以"五比三重"(比技术创新、比质量、比安全、比效益、比诚信,重内容、重过程、重实效)为主要内容的重大工程立功竞赛活动。大力倡导并实施重大工程项目建设与促进科技创新、培养人才队伍建设相结合,坚持出精品项目、出领军人才、出一流管理,努力实现和达到"工程优质、干部优秀"的目标。 (钱 蓉)

【市交通港口局工会拓展放大"工人先锋号"社会效应】 为放大"工人先锋号"的社会效应,提升公交行业服务世博的整体服务水平,12月8日,市交通港口局工会、局文明办、公交行业协会在公交112路终点站举行"工人先锋号"线路挂牌仪式。至此,全市共有11条线路,近400辆公交车挂上"工人先锋号",成为迎世博期间城市的流动"先锋"。为确保"工人先锋号"的集体荣誉,局专门出台了《上海公交行业"工人先锋号"示范线路挂牌实施办法》,规定公交线路"工人先锋号"挂牌,必须有市交通行业"工人先锋号"、上海公交品牌线路和市"工人先锋号"三项荣誉基础。(周建荣)

【长江口航道管理局争当航运中心航道建设开路先锋】 9月17日,管理局在中港疏浚公司发起长江口三期疏浚冲刺赛后,竞赛的火炬已接力到疏浚监理和绞吸船分赛区。12月29日疏浚监理、绞吸船冲刺竞赛动员会在横沙岛建设基地召开。会上传达了交通运输部党组要求2010年3月底长江口航道水深必须到达12.5米目标的决定。局工会号召全体建设者全力投入冲刺战役,争当上海国际航运中心航道建设开路先锋。会上对长江口赛区2个先进集体及金杯、银杯绞吸船、2名优秀组织者、10名记功个人进行表彰。另外局工会还举行了长江口三期冲刺竞赛承诺书签字仪式。 (施继建)

【上海燃气行业推进"五比五赛"立功竞赛】 (1)抓方案制订,明确活动重点。各窗口服务单位根据市"五比五赛"竞赛指导意见和行业实施意见,结合单位的实际情况成立领导小组,制订活动方案,明确活动重点。(2)抓宣传发动,做到组织落实。各窗口服务单位整合各方资源,工会、宣传、600办各有关部门,通过对"五比五赛"内容的细化分解,规划好各部门的主要工作,实行层层签约,责任到人;增强迎世博的宣传气氛,在职工中提升世博会的知晓率、竞赛的参与率、规范的执行率、社会的满意率。(3)抓全员投入,组织各类活动。通过开设世博业务接待专柜、加强服务礼仪教育、提升窗口服务人员英语水平等渠道,有计划地优化服务细节,提升服务水平。(4)抓有机结合,推进整体工作。将"五比五赛"立功竞赛活动融入到单位的日常工作中,做到与学习实践科学发展观活动相结合,与《燃气服务质量规范》培训相结合,与

城建集团隧道股份举办迎世博百日立功竞赛推进会 (陆 政)

推进燃气行业“两个示范”活动相结合，与迎世博“三五”行动相结合。

（包雯倩）

【建设交通系统让“工人先锋号”旗帜在建设交通窗口飘扬】 4月，市建设交通系统在20个窗口服务行业深入开展了以“五比五赛”为主要内容，以服务规范、服务承诺为行为准则，以创建“工人先锋号”为载体的窗口竞赛活动。出租车行业率先推出“工人先锋号”出租车挂牌服务；航空港开展了“爱博通道”和“工人先锋号”佩章服务。在迎世博倒计时200天之际，市建设交通行业在交通运输、公共服务等主要窗口启动了让“工人先锋号”旗帜在建设交通窗口飘扬行动，推行“工人先锋号”挂牌佩章服务，统一张贴争创工人先锋号宣传标识。市公路、公园、公交、市容、轨道交通、物业、燃气等行业纷纷响应，形成了“世博会，我们时刻准备着”的同城同行效应。

（钱　蓉）

【上海启动对口支援都江堰立功竞赛】 3月7日，市对口支援都江堰市灾后重建工程立功竞赛活动在都江堰正式启动。活动紧扣5月12日、9月1日、12月31日等项目建设的重要节点，按照一流管理、一流效率、一流质量的要求，积极创建工人先锋号、巾帼文明岗、文明工地，广泛组建青年突击队，使竞赛活动深入援建工程的每一个标段和项目部。动员大会上，市总工会、团市委分别向10个项目部授予了创建“工人先锋号”和“青年突击队”旗帜。截至年底，上海与都江堰已签约启动三批89个援建项目，投资估算约65亿元。

（钱　蓉）

【上海召开对口支援都江堰市灾后重建立功竞赛中途表彰大会】 9月26日，上海市对口支援都江堰市灾后重建工程立功竞赛中途推进表彰大会在都江堰市举行。表彰会上，上海城建集团都江堰市七一聚源中学项目部、上海绿地集团都江堰市向峨小学项目部荣获上海市五一劳动奖状荣誉称号，陆华林、郁勇、吴世伟荣获上海市五一劳动奖章荣誉称号，中铁二十四局都江堰市塔子坝中学重建项目部等10个集体荣获上海市“工人先锋号”荣誉称号。会上还表彰了一批上海市“三八”红旗手和上海市青年突击队。

（钱　蓉）

【上海公路窗口服务行业迎世博冲刺100天巡访活动】 在迎世博倒计时100天之际，为检阅“五比五赛”活动成果，市公路处工会组织高速公路、规费征稽窗口赛组负责人、行业单位工会主席代表、服务明星代表等8人，开展了“当好主力军、建功世博会、展示新风采”上海公路窗口服务行业巡访活动。巡访队伍共考察了江桥、枫泾、嘉松中路、颛桥、新桥主线收费站、曹安和静征稽站等7个站所。通过道口实地走访、监控室浏览、站长交流谈话、建议评分等方式，对上海公路窗口实际运营情况进行了一次全面了解。

（徐进晨）

上海对口支援都江堰市灾后重建立功竞赛表彰大会　（朱　强）

【上海交通运输行业举行出租汽车“工人先锋号”发车仪式】 7月5日，由市总工会、市窗口服务指挥部、市城市管理指挥部、市文明办、市建设交通工作党委和市交通港口局主办的迎世博上海交通运输行业出租汽车“工人先锋号”发车仪式在海博出租公司广场举行。启动仪式上，驾驶员代表在市劳模、海博出租驾驶员杨志明的带领下发表了迎世博“工人先锋号”誓言。大众、海博、强生、巴士、锦江、法兰红和蓝色联盟等七大品牌出租车承载着“工人先锋号”的荣誉驶向申城的大街小巷。

（钱　蓉）

【上海燃气行业开展迎世博倒计时200天宣传服务活动】 10月13日，上海燃气行业在全市范围内开展以“奔向世博，拼搏200，燃气服务创一流”为主题的燃气安全宣传、服务活动。这次活动在黄浦、卢湾、浦东新区设立了3个主会场，其他各区县燃气服务窗口同时全面开展宣传服务活动，形成同业效应、同城效应。各燃气活动宣传点统一窗口布置，统一悬挂指定口号的横幅，统一张贴印有“让工人先锋号旗帜在建设交通窗口为世博飘扬”的标识，营造了迎世博争创“工人先锋号”的氛围。

（包雯倩）

【建工工会围绕世博工程建设深化建功立业活动】 (1)突出重点赛区，强化目标责任。设立世博园区、虹桥交通枢纽、外滩综合改造等六大重点赛区，先后召开“奋战100天，打造世博精品工程誓师大会”、“外滩综合改造工程奋战百日誓师大会”等现场推进会。通过动员部署、责任签约、立“军令状”、领导授旗等活动，强化各参赛单位的目标责任。(2)突出过程推进，强化检查讲评。在工程建设中，切实推进世博理念进企业、进工地、进班组，引导广大建设者在世博工程建设中共同塑造良好形象。同时，坚持每季检查讲评不少于一次，并将现场检查情况制成录像，在各单位领导参加的会议上播放，促进整改管理中存在的问题和隐患。(3)突出即时表彰，强化示范引领。增设世博专项荣誉称号，采取即时评选表彰办法，强化先进典型的示范引领作用。全年，集团共表彰"世博工程优秀建设者"59名、"世博工程优秀团队"35个，命名"工人先锋号"35个。（何连成）

【建工集团四建公司工会激励职工建好援建都江堰工程】 （1）加强宣传引导。通过召开各种类型职工座谈会，加强对建好援建工程意义的宣传，调动职工为都江堰灾后重建作贡献积极性。（2）树立先进典型。通过举办"援建青年风采巡展"，开展"每月一星"评比活动等，及时挖掘宣传援建工作中涌现出来的先进典型，不断弘扬先进精神。（3）组织立功竞赛。公司援建指挥部工会在7个援建工程中开展了完成进度好、工程质量好、安全生产好、文明施工好，基础管理好、队伍建设好为主要内容的"创六好"立功竞赛活动，公司援建的北街小学在上海援建的22所中小学中最晚开工，但第一个通过竣工验收，第一个获得"白玉兰奖"。公司承建的7项援建工程全部通过成都市、四川省和上海市文明工地的评审，医疗中心被列为上海市援建项目质量、安全双观摩工程，还在建设部召开的18个省市援建工作交流会上被指定为观摩项目。（赵振星）

【上海水路客运行业首次举行"工人先锋号"挂牌仪式】 在迎世博倒计时100天之际，上海水路客运行业首次举行"工人先锋号"挂牌仪式，水路客运行业主管部门和相关运输单位及码头单位代表参加了活动。自交通运输类窗口服务行业开展"五比五赛"立功竞赛活动以来，水路客运行业的运输单位和码头单位积极组织职工广泛参与到"比服务环境，赛整洁优美；比服务设施，赛安全便捷；比服务品质，赛仪态仪表；比服务水平，赛技术技能；比服务管理，赛常态长效"为主要内容的"五比五赛"活动之中，涌现出"明珠号"、"东海绿洲轮"、"飞翼9号轮"等一批市"工人先锋号"窗口服务单位，同时也涌现出一批服务明星和明星班组。（周建荣）

【城投总公司工会开展迎世博"五比五赛"立功竞赛活动】 城投总公司工会围绕公司承担的重大工程建设、城市运营保障以及迎世博600天行动等重点工作，开展了以"迎上海世博会，展城投形象"为主线，以"比安全赛工程进度质量、比服务赛城市运营保障、比效益赛企业节能减排、比稳定赛队伍和谐发展、比奉献赛迎博建功立业"为主要内容的立功竞赛活动，约有2万余名职工参赛。各参赛单位结合实际广泛开展了专项竞赛活动。据统计，122个基层工会开展各类竞赛1 237项，形成了"以小赛保大赛，上下联动，你争我赶"的竞赛氛围，确保了重大工程建设又好又快推进，以及提升城市运营保障管理水平。（茅瑞喆）

上海建工集团开展世博工程建设倒计时立功竞赛 （缪云明）

【上海浦东水泥厂工会开展群众性竞赛活动】 （1）围绕利废、保质、创量目标，开展劳动竞赛。为完成年度生产和经济技术指标，厂工会结合企业的生产实际，从5月份起，开展了以"利废、保质、创量"为主题的劳动竞赛，围绕加大废料利用量、保证质量、提高产量组织职工广泛开展技术攻关。（2）深化班组建设，提高班组整体素质。开展了"我为节能减排作贡献、我为经济增长立新功"的班组建设活动，并从5个方面进行考核：出色完成生产工作任务、推进节能减排利废工作、积极开展技术创新活动、积极创建文明和谐班组、切实加强班组基础管理。（3）开展立功竞赛，保证重大工程水泥供应。结合生产实际，把抓好质量、协调、服务和保证供应作为活动的切入点，在全厂职工中开展了重大工程立功竞赛活动，完成了隧道工程、外高桥六期、虹桥机场扩建等重大工程的水泥供应任务。（4）开展岗位技术练兵，不断提升职工队伍素质。积极组织岗位练兵、技术比武、技能培训，为职工搭建提高素质、显示才华的舞台。（汤惠国）

【市绿化和市容管理局工会不断形成迎世博竞赛活动高潮】 市绿化和市容管理局工会按照市委市政府提出的"市容干净、市貌整洁"要求，组织行业约3 000多家单位、30余万干部职工开展"整洁城市、美化环境、奉献世博"为主题的迎世博600天行动计划立功竞赛活动，并在迎世博倒计时每个百日节点形成高潮：倒计时500天，组织窗口服务一线职工（含农民工）参加职业道德、文明礼仪、作业标准、操作规范、规范用语培训和城管（协管）队员队列操比赛；倒计时400天，组织行业劳模开展迎世博大巡访行动、拜师学艺、帮学结对、传承技术等活动；倒计时300天，以"垃圾不落地、文明在手中"为规范，开展志愿者文明劝导宣传教育等活动。召开行业"奋战300天，奔向世博会"立功竞赛誓师动员大会，授予流动红旗，并即时表彰一批先进集体和先进个人；倒计时200天，开展"培训、练兵、竞赛、晋升"四位一体的10个工种技能竞赛活动，有1 134名职工进入决赛。（张慧萍）

【市金融工会组织开展立功竞赛提升行业服务水平】 竞赛活动以推进“四项工程”建设,即服务质量管理工程、服务品牌建设工程、服务员工素质工程和服务文化建设工程为主要内容。竞赛过程中,市金融工会与市质量管理科学研究院、市银行同业公会共同编制了《银行业窗口服务质量规范》,提出银行营业网点、自助银行、电子银行、网上银行、投诉处理等5个服务接触点的规范性要求,现已经上海质量技术监督局审定颁布,国家质量技术监督局备案通过,于10月1日正式实施。推出的《上海市银行业星级“优质服务网点”评定管理办法》,从服务设施、服务环境、服务流程、服务技能、服务态度、服务品质等方面对银行业服务提出了更高的要求。同时,市金融工会与东方数字社区合作设立了“社区金融理财服务中心”,开通了“社区金融理财网”。还先后开展了银行百场“反假币”宣传和证券百场“反诈骗”宣传等活动。

(章轶楠)

【市金融工会组织开展立功竞赛提升行业服务水平】 竞赛活动以推进“四项工程”建设,即服务质量管理工程、服务品牌建设工程、服务员工素质工程和服务文化建设工程为主要内容。竞赛过程中,市金融工会与市质量管理科学研究院、市银行同业公会共同编制了《银行业窗口服务质量规范》,提出银行营业网点、自助银行、电子银行、网上银行等投诉处理5个服务接触点的规范性要求,现已经上海质量技术监督局审定颁布,国家质量技术监督局备案通过,于10月1日正式实施。推出的《上海市银行业星级“优质服务网点”评定管理办法》,从服务设施、服务环境、服务流程、服务技能、服务态度、服务品质等方面对银行业服务提出了更高的要求。同时,市金融工会与东方数字社区合作设立了“社区金融理财服务中心”,开通了“社区金融理财网”。还先后开展了银行百场“反假币”宣传和证券百场“反诈骗”宣传等活动。

(章轶楠)

【市教育工会命名表彰2009年度上海市“教育先锋号”】 市教育工会按照全国总工会和市总工会要求,结合教育系统的实际,积极开展了创建“工人先锋号”活动,进一步激发了广大教职工劳动热情和创造活力,涌现出一批具有时代性、先进性和示范性引领作用的优秀团队。为表彰先进,树立典型,推动教育系统创建“工人先锋号”活动深入开展,市教育工会命名表彰了复旦大学公共卫生学院流行病学教研室等29个团队为2009年度上海市“教育先锋号”。 (顾伯超)

【良友集团工会开展迎世博系列活动】 为进一步形成全面动员、全员参与、全力推进迎世博的良好氛围,促进集团各项工作全面提高,集团工会组织广大职工,积极开展“当好主力军、建功世博会、展示新风采”为主题的系列活动。一是广泛深入开展“良友职工清洁单位、美化环境”活动。针对工作环境中存在的难题顽症、生产生活中存在的不良陋习和部分区域存在的“脏乱差”现象,组织动员广大职工,从岗位做起,从身边做起,从小事做起,广泛参与企业“环境清洁日”集中行动,提高企业环境质量,提升企业形象。二是进一步加强世博知识宣传力度。为检验广大职工学习世博知识的效果,集团工会和团委举办了良友职工“迎世博”知识竞赛,集团下属各单位积极组队参加。 (刘国成)

【良友集团粮油仓储公司迎世博活动丰富多彩】 (1)不断提升迎世博宣传氛围。通过组织观看宣传片,张贴宣传画,出黑板报,拉宣传横幅,组织员工学习《迎世博市民读本》,组织员工参加迎世博知识竞赛等形式,让迎世博的宣传氛围不断升温。(2)组织开展迎世博集中行动。窗口服务单位兰笋山庄每月5日都认真组织窗口服务日活动,特别是5月5日举办的“千人手印签名”迎世博活动得到了上级的肯定。另外还举办了铺台、斟酒、分菜等岗位技能比赛,同时分别对各种有关岗位开展“确保服务流程在最合理的情况下进行”系列个性化培训;每月15日,公司所有单位都专门进行环境清洁,清理花坛、卫生死角和库内各种场所,开展卫生检查评比工作,沿路和沿街的单位还进行了广告牌拆除整治行动。(3)立足岗位迎世博。公司工会和有关部门组织开展了“清仓查库立功竞赛活动”,各粮食仓库全体人员积极参与,做到有仓必到,有粮必查,有账必核,查必彻底。

(吕 楚)

【市民政局殡葬服务中心工会开展“阳光车队”百日劳动竞赛】 殡葬服务中心工会于7月20日举办了以“主动参与世博,争当安全卫士”为主题的“阳光车队”百日劳动竞赛活动启动仪式。仪式上,参赛职工代表发出倡议,号召以饱满的热情、高昂的斗志投身到“阳光车队”百日劳动竞赛中,以实际行动为迎接上海世博会做准备。11月30日,龙华、宝兴、益善三

城建集团立功竞赛推进会 (朱 强)

馆选拔出的22个优秀车组在龙华殡仪馆展开决赛,宝兴殡仪馆车队最后以总分第一的成绩取得了“阳光车队”百日劳动竞赛的冠军,来自龙华、宝兴的8个车组赢得了年度“阳光车组”称号。整个百日劳动竞赛共有120辆业务车辆、36个车组、152位车队员工参赛。 (胡积伟)

【城建集团第二管线“工人先锋号”确保世博燃气工程顺利推进】 城建集团第二管线中创公司特殊施工项目部的“工人先锋号”集体,在承接浦东世博园区A02、A03地块及中国馆等场馆的燃气配套工程中以立功竞赛为载体,克服困难,保质保量地完成了每一个阶段性工作目标。项目组成员实地勘察,开动脑筋完成世博中国馆内的燃气管道施工,确保了世博园区燃气配套工程的顺利推进。 (沈 逸)

【城建集团工会开展轨道交通建设立功竞赛】 城建集团工会针对世博会前上海市轨道交通建设任务重的情况召开2009年立功竞赛动员暨轨道交通建设推进会,以立功竞赛活动激发广大建设者的工作热情,调动职工的积极性和创造性,为办好世博会实现上海“四个率先”目标作出贡献。重点围绕世博园区工程、虹桥枢纽工程和外滩通道工程,确保4条轨道交通线建设按时竣工;确保14.262公里推进里程、21条区间贯通、4座车站结构封顶;确保长江隧桥年内通车,西藏南路隧道、新建路隧道基本建成,打浦路隧道复线年内通车、军工路隧道完成进度目标。集团要求广大建设者一是认清形势,把握机遇,以高度的责任感和使命感推进重点工程建设;二是安全第一,确保工程建设目标的实现;三是科技创新,以人为本,不断提高工程建设水平;四是强化管理,文明施工,注重塑造集团文明施工的形象;五是突出重点,精心组织,不断丰富竞赛活动的内涵。各重点工程项目经理在大会上递交做好工程的决心书。 (朱 强)

【上海联通工会开展系列劳动竞赛】 上海联通工会按照集团公司工会和分公司下达的年度各项工作目标和任务要求,以3G发展为契机,紧紧围绕移动业务和宽带业务规模发展这条主线,配合相关生产经营部门在3G网络建设、运行维护管理、市场经营、用户发展和窗口服务等诸多方面,组织动员广大员工开展了以“争当发展主力军,奋发有为建新功”为主题的系列劳动竞赛。先后组织开展了1项新业务体验活动、7项劳动竞赛和4项技能比赛等活动,取得了显著成效。 (康 迪)

【公惠医院参与迎世博窗口服务600天行动】 在“迎世博,讲文明,树新风”活动中,公惠医院工会制定了迎世博600天行动计划,并组织职工广泛参与。院工会从加强宣传入手,不断提高职工世博知识知晓率,同时积极组织医务人员参加静安区“迎世博,为民健康服务”大型咨询活动。活动中,公惠医院有3人分别获得2009年上半年度上海职工迎世博窗口服务行业立功竞赛“世博服务明星奖”和“世博服务风采奖”荣誉称号。 (张利平)

技能培训、比武

【市总工会、市慈善基金会联合开展资助外来务工女性就业技能培训】 为积极应对国际金融危机影响,做好农民工服务工作,市总工会、市慈善基金会联合开展了资助外来务工女性就业技能培训,全年为500名外来务工女性免费进行家政服务(5级)、母婴护理(模块)培训,为外来务工女性提高就业技能、扩大就业面提供有效服务。 (徐梅瑾)

【浦东新区举办绿化工(高级)职业技能比武】 11月29日,来自绿化行业30余家企业的60名职工参加了浦东新区职业技能比武(绿化工高级专场)。按照市职业技能(绿化高级工)鉴定标准,参赛职工依次进行了景点调整、施工放样、花灌木修剪、树木移植、专业应知理论五大项目的比赛。竞赛成绩合格者获得上海市国家职业资格(绿化工高级)专业证书,前6名的选手获得“绿化工技师级”专业证书。在技能比武启动仪式上,“浦东新区园艺绿化鉴定站”正式揭牌。鉴定站由浦东新区人力资源和社会保障局与浦东新区总工会联合投入专项资金建成,是全市第三家,也是浦东新区唯一的绿化工专业培训鉴定站。 (潘建明)

【浦东新区举办物业行业职工技能比武】 8月24日,由浦东新区总工会、浦东新区建设和交通委员会主办的“迎世博、创佳绩”浦东新区物业行业职工技能比武正式开赛。此次活动围绕世博主题,通过培训、练兵、比武,展示物业行业职工良好的精神风貌、精湛的业务技术与优质的服务水平,积极营造爱岗敬业、钻研技术的良好氛

市总工会、市慈善基金会举行外来务工女性就业技能培训 (应启跃)

围，为建功世博打下坚实基础。竞赛活动设置电工、管道工、96916报修热线、木工、泥工、油漆工、绿化养护等7个物业行业技能操作项目，共吸引了来自浦东新区物业行业18个房办、近40家物业服务企业的80多名物业管理职工参加。（孙超然）

【浦东新区职工科技创新成果参展2009上海国际科学与艺术展】 5月17日，新区总工会组织的浦东新区职工科技创新成果亮相2009上海国际科学与艺术展。市有关领导参观了职工科技创新成果展示，对新区职工科技创新工作给予肯定，并勉励新区总工会要继续推进职工自主创新和技能培训工作，以帮助企业与职工在全球金融危机背景下共度时艰。另外，新区总工会还组织了职工自主创新专利申请培训班，帮助企业与职工了解专利申请方式与途径。（王卓菁）

【普陀区举办“迎世博我们大练兵”窗口服务行业职工服务技能大赛】 为展示普陀窗口行业职工迎世博成果，激励窗口行业从业人员进一步提升服务技能和服务水准，以“迎世博我们大练兵”为主题的普陀区窗口服务行业职工迎世博服务技能大赛，6月5日在上海市体育宫举行。大赛共分双语对话、果蔬雕刻、铺桌折花和手语演示4个比赛项目，区餐饮行业工会等选送的来自各大餐馆、星级宾馆的骨干服务员参加了比赛。（赵　勇）

【闸北区总工会在竞赛活动中开展练兵比武】 区总工会广泛开展的“同舟共济保增长，建功立业促发展——百万职工先锋号行动”，先后以“创新机制、服务群众、维护稳定”为主题开展旧城区改造动拆迁立功竞赛，以及“争做招商引资最佳实践者”为主题开展招商引资立功竞赛，吸引全区200个企事业单位约1.5万名职工参与了竞赛活动。同时，为提高广大职工的职业技能，增强职工岗位创新能力，区总工会还先后举办了医务系统、市容环卫系统职工岗位技能练兵比武活动，闸北职工科技创新活动以及围绕节能减排开展的合理化建议“金点子”等活动。（倪增强）

【虹口区举办职业技能竞赛暨窗口服务行业技能竞赛】 为加快选拔和培养高技能人才，特别是适应世博服务的紧缺技能人才，虹口区总工会会同区人力资源和社会保障局等单位联合举办了“2009虹口区职业技能竞赛暨窗口服务行业技能竞赛”活动，12月5日，在上海南湖职业技术学校进行决赛。来自全区各单位、各社区（街道）的1 500余名选手参加了商品营业员、汽车维修工、网页设计制作、游戏美术设计师、游戏程序设计师、育婴师、手语翻译、会务接待员、餐厅服务员和有害生物防治员10个职业版块的技能角逐。竞赛成绩合格者可获得相应等级的国家职业资格证书，并可直接申报高一等级的职业鉴定；成绩优秀者可晋升等级。（徐　洁）

【杨浦区市容职工投入技术大练兵活动】 5月25日，杨浦市容工会与杨浦环境发展有限公司联合举办了“5.25道路交通宣传日”及技术大练兵活动。活动设有安全生产知识测试、机动车驾驶员道路交通法规测试及各单位安全生产黑板报宣传评比等6项比赛。在前阶段各基层工会开展迎世博强素质、树形象、展风采技术大练兵活动基础上，从3月份开始，有近3 000名职工通过世博知识和业务培训、轮训及测试，95%以上职工达到了合格要求。（潘中秋）

【黄浦区总工会工人职业技能培训中心被命名“全国工会就业培训基地”】 培训基地于7月3日正式挂牌。有教室12间、实训室2间、多媒体教室2间，所有教室配备了冷暖空调，常设维修电工、水电工、计算机操作、多媒体制作、数据库管理等初、中级培训班，并可颁发国家职业资格鉴定证书，受到下岗失业人员，农民工，大学毕业生等欢迎。全年各项专业培训共计201人，其中取得初级资格证书的69人，取得中级资格证书的41人。（江屹巍）

【卢湾区举行窗口服务行业职工技能竞赛展示】 迎世博200天时，区总工会会同区迎世博窗口服务指挥部办公室、区人力资源社会保障局，联合举行以“迎世博、强技能、展风采”为主题的区窗口服务行业职工技能竞赛展示暨迎世博倒计时200天活动。来自全区窗口行业的200多名职工代表分别以语言表述（英语、手语）、商品包装、蛋糕裱花、插花、调酒、拉面、化妆等形式展示了卢湾职工“奔向世博，拼搏200”技能大培训的成果。（周盛丹）

【卢湾区淮海路商街举行“五比五赛”长春食品商店现场观摩交流会】 迎世博倒计时300天时，市总工会、市窗口服务指挥部和市文明办联合召开“奔向世博——加油300，淮海路商业街‘五比五赛’长春食品商店现场观摩交流会”，市各重点商圈（街）所在区总工会、淮海路商业街中小型商业企业代表、百联集团代表等60余人参加了会议。会上，卢湾区总工会介绍

卢湾区展示窗口行业服务技能　（郑国演）

了淮海路商业街开展“五比五赛”活动的情况，瑞金二路社区（街道）总工会和长春食品商店分别介绍了各自开展“五比五赛”活动的经验。会后，与会人员到长春食品商店现场观摩，体验了商店营业员的服务技能和水平，并同她们现场互动和交流。

（周盛丹）

【卢湾区总工会举行迎世博职工技能练兵活动】 卢湾区总工会围绕“当好主力军，建功世博会，展示新风采”主题，会同区有关部门举办窗口服务行业职工迎世博“五比五赛”、“迎世博、强技能、展风采”技能竞赛展示等活动。全区12个大口工会，3万多名商业服务、物业管理、餐饮服务以及其他特殊工种等岗位的职工，参加了形式多样的岗位练兵和技能比武活动，提升了卢湾职工奉献世博、服务世博的能力。（葛家敏）

黄浦区总工会开展各类岗位技能实务培训，提高职工竞争力

（姜济中）

【宝山区开展职业技能竞赛活动】 以“迎世博、比技能、展风采、促就业”为主题的宝山区职业技能竞赛活动于8月启动。这次技能竞赛包含汽车维修工和电焊工2项内容，等级均为国家职业资格三级，有近百名选手参赛。竞赛决赛于12月中旬结束，理论知识和操作技能均合格者，获得相应的国家职业资格证书。竞赛成绩名列职业（等级）参赛选手总数前10%比例的人员，在设定的技能等级基础上晋升一个等级。（胡立伟）

【金山区职业技能竞赛开幕】 10月25日，金山区职业技能竞赛在金山区食品工业学校开幕。区总工会等5家单位联合开展此项活动，旨在展示职工技能，提升职工水平，发现优秀人才。竞赛设中级化工生产运行员、中级电焊工、高级中式烹调师等7个职业工种，有450名选手报名参赛，其中175名选手参加高级工竞赛。

（薛建忠）

【金山区枫泾镇总工会积极推进建功立业活动】 面对国际金融危机给枫泾经济发展带来的不利局面，镇总工会主动出击，组织动员全镇广大职工，开展了以“学习一门新知识、掌握一种新技能、提出一项合理化建议”为主要内容的“三个一”活动。据统计，开展“学一门新知识”共81次，3 984人次参加；开展“掌握一种新技能”培训79次，2 814人次参加；职工“提出一项合理化建议”4 119条，被采纳的有2 560条，带来新增效益2 655.81万元。另外，工会还组织岗位练兵93次，2 654人次参加；开展节能减排竞赛19次，583人次参加，共为企业降低成本646.5万元。（沈德林）

【廊下镇举行“宜华杯”服装技能大赛】 11月15日，廊下镇总工会、妇联、商会在上海宜华实业有限公司举行“宜华杯”服装技能大赛，吸引了廊下镇10多家服装企业的职工参加比赛。经评委会审定，来自上海宜华实业有限公司的员工章林华以优异成绩，获得个人一等奖，宜华公司获得大赛集体金奖。景利制衣公司的朱文娟、顺海时装公司的沈芳分获个人二等奖，君冠制衣公司的顾连珍、西圣宇时装公司的王杏华、顺海时装公司的姚叶娣分获个人三等奖。（陈保良）

【青浦区总工会有效推进职工技能升级】 区总工会以层层组织开展“大培训、大练兵、大比武”活动为载体，通过以赛促训、以赛促学，激发职工学知识、练技能、刻苦钻研业务的积极性，有效推进职工技能升级。年内，会同区劳动部门集中组织了职工数控机床和服装行业制版师职业技能培训、考级和比赛活动，参加人员170人，其中128名职工获得了技能等级中级证书，11名职工获得了技能等级高级证书；会同区职业培训学校等组织职工开展技能等级培训1.1万人（其中农民工上岗培训2 079人），有6 179人通过培训获得初级以上证书。

（马美君）

【奉贤区总工会表彰“十佳”技术女能手】 3月5日，区总工会举行纪念“三八”国际劳动妇女节99周年暨技术女能手颁奖典礼，全区各条战线近200名女职工代表欢度佳节。陈虹等10人获得“奉贤区‘十佳’技术女能手”称号；巨婷等10人获得奉贤区“十佳”技术女能手提名奖。

（刘传军）

【崇明县组织开展职业技能竞赛】 12月25日，由崇明县总工会、人力资源和社会保障局、团县委和教育局联合主办的崇明县职业技能竞赛在竖河职校和县劳动就业培训中心举行，全县共95名参赛选手参加了绿化工高级、餐厅服务员中级和电焊工中级3个项目的技能竞赛。（易建军）

【上海电气“李斌杯”职工技能大赛取得成果】 比赛共有73个单位的1 572名职工报名参赛，共设16个中

级工项目,365 人参赛;11 个高级工项目,488 人参赛;8 个技师项目,287 人参赛,在参赛人员分布上构成向高等级项目、新技术项目聚焦的态势。通过竞赛,有 5 名选手晋升为高级技师,80 名选手晋升为技师,184 名选手晋升为高级工,312 名选手晋升为中级工。（朱汉民）

【上海电气获第三届全国职工职业技能大赛"李斌杯"数控机床装调维修工决赛团体个人双第一】 第三届全国职工职业技能大赛"李斌杯"数控机床装调维修工决赛于 10 月 20—23 日在上海电气李斌技师学院举行,共有 18 个省市 54 名选手参赛。代表上海参赛的上海电气代表队获团体第一名,上海电气职工乔岳峰获个人第一名,并被授予全国五一劳动奖章荣誉称号。另外,乔岳峰、黄振华被授予"全国技术能手"称号,朱军明被授予"上海市技术能手"称号。（凌 莉）

【上海电气举办三维设计大奖赛和优化产品、降本增效创意创新大奖赛】 三维设计大奖赛和优化产品、降本增效创意创新大奖赛共吸引来自 50 个单位的 739 人参加,申报优化产品、降本增效创意创新项目 53 个、三维设计团体项目 43 个和三维设计 CAE 项目 13 个。经审核筛选,最终有 40 个优化产品、降本增效创意创新团体项目、20 个三维设计团体项目和 8 个三维设计 CAE 团体项目进入决赛,评出金奖 4 项、银奖 8 项、铜奖 12 项。（朱汉民）

【上海仪电工会修订技能培训技能竞赛奖励暂行办法】 为进一步深化素质工程,促进和推动技能培训和技能竞赛活动,仪电工会修订《上海仪电系统技能培训技能竞赛奖励暂行办法》,进一步扩大了奖励范围,对象包括:通过各类考核或参加技术比武,获得高级工、技师、高级技师职业资格证书的职工;参加仪电组织的技能培训技能竞赛,获得中级工职业资格证书的职工;参加各子公司开办或与仪电职工技能培训基地合办的各类技能知识培训并考核通过的职工;组织开展技能培训技能竞赛工作成绩突出的企业和培训机构。其中规定:获高级技师职业资格证书的职工奖励3 000元,获技师职业资格证书的职工奖励2 000元,获高级工职业资格证书的职工奖励1 000元,获中级工职业资格证书的职工奖励500 元。（生 青）

【上海仪电开展迎世博、促发展、增技能竞赛】 为适应上海仪电的发展战略,仪电工会开展的"迎世博、促发展、增技能"竞赛,突出了培养和选拔系统优秀高技能人才的主题。工会与有关部门积极协调,形成合力,从思想认识、经费保证、培训内容、工作机制上加以落实。各级工会集中开展技能竞赛和培训,系统内有 61 名员工分别参加了电子仪器仪表装调工(高级工和技师)赛前强化培训,通过 100 个学时的培训,竞赛后有 30 名员工达到高级职业资格标准,有 26 名员工达到技师职业资格标准。（高正峰）

【化学工会开展"双万"练兵活动】 年内,上海华谊集团举行"万名员工岗位技能大练兵活动"、启动仪式暨消防技能比赛。消防技能竞赛共分 100 米佩戴空气呼吸器二带一枪操、100 米干线水带调换二带一枪操、泵浦车三号操 3 个项目,上海华谊集团下属 12 个专职消防队参加比赛。经过紧张激烈的比赛,上海吴泾化工有限公司、上海焦化有限公司、上海氯碱化工股份有限公司取得了名次。另外,开展的"万名员工安全知识大培训",已有 2 万多名员工接受了安全知识培训,其中生产一线员工培训率达 100%。（赵 峥）

【纺织工会开展三项服装职业技能竞赛】 为加速高技能人才培养,提升职工技能素质,纺织工会和服装协会联合开展了上海服装行业职业技能竞赛,包括高级服装制版师三级、高级服装设计定制工三级、高级时装设计师三级 3 个工种。28 家服装企业共 71 位选手通过学习培训,参加了上海市职业技能鉴定中心的考核。经考核,有 67 位选手成绩合格并获得高级工证书,其中 3 位选手由于竞赛成绩优异,获得服装制版师二级和服装设计定制工技师证书。（杜伟钧）

【医药工会主办 2009 年度职工技能大赛】 为推进上药集团高技能人才队伍建设,打造高素质员工队伍,12 月 29 日,市医药工会与集团人力资源部、团委联合举办上药集团 2009 年技能大赛决赛在上海影城举行。技能大赛初赛于 10 月初启动,共设有药物分析、化学合成、固体制剂、液体制剂 6 个竞赛项目,207 名选手参加了比赛。经过 2 个月的初赛和复赛,有 60 名选手进入决赛。经过激烈角逐,6 个项目的前 3 名依次揭晓。上药集团分别为 6 个项目的前 3 名选手和优秀组织奖单位颁发了奖杯和证书。（李晨海）

市房管行业职工参加"世博杯"职业技能大培训、大比武 （林 勤）

【宝钢股份公司群众性科技创新活动成果显著】 公司工会通过组织孔利明创新沙龙、举办创新骨干培训班、召开群众性科技创新推进会等形式,深入推进群众性科技创新活动。一年来,成立孔利明科技创新小组 479 个,申报专利 225.8 项,认定技术秘密 952.75 件。组织参加全国发明展,选送参展的 20 个项目,获 7 金 3 银 6 铜奖励;参加上海市第二十二届优秀发明选拔赛,选送参展的 35 个项目,获 5 金 10 银 7 铜奖励的优异成绩。公司下属梅钢公司、热轧厂、冷轧厂、炼钢厂等也分别建立了"职工创新室"、"王军工作室"、"高玉强创新孵化室"、"炼钢创新工作室"等,为群众性科技创新活动发挥了"孵化器"作用。另外,孔利明等 7 位一线职工当选宝钢首届工人发明家,王康健获得工人发明国家二等奖。 (王俊民)

【宝钢股份梅钢工会组织开展新生产线岗位技能大练兵大比武竞赛】 为让员工尽快熟悉掌握新生产线新设备,提高对新生产线操作维护能力,以及突发情况应变处置能力,梅钢工会组织开展了以新生产线为主体的岗位技能大练兵大比武竞赛活动。公司开展 24 个比武项目,有 973 名员工参加;各单位开展的 28 项厂部级比武项目,有千名员工参加;各车间作业区及班组开展了 382 个练兵项目,有3 730人参加,涉及岗位工种 95 个。经过练兵比武有 393 人晋升初级工,103 人晋升中级工,5 人晋升高级工;比武结果形成标准化作业文件 402 个,总结先进操作法 57 项,认定技术秘密 57 件,受理专利 16 件。 (张斗海)

【上海石化5 000余人参加职工技能竞赛】 在全公司 3 个层面上组织职业技能竞赛 109 项,有5 784人参加。其中,组织公司级竞赛项目 22 个,有 228 人参加,产生技术状元 8 名,技术能手 19 名,有 17 人取得晋升高级工资格,6 人获破格申报技师资格。同时,参加 2009 年全国、集团公司职业技能竞赛,获全国化学检验工比赛职工组团体第一名,个人第五名、第十二名。 (盛立新)

华东师大工会为提高学校后勤餐饮人员的技术水平,开展菜肴点心制作大赛 (崔志涛)

【烟草高扬公司工会坚持四结合开展劳动竞赛】 一是与员工教育培训相结合。针对公司维修队伍水平参差不齐、后备力量缺少的状况,在维修技术工人队伍中开展技能提升竞赛活动。二是与干部能力建设相结合。在专兼职管理岗位上开展专职统计员、兼职考勤员、兼职内审员的"三员"专项业务竞赛活动。三是与企业文化建设相结合。紧扣集团行为文化建设中"行为规范进岗位"的具体要求,开展文明科室、文明窗口示范点竞赛创建活动。四是与岗位工种职能相结合。鼓励部门紧扣各自的岗位工种职能,开展专项劳动竞赛。 (沈迦妮)

【烟草工会为职工技能登高筑平台】 从行业层面上,依据集团紧缺人才培养需求,配合相关部门抓 4 项竞赛。一是协同人事劳资处参与组织了国家局在郑州举办的第四届烟叶分级职业技能竞赛。二是与人事劳资处共同组织了上海烟草行业首届烟草专卖管理员岗位技能竞赛。三是组织烟机公司 3 位选手代表上海市参加全国数控技能比赛,取得团体第 13 名的成绩。四是与营销中心联合组织了以争当"三个明星"为主题的营销专业劳动竞赛。在基层工会层面上,依据企业特点,相继组织开展了多种形式的群众性与竞技性相结合的涉及上百个工种的竞赛项目,从而为职工技能登高构筑了平台。 (江洪生)

【烟草工会举办首届烟草专卖管理员岗位技能竞赛】 8 月 29—30 日,烟草工会与人事劳资处联手举办首届专卖管理员岗位技能竞赛。市局有关部门和所属各专卖分局共 67 名选手参赛,前 6 名选手获"上海烟草行业技术能手"称号。此次竞赛呈现出 3 个特点:一是领导重视,氛围浓厚。市局将竞赛作为培育技能型人才的一项重要工作,成立了竞赛组委会,制定了竞赛方案,并层层发动,开展选拔,营造了良好竞赛氛围。二是组织规范,执行有序。制订了严密的竞赛规则程序,真实反映参赛选手技能水平;邀请了三省四地 6 名行业质量督导员和考评员,对竞赛全过程进行督导;按标准进行竞赛理论命题考核,按要求布置真假烟鉴别实操竞赛场地,确保竞赛公平公正。三是参与面广,代表性强。从全市 700 余名烟草专卖管理员中层层选拔参赛选手,具有代表性。 (江洪生)

【上汽职业技能竞赛助推世博人才培养】 11 月 28 日,上汽工会、人力资源部、团委和培训中心等部门联合举办"我与世博同行"职业技能系列大赛。大赛以培养上汽人才队伍、展示上汽职工精神风貌为主题,旨在通过竞赛提升职工素质,为 2010 年上海世博会选拔人才。大赛分英语技能竞赛、精益办公计算机高级应用竞赛、乘用车驾驶技能竞赛等三大系列,吸引

了上汽集团旗下31家单位200余名选手参赛。(刘蔚婧)

【中海工会组团参加中央企业职工技能大赛】 9月，由国务院国资委、国家人力资源和社会保障部联合主办2009年中央企业职工技能大赛船舶水手、船舶机工决赛。中海工会选派36名选手组成6支代表队参赛。经过专业理论、英语、实际操作等3个阶段的竞技比赛，中海工会选派的选手获3金11银10铜的成绩。其中，船舶机工庄红兵、叶宇，船舶水手迟海成获国家人力资源和社会保障部授予的"全国技术能手"称号，获银奖、铜奖的21名选手，被国务院国资委授予"中央企业技术能手"称号。

(柴淮生)

【上海物资联合工会开展专业技能培训】 上海物资联合工会围绕公司年度工作目标和任务，实施"五比"竞赛，即"比经营效益、比精细管理、比优质服务、比增收节支、比安全稳定"，开展了"中海杯"、"安康杯"劳动竞赛。配合有关部门开展包括资质证书、上岗证书、危险品运输等专业技能培训18项，有124名员工参加培训。另外根据公司下发的《员工守则》，组织230余名员工参加学习考试。

(樊 冲)

【中海货运上海分公司合理化建议有效果】 中海货运上海分公司工会加大对船舶成本的控制力度，开展职工合理化建议活动取得效果。润料费同比减少15.3个百分点，物料费同比减少1.4个百分点，备件费同比减少16.3个百分点，3项费用节余1 258万元。(徐鹤亭)

【长江轮船迎世博打造"船长游船"服务品牌】 为迎接世博、对标世博，公司旅游事业部在"船长3号"召开迎世博打造船长游船服务品牌动员会。市服务明星、船长3号服务部领班郭文渊等作了"立足本职、优质服务"、"迎世博、创品牌，全面提升服务质量"、"规范服务树品牌、文明窗口迎世博"、"浅谈如何构建船长服务特色品牌"、"打造船长品牌、提升服务能级"的交流，从不同角度对开展打造服务品牌活动进行探索，提出建议。另外，为提高服务质量，船长旅行社服务部还开展了技能比赛活动。

(李 哲)

【运输工会开展"十项技能"操作比赛】 为培养和造就一支高素质的技术人才队伍，运输工会在集团三大核心主业的主体工种中组织开展了会计电算化、计算机技能操作、厢式车驾驶员节油、船舶驾驶员、船舶轮机工、交流电工、焊接、数控机床编程及切削加工、汽车驾驶技师等10项职工技能操作比赛。同时加强与行政集体协商，不断加大技能比赛奖励力度，改变过去一次性奖励办法，形成工资薪酬激励机制。集团职工参加各类技能操作比赛，个人决赛成绩前三名获得者，按照个人上年度月平均工资性收入给予工资晋升，第一名按10%晋升，第二名按7%晋升，第三名按5%晋升，执行期限为获得名次的次月起12个月，按月发放。据统计，集团有209名选手参加决赛，其中有46名选手在比赛中脱颖而出，获得工资晋级，27家单位获团体奖。(王 勤)

中国海运工会参加中央企业水手机工比赛选拔赛 (张晓鸣)

【上海邮政开展万名员工业务技术大练兵】 市邮政公司工会结合员工教育培训总体目标，会同行政联合下发《关于2009年度深入开展"万名员工业务技术大练兵"活动的通知》，先后开展了金融反假币技能操作比赛、封发处理人员技能选拔赛、邮政营业员和邮政投递员业务技能比武竞赛等活动。各支局、生产科及班组全面开展经常性的业务培训和岗位练兵活动，直属单位也开展有针对性的切合通信生产实际需求的业务技术操作比赛。

(蔡俊皓)

【中交上海航道局有限公司工会开展技能登高活动】 3月26日，中交上海航道局有限公司工会会同人力资源部、团委等举行了新进普通操作员工(船舶水手、船舶机工)综合技能大赛复赛，并于4月28日举行了船舶水手、船舶机工及测量工的综合技能决赛。参加决赛的有21名水手、20名机工、6名测量工。对获得各项目前六名的选手，给予了技能晋级和奖励。

(杨建平)

【中交上海航道局有限公司组队参加技能比赛】 9月，中交上海航道局有限公司组队参加了国资委举行的首届船舶水手、机工技能决赛，还参加了中交集团举行的测量工技能决赛，各有3名选手参加。中港疏浚公司张文国获首届船舶水手、机工技能决赛(机工组)铜奖，东方分公司水手艾景华的绳结编插项目在闭幕式上作为水手实操优秀作品进行了展出，其他参赛选手也获得优秀选手称号。

(杨建平)

【中交三航局船舶公司工会举行第三届职工技术比武大赛】 10月28日，中交三航局船舶公司工会举行第三届职工技术比武大赛，来自22个船舶班

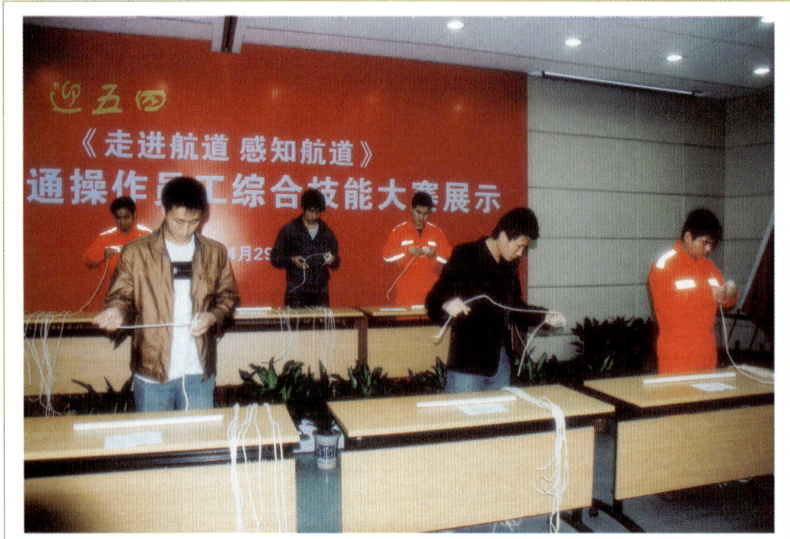

中交上海航道局有限公司举行普通操作员工(船舶水手)技能决赛
(杨建平)

组和航修处的35名选手参加了船舶驾驶、轮机、水手、专兼职安全员等5个工种的技术大比武。此次比武,每个工种均采取理论考试和实际操作相结合的方式,注重对参赛选手的理论实践能力进行全面考核。同时,为使比武能更贴近岗位实际,此次技术比武实际操作考核项目都按照各工种基本技能要求予以设置。

(尤华慧)

【中远集运工会大力开展群众性技能比武】 经过层层选拔,组队参加2009年中央企业船员技能大赛,代表中远集运参赛的3名船舶水手和3名船舶机工在比赛中取得了1银5铜的成绩,获得由国资委授予的“中央企业技术能手”称号,其中35岁以下的选手同时获得中央企业团工委授予的“中央企业青年岗位能手”称号。下属上远公司工会以此为契机,组织船舶水手、船舶机工开展内部选拔和集训,加强船员队伍建设,全面提高船员的业务素质和技术水平。

(钱 华)

【上海中货工会开展抢货源、拼效益,实行同业领先业务知识竞赛】 上海中货工会以“创争”活动为重要载体和抓手,结合公司实际,组织开展了“抢货源、拼效益,实现同业领先”业务知识竞赛活动。活动通过与IT部门合作制作网页的方式,吸引了1 498名网点一线职工参加业务技能竞赛6+1网上有奖竞答,营造了浓厚的学习风气。

(钱 华)

【上海中远船务公司工会开展“青蓝工程”建设】 上海中远船务公司工会重视电焊工、船舶钳工等特殊工种的师徒结对工作,开展“青蓝工程”建设,安排有技术经验的老师傅帮助、辅导年青职工,提高年青职工的专业技术水平。同时强化对师徒帮教的考核力度,明确在帮教期间,对师徒两人一起考核,考核的结果将直接影响师徒两人的经济收益。2009年,师徒结对数达80多对。

(钱 华)

【中波轮船股份公司开展职工技能竞赛有成效】 公司围绕建设高素质船员队伍的目标,开展中波公司职工“世博杯”职业技能竞赛。通过岗位练兵、技能比武,掀起学技术,强素质的热潮,并在技能比武优胜者中选拔6位选手,参加国务院国资委于9月16—19日举办的2009年中央企业职工技能大赛船舶水手、机工决赛,获得2银4铜的好成绩。6位选手被国务院国资委授予“中央企业技术能手”称号。

(潘根宝)

【锦江航运公司下属锦昶物流公司提升服务迎世博】 锦昶物流公司为提高员工技能素质和业务能力,开展后备干部管理知识和业务知识培训,及提升普通员工业务能力的培训。培训形式新颖生动,运用情景对话和角色扮演的方法,突出重在参与的特点,使参加者能够融入进来,提高学习成效。同时,通过与模拟客户面对面交流和典型案例分析,让受训员工都能提高业务处理能力。

(田 冰)

【市城建热线服务中心举办第二届“城建杯”业务技能竞赛】 6月15日,市城建热线服务中心举办了第二届“城建杯”业务技能竞赛。共有10家单位参赛,有建设交通系统各服务热线,还有电力热线、110热线等单位参与。竞赛以文字录入和路名知识2项业务技能为主要内容。经过竞赛,最终110热线获得第一名,12319热线、绿化和市容热线分获二、三名。

(徐春艳)

【市公交行业开展技能大赛】 为提高公交从业人员素质和技能,在世博会时为乘客提供更好的服务,市交通港口局、市城市交通工会、市公交行业协会联合举办了“世博杯”2009年公交行业职工技能大赛决赛。技能大赛集培训、练兵、比武、晋级、表彰于一体,由公交驾驶员技能大赛和公交车空调系统维修技能大赛组成。在公交驾驶员技能大赛中,参赛选手进行了“车辆竣工验收”、“车辆废气检测”、“排除发动机电子点火系统故障”和“大型车快速移位、长距离倒车”4个项目的比赛。在公交车空调系统维修技能大赛中,有24名选手参加决赛。

(周建荣)

【市绿化和市容管理局工会开展迎世博职工技能大赛】 为进一步提高职工技能水平,市绿化和市容管理局工会举行了“迎世博上海绿化市容行业职工技能大赛”,来自全市18个区县和基层单位的20支队伍近200名一线绿化养护工人参加了比赛。比赛选择将在世博会期间推广的新优植物和常见植物近200种进行识别。通过比赛,加强了绿化市容行业从业人员“识绿、懂绿、养绿、护绿”的意识,提升了行业从业人员综合技能素质。

(宋丽娜)

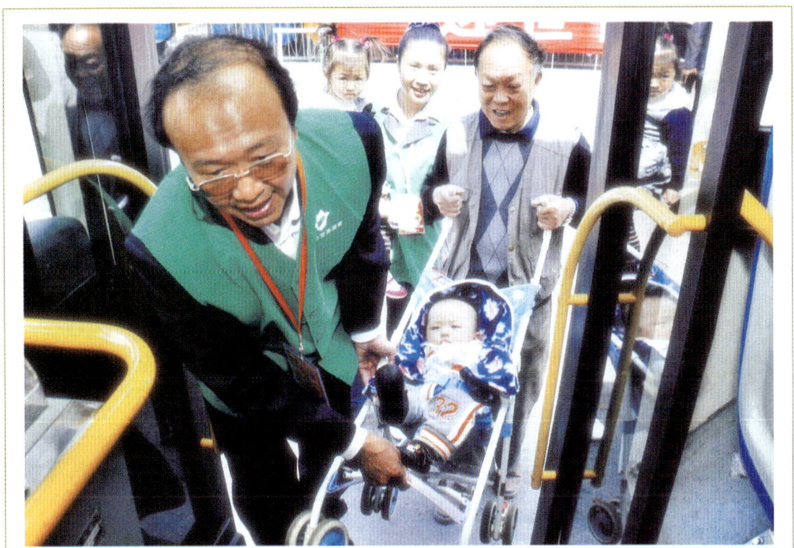

112 路职工开展"安全行驶无事故，细心耐心为乘客"等服务项目竞赛 （查建华）

【上海大屯能源以奥林匹克精神抓好职工技能素质工程】 大屯能源公司借用奥林匹克精神，推动职工技能素质提升，举办了大屯能源第六届职工技能奥运会。技奥会共有64个工种，1 500人参赛。8月28日，举行启动仪式，历时60天全面完成了各项比赛。各基层单位选拔选手参加公司决赛，开展了全员大培训、大练兵、大比武活动，在矿区掀起了大练兵、大比武高潮，参与职工总数达1.5万人。 （王诗合）

【市教育工会举行教师诗（散文）朗诵比赛】 6月10日，市教育工会在卢湾区青少年活动中心举行"教师为世博添光彩，教育让城市更美好——2009年上海市教师诗（散文）朗诵比赛"。来自各高校、区县、直属单位共计54支代表队、近300名教师参加了比赛。 （杨广军）

【上海新华传媒连锁有限公司工会动员职工参与迎世博，图书发行技能大赛】 公司在迎世博倒计时100天之际，全面动员、广泛组织各大新华书店、上海书城窗口门店职工，参与由上海市新闻出版局主办的"迎世博，图书发行技能大赛"。大赛期间，各单位采取岗位自练、集中训练、模拟演练等多种方式，开展岗位练兵活动。公司下属30余家单位共选送近千名职工参加熟悉图书、点钞、文字输入、图书连续操作等4个比赛项目的预决赛，有20名选手获"技术能手"称号。 （唐仲俊）

【良友新港储运公司开展迎世博创佳绩技能比武大赛】 迎世博倒计时200天时，为激发员工的争先创优意识，提高员工的专业技能和业务水平，良友新港工会组织开展了一线员工技能比武大赛。公司运营作业部近40名员工参加了起重机驾驶和厂内车辆驾驶等项目的比赛。 （王 艳）

【市民政局工会举办殡葬系统中级化妆工技能培训和操作比赛】 为推进职工队伍知识化、技能化进程，市民政局工会在殡葬系统开展了中级遗体整容师、遗体防腐师技能培训和操作比赛。来自市15家殡仪馆的63名遗体化妆工经过专业知识系统培训和遗体整容、遗体防腐2个专业的应知应会技能竞赛，获得中级技能资格证书。 （胡积伟）

【城建集团第二管线工会主办管道工技师操作比赛】 4月25日，城建集团第二管线工会主办市政、燃气行业职业技能比赛管道工（燃气）技师操作比赛。比赛分三部分组成：一是应知；二是应会；三是公共模块。全市市政、燃气行业共有10个单位的百余人参加。城建集团第二管线在比赛中有22人获得管道工技师资格，7人获得高级工资格，9人获得中级工资格（包括4名农民工）。比赛提高了职工的技能水平，促进了企业发展。 （沈 逸）

合理化建议

【徐汇区总工会开展"我为节能增效献一计"征集活动】 区总工会自8月份起，在全区范围内开展了"我为节能增效献一计"合理化建议征集活动，得到了各级工会和职工群众的响应和参与，共收到合理化建议120条。经过评选，《智能蓄热供水系统》等10佳"金点子"和4家优秀组织单位受到表彰。 （陶 俊）

【黄浦区金外滩集团开展"与企业同舟共济、为发展献计出力"合理化建议活动】 为应对国际金融危机影响，金外滩集团工会开展了"与企业同舟共济、为发展献计出力"合理化建议活动，共收到合理化建议50条，被采纳20条。其中《关于中山南路B4项目建设国际甲级金融商务楼设计的几点建议》，对商务楼的设计高度、建筑外观、标准层面积、配套设施设备等多方面分析比较，提出了节能建议；《为加强工程费用管理提出的建议》变工程成本的被动管理为主动控制，累计节省核减费用2 140万元。合理化建议活动的开展，提升了企业经济效益。 （吕诚陆）

【上海豫园商城工会组织职工建言献策促发展】 上海豫园旅游商城公司工会面对国际金融危机冲击，从3月起，开展"与企业同舟共济、为发展献计出力"合理化建议活动，并通过比推进、比落实、比成效进一步深化企业发展。各基层工会广泛发动，精心组织，至年底，参与职工2 358人，收到合理化建议1 506条，被采纳283条，其中实施产生的经济效益达105万元。 （吕诚陆）

【青浦区总工会开展"我为企业发展献一计"活动】 为应对国际金融危机影响，促进企业稳定发展，区总工会在全区职工中开展了保增长、促发展的"我为企业发展献一计"活动。据统计，活动期间全区6.56万职工献计献策近 1.37 万条，被企业采纳3 145条。在此基础上，区总工会评选出 10 佳“金点子”和一批优秀合理化建议。（马美君）

【市机电工会开展以降本增效、节能减排为主题的职工合理化建议活动】 活动结合企业经济发展现状和本职工作岗位，围绕工程设计改进、产品改造开发、技术革新创新、工艺完善优化、加工安全质量、投产准备节约、生产运行管理科学等方面，广大职工就节约材料和能源、提高工效和拓展经营创收领域、提升服务功能和质量、提高企业精细化管理等内容，提出建议和对策，对企业经济发展和科学管理起到了促进作用。（冯克华）

【电力公司工会开展迎世博金点子征集活动】 公司工会为推进“世博杯”窗口服务，开展合理化建议征集活动，为此及时下发文件、召开会议进行部署落实，收到来自 25 个营业窗口的合理化建议 60 余条。经公司工会、营销部、世博办等部门评审，选出 10 条优秀合理化建议参加市世博杯十佳金点子评选。最终，电能计量中心张大维的“开展文明窗口捐赠世博门票活动建议”榜上有名。（余传毅）

【宝钢股份梅钢工会促进班组合理化建议的成果转化】 为推进职工合理化建议转化为自主管理成果，梅钢工会采取“降低发布平台，增加发布频率”的措施，开展合理化建议转化为自主管理成果劳动竞赛，在车间和具备条件的作业区推行自主管理成果发布。通过竞赛，实现班组自主管理课题数平均达到 2 项/班的目标，促进了班组员工自主管理能力的提升。全年共登记课题 606 个、发布成果 479 个，课题登记率达到 100.38%、成果发布率达到 105.68%，并取得车间（分厂）及作业区课题发布零的突破。同时，及时总结推广基层单位成果发布中“双评委制”做法，即不仅有诊断师对 JK 工具运用进行评价，而且请工艺和设备方面的专家对课题质量进行评价，使得课题水平进一步提高。（张斗海）

【鲁中集团小官庄铁矿工会“查、比、看”活动推进班组成本管理】 2009年，鲁矿集团小官庄铁矿工会在全矿班组内开展“查跑冒滴漏，比节约创新，看节约贡献”合理化建议征集活动。征集从原材料备件的计划、申报、领取、库存，到生产过程中的消耗等环节，以及管理漏洞，对标挖潜、降废减损、技术创新、设备更新改造方面到班组如何建立成本控制制度或考核措施等过程。全矿各班组引导员工结合岗位实际，查找身边存在的浪费现象。活动征集到各类建议、成果 196 项，其中分析研究 26 项建议，9 项建议通过以矿长批示、职能部门监督指导、责任单位按时反馈的形式得到实施。（吴玉圣）

【上海航天局职工合理化建议活动注重“两突一显一完善”】 “两突”即突出职工的主体意识、突出降本和创新两大主题。经统计，在参加局级评审的 320 条金点子中，职工个人建议 229 条，占 71.6%；而入围最终评审的 96 条建议中，职工个人建议 60 条，占 62.5%；最后评选的 10 条“金点子”中，职工个人建议则占了 4 成。建议内容涵盖了产品结构、生产工艺、操作方法等方面的改进和革新等 10 大类。“一显”即创效成果显著。经初步评估统计，参加局级评审的 320 条金点子累计可实现创效近3 000万元。“一完善”即体制渐趋完善。形成局和基层两级活动模式及部门审核、单位初审、局级终审三级评审模式。（沈 恺）

【烟草高扬公司职工合理化建议活动有成效】 烟草高扬公司工会联合公司相关职能部门，在全公司开展了节能、安全、质量 3 项合理化建议征集活动，发动全体职工联系实际，献计献策。经统计，3 项活动共收到职工建议 425 条。公司工会对可以实施的 40 条建议，如“深度排查蒸汽流量计压力变送器连接管件牢固度”等，已落实相关职能部门按短期、中期逐步采纳实施，取得了管理和技术效益；对不具备实施条件的建议，将其纳入“金点子”库，待条件成熟时再实施。（沈迦妮）

【上海铁路局工会推进合理化建议活动】 工会围绕生产中心，发掘职工创造智慧，组织“攻坚克难、奋力争先、我为增收节支献良策”合理化建议征集活动，43 个单位提出 220 条建议，对其中预计创造经济效益 10 万元以上的 105 条建议评审采纳，签订 16 份《合理化建议和技改项目实施转化责任状》，促进成果转化，产生经济效益2 800余万元。全年验收评审合理化建议和技改成果 138 个，产生效益6 287.1万元。（白 杰）

【中海集运公司“新亚洲”轮工会深挖节能管理潜力】 “新亚洲”轮工会通过组织全体船员开展节能降耗提建议、比贡献活动，抓管理节能、流程节能、技术节能，深挖部门、班组、岗位节能管理潜力。在锚泊期间，主机滑油

上海高扬国际烟草有限公司职工为企业发展献计献策 （沈迦妮）

泵全天运转改为早晚各运转30分钟，每天减少发电机负荷390千瓦，每天节油2吨；停开一台低温冷却水泵，每天减少发电机负荷220千瓦，每天节油1吨；停用燃油舱、燃油沉淀柜、日用柜的加热蒸汽，降低辅锅炉的负荷，每天节油1.2吨；对机舱、甲板所有空气管系堵漏，关闭主机控制空气及安全空气，减少控制空气的消耗，减少电能消耗，降低空压机滑油的耗量。锚泊期间，每天可节省1万多元人民币的成本支出。（张　剑　钟文庭）

【中海空运公司工会发动职工围绕企业热点难点献计献策】 中海空运公司工会在全公司开展"我为企业发展献计献策"活动，发动职工围绕企业规划、企业安全、市场开拓、降本节支、人才队伍、企业文化等问题，为企业献计献策，50余名职工献计策60余条，其中青年职工占90%。工会和职能部门对征集上来的计策分类研究，推进实施有预期经济效益的计策。（李　琳）

【中海上海海运(集团)公司工会凝聚职工智慧助企业科学发展】 为应对国际金融危机对公司生产经营带来的困难，公司工会发动职工群众开展为企业科学发展献一策活动，共收集各类金点子138条。公司工会分析收集到的金点子，并将其中的优秀建议转给相关职能部门实施，促进了企业经营管理。（樊　冲）

【上港集团宝山分公司工会开展职工合理化建议取得经济效益】 经公司工会组织发动，2009年共收到合理化建议557条，从中评出公司合理化建议金银铜奖5个，采纳建议135条，实施建议14条，实现经济效益49.97万元。其中，公司机具部翁永良提出的《大连拖头变速箱底座改造》项目，缓减了车辆在行驶过程中产生的纵向推力和扭力对底座固定螺栓的影响，使底座固定螺栓不再松动和断裂，变速箱移位故障不再发生，既确保了驾驶员的人身安全，也避免了单车发生该类事故的现象，节约修理材料费近千元。该项目获集团"群防群治月"优秀合理化建议一等奖。（罗立天）

【中交上航局合理化建议为船舶节能减排作贡献】 组织职工参加由市总工会等5家单位发起的2008年"我为节能减排做贡献"活动，共有215项合理化建议分获一、二、三等奖。东方分公司陶冲林的合理化建议"关于分公司大型绞吸船在天津工地节能降耗、加快工程施工进度"获二等奖。（刘昌明）

【中交三航局有限公司双献成果创造经济效益】 工会组织动员职工为企业发展献计献策，11月25日，三航局有限公司工会举行了第十一届"主人杯"双献成果发布会。会上发布的21篇成果均来自生产实践，在实际应用中为企业节约资金和创造经济效益数千万元，同时创新技术、革新工艺并解决施工难题有20多项，产生经济效益。（黄书展）

上海市医药工作举行上药集团劳动竞赛、合理化建议评审会（刘云鹤）

【上海水产集团工会组织实施献计献策活动】 为推进集团3年行动规划的实施，打造国内一流、国际领先的渔业集团奋斗目标，集团工会组织开展了"共谋集团发展之计、同绘水产美好蓝图"的合理化建议活动。集团系统17个直属单位参加了这一活动，职工提出合理化建议350条。经基层工会筛选，上报集团的合理化建议达128条。（汤宝龙）

【海事大学工会开展金点子征集活动】 海事大学工会于4月15日—5月6日，在全校范围内开展了"我为海大发展献一计"的金点子征集活动。活动得到教职工的响应，征集到192个金点子，涉及管理体制创新、师资队伍建设、教学科研质量、学生管理服务、校园文化传承、和谐校园构建、绿色校园创建等各个方面。海事大学研究决定，由有关职能部门对获奖的金点子进行研究完善，并作为整改阶段的整改内容予以实施；对其他点子进行分析梳理，可以立即整改的，列入计划，具有参考价值的，留作参考。（顾伯超）

【光明集团工会大力推进职工合理化建议活动】 5月，集团工会召开推进职工合理化建议工作现场会，60多名基层工会干部和科技创新积极分子赴崇明长江农场参观学习上海德科电子仪表有限公司职工合理化建议成果展。会上，集团工会就进一步推进职工科技创新和合理化建议活动提出要求，并命名德科公司、梅林股份等6家企业为集团"推进科技创新和合理化建议示范基地"。11月，集团工会召开了"同舟共济保增长，建功立业促发展——我为光明作贡献"优秀合理化建议总结表彰大会。会上，获得一等奖的6个优秀合理化项目的带头人分别发布了各自的成果。6个一等奖、12个二等奖、15个三等奖项目分别获得了1万元、6 000元和3 000元的奖励。（桑树德）

科技创新

【市总工会评选工人发明家和职工科技创新英才】 经有关专家对55个区县局(产业)工会申报的35名工人发明家推荐候选人、117名职工科技创新英才推荐候选人进行评审,宝山钢铁股份有限公司宝钢分公司冷轧厂王康健等10人当选为第七届上海市十大工人发明家,上海交通大学医学院附属瑞金医院宁光等10人当选为第二届上海市十大职工科技创新英才。这次评出的工人发明家、职工科技创新英才及提名候选人,呈现出分布面广、一线岗位人员多、优秀人物和青年骨干多等特征。 (满顺华)

【普陀区科技工会实施职工科技创新"十项工作法"】 一是宣传动员法。工会向全体职工宣传科技创新或开展某项创新工作的意义和作用,激发职工参与科技创新工作的积极性。二是开展活动法。围绕科技创新任务、主题,开展集中行动,形成声势和规模效应。三是营造环境法。倡导科技创新理念,尊重创新人才和成果,培养创新典型,表彰创新能手,培育创新文化。四是设置项目法。根据企业发展战略和研发任务,选定科研项目,组织职工技术骨干开展研究,形成新的研究成果,为企业发展提供科技支持。五是组织攻关法。围绕生产和科研上的难题,组织发动职工集中力量开展科学研究、技术革新和劳动竞赛。六是加大投入法。鼓励企业加大对科技创新人、财、物方面的投入,加强研发等软硬件建设,提升自主创新能力。七是实施激励法。健全激励奖励机制,实施物质和精神奖励,调动职工参与科技创新的积极性、主动性和创造性。八是培养人才法。通过人才引进、培养、使用、待遇上主动作为,营造拴心留人的工作与成长环境,帮助企业凝聚人才,壮大科技队伍。九是运用平台法。建立职工技协、职工优秀人才发展促进会等社团组织,充分发挥社团的优势开展科技创新活动。十是推广经验法。开展交流活动,帮助企业借鉴其他单位科技创新活动经验,启发和引导职工开展创新活动。 (赵 勇)

【普陀区医务工会建立职工优秀人才"五定"培养选拔机制】 一是定向指导。对培养对象,由所在单位工会根据具体情况制定全方位培养计划和管理办法,并指定一名具有高级职称的科主任为指导老师,如单位无法选定导师,则邀请区内同级人员担任。二是定岗锤炼。对符合条件的培养对象,安排挂职锻炼,可担任科室主任(科长)助理职务,再根据需要予以实职任命。三是定额激励。医务工会为培养对象创造良好氛围和必要条件,在培养期间实行经费资助,所在单位也按1:2或更高比例支助。四是定量考核。培养对象须具有大专以上学历、实际工作时间在3年以上,具有坚实的专业理论知识和较强的自学能力、创新能力等条件。五是定时管理。对培养对象实行全过程跟踪和动态管理。每半年考评一次,每年一次总结;培养对象及所在单位应在每年年底前向医务工会书面报告培养进展情况。 (赵 勇)

【普陀区总工会举行农民工科普知识讲坛暨《职工科技创新指南》进班组活动仪式】 7月15日,区总工会举行了世博、创新、发展为主题的普陀区农民工科普知识讲坛暨《职工科技创新指南》进班组活动仪式。特邀上海东方讲坛特聘讲师担任主讲,并向获得工人先锋号班组代表赠书。(赵 勇)

【普陀区总工会加快高技能人才队伍建设】 一是实施主体培训计划。建立以企业为培养责任主体的高技能人才教育培训制度,建立高技能人才内部培训制度,强化自主培训功能。二是发挥合作培养优势。以校企合作为抓手,建立高技能人才合作培养制度。引导企业和学校发挥自身优势,拓展高技能人才的订单式培养模式。三是建立有效激励机制。创造条件,引导企业制定高技能人才使用激励办法。鼓励并支持企业建立相应的工资津贴奖励制度,使薪酬、福利、培训等方面向关键技术岗位的高技能人才倾斜。四是搭建优质成长平台。推进高技能人才评选表彰工作,树立一批行业、企业高技能人才的典型。同时,开展技能竞赛活动。对在区级以上技能竞赛中涌现的高技能人才,优先参评劳动模范、五一劳动奖章等称号。 (赵 勇)

【闵行区总工会"五个万名"成职工科技节活动亮点】 一是组织万名职工开展节能减排、增产节支等合理化建议活动。举办闵行职工技术创新发明创造讲座,评选闵行区职工"十佳"节能金点子;二是组织万名职工参观闵行科技成果展示;三是组织万名职工开展各类工种的技术比武活动,举办职工职业技能竞赛;四是组织万名职工参加普及心理健康知识专题讲座,提高职工心理素质;五是向万名职工赠送迎世博科普读物,开展世博知识进企业、进工地、进农民工集中居住地活动。 (叶民强)

10月29日,举行青浦区职工高技能人才联谊会成立大会 (马美君)

【闵行区总工会举办职工科技创新研修班】 为建立创新长效机制，区总工会以“闵行区工人发明家”、“闵行区职工科技创新英才”及部分企业职工为对象，举办职工科技创新研修班。研修班开办“创新思维与实践能力的培养”为主题的讲座，在工作车间现场开展加快科技成果向生产力转化的研讨活动。研修班学员的成果在第18届全国发明展览会、第七届GENIUS－EUROPE(欧洲天才)国际发明博览会上获得多项奖励。 (俞龙祥)

【青浦区总工会成立职工高技能人才联谊会】 为搭建高技能人才相互交流、相互学习、共同提高的平台，10月29日，青浦区总工会举行区职工高技能人才联谊会成立仪式。选举产生了联谊会会长、副会长、秘书长。来自教育、卫生、市政绿化和通讯行业4位代表作了交流。联谊会共有会员78名，成员来自各企事业单位的优秀教师人才、优秀医技人才、优秀企业高技能人才、优秀工程技术人才以及企业高层管理人员等。 (马美君)

【市机电工会培养高技能人才取得成果】 (1)技能大赛取得好成绩。上海电气代表队在第三届全国职工职业技能大赛“李斌杯”数控机床装调维修工决赛中，获团体及个人第一。在“李斌杯”全国机械行业首届锅炉(承压)设备焊工职业技能竞赛中，上海锅炉厂代表队获得团体第一名及2个单项第一、2个单项第二、2个单项第三。(2)“李斌杯”职工技能大赛晋级者多。“李斌杯”职工技能大赛有73个单位的1 572名职工报名参赛。经比赛有5名晋升为高级技师，80名晋升为技师，184名晋升为高级工，312名晋升为中级工。(3)创意创新大奖赛出成果。有400名职工、43个三维设计团体、13个三维设计CAE项目团队和53个“优化产品、降本增效”创意创新团体参赛，共评出金奖4项、银奖8项、铜奖12项。(4)提升班组长素质。举办了3期企业班组长(试点)培训班，启动了企业班组长3年轮训计划。(5)涌现一批典型人物。上海电机厂霍祥龙、上海锅炉厂赵黎明、上海电气核电设备公司李治国等获上海市突出贡献技师称号和上海市政府特殊津贴。(6)开展技术培训。招生2个班级(数控高级工、焊接高级工)81名学员，其中劳务工35名。

(冯克华)

【市机电工会制定推行首席技师制度】 (1)明确指导思想。围绕集团产业发展的实际，在企业中逐步推行首席技师制度，形成技能人才成长的良好环境。(2)明确总体目标。到2010年，在“8＋1”企业和产业集团层面重点推行首席技师制度，有条件的企业逐步实行首席技师制度。首席技师“高师带徒”结对率达到100%，首席技师岗位津贴实施率达到100%。(3)明确工作要求。一是加强组织领导。二是企业加大对高技能人才的培养和激励力度。三是把推行首席技师制作为深化职工素质工程建设的重要组成部分。四是要把首席技师安排到关键生产岗位上发挥作用。 (冯克华)

上海市机电工会建立专业技术工作室 (万敏莉)

【上海电气高技能人才享受政府津贴】 上海电气液压气动有限公司液压泵厂李斌、上海锅炉厂有限公司金德华、上海电机厂有限公司霍祥龙、上海锅炉厂有限公司赵黎明、上海电气核电设备有限公司李治国等5人是上海电气集团的高技能人才，为上海先进装备制造业的发展做出了重要贡献。2009年，李斌和金德华经国务院批准，被授予《政府特殊津贴证书》，享受国务院特殊津贴；霍祥龙、赵黎明、李治国3人获“上海市突出贡献技师”称号，并享受上海市政府特殊津贴。 (袁胜洲 冯克华)

【李斌、金德华、赵黎明专业技术工作室获上海市“工人先锋号”称号】 李斌数控技术工作室、金德华电工技术工作室、赵黎明焊接技术工作室是培育上海电气高技能领军人物的平台。技术工作室由上海电气首席技师、高级技术人才和一线生产技术人员共同组成，以学习和交流现代先进技术、解决企业生产技术难题、开展技术攻关和培养产业发展急需的高技能人才和创新人才队伍为主要任务。4月15日，市总工会、市人力资源和社会保障局、市国资委联合在上海电气召开现场会推广经验。市总工会即时授予3个技术工作室为上海市“工人先锋号”称号。 (冯克华)

【李斌创新做出新贡献】 李斌立足岗位，勇于创新，先后完成新产品开发55项，完成工艺攻关201项，完成加工工艺编程1 500多条，自主设计刀具184把，技术革新、自制改进工装夹具82付，创造经济效益1 100多万元，并获有多项专利。2009年，由他主持的《高压轴向柱塞泵/马达国产化关键技术攻关》获中国机械工业科技进步一等奖，并通过市经委“装备制造业重点领域国产化关键技术攻关项目鉴定”，该项技术攻关使得相关产品性能接近世界先进水平。

(袁胜洲)

【李斌技师学院获国家技能人才培育突出贡献奖】 2009年，国家人力资源和社会保障部授予上海电气李斌技师学院第九届“国家技能人才培育突出贡献奖”称号。李斌技师学院为培养人才，共开设数控机床工、数控机床维修工、维修电工、机械冷加工、计算机类、灰领模块等15个工种的初、中、高级至技师的培训班200多期，同时为企业提供各类技能岗位培训和管理类培训服务。学院累计招收学员近1万人，培养了高级工1 940人，技师652人，高级技师人59人。学院配合上海市职业技能鉴定中心，完成鉴定任务10 297人次，多次在上海市职业技能鉴定站所评比中获一等奖。学院还参与全国“振兴杯”技能大赛、全国产业数控机床装调维修大赛决赛、上海市技能比赛等，对推动上海高技能、高素质人才队伍建设发挥了作用。（姚 菁）

【上海电气职工创新项目获优秀发明奖】 上海电气职工技术创新成果在第二十二届上海市优秀发明选拔赛活动中再结硕果，上海汽轮机有限公司、上海电机厂有限公司、上海四方锅炉厂、上海电气集团股份有限公司中央研究院和上海发电设备成套设计研究院等企业推荐申报的10项职工技术创新成果获优秀发明金奖，占金奖项目总数的9.4%。有10项创新成果获优秀发明银奖，17项获优秀发明铜奖。（朱汉民）

【仪电工会围绕公司发展战略开展创新活动】 上海仪电工会围绕公司发展战略开展创新活动取得成效。各级工会结合实际重点组织了81项劳动竞赛，为上年的1.3倍。同时结合降本增效、节能减排、优化产业结构、提升产品竞争力等内容，开展合理化建议活动，实施率达45.6%，较上年提高1倍。合理化建议实施后产生效益为1 309万元，为上年的11倍。另外，工会还总结推广了14项先进操作法，为上年的1.6倍。（高正峰）

【金陵公司工会采取多种方式开展创新活动】 金陵股份有限公司工会结合公司实际，采用多种方式开展技术创新活动。公司下属企业创新活动的参与率达95%，职工参与率达95%以上。一是围绕节能减排和企业中心开展劳动竞赛，全年重点抓了5项竞赛。二是先后针对生产和管理工作的难点开展了4项管理改善活动。三是总结3项先进操作法，并在公司推广。四是开展“师徒结对”活动，新结9对。五是深入开展合理化建议活动。（唐 瑛）

【轻工业工会开展生活用品时尚创意设计大赛】 2009年，上海轻工业工会联合会与有关单位联合开展以“创意，让生活更精彩”为主题的“轻工杯”生活用品时尚创意设计大赛，吸引了高校师生、企业职工、退休人员等社会各界不同行业、不同年龄市民的参与，收到参赛作品500多件。另外，在轻工业工会联合会牵线下，上海大学与上海澳星照明电器制造公司达成合作意向，分别建立了人才培养及项目研发基地和工业设计实验基地。在此基础上，轻工业工会建立了工会、企业、院校三方推进产学研工作的联席会议制度。（徐俊彦）

【上海电建公司工会开展“五小成果”发布推广活动】 为激励职工创新，电建公司工会举办了职工“五小成果”发布会。有13项成果进行了发布，涉及电站安装、土建施工、特高压施工、电站调试、机械制造等方面，涵盖了电力建设的核心技术。其中，“转角法高强度螺栓检验方法及施工工艺探讨”获得中国电力建设科学技术成果三等奖，“异动烟囱平面转动盘”申请了2009年实用新型专利，“双头园环悬吊杆”获得第九届上海工会劳动保护“绿十字奖”一等奖，还有5个QC成果获得省部级QC成果奖。（张文标）

【上海电力建筑工程公司工会开展科技攻关竞赛】 针对公司工程规模大、施工难度高、技术含量高的特点，组织工程技术人员开展了“工艺创新、科技攻关”竞赛活动。会同技术部门制定攻关课题，并通过签订QC攻关竞赛协议开展竞赛。由此，激发了工程技术人员研究和运用新技术的积极性，一批成熟、先进、适用的技术成果脱颖而出，解决了施工难题，促进了工程建设。为进一步激励工程技术人员竞赛热情，公司召开了第十六届技术年会，向获得上海市工程质量管理协会颁发的“质量管理优秀经理人”和“质量能手”称号的技术人员授予奖牌，向科技成果奖获得者和优秀技术论文获得者颁发了荣誉证书。（邝 民）

【宝钢高级技师王康健创新项目获国家科技进步二等奖】 在2009年国家科学技术奖励大会上，来自宝钢集团有限公司宝钢分公司冷轧厂高级技师王康健的《高速冷轧带钢多功能在线检测系统项目》获得国家科技进步二等奖。王康健针对冷轧生产线缺少在线检测技术的问题，开发了高速带钢多功能检测系统，系统采用先进的机器视觉技术，成功实现了冷轧带钢在线孔洞、边裂缺陷检测和宽度、中心线测量功能。该项目形成了10个国家专利(3个发明专利)和12项企业技术秘密，并得到推广应用，取得直接经济效益1.1亿元。（满顺华）

【宝钢股份不锈钢事业部工会注重提升职工创新能力】 一是成立以职工命名的8个创新工作室(小组)，发挥创新工作领头羊作用。年初对创新工作室(小组)下达目标任务书，要求全年完成专利53项、发明专利8项、技术秘密28项，年底已分别实现年度目标的106%、200%和122%。二是完善创新工作评价机制。推行积分榜、排行榜，实行双联络员双月例会和季度发布表彰等制度，评价激励职工的创新业绩，并突出合理化建议产生的经济效益和自主管理成果等重点。三是成立技师协会，开展形式多样的技术创新活动。通过举办职工技术创新成果、技术创新项目发布，组织创新者联谊会和技师协会攻关等活动，培育更多的技术创新领军人物。2009年，事业部职工合理化建议实施数15 227条，产生经济效益2.01亿元，形成专利55项，技术秘密41项，JK成果660项。（陈建东）

【宝钢股份梅钢工会推进群众性经济技术创新工作】 为进一步深入推进梅钢公司群众性经济技术创新工作，培育职工创新成果，树立职工创新品牌，梅钢工会制定了《梅钢公司群众性经济技术创新工作实施意见》，成立职工创新工作领导小组和推进小组，确立了2009—2012年群众性经济技术创新工作目标，并制定8条工作措施，即建立员工创新室、建立职工创新者协会分会、建立创新型技能人才库、制定并实施对职工创新骨干的培训计划、建立创新工作专项经费、推进合理化建议转化为自主管理成果、吸引协力单位员工参与创新、加强群众性经济技术创新工作宣传等。 （张斗海）

【宝钢股份梅钢工会筹建成立员工创新室】 12月8日，在梅钢工会的策划推动下，梅钢公司员工创新室揭牌成立。员工创新室将进一步凝聚创新人才，加强对创新骨干的培育，从学习培训、交流观察、经费等方面对创新人才给予重点支撑，为创新骨干开展创新研究创造有利条件，促进其创新能力的提升与创新成果的突破，逐步把有潜力的职工培育成梅钢的创新明星，为梅钢树立创新品牌。（张斗海）

【宝钢股份梅钢工会积极培育职工创新成果】 组织职工创新成果参加18届全国发明展，获得1金2银4铜；参加上海市第二十二届优秀发明选拔赛，获得5金2银3铜；评审出27个公司年度特级班组、年度十大创新者协会会员和十大最具能力的创新小组以及年度公司先进操作法；命名11个班组为年度标准化作业示范班组、18个班组为优秀班组，12个项目为班组标准化作业最佳创新成果、28个项目为优秀创新成果。 （张斗海）

【宝钢集团梅山公司工会提升职工技能素质和创新能力】 （1）组织举办第二届职工技能竞赛，首次将技能竞赛与职业技能鉴定挂钩。来自10家单位的196名职工分别报名参加了9个工种的竞赛。（2）推进群众性经济技术创新活动。结合班组成本改善、劳动竞赛、合理化建议等活动，组织发动职工立足岗位开展技术创新，共获专利20项、技术秘密20项、合理化建议1 520条。并从职工发明专利中选拔5个项目参加第十八届全国发明展，获得1银2铜的成绩；推荐8个项目参加上海市第二十三届优秀发明选拔赛。 （郭树鸿）

【上海航天局职工技术创新活动有成效】 上海航天局工会以新一轮为期五年的创新型班组建设活动为契机，组织开展职工技术创新活动。一是参加上海市第三届职工科技节活动。有1人获“第七届上海市十大工人发明家”称号，4人被评为“第二届上海市职工科技创新标兵”。在科技节活动期间，局工会推荐了多位创新人才和多个创新项目，同时开展创新论坛征文活动。二是在系统内开展职工技能培训和技能比武活动，深入挖掘绝技绝活，提高职工的技术水平，涌现出一批技术能手。在第三届全国职工技能大赛数控加工中心决赛中，代表上海出战的上海航天代表队获团体第二名和个人第二名的好成绩。三是结合合理化建议活动，开展“我为创新型班组献一计”和“班组长沙龙”创新讲座等活动，发挥班组长的创新引领作用，带动广大职工不断提高创新意识。 （沈 恺）

【中国商飞公司上航科普中心科普展示取得新成果】 中国商飞公司上航航宇科普中心工会抓住大飞机项目正式启动和ARJ21新支线飞机成功首飞这一契机，组织开展了一系列大飞机项目和相关航空知识的宣传普及活动，取得了科普效果。一是重新布置专题展厅；二是组织专题巡展，三是举办专题讲座，四是重新撰写讲解词，五是增加参观人数，六是网站增设专栏专题，七是参加大型科普主题展，八是组织静态比例模型比赛。通过以上活动，让更多人了解了中国大飞机和新支线项目的成果和制造进度。 （陆宝兴）

【烟草职工技术创新活动取得新成果】 5月18日，在“上海市职工科技创新工作会议暨第三届上海职工科技节开幕式”上，上海烟草机械责任有限公司张伟林获“第七届上海市工人发明家提名奖”及“第七届上海市工人技术创新能手”称号；上海卷烟厂董仁群报送的《洗梗机》和彭泽恒报送的《一种储丝柜出料计量法》2个项目分获第二十二届上海优秀发明银奖和铜奖，上海烟草机械责任有限公司报送的《GDX1、GDX2半自动模拟导通台》和《一种化学复合镀镍液》2个QC项目分获上海市职工技术创新成果一等奖和二等奖。 （江洪生）

【上汽工会表彰上海大众赛区“质量承诺”优秀项目】 7月13日，上汽工会对上海大众赛区“质量承诺”优秀项目进行表彰，10个项目组被评为首批上汽质量先锋号，另有3家单位的9个攻关小组获赛区优秀组织奖和优秀项目奖。上汽工会根据“精心塑造产品品牌，精心打造精致产品”要求，组织上海大众赛区“质量承诺”立功竞赛活动，共收到38家供应商围绕新产品、新项目投产质量保证，提升Audit水平及零公里质量，降低售后市场故障率、提高用户满意度等三大主题，上报60项攻关整改项目。大部分质量攻关、整改项目落实了改进措施，实现了既定目标。 （刘蔚婧）

三航局组织开展导师带徒签约仪式 （王海燕）

【上海沪东集装箱码头公司工会推进人才培训计划】 为满足企业人力资源可持续发展的需要，沪东公司工会制定了360度全方位人才培训计划。经过民主评议、组织考察等严格公正的选拔，共有37名各类业务能手成为公司的后备管理干部。为多层次、多角度地提高后备干部的理论水平、职业素养、业务综合素质及技能，公司工会筹划了为期半年的综合培训方案，培训形式包括测评、课堂式培训、野外拓展、跟踪考察和业务实践等多项环节，培训内容除学习传统业务知识和综合管理知识外，还特别注重对企业文化、品牌建设、团队精神、政治思想的培养以及对国内外港航信息的宣传。（宋　正）

【上海电信出台《员工创新管理办法》】 为规范群众性创新活动和整合创新活动管理资源，上海电信工会与行政、团委联合制定出台《中国电信上海公司群众性创新管理办法》。办法明确各职能部门的创新活动管理职责，将创新课题选定、员工揭榜攻关、创意评选、创意孵化、成果评审、推广应用等环节有机连接，形成贯穿全年的群众性创新管理流程，并将市场服务创新，业务产品创新，网络客响创新，运营机制创新作为创新的主攻方向。（朱东亚）

【上海电信工会开展“首席员工”评选】 2009年，公司工会首次在公司范围内开展“首席员工”评选。评选坚持一线性、动态性、标杆性、对等性和转型性等五大原则。(1)一线性，即“首席员工”的评选仅限于一线专业技术岗位，管理人员和中层以上领导均不参与申报。(2)动态性，即“首席员工”有效期为2年，期满后需重新评选。期间如有年终考核未达优良或违反公司规章制度等情况的，取消首席称号。(3)标杆性，即“首席员工”必须是岗位技术出众、工作出色、业绩突出、道德优良的优秀人员，坚持宁缺毋滥原则。(4)对等性，即首席员工在享受精神、物质、培训等权利的同时，须承担公司内导师制、带教制等员工辅导、知识经验共享的责任和义务，每年须至少发表1篇业务技术论文或先进工作法、经验总结等。(5)转型性，即评选着重考虑与企业转型发展相关的重点岗位，同时兼顾部分传统岗位。经评选，8位员工获得公司“首席员工”命名，每月可享受1 000元津贴。（朱东亚）

【上海电信开展全业务发展专家评选活动】 电信工会参与公司组织开展的“全业务发展专家”评选活动，选拔和培养企业紧缺人才，全面推进公司专家型人才队伍建设。评选活动坚持不唯学历、不唯职称、不唯资历、不唯身份、不拘一格选人才的评价体系，将品德、知识、能力、业绩作为衡量人才的主要标准，以论能力、重业绩、看经历、听公论来考核评价各类人才。将评选工作与企业战略转型紧密结合，向代表企业未来发展所需要的新技术、新业务、新技能和新管理领域人才倾斜，向企业重点转型业务、移动业务倾斜，向一线综合技能型全业务营销人才倾斜。2009年，共评出移动通信专家、IP专家、IT专家、信息经营专家和全业务销售专家共49人。（朱东亚）

【上海航标处大型船队工会搭建职工技能登高平台】 上海海事局上海航标处大型船队工会搭建职工技能登高平台，使每位职工都有技能登高的梯子。船队工会对不同年龄、技术层次的职工开展技术培训，尤其是青年职工，船队工会搭建传帮带教育平台，请经验丰富的老职工带教传授技术经验，让青年职工迅速掌握判断和排除故障的技能。在组建技术创新项目攻关小组时推荐大学生参加。同时，每季度开展轮机、水手等工种的技术练兵比武活动，为提高职工技能创造条件。（朱卫平）

【上海洋山港海事处工会注重提升企业软实力】 上海洋山港海事处工会以提升洋山港海事监管软实力为目标，组织职工科技攻关取得成效。通过召开座谈会、问卷调查、第三方测评等形式，征求意见和建议。在此基础上，结合洋山深水港监管的实际情况，开展《洋山辖区海事应急力量配布研究》，其成果很快投入应用。同时，海事处搭建多个小型科技创新项目平台，让职工在参加科技创新实践活动中提高岗位技能和创新能力。其中，由杨伟华等职工组成的技术攻关组用了近半年时间攻克了《船舶自助签证系统》、《国际航行船舶口岸电子申报与查验系统》两项创新电子政务平台，每年节约费用达60万元，为相关企业节省费用240万元。（朱卫平）

【锦江航运公司举行“干事创业，岗位成才”交流会】 11月12日，锦江航运公司“干事创业，岗位成才”交流会举行。公司各部门、各直属公司的领导、员工代表60余人参加了交流会。共有35人进行了交流，结合各自岗位实际，撰写文章，公司党群工作部已将

上海轻工业工会联合会为上海澳星照明电器制造公司与上海大学产学研合作举行挂牌仪式（徐俊彦）

文章汇集成册，在公司范围发放宣传。这项活动已经形成为公司发现人才、培育人才的有效载体。（梅妍萍）

【建工集团基础公司工会推进技术工人人才库建设】（1）建立完善组织保障。依靠各方力量，加大人才库成员培养力度，每年对人才库成员分析评审，并建立激励机制和工作例会制度。（2）建设规范的管理机制。坚持以能力和业绩为导向，实施进库、晋星、聘师的严格审核，形成人才库成员能进能出、阶梯攀升的管理机制。（3）发挥工程育人功能。依托重点工程开展现场技术培训、岗位练兵、技术攻关、和节能减排成果发布等活动，组织技术工人人才库成员开展同工种技术交流，观摩和学习新技术新工艺。（4）突出劳模的示范引领作用。建立以全国劳模陆凯忠为带头人的"陆凯忠工作室"，发挥陆凯忠的示范引领作用，带领青年技术工人开展技术攻关和技术创新，取得突出成绩。（廉永梅）

【水产集团工会搞好渔业船员技能鉴定】 集团工会把落实渔业生产船员的职业技能等级工作作为提升职工技能等级的抓手，注重加强与远洋渔业企业的沟通与协调，主动配合集团人事部，做好远洋渔业企业船员职业技能鉴定的工作。经调研和专家论证，同意集团建立职业技能鉴定组织机构，将渔业生产船员作为企业特有职业（工种）纳入职业技能鉴定范围，由集团组织高技能人才的培养和评价。当年，集团渔业生产船员首次通过国家职业资格等级鉴定。其中：7 人获得渔业生产船员（驾驶员）高级技师资格，5 人获得技师资格；6 人获得渔业生产船员（轮机员）高级技师资格，4 人获得技师资格。这次职业资格等级鉴定，填补了渔业生产船员职业技能等级鉴定的空白。（汤宝龙）

【上海电力学院推进两级工会启动创新学术论坛】 11 月 24 日，上海电力学院两级工会特色项目——能环学院创新学术论坛正式启动。市浦江学者、曙光学者吴江教授做了题为"燃煤烟气汞控制技术研究与进展"的主题报告，并就此项技术的关键问题与教师、研究生等开展了互动。（顾伯超）

【市教育工会举行市优秀青年教师联谊会成立仪式暨 2009 优秀青年创新论坛】 5 月 27 日，举行上海市优秀青年教师联谊会成立仪式暨2009 优秀青年创新论坛。优秀青年教师联谊会在市教育工会领导下，以"拓展创新提升，构筑交流平台，提携青年才俊，展示智慧风采"为宗旨，由优秀青年教师组成的群众团体。会上，上海交通大学机械与动力工程学院代彦军教授等人发布了科研成果，同济大学建筑与城市规划学院院长助理张尚武教授等人作了专题演讲。另外，市职工技协领导与 6 位项目负责人在会上签订了《科技创新合作意向》。（杨广军）

【上海市医务工会持续推进职工科技创新活动】 在第三届上海职工科技节上，市医务工会推出了"五个一"系列活动。即举办一次科技知识讲座，普及科技创新理念；组织一次科技创新征文活动，挖掘和发现职工科技创新的新思路、新观念；开展一次合理化建议、先进操作法征集活动，深化创新实践；组织一次各领域专家与年轻业务骨干结对活动，传承和普及先进技能；开展一系列岗位练兵活动，提升行业窗口服务质量。据统计，有 35 家单位举办科技知识讲座，各类讲座 150 多场，听讲职工达 1 万人次；有 15 家单位开展征文演讲，200 多人次参加；有 37 家单位开展合理化建议征集，征集建议近千条；有 28 家单位组织专家与青年业务骨干结对，结对数达 100 多对；有 37 家单位开展岗位练兵、技能比赛，参加职工近万人。同时，召开科技创新推进大会，表彰市卫生系统在第三届上海职工科技节中获奖的单位和个人，评审产生市医务系统 10 名科技创新新人奖、10 个优秀团队奖和 2 个示范基地。（钱菊敏）

【新闻出版工会开展"1315"高技能人才培养工程】 新闻出版工会制定下发关于《进一步加强印刷高技能人才培养工作的意见》，明确提出"1315"高技能人才培养工程的总体目标。一是每年完成培养 800—1 000名印刷高技能人才。计划从现在开始，力争到"十二五"中期实现印刷行业高技能人才占技能劳动者比例达 25% 的目标，并带动初、中级技能劳动者队伍梯次发展。二是通过校企合作每年达到培养 200—300 人的目标。鼓励高校与企业合作培养高技能人才，联合制定培养计划，共享师资资源，强化实训环节。三是推进"高师带徒"，每年达到培养 100 人的目标。以师徒结对带教方式，开展个性化技能带教培训，解决社会化职业培训还无法覆盖工种的技能培训问题，满足企业特有技术工种对高技能人才的需求。四是通过技能竞赛活动达到每年培养 500 人的目标。新闻出版工会与局职能部门每年牵头组织不同工种、层次的职业技能竞赛活动，并委托相关单位承办竞赛活动，计划通过竞赛每年培养高级工不少于 500 人。（陈宏华）

【锦江国际集团工会参加市第三届职

上海市卫生系统召开科技创新推进大会 （钱菊敏）

工科技节活动】 在第三届上海职工科技节期间，锦江国际集团工会联合市食品研究所投入科技节活动，把科技节活动项目融入科技研发、食品检测等各项工作中。组织科研攻关团队，探索与上海海洋大学联合组建食品安全研究中心合作模式，走产学研相结合道路，促进企业自主创新与人才培养。为此，锦江国际集团工会获科技节优秀组织奖，锦江饭店餐饮部郭予文的食品雕刻技能，被命名为首批上海市职工岗位绝技绝招。

（张祥伟）

【上海市总工会联办长三角职工科技创新工作论坛】 5月17日，上海市总工会、上海市发改委、江苏省总工会、浙江省总工会在上海科技馆联合举办长三角职工科技创新工作论坛。上海市总工会、江苏省总工会、浙江省总工会以及江苏南京、浙江宁波和上海宝钢、浦东新区的工会领导在论坛上发言。来自江苏省、浙江省总工会有关部门的负责人及相关城市总工会领导，以及上海部分区县局（产业）工会领导和有关部门负责人，上海部分基层单位工会主席和一线职工代表200人参与了论坛。参加论坛的三地工会负责人在论坛中建议，为发展长三角地区的先进制造业和现代服务业，江、浙、沪三地的工会要建立信息交流的互动机制，加强信息、项目、成果和人才的交流和联动。 （王小龙）

【第二十二届上海市优秀发明选拔赛取得丰硕成果】 1 219个职工发明创新项目报名参加了第二十二届优秀发明选拔赛，比上届增长21%。经评审，上海三思电子工程有限公司陈必寿发明的“C0820LED照明灯”等107个项目获得优秀发明金奖；上海日用—友捷汽车电气有限公司马宝发发明的“脉宽调制（PWM）散热器风扇总成”等158个项目获得优秀发明银奖；上海爱普香料有限公司林山发明的“发酵法生产天然香兰素”等261个项目获得优秀发明铜奖。申雅密封件有限公司职工技协的“汽车密封条挤出专用工装创新”等24个项目被评为职工技术创新成果一等奖；上海延华智能科技股份有限公司职工技协“基于ASP. NET技术的网上物业管理系统”等35个项目被评为职工技术创新成果二等奖；徐汇区大华医院职工技协“蒜皮贴补术治疗外伤性鼓膜穿孔”等47个项目被评为职工技术创新成果三等奖。另有上海凯华电源成套设备有限公司侯耀华发明的“交流、直流、事故照明一体化屏”等23个项目被评为发明产品推广实施金奖。在评出的721项优秀发明项目中，已转化实施的有678项，创经济效益131亿元。 （王小龙）

【上海工会参加第十八届全国发明展成绩斐然】 8月12—15日，上海工会组队参加在云南省昆明国际会展中心举行的第十八届全国发明展，共有85个项目获奖，其中金奖14枚、银奖25枚、铜奖46枚。这届全国发明展以“创新发展、提升能力、加强合作、服务经济”为主题，以节能减排、服务三农、改善民生生活为重点，展示和交流近年来全国涌现出的新发明、新技术、新产品。共有22个省市地区以及国家知识专利局和国防科工委等4个单位、1 400多个专利技术与发明成果参展。上海工会共组织135个发明项目参展。宝钢孔利明发明的“柴油载重车的节能减排基础技术”获中国环保协会设立的“环保发明专项奖”。 （王小龙）

【上海市工人发明家沙龙成立】 5月25日，70位上海工人发明家聚集宝钢，参加“上海市工人发明家沙龙”成立仪式。上海市工人发明家沙龙是市总工会为推进群众性科技创新活动而搭建的又一个活动平台，以专题讲座、交流、研讨、论坛和现场观摩、技艺展示、项目考察、技术咨询等方式，开展合理化建议发布、技术交流协作、成果推介转化、先进操作法推广、绝技绝招展示、项目联合攻关等活动，探讨科技发展新领域，共享科技进步新成果。沙龙会员以历届上海市工人发明家为基本成员，适当吸收在业内具有重要影响的高技能人才参加。 （王小龙）

【市总工会举办第三届李斌技师网上论坛】 5月21日，市总工会会同市教委、市人力资源和社会保障局联合举办第三届李斌技师网上论坛，邀请李斌、王康健、赵黎明、袁招娣、周巍等5位著名劳模和一线工人代表，作客东方网嘉宾聊天室，围绕“岗位创新促发展，攻坚克难做贡献”主题，与网上论坛主会场和20个分会场的职工代表、技术骨干以及广大网友，交流岗位创新、岗位成才和岗位奉献的体会。在1个小时的互动交流过程中，网友提出问题284条，直播访问量达21万次。

（王小龙）

【市总工会命名首批上海市职工岗位绝技绝招】 经各区县局（产业）工会推荐和专家评审，市总工会在第三届上海职工科技节期间，命名8个职工高超技能为首批“上海市职工岗位绝技绝招”，并予以表彰。分别是：上海师范大学教授刘正国的空管吹律；上海通用汽车有限公司职工邵锋的汽车修复；上海国际机场股份有限公司安检护卫保障部职工缪明霞的开箱包检查；上海邮政公司东安路投递支局职工汪君的塌报嵌报；锦江饭店餐饮部主厨郭予文的食品雕刻；上海崇明东滩鸟类国家级自然保护区职工金伟国的鸟哨；上海拉法基石膏建材有限公司陈智勇、沈秋华的叉车技能；上海博物馆职工卜卫民的古陶瓷修复。

（王小龙）

节能减排

【市总工会举办市职工节能减排义务监督员讲座】 12月22日，市总工会、市发改委、市经信委、市环保局联合举办市职工节能减排义务监督员讲座。经重新聘请的2009—2011年度的213名市职工节能减排义务监督员参加讲座，并领取了新版监督证。讲座期间，市总工会、市发改委、市经息委、市环保局的领导就当前职工节能减排监督工作和节能减排领域相关热点、焦点话题，进行了工作部署和专题报告。 （满顺华　武吉波）

【市总工会推动职工节能减排监督工作】 一是建立多方合作机制，扩大义务监督员队伍。市总工会联合市发改委、市经信委、市环保局，继续聘请213名市职工节能减排义务监督员。据统计，有45个区县局（产业）工会成立职工节能减排义务监督员工作小组，并会同各区县发改委、经信委及环保部门，聘请了1 217名两级职工节能减排义务监督员。二是坚持从实际出发,发挥职工节能减排监督员作用。围绕保增长、促发展的目标,发动职工开展降本增效、增收节支活动,与企业共度难关。三是科技创新活动为节能减排做贡献。动员全市广大职工和义务监督员参与"五小"和建言献策活动,推动职工科技创新活动和节能减排对标升级劳动竞赛。四是总结经验,推广先进。市总工会总结推广了一批职工节能减排和义务监督的先进典型,如上汽集团工会开展的先锋号在行动——我为JJ作贡献活动,上港集团工会推进的新一轮海港职工节约行动等。五是开展监督员培训交流活动。市总工会分4批召开职工节能减排义务监督工作例会,就"如何当好义务监督员"和"如何开展义务监督活动"等课题进行专题讨论和总结。

(满顺华 武吉波)

【宝山区群众性科技创新活动取得新成绩】 在开展的共度难关,为企业献计献策活动中,全区共收到各类建议2 149条,产生经济效益520余万元。并向上海市节能减排优秀合理化建议评选活动推荐项目4项,分获一等奖1项、二等奖2项、三等奖1项;推荐15人参选上海市工人发明家和技术能手,其中1人获上海市十大工人发明家称号,2人获技术能手称号;向第二十二届上海市优秀发明选拔赛推荐项目46项,其中获金奖3项、银奖9项、铜奖8项,区总工会获优秀组织奖。 (胡立伟)

【青浦区总工会深入推进群众性节能减排活动】 区总工会开展的节能减排活动,通过培训和竞赛,引导职工树立生态文明和资源环保意识,大力推广节能减排先进适用技术,取得成效。其中,上海益而益电器制造有限公司科技研发团队自主研发的电子智能插座漏电断路(GFCI)和电子智能式插头断路器(CCDI)系列项目,被评为上海市高新技术成果转化项目,同时,该项目获上海市职工节能减排活动一等奖。该公司获上海市高新技术企业、科技企业等称号。 (马美君)

【吴泾公司小革新创造大效益】 上海吴泾化工有限公司树立以绿色化工的形象迎接世博盛会,围绕"十一五"万元产值能耗目标,开展节能减排活动。首批成立的11个"JJ小组",全年累计节能折合标煤6 118吨,减少二氧化碳和二硫化碳排放15 633吨;锅炉装置采用锅炉除氧和物理除氧相结合的方法,一年节约蒸汽2万吨;监测中心与生产部、水电装置联合小组,先后解决了计量表、疏水器、保温材料等方面的问题,使全年蒸汽损耗下降了1.11万吨。 (赵峥)

【宝钢股份中厚板分公司实现全员劳动竞赛目标】 中厚板分公司工会围绕"降低吨钢工序成本900元"的目标,以目标管理+群众发动的方法,组织和发动全体员工开展竞赛。各级工会在竞赛中,通过宣传发动,并以项目化管理的方法对竞赛措施进行层层分解细化,全公司2 223名员工制定并落实了8 455个措施。另外,各单位聚焦目标,形成了44个厂(部)子项目、174个车间(作业区)子项目的指标体系。至8月份,"降低吨钢工序成本900元"劳动竞赛目标全部实现,为公司实现降本增效8.87亿元。公司工会设立的"降低吨钢工序成本900元目标递进奖",累计奖励3 168人次,奖励金额达81.5万元。 (包翔)

三航宁波分公司开展自检自修 (周琛平)

【宝钢集团梅山公司工会全面推进降本增效班组成本改善活动】 公司工会围绕梅山公司降本增效预算目标,按照全员、全面、全过程要求,大力推进班组成本改善活动,769个项目涵盖了90%的班组,其中涵盖了100%的一级、特级班组,取得经济效益1 430.85万元,支撑整个公司降本增效目标的完成。 (郭树鸿)

【中铝上铜公司工会开展"控亏增盈、班组先行"主题活动】 为发挥班组在公司打赢控亏增盈攻坚战中的重要作用,中铝上铜公司工会开展以班组为单位的控亏增盈、班组先行主题活动。内容包括控亏增盈、班组先行合理化建议活动、降废减损提质、节能降耗增效活动、同舟共济保增长,建功立业促发展优胜班组百分赛评选活动等。全公司150余个班组,全部参与了主题活动,取得实际经济效益近800万元,为全年扭亏奠定基础。 (陈益林)

【中海上海海运住宅公司工会开展节能减排活动】 上海海运住宅公司工会推进精细化管理,开展节能减排活动。公司所属张江检测中心物业组织工程部员工,对园区能耗管理进行专题研讨,挖掘节能亮点。通过开展二部制电费计量,用电峰段和谷段分开计费;在公用照明部位推广采用新型节能照明器材;对园区业主日常的饮用水设备加装定时器等方式,为公司节电节水做出了贡献。 (潘奕)

【上港集团宝山分公司工会组织职工开展节能减排立功竞赛】 一是明确各部门工会主席是活动的第一责任人,通过动员会、信息园地、班组学习等形式宣传节能降耗工作的重要性和必要性,使全体会员投身节电、节油、节水等活动；对部门所属的空调、照明电器、机械设备、电脑等电器设备的使用情况，每月至少自查2次，并做好记录。二是每月会同公司能源考核小组对部门、班组的用电、用油、用水等情况进行检查，并在《工会之声》上进行宣传报道，表扬节能行为，批评浪费现象。三是根据参考指标完成情况和动态管理情况，评选优胜部门、节能降耗标兵，并进行奖励。（罗立天）

【上港物流公司降本增效劳动竞赛有成效】 面对国际金融危机的冲击，上港物流公司工会组织员工开展开拓市场保增长，优质服务创效益立功竞赛，全年有4 513人次（包括外来务工人员）参加了竞赛活动。主要载体：一是优化绩效考核，开展“百人千万吨”揽货活动。二是开展客户服务年活动，建立以客户满意为中心的物流服务体系。三是开展我为开拓市场保增长，优质服务创效益献一计“金点子”活动，共征集合理化建议392条，采纳105条，创造经济效益607万元。四是通过多种途径提升职工技能，举办技能培训（讲座）74期，培训职工2 066人次；开展23项技能比赛，参赛职工341人次，有15名职工技能晋级。（严明娥）

【长航医院工会开展开源节流保增长，夯实基础促发展劳动竞赛】 长航医院工会组织开展了开源节流保增长，夯实基础促发展劳动竞赛，确定了“比创效、比控本、比技能、比安全、比服务”等5个方面的内容，并把竞赛内容与医疗、护理、安全、质量、服务等工作相结合，与控本降耗指标、控制医保指标的要求相结合，调动和发挥了医护工作者的主动性和积极性。在竞赛中，注意总结和宣传先进典型和先进事迹，每季度评选10名服务明星，在宣传栏张贴服务明星的照片与先进事迹简介，起到了示范引领作用。（凌蕴敏）

【中远集运工会组织开展降本增效，同业领先主题活动】 2009年是中远集运拼搏效益、风险防控年。为增强全系统广大职工的危机意识和忧患意识，中远集运工会向全系统职工发出降本增效，同业领先的倡议，开展金点子征集活动，鼓励每位职工建言献策，立足岗位挖掘公司成本控制和效益增长的潜力。广大职工踊跃参与，全年共收到各单位报送的主题活动信息600余条、合理化建议272份。其中有不少合理化建议运用到实际工作中，取得明显效益。（钱　华）

【锦江航运公司工会组织职工为企业增收节支建言献策】 面对国际金融危机影响，锦江航运公司工会号召职工开动脑筋，想办法降低成本，为企业增收节支做贡献。全体员工维护企业发展，开展“我为企业降低成本做些什么”的讨论。活动期间收到征文20篇，合理化建议153条。锦诚公司在采纳了职工建议后，通过优化操作改进流程，改进了修箱报文数据的电子传输系统，推进部门工作的信息化和无纸化进程，提升了修箱管理的效率与质量，为公司控制成本节约了开支。（田　冰）

上港集团工会开展增收节支竞赛活动 （张晨琦）

【新闻出版工会开展“我为节能减排作贡献”活动】 新闻出版工会根据实际，动员组织职工参与节能减排活动，在职工中普及节能减排知识，增强节能减排意识，开展节能减排竞赛，推动节能减排创新，激励节能减排先进，全年累计创造经济效益达250万元。上海市印刷三厂、上海字模一厂浦东分厂等单位以改进生产工艺推进节能减排；上海中华商务联合印刷有限公司回收排放的余热、余油、余气用于生产经营和职工生活；工会以建言献策推动节能减排，全年收到150余条合理化建议。（陈宏华）

【锦江国际工会开展节能减排竞赛】 锦江国际工会服务企业改革发展大局，开展以节能减排为抓手，以降耗增效为目标的节能降耗考核竞赛活动。通过活动，工作环境不断优化，职工的节能减排意识得到提高。据统计，全年共节能1.53万吨标准煤，能耗绝对量下降5.56%。另外，工会以节能宣传周活动为载体，利用黑板报、横幅、宣传栏等工具，组织1万余名职工参加2009年全国节能宣传周（上海）节能知识竞赛活动，取得优异成绩。（张祥伟）

【市总工会召开上海职工节能减排活动推进大会】 5月27日，市总工会会同市发改委、市经信委、市国资委、市环保局等单位在上海国际节能环保园区举行2009上海职工节能减排活动推进大会，部署和深化职工节能减排工作。大会宣读了《市总工会关于表彰上海市职工节能减排优秀合理化建议的决定》，表彰了215项上海市职工节能减排优秀合理化建议；举行了上海职工节能减排优秀合理化建议发布活动，上海纳铁福传动轴有限公司、上海建设机场道路工程有限公司等单位进行了专题发布；举行了2009—2010年度上海市职工科普讲师团成员受聘仪式，包起帆等20人领取了讲师团成员聘书。会上还宣读了市总工会关于命名上海国际节能环保园区为上海职工群众性节能环保活动基地的决定。（王小龙）

劳　模

Model Workers

综　述

2009年，以庆祝新中国成立60周年为契机，开展劳模先进的培养选树工作，大力宣传劳模的先进事迹，进一步弘扬劳模精神。一是开展劳模宣传工作。开展2009年全国、上海五一劳动奖状(章)、工人先锋号的推荐评选表彰，对评选出的先进人物进行宣传。召开上海市劳模先进庆祝新中国成立60周年座谈会，大力弘扬劳模精神。开展“时代领跑者—新中国成立以来最具影响的劳动模范”评选活动，上海有李斌、包起帆、杨怀远、徐虎等劳模当选，孔利明入围。二是发挥劳模企业家作用。组织开展“千方百计促就业，齐心协力保稳定——百名劳模企业家就业援助特别行动”，组织百名劳模企业家向社会提供1 722个岗位。三是加强劳模管理工作。开发劳模数据管理软件，加强对劳模动态管理；对劳模帮扶情况、劳模管理、服务工作等现状进行抽样调查，形成调研报告，并向市政府提出《关于加大对上海市劳动模范帮困力度的建议》；召开上海市劳模协会第五届理事会，做好劳模协会理事会换届改选工作。四是关心爱护劳模。开展劳模帮困送温暖活动，发放全国劳模2009及2010年“三金”860万元，发放上海市劳模困难帮扶金249.55万元。组织劳模参加各类庆祝参观活动，开展劳模疗休养和体检活动，丰富退休劳模业余生活。接待了三批近150名包括灾区来沪休养的全国各地的全国劳模。（李　伟）

10月3日，市总工会领导去机场迎接进京参加新中国成立60华诞庆祝活动的劳模先进代表返沪（查建华）

学习宣传劳模

【上海4名劳模当选“时代领跑者——新中国成立以来最具影响的劳动模范”】 为迎接新中国成立60周年，大力宣传工人阶级在改革开放和社会主义现代化建设伟大事业中的历史贡献，全国总工会组织开展了“时代领跑者——新中国成立以来最具影响的劳动模范”评选活动，上海有李斌、包起帆、徐虎、杨怀远、孔利明、谢晋6位劳模进入评审范围。最终，李斌、包起帆、徐虎、杨怀远当选。在配合全总做好此次评选活动过程中，全市工会发挥组织优势和各类宣传阵地作用，大力宣传劳模事迹，把组织职工投票作为宣传工人阶级伟大历史贡献和弘扬劳模精神的过程。同时把“时代领跑者”评选活动与“同舟共济保增长，建功立业促发展——百万职工先锋号行动”结合起来，以劳模精神激励广大职工振奋精神、坚定信心，充分发挥主力军作用，以优异的成绩迎接新中国成立60周年和2010年上海世博会的召开。（李　伟）

【徐汇区总工会召开庆祝五一国际劳动节劳模座谈会】 4月28日，徐汇区总工会召开庆祝五一国际劳动节劳模座谈会。大会分别向荣获2009年全国五一劳动奖章，上海市五一劳动奖状、奖章以及全国、上海市、徐汇区“工人先锋号”的集体和个人代表颁发了奖章奖牌。全国六好社区乡镇(街道)工会、全国五一劳动奖章获得者、上海市五一劳动奖章获得者代表分别进行了交流发言。全国劳模、区牙防所所长徐培成代表区劳模协会向全区职工发出了“迎世博、保增长、作贡献”倡仪书。（张均敏）

【普陀区召开弘扬徐虎精神座谈会】 10月15日，普陀区召开弘扬徐虎精神座谈会。刚刚获评“100位新中国成立以来感动中国人物”和“60位新中国成立以来最具影响的劳动模范”的区四届全国劳模获得者徐虎介绍赴京领奖等情况，并谈了获奖体会。会议对进一步弘扬徐虎精神进行部署，并命名了“徐虎班组”。会上，西部集团历年来曾获全国和上海市劳模称号的8人上台印纪念手模。这份纪念手模，将陈列在徐虎劳模群体陈列室。普陀物业公司水电工蔡荣福等5位职工代表从各自岗位实际出发，交流了弘扬徐虎精神，做好本职工作的做法和打算。（赵　勇）

【闸北区总工会发行《闸北劳模风采》明信片】 9月27日，在新中国成立60周年之际，闸北区总工会举行了《闸北劳模风采》明信片发行仪式，为10位闸北区历届劳模颁发了由区总工会为他们量身定制的《闸北劳模风采》明信片。这套明信片共10枚，旨在通过展示10位具有代表性的闸北历届劳模的感人事迹和时代风采，激励更多职工为闸北经济社会又好又快发展做出贡献。（陆　非）

【闸北区总工会召开历届劳模迎接新中国成立60年座谈会】 为以劳模精神激发广大职工发挥主力军作用，推动闸北经济社会又好又快发展，在新中国成立60周年之际，区总工会举行了历届劳模迎接新中国成立60年座谈会。历届劳模代表、工会干部以及职工代表100多人参加了会议。会上，5位劳模代表畅谈了新中国成立

以来翻天覆地的变化以及学习工作中的体会。（陆　非）

【南汇区举行庆祝建国60周年劳模群英会】 4月24日，南汇区举行“传承光荣，开创明天——南汇区庆祝建国60周年劳模群英会”，向全区劳模以及职工代表致以节日问候，同时肯定了历届劳模为南汇社会主义现代化事业所做出的突出贡献。区总工会号召全区各级工会开拓思路，勇于创新，开展劳动竞赛、技术比武、技术革新、节能减排等建功立业活动，大力弘扬劳模精神，发挥先进人物的示范引领作用，充分激发职工潜能，团结凝聚职工为建设现代化海港城做出新贡献。（李玉香）

上海电气举行“岗位与科技创新”庆五一劳模先进大会　（冯克华）

【奉贤区总工会举办“迎世博、敬贤人百名劳模看奉贤”活动】 5月13日，奉贤区总工会、区劳模协会举办了迎世博、敬贤人百名劳模看奉贤活动。区内近百名退休劳模参观了都市菜园、申隆生态园、海湾渔人码头，见证了奉贤农村面貌的巨大变化以及奉贤经济快速发展的丰硕成果。（刘传军）

【市机电工会从三方面发挥李斌精神引领示范作用】 (1)创新发挥李斌精神示范引领作用。着眼于建设一支与发展现代装备制造业相适应的高技能职工队伍，按照“宣传一个，培育一批，带动一群，造就一代”的要求，以劳模精神为引领，着力打造李斌品牌，有效辐射李斌效应，出现了“李斌事迹在传扬、李斌旗帜在飘扬、李斌精神在发扬”的学劳模、当先进的局面。(2)发挥李斌精神在提升职工整体素质上的引领作用。一是发挥李斌精神在提升职工职业道德上的引领作用。二是发挥李斌精神在提升职工技能上的引领作用。三是发挥李斌精神在提高职工技术创新上的引领作用。先后建立了以劳模领衔的“4+1”首席技师工作室。(3)学习李斌形成推进职工素质工程的工作制度。一是以集体协商签订集体合同形式，确立学习李斌推进职工素质工程的目标和载体。先后签订了《关于进一步深入开展学李斌，推进技术工人队伍建设的实施意见》和《关于合理使用职工教育经费的规定》；二是制订了《上海市机电工会关于高技能职工培训2009—2011年行动计划》，提出高技能职工培训目标：每年评选李斌式职工、李斌式班组；上海李斌技师学院每年培训技术工人不少于2 000名，培训务工人员1 000名；开展好“李斌杯”职工技能大赛，每年参赛人数不少于1 000人；到2011年底，总公司高级工以上的技能人才比例要达到全部技术工人的25%。三是制定了《关于进一步加强劳动模范管理工作的实施意见》。（冯克华）

电影《铁人》首映式上著名劳模徐小平、吴尔愉、马卫星等与导演、主要演员交谈　（吴良荣）

【市机电工会举行庆祝新中国成立60周年劳模先进座谈会】 9月27日，机电工会举行庆祝新中国成立60周年劳模先进座谈会。上海电气系统全国、上海市劳模，上海市五一劳动奖章获得者代表等欢聚一堂，畅谈上海电气取得的巨大成就。座谈会取得三点共识：一是各级工会要重视学习宣传李斌精神，组织职工开展学技术、学科学、学文化活动，发挥好劳模先进的榜样引领作用；二是要运用新的思路和方法，在企业内形成学习劳模的氛围，为技术工人的成长成才创造条件，涌现更多的李斌式职工；三是劳模先进要不断学习，在新的形势下创造新的成绩。（冯克华）

【上海电气举行庆五一劳模先进大会】 4月22日，上海电气举行庆五一劳模先进大会。在国际金融危机背景下，这次大会的主题为岗位与科技创新，大会特邀包起帆、王洪军作专题报告，还邀请中国东方汽轮机有限公司焊接分厂装焊党支部书记赵强讲述在汶川大地震中东汽职工不畏艰难，发展企业的感人事迹。

（冯克华）

【烟草海烟物流公司工会组建劳模柳捷工作室】 上海海烟物流发展有限公司工会把组建劳模工作室作为弘扬劳模精神的窗口、培育人才的摇篮和践行服务创造价值理念的载体。在全国物流行业劳动模范柳捷的带领下，柳捷工作室发挥了重要作用。组建半年多来，承担的"打码到条"QC课题攻关项目获首届"海洋王"杯全国QC成果二等奖。同时，柳捷工作室又为运营信息技术人才的成长提供了舞台，成为推进海烟物流公司技术创新和物流稳定运行的先锋力量。

（杨名杰）

【全国劳模杨怀远当选100位新中国成立以来感动中国人物】 9月，中国海运全国老劳模杨怀远被评为100位新中国成立以来感动中国人物。10月26日，中央电视台《人民英模》栏目专题播出杨怀远的事迹，讲述了杨怀远践行"小扁担"精神和近50年来坚持为人民服务到白头，到了白头也不停留的感人故事。11月13日，中国海运在沪召开杨怀远事迹报告会，并在广州、大连、海南、深圳、北京设立分会场，再次重温和感受了"小扁担"的故事和精神。（顾惠根）

【上海城乡建设交通系统召开迎五一劳模先进恳谈会】 4月28日，上海城乡建设交通系统召开"建设世博、服务世博、奉献世博"迎五一劳模先进恳谈会。会上，来自建设交通系统各条战线的10位劳模分别做了交流发言。表示要立足世博场馆建设、公共设施管理和窗口服务等岗位，继续发挥引领和示范作用。同时，劳模们和与会领导进行互动交流，对推进城乡建设交通发展中遇到的突出困难进行了探讨。（钱　蓉）

上海联通举办年度先进集体、最佳员工风采录展览（康　迪）

【城投总公司工会宣传弘扬劳模精神】 城投总公司工会为进一步营造学习劳模、崇尚劳模、争当劳模的良好氛围，积极组织宣传。一是召开劳模先进座谈会，让劳模为城投发展，为建功世博积极建言献策。二是召开迎世博、庆五一、促发展劳模事迹报告会，并向广大职工发出"迎世博、学先进，做文明职工、促科学发展"倡议，进一步激发城投广大干部职工爱岗敬业、团结拼搏的工作精神。三是在《上海城投工会》期刊开辟"走进劳模"专栏，宣传先进集体、先进人物的事迹。

（朱文慧）

【市教育工会表彰新中国成立60年上海百位杰出女教师】 9月17日，市教育工会、教育系统妇女工作委员会在复旦大学光华楼举行教苑群星璀璨，校园玉兰芬芳——新中国成立60年上海百位杰出女教师表彰仪式暨风采展示活动。受到表彰的100位上海杰出女教师都是60年来为上海教育事业发展做出突出贡献，获得国家和市级各类荣誉奖项的女教师，其中年龄最大的是92岁高龄的上海教育功臣周小燕，年龄最小的是刚满30岁的中国教育新闻人物孙雅艳。她们中有不断攀登取得科学桂冠的女院士，也有辛勤耕耘获得丰硕成果的普通女教师，在她们身上展现了上海女教师教书育人的高尚情怀和亮丽风采。

（朱小娟）

【良友集团工会召开庆五一劳模明星员工座谈交流会】 4月24日，来自集团系统的历届在职劳模、明星员工欢聚在兰笋山庄，参加庆五一劳模明星员工交流座谈会。会上，劳模代表吴妙英、梁自伟、田树芳，明星员工代表邱文胜、潘剑峰、强汉荣，工会代表孙关鑫，党组织代表卢蓉菁先后发言，畅谈成长经历和工作体会。集团纪委书记出席会议并讲话。各公司、直属单位党组织分管领导和工会主席应邀出席。（周黎琼）

【上海联通举行先进集体、最佳员工风采录展览】 为了宣传和弘扬劳模先进事迹，1月12日—2月12日，上海联通公司举行了为期一个月的上海联通先进集体、最佳员工风采录展览，介绍了为公司发展做出突出贡献的13个先进集体和10名年度最佳员工的先进事迹，并在浦东大楼和长宁大楼两地轮流展出，吸引广大员工驻足观看，表示要学习先进爱岗敬业、团结协作、开拓进取、争创一流的精神，增强责任意识、服务意识、市场意识和创新意识，以突出的业绩开创上海联通新辉煌。（康　迪）

培育提高劳模

【虹口区迎世博窗口行业劳模巡访"五个结合"显成效】 一是对口督查与自查相结合，相互学习提高。四川北路商业街与杨浦区重点商圈、四川北路街道与乍浦路街道、市属企业与区属企业结对，落实对口检查制度，共同推动迎世博立功竞赛有序开展。二是组织巡访与分散督查相结合，丰富检查形式。劳模巡访团实行分散督查措施，不限定日期、时间和单位，在倒计时每个100天节点，以文字汇总和表格形式，每人反馈10家窗口企业督查情况。三是重点巡访与一般检查相结合，做到“五个必访”。巡访团在巡防中对四川北路商业街大型企业必访、30个示范点必访、工人先锋号单位必访、劳模企业必访、工建联谊会成员单位必访，督促重点窗口单位加强整改。四是明查与暗访相结合，注重常态长效。明查就是在每月5日窗口服务日，巡访团成员持证开展检查；暗访就是巡访团不定期、不亮身份对窗口单位进行督导检查，及时发现问题并予以整改纠正。五是督查整改与宣传表扬相结合，坚持“两手抓”。在检查过程中，劳模巡访团也发现四川路桥邮局红缎带便民服务队、九洲黄金12个工作法等典型事例，及时在商业街窗口企业中进行宣传和表扬，发挥先进典型的示范引领作用。

（桂云林　李　伟）

【市迎世博窗口服务行业劳模巡访团检查浦东工作】 7月13日，上海市迎世博窗口服务行业劳模巡访团来浦东检查工作，听取浦东新区关于开展窗口服务行业迎世博工作汇报。浦东新区以政府、工会、商圈企业协作联动机制为纲领，以“规范服务、诚信经营、完善设施、文明好客”为目标，以开展全员培训、开展行风建设、整改薄弱环节、组织主题活动为载体，注重以点带面，全面推进窗口服务行业迎世博活动，提升窗口服务水平。巡访团劳模代表肯定了浦东在活动开展上取得的成效，并对迎世博氛围营造，职工岗位管理等方面提出了改进意见。

（张真琦）

【上海市迎世博劳模巡访团赴虹桥商圈检查】 8月7日，上海市迎世博劳模巡访团赴长宁区虹桥商圈检查工作。两届市劳模、友谊商店五星营业员黄洪声，全国五一奖章获得者、东方商厦高级营业员许宁，市劳模、黄浦老凤祥营业员汪杏芬等反馈了暗访长宁区商家迎世博活动情况。长宁区总工会、汇金百货虹桥店、长房国际广场商业有限公司、新虹桥俱乐部汇报了迎世博“五比五赛”工作情况。劳模巡访团还对汇金百货虹桥店、长房国际广场商业有限公司进行实地巡访。

（陈伟明）

【长宁区仙霞街道组建劳模群英工作室】 3月5日，仙霞社区总工会举行劳模群英工作室组建仪式。劳模群英工作室由张惠英、鲁慧娟、缪建秀、赖惠萱、周珊珊等5位退休劳模为主要成员。工作室坚持每周对外开放，日常服务项目有：为青少年健康成长提供心理疏导和特殊关爱，开展“一对一”的心理咨询和辅导；为适龄青年提供交友服务，搭建平台，帮助解决情感需求；提供家政服务援助信息；提供民事法律咨询服务；提供婴幼儿健康、科学养育咨询和辅导；为大学生、下岗职工提供创业、再就业理念及信息。工作室还吸纳了辖区内一批各具特长、热心于社区建设的党员志愿者共同参与为民服务。

（恽秀华）

【长宁区仙霞社区总工会举行“文明，让仙霞服务窗口更温馨”结对仪式】 4月3日，仙霞社区总工会举行百名劳模与辖区内百家窗口服务单位携手承诺“文明，让仙霞服务窗口更温馨”仪式。各窗口单位向劳模代表发放了“仙霞迎世博，窗口服务指导员”聘书。这些劳模将每月不定期为银行、宾馆、药监、医疗、工商、税务、司法、餐饮、楼宇物业等窗口服务单位提供礼仪讲座、培训和服务技巧的示范指导，推动辖区内各行业窗口单位实现服务质量、服务水平、服务标准、服务环境、服务设施、服务功能全面提升，以文明、优良、健康的窗口形象来“参与世博、服务世博”。

（恽秀华）

【普陀区总工会落实劳模迎世博窗口服务行业“三五”行动】 一是强化硬件建设，明确组织机构。区总工会建立普陀区劳模先进迎世博窗口服务行业“三五”行动指挥部，由上海市劳动模范、区委常委、副区长诸葛宇杰等60余名劳模先进代表组成，下设办公室，采取劳模常任值班和轮流值班形式办公。二是细化制度建设，明确行动内容。建立了“对接负责制度”、“定期巡访制度”、“集中示范制度”、“规范反馈制度”，并建立了劳模先进行动职责、巡访记录表、“五比五赛”考核表、反馈单等一系列工作台账。三是深化工作内涵，创新工作特色。以十大商业街为“块”，采取以劳模先进对口定点巡访的方式，在每月的5日、15日和25日对全区100家重点窗口服务行业进行以“五比五赛”为主要内容的巡访行动；以十大行业为“条”，根据各行业开展的窗口服务行业职工立功竞赛，采取劳模先进对口示范制度，通过劳模先进授课、现场示范、名师带徒等方式，提高行业服务质量。

（赵　勇）

市劳模集体淮海路清道班注重外来务工人员职业教育　（张全桥）

市劳模集体铁路上海站张庆桓服务台与安徽砀山魏庙希望学校开展结对共建活动 （查建华）

【普陀区总工会迎世博倒计时一周年千名职工"五一"特别行动】 5月1日，在世博会倒计时一周年之际，区总工会在长寿路商业街重点窗口服务单位开展迎世博倒计时一周年千名职工"五一"特别行动暨窗口服务行业劳模先进巡访活动。劳模徐虎、朱雪芹、陈扣娣等带领千名职工在长寿路商业街开展了以比服务环境，赛整洁优美；比服务设施、赛安全便捷；比服务品质，赛仪态仪表；比服务水平，赛技术技能；比服务管理，赛常态长效为主要内容的"五比五赛"巡访活动。还采取"请进来，走出去"的方法，在派出区内部分窗口服务行业劳模代表赴虹桥商圈学习的同时，邀请外区的劳模先进共同参与指导长寿路商业街窗口服务行业职工迎世博立功竞赛。 （赵 勇）

【静安区聘请劳模督导员全面提升商业服务业服务水平】 7月5日，区总工会与区迎世博600天行动窗口服务指挥部、区商务委员会联合举办"微笑的静安，满意的窗口——迎世博倒计时300天主题活动暨商业服务业优质服务劳模督导聘请仪式"。为充分发挥窗口服务行业劳模的示范引领作用，区迎世博600天行动窗口服务指挥部、区总工会联合聘请了来自上航客舱服务部的吴尔愉、东方商厦的马海燕、华联商厦的王震、茂昌眼镜公司的蓝金康、市百一店的李惠麟、中安发展有限公司的华慧虹、立丰食品公司的王凌云、梅龙镇酒家的傅俊、凯司令食品店的张爱萍、上海静安区第六粮油食品商店的杨信均等10位全国及市劳模作为"商业服务业优质服务劳模督导"，向他们颁发聘书。在区迎世博600天行动窗口服务指挥部和区总工会的牵线下，10位劳模督导分别与恒隆广场、中信泰富广场、梅龙镇广场等10家企业结对，共同推动规范服务，树立良好窗口形象。 （陈章翠）

【上海电建公司工会开展劳模先进示范基地创建活动】 电建公司工会注重开发劳模先进资源，放大劳模先进效应，开展了劳模先进示范基地创建活动。劳模先进示范基地选取锅炉本体安装、汽机本体安装、热控调试、大型门式起重机吊装、特高压线路施工等工种领域内5名代表作为首批示范专家。公司所属基层单位依托劳模先进示范基地平台，分别设立了工作室、示范点、创新岗位，以发挥劳模先进"传、帮、带"的作用。 （张文标）

【上海烟草储运公司着力加强劳模工作点建设】 为发挥劳模先进示范引领作用，上海烟草储运公司工会建立范荣劳模工作点，并将劳模工作点打造成为3个基地：一是成为职工技能培训基地。由劳模对新技术率先学习，再把学习内容编制成教材对骨干培训，然后通过骨干分区域去带教其他职工，摸索总结出一套新技术学习培训模式，加快新技术应用速度。二是成为班组管理探索基地。在2009年的现场管理工作中，工作点思考形成了"123456"清洁仓间作业法。在推广应用中，根据企业阶段性工作，建立落地于班组的操作流程。三是成为青年骨干孵化基地。公司陆续引进高学历的技术工人充实到一线班组，劳模工作点通过引导、联动、传授的带教方式，使他们成为各岗位工作的业务骨干。 （陆仁平）

【上海铁路局客运系统在迎世博活动中发挥劳模作用】 铁路局工会结合

市劳模包增伟热情为顾客服务 （查建华）

局“和谐之旅、精彩世博”客运服务质量年活动，以窗口单位劳模为主体，发挥劳模示范引领作用。一是开展志愿宣传活动。每月20日劳模们自愿到南京路加入劳模义务服务队伍，在“共创精彩世博，奋战和谐春运”全局劳模先进、青年志愿者服务启动仪式上，全国劳模代表向全局职工发出“迎世博、奋战春运倡议书”。二是做好传帮带。劳模们发挥自己独特的工作方法，展示规范行为举止、服务技能，带动身边职工形成一批新的服务品牌。三是参加迎世博“三五”集中行动，在每月的5日、15日和25日，劳模们参加迎世博活动，为旅客解疑释难、扶老携幼，发放宣传册、纪念品等。（马　骊）

【运输工会注重劳模先进培育工作的“四个环节”】 （1）抓好计划环节。根据企业发展目标和人才培养规划，制定劳模先进培育计划，做到培育对象、培育措施、培育目标明确。（2）抓好选树环节。选树培育对象按照基层推荐、工会申报、党委审批的程序规范运作。集团每年召开专题工作会议，对培育对象情况进行汇总和分析，并对相关工作提出具体要求。（3）抓好培育环节。从5个方面拓展培育渠道，集团先后确定22名劳模培育对象，形成比较稳定的梯形先进后备人才库。（4）抓好管理环节。对劳模先进人物培育对象实行全程信息管理；建立定期访问、书面汇报、检查评估制度，使培育工作制度化规范化；定期开展交流活动，促进劳模与培育对象之间的联系沟通；加大工作考核力度，对在培育工作中取得成绩的基层工会，作为评选先进职工之家的依据。（吴　明）

【市绿化和市容管理局工会组织劳模先进巡访】 在迎世博倒计时一周年之际，局工会组织行业劳动模范、模范集体和“工人先锋号”等先进代表，参加了迎世博上海百万职工五一特别行动暨劳模先进巡访活动。巡访团按照环境文明、服务文明、秩序文明和商圈立功竞赛“五比五赛”等要求巡访，对攻克顽症陋习、整治市容市貌、清洁美化城市发挥了作用。（张慧萍）

【上海市医务工会组织劳模巡访】

为推进卫生系统迎世博窗口服务示范岗建设，市医务工会组建了劳模巡访组。6月2—4日，对27家市级医院开展迎世博活动的督查与巡访。在参与巡访的7位劳模代表中，既有全国或省部级劳模，又有全国五一劳动奖章获得者，既有经验丰富的管理专家，又有德医双馨的业界泰斗。巡访中劳模代表和其他巡访组成员一起认真查看现场，了解医院迎世博工作举措，并就各家医院的工作特色、存在问题、改进建议等向院领导及时反馈。（池朝霞）

关心服务劳模

【静安区主要领导走访慰问劳模】

1月20—21日，区委、区政府、区政协等主要领导，在区总工会领导陪同下，分别走访慰问劳模代表。之前，区总工会对全区的市退休劳模生活情况进行调查摸底，并从劳模专项经费中拨出专款，为他们发放节日慰问金和困难帮扶金，并对部分退休全国劳模进行走访慰问。元旦春节期间，共慰问帮扶劳模149人次，发放帮扶慰问金17.9万余元。（陈章翠）

【松江区总工会着力加强劳模管理服务】 年初，区总工会制定了劳模管理服务工作计划，从工作生活等各方面关心服务劳模。一是召开劳模座谈会，请区长孙建平为劳模作松江经济社会发展形势报告。同时，通过媒体宣传弘扬劳模奉献精神，激励全区职工发挥主力军作用。二是对25名生活困难或患大病劳模，上门走访看望并送上慰问金。对就业困难的劳模子女，帮助实现再就业。三是组织141名劳模参加健康体检，93名劳模参加疗休养，为劳模订阅《劳动报》280份、《家庭医学》杂志340份，组织200多名劳模观摩电影。（莫永涛）

【青浦区总工会强化服务为劳模排忧解难】 一是切实落实劳模各项待遇。按照有关文件精神，及时为劳模办理荣誉津贴的发放和企业退休劳模的增资手续，做好劳模认定和“三金”的申报工作。二是坚持做好重大节日期间，走访慰问困难劳模和年龄较大劳模工作。三是关爱退休劳模身体健康。分批组织141名镇、街道退休劳模进行健康检查和疗休养；四是成立80人的服务劳模志愿者队伍，为劳模们提供医疗、法律、科技、生活等服务。（马美君）

【仪电工会切实做好关心劳模工作】 仪电工会深入开展走访慰问、帮扶劳模工作，把关怀送到劳模家庭。对有困难的全国劳模和72名有特殊困难的退休市劳模，仪电工会从集团帮扶经费中给每人发放1 000元帮扶金。同时，加强劳模健康管理，落实劳模体检计划。安排系统内全体市劳模到上

市人大常委会副主任、市总工会主席陈豪慰问困难劳模　（吴良荣）

海工人疗养院体检，为需要体检的268名市劳模解决了所需费用。

（生　青）

【市化学工会组织劳模疗休养】 6月至9月，化学工会组织了4批44名劳模参加疗休养。化学工会从疗休养线路选择、游程设计、时间节点、住宿安排、组团规模等各个环节周密考虑，向每名参加疗休养的劳模提供了一张成行通知、一份游程及旅游注意事项、一封慰问信、一份慰问金、一套简易生活用品，让劳模出行无后顾之忧。

（陆霞云）

【建工工会注重劳模管理工作上水平】 (1)健全劳模管理网络，完善日常工作机制。集团工会不定期召开劳模管理工作会议，并通过建立集团、公司和分公司三级劳模管理组织网络，坚持做好"五必访"(即劳模受到表彰必访、劳模提干升职必访、劳模节日加班必访、劳模赴外工作必访、劳模大病身亡必访)，加强劳模日常管理工作。(2)编写劳模荣誉录，弘扬劳模先进事迹。集团两次为劳模著书立传，出版上海建工(集团)总公司劳模先进荣誉录——《建工的脊梁》。(3)发放荣誉津贴，激励劳模再攀新高。集团工会、人力资源部、资产财务部联合发文，规定劳模享受荣誉津贴的标准。(4)建立劳模之家，提供劳模交流平台。劳模之家共组织开展健康咨询服务、学习座谈交流、工作探讨研究等各类活动30余次，为近800人次的劳模先进提供服务。(5)实施劳模健康体检，提高劳模健康水平。集团《关于健全上海建工集团职工体检的协议》规定：凡获得市劳动模范及其以上荣誉称号的职工每年安排一次体检。

（何连成）

【上海大屯能源股份公司成立劳模协会】 为发挥劳模在企业生产经营及安全稳定中作用，上海大屯能源股份公司结合实际，成立了公司劳动模范协会，制定了劳模协会章程，选举产生了协会会长、副会长、理事。协会的成立将更好地为公司劳模服务，使劳模更好地发挥骨干带头作用。

（王诗合）

李斌等全国劳模参加上海市工人疗养院劳模健康体检基地揭牌活动

（吴良荣）

【市级医疗卫生单位劳模联谊会产生第三届理事会】 8月7日，上海市市级医疗卫生单位劳动模范联谊会在上海宾馆举行。会议审议并通过了第二届理事会工作总结，审议并通过了《上海市市级医疗卫生单位劳动模范联谊会章程》，以及新一届理事会成员名单。全国劳模、华东医院院长俞卓伟出任第三届理事会会长，许迅、徐志伟、房敏、郑珊任副会长。

（池朝霞）

【市民政局工会关心关爱退休劳模】 为让劳模感受到在岗奉献光荣，退休养老备受关怀，民政局工会根据系统内劳模实际情况，及时将劳模帮扶金、慰问金足额发放到劳模手中。元旦、春节、国庆期间，局工会会同局组织人事处，组成慰问组分批走访慰问劳模及已故劳模家属，向每位劳模送上节日慰问款，并对生活困难的劳模给予特殊帮扶。同时，为落实对退休劳模的关心关爱，民政局工会征求每位退休劳模体检意向，安排退休劳模在上海工人疗养院接受心电图、B超、肝功能等多项检查，受到退休劳模欢迎。

（胡积伟）

【锦江国际集团工会把关心劳模工作落到实处】 五一前夕，锦江国际集团工会召开庆五一劳模座谈会。集团领导感谢劳模在做响做大锦江品牌以及集团事业发展中所做出的重要贡献，传达市委书记俞正声到锦江国际集团总部调研时的重要讲话精神，要求劳模们再接再厉，再立新功。同时，锦江集团工会建立劳模基金，每年对老劳模、困难劳模家庭进行重点帮扶慰问。建立健全劳模信息数据库，使劳模管理工作制度化、规范化、程序化。另外，在国庆60周年前夕，锦江国际集团工会组织78名劳模先进到市工人疗养院进行健康体检，并为每名劳模建立了健康档案。

（张祥伟）

【城建集团劳模协会与北京建工集团交流学习】 集团劳模协会理事会赴京与北京建工集团学习交流劳模管理工作。北京建工集团工会介绍了劳模管理工作的先进经验和做法，同时就劳模管理需要探索和加强的工作作了探讨。上海城建劳模协会介绍了上海城建在培养劳模、弘扬劳模精神方面的情况和做法。双方还就新时期新形势下如何更好地发挥劳模先进示范引领作用，如何营造学习劳模、争当劳模的氛围进行了交流。

（朱　强）

工会组织建设

Union Organizations Building

综　述

2009年,全市工会按照市委要求,应对全球金融危机影响所带来的农民工返沪总量下降、相当部分企业关停并迁和裁员、世博园区建设环境整治企业流失等主要困难,以私营、外资等非公企业建会和发展会员为重点,大力推进工会组建工作。一是早计划、早部署。年初将目标任务下达到区县局(产业)工会。基层单位通过签订《目标责任书》等形式予以贯彻落实。中建八局、城建集团、申通集团等工会抓住基本建设发展的机遇,专门召开会议,研究和推进组建工作。二是抓重点带全面,坚持中途督查。市总工会将18个区县和30个局(产业)工会列为重点单位,全年召开8次工作例会,督查了38个单位。三是攻坚克难、挖掘潜力,填平补缺保增长。通过市、区、街道三级工会联动,完成重点关注的惠氏制药有限公司、丸红(中国)有限公司的工会组建任务。通过组建区域性、行业性工会联合会等做法覆盖小型非公、服务型企业。通过市系统、产业(行业)工会和地区工会的条块结合,广泛吸纳以农民工为主体的职工入会。市城乡建设和交通工会,利用市进沪建筑施工企业工会工作促进会的平台,推进在沪建筑施工企业的组建工作。市教育工会积极探索编外教职员工入会的新途径。四是直面外企高管,宣传中国工会。市总工会组织部、法律部等有关人员赴欧盟商会上海联络处,举办有30余位联络处官员参加的工会说明会,取得效果。区县工会和市外服、中智两个劳务派遣公司工会也开展宣传解释工作。五是学习贯彻全国总工会阳泉会议和宁波会议精神。全总会议后,市总工会召开区县局(产业)工会学习传达和专题研讨会。学习兄弟省市经验,形成具有上海特点的工作模式。六是树立典型。开展"迎国庆、树楷模、创佳绩"活动,通过考核,青浦区总工会等10个单位被授予"2009年上海市工会组建工作先进单位"称号,普陀区总工会等23个单位被授予"2009年上海市工会组建工作优秀单位"称号,惠氏制药有限公司组建工会等142个项目获得"2009年上海市工会组建工作重点突破奖"。评选出302个"上海市模范职工之家"、297个"上海市模范职工小家"。杨浦区定海等3个街道镇成为"全国示范乡镇街道工会"。评选黄伟建等16人为"2009年全国优秀工会工作者"。

(刘卫新)

工会组建

【上海工会组建工作的"四个坚持"】 2009年,上海工会组建工作根据市委和全国总工会要求,全会上下积极应对全球金融危机的不利影响,及时将组建工作的重点转向以服务、商贸、餐饮等第三产业,突出外资、私营等中小型非公企业组建重点,同时不放松世界500强等跨国公司的工会组建,推进包括进城务工人员在内的职工入会,确保组建工作稳步推进。全市工会推进组建工作做到"四个坚持",即坚持以工会组建、发展会员为一条主线;坚持"两手抓",即一手抓组建、一手抓运作;坚持"三级组织、四级网络"的建立健全;坚持抓住五个环节,即"领导负责、目标分解、中途督查、情况通报、考核评比"。截至9月底,全市工会会员总数726.8万名,工会组织数51 952个,建会单位数200 769个。其中进城务工人员入会282.6万名。与上年底相比,净增会员36万名,净增工会组织3 380个,净增建会单位18 491个。以世界500强等跨国公司为重点的外资企业建会工作继续推进,全市外资企业建会单位达到16 963家。其中,全总重点关注的丸红(中国)有限公司、惠氏制药有限公司,以及通用电气(中国)、理光(中国)等一批世界500强跨国公司成功建会。

(刘卫新　杨　娟)

【全总基层组织部检查上海工会组织建设工作】 2月24—26日,全总工会组建工作检查组对上海市2008年度工会组建及基层工会运作情况进行检查考核。考核采用全面核查和随机抽查相结合的办法。在听取市总工会组织部、徐汇区总工会关于2008年工会组织建设工作的情况汇报后,检查组根据全总数据库随机抽取了上海新汇文化娱乐(集团)有限公司、上海西门子工业自动化有限公司、上海美粤华大酒店、上海大昌行食品工业有限公司、卡夫食品上海有限公司等5家企业进行实地考查。对这次检查,全总考核组表示满意,同时对上海进一步推动工会组织建设工作提出希望。

(杨　娟)

【世界500强等跨国公司建会工作取得新突破】 至9月底,全市正常经营的1 495家世界500强等跨国公司中,建会1 356家,建会率90%。其中,总部型企业建会128家,建会率91%;法人型公司建会727家,建会率92%。全总重点关注的全国4家世界500强企业总部中,有2家于9月底前成功建会。

(杨　娟)

【全总重点关注的丸红公司成立工会】 丸红(上海)有限公司成立于1993年,员工157人。其中外籍员工28人,上海外服公司派遣员工129人;多年来,上海市总工会、浦东新区总工会、陆家嘴地区工会以及上海外服公司工会等为促进该公司组建工会做了大量工作。但受全球金融危机等影响,丸红公司兼并重组,客观上增加建会工作困难。为此,上海工会以推进世界500强等跨国公司工会组建集中行动为契机,派出专人联络,提升服务水平,督促其尽早建会。市总工会专程到丸红公司所在的浦东地区调研、商讨措施,明确将丸红公司的建会列为工作重点。浦东新区总工会、陆家嘴工会联合会与上海外服公司工会整合资源、合力推进,于5月4日共同约见丸红公司人力资源部负责人,经三方协商就组建工会事宜达成共识并排定时间表。根据丸红公司的承诺,上海外服公司工会密切跟踪建会进展动态,并提供服务指导和帮助。7月13日,丸红(中国)有限公司、丸红(上海)有限公司递交建会申请,上海外服公司雇员工会第一时间给予批复。

(杨　娟)

【上海工会女职工组织夯实组织基础】 2009年上海各级工会女职工组织创新思路,不断完善工作机制,丰富工作内容,夯实组织基础。一是开展大培训,注重学习实效。市总工会女职工委员会及时转发了《工会女职工委员会工作条例》、《中华全国总工会关于加强企业工会女职工工作的意见》，开展学习宣传文件精神大培训。二是制定相关指导意见，加强基层组织建设。市总工会女职工委员会以聚集众多非公企业及大量女职工的街道（乡镇）及经济园区为重点，深入基层开展调查研究，先后出台了《加强街道、乡镇总工会女职工工作的意见》、《加强经济园区工会女职工工作的意见》，加强基层企业工会女职工组织建设。三是编印《工作手册》，加强工作指导。女职工委员会编印5万本《工会女职工委员会工作手册》，发至基层工会女职工组织，并对《工作手册》使用进行培训。四是推进重点工作目标实现。完善同步组建办法，要求各级工会女职工组织组建、换届、人员调整建立向上级工会女职工委员会备案制度。全市工会女职工组织同步组建率达到93.9%。（孙　华）

【世界500强企业巴斯夫成立工会联合会】 11月9日，世界500强企业巴斯夫公司成立巴斯夫上海企业工会联合会。5家位于上海的巴斯夫全资公司及其北京和广州的分支机构加入工会联合会。（王新明）

【徐汇区总工会以非公企业为重点推进工会组建】 徐汇区总工会结合深入学习实践科学发展观活动，依靠各级工会组织，创新建会模式，以非公企业为重点，采取多种方式组建工会和发展会员，大力推进工会组建工作。2009年，全区新建立基层工会组织170个，总数达1 860个，同比增长10%；净增建会单位1 160个，总数达14 178个，同比增长9%；净增会员27 436名，总数达291 888名，同比增长10.4%。同时，全区工会组织积极探索新的管理方式，加快工会干部职业化进程，区、街道（镇）两级工会共选聘专职工会工作者34名。（彭新民）

【长宁区总工会多措并举确保外企工会组建有序开展】 区总工会以虹开发为重点组建区域，继续抓好世界500强及规模型企业的工会组建，切实推进外资企业的建会工作。截至9月底，全区外资企业建会单位有1 089家。一是加强合作，合力推进外资企业工会组建。主动加强与虹联公司沟通与合作，先后多次与虹联公司沟通虹开发工会组建工作；借助虹联公司在开发区的管理职能，通力合作，联手推进开发区工会组建。二是加强力量，配好专职工会干部。为推进虹开发工会组建，由区总工会招聘，虹联公司出资，聘用2名有经验的工会干部负责开发区的工会工作，并由区总工会1名副调研员负责该区域的工会组建。三是细致排摸，确定组建工作计划。对虹开发楼宇内企业再次排摸，确定重点组建的楼宇（新虹桥中心大夏和国贸中心）和企业，明确组建工作计划。对有独立建会条件的企业要求建独立工会，对暂时没有条件独立建会的企业通过楼宇工会覆盖，为虹开发工会的整体运作打下基础。四是分类推进，确定组建工作重点。一些企业公司员工都由上海外服或中智公司所派遣，区总工会多次前往外服公司和中智公司沟通，就合力促进企业建会达成共识。五是坚持不懈，确定目标有所突破。在确定组建目标后，多次上门宣传动员，坚持做好说服解释工作，在困境中求突破。（吴斐隽）

世界500强企业巴斯夫成立工会联合会（陈建林）

【长宁区理光（中国）投资有限公司成立工会】 理光（中国）投资有限公司是一家总部型世界500强跨国公司，有员工640名。公司在华东、华北和华南地区设14家分公司。长宁区总工会借助世界500强等跨国公司集中建会行动契机，加强对全区世界500强企业的工会组建推进工作，并将理光（中国）投资有限公司列入重点推进计划。6月，理光（中国）投资有限公司正式组建工会，并选举产生了第一届工会委员会和经费审查委员会。同时根据其行政结构划分和管理的需要，理光（中国）投资有限公司工会覆盖了其所有下属分公司。（吴斐隽）

【普陀区首幢“亿元楼”成立工会联合会】 6月19日，普陀区中环商务区绿洲工会联合会成立并召开第一次代表大会。来自中环商务区内54家企业的55名职工代表参加会议。商务区内部分企业的经营者应邀出席会议。会议选举产生了中环商务区绿洲工会联合会第一届委员会委员和第一届经费审查委员会委员。（赵　勇）

【普陀区总工会启动工会组建联合约见行动】 2月24日，普陀区总工会联合长征、长寿、长风和甘泉等社区（街道）、镇总工会，对区内规模以上的未建工会的非公企业开展集中走访约见行动。区总工会旨在通过与企业负责人见面沟通，大力宣传中国工会组织不可替代的作用，并对其中2家企业发出了《企业工会组建约见函》，进一步推进企业工会组建和职工入会进程。（赵　勇）

【杨浦区五角场成立科技教育工会联合会】 9月22日，五角场地区成立杨浦区第一家科技教育行业工会联合会，将国有和非公科技教育企事业工

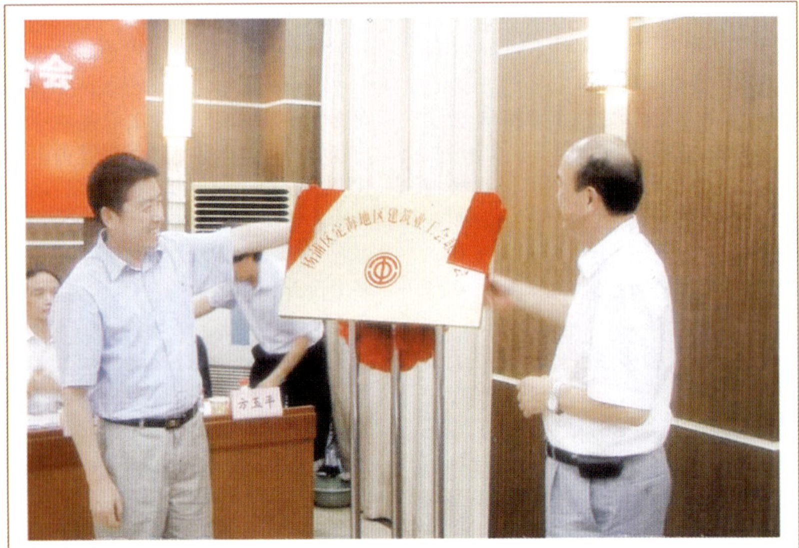

7月31日,杨浦区总工会探索“行业工会建在地区上”工作新模式,在定海地区成立第一家地区行业工会——建筑业工会联合会 (张念宏)

会资源进行有效整合,谋求共同发展、共享成果。来自五角场地区科技教育企事业工会的会员代表以及地区工会干部近60人出席会议,选举产生了五角场地区科技教育行业工会联合会首届委员会和经费审查委员会。区总工会、五角场社区(街道)党工委为五角场地区科技教育行业工会联合会成立揭牌。 (梁绍法)

【杨浦区总工会全面推进地区行业工会建设】 12月9日,杨浦区总工会召开加强地区行业工会建设会议,全面推进行业工会建在地区上的工作。自7月杨浦区总工会试点行业工会建在地区上的模式以来,经过5个月运行,赢得区委支持。由区总工会制定的《关于加强地区行业工会联合会建设的试行意见》,区委办公室予以转发。该意见对地区行业工会的建立、行业工会领导的产生、行业工会经费来源以及行业工会基本职责予以明确,并提出行业工会建在地区上的模式将于2010年1月全面推行,地区行业工会将在2010年上半年基本组建完毕。 (李学兵)

【杨浦区定海地区建筑行业工会联合会成立】 7月31日,杨浦区总工会推出“行业工会建在地区上”工作新模式,在定海地区成立第一家地区行业工会——建筑业工会联合会。11家建筑业的会员代表选举产生行业工会委员。该行业工会将街道(镇)辖区的建筑业非公企业按照“门类相近、行业相同”进行归类,以联合制、代表制的形式建立,实现工会组织两次覆盖。区总工会、定海社区(街道)党工委为定海地区建筑业工会联合会揭牌。 (李学兵)

【黄浦区总工会大力推进楼宇工会组建】 2009年,黄浦区总工会以世界500强等外资企业、知名商务楼宇为组建工作重点,共新增22个商务楼宇联合工会,其中4个为税收超过亿元的楼宇联合工会,覆盖入住企业近200家,吸收1 500多名职工入会。还建立了楼宇工会联合会6个,为更好开展楼宇工会工作搭建平台。一是强化建会指导。梳理商务楼宇建会的程序和基本要求并印发建会指导书,帮助指导社区(街道)总工会推进商务楼宇工会组建;二是整合资源争取有关部门支持。与区物业协会进行恳谈,就推进商务楼宇工会组建达成共识、取得支持,为楼宇建会工作的全面铺开打下基础。三是工会工作经费向楼宇工会倾斜。在商务楼宇集中的南东和外滩两个社区(街道),加大对楼宇工会工作经费的投入,确保楼宇工会能有效运转。四是根据楼宇工会工作运作需要,区总和社区(街道)总工会联合向社会公开招聘,选拔优秀人才担任楼宇联合工会的专职干部,提升楼宇工会运作水平。 (贺歆莞 徐佳礼)

【黄浦区总工会夯实组建基础探索工会组建新方式】 2009年,黄浦区总工会召开外商投资企业工会组建联席会议,下发《关于2009年黄浦区工会组建工作目标任务的通知》和《依法组建工会的告知书》,继续推进以世界500强、知名外企为重点的非公企业工会组建,探索楼宇、市场、行业工会为主的组建方式,设立网上入会方式和现场登记入会工作平台。年内新建6个楼宇工会联合会。同时,注重抓实500强企业工会筹备组的正式选举,经公推直选,产生楼宇联合工会班子22个,市场、行业联合工会班子各2个以及金佰利、三菱电机、怡和科技、东芝开利空调等知名外企工会“两委会”班子。至年底,全区工会组织1 515个,会员16.1万名。与上年比,净增工会组织155个,净增建会单位341家,净增会员8 028名。其中净增外企建会单位115家。 (吕诚陆)

【静安区南京西路街道总工会实现世界500强企业工会组织全覆盖】 南京西路街道辖区内高档商务楼宇约占静安区的50%,街道总工会将推进入驻高档商务楼宇的世界500强企业建会作为2009年的重点工作。一是重视宣传,营造氛围。通过主动约见企业经营者、上门宣传,以及邀请企业负责人、职工代表参加座谈会等工作,优化建会氛围。二是加强领导,多方协调。街道党工委多次召开会议,加强协调,分析情况,找出问题,部署推进。三是明确责任、落实任务。明确组建联系人,把握时间节点,每月上报组建进度,明确下月工作计划以及街道总工会上门协调事项等内容。同时,每周召开一次进展情况通报会,每月召开一次组建工作交流会,及时分析解决存在问题。至8月底,南京西路街道总工会实现对辖区内世界500强企业的组建全覆盖。 (刘承军)

【闵行区总工会推进世界500强企业组建工会】 一是坚持解困服务。针对全球金融危机给企业生产、职工生活带来的不利影响,区总工会帮助企业获取政府的政策扶持,倡导企业把“不裁员、少裁员,不减薪、少减薪”作为首要责任,促进实现“稳员增效”。二是坚持宣传服务。区总工会与基层工会坚持上门与企业沟通、讲解世界500强企业组建工会的必要性和紧迫性，宣传《工会法》等相关法律法规。三是坚持指导服务。各级工会坚持因企制宜，帮助企业熟悉了解工会运作的具体要求。通过努力，闵行区全年新建世界500强企业工会共7家。

（胡　译）

【闵行区总工会全面推进区域性、行业性工会建设】 闵行区总工会探索运用属地管理、条块结合、行业联合的工作渠道和工作平台，创新符合实际、顺应发展要求的组织形式，采取"双措并举、二次覆盖"的方式，全面推进村级工会联合会和行业工会联合会建设。共计建立163个村级工会联合会、9个区（镇、街道）两级行业工会、70个小区工会、16个商务楼宇工会、2个一条街工会，共覆盖工会组织4 161家，会员33.7万名。（许向东）

【闵行区总工会着力构建党工共建新格局】 一是坚持把党建带工建、工建服务党建作为推进党建和工会组建的有效机制，运用项目化推进的方法，把工建指标纳入党建目标，层层分解、责任到人，并把"两新"组织中非公企业作为党工建设的重点，加大推进力度，通过联合召开会议，联合下发文件，联合调研检查、宣传造势，为培养入党积极分子、扩大党组织覆盖面、推进工会组建提供良好的平台。二是根据区委推进区域党建工作的有关精神，结合区域党建联席会议成员单位及区总工会工作实际，坚持以《闵行区区域党建联席会议制度（试行）》规定的"九项制度"为主要内容，以合作共赢为出发点，探索建立互联、互补、互动的区域党建单位工会共建新格局。三是聘任基层党群工作者担任工会组建工作指导员，扩大工会组建工作网络范围。（许向东）

【金山卫镇建立首家餐饮业工会】 金山卫镇总工会以餐饮行业中具备一定规模的上海依天花园酒店有限公司为突破点，带动镇辖区内的餐饮企业建会。经过努力，10月9日，上海依天花园酒店有限公司工会正式成立并召开第一次会员大会。

（俞绍林）

【金山区总工会破解全球金融危机形势下工会"组建难"问题】 2009年，金山区总工会将推动破解金融危机形势下工会"组建难"尤其是外资企业工会"组建难"的问题，作为组建工作重点。区总工会针对全区工会组织实际情况，反复研究，在听取各方意见后，采取两项措施，加大工会组建力度。一是在全区工会系统首次开展工会组建工作专项考核。研究制订了《2009年金山区工会组织建设工作考核奖励办法》，根据2008年12月区经委规模企业调查统计结果、2009年2月区经济普查办公室经济普查统计结果，结合各镇（街道）总工会、金山工业区工会组建工作实际，下达年度工会组织数、建会单位数、会员数考核量化指标，年内完成考核指标的由区总给予专项奖励；同时，各直属工会每组建1家世界500强等跨国公司、规模外资企业（工业产值500万以上）工会，区总在给予直属工会奖励的同时也给予该企业工会同等奖励。二是建议在领导班子绩效考核中增设工会组建项目。以巩固发展"党委领导、政府支持、工会运作、职工参与、各方配合"的金山工会工作大格局为目标，向区委建议在全区领导班子绩效考核办法"党建和社会发展指标"中增设工会组织建设项目，将企业工会组建率、从业人员入会率、基层工会组织健全率及作用发挥情况纳入考核范畴，主动争取党委领导、政府支持，为"四个确保"提供坚实的组织基础。

（曹　冠）

【金山区首家镇村卫生机构工会成立】 2009年，以乡村医生和镇合作医疗基金会为主体的金山区首家镇村卫生机构"一体办"工会在朱泾镇成立，朱泾镇52位乡村医生成为工会会员。（郑逸民）

【松江区总工会推进世界500强企业组建工会有新突破】 松江区总工会采用多种形式，借助各方力量，全力推进500强企业组建工会取得新突破。一是与区委组织部、社会工作党委、台办和经委、外经委等部门，以推进会、联席会等形式定期通报情况，分析建会现状，针对建会难点，发挥职能作用，合力推进组建；二是与各镇、街道和工业区等党委主要领导进行协调，由党政领导明确班子成员分工，并带头深入企业，向经营者宣传取得共识，推进组建；三是激发工会干部积极性，定期召开专题工作会议，借鉴有效做法推进组建。通过努力，推动了一批规模大、组建难的世界500强企业组建工会。至年底，全区世界500强企业工会组建率达75%。（莫永涛）

【青浦区总工会出台劳务派遣工入会工作意见】 青浦区总工会根据市总工会转发的《全国总工会关于组织劳务派遣工加入工会的规定》，结合实际出台了《区总工会关于组织劳务派遣工加入工会的若干意见》，试点推进劳务派遣人员入会工作。《意见》立足于引导劳务派遣人员加入用工单位工会，明确劳务派遣工会员的组织活动、权益维护以及工会经费收缴等内容。在选取新大洲本田摩托车有限公司试点基础上，区总工会成功引导该企业全体劳务派遣工加入工会。

（马美君）

【青浦区总工会组建工作取得新突破】 2009年，青浦区总工会在全球金融危机影响的形势下，整合各方力量，攻坚克难，稳中求进，全面超额完成了组建工作任务。一是积极争取联席会议成员单位的支持配合，把建会工作列入各项评优活动中。二是主动开展"送政策、送服务，促建会、谋发展"活动，讲究建会策略，突破外资企业工会组建瓶颈。三是找准3个突破口，使组建工作与经济发展相适应。以建会老大难企业为突破口，攻克了一批有较大影响力的台资、德资企业建会难题；以商铺建会为突破口，在11个居委会建立了区域性商铺工会联合会；以发展劳务派遣人员入会为突破口，出台相关工作意见。至年底，新组建335个基层工会，发展3 161个建会单位，发展会员42 268人，非公企业组建率达到95%。（马美君）

【崇明县长兴乡成立首家乡镇总工会】 崇明县总工会深入基层调研，及时向县委提出建立乡镇总工会的方案设想，得到县委支持。为确保乡镇总工会组建工作有序开展，县总工会就乡镇总工会的人员组成、办公场所等方面加强与各乡镇党委沟通协调。经过努力，8月28日，长兴乡成为崇明县首家乡镇总工会，并召开乡总工会第一次代表大会，选举产生了长兴乡总工会第一届委员会和经费审查委员会。（易建军）

【崇明县总工会组建上海中瀛企业（集团）有限公司工会】 坐落在崇明工业园区的上海中瀛企业（集团）有限公司是一家以房地产开发、基础设施建设等实业投资项目经营的规模型民营企业，公司总注册资金66 900万元人民币，下辖16个子公司，员工约2 000余人。在崇明县总工会的指导帮助下，1月17日，上海中瀛企业（集团）有限公司召开工会代表大会，选举产生了上海中瀛企业（集团）有限公司工会委员会和工会经费审查委员会。（易建军）

【上海纺织第八家区域性行业工会联合会成立】 12月30日，闵行区纺织行业召开首届职工暨会员代表大会。来自全区纺织企业133名职工暨会员代表参加会议。会议通过了《闵行区纺织行业职工暨会员代表大会章程》，选举产生了以何红梅为工会主席的闵行区纺织行业工会联合会第一届委员会。至此，上海已有8个区建立了纺织行业工会联合会，成员单位1 300多家，覆盖近20万职工。

（林裕良）

【上海建工工会组建上海中心大厦项目经理部联合工会】 集团工会结合上海中心大厦项目建设周期较长、涉及施工单位广、参与建设者多等特点，组建了上海中心大厦项目经理部联合工会。联合工会由项目经理部及各参建单位联合组建，实行“替补制”，接受项目经理部联合党委和集团工会领导，以联合党委领导为主，组织关系直接隶属集团工会。其主要工作职责：加强组织建设，发挥党联系职工群众桥梁纽带作用；围绕工程建设，动员广大建设者投身建功立业活动；促进文明施工，落实安全生产和劳动保护措施；开展教育培训，提高广大建设者的综合素质；组织项目民主管理，激发建设者的主人翁意识；关心职工生活，帮助建设者解决后顾之忧；加强基础管理，做好资料积累工作等。联合工会经费来源于3个方面：一是总承包项目部划拨一块；二是集团工会资助一块；三是相关参建单位工会补贴一块。（乔　瑜）

【市教育工会推进编外教职工建会和入会工作】 2009年，市教育工会新组建2家民办高校工会，实现了全市18所民办高校工会组织的全覆盖。发展各类编外教职工会员6 000余人，约占全市高校工会会员总数的10%。一是寻求突破，将发展编外教职工建会入会工作纳入各级工会工作计划加以落实。二是建章立制，出台《上海市教育系统编外教职工加入工会试行办法》，指导和规范编外教职工建会入会工作。同时在经费上加大支持奖励力度，并列入文明单位、先进教工之家评比和工会主席年度考核的必要条件。三是狠抓落实，集中力量分步分类推进编外教工建会入会工作，先易后难、循序渐进。第一，加强民办高校组建工会和教职工整体入会工作。先后建立18家民办高校工会，整体发展新会员4 000余人。第二，推进人事代理和人事派遣制教职工建会入会工作。采用“一揽子”解决办法，用“掺沙子”形式，直接发展他们加入院系工会，融入正式编制教职工会员活动。复旦大学、上海交大、上海大学等人事派遣教职工人数较多的单位率先开展入会试点。第三，集中精力并下大力气发展主要集中在高校餐饮、物流、宿管、环境维护等总务后勤部门或校办企业的劳务派遣制教职工建会入会。截至9月底，仅上海交大、上海大学、华东理工大学、海事大学等10所高校工会就集中发展了近5 000名劳务派遣制教职工入会。第四，探索研究生入会的新途径。上海交大工会率先在全国开展在校研究生加入工会组织的试点，在高教研究所等部门试行工会“预备会员”、“准会员”制度，发展了一批研究生会员。

（杨　娟　张渭明）

【全国总工会重点关注的惠氏公司成立工会】 世界500强企业惠氏制药有限公司1991年进入中国，惠氏公司落户上海后，上海工会组织一直指导帮助、督促其建立工会组织，做了大量工作。由于惠氏等4家世界500强企业在外省市的公司拒不建会，2008年12月底被全总列为重点关注。2009年，市总工会再次将惠氏公司建会列为年度工会组建工作重点对象，市、区、街道等总工会专题研究惠氏公司建会方案，区总工会派员到惠氏召开员工座谈会，现场进行建会、入会意愿测定，经过工作，2009年8月20日，上海惠氏制药有限公司工会筹备组正式成立。（杨　娟）

【市民政局工会依法推进工会组织建设】 市民政局工会贯彻“组织起来，切实维权”的工作方针，加强基层工会组织建设。先后帮助指导社会福利中心、殡葬服务中心建立工会和帮助新建印刷厂有限公司等5家基层工会完成换届改选，工会班子结构得到调整和更新；还指导老年报社、福利中心机关顺利组建工会，使市民政局基层工会组织增加到45家。（胡积伟）

【市民政局劳务派遣工入会实现新突破】 年内，市民政局工会将吸收和发展劳务工入会作为落实职工维权工作重点，会同殡葬中心工会深入殡葬中心所属基层单位开展调研、召开专题研讨会，听取各单位意见。并最终确定殡葬中心所属基层单位，通过要求劳务派遣单位成立工会或将劳务工劳动关系转到有工会组织的派遣单位等办法，解决劳务工的入会问题。5月22日、6月19日、6月22日，市宝兴殡仪馆、益善殡仪馆、市龙华殡仪馆相继举行劳务工劳务派遣协议暨入会托管协议签约大会，3家单位共497名劳务工全部加入工会。

（胡积伟）

【临港产业区工会完成全年基层工会组建目标】 上海临港产业区工会贯彻“组织起来，切实维权”的工作方针，始终将工会组建工作作为临港产工委当前要务，制定应对策略，通过多方努力，克服重重困难，2009年新建工会5家，其中包括一家世界500强外企（沃尔沃遍达公司）和一家即将上市的大型民企（维尔泰克公司），完成了预期的工会组建工作目标，使工会总数达到17家。

（樊建平）

创新工作机制

【上海在开展“迎树创”活动中评选全国优秀工会工作者】 市总工会在全市工会系统和广大工会工作者中深入开展“迎国庆、树楷模、创佳绩”活动(简称“迎树创”活动)。普陀区教育局工会主席丁向荣等16人被评为“全国优秀工会工作者”,并受到全总表彰。宝山区顾村镇总工会主席吴振祥被全总授予全国五一劳动奖章。金山区总工会办公室主任兼区纺织行业工会主席李援朝作为全国优秀工会工作者先进事迹报告团成员先后前往全国多个省(区、市)作巡回报告。“迎树创”活动期间,“全国优秀工会干部先进事迹报告团”第一报告团于9月10日在上海展览中心举行“全国优秀工会工作者先进事迹报告会”。

(刘卫新 刘 睿)

【市总工会召开区县局(产业)工会组织部长会议】 为确保2009年上海工会组建工作按照“发展、巩固、提高”的工作思路稳步推进,市总工会抓住组建工作中途督察这一环节,以各区县工会和30个局(产业)工会为组建工作重点单位,坚持每2个月召开一次工会组织部长会议,先后8次召开会议,通报组建推进情况和存在问题,为完成组建任务奠定基础。

(杨 娟)

【上海5个项目获全国工会基层组织建设创新成果奖】 上海工会克服了全球金融危机冲击、世博园区建设、市政动迁等给工会组建工作带来的压力和挑战,坚持推进基层工会组织建设创新工作,在工会组建、会员发展、职工之家建设等方面取得新成绩。2009年,普陀区总工会“创新途径方法,大力推进职业化社会化工会干部队伍建设”获全国工会基层组织建设工作创新成果一等奖;市铁路局工会“坚持标准,勇于创新,探索铁路职工之家建设”获全国工会基层组织建设工作创新成果二等奖;闸北区总工会“创新思路,推进街镇工会建设”、普陀区总工会“加强网络建设,强化网络覆盖”、杨浦区总工会“行业工会建在地区上,推进工会工作科学发展”获全国工会基层组织建设工作创新成果三等奖。

(杨 娟)

【杨浦区总工会从四方面推进地区行业工会建设】 杨浦区总工会在推进小型非公有制企业工会联合会建设中,创新行业工会建在地区上的工作新模式,并在定海、五角场地区成功试点。一是在地区行业工会组织体制上探索,夯实基层工会组织基础。根据试点地区统计,2个街道12个行业工会联合会已覆盖非公企业668家,共有会员21 625人。二是在地区行业工会干部配备上加强力量,配备工会专职主席。每个地区行业工会联合会设一名专职主席,全部由地区召开行业工会代表大会直接选举产生,主席人选原则上由工会工作指导员担任。经统计,试点地区已成功选举出12个行业工会主席。三是着手探索地区行业工会工作制度建设,并落实场地经费。在规模较大的企业内落实行业工会办公场地。明确行业工会工作经费列入地区工会专项工作经费预算,具备条件的行业工会可建立独立账户,未建立独立账户的,在地区工会账户中单列经费科目。根据行业工会会员人数规模,为每个行业工会在区财政划拨专项经费中每年安排1万—2万元的工会经费。四是在经费上开源节流,确保重点。区总工会制定《行业工会主席津贴的意见》。安排300多万元专项经费,用于地区行业工会干部职业化建设。还先后3次面向社会公开招聘25名工会工作者。

(杨 娟)

【长宁区总工会分类指导推动世界500强企业工会运作】 长宁区总工会突出对世界500强企业工会运作的分类指导,并逐步将建家工作的标准纳入到其工会工作中。一是加强业务工作指导。一方面要求500强企业工会结合自身实际,制定工会各项工作制度。另一方面根据世界500强企业工会干部均为兼职的情况,区总工会通过网络等现代化通讯工具,及时传达工作要求。二是以活动为载体增强活力和凝聚力。针对世界500强等跨国公司员工具有的“高学历、高层次、高收入”及生活节奏快、压力大等特点,区总工会依托区工人文化宫,组织开展羽毛球、乒乓球等职工喜闻乐见的文体活动。还先后组织了“白领海峡鸡尾酒会”、“三山岛野外拓展”、“圣诞水中派对”等活动,拓宽企业员工交友渠道,增强工会的凝聚力和吸引力。

(吴斐隽)

【普陀区长征镇总工会“五项措施”激发基层工会主席活力】 普陀区长征镇总工会制定《新经济组织工会主席激励机制实施意见》,采取5项措施激发基层工会主席的活力。一是实行工会主席专职工作津贴制度。明确工会工作津贴作为企业工会主席从事工会工作的常规补贴,由上一级工会在

12月16日,长宁区总工会召开非公企业工会工作交流恳谈会

(吴志华)

工作考核后下发，从所在单位工会经费支出。工作津贴按月享受，企业职工数在25人以上、50人以下的，工会工作津贴为100元；职工数在50人以上、100人以下的，工作津贴为150元；职工数在100人以上的，工作津贴为200元。职工数在25人以下的非独立工会，工作津贴暂不考虑。已享受同级副职待遇的工会主席不再享受工作津贴。二是明确工会主席年终奖励待遇。镇总工会在年终工作评比活动中，对表现突出的工会主席给予一定的年终奖励。年终工作评比主要围绕“比活力、比创新、比规范”主题，采取公开“擂台”竞争形式，前20名工会主席将给予表彰。三是设立工会主席维权基金。设立“新经济组织工会主席维权基金”，为维护企业工会主席合法权益提供保障。基金启动资金为10万元，从镇总工会经费中列支。同时接受其他渠道筹集的资金，并且每年从上缴的工会经费中提取10%作为补充。企业工会主席因履行工会职责致使合法权益受到侵害的，可提出书面申请，经审核后享受维权基金。四是参加职工医疗互助保障计划。工会主席参加“普陀区社区(散户)人员综合医疗互助保障计划”，维护新经济组织工会主席的医疗保障权益。工会主席如工作表现突出、获得区以上先进、按时足额缴纳经费等，即可由镇总工会或园区工会提名，参保费由镇总工会经费中列支。五是实行工会主席疗休养制度。组织工会主席定期参加疗休养。由镇总工会负责疗休养具体安排。疗休养经费采取“镇总工会拨一点，企业负担一点、个人负担一点”的方式实行。 (赵　勇)

【普陀区集贸行业工会以“三个优先”举措增强凝聚力】 普陀区集贸市场行业工会坚持工会组建与维权、服务同步，推出了“三个优先”举措，凝聚调动菜市场业主积极性，行业内工会组建率达97%，发展会员9 000余名，其中农民工占95%以上。一是优先获得租赁经营权。由于市政动迁或市场布局调整等原因，集贸市场经营摊位紧缺。行业工会经过协调，取得行政主管部门的支持，在同等条件下，工会会员中的先进优先获得租赁经营权。二是优先参加培训。行业工会提供素质教育培训机会，在市场从业人员中开展素质教育，提升其文化素养、服务技能和经营水平。三是优先推荐评先选优。工会在从业人员中进行职业道德教育，帮助树立诚信经营理念。同时，开展了“诚信服务星级考评”，每月由工会与市场管委会共同对进场户进行评比。通过明察暗访和消费者投票，评出首批25名“诚信文明星级”人员，并在摊位上挂牌。

(赵　勇)

普陀区总工会召开行业工会工作研讨会 (赵　勇)

【普陀区总工会创新“企业与工会伙伴关系合作协议”】 世界500强企业Tesco乐购成立集团工会后，其下属66家大卖场、7家便捷店和3家物流中心已全部组建工会，并加入了普陀区大型超市行业工会联合会，近2万名中国籍职工全部加入工会。为创造一个公平、合法的就业环境，增强企业的凝聚力和向心力，公司创新工会工作模式，10月14日，举行公司中国区总裁和集团工会主席签署关于“企业与工会伙伴关系合作协议”。该协议旨在保障职工在公司受到尊重和信任以及他们的职业发展，从而促进企业的发展。通过这种合作方式，企业和工会双方协力架起沟通桥梁，建立多层次的平等协商和对话机制。

(赵　勇)

【普陀区总工会启动创新工作奖评选活动】 12月1日，区总工会启动2009年度工会创新(亮点)工作奖评选活动，表彰全区各级工会在履行职能、开展活动、完成任务、发挥作用等方面的创新做法和经验。申报工会创新工作奖的基本要求，一是体现创新性。通过创造性地探索，形成有时代特征、普陀特色、工会特点的工作成果；是2009年在全区首创或是在吸收区内外先进经验的基础上，结合实际，整合创造、运用提高的成果。二是具有可操作性。在工会工作实践中创造出来并得到实施和推行的新思路、新方法、新举措、新经验，在实践中形成了比较完整、可行的制度或较为规范的工作机制。三是富有实效性。符合职工群众需求，在推行中成效明显，得到职工群众普遍认可和有关领导机关、社会各界的肯定。四是具有推广性。在全区工会工作中具有可推广的价值。申报工会亮点工作奖的基本要求，一是完成重点工作任务。全面完成区总工会安排部署的各项重点工作任务。二是形成完整工作机制。围绕区总工会安排部署的重点工作，找准切入点，在工作方法和工作措施等方面形成了较为科学的体制机制。三是突出工作实效。成效明显，得到职工群众普遍认可和有关领导机关、社会各界的肯定。四是具有典型示范作用。在全区工会工作中处于领先地位，具有典型性和示范性。区总工会成立创新(亮点)工作奖评审小组，并召开入围项目擂台赛，邀请市总工会和专家学者、媒体记者对入围项目评价和打分，确定名单，在区总工会四届九次全会上对获奖项目表彰和奖励。获奖项目推广条件成熟的，将通过召

开现场会、组织观摩交流等形式在全区推广。（赵 勇）

【闸北区总工会“三个明确”加强社区（街道）、镇总工会建设】 第一，明确社区（街道）、镇总工会的组织机构设置。一是社区（街道）、镇总工会设主席1名，副主席2—4名，委员若干名。由会员代表大会选举产生的主席、副主席、委员组成总工会委员会。同时选举产生社区（街道）、镇总工会经费审查委员会，建立女职工委员会。社区（街道）、镇总工会委员会每届任期5年。二是根据需要设置工作部门，一般可设办公室、基层建设部、权益保障部。三是配备至少2名公务员编制专职工会干部。第二，明确社区（街道）、镇总工会的干部配备管理。一是按照干部德才要求，选拔一批年富力强、有文化专业知识、热心群众工作、有开拓创新精神的中青年干部到工会领导岗位上来。二是社区（街道）、镇总工会干部配备与待遇，按照市委组织部（86）字第16号文件精神落实。三是主席一般由社区（街道）、镇党工委（党委）副书记兼任，副主席中一名由社区（街道）、镇综合党委专职副书记兼任，另配一名专职副主席，享受社区（街道）、镇正科职待遇。四是领导班子人选由社区（街道）、镇党工委（党委）和区总工会协商推荐，按干部管理权限提名，经会员代表大会民主选举后报批。第三，明确社区（街道）、镇总工会的经费保障。一是经费来源包括基层工会上缴经费的回拨，政府的补助，上级工会的补助以及其他收入。二是财务管理体制从实际出发，采取多种形式，解决经费需求。三是建立预算、决算和经费审查监督制度。四是配备必需的工作场所，以满足工作需要。（杨 娟）

【黄浦区总工会推进工会干部队伍建设和优化组织运转效能】 一是及时做好区总副主席、常委、委员以及经审副主任、委员补选，指导7个直管工会完成主席和副主席的补选，二是选送10名新任主席（副主席）分赴全总、市总培训，举办非公企业工会主席上岗资格培训班和职工董、监事培训班。三是修订《黄浦区工会主席“权益保护”援助办法（试行）》，根据办法慰问困难或受突发事件影响的工会干部46名，区总出资组织68名困难工会主席健康体检。四是会同区纪委、国资委等初步制定区管企业集团领导人员收入公开的试点方案，有序推进区管企业集团领导人员收入公开。五是下发《关于2008年度社区（街道）总工会“六好”规范化达标建设活动情况的通报》，推进社区（街道）总工会规范化达标建设。六是指导小区职代会实施细则的制定，不断推进区域性职代会建制。七是指导直管工会开展2008—2010年度区先进职工之家创建工作中途检查和合格职工之家评审。（吕诚陆）

【静安区静安寺街道试点建立职工服务站】 3月10日，静安寺街道总工会在裕华小区试点建立职工服务站，并结合试点推进辖区内所有小区全部建立职工服务站。职工服务站以“服务、协调、沟通、交流”作为建设宗旨，由小区工会主席担任负责人，由辖区专职党群工作者，企业工会委员会委员，楼宇、社区劳动争议调解员等人员组成。工作内容是为企业和职工提供法律咨询、思想引导、技能培训、就业指导、文体活动等多方面的服务。服务站建立的同时，还加大宣传力度，充实服务内容，走访企业职工，听取各方建议，并把好的意见建议吸收到服务站工作中来；整合社区服务资源，细化服务项目，精心筹划、制作宣传材料，让企业、会员和广大职工了解服务站的性质、功能和运作流程；制定工作守则，向社区企业职工公布，自觉接受职工群众监督。（李雪军）

【宝山区顾村镇总工会以“七化”为抓手推进工作规范化】 一是以组织建设“网络化”为抓手，扩大工会组织覆盖面。围绕“点、圈、面、链”组织框架，采取“抓大、圈中、放小、归类、联谊”的组建方式。二是以工会干部“职业化”为抓手，加强工会干部管理。三是以职工维权“条块化”为抓手，完善职工维权机制。镇总工会建立职工法律援助工作站和职工无偿法律援助队伍，实行工作日无间断接待制；实行基层工会每周二工会主席接待日制度；向一线会员职工发放连心卡，使职工随时都可以与工会取得联系。四是以评先选优“一线化”为抓手，增强企业发展动力。镇总工会开展“顾村镇五一劳动奖”表彰。五是以职工帮困“互助化”为抓手，加强帮困送温暖工作。设立困难职工帮困基金，每年拿出20万元，对全镇2万多名职工进行高温慰问，动员职工参加市总工会的职工互助保障计划，有6 973名职工参加职工互助保障计划。六是以职工文体“民间化”为抓手，充实职工业余文化生活。举办职工文体活动，成立诗乡顾村书画院、篮球爱好者之家、足球爱好者之家和乒乓爱好者之家等。七是以工会工作“社会化”为抓手，整合社会资源。每年召开政府与工会的联席会议，加强与本级人大的协作和联动，开展对企业劳动执法情况监督检查。（杨 娟）

【闵行区莘庄镇总工会创新工作方法推进工会工作】 一是采取“一线工作法”，深入企业班组，送工会法律法规上门，送组建程序和具体要求上门，送互助保障和帮扶政策上门，送劳资双赢的案例上门。年内完成2家世界500强企业的工会组建，动员企业不裁员、不减薪，鼓励职工与企业“抱团过冬”。二是采取“循环优化法”，对基层工会的特色和亮点工作进行总结和提炼，召开交流会、现场会，放大典型示范效应。年内有55家基层工会办理了工会法人证书，续签和新签集体合同200多家，完善了企业工资协商和劳动争议调解机制。（叶民强）

【金山区吕巷镇总工会开展工会“五化”主题活动】 一是报告主题化。使职代会的主题确立更具针对性和实践性；针对经济危机，企业如何“保增长、重民生、促和谐”、团结职工积极应对挑战和机遇；发扬民主定议题，并在职代会上通过。二是活动规范化。规范活动重内容，引导广大职工开展健康向上、有实效性的活动；筹划求质量，活动之前先进行调查研究，保证活动质量和预期目标；精简程序促效率，因人因事因岗开展职工活动。三是建议有效化。班组活动准备充足，学习内容、议题讨论、形势分析等有针对性地征求所在班组职工的意见，学习讨论氛围浓，引导职工结合班组特点，学习业务知识及岗位技能，各抒己见，每位职工每年至少提一条合理化建议。四是沟通制度化。对要沟通的事项，职工在职代会上反复酝酿讨论，内容涉及经济发展、企业改革、企业管理、企业文化、职工工资、职工福利等热点难点问题；企业管理层按分工答复职工的问题；通过互动与沟通使职工对今后的目标任务更加明确。五是管理民主化。厂务公开信息透明，消除误解，增进理解；重大事情实行表决，在职代会上对年度工作报告(总结)、重大改革方案，涉及民生的重大事项、职工所提及的意见建议等提交职代会进行表决，必要时实行无记名投票。

(黄海荣)

10月27日，青浦区总工会召开"一起为世博加油"——工会干部、职工代表迎世博交流会 (马美君)

【青浦区白鹤镇总工会发函维护企业工会主席权益】 为落实全总关于企业工会主席享受同级副职待遇的有关规定，6月初，青浦区白鹤镇总工会向辖区内企业下发了建议函，要求职工人数在50人以上的企业支持工会主席每月3天的工会工作日，并增加300—500元的月岗位津贴，以维护企业工会主席的合法权益，增强工作积极性。建议函下发以后，全镇160多家建会企业中约70%的企业工会主席基本享受了企业同级副职待遇，约20%的企业根据通知精神落实了工会主席300—500元的月岗位津贴待遇，另有10%左右的企业表示会适当考虑提高工会主席的待遇。 (马美君)

【青浦区香花桥街道总工会建立工会干部活动日】 青浦区香花桥街道总工会建立每月一次的工会干部活动日，为基层企业工会主席相互交流工作经验、探讨工作方法搭建沟通平台。2009年，为进一步发挥活动日的作用，街道总工会在原活动日的基础上，有组织地开展了主题活动日。2月12日，举办了应对金融危机发挥工会作用的主题活动；3月18日举办了妇女能顶半边天的主题活动；7月15日，邀请区人保局领导就构建和谐劳资关系为主题，介绍区内劳资关系的有关情况。 (马美君)

【青浦区徐泾镇总工会探索"党工一体化"新模式】 青浦区徐泾镇总工会指导落户辖区内的民营企业德真工贸公司，探索以"四个一体化"为抓手，建立"党工一体化"新模式，构建"党建带工建"大格局。一是组织设置一体化，公司党、工、团、妇、兵等组织结合各自实际，在人员配备上实行交叉任职，实现资源共享及配置的最大化；二是工作谋划一体化，建立党工等组织工作联席会议制度，实现责任到人、共谋对策；三是制度建设一体化，党、工等组织制度建设统一要求，实现齐抓共管、协调运转；四是开展活动一体化，活动内容坚持实际实用，活动形式坚持参与性、多样性，活动载体坚持方便共享，最终实现活动开展的目的与基层职工精神文化需求相结合。 (马美君)

【青浦区政府与区总工会召开第一次联席会议】 4月1日，青浦区政府与区总工会召开第一次联席会议，为整合资源、形成合力，更好的推动工会工作开展创造有利条件。区长在会上通报了2009年区政府在应对经济形势变化，保增长、保民生、保稳定以及迎世博工作方面所采取的一系列政策措施，并强调要高度重视区政府与区总工会的联席会议制度，加强双方的沟通和联系，更好地形成工作合力。区总工会通报了区总工会去年下半年以来围绕应对国际金融危机冲击所开展的一系列工作和2009年重点工作安排。会议审议了《青浦区人民政府与青浦区总工会建立联席会议制度的实施意见(讨论稿)》和《关于进一步重视和支持区劳动关系和谐企业发展的若干意见(讨论稿)》。 (马美君)

【青浦区总工会开展企业工会干部直选试点】 为全面、客观地评价企业工会干部的履职情况，体现工会会员的民主权利，督促工会干部尤其是工会主席更好地结合实际开展工会工作，青浦区总工会选择上海河村电气有限公司为试点企业，在全区率先推行工会干部直选。上海河村电气联合工会第二届会员代表大会审议通过第一届工会委员会的工作报告后，经无记名投票、成功选举产生了新一届工会委员会和工会主席。所有当选委员的得票数均超过应到会人数的60%以上，其中工会主席的得票率为90%。 (马美君)

【化学工会推进工会女职工组织自身建设】 化学工会女职工委员会每年组织开展女职工工作调研或女职工工作成果发布，引导各基层工会女职工委员会结合企业实际开展调研，加强对女职工工作面临新情况新问题的思考和探索。年初，化学工会成功举办了"女职工工作成果发布会"，有16家子公司发布24项在加强工会女职工组织自身建设中的成功实践及特色工作成果。 (赵 峥)

【上海轻工业工会联合会主办长三角地区部分城市轻工工会论坛】 论坛旨在促进长三角轻工业的平稳较快发展,合力营造长三角地区轻工工会的和谐工作环境。11 月 27 日,以“共克时艰与工会维权的实践与思考”为主题的第四届长三角地区部分城市轻工工会论坛在上海举行。来自上海、杭州、南京、苏州、扬州等城市轻工工会的近 70 位代表参加会议。论坛围绕国际金融危机对实体经济影响及工会组织服务大局,在“保增长、保民生、保稳定”中发挥作用这一主题,进行访谈交流。南京化纤股份有限公司、杭州金鱼电器集团有限公司、上海沪靖家具有限公司、杭州华丰纸业有限公司、南京新一棉纺织印染有限公司和上海富士施乐有限公司等 6 家不同所有制的轻纺企业工会主席从不同角度就“工会组织应对国际金融危机,开展共同约定行动、稳定劳动关系、促进企业与职工共同发展”展开交流。

(徐俊彦)

【医药工会通过签约重点工作推动工作落实】 2009 年,医药工会围绕企业经济工作重点和工会工作薄弱点,共同商定基层企业工会的重点工作内容,并由医药工会和基层工会双方签约确认,共有 6 家单位、10 个项目被列为重点工作。为确保重点工作落到实处,医药工会加强中途检查指导力度,以建设职工之家、双爱双评、关爱职工、实现双赢、职工满意企业等活动为载体,加强对基层工会工作的考核评估,引导激发工会干部更好的发挥主动性和创造性。年底,由医药工会会同集团政工部门组成考评团,对重点工作完成情况进行无记名综合打分,共有 2 个项目被评为一等奖,2 个项目被评为二等奖,4 个项目被评为三等奖。

(赵一鸣)

【宝钢集团工会按照分类指导、分层管理原则指导沪外子公司工会工作】 根据宝钢沪外子公司职工会员占宝钢集团总数的 25%,产业差异大、地域分布广、职工人数多的实际,专门制定《关于对沪外子公司工会的管理意见(试行)》,定期对沪外子公司工会工作进行研究和指导。9 月 4 日,集团工会专门召开了宝钢 2009 年度沪外子公司工会工作会议,重点研讨在后经济危机时代、在宝钢管理变革的背景下,各沪外子公司工会如何围绕企业中心工作,开展最佳实践者活动、降本增效劳动竞赛、群众性技术创新等重点工作。各沪外子公司工会交流了生产经营和职工队伍情况,讨论明确了工会工作面临的重点和难点问题。

(张 帆)

【市城乡建设交通系统工会建立联席会议工作机制】 2009 年,市城乡建设交通系统工会围绕中心、服务大局,依托由 21 家成员单位参与的工会工作联席会议机制,加强与各局、各行业、各单位工会的协调配合,整合工会资源,更好地推进城市建设和交通管理。4 月 17 日,市城乡建设交通系统工会召开第一次联席会议。会上,市建设交通工会通报了市城乡建设交通系统大部制改革后的机构变动情况和工会组织的变动情况,并通报了近期工作。会议还就市建设交通系统窗口服务行业深入开展以“五比五赛”为主要内容的迎世博立功竞赛活动和上海百万职工迎世博五一特别行动作了部署。11 月 24 日,市城乡建设交通系统工会召开第二次联席会议,就学习贯彻和落实党的十七届四中全会和九届市委九次全会精神,做好迎世博 600 天行动计划及倒计时冲刺 100 天活动安排,做好 2010 年工会工作等方面提出要求。会上,市住房保障房屋管理局工会、市绿化市容管理局工会、申通地铁集团工会、市交通港口局工会、市水务局工会等单位作交流发言。城投公司、现代设计集团和交运集团工会受邀参加了第二次联席会议。

(钱 蓉)

【建工集团一建公司工会加强外地项目工会工作】 在建工集团实施“走出去”战略中,上海市第一建筑有限公司工会采取多种措施,加强外地项目工会工作。(1)开展调研,了解和掌握实施“走出去”战略中员工生活和学习的需求。(2)加大外地项目工会工作力度,有针对性地开展工作。公司 10 个外地项目中,南京和澳门分别组建了分公司工会,其他 8 个项目组建工会小组。这些外地工会组织突出 4 项工作重点:一是为职工创造舒适的生活环境,让在外地工作的员工有家的感觉;二是建立职工俱乐部和各种活动场所,丰富职工的业余文化生活;三是创造学习氛围,提高员工素质;四是围绕降本增效,组织职工开展“双献五小”合理化建议活动。(3)宣传先进典型,营造“走出去”的良好氛围。在公司年度先进表彰和迎春团拜会上,公司为在外地工程建设中有突出贡献的员工颁发“感动一建”奖杯。

(郁卫阳)

【金融工会交通银行上海分行推进工会特色工作有亮点】 交行上海市分行工会以交通银行成功应征成为中国 2010 年上海世博会全球合作伙伴为

市城乡建设交通系统工会举办建筑农民工工会组建指导员培训班

(钱 蓉)

契机,以在服务大局中明确发展地位,在服务员工中体现价值作为工作原则,创新建立了服务员工的"输氧、减压、搭台、亮彩"四步曲工作法。"输氧"即为提升员工服务世博能力开展系列培训课程。先后开设了涉及职场心理咨询、社会心理咨询、身心健康咨询等方面的每月一次的心理健康知识培训。"减压"即通过实施EAP员工心理援助服务项目,开通咨询预约热线与求助热线,为员工提供面对面的专家心理咨询服务。"搭台"即带动全行员工以良好的精神状态迎接世博盛会。先后举办了"靓丽风采迎世博"礼仪大赛,选拔了"十佳世博服务形象大使";开展了"十佳柜面服务明星"评选,举办了"精湛技能迎世博"全行业业务技能大赛;创新建立了服务明星工作坊,每季组织优秀一线服务员工开展工作交流,提炼员工真诚服务客户的专心、诚心、细心、爱心和耐心的"五心"服务法,以及于细微处显关怀的多一句问话、多一声提醒、多一点聆听、多一些耐心和多一份周到的"五多"服务法。"亮彩"即通过参与各类评优选先活动,助推员工成长,提升交行服务品牌的信誉度。

(茅晓佩)

【新闻出版工会深化工会组织体制机制建设】 一是加强工会组建工作。关注改革转制企业的工会组织体制变化情况,积极推进新建企业工会组建工作,年内新组建2家工会。二是督促基层工会严格按照工会章程,按时换届改选。5家基层工会进行了任届期满的换届改选工作,2家基层工会履行了推迟换届改选的相关手续。三是进一步做好吸纳外来务工人员入会工作。根据"组织起来,切实维权"的方针,采取多种入会方式,最大限度地把外来务工人员吸纳到工会组织中,共发展245名外来务工人员入会。四是探索建立工会联合会等形式,加强行业工会之间的联系和沟通。五是巩固创建"职工之家"活动成果。组成考评小组,分别对上海故事会传媒有限公司、上海音乐(音像)出版社、上海中华商务联合印刷有限公司和上海安全印务有限公司等4家基层工会创建"合格职工之家"工作进行考评。新闻出版工会所属58家基层工会创建合格职工之家达100%,其中获新闻出版工会先进职工之家15家,获上海市模范职工之家6家,获全国模范职工之家1家。

(陈宏华)

职工之家

【市总工会开展上海市模范职工之家评选活动】 7月16日,市总工会制定下发了《关于开展"迎国庆、树楷模、创佳绩活动及申报评选全国优秀工会工作者、上海市模范职工之家、上海市模范职工小家的通知》,经区县局(产业)工会预报、市总工会职能部门预审、区县局(产业)工会组织部门初审、市总机关各职能部门评审、实地抽查、市总主席办公会议审议、网上公示等程序,共有302个单位被评为上海市模范职工之家,297个单位被评为上海市模范职工小家。

(刘卫新 刘 睿)

【上海铁路局工会探索铁路职工之家建设新途径】 路局工会不断强化和创新建设职工之家工作方式,把新形势下建家活动引向深入。(1)围绕安全经营,深化群众生产,为建设"安全之家"发挥优势。开展"同舟共济保增长,建功立业促发展"、"迎世博、塑形象、树新风"等立功竞赛活动;围绕优化运输组织,扩大客货营销;签订《合建和技改项目实施转化责任状》;开展成果奖申报工作评审,共有8个项目获上海市第二十二届优秀发明选拔赛表彰;全年表彰26个路局"家属工作先进集体"和77户"安全生产光荣之家"。(2)坚持民主管理,推进民主政治,为建设"民主之家"畅通渠道。严格执行职代会实施细则、各专门委员会工作条例、联席会议、平等协商集体合同制度等多项民主管理制度。制定《上海铁路局基层单位厂务公开民主管理工作考核办法》。在公开栏、会议通报、办公网等媒体公开职工关注热点。(3)开展互助帮困,履行维护职能,为建设"温馨之家"提供保障。建设互助合作保障体系和帮困救助机制,建立职工互助互济补充保险基金。坚持生活线、文化线、卫生保健线的"三线"生产生活条件改善机制,补充性投入达2 386余万元。逐步完善劳动争议调解和法律援助维权机制。(4)加强自身建设,增强工会活力,为建设"和谐之家"搭建平台。举办专兼职工会干部专题培训。完善工会办公自动化建设,推进路局、站段、车间车队三级工会台账管理。

(杨 娟)

【杨浦区新江湾城工会建设网上"职工之家"】 杨浦区新江湾城地区工会依托社区网上论坛开辟"新江湾城职工之家",推出各项为职工服务的举措。主要做法:一是起好用户名。新江湾城业主论坛是街道在搜房网搭建的开放互动平台,注册用户名,设置密码就可在论坛上发帖。地区工会根据工会工作特点和参与群体的性质,以"新江湾城职工之家"为用户名,并为地区工会在这平台上发挥更大作用做好铺垫。二是选好切入点。地区工会首发帖"为求职者提供服务",承诺借助搜房网新江湾城业主论坛不定期的为社区求职者提供服务,并不断推出适合社区职工特点的服务项目。三是找好结合点。结合区总工会"帮助职工就业"的工作要求,将区总工会网24小时滚动发布隔天更新的岗位信息,有选择地下载转换成能发帖的格式语言。结合工会推出的职工"六项互助保障计划"逐项发帖,从形式和内容上不断推出服务新项目。自3月中旬至4月27日,地区工会通过"新江湾城职工之家"发帖15个,其中涉及为求职者提供服务的帖子11个,工会互助保障的帖子4个,点击人数887人,热议人数32人。

(刘复平)

【静安区教育工会开展"教工之家"创建活动】 6月,静安区教育工会制定下发《静安区教育系统"教工之家"创建标准》,在全区教育系统开展"教工之家"创建活动。一是研究谋划。组织学习相关创建材料,对基层工会创建工作现状进行调研分析,反复听取意见后提交委员会讨论形成创建标准。创建标准突出教育系统特点,在项目分值设定及评价上尽可能体现综合创建、鼓励创建、弘扬先进、尊重民意的特点。二是部署推进。召开基层工会主席会议,部署创建工作。组织创建标准的具体内容及评分方法培训。加强检查指导,组织交流活动。

伍综合素质。要加强理念引导，建设学习文化，大力倡导终身学习、团队学习和运用现代信息技术学习，努力形成开放式、互动式的学习体系和共学、共享、共进的学习氛围，把建设愿景文化、价值观文化、服务文化、经营文化、团队行为文化等贯穿于学习型企事业创建工作的始终。要加强机制建设，夯实工作基础，加强“创争”活动联席会议制度建设，完善与市学习办的联动机制，积极整合社会资源，有效协调和推动社会力量参与学习型企事业建设。要加强分类指导，提高工作水平，完善《上海市学习型企事业单位评估体系》，积极探索具有产业特色、行业特征、单位特点的创建模式。要加强舆论宣传，形成良好氛围，建立创建工作最佳实践库，形成创建典型示范群，拓展先进典型的辐射带动效应。

（程友谨）

【长宁区总工会开展“创争”活动做到“三明确”】 3月27日，区总工会举行“全国学习型组织先进单位”、“职工书屋”、“上海职工素质工程品牌”揭牌仪式暨第二十五届振兴中华读书活动启动仪式，要求“创争”活动做到“三明确”。一是明确开展“创争”活动的目标，即坚持以人为本，以增强职工学习能力、创新能力、竞争能力为目标，切实维护职工的学习权和发展权，促进职工全方位发展；二是明确开展“创争”活动的形式，即大力营造尊重劳动、尊重知识、尊重人才、尊重创造的良好环境，营造终身学习的氛围，形成个人学习与团队学习相融合的机制体制，通过创建学习型组织为职工创造更多的学习机会；三是明确开展“创争”活动的重点，即着力提升企业竞争力和职工学习力，注重创建过程，促进人的全面发展。同时要求不断创新职工读书活动的形式和内容，扩大读书活动的参与面，将读书活动与职工素质工程、精神文明建设、工人先锋号更紧密地结合起来。

（印敏峰）

【静安区医务工会开展迎世博主题实践活动提升职工队伍素质】 区医务工会以“健康，让城市更美好；细节，让服务更温馨”为宗旨，注重“优化服务流程、改善服务态度、尊重病人权益、凸显人文关怀、倡导文明就医、展示服务风采、提高服务质量”等6项要求，动员组织职工投身“当好主力军，建功世博会，展示新风采”主题实践活动。主要做法：(1)加强宣传，普及世博知识。组织职工参加书面和网上世博知识测试，覆盖面达100%，通过培训职工师资队伍、举办世博知识竞赛、组织英语沙龙等宣传普及世博知识，组队参加市卫生职工世博知识竞赛获得市卫生系统一等奖。(2)规范窗口服务，推进竞赛活动。举行卫生系统职工“迎世博窗口文明服务签约大行动暨志愿者佩章上岗仪式”，把“精医术、仁为怀、促健康”融入服务公约，推出“查找和网络点评身边的陋习”、“五心换一心”服务法、“环境清洁日流动红旗”等一批群众性窗口服务竞赛创新项目。(3)深化创建活动，提升职工综合素质。结合“三创一做”等创建活动，深化以“迎世博、讲文明、促健康、展风采”为主题的职工文明践行活动，同步推进“学双语”、“学礼仪”、“学手语”活动。各基层单位联系实际开展护理技能比武、急救心肺复苏操作技能培训考核，其中区中心医院“准分子激光屈光手术”获第二届上海市十大职工科技创新英才“科技创新标兵”奖。四是推进文化建设，展示行业良好形象。组织开展行业迎世博歌曲歌词征集、传唱活动和以“歌颂祖国、奉献世博”为主题的职工征文、摄影、书画、歌咏、舞蹈、戏曲、健身操、大合唱等活动。

（张　明）

【青浦区总工会开展“五型”女职工组织争创活动】 区总工会在各级女职工组织中开展“五型”女职工组织争创活动，促使全区女职工组织不断由单一型向多元型发展，引导女职工养成学习之风、规范之风、创新之风、和谐之风、服务之风，提升女职工服务中心的服务能力。2009年，区总工会命名区尚美中学女职工委员会等25家单位为“学习型”女职工组织；命名区疾病预防控制中心女职工委员会等2家单位为“制度型”女职工组织；命名区农业技术推广服务中心女职工委员会等2家单位为“创新型”女职工组织；命名上海富臣化工有限公司女职工委员会等12家单位为“凝聚型”女职工组织；命名区国家税务局第一税务所女职工委员会等12家单位为“服务型”女职工组织。

（马美君）

【市机电工会提升职工素质形成经验】 市机电工会组织引导职工通过学习李斌提升综合素质，形成3条经验。一要落实3个结合。学习李斌与落实科学发展观结合，与推进企业持续发展结合，与提升职工队伍整体素质结合，充分发挥工会“大学校”作用，把提高职工素质作为工会服务经济、服务大局的第一结合点，把建设与产业发展相适应的高技能职工队伍作为第一目标点，把打造职工素质的工作平台作为第一着力点。二要抓住3个内容。抓住推进高新技术产业化重点，努力培养创新型职工；抓住岗位培训环节，努力培养技能型职工；抓住创建学习型组织时机，努力培养知识型职工。三要抓好3个重点。以首席技师工作室为龙头开展高新技术产业化创新活动，充分发挥首席技师工作室在高新技术产业化上的推进作用，加快高新技术产业化的步伐，推动实现科技成果转化为现实生产力；以“李斌杯”大赛为品牌组织技能竞赛活动，依托李斌技师学院，培养首席技师、项目领军人物，有针对性地开展各类基础素质培训、专业技能培训和适应性创业、就业培训，提升职工的自主就业、创业和创新能力，进一步推进职工岗位练兵、岗位培训、岗位成才活动，促使李斌式高技能人才、工人发明家、优秀创新团队不断涌现；以创建“工人先锋号”为抓手深化合理化建议活动，以节能减排、降本增效为重点内容，以推进集团“抓销售、保增长、促转变”为主题，开展各项立功竞赛活动，丰富新时期劳动竞赛的内容和形式。

（冯克华）

【市机电工会开展特色工作出成果】 市机电工会开展工会工作凸显3个特点：一是围绕大局和中心工作，落实集团党委关于在新形势下做好“鼓劲、关心”工作的要求，落实集团改革发展稳定各项目标，扎实有效地开展工作。二是围绕职工实际需求，结合企业工会工作的实际，“凝聚职工，迎接挑战，集思广益，战胜困难”。三是围

上海华谊集团召开劳模先进五一表彰会 （向　亮）

绕健全工作机制，创新工作载体，增强工作活力。涌现一批特色工作新成果：上海三菱电梯公司工会《深化职工之家，推动新时期企业发展》、上海发电机厂工会《深化合理化建议活动，促进降本增效目标实现》、上海锅炉厂工会《以新方法推动劳动竞赛深化，用新举措充实工会干部队伍》、上海汽轮机厂工会《瞄准世界级工厂目标，培育一流职工队伍》、上海电气输配电集团工会《深化导师带徒活动，加强人才梯队建设》、上海市机电设计研究院工会《开展科技交流活动，助推企业创新发展》、上海鼓风机厂工会《构筑沟通长效机制，推进和谐企业建设》、上海集优机械股份有限公司工会《宣扬感人事迹，弘扬社会正气，建设和谐集优》等8项成果获优秀特色成果奖。

（冯克华　周　珺）

【市轻工业惠工缝纫机三厂持续推进"创争"活动】 惠工缝纫机三厂通过三方面措施推进"创争"活动持续开展。(1)紧抓培训。以员工培训为抓手，严格制订培训计划，注重分层次、有重点，以中级工培训班、高级工培训班、班组长管理知识培训班、加工中心操作技能培训班、缝纫机装配技能比赛、操作工安全生产培训班、QC培训班、车间岗位培训班等为主要培训项目。(2)制度保障。制订项目申请登记制度、费用报销办法、考勤制度、机床使用办法、师徒带教合同、奖惩条例、技术比武奖励条例、兼职结算办法、培训效果验证制度、有偿培训协议制度等10余项制度。保证培训费用落实到位。2009年企业用于员工技术等级培训费用达到10余万元，约占年工资总额的1.7%，培训552人次，年人均培训费200元以上。(3)加强检验。以技能提高为标准检验"创争"活动实效，突出操作实习，注重技能提高。加大高级工培训班实际操作比重，突出基本功操作、应变、检测、综合表述等四方面能力。经培训，3个班学员均通过上海市职业技能鉴定，获得高级工证书。现在企业有中级工76名、高级工67名、技师31名、高级技师(外培)2名；参加市QC活动擂台赛获2个一等奖、1个二等奖，4个QC小组获"中国轻工业优秀QC小组"称号，4个班组获"中国轻工业质量信得过班组"称号。

（徐俊彦）

【市医药工会开展"上药之星"先进个人评选活动】 市医药工会首次在系统内开展年度"上药之星"先进个人评选活动，要求下属企业工会推荐在2009年生产工作中做出突出业绩的生产制造一线(包括研发、质量、营销)的职工为"上药之星"先进个人候选人。经推荐，产生23名候选人。根据由集团相关职能部门评审和职工投票相结合的原则，评选出10名"上药之星"，给予表彰奖励。

（李晨海）

【电力建设公司工会提升职工素质保证工程质量】 公司工会积极推进职工素质工程，不断提高职工整体素质，保证工程按期优质建成：一是开展创建"工人先锋号"活动，为职工搭建"岗位学习，岗位创新，岗位成才，岗位奉献"的平台，激励职工为推进企业经济发展、提升企业竞争实力、塑造企业品牌形象、创造企业一流业绩建功立业。二是与有关部门共同制定《关于在公司系统推行首席技师制度，促进高技能人才培养的实施意见》，开展首席技师申报和选拔工作，激发一线技术工人的求知热情。三是在基层工会广泛开展技术培训和技能登高活动，组织焊接、起重工等技术培训和比武活动，提高了一线技术工人的技能水平。通过提升职工整体素质，公司承建工程取得佳绩。"世博"配套重点工程上海漕泾电厂以及辽宁绥中电厂两台百万千瓦机组工程按期优质建成，世界第一条向家坝——上海±800千瓦特高压直流输电工程高标准交付，望亭电厂3号机组性能指标领先国内同类机组，华能石洞口燃机电厂获得国家优质工程银质奖，外高桥电厂三期工程获得国家工程建设质量奖审定委员会颁发的国家优质工程金质奖。此外，上海电力安装第二工程公司工会《劳模讲堂》，获上海市职工素质工程"十佳"品牌提名奖。

（张文标）

【上海石化推进"创争"活动出成果】 年初，公司下发《2009年职工素质工程实施意见》和《关于培育和评选2009年公司学习型组织、知识型职工的通知》，动员职工参加"创争"活动取得丰硕成果。年底考评，经公司层层推荐审核，炼油部4号炼油联合装置运转四班被评为全国工人先锋号，环保中心污水处理车间丙班被评为全国学习型优秀班组，有1人获全国知识型职工先进个人称号，2人获全国石油和化工行业技术能手称号，化工部获上海市学习型企事业单位称号。公司获上海职工素质工程品牌3个，获上海市工人先锋号2个，获上海市文明班组15个。有1人被评为上海市职工科技创新标兵，2人被评为上海市突出贡献技师。

（盛立新）

上海烟草集团在沪东工人文化宫举行2009年度先进表彰会

（马田盛）

【四汽公交公司工会着力创建学习型企业】 公司工会发挥工会组织的学习教育职能，着力创建学习型企业。通过组织职工学习世博知识，学习服务技能，提升企业的管理水平和服务能级。主要做法：(1)结合迎世博环境整治和"三五"行动实际情况，编印世博知识小册子，发至工会小组组织职工学习，并组织职工参加世博文明礼仪培训。(2)以集邮、读书等职工兴趣小组为阵地，以研讨、笔谈、摄影展等形式开展服务世博主题交流。(3)以班组为单位，组织职工参与世博知识测试或网上《上海世博旅游知识竞答》，参与职工达85%以上。(4)与社区文明共建单位共同举行迎世博"三五"集中行动启动仪式和志愿者签名活动，逢窗口服务日、环境清洁日和公共秩序日即与社区志愿者一起参加交通枢纽站的环境清洁、维持秩序等活动，累计参加活动人数达200余人。（余红丽）

【中海工会编撰创建学习型企业读本】 中海工会编撰首本宣传中国海运创建"学习型班组、知识型员工"读本——《学海泛舟》，汇编集团9个学习型先进班组、11名知识型员工的先进事迹和主要经验。（顾惠根）

【中海工会"创争"活动为职工搭建岗位成才平台】 中海工会开展"创争"活动，以"员工素质跨上新台阶"为目标制订计划，积极推进，取得成效。中海信息系统公司研发二部为职工搭建多层次"创争"平台，通过技术比武、点将练兵、先进技术方法评比、项目组成员"传、帮、带"等举措，为职工学习新知识，提高岗位技能奠定基础。该部职工自主研发的"航海系统(1.0版)"被国家版权局授予"自主知识产权软件"证书。中海发展油轮公司轮机长卢云集钻研业务，与同事探讨轮机管理课题，在船舶节能方面下功夫，其所在船舶每月都能比同类船舶节约20吨至50吨燃料，被评为"中国海运知识型员工"。中海工业公司工会联手人力资源部，组织电焊、装焊、钳工的高级技术培训，已经有102名职工获得高级工证书；立新船厂船体车间装焊工段18名职工获得中国船级社、挪威船级社、英国劳氏船级社等颁发的焊接证书54张，拿到修理外轮的"通行证"，工段被上海市总工会授予"素质工程500强智能型班组"称号。（范国忠）

【上海电信"创争"活动凸显"四性"】 一是明确思路，构建"创争"活动目标体系，凸显科学性。坚持活动与企业文化建设相结合、与文明创建工作相结合、与员工职业生涯规划相结合，形成"追求企业员工形成共同价值观念、塑造高素质干部和员工队伍、提升公司创新能力和促进员工企业共同发展"四项目标。二是创新载体，构建"创争"活动品牌体系，凸显有效性。举行员工创意大赛，营造鼓励创新的良好氛围；设立上海电信全员读书日，以"同享知识、共建和谐"为主题，开展多种形式的读书活动；设立"员工创新奖"和"员工贡献奖"，给予员工创新贡献最高10万元的奖励；设立员工自学成才奖，通过全业余、全自费学习获得文凭和证书的，均给予奖励。三是搭建平台，构建"创争"活动知识共享体系，凸显互益性。开发知识共享平台，开发上海电信10000号业务信息库，方便客户服务人员查询检索，提高处理及时率和准确度；开设徐珺网上技术学校，为公众客户经理提供维修技术支撑；建立网上班组园地、网上书友会、网上书库、网上论坛，形成企业和员工双向需要双向促进的共享机制。四是同创共建，构建"创争"活动保障体系，凸显长效性。形成"主要领导关心，分管领导负责，党政工团共管，专业部门配合、全员广泛参与"的新格局，为"创争"活动提供组织保证；通过建立学习培训、知识管理、持证上岗、人才激励、沟通交流五项制度，为企业的战略转型提供思想保证、精神动力和智力支持。2009年，中国电信上海公司获全国"十佳"学习型组织标兵单位称号。（朱东亚）

【航道局教育中心推行"我来上一课"工作模式】 航道局所属教育中心结合企业发展特点和职工需求，推出"我来上一课"的"创争"工作模式。即青年教师授课后，与听课教师进行互动，由听课教师对其讲课进行综合点评，对共同提高教学质量有很大帮助，成为教育中心创建学习型组织(班组)的有效载体。（杨建平）

【监狱局工会推进"建、创、做"活动】 监狱局工会联系实际推进"建、创、做"活动。主要做法：(1)在全局范围内评选表彰2007—2008年度局文明班组39个，局红旗文明岗36个。(2)健全完善自学奖励机制，为基层工会投入职工自学奖励金9万元，鼓励自学成才，推进岗位练兵。(3)分7批组织225名班组先进集体和个人代表开展疗休养活动，并通过宣传阵地宣传其在岗位上的先进事迹。

（江海群）

上海建工参加世博工程建设的"五朵金花"荣获市五一巾帼集体奖

（缪云明）

【城建集团工会推进学习型企业活动取得新成果】 城建集团工会在推进学习型企业建设过程中，形成党委领导、行政支持、工会牵头运作、各方参与，全员参加的创建学习型企业工作格局。工会积极探索学习型企业创建活动的有效途径，以"理念导入，愿景导航，能力导向"全面提升员工的学习能力、创新新力。采用焦点论谈、智慧墙会议、六顶思考帽会议等方式，形成解决问题、推动工作的新思路、新方法。促进了创建工作的规范化和制度化建设，推动企业两个文明建设的跨越式发展。隧道股份获上海市推进学习型社会建设先进单位，第一市政获市学习型企业优秀单位，第二管线、城建设计院获学习型企业称号。

（徐新康）

班组建设

【浦东女职工班组与机场"英姿组"签约共建巾帼示范岗】 10月21日，区总工会与机场集团有限公司女职工委员会联合举行"迎世博600天"上海市五一巾帼示范岗结对共建签约仪式。来自服务行业、曾获全国、市、区等荣誉称号的6个优秀女职工班组与机场集团巾帼示范岗英姿组签约结对，共建"迎世博600天"上海市五一巾帼示范岗。

（谢金亮）

【静安区举行区"工人先锋号"认养大树仪式】 3月6日，区总工会和区绿化委办公室在延中绿地共同举行迎世博盛会，建国际静安——静安区"工人先锋号"认养大树仪式。各基层工会主席及区"工人先锋号"班组代表参加活动，共认养延中绿地大树50棵。静安公园管理有限公司倡议区内广大干部职工大力开展植树造林、爱绿护绿活动，共同创造静安优美环境。

（陈章翠）

【上海电气先锋电机有限公司以"三个注重"强化班组学习】 公司工会坚持"三个注重"强化班组学习：一是注重党的方针和政策、国家政治经济形势的变化，每当国家发生重大事件或颁布新的法律，即根据员工关心的问题筛选细化与职工有关的信息，在班组讨论学习，形成共识。二是注重企业文化理念宣传，顺应员工的需求，结合企业经营状况和班组生产特点，以班组为单位开展诗歌征文比赛、喜迎建国60周年感言、迎世博感言良策、电气先锋精神文化语言、企业班组文化语言，员工诚信感言、责任感言征集等企业文化活动。三是注重紧密联系班组管理实际，根据各班组生产管理特征，结合班组管理存在问题，引导教育职工逐步明确班组建设的重要性，加强班组动态管理、班组6S管理、班组定置管理、劳动纪律管理等内容，促使班组提高生产现场管理水平。每月出版学习材料，发放到班组。

（周顺娣）

【仪电物业管理公司结合实际开展创建"工人先锋号"活动】 仪电物业管理公司开展"同舟共济保增长，建功立业促发展"活动，具体做法：(1)完善和推广物业服务先进操作法。(2)开展"传、帮、带"结对帮学活动，落实帮学对子，签订师徒协议，组织劳模、先进进行定向式帮学、管理人员进行带动式帮学、维修技工进行传教式帮学、班组之间进行互动式帮学。(3)以开展星级管理活动为契机，抓住难

上海电气举办"世博知识进班组　万名职工学礼仪"知识竞赛

（冯克华）

点和关键,加强公司管理,推进节能减排活动。(4)深化合理化建议活动,广泛发动职工为企业降本增效和提高工作效率献计献策。 (吴依本)

【纺织工会命名表彰第二批上海纺织“工人先锋号”】 2009年,纺织工会命名表彰第二批(58个)上海纺织“工人先锋号”。(1)制定创建“工人先锋号”活动实施办法和“工人先锋号”考核要求,各单位推荐50余个班组作为2009年上海纺织培育“工人先锋号”候选班组,这些班组均制定创建“工人先锋号”活动计划。(2)先后召开创建“工人先锋号”活动推进工作会议,组织“工人先锋号”培育班组学习培训班,举办创建“工人先锋号”活动成果发布会,对各班组围绕企业发展,将创建“工人先锋号”活动融入到生产经营管理中取得的成效进行交流。上海纺织控股公司获得全国工人先锋号1个、上海市工人先锋号7个,纺织工会命名表彰上海纺织“工人先锋号”2批共计103个。 (杜伟钧)

【市医药工会召开班组建设经验现场交流会】 8月20日,市医药工会在上海信谊药厂有限公司信谊总厂召开上药集团班组建设经验现场交流会。集团领导及总部相关部室负责人,下属企业相关领导和班组长代表共100多人参加了会议。信谊药厂坚持开展星级班组达标活动形成了党委领导、行政负责、工会牵头、各部门积极配合的格局。交流会要求各单位从实现上药新发展战略的高度,加强班组建设:一要站在建设新上药、新国企的战略高度来认识班组建设的地位;二要形成党政工团齐抓共管班组建设的局面并长期坚持;三要总结班组建设经验,发挥总部各相关部门作用;四要进一步加强班组建设经验的交流总结。 (李晨海)

【上海电力安装第二工程公司工会开展分包队伍班组建设】 电力安装第二工程公司工会注重分包队伍班组建设,主要做法:(1)开展分包队伍班组安全建设活动。针对分包队伍普遍存在基础管理薄弱、人员流动性大、文化程度偏低、综合素质不高等问题,在漕泾电厂施工现场举行分包队伍班组安全建设示范点授牌仪式,使工会劳动保护工作向分包队伍扩展,帮助分包队伍班组提升自我管理尤其是安全管理的能力。(2)强化分包队伍班组建设过程检查和考评。工会对90支分包队伍进行管理能力排序,与各专业分公司紧密配合,为分包队伍班组制定管理细则、建立班组台账、设立学习园地等,并配备专业对口辅导员进行指导帮助。(3)实施分包队伍班组安全标准化建设。在漕泾电厂#1机组建设中,各分包班组针对工期一再压缩、设计变更频繁、材料设备到货脱期等不利因素,发挥班组安全建设作用,提高分包施工队伍的安全意识和安全防范能力,杜绝事故隐患,保证工程顺利完成。 (花仲国)

【宝钢股份梅钢工会开展“三个一进班组”活动】 梅钢工会大力开展“三个一进班组”活动,要求每个班组“制定一个指标、确立一个项目、培育一个明星”。各班组根据自身的优势或弱点,通过集体商讨,制定班组年度提升的专项指标,以生产过程中某一项难点、重点或潜力点作为专项竞赛内容,通过每月、每季定期的排行公布等形式,激励班组成员投身专项指标改进提升,评选、培育班组中的明星。公司341个班组共制定指标371项,确立项目322个,培育实践者明星2 136个。 (张斗海)

【宝钢股份梅钢工会建立工会干部联系班组制度】 为加强工会组织和基层员工的联系,梅钢工会建立工会干部联系班组制度,组织开展工会干部联系班组活动。按照“了解信息、做好宣传、挖掘典型、指导管理”的工作要求,工会干部深入基层班组了解员工思想状况,面向员工宣传形势任务教育和开展阶段性重点工作交流,对可能产生的思想问题及时加以疏导,指导班组建设管理,挖掘班组中的先进典型。2009年,21名工会干部联系班组约400次,帮助职工反映、解决80个问题。 (张斗海)

【鲁矿集团工会加强班组建设“六项举措”】 鲁矿工会对全年班组建设工作进行规划布局,印发了《2009年集团公司班组建设工作规划》。一是发挥班组建设领导小组的组织协调作用。按照“党政工团齐抓共管、行政负责、工会牵头、部门分工管理,厂(矿)、车间(区、队)组织实施,班组自主管理的工作运行机制”要求,落实好班组建设工作。二是抓好班组建设工作检查考核。7月29—31日,集团公司班组建设领导小组办公室组织班组建设领导小组各成员单位,分别对集团公司9个单位进行检查。检查显示,多数单位班组建设工作由阵地建设为主转入到抓班组管理、提高班组的工作效率上,班组建设工作日趋规范化。三是抓好班组文化建设。举办第三届职工读书节读后感征集活动,共征集职工读后感114篇,组织专家对职工读后感进行评选。四是围绕技术创新,开展小发明、小革新、小改造、小绝活、小设计“五小”竞赛和QC活动,提高班组创新能力。五是抓好班组长队伍建设。对2009年度集团公司红旗标兵班组、各单位红旗班组的班组长48人开展学习培训,考试合格率为100%。六是推进班组规范化管理。公司工会制定考核两级单位班组建设工作的各项内容及考核表,分设11张表格,逐项考核打分。各班组细化工作目标,健全规章制度和考核细则,有机衔接各道工作程序,达到管理有标准,执行有规范,考核有依据的要求。 (杨庆荣)

【上海航天局启动新一轮创新型班组建设】 7月14日,上海航天局召开以班组长为主要对象的“创新型班组建设千人动员大会”,标志着航天局全面启动为期5年、以“创新”为主题的新一轮班组工程建设活动。上半年,根据局党委对班组创建工作的总体规划和部署,局工会开展了前期准备工作:一是全面回顾和总结和谐班组创建活动,提取大量有价值的借鉴经验。二是分别召开基层工会主席座谈会、班组长座谈会和由局机关职能部门负责人参加的班组建设专题工作会,征集意见和建议。三是在前期调研基础上,提出新一轮班组建设的基本思路和总体要求,作为基层开展创建活动的指导意见。创建中,局工会从4个方面开展工作:一是组织班组集中学习《上海科技创新指南》一书,动员职工参加上海市职工科技节,申

上海航天局启动新一轮创新型班组建设活动 （沈 恺）

报先进项目、先进个人和集体并进行广泛宣传。二是总结并推广基层班组开展创新活动的做法和经验，制作专题电视片，为广大班组学习借鉴起到较好作用。三是举办创新型班组建设首期班组长培训班，100余名班组长参加。四是举行以创新为内容的班组长创新沙龙，参与质量月活动，开展质量分析会制度落实情况检查，命名唐建平班组为局职工科技创新示范点，形成宣传造势、培训交流、典型引导的创建局面。 （沈 恺）

【烟草工会采取“四项措施”推进班组建设】 烟草工会以“工人先锋号”为标杆，采取四项措施推进班组建设：一是实施方案注重规范务实，从“总体要求、组织领导、管理任务区分、推荐申报条件、评价标准、否决条件、考核方法、激励措施”等八方面确立2009年度行业班组建设工作的规范性要求。二是创建管理注重分级负责，明确局、厂两级班组管理工作职责和任务，推行季度自查、半年检查、年终考评的管理制度。三是评价内容和方法注重特色创新，在完善原有“五好”评价标准的基础上，增加了特色与创新的考核内容，同时营造“有升有降、有进有出、公平竞争”的氛围；四是创建活动注重实际效果，全面推行“标杆”管理方法，引导班组寻找差距，持续改进，提升自主管理能力。工会通过《烟业报》、《劳动报》等媒体，刊载工作案例，宣传推广创建经验，发挥典型班组的示范作用。经考核，2009年被评为集团“工人先锋号”和“50强班组”分别达25个和38个。 （江洪生）

【烟草储运公司工会以“五项措施”助推班组建设】 上海烟草储运公司工会按照“安全不出事、有序高效率、优雅有品位”的企业经营管理理念，紧扣集团工会“团结和谐氛围好、参与建设成效好、科学管理方法好、工作一流业绩好、现场规范秩序好”等5条考核评价标准，结合实际，确立推进班组建设工作的“五项措施”：一是将班组升级达标机制与（集团）公司“工人先锋号”、“50强班组”创建标准相统一，突出操作性。二是在创建“生产型、生活型、学习型、创新型”班组的基础上，制定“四型”班组评价标准，指导班组寻找“短板”。三是扩大活动范围，在培育一线生产班组的同时，探索职能科室班组管理创新活动的新途径。四是回顾总结班组文化建设中的先进经验，整理班组建设成果，汇编《现代班组管理探索》第三册。五是加强对青年班组长的日常指导，提供培训和交流机会，加强班组队伍建设。 （江洪生）

【上港集团集装箱码头公司共同参与上海职工“世博企业行”活动】 9月1日，浦东集装箱码头公司、沪东集装箱码头公司和振东分公司共同参与上海职工“世博企业行”活动。通过浏览世博展板、开展“寄语世博，投递心愿”活动和职工文明礼仪培训，进一步提升职工了解世博、参与世博、奉献世博的热情。 （董 雪）

【上港集团振东分公司工会推进学习型班组创建】 振东公司工会从三方面入手创建学习型班组：一是做好宣传发动，增强创建意识。采取统一管理、综合协调、分步实施、责任到人的工作方法，将活动内容逐条分解量化，落实到部门、班组、个人，做到分工细致、责任明确，形成一级抓一级，层层抓落实的工作机制。二是规范制度体系，理顺管理流程。制定创建学习型班组实施办法，建立创建学习型班组基础考评、特色考评体系和初、终评审体系。三是强化教育培训，提升班组长素质。制定班组长专项培训计划，设立创建学习型班组的班组长培训专项基金，公司以各项活动促进班组建设，即围绕一个重点——劳动竞赛，盯住一个窗口——班组服务，凸现一个载体——《班组学习园地》，抓牢一个根本——班组长队伍培养，促使学习型班组创建活动健康持续发展。 （董 雪）

【闵南船厂创建星级“五型”班组】 闵南船厂开展以职工技能、班组管理、安全质量、控本增效、和谐团队为主要内容的星级“五型班组”创建活动，坚持“六抓”工作方法，即抓认识、抓组织、抓推动、抓重点、抓宣传、抓激励，围绕“四性”进行具体操作，即制定标准注意全面性、推动活动强调广泛性、加强管理注重动态性、激励具有针对性。创建活动体现4个特点：一是注重规范。对活动全过程加以指导，先后制定实施了《闵南船厂班组建设实施方案》、《关于开展创建星级“五型班组”活动的通知》、《星级五型班组考评办法》、《关于加强班组基础台账管理工作的通知》等文件，使班组创建活动从实施起就步入规范性轨道。二是跟踪管理。厂部健全了开展创建“五型”班组的组织体系，工会研究制定创建活动的工作目标、实施方案、主要措施和考核激励机制，分析“五型”班组建设情况，做到每月一次考核评价，实行动态管理，逐步形成制度，落实创建工作。三是宣传引导。加强创建“五型”班组活动的宣传发动，对创

上海教育工会举行文明班组和文明岗颁奖仪式 （查建华）

建活动开展情况及时进行通报总结，对天山坞、武当山坞和金工班等班组加以重点指导帮助，加大宣传力度。四是搞好结合。注重拓展创建活动的内涵和形式，把班组创建活动与“安康杯”竞赛、“建设职工小家”、职工技能培训和技术比武等各项提高职工素质的活动结合起来，相互促进。

（黄铁明）

【上海邮政开展争创“迎世博600天”上海市巾帼文明岗活动】 上海邮政开展“迎世博600天”创建上海市五一巾帼示范岗和上海市巾帼文明岗活动，组织31个班组采用结对等方式分批创建巾帼文明岗和五一巾帼示范岗。各班组按照创建目标和条件开展各项工作，并进行了自查评比，客户服务中心11185话务大组参加了市巾帼文明岗服务世博联盟，并与市南邮政局体育场支局宛平南路邮政所、宝山区邮政局车站北路支局营业组等先后在市建设交通工会关于创建市巾帼文明岗对口交流评比的会议上汇报交流创建经验。至7月，已有6个班组获得“迎世博600天”上海市五一巾帼示范岗称号。 （陈美芳）

【中国移动上海公司全方位深化班组建设与管理】 （1）构建上下协同的组织领导体系，保障工作顺利推进。公司设立班组建设与管理领导小组和办公室；各单位设置班组建设与管理工作小组。（2）开展调研和研讨，完善班组建设与管理体系。就深化班组建设和管理工作进行研讨，对直属单位1 099位员工开展在线调研，理清现阶段存在的问题。（3）构建班组建设与管理模型，明确班组创建的路径和目标。采用理论建构、目标演绎与验证优化的策略进行班组建设与管理模型构建，以星级班组“5P”模型打造“五星”班组，即通过班组的基础力提升班组的执行力、凝聚力、学习力、创新力。（4）建立完善管理机制，规范班组建设与管理。先后制定《班组建设与管理指导意见》、《班组建设经费使用管理办法》、《班组激励积分实施细则》、《班组建设与管理制度手册》等制度。（5）设计“五星”班组创建评估体系。构建“星级班组”评估体系，明确5个模块15个建设指标的“星级班组”评估体系。设计“星级班组”发展手册，为创建“星级班组”提供路径和策略。（6）开展班组品牌建设主题活动。制定《上海公司“一班一品”班组建设主题活动实施细则》，将优秀案例与特色做法汇编成《中国移动上海公司“一班一品”班组建设经典案例集（2009年上册）》。开展“班组品牌”标识设计大赛，共有28个单位的班组参加决赛，评出10金、9银、9铜。（7）建立班组长快速成长机制。制定《上海公司班组长选拔、考核、培训办法》，规范班组长选拔、考核、培训办法。（8）开展班组建设与管理试点。选择数据业务中心、东区分公司等为试点单位，完成班组建设与管理模型的构建、“星级班组”评估体系的构建等工作。 （高诗颖）

【上海电信姐妹班组结对活动有成效】 上海电信开展以姐妹班组结对为主要形式的“迎世博600天”上海市五一巾帼示范岗创建活动，组织获首批“迎世博600天上海市五一巾帼示范岗”称号的114呼叫中心运行二部与5个班组结对，从组织专项培训、双语学习、参观交流、礼仪培训、心理辅导等方面入手开展全方位的培训和辅导。7月，中国电信上海公司5个班组获得“迎世博600天”上海市五一巾帼示范岗称号，分别为中国电信上海号百呼叫中心运行一部；中国电

锦江国际与闵行区总工会结对共建五一巾帼文明岗 （张祥伟）

信客户服务热线10000；中国电信上海公司浦东局112受理中心；中国电信上海公司东区局逸仙112受理中心质监班；中国电信上海公司西区局新华112受理中心。（朱东亚）

【市交通港口局命名首批“文明乘车示范站”】 4月25日，以“交通文明，让城市更美好”活动为主题的上海交通港航行业公共秩序日活动启动，“百名志愿者、千个行业宣传岗、万名行业宣传员”参与。为深入开展交通港航行业公共秩序日集中行动，结合公交行业多年来开展的文明站点评选活动、省际客运行业“文明在长途客运”创建活动和出租汽车文明候客站指数测评，经企业申报、行业主管部门综合评定等程序，公交49路江西中路汉口路等40个终点站、虹桥机场等2个出租汽车候客站、上海南站长途客运有限公司等4个客运站共46个站点获得“文明乘车示范站”称号。12月25日，即全市“迎世博‘三五集中行动’”第9个公共秩序日，市交通港口局举行“文明乘车示范站”命名授牌仪式。公交企业、出租车候客点、省际客运企业、公交行业市“工人先锋号”线路代表、劳模、督导员代表近200人参加。（周建荣）

【城投总公司工会深入推进“五星五型”班组创建活动】 城投工会以提高职工队伍思想道德、科学文化、职业技能、社会文明、心理健康等素质为目标，组织1 000多个班组开展创建“学习型”、“创新型”、“管理型”、“效益型”、“和谐型”特色班组评星级活动，从五方面深入推进“五星五型班组”创建活动。(1)明确重点，确保班组建设工作的渗透力。及时把握员工的意愿和需求，使班组成为公司党政工作与职工群众密切联系的纽带，促进员工发展与公司发展的和谐共进。(2)健全机制，为推进班组建设常态化管理积累经验。结合自身特点建立完善各种规章制度，加强民主管理，发挥职工主人翁作用，使班组工作标准化、规范化、制度化。(3)丰富载体，服务企业中心工作。围绕公司经济建设中心，开展合理化建议、技能比武、劳动竞赛、成果发布交流等活动。(4)加强培训，不断提升职工素质。开展世博知识进班组、世博双语培训，对班组进行基础管理、生产技能、安全生产等方面专题培训。(5)选树标杆，为班组建设“比学赶帮超”树立榜样。开展城投系统“五星五型”班组、“工人先锋号”评选活动，每年制定星级班组创建规划。2009年，城投系统共有20个班组被市总工会授予“工人先锋号”称号。（茅瑞喆）

【上海建筑防水材料(集团)公司工会创建“工人先锋号”推动班组建设】 公司工会以创建“工人先锋号”为契机，开展班组双文明建设活动和各项劳动竞赛，形成班组“比、学、赶、帮、超”的氛围。主要做法：(1)组织落实、整章建制，为创建工作提供组织保证。成立班组建设活动领导小组与考核小组，制订创建文明班组建设的考核办法，建立以季查、半年初评、年终总评、表彰的考核体系，形成创建文明班组的长效机制。着力于3个抓：一是抓制度建设，形成以班组创建规划、班组学习、成本核算、节能降耗、质量指标、安全生产、班组环境卫生包干、目视管理、班组五必访等8项24条制度构成的班组建设管理体系；二是抓中途管理，定期检查班组建设工作，确立半年初评，年终总评的管理制度；三是抓定期考核，建立班组建设基金会，对年度总评出的一二三等班组进行奖励。(2)丰富班组建设内涵，深化班组建设。一是创建工作与企业生产经营实际相结合，与企业的年度经济奋斗目标相结合，把公司生产任务细分到每个班组，使班组成员明确生产产品的成本、质量、消耗，将考核指标细化量化到个人，由班长对各操作岗位职工进行考核，将考核结果与员工收入、奖励、评比挂钩；二是创建工作与群众性生产活动相结合，组织以班组成本核算为依据，以“降本、低耗、优质”为竞赛目标的劳动竞赛，产品单耗、质量等竞赛指标接连创新，通过开展“一高二低”竞赛，1年内为公司取得节支达30余万元；三是创建工作与安全生产相结合，企业与职工签订了安全责任卡，通过“安康杯”“十个一”活动，加强对职工安全宣传教育的针对性和实效性，确保实现“安全生产零事故”目标。（汤惠国）

【市水务局工会召开迎世博创建五一巾帼示范岗推进会】 3月3日，市水务局工会在南汇康桥镇文化活动中心召开建功十一五，巾帼绘和谐——迎世博创建“五一巾帼示范岗”推进会。获首批上海市“五一巾帼示范岗”的市水务业务受理中心受理窗口、争创上海市“五一巾帼示范岗”的水务规划设计研究院蓝线受理窗口和水务工程设计研究院有限公司“水韵工作室”3个结对班组的代表，分别作了题为“巾帼绘和谐，浇灌文明花”、“关注细节，用心服务每一天”和“巾帼创文明，为世博添风采”的交流发言。（王佐仕）

城建集团隧道股份与上汽集团工人先锋号举行共建签约仪式

（罗勇文）

【良友集团召开班组建设推进大会】 11月26日，良友集团召开班组建设推进会，表彰获市工人先锋号、市文明班组、市用户满意服务明星、集团2007—2008年度红旗班组等46个先进班组和个人。会议下发《上海良友集团班组建设考评标准》，并对9个班组的工作法进行交流。

（刘国成）

【锦江国际集团工会联手闵行区总工会共创文明示范岗】 锦江国际（集团）工会与闵行区总工会联手，组织9家企业的姐妹班组，举行迎世博“五一巾帼文明示范岗”结对共建签约仪式。通过跨行业共建巾帼文明示范岗的结对活动，分享服务经验，切磋服务技能，进一步创新丰富和提升班组的服务内涵。（陈 怡）

【城建集团第一市政创新班组建设新形式】 城建集团第一市政根据重点工程建设的需求，在工程项目上推出“周五小课堂”活动，推进创建学习型班组活动。周五小课堂以加速人才培养为着眼点，以提升项目管理水平为着力点，旨在提高工程项目一线管理人员的岗位技能和业务水平。工程项目部根据工作和培训需要，每周利用半天时间进行学习。“小教师”由内部人员自愿报名，授课内容为世博知识、工程质量、安全施工管理流程、现场风险管理等有关规定和标准。活动成为推进职工素质工程，开展班组建设的有效载体。

（蔡文彪）

【城建集团工会召开班组特色工作成果发布会】 12月7日，集团工会召开班组特色工作成果发布会。来自重大工程施工建设、科研设计和窗口服务一线的12位班组长，通过5分钟演讲，辅之以多媒体画面，发布各具特色的班组建设新成果新经验。由评委对班组发布成果进行逐一点评，并对照思想道德、团队学习、科学管理、工作经验和特色工作等方面进行综合打分。隧道股份混凝土分公司中心实验室、隧道股份机械制造863盾构售后服务组、第一市政12号线1B标段顾戴路站工程项经部、第二市政轨一分公司陈胜国盾构推进班、第二管线中创公司特殊施工项目组、城建设计院档案信息管理组等获2009年集团班组特色工作优秀奖。

（徐新康）

【城建集团隧道股份开展百名班组长进课堂活动】 6月30日，隧道股份工会开展“迎世博、重安全、强素质——百名班组长进课堂”活动。要求班组长团结职工完成艰巨的施工生产任务，引领职工当好迎世博、树形象的文明传播者。各班组长表示当好兵头将尾、承上启下的人物，为企业发展作出应有贡献。

（蒋卫清）

职业道德

【浦东新区表彰为世博献言职工】 7月6日，浦东新区召开职工为世博献言颁奖大会，200余名新区职工参加。“迎世博献言”活动作为“迎世博盛会，做文明市民”系列活动组成部分之一，由新区文明办、新区总工会、新区企工委、金桥出口加工区综合党委、金桥出口加工区工会联合会联合主办，共收到160多家企业万余名职工的11 308条献言。区总工会组织以浦东教师为主体的编辑评审团，将其中的1 030余条优秀格言收集成册，编制出版《金桥开发区职工世博格言集》，成为浦东职工参与世博活动的“精神小餐”。（陈建林）

【黄浦区总工会举行“与祖国同庆，与工会同行”国庆60周年座谈会】 9月27日，区总工会举行“与祖国同庆，与工会同行”黄浦工会国庆60周年座谈会，建国后区总工会部分历届主席、离退休工会干部、离退休党支书、新老劳模代表、部分优秀工会工作者、较大直管工会主席、部分非公企业工会主席、聘用工会干部、农民工代表等51人参加。（吕诚陆）

【黄浦区总工会开展国庆系列活动】 区总工会开展国庆系列活动：一是关爱劳模生活，弘扬劳模精神。走访慰问劳模，组织劳模学习参观；启动2007—2009年度市劳模、劳模集体推荐和区先进生产（工作）者和先进集体评选；举行劳模先进、工会干部、职工代表和老干部国庆座谈会；开设黄浦劳模墙。二是发挥工会大学校作用。组织参与“三爱”、“三学”、“四好”、“双百”教育、征文大赛和评选活动；分别开展农民工、先进企业等庆国庆系列文体活动专场。三是增强工会组织的凝聚力和影响力。工会干部参与“迎国庆、树楷模、创佳绩”活动；开展“庆国庆工会干部才艺大比拼”等。

（吕诚陆）

【嘉定区总工会开展“世博礼仪百家企业行”活动】 4月3日，区总工会在伟创力电子科技（上海）有限公司启动“世博礼仪百家企业行”活动。

4月3日，嘉定区总工会在伟创力电子科技（上海）有限公司启动“世博礼仪百家企业行”活动 （张方明）

区总工会成立了世博文明礼仪宣讲团，近100天内深入企业200多家，向5万多名职工宣传世博礼仪知识。活动呈现特点：一是主题突出，对象明确，以“与文明同行，为世博添彩”为主题，把提高职工文明素质作为工会迎世博的重点工作，作为推进世博会筹办有序进行，社会和谐稳定的具体体现。二是活动形式新颖，宣讲有针对性，采用互动的方式，结合现场竞猜问答、礼仪知识展板观看、开展签名和寄语世博等活动宣讲仪表礼仪、职场礼仪、公共礼仪。三是活动内容实用，宣传有实效，将文明知识体现在生活工作的每个细节，使宣讲成为实践过程。（徐 浩）

【金山区枫泾镇总工会举办“世博知识我宣传、世博建设我参与、世博文明我践行”三大主题活动】 镇总工会开展“世博知识我宣传、世博建设我参与、世博文明我践行”三大主题活动，组织“世博知识进单位、进企业、进工地、进班组”、世博知识竞赛、导游英语口语和手语培训、“三五”集中行动、文艺进企业等系列活动，发挥工会在服务世博、服务企业、服务职工中的作用。7月，镇总工会在全镇范围内开展“迎世博、讲礼仪，塑造上海市民新形象”征文活动，共收到征文稿件65篇，从中选出10篇优秀作品作为比赛篇目。10月23日，举办“迎世博、讲礼仪”演讲比赛，来自镇机关及部分村、居委会、企事业单位的10名职工参加比赛，全镇300多名工会干部现场参与。（沈德林）

【上海电气自仪股份公司举办“感动自仪”评选活动】 评选活动特点：(1)主题突出。评选活动以“感动”为主题，以“普通人做平凡事”为落脚点，以爱岗敬业、助人为乐、见义勇为、敬老爱亲、诚实守信、爱心大使、乐于奉献、道德高尚等为标准进行评选。(2)形式新颖。采用书面征集，单位推荐、汇总初选、员工投票、领导评审等形式产生入围候选名单，并在《自仪股份》报上登载，由公司全体员工进行投票，由评审组复审产生10名年度“感动自仪”人物、“感动自仪”事件奖。(3)成效明显。有效调动广大职工的积极性，促进企业精神文明和企业文化建设。（刘伟民）

【市机电工会开展“世博知识进班组、万名职工学礼仪”活动】 市机电工会开展“世博知识进班组，万名职工学礼仪”的培训学习活动。(1)组织职工通读《上海迎世博市民读本》。(2)以世博倒计时一周年、200天、100天为契机，加强对“精彩世博，文明先行”、“以我文明礼貌，喜迎文明盛会”、“全力以赴办世博，一心一意谋发展”等活动的宣传力度。(3)举办上海电气“世博知识进班组，万名职工学礼仪”知识竞赛，30个基层单位代表队参赛。共培训60 010名职工，50 320名职工参加测试，其中劳务工7 016名。（周 珺）

【市机电工会开展上海电气“十佳”精神文明好事评选】 评选活动注重弘扬八种社会新风尚：(1)急公好义为公益，塑造城市精神，培育企业精神和职业精神，创立企业新风。(2)参与国家和市重大工程建设中作出重大贡献。(3)拾金不昧、敬老爱幼、助人为乐、助困济难。(4)临危不惧、见义勇为，维护社会治安。(5)破除迷信，反对赌博。(6)建设社会公德、职业道德、家庭美德。(7)参加迎世博志愿者活动，事迹突出。(8)为社会主义精神文明建设作出贡献并有较大社会影响。经各单位推荐及评审，上海汽轮机厂有限公司吴云霞“拾得巨款归失主”、上海人民电器厂王扬杰、乔卜安“结对帮困胜亲人”等获上海电气“十佳”精神文明好事。（周 珺）

【化学工业区工会参与“双百”人物评选活动】 化学工业区工会参与“100位为新中国成立作出突出贡献的英雄模范人物和100位新中国成立以来感动中国人物”评选活动，通过多渠道动员、多层次组织、多领域发动，以班组学习形式宣传“双百”人物事迹，使职工群众了解英雄模范先进事迹和崇高精神。（张 俊）

【申能集团开展“爱祖国、迎世博、建和谐、促发展”系列主题教育活动】 4月至11月，申能集团开展“爱祖国、迎世博、建和谐、促发展”系列主题教育和文化活动。活动由集团工会、团委联合主办，工会文体协会和所属相关单位工会、团组织协办，围绕四大系列主题教育，开展“与世博同行”职工素质工程、“青春万岁”——五四文艺展演、感言征集和摄影巡展、“庆五一劳动先锋慰问行”活动、“欢乐迎国庆、健身展风采”职工文体比赛月等活动，系统内26家单位全体职工参与活动。（倪 静）

【上海邮政工会评选职工精神文明“十佳”好事】 4月，邮政工会开展2008年度职工精神文明十佳好事评选活动，共收到基层工会推荐上报事迹材料85篇，通过《上海邮政报》等载体刊登候选事迹，组织职工学习并

上海交通港航行业首批“文明乘车示范站”命名授牌 （杨松敏）

投票，共收到选票25 932张，职工参与率达93.6%。经评审，宝山区邮政局杨行车队曹克举《邮局员工该出手时就出手，面对抢劫挺身而出斗歹徒》、市南邮政局体育场邮政支局奥运志愿者服务队《开足马力尽心服务，誓为奥运多作贡献》等10件事迹被评为2008年度上海邮政员工精神文明最佳好事；汽车运输局邮件运输部庄庆雪《烟雾中破门关阀门，救人者原是病中人》、松江区邮政局人民路邮政支局沈慧云《一心一意为用户想，助人为乐揽份外活》等10件事迹被评为2008年度上海邮政员工精神文明好事。（厉文德）

【中国移动上海公司工会"六大"举措关注员工心理健康】 上海移动通过6项措施，提升员工心理健康。一是设计《员工心理支持行动使用指南》，文字简单、图文并茂、便于携带。二是开展"快乐园"主题文化沙龙活动，每两个月由员工心理支持办主办，各单位心理支持工作站轮流承办文化主题活动，近400名员工参与。三是开展每日"三操"活动，发放"三操"音乐光盘，利用公司IP电话放送"三操"音乐。四是创建音乐吧，汇编100首心理放松音乐，制作8 000余盘放松音乐光盘发放至各单位。五是开展内外联动的心理辅导，设计并发放8 000余张员工"关爱卡"。六是筹备心灵互动直通车，员工可就心理支持行动的服务内容、方式进行交流，提出建议。（高诗颖）

【上海电信成立员工心理发展协会】 2009年，中国电信上海公司成立"员工心理发展协会"，由30余名参加心理咨询师培训并获得专业资格证书的公司管理人员组成，通过咨询、交流、谈心、互动等形式，传播心理健康知识，帮助员工解决工作和生活上的实际问题，为企业和员工的和谐发展发挥作用。协会聚集员工关注热点，实施"五个一"举措，即：开设一个栏目，打造员工心理知识小课堂；开通一条热线，建立员工心理援助热线；编制一组心灵套餐，制作寓教于乐的心理健康自助ABC；下一次基层，送心理学知识下基层；探索一种机制，建立心理发展评估机制。（朱东亚）

海运服务窗口开展微笑服务大使活动（陆　涛）

【上海电信工会采取"三项举措"增强员工思想工作有效性】 （1）以观念更新为先导，提高员工思想认识。因势利导，加强教育，把员工思想引导到上海电信的发展目标上来。（2）以企业发展愿景为动力，增强员工主人翁责任感。企业每次出台重大改革方案，工会都及时编写下发宣传提纲告知职工；建立双月沟通会制度，畅通企业和员工之间的双向交流渠道，为员工解疑释惑；建立工会网站和覆盖全公司的电信工会广播台，让员工及时了解企业状况。（3）以"创争"活动为平台，提高员工素质和能力。公司建立形成"三日三奖三校"的"创争"活动品牌，为员工创造学习成才的良好条件，其中"三日"是指上海电信全员读书日（5月16日）、上海电信全员健身日（6月6日）、上海电信企业文化日（12月28日）；"三奖"是指上海电信员工自学成才奖、员工创新奖、员工贡献奖；"三校"是指中国电信网上大学，上海电信工会会员学校，工会女职工周末学校。（朱东亚）

【航道局工会开展"理解与支持"征文活动】 航道局公司工会拓展凝聚力工程，与《航道报》社联手，在赴国外员工家属中开展"理解与支持"征文活动。工会将征文通知寄给每位赴国外员工家属，先后收到征文74篇。其中27名员工家属获得优秀征文奖，文章先后在《航道报》发表。局公司所属的中港疏浚公司、东方分公司工会将其公司职工家属的征文汇编成册，送到在巴西、尼日利亚、阿根廷等国施工船上的职工手中。（钱文勤）

【中交三航局铁路分公司工会加强精神文明建设】 三航铁路分公司工会从两方面着手加强精神文明建设，推进职工素质工程。一是以文明工地创建活动作为"外树形象，内强管理"的抓手，推进项目管理上新台阶。项目部在山脚河边标准化建设梁场拌合站，在山坡上规范建设驻地；德昌项目部依托地理优势，结合中交集团和三航企业文化规范标准化建设驻地和梁场，业主多次组织其他项目部参观学习，成为全线样板工地。二是坚持开展职工读书活动。以项目部、班组为载体，针对不同的对象精心挑选了三本书，领导班子学习《企业文化与变革》，中层干部学习《做最好的中层》，管理人员学习《赢在执行》，基层项目部组织开展座谈会、交流会7场次。（王　海）

【中交三航宁波分公司工会开展职业道德主题教育】 分公司工会在职工中开展"忠诚企业、爱岗敬业"职业道德主题教育活动，重点突出"四个重视、四个推进"，即重视忠诚意识教育、提升职业道德素养，推进职工队伍思想建设；重视职工业务素质的提升，推进企业综合能力的提高；重视提高职工文明素养，推进公司文明创建和企业文化建设；重视贯彻"依靠"方针，培育职工与企业的凝聚力，推进公司和谐稳定发展。通过一系列活动，增强职工的"六种意识"，即增强大局意识、发展意识、忧患意识、责任意识、团队意识、保密意识；实现"四个提升"，即提升思想境界，提升工作标准，提升素质能力，提升工作效率。工会制定下发主题教育活动实施方案，根据工作重点分3个阶段逐步推进。各基层工会先后制定相应工作细化方案，进行宣传发动，围绕主题开展发倡议书、宣誓仪式、下发学习图书和青年座谈会等形式多样的学习教育活动。（庄　勇）

【锦江航运公司全员参与倡议书签名活动】 为应对全球金融危机对企业生存发展的考验，锦江航运公司向全体员工发起"从我做起"活动倡议。倡议书包括四方面内容：从我做起，坚定信心，积极应对困难，谋求企业发展；从我做起，立足本职，爱岗敬业，勤练内功；从我做起，节约每一张纸、节约每一滴水，节约每一度电；从我做起，维护公司荣誉，热心客户服务，增长服务本领。锦江航运全体员工响应号召在倡议书上签名，并表示将把倡议书内容落实到具体行动中。（田　冰）

【锦昶公司开展员工礼仪知识培训】 锦江航运有限公司直属锦昶物流公司工会开展员工礼仪知识培训，通过对培训前期调研和各部门反馈情况进行分析和整理归纳，设计了包括《服务礼仪概述》、《服务意识》、《商务交往的技巧》、《介绍礼仪》、《换位思考》、《有效沟通》等六大主题在内的培训课程，共有210人参加了为期2个多月的培训。逐步培养员工自觉学习的态度，为公司创建学习型企业营造良好氛围。（邵　燕）

【建材集团水泥公司开展"双迎"活动】 建筑材料集团水泥有限公司制定迎国庆迎世博"三五"行动计划，开展各项"双迎"活动。一是开展"庆祝建国60周年及迎世博"知识竞赛活动。司属各企业结合自身特点，通过厂报、板报、横幅等载体对"三五"行动进行动员，并通过组织观看世博知识片、发放"上海迎世博市民读本"、刊物连载文明礼仪行为规范、安全生产巡查等多种形式，在职工中宣传"三五"行动，营造庆国庆、迎世博的良好氛围。二是组织"庆国庆迎世博"联欢会，并对职工自创自演的文艺节目开展评比，浦东水泥厂的皮影秀"丰收的喜悦"等6个节目分别获得一、二、三等奖，浦东水泥厂获得特别贡献奖，万安的群口辞"万安起飞"获得优秀原创奖。（汤惠国）

金融系统开展窗口服务世博培训　（徐章成）

【市教育系统举行巾帼文明示范岗授牌仪式暨风采展示活动】 4月16日，市教育系统女工委、妇工委举行玉兰绽放——上海市教育系统巾帼文明示范岗授牌仪式暨风采展示活动，作为教苑巾帼迎世博系列活动之一。上海交通大学管理学院EMBA办公室、华东师范大学学前教育与特殊教育学院、卢湾区向明初级中学、杨浦区教师进修学院德育教研室、宝山区小海螺幼儿园等14个文明岗通过PPT、配乐诗朗诵、三句半、小品等形式展示了巾帼文明示范岗的风采。市教育系统广大女教工贯彻落实市委市府《〈迎世博600天行动计划〉的指导意见》精神，参与迎世博争创教育系统千个"巾帼文明岗"和百个"巾帼文明示范岗"活动，涌现了一批爱岗敬业、勇于创新的优秀女性团队，首批50个部门和集体经教育系统各级妇女、工会组织推荐被授予"上海市教育系统巾帼文明示范岗"称号。（朱小娟）

【城建集团工会评选表彰职工精神文明"十佳"好事】 城建集团工会在职工中开展精神文明十佳好事评选活动，收到基层工会推荐上报事迹材料50余篇。集团工会通过《城建职工》、集团网站等渠道，宣传职工中的好人好事，掀起学好事、做好事的热潮。经综合评审，最终确定隧道公司《用心关爱川籍农民工兄弟》、第一市政《真情，在灾难中体现》等10件好事被评为上海城建集团精神文明十佳好事。（朱　强）

职工志愿者

【浦东新区筹备成立职工志愿者协会】 4月15日，浦东新区职工志愿者协会召开第一次会员大会，新区职工援助服务中心、申浦物业管理公司等两个发起单位及第一批个人会员共50余人参加会议，审议并通过浦东新区职工志愿者协会第一次会员大会表决办法、选举办法、《浦东新区职工志愿者协会章程》、《浦东新区职工志愿者协会团体会费收缴管理办法》等，选举产生了赵兰娣等11人为浦东新区职工志愿者协会第一届理事会成员。（叶新华）

【浦东新区世博会城市内建站点志愿者服务工作全面启动】 根据浦东新区迎世博600天行动社会动员指挥部工作部署，新区总工会负责统筹协调世博会期间浦东城市志愿者服务内建

上海市女职工志愿者服务队医药分队在世博工地开展志愿服务

（刘　杰）

站点建设和志愿服务管理工作。根据市、区内建站的规划要求，新区总工会将管理内建站100个，涉及单位60家，志愿者服务预计15万人次。12月8日，新区总工会召开会议，全面启动世博会新区城市内建站点志愿者服务工作。(1)出台《浦东新区世博会城市内建站点志愿者服务工作指导意见》，进一步明确内建站基本任务及内建站管理工作的主要职责。(2)搭建组织框架，成立领导机构，即新区世博会志愿服务工作协调小组。(3)设立管理机构，即内建站志愿者服务大队，同时成立内建站志愿者服务队伍和志愿者指导员队伍。(4)严格按照时间节点，逐步推开内建站点排摸及志愿者招募培训工作。与第一批78家内建站点相关的29家单位工会或行政管理人员参加会议，相关工作协调小组及其办公室、志愿者指导员队伍、服务大队及6支服务分队宣告成立并立即投入运行。（姚红钢）

【虹口区总工会成立志愿者工作室】 8月21日，区总工会举行首批虹口区职工志愿者工作室揭牌仪式，成立了由全国和上海市劳模领衔的5个志愿者工作室（法律服务、养老服务、心理咨询、青少年教育、医疗保健），通过把热心工会工作和具有一技之长的劳模先进、职工志愿者组织起来，形成一支相对稳定的志愿者骨干服务队伍，以窗口服务的形式，为职工群众提供专业化、规范化、品牌化的服务。会上宣读《虹口区职工志愿者工作室实施意见（试行）》和《关于命名首批虹口区职工志愿者工作室的决定》，志愿者工作室的劳模代表作交流发言。

（徐　洁）

【杨浦区总工会为复旦光华公司职工开展心理疏导】 7月20日，复旦光华公司2名年轻职工因琐事产生矛盾，引发严重烧伤案，对亲眼目睹案件发生的10余名职工产生较为严重的心理冲击。区总工会两次组织工会心理咨询专家团的专家到复旦光华公司，对职工开展危机干预和如何加强与同事间沟通的心理疏导，200多名职工参加辅导及互动。（范本国）

【市建设交通系统市三八红旗手参与文明出行志愿者活动】 11月25日，由上海市妇联主办，市建设交通委、市三八红旗手协会协办的上海市三八红旗手地铁志愿服务活动在地铁人民广场站举行，60名市三八红旗手参加活动，其中包括来自市建设交通系统的董黎、周跃华、王青、马素云、张华英等10名市三八红旗手。（钱　蓉）

【百联集团开展迎世博“啄木鸟行动”】 集团工会组织劳模先进、经营骨干、员工代表等集团迎世博优质服务督导员、志愿者近千人，对集团旗下主要商圈的企业、门店进行多次“啄木鸟行动”优质服务督导巡查。巡查涉及集团在全市主要商圈的15家企业门店，督导员、志愿者们根据巡查评议要求，用拍照、摄像等方法对服务环境设施、服务举止仪表、服务工作态度、应急反应能力、便民利民措施、世博精神体现等进行巡查、录像，对无障碍通道（重点改造项目）、电梯、厕所及低位服务台设施、持证上岗、解决问题耐心，后续服务到位、店堂迎世博氛围、中英文标识等方面作重点巡查。集团工会根据督查情况进行汇总分析反馈，在集团业绩考评会上公布。

（石义爱）

【百联集团举行迎世博倒计时一周年活动】 5月1日，百联集团举行庆祝五一劳动节暨迎世博倒计时一周年上海职工“世博企业行”百联第一八佰伴·第100站活动。百联集团的世博志愿者在全国五一劳动奖章获得者郭强带领下，举行支持世博，参与世博，服务世博，奉献世博宣誓，并踊跃参加寄语世博——海宝画卷签名留言活动。仪式上，东方商厦市劳模吴樱的系丝巾展示秀、世纪联华员工用饮料瓶堆桩陈列的世博中国馆、第一八佰伴节日礼品包装和手语展示《感恩的心》、联华标超节日蔬果礼篮、美心酒家的点心雕刻和百联保安分公司等服务技能展示，体现了百联员工提高服务技能、建功世博会的决心。

（石义爱）

【市税务系统举行志愿者风采展示活动】 市税务局机关党委、工会和团委等部门共同主办喜迎精彩世博、共建和谐税收志愿者风采展示活动，通过短片回顾了一年来税务系统开展世博知识竞赛和业务技能比拼、改善窗口文明礼仪服务、优化纳税服务流程、倡导党员世博先锋行动等活动历程。会上举行世博知识决赛，全体参赛职工现场宣誓志愿服务世博、奉献世博。已有1 258名税务干部报名加入世博平安志愿者和世博先锋志愿者活动，659人成为注册类志愿者。（臧　韬）

【淘大食品公司组织志愿者开展社区便民文明服务活动】 9月26日，淘大公司工会组织志愿者在闸北区万荣社区开展爱民、便民文明服务活动，志

社会系统成立迎世博志愿者服务队 （孙守印）

愿者分成4个小组服务。公司党支部书记、工会主席带领志愿者，上门走访慰问70岁以上多病孤老6户、多病特困户24户；水电维修、修自行车、理发组免费为居民水电维修37户，维修各类电器设备37只；公司医务室医生宣传保健知识，免费为居民量血压、医疗咨询160人次；由公司销售部经理带领上门服务，组织居委干部向居民宣传淘大健康产品知识。 （吴国桢）

【锦江国际女职工志愿者世博工地献爱心】 集团女职工志愿者服务队先后6次利用双休日，参加由市总女工部组织的上海市女职工志愿者服务队为世博工地建设者服务活动，在世博园区为世博建设者缝补工作时被损坏的衣物。先后为世博建设者免费缝补衣物300余件，赠送针线包2 000余个。 （陈 怡）

【工会学院承办机关系统团员青年世博志愿者服务队成立仪式】 5月6日，由上海市总工会机关团委主办，工会管理职业学院团委承办的“青春世博同行”市总工会机关系统团员青年世博志愿者服务队成立仪式在工会学院举行，向由市总直属机关系统各团组织组建的团员青年世博志愿者服务队授旗，市世博局建设指挥部佘志鹏博士做《中国的机遇，全球的盛会》主题演讲。市总工会近10家直属单位出席仪式。 （兰宇新）

职工培训与民工学校

【市总工会持续推进初级工商管理（EBA）培训】 市总工会、上海电视大学联手推进初级工商管理（EBA）培训，2009年举办两期，培训学员8 000余名，8年来已举办16期培训，共培训学员近7万名，培训合格率达90%以上，其中60%学员接读上海电大工商管理大专，已有2万余名学员获大专毕业证书。市总工会加强对EBA培训的宣传、组织工作力度，把组织开展EBA培训与深入实施《上海职工迎世博600天行动计划》、推进“创争”活动、“建、创、做”活动、“上海职工迎世博学双语”活动、“迎世博上海农民工基本素质教育培训”工程等结合起来，以农民工群体为重点对象，做到EBA培训与农民工培训同步宣传、同步组织、同步落实，不断扩大EBA培训的知晓度、影响力、辐射力，注重运用以点带面、典型示范、表彰激励等各种方式，不断拓展EBA培训的覆盖面和培训规模。 （程友谨）

【浦东新区启动“迎世博百万职工百日培训行动”】 10月13日，由浦东新区总工会、浦东新区迎世博社会动员指挥部办公室联合承办的“浦东新区迎世博百万职工百日培训大行动”在花木社区文化中心启动。双百培训行动以“三学”（即学世博知识、学世博礼仪、学世博双语）为主要内容，以“三进”（即进企业、进工地、进班组）为基本形式，以开发区和外来建设者（农民工）较为集中的地区、行业为重点，计划用100天的时间，有重点、分阶段地完成全区100万职工迎世博全员发动和世博知识、迎世博文明规范的培训。仪式上举行了浦东新区职工迎世博知识竞赛决赛，职工迎世博志愿者代表宣誓承诺遵守“四项文明”，来自建筑、制造、环卫、物业、公交、航运等行业的职工（农民工）代表上台领取世博培训资料。 （姚红钢）

【徐汇区总工会开展“迎世博学双语”活动】 根据区总工会制定的《徐汇职工“迎世博、学双语”活动实施计划》，2009年共组织5万名职工参与活动，其中近5千名职工参加了全市统一考核，合格率逾90%；13个完成职工学双语任务的工会和1个承担双语考核任务的单位受到表彰。 （张均敏）

【徐汇区总工会推进迎世博农民工基本素质教育培训】 区总工会以建立徐汇农民工培训“四个一”工作机制，即“一个培训网络，一所培训学校，一批培训师资和一笔培训经费”，来加快推进农民工素质教育培训工作。半年内举办迎世博农民工培训近百场，培训农民工8 324人，书面测试合格率近98%。 （张均敏）

【长宁区工人文化宫开办“英、法、德、日”外语沙龙】 2月7日，长宁区工人文化宫举行“争做可爱上海人，沟通四海架彩桥”英、法、德、日外语沙龙首次活动。现场布置会说“英、法、德、日”四种语言的海宝和世博展馆的照片，由来自英国的外籍志愿者Joanna（乔安娜）女士设计活动项目。外语沙龙活动于每周六下午举行，将按“英、法、德、日”顺序进行至世博会开幕。 （白 敌）

【长宁区总工会加强女职工周末学校建设】 区总工会女职工周末学校开展“迎世博，长宁女职工在行动”主题培训，培育女职工“精一门、会二门、学三门”的钻研精神。一是形势与理论相结合，举办科学发展观、迎世博知识讲座，提高女职工理论知识基础。

2月7日,长宁区工人文化宫推出"争做可爱上海人,沟通四海架彩桥"英、法、德、日免费外语沙龙活动 (吴志华)

二是技能和健康相结合,举办两期"女职工素质教育健康讲座"及母婴护理就业技能培训、外来务工女性就业技能培训班。三是面授与网络教育相结合,将面授课程通过网络传送至各系统和社区,再发送至所属企事业单位的女职工,扩大女职工培训受益面。 (王亚文)

【普陀区建筑行业工会建立农民工技能培训晋级快车道】 区建筑行业工会以职业技能比武为平台,建立"培训、考核、竞赛、晋级"工作机制,大幅提高农民工技能水平和就业能力。主要做法:(1)落实培训阵地,加大培训力度。在工地建立农民工业余学校,已有62个在建工地建立业余学校。全区建筑业农民工中,有34人取得中级工证书,10人获高级工证书,4人被评为技师。(2)增强师资力量,创新培训方式。采取"培训跟着项目走、课堂随着工地走"的培训方式,下工地为农民工进行培训,建筑业农民工接受岗前培训达26 238人,职业技能等级培训4 158人。(3)突破传统做法,开辟农民工职业晋级快车道。针对农民工职业特点,通过技能比武形式,使农民工技术晋级不受时间限制。行业工会每年组织不同等级职工职业技能操作大赛,选派经技能培训并考核合格的农民工参赛,获得名次的农民工可直接晋升中级工或高级工、技师,缩短了农民工取得等级证书的时间。 (赵 勇)

【普陀区总工会立足职工学校推进技能培训】 区总工会职工技能培训中心以职工学校为主阵地,打造工会职业技能培训服务平台,推进工会就业援助服务。(1)巩固自身办学优势,拓宽培训服务视野。一是常年开设电工维修、制冷维修、中式烹调、西式面点、电脑、营业员上岗证、食品生产经营人员安全培训等易于学习、便于就业的专业课程。1—10月,中心累计培训12 245人,其中培训初级工3 046人,中级工3 768人,高级工36人,上岗证5 295人,农民工4 822人。二是与上海市慈善教育培训中心合作,分别在桃浦、长征社区学校开展适合外来媳妇需要的商品营业员(超市类)和中式面点师培训,多数学员通过市职业技能鉴定中心的职业技能考核鉴定,取得了岗位技能等级证书。(2)加大与社会相关培训机构合作,走联合培训之路。一是与西宫职业技能培训中心联合开办会计职称考试初、中级辅导班,举办会计从业人员资格证书和会计继续教育培训。二是与大连海特餐饮文化咨询有限公司联合开办花色调酒、咖啡配制等培训班,吸引江浙两地和福建等省的学员。三是走访多家培训机构,寻找新的合作项目,新增心理咨询、英语夏令营等培训项目。(3)积聚优势资源,打造品牌培训基地。一是向上海市食品药品监督所申请食品从业人员安全培训资质并通过审查。二是围绕食品安全问题开展食品安全合格证培训,9月开设区首期食品安全合格证培训班。三是与华东电网有限公司培训中心签订合作培训协议,于11月中旬共同举办首期高压电工操作证培训。 (赵 勇)

【普陀区总工会加强农民工教育培训阵地建设】 区总工会从四方面着手加强农民工教育培训阵地建设:(1)加强社区工会教育培训中心建设。全区9个街道、镇均建立工会教育培训中心,指导制定符合各自实际的培训量化目标和考核标准。每个培训中心每季度举办一次农民工轮训公开课,与所属基层单位职工书屋进行联动。(2)加强园区工会"一校三室"建设。在全区推广由新曹杨工业园区工会首创的"一校三室"即阅览室、谈心室、活动室经验,引导其他园区和企业根据自身实际,建立符合需求的农民工教育平台。全区有12个园区建立了相应设施。(3)设立"致达农民工发展专项资金",支持区域内农民工的读报读书活动、农民工轮训教材编撰、农民工轮训师资培训及培训基地建设,惠及数千人次农民工。(4)推进相关活动载体设计。指导相关行业工会在农民工较为集中的行业开展"普陀区大型超市行业收银员操作技能大赛"等各项技能练兵活动;强化农民工科普知识讲坛作用,每月深入基层开展活动,在农民工中普及政策法律、消防技能、世博理念宣讲、消费权益保护等知识。 (赵 勇)

【闸北区总工会开展迎世博知识培训】 闸北区工会开展世博知识培训,组织职工参观迎世博展览馆、参加世博知识讲座、开展世博知识竞赛和网上测试等。至10月底,全区各系统、社区(街道)、镇、区管重点企业工会和区总直属企业工会已超额完成培训指标,10.27万名职工参与培训,4.56万名职工通过网上测试。 (陆 非)

【卢湾区建设系统开展迎世博农民工基本素质教育培训】 区建委系统举行迎世博农民工基本素质教育培训工作启动仪式,部署农民工世博知识和文明行为规范培训工作，向各个农民工业余学校代表赠送书籍教材，轨道交通9·5标段工地的农民工代表向全区建设系统农民工发出了“认真学习世博礼仪、当好合格东道主”的倡议。培训工作以区内农民工业余学校为依托，以《迎世博上海农民工基本教育培训读本》、《上海市建筑业务工人员岗前培训教材》和《精彩世博、文明先行》等电视宣传片为教材，以世博知识、劳动权益、安全保护、文明礼仪等为内容，面向农民工开展培训。（翟春琴）

【静安区梅龙镇集团工会加强职工技能培训】 梅龙镇集团公司工会开展职工技术技能培训，形成企业职工技术骨干梯队。一是统一思想，周密部署。集团党委召开党群工作会议，在人力、财力、时间上给予支持和保障；工会召开专题会议，布置各项工作；公司召开动员会，做好宣传发动。二是结合实际，制定计划。培训对象以厨房部和服务部人员为主，兼顾财务部、人事部；培训按三级培训制和老中青各年龄层次相结合办法进行计划和推进。三是合力推进，取得成果。6名业务骨干取得“国家高级烹饪技师”技术等级认证，8名青年骨干取得“国家烹饪技师”技术等级认证，15名职工取得“烹饪高级工”技术等级认证，厨房部中高级以上等级资格员工比例达到60%。（孙来宝）

【静安区总工会开展农民工技能基础培训】 11月3日，区总工会举行农民工技能基础培训开学典礼，聘请具有国家级技师职称的教师执教，利用餐饮企业的非营业时间“送教上门”，免费为区内餐饮行业提供餐厅服务员、中式烹调师上岗等级培训，200余名农民工参加培训。区总工会还为商务、建交、环建等系统的5 000多名农民工进行迎世博基本素质培训。（陆　蕾）

【宝山区总工会开展系列活动加强迎世博知识培训】 主要做法：(1)组织开展“迎世博，上海农民工基本素质培训”、“迎世博600天行动倡议仪式”等活动，与市总工会共同组建“上海农民工基本素质教育培训和大学生世博宣讲团”，利用双休日和工余时间深入工地、企业社区，向农民工宣传世博知识、传播世博理念，播放“上海市农民工基本素质教育电视宣传片”百余场。(2)举办“走进世博”知识竞赛，8万余人参与世博培训。(3)组织职工参加第十一届上海读书节“爱祖国，迎世博，谋发展”上海市民经典诗文朗读大赛，获第二名。(4)组织职工参加“相约世博，共享知识”江浙沪职工世博知识趣味挑战赛。（胡立伟）

【闵行区开展万名职工心理健康知识培训】 职工心理健康知识培训体现“三贴近”原则，即贴近职工心理需求，贴近职工职业特点，贴近职工知识水平，主要加强两方面工作：(1)扩大宣传。一是成立职工心理援助项目(EAP)课题组，设计《闵行区职工职业发展与心理健康调查问卷》，形成调查报告。二是举行世界精神卫生日举办大型心理健康知识普及活动，发放宣传品逾2万份，接待职工咨询2 000余名。三是购置1万多册书籍，分发至一线职工。(2)注重效果。一是成立闵行区心理咨询协会，通过自愿报名、课题申报，从闵行区持证的100余名国家二级心理咨询师中，选择专业能力强、热心公益的20名咨询师组成培训团队。二是制定心理健康知识培训菜单，开展《金融危机下的员工心理培辅导》、《金融危机后的组织弹性建设》等专题培训。三是以企业职工为中心，送教上门。（俞龙祥）

【闵行区总工会开展迎世博上海农民工基本素质教育培训】 培训包含四方面内容：一是提高农民工技能水平。根据农民工从业特点，区总工会利用区域教育资源，与上海交大、东海职业技术学院等高校联合举办各类新型工种的技能培训和竞赛，以赛促训，以赛促学。二是提高农民工学习能力。组织农民工骨干参加初级工商管理(EBA)培训，使一批优秀的农民工走上班组长岗位。三是提高农民工心理素质。组织农民工参加心理健康教育培训，开展心理咨询和心理干预，帮助农民工以积极健康的心态应对职业生涯的变化。四是提高农民工法律意识。组织农民工参加各类主题教育活动，区代表队获“学法律、知荣辱、讲文明、促和谐”农民工风采大赛金奖。逾1.7万名农民工参加培训。（叶民强）

【闵行区总工会加强世博知识宣传培训】 主要做法：(1)组织10万余名职工参与世博知识培训，1.7万余名农民工参与迎世博基本素质教育培训，6万余名职工参与“迎世博，学双语”培训。(2)开展职工文化园区行、“六大杯赛”职工文体活动，“园丁之声”闵行教师合唱团获第三届上海市五一文化奖十佳职工文化特色活动。

闵行区江川路社区（街道）总工会开展“迎世博，学双语”培训

（施佩玉）

(3)在为农民工送文化活动中融入世博知识,2009 年进工地放映电影 420 场,举行慰问演出 6 场,惠及农民工 10 万余名。 （洪 岩）

【金山工业区建立职工培训基地】5 月1 日,由金山工业区工会牵头的金山工业区职工培训基地正式成立。基地整合了 9 个部门和单位的资源,涵盖法律知识宣传、健康生活宣讲、信息培训、救护知识上岗培训、文化设施共享等项目。体现 3 个特点:一是培训范围扩大和理念改变。除了技能、学历培训,还包含思想教育、心理咨询等。二是项目推进符合企业的需求。工会作为牵头单位,配合相关部门制定符合企业实际的具体计划。5 月,工业区工会和司法所等部门联合实施"法律进企业"活动,选择合适的企业作为试点,成立调解委员会,制定程序、建立台账、培训宣传,在点上加以拓展。三是培训内容与职能部门重点工作相结合。工会依照时间节点,联系企业工会协助完成培训任务。 （刘旭辉）

【青浦区总工会开展职工教育培训】主要工作:(1)制定青浦职工免费培训菜单,由 5 个方面、40 项课程组成,做好课程、师资、场地等配送服务。开展形势教育、世博知识、法律法规知识等培训,3.7 万余名职工参与;开展钳工、电焊工等 11 个技能项目培训,培训职工 653 人。(2)开展 EBA 培训。12 月 27 日,青浦区 EBA 培训项目推进会暨电大青浦分校新大洲大专班毕业典礼举行,新大洲公司 150 余名员工经近 3 年培训,获得了 EBA 初级工商管理资格证书,其有 85 名员工获得大专学历证书。(3)开展职工计算机培训政府实事项目。计划用 3 年时间分批对包括农民工在内的机关、企事业单位初中文化程度以上,未接受过计算机知识培训的在职职工开展计算机知识培训,共培训4 369 人,4 007 人取得证书,合格率达 91.7%。 （马美君）

【南汇区启用职工培训中心】 3 月 5 日,南汇区职工培训中心正式启用,市总工会培训中心第十二期高级后勤管理师培训班在培训中心举行开学典礼。区总工会已逐步形成党政领导支持、工会组织发动、部门密切配合的职工培训教育工作格局,将以培训有场所、教学有设备、实习有基地为目标,为全区职工及农民工提供多层次、多形式培训服务。 （李玉香）

【奉贤区工会以流动学校为载体开展职工教育培训】 2 月,奉贤区总工会成立工会教育培训协调小组,计划以流动学校为载体,以各委局镇、开发区、工贸集团、行业工会主席,基层企事业单位的工会主席以及重点行业、骨干企业职工(包括农民工)为对象开展职工教育培训,并将各单位开展工作成效作为目标管理考核内容之一。区总工会建立一支由志愿者参加的讲师团,通过举办培训班、网上论坛等形式,把工会流动学校延伸到车间、班组,深入职工生产生活第一线,共培训职工 4.42 万人。 （刘传军）

【奉贤区总工会启动农民工迎世博基本素质教育培训】 7 月 29 日,区总工会启动农民工迎世博基本素质教育培训工作,来自金汇镇的 100 余名农民工代表集中观看了《迎世博上海农民工基本素质教育培训电视宣传片》。全区各级工会在农民工较为集中的地区、行业,有步骤、分阶段推进培训工作,通过工会流动学校、农民工业余学校、社区学校、企业培训学校等基本培训阵地,工会组织流动学校志愿者讲师团、工会干部、企业管理人员、市总大学生志愿者等基本师资队伍,采取集中面授、电视教学、网上课堂等多种形式,以世博知识和文明行为规范为重点内容,开展世博知识、城市文明、劳动权益、生命安全、生活服务等知识培训,上下联动,确保 2 年内完成对 3 万名农民工的教育培训任务。 （刘传军）

【崇明县总工会开展崇明"的哥"迎世博知识培训】 8 月 19 日,县总工会举行崇明"的哥"迎世博知识培训,引导崇明"的哥"和进城务工人员了解世博、融入世博,遵守城市文明规范,安全行车,礼貌待人,不断提高自身素质。县总工会向"的哥"发放世博宣传图书、知识卡片和光盘,来自市区各出租车公司的崇明籍驾驶员班组骨干及其家属 152 人参加培训。 （易建军）

【上海船用曲轴有限公司工会开展员工培训的"五种方法"】 (1)及时制订教育培训计划,针对员工适应能力、创新能力、改进能力薄弱的现象,结合公司总体发展战略,突出高技能、高技术人才培养及专业技术力量储备培训。(2)培训活动持续 5 个月,按中高层管理人员、技术人员、车间操作人员和全体员工等 4 个层面分别展开,内容包括现代管理知识、班组管理技巧、数控操作知识、机械加工基础、安全生产及质量管理等 5 个模块、35 项课程。(3)采用"请进

上海市女职工周末学校世博专场讲座 （李国盛）

来、送出去"的培训方式,较深专业或理论课由上海电机学院授课,提升专业方面技能的课程均外送参加市、集团或专业培训机构集中培训,有关设备维护保养、ISO贯标、专利公司标准和曲轴加工工艺等由公司内部技术管理骨干授课,安全生产和质量意识两大课程进行全员培训。(4)考评参加培训员工,成绩记录于员工培训档案。(5)对培训活动进行业务评估,制定符合企业实际情况的员工培训中长期规划,建立完善的培训体系。 (余云岚)

【华谊集团上硫化工有限公司建立培训激励机制】 上硫化工有限公司针对职工技能等级普遍较低的现状,由行政和工会共同建立《教育奖励基金》,对通过自费学习取得各类职业技能等级鉴定证书、专业技术职务(职业)资格证书和获得本科、大专学历的职工给予一次性奖励。2005—2009年,公司教育奖励基金奖励175人次,奖励人数达职工总数1/3,奖励金额达25.24万元,人均1 442元。其中技能等级奖励147人,占84%;职称奖励13人,占7.4%;学历奖励15人,占8.6%。在市化学工会迎世博、强素质、万名员工岗位技能大练兵活动中获得2个二等奖和3个三等奖,4名职工晋升为技师。 (李爱敏)

【上汽举办首期经营者培训班】 6月27日,由上汽工会、上汽培训中心、上汽经营者管理推进办公室联合组织的首期经营者培训班结业,360余名学员分5批参加培训,激励职工从班组长向经营者转变。 (刘蔚婧)

【中海集运新大洋洲轮工会开办海上网络学校】 新大洋洲轮工会依托"中国海运船员培训在线"远程教育资源开办海上网络学校,使船员通过在线培训,学习船舶内网、船用及船员自带电脑等设备技术信息。主要做法:(1)增加"无线Wi—Fi信号",传输距离达100米,船员打开电脑就可直接进入网络,便于船员学习、培训、交流及船舶管理。(2)创建电子公告版(BBS),开设船舶安全管理、轮机管理、船舶动态、船舶保安、支部生活、党课、航海图书资料、英语角、电脑技术交流、电子刊物版块、子版块等课件。(3)增设信息管理员功能,上传公司文件、简报、业务管理等资料,及时更新管理信息。 (张 剑 钟文庭)

【上港物流公司工会开展迎世博农民工基本素质教育培训】 上港物流公司下属各营运中心和投资企业工会对2 443名农民工(其中大多数是集卡司机)开展"迎世博农民工基本素质教育培训"活动。活动以世博知识和文明行为为重点内容,结合集卡司机的岗位特殊性,把安全生产、岗位技能、职业道德、操作规范等有机结合,对参加培训的司机进行了书面知识问答,加深其对世博知识的了解。 (严明娥)

【中交三航局洋山分公司探索员工培训新途径】 由洋山分公司工会牵头,人力资源部、团委配合,组建了分公司员工培训开发工作小组,探索员工内部培训新途径。(1)聘请分公司工作经验丰富的管理人员为授课老师,由其自定授课内容,编写教材。(2)开设内部课堂,利用员工业余时间开展培训,内容包括打入桩工艺、钻孔嵌岩桩工艺、砼施工工艺、钢筋施工工艺、工程测量要点、项目施工组织与管理、现场质量检查、验收要点等近20个门类。 (杨 敢)

【中交三航局工会组织开展迎世博农民工基本素质教育培训】 中交三航局有限公司工会利用世博建设的有利契机,在上海地区全面开展迎世博农民工基本素质教育培训工作,共培训农民工5 000余人,考核4 000余人。(1)二公司采用集中面授、网上课堂和自学相结合的培训方式,注重培训与生产实际相结合。(2)浦东分公司利用班组学习形式组织农民工开展了"迎世博,做文明职工"学习教育活动,开办职工技术业务培训班,分6批对302名农民工进行公民道德教育专题培训。(3)船舶公司结合公司农民工工作点多、线长、分散流动等特点,通过观看电视片、班组学习等方式组织农民工参加培训。(4)兴安基公司以安全知识教育、持证培训为重点,开展"安全月"、"安康杯"安全生产知识考试,以案例分析会的形式召开专题安全例会,并在分包民工中指派安全兼管员,配合项目部形成基础安全监管网络,进行专业培训。(5)铁路公司加大对农民工的安全培训和考核,一是对进场作业人员进行三级安全教育,共有2 025人接受安全教育并考核合格。二是在施工高峰期围绕施工安全基本知识和建筑施工安全技能进行专项安全培训,全年有1 775人接受了安全培训和考核。三是日常工作中坚持每日班前讲安全活动。四是针对节假日、季节性安全注意事项安排相应培训。(6)洋山分公司对所有参加工程建设的农民工进行了基本素质教育培训。 (黄书展)

三航局举办农民工培训班 (葛志华)

城建集团开展农民工培训　（陆　政）

【市建交委启动迎世博建筑业农民工基本素质教育培训】 8月18日，市建设交通工作党委、市建设交通委在上海建工集团世博会主题馆工地举行迎世博建筑业农民工基本素质教育培训启动仪式。培训将以世博知识、劳动权益、安全保护、文明礼仪为主要内容，以1 300多所工地农民工业余学校为基地，在建工、城建集团等工地先行推开，带动区县建管部门所辖工地有序展开，从2009年8月至2010年12月间分批完成20万建筑业农民工基本素质教育培训任务，并组织统一考核。（钱　蓉）

【城投总公司工会推进"迎世博、学双语"活动】 城投总公司工会制订方案，提出了"高度重视，组织到位；务求实效，保证质量；创造条件，提供保障；严格考核，择优表彰"的工作要求，全面推进迎世博、学双语活动。总公司工会和各直属单位工会根据职工实际水平分为"参与型"、"普及型"、"优秀型"3个层次，一方面明确与上海水务进修学校合作办班的方式进行培训、考核，采用送教上门的方式，为各直属单位顺利开展培训提供保障；另一方面，以职工自学、班组学习、集中培训等方式因材施教，有针对性的组织学习活动。2009年，近8 500名职工接受普通话与英语会话学习培训，近1 200人获优秀证书。

（朱文慧）

【市绿化市容管理局工会开展农民工迎世博基本知识培训】 市绿化和市容管理局工会组织直属单位近千名农民工，进行世博知识、劳动权益、安全保护、文明礼仪等方面培训，让农民工了解世博基本知识，掌握劳动保护基本法规和安全常识。

（唐鸿仙）

【上海新闻出版教育培训中心工会举行英语情景演练比赛】 教育培训中心工会举行"学世博英语，当好东道主"英语情景演练比赛，6个工会小组、近60名教职工参加，展现了教培中心教职工的英语会话水平。

（胡建霞）

【城建集团工会开展农民工素质培训】 集团工会以农民工学校为载体，制订培训计划、分解年内农民工培训人数、及时购买培训读本，大力推动城建集团1.5万名农民工培训。一是结合"三送"活动向农民工业余学校送《教育培训读本》。二是巩固和扩大农民工业余学校的师资队伍，做好兼职教师《教育培训读本》培训工作。三是因地制宜地编写培训大纲、安排好教育进度，采取教师面授、应用网络技术授课、网上辅导和农民工自学相结合的方式，吸引广大农民工参加培训，培养农民工成为企业的文明职工和城市的文明市民。

（朱　强）

读书活动

【徐汇区总工会开展《上海迎世博市民读本》培训】 区总工会发挥全区1.4万多家工会的组织优势，从两方面推进培训工作：一是开展"我帮你，一带一"活动，鼓励已通过网上测试的职工主动帮助一位身边的同事参加网上测试，直至合格。二是依托社区资源，向在万名农民工学上网活动中学会上网的职工赠送上网卡，通过各社区总工会组织农民工到东方信息苑参加培训测试。已有4万多名职工通过市民读本培训的网上测试。

（张均敏）

【杨浦工会组织职工学习世博知识】(1)编印发放《迎世博简明读本》。读本由区迎世博600行动社会动员指挥部、区总工会等共同组织编印，内容以"世博知识"和"市民素养"为主。4月15日，区总工会向全区广大企事业单位职工免费发放8 000册，基本实现对区域企事业单位班组的全覆盖，通过组织班组学习讨论、知识竞赛、演讲比赛、撰写心得体会等各种形式掀起世博知识学习热潮。(2)开展世博知识答题活动。4月底至5月27日，区医务、教育、五角场镇、延吉、江浦、控江、民防等近20个行业、地区及直属工会，6 794名会员通过答题测试并获得证书。其中区教育、医务、建设工会等先后召开工作会议，专门部署世博知识答题活动；控江地区总工会发动所辖各非公企业、居委会联合工会组织职工参与世博知识与市民素养测试答题活动；上海泰景物业管理有限公司工会等企业工会组织职工参赛；杨浦区图书馆集中组织全体职工参加答题活动，馆内34名职工均通过测试并获得合格证书。（张念宏）

【嘉定区总工会举行职工迎世博知识竞赛】 嘉定职工"迎世博"知识竞赛活动于2008年11月启动，全区各级工会组织职工学习世博知识，近10万名职工参加不同形式的学习活动，36家直属工会举办"迎世博"知识竞赛初赛，参赛职工864名，6支代表队进入决赛。5月21日，区总工会举办知识竞赛决赛，最终嘉定镇街道代表队

获一等奖，交通局、机关党工委代表队获二等奖，房地产集团、新成路街道和卫生局代表队获三等奖。（徐　浩）

【金山区总工会举行区第四届读书节总结表彰大会】 9月16日，区总工会举行“水务杯”建功世博演讲大赛暨金山区第四届读书节总结表彰大会。会上举行了“水务杯“建功世博演讲大赛决赛，并向第四届读书节系列活动的先进集体和先进个人颁奖。会议提出：一是要把读书活动与深入学习实践科学发展观结合起来，体现读书活动的指导性。二是要把读书活动与提高劳动者素质结合起来，体现读书活动的时代性。三是要把读书活动与迎世博结合起来，体现读书活动的实践性。（薛建忠）

【金山区教育工会举办迎世博双语形象大使评选】 5月12日，来自全区中小学、幼儿园的71名青年教师参加了迎世博双语形象大使评选初赛。6月11日，决赛在区教育局举行，最终，干巷学校倪萍萍、区教师进修学院李亚南分别获得专业组和非专业组的冠军。（韩亚弟）

【松江区总工会推进职工书屋创建】 区总工会自2008年创建首批市级和区级职工书屋后，又建立岳阳、车墩镇总工会为市级职工书屋。岳阳街道总工会职工书屋与都江堰职工书屋结对，并加大了配书力度，书籍赠款增至4万元。为推广创建职工书屋工作经验，在岳阳街道召开各街镇总工会和部分委局工会专题座谈会交流经验。（莫永涛）

【青浦区工业园区开展“心灵阳光读书月”活动】 4月29日，青浦工业园区工会启动第三届青浦市民读书节系列活动——心灵阳光读书月活动，永恩实业（上海）有限公司、日立电梯（上海）有限公司、上海德力西集团有限公司等10家落户园区企业获赠书籍。读书月活动以关爱和回报外来农民工为主旨，依托园区职工之家，开展集体签名、最佳读者评选、网吧暨电子阅览室免费开放、征文、捐书赠书、世博知识竞答等活动，丰富农民工精神文化生活。（马美君）

【奉贤区总工会举办窗口服务行业职工迎世博知识竞赛】 7月3日，奉贤区总工会、区迎世博600天行动窗口服务指挥部联合举行“世博知识我知晓，世博知识我宣传”窗口服务行业职工迎世博知识竞赛活动。区基层窗口服务单位各自开展初赛，参与推荐选拔。12支队伍参加决赛，公安奉贤分局代表队获一等奖。（刘传军）

【上海织袜二厂开展读书活动】 上海织袜二厂（卓维700）工会连续3年举行读书授书仪式，为职工挑选《我在为谁工作》、《让工作快乐起来》、《把工作做到位》等书目，每年组织读书心得交流会，通过读书提升员工队伍整体素质。（王慎微）

金山区总工会举行建功世博演讲大赛暨第四届读书节总结表彰大会（朱建群）

【上海航天局电子所举办首届职工读书节】 8月6—11月11日，上海航天局电子所举办首届职工读书节。工会成立读书小组、筹建职工书屋，相继组织开展读书节主题语征集、“爱祖国、爱航天”征文演讲比赛、职工读书评书赠书，“读好书迎世博”专题讲座、读书知识竞赛等活动，举办职工艺术展，集中展出职工摄影、书画、手工艺术品等，并对各项活动开展评比，表彰优秀。（沈　恺）

【上海航天局新光厂举办第九届读书节】 新光电讯厂第九届读书节有“八个一”系列活动：一是开展一次热点大讨论，以青年团员为主，围绕国庆阅兵、爱岗敬业、个人成长等主题举行“你说我说大家说”大讨论。二是开展一次书签设计大赛。三是开展一次心得体会征集活动，共征集文章50余篇并进行交流。四是开展一次“迎世博与传统文化知识”竞赛活动。五是汇编一本爱岗敬业集锦，结合爱岗敬业专题培训，征集感言感悟和身边爱岗敬业者先进事例汇编成册。六是开展一次读书交流会，厂女工读书小组成员结合各自读书体会进行互动交流。七是举办一次中华诗词朗诵会。八是举办一次总结表彰大会，坚持每年对读书活动先进个人和先进集体进行表彰。（沈　恺）

【强生五分公司以读书活动为抓手推进工会建设】 强生五分公司以读书活动为抓手，加强学习型、创新型、服务型工会建设。（1）加强工会组织建设，创建学习型工会。一是加强自身学习，提高工会干部政治业务素质；二是加强职代会制度建设，推进民主管理；三是以职工读书活动为载体，开展制作读书活动成果展示板、建设职工书屋、召开迎世博营运服务技巧研讨会等工作。（2）组织全员教育培训，创建创新型工会。一是以“迎世博、进班组”为主线，切实推进“十比”工作；二是以《班组生活》月刊和《读书》双月刊为载体，加强迎世博宣传；三是

上海电信员工参加工会举办的全员读书日书展活动 （朱东亚）

以创建工人先锋号为载体，开展迎世博立功竞赛，基本实现创建"工人先锋号"覆盖率达到100%的工作目标。(3)开展心手相连、帮扶济困活动，创建服务型工会。一是开展结对帮扶活动，联手社区帮扶贫困家庭子女；二是关心职工身体健康，组织职工体检；三是做好防暑降温工作。 （段连生）

【中国移动上海公司普及世博知识】 中国移动上海公司工会以"短信每日一题"、"网上课堂测试"等形式动员全体员工学习世博知识，主要做法：(1)工会向每位员工发放了《上海迎世博市民读本》，结合员工年龄特点，每天一题以短信形式发送至公司8 000余名员工，并以排行榜方式公布前50名答题正确的员工名单。(2)启动世博知识和市民素养"网上课堂"答题活动，通过网络进行世博知识测试，每周在公司内部局域网公布各单位参与排行榜，员工参与率达99.98%，测试合格率达100%。

（史　旭）

【中远集运上远公司工会推进职工书屋建设】 上远公司工会推进职工书屋建设，2009年累计配送2 600余册书籍，期刊杂志、报纸600余份，累计购买并发放27.6万元文体用品，发放31 804张VCD、DVD光盘。（钱　华）

【锦江航运经营业务部开展主题读书交流活动】 锦江航运经营业务部坚持鼓励职工一年读一本书，以由"宜家家居想到的"为主题，开展读书交流活动。 （袁建华）

【交通港口局工会举办纪念新中国成立60周年征文活动】 市交通港口局工会、市交通港口局女职工委员会、市交通港口局团委、《上海交通港航报》共同组织举办纪念新中国成立60周年征文活动，收到97篇各类稿件。

（樊鸿嘉）

【城市交通工会举办迎世博知识竞赛】 4月15日，城市交通行业职工迎世博知识竞赛决赛在市公用学校举行，8支队伍参加决赛，交运巴士代表队获一等奖。 （樊鸿嘉）

【上海水产集团创建流动职工书屋】 上海水产集团先后在远洋渔业公司、金优远洋渔业公司、蒂尔远洋渔业公司的35艘远洋渔轮，毛里塔尼亚、摩洛哥、阿根廷、斐济等4个海外基地及境外马绍尔鱼品加工厂建立船员和海外企业员工"职工书屋"、"职工书柜"，"流动书袋"，实现远洋渔业企业职工书屋覆盖。其中，开创远洋渔业公司在5艘大型加工船上建立职工书屋，在6艘金枪鱼围网船上建立了职工书柜，"开裕轮"获全国职工书屋"示范点"称号；金优远洋渔业公司在18艘渔轮之间建立图书定期交换制度，利用有限的图书资源，发挥流动职工书屋作用。 （汤宝龙）

【市教育工会举办青年女教师迎世博双语演讲大赛】 9月3日，市教育工会女工委举行"走近世博、相约世博——上海青年女教师迎世博双语演讲大赛"决赛，22名选手参加，产生一、二、三等奖。 （朱小娟）

【良友集团工会举办职工迎世博知识竞赛】 9月10日，集团工会举办良友职工迎世博知识竞赛，22支队伍参赛。竞赛以《上海迎世博市民读本》、《走进世博会——世博知识150问》、《良友集团员工手册》为主要内容，将宣传世博知识与做好本职工作相结合。经过四轮初赛和决赛，良友便利公司二队获一等奖。 （刘国成）

【监狱局工会创办《知心》杂志加强学习交流】 监狱局工会创办《知心》杂志，体现3个特点：一是兼顾政策性、知识性和娱乐性，全面反映基层工会工作动态。二是注重培训通讯员，先后开展摄影培训、"五星红旗我为你

良友职工迎世博知识竞赛 （陈旭峰）

自豪”第五届“知心杯”征文等活动，18个基层工会共征集137篇作品参赛。三是召开编辑工作座谈会，总结交流办刊经验。2009年共发行12期，发表281篇通讯、散文、诗歌和252张照片。（江海群）

【中国电信集团号百公司参加江浙沪职工世博知识趣味挑战赛】 12月23日，集团号百公司电子商务部参赛队参加“相约世博，共享知识”江浙沪职工世博知识趣味挑战赛决赛，获决赛最高奖“世博和谐之星”称号，参赛队员李勤以个人总分第一获上海市最佳选手。（沈　匀）

群众文化

【浦东新区举行庆祝建国60周年暨慰问世博建设者专场文艺演出】 9月23日，浦东新区总工会、上海浦东发展（集团）有限公司共同举办“与祖国同行——浦东新区职工庆祝建国60周年暨慰问世博建设者专场文艺演出”，来自浦东新区世博重大配套工程建设第一线的2 000余名职工观看演出。（姚红钢）

【长宁区工人文化宫获评市五星级工人文化宫】 长宁区工人文化宫围绕迎世博、庆国庆主题，在完善电影院、图书馆、培训室、会议厅、舞厅、舞蹈房、乒乓房、桌球房等活动设施基础上，先后主办或承办长宁区职工首届诗歌散文朗诵展演、长宁职工优秀戏曲曲艺节目展演活动、“象王杯”第二十届三八姐妹运动会、“星伟杯”长三角地区斯诺克俱乐部团体赛，“上海电气杯”第二届上海市职工歌手大赛长宁赛区项目等职工文体活动。在第三届上海市五一文化奖评选中，长宁区工人文化宫被评为上海工会职工文化活动基地五星级工人文化宫。（徐雍安）

【长宁区总工会打造“百川之音”新上海人文化系列特色品牌】 长宁区总工会先后举办区职工器乐大赛、区“东西南北戏曲大会串”、区“百川之音”相声大会、“白领海峡”新上海人鸡尾酒交谊舞会、长三角职工戏曲展演等活动，形成多元化、细分化的“百川之音”新上海人文化系列活动特色品牌，获得第三届上海市五一文化奖“十佳”职工文化品牌项目称号。（唐振兴）

【长宁区总工会举办“与祖国共命运，与世博共奋进，与企业共发展”主题大赛】 长宁区总工会与区司法局、工商分局、法宣办联合举办长宁区与祖国共命运，与世博共奋进，与企业共发展主题活动，围绕庆祝新中国成立60周年及迎接世博会总体要求，通过书面知识测试、现场知识竞赛、主题演讲等方式进行。大赛共吸引6.4万余名职工参加，区就业促进中心代表队获一等奖。（王亚文）

【长宁区周家桥社区总工会以会所文化推进工会工作】 周家桥社区工会以扩大工会组织覆盖面为重点，以提高职工素质教育为着力点，以为职工办实事为切入点，以会所文化为载体，创新工会工作模式，促进社区工会建设。一是通过会所文化凝聚职工人心。社区总工会以会所为载体，开展社区“奥运年、社区情”第四届文体团队大型展示、一年一度的“十月歌会”等各项文化活动。二是通过会所文化促进社区工会建设。组织“两新”组织人士参加会所文化各类活动，为开展工会工作打基础。（石　峰）

【虹口区举办职工广场文艺展演】 9月20日，虹口区总工会、区文明办、区文化局、虹口区域性工会建设联谊会等单位联合举办“我与祖国共成长，我与虹口共发展”迎新中国成立60周年暨迎世博盛会虹口职工广场文艺展演。市总工会、区委等分别授予虹口区总工会“上海市迎世博宣传教育贡献奖”及2个单位“上海市工人先锋号”、10个单位“虹口职工立功竞赛示范点”奖牌；主办单位通过《积极参与“三五行动”迎世博文明伴你行——致虹口广大职工的一封公开信》向全区职工发出新动员令。（徐　洁）

【杨浦工会开展青年职工交友活动】 11月21日，杨浦区总工会、区知识女性联合会、杨浦区域工会联席会、上海体育学院工会共同举办“相约世博、牵手你我”杨浦知识职工交友活动，为白领青年搭建交流情感的平台，共组织来自全区高校、知名国企、银行、外资企业、教育、医务等21个行业的180余名白领青年参加。（张念宏）

【杨浦区成立首家由工会主管的作家协会】 9月9日，杨浦区成立全国首家由工会作为业务主管部门的作家协会“上海市杨浦区作家协会”，同时也是上海市第一家区级作家协会。成立大会通过《上海市杨浦区作家协会章程》，明确杨浦区作家协会由杨浦区总工会作为其业务主管部门，性质为

9月9日，上海市杨浦区作家协会正式成立。上海市作协主席王安忆和杨浦区区长宗明共同为杨浦区作家协会揭牌（张念宏）

中共杨浦区委领导下的生活工作在杨浦的作家自愿结合的社会团体，是区委、区政府联系作家的桥梁和纽带；区财政为作协划出专项经费；选举中国作家协会会员、上海作协副主席、复旦大学中文系主任陈思和为会长，选举郑星霞、徐丽云、张永胜、程乃珊、忻才良等15人为第一届理事会理事。共有78名生活工作在杨浦的中国作协会员或上海市作协会员表示愿意加入杨浦区作家协会，35名文学爱好者向作协筹备组提出入会申请，已产生首批102名杨浦区作协会员。 （李学兵）

【卢湾区职工开展庆祝新中国成立60周年系列活动】 系列活动有如下特点：一是形式多样。先后举行征文大赛、摄影书画展、知识竞赛、文艺汇演、歌咏比赛、纪录片放映、体育比赛等。二是广泛动员。组织发动参与面广，包括机关事业单位工作人员、国有企业职工、"两新"组织职工、社区居民、农民工等，部分单位全员参加。三是时间跨度长。部分活动时间跨度达3—4个月。四是体现特色。结合自身工作特点和会员情况，与迎世博、服务基层、服务职工等工作相结合，在"世博有我"、"我与淮海路"征文、"庆国庆·迎世博"图片巡展等活动中注入迎世博元素；通过"爱国歌曲大家唱"、"歌颂我的祖国"文艺汇演等活动激发职工爱国热情；通过"2009优秀纪录片进卢湾"，纪念建国60周年专场暨《我们的选择》导演见面会体现工会服务基层、服务会员宗旨；通过"两新"志愿者服务队社区服务活动及国庆联谊活动展示"两新"职工服务社会、建设卢湾的精神风貌。 （周盛丹）

【闵行区窗口行业举行迎世博演讲比赛】 闵行区重点服务窗口行业以"迎世博，满意在窗口，服务见行动"为主题举行演讲比赛，经初赛、复赛、决赛，古美路街道社区事务受理服务中心获一等奖。 （俞龙祥）

【闵行区教育职工合唱团获国际比赛金奖】 7月11日，由40名教师组成的闵行区教育职工合唱团赴韩国庆尚南道省参加2009年韩国世界合唱锦标赛，获混声组金奖。闵行区教育职工合唱团继2005年在意大利GARDA国际合唱比赛中获金奖后，又一次在国际比赛中获金奖。 （叶民强）

【闵行区总工会举办"颂祖国、迎世博、庆中秋"见习大学生风采展示活动】 9月29日，闵行区总工会以"颂祖国，迎世博，庆中秋"为主题举办见习大学生风采展示活动，见习大学生、劳模指导员、带教老师以及区属工会主席300多人参加活动。 （许向东）

【嘉定工会举办青年交友现场见面会】 10月11日，嘉定区总工会女职工委员会举办"青春碰撞，梦圆嘉定——我们在这里相遇"嘉定工会青年交友现场见面会，来自全区各镇、街道以及教育、卫生等系统的180多名男女青年参加联谊活动。 （徐　浩）

【金山工业区举办"世博进企业"专场文艺演出】 5月26日，金山工业区工会、金山工业区文广中心联合举办以"端午飘香显真情，共迎世博庆佳节"为主题的世博进企业专场文艺演出，入住便利中心的200余名园区落户企业职工观看表演。 （刘旭辉）

【石化工会举办"迎世博、庆国庆职工才艺展示"大赛】 9月17日，石化社区(街道)总工会联合石化社区(街道)综合党委举办迎世博、庆国庆职工才艺展示大赛决赛。经9月15日初赛选拔，共有16支参赛队参加决赛。来自金石建筑的张航获个人一等奖。 （黄　萍）

【金山区级机关工会举办机关文化沙龙活动】 11月19日，金山区级机关工会举办"创建职工之家，营造和谐机关"机关文化沙龙活动。活动贯穿职工之家建设主线，探讨如何建设机关的"温馨之家"、"文明之家"、"民主之家"、"活力之家"。各直属工会分管领导及工会主席近70人参与。 （常　菁）

【金山区级机关举行"双语"演讲比赛】 9月22日，区级机关举行庆国庆60周年，迎上海世博会"双语"演讲比赛，近70名职工参加，围绕庆国庆、迎世博主题，进行中英文演讲比赛。 （常　菁）

【金山区卫生系统举行文化艺术节】 5月8日，金山区举行"迎世博、庆华诞"区卫生系统文化艺术节开幕式，来自全区各医疗卫生单位职工代表进行集体朗诵，同时展示百余件医务职工的书画、摄影、十字绣及木雕等作品。 （朱惠诚）

【金山区山阳镇总工会举行新山阳人才艺大赛决赛】 6月28日，镇总工会、团委、妇联、商会和镇文体中心联合举行"迎世博、乐万家"文化艺术节新山阳人才艺大赛决赛，参加比赛的

金山区教育工会举办"祖国万岁"教工歌咏比赛 （季　蕾）

选手均为在各村、居民区、企事业单位工作的新山阳人。来自山阳中学的杨环宇和华新村的俞万贤获并列第一名。（汤奇忠）

【松江区总工会首次举办职工集邮展】 9月25日，松江区总工会与区邮政局联合举办以"伟大祖国，美好生活"为主题的松江职工集邮展。展出邮集24部共60框，960个标准贴片，分传统、极限、邮政用品、青少年、开放等类别，另有2部10框为荣誉展出，均为近年松江职工集邮爱好者新作，部分邮集曾参加全国和市级竞赛并获奖。（莫礼涛）

【青浦区总工会打造群众文化工作特色品牌】 作为关爱农民工身心健康，打造服务联动、娱乐互动的职工文化特色品牌，青浦区总工会坚持开展"同一片蓝天"为外来建设者送文艺巡演活动已有4年，足迹遍及全区11个街镇，被市总工会授予第三届上海市五一文化奖"十佳"职工文化特色活动。2009年，"同一片蓝天"活动巡演8场，观众逾2万人次。此外，区总工会组织送电影下基层120余场，观众逾2.6万人次；组织承办市"电气杯"第二届职工歌手大赛，2名选手分获通俗组和民族组银奖；承办第四届淀山湖艺术节职工文艺专场、"相约今宵"青年职工联谊交友等活动。（马美君）

【青浦区总工会举办沪苏浙三区三市职工文艺交流活动】 青浦区总工会以"歌唱祖国·奉献世博"为主题，举办第九届沪苏浙三区三市职工文艺汇演和工会工作论坛，将三区三市文化宫选送的职工文艺节目编排为一台职工文艺演出。闵行、嘉定、青浦、昆山、太仓、义乌三区三市工会围绕应对国际金融危机影响、发挥工会独特作用的课题交流经验体会和创新方法，探讨新形势下创新发展工会工作的理念和思路。（马美君）

【南汇区举办"迎世博、学双语、展风采"大赛】 2月25—26日，南汇区总工会女职工委员会举办迎世博、学双语、展风采大赛，全区31家机关、企事业单位工会组队参加，9支代表队进入决赛。活动标志着以"动力南汇、魅力港城、喜迎世博、祝福祖国"为主题的区第一届职工艺术节拉开序幕。（李玉香）

【市机电工会获第三届上海市五一文化奖特别贡献奖】 市机电工会组织职工开展"千人大合唱"主题活动，2009年举行"我们的力量"上海电气庆祝新中国诞生60周年大型文艺晚会。市机电工会获第三届上海市五一文化奖特别贡献奖，上海电气"千人大合唱"获上海市五一文化奖"十佳"职工文化特色活动奖；上海电气职工"高歌新时代"大型歌会获全国产业（行业）系统文艺展演铜奖。（周　珺）

【上海电气举办第二届上海市职工歌手大赛】 "上海电气杯"第二届上海市职工歌手大赛由上海市总工会、上海市文化广播影视管理局、上海市文学艺术界联合会、上海电气（集团）总公司主办，上海市机电工会协办，作为"爱国歌曲大家唱"群众性歌咏活动，以"歌唱祖国、奉献世博"为主题，呈现3个特点：(1)唱响时代主旋律。大赛以"爱国歌曲大家唱"100首推荐歌曲和世博歌曲为比赛指定歌曲，作为"歌颂祖国·奉献世博"上海职工庆祝祖国60华诞系列文化活动主会场活动之一。(2)各级工会精心组织。数万名职工报名参加，2 000名职工歌手参加了全市9个分赛区初赛；电气、电信、医务、申通、崇明5个分赛区设立专场比赛。(3)职工群众踊跃参与。参赛选手来自全市各行各业，包括一线职工、社区工作者、青年教师、医务人员、大众出租车司机、外来务工者等，分别决出民族、美声、通俗3种唱法的金银铜奖。（麻秀娟）

【上海电气举行庆祝新中国成立60周年大型文艺晚会】 9月17日，上海电气举行"我们的力量"庆祝中华人民共和国成立60周年大型文艺晚会。晚会呈现3个亮点：一是展示了上海电气"从无到有，从小到大，从大到强"的发展历程；二是上海电气发展史上新老劳模和先进代表登台讲述服务电气、发展电气的感受，引导电气职工学习劳模先进精神；三是邀请2009年获评100位新中国成立以来感动中国人物的草原英雄小姐妹龙梅、玉荣，从白云风场所在的内蒙古白云鄂博草原来到晚会现场，讲述当年事迹，鼓舞电气职工。（冯克华）

【仪电工会举办系统文化体育节】 仪电工会举办2009年上海仪电系统文化体育节。体育比赛设6个团体项目，13家单位、420余人次参加；书法绘画摄影作品展内容包括"喜迎祖国华诞"、"风景中国独好"、"世博上海气象"、"奋进仪电风采"、"传承中华文化"等5部分，共247幅作品参展。（生　青）

上海电气职工庆祝建国60周年文艺晚会（吴良荣）

【上海轻工业工会联合会举办伴随共和国的彩虹大型图片展】 展览由发展轻工的脊梁——名人辈出(60位劳模主要事迹)、繁荣市场的奇葩——名品荟萃(60个名牌、名品)、服务民生的沃土——名企林立(60个有影响的轻工企业)三大版块组成,20个行业协会的62个企业和组织推荐了120余个品牌,提供1 200余张照片、文字资料20余万字。20位各时期劳模代表60年来上海轻工劳动模范和职工参加开幕式。3天展览吸引近5 000人参观。 (徐俊彦)

【上海轻工业工会联合会开展建国60周年征文、摄影作品评选】 上海轻工业工会联合会在各会员单位工会、各行业分会和轻工各企业间,开展以我与祖国同命运、我与轻工共发展为主题、以“我的轻工情结、我的班组情谊、我的业余情趣”为内容的摄影、诗文、书法作品评选活动。共收到推荐征文稿件75篇,摄影作品1 000余幅。经评选,入选作品编辑汇编为《轻工工运》特刊《“伴随共和国的彩虹”上海轻工60年的记忆和风采》。 (徐俊彦)

【纺织工会开展“十佳小故事”评选】 纺织工会配合控股公司党委开展企业文化小故事编写工作,将经过挖掘整理的70个小故事汇编成册,并与党委宣传部门联合开展“我最喜爱的企业文化故事”评选活动。子公司和直属单位参与率为74%,班组参与评选活动率达到100%,参与投票职工2 939人。根据投票结果,评选出“十佳”小故事。 (俞进艺)

【上海棉纺印工会倡导员工文化】 3月,棉纺印工会启动员工文化主题系列活动,包括深化子公司理念“读、讲、评”活动、组织形势大讲坛、开展“献点子、促发展”劳动竞赛、形成员工行为规范、举行“我的祖国”庆祝建国60周年员工卡拉OK比赛等10方面内容。力求实现5个提升:一是通过读书活动提升员工文化知识素养;二是通过学习《文化手册》规范员工日常行为;三是通过教育引导增强员工强身抗寒信心;四是通过评先创优塑造员工投身发展新形象;五是通过“爱岗、爱纺、爱国”的活动,营造员工和谐发展氛围。 (王慎微)

【上海纺织工会开展迎国庆、迎世博活动】 纺织工会组织职工开展迎国庆、迎世博九球大赛和乒乓球大赛活动。通过层层预赛和选拔,有24名九球高手和23支团队,以体育竞技的形式展开角逐。9月18日举行职工九球大赛,24名职工选手参加决赛;9月28日举行职工乒乓球比赛,23支乒乓球队入选。活动期间,棉纺印公司开展以歌颂祖国为主题的系列活动,内容包括读书征文、“学习科学发展观、为五星红旗添光彩”先进职工事迹宣讲、职工摄影书画作品展览、群众歌咏比赛、乒乓球比赛等;新联纺公司举办卡拉OK和国标舞选拔活动;纺运公司组织K歌比赛;三带公司组织开展跳绳、踢毽子、八十分比赛活动;联合印染公司和飞马公司分别组织开展乒乓球、棋牌、青年OK赛和羽毛球活动。 (俞进艺)

纺织系统女企业家,女领导、女工会主席在妇女节大会上表演时装秀 (徐志康)

【医药工会举办庆祝中华人民共和国60周年歌咏大会】 9月26日,由医药工会主办的“讴歌新中国,建设新上药——上药集团庆祝中华人民共和国成立60周年歌咏大会”在上海东方艺术中心举行。上药集团下属21家单位、19支合唱队、1 000余名干部员工参加演出,按单位规模不同分为A、B组并分别评出一、二、三等奖。 (李晨海)

【宝钢集团发展公司工会举办“我们的嘉年华”文体活动】 主要内容:(1)举行发展力量表彰会,集中表彰先进操作法、十佳青年岗位明星、上海市文明班组、百日竞赛优胜单位、曾乐创新奖等先进集体和先进职工。(2)举办记忆中国红歌会,有13支职工合唱队参加。(3)组织开展动感音符卡拉OK大奖赛、魅力发展工装秀、我型我秀职工才艺展示等12个项目、13个小游戏,1 800余职工参与活动。 (杨艳昌)

【宝钢集团梅山公司工会开展多项文体活动】 一是举办梅山献给党的歌职工歌咏活动,获上海市五一文化奖·十佳职工文化品牌称号;二是开展梅山第八届职工文化艺术节和国庆60周年与祖国同行等系列活动,借助群众性文体活动平台凝聚人心、舒缓压力、鼓舞斗志,先后有6 000余人次职工参与。 (郭树鸿)

【上海石化万余名职工参加庆国庆、迎世博系列活动】 公司组织开展上海金山石化文化艺术节、庆国庆、迎世博等系列活动。组织“颂祖国,迎世博”摄影比赛、“可爱的家园”征文比赛、羽毛球比赛、趣味体育竞技团体赛、集邮展等群众性文体活动,共有1万余名职工参与。举办“升腾的朝阳”

上海化学工业区第一届文化艺术节闭幕式展演 (邵晓东)

摄影展览、桥牌比赛、门球比赛、游泳比赛、职工文艺汇演、职工歌手大赛等。同时,发挥职工俱乐部作用,全年共有2 768批(次),8.92万人次到俱乐部参加知识讲座、会务、健身、联欢等活动。公司在石化工人影剧院举办庆祝新中国成立60周年职工文艺汇演。有舞蹈、诗朗诵、男女声独唱、魔术、职工才艺展示、古筝合奏等17个节目。评出金奖1名,银奖2名,铜奖3名。 (盛立新)

【上海化学工业区工会举办首届文化艺术节】 上海化学工业区首届文化艺术节以"携手迎世博、欢歌颂和谐"为主题,历时3个月,先后举办交响乐普及讲座、手工艺编制品展评、书画摄影大赛、英语演讲比赛、合唱比赛和文艺汇演等活动,共有30余家单位、1 000余人次参加,收到各类参赛作品392件。 (张 俊)

【长江计算机集团工会开展迎国庆、迎世博系列活动】 集团工会通过举办"祖国在我心中——庆祝建国六十华诞职工摄影展"、"增强体质建设祖国——职工足球比赛"、"喜见祖国变迁,共创美好家园——中老年书画赛"及"迎世博——百万职工清洁单位活动"等,组织职工参与迎国庆、迎世博系列活动。 (朱毅敏)

【鲁矿工会举办"爱国歌曲大家唱"职工歌咏比赛】 9月26日,鲁矿集团工会在职工俱乐部举办庆祝建国60周年爱国歌曲大家唱职工歌咏比赛。合唱比赛由鲁矿集团的各两级单位12支代表队参加。每个代表队演唱一首规定曲目和一首自选曲目。经过角逐,教育培训中心获一等奖,公司机关、小官庄铁矿获二等奖,物业管理中心、选矿厂、机修厂获三等奖,张家洼铁矿获精神风貌奖。歌咏比赛旨在唱响爱国主义精神和改革创新的时代精神,引导全体干部职工始终保持昂扬向上、奋发进取的精神状态,增强做好集团公司工作的自信心和自豪感。 (吴玉圣)

【鲁矿集团工会大力推进企业文化建设】 鲁矿工会组织职工积极开展形势任务教育、法制教育和职业道德教育,举办第四届职工读书节活动。成功举办了元宵节焰火晚会和庆国庆、爱国歌曲大家唱职工歌咏比赛,开展了春季长跑及乒乓球、羽毛球、拔河、象棋、围棋等体育比赛,丰富了职工业余文化生活。 (吴玉圣)

【上飞公司工会组织开展多项职工文体活动】 主要做法:(1)活动设置合理。先后策划开展网式足球、五子棋等男女皆宜的比赛;夏季游泳比赛不仅设定男、女组别,还划分了年龄层次。(2)广泛动员参与。参加中国商飞公司迎国庆系列活动,在职工运动会、歌咏比赛和征文、书、画、摄影比赛中,分获11个第一名(共24项)。(3)加强交流沟通。与驻军部队开展拥军爱民活动,举行首届军地篮球友谊赛;组织参与市总、区总及社区组织的文艺活动,参加徐汇区"红五月"职工卡拉ok比赛,公司参赛选手获二、三等奖,多幅书画摄影作品入选区总工会职工汇展。 (朱逸欣)

【烟草工会围绕迎世博加强文体团队建设】 (1)调整组建储运公司锣鼓队(打击乐队)、三产管理中心舞蹈队、机关合唱队、烟印公司劳务工演唱队等四支文艺骨干队伍,作为集团中华文艺团队给予重点扶持与培育。(2)组织集团中华合唱队参加上海市庆祝五一国际劳动节歌咏大会,获优秀组织奖。(3)组织集团6名职工参加"娇子杯"全国烟草职工围棋赛,获得职工组个人第九名、第十名。(4)组织60名职工参加纪念《黄河大合唱》诞生70周年活动。(5)组队参加中国上海国际大众体育节长三角体育圈2009年全民健身大联动活动,荣获"岳阳杯"时尚排舞大赛青年组比赛一等奖》(6)组织1 800名职工观看电影《铁人》。(7)组织部分退休职工参加市退管办举办的久久关爱·重阳歌咏比赛和扑克牌比赛。(8)选送18幅作品参加"迎世博、展风采、江南太阳城杯"老年书画比赛。(9)策划庆国庆60周年系列活动方案,承办歌颂祖国红色经典歌唱专场大赛、神韵中华摄影比赛、祖国在我们心中文艺演出等。工会还组织开展了以"与祖国共命运、与世博共奋进、与企业共发展"为主题的岗位尽职、优质高效文明职工达标活动,在上烟厂等4家单位开展世博知识巡回宣传,并向全行业班组及工会干部发放《世博知识150问》普及读本。 (江洪生)

【烟草集团举行庆祝新中国成立60周年文艺演出】 9月26日,上海烟草集团举行以"祖国在我们心中"为主题的文艺演出。演出分序幕、情系祖国、报效祖国、祝福祖国和尾声5个板块,开始前由各单位组成的方阵进行互动拉歌。局、(集团)公司领导、集团工商企业的劳模先进代表、班组长及职工代表1 000余人参加庆祝活动。 (江洪生)

“放歌祖国　共铸辉煌”巴士员工共贺祖国60华诞　(贵沪生)

【烟草印刷包装公司工会开展“双迎”庆典活动】 上海烟草印刷包装有限公司工会把庆祝新中国60华诞和庆祝企业组建80周年活动相结合,组织全体职工开展“双迎”庆典系列活动。活动以“印迹”为主题,按照抓节点、抓排练、抓落实、抓推进的工作要求,有针对性地设立9个工作小组,举办企业党政工团发展史回顾展,组织朗诵、大合唱、小组唱、时装、舞蹈节目。11月29日,公司工会举行“双迎”庆典文艺演出。 (吴国屏)

【巴士公交举办迎国庆职工艺术展】 9月1日,巴士公交迎国庆职工艺术作品展在久事大厦开幕。设书法、美术、摄影、手工艺品等4个门类展出,共收到来自基层员工的546件作品,甄选292件作品进行展出。根据作品类别分设最佳作品奖和优秀作品奖,并由职工评选产生我最喜爱的作品奖。 (谢　刚)

【上海铁路局工会开展“送文化下现场”系列活动】 上海铁路局工会在职工文化活动中开展“送文化下现场”系列活动。包括中国铁路文工团“和谐文化站段行”慰问演出;以“心系一线、情满站区”为主题的送书、送康乐球、送文艺节目到现场。为推动广大职工多读书、多好书,局工会为74家直属单位赠送书籍、电子读物2万多本;将小巧、方便、轻颖的“康乐球”送至各工务、电务和供电系统的综合维修工区,共赠送了132付,计7万多元;11月中旬开展“送文艺节目”活动,组成路局文艺小分队,历时11天,历程4 300余公里,覆盖全局三省一市,深入到京九线、皖赣线、沪宁线、沪昆线、甬台温沿海铁路等30多家单位的生产一线站区,全局共投入文化线项目建设资金634.25万元。 (马　骊)

【中海工会集邮协会组成“乌兰牧骑”送邮展到军港】 中国海运工会集邮协会转变邮展宣传形式,从“等”职工到展厅观看大型集邮邮展,向主动“送”小型专题流动邮展到基层展出转化。结合建军82周年、人民海军成立60周年及第九个全民国防教育日,集邮协会组成“乌兰牧骑”,送小型邮展到东海舰队猎护一支队八大队水兵餐厅、海军902工厂文化中心等,向驻沪海军官兵展出《中国军舰访问50国》、《外国军舰访问上海》、《外国军舰访问青岛、湛江、广州》、《2009中国海上大阅兵》、《29国海军代表团访问中国》、《人民海军向前进》、《世界各国舰艇》等开放类、专题类邮集。先后以流动展出形式送至中海人武干部会议、中海发展油运公司、中海工业立新船厂、中海货运上海分公司、中海供贸上海物资分公司等,利用午餐和午休时间展出,近1 300人参观。 (顾惠根)

【中海海员家属联络站参加“世博进社区”闸北区主题活动日演出】 1月1日,中国海运家属联络站参加上海市“微笑你我,精彩世博——世博进社区”闸北区主题活动日演出。参与演出的22名海嫂队员均为业余演员,年龄最大的59岁,最小的27岁。 (张晓鸣)

【中海集运公司新宁波轮工会建设船舶文化】 “新宁波”轮工会结合集装箱船舶运营生产特点,推进船舶安全文化、学习文化、带教文化、饮食文化、关爱文化等文化建设,以学习好、执行好、维护好体系文件为基点,把每天10分钟部门工前会作为业务技能、安全心得交流会;把每个安全活动作为“总结安全生产、评估体系运行、传授业务技能、交流工作心得”讨论会;结合开展“百日安全”、“安全生产月”,组织船员开展重温一件事故案例、查找一个安全隐患、做一天安全巡视员的活动,强化船员参与安全管理意识,拓宽安全监管面。 (张　剑　钟文庭)

【中海上海海运(集团)公司工会举行国庆60周年文艺汇演】 9月18日,上海海运(集团)公司工会举办上海海运庆祝新中国成立60周年文艺汇演,演出分歌颂篇、回忆篇、赞美篇、祝福篇等4个篇章、25个节目,由离退休干部组成的老干部合唱队表演了革命歌曲联唱。公司各单位及各属地管理单位250余名员工参加。 (樊　冲)

【上港集团集邮协会参加市各类职工集邮活动获佳绩】 (1)参加由市总工会、市文明办等10家单位联合主办的庆祝中华人民共和国成立60周年,迎接中国2010年上海世博会集邮展览,选送9部邮集均获奖。其中蒋湘元的《港口》、徐承浩的《贸易港口》、陈余德的《码头》和张益民的《海船运输》4部邮集获镀金奖。(2)参加第三届上海市职工一框集邮展览,选送6部一框邮集获得1个二等奖,5个三等奖,集邮协会获优秀组织奖。(3)参加由市集邮协会举行的庆祝新中国成立60周年集邮学术征文活动,选送44篇征文,获1个三等奖,集邮协会获优秀组织奖。 (詹胜民)

【上港物流公司开展职工文艺系列活动】 公司工会加大硬件投入,先后建立共青、浦西中心、浦东中心等职工活动室,添置部分活动设备,在此基础上组织职工开展系列文艺活动:一是开展了庆祝建国60周年征文活动,共收到征文39篇,其中8篇参加集团征文评选;二是组队参加集团工会举办的"岁月如歌"演讲比赛,获二等奖;三是由公司文艺协会、器乐协会组成职工合唱队,参加集团工会举办的国庆60周年"岁月如歌"歌咏会,获优胜奖;四是组织"颂祖国,爱企业,庆国庆"书画征集活动,征集书画作品29幅,在公司下属各营运中心、投资企业进行巡展;五是公司影评协会、共青码头组织部分员工观看《铁人》、《建国大业》等爱国主义影片并开展影评活动。 (严明娥)

【上海外轮理货有限公司工会开展两大文艺活动】 一是举办员工才艺展。通过预报、征集、布展、展示4个阶段展开,共收到书画、集邮、摄影、收藏和手工才艺等各类作品近300件(套),并开展最佳作品评选活动;二是开展员工文艺汇演活动。基层部门选送30余个节目,经初审、复审确定15个演出节目,并将演出实况制成光碟,发至各基层部门。

(陆奕烨)

【市运输工会编辑出版《交运人的追求》】 《交运人的追求》包括交运职工《铁人》电影观后感征文作品、前进中的上海交运摄影作品、离退休职工征文作品和老干部书画作品等四方面内容,回顾集团发展特别是改革开放30年来取得的成就。 (王 勤)

【上海邮政参加市经典诗文朗读大赛】 10—11月,上海邮政工会选送邮区中心局朗诵队代表上海市邮政公司参加第十一届上海读书节"大桥杯"爱祖国,迎世博,谋发展上海市民经典诗文朗读大赛,中心局14名员工组成的朗诵队以第一名成绩获比赛一等奖。 (陈美芳)

【上海邮政合唱团参加多项社会性文化活动】 (1)分别于4月29日、5月27日,参加上海市庆祝五一国际劳动节歌咏大会和上海解放60周年文艺晚会,获特别贡献奖。(2)9月4日,代表上海市参加由中宣部、中央文明办、文化部等10部委组织开展的全国爱国歌曲大家唱群众性歌咏活动。(3)9月19日,参加纪念《黄河大合唱》诞生70周年特别活动。(4)9月21日,参加上海建设交通行业庆祝中华人民共和国成立60周年文艺会演,与建工集团等三单位合作演出。上海邮政合唱团获第三届上海市五一文化奖"十佳职工文化品牌"称号。

(厉文德)

【中国移动上海公司举行"三个一"系列活动庆公司10周年】 公司工会牵头开展以感恩10年,与爱同在为主题的"三个一"系列活动,庆祝公司成立10周年:一是举办全员读书日"感恩十年"征文;二是举办"向企业微笑"摄影作品征集;三是举办"感恩沙龙"主题会。系列活动收到征文73篇、摄影作品84幅,在公司10周年庆网页登出后点击量逾2 500次,为各栏目点击之最。公司下属30家直属单位均制定全员读书日各类活动。

(史 旭)

【上海电信举办第三届员工文化艺术节】 7月5日,上海电信第三届员工文化艺术节开幕。艺术节特点在于突出世博元素和结合国庆60华诞,共设置3大类7项赛事,历时6个月,参与员工达6 700余人次。艺术节项目之一"幸福之家"员工家庭才艺大赛获上海市"十佳"职工特色文化活动奖。

(朱东亚)

【上航局工会弘扬航道文化有为有位】 上航局以庆新中国成立60周年为契机,开展特色文化活动:(1)开展船舶文体中心活动,集船员书屋,OK房、健身室、电脑室、舶刊、船报等娱乐设施为一体。(2)开展职工文化建设课题调研,报告被上海工运研究杂志刊用,研究成果获优秀奖,被2009年度上海优秀工运文集收录。

(刘昌明)

【中交三航局二公司工会开展迎接新中国成立60周年系列活动】 二公司工会开展系列活动,先后组织职工参加"我们共同的阅读记忆"新中国成立60周年征文大赛、爱祖国,迎世博,谋发展上海市民经典诗文朗读大赛和颂祖国、唱世博大合唱比赛,开展与祖国共命运,与世博共奋进,与企业共发展主题教育活动。 (施臻晔)

【中远集运工会重视开展职工文体活动】 中远集运工会及各基层工会按照喜庆、热烈、文明、和谐的庆祝原则,组织开展红歌会、趣味运动会、征文活动、书画摄影展、升旗仪式等系列主题活动,营造积极向上、健康文明、富有活力的文化氛围。 (钱 华)

上海电信第三届员工文化艺术节的"员工家庭才艺大赛"荣获上海市"十佳"职工特色文化活动奖 (朱东亚)

中远集运举办我与祖国共奋进歌咏大会 （戚 琦）

【上海中远资讯科技有限公司工会注重企业文化建设】 （1）实施全员健身计划，添置投篮机、桌上足球、桌上冰球、台球等健身设备，利用休息时间组织乒乓球、台球等比赛；组织职工参加上海市10公里健康跑活动；举办第四届运动会；定期组织羽毛球、篮球、足球队活动。（2）完善自助图书馆，及时征求职工意见添置书籍，藏书1 500余本；开展读书使人快乐活动，利用《分享》电子刊物发表职工读书心得。 （钱 华）

【锦昶物业公司以征文活动构建企业文化】 市锦江航运有限公司直属锦昶物流公司坚持3年开展爱锦昶、展风采征文活动，推进构建企业文化。2009年征文活动体现3个特点：一是以光荣与梦想——公司5周年庆特别活动为征文主题；二是以反映公司5年发展过程中的标志性事件和典型人物为征文内容；三是通过图片增加征文整体效果。共收到来自公司各部门14篇征文。 （邵 燕）

【上海机场成立职工书画影协会】 6月16日，集团工会举行上海机场职工书画影协会成立大会。这是集团工会继成立体育、艺术、车友、文学等协会后成立的第五个协会。会上发行了《上海机场集团职工书画影作品集》，收录集团73名职工154件作品。集团领导、各单位50余名摄影、书法、绘画爱好者等参加大会并就作品展开座谈。 （何力平）

【市建设交通行业举行庆祝建国60周年文艺会演】 9月21日，上海建设交通行业举行《城市，我们的自豪》庆祝中华人民共和国成立60周年文艺会演。市领导与在场干部职工共同观看节目，并在会演前接见上海建设交通行业老干部和劳模代表。来自建设交通行业30余家单位、500余名演员参加演出。 （钱 蓉）

【中交三航院举行迎世博摄影比赛】 6—9月，公司工会、团委、企划处围绕城市让生活更美好、青春与世博同行等主题，开展精彩世博、与你同行——三航院迎世博摄影比赛。6月19日，举行摄影比赛启动仪式。经组织市内采风、公布参赛作品、接受网络投票等阶段，从66件参赛作品中评出一、二、三等奖。9月25日，公司举办航院庆祝建国60周年大型联欢晚会，同时举行摄影比赛颁奖仪式。 （陈浙沪）

【上海公路行业举办文化节】 11月26日，迎世博、迎国检、弘扬公路文化，上海公路行业文化节暨文化建设纲要、手册发书仪式在浦东新区少年活动中心举行，600余名职工参加。仪式上向行业单位代表授予文化建设纲要手册和上海公路行业旗，进行了摄影、书法、绘画、业务宣传等展板展示。 （徐进晨）

【船研所工会举办职工书法比赛暨庆国庆文艺活动】 9月29日，上海船舶运输科学研究所工会和团委联合举办职工毛笔书法、硬笔书法比赛暨国庆职工文艺活动，30余名职工参加比赛。 （黄元元）

【中交三航院举行庆新中国成立60周年文艺晚会】 9月25日，公司工会、团委举行三航院庆祝新中国成立60周年大型联欢晚会，公司及各基层单位党政领导、职工代表200余人参加晚会。会上向“精彩世博，与你同行”摄影比赛获奖职工颁奖。 （陈浙沪）

【市交通港口局开展单身青年交友活动】 局工会、团委联合市京昆艺术中心、市公路处赴崇明岛开展单身青年交友活动。30余名青年职工通过主题晚会、团队游戏、健身游园等活动交流工作、生活。 （樊鸿嘉）

【城投总公司举办第二届文化艺术节】 文化艺术节展示了一批由一线职工创作的摄影、书画、篆刻作品和文艺节目；各级工会组织结合自身实际开展各类庆国庆、迎世博文艺活动，参与水务局、绿化市容管理局等举办的文艺表演。9月29日，城投总公司举办以“喜迎国庆，建功世博，和谐企业，精彩城投”为主题的第二届文化艺术节文艺汇演，城投总公司党政领导与各基层单位近千名职工、老干部、劳模代表及援川家属代表观看演出。10月，总公司工会组织加演2场文艺汇演，观看演出职工3 000余人。城投总公司文化艺术节被市总工会授予第三届上海市五一文化奖“十佳”文化特色活动称号，城投合唱队获世博局合唱比赛二等奖。 （朱文慧）

【市医务工会举办第七届职工文化艺术节】 3—11月，市医务工会举办以建功立业迎世博，白衣天使展风采为主题的上海市医务职工第七届文化艺术节。艺术节主要体现4个特点：一是紧密结合迎世博主题。根据卫生系统健康，让城市更美好；细节，让服务更温馨的行动目标，先后举办世博知识竞赛、迎世博英语演讲比赛、迎世博文化礼仪论坛等活动。二是全市动员、全行业参与。9个月内举办12项竞赛活动，15个区县医务工会、46家直属基层工会的近万人次职工参加。

三是更为有效地整合社会资源。邀请辛丽丽、黄豆豆、周亚萍等担任比赛评委;市摄影、书画协会支持艺术节活动;促使唱响世博歌唱比赛成为"电气杯"上海市职工歌手大赛的分会场之一。四是各级领导支持。各相关单位工会有效组织,艺术节12个单项比赛中的8个项目由承办单位协同完成。五是影响范围更加广泛。艺术节不仅在卫生系统内部产生较大反响,还通过电视转播等途径扩大社会影响力。（吴嘉民 金邓凯）

【新闻出版工会举办出版界女职工"迎世博、展风采"合唱大赛】 新闻出版工会开展职工文化活动坚持3个结合:一是普及女职工表演知识与提高女职工文化艺术修养相结合。二是举办女职工合唱比赛与搭建女职工交流学习平台相结合。三是坚持丰富职工业余生活与增强工会凝聚力相结合。与上海市版协女编辑工作委员会联合举办以全面展示上海出版界女职工精神风貌和亮丽风采为主题的迎世博、展风采合唱大赛。新闻出版行业工会所属出版、印刷和发行行业、上海世纪出版集团所属出版社、大学出版社、印刷厂等36家单位、450名女职工组成36支参赛队参赛。经评审,上海人民美术出版社等10支参赛队获"十佳歌队"称号。（陈宏华）

【新闻出版工会举办行业职工庆国庆、迎世博DV大赛】 新闻出版工会举办以与祖国共命运,与世博共奋进,与企业共发展,庆国庆、迎世博为主题的行业职工DV大赛。赛前邀请专家从拍摄思想和拍摄艺术、技巧等方面为参赛职工进行辅导。所属出版社、印刷、发行以及大学出版社、印刷厂等23家单位工会选送33部作品参赛,3部作品获一等奖。（陈宏华）

【市体育局工会举办女职工"布艺堆绣画"作品展】 市体育局妇委会和局工会女职工委员会联合举办局系统女职工"布艺堆绣画"作品展示活动,来自局系统11个直属单位的38名女职工参加培训,24幅"布艺堆绣画"作品参加评选。部分作品入选2009上海国际科学与艺术展。（乐俊平）

【光明集团工会举办职工艺术大赛】 集团工会以庆祝建国60周年,共创光明美好未来为主题,举办集团职工书法、美术、摄影艺术大赛暨展览。比赛共收到各类参赛作品近700件,展出优秀作品近200件。（桑树德）

【市民政局民政之花文艺汇演获评"十佳"职工文化品牌】 11月30日,市民政局"民政之花"职工文艺汇演活动被市总工会授予第三届五一文化奖"十佳"职工文化品牌称号。市民政系统持续开展"民政之花"职工文艺汇演活动已有20余年。（胡积伟）

【城建工会组织农民工观摩《铁人》专场】 5月13日,上海城建工会组织280多名优秀农民工代表专场观摩电影《铁人》。观摩影片后,召开部分农民工代表座谈会。这些来自世博工程的农民工建设者们都被铁人精神深深感动,纷纷表示要学习铁人精神,为迎世博、为上海的城市建设奉献智慧和力量。另外,集团和子公司为职工购买近3 000张《铁人》电影票,组织职工观看电影,学习铁人精神,激励职工为实现集团跨越式发展立新功。（朱 强）

市总工会举行电影《铁人》首映式座谈会 （吴良荣）

【城建集团工会举办"城建杯"摄影大赛】 7—10月,城建集团工会开展迎世博、展未来,市政行业与上海同发展"城建杯"城市建设摄影大赛,并在上海展览馆展出。在3个月时间里,市政公路行业职工踊跃参与、积极投稿,收到作品500余件。其中有70多岁的退休老人,还有刚参加城市建设的年轻人。他们从不同的角度,为大家展示了建国60年来市政公路人的成就。大赛会同上海市政公路协会、上海市摄影家协会评出一等奖2名,二等奖4名,三等奖6名,以及优秀奖若干,另外向长期工作在城市建设第一线并作出贡献的摄影师颁发特别荣誉奖。（朱 强）

【上海联通公司定期举行异地单身员工联谊活动】 上海联通工会针对公司异地单身员工人数较多的现状建立生活委员会,帮助员工解决生活困难,通过开展活动让员工彼此熟悉,便于互相帮助。6月,工会生活委员会建立了88位非上海户籍单身员工的档案资料,先后3次组织异地单身员工联谊活动:7月25日组织大家游览嘉定马陆葡萄主题公园和南翔古漪园;9月28日举行上海联通异地员工中秋联谊会;11月28日,组织30余名异地单身员工赴崇明岛开展走进大自然、走进你我心联谊活动。（康 迪）

【临港产业区工会举办"放歌临港、共创明天"职工歌手大赛】 由临港产业区工会组织的放歌临港、共创明天临港产业区职工歌手大赛于6月举行。随着临港产业区的发展,此届歌手大赛参赛单位、参赛人数和参赛节目都大为增加。来自产业区各个单位的职工歌手唱出与临港共同成长的心声。（樊建平）

洋山海事文化展厅落成揭牌 （张春华）

【市工人文化宫编辑出版“主人丛书”】 市工人文化宫编辑出版“主人丛书”《上海职工文学作品选》、《百姓收藏》、《班组学习小百科》（2009版）；与上海长江隧桥工程建设指挥部联合编写《潜龙飞虹——上海长江隧桥工程建设纪实》，由上海文艺出版社出版发行；陈东湖撰写《于无声处听惊雷》一文获全总辉煌60年“前进中的工会”征文一等奖。（李伟民）

【市工人文化宫成立6家职工文学创作基地】 市工人文化宫先后建立宝钢、电力、电信、金融、上海机场和杨浦区总工会等6家职工文学创作基地，为上海职工文学爱好者搭建交流合作的平台。市工人文化宫、市职工文艺创作中心与6家上海职工文艺创作基地联合举办与祖国同命运、与世博共奋进、与企业共发展——我们时代的故事征文活动，部分来稿已在《主人》杂志“征文作品”专栏发表。（李伟民）

【市工人文化宫成立3个作家工作室】 市工人文化宫成立了以市宫工人作家为主的曲信先、贺国甫、贾鸿源3个作家工作室，以传、帮、带的方式培养新人，推动原创，创新运作机制，提升市宫创作品牌。由贾鸿源任总编剧、创作中心多位作家参与编剧的电视连续剧《老马家的幸福生活》已开机拍摄；由曲信先创作的电视连续剧《姐妹帆》获得了上海文化发展基金会资金支持。（李伟民）

【市工人文化宫承办长三角职工戏曲展演】 9月19日，由长三角城际工人文化宫联席会主办，南京、杭州、上海市工人文化宫承办的庆祝中华人民共和国成立60周年——“和风雅韵”长三角职工戏曲展演开幕，上海、杭州、南京、无锡、南通、上海沪东、青浦、长宁等8家工人文化宫参与展演活动，节目以展示长三角地区地方戏曲为主，兼有京、越、锡、通、沪等各剧种，演员多来自基层，先后在上海、无锡、南通三地演出5场。（王超颖）

【市工人文化宫承办锦绣中华月正圆中秋联欢会】 9月26日，由市总工会主办、市工人文化宫承办的锦绣中华月正圆——2009上海市慰问对口支援干部家属和少数民族地区挂职干部中秋联欢会在上海国际会议中心举行。（王超颖）

【市工人文化宫承办全国职工摄影展】 9月27日，由中华全国总工会主办，上海市工人文化宫承办的全国职工摄影展开幕。共展出100余幅职工摄影作品，上海振华房屋技术服务部方宝旗的《小红花》获一等奖；上海云瑞画影视制作公司李预端的《争艳》、上海城建集团蔡耀放的《喜庆车队》获二等奖；中海集团公司韩华勋的《修船》获三等奖。（王超颖）

【市工人文化宫承办上海轻工60年风采展】 9月22—24日，由上海市轻工业协会、上海轻工业工会联合会主办，上海市工人文化宫承办的伴随共和国的彩虹——上海轻工60年风采展暨2009“轻工杯”生活用品时尚创意设计大赛成果展举行。展会集中展出60位轻工行业劳模事迹、60家轻工企业、60只轻工品牌以及60件生活用品时尚创意设计作品。（王超颖）

【市工人文化宫承办上海市庆祝五一国际劳动节歌咏大会】 4月29日，由上海市总工会主办、上海市工人文化宫承办的2009年上海市庆祝五一国际劳动节歌咏大会在东方艺术中心音乐厅举行。中共中央政治局委员、

市社会工作党委、工会开展迎世博倒计时一周年窗口行业系列宣传活动 （孙守印）

市委书记俞正声，市委副书记、市长韩正等市领导和全国劳模、全国五一劳动奖状和奖章获得者，市劳动模范、市五一劳动奖状和奖章获得者代表参加歌咏大会。来自宝钢、航天、电信、医务、教育、邮政等各行业30支职工合唱团队参加演出，演职人员逾2 700名。（王超颖）

【市工人文化宫承办“上海市迎世博文艺巡演”职工专场演出】 6月25日，由上海市总工会、市文明办、市文广局主办，闵行区总工会、上海市工人文化宫、闵行区工人文化宫承办的上海市迎世博百场文艺巡演第九十一场暨“世博企业行”第155站专场演出在闵行区工人文化宫举行。演出以更美的城市，更好的生活，更深的情意和海纳百川，追求卓越，开明睿智，大气谦和为主题，采用了音乐、戏剧、舞蹈、戏曲、魔术等演出形式。（王超颖）

【市工人文化宫承办上海职工班组一框邮展】 9月26日，由上海市总工会、上海市邮政公司、上海市集邮协会主办，上海市工人文化宫、上海市职工邮协承办的庆祝中华人民共和国成立60周年——迎接中国2010年上海世博会集邮展览暨第三届上海职工班组一框邮展开幕，300余名集邮爱好者参加。邮展为期3天，全市30余个系统，200余个基层单位、班组参评，参展邮集150部。（王超颖）

【市工人文化宫举办2009年上海残疾人艺术博览会】 10月13日，由中国电信上海公司、东上海国际文化影视集团、上海市工人文化宫联合主办的阳光·艺术·活力2009上海残疾人艺术博览会开幕。会展为期6天，会场占地面积达2 000平方米，4个展区中的3个展区分别展出来自上海市阳光艺术中心、长宁区残疾人国画院及多个外省市的残疾人艺术作品1 000余件，包括国画、雕塑、紫砂、瓷艺等；第四展区邀请20余名残疾人艺术家现场展示茶艺、民乐演奏及瓷瓶作画等。（王超颖）

【市工人文化宫举办新年音乐会】 1月15日，市工人文化宫茉莉花艺术团合唱团举办新年音乐会，表演了《飞吧，思念，展开金色的翅膀》、《故乡的亲人》等中外合唱曲目。（王超颖）

【市工人文化宫举办古典钢琴专场演出】 1月23日，上海市工人文化宫举办“琴童世界”古典钢琴专场演出，为爱好音乐的孩子提供展现才艺、相互学习的机会。（王超颖）

【市工人文化宫举办上海市工人文学创作60年研讨会】 10月10日，市工人文化宫、上海文汇出版社有限公司、海派文化研究中心、市职工文艺创作中心等4家单位共同举办上海市工人文学创作60年研讨会，来自上海各工人文学创作单位的代表、嘉宾和学界专家20余人出席研讨会并做交流发言。会上，市总工会副主席汪兰洁向曲信先、贺国甫、贾鸿源等3位工人作家颁发“上海工人作家工作室”证书。（王超颖）

【市工人文化宫召开《中国宝贝》专题研讨会】 4月，市工人文化宫与《小说界》编辑部联合召开作家刘迪长篇小说《中国宝贝》的专题研讨会，并对当前文学创作走向及题材等内容进行研讨。（李伟民）

【公惠医院举办与祖国同成长征文及演讲活动】 公惠医院党委先后举办我与祖国同成长征文和演讲活动，18位职工参加征文活动。（张利平）

迎国庆、迎世博群众歌咏活动

单　位	举办日期	歌咏比赛主题	参赛人数/队	比赛结果
宝山区总工会	9月22日	爱国歌曲大家唱	1 300人/24队	大场镇总工会获特等奖，区教育工会、20冶工会获1等奖
金山区教育工会	8月28日	祖国万岁	44所学校	
崇明县总工会	4月8日	职工“十佳”歌手比赛	500余人	“十佳”歌手汇报演出
化学工会	9月30日	献礼建国六十年，传唱红歌一百首	化学工会与华谊集团老干部	焦化吴泾联合、双钱集团、中远公司和氯碱公司分获合唱、小组唱、二重唱和独唱的第一名
上海飞机设计研究所	9月17日	职工歌咏比赛	19队	前三名代表上飞所参加商飞公司比赛
鲁中冶金矿业（集团）公司工会	9月26日	爱国歌曲大家唱	12队	教育培训获一等奖，公司机关、小官庄铁矿获二等奖
巴士公交	9月26日	放歌祖国　共铸辉煌	11队	交运巴士、公交五汽公司获金奖
中波轮船股份公司	9月25日	爱祖国、尽职责、促发展	29队	
上海船级社	9月30日	歌唱祖国、歌唱船检、共颂辉煌、共唱未来	16队	
市交通港口局	8月7日	卡拉OK大赛	25人	杨婷婷获一等奖
市绿化和市容管理局工会	9月12日	祖国颂、世博情	2 000人/30队	奉贤区、黄浦区、虹口区、闵行区的绿化和市容管理局及黄浦区市政管理委员会获一等奖
上海虹桥经济技术开发区联合发展有限公司	9月29日	职工歌咏会	100人	

续 表

单 位	举办日期	歌咏比赛主题	参赛人数/队	比赛结果
市税务局工会	9月29日	爱国歌曲大家唱	900人	
上海交通大学工会		祖国万岁	1 000人/25队	
良友集团工会	9月25日	歌唱祖国、奉献世博	70人/18队	
市民政局工会	9月17日	歌颂伟大祖国，展示民政风采	2 000人/19队	6支歌咏队获优秀演唱奖
上海联通公司工会	9月25日	迎国庆60周年，展联通风采	300人/15队	设3个白玉兰奖、5个兰花奖、7个百花奖

职工体育

【市总工会、体育局联办上海市职工健身活动月暨上海职工桥牌邀请赛】 8月8日，上海市总工会、上海市体育局联合举办上海职工健身活动月暨职工桥牌和工会主席桥牌邀请赛开幕。全市有60支职工代表队，48支工会主席代表队，共200多名运动员参加比赛。在上海职工健身活动月期间，各级工会发挥自身优势，因地制宜地开展各类简便易行，喜闻乐见的职工体育活动，展示职工体育丰硕成果、提升体育活动水平、普及科学健身理念，据统计，全市有30多个区县局(产业)工会设立健身活动月分会场，同时开展长跑、乒乓球、足球、游泳、桥牌、象棋等近百项体育健身活动，掀起上海职工体育健身热潮。 (宋 昶)

【长宁区总工会举办区外资企业员工乒乓球比赛】 9月19日，“联邦快递杯”长宁区外资企业职工乒乓球赛在长宁区工人文化宫举行。比赛由长宁区总工会主办，联邦快递(中国)有限公司协办，联邦快递(中国)有限公司、联合利华中国公司、上海索迪斯服务有限公司等11家入驻长宁的外资企业和规模型企业组成12支乒乓球队，百余名职工运动员参加比赛。 (陈琳杰)

【长宁区总工会举办第二十届区“三八”姐妹运动会】 3月4日，由长宁区总工会主办、长宁区工人文化宫承办的“迎世博、强体质、促和谐”长宁区第二十届“三八”姐妹运动会在长宁区国际体操中心举行，106支队伍、1千余名女职工参加。“三八”姐妹运动会自1989年举办至今，已成为长宁区总工会“三八”妇女节期间的传统特色项目。 (印敏峰)

【黄浦区举行第三十五届南京路职工马路运动会暨迎世博窗口优质服务立功竞赛推进会】 10月13日，由黄浦区总工会、区体育局、区商委组织的第三十五届南京路职工马路运动会暨黄浦区迎世博窗口优质服务立功竞赛推进会在南京路步行街举行。会上宣布以南京路步行街、豫园商城、人民广场地区等三个商圈为重点评选范围的首批25个“黄浦区迎世博窗口服务——商业星级柜(班)组”。推进会后，以南京路步行街沿线商家职工为主体的4 000名一线职工参加了健身跑、托盘、拔河、广播操等38种小型多样的体育活动。浦东、徐汇、杨浦、卢湾、虹口、嘉定、闸北、上海电信等兄弟区、市行业工会组织24支职工健身跑团队参与比赛。 (吕诚陆)

9月19日，“联邦快递杯”长宁区外资企业职工乒乓球赛在区工人文化宫举行 (吴志华)

【卢湾区举办第二届农民工运动会暨2009年迎世博职工健身活动启动仪式】 卢湾区区总工会、区体育局举办以“迎世博、建和谐、强体魄、立新功”为主题的第二届农民工运动会，来自各大口工会组织的24支运动队、500余名农民工运动员参加。同时举行2009年迎世博职工健身活动启动仪式，各级工会将开展近百项体育活动。开幕式上，区总工会向女性农民工赠送免费妇科体检卡；会后组织参赛农民工运动员游览卢浦大桥观光平台。 (周盛丹)

【卢湾区举行上海市第二十九届庆“八一”军民长跑活动】 卢湾区举行“庆八一、颂国庆、迎世博”上海市第二十九届庆“八一”军民长跑活动。来自全市18个区县和驻沪部队、武警官兵及区迎世博志愿者代表队、多家民营、外资企业代表队、农民工、离退休老干部代表队等85支长跑队、2 200余人参加。同时，现场发动参加

长跑活动的驻沪部队官兵和运动员以“写心愿、投寄语”的方式,表达了对2010年上海世博会的祝愿。（马联弘）

【金山区举行迎世博机关干部健身慢步跑暨区级机关新一轮三年健身行动计划启动仪式】 6月10日,区级机关党工委、区体育局共同举行2009年金山区迎世博健身慢步跑暨区级机关干部新一轮三年健身行动计划启动仪式。来自区级机关系统的42家单位和各镇、工业区、大口党委的22家单位、近千名机关干部组成14支方队从城市沙滩沙排主赛场围绕海堤健身慢跑约2.5公里。（常 菁）

【上海皮革有限公司工会举办首届职工乒乓球团体赛】 10月21日,上海皮革有限公司工会举办首届“皮革杯”职工乒乓球团体赛,10个参赛队、40名职工参加,来自各单位的60余名职工观看比赛。最终上海皮革化工厂获得团体冠军。（黄 海）

【青浦区总工会获全国亿万职工健身活动月先进单位称号】 青浦区总工会以发挥俱协作用,联系工会组织,服务社会基层,服务职工群众为宗旨,坚持月月有活动,全年持续开展职工文化体育活动和竞赛,开办各类职工舞蹈健身培训班15期,职工乒乓、桥牌、象棋、围棋等体育赛事6批次。于全国亿万职工健身活动月期间,由全总授予其2009年亿万职工健身活动月先进单位称号。（马美君）

【奉贤区总工会举办职工迎世博体育系列活动】 奉贤区总工会引导各级工会组织职工文体活动,举办以“供销杯”乒乓球联赛、“凯灵杯”网球赛、“工会杯”桥牌赛和“水务杯”篮球联赛等赛事为主的职工迎世博体育系列活动,参与职工4 000余人。（刘传军）

【宝钢股份梅钢工会开展大众体育活动】 梅钢工会以每个职工都能参加一项健康的休闲活动为目标,开展大众体育活动4次,通过减少专业性、竞技性,增加趣味性,扩大参与面,1 040名职工参与活动。（张斗海）

【宝钢开展多项职工文体活动】 (1)建设职工健康计划文体资源共享平台系统。9月启动,至2010年1月1日完成过度共享平台建设,使已实施职工健康计划的单位职工凭IC卡即能在包括宝钢体育中心、宝钢吴淞地区职工体育中心、一钢文体中心及与宝钢签约的非宝钢健身场馆在内的19家健身场所进行健身。至今,宝钢集团(在沪)范围内已实施职工健康计划的子公司有23家,覆盖职工人数3.92万人;4家子公司推进职工健康计划。(2)开展职工文体活动培训。宝钢文体中心面向宝钢在职职工开设声乐、器乐、数码照片处理技法、太极拳、书法、埃及舞等业余培训班,培训职工2 000余人。(3)获得世界著名在华企业健身大赛拔河比赛冠军。11月28日,由宝钢发展、特殊钢、一钢、浦钢、五钢、钢管事业部等单位职工组成的宝钢拔河队参加了第五届世界著名在华企业健身大赛拔河比赛,以全胜战绩获得冠军。（宋 漪）

【鲁矿集团工会发挥文化娱乐主阵地作用】 鲁矿集团工会重视为广大职工提供良好的学习、健身、娱乐场地环境,集团公司图书阅览室接待量全年达3 960多人次,借阅图书达5 400多册;有1.4万人次参加乒乓球羽毛球馆的健身锻炼;承办了职工乒乓球、羽毛球、棋类等各种比赛30多场,共有1 000多人次参加了比赛;电影院接待观众1.5万多人次;开放游泳池50多场,游泳人数达2 600多人次;每天到体育场锻炼的职工约为200人,各场馆全年共接待职工约13.05万人次。（吴玉圣）

【上海交通投资(集团)有限公司举办职工运动会】 9月27日,集团公司工会以团结、进取、和谐、快乐为宗旨,举办职工运动会。集团本部和下属公司8个参赛单位参加,设球类、趣味类、消防演习等14个项目,300余名员工参赛,500余名员工观看比赛,是集团历史上规模最大的职工健身体育赛事。（余红丽）

【中海工会开展职工传统4项体育比赛】 中海工会以8月8日全民健身日为契机,开展游泳、乒乓球、羽毛球、足球等4项传统体育比赛,参赛职工530名,较上年增加10%。（顾惠根）

【中海上海海运(集团)公司工会开展多项文体活动】 (1)组织30名女工委员和先进女职工代表参与浙江安吉2日游活动,组织4名先进女职工代表参加中国海运工会疗休养活动。(2)于五一国际劳动节向46名劳模发放慰问金,组织身体条件较好的19名劳模参加南汇一日游活动,上门慰问高龄劳模。(3)与人武部、团委共

上海邮政举行“迎国庆、迎世博、强体魄,促发展”员工广播操比赛
（厉文德）

同举办工祖国在我心中演讲比赛。(4)组织发动1 269名职工参与全国“双百”人物评选投票,老劳模杨怀远入选全国100位新中国成立以来感动中国人物。(5)举办上海海运庆祝建国60周年职工桥牌双人邀请赛。年内,上海海运职工在中海集团游泳、乒乓、羽毛球等项目比赛中获各类奖项30个。(樊 冲)

【上海市邮政公司举办第二届员工运动会】 4月中旬至9月下旬,上海邮政举办以迎国庆、迎世博、强体魄、促发展为主题的第二届员工运动会,42个基层单位、281支参赛队、4 620名员工参加了跳长绳、拔河、中长跑、广播操、羽毛球、乒乓球、游泳等7大类32个项目的比赛,共有233个团体和个人获得名次,其中3个团体和22名个人的比赛成绩分别打破10个项目的记录。5月26日举行开幕式,500余名运动员参加800米迎国庆、迎世博健身跑,各单位170余名运动员分别参加男子、女子青年组和中老年组长跑比赛,700余名员工观看比赛;9月29日举行闭幕式,19个单位的长绳队、拔河队和广播操队、250名运动员参与决赛及体育健身展示活动,上海邮政合唱团、奉贤区邮政局舞蹈队进行汇报演出。市邮政公司被中国通信体育协会评为全国通信行业体育先进单位。(厉文德)

【上海机场举办职工周末球类运动会】 8月8日,“迎世博、庆国庆”上海机场职工周末球类运动会开幕暨职工活动中心启动仪式在上海机场职工活动中心举行。运动会设篮球、羽毛球、乒乓球、网球等4个项目比赛,利用每周六业余时间进行,44个单位的536名员工参赛,成为集团历史上最大规模的体育赛事。(陆敏峰)

【上海机场组织职工参与国际体育交流】 发挥职工体育俱乐部作用,组织职工参与国际体育交流:(1)9月3—7日,组建职工水上运动队参加2009中日韩大帆船赛,首次参赛的机场帆船队在24支队伍中获第10名。(2)6月,上海机场女子乒乓球队随民航工会参加于保加利亚举行的第七届巴尔干工人运动会。(3)9月8日,职工篮球队与应国家篮协推荐来中国访问的美国NBA华盛顿奇才队进行交流。(陆敏峰)

【市建设交通工会举行职工羽毛球比赛】 6月27日,由市建设交通工会主办、市政院工会承办的迎世博、庆七一、强体魄“斯美杯”建设交通职工羽毛球比赛在虹口体育馆举行,市建设交通工会所属33家单位的200余名职工参赛,中铁24局获冠军。(钱 蓉)

【上海船研所工会开展职工体育健身活动】 11月27日,船研所工会、团委组织开展2009年职工体育健身活动,来自基层的80余名职工参加了踢毽子和单人跳绳团体比赛,3名基层工会职工分获比赛项目前三名。(黄元元)

【市交通港口局举办首届“交通港航杯”五人制足球比赛】 11月21—22日,市交通港口局工会、团委在上海女足金沙江路青少年基地举办首届“交通港航杯”五人制足球比赛,上海港码头中心、市运输管理处、上海港港政中心、市公用学校等8支队伍展开角逐,市交通执法总队足球队获冠军。(樊鸿嘉)

【上海虹桥经济技术开发区联合发展有限公司工会开展职工文体活动】 公司工会因地制宜开展职工系列文体活动:一是恢复工间操、健身房。自4月20日起,每天下午2点半准时开展工间操活动,并开放健身房供职工休息时间进行健身活动。二是组织开展迎五一职工乒乓球比赛和“八十分”扑克牌比赛。三是工会租借羽毛球馆,每周五下午6时至10时组织职工进行羽毛球运动。四是发动下属房产分公司等基层工会组织开展迎五一职工体育活动。(裘海明)

【上海水产举办“开创杯”体育比赛】 国庆节前后,上海水产集团工会与开创远洋渔业公司、金优远洋渔业公司、渔业公司等工会共同举办“开创杯”体育比赛活动,集团系统13个企事业单位、近百名职工参加乒乓球、羽毛球等2项比赛。(汤宝龙)

【上海金融职工文化体育协会开展系列文体活动】 (1)先后举办“东方证券杯”网球赛、“申万巴黎杯”游泳赛、“富国杯”篮球邀请赛,共有88个单位、992人参加比赛。(2)举办“国泰君安杯”龙舟比赛,13支代表队、183人参与。(3)组织56个单位的140多名男女青年进行定向活动。(4)在南京、杭州、北京、上海等地举办全国性羽毛球系列比赛,63个单位的448名职工运动员参加。(5)6月1日,举办“世博·平安”家庭趣味运动会,81个家庭、246人参加。(6)承办市总工会上海市职工桥牌精英大赛和区县局工会主席桥牌邀请赛,220名选手参加比赛。(7)参与上海国际艺术节“天天演”上海职工文化展演周活动,连

“迎世博、展风采”房管系统首届职工健身舞(操)比赛 (屠宏韬)

续5天在南京路世纪广场进行专场演出,有24个单位、51个节目、721名演职人员参演。(8)举办庆国庆、迎世博"光大证券杯"上海金融职工摄影比赛,24个单位、12个省市的286位金融员工上传作品1 525幅。(9)开展与祖国共命运——我们时代的故事"华安基金杯"文学作品征文比赛,12个单位、72篇作品投稿,《上海金融报》发表20期21篇作品。(丁 宁)

【市体育局举行职工龙舟比赛】 6月11日,市体育局在水上运动中心举行职工龙舟比赛,来自局系统27个单位、16支龙舟队参加比赛,市水上运动中心代表队和市社会体育管理中心、市体育总会秘书处等联队并列冠军。(乐俊平)

【良友集团工会举行职工乒乓球比赛】 8月17日,集团工会举行喜迎世博盛会,共庆祖国60华诞——2009上海良友职工乒乓球比赛,拉开集团迎国庆系列活动序幕。集团系统200多名员工参加比赛。(刘国成)

【市民政系统组队参加民政部乒乓球比赛】 6月27—28日,民政部直属机关党委、机关工会举行第二届全国民政系统"福彩杯"乒乓球邀请赛,市民政系统选派由市局领导、处级干部、职工代表组成的代表队参赛,获比赛季军。(胡积伟)

【监狱局工会开展多项群众性文体活动】 监狱局工会立足基层,组织基层干警开展各类文体活动。(1)举办上海市监狱管理局第五届乒乓球比赛,全局18支球队、70余名干警参加。(2)举办监狱局第九届"两棋一牌"(桥牌、围棋和中国象棋比赛),全局100余名职工参加比赛。(3)与局团委共同举办2009年"蓝盾杯"足球比赛,全局15支球队、190余名职工参加。(4)配合局政治部开展国庆60周年"五个一"(一台戏、一次演练、一次征文、一场书画展览、一次摄影评比)活动。(江海群)

【城建集团举办职工运动会】 6月28—9月20日,城建集团以做健康职工,庆祖国华诞,树城建品牌,迎精彩世博为主题举办2009年职工运动会。这次运动会比赛项目由子公司承办并命名,举行了隧道"英豪杯"龙舟锦标赛、隧道"设计杯"射击团体赛、市政"雄鹰杯"乒乓球团体赛、第一"管线杯"羽毛球团体赛、市政"雄师杯"拔河锦标赛、城建"设计杯"游泳团体赛,以及"城建杯"桥牌双人邀请赛等。各级工会组织广泛动员、精心组织,广大职工踊跃参与,下属15个子公司全部派出代表团参赛,参加比赛和方阵表演的职工超过2 000人次,展示了上海城建的企业文化,丰富了职工文体生活,提高了职工的体育竞技水平。(朱 强)

【上海联通工会组建职工文体协会】 公司工会在开展迎世博,助健康——2009年上海联通职工健身系列活动的基础上,利用职工之家等内外活动场所先后开设10个职工文体协会,分别为乒乓球、羽毛球、足球、篮球、斯诺克、太极拳、歌咏、摄影、舞蹈和太极拳协会,自7月1日起,每周定期向全体员工开放。公司工会先后举办3期太极拳培训班,12月11日进行汇报表演。(康 迪)

【上海联通开展职工健身系列活动】 6月至12月,公司工会开展迎世博,助健康——2009年上海联通职工健身系列活动,包括拔河、羽毛球、乒乓球、斯诺克、跳绳、踢毽子、大怪路子、中国象棋等8项内容,先后举行112场比赛,参赛职工有465人。(康 迪)

【临港集团工会联办庆国庆、迎世博"临港杯"篮球联赛】 临港集团工会与临港新城管委会工会合作,在国庆期间共同承办了庆国庆、迎世博"临港杯"篮球联赛。临港地区各企事业单位积极报名参加,成为地区参与面最广、参加人数最多的一次文体活动,为庆祝建国60周年增添喜庆氛围。(樊建平)

【中国电信集团号百公司开展"首届全员健身日"活动】 9月13日,中国电信集团号百公司举办首届全员健身日活动,并为中国电信集团号百公司的员工文体活动中心、职工书屋揭牌。首届全员健身日活动注重团队项目的设置,突出趣味协作主题,包括团队拔河、呼啦圈、带球同行、踢毽入篮、"齐心协力"和乒乓球趣味赛等项目,吸引公司300余名员工参与,参与率为92%。(沈 匀)

【市总工会机关系统举行迎世博、全民健身运动会】 12月12日,市总工会机关系统迎世博、全民健身运动会在工会管理职业学院举行,来自市总机关系统12支代表队的近300名职工参加了乒乓球、篮球投篮、足球射门、拔河、跳绳、跳远、实心球、踢毽子等8个大项、12个小项的比赛。(兰宇新)

中国商飞公司举办首届职工运动会 (季玉进)

协调劳动关系

Coordinating Labour Relations

综　述

上海工会切实履行工作职责，克服国际金融危机的不利影响，着力推进劳动合同和集体合同制度建设，在加强三方协调机制、劳动法律监督、劳动争议调解和法律援助建设等方面取得新的进展。(1)着力做好群体性纠纷化解和防范抵御工作。针对国际金融危机的影响，及时制定下发《关于积极开展集体协商，妥善处理企业群体性纠纷的指导意见》，从6个环节指导各级工会引导职工理性表达诉求，将群体性纠纷导入依法规范的集体协商渠道。落实专人负责联络各区县工会，定期排摸有关情况，汇总分析纠纷的数量、成因、特点及趋势，跟踪指导重大群体性纠纷的化解工作。(2)着力推动劳动合同制度建设。市总工会把《劳动合同法》的宣传与化解群体性纠纷、劳动争议调处、法律咨询接待相结合，引导职工依法提出诉求，提高职工法制素养和自身维权能力。不定期开展调研研讨，交流经验，解决问题。及时与法院、仲裁部门沟通，提出工会的主张。(3)着力推进集体协商机制建设。市总工会会同市人保局、市企联联合制定下发了《关于2009年进一步推进工资集体协商工作的通知》，分解确定了各区县2009年工资集体协商的考核指标，并评选表彰了50家工资集体协商示范单位。转发了《中华全国总工会关于积极开展行业性工资集体协商工作的指导意见》，要求各级工会认真研究部署行业性工资集体协商工作，建立和完善行业性工资集体协商机制。积极号召各级工会开展集体协商，倡导企业践行社会责任，帮助企业生存和发展，化解劳资矛盾。截至年底，全市共签订集体合同2.15万份，覆盖企业7.71万家，覆盖职工376.42万人；签订工资集体合同1.01万份，覆盖企业3.43万家，覆盖职工187.59万人。(4)着力构建劳动关系预警、预防、调处、援助一体化工作格局。市总工会指导推进多层次、多元化劳动争议调解组织建设，并就全市劳动争议调解组织建设状况开展调研，各区县工会主动与司法、法院、劳动等部门联手，利用司法人民调解和劳动争议专业调解资源，探索多元化、社会化调解模式。市总工会成立了第二届工会律师顾问团和法律人才库，定期组织法规学习、案例研讨、经验交流。市、区两级工会联手培训了500余名工会劳动争议调解员和劳动法律监督员。(5)着力发挥三方协商机制协调劳动关系重大问题的作用。市劳动关系三方分别开展地区劳动争议处理工作情况调研，研究发挥三方协商机制在基层及时化解劳动纠纷的作用，商讨劳动争议存案处置方案。市劳动关系三方联合下发了《关于积极发挥集体协商机制作用，促进经济平稳较快发展，维护社会和谐稳定的意见》，联合召开了劳动关系和谐企业创建活动经验交流会，将总结交流创建劳动关系和谐企业与开展“共同约定”行动有机结合，积极促进企业发展，维护职工合法权益。(6)加强劳动法律监督检查。与市人保局等有关部门先后开展了以农民工工资支付情况为重点的劳动者权益保护专项检查活动，整治非法用工，打击违法犯罪专项行动，共检查用人单位4 281户，涉及劳动者人数19.33万人。各级工会督促企业自觉遵守和执行劳动保障法律法规，自查自纠，及时清欠拖欠工资及社保金，依法维护包括农民工在内的全体职工的劳动经济权益。年底，与市人保局联合培训了近200名劳动法律监督员。(7)加强与相关部门的协调配合，切实做好农民工权益保障工作。制定下发了《上海市总工会2009年农民工工作要点》，围绕“五个重点”，强化“十个环节”，依法维护农民工合法权益。就农民工的就业、入会、子女教育等方面展开调研，完成了《关于做好本市农民工工作若干问题的建议》调研报告。与市文明办、市建交委、市法宣办等9个委办局联合启动了迎世博200万上海农民工基本素质教育培训计划。(8)加强法律援助工作，主动、依法、科学维权。积极参与劳动争议仲裁，依法参与劳动争议诉讼。为合法权益受到侵犯的职工提供及时、快捷的法律援助，截至年底，全市职工法律援助中心共为职工提供法律服务4.29万人次，其中非诉讼调解3 441件，代理仲裁、诉讼910件，处理来信2 177件，代写法律文书333件，接待咨询3.87万人次，维护了职工群众的合法权益。(9)加强立法参与，组织开展好工会法制宣传工作。制定下发《2009年工会法制宣传教育工作要点》，推动《上海工会“五五”普法教育规划》的全面落实，并就《社会保险法(草案)》、《人民调解法(草案)》等提出了具体的修改意见报市政府法制办，启动了《职工代表大会条例》的立法调研。(10)加强工会法人资格登记工作。依据《上海市工会法人资格登记实施细则》的规定，落实责任，注重管理。各区县、产业(局)工会加大工作力度，工会法人资格登记率有大幅提高。　(邱晨鹤)

8月28日，召开《上海市职工代表大会条例》立法调研方案论证会

(朱　佳)

参与立法

【市总工会积极参与立法，推进劳动法制建设】 市总工会把积极主动参与劳动立法，推进劳动法制建设与完善作为工会法律工作的重中之重。年内，启动了《上海市职工代表大会条例》立法工作，发挥工会法律顾问团和法律人才库的作用，就《社会保险法（草案）》、《社会救助法（草案）》、《人民调解法（草案）》、《上海市社会治安综合治理条例（草案）》等法律法规提出具体修改意见供立法机关参考。宪法宣传周前夕，组织开展了2009年百家网站法律知识竞赛活动，各级工会干部和职工群众积极上网参加答题。（邱晨鹤）

普法教育

【市总工会推动“五五”普法教育规划贯彻落实】 市总工会根据《2009年上海工会法制宣传教育工作要点》，围绕宣传贯彻劳动法规、服务“世博”工程、调处劳动关系等关键环节，进一步推进“法律四进”工作，推动《上海工会“五五”普法教育规划》的全面贯彻落实。一是推进劳动关系协调机制建设。继续推进劳动合同、集体合同、劳动争议调解制度建设，引导职工通过合法、正当的渠道反映诉求，理性维权，把无序纷争纳入到有序协商的轨道之上。二是围绕劳动法规开展法制宣传教育培训工作。开展对劳动争议调解员、劳动关系协调员、劳动保障监督员及集体协商指导员培训，成立第二届上海市总工会法律顾问团，新建上海工会法律人才库，壮大工会普法宣传员队伍。三是推进法宣阵地建设。在一线职工工作和居住相对集中的基层企事业单位和地域，建成40家职工书屋示范点，并为示范点赠送了价值30万元的书籍和设备。继续做好工会网站“劳动法规”、劳动报“劳权周刊”、“12351”职工维权热线、女职工周末学校、农民工夜校等平台建设，广泛宣传法律法规知识。四是开展农民工普法教育和技能培训。由市总工会牵头，联合市文明办、市人力资源和社会保障局、市法宣办等10家单位启动“迎世博”百万农民工基本素质教育培训工程，培训完成70万农民工。继续与市安全生产监管局联合开展对农民工的安全教育培训工作。五是组织好“12·4”宪法宣传周活动。在宪法宣传周前夕，按照司法部、中华全国总工会等部门要求，组织开展2009年百家网站法律知识竞赛活动，各级工会干部和职工群众积极上网参加答题。六是响应全国普法办和市法宣办的号召，做好各项活动的组织工作。组织开展了第七届全国法制宣传书画作品和“动漫作品”征集活动，得到各级工会踊跃响应。（赵倩）

【徐汇区总工会开展“法制宣传周”系列活动】 10月17—23日，徐汇区总工会开展了以“工会在你我身边”为主题的法制宣传周系列活动。这次宣传周活动以“便民、基层和服务”为原则，把有限的资源下沉到社区和企业第一线，将法律服务送到企业经营者和职工身边，使他们不出企业，不出家门，就能及时了解掌握国家最新的法律政策。内容形式体现为“四个一”，即一个工地、一个社区、一幢楼宇、一家企业，针对农民工、社区居民、非公企业人事干部和职工、女职工及白领等各个不同的社会对象群体，通过制作生动活泼的宣传图片、发放工会维权小卡片和法律书籍，采取有奖问答、法制灯谜、律师讲法、咨询互动等多种形式，广泛吸引职工参与，向职工群众普及《劳动法》等法律法规。同时，以《告职工书》的形式告诉广大职工徐汇区13个社区（镇）成立的工会劳动争议调解组织，引导职工有了劳资矛盾先找身边的工会。活动共吸引了900多位职工和企业人事干部踊跃参与，为60余名职工提供了各类法律咨询。（陈华）

【普陀区“职工法宣基地”与名律所、名律师结对共建】 7月24日，27个“职工法宣基地”与律师事务所签约，与名律所、名律师结对共建，通过5种形式为职工提供优质高效的法律服务。一是联合开展法制宣传。通过板报、网络、设点、开通法律咨询热线等多种形式进行法律咨询，有针对性地宣传与职工群众密切相关的法律法规。二是举办法制讲座。通过业务培训、法制讲座等形式，向“职工法宣基地”所在地的工会干部、职工代表、职工群众提供实务指导。三是提供法律援助。律师事务所配合“职工法宣基地”办理法律援助案件。对于经济确有困难，但不符合法律援助范围的职工，律师事务所在受理相关法律事务时，酌情减免收取律师服务费。四是参与调处矛盾纠纷。律师事务所通过担任劳动争议调解志愿者、信访接待、在律师事务所设立调解接待处等方式，协助“职工法宣基地”化解辖区内的劳资矛盾，参与其辖区内重大、复杂、疑难劳资纠纷的调处，参与涉法涉诉案件和群体性纠纷的解决。五是服

上海航天局工会会同局相关部门举办“五五”普法知识竞赛

（胡新民）

务企业发展。律师事务所通过担任"法宣基地"和所辖企事业单位法律顾问,代理案件,办理非诉讼法律事务等形式促进企业依法办事、依法经营,为地区经济社会发展和公共事务决策提供优质高效的法律服务。（赵 勇）

【闵行区总工会深化法律进企业活动】 一是开展职工维权律师志愿团社会化参与化解劳资纠纷。区总工会组织职工维权律师团律师与各镇、街道、工业区结对,定期向职工提供法律咨询;同时参与群体性劳资纠纷的化解工作,为发生纠纷的企业、职工提供相关咨询与服务。二是广泛宣传,向基层发放相关法律书籍共2万余册。三是组织万余名职工参与全国法制动漫、书画作品征集活动及2009年百家网站法律知识竞赛。（刘 芳）

【金山区亭林镇总工会送劳动法律法规进社区】 9月5日,镇总工会利用全镇秋季用工招聘会的机会,在社区广场设立劳动法律法规咨询服务台,送劳动法律法规进社区。镇人大、总工会、信访办领导参加现场咨询服务,对职工提出的加班工资核放、工伤待遇、经济补偿金计算等问题作了详细解答。（朱惠娟）

【奉贤区南桥镇总工会启动"迎世博、学法律、促和谐"法律进企业活动】 8月下旬,南桥镇总工会启动迎世博、学法律、促和谐法律进企业活动,向各企业赠送《工会法》、《劳动合同法》、《集体合同条例》、《迎世博上海职工基本素质教育培训读本》等书籍。区人民法院、区人民检察院现场举行模拟法庭展演,通过2起因工伤赔偿和劳资纠纷引起的诉讼,以贴近实际的案情、激烈的法庭辩论和清晰的法律点评为现场观众做出正确的法律引导。九鼎律师事务所现场为观众开展义务法律咨询。西渡园区及各村属企业的近300名企业经营管理者和职工代表参加活动。（李 浩）

【上海航天局工会举办法制宣传日法律知识竞赛活动】 航天局工会贯彻全国总工会和市总工会关于开展"12·4"全国工会系统法制宣传日活动要求,结合自身实际,针对行业内职工年轻化、知识化的特点,联合局法制办,举办专题法律知识竞赛活动,活动分全员百题竞答、普法考试和法律知识竞赛3个阶段,经过6轮角逐,产生了一、二、三等奖代表队。（沈 恺）

【市烟草工会着力为职工构筑法制教育平台】 市烟草工会以学法律、迎世博、促和谐为主题,采用以会代训、现场咨询、办班培训等方法,做到每季有重点,季季有活动。一年来,先后邀请杨浦法院巡回法庭进厂区法制宣讲、举办了交通损害赔偿和房屋产权归属及动迁法律咨询活动,组织19家分公司和各单位的交通安全管理员50余人进行交通事故损害赔偿处置培训。与安保部门共同组织工商32家单位开展了以安全伴我行为主题的演讲比赛,与法规处共同策划"12.4"全国法制宣传日活动,配合相关部门精心编制了以学法律、迎世博、促和谐为主题的普法测试题,有7 180名职工参加了答题测试。在日常工作中,高度重视普法教育工作,先后为5个基层单位进行了《劳动合同法实施条例》宣讲。（江洪生）

烟草工会举办法制宣讲会（马日盛）

劳动关系协调机制

【上海工会法律工作会议】 3月9日,市总工会召开2009年上海工会法律工作会议,明确当前上海工会法律工作要着力推进劳动关系协调机制的建立和完善,进一步发挥工会调处劳动关系矛盾和维护社会稳定的作用;着力加强工作业务培训,进一步提高工会法律干部依法调处劳动关系的能力和水平;着力强化工作指导,进一步以典型示范正面引领工作开展,努力推动工会法律工作取得新成效。会议充分肯定了上海工会法律工作在劳动合同、集体协商、农民工权益保障、"五五"普法教育、劳动争议调解和法律援助等方面作出的努力和取得的成效。会议指出,进入新世纪,特别是在受国际金融危机影响的形势下,工会的地位和作用更加凸显。作为工会工作的重要组成部分,工会法律工作在推进法制建设中承担着重要责任,工会法律工作在推进和谐社会建设中承担着重要使命,工会法律工作在维护职工队伍和社会稳定中承担着重要任务。会议指出,工会法律工作必须围绕中心、服务大局,把握策略和重点、找准切入点和着力点,统筹规划、精心组织,力争有新的作为,努力开创工会法律工作的新局面。会议要求,全市各级工会组织要正确研判形势,把握工会法律工作的策略和力度;牢牢抓住重点,发挥工会法律工作在调处劳动关系中的重要作用;注重整合资源,放大工会法律工作的整体效应;加强调查研究,努力提高工会法律工作的针对性和实效性;积极实践探索,打造地区系统工会法律工作品牌;加强学习培训,造就一支新时期工会法律工作者队伍。（邱晨鹤）

【市总工会切实发挥劳动关系三方机制作用】 市总工会以协调劳动关系为重点，着力发挥市三方作用，着力推动劳动合同制度建设。一是在推进“共同约定”行动中发挥作用。在应对国际金融危机影响的特殊时期，坚持促进企业发展、维护职工利益的企业工会工作原则，组织区县、产业工会对生产经营情况和职工权益状况开展调查研究，总结推广企业与职工集体承诺“抱团过冬”的工作经验，广泛发动各类企业参与“共同约定”行动。督促企业把不降薪、少降薪、不裁员、少裁员作为首要责任，引导职工理解企业按照市场经济规律做出的改革调整举措。二是在调处劳动争议案件中加强三方协作配合。专题开展“全市劳动争议调解组织建设状况”的调研，指导地区工会推进街镇劳动争议调解组织建设，并将调研情况及时向市劳动关系三方反映沟通，具体研究发挥三方机制在基层及时化解劳动纠纷的作用，派出基层工会优秀调解员主动参与全市劳动争议积案和存案的调解处理，在年底有效化解各区的劳动争议仲裁的积存案。三是在推进劳动关系和谐企业创建活动中共同指导。在迎接建国60周年和筹备“世博会”前夕，市劳动关系三方发出《关于进一步加强劳动关系协调工作促进劳动关系和谐稳定的意见》，指导地区加强对劳动关系和谐企业（园区）创建活动的组织引导，明确将共克时艰、共谋发展作为和谐劳动关系企业（园区）的重要评判标准，创造适应当前形势要求的劳动关系协调工作的新制度、新格局、新办法。年末，市劳动关系三方召开了“全市劳动关系和谐企业创建活动经验交流会”，总结推广了嘉定区、金桥出口加工园区等38个企业行之有效的创建模式和经验，确定新形势下创建劳动关系和谐企业的目标任务，推动营造全市和谐劳动关系氛围。四是在组织开展劳动关系协调员培训中携手合作。市劳动关系三方共同探索搭建基层劳动关系协调员的工作平台，共同完成了劳动关系协调员职业资格培训的教材和试培训工作，推动劳动关系协调员在劳动关系工作领域中发挥作用。（黄　琦）

上海国福龙凤食品有限公司员工向闵行区总工会赠送锦旗（胡　译）

【普陀区总工会建立楼宇和谐劳动关系指导推进委员会】 区总工会在物贸大厦试点建立和谐劳动关系指导推进委员会。委员会工作主要包括3个方面：一是掌握信息、下情上达。将政府收集社情民意、了解职工群众合理诉求、企业发展需求、劳动关系状态的渠道拓宽到楼宇，延伸到楼宇内的企业和职工中，增进政府主管部门、上级工会、楼宇党组织与职工群众和企业的联系。二是整合资源、上情下达。通过楼宇和谐劳动关系指导推进委员会这一制度平台，整合和运用政府有关部门以及社会资源，形成维护职工合法权益、促进企业发展的合力，把政府的方针政策、楼宇的管理服务信息等及时传递给职工群众，提高工作有效性。三是加强研判、推动和谐。通过定期召开会议，互通情况、交换意见、深入调研、解决争议，构建和谐稳定的劳动关系，为楼宇及区域经济发展营造良好环境。（赵　勇）

静安区召开第十一次劳动关系协调联席会议（陆　蕾）

【静安区召开第十一次劳动关系协调联席会议】 6月25日，静安区劳动关系协调联席会议召开了以完善劳动争议调处机制，发展区域和谐劳动关系为主题的第十一次会议。区劳动关系三方代表围绕议题展开讨论，达成3项共识：一是按照《劳动争议调解仲裁法》要求，进一步完善企业、园区、商务楼、小区、行业劳动争议调解组织建设；二是注重发挥区、街道两级三方联席会议平台作用，推进区域劳动关

系矛盾预警、预报、调处一体化机制建设；三是区劳动关系联席会议三方形成工作合力，共同推动构建和谐劳动关系。（陆　蕾）

【闵行区总工会建立群体性劳资纠纷平息后的企业回访制度】 由区总工会机关干部和企业所属系统（地区）工会干部共同实施的回访制度，主要内容包括：一是了解纠纷协商协议的执行情况，掌握影响协议履行的原因；了解当事人，特别是重点人的思想状况；排摸企业存在的易引发群体性劳资纠纷的隐患，提出整改意见。二是了解企业整改情况，对整改不力的企业进行督促，对有效整改的企业，提出建设和谐劳动关系工作要求。三是跟踪指导回访企业和谐劳动关系建设进展情况。（范茂盛）

【金山区亭林镇有效防控企业欠薪的“三到位”措施】 11月12日，亭林镇劳资矛盾调解领导小组主持召开全镇企业欠薪排摸会议。针对年内出现的“三多一早”情况，即欠薪企业较多、欠薪额度较多、租赁的小企业较多和欠薪面扩大出现早，采取“三到位”措施，有效制止和掌控企业拖欠职工工资。一是思想认识到位。各单位高度重视，严防欠薪面的进一步扩大；二是检查督办到位。以租赁厂房场地的小企业、小作坊、小工场为重点，摸清企业向职工发放工资情况，防止欠薪后出现“人去楼空”的现象；三是责任落实到位。明确工业区由镇外经公司负责督查督办，各村辖区内的企业有村委会负责督查督办，一旦工业区、村辖区企业出现欠薪，由负责督查督办的单位处理。（朱惠娟）

【松江工会突出“五方面工作”创建和谐劳动关系企业】 （1）突出抓创建劳动关系和谐企业、和谐工业园区活动开展，制定切实有效的创建条件、要求和措施，对评选的劳动关系和谐示范企业进行表彰奖励，累计评选81家松江区劳动关系和谐示范企业。（2）突出抓劳动关系三方协商工作开展，在各街镇和园区工会层面，就企业发展、职工工资福利、女职工特殊利益等事项，开展平等协商。在区一级层面，定期召开劳动关系协调三方联席会议，解决劳动关系突出矛盾，促进和谐劳动关系的建立。（3）突出抓劳动合同、集体合同签订，帮助90%企业职工签订劳动合同；指导1 167家企业签订集体合同，覆盖企业7 942家，职工23.86万人；239家外资企业签订单项工资协议，覆盖企业1 463家，职工14.65万人；1 050家企业签订女职工权益专项集体合同，覆盖女职工12.46万人。（4）突出抓安全生产监督检查，协同区安监局开展安全生产检查，整改危害安全的事故隐患，协调处理职工伤亡事故29起。开展“安康杯”知识竞赛和安康学校进企业系列活动，增强职工安全生产和自我保护意识。（5）突出抓劳动用工专项检查和农民工工资清欠工作。协同区人保局对400多家企业劳动用工情况开展检查。建筑行业工会为农民工协商解决300多起工资纠纷，清欠工资拖欠款667万元。（莫永涛）

【航天局工会大力发展和谐劳动关系】 一是积极开展构建和谐劳动关系的系列调研工作。开展“关于上海航天系统劳动关系主要矛盾及影响职工队伍稳定若干问题”的调研，踊跃参与构建和谐企业最佳案例征集活动，以“和谐航天”为主题制定了《关于保障职工权益，促进和谐航天建设的若干实施意见》。二是加大以职代会为基本形式的厂务公开民主管理工作。完善局和基层两级职代会制度，组织职工代表巡视民用产业重点发展项目，从源头上参与制定涉及职工切身利益的重大政策和事项。三是完善职工利益保障机制和困难职工帮扶机制。建立军民品企事业单位经济现状和职工收入情况直通道和观察点，便于上级工会和有关组织及时了解情况并实施援助。四是大力推进集体协商、集体合同工作。制定了《进一步推进集体协商、集体合同工作的实施意见》，同时在部分事业单位试点推行集体合同制度。（沈　恺）

集体协商与集体合同

【市总工会积极推进集体协商机制建设】 （1）合理确定全年工作目标。年内市政府仍然把工资集体协议覆盖劳动者人数列入区县就业保障工作考核指标。市总工会会同市人保局在分析去年指标完成情况的基础上，分解确定了各区县2009年工资集体协商的考核指标。（2）部署全年工作任务。市劳动关系三方联合制定下发了《关于2009年进一步推进工资集体协商工作的通知》，并联合召开工作会议，明确工作任务和工作要求；转发了《中华全国总工会关于积极开展行业性工资集体协商工作的指导意见》，各级工会认真研究部署行业性工资集体协商工作，加大了推进行业性工资集体协商机制建设的力度。（3）发挥典型示范引领作

上海交运（集团）公司与上海运输工会举行第七次集体协商

（顾见华）

用。市劳动关系三方联合评选表彰50家工资集体协商示范单位，总结形成了一批区域、行业、企业开展工资集体协商的成功经验。(4)指导推进"共同约定"行动。号召各级工会开展集体协商，倡导企业践行社会责任，帮助企业生存和发展，化解劳资矛盾，并及时总结闵行、杨浦、静安、普陀等区开展情况，通过劳动报等新闻媒体进行宣传报道。(5)配合开展专项调研。市总工会启动了"关于进一步完善本市出租车行业完善集体协商机制的调研"，从行业、企业、驾驶员等三个层面入手，对出租车行业的现状、驾驶员工作和收入状况等进行调查分析，并就如何完善出租车行业集体协商机制，维护驾驶员合法权益提出对策建议。（邱晨鹤）

【市总工会推动建立公交一线职工收入增长机制】 市总工会会同市交通运输和港口管理局、市人力资源和社会保障局、市财政局、市国资委等5家单位联合下发《关于加强本市公共汽电车行业职工工资收入分配工作的指导意见》，通过指导督促企业制定职工年度工资增长计划、规范工资分配制度、完善经营者收入管理及全面推进工资集体协商制度等措施，实现年底前公交一线司售人员收入不低于全市社会平均工资的目标。各公交单位结合实际摸底调查，制定增资计划，规范工资分配制度。截至年底，公交系统营运一线职工工资收入较上年增加了10.6%。（胡　敏）

【徐汇区总工会以创建和谐企业为抓手建立平等协商制度】 2009年徐汇区总工会开展劳动关系和谐企业创建工作，组织区劳动关系和谐企业评选申报工作，在全区各所有制建会企业、劳动保障诚信企业和获先进称号的企业中评选和表彰一批区劳动关系和谐企业创建达标单位，发挥工会在构建和谐劳动关系中典型引路的示范作用。同时，以创建和谐企业工作为抓手，推进集体协商工作的深入开展，促进建立平等协商制度。据统计，2009年集体合同覆盖企业6 221家，覆盖职工11.47万人；工资专项集体合同覆盖企业5 174家，覆盖职工9.72万人。（李　璎）

【长宁区总工会以"5+2"工作法推进女职工专项集体合同】 长宁区女职工集体协商工作围绕三项任务开展：一是把扩大集体协商、集体合同签订的覆盖面作为女职工专项协议的基础工作；二是把改制的国有企业作为重点；三是对非公有制企业中企业女职工人数少，同行业的企业，通过上级工会的指导，积极推行区域性或行业性的女职工专项协议工作。根据实际情况，采取"5+2"工作方法协助推进。"5抓"是指抓质量，主要依托工会律师队伍；抓重点，主要围绕重点企业；抓成效，主要是全面完成市总女工部要求的签订率；抓管理，主要是规范管理，严格按照法律规定并做到七同步：与集体合同同步布置，同步要约，同步协商，同步签约，同步上报，同步备案，同步检查；抓监督，检查主要将女工专项协议工作纳入每年2次的区劳动执法大检查中；"2指导"是指分别对传统企业和非公有企业进行指导。（王亚文）

【普陀区百余企业与工会"共同约定"条款写进集体合同】 普陀区开展"共同约定"行动，120家企业行政和工会代表率先约定，勇于承担社会责任，尽量不减薪、不裁员，营造企业和职工共度难关、共谋发展的良好环境，并首次将约定条款写进区域性工资集体合同，促进企业规范运作。内容主要包括：企业生产经营因国际金融危机受到一定影响，但能通过企业内部轮岗、专业培训、人员储备等消化减员因素，企业就要勇于承担社会责任，尽量做到不减薪、不裁员；企业若采取轮岗措施，应为职工提供岗位、技能等培训机会，提高职工的技能水平和服务能力；对连续亏损4个月及以上、但经济复苏后仍有较好的市场发展前景的企业，可在保岗位的前提下，采取适当减薪措施，但职工降薪后的工资不得低于国家规定的最低工资标准，且经营者的减薪幅度不得低于职工的最高减薪幅度；企业制订减薪调整方案，事先要与工会进行协商，听取、吸纳工会和职工的合理意见，经职工(代表)大会审议通过后，才可予以实施；企业一旦经济效益转好，应在效益好转的次月起恢复员工工资，并返还被减工资；如企业受经济影响较严重，企业发展的不确定因素增大，难以维持原有经营规模和职工队伍，且采取应对措施后仍难以奏效而不得不裁员时，企业必须依法走程序，确保被裁员工的合法权益。（赵　勇）

【普陀区桃浦镇总工会实施"五步推进法"推进女职工专项集体合同工作】 普陀区桃浦镇总工会实施女职工集体合同签订"五步推进法"，实现了女职工专项集体合同签订率100%。第一步，影响宣传法。通过广播宣传、报廊张贴、组织知识竞赛等形式，加大对专项合同的宣传力度。第二步，定向排摸法。镇总工会对各园区企业的经营结构、女职工情况进行

普陀区组织见习大学生与企业签订劳动合同　（赵　勇）

天平宾馆举行劳动合同签约仪式 （吴良荣）

排摸，深入企业听取女职工特别是外来女职工的呼声，及时掌握她们对生活工作的需求，明确协商重点。第三步，个别沟通法。对一时不能签订女职工专项集体合同的企业经营者，由镇总工会做进一步解释工作，有重点地解决一些服务性企业业主不愿签订专项合同等问题。第四步，指导签订法。镇总工会采用“上代下”协商机制，指导企业签订专项合同，对没有条件签订集体合同的小企业，由园区集体合同实现覆盖。第五步，跟踪履约法。各园区企业工会女工干部负责做好专项合同，履约信息上传下达工作，镇总工会对签订专项合同的企业进行回访，询问企业对女职工专项合同的履约情况。 （赵　勇）

【闸北区总工会以“分类指导法”拓展集体协商覆盖面】 一是目标清晰化。将工资协商、集体合同和女职工专项合同的年度目标细化分解到街道（镇）、区管重点企业作为当年考核的重要内容。二是办法多样化。在原有建材市场、保健品市场、工业园区、创意园区联合工会集体协商基础上，探索推进楼宇工会集体协商。三是操作同步化。在建立工会之后同步开展工资集体协商，要求企业成立工会后立即开展工资集体协商，签订集体合同和工资专项合同。四是程序规范化。推进集体协商工作规范开展，在协商程序、协商规则、协议履行方面强调操作规范化，坚持扩大建制数量和提高协商质量并重。截至年末，全区集体合同覆盖企业2 456户，占已建会企业85.13%，工资专项合同覆盖职工3.35万人，完成年度目标数的104.5%。 （徐梅生）

【黄浦区总工会建立健全职工工资集体协商指导服务体系】 黄浦区总工会关注职工收入分配，依法推进工资集体协商，建立健全职工工资集体协商指导服务体系。（1）加强特殊时期的工资集体协商指导服务。区总工会主动加强与区人保局、区国资委、区企业联合会等部门沟通协调，确定年度工资集体协商工作目标，分别对效益较好的企业提出保职工收入增长，对效益一般的企业提出保职工收入稳定，对困难亏损企业提出必须严格执行职工最低工资标准、保障职工工资按时足额支付的要求。（2）健全区工会一线职工工资收入调研机制。区总工会健全了一线职工工资收入台账，新增企业经营状况和企业经济效益的内容，扩充到区工会一线职工工资收入调查月报表内。（3）发挥区三方协调机制作用。下发《关于应对当前经济形势 维护劳动关系和谐稳定的意见》，以南东街道为试点，探索协调劳动关系三方机制在街道层面的建立运作。（4）强化区总工会工资集体协商顾问团法律指导服务。考虑特殊时期企业工会维护职工权益存在的实际困难，区总工会采取措施，由顾问团对企业工资集体协商方案进行预先审查把关，为确保职工经济权益再设保护网。截至年底，区总工会重点突破了区域性行业性工资集体协商，签订工资协议709份，其中签订区域性行业性工资集体协议94份，覆盖职工达6.65万人。有效集体合同375份，覆盖职工7万余人。协助区政府超额完成了市下达工资集体协商工作目标，13个企业集团82%的一线职工月人均工资收入同比增幅达7.5%。（杜　琴）

【静安地产集团通过开展工资集体协商提升一线职工工资收入】 为解决集团的一批老职工因各种原因收入偏低，家里经济负担较重的困难，集团工会主动与企业行政方协商，明确年度工资集体协商的内容和原则，即：全年领导班子成员和中层以上干部一律不增加工资；给长期在一线工作的基层老职工增加工资；对在基层一线工作时间10年、15年和20年以上的职工参照其业务技术职称分别增加不同幅度的工资。既兼顾了有技术职称职工的收入增加问题，又切实为老职工争取了经济利益，缩小了领导干部与一线职工的收入差距，提高了企业职工的工作积极性。 （孙金坤）

【嘉定区总工会组织开展集体协商特别行动】 2月，嘉定区总工会在全区启动了集体协商特别行动。根据企业生产经营实际情况的不同，把受到国际金融危机影响的企业分为生产经营遭遇暂时困难的企业、生产任务暂时不足的企业和生产经营遭遇严重困难的三类企业，并分别给予不同的指导。相关企业工会按照主动提出协商要约、依法履行民主程序、妥善处理协商争议的方法步骤，开展“特别协商”。通过集体协商特别行动，倡导企业和职工求企业生存发展之“大同”，存双方利益分歧之“小异”，引导、指导经营遇到困难的企业采取缩短工时、轮班工作、转岗培训等措施，千方百计稳定就业岗位，把职工利益诉求引导到有序协商的轨道上来。 （徐　浩）

【青浦区行业工会集体协商工作取得新突破】 6月6日，全国纺织服装行业工会工作研究会第五次年会暨香花桥纺织行业集体协商现场会在青浦举行。会上，香花桥街道纺织服装行业工会方代表与企业方代表就集体合同中有关街道辖区内纺织服装企业职工的劳动报酬、工作时间、保险福利、技能培训等涉及职工切身利益的条款进行了平等友好的协商,并达成共识。以此为契机,区总工会深入探索区域性、行业性平等协商工作,破解了在协商主体缺位的情况下开展行业性集体协商工作的难题,不断加强了行业工会的有效运作。行业工会平等协商和职代会制度建设先后在香花桥街道纺织、机械制造、化工塑胶、电子电器、日用综合五个行业和盈浦街道餐饮行业中有序开展,切实增强了行业工会在维护职工合法权益、构建和谐稳定劳动关系中的重要作用。 (马美君)

【青浦区总工会扎实做好工资集体协商工作】 2009 年,青浦区总工会在推进工资集体协商过程中,充分考虑国际金融危机影响和企业实际情况,合理确定工资集体协商的内容。通过工资集体协商这个平台,进一步畅通了沟通渠道,形成职工和企业协商的长效机制,实现劳动关系的和谐发展。截至年底,全区独立建会企业的集体合同1 343份,签订率达 90%;工资协议1 296份,签订率达 87%;工资集体协商覆盖职工 21.24 万人,完成市考核目标的 115%;女职工特殊权益专项合同1 315份,签订率达 88%。

(马美君)

【奉贤区建筑行业签订首份工资集体协议】 年内,奉贤区建筑行业首次开展行业性工资集体协商,签订区建筑行业工资集体协议,得到了区域 37 家建筑企业的签字认可,对农民工工资等做出明确规定,主要包括:行业实行的最低工资标准在上海市政府规定的当年最低工资标准基础上提高 5% 以上,其中,各工种普工最低日工资标准不低于 60 元,各工种初级工以上最低日工资标准不低于 80 元;企业需要安排职工加班加点时,应与职工和工会协商,并安排调休或支付加班加点工资;职工参与企业对奖金和津(补)贴的发放办法和发放标准的制定,企业应当将奖金、津(补)贴发放标准和发放时间向职工公布。 (刘传军)

【机电工会与电气集团签订工资集体协议书确保职工合法权益】 上海电气(集团)总公司与机电工会签订《2009 年工资集体协议书》,重点从三方面做出规定:一是职工收入设立托底保障线。总公司工资总额和人工成本总额保持在上年结算水平上。二是保障职工权益设立禁止性条款。企业确保职工工资按时足额发放,社会保险费按时足额缴纳。严禁拖欠职工工资,严禁拖欠劳务人员工资。三是确定职工收入分配导向,坚持“两倾、两关”。在收入分配上向科技人员和一线工人倾斜,向 30% 左右的企业核心人才倾斜;关心待岗职工,关心生活特殊困难的职工。 (沈剑宏)

上海电气(集团)总公司与上海市机电工会举行 2009 年工资集体协议书签约仪式 (冯克华)

【上海富士施乐有限公司依法完善集体协商制度】 富士施乐公司借鉴国际国内成功经验,公司行政与工会开展集体协商,以协商开创和谐的劳资关系新局面。(1)建立协商制度,有效体现职工诉求,促进企业规范有序地协调劳动关系有关问题。(2)公司承诺不与除工会以外的其他任何组织或个人就集体合同等主要问题进行集体协商,强化工会作为职工利益代表者和维护者的话语权。(3)涉及职工切身利益的事项,允许员工旁听,增强集体协商的透明度和公信力。

(徐俊彦)

【上海梅林正广和股份有限公司工会在共克时艰中完善工会维权机制】 梅林正广和公司工会向职工发出加快转型树信心,同舟共济保增长,建功立业促发展的倡议,开展向管理要效益,向科技要效益的竞赛活动,同时,把稳定职工就业岗位、稳定职工工资收入、保障职工安全生产、关心困难职工的民生工作建在完善工会维权机制基础上。(1)注重“内外联动”,整合提升工会维权力。股份公司工会侧重于把握全局性、战略性和方向性的工作,把握住维权目标,抓好创造性、实效性和层次性的工作推进。各企业工会按照不同所有制形式,将维权工作的重点放在源头参与、调研整合、个案指导、总结经验、推广典型上。(2)注重依法推动,全面提升工会的维权力。工会积极推进平等协商、集体合同制度的建设,搭建行政与职工沟通的平台。司属国有及国有控股企业 100% 建立平等协商机制,100% 签订集体合同。同时,依法发挥职代会制度在维护职工收入分配权益中的关键作用,坚持保证不拖欠职工工资的底线。(3)注重“上下促动”,有效提升工会的维权力。工会通过坚持每年办实事,尽力解决员工的实际困难,重点加大对离岗职工中患大病、失业、单亲、子女就学、双协保等特困人员的帮困力度。

(徐俊彦)

【上海英雄金笔厂有限公司工会推进工资集体协商】 上海英雄金笔厂有限公司随着市场消费指数的不断增

长，职工要求增资的呼声越来越高。工会主动提出开展企业工资集体协商工作。(1)听取职工代表意见，统一职工思想认识，营造协商良好氛围。(2)企业公开经济财务状况、市场情况，要职工兼顾劳资双方利益，创建互利共赢局面。2009年，虽然公司遭遇全球金融危机影响，但仍承诺职工工资在2007年、2008年连涨2年的基础上保持不变，职工气顺劲足，推动企业超额完成了各项经济目标。 (徐俊彦)

电信公司召开集体协商会 (朱东亚)

【纺织工会推进区域性纺织行业集体合同】 纺织工会发挥各区纺织行业工会联合会的作用，在金山、普陀试点开展区域性纺织行业集体协商、签订集体合同的基础上，与青浦区总工会联手在香花桥纺织行业探索在缺乏行业协会主体的情况下，如何开展行业集体协商。6月6日，全国纺织服装行业工会工作研究会第五次年会在沪举行，观摩了香花桥街道纺织服装行业开展集体协商过程，市纺织工会在会上作了增强行业工会组织活力，为推动行业集体协商创造条件的主题发言。 (林裕良)

【电力建设公司工会开展工资集体协商制度调研】 电力建设公司工会开展关于建立工资集体协商制度的调研。通过对基层两个试点单位的调研，初步拟定了推行工资集体协商的5项内容：一是职工社会保险金、住房公积金解缴及公示工作，二是推进职工大病医疗互助保障计划工作，三是企业分配制度的改革和完善工作，四是企业人才培养和激励机制完善工作，五是建立完善职工工资增长机制。根据集体协商的内容，提出了工资集体协商的4项具体要求：(1)把握规范运作。在企业条件许可情况下，协商条款标准要优于法律法规的标准。(2)把握企业实际；经济效益好的企业，侧重于职工的“活工资”和有关福利；经济效益一般的企业，侧重于职工增资幅度和人才激励；经济效益较差的企业，侧重于职工的基本生活保障和改善。(3)把握3个关系。职工满意和满足的关系，工资利润同向增长和同步增长的关系，增加工资和不增加工资的关系。(4)注重协商实效。协商内容上突出重点，协商形式上坚持规范，协商过程中体现尊重，协商结束后重在履约。 (张文标)

青浦区在全国纺织服装行业工会工作研究第五次年会上举办香花桥街道纺织行业集体协商现场会 (马美君)

【上海石化公司检查集体合同履行情况】 11月，公司对2009—2012年集体合同、女职工专项集体合同2009年度履行情况进行专项检查。公司集体合同共有8个章节，40项条款，2个附件；女职工专项集体合同共有19项条款。对照各项条款，相关职能部室汇总履行情况，各单位检查落实履行情况，并通过座谈会征求职工群众对集体合同条款履行的意见和建议。检查结果显示，各项条款都得到履行，取得了较好效果，得到了广大职工群众的肯定，履行情况已在公司五届二次职代会上报告。 (张 敏)

【上海石化公司协商解决职工热点问题】 2009年，公司在原有政策信息平台、职工咨询热线基础上，通过班组网络和工会组织，收集职工集中关注的热点问题，形成包括环境保护、女职工退休年龄、丧劳提前退休(退职)人员待遇以及医食住行学等15个协商议题，并召开2次日常协商会议，工会方和行政方就职工比较关注的女职工退休年龄的界定、丧劳提前退休(退职)人员的待遇、职工的教育和培训、工作餐的推行、通勤车的优化、体检工

作的管理、空气环境质量的监测等七大事项进行了沟通和协商，讨论解决存在问题的原则和措施，推进了工作落实。（张　敏）

【上海石化公司召开第十五次平等协商会议】 12月30日，公司召开第十五次平等协商会议。通报2009—2012年集体合同、女职工专项集体合同2009年度履行情况。同时，行政和工会双方代表就职工普遍关心的环境保护、运转方式、医食住行、福利政策、健身设施等5个事项进行沟通与协商，达成共识。（张　敏）

【上海水产集团工会开展主动性集体协商】 2月上旬，水产集团工会主动向行政提出修改集团《集体合同》有关条款与重新签约的建议，得到相应。集团行政与职工双方代表就新一轮集团集体合同展开讨论，在反复研究、充分协商的基础上形成共识，修订了集团《集体合同》，并在集团四届四次职代会上获得通过。开创远洋渔业公司、蒂尔远洋渔业公司、营销中心等职工方代表，与企业行政方代表就薪酬分配方案和职工福利等内容进行了工资协商，较好地发挥了工会组织在工资协商中的作用。（汤宝龙）

【光明集团工资集体协商机制实现全覆盖】 光明集团工会将推进工资集体协商工作作为保民生、促和谐的主攻方向，分别召开常委会决策部署、举办专题培训班强化推进，召开了集团工资集体协商工作推进会，逐个落实时间节点，及时掌握基层动态，并与集团人力资源部联手，就集团职工工资收入和集体合同履约情况等民生问题开展调研，采取现场办公的方式，检查和督促基层企业进一步加强集体合同和工资集体协商工作的规范运作，使这项工作在全系统得到有力推进。截至9月底，集团国有及国有控股企业在巩固和完善平等协商、集体合同制度的基础上，进而全部建立了工资集体协商机制。10月13—15日，中国农林水利工会在沪召开全国农垦系统集体合同制度建设经验交流现场会，推广光明食品集团在开展平等协商、集体合同和工资集体协商工作中的经验，光明食品集团总裁作了题为《聚焦民生热点，构建和谐企业，确保广大员工共享企业改革发展成果》的发言。（桑树德）

【市民政局实现女职工专项集体协议全覆盖】 市民政局现有职工6 832人，其中女职工3 105人，占职工总数的45%，女职工队伍的状况成为影响全系统职工队伍整体状况的重要因素之一。作为维护女职工权益的一项重要工作，随着市民政局工会女职工特殊利益专项集体协议签约、履约工作的有效推进，在各企事业单位中已经做到签订女职工特殊利益保护专项集体协议全覆盖，其中95%以上的企事业单位将每2年一次的女职工专项体检调整为每年一次列入协议中，加以落实。（胡积伟）

中交三航江苏分公司召开集体协商会议　（王海燕）

【城建集团工资集体协商实行全覆盖】 2009年，集团工会推进工资集体协商工作，各子公司全面开展工资集体协商，实现了年初提出100%全覆盖的目标，建立了职工收入与企业效益同步增长的机制。一是集团把工资集体协商工作列为科学发展观的整改措施之一，举办专题会议，要求年底前完成全部单位的工资集体协商工作。二是建立围绕企业工资增长指导线运行、与经济增长相适应的工资集体协商制度。建立企业效益和职工工资同向增长模式，并确定每年要进行工资集体协商，签订工资专项集体合同。三是发挥工会在推进工资集体协商工作中的作用。集团工会开办专项讲座，指导子公司工会与企业行政进行协商。并在工资集体协商协议签订后，通过组织劳动竞赛、提合理化建议、开展降本增效等活动，努力提高企业效益，落实工资合同内容，使工资集体协商成为实现职工与企业“双赢”的制度。年底前，集团全部子公司开展集体合同签约工作，覆盖职工约1.5万名，建立了员工平均收入与企业效益同步增长机制，确保了当年全集团职工工资平均2位数的增长。（朱　强）

劳动争议调解与仲裁

【市总工会积极推进劳动争议调解组织和队伍建设】 年内，市总工会深入开展调研，推进多样化调解模式，重点推进街镇调解组织建设，多措并举提升队伍素质，着力构建劳动关系预警、预防、调处、援助一体化工作格局。一是开展专题调研，进一步建立健全劳动争议调解组织和工作机制。通过开展问卷调查和召开座谈会等形式，完成了《关于建立健全劳动争议调解组织和工作机制的调研报告》，提出建议和对策。二是指导推进多层次、多元化劳动争议调解组织建设。以街道、乡镇、工业园区劳动争议调解组织建设为重点，推进多层次、多元化劳动争议调解组织建设。截至10月，全市213个街镇，除崇明县尚未达到全覆盖以外，其余各区县的街道、乡镇已全部建立劳动争议调解组织。各级工会着力推进基层劳动争议调解委员会建设,发挥基层劳动争议调解委员会“第一道防线”的作用,把矛盾化解在基层。三是探索多样化、社会化调解模式。区县总工会加强与法院、司法、劳动、律师协会等部门联合,探索与司法、劳动等部门联合调解模式。四是加强劳动争议调解员队伍建设。市总工会聘请了20名律师、教授,成立了第二届工会律师顾问团,成立了上海工会法律人才库,汇聚了地区、系统工会法律人才和工作者,定期组织法规学习、案例研讨、经验交流,提升工会劳动争议调解员队伍整体素质。市区两级工会还联手培训了500余名工会劳动争议调解员和劳动法律监督员。

(钱传东)

【徐汇区总工会建立“三级联动”立体维权网络】 区总工会发挥基层工会前沿阵地作用,建立“三级联动”立体维权网络,主动融入劳动争议调处工作大局,深化与劳动仲裁、法院、司法等各相关职能部门的交流与合作,4月,在田林、虹梅、斜土、天平4个社区先行开展社区工会参与企业劳动争议调处试点工作,由社区工会接受区劳动仲裁部门委托,协调双方当事人进行调解。在此基础上,适时召开社区工会参与劳动争议调处工作推进会,下发规范性文件,在全区13个社区、镇全面建立了社区工会劳动争议人民调解委员会,并组织全区100多位劳动争议专职调解员参加专业培训,夯实了基层工会开展劳动争议调解工作的基础,探索形成劳动关系预警、预防、调解、援助一体化工作格局,把大部分劳资纠纷解决在基层、化解在源头。

(朱伟锋)

【长宁区华阳社区总工会社区调处劳动纠纷形成预警工作格局】 华阳社区总工会结合社区实际,与社区司法服务窗口联动,采取措施,形成了“积极预防、主动化解、及时调处、行之有效”的社区调处劳动纠纷预警工作格局。(1)注重队伍建设。以社区职工援助服务中心为主,司法服务窗口为辅,与华东政法大学劳动法律服务中心建立联动平台,成立了社区职工援助服务中心工作者、司法服务窗口专职调解员、华东政法大学法律专业学生志愿者3支调解队伍。(2)建立排摸分析制度。采取不定期巡访的形式,对社区内非公企业,特别是可能发生大规模裁员或有群体性纠纷隐患的“高危企业”,排摸、调查生产经营状况、职工动态、劳资争议等情况,及时掌握劳动关系稳定情况的动态信息。同时,与华东政法大学签约结对,安排法律专业的大学生志愿者定期接待,为企业提供劳动法律咨询服务。2009年,华阳社区总工会接待了劳动纠纷咨询23起,共70多人次,提供起诉法律援助1起,成功调处5起,委托区总工会职工法律援助中心办理2起,化解群体性劳动纠纷隐患2起。

(毛　毅)

浦东新区总工会走进社区接待职工的维权诉求　(陈建林)

【长宁区总工会完善劳动纠纷预警预防调处网络建设】 区总工会不断完善劳动纠纷预警预防调处网络建设:一是建立了统一的三级网络预警调处程序、调解文书和工作制度、人员配备、档案管理等制度;二是实现工会维权工作的互联、互动、互补,形成了化解群体性劳动纠纷的预警、预防、调处、援助的“4+2”联动模式;三是形成“政府支持,各方配合,工会运作,职工参与”的工会法律维权格局;四是开展区劳动纠纷调解能手评比工作,推进区域劳动关系协调员队伍建设。通过社区总工会和社区司法所整合资源,沟通协作,联手推进,2009年共调解劳动纠纷421件,调解成功率达到95%。

(徐雍安)

【长宁区总工会北新泾社区总工会完善多元化劳动纠纷调解机制】 2009年是北新泾社区总工会实施《协调劳动关系三年行动计划》的推进年,社区总工会聚焦维护职工的合法权益,完善多元化的劳动纠纷调解机制,主动与街道司法所整合资源,探索创新工作方法,使企业用工更加规范,用人单位和劳动者关系更加和谐稳定,为创建和谐社区奠定了基础。把劳动纠纷调处纳入社区司法大调解的工作格局,整合法院法官、律师、基层人民调解员、社区法律志愿者等队伍资源。社区总工会建立了劳动纠纷调解案例分析例会制度,探讨调处工作中的热点、难点问题,取得了提升调解员业务水平的良好效果。

(俞晓敏)

【普陀区总工会编印《劳动争议预警调处工作指南》】 区总工会编印的《普陀区职工法宣手册——劳动争议预警调处工作指南》共包括3个部分:一是劳动争议调处知识ABC,重点介绍“五渠道”和“两事项”,“五渠道”为协商、投诉、调解、仲裁和诉讼,“两事项”指有共同请求的可推举职工代表、用人单位和劳动者各自的举证责任。二是劳动争议的预防,包括“共同约定”行动和工会劳动争议“十必报”预警机制。三是学习维权知识及劳动争议求助渠道。提供广大职工群众维权知识学习及劳动争议求助的相关电话和网站等信息,重点公布了上海市普陀区工会“十必报”制度预警分站的地址、办公号码以及普陀工会“十必报”制度运作流程图。《指南》的编印对于“迎世博、凝职工、助企业、保稳定”具有重要推动作用。（赵 勇）

【黄浦区总工会兼职劳动争议仲裁员参加劳动争议案件处理】 针对2009年黄浦区劳动争议仲裁委员会受理的劳动争议案件数增幅大，而专职办案的劳动争议仲裁人员较少的情况，区总工会兼职劳动争议仲裁员积极参加案件处理，其中独任处理案件61件，参加合议庭处理案件20件，协助消除了积案。同时，通过办理这些案件，加深了解区域内劳动争议案件的特点，为工会更有效协调劳动关系找到更科学的切入点。（林志祥）

【静安区总工会举办劳动争议调解员、劳动法律监督员培训班】 5月，区总工会分别开办工会系统劳动争议调解员培训班和劳动法律监督员培训班。培训以劳动争议调解为主题，着眼于有效预防和妥善处置各类劳资纠纷突出矛盾，主要包括《劳动合同法》、《劳动争议调解仲裁法》、《工会法》等法律的解读，以及平等协商集体合同、劳动安全卫生、职工互助保障、劳动争议调解等工作的实务操作技巧。来自全区各级工会组织的专兼职工会干部、专职党群工作者、部分企业的人事干部参加培训，其中170多人通过考核获得了市总工会颁发的证书。（陆 蕾）

金山区劳动纠纷联合调解中心成立揭牌 （沈勇军）

【闵行区总工会建立劳动争议预警调解工作机制】 根据闵行区委区政府《关于共创和谐劳动关系的实施意见》，区总工会在全区范围内牵头建立劳动争议预警调解机制。一是加大宣传引导力度，加强政策服务指导，组织开展面向企业和劳动者的劳动法律政策法规宣传教育活动，规范企业用工行为，提高劳动者维权意识。二是提高基层工会组织的组建率，搭建企业职工工资集体协商和签订集体合同的协商平台，在企业内部建立职工诉求表达机制、劳动生产安全防护机制和平等协商集体谈判制度。三是建立区域性化解劳资纠纷的预防调解机制，完善区、镇（街道）、村（居委）、企业劳动争议调解四级网络，推进企业劳动争议调解委员会的组建，建立健全职代会制度，开展行业性、区域性集体协商，妥善预防化解区域性群体性劳资纠纷。四是会同相关部门形成合力，在发现劳动争议涉案企业法定代表人或负责人有逃逸动向时，及时制止业主逃逸，为劳动者提供法律援助，切实保障劳动者合法权益。（乔世苏）

普陀区总工会成立朱雪芹工作室和劳动争议调解委员会 （赵 勇）

【金山区建立劳动纠纷联合调解机制】 2月26日，金山区劳动纠纷联合调解中心举行揭牌仪式，标志着区总工会、法院、人保局、司法局劳动纠纷联合调解机制正式建立。劳动纠纷联合调解中心发挥工会、法院、劳动等部门的业务及服务优势，向劳动者与用人单位提供快捷有效的劳动纠纷调解，保护劳动者的合法权益。对调解成功的案件，由联合调解中心出具调解书，并由法院在职权范围内出具具有法律执行效力的法律文书；如果调解不成，则引导当事人进入仲裁或诉讼。（沈勇军）

【松江区总工会多措并举推进企业职工劳动争议调解组织建设】 一是加强镇、街道总工会和工业区劳动争议调解组织建设，配备有调解能力的工会干部充实到调解队伍中；二是建立基层企业工会劳动争议调解员制度，全区85%以上基层企业建立了劳动争议调解委员会；三是重点抓非公企业建立劳动争议调解组织，如上海东洋电装、正泰电气集团股份有限公司等充分发挥工会调解组织的作用，协调解决了职工与企业引发的多起劳资纠纷；四是开展职工劳动争议调解组织调研工作，年内对5个街道、镇开展了劳动争议调解工作调研。（莫永涛）

【青浦区总工会强化预警克难奋进保稳定】 年初，青浦区总工会会同有关部门对全区存在劳资矛盾隐患的8类企业进行地毯式排摸，并分工联系、及时疏导、解除隐患。在全区选取300家企业进行跟踪调查，随时掌握企业和职工动态，协助政府分析研判形势，做好稳定工作。全面畅通区、镇（街道）、企业三级工会“职工热线”，建立各级工会走访企业制度和信息报送责任制，当好“第一知情人”、“第一报告人”。同时，进一步完善三方劳动关系协调、矛盾预测预报预警和劳动保障法律监督机制，加强企业劳动争议调解，全年区、镇两级工会参与调处集体争议事件69起。（马美君）

【奉贤区总工会在中小型企业建立劳动争议调解组织】 年内，在100人以上建会企业中全面建立劳动争议调解委员会后，奉贤区总工会开始在50人以上建会企业组建劳动争议调解委员会，再次将劳动争议调解工作的重心前移，截至年底，全区已有逾九成的50人以上建会企业建立了劳动争议调解组织。区总工会与司法、劳动等部门联合建立的区、镇、企业三级劳动争议调解组织，形成了集预防、报告、协商、调解、援助为一体的工作格局，全年共受理协调各类劳动争议纠纷868件，为职工讨回工资、经济赔偿、社会保险金等650万元。（刘传军）

劳动法律法规的实施监督检查

【市总工会强化工会劳动法律监督，依法维护职工合法权益】 上海工会劳动法律监督组织网络健全，截至年底，全市建立工会劳动法律监督组织7 072个，拥有工会劳动法律监督员1.51万名。先后开展了农民工工资支付情况、劳动力市场监管等专项监督检查活动。春节前夕，为确保农民工按时足额拿到工资，市总工会下发了《关于抓紧做好农民工工资支付情况专项监督检查工作的紧急通知》，各级工会组织配合政府劳动保障监察机构等部门开展农民工工资支付情况专项监督检查活动，共检查用人单位1.7万余户，涉及农民工87.1万余人，查处各类欠薪用人单位1 257户，有4.7万余名农民工被拖欠工资9 710.9万元。通过检查，共补发4万余名农民工工资9 105.7万元。7月，全市各级工会组织配合市人力资源和社会保障局、公安局、工商局等有关执法部门开展整治非法用工，打击违法犯罪专项行动，共检查用人单位4 281户，涉及劳动者人数19.33万人，查处一批用人单位的违法违规行为，其中被立案责令改正452件，警告5件，补签劳动合同1 637人，补发8 360名劳动者工资和经济补偿金1 591万元，督促用人单位办理社会保险5 374人，取缔无证无照经营73户。年底，与市人力资源和社会保障局联手培训劳动法律监督员近200名。（甘党生）

【普陀区总工会建立健全劳动法律监督长效机制】 普陀工会将劳动法律监督工作作为“服务世博安保”的重要项目来推进。工会系统发挥组织优势，各系统、街道、镇均联合政府综治、劳动人事等部门，每年至少开展一次区域内的劳动法律监督检查，作为一项常规工作来推进，并将区域性劳动法律监督检查的情况向区域性职代会作专项报告。在监督检查中，一旦发现劳动争议，即现场调处，力争把争议化解在基层。2009年底，区总工会、区劳动保障监察大队等单位在全区范围内开展了农民工工资支付情况的专项检查活动，重点检查使用农民工较多的加工制造、建筑施工、餐饮服务及其他中小型劳动密集型企业支付劳动者工资、执行最低工资标准、签订劳动合同以及用人单位遵守其他劳动保障法律法规的情况。（吴玲琳）

【嘉定区总工会配合区劳动监察大队开展日常监察执法工作】 2009年，区总工会以生产经营不正常的小企业和职工人数较少、流动性较大的企业为重点，参与配合区劳动监察大队日常监察执法21次，涉及企业9家，为28名职工追缴了综合保险和加班工资，维护了职工的合法权益。（陈　佳）

【金山区总工会运用联合工作机制提升工会劳动法律监督力度】 在区政法委牵头下，区政法委、综治委、信访办、总工会、建交委和区人保局等六家单位建立了拖欠职工、民工工资矛盾纠纷排查和清欠工作机构，明确了各职能部门的职责。区总工会以此为契机，及时全面掌握全区企业拖欠职工工资情况，并将掌握的情况通报给各基层工会，要求基层工会主动依法参与清欠工作。区各级工会在实践中，加强对用人单位遵守劳动保障法律、

3月9日，召开上海工会法律工作会议，市总工会副主席茆荣华出席会议并讲话（邱晨鹤）

法规、规章情况的监督，定期开展劳资矛盾排查工作，当好第一知情人；对排查发现的问题及时上报所在地的党政部门和上级工会，当好第一报告人；对发生的群体性纠纷要宣传、引导职工通过合法、正当渠道，理性维护自身权益，协助党政部门做好调处工作，当好第一协调人。 （沈勇军）

【青浦区总工会发挥“职工热线”作用化解劳动争议】 青浦区总工会全面畅通区、镇（街道）、企业三级工会“职工热线”，建立各级工会走访企业制度和信息报送责任制，努力当好第一知情人和第一报告人。2009 年，区总工会处理来信、来访和法律政策咨询 306 起，涉及职工 570 人次；区、镇两级工会参与调处集体争议事件 69 起。 （周洁瑾）

【青浦区总工会开展部分企业集体劳动合同签订情况专项检查】 区总工会与区人力资源社会保障局联合对部分企业集体合同、劳动合同签订及履约情况进行专项检查。抽查了 24 家具有一定规模的企业，共涉及职工 1.1 万人，其中本地职工6 606人，外地职工4 458人。从检查结果看，被查单位集体合同、工资协议、女职工专项合同的签订率分别达到了 100%、91.7%和 95.8%，个人劳动合同签订率为 100%。在集体合同、劳动合同签订工作方面，呈现出 2 个明显特点：一是用人单位对集体合同及劳动合同的签订工作十分重视，整个协商过程比较规范，会议记录和劳动合同台账齐全并备案归档；二是用人单位开展集体协商的意识逐步加强，集体合同、工资协议及女职工专项合同的覆盖职工数有大幅度提高。同时，检查组在检查过程中也发现，集体合同、劳动合同的文本质量以及履约情况有待提高。 （周洁瑾）

职工法律援助

【市总工会加大化解群体性纠纷的法律援助力度】 年内，全市职工法律援助中心共为职工提供法律服务 4.30 万人次，其中非诉讼调解3 441件，代理仲裁、诉讼 910 件，处理来信2 177件，代写法律文书 333 件，接待咨询 3.87 万人次，维护了职工群众的合法权益。因受国际金融危机影响，全年劳动争议呈现群体性、权利争议和利益争议并存等特征。全市职工法律援助中心全年接待调处的案件中，3 人以上群体性争议有 507 件，涉及职工 1.73 万人。各级工会直接调处的 20 人以上的群体性劳动争议有 92 件，涉及职工 1.49 万人，其中涉及劳动报酬的占 60.9%，有关劳动合同、裁员的占 15.2%，企业搬迁关闭的占 12%，转改制的占 6.5%，其他的占 5.4%。各级工会加大法律援助力度，有效化解群体性纠纷。一是注重个体援助与集体协商相结合。各级工会职工法律援助中心不仅为权益受到侵犯的职工提供法律咨询、代写法律文书、代理仲裁或诉讼，更是主动介入群体性纠纷调处，代表职工与企业方进行协商，调处高于法定标准之上的利益争议。二是注重源头预防与法律援助相结合。加大劳动争议的预警预防力度，职工法律援助中心变坐堂接待为上门咨询服务，变事后援助为提前提供法律服务。三是注重法律援助与政策引导、心理疏导相结合。在接待职工开展法律援助中，更加注重消除受国际金融危机的影响，主动对职工开展政策引导和心理疏导。四是注重自身队伍建设与整合外部资源相结合。各区县总工会加大了引进专业法律人才的力度，市总工会为市、区县两级总工会的 13 名专业法律人员新办或换取了公职律师证书。成立了由 62 名工会法律工作者组成的法律人才库，定期开展案件研讨、立法参与、劳动关系分析等活动。 （钱传东）

【长宁区总工会积极开展职工法律援助】 长宁区总工会在加强与政府部门的协调配合，整合力量，维护职工合法权益的同时，进一步加大法律援助力度，2009 年，区总工会共处理职工来信 16 件，接待职工咨询1 165人次，法律援助 61 件，引导职工申请劳动仲裁，并代书申请书 66 件，引导职工申请诉讼 237 件，调解劳动纠纷 465 件，调解率达到 60%。 （王亚文）

【普陀区宜川路街道总工会推出系列措施强化职工法律服务工作】 宜川路社区（街道）总工会创新工作机制，建立“一个机制”、整合“两个中心”、打造“1、2、3、4”工作推进法等，大力推进法律援助服务。建立“一个机制”，即总工会与街道办事处相关职能部门共建合作机制，聚集各方优势力量，打造党政主导的社会化维权新格局；整合“两个中心”，即职工援助服务中心和法律志愿者援助中心，为职工提供互助保障、职业介绍、技能培训、法律援助和权益保障等服务；打造“1、2、3、4”工作推进法，即“1”是制定一套工作制度，包括工作目标、岗位职责、援助服务守则及办事指南；“2”是抓好小区理赔员和法律志愿者两支队

华阳街道总工会与华东政法劳动法律服务中心合作签约仪式

（吴志华）

伍,扩大工会组织影响力和凝聚力;“3”是构筑法律援助、工会劳动法律监督和劳动争议调解三道防线,把劳动争议化解在萌芽状态;“4”是确保硬件投入、队伍建设、援助服务和活动资金4个到位,为社区百姓提供优质、便捷服务创造良好条件。（吴玲琳）

【黄浦区总工会推动工会法律援助服务体系建设】 (1)配强区总法律工作力量。由3名区总机关干部负责日常法律服务管理工作,为6个社区总工会配备法律工作者。工作经费从2000年的1万元增加到2009年的50万元。(2)建立一支法律工作者骨干队伍。在区总工会已有2名公职律师的基础上,通过聘用2名社会律师和5名工会法律工作者,形成由公职律师、社会资深律师、派往社区总工会专职法律工作者和参与区劳动争议仲裁委员会工作的仲裁员构成的工会法律工作者骨干队伍。(3)健全三级工作网络。一是建立健全区总工会法律顾问团,负责全区工会法律工作指导服务和突出问题的处理。二是为各企业集团工会和社区总工会配备了法律顾问和法律工作者,建立健全集团、社区层面工会法律服务网络。三是构成基层法律工作网,建立健全基层工会法律工作网络。（杜　琴）

【黄浦区总工会延伸发展“阿林法律工作室”服务品牌】 区总工会职工法律援助工作继续依托“阿林法律工作室”法律服务品牌,将职工法律援助工作延伸至社区产业。工作室在6个社区设立阿林法律工作室接待点,并且实行工作室律师为社区、产业、行业和用工单位工会提供巡回上门服务制度。据统计,通过提供法律咨询,回复来访来信,代书服务等形式,直接为6 505人(次)的工会组织和职工提供法律服务。同时,阿林法律工作室经过非诉讼调解化解了劳动争议案件68件;援助劳动者参加劳动争议仲裁21件,援助劳动者参加诉讼26件;参加协调处理多起职工股权群体争议信访案件。（杜　琴）

【嘉定区总工会职工法律援助工作取得成效】 嘉定区总工会开展法律援助服务,全年共为职工代写劳动仲裁申诉书14份,涉及12人;为职工劳动仲裁代理和诉讼代理共7件,涉及7人;为职工讨回经济利益59.7万元,其中经济补偿金、“代通金”、工资、加班费及补差等47.8万元;经与信访部门协调,调解解决经济补偿金、工资、加班费及补差等共3.1万元,工伤待遇补偿金8.8万元。（陈　佳）

【金山区总工会采取“四项措施”为职工送法律送援助】 一是到企业宣讲劳动合同法,提高企业管理层和职工的劳动法律意识;二是开展厂务公开民主管理检查,提高企业管理层民主管理意识和职工自我维权意识;三是在招聘会上提供义务法律咨询,为困难职工、农民工免费进行劳动仲裁和诉讼,维护广大职工合法权益;四是会同区司法局为广大职工免费提供法律服务,由区司法局指派律师兼任区总工会法律顾问志愿团成员,参与企业调研,制定金山区集体合同范本,提高企业集体合同签约率。（沈勇军）

青浦区政府与区总工会召开第一次联席会议（马美君）

【奉贤区总工会提升法律援助队伍的业务素质】 区总工会职工援助服务中心利用自身的法律资源,加大工会法律援助队伍建设力度,开展法律援助服务,为困难职工提供各种免费法律服务。2009年,运用工会法律顾问团等师资力量,从法律法规、工作方法、业务技巧等方面对工会干部和企业劳动争议调解人员进行分层次、全覆盖的培训,共培训1 200多人次,提升法律援助工作者的业务素质。（刘金龙）

【机电工会打造职工法律援助品牌】 机电工会创办的法律服务中心继续为下属企业、基层工会和职工免费提供法律服务。服务内容包括电话咨询接待,法律咨询接待,代理诉讼,代写法律文书,审核集体合同、劳动合同文本等。每周三,中心聘请社会律师值班,为企业职工的来电来访进行政策解答,全年共接待法律咨询159人次,代书法律文书25件,工会法律服务中心的品牌效应初步形成,法律援助工作得到了职工的好评。（沈剑宏）

【市烟草工会采取“三项措施”加强职工法律援助】 市烟草工会结合企业实际,就加强职工法律援助工作制定三项措施:一是加大对法律援助员的业务学习培训力度。采取专题培训、参观学习、法庭旁听等方式,开阔眼界,丰富法律援助者的法律知识和对法律法规的知晓度,提高援助业务素质。二是加强外部联动协作。加强与法院、律师事务所等部门的沟通协作,由巡回法庭法官和资深律师上门普法辅导并参与咨询、调解,探索符合烟草特点的法律援助联动机制。三是加大法律宣传和援助力度。以贯彻《劳动合同法实施条例》、《劳动争议调解仲裁法》为契机,持续开展“法律伴我行”职工法制宣传教育活动。2009年,烟草工会法律援助中心及各单位法律援助站受委托为职工代书服务6起,受理法律咨询186件。（刘　玲）

维护民主权利

Safeguarding Democratic Rights

综　述

2009年上海厂务公开民主管理工作持续巩固深化,围绕党和政府的中心任务,自觉服务于改革开放和经济社会建设,充分发挥其在应对国际金融危机影响、构建和谐稳定劳动关系、维护职工合法权益、促进企业健康发展方面的积极作用。(1)加强职代会制度建设。在推进公有制企事业单位职代会全面建制的基础上,不断健全完善职代会6项工作制度。大力推进非公企业特别是外商投资企业和区域性、行业性职代会建制。发挥典型单位的引领示范作用,先后总结推广国有企业建工集团、三航设计院,外资企业大众汽车变速器、保力马科技公司,以及普陀行业职代会、天平社区餐饮行业职代会、凉城社区商圈职代会等单位的成功经验。(2)发挥厂务公开民主管理在应对金融危机影响中的独特作用。帮助指导基层企事业单位运用厂务公开民主管理的制度平台,凝聚职工队伍、协调劳动关系、保障职工权益、促进企业平稳发展。推动企业召开"暖冬职代会"、"厂情通报会",开展"共同约定"行动,指导各级工会主动与企业行政进行民主协商,尽最大努力稳定职工就业岗位,指导确需裁员、降薪的企业规范履行职代会民主程序。加强对非公小企业实行涉及职工切身利益事项公开的监督力度。(3)推进《上海市职工代表大会条例》的立法工作。与市人大内司委、法工委等部门沟通协调,推进《上海市职工代表大会条例》的立法进程。组织召开《上海市职工代表大会条例》立法工作协调会、立法调研方案论证会。制定立法调研方案、计划和立法说明,起草《上海市职工代表大会条例(草案)》(讨论稿)。(4)推进劳动关系和谐企业的创建活动。制定下发《关于深入开展劳动关系和谐企业创建工作的意见》,指导各级工会紧扣当前经济形势,围绕劳动关系协调机制建设,解决职工"三最"利益问题,加强劳资矛盾的预防、研判、化解等方面深入开展创建活动。(5)强化厂务公开的推进力度。召开2009年上海市厂务公开民主管理工作会议暨先进表彰会议,对厂务公开推进10周年以来涌现的优秀成果、先进个人和单位进行表彰。制定下发《2009年上海市厂务公开民主管理工作要点》,明确全年工作重点。开展第七次厂务公开民主管理工作调研检查,推动工作有效落实。(6)加大对职工董监事制度的推进力度。与市国资委沟通协调,在深入调查研究、交流研讨的基础上,共同制定了《关于本市国有企业深入推行本市职工董事、职工监事制度的通知》。(7)深入开展对热点难点问题的调查研究。根据形势发展的要求和推进工作中的热点难点问题,强化调查研究的工作力度,先后对全市开展劳动关系和谐企业创建活动情况、受国际金融危机影响下的厂务公开民主管理作用发挥、区域性行业性职代会制度建设等课题进行调研和思考,形成专题调研报告。

(张立群)

职代会

【上海市召开《上海市职工代表大会条例》立法调研方案论证会】 8月28日,市人大内司委、法工委、市总工会联合召开《上海市职工代表大会条例》立法调研方案论证会,会议对立法调研的实施方案进行充分的研讨和论证。市总工会表示《上海市职工代表大会条例》的立法意义重大,要举全会之力配合人大顺利完成立法工作。市人大内务司法委员会指出,《上海市职工代表大会条例》的立法要抓住时代特征,体现扎实高效,集各方智慧积极推进立法工作有序开展。按照市人大的立法计划,《上海市职工代表大会条例》将于2010年制定完成。

(马艳芳)

【上海着力提升职代会制度建制覆盖面和运行质量】 2009年,全市各级工会进一步加强职代会制度建设,着力在提升职代会建制覆盖面和运行质量上下功夫。截至年底,全市公有制企事业单位职工代表大会建制数达到1.01万家;非公企业职工代表大会制度独立建制数达到2.12万家,区域性、行业性职代会建制数达到3 984家,覆盖企业7.43万家。各基层单位注重强化长效机制建设,通过加强职工代表、职代会提案、职代会议事规则、职工代表巡视检查、职代会质量评估、职代会专门委员会(小组)和日常民主管理六项工作制度建设,推动职代会规范运作,不断提高职代会的工作质量和实效。

(马艳芳)

【普陀区医务工会探索建立职工代表竞选制】 普陀区医务工会注重加强职工代表队伍建设,通过实行职工代表竞选,提升职工代表民主意识和整体素质。竞选程序为:组织动员职工→填自荐(他荐)表→工会小组、分工会、院工会审议→院职工代表资格审查委员会审核→反馈各分工会、工会小组→候选人名单、竞选文稿公示→召开竞选大会。在竞选大会上,竞选人需就"如何当好职工代表"进行主题竞选演说,由职工采取无记名投票

上海市职代会制度建设专题研讨交流会在上海铁路局召开(白　杰)

情况报告高度重视，明确批示要克服困难，帮助解决，并肯定《宝钢管理者问卷》工作，要求持续而有效地开展下去。职工"三最"利益问题落实情况已向集团公司职代会作专题报告。（钟　群）

【宝钢集团公司制定《宝钢集团职工民主管理基本制度（试行）》】 2009年，宝钢集团公司将职工民主管理制度课题成果，转换成宝钢的管理实践，集团董事会审定下发了《宝钢集团公司职工民主管理基本制度（试行）》。《基本制度》由集团工会会同运营改善部负责起草，经过广泛征求意见、专家论证、总经理办公会讨论、职能部门会签、履行民主程序等步骤，最终确定了5个章节112个条款。《基本制度》对宝钢开展职工民主管理工作的内容、途径、方法、作用，职工依法行使民主决策、民主管理和民主监督的权利和义务等，作了制度化、规范化的设计，形成了具有宝钢特点的以职工参与企业管理、参与平等协商和职工自主管理制度、职工代表大会制度、职工董监事制度以及组织领导保证制度。《基本制度》成为宝钢公司治理的重要部分。（张　帆）

【上海石化召开公司五届一次职代会】 2月9—11日，公司召开五届一次职代会，共有266名职工代表参加会议。会议听取并审议行政工作报告；审议职代会工作报告；表决通过《公司2009—2012年集体合同》、《公司2009—2012年女职工权益保护专项集体合同》；审议《公司2006—2008年集体合同2008年度履行情况报告》、《公司2008年度福利费使用情况及2009年度预算报告》、《公司企业年金实施情况报告》、《公司2008年教育经费使用情况报告》、《公司2008年业务招待费使用情况报告》、《公司2008年帮困基金使用情况报告》和《公司四届五次职代会提案审理情况报告》；听取公司党政领导班子成员述职、述学、述廉报告并进行民主评议；民主推荐公司领导班子后备人员；聘任公司五届职代会巡视评估员；表彰公司优秀职工代表、职代会先进专门委员会等。（张　敏）

中国移动上海公司召开展第二届职工代表大会第五次会议
（郜晓赟）

【上海石化实施职代会巡视评估制度】 9月，公司下发《职工代表大会巡视评估制度（试行）》、《职工代表大会巡视评估制度实施细则》，并以职代会专门委员会为工作平台，成立由45名巡视评估员组成的6个工作小组，巡视评估职代会职权落实、提案工作推进、热点问题处理等情况，并及时反馈至相关职能部门。年底，形成巡视评估报告并在职代会上向全体职工代表报告，主要报告职代会运作、法律法规落实、涉及职工利益的热点问题处理以及公司重大事项的落实情况等。（张　敏）

【上海石化集体答复首次职代会提案】 8月4日，公司职代会采用"双向沟通、集体答复"方式，就学习实践活动整改方案首次组织提案落实情况集体答复会，为公司相关职能部门与职工群众提供面对面交流机会。公司职能部室就安全生产、环境保护、职工教育、生活福利等职工关注的9方面问题、41件职工代表提案，向职工代表、职代会各专门委员会和班组长联谊会成员，予以现场回答。职工代表对提案落实反馈情况当场进行满意度测评，总体"满意"率为85%，"一般"的占14%。（张　敏）

【上海石化职代会专门委员会开展"五项专题"调研】 2009年，公司第五届职代会专门委员会根据职代会职权，组织专门委员会成员以座谈会、个别访谈、问卷调研、实地考察等形式开展课题调研，形成《公司生产装置配置仿真系统调研与分析》、《关于公司职代会民主评议工作的调研报告》、《跟踪提案反馈意见，综合评价提案落实质量》、《加强管理和和监督，不断提高职工的就餐质量》和《关于公司通勤车的调研报告》等5篇调研报告。（张　敏）

【长江计算机集团召开二届二次职代会】 1月19—20日，长江计算机集团召开二届二次职工代表大会，会议主题是：坚持学习与实践科学发展观，围绕集团的三年发展规划，全面推进和谐企业建设，引领广大干部和职工，团结奋进，求真务实，开拓创新，敢为人先，为全面完成集团2009年各项工作和任务，保持集团经济平稳较快发展作出应有的贡献。代表们听取并审议了集团经营工作报告、以及《关于进一步推进"和谐企业"建设的报告》和《关于集团职工代表巡视检查情况的报告》。会后，代表们对职代会会议质量进行了评估，对"职代会内容和效果"的总体满意度达到100%。（朱毅敏）

【鲁矿集团工会落实职代会各项工作职权】 鲁矿集团工会于年内召开3次矿情发布会和集团公司十二届三次职代会，不断落实各项工作职权。9月29日，鲁矿集团工会召开公司第十二届三次职工代表大会。会上审议通过了行政工作报告，听取了集团公司总经理的《关于鲁矿集团与中国五矿集团重组的情况说明》，落实了公司重大事项通过职代会的法定程序，维护了职工的知情权、监督权。做好厂务公开工作满意度测评，严格执行招议标采购制度和各项公开落实，不断强化群众监督。组织开展厂务公开工作检查考核和评比表彰，促进了鲁矿集团的民主管理建设。

（杨庆荣）

【上海航天局不断健全完善职代会制度】 上海航天局推进厂务公开民主管理工作，从局和基层两级入手逐步健全完善职工代表大会制度。一方面，组织局和基层两级职代会机制建设调研工作，印发了《上海航天局职工代表大会工作规程》（修订稿），起草了《上海航天局职代会提案工作实施暂行办法》，并在10月24日召开的局二届二次职代会上表决通过，推动航天局民主管理体系向科学化、规范化迈进；另一方面，指导局属新上广公司、建筑设计院等单位规范运行职代会制度，督促局属航天能源（飞奥公司）建立职代会制度，协助局机关工会召开一届一次职代会。全局共有36家单位建立了职代会制度，有4家单位建立了职工大会制度。

（沈　恺）

【铁路局工会强化企业民主管理工作】 局工会严格执行《上海铁路局职代会实施细则》，在九届四次职代会闭会期间，召开了四次联席会议，履行民主程序审议通过《职工竞争上岗》、《职工内部退养办法》做到上会议案提前召开专委会（扩大）会议组织预审；基层各单位执行职代会报告制度，实行职代会质量评估制度，；制定铁路局职工代表中期视察工作制度，并结合实际组织职代会专门委员会成员和一线职工代表开展中期视察活动，还开展了职工代表质询、“双月座谈会”等，发挥了职工代表作用。

（董　平）

【铁路局职工代表视察“迎世博文明行业创建”活动】 8月24—28日，局工会根据《关于组织开展2009年路局职工代表视察活动的通知》精神，由局九届职代会安全生产经营委员会、评议监督领导干部委员会和铁路局党委宣传部共同组织“迎世博文明行业创建”职工代表视察活动，来自一线基层单位的全国劳模、服务明星和普通职工代表及机关专业人员共15人参加了视察。代表围绕“环境设施、举止仪表、工作态度、反应能力、世博工作举措、世博精神体现”等6个方面对上海、北郊、闵行、合肥、南京、杭州、等车站和上海、南京、杭州、合肥客运段部分进沪列车以明查暗访、查看资料、听取汇报等形式进行检查，职工代表将视察情况形成专题报告，提交路局领导，更好推进“迎世博文明行业”创建。

（董　平）

上海航天汽车机电股份有限公司召开一届三次职代会　（沈　恺）

【中海集团大力推进系统内职代会制度建设】 中国海运工会根据国务院国资委和上海市总工会的要求，制定下发了《关于进一步加强集团系统职代会制度建设的指导意见》，为推进集团所属企业职代会制度建设和民主管理工作提出新的要求。年内，集团所属各企业认真贯彻落实。广州海运、大连海运、中海工业、中海国贸、中海国际等公司坚持职代会民主评议领导干部。浦海航运公司坚持人事规章制度、工资奖金方案等经职代会讨论通过。中海工业公司在职代会上表决通过职代会实施细则、集体合同草案。中海货运公司组织职工代表讨论审议《关于养老保险回归属地参保的意见》、《关于新招应届毕业生劳动合同方案》等多项涉及职工切身利益的改革草案。此外，中海集团组织开展职代会提案活动，对职工代表提交的22份提案归类整理，送交有关部室处理，并及时向提案职工书面反馈意见。

（柴淮生）

【上港集团落实“两项举措”深化企业民主管理】 一是职代会质量评估和职工代表提案落实工作。在集团一届四次职工代表大会闭幕后，组织职工代表对职代会的议程安排、报告质量、表决形式、民主程序、会务工作等5个方面进行评价，结果显示，职工代表对五个方面的满意率均在95%以上；召开了提案审理委员会会议，对一届四次职代会征集的18件提案进行研究，确定了14件提案立案，并要求给予提案人书面答复，提案人对此普遍表示满意。二是厂务公开民主管理工作调研检查工作。根据上级工会的要求，结合集团的实际，2009年下半年集团组织开展了第七次集团厂务公开民主管理工作调研检查活动，此次调研检查重在对新情况、新问题的研究，寻找改进方式，以不断提高厂务公开民主管理的实效性和职工群众的认同度。

（焦小涵）

【上港物流公司注重发挥民管工作小组在推进企业民主管理中的积极作用】 2009年，上港物流公司的民主管理、生活保障、提案工作、劳动争议调解4个民主管理工作小组，以构建和谐企业为目标，以维护职工合法权益，调动职工的积极性，促进企业的发展为落脚点，参与涉及职工切身利益事项、劳动关系和集体合同等重要问题的集体协商。一年来，生活保障小组参与公司工会全部帮困基金使用情况的讨论和审议，审议公司发放帮困金418万元，帮困人数27.83万人次，确保帮困资金真正起到雪中送炭的作用；劳动争议调解小组对易发生劳动争议的事件化被动为主动，主动与用工部门和劳务公司协调处理3起劳务工涉及工伤终止劳动合同争议案、3起因病终止劳动合同争议案、2起历史原因加班工资争议案、1起企业管理问题引发的争议案、1起行政处分不服争议案，合计9起案件，涉及金额20.12万元，劳务公司承担了12.62万元，公司补贴了7.5万元，使劳动争议在公司内部得以解决。4个工作小组的工作得到公司领导和员工的认可。（严明娥）

【长江轮船汽车检测维修有限公司组织开展职工代表提案和合理化建议活动】 长江轮船汽车检测维修有限公司工会在召开职代会前期和会议期间，分别开展了职工代表提案和合理化建议的征集活动。广大职工代表积极参与，开动脑筋，从如何应对国际金融危机、进一步开拓市场、加强培训提升素质、优质服务塑造形象、完善制度创新管理、以人为本控制成本、安全生产和谐发展等方面提出了较好的建议，共征集到代表提案18件和职工合理化建议36条。公司劳动竞赛领导小组逐条对代表提案和合理化建议进行认真仔细地分析，提出相应的采纳实施的处理意见，并落实到相关单位和部门进行实施。公司还以发送《职工代表提案回复单》和《合理化建议回复单》的方式，如数反馈到提案人和建议人手中，做到件件提案细分析，条条良策均回复。（王钦良）

【交运集团职工代表观察员围绕迎世博活动组织专题巡视检查】 2009年，交运集团把职工代表观察员巡检活动向集团阶段性经济工作重点有序推进。五一节前后，为检验集团系统窗口服务单位"迎世博600天行动计划"的实施情况，检查"五比五赛"、"三五"行动、公共次序日活动的落实效果，运输工会会同集团"600"办等行政职能部门，组织职工代表观察员分6路对集团所属6家窗口服务单位进行专项巡视检查，整个巡检过程由6台录像机按实记录。此次专项巡检活动分暗访和明查2个阶段，突出3个工作环节。一是精心组织，严格检查。暗访前，制定巡检工作表式，明确巡检活动纪律，进行巡检专题培训；活动中，职工代表观察员按照事前分组安排，不通知，不打招呼，直接进入被检单位的站（店）门前、候客（船）室、船舶码头、酒店大堂、自营和外租餐厅等重点区域进行巡检，并随机检查并询问了当班人员的服务质量和掌握世博知识的情况。二是赋予职权，深度参与。暗访中，职工代表观察员按照工作要求进行实地评分，对当班服务人员存在的服务质量问题，当场亮出观察员身份及时指出并责令纠正。明查中，各路巡检组听取了被检单位迎世博专项活动开展情况的汇报，同时反馈了暗访巡检的情况，并作出客观评价。三是认真总结，建言献策。职工代表观察员对明查暗访巡检活动进行总结，既充分肯定了被检单位推进落实迎世博工作好的做法和成功经验，同时也实事求是指出了各单位存在的问题和不足，并提出相应建议。（陈敢敏）

上海锦诚国际船务代理公司职代会通过议案 （田 冰）

【中交三航局工会组织职工代表开展职代会落实情况专项检查】 8月10日，三航局工会组织部分职工代表对局有限公司年初召开的第十四届四次职代会决议和代表提案落实情况进行专项检查。公司行政领导向代表们汇报了上半年职代会各项决议执行情况。代表们分两组对第十四届四次职代会立案的20条提案的落实情况进行了检查。20条提案分别涉及到劳资处、安全处、宣传处、企管处、组织处、财务处、海外业务处、科技处、治保处、办公室等相关部门，各处室领导向代表们认真汇报了提案的落实情况。代表们对提案的落实情况逐一进行了审议，并对承办部门的落实情况表示满意。（黄书展）

【中远集运公司召开七届二次职代会】 年内，中远集团公司组织召开集团公司七届二次职代会，会上，职工代表对公司领导班子及成员进行了民主评议，推荐公司领导岗位后备人选建议名单，会议审议通过了《中远集装箱运输有限公司劳动合同管理办法》、《总部机关职工加班值班管理规定》和《船员在船伤病亡处理办法》。职代会还收集处理职工代表提案41件，内容涉及生产经营、降本增效、节能减排、船舶管理、队伍建设、劳动保护、福利待遇等诸多方面。（钱 华）

【中交三航院发挥职代会议事作用深化企业民主管理】 一是营造和谐工作氛围，提高做好厂务公开民主管理工作的自觉性和主动性。二是完善工作制度，确保厂务公开民主管理工作

上海机场集团公司召开二届五次职代会　（陆敏峰）

持续开展。公司以系统化思考、制度化管理、规范化操作为指导原则，不断健全和完善以职代会为基本形式的厂务公开民主管理各项工作制度，注重建制后的实施运作。三是坚持规范履行职代会各项民主程序，注重代表结构的合理性，坚持职代会议事程序的规范性，保障职工代表的民主权利。四是提升职工参与能力，抓好职工代表培训工作。　（陈杏生）

【建工集团注重发挥职代会民主管理专门委员会作用】　建工集团职代会权益保障专门委员会配合集团创建上海市健康系统（单位）活动，参与实施计划的制订，明确目标任务、工作重点和行动计划，参与组织1 000余名干部职工开展《食品安全法》培训和知识竞赛，参与组织示范食堂评比，全年共评出集团31家示范食堂，会同集团办公室督促项目部为建设者提供生活“五有设施”规范达标，组织职工代表开展安全生产、职业健康、食品卫生、防暑防寒等巡视检查。集团职代会资产经营民管会听取了集团投资发展部《关于上海建工重大资产重组情况介绍》，加深对集团重大资产重组意义的认识和重组内容、重组进展的了解，并围绕重大资产重组后集团体制机制等各方面的变化进行深入探讨，提出一系列建议。　（乔　瑜）

【建工集团二建公司坚持民主程序调整薪酬结构】　二建公司在薪酬结构调整方案制订和实施过程中，严格履行必要的民主程序。一是征求意见。在方案初步形成后，公司党政主要领导和分管领导深入基层、部门，开展专题调研，广泛听取意见，先后召开公司党委会、党政班子联席会、董事会集体讨论。二是平等协商。在职代会前，企业方与职工方平等协商，达成一致意见。三是投票表决。调整方案提交公司职代会代表小组充分讨论，并对职工代表提出的8条意见和建议在职代会上进行说明，被高票通过。四是公开公示。为了使每位职工更清晰、完整地了解调整方案，在张贴布告、网上公示的基础上，给每位职工发出告知函，并请职工在函件上签字认可，达到100%知晓率。五是答疑解惑。在方案正式实施前，一是公布人力资源部的专线电话，职工有问题可以直接咨询；二是在实施2周后专门召开薪酬调整答疑会，所有职工可以直接或委托人事和工会干部提问。新的薪酬制度实施后，公司鼓励职工对薪酬结构的完善提出合理建议。　（汪志伟）

【光明集团成立首届职工顾问团、职工代表巡视团】　光明集团工会建立职工顾问团、职工代表巡视团制度。在首届职工顾问团、职工代表巡视团成立会议上，30位来自集团一线的职工代表被光明集团聘为第一届职工顾问团、职工代表巡视团成员。　（桑树德）

【良友集团工会组织基层单位职工代表参观良友新港】　在国庆60周年之际，良友集团工会发起“千人看良友”活动，各基层单位的职工代表、一线职工共千余人，分批参观了良友新港。代表们通过观看外高桥项目立体模型及宣传介绍片，现场参观长江码头、平房仓、油罐等工程，深切感受着良友集团10年的发展成果。代表们表示愿为再写良友新篇章，再创良友新辉煌尽自己的一份力。　（赵　倩）

【城建集团第一市政开展市政知音活动】　城建集团第一市政公司工会为更好地发挥职工代表参政议政作用，组织职工代表开展“市政知音”活动，

城建工会开展职工代表巡视工地活动促进工程建设　（朱　强）

在职工和企业之间搭建了一座沟通和交流的桥梁。“市政知音”即沟通、交流、融洽、知己、知音。“市政知音”沙龙每季度开展一次活动，请公司领导介绍形势和任务，同时由职工代表提出议案或发表意见和建议，公司领导倾听职工代表的心声，解答职工代表提出的疑问。“市政知音”以开心团团转、心语心愿、故事分享、温暖真心话等新意迭出的形式，营造出宽松的氛围，拉近领导和职工的距离。推进构建和谐劳动关系，让领导问计于民、求智于民，丰富了工会活动的形式内容，加强了企业民主管理工作。

（蔡文彪）

厂务公开

【上海厂务公开工作持续巩固深化】 2009年，全市厂务公开民主管理工作结合实际，不断拓展公开领域，深化公开内容，创新活动方式，追求工作实效，取得成绩。截至年底，全市共有9 291家公有制企事业单位实行厂务公开，1.74万家非公企业实行厂务公开。各级厂务公开工作领导小组充分发挥组织领导作用，各有关成员单位各司其职，形成合力，推动工作稳步有序开展。各基层单位在工作实践中，注重将厂务公开民主管理与加强基层民主政治建设相结合，与企事业单位党风廉政建设和干部队伍建设相结合，与现代企业制度的建立和完善相结合，与企业协调劳动关系的机制建设相结合，提升厂务公开民主管理工作实效和水平。 （马艳芳）

【长宁区总工会提升厂务公开民主管理工作水平】 一是在国有企事业单位中，按照“有人管、有方案、有程序、有挂钩、有考核、有监督”的要求，加大领导干部收入公开的力度。二是在医务、教育等系统中，全面推行职工代表竞选、巡视、评估、述职等工作制度。三是深化区域性职代会内涵，提升工作实效，并在北新泾社区试点探索“两新”组织党建和工建的联动，推动基层民主政治建设。 （吴斐隽）

【黄浦区深入推进厂务公开民主管理工作】 2009年，黄浦区坚持推进厂务公开民主管理向工作有序、运作规范、作用明显的方向深化。一是认清形势，统一思想。二是加强领导，强化监查。9月2日，区厂务公开领导小组下发《关于开展2009年黄浦区厂务公开民主管理工作调研检查的通知》，开展第七次厂务公开民主管理工作检查。由区纪委、组织部、区国资委、总工会等部门组成检查小组，深入开展调研检查，查找薄弱环节，整改存在问题，总结推广先进经验。三是全面推进，扩大覆盖。重点在外商投资企业中推行厂务公开制度建设，年内建立厂务公开制度的外商投资企业新增23家。四是落实到位，发挥作用。通过加强企业与职工的沟通理解，发挥厂务公开民主管理的凝聚力作用；通过加强党风廉政建设，发挥厂务公开民主管理的监督制约作用；通过尊重职工民主权利，发挥厂务公开民主管理的维权作用。

（贺再励　徐佳礼）

【松江区“六项措施”推行厂务公开显成效】 一是健全厂务公开工作目标责任、定期报告、检查评估、考核奖励、责任追究等5项制度，加强对不同性质企业、学校、医院等行业和单位实施分类指导。二是探索建立区域性职工民主管理制度的方法和途径，完善社区内职工少、规模小的单位推行区域性职代会制度。三是深入推进职代会民主评议领导干部制度。四是重点在非公企业中推行厂务公开，健全和巩固非公企业职代会制度，年内非公企业实行厂务公开的新增89家。五是区厂务公开领导小组分组开展调研检查，查找薄弱环节，整改存在问题，推广典型经验。六是针对区政协委员提出的《关于加强外资企业职工民主权利意识的建议》提案，开展专题调查研究。松江区国有集体企事业单位厂务公开建制率、公开率在动态中均保持100%；非公企业实行厂务公开累计992家；区域性、行业性职代会建制数88家，覆盖企业2 094家。（莫永涛）

【青浦区厂务公开民主管理工作提升整体水平】 2009年，青浦区厂务公开民主管理工作在公有制企事业抓巩固、抓深化；在非公有制企业抓拓展、抓提升。公有制企事业单位，着力推进职代会民主管理制度与现代企业制度和管理模式的结合，使职代会民主管理制度成为企事业单位管理制度的组成部分，融入内部管理流程；非公有制企业，继续以“2＋X”模式推进职代会民主管理制度建设，强化与平等协商集体合同等制度的有机整合，形成工作的联动效应。重点加大对经济开发区、村（居）委会工会联合会区域性职代会的推进力度，探索行业性职代会建设。12月份，区厂务公开工作领导小组对全区11个镇街道所属的35家非公企业厂务公开实施情况进行调研检查，检查显示，全区厂务公开民主管理工作有序推行，厂务公开民主管

黄浦区纪委、总工会召开会议联合部署2009年厂务公开工作

（吕诚陆）

理工作在推动基层企事业单位实行科学民主决策、建立和完善现代企业制度、加强党风廉政建设和干部队伍建设、构建和谐稳定劳动关系、维护职工合法权益等方面发挥积极作用。

（马美君）

【市电力公司厂务公开民主管理工作有序开展】 一是总结10年来形成的以职代会为基本载体，以局域网为支撑平台，以集体协商为沟通渠道，以三级网络为群众基础的厂务公开民主管理经验，结合贯彻落实科学发展观，在整改中进一步规范和推进工作，形成长效机制，制定了《上海市电力公司关于进一步推进厂务公开民主管理工作的实施细则》；二是为了了解公司四届一次职代会总经理工作报告和相关精神的贯彻执行情况，组织部分公司职工代表和总经理联络员以安全生产、劳动保护、世博建设工程以及“三节约”活动为主题，对市东、超高压、电网建设、送变电等单位进行专项调研和巡视检查；三是利用SG186网站，建立职工代表建言献策直通车，拓宽上下沟通渠道。

（余传毅）

【华东送变电工程公司以厂务公开民主管理规范薪酬分配制度】 华东送变电工程公司在实施薪酬分配制度改革中，确立“四项原则”。坚持调动企业与职工两个积极性的原则，坚持业绩与收入挂钩的原则，坚持过程规范的原则，坚持循序渐进、持续完善的原则。在具体实施过程中，一是注重关口前移。职代会召开前，将《劳动工资管理制度（草案）》发给职工代表，通过职工代表广泛征求职工意见，并通过不同层次职工座谈会、班组会、局域网、厂务公开栏等渠道征求职工意见。二是注重审议共决。在职代会召开期间，通过职工代表现场提问、书面提案等形式，让职工代表充分行使审议权利，根据意见和建议修改的草案，经职工代表无记名投票表决。三是注重公开透明。工会运用局域网公示《劳动工资管理制度》及实施情况，职工通过局域网查看自己的工资收入，以及确定工资收入的计算办法。四是注重完善提高。随着企业经济效益的增长，在学习实践科学发展观活动中，按照倾听民声、了解民意、集中民智的要求，对薪酬分配制度进行完善，调高职工的收入水平，从根本上调动职工的积极性。

（孙惠君）

【上海电力安装第二工程公司工会推进项目民主管理工作】 为加强项目厂务公开民主管理工作，电力安装二公司规定在项目组建的同时，必须建立项目民主管理工作小组。工作小组负责制定厂务公开民主管理工作的内容和要求，每半年研究厂务公开民主管理工作的重大事项，协调实施过程中产生的问题，重点加强工作落实和监督检查。与此同时，公司工会推进项目民主管理工作责任制和责任追究制，年底在项目进行自查的基础上工会组织检查，考核结果作为项目主要负责人年度绩效考核的依据。公司要求项目将厂务公开民主管理工作与经营管理流程相结合，实行材料采购公开，材料采购必须从公司供货商名录上选择，价格必须控制在规定范围内，从而有效控制和降低成本。公司工会通过多种形式推动民主管理工作有效融入项目的分包招标、安全保护、职工培训、集体合同、劳动人事、廉政建设等各个方面。

（龚洁庆）

【上海石化开展厂务公开民主管理调研检查】 9—10月，公司开展厂务公开民主管理工作调研检查。公司厂务公开民主管理评估监督小组重点对公司经营计划部、设备动力部、工程部、销供公司等相关部室（单位）进行实地调研，了解相关民主管理制度和《公司厂务公开民主管理实施运行表》的落实情况，同时听取部室和基层单位对开展厂务公开工作的意见和建议。从调研检查情况看，公司厂务公开民主管理工作取得较好成效，职工群众知情权、表达权得以落实，职代会各项职权得以强化，促进职代会整体运作水平的提升，推进职工关心的“医食住行”等具体问题的解决。在公开内容、公开形式、运作机制等方面形成了上海石化的鲜明特色。

（张　敏）

【上海石化整合厂务公开组织机构和工作内容】 12月，公司调整厂务公开和业务公开领导小组及下设机构成员，增加业务公开专业小组，形成“1+3”的厂务公开组织机构，即一个领导小组（厂务公开领导小组）和三个工作小组（厂务公开工作小组、厂务公开民主管理评估监督小组、业务公开专业小组），组成人员涵盖公司21个职能部室，整合业务公开厂务公开内容，由此形成厂务公开民主管理整体格局。

（张　敏）

【长江计算机集团船用公司厂务公开民主管理工作落实四项措施】 近年来，船用公司从制度上保证职工有知情权、发言权、参与权，从机制上保证企业民主管理全面有序、富有成效的实施，从方法上畅通职工发展、参与的

宝山区企廉和厂务公开民主管理工作会议召开　　（胡立伟）

渠道，不断加强厂务公开工作。一是建立工作机构，加强民主管理制度建设。公司成立了厂务公开领导小组，负责厂务公开工作的开展、检查和监督，制定了《关于加强民主管理，实行厂务公开制度的实施方案》、《关于企业“三重一大”事项集体讨论制度》、《集体协商制度》等，以此作为企业开展厂务公开工作和检查监督的依据。二是畅通主渠道，发挥职工大会职能。公司严格规范职代会运作程序，增加企业管理的透明度，加强员工与管理层的沟通，确保企业职工有效参与民主管理。三是开展平等协商，签订集体合同。在集体协商过程中注重内容的针对性、合作的兼顾性、参与的民主性和程序的严肃性。四是采取多种形式，公开企业重要信息。公司通过不定期召开职工代表恳谈会、党员和中层干部座谈会，在公示栏、厂情通报会等方式公开企业重要信息，让职工参与监督和管理。（陈觉民）

【长江计算机集团有序推进厂务公开民主管理工作】 一是制定厂务公开民主管理工作的“633”总体要求，要求集团内企业厂务公开民主管理做到“六个结合”，达到“三个深化”，处理好“三对关系”。二是每年制定厂务公开民主管理的重点工作计划，要求集团和所属企业的党政工组织，坚持和完善以职工（代表）大会制度为基本形式的厂务公开民主管理制度，努力实现工作的创新和发展。三是有重点、有规范地推进厂务公开民主管理工作。通过完善六项制度、建立三本手册，建设民主管理的长效机制，规范厂务公开民主管理工作程序。通过厂务公开民主管理工作的有序推进，集团内已逐步形成了依靠民主管理、促进企业进步的理念和氛围，企业的和谐指数大幅提升。（陈觉民）

【铁路局实行厂务公开民主管理考核】 制定《上海铁路局基层单位厂务公开民主管理工作考核办法》，将基层单位厂务公开民主管理工作纳入路局对基层单位的绩效考核之中，落实路局机关部门、基层单位厂务公开联络员工作职责，形成工作制度；围绕职工关注的热点问题实施公开，在公开手段上，运用公开栏、会议通报、厂务公开触摸屏、办公网等，在公开程序上，实行重要事项的决策过程公开和实施过程公开，在公开的层次上，实行站段、车间事务的全面公开。11月24日，上海市职代会制度建设专题研讨交流会在上海铁路局召开。会上，铁路局党委代表上海铁路局作了题为《多策并举，优化管理，着力提升厂务公开民主管理工作质量》的工作交流。（董平）

【交运集团持续推进厂务公开民主管理工作】 一是在企业重大决策和经营管理上坚持厂务公开。围绕集团发展规划和国资安全、干部安全、生产安全和职工队伍稳定的“三安一定”目标，强化“六项监管”制度；围绕企业重大决策、重要干部任免、重要项目安排和大额资金使用的“三重一大”事项，进一步完善了《关于大额资金运作管理试行办法》和因违规违法造成国有资产流失的责任追究制度，并纳入经营者的资产经营责任考核，强化契约管理；在市国资委管理单位中，首家建立了国资监管系统，做到以法管企、以制度管人、以程序管事，实现管控结合。二是在国企改革和转制过程中坚持厂务公开。强化“五案”预审工作流程，即企业改制方案、职工安置方案、民主程序方案、稳定工作方案和思想保障方案，必须经党委、改制领导小组和职工代表大会审议审核；把好改制企业“四个关”，即企业资产评估关、产权交易关、政策落实关、履行民主程序关；对企业保障职工合法权益，规范职代会议事规则、审议程序等方面实施督促检查。三是在解决职工“三最”问题上坚持厂务公开。实现“四个强化”，即强化分配公开，确立集团在岗职工110%最低工资标准指导线，确立“一纳入、一分离、一倾斜”薪酬分配政策；强化职工合法权益的维护力度，建立“六金”公示制度，每季度对集团系统各单位的公积金、养老金、失业金、医保金、工伤保险金以及务工人员综合保险金交缴情况，通过“公示反馈、汇总分析、部门汇签、上报预警”4个工作环节加以监督；强化为职工办实事公示制度，实行实事立项前听证、确立时公示、实施中检查、办结后由职工代表评估以及向职代会报告制度；强化职工教育培训经费提取使用情况提交职代会审议和会后公示制度。四是在干部队伍建设中坚持厂务公开。坚持领导干部向职代会作述职、述学和述廉报告，接受职工代表民主评议；坚持做到职代会民主评议结果向被评议的领导干部和全体职工代表双向反馈，并将评议结果作为领导干部奖惩任免的重要依据。（陈敢敏）

【市邮政局开展厂务公开民主管理工作调研检查】 根据市厂务公开领导小组《关于在本市开展第七次厂务公开民主管理工作调研检查的通知》精神，8—9月，市邮政局组织开展了厂务公开民主管理专项调研检查活动，

上海建工集团以世博建设为主题推进厂务公开 （缪云明）

掌握各直属单位工作推进开展情况，为深入推进局务公开民主管理提供基础保障。 （蔡俊皓）

【中远集运公司扎实推进企务公开民主管理工作】 中远集运公司把企务公开作为企业管理的重要制度和企业决策、管理过程的重要环节，扎实推进。年内，公司召开企务公开领导小组会议，结合实际，明确目标，突出重点，制定推进实施计划；公司工会会同纪委对部分基层单位开展企务公开情况检查调研，推动工作的有效落实。另据调研显示，集团所属基层单位企务公开推行率达100%。 （钱 华）

【市民政局厂务公开民主管理运行机制日臻完善】 局厂务公开工作领导小组连续6年在基层单位中开展厂（院）务公开民主管理工作调研检查；局纪委、组织人事处、国资办、工会等组成工作小组检查指导基层厂务公开工作；局属各基层企事业单位均建立起厂务公开工作领导小组，制定厂（院）务公开工作实施细则，并通过发挥职代会的主渠道作用，不断扩大公开事项的范围和提高公开内容的透明度。全局上下形成党委统一领导、行政具体负责、工会组织运作、群众广泛参与的工作体制和机制。 （胡积伟）

【监狱局工会推进厂务公开工作】 一是加强领导，健全组织，建立厂务公开长效机制。明确党委是第一责任人、行政是第一执行人、工会是主要的推动者，形成三方合力推进厂务公开工作。二是局工会认真组织，开展了第七次厂务公开工作的调研检查，在企业自查的基础上，通过听取汇报、职工座谈会等形式，对5家局属企业单位进行调研。三是以职代会为抓手，按照厂务公开"六个化"民主程序和涉及职工切身利益"六公开"的要求，进一步落实职工群众的知情权、参与权、监督权和审议权。四是在深化监狱体制改革中，配合2家移交企业，通过职代会、座谈会、厂务公开等，稳定改革中的职工思想。 （江海群）

【上海联通公司召开厂务公开沟通会】 2009年是上海联通公司融合重组后正式运营的第一年，在公司党委的重视下，厂务公开民主管理工作得到了稳步推进。根据市公司一届一次职代会上通过的《中国联合网络通信有限公司上海市分公司厂务公开实施办法》要求，公司于12月22日举行了"上海联通2009年厂务公开沟通会"，会上，市场部、计划管理部、物资采购部和人力资源部主要领导分别报告了公司市场经营、投资建设、招投标制度执行、集体合同履约等主要情况，并接受职工代表的质询。共有32名职工代表参加会议。 （康 迪）

【号百公司加强厂务公开民主管理制度化规范化建设】 号百公司为切实贯彻落实中国电信集团党组《关于进一步推进厂务公开民主管理工作的指导意见》的精神，由公司党委、行政、工会联合行文印发《关于号百信息服务有限公司推行厂务公开制度、民主管理工作的通知》。《通知》对号百公司实行厂务公开民主管理目的和意义、重点和原则、主要内容、形式和程序、组织领导、监督检查等6个方面进行了全面的阐述。重点强调必须把握"四个重点"和"五项原则"，提出要通过实行厂务公开，不断充实和丰富职代会的内容，提高职代会的质量和实效，完善职代会民主评议制度，落实好职工群众的知情权、审议权、通过权、决定权和评议监督权，建立符合现代企业制度要求的民主管理机制。 （沈 匀）

职工董监事制度

【上海市职工董监事制度有序推进】 2009年，全市职工董事监事制度有序推进，市总工会、市国资委联合就深入推进职工董事监事制度进行调查和研讨，并草拟了《关于本市国有企业深入推行本市职工董事、职工监事制度的通知》。调研显示，近年来，全市各基层单位的职工董事、职工监事积极发挥其源头参与作用，在参与企业各项经营管理决策的过程中，代表职工维护合法权益，反映利益诉求，起到了良好的上情下达、下情上达的沟通作用。部分基层单位还探索建立了职工董事监事调查研究、民主评议等工作制度，有效推动职工董监事的规范履职。 （马艳芳）

非公企业民主管理

【上海召开外商投资企业民主管理工作论坛】 11月27日，上海举行外商投资企业民主管理工作论坛，市人大常委会副主任、市总工会主席、市厂务公开工作领导小组副组长陈豪出席会议并讲话。会上大众汽车变速器、飞利浦亚明照明、保力马科技、凯士比泵有限公司结合各自实际，围绕坚持不懈推进民主管理，注重劳资沟通制度建设，增强劳资双方理解沟通，实现互利共赢、共同发展等课题进行经验交流。会议指出，加强外资企业民主管

举行上海市外商投资企业民主管理工作论坛 （朱 佳）

理工作，有利于调动好、引导好、保护好职工的积极性创造性，是促进企业和职工共建共享、共谋发展的重要途径；有利于把职工利益诉求纳入有序协商的轨道，是维护职工队伍和劳动关系和谐稳定的重要机制；有利于促进中外文化的交流融合，是建设企业文化和职工文化的重要内容；有利于工会主动依法科学维权，是落实中国特色社会主义工会维权观的重要制度保障。会议要求，深入推进外资企业民主管理工作，要探索企业职工民主管理与现代企业先进管理理念的结合点，准确把握推进外资企业民主管理工作的有利时机；要结合外资企业的性质和特点，积极推进职代会制度的建设和有效运作，搭建劳资沟通交流的平台，形成劳资协商共建的机制，实现劳资合作共赢的目标；要把职代会制度建设成为促进企业发展的动力机制，建设成为发展和谐劳动关系的协调机制，建设成为保障职工权益的监督机制；要紧密结合企业实际，探索把握工作规律，形成适应企业特点、行之有效的民主管理工作模式和制度体系；要努力推进外资企业民主管理工作与完善企业管理、与加强企业文化建设、与解决职工“三最”问题有机结合起来。（马艳芳）

【虹口区凉城社区商圈召开一届一次职代会暨区域民主管理现场示范观摩】 11月12日，凉城社区商圈召开一届一次职代会暨区域民主管理现场示范观摩，市总工会、市社会工作党委、虹口区委及市委组织部的有关领导出席会议。部分地区及街、镇总工会的50余名民管干部到会观摩。凉城社区商圈一届一次职代会圆满完成预定议程，达到了预期的效果，会议内容丰富、运作规范，受到职工代表的好评。市总工会对凉城社区商圈职代会给予了高度评价，并就进一步推进区域性、行业性职代会工作提出要求。一是要着力于区域性、行业性职代会的建制工作。二是要着力于丰富和拓展职代会会议期间的民主管理。三是要着力于区域性职代会的工作制度和日常民主管理制度建设。四是要着力于区域性职代会制度与劳动争议调解制度和劳动监督检查制度的有机联动。（马艳芳）

【全市非公企业民主管理工作取得新进展、新突破】 2009年，全市各级工会扎实推进非公企业民主管理工作，力求热点难点问题取得突破性进展。一是继续强化职代会制度与平等协商集体合同制度有机结合的“2+X”模式，并针对非公企业特点，注重民主管理制度的创新，努力提升工作的针对性和有效性。二是加大对区域性、行业性职代会的推进及探索，总结了区域性、行业性职代会6种模式，进一步明确区域性、行业性职代会工作定位和主要职能，部分地区、街道（镇）还积极推进区域性、行业性职代会与基层党建工作、社区民主自治、社会化维权机制的有机结合，赋予了区域性、行业性民主管理工作新的内涵。（马艳芳）

【徐汇区非公企业民主管理呈现良好发展态势】 2009年，徐汇区在推进非公企业民主管理和厂务公开“六公开”方面呈现良好发展态势，据调查统计，全区非公有制企业中建立厂务公开民主管理制度的已达81%。其中，建立职工或员工（代表）大会制度的为已建厂务公开民主管理制度的76.83%。同时一批行业、楼宇、小区通过建立区域性、行业性职代会制度，覆盖非公企业9 295家。还有相当部分企业除建立职代会制度这一基本形式外，积极探索推进民主共商会、民主议事会、劳资恳谈会、职工民主管理委员会、双向通报、沟通会等其他民主管理形式。在涉及职工切身利益事项公开方面，职工社会保险金缴纳和企业制定规章制度的有关利益情况、企业执行国家规定劳动安全卫生保护情况等方面的公开率分别达到了84.11%、84.91%和83.29%。（孙洪盛）

【闵行区保力马科技（上海）有限公司持续加强职代会制度建设】 一是坚持规范职代会的各项审议内容。每年，日方总经理向职代会介绍公司重大经营发展情况，听取员工对企业发展和经营管理方面的意见和建议。公司规定，凡涉及员工薪酬、福利、劳动纪律等重要事项必须经职代会审议通过后实施。二是坚持规范职代会的议事程序。公司明确职代会每年召开2次会议；凡职代会所需要审议通过的事项都提前一个月将有关材料发到员工代表手中，由员工代表充分讨论，反复修改；注重职代会与集体协商制度的程序联动，集体协商的员工代表由职代会民主选举产生、协商的议题广泛征求员工代表的意见，集体合同草案提交职代会审议表决。三是职代会决定决议在员工中广泛知晓。每次职代会审议通过的重要事项，公司都组织召开不同群体的员工说明会，逐条逐项地向员工进行宣传解释。四是加强对职代会决议执行情况的监督检查。公司成立由行政管理代表、工会代表、职工代表等人员组成的职代会决定决议联合检查监督小组，每年2次对经职代会审议的、包括集体合同在内的各项决定决议事项履行情况进行监督检查，检查后的情况以书面形式提交行政和工会，并向全体员工进行通报。（杨　明）

【上海凯士比泵有限公司畅通民主管理渠道】 一是建立全方位的沟通机制。工会主席与外方总经理每月开展一次情况通报和信息沟通，工会坚持在每次的董事会上向董事会作工作报告，反映职工的利益诉求；公司设立公告栏、宣传栏，及时发布信息，确保员工知情权。二是建立协商分享机制。公司工会与行政每年进行2次集体协商会晤，每两年签订一次集体合同。在协商中坚持“四个必须”，协商的标的必须高于法律，协商的原则必须平等，协商的内容必须公正合理，协商的结果必须契约化。三是建立矛盾化解机制。公司坚持每年召开2次员工代表大会，凡重大事项提交员工代表大会审议，凡涉及员工切身利益的重要改革方案提交员工代表大会审议通过。四是建立参与合作机制。公司每年开展合理化建议、劳动竞赛、技术创新与比武等活动，不断提升员工参与度，促进企业发展。（杜松杨）

【飞利浦亚明照明有限公司注重结构性沟通制度建设】 飞利浦亚明照明有限公司以构建结构性的沟通机制作为员工与管理层沟通交流的平台，使更多的员工有机会参与管理。一是构建全方位的沟通制度。公司多年来不断地改进沟通的形式与内容，形成了完善的、常态化、结构性的沟通机制，有16条管理层与员工沟通的渠道，构成了多层次、多方位、多种形式的沟通模式。二是着力强化行政与工会的沟通协商制度。公司注重总经理与工会、工会与人事部门之间的结构性沟通对话，有事共商量，注意协调各种关系，共同维护企业和员工的利益、共谋公司发展。做到凡涉及员工利益的事，都与工会沟通协商，听取工会意见，取得工会的支持；凡是公司的规章制度，都提交工会和员工代表讨论后，征得同意后再予以公布实行；凡涉及公司组织结构调整和人事调整，都请工会提前介入，请工会主席参加项目领导小组，参与变革方案的全过程。三是通过有效平台提升员工参与度。公司设有QIC活动专门的组织体系，每年组织QIC交流竞赛活动，并予以相应激励。公司有60%的一线员工参加这一活动。（张舒力）

【大众汽车变速器（上海）有限公司注重员代会制度建设】 一是以员代会建设架起上下沟通、中外合作的制度平台。公司依据非公企业员工代表大会工作规范，建立员工（代表）大会制度，并确定每年元月为公司员代会的召开月。员代会邀请非代表的员工和外方员工参与旁听，使外方和更多的员工能够知情参与。二是以员代会临时会议制度及时解决各类劳动关系问题。公司以制度的形式确定了日常生产经营管理或涉及员工切身利益的大事，必须在行政与工会协商的基础上，以员代会临时会议的形式让员工行使民主管理权利。三是将日常民主管理制度与外方管理和文化建设有机结合。公司成立了由员工代表组成的安全生产委员会，班车、餐饮管理委员会，法律咨询委员会等机构，通过自主授权的方式，让员工就某一方面的事项实行自主管理。结合德国大众晴雨表调查的方式开展员工满意度测评，公司工会积极推进员工满意度工程建设，以持续改进方式不断提高员工对企业经营管理、团队精神、薪酬福利、沟通制度等方面的满意度。（吴　丹）

【上海耀皮康桥汽车玻璃有限公司通过民主建设维护员工权益】 上海耀皮康桥汽车玻璃有限公司以建立和谐企业为重点，以融入生产经营和企业发展为中心，组织开展民主管理各项活动，保障职工“五项”民主权利。一是知情权。公司定期通过职代会、宣传栏、经济运行分析会，以及企业内部计算机OA网、内部刊物、可视化目标看板等载体，让员工了解企业经营状况。二是反映权。公司设立总经理信箱，员工可直接用书面形式或电子邮件把所要反映的情况或建议投入总经理信箱，由总经理回复反映者。三是沟通权。通过情况发布会，恳谈会、职代会等形式，由总经理通报公司经营情况及员工思想热点的答复，员工也可向总经理提出建议，双向沟通促进公司发展。三是参与权。年初召开一届二次职代会，审议总经理工作报告、员工奖励条例修改版、员工手册修改版等涉及职工切身利益的事项。四是评议权。公司每年底着重对主管以上全体领导干部进行民主测评考核。五是监督权。公司成立有工会参与由各部门员工代表组成的生产经营专门工作小组，每月不定期对公司的管理状况进行巡视、督查，对需要改进工作的部门发出整改通知书，并督查落实。（汤惠国）

创建职工满意企业

【全市劳动关系和谐企业创建活动取得积极成效】 2009年，全市劳动关系和谐企业创建活动持续深入开展，各级工会在开展创建活动过程中，积极争取同级党政支持，依托三方机制推进，主动与劳动社会保障局、企联、工商联、安监局、政法委、信访办等多个部门的沟通协作，加强信息交流，注重资源整合，形成合力推进的工作格局和长效机制。各级工会始终把促进经济平稳较快发展作为首要任务，以创建促和谐，以和谐促发展，抓住发展和谐劳动关系这一工作主线，从劳动关系建立、运行、监督、调处等环节入手，强化制度机制建设，不断深化工作内涵，突出创建活动的“六个工作着力点”，即着力于及时掌控劳动关系动态状况，发挥预警作用；着力于健全完善劳动关系协调机制，发挥协商作用；着力于及时化解企业内部劳资矛盾，发挥调处作用；着力于全面落实各项劳动法律制度，发挥监督作用；着力于有效解决职工群众“三最”问题，发挥保障作用；着力于培养职工树立共建共享理念，发挥凝聚作用。（马艳芳）

【上海市组织开展“推动劳动关系和谐企业创建活动先进单位、职工最满意企（事）业单位、职工信赖的经营（管理）者”评选活动】 7月，市总工会下发了《关于开展2008—2009年度“上海市推动劳动关系和谐企业创建活动先进单位”、“上海市职工最满意企（事）业单位”、“上海市职工信赖的经营（管理）者”评选活动的通知》（沪工总民〔2009〕160号），《通知》明确了评选活动的目的、标准、程序等内容。这次评选以全市广泛开展劳动关系和谐企业创建为基础，通过职工满意度测评手段，对参评单位的劳动关系和谐度进行综合评价，择优评选。评选活动旨在引导越来越多企事业单位及其经营（管理）者不断增强民主意识和群众观念，关注职工满意度，积极主动实践厂务公开民主管理，加强与职工良性互动，实现真诚合作、共谋发展，以此提升企业综合竞争力。（马艳芳）

【浦东新区召开劳动关系和谐企业创建工作座谈会】 11月6日，浦东新区召开劳动关系和谐企业创建工作座谈会，总结原南汇区开展和谐企业创建三年来的工作，对获得第三批劳动关系和谐企业称号的145家单位进行授牌，同时听取各镇和开发园区、各委局创建工作的经验成效及意见建议。原南汇区全面开展和谐企业创建工作以来，已经成为企业推行厂务公开民主管理工作的重要平台和工会工作的重要抓手。各级工会组织高度重视，突出重点要素的落实，支持共建工作推进有力，完成了预期目标，推动劳动关系更加和谐发展，取得了成效。共有590家企业申报创建，547家企业经考评验收被授予“和谐企业”称号。（谢金亮）

【嘉定区举办劳动关系和谐企业工会主席研讨班】 8月20—21日，区总工会举办嘉定区劳动关系和谐企业工会主席研讨班。来自嘉定区2008年度劳动关系和谐模范企业和争创2009年度嘉定区劳动关系和谐模范企业的42名工会主席参加研讨班。

研讨班举行两天。20日,区总各分管领导围绕“加强和规范职代会制度建设,大力提升企业工会运作质量”、“发挥企业工会作用,组织教育引导职工在迎世博、促发展中建功立业”、“立足实际强化措施,不断深化和谐企业创建工作”、“做好工会经费的收缴和管理工作促进工会工作健康发展”等专题对与会主席进行工作辅导。上海安亭科学仪器厂、上海爱普香料有限公司和飞利浦灯具(上海)有限公司工会主席分别介绍了各自在创建劳动关系和谐企业过程中的做法经验、取得的成效和存在问题。参加研讨的企业工会主席还与区总领导进行互动交流。21日,区总工会组织研讨班赴昆山市参观正新橡胶(中国)有限公司,听取企业工会工作介绍,并进行沟通交流。 (徐 浩)

【青浦区出台深化劳动关系和谐企业创建的意见】 6月,青浦区委办、区府办联合转发《区创建劳动关系和谐企业活动联席会议关于进一步深化本区劳动关系和谐企业创建活动的意见》。《意见》要求劳动关系和谐企业创建工作建立每年度评审制度,形成常态创建机制;建立隔年复审制度,引导企业常抓不懈;实行动态退出机制,确保创建工作质量;完善联席会议制度,强化齐抓共管格局。明确4项重视和支持劳动关系和谐企业工作内容:一是“区劳动关系和谐企业”每年度由区人民政府命名表彰,并颁发牌匾;二是建立各区镇(街道)领导与获得“区劳动关系和谐企业”称号的非公有制企业建立联系制度,帮助企业解决实际问题;三是在评定或授予相关荣誉称号时对“区劳动关系和谐企业”给予倾斜;四是积极搭建反映“区劳动关系和谐企业”需求信息的平台,协调有关部门在同等条件下给予“区劳动关系和谐企业”以重点支持。 (马美君)

【飞乐音响公司深入推进职工满意度调查活动】 飞乐音响公司深入推进所属基层企业开展职工满意度调查活动,通过职工满意度调查,拓展民主管理形式,保证推进厂务公开的实际成效,形成依靠职工办企业的氛围。职工满意度调查持续几年,内容不断深入,满意度逐年提升。纵向比较,亚明公司2009年度的职工满意度比上年提高1.3个百分点。亚尔公司比上年提高3.87个百分点。飞亚公司的员工满意度达到了历史最高值。 (顾 文)

【宝钢集团发展公司工会问卷调研聚焦职工“三最”问题】 为摸清广大职工对宝钢发展改革发展和生产经营的满意度情况,进一步完善公司的运营体系,推动公司管理的合理化、科学化、人性化,构建和谐的劳动关系,公司工会组织开展“公司发展和生产经营关注点调研”。这次调查工作得到了广大职工的积极响应,共发出调研问卷1 435份,回收1 402份,回收率97.7%。回收的1 402份问卷中有579人有书面建议,占调查人数的41.3%。从反映的问题来看,主要涉及公司规划发展、生产经营、公司管控体系、薪酬制度、劳动合同、领导工作作风干群关系、职工队伍的状态、民主管理建设等。工会根据调研情况,写出调研报告,并向公司党委会作专题汇报,由职能部门针对问题进行整改。 (沈志荣)

嘉定区举行劳动关系和谐企业表彰暨“五一”国际劳动节庆祝大会 (张方明)

【长江计算机集团开展“和谐企业”达标评审工作】 6月,集团召开和谐企业达标评审工作会议。集团工会和集团劳动人事部,分别向出席会议的企业党组织书记、工会主席、人事科长介绍了达标评审办法和加强劳动管理、促进企业劳动关系和谐的5项工作。7月中旬起,各企业认真做好和谐企业自查申报工作,边查边改,通过自查,深化和谐企业建设,进一步改善劳动关系,凝聚和调动职工积极性,促进企业和谐发展。通过评审小组的实地考核,集团于9月底授予6家基层企业“长江计算机(集团)公司和谐企业”称号。 (朱毅敏)

【市烟草工会开展职工满意企业创建活动取得新实效】 烟草工会把创建“职工满意企业”作为推进企业贯彻“全依”方针的重要载体持续推进。2009年烟草工会按照市总工会关于“创劳动关系和谐企业、建职工满意企业”的要求,在总结回顾以往创建工作的基础上,梳理整合资源,规范操作流程,进一步加强了对“职工满意度”测评内容、人员构成、抽样方式、评定方法的深度研究和探索实践。11月中旬,中国财贸轻纺烟草工会召开“全国烟草行业企业工会民主管理工作座谈会”,烟草工会在会上作了《以创建“职工满意企业”为载体,促进上海烟草持续稳定健康发展》的发言交流。 (江洪生)

【上海电信双月沟通聚焦企业与员工“两个全面发展”】 年内,中国电信上海市工会举办6次双月沟通活动,聚焦企业全业务发展和员工职业发展。2月份就“天翼放号实现第一季

上海电信工会举行第45次双月沟通暨公司领导与员工网上沟通会

（朱东亚）

度开门红"劳动竞赛进行交流沟通，要求职能部门支撑保证劳动竞赛有效进行。4月份就电信业务套餐问题进行沟通，员工代表就套餐的制定工作建言献策。6月份就员工结构调整、能力提升、职业发展问题进行了讨论沟通，企业承诺要为员工指路径、供平台、设台阶、升素质，不断地在人力资源开发、员工自我价值的实现等方面创造机会和平台。8月份就"学习实践科学发展观活动，人力资源相关整改工作"进行沟通。10月份对公司二届四次职代会提案处理情况进行沟通。12月份，公司工会与党委工作部联合举行第45次双月沟通活动暨公司领导与员工网上对话。公司党委书记率全体领导班子成员出席，当日主场员工有60人与领导面对面沟通，网上在线员工达150人，大家就2010年企业发展方向，具体业务问题，员工发展通道，员工实事项目进行了交流对话。（朱东亚）

【上海市政工程设计研究总院创建职工最满意企业抓"四个环节"】 一是坚持开拓发展。面对世界金融危机影响，及时调整经营策略和赢利模式，立足上海，积极开拓外地市场；加大技术攻关力度，积极推进创新成果的转化和应用，不断提升重大工程设计中的科技含量。二是深化民主管理。深化以职代会、厂务公开为基本形式的民主管理制度，坚持院务公开和平等协商，签订集体合同和工资平等协商协议，充分发挥职工民主管理小组作用。三是推进文化建设。先后成立大球协会、小球协会、摄影协会、礼仪队、集邮协会、合唱团等文体团体，开展形式多样，深受职工欢迎的"斯美"系列活动，提升职工文明素质，努力打造市政院特色企业文化。四是关爱职工。坚持以职工利益为工作出发点，坚持做到院的经济增长和职工收入、福利待遇同步增长，为职工办实事谋实利。（虞盛虎）

企业转改制

【杨浦区总工会参与国企改革改制】 区总工会在对上海矽钢有限公司1 088名职工分流安置中，打破工会体制隶属界限，会同有关部门主动参与，从规范职代会程序入手，指导企业开好职代会，为企业分流职工送岗位、送关爱。《工人日报》报道了该做法，全国总工会主席王兆国做了批示。10月19日，全国工会工作经验交流会议在湖北武汉召开，杨浦区总工会在会上作交流发言。（李学兵）

【上海中远化工有限公司在公司调整发展中加快企业转型职工转岗】 2009年是上海中远化工有限公司加快实现结构调整，大力推进整合岗位的关键一年，公司完成16家企业的清理整合工作。公司结合人员分流实际制定方案，确立了"源头参与、民主监督"意见并成立了民主监督小组，制定了职工自谋出路经济补偿办法。公司工会与公司人力资源部通过各种途径为职工提供职介信息，帮助职工就业。近千名职工选择市场就业与企业协解劳动关系。（朱丽丽）

【文汇新民报业集团工会做好报社休刊（歇业）和事业单位转改制工作】 文汇新民报业集团所属上海星期三报社受国际金融危机影响休刊（歇业），在集团工会指导下，上海星期三报社工会积极做好职工的分流和稳定工作，召开职工大会，对《文汇出版社转企改制中人员安排基本原则》进行表决通过，使出版社的转企改制工作顺利完成，报社休刊后职工已全部妥善安置分流。（郭秀华）

保障经济权益

Building up Workers' Capacity

综　述

2009年，上海工会贯彻落实市委市府"四个确保"的总体要求，积极应对国际金融危机给全市职工就业和生产生活带来的影响，建立以"一般困难机制帮，突出困难及时帮，突发困难及时帮"的工会长效帮扶机制为主线，努力解决职工在劳动就业、收入分配、社会保障、帮扶救助等方面的突出问题。一是深入开展"千方百计促就业，齐心协力保稳定"——就业援助服务行动。指导、动员全市各级工会组织切实将就业困难职工特别是受国际金融危机冲击严重的重点地区、行业和企业的下岗失业人员、农民工、"零就业"家庭人员及"双困"人员作为重点对象，深入推进上海工会就业援助服务"12345"工作计划。牵头举办20场职介专场，提供就业岗位3.47万个。联办"就业援助周"、"春风行动"和"民营企业招聘周"等活动，工会职介共帮助7.07万名就业困难人员实现就业再就业。实施"百万农民工援助行动"，开展"农民工招聘专场"活动，分设5个招聘专场，近万名农民工进场求职；开展"万名农民工技能培训"活动。大力宣传政府"创业带动就业专项计划"，选树职工创业示范典型，加快形成工会促进创业带动就业的工作机制。二是健全、完善工会长效帮扶机制。建立健全职工援助服务中心四级组织网络，结合社区"一门式"服务窗口建设，推动中心建设向街道(乡镇)覆盖，向工业园区(开发区、产业集团)延伸，截至年底，全市213个街道(乡镇)中已有196个建立了职工援助服务分中心。积极开展元旦春节送温暖活动，组织职工参加"一日捐"活动，共筹集帮困资金6 471.34万元；"两节"期间，共走访慰问困难企业1 592个，困难职工家庭15万户，发放慰问款1.23亿元；举行以"共克时艰，共暖人心，共度难关"为主题的2009年送温暖援助服务日活动，配合政府特困补助支内职工6 667人，补助金总额超过200万元；落实对口支援计划，出资30万元，对都江堰市948名困难劳模、困难职工进行一次性生活帮扶；出资150万元，启动当地困难职工帮扶中心援建工作。会同食药监局开展"世博食安二号行动"。做好四项互助保障计划的参保、给付工作，截至年底，四项互助保障计划有效会员743.69万人次，累计给付581.8万人次，给付保障金31.86亿元。三是推动健全完善多层次社会保障体系。源头参与《社会救助法(草案)》、《社会保险法(草案)》立法及修改国务院《工伤保险条例》的征求意见工作。推动调整市"低保"标准、退休人员养老金标准、工伤人员伤残津贴、生活护理费标准以及因工死亡人员供养直系亲属抚恤金标准。会同政府部门研究提高上海支援外地建设退休(职)回沪定居人员帮困补助标准的方案。四是推动提高全市一线职工收入水平。充实、调整职工收入状况调查网，指导、培训全市不同类型的175家成员单位参与职工收入状况的调查，推动建立职工收入分配状况调查和监控体系。会同市交通局等五部门制定下发《关于完善公共汽电车行业职工工资收入的指导意见》，通过规范工资分配制度、全面推进工资集体协商制度等措施，实现年底前公交一线司售人员收入不低于上海社会平均工资的目标。开展国际金融危机对全市职工经济权益影响的调研，深入了解掌握国际金融危机对全市职工劳动就业、收入分配、社会保障等方面经济权益的影响以及出台政策措施的落实情况，并就做好下阶段工作提出建议和对策。牵头开展全市出租车司机收入状况的调研，探索完善出租车行业集体协商机制和提高出租车司机收入水平的实现途径。开展市容环卫行业道路保洁工队伍可持续发展状况的调研，探索道路保洁工队伍可持续发展的实现途径。开展市新闻出版行业编辑岗位劳动定额、收入状况研究，指导行业工会协商制定行业工资指导线及行业最低工资标准。

(曹宏亮)

再就业

【上海工会组织开展就业援助周活动】 1月10—16日，市总工会会同市人力资源和社会保障局、团市委、市妇联、市残联举行上海市就业援助周活动，切实做好三件实事：一是"入家门"。即对全市7万多户援助对象普遍进行了一次入户家访，具体了解其面临的实际困难和就业需求，提供有针对性的政策咨询、职业指导和就业信息服务。二是"送岗位"。即通过集中发布岗位信息、组织现场招聘、个别介绍辅导、送岗位进家门等形式，切实为有就业意向的援助对象提供就业岗位。三是"抓落实"。即通过全面检查和后续跟踪，重点解决援助对象岗位补贴、社会保险费补贴等政策的落实。据统计，活动期间全市共帮助4 975名援助对象实现就业，其中，零就业家庭人员418人，就业困难人员2 864人。公益性岗位共安置2 511人。在就业援助周主题日活动中，全市共提供近千个招聘岗位，现场为5万多人次的就业困难人员提供政策咨询、职业指导、岗位推荐、见习招生、培训报名等就业援助服务。 (曹宏亮)

【上海工会举办就业困难人员职介专场】 3月15日，市总工会在虹口足球场2楼平台和嘉定区投资服务办证办照中心举行上海工会"百企千岗进社区，真情援助你我他"——全市就业困难人员职介专场，共有435家用工单位进场设摊招聘，提供就业岗位6 065个，涉及机械制造、物流、食品加工及"四保"等行业，月薪从960元至6 000元不等，现场共接待求职者1.01万人，达成用工意向2 328人，意向率近29%。同时，主办方还设立咨询服务点，为广大求职者提供职业介绍、技能培训、职业见习、创业指导、权益保护等方面的政策咨询服务。

(曹宏亮)

【市总工会联合举行大学生就业专场招聘会】 2月28日，市总工会会同团市委、闵行区政府、市青年联合会和市学生联合会等部门联合举行"春暖浦江行动"——2009年上海大学生就业专场招聘会。招聘会现场共有210家单位设摊招聘，提供就业岗位近4 000个。其中，市总工会提供用工单位50家，提供就业岗位1 460个，薪酬从1 200元至1万元不等。同时，主办方还专门设立咨询服务点，为大学生求职者提供职业介绍、技能培训、职业见习、创业指导、权益保护等方面的政策咨询服务。 (曹宏亮)

【市总工会举办民营企业招聘周活动】 5月15—21日，市总工会会同市人力资源和社会保障局、市工商联、市教委、市合作交流办等部门，开展2009年民营企业招聘周活动。活动期间，各区县相关部门及各高校联合组织开展多种形式的政策咨询和宣传活动，在招聘会现场，共有2 000多家民营企业进场招聘，提供就业岗位1.5万余个，并设立政策咨询、权益保障、职业指导等服务点，为民营企业和广大求职者提供免费公共就业服务。同时，上海公共招聘网也专门开设“民营企业招聘周”专栏，提供各类招聘求职信息。 （曹宏亮）

【市总工会推动实施家政服务工程】 2009年，上海工会贯彻落实商务部、财政部、全国总工会《关于实施“家政服务工程”的通知》精神，会同市商委、市财政局合力在沪推进“家政服务工程”。市总工会会同市商委联合制定出台《上海市家政服务培训工作方案》，明确3年培训9.3万名城镇下岗人员、外地来沪农民工从事家政服务的目标计划，并根据办学资质、教学场地、师资力量和设备设施等条件，确定了市总工会培训中心、市女子职业技术培训中心、上海青年技术培训中心等5家作为全市“家政服务工程”定点培训机构，组织开展家政服务人员培训工作。年内，共实施家政服务培训1.3万人，并通过建立“上海市家政服务网络中心”，将“家政服务工程”培训人员的培训、从业经历和市场反馈信息详细记入数据库，向就业市场发布家政服务人员信息，推荐就业上岗。市总工会培训中心作为“家政服务工程”定点培训机构，依托整合工会系统培训资源，共组织报名4 900人，参加培训3 832人，考核合格3 272人，合格率达到85%，相当部分考核验收合格的学员已经实现了就业再就业。 （曹宏亮）

【市总工会女职工委员会举办“三八”女职工职介专场】 3月6—7日，市总工会女职工委员会分别在上海火车南站动力南广场和沪西工人文化宫举办两场“三八”女职工职介专场，120多家用工单位进场招聘，提供涉及商贸营销类、餐饮娱乐类、服装加工类、保险服务类等就业岗位1 000多个，共有2 500余人进场求职，达成用工意向400余人。在普陀专场还特设了由上海市女职工创业示范点等创业型优秀女企业家组成的招聘专区。同时，职场现场组织女职工报名参加家政服务、母婴护理、居家养老、医院护工等上岗培训。 （徐梅瑾）

【浦东新区总工会开展农民工就业援助日活动】 2月22日，浦东新区总工会在金桥来沪人员就业保障服务管理中心举行“上海工会百万农民工援助行动——农民工就业援助服务日”活动，为农民工开展职业介绍和劳动法律、就业保障、技能培训等政策咨询。活动期间，共有500多名农民工前来求职咨询，为农民工提供工作岗位200个，发放各类宣传资料800余份。同时，有100多名农民工进行了就业登记和技能培训咨询报名。 （禚桂平）

1月18日，2009年就业援助周主题日活动在全市44个咨询点全面展开 （查建华）

【浦东新区总工会做好工会系统大学生见习工作】 2009年，浦东新区总工会在新区各社区、镇总工会，开发区工会联合会及部分企业工会的支持下，共拓展了120个党群工作者、工会工作者职业见习岗位。7月20日，首批60名应届毕业大学生正式进入浦东新区工会系统各社区、镇、开发区、直属行业工会工作者岗位开始为期6个月的职业见习。同时，新区总工会还通过多种途径拓宽大学生就业渠道，鼓励应届毕业生在企业、街道、居（村）委等基层社会管理和公共服务部门实现就业。 （张淑君）

【徐汇区总工会做好“保就业、促稳定”的各项工作】 一是在徐家汇、凌云、长桥、枫林、龙华和漕河泾等多个社区举办农民工、女职工、现代服务业和刑释解教人员等8场针对就业困难群体的“百企千岗进社区，联手推进再就业”招聘会；二是在全市率先开辟建立“大学生就业绿色快速通道”，确保窗口服务、专用邮箱、热线电话“三通”，实行困难职工大学生子女就业援助托底责任制，帮助区内63名困难职工大学生子女实现就业，建立大学生见习基地，吸收80名应届毕业生到工会系统见习；三是在全市首先试点启用“职业介绍网络系统”，实现工会职介工作的科技化、信息化；四是出资10万元，联手市总培训中心、徐汇区职业高级中学，举办家政、水电工、烹饪等各类技能培训班，并对参加技能培训的职工进行建档，帮助联系用工单位，健全完善“定点—培训—推荐—上岗”一条龙服务机制。年内，徐汇工会共帮助1 391人实现就业再就业，共组织500名职工参加技能培训。 （朱伟锋）

【长宁工会开展就业援助服务行动】 长宁区总工会在全区范围内开展了

"千方百计促就业，齐心协力保稳定"——就业援助服务行动。援助行动以协保、下岗困难职工、农民工、"零就业"家庭及"双困"家庭作为重点援助对象，通过采取"一对一"就业指导、技能培训、信访接待、政策咨询、劳动关系调解、农民工就业援助专场等有效措施，千方百计帮助下岗失业职工、农民工实现就业再就业。同时，广泛发动街道（镇）和区属集团（公司）工会组织开展就业援助行动。截至年底，区总工会共牵头举办职介专场6场，有2 150人进场求职，达成用工意向717人；通过职介平台服务共帮助606名下岗失业人员实现就业再就业。（周　华）

【长宁区总工会开展困难职工子女大学毕业生就业援助】　2009年，长宁区总工会落实"排摸、走访、推荐、引导"四项举措，有效推进困难职工子女大学毕业生就业援助工作。一是明确"定帮"困难职工子女、"双百助学"活动受助学生为重点援助对象，核定2009年毕业的大学生100名，并建立就业状况档案，通过定期电话联系、走访等方式，动态掌握就业情况；二是开展上门走访工作，详细了解毕业生所学专业、技能特长、实践经历、综合能力、求职方向、期望工种及薪金待遇等具体就业要求；三是联系区内优秀企业及参加"双百"特色助学活动的爱心企业合理降低学历"门槛"，开展双向"配对"推荐，优先录用困难职工子女，并跟踪调查录用情况；四是针对部分毕业生及家长就业观念上的误区，召开困难职工及子女座谈会，着力引导学生、家长及时调整心态，树立良好的择业和就业观。截至9月底，100名困难职工子女已全部实现就业。（高　雨）

【普陀区总工会建立大学生工会志愿者见习基地】　普陀区总工会协助政府缓解就业压力，建立大学生工会志愿者见习基地，鼓励应届大学毕业生到工会系统参加职业见习。一是开发见习岗位。考察选择若干街（镇）、系统、行业工会作为普陀区大学生工会志愿者见习基地，提供见习岗位100个，主要分布在基层企事业单位工会。区总工会通过市、区政府网站及工会自身渠道发布见习岗位招聘信息，并向全区困难职工子女的优秀应届毕业生倾斜。二是开展任职培训。分为初任培训和定期辅导两个阶段，主要教授工会工作实务，考核合格者，由区总工会颁发《上海市普陀区大学生工会志愿者聘书》。三是实行导师带教。实行"双导师制度"，聘请区总工会机关部室负责人及见习基地工会领导为名誉导师，聘请见习岗位所在工会主席为带教导师。四是鼓励优先留用。见习基地实践点或见习岗位所在单位对大学生工会志愿者考察优秀决定留用的，且与其签订一年以上劳动合同并缴纳社会保险的，区总工会将给予一次性留用奖励。（赵　勇）

普陀区总工会援助服务中心西宫天天职场的工作人员热情接待求职人员　（张金桥）

【普陀区总工会以"三疏通"举措帮助困难职工子女大学毕业生就业】　一是疏通信息跟踪渠道。区总工会采取"先自报后调整"的方式，由各系统、街镇工会通过"块对块"排摸上报，再由区总工会职工援助服务中心电话核实信息，最终确定帮扶名单。同时，建立每周联系工作制度，通过个人谈话沟通、上门家访等方式"点对点"地掌握其就业和生活状况。二是疏通观念调整渠道。通过举办大学生就业创业指导座谈会、设立就业咨询服务窗口、开通就业援助服务热线等举措，帮助大学毕业生树立正确的择业观，并做好职业生涯发展规划。三是疏通岗位介绍渠道。充分发挥西宫"天天职场"作用，区总工会还联合区职介所，发挥职工援助服务中心三级网络的资源优势，将工会职介工作深入社区，为大学生提供及时、优质、便捷的就业援助服务。对选择继续求学并有接受培训意向的学生，根据其就业意愿和自身教学资源，免费提供一项职业技能培训。截至6月底，126名困难职工家庭应届大学毕业生中已有125人通过工会职介、自主创业等方式实现就业。（赵　勇）

【闸北区总工会多形式多渠道做好就业援助工作】　闸北区总工会围绕"保就业、促稳定"，推出一系列就业援助举措。一是建立失业人员、农民工、大学生等就业群体的档案；二是通过工会职介帮助和扶持下岗失业人员实现就业再就业485人，其中，帮助农民工实现就业32人，帮助"零就业"家庭实现就业6人；三是深入开展"百企千岗进社区"活动，举办5场职介专场，共组织156家用人单位和5个培训机构进场招聘，提供2 240个就业岗位，进场招聘求职者3 390人，达成录用意向1 148名；四是对在档困难职工家庭子女应届大学毕业生进行筛查排摸，共排摸困难职工子女109人，并通过开办就业指导专场讲座、举办工会就业援助职场等途径，优先推荐岗位，提供各种就业培训信息，截至年底，已实现就业108人；五是组织创业者培训600人，实施技能培训390人；

六是建立9个职工创业示范基地,帮助和扶持自主创业9人,带动就业586人;七是编印发放《闸北区促进就业政策一览表》,有效实施政策帮扶。(徐梅生)

【杨浦区总工会为上海矽钢公司分流职工举办专场招聘会】 11月7日,杨浦区总工会、市总培训中心和上海矽钢有限公司联合举办分流职工专场招聘会。招聘会上42家用工单位推出102个工种,提供就业岗位661个,现场登记115人,达成录用意向30人,其中2人当场被区总工会录用。招聘现场还设立法律咨询、技能培训等服务。(张念宏)

【杨浦区总工会举办"迎世博、建和谐、促就业、保民生"就业招聘】 9月8日,杨浦区总工会会同殷行地区总工会举办"杨浦工会——开鲁新村片援助服务日暨就业招聘活动"。招聘会现场,共有30余家外商独资、民营等各类企业进场设摊招聘,提供就业岗位340多个,500多人进场求职,登记104人,达成用工意向34人。招聘会上还设法律援助、劳动争议、世博宣传、医疗服务等方面的咨询服务。(张念宏)

【杨浦区总工会举办残疾人就业专场招聘会】 5月17日,由市残工委、区委、区政府主办的第19次"全国助残日"暨第10次"上海市助残周"宣传活动。助残日宣传活动中,区总工会举办残疾人就业专场招聘会,31家用工单位进场招聘,提供适合残疾人就业的就业岗位150个,当场录用65名残疾人。(张念宏)

【杨浦工会与企业联手促大学生创业】 7月8日,杨浦区总工会"1+1群"创业者联合会、上海山林食品销售有限公司共建青年大学生创业基地暨山林熟食区域销售网络合作签约仪式在沪东工人文化宫举行。双方约定在3年内全区开设100家山林熟食分店,力促100—300名大学生创业。区总工会进一步深化"总店带分店创业模式",帮助大学生以不收取加盟费开设加盟店的形式创业,对于无力承担前期装修等需投入约2万元资金的大学生,由"1+1群"创业者联合会负责垫付,在正式经营后,每月按营业额的5%返还。同时,联合会先期将对创业人员进行与熟食经营有关的基本技能及营销理念、管理能力等培训。(张念宏)

【杨浦区控江街道总工会切实做好大学生见习工作】 一是由小区联合工会再就业援助员对所属区域应届大学毕业生逐一摸底,分时段考核指导;二是由职工援助服务分中心组织大学生赴创业园区开展创业援助,为有创业意愿的大学生提供项目推介、开业指导、融资服务、跟踪扶持、政策咨询等"一条龙"服务;三是鼓励和引导各类非公企业更多地吸纳高校毕业生。2009年,罗曼照明工程有限公司、健尔斯装饰工程公司等13家企业共提供101名大学生见习岗位。(胡　明)

杨浦区总工会联办2009年民营企业招聘周活动　(张念宏)

【杨浦区总工会探索创业带动就业"四种模式"】 6月3日,杨浦区总工会探索创业带动就业"四种模式"是指"1+1群",即通过一个人创业带动一群人就业;"园区+项目",即建立杨浦工会经济园区,聘请经验丰富的企业家开展创业授课并协助办理相关手续;"总店+分店",建立大学生电子商务创业实训基地,以成功创业者的电子网络平台为"总店",实现资源共享,降低创业成本;"公司+网站",即区总工会成立上海工蕴人力资源有限公司,利用杨浦总工会网站发布扶持职工创业政策和招工信息。(范本国)

【黄浦区总工会举办"共创和谐、携手促就业"青年就业招聘会】 7月24日,黄浦区总工会举办"共创和谐、携手促就业"——2009年老西门街道青年就业招聘会。34家用工单位进场招聘,提供就业和见习岗位200个,主要涉及行政文职、财务金融、商务公关、营销策划、餐饮服务等工种,共有500人进场求职,达成初步意向78人,当场录用14人。招聘现场还专设求职咨询、培训登记、开业指导等服务项目。(吕诚陆)

【黄浦区总工会举办"春风送暖"就业招聘专场】 3月2日,黄浦区总工会会同区人保局、市总培训中心在黄浦区工人文化宫联合开展黄浦区送培训、送岗位、送保险、送信息、送温暖仪式——暨"春风送暖"就业援助招聘咨询专场。招聘专场以困难职工家庭大学毕业生、农民工为重点对象,共组织118家用工单位进场招聘,提供就业岗位1 805个,1 500人次进场求职,达成用工意向673人,当场录用103人。(江屹巍)

【黄浦区总工会深入开展工会促进就业工作】 是建立"保企业、稳岗位"引导机制,帮助困难企业申请实行不定时工作制、综合计算工时工作制、社会保险费补贴、劳动岗位补贴等,鼓励引导困难企业在停工、半停工期间,通过职代会、职工大会等民主形式进行集体协商,并采取缩短工时、轮班工作、转岗培训等措施,稳定就业岗位。二是建立动态的就业困难职工档案,特别将受国际金融危机冲击严重的行业和企业的下岗失业人员、转岗人员、农民工、毕业生、"零就业"家庭和"双困"人员等纳入档案予以重点帮扶。三是建立"区总工会就业信息服务"平台,并实现与政府公共就业服务信息系统对接,为下岗失业职工免费提供就业信息。四是建立"职业技能培训"机制,切实加大培训资金投入力度,组织就业困难人员参加后勤管理、安全保卫、厨师烹调、家政服务、水电工种等公益性培训项目,确保培训场地、课程师资、学习补贴到位,并运行跟踪服务机制。五是建立20个职工创业示范点,不断加大职工创业带头人培育力度。六是建立工会系统大学毕业生见习基地,由社区总工会和区职工援助服务中心、分中心牵头,提供工会系统见习岗位,并联系和动员有条件的企事业单位,吸纳大学生参加职业见习。截至年底,黄浦工会共帮助937名就业困难职工实现就业再就业;帮助23名困难职工家庭大学生实现了就业;提供见习岗位50个,见习期满后有40名大学生实现就业,就业率达80%。 (吕诚陆)

黄浦区总工会组织各企事业单位为大学毕业生提供见习岗位 (吕诚陆)

【卢湾区总工会"三项措施"做好促进就业工作】 一是会同区劳动部门开展农民工就业援助专场招聘会,提供400多个就业岗位,600多名农民工进场咨询,近200人与用工单位达成就业意向,同时,协助市总工会举办两场大型就业招聘会,搭建职介平台。二是加强职工技能培训和转岗培训,对1 233名就业困难职工进行就业技能培训。三是落实大学生、尤其是困难职工家庭大学毕业生的见习岗位,制订见习管理制度,明确专人负责,并通过召开座谈会,走访见习单位等形式,掌握见习大学生的工作和生活状况,并充分依托工会职介服务平台,做好见习大学生的就业援助工作。 (葛家敏)

【静安区石门二路街道总工会实施就业援助服务行动计划】 石门二路街道总工会及时制定职工就业援助服务"12345"行动计划,即建立1个职工就业援助服务站,并在12个小区、12幢商务楼和经济园区及非正规就业组织中设立26个职工就业援助服务分站;培育2个职工创业示范点;建立3个大学生见习基地;与街道劳动部门联合举办4场就业招聘会;组织500名职工参加技能培训。在工作推进过程中,街道总工会开展"电话联络、供需记账、选送对象、陪送应聘"等就业一条龙服务,举办了以自主创业,用信心和能力开创人生、员工工作压力管理为主题的多场白领讲坛,同时,为创业大学生举办创业前小额贷款论证答辩会。截至年底,共组织227家单位提供就业岗位357个。 (张秀娟)

【闵行区江川路街道总工会建立完善见习大学生管理制度】 7月,江川路社区(街道)总工会共招收了23名应届大学毕业生参加为期一年的职业见习,并建立和完善了"四个一"的管理制度,即每名见习大学生配备一位带教老师,每月组织一次见习大学生集体活动,见习大学生每月写一份学习工作小结,每月安排一次见习大学生互评及考评。"四个一"管理制度的建立为见习大学生提供社会实践和学习交流的平台,帮助其提高协调沟通能力,树立服务群众的观念。 (叶民强)

【嘉定区总工会建立工会系统大学生见习基地】 3月,嘉定区总工会建立工会系统大学生见习基地,正式推出100个工会系统见习岗位,共有103名应届大学毕业生参加职业见习。见习期间,区总工会制定了《嘉定区工会系统见习大学生工作守则》,实行区总工会大学生见习基地、街镇总工会和见习点共同负责的"三级管理",同时,积极采取措施,确保见习大学生每月收入不低于1 150元,进一步保障其劳动经济权益。 (徐 浩)

【嘉定区总工会联办人力资源招聘洽谈会】 3月15日,嘉定区总工会会同区人保局、工商局等六部门在区办证办照中心南广场联合举办"促就业、保民生、构和谐"——2009年嘉定区人力资源招聘洽谈会,共有237家企业设摊招聘,提供就业岗位951个,涉及机电制造、生活服务、商贸服务及纺织服装等10多个行业,超过1.5万人进场求职,接待5 000人,达成录用意向1 549人。招聘会现场还提供创业指导咨询,共接待596人,同时,现场发放《嘉定区总工会建立大学生见习基地情况介绍》、《政府补贴培训政策及嘉定区培训机构简介》、《劳动保障政策问答》和《来沪人员就业指南》等就业政策宣传资料。 (徐 浩)

嘉定区总工会联办“促就业、保民生、构和谐”2009年嘉定区人力资源招聘洽谈会 （张方明）

【金山区漕泾镇工会真情援助困难职工子女大学毕业生就业】 金山区漕泾镇工会把困难职工家庭高校毕业生就业援助工作作为“保就业、促稳定”的重要抓手，切实开展好就业援助的各项工作。一是通过调查摸底，摸清底数，做好档案登记，进行重点帮扶；二是联合人保部门和社会各方联系用工企业，推荐大学生就业；三是宣传政府促进就业政策，通过工会职介服务平台为困难职工家庭高校毕业生实现就业牵线搭桥。 （黄新荣）

【松江区总工会推进大学生见习工作】 松江区总工会建立工会系统大学生见习基地，共录用110名应届大学毕业生在街道（乡镇）及企事业单位参加为期一年的职业见习，并做好就业岗位匹配等工作。截至年底，有14名大学生被见习单位录用。 （莫永涛）

【南汇区总工会“四步走”推进困难职工子女大学毕业生就业援助】 一是主动排摸，掌握动态。建立困难职工子女2009年大学毕业生档案，摸清就业情况，了解就业动态，制订就业援助计划，做到及时掌握、及时上报反馈。二是积极引导。组织开展择业观教育，引导困难职工子女树立“先就业、再择业”的理念。三是推荐提供见习岗位。会同人保部门联系企业，建立大学生见习基地并推出见习岗位。四是跟踪服务，及时推荐岗位。切实帮助困难职工家庭解决大学毕业生子女就业问题。 （李玉香）

【青浦区总工会搭建见习平台缓解大学生就业压力】 青浦区总工会积极搭建大学生见习平台，建立大学生见习基地，提供工会系统100个大学生见习岗位。6月中旬，区总工会联合区人保局共同举办了应届大学生见习专场招聘会，共有153名应届大学毕业生报名，并择优录用100名大学生参加职业见习。为加强见习大学生的日常管理，区总工会出台了《青浦区工会系统大学生见习工作意见》，要求岗位分配重点向外资和民营企业倾斜，并积极做好就业援助工作。 （马美君）

【青浦区总工会开展就业援助服务行动】 青浦区总工会围绕区委、区政府实施“民生工程”的总体要求，制定实施就业援助服务“12345”行动（即建立100家就业基地，举办2场职介专场，帮助和扶持3 000名困难职工实现就业和再就业，为4 000名困难就业人员开展技能培训，建立50家创业示范点），切实有效开展就业援助工作。截至年底，共建立就业基地114家、创业示范点59家；区总工会会同区人保局分别于3月和9月举办了两场大型招聘会，共推出2 300余个就业岗位，现场达成录用意向700多人，各级工会自主、参与举办职介专场达36场；区、乡镇两级工会共帮助5 000名就业困难职工实现就业再就业；建立大学生见习基地，吸纳104名应届大学毕业生到工会系统参加职业见习。 （马美君）

【奉贤区总工会帮助见习大学生实现就业】 奉贤区总工会成立大学生见习基地，推出81个工会系统见习岗位。各委局镇、开发区、工贸集团公司工会和有关行业工会积极落实见习单位，并配备带教老师。同时，通过各级工会的就业援助，有33名大学生在见习期满后实现就业。 （刘传军）

【奉贤区总工会举办百强、劳模（先进）企业招聘会】 5月23日，奉贤区总工会会同区人保局和区经济学会举办奉贤区百强、劳模（先进）企业招聘会，柘中集团、奉贤燃气公司、富士电梯、创见资讯、华龙集团、远纺工业等100多家纳税百强企业和劳模企业进场设摊招聘，提供就业岗位2 760个，涉及商务管理、行政后勤、销售、财务等工种。 （刘传军）

【奉贤区总工会实施促进就业工程】 奉贤区总工会推出促进就业“1234”工程，即搭建1个平台，成立职业介绍中心，在各镇、开发区工会成立职业介绍分中心，建立数据库，及时发布就业岗位信息，有效开展职介工作；通过区总工会、乡镇和开发区工会职介网络，年内帮助2 000人实现就业再就业；发挥工会培训机构的作用，加大农民工培训力度，确保年内培训农民工不少于3 000人；培育选树40个职工创业就业示范基地，建立工会创业就业奖励基金扶持职工创业，创业带动就业不少于5 000人。 （刘传军）

【市机电工会开展困难职工子女大学毕业生就业援助工作】 一是在开展对困难职工子女应届大学毕业生就业情况调查摸底的基础上，会同集团行政举办上海电气困难职工子女应届毕业生专题招聘会，为系统内263名困难职工子女提供就业援助，招聘会共推出50家企业的600个就业岗位，120人达成录用意向；二是先后组织困难职工子女参加黄浦、虹口、

机电工会举行2009年度应届大学生职业见习签约仪式　（钱国钿）

杨浦和闸北等区总工会举办的职介专场，共接受求职登记191人次，达成录用意向120人次，成功就业23人；三是实施动态跟踪服务，共为7名困难职工子女提供见习岗位。截至年底，基本实现了系统内困难职工应届毕业生子女100%就业的目标。

（张宝霞）

【市仪电工会推进大学生见习工作】 市仪电工会采取措施推进大学生见习工作，举办了大学生见习招聘会，集团所属21家单位进场招聘，录用15名应届大学生参加职业见习。同时，市仪电工会联系用工单位，帮助见习大学生尽快就业，截至年底，8名大学生被见习单位录用，6名大学生依托工会职介服务平台实现就业。

（高正峰）

【市纺织工会援助困难职工子女就业“一个不漏，一个不少”】 一是发挥原有纺织助学成才实训基地作用，变实习为就业；二是联系有招聘意向的企业，为困难职工子女提供“一对一”的岗位匹配服务；三是召开就业援助推进会，总结推广先进典型。截至年底，共帮助系统内17名困难职工子女在业内和业外实现就业或参加职业见习，其中，纺印利丰有限公司、纺织建筑设计院等首批9家爱心企业与10名困难职工子女签订了劳动合同，2名大学生在原见习单位实现就业。

（汪叶慧）

【市运输工会重视做好大学生见习工作】 市运输工会会同集团党委、行政在所属13家企业中，安排42名应届大学生参加职业见习，建立了“党委领导、行政支持、工会组织、基层搭台、计划周密、学生受益”的运作模式。在开展见习工作过程中，市运输工会派专人负责和协调，督促见习企业安排带教老师和专业培训。同时，要求见习企业在基本补贴外，给予见习大学生每人每月500元补贴并提供免费午餐。截至年底，有28名见习大学生被集团见习企业录用。

（沈荣林）

【市建工集团工会采取“六项措施”推进大学生见习工作】 一是及时向集团党政领导汇报，并以书面报告形式提出落实大学生见习工作的计划；二是重视见习工作组织领导，下发《关于做好应届大学毕业生来集团见习工作宣传提纲》、《大学生职业见习工作计划》、《关于做好见习大学生日常管理工作的几点意见》等文件，进一步规范见习工作；三是主动争取相关部门支持，联手做好见习生招聘、分析、培训、安排、跟踪等工作；四是重视对见习生教育引导，不仅在设摊招聘、面试录取、办理手续、工作安排时加强引导，并在见习大学生分配到基层单位前集中组织全面培训；五是重视见习工作日常管理，每月召开由全体见习生和各单位见习工作负责人专题会议进行座谈沟通；六是重视与见习大学生日常沟通，了解其实际需求。2009年，市建工集团工会共吸纳见习大学生23名，有15名见习期满大学生被集团及所属单位录用。

（乔　瑜）

【锦江国际集团工会落实大学生见习工作】 锦江国际集团工会组织下属3家企业参加上海工会系统大学生见习岗位专场招聘会，有180名应届大学毕业生面试应聘，共录取92名大学生，由酒店事业部统一安排在具有一定技术含量和管理职能的岗位上参加职业见习。通过半年见习，共有43名见习大学生与见习单位签订了劳动合同。

（张祥伟）

锦江国际工会现场招聘见习大学生　（张祥伟）

帮扶困难职工

【上海工会深入开展元旦春节送温暖活动】 2009年元旦春节期间，各级工会以受国际金融危机冲击严重的重点地区、行业和企业的困难职工，因病，因自然灾害致贫的困难职工，因大病、子女上学等特殊原因导致生活特别困难的低保边缘职工以及困难农民工等4类困难职工群体为重点帮扶对象，不断加大帮扶力度，提高帮扶标准，有效形成"重点帮、帮重点"的工作合力，通过组织实施"爱心一日捐"、援助服务日、送温暖职场及农民工"平安返乡返城"等活动，深入开展以"四送三进"（"送政策、送岗位、送技能、送健康""进社区、进企业、进家庭"）为主题的元旦春节送温暖活动。截至1月底，各级工会共动员139.02万名职工参加"一日捐"活动，筹集帮困资金6 471.34万元；走访慰问困难企业1 592个，困难职工家庭15万户，发放帮扶慰问资金1.23亿元，其中，市总工会直接筹资400万元，组成11个慰问组，由市总领导带队，深入到43个区县局（产业）系统，走访慰问困难职工和困难劳模；分别在杨浦、普陀、闸北、徐汇等区开设现代服务业、中小企业农民工、大龄职工和创业者促进就业职介专场，近280多家单位进场招聘，提供就业岗位2 200个；配合政府做好对支援外地建设退休（职）回沪定居人员一次性特困补助工作，特困补助6 667人，补助金总额超过200万元；开展农民工帮扶工作，共走访慰问农民工3万人，帮扶款物总额723.73万元，协助政府有关部门帮助1.23万名农民工追讨欠薪3 508.57万元，帮助农民工平安返乡8.69万人次。 （曹宏亮）

【市总工会启动实施援建都江堰市困难职工帮扶中心项目计划】 根据上海工会对口支援都江堰市工会灾后重建项目实施计划的部署安排，市总工会拨出抗震救灾专款150万元，帮助都江堰市总工会困难职工帮扶中心、21个乡镇、开发区工会困难职工帮扶分中心及5个社区帮扶工作站恢复帮扶网络和帮扶功能，切实为当地困难职工提供有效的生活救助、就业援助、法律援助、医疗救助、助学帮困等帮扶服务。8月7日，市总工会在都江堰市经济开发区勤俭人家安置点举行"上海工会援建都江堰市职工帮扶分中心建设项目"启动仪式。（曹宏亮）

【市总工会实施都江堰市困难职工元旦春节生活帮扶计划】 作为上海工会2009年元旦春节送温暖活动的重要组成部分，根据上海工会对口支援都江堰市工会灾后重建项目实施计划的部署安排，市总工会在灾后第一个元旦春节期间，全面启动元旦春节生活帮扶计划，分别对当地948人次的困难劳模、工会干部、困难职工及死亡劳模家属、死亡工会干部家属、死亡职工家属进行一次性生活帮扶，帮扶款总计达30万元。 （曹宏亮）

【市总工会召开全国工会对口支援地震灾区工作电视电话上海分会场会议】 5月18日，市总工会举行全国工会对口支援地震灾区工作电视电话上海分会场会议。会议要求各级工会全面落实党中央关于灾后重建的方针政策，进一步加大工作力度，加快援建速度，奋力拼搏，攻坚克难，全面完成支援灾后重建各项任务。市总工会党组副书记、副主席肖堃涛出席会议并作了题为《学习贯彻胡锦涛总书记重要讲话精神，全力以赴做好支援灾后重建工作》的交流发言。 （曹宏亮）

【徐汇区总工会开展工会帮扶工作】 徐汇工会以受国际金融危机冲击较严重的非公企业为重点领域，以农民工、失业人员和患大病重病职工为重点对象，深入开展职工互助保障、"金秋助学"、"一帮一"扶贫解困等工作，不断夯实工会帮困工作基础。一是健全完善困难职工家庭档案，全面掌握区属企业困难职工状况，形成市、区、基层三级联动的帮扶信息网络。已建档困难职工共1 490人；二是出资购买200个医药箱赠送农民工，资助近2 000名困难职工参加互助保障计划；三是元旦春节、五一、国庆等节日期间，共慰问困难职工1 980余人次，慰问金额达75.5万元。（朱伟锋）

【长宁区总工会开展"六个一"送温暖行动】 元旦春节期间，长宁区总工会启动实施"六个一"行动，即一次全面细致的调查工作、一次广泛发动的"一日捐"活动、一次重点明确的助业活动、一次深入人心的集中帮困、一次关爱民工的送欢乐行动和一次温暖人心的拜年活动，实现帮扶人数、帮扶金额、帮扶效果上的"三个突破"。元旦春节期间，全区各级工会组织共慰问困难企业117个，慰问困难职工1.2万余户，发放慰问金322.5万余元，为下岗失业人员提供就业岗位325个，为困难职工提供就业培训318人，协助政府有关部门帮助826名农民工追讨欠款632.87万元，帮助农民工购买车（船）票1 865张。 （孙吉娣）

【普陀区总工会开展"金秋助学"活动】 普陀区总工会通过排摸助学对

普陀区总工会组织万名困难职工免费体检 （赵 勇）

象、筹集助学资金，及时发放助学款项及有效推进困难职工子女大学毕业生就业援助工作等举措，开展以“助一人成才、帮全家脱贫”为主题的金秋助学活动，共助学帮困3 096人次，发放助学款244.2万元，帮助区内全部126名困难职工家庭子女应届毕业生实现就业。在开展“金秋助学”活动中，普陀工会坚持“四个结合”推动各项帮扶举措取得实效。一是把帮扶困难职工子女和帮扶困难职工家庭相结合；二是把资金帮扶和学习帮扶相结合；三是把金秋助学帮扶和建立困难职工帮扶长效机制相结合；四是把金秋助学帮扶与建立跟踪回访机制相结合。（赵　勇）

【虹口区总工会为残疾人送温暖注重“两个结合”】 一是走访慰问与帮扶关爱相结合。元旦春节期间，共对近700名残疾职工进行了走访慰问，发放帮扶款物27.77万元，其中，区总工会全体机关干部分多路走访慰问12户特困残疾职工家庭，发放帮扶款物近万元。二是办好“四送三进”活动与就业援助残疾职工相结合。开展元旦春节送温暖援助服务日活动，举办送温暖职介专场，现场为残疾职工提供就业咨询、职业介绍、技能培训、创业指导等服务。（徐　洁）

【杨浦工会多措并举抓实“金秋助学”活动】 杨浦工会深入开展“金秋助学”活动，并将其作为构建完善工会帮扶体系的重要举措，共筹集助学资金415.62万元，发放助学款409.49万元、资助5 662名困难职工子女、农民工子女。（张念宏）

【杨浦区总工会开办特困家庭优秀子女升学辅导班】 2月，杨浦区总工会举办“杨浦区特困家庭优秀子女高、初三学生升学免费辅导班”，专门聘请17名劳模志愿者和优秀教师志愿者执教。辅导班开设4个班级、专设10门辅导课，共组织区内432名困难职工子女参加。（张念宏）

【杨浦区五角场镇总工会开展送温暖活动】 一是深入园区、企业了解企业经营状况，做好职工维权工作，欧尚、百安居等52家企业先后响应“不裁员、不降薪”倡议；二是走访慰问退休困难老劳模、区属转制分流特困职工、非公企业困难职工和特困农民工，并向部分身患大病的困难职工发放市公惠医院助医卡；三是组织开展“爱心一日捐”活动，上海奥力福实业有限公司等19家企业共捐款24万元。元旦春节期间，镇总工会共走访企业80多家，走访慰问困难职工128人，发放慰问款物4.86万元。（王侠慧）

【杨浦区延吉地区总工会开展“五捐五助”活动】 5月8日，延吉地区总工会举行为灾区重建家园再出力——“五捐五助”活动，地区所辖14家基层企业、17个小区联合工会、区域工会联席会议成员单位共向四川地震灾区捐款1.42万元。同时，地区总工会向地区川籍农民工赠送意外伤害保险，延吉图书馆向地区川籍农民工赠送有关灾后重建心理辅导书刊，延吉社区卫生服务中心向地区川籍农民工家庭赠送“爱心体检卡”。（刘金元）

【杨浦区殷行工会落实“八项举措”帮扶困难职工】 一是组织工会干部、工会指导员深入社区企业，了解受国际金融危机影响企业的经营状况，并做好困难企业和困难职工的走访慰问工作；二是联手上海盐阜市场有限公司向部分患大病职工和困难职工子女发放帮困金和助学款；三是联手殷行社区卫生中心为部分农民工进行免费健康体检；四是向150名进城务工人员赠送意外伤害等互助保障计划；五是为困难职工和农民工发放助医卡；六是组织社区餐饮企业为留沪过年农民工提供爱心年夜饭，并送上围巾等御寒物品；七是会同市化学工会和市机电工会殷行工作站联合开展“联手送温暖、同心建和谐”主题活动；八是走访慰问地区困难劳模。八项举措共帮扶困难职工300余人。（李学兵）

【黄浦区总工会深入开展“金秋助学”活动】 8月7日，黄浦区总工会会同区关心下一代工作委员会、区机关工会联合举办爱心孕育希望，真情共创和谐——“金秋助学”联谊活动，全区56个结对机关（部门）代表与63名困难职工子女共同参加了乘坐磁浮列车、参观太空人展览等活动，并发放了结对助学款3.5万元。全区各级工会深入开展“金秋助学”活动，共筹措助学资金112.22万元，助学帮困1 357名困难职工子女，其中，区总工会共投入助学资金11.4万元，助学帮困123名困难职工子女。（江屹巍）

【黄浦区南京东路社区总工会做好国庆期间困难职工帮扶工作】 国庆期间，南京东路社区总工会以因病致贫特困职工、无经济收入的困难协保职工及特困农民工为重点帮扶对象，通过上门走访慰问和集中发放慰问金等途径，共帮扶近100名特困职工、困难

新年伊始，黄浦区总工会开展向困难职工“送培训、送岗位、送保险、送信息、送温暖”工作（吕诚陆）

协保职工和农民工，发放款物总计3.2万元。（宋忠源）

【静安区九百集团工会从三方面入手推进帮扶工作】 一是建立集团与子公司两级帮困救助网络，按照“主动帮、全覆盖、不遗漏、求实效”的原则，制定集团公司工会帮困工作实施意见。二是树立服务意识，加强日常管理，做到“四清楚”（困难职工家庭人员清楚、住址清楚、生活状况清楚、困难原因清楚）、“三结合”（走访慰问与机制建设相结合、救急济难与尽力化解相结合、物质资助与精神关怀相结合）、“两落实”（帮扶资金落实、帮扶措施落实）及“一保证”（保证困难职工家庭得到及时帮扶）。三是加强排摸工作，明确帮困重点，突出3个特性。在工作开展过程中，帮困对象具有针对性，注重帮扶形式的多样性和帮扶内容的实效性。集团工会确立了10类重点帮扶对象，共走访慰问困难职工765人次，发放慰问金额30余万元，并助学帮困198名困难职工子女，发放助学款8万多元。（杨国勇）

【静安区总工会助学帮困工作实现“三个转变”】 静安区总工会加大助学帮困工作力度，提高帮困标准，实现助学帮困工作的转变：一是由内部化向社会化转变。工会“金秋助学”活动的资金来源进一步向体制外企业拓展。二是由一般化向规范化、制度化转变。区总工会在助学对象、助学标准、助学资金筹集和使用等方面都形成了制度规范。三是由经济资助向就业、心理、家庭等全方位帮扶转变。通过春节家访慰问、召开座谈会等形式，及时给予心理调适和情感关怀，并为困难职工子女应届毕业生进行岗位匹配。2009年，静安工会初步形成“职工帮困—子女助学—实习就业—家庭脱困”的链式助学帮困模式，累计助学帮扶324人次，发放助学金近30万元。（陆 蕾）

【静安区总工会开展元旦春节送温暖活动】 2009年，元旦春节期间，静安区各级工会组织广泛开展送温暖活动，共组织动员5万多名职工参加“一日捐”活动，筹集帮困资金344.6万元；帮扶困难职工1 698人次，发放帮困金66.8万余元；助学帮扶312人，发放助学金11.71万元；慰问困难退休职工293名，金额总计15万元；为下岗失业人员提供就业岗位445个，培训204人次。（姜颖洁）

【金山区石化社区（街道）总工会开展帮扶工作】 石化社区（街道）总工会坚持与基层工会共同参与的原则，多形式、多渠道开展帮扶工作。在元旦、春节、五一、国庆及临时补助慰问中，石化社区（街道）总工会及各基层工会共慰问生活困难职工614人次，发放慰问款32万余元。（张 燕）

【松江工会积极推进帮扶工作】 一是制定下发《松江区总工会促就业、保稳定——职工援助行动计划》，协同有关部门举办14场就业招聘活动，参与招聘企业994家，推出就业岗位2.25万个；二是组织动员7.35万名职工参加“一日捐”活动，筹集帮困资金221万元；三是走访慰问685名困难职工，共发放慰问金78.2万元；四是继续开展“千名公务员帮困活动”，区总工会机关干部以结对形式，对累计240人次的在读贫困大学生进行助学帮困；五是开展农民工就业和安全知识培训等工作，举办“同在阳光下”等活动，共对5万名农民工进行基本素质教育培训，为2 672名农民工清欠工资667万元。（莫永涛）

【南汇区总工会开展爱心送温暖帮扶系列活动】 一是为企业“送资金”。2009年两节期间，南汇区总工会先后慰问老港镇港伟五金厂、万祥镇任立皮件有限公司等近20家受国际金融危机冲击严重的困难企业，并提供资金扶持。同时，突出做好对因病因灾致贫、子女上学、困难农民工等对象的帮扶工作，激励职工与企业共度难关。二是把数百名困难农民工“送回家”。组织开展农民工平安返乡活动，通过包车等各种渠道免费将数百名农民工送回家过年。三是为数千名困难农民工“送保险”。向数千名困难职工和农民工赠送意外伤残团体互助保障计划，切实为职工做好事、办实事、解难事。（李玉香）

【青浦区朱家角镇总工会建立困难职工排摸报告制度】 朱家角镇总工会会同镇社会党委、镇红十字会等部门共同研究制定《朱家角镇困难职工帮困救助工作办法》，明确要求在全镇工会组织中普遍建立困难职工排摸报告制度，即各级工会组织第一时间将排摸出的困难职工、农民工的就业生活状况向镇总工会进行书面报告，并由镇总工会核实信息，发放帮扶款。同时，镇总工会扩大帮扶资金的筹资渠道，牵头向全镇各单位发出“献爱心行动倡议书”，共收到捐款14余万元。（马美君）

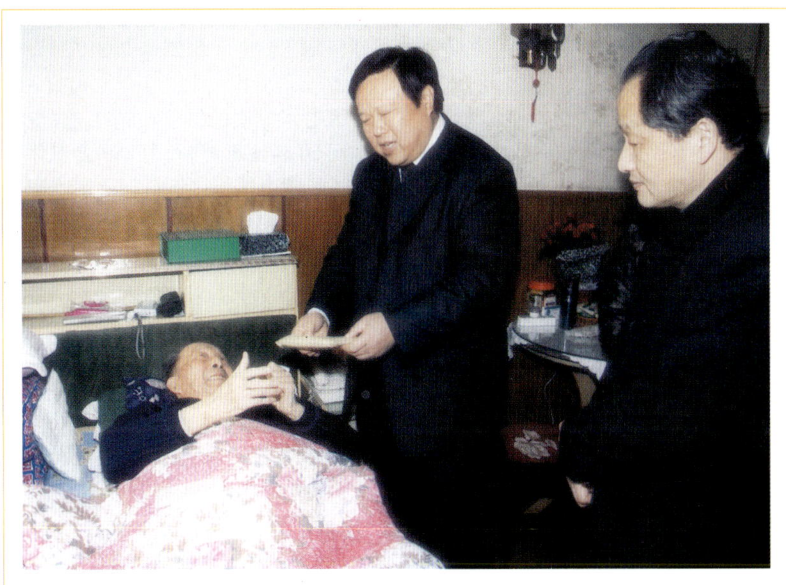

松江区总工会慰问困难职工（莫永涛）

【青浦区总工会推进帮扶工作】 一是加强帮困系统软件信息普查和梳理，及时掌握困难职工群体的动态变化，完善基础管理。二是加大送温暖力度，区、乡镇两级工会共实施医疗、助学、生活帮困6 000多人次，帮困金额300多万元，全年实施的定期帮困和临时帮困人数与金额分别较上年度增长80%和87%。三是开展为困难企业职工“送体检、送意外保障、送女职工特种重病保障”活动，惠及9 300余人，帮扶款总计18万元；四是做好困难劳模帮扶工作，成立服务劳模志愿者队伍，提供医疗、法律、科技、生活等方面的援助服务。（马美君）

【奉贤区总工会扩大送温暖活动帮扶覆盖面】 2009年元旦春节期间，奉贤区总工会切实将扩大帮扶覆盖面作为落实送温暖活动的重要举措，共通过助医、助学、助困等形式帮扶困难职工家庭625户，困难劳模60户，帮扶户数比上年度增加3成左右。同时，奉贤工会在督促企业为农民工办理综合保险的基础上，组织做好“从业人员意外伤残互助保障计划”的参保工作，并设立农民工接待服务窗口，畅通工会热线、法律援助热线和女工热线等诉求渠道，帮助农民工度过新春佳节。（刘传军）

【奉贤区总工会做大做强区职工救急济难互助会】 奉贤区总工会制定下发《关于2010年奉贤区职工救急济难互助保障工作考核实施办法》，明确机关公务员每人每年缴费30元，事业单位人员每人每年缴费15元，企业职工每人每年缴费5元，可加入奉贤区职工救急济难互助会。截至年底，实际入会人数达14.15万人，缴费收入245.44万元，覆盖区内全部机关公务员，95%以上的事业单位人员和60%以上的企业职工，总计发放帮困资金82.6万元。（刘传军）

【市机电工会开通网上捐赠平台】 市机电工会开展“为困难职工家庭献爱心”网上捐赠活动，全系统43家企业的8 616名职工参加活动，共收到电脑、电视机、电冰箱、棉被、床单等生活用品4 366件，收到捐赠款5.45万元。（张宝霞）

电气系统各单位纷纷为困难职工捐款捐物（钱国钿）

【市机电工会深化帮困送温暖活动】 一是开展定向帮困，共帮扶近3 000人。二是开展“爱心一日捐”活动，78家单位共捐款561.5万元。三是加大困难转改制企业的帮扶力度，两节期间，共向23家企业发放155万元慰问款。四是扩大帮扶活动受益面，共对1.97万人次困难职工家庭进行帮扶慰问，发放慰问款1 087.26万元，其中，对3 937人次的困难职工实施生活帮困，帮困金总计148.54万元；对1 172名困难职工子女实施助学帮困，助学款总计122.85万元；对26名职工实施医疗和赈灾帮困，帮困金总计6.8万元；对31名患大病和家庭遭受意外灾害的职工及其家庭进行了一次性帮困，帮困金总额达7.8万元；为58名全国劳模发放“三金”，做好180名市退休劳模的困难申请工作，走访慰问30名困难劳模，为250名退休劳模进行健康体检。五是加强困难职工信息档案的动态化管理，全系统共建档3 700人。（张宝霞）

【上海建设路桥机械设备有限公司工会夯实“六个帮”工作机制】 一是组织职工参加在职职工住院、特种重病、女职工团体、团体意外等互助保障计划，连续6年做到参保全覆盖；二是精心组织“一日捐”和各类社会募捐活动，建立劳务工帮困基金，重点帮扶遭遇突发灾害（事件）的困难职工；三是建立公司工会集中走访和部门、分厂工会平时走访相结合的运作机制，认真开展走访慰问工作。全公司已基本形成了领导干部结对帮，先进班组集体帮，突发事件募捐帮，党员干部带头帮和帮困基金常年帮的“六个帮”工作机制。（郝才源 丁蕾）

【上海汽轮机厂有限公司工会以“五个结合”做好帮扶工作】 上海汽轮机厂有限公司工会针对企业实际，明确“五个结合”的工作目标，扎实推进工会帮扶工作：一是把济贫救急与促进解决职工最关心、最直接、最现实的利益问题结合起来，积极搭建帮扶平台；二是把节日送温暖与帮扶工作经常化、制度化、规范化结合起来，不断健全长效帮扶机制；三是把全面帮助有困难职工做到“一个不漏”与着力解决因金融危机影响造成特殊困难职工家庭的突出问题结合起来，进一步明确帮扶重点；四是把企业扶贫帮困与配合建立社会化救助保障体系结合起来，不断加大帮困力度；五是把为职工办实事、求实效与创建和谐企业活动结合起来，努力营造促进企业和职工共同发展的良好氛围。全年，公司工会共为900人次困难职工提供了帮扶援助。（张国华）

【上海日用五金公司工会夯实“四项措施”开展帮扶活动】 一是全面普访，将全部退养、协保等各类离岗职工群体作为走访联系对象，分期分批安排留守管理人员走访慰问。二是重点多访，安排领导干部或是熟悉政策的干部对口走访、稳控重点对象。三是遇事必访，根据职工家庭情况变化或企业改制、转制等情况，对留守管理人员专门上门走访。四是做到“六个一”，即递上一张联系卡、建立一张信息表、送上一份关心、落实一次反馈、坚持一周一报、开展一月一评，并建立信息台账，每周上报汇总、每月分析研究。2009 年，公司工会共走访了1 466 名离岗职工家庭。 （沈列彬）

【市仪电工会深化困难职工帮扶工作】 市仪电工会采取有效措施，切实加强帮困送温暖工作。一是制定下发了《关于进一步做好仪电系统帮困工作的意见》，集团行政拨款 100 万元，工会经费列支 50 万元，专门用于困难职工帮扶；二是明确了四类帮困救助对象及帮扶工作操作办法，即给予全年个人自负医疗费超过5 000元的患病职工1 000—3 000元不等的医疗帮困；三是进一步加大对困难劳模的帮扶救助力度；四是扩大帮困救助的覆盖面，除元旦春节等节假日的常规帮困、助学和助医外，还实施困难、调整企业进行一次性帮扶，全年，仪电系统共帮扶困难职工3 150人；五是开展“领导干部结对困难职工”活动，共有 167 名领导干部结对帮扶 380 户困难职工家庭。 （陶丽娟）

【市纺织工会落实“八项举措”做好帮扶工作】 一是加强动态信息库建设，第一时间为 800 余名特困职工开展帮扶活动。二是帮扶工作做加法，为行业内 800 名特困职工加送一份综合补偿医疗保障计划，全年有 40 名特困职工因住院获起付线理赔金 3.7 万元。三是坚持领导结对帮困助学活动，结对人数达 300 余人。四是建立大学生见习基地，开辟就业“绿色通道”，先后有 17 名大学生受益。五是开展“爱心一日捐”活动，99 家企业捐款达 160 余万元。六是坚持三大节日的帮困工作，共帮困9 803 人次，帮困总金额达 313.45 万元，其中，农民工帮困 700 人次，帮困金额 14.53 万元。七是关注女职工身心健康，为500 名女职工提供免费妇科检查。八是设立农民工团体医疗服务项目，使行业内3 000名农民工受益。 （汪叶慧 王慎徽）

【市医药集团工会制定出台《困难职工帮困管理办法》】 市医药集团工会在广泛听取基层工会干部意见的基础上，结合企业实际，制定出台了《困难职工帮困管理办法》，进一步规范了帮困种类、条件、补助标准、审批程序等运作模式。全年医药系统各级工会共帮助困难职工5 258 人次，帮困金额达 240 多万元。 （黄德胜）

【上海电力公司工会有效开展送温暖活动】 一是开展“爱心一日捐”活动，共动员 1.7 万多名职工捐款 200 万余元；二是对职工帮困基金理事会进行调整充实，并根据资金使用和运营管理现状对原条款进行修订，并明确将退休劳模列入帮困范围；三是组织节日慰问活动，走访慰问职工2 687 人，慰问金额达 306.6 万元，同时，还拨出 15.7 万元专款对退休劳模和 90 岁以上的老职工进行慰问。 （余传毅）

纺织工会于春节前夕慰问患病困难职工 （徐志康）

【宝钢股份中厚板分公司工会开展走访慰问活动坚持“五必访”】 宝钢股份中厚板分公司工会开展走访慰问活动，坚持做到“五必访”。一是职工因工作表现突出取得优异业绩受到嘉奖或取得重大荣誉时“必访”；二是职工家庭因各种原因发生生活困难时“必访”；三是职工家庭发生意外事情或事故时“必访”；四是职工家庭发生矛盾纠纷时“必访”；五是职工发生情绪波动时“必访”。全年公司各级工会共走访慰问职工家庭1 103人次。（包 翔）

【上海石化工会帮扶困难职工形成常态化工作机制】 1 月，公司工会开展第 13 次“一日捐”活动，有 1.65 万名职工参加，捐款总数为 111.48 万元。在元旦、春节、中秋、国庆等国定假日期间公司党政工领导参加走访慰问活动1 281人次，向3 130人次困难职工发放慰问金和实物合计211.18 万元。公司成立的帮困基金会新入会员378 名，退会692 名，为改制单位保留会员会籍4 615名，至年底，共有会员 2.41 万名，发放帮困基金共计 254.97 万元。为完善帮困基金的工作机制，公司召开职工帮困基金管委会，审议 2008 年度公司帮困基金运作情况，同意《公司职工帮困互助基金实施细则》部分条款调整，明确公司体制改革后改制企业的公司职工帮困互助基金会员由员工交流安置中心管理，保安中心、久依公司等单位的公司职工帮困互助基金会员由投发公司管理。 （朱佳华）

【鲁矿集团工会做好困难职工帮扶救助】 一是救助特困职工163人次，发放救助金13.59万元，为80户特困家庭办理了特困证；二是为83户特困职工的子女发放助学帮困救助金5.81万元；三是为申请助学帮困5人（至毕业）发放救助金7 500元；四是在全公司开展对困难职工和工伤死亡职工家庭的摸底调查，不断完善公司职工特困档案，及时对困难职工进行帮扶。 （吴玉圣）

【上海飞机客户服务有限公司工会热心关爱灾区儿童】 6月5日，公司工会牵头组织了“关爱灾区儿童，我们一起成长”募捐活动，共筹集善款3 980元并建立专项基金，用于资助3名四川阿坝州黑水县受灾学生。今后，将定期举行募捐活动，资助受灾学生。（赵康樑）

【上汽集团工会推进“先锋号帮扶分中心”建设】 12月23日，上汽集团工会举行“保民生、促和谐——先锋号帮扶工作”交流会，会上为延锋伟世通等20家基层工会挂牌第二批“上汽先锋号帮扶分中心”。集团工会以开展“先锋号在行动”为载体，指导基层工会开展“上汽先锋号帮扶中心”创建活动，并下发《上汽先锋号帮扶中心实施意见(试行)》，明确了“帮困资金人均不少于300元且历年积余10%、当年经费5%资金到位，建立困难职工动态管理档案和各项帮困送温暖工作制度”等工作要求。截至年底，“上汽先锋号帮扶分中心”已达39家，筹措帮扶资金总计1.06亿元，共覆盖职工5.77万人。（刘蔚婧）

【中海集团工会做好对口帮扶工作】 中海集团工会加大对新疆阿克苏柯坪县、云南临沧永德县对口帮扶工作力度。当新疆阿克苏地区发生地震时，集团工会第一时间和柯坪县委取得联系，伸出援助之手，全年共拨付扶贫款760万元。同时，集团工会在云南临沧永德县开展帮扶活动，共资助当地100名贫困学生，拨付扶贫款160万元人民币，连续4年在该县招生船舶水手、机工123人。（邱明和）

【中海集团工会开展“金秋助学”活动】 春秋两季，中海集团工会向上海地区993名困难职工子女发放助学金52.87万元和学习用品。同时，举办交流会，邀请学有所成的受助学生与困难职工子女座谈交流心得。（邱明和）

【中海上海海运公司工会建立每季度定向帮困审核制度】 中海上海海运工会建立“每季度定向帮困审核制度”，明确对需要特别帮困职工，每个季度审核一次。每季度的最后一个月，公司工会、工会经审委员、各基层工会主席组成的职工定向帮扶审核小组，对一个季度内因患大病致生活发生较大困难的职工，已患大病职工又出现新的较大困难，需要加大定向帮困力度的，列为新的定向帮困对象给予定期补助。公司工会向71人次特困职工发放了近7万元的定向帮困金。（范国忠）

【上港集团宝山分公司工会多管齐下深化送温暖活动】 一是深入调研，摸清底数，共建立19名困难职工档案，并对档案实施分类跟踪管理；二是开展结对帮扶活动，公司党政工领导每人帮扶一名困难职工、每个支部帮扶一名困难职工，并签订帮困结对协议；三是在实施“爱心助学”活动的基础上，开展“助学奖励”活动，对12名考上大专以上高等院校的职工子女(包括外来劳务工)给予500—1 500元不等的奖励，共发放奖励金1.4万元；四是上门送温暖，公司党政工领导共上门慰问困难职工63人次。（袁惠娟）

【上港集团工会重点做好十一类困难职工群体的送温暖工作】 元旦春节期间，上港集团工会进一步加大送温暖工作力度。切实以有特殊困难的老劳模；患大病医疗费不堪重负的；支付子女学杂费后，严重影响生活的；离岗职工中再就业能力差，生活有困难的；参加市总互助医疗保障计划，患大病重病需给付的；单亲困难职工家庭；遭受意外重大灾害，生活发生暂时困难的；有特殊困难的外来劳务工；退休职工高龄养老金水平偏低的；退休职工一老养一老生活困难的；抚养残疾子女的困难退休职工等11类困难职工群体为重点帮扶对象，开展各项帮扶工作。一是组织动员38家单位的近3万名职工参加“8.15”爱心捐献活动，共筹款371.39万元；二是集团领导先后走访慰问了22名退休老劳模和困难职工；三是开展各类助医、助学、助困活动，共发放帮困金327.56万元，受助人数达1.16万余人。（俞志勇）

【上港集团工会继续做好爱心捐献活动】 上港集团工会继续落实好“8.15”爱心基金的基本理念和指导思想，做好“手拉手献爱心，互帮互助送温暖”捐献活动，包括外来劳务工在内的广大职工参与集团第13次“8.15”爱心捐款，捐款总额达371.39万元，共有38家单位的2.99万名员工(含劳务工8 981人)参加了捐款。继续向困难企业重点回拨爱心款，经爱心基金会研究决定，从2009年起再次向贵州省荔波、同笋两所希望小学提供爱心捐献款。（俞志勇）

【上海邮政工会做好元旦春节送温暖工作】 元旦春节期间，上海邮政工会进一步明确帮扶对象，突出帮扶重点，开展以“扶贫济困解难事、温暖和谐进千家”为主题的帮困送温暖活动。1月5日，公司工会组织开展“爱

上汽集团工会广泛开展助学帮困活动 （刘蔚婧）

心一日捐”募捐活动，共有2.58万名职工参加，募集帮困资金超过117万元，募集金额较上年度增幅28%。同时，公司机关组成6个慰问组，对困难职工、军烈属、劳模先进等28个家庭进行走访慰问。全年公司两级组织共帮困5 841人次，发放帮困金199.2万元。（顾奇良）

【中交三航局公司工会做好帮困送温暖工作】 中交三航局公司工会构建困难职工“节日帮困、日常帮困、助学帮困、医疗帮困”多重帮扶体系，千方百计为困难职工排忧解难。公司工会多次与行政开展集体协商，组织职工参保7份（女职工9份）互助保障计划，并做好给付工作；坚持节日走访慰问困难职工家庭；组织开展“爱心一日捐”活动，不断夯实工会帮困基金。（黄书展）

【中交三航局公司工会举行警民携手，帮困助学恳谈会】 2月12日，中交三航局公司工会举行“警民携手，帮困助学恳谈会”。会上来自市消防总队一支队桐山中队、庆宁中队、大唐中队和出入境边防总局等消防系统领导与受助方中交三航局下属二公司、兴安基公司、托管中心的工会负责同志进行恳谈交流。公司系统共有8名困难职工子女得到全市消防系统广大官兵的资助。（黄书展）

【中远集运工会落实帮困助学工作】 中远集运工会及时调整帮困助学对象，建立完善困难职工子女就学情况档案，实施动态管理，深入开展助学帮困活动。各单位各部门组织职工捐款，落实联系人员与困难职工子女结成帮困助学对子，不仅及时帮助助学对象解决一年2次的学费，还定期走访助学对象，了解其学习生活状况。全年，中远集运工会及各资助部门共向17名受助学生发放助学金、慰问款5.5万元。（钱 华）

【中远集运工会大力开展元旦春节送温暖活动】 2009年元旦春节期间，中远集运工会精心筹划安排，协调各方力量，共走访慰问退休老劳模、困难职工、起义北归船员、退休军转干部3 144人次，慰问困难企业7个，慰问船舶148艘次，慰问总金额达443.71万元。在传统的“爱心一日捐”活动中，共组织5 224名在沪职工捐款39.14万元。（钱 华）

【市交通运输和港口管理局工会举办“金秋助学”主题活动】 8月12—13日，市交通运输和港口管理局工会举行“点亮心灯，迎世博——2009年金秋助学活动”，组织受助学生参观沙家浜新四军博物馆和尚湖风景区，接受爱国主义教育。局工会累计助学帮困近300人，助学金额近40万元。（冯 华）

【上海城投总公司工会开展帮扶工作】 上海城投总公司工会从完善基础入手，建立完善的“纵向到底、横向到边、分级管理、有效帮扶”的三级帮扶制度，通过有效开展就业援助、元旦春节送温暖、“金秋助学”等工作，不断丰富帮扶工作内涵。一是帮助近40名困难职工子女大学毕业生实现就业，提供近60个大学生见习岗位；二是走访慰问单位、工地近300个，慰问一线职工2万多人次；共计帮困8 000多人次，帮困金额达200多万元；共资助34名考入高等院校的困难职工子女；实现参保四项医疗互助保障计划全覆盖。（茅瑞喆）

上海锦江航运公司与奉贤区庄行镇举行帮困捐赠仪式（田 冰）

【建材集团工会不断夯实元旦春节送温暖工作】 一是组织开展“爱心一日捐”活动，共筹集捐款12余万元；二是协调集团领导走访、慰问10户困难职工家庭，集团各党支部也走访、慰问结对帮困对象；三是按照“全覆盖、少重复、主动帮、不遗漏”的原则，开展帮困送温暖活动，对因病致贫职工、困难劳模、退休困难职工、军烈属等进行普遍慰问，集团两级工会组织共帮扶3 000多名困难职工，发放帮困金70余万元。（沈培荣）

【上海新型建筑材料总公司工会健全职工帮扶机制】 一是围绕一个中心。围绕企业维稳工作中心，明确“小事不出站、大事不出中心、难事不出总公司”的工作目标。二是建立三级帮困网络。根据企业点多面散等实际情况，建立了“一般困难留守工作站帮、较大困难留守管理中心帮、突出困难总公司帮”的三级帮困网络。三是筑牢三道防线。在职职工参保互助保障计划全覆盖，退休职工参保率达96%；落实“助困、助医、助学、助业”等帮困工作，共帮扶4 465人次，发放帮扶款109.25万元；开展职介工作，截至年底，共推荐214人，录用122人，岗位匹配成功率达57%。四是健全三项机制。建立建立动态排摸、信息化管理和责任追究机制，坚持“三必访”制度，动态掌握困难职工的生活状况，完成帮困信息管理系统升级，切实做好帮扶工作。（汤惠国）

【上海海洋石油局工会“四项举措”加大帮困力度】 上海海洋石油局工会针对系统内退休职工人数多以及在职和退休职工因病致贫现象增多等情况，多层次、多形式、全方位加大帮困工作力度。一是局帮困基金相应调整了帮困条件、帮困标准以及申请审批程序等条款,帮困覆盖面进一步扩大;二是开展调查排摸,建立和完善困难职工档案 96 户;三是通过行政资助,工会注资及职工募捐的方式,拓宽筹资渠道,截至年底,系统帮困基金的账面资金已增至 144 万元;四是改变原有节日帮困模式,建立定向帮困、结对帮困、医疗帮困、助学帮困等多形式的帮困渠道。共帮扶 180 人次,帮扶款总计超过 13 万元。 (耿卫军)

【市医务工会开展元旦春节送温暖活动】 两节期间,市医务工会以曾为上海卫生事业作出贡献的老专家、身患大病的困难职工和因其他原因造成生活困难的职工为重点对象,共走访慰问在职和退休职工 266 人,发放慰问金 14.5 万元。其中,市医务工会、市卫生系统退管会还委托基层工会慰问困难职工 98 人、发放慰问金 4.9 万元;委托基层退管会慰问困难退休职工 144 人,发放慰问金 7.2 万元。

(童秀妹 柯 婷)

【市新闻出版工会认真做好帮扶工作】 一是广泛开展"献爱心、一日捐"活动,共有 73 家基层单位踊跃参与,募集帮困资金 24.3 万元;二是帮扶印刷集团、发行集团、文艺出版集团等单位困难职工,共下拨 32.08 万元帮困款,受助人数达 592 人次;三是元旦春节期间发放出资 1.83 万元,慰问劳模和部分困难职工,同时,国庆期间,各级工会走访慰问先进人物 47 人次,发放慰问金 5.08 万元;四是从第二期重病医疗互助补充基金增加 5 个病种基础上,再新增 6 种理赔病种,共有9 441名退休职工参保,参保金额达 141 万元;五是组织部分本市受助学生及都江堰结对学生开展"迎世博,印刷子弟喜看上海新貌"活动,不断深化助学帮扶内涵;五是组织退休劳模 42 人参加体检。 (陈宏华)

【上海光明集团工会加大困难职工帮扶力度】 上海光明集团工会围绕困难职工面临的热点和难点问题,明确帮困对象和重点,深入开展送温暖活动。坚持开展"一日捐"活动,共动员集团系统 2.04 万人次参加,募集帮困资金 96 万元;对有 28 名身患大病的困难职工实施定向帮困,累计发放帮困金 10 万元;积极开展"金秋助学"活动,共向 30 名困难子女发放助学金 5.85 万元,47 名困难职工子女与市级机关党支部结对助学,共为 22 名应届大学毕业生落实就业岗位;元旦、春节、五一、国庆四大节日期间,共协助党政走访慰问困难职工 1.68 万人次,发放慰问金 953.19 万元。 (桑树德)

【上海良友集团工会多渠道筹集帮困资金】 春节前夕,上海良友集团工会组织开展"爱心一日捐"活动,共动员集团系统 6 567 名职工参加,筹集帮困资金 17.95 万元。全年,集团工会通过职工捐款、工会出资、行政帮助等多种渠道,共募集资金 77.01 万元,共帮扶2 569名困难职工。 (刘国成)

上海市医务工会组织慰问团赴都江堰慰问 (吴嘉民)

【市民政局工会着力拓展帮扶渠道】 一是在做好系统内困难职工与系统外单位结对助学的基础上,将结对助学单位扩大至机关处室及基层单位,共有 90 名困难职工子女成为结对助学对象。二是开展系统内单位互助活动,举行守望相助、共建和谐——市民政局系统向困难职工献爱心捐款仪式,组织发动系统内单位,向民政(集团)公司困难职工群体捐款,共筹集资金 66 万元。三是调整工会帮困基金管理办法,明确系统内职工患大病重病及去世(在职)每人每次补助金额提高到3 000元。 (胡积伟)

【市监狱局工会健全长效帮扶机制】 市监狱局工会不断完善市、局和基层工会三级帮困网络,建立困难干警职工家庭情况及子女助学的档案,实行动态的网络管理,同时,用好两级工会的帮困基金,争取多渠道的社会救助,配合行政做好帮扶工作。在四大节日期间,共帮扶1 938户困难家庭以及患病住院的干警、职工,帮困金达 97.23 万元,助学帮困 203 名困难干警职工子女,发放助学金 21.03 万元。在建国 60 年国庆节前夕,共走访慰问 12 名在职和退休市级劳模和 49 名重病和困难干警、职工以及农场敬老院老人,发放慰问金 5.65 万元。全年共为 2.48 万人次干警职工(包括退休职工)续保四项医疗互助保障计划,8 334人次获给付金 161.9 万元;定向帮困患病干警职工 66 人次,帮困款总计 3.24 万元。 (江海群)

【城建集团女职工慈善义拍庆三八】 集团女职工委员会在三八妇女节之际,以慈善拍卖的形式庆祝节日。活动拍品都是由集团女职工制作捐赠,有刺绣作品,有编织插花作品,也有在国内获过大奖的书法、绘画作品。最后,16 件拍品以总价 7.35 万元成交,这笔善款将全部捐赠给由城建集团援建的都江堰学校。 (朱 强)

【上海联通公司工会有效推进帮扶工作】 上海联通公司工会本着"主动

帮、全覆盖、不遗漏、求实效”的原则，及时调整完善帮扶机制，有效推进帮扶工作。开展“爱心一日捐”活动，共筹集帮困资金13.32万元；及时摸清并建立劳模和困难员工信息档案，建立上海联通职工爱心互助基金，制定相关章程、标准和管理办法，两节期间，共对65名劳模、困难职工，退休职工及其家属进行了走访慰问；建立“必访”制度，遇职工生病住院、直系亲属丧事和发生特殊困难等情况及时上门探望。 （康 迪）

职工互助保障

【上海工会推动上海社会保障制度的健全完善】 一是源头参与《社会救助法(草案)》、《社会保险法(草案)》的征求意见工作，广泛听取意见，提出工会的意见和建议。二是参与修改国务院《工伤保险条例》，提出了保留上下班途中受到机动车事故伤害认定为工伤的规定和提高工伤职工工亡待遇标准等建议。三是参与完善城镇居民医保制度，提出了降低甚至取消就业年龄段参保人员门急诊起付标准、建立长期参保激励机制及探索形成合理的筹资标准、资金结构、待遇水平调整机制等建议。四是推动调整“低保”标准、退休人员养老金标准、工伤人员伤残津贴、生活护理费标准以及工亡人员供养直系亲属抚恤金标准。五是会同政府部门研究提高支援外地建设退休(职)回沪定居人员帮困补助标准的方案。六是汇编政府部门新出台的民生政策分送基层工会干部，帮助职工落实各项社会保障政策。 （王正园）

【上海工会推动深化医药卫生体制改革】 市总工会建立了工会参与深化医药体制改革专项工作小组，全过程参与完善《本市医疗保障制度(2009—2011年)方案》、《本市城镇居民基本医疗保险制度方案》和《本市小城镇基本医疗保险方案》等医改方案，在认真研究方案、广泛听取职工群众呼声的基础上，提出了医疗保障体系存在的医保制度碎片化矛盾较突出、职工群众医药费负担依然过重、医保基金划拨使用缺乏政策依据、多层次医疗保障体系结构错杂、各项制度间的转移衔接亟待建立、居民医保与家属劳保关系有待明晰等6个问题，并结合实际情况，有针对性地提出了完善医保体系，整合各类制度，促进城乡统筹、加大对低收入人员及大病重病患者的医疗救助力度、合理确定城镇居民医保制度待遇水平和筹资结构、加大财政投入力度、理顺医疗保障体系的整体构架、加紧建立各种医保制度之间的转移衔接办法、合理推动家属劳保与居民医保平稳衔接等建议。 （王正园）

【黄浦区总工会为世博一线协管员、农民工投保意外伤害(残)互助保障计划】 黄浦区总工会根据区委、区府《迎世博600天行动互助保障计划纲要》的要求，主动关心保安、市容、交通、非机动车协管员及环境卫生、重点建设工地农民工。由区总工会全额出资12万元，为5 000名各类协管员投保“职工团体意外伤害(残)互助保障计划”；为2 000名农民工投保“从业人员意外伤残互助保障计划”，超额完成区政府实事项目指标。 （江屹巍 姜济中）

2月24日，上海市职工保障互助会召开第三届第四次理事大会暨2009年度职工互助保障工作推进会 （史 韵）

【闵行区七宝镇总工会开展职工互助保障工作落实“四化”举措】 七宝镇总工会着力推进职工互助保障工作向制度化推进，宣传向深度化拓展，操作向程序化规范，服务向人性化努力，全镇职工参保率稳步提高。截至年底，累计参加在职职工住院保障4 077人，特种重病保障3 412人，女职工重病保障1 283人，意外伤害和伤残保障6 100人，退休职工住院保障958人，各类保障计划合计参保率位列全区首位。 （叶民强）

【金山区枫泾镇总工会认真做好职工互助保障工作】 枫泾镇总工会把职工互助保障计划参保率作为年度考核的重要内容之一，以消灭“空白点”为目标，通过召开工作会议、上门走访、媒体宣传等途径，不断加大宣传推广力度，同时，继续实施基层工会每参保一份计划，镇总工会贴补20%的措施。截至11月底，共组织1.1万人参保在职住院、特种重病、女职工大病、团体意外、退休住院等互助保障计划，累计给付274人次，给付金额达18万余元。 （沈德林）

【松江区总工会推进职工互助保障工作】 一是通过媒体宣传、开展咨询活动、政府公务网发布、分片召开交流会等形式，组织发动企业和广大职工参保。二是发挥市民服务中心和全区七个服务网点作用，加强指导、服务和培训，把参保对象向非公企业尤其是未参加基本养老保险的外来务工人员拓展延伸。三是把弱势群体作为参保工作重点，重视做好全区关、停、并、转、下岗、失业、非正规就业组织(散户)职工参保工作。四是以热情、耐心、诚信态度做好申报、理赔工作。

2009年,松江工会共为14.13万人次在职职工和3.07万名退休职工办理参保手续,累计给付4 791人次,给付金超过400万元。松江区总工会已连续15年荣获“上海市职工互助保障工作先进集体”称号。（莫永涛）

【上海华谊集团建设有限公司工会构建补充医疗基金平台】 上海华谊集团建设有限公司工会充分发挥“职工补充医疗基金”的作用,将行政为每位职工增加的医疗补贴费中拨出50%用于充实基金,进一步明确全体职工包括协保人员以及到外省市施工的职工都能享受医疗补贴,患大病职工在除去医保承担部分后,基本给予全额补助。同时,公司工会每年从“职工补充医疗基金”中出资,为职工团体参保四项医疗互助保障计划。截至年底,基金共补助492人次,补助总金额超过50万元。（陆　镭）

【市纺织工会实现互助保障计划全覆盖】 市纺织系统四项医疗互助保障计划参保率达100%,有1.86万人实现了综合保障计划的接轨,按照2.35万在册人数计算,接轨率达79%以上。全年,累计给付5 632人次,给付总金额达250.83万元。同时,市纺织职工救急救难基金还出资为系统内1 300名特困职工赠送了一份综合补充医疗保障计划的“爱心保单”,有40名特困职工因住院获得住院起步费给付累计3.7万元。（汪叶慧）

【上海石化千余人次获职工保障计划理赔】 公司组织2.18万名职工(其中改制、托管单位职工4 555名)参加“在职职工综合补充医疗、意外互助(B类)保障计划”,5 426名职工参加住院津贴类保障计划。至年底,公司共有1 244人次获各项职工保障计划理赔金157.79万元。（朱佳华）

【市运输工会开展职工互助保障工作】 一是通过下基层宣传、解释,组织动员企业和广大职工参保四项医疗互助保障计划。二是建立考核机制,将互助保障计划列入对各工会工作的考核指标,并通过集体协商,将职工的互助保障计划、续保签约写入《集体合同》加以推进。三是按照“抓重点、攻难点、扫盲点”的工作要求,在集团新一轮主辅分离工作推进过程中,由集团行政出资,落实离岗、协保人员等困难职工的全体参保。四是开展培训工作,帮助下属企业的工作人员掌握专业知识。做好保障知识的普及工作,编写互助保障案例小册子,在企业报开辟专栏进行宣传;安排专人负责互助保障工作,定期组织召开交流座谈会,进行参保、给付方面的咨询。“在职住院保障计划”有效参保率达89.64%,“特种重病保障计划”有效参保率达80.42%,“女职工特种重病保障计划”有效参保率达90.24%。（陈政敏）

【上海邮政员工重病、住院医疗互助保障会为职工缓解“看病贵”的难题】 市邮政工会对《上海邮政员工重病医疗互助保障会》和《上海邮政员工住院医疗互助保障会》章程进行修改和完善,弘扬“有病救助,无病献爱”的风尚和互助互济精神。截至年底,共有2.38万名职工参加重病、住院医疗互助保障会,累计为174名职工及家属给付重病互助保障金208.8万元,共为204名职工给付住院互助保障金44万元。同时,市邮政工会启动了新一轮的参保工作,全公司共有2.34万名职工参加重病医疗互助保障会,2.18万名职工参加2010年度住院医疗互助保障会。（顾奇良）

【中交上海航道局有限公司工会注重做好互助保障计划工作】 2009年,中交上海航道局有限公司工会要求各单位工会列计划,抓落实,有效扩大参保覆盖面。4月,公司工会专门向主管领导汇报并取得支持,在继续为机关人员续保特种重病计划的基础上,全部为其参保了综合医疗保障D类计划。东方分公司工会不仅为在册职工参保互助保障计划,还为公司85%的劳务工参保特种重病、综合医疗D类计划。（钱文勤）

【华东理工大学教职工“四项保障”全覆盖】 华东理工大学党政及工会切实加大教职工医疗保障工作的力度和广度。学校出资43.39万元,为全部3 400名教职工参保住院、大病、女职工特种病和意外伤害等四项互助保障计划(其中,大病医疗保障计划为每人2份)。同时,为方便教职工、提高给付效率,学校工会于每周二、四为教职工统一办理给付事宜。共累计支付参保费208.79万元,共为541人次的教职工办理给付122.07万元。（顾伯超）

【市职工保障互助会采取措施应对参续保高峰】 为更好发挥工会互助保障服务职工的窗口作用,市职保会在3—5月参续保高峰阶段,开展“出全勤、无投诉”的劳动竞赛活动,通过职能科室充实一线、开辟专门窗口区域集中办理各区县的参续保手续及简化操作手续、增加咨询服务等途径,最大限度地整合资源为基层单位服务,尽可能缩短客户办理参续保的等候时

3月15日,上海市职工保障互助会召开2009年上海工会互助保障工作培训会,全市19个区县100余名互助保障工作者参加（史　韵）

间。高峰期间，共为近490万人次职工办理了参续保手续，为14万人次职工办理了互助保障金的给付手续。（史　韵）

【市职工保障互助会开展互助保障业务培训】　市职保会在全市范围内对18个区县职工互助保障工作服务处、140余个街道（镇）职工互助保障工作服务点及部分产业局的运营员、给付员进行了互助保障工作业务培训，进一步沟通信息、总结经验、解疑释惑，力求各项业务工作从上到下不断规范。（史　韵）

【市职工保障互助会推动提高非公企业参保覆盖面】　根据市总工会关于提高非公企业参保互助保障计划覆盖面的部署要求，市职保会对非公企业参保情况进行排摸，做好参保编码的派发、统计工作，通过定期梳理比较，了解参保动态。同时，整理编写有关区县推进非公企业参保的典型经验，进一步推动“四项互助医疗保障计划”新会员的发展。（史　韵）

【市职工保障互助会推进和谐服务窗口建设】　配合“迎世博600天行动计划”的实施，市职保会以一线窗口、一线职工为重点，在营业部开展“星级服务明星”评比，要求一线窗口以“仪表仪容礼仪化”、“服务语言人性化”、“工作质量达优化”、“接待安排全勤化”为标准，接待前来参保和申请给付的职工。2009年上半年，2名窗口接待人员获上海职工迎世博窗口服务行业立功竞赛“世博服务明星奖”称号，计算机中心获上海职工迎世博窗口服务行业立功竞赛“世博服务卓越奖”称号。（史　韵）

【市职工保障互助会专线联网办理“退休住院保障计划”给付工作】　在与市医疗保险办信息共享日趋完善的基础上，市职保会通过宽带连接方式，在全市各工会互助保障服务处（点）专线联网办理“退休住院保障计划”给付工作，较以往常规操作周期至少提前了13个工作日。截至年底，给付专线已覆盖全市18个区县互助保障服务处、151个互助保障服务点。全年通过专线联网给付58.03万人次，给付保障金3.53亿元，单个服务点单日最高可给付452例。（史　韵）

【市职工保障互助会有效做好“社区参保对象”的参续保工作】　为做好非正规劳动组织、破产企业、歇业企业及失业后退休职工等“社区参保对象”的参续保工作，6月，市职保会在18个区县的140多个街道（镇）工会服务点集中办理“社区参保对象”参续保手续。除做好组织和宣传工作外，在大量磨合的基础上，对“社区参保对象”参保数据库进行一次核保，全年，共有16.44万人次“社区参保对象”参保，同比增长31.83%。（史　韵）

劳动保护

【2009年上海生产安全死亡事故情况】　1—11月，上海地域内企业发生生产安全（工矿商贸）事故480起，伤亡576人。其中发生死亡事故295起，死亡311人，同比死亡事故起数下降13.49%，死亡人数下降11.14%。外来务工人员死亡245人，同比下降11.23%。具体情况如下：（1）按经济类型分类：国有企业死亡19人，同比下降57.78%；集体企业死亡10人，同比下降54.55%；外商投资企业死亡22人，同比上升29.41%；私营企业死亡204人，同比下降2.39%；外省市在沪企业死亡56人，同比下降1.75%。（2）按行业分类：制造业死亡146人，同比下降17.88%；建筑业死亡65人，同比下降16.9%；租赁和商务服务业死亡43人，同比上升18.18%；居民服务和其他服务业死亡21人，同比持平；交通运输、仓储和邮政业死亡15人，同比下降17.65%；其他行业死亡21人。（3）按事故类别分类：高处坠落死亡102人，机械伤害死亡30人，起重伤害死亡38人，坍塌死亡26人，物体打击死亡50人，触电死亡41人，车辆伤害死亡5人，中毒与窒息死亡9人，淹溺死亡1人，其他伤害死亡2人，其他爆炸死亡7人。（沈兰萍）

【上海继续深入开展百万职工“安康杯”竞赛】　按照中华全国总工会、国家安全生产监督管理总局要求，市总工会、市安监局结合实际，2009年继续开展以“科学发展抓预防、预防为主重教育”为主题的百万职工“安康杯”竞赛活动。为吸引更多的非公企业加入“安康杯”竞赛行列，竞赛还向社区拓展，在以往市、区县局（控股公司、集团总公司）分赛区基础上，设立街道（乡镇）支赛区，实行三级运行方式。参赛单位数4 683家，参赛职工153.7万人。竞赛以建筑、危化、交通等高危行业和非公有制企业为重点，以开展各种安全文化活动为手段，不断提高广大职工的安全健康意识和素质，增加安全健康知识，掌握安全健康技能，提高杜绝违章作业和违反劳动纪律、抵制违章指挥的主动性和积极性，进一步降低生产安全事故和职业病的发生率。（邬明亮）

【市总工会对在“安康杯”竞赛中有突出贡献的优胜单位即时授予上海市五一劳动奖状】　为深入推进“安康杯”竞赛活动的开展，激励和弘扬“安康杯”竞赛活动中的先进，把更多的企事业单位和职工吸引到“安康杯”竞赛活动中来，市总工会对在“安康杯”竞赛活动中做出突出贡献的获全国“安康杯”竞赛优胜单位五连冠（含）以上的上海现代交通建设发展有限公司、中国电信股份有限公司上海中区电信局、上海嘉实集团有限公司即时授予了上海市五一劳动奖状。（邬明亮）

【上海加强农民工安全生产教育培训】　针对生产安全死亡事故受害者80%以上是农民工的现状，市总工会将农民工的劳动保护作为工作的重点，加大对农民工安全教育培训的力度，继续会同市安监局开展农民工安全生产教育培训工作。2007—2009年市总工会与市安全监督管理局联合开展对50万农民工的培训，被市政府列为重大实事工程。3年累计培训达到160万人，约占全市农民工总数的40%。参加培训的农民工主要以化工、建筑、交通运输、船舶修造、电力、金属冶炼、装备制造等第二产业为主，兼顾其他生产行业。（张新民）

【市总工会举办区县局（产业）工会劳动保护干部业务培训（复训）班】　为提升工会劳动保护干部业务知识能力，市总工会举办了2009年度区县局（产业）工会劳动保护干部业务培训

(复训)班。培训班上,市总工会、市安全生产监督管理局、市疾病预防控制中心、市特种设备监督检验技术研究院的专家们以专题讲座形式,为学员们进行工会劳动保护、安全生产、职业卫生、特种设备和危险化学品管理等相关法律法规业务知识培训。来自73家区县局(产业)工会的百余名劳动保护干部参加培训。（张新民）

【市总工会领导赴基层慰问一线职工】 高温季节,市总工会领导深入基层,慰问奋战在高温一线的职工。市总工会主席陈豪,市总工会副主席肖堃涛、汪兰洁、杜仁伟、陈国华、茆荣华,秘书长周志军等分别到长江隧桥工程、上海辰山植物园、中国电信股份有限公司上海中区电信局、上海嘉实集团有限公司、上海现代交通建设发展有限公司、外滩通道综合改造工程、青草沙水库及取输入泵闸工程、轨道交通12号线1B标顾戴路站等企业、班组、工地,向高温下奋战在生产一线的广大职工致以崇高的敬意和亲切的问候,并要求各企业切实做好职工的防暑降温工作,给一线职工创造良好的工作与生活环境,确保安全生产万无一失。（沈兰萍）

【浦东新区检查世博会浦东园区工地食堂安全卫生工作】 8月25日,世博会浦东园区内工地食堂联合检查工作拉开帷幕。联合检查工作由上海世博会浦东园区工地食堂食品安全工作小组牵头,浦东新区总工会、上海世博会事务协调局工会、上海世博会工程建设指挥部办公室、上海市食品药品监管局浦东分局共同参与。联合检查共分8个小组,每组负责3~4个工地食堂的检查,通过对园区内31家工地食堂的全覆盖检查,促进世博园区内工地食堂切实提高食品安全管理水平,预防和控制集体性食物中毒事故发生,保障园区内工地食堂食品供应安全。检查中发现的需要责令改正或立案处罚的工地食堂由检查人员跟踪复查或立案查处。（蔡雪康）

【长宁区教育企业总公司工会开展"安康杯"竞赛】 一是完善由总公司经理任组长,具体落实到班组、职工人人参与的竞赛管理网络,自上而下签订"安全生产岗位责任书",签约率达100%。二是广泛动员和组织职工人人参与竞赛活动,通过开展"我为企业安全生产进一言"、"担任一天安全生产检查员"等活动,增强员工安全意识和能力。三是在农民工中选举产生职代会代表,选聘有一定文化素质的农民工为安全监督员并进行专业知识的培训,组织他们参与企业安全生产的管理和监督,并对农民工的劳动用工、合同签约执行、生活条件及福利待遇进行检查和监督。四是开展安全生产亲属进言活动。企业领导通过家访,动员职工家属在每天上班前叮嘱职工重视生产安全,用"和美家庭"的传统理念促进员工的安全意识。（叶云晓）

市总工会主席陈豪慰问长江隧桥工地一线职工（张 洁）

【闸北区总工会开展"安康杯"竞赛】 一是加强组织领导、全面组织发动。区总工会成立了由分管主席为组长的竞赛领导小组,及时下发了开展"安康杯"活动的有关文件,并召开会议进行专题布置和动员。全区共有182家企事业单位参加了竞赛活动。二是结合实际开展多种形式活动。各参赛单位结合单位情况组织开展了观看安全教育片、合理化建议、消防演练、劳动法和安全生产法培训、职工代表巡视、安全知识竞赛等各项活动,促进了企业和职工安全生产意识。三是加强检查、推动活动开展。根据不同季节的安全生产工作重点,区总工会开展了有针对性的检查,如高温季节着重开展防暑降温措施、设备等内容的检查,台风季节着重对防水、漏电、高空物体等内容进行检查。另外,还组织参赛单位开展交流、自查和互查活动,有力地促进了各单位"安康杯"竞赛活动的开展,保障了企业安全、有序发展。（倪增强）

【黄浦区首家楼宇职工健康苑在科技京城亮相】 11月18日,南京东路社区总工会承办和组织了黄浦区楼宇内第一家社区职工健康苑。该健康苑是依托科技京城商务楼宇等企业资源,以"健康身心、健康体魄、健康环境"为工作目标,把服务直接提供到商务楼宇和职工群众中,满足职工群众的健康需求。初期推出职工体能测试、提供心理咨询、组建健康团队、建立交友网吧、提供会员卡便利和指导科学健身6大项目,让职工不出楼宇就享受健康服务。（吕诚陆）

【黄浦区总工会设立区职工心理健康咨询热线和服务窗口】 黄浦区总工会于3月2日在区工会职工援助服务中心设立了职工心理健康咨询热线和服务窗口。职工可以通过热线电话与咨询师在线沟通,也可以到职工援助服务中心以直面交流的方式寻求心理援助。咨询师均来自区卫生、教育系统(均具有国家二级咨询师资质)。心理健康咨询服务热线和窗口定位于传播心理健康知识、提供个性化心理援助服务、解答职工关心的热点问题、探讨心理健康领域的新视点,以促进职工身心健康,帮助职工更好发展。（江屹巍）

静安区总工会到世博工地慰问建设者 （蒋康乐）

【静安区工会系统做好劳动保护、高温慰问工作】 一是提高“保增长、保民生、保稳定”的思想认识。于5月下旬召开工会劳动保护监督检查工作专题会议，明确把660余处市、区重大实事工程、旧区改造基地、建筑工地、餐饮厨房间等高温作业场所以及250余处危险隐患场所列为监督检查的重点对象。二是深入一线，发挥示范带头作用。区总工会主席室召开专门会议，部署区总机关干部对全区21个涉及到高温作业、露天野外作业等特殊作业的企业、工地、车间走访慰问工作。三是结合实际，争取支持。全区各级工会根据实际情况和行业特点，制定了高温慰问工作计划，并落实专人负责。同时主动争取党政支持，确保“人员、经费、措施”落实到位。据统计，全区各级工会组织落实了130余万元高温慰问专项资金，慰问职工1.4万余名，其中外来务工人员3 400余人。 （陈章翠）

【宝山区“安康杯”竞赛活动有成效】区总工会与区安监局联合成立竞赛领导小组，着力夯实组织基础，扩大竞赛活动参与面，制定下发工作方案，将竞赛活动向非公有制企业覆盖、向中小型企业覆盖。2009年共有144个企业参赛，同比净增86.67%，其中“两新”组织141家，占参赛企业数的97.91%。参赛班组936个，参赛职工2.17万人。区总工会还与区安监局、区卫生局联合组织职工参加全国职工安全健康知识竞赛，全区共有220个企业近3万名职工参赛。在年终的竞赛评比中，宝山区获得市优胜单位6个、市优秀班组7个、市先进个人4人、市优秀组织单位3个。 （胡立伟）

【宝山区开展职工食堂安全检查】根据2009年“世博食安二号行动”的计划，宝山区总工会配合区食药监局联合发文开展职工食堂安全检查活动。共组织企事业单位职工食堂相关人员食品安全培训41场次，其中培训食堂负责人418人次、食品安全管理员389人次；发放《企事业单位职工食堂、工地食堂食品安全告知书》662份、《食物中毒预防指南》400本，发放《集体食堂食品安全自查表》646份；检查企事业单位职工食堂628户次、工地食堂88户次；组织13家基层单位参加“上海市职工工收入调查网”的培训及数据上报工作。 （胡立伟）

【青浦区总工会加强安全生产劳动保护工作】 青浦区总工会突出重点行业、重点内容、重点对象，加强安全生产和劳动保护监督检查工作，组织企业职工开展“安康杯”竞赛活动。全年共有975家企业参加青浦赛区的“安康杯”竞赛活动，有51家企业参加了上海市的“安康杯”竞赛活动。通过竞赛，4个集体被市总工会、市安全生产监督管理局评为“安康杯”竞赛优胜单位。与此同时，区总工会扩大劳动保护监督检查网络在非公企业的覆盖面，在组建工会时，争取同步建立工会劳动保护监督检查网络。全区非公企业基本都成立了劳动保护监督委员会，并配有专门的劳动保护检查员，切实保障企业职工在劳动生产过程中的安全和健康。 （马美君）

【市机电工会开展夏季安全劳动保护工作检查】 机电工会安全劳动保护监督检查委员会抽调专职监督检查员和部分工会生活干部，组成4个检查组，对16家企业夏季防暑降温、食堂卫生和职工安全劳动保护工作的组织落实、措施落实和具体实施状况开展实地检查监督。对其中14家企业开具书面限期整改建议单55条，提出口头整改建议37条，督促企业把防暑降温、安全劳动保护工作自觉纳入企业重要议事日程，对职工进行安全教育、安全培（复）训；对高温工人进行高温体检；对高温休息室设施进行完善和更新；对各部门防暑降温设备进行检测、修复、更新和补充，同时加强安全生产方面的投入，加大对职工安全劳动保护工作的关注，投入资金用于安全设施建设和改造。 （朱汉民）

【纺织工会组织三项安全知识竞赛活动】 组织开展“迎世博、文明出行”道路交通安全知识网上点击测试活动，1 320名职工参加网上点击测试，5 247名职工参加书面答题；组织6 440名职工参加“全国职业安全健康知识竞赛”答题活动，被全国总工会、国家安全生产监管总局、卫生部授予“全国职业安全健康知识竞赛”优秀奖；在“119”消防安全宣传日中，举办应急管理知识竞赛，41个单位的123名职工参加了竞赛活动。 （杜伟钧）

【上海电力安装第二工程公司工会编制实施《工会劳动保护工作指导手册》】 针对施工项目点多面广，大型起重机械设备转移多，立体交叉作业频繁，施工生产长期面临高空、高温、高峰的“三高”施工状况，公司工会组织编制了《工会劳动保护工作指导手册》，并对劳动保护检查员进行了指导手册的应用培训。各级劳动保护检查员实施和应用指导手册，强化了工会劳动保护监督检查网络的作用，使劳动保护工作覆盖到每一名员工。 （花仲国）

上海电力安装第二工程公司工会组织职工开展安全签名活动

（丁　磊）

【上海电力安装第一工程公司工会开展“班组安全论坛”活动】　公司工会本着“送安全到班组，送安全到一线”指导思想，以“班组安全论坛”活动为载体，对职工进行具体而实用的施工安全教育。参加“班组安全论坛”活动的职工，结合本职岗位畅谈对安全施工的认识，在面对面的交流中提高安全意识和能力。班组论坛活动形式新颖、通俗易懂，职工很容易也很乐意接受。通过安全论坛的交流，职工的安全知识和能力有了明显进步，形成了人人重视安全的良好氛围，公司实现了全年安全“零事故”。（王戍冬）

【宝钢工会建立健全劳动保护“三级网络”制度】　宝钢工会建立健全系统职工劳动保护三级网络制度，实现全覆盖。开展安全“100”班组创建活动，全公司一万个班组中96%的班组达到班组的创建标准；发挥班组员工健康安全代表的安全员、监督员、信息员作用，形成生产现场安全管理全时空群防群治的基础。员工健康安全代表信息处理率达到96.7%；开展对管理者履行安全管理职责的监督评估，促进安全隐患及时整改。全公司三级网络监督检查问题整改率达到97.2%。（赵关林）

【宝钢发展有限公司劳动保护工作见实效】　公司工会通过“反违章、查隐患、堵漏洞”宣传教育和开展“安全100班组”成果发布会、员工安全代表履职经验交流等活动，充分发挥员工安全代表一线“哨兵”和“啄木鸟”作用。为进一步发挥劳动保护三级网络的监督职能，将员工安全代表调整为由工会组长担任，现有96.6%员工安全代表由工会组长担任。围绕工会劳动保护监督相关规定，制定员工安全代表培训方案，指导各单位完成1 912名员工安全代表第二轮培训。同时，每季度评选30条最佳员工安全代表实践者信息，共收集员工安全代表信息5 452条（安全隐患3 197条、环境改善884条、劳防用品625条、职业危害160条、安全管理356条、其他230条）。上报率人均2.85条，其中采纳5 384条。公司工会还通过专项调查和广泛听取员工对疗休养工作的意见，会同安环部多次研究修订《宝钢发展公司接触职业病危害岗位员工脱岗休养管理办法》，组织4次160名Ⅲ级接害岗位员工进行脱岗休养。（陈青宏）

【宝钢股份公司大力推进员工健康保障计划】　宝钢股份公司各级工会引导员工“紧张工作，健康生活”，充分发挥员工健康保障计划的效能。直属厂部共举办各类文体培训、比赛、讲座、沙龙等活动31（场）次，吸引了6 000余名员工参与。员工使用体育健身点数989.7万点，共计22.7万人次参加了各类健身活动。此外，为满足员工需求，公司工会充分利用宝钢体育中心资源，规范各单位组织活动包场管理，根据气候条件和活动人次，调整项目活动场次等，为员工开展活动提供便利。（王俊民）

【宝钢股份公司工会稳步提升劳动保护工作水平】　本部工会参与公司安全管理工作，发挥“群防、基础、监督”作用。及时修改完善劳动保护工作的管理文件、管理标准及评价标准；采用上下结合、分层分类的培训方式，对直属厂部2 258名员工安全代表进行了培训；加强对22名“职业禁忌证”员工的岗位调整跟踪；探索劳动保护工作融入公司安全管理，开发了员工安全代表反映劳动保护信息单进入公司安全日管控体系；推进员工安全代表和安全“100班组”在协作单位的覆盖工作；开展了管理者履行安全职责评估，共评议了33名管理者，满意率达到90%以上。（王俊民）

【宝钢股份特殊钢事业部工会开展安全代表活动】　特钢事业部工会遵循“群防、监督、基础”的工作要求，把开展员工安全代表活动作为工会推进劳动保护工作的重要任务来抓，实施《员工职业健康安全代表管理办法》、《员工安全健康信息处理管理办法》、《优秀员工职业健康安全代表评选办法》。工会立足班组设立员工安全代表的网络，广大员工安全代表履行“安全员、监督员、信息员”的职责。工会通过经常性的培训和互检联检活动，共收到员工安全代表信息处理单3 045张，其中涉及安全隐患1 646项、环境改善562项、劳防用品150项、职业危害154项、安全管理354项、其他179项，共处理闭环2 998项。27位优秀员工安全代表的29项信息处理典型案例汇编入《员工安全代表信息处理典型案例》。（吕　昶）

【宝钢集团公司工会发挥三级网络“群防、监督、基础”职能】　宝钢集团建立了1 896个工会三级网络。在1万多个班组开展安全“100”班组创建活动，96%的班组达到“100”班组创建标准；逾1万名员工安全代表发挥安全员、监督员、信息员作用，基本建立了有效的群防体系。同时,工会三级网络积极开展对各级管理者履行安全职责的监督评估,促进了安全隐患的整改。三级网络监督检查及时整改率达到97.2%,员工安全代表信息及时处理率达到96.7%。三级网络的建立和完善,减少了事故和违章现象的发生,确保了生产安全顺行、职工的安全和健康。 (李清泉)

【宝钢集团梅山公司工会组织开展专项活动排查安全隐患】 公司工会在安全生产月期间,组织发动新产线员工,尤其是员工安全代表和工会三级网络人员,对梅钢新产线存在的安全隐患进行排查,共查出安全隐患752个;另外,公司工会还组织职工代表分别到新事业分公司梅钢新产线等岗位和矿业公司采矿场井下作业点巡视劳动安全保护工作,了解现场职业病防范和安全隐患排查治理情况,重点检查了作业环境和设备设施、班组安全活动开展情况、标准化作业推进情况及新产线安全隐患专项排查治理情况等。 (郭树鸿)

【上海石化开展“我要安全”主题教育活动】 公司开展“我要安全”主题教育活动主要通过开展“我要安全”班组大讨论、征集和评选“我要安全”DV短片、宣讲安全小故事和举办摄影作品展览等方式进行。选出11部DV片上报集团公司,其中9部DV片获得优胜奖,公司获得优秀组织奖;征集安全小故事75篇,摄影作品99幅。配合安环部开展“全国安全生产月”承包商HSE知识竞赛,组织1.30万名职工参加全国职业安全健康知识竞赛。继续将劳动保护工作作为“三基”工作的现场检查内容,对各单位高温慰问费用的使用情况进行了检查,督促各单位合理、有效、规范使用。落实各项防暑降温工作,现场慰问2 000多人次。在“安康杯”竞赛中,涤纶事业部和塑料事业部获全国“安康杯”竞赛上海赛区优胜单位,化工部2#乙二醇丙班、热电部电控中心变电站、储运部六车间散油班组等3个班组获全国“安康杯”竞赛上海赛区优胜班组,环保中心许威谋获全国“安康杯”竞赛上海赛区先进个人。 (盛立新)

【鲁矿集团工会不断深化以“三化”为内容的“安康杯”劳动保护竞赛活动】 鲁矿集团工会在开展安全管理活动中,组织职工学习《全国职工职业健康知识普及教材》,举办安全生产图片展,举行以“关爱生命、安全发展”为主题的“安全伴我行”演讲比赛,参与集团公司安全大检查,提出安全隐患21项,督促落实18项。开展“三化”(工作环境整洁化、设备设施标准化、职工操作规范化)竞赛和以“安全生产月”、“红旗设备”竞赛活动,强化安全监督检查,突出抓好安全隐患排查治理,加强对劳防用品发放、使用情况的监督检查,进一步促进了安全生产。在高温季节,为高温环境下作业的职工送去了清凉,维护了职工的健康权益。 (杨庆荣)

【上海铁路局工会开展群众性保安全活动】 组织“安康杯”竞赛活动,联合开展“安全生产月”,创作“关注安全,关爱生命”劳动安全系列宣传漫画,下发5 000套至站段,制作“遵章守纪,珍爱生命”安全宣传教育光碟3 000盘,组织职工观看学习,开展安全大检查大反思活动,采用安全巡回宣讲、事故案例分析、现身说法、职工代表安全巡视检查等形式,动员职工排查劳动安全隐患,部分站段充分发挥“三书一表一卡”作用,广泛开展多种形式的家属保安全“二道防线”活动,全年表彰26个路局“家属工作先进集体”和77户“安全生产光荣之家”。 (白 杰)

【中海电信公司工会以“安康杯”竞赛为抓手推进企业安全文化建设】 中海电信公司工会以“安康杯”船舶、班组安全竞赛为载体,推进安全生产精细化管理和企业安全文化建设,落实职工安全健康培训教育。竞赛过程中,公司工会以防高空物体击打、高空坠落、无证操作、违章驾驶为重点,以开展各种安全教育为手段,吸引干部和职工参加竞赛活动,为公司实现工伤死亡、重伤事故零目标做出了贡献。 (毛培毅)

【中海集运公司“向宁”轮工会紧抓安全航行不放松】 “向宁”轮工会以确保安全航行为中心,贯彻落实“安全第一、预防为主、综合治理”方针,通过规范SMS体系运行,抓季节管理、缺陷管理、预控管理,安全生产年、百日安全等专题活动的开展,促进船舶安全生产。在安全管理过程中做到安全教育紧贴船舶、安全检查层次分明、安全检查环环相扣、自查督查交叉到位。在日常运输生产中,根据航区变化和船舶设备老旧状况、主副机状况、综合气象、潮汐、海生物污染等变化因素,提前精细制定航行计划、安全防范措施、增强安全预控管理能力。在安全设备管理中,通过“勤走、勤看、勤听、勤摸”,加强安全巡回检查及隐患自查整改,确保设备安全运行。 (张 剑 钟文庭)

上港集团工会慰问在高温下辛勤工作的一线职工 (丁训俊)

【中海集运公司“新扬州”轮工会抓膳食促健康】 “新扬州”轮工会在确保船员吃饱吃好的基础上，倡导科学饮食、绿色饮食、平衡饮食理念，建立“伙食联系会”、“伙食团会议”、“月度伙食测评”等长效管理机制，用心融情，抓好船员伙食日常管理。针对上海、广州、大连籍三地船员在同艘船工作，推进“个性伙食”、“特色伙食”、“人性伙食”来解决“口味问题”。伙食供应由“分餐制”改为“自助式”，在保证卫生的基础上，通过菜肴品种、质量、数量的提升，保证船员伙食的选择范围。每天大饼、油条、豆腐花、土司、蛋挞、炸酱面、广式奶油烙饼等花式早点，既符合南方船员的口味，又满足了北方船员的喜好。 （张 剑 钟文庭）

【上海复兴船务公司工会通过开展“七个一”活动增强员工安全生产意识】 一是组织员工读一本安全生产知识的书，以提高职工对安全生产工作的重视程度；二是开展征集一条安全生产“金点子”活动，以集思广益消除安全死角，推动技术改造；三是开展一次“查事故，查隐患”活动，强化现场管理，查明原因并落实整改措施；四是组织一次“关爱生命、安全发展”为主题的安全论文征集活动，共收集到来自基层职工撰写的安全论文16篇，并召开了安全论文交流会。同时，还组织人员参加了上海市“安全伴我行”的安全演讲比赛；五是在员工中开展征集一条“安全警句”活动，共征集到“安全警句”137条；六是组织全体员工以及外来务工人员参与“全国职工安全健康知识百题竞赛活动”，共下发试卷1 500份，不断提高员工自我保护意识。七是开展一次劳动保护“群防群治月”活动。活动中针对事故和隐患特点以及生产、设备、环境、人员等因素的变化，提出了安全管理、安全操作、安全保护、技术革新、节能减排等方面的合理化建议39条。 （白玉娟）

【上海邮政开展员工生产生活和防暑降温巡视检查活动】 根据上海市邮政公司领导要求，工会配合行政，组织相关部室人员和职工代表组成3个巡视检查小组，自7月7—14日对20个直属单位进行员工生产生活和防暑降温巡视检查并进行调研。巡视检查活动采用听取专题汇报，了解员工意见，巡视检查生产、休息现场等方式进行。对巡视检查中发现的问题和不足，工会及时加强和相关部门反馈，结合实际提出解决方案，使员工的生产生活条件随着企业的发展不断改善，进一步提升上海邮政凝聚力。 （顾奇良）

【上海邮政开展员工食堂专项检查活动】 市邮政工会会同行政相关部门，组织部分职工代表在8月17至19日对邮区中心局、物业公司、邮政速递局、实业公司所属7个食堂进行食品安全检查。从4个方面（就餐环境、服务水平、饭菜质量、食品卫生）请员工对食堂情况进行评议，结果比较满意。其中就餐环境：满意（较满意）占91.6%；服务水平：满意（较满意）占98.3%；饭菜质量：满意（较满意）占94.1%；食品卫生：满意（较满意）占92.4%。 （顾奇良）

【上海邮政开展“安康杯”劳动保护竞赛】 上海邮政2009年“安康杯”竞赛活动分上海赛区和上海市邮政公司分赛区两个层面进行，各直属单位全部参加“安康杯”上海邮政分赛区的竞赛。同时，有30个直属单位参加上海赛区的竞赛。6—7月，结合“安全生产月”活动，工会组织开展了竞赛中途检查，并会同相关部门组织开展了“上海市安全生产知识竞赛”和“全国职业安全健康知识竞赛”答题活动，全公司2万多名员工参加了竞答。10月至11月，工会组织各参赛单位开展了“安康杯”竞赛自查，并在总结竞赛工作的基础上，组织开展推荐评选工作。 （蔡俊皓）

【上海电信推进“安康杯”竞赛】 上海电信围绕科学发展抓预防、预防为主重教育“安康杯”竞赛主题，健全各级竞赛网络组织，全面发动公司下属30个基层单位参赛，参赛率达100%，参赛班组数为1 451个，参赛人数达1.63万人。公司工会从4个方面抓好竞赛推进工作：一是抓好普及教育，提高员工安康素质。工会重点组织员工开展全国职工安全生产知识普及教育活动和举办工会劳动保护干部培训，并将该项工作纳入竞赛考核内容。二是抓好文明生产，提高隐患整治力度。工会组织基层单位的1 128个班组开展“整理、整顿、清扫、清洁”活动，参与总人数为1.27万人，共查出安全隐患236处，已全部整改。三是强化监督检查，提高安全监查职能。抓好安全用电、防火防盗、反恐防范以及车辆安全工作。四是抓好竞赛管理，提高竞赛整体水平。工会整合推广基层单位“安康杯”竞赛特色和经验，搭建跨单位的展示、交流及互动的平台，拓展“安康杯”竞赛内涵。 （朱东亚）

【中交三航局江苏分公司职工《安全健康手册》出版发行】 中交三航局江苏分公司工会继2007年出版发行《工会工作手册》以后，2009年，由工会主导编撰的职工《安全健康手册》的发行再次受到职工们的瞩目。编委们参考了各种健康书籍，结合航务施工企业特点，取各家所长，集健康生活、科学运动、劳动保护、紧急救护、医保法规等五个方面的常识，汇编了47页的手册。《安全健康手册》的发行，为职工们传递了“把握安全、拥有明天”的和谐企业安全文化理念。 （王海燕）

【中交三航局有限公司多种措施确保员工平安度夏】 一是防暑降温计划早制定严落实。5月份，局有限公司工会及下属分公司工会制定了防暑降温工作计划。6月份，空调、冰箱、茶叶、毛巾、香皂等慰问品全部采购完毕，并赶在高温天气来临之前，将空调、冰箱送到了相应的项目部现场安装就位。二是充分体现人文关怀。公司各级工会干部在下基层检查和慰问中，一再督促各单位贯彻落实市政府以及市总工会关于高温作业的相关要求，在作息时间上，坚持“抓两头、放中间”，防止人员中暑。并要求施工现场备足茶水，员工休息室里空调、清凉饮料等要一应俱全。三是突出关注农民工群体。公司着重抓好农民工“防中暑、防食物中毒、防流行性疾病”的“三防”工作。在施工现场实行弹性作息时间，加强对农民工食堂和宿舍的管理。 （黄书展）

【中远集运工会多种措施促进安全生产】 （1）会同党工部、安全技术管理部运用公司报刊、网站、一周要闻等进行安全文化宣传，突出“关爱生命，安

中远集运慰问船舶一线员工 （陆　涛）

全发展”的主题，营造安全生产氛围。(2)落实职业健康安全管理体系，加强工会劳动保护监督检查员队伍的建设和培养，会同上远公司工会举办两期劳动保护监督检查员培训，发挥三级工会劳动保护网络作用。(3)与安全技术管理部组成联合检查组前往部分船舶、基层单位，重点就危险品运输、船舶航行安全等方面进行安全、劳动保护专项检查，做到及时治理安全隐患。(4)针对夏季安全生产与劳动保护工作的特点，组织人员前往生产一线检查相关工作落实情况并慰问职工。(5)会同行政部门和公司医院防疫部门人员多次对相关基层单位食堂的饮食卫生情况进行监督检查，促进职工食堂食品安全管理水平的提高。(6)做好甲型H1NI流感的防控工作，提醒职工注意自我防护，保障职工身体健康和生产生活的正常进行。

（钱　华）

【上海机场工会举办工会小组劳动保护检查员培训】　6月18—26日，上海机场集团工会分别在虹桥、浦东机场举办工会小组劳动保护检查员培训，各单位负责劳动保护工作的工会干部、“安康杯”参赛单位联络员、工会小组劳动保护检查员共540多人参加。在为期4天的培训过程中，集团工会邀请市总工会教员进行安全健康知识、工伤事故处理等方面的培训，提升了广大工会小组劳动保护检查员的实际操作能力。（鲁荣胜）

【船级社上海分社开展“安全生产月”活动】　(1)组织全员认真学习各时间段下发的有关安全质量和安全生产的文件和通知，利用各类会议和场合传达落实有关要求。(2)组织制订和落实安全防范措施。严格安全生产情况的考核，把安全生产工作作为对各级领导干部和员工的业绩考核重要内容。(3)开展以营运入级船舶、国内航行船舶、船舶建造、船用产品、后勤综合治理为主的一系列检查活动，并依据规定的时间和标准，分段进行汇总总结。(4)宣传普及安全生产法律法规和安全知识，组织各类安全教育讲座、安全演习、安全督查等活动，确保安全理念入脑入心。（杨　莉）

【市政行业开展“安全生产月”活动】　6月，市政设施管理行业开展了安全生产月活动。各区县市政设施管理单位、大桥隧道和市管设施管养企业围绕“关爱生命、安全发展”主题，组织开展各项活动。中兴双诚隧道养护管理有限公司组织职工轮流当一天“安全员”、每周开展一次安全警言征集采集；黄浦区市政工程管理署制作了“安全为天、平安是福”的宣传展板，到各施工现场进行巡回展示；浦江桥隧运营管理有限公司开展安全生产论文和金点子评选工作，对优秀作品推荐给有关部门实施；闵行区市政工程管理署、卢浦大桥管养公司组织突发事故应急演练。安全生产月活动的开展，促进了行业安全生产水平的提升。（华　昱）

【中铁24局集团上海电务电化公司工会开展安全月“四个一”系列活动】　结合单位实际，中铁24局集团上海电务电化公司工会在市安全月期间开展了“四个一”（编发一期安全宣传专刊、布置一次安全知识测试卷、组织观看一场安全录像片、进行一次安全大检查）的系列活动。通过系列活动的开展，使广大职工认识到安全生产的重要性和必要性，形成了人人关心安全、安全关系人人的良好氛围。

（梅松良）

【中铁24局上海电务电化公司强化工会劳动保护监督】　公司把安全视为职工生命线，作为企业的永恒主题。公司工会建立劳动保护监督检查机构，按照“三级管理、四级网络”要求，健全工会劳动保护监督检查网络和体系。公司各级工会，协助行政排查事故隐患和职业危害，并根据工程的特点、岗位的性质、从事的工种，有针对性地开展各类安全生产的知识培训，强化全体员工的安全教育，提高全体员工的自我安全保护意识和安全防范意识，为确保企业施工生产安全的有序可控发挥了重要作用。

（梅松良）

【市交通港口局举行《出租车司机健康指南》赠书仪式】　8月5日，市交通港口局、市城市交通工会、市出租汽车暨汽车租赁行业协会在市交通运输管理处举行“关注、关心、关爱——《出租车司机健康指南》赠书仪式”，向市出租汽车暨汽车租赁行业协会各会员单位的代表进行了赠书。《出租车司机健康指南》一书是由中山医院院长杨秉辉教授针对出租驾驶员工作的流动性强、劳动强度大、心理压力大等行业特点而主编的。该书从关注出租汽车驾驶员的身体健康出发，介绍了出租汽车驾驶员常见病的预防和治疗知识，倡导科学的生活习惯，并告知如何饮食、用药、定期体检等具体知识，有利于驾驶员身心健康的改善和提升。（周建荣）

【城投总公司工会不断推进劳动保护工作】　(1)推进劳动保护制度建设。总公司工会深入一线调研，修订了《城投总公司工会劳动保护工作责任

举行《出租车司机健康指南》赠书仪式 （杨松敏）

制》，完善劳动保护制度建设。(2)组织开展职工代表巡视。结合总公司第三届“安全生产主题月”，分别于7—8月组织部分职工代表到重大工程建设工地和城市运营保障单位一线巡查安全生产、劳动保护、食堂卫生、安康杯竞赛、立功竞赛等工作情况。巡查组结合实际情况当场提出可行的改进意见共30余条。(3)深入开展“安康杯”竞赛活动。为落实“城投安全年”的总体要求，促进各级单位安全生产各项措施的落实，总公司工会继续开展“安康杯”竞赛活动。共有84个单位，826个班组的1.3万名职工参赛。(4)落实夏季劳动保护、防暑降温工作。各级工会争取党政支持，集中力量、优势互补、协调各方关系，使高温慰问工作在人力、物力、财力上得到保证。共走访慰问单位、工地近300个，慰问一线职工2万多人次。

（茅瑞喆）

【上海万安企业总公司深化“安康杯”竞赛】 上海万安企业总公司坚持党政工三位一体，将“安康杯”竞赛活动列入企业重要议事日程，成立了以总经理为组长的“安康杯”竞赛活动领导小组，下发了“安康杯”竞赛活动的实施意见，各车间部门也相应建立了竞赛组织网络。在“安康杯”竞赛活动中，公司坚持安全关口前移，重心下放，从三个环节入手，认真做好事故隐患排查和整改工作。一是坚持搞好安全专项检查；二是坚持员工代表巡视制度，工会定期组织员工代表对安全、设备、作业环境进行检查，每季度不少于一次；三是公司定期召开安全例会、安全管理委员会会议和事故分析“四不放过”会议，分析安全形势，通报整改情况。2009年查出安全隐患34条，对检查出来的各类隐患全部落实整改。

（汤惠国）

【上海海洋石油局工会推进“安康杯”活动】 上海海洋石油局工会2009“安康杯”工作以中石化贯穿全年的“我要安全”主题活动为载体，将“安康杯”活动与企业中心工作、文明创建工作及日常劳动竞赛相结合，在形成了安康工作决策、安康措施管理及安全操作、健康控制的安康活动机制的前提下，大力开展安全生产月、百日安全无事故、全员安全健康教育、安全知识竞答等活动，突出不同时段活动的针对性，促进了企业的安全生产。

（耿卫军）

【全市3万多环卫工人换装迎世博】 为了改变环卫工人作业服饰样式差异、标识混乱等情况，确保“世博”其间充分展示上海市容环卫职工形象，市绿化和市容局工会牵头组织了“2010式”环卫服饰的统一工作。经过公开招标、多次比选、专家评定等程序，最终研制出“2010式”环卫服饰。全市18个区县3.27万名环卫行业职工将身着“2010式”环卫服迎接世博的到来。

（陆燕飞）

【大屯公司做好安全生产工作】 (1)召开各层次安全分析会、座谈会，谋划安全工作，激励职工为企业安全生产献计献策，扩大安全工作群众覆盖面。(2)组织职工代表安全视察187次，查出安全问题1 310条，全部督促整改；1 500名群监员汇报各类隐患3.72万次，98%得到了及时整改，不能及时整改的下发了整改通知单，跟踪监督，限期整改。(3)突出班组安全管理，从执行各项制度入手，狠抓职工安全意识、必知必会、安全行为的规范和提高，严格班组管理考核。2009年公司实现了无重伤以上人身重伤事故和二级以上人身伤亡。

（王诗合）

【招商银行上海分行工会搭建身心健康管理平台】 招商银行上海分行工会以夯实基础工作、做强体检项目、开展员工关怀与慰问工作、推动群众文体活动，努力搭建员工身心健康管理平台为目标，拓宽体检工作的外延、丰富体检项目的内涵。招行上海分行工会按照健康管理的要求精选体检医院，并逐步构建以健康档案、健康讲座、健康咨询、大病绿色通道和补充医疗保险为内容的员工身体健康管理网络。同时增加员工在体检工作中的自主选择权利，采取了以支行为单位选择体检机构和由个人选择部分体检项目的方法，以满足不同层面、不同年龄结构员工的个性化需求。

（崔业龙）

【教育系统工会坚持暑假期间向在岗教工“送清凉”】 暑期高温期间，教育系统仍有部分教职工坚守在教学、科研、后勤保障等岗位。为了关心他们的身体健康，确保工作顺利进行，各级工会贯彻《安全生产法》、《上海市安全生产条例》，把夏季防暑降温工作做好做实，维护教职工的生命健康权益。市教育工会全体机关干部从7月1日起分4路先后赴东华、工程、外贸、二工大、中医大、上师大、华理工、考试院、海事大学、海洋大学、电力学院等15所高校和直属工会，向高温下坚守在一线岗位的700位教职工及外来务工会员送上了毛巾、沐浴露、枸杞等防暑降温用品，表示亲切的问候。

（李　弢）

【上海体育学院开展教职工体质测评活动】 为全面掌握学院教职工的体质状况，由校工会、运动科学学院承办了教职工体质测评活动。体质测评包括：身高、体重、体脂肪率、脉搏、血压、握力、反应时、闭眼单脚站立、坐位体前屈、心肺耐力、仰卧起坐、下肢力量及骨质强度测试等10多个项目。经过现场专家对测评报告的讲解，使每位教职员工清楚了自己的体质状况。同时，测评也为全院教职工建立健康档案和教职员工的健康管理提供了动态跟踪数据。 （顾伯超）

【市医务工会组队参加节前安全生产检查】 市医务工会坚持与市卫生局联手，组织基层工会干部参加元旦、春节、五一、国庆等重大节日的节前安全生产大检查。检查内容包括市级医疗卫生单位的生产安全、消防安全、内部安全保卫以及职工劳动保护等情况。其中，在以"迎世博"为重点的五一前检查中，市医务工会组织基层工会干部分4路对32家基层单位进行了专项检查。共查出各类事故隐患和危险因素60余项。 （童秀妹）

【市医务工会组团慰问都江堰医疗队】 市医务工会先后于春节、端午、中秋三个传统节日前夕组团慰问对口支援都江堰市灾后重建的上海卫生系统医务人员，为支援灾后重建的前方医务人员送上工会的关心与问候，让身在异乡的医疗队员感受"家"的温暖。 （柯　婷　何智纯）

【良友海狮油脂公司做好防暑降温工作】 公司结合生产经营实际，细化4项"惠民"措施，有序做好防暑降温工作。一是增加"医疗巡访"次数和科目，建立夏季职工健康档案，掌握一线职工健康信息。二是根据职工工作环境不同，有针对性地做好盐汽水、茶叶等夏季清凉饮料采购发放工作。三是修缮职工食堂，改善夏季高温职工用餐环境。四是加强对生产车间防暑降温设施检查，尤其对锅炉房等温度较高的车间空调加强维修和更换，以确保高温期间防暑降温设备正常运转。 （晓　文）

【良友集团乐惠食品公司工会组织安全生产知识培训】 公司工会组织安全生产知识培训，内容涉及生产岗位安全操作、设备安全使用及劳动纪律等方面。有293人参加了此次培训和考核，均取得了较好的成绩。此外，公司还召开了班组安全员会议，为建立健全班组安全生产管理网络奠定了基础。 （刘　蔚）

【监狱局工会加大劳动保护监督力度】 监狱局工会结合"迎世博"，深入开展单位常抓隐患、岗位常纠违章、加工严防火灾的活动，加大劳动保护监督力度。一是投入以"综合治理，保障平安"为主题的安全生产月活动，在国庆和高温期间到基层进行安全生产大检查，发现隐患及时要求相关部门整改。二是开展形式多样的安全生产教育宣传活动，如黑板报评比、演讲征文比赛、知识竞赛、安全讲评、案例分析、专题培训等，提高全员安全意识。三是重点加强对租赁场所和特种设备的管理，并抓好管理人员安全教育和岗位培训等工作，切实保障从业人员的健康和生命安全。 （江海群）

市医务工会慰问瑞金医院职工 （吴嘉民）

【城建集团隧道股份启动农民工百日安全教育培训】 4月16日，启动隧道股份迎世博"农民工百日安全教育培训"活动。为使农民工技有所学，学有所用，公司根据其文化层次、接受能力和工种特点，结合地下施工为其"量身定做"培训内容。公司重视加强培训工作的师资力量，特聘了40余位小教师分布于27个分校，并统一发放教学光盘和材料。这次"百日安全教育培训"活动依托于公司的农民工业余学校和立功竞赛平台，由公司工会、技术中心和人力资源中心牵头，整合各基层单位及下属工地的综合资源，着力加强农民工安全培训，强化其安全生产的意识和能力。 （翟　勇）

【上海联通关心一线员工生产生活】 上海联通公司联合重组以后，3G网络建设和全业务经营全面迅速推进，建设发展和服务任务十分繁重。公司工会走访了漕河泾机房、西安路机房和包头路机房等一线生产部门，慰问3G工程现场割接的员工，并于盛夏季节分别对3G建设工程、网络维护、客户服务、区县分公司及营业厅的部分一线员工进行了高温慰问。另外，工会每季度与行政部门一起组织安全生产和劳动保护检查，全年共对文治路10010、漕河泾机房、包头路机房、南汇人民东路营业厅、浦东分公司、南汇C2C登陆站等9个地方进行了检查。 （康　迪）

女职工权益

【市总工会启动实施都江堰市女职工健康体检项目】 3月6日，市总工会在都江堰中国水利水电第十工程局医院举行上海工会结对帮扶都江堰市工会女职工健康体检项目启动仪式。启动仪式上，市总工会女职工委员会代

上海工会援助都江堰女职工健康检查项目启动 （王 玫）

表上海288万女职工向都江堰市总工会送上了160万元项目款。该项目将在两年内为当地2万余名女职工提供健康检查服务，截至年底，已有1.09万名企事业单位一线女职工、下岗女职工受益。（宋钟蓓）

【市总工会启动实施“健康和谐迎世博——关爱外来务工女性健康”实事项目】 3月8日，市总工会女职工委员会会同解放军411医院正式启动实施“健康和谐迎世博——关爱外来务工女性健康”实事项目，为1万名外来务工女性和困难女职工进行免费宫颈癌筛查，项目包括妇科常规检查、白带常规检查、宫颈刮片、阴道镜、常规B超等，并免费提供预防知识宣传手册。截至年底，共为5 185人提供检查服务。（徐梅瑾）

【市总工会开展“职工红丝带健康行动”宣传活动】 2009年，市总工会贯彻落实《上海市遏制和防治艾滋病行动计划（2006—2010）》，开展“职工红丝带健康行动”，推进预防控制艾滋病工作。各级工会以农民工业余学校、女职工周末学校为载体，举办预防艾滋病知识讲座100场，发放预防艾滋病宣传光盘3 000张。12月1日，市总工会女职工委员会联合杨浦区总工会在殷行社区休闲广场举行《遏制艾滋，履行承诺——上海“职工红丝带健康行动”》宣传活动，通过发放预防艾滋病宣传资料、开展医疗咨询、举行预防艾滋病知识猜谜等形式，提高广大职工尤其是农民工预防艾滋病知识的知晓率。同时，市总工会还在五角场、殷行社区职工援助服务中心设立了首批“职工红丝带健康行动”工作站，并成立了“职工红丝带健康行动”志愿者队伍。（徐梅瑾）

【徐汇区总工会不断增强女职工组织吸引力和凝聚力】 2009年，徐汇区总工会女职工委员会围绕《迎世博600天行动计划》和“迎世博、强素质、促和谐”主题，深入开展职业道德、职业规范、职业礼仪等建功立业活动，与区妇联等部门联合开展市、区巾帼文明岗推荐评选活动，广泛动员城开集团等单位女职工参加市总女职工委员会举办的插花比赛等各类建功立业活动。同时，进一步排摸、掌握女职工的诉求，深化女职工权益保护专项集体合同工作，切实做好女职工合法权益和女职工“四期”保护、计划生育等特殊利益的宣传维护工作。（朱伟锋）

【杨浦区知识女性联谊会举行第一次会员大会】 3月10日，杨浦区知识女性联谊会举行第一次会员大会，选举产生了第一届理事长、秘书长和理事会理事，并向理事单位授牌。联谊会由杨浦区总工会、上海烟草集团、新华医院、上海又一城购物有限公司联合发起成立，其宗旨是按照和谐社会建设要求，集聚区域内各界优秀知识女性，投身杨浦知识创新区建设，发挥智力优势，整合资源，培育精英队伍，服务广大知识女性。截至年底，共有区内部分高校、市属单位、委办局和外资、独资企业等31家单位成为联谊会会员。（张念宏）

【宝山区总工会多形式开展女职工工作】 一是举行“迎世博，医工杯”健身排舞工间操比赛，由区总工会女职工委员会选送的大场镇和医务工会女职工委员会两支代表队，获得第十一届上海市国际艺术节长三角排舞邀请赛银奖，区总工会女职工委员会获优秀组织奖；二是发放“女职工劳动权益和特殊利益”、“保障妇女权益关爱健康”、“心系女性系列”等宣传手册2 600余本；三是组织7.36万人次观看“预防爱滋病，安全你我他”教育片；四是建立女职工志愿者服务队，进入世博工地，为600余名建设者开展理发、修补等服务；五是对全区106个创建申报巾帼文明岗的单位进行检查、指导，评选；六是推进女职工专项集体合同工作，签约率达94.7%。（胡立伟）

【闵行区总工会开展关爱女职工健康行动】 一是通过社会捐赠的方式募集慈善资金，开展“关爱女职工健康行动”妇科体检进企业活动，共计有1 600余名外来女工受益；二是开展万名职工心理援助计划（EAP），近5 000名女职工受益；三是开展女职工心理健康和婚姻家庭专题讲座，共举办152场，培训女职工8 389名。（杭梅娟）

【松江工会加强女职工工作取得“六方面成效”】 一是按照松江区非公企业“四同步”组建法的要求，推动新建工会组织女职工委员会，组建率达100%，并以“五个一”女职工工作法，推动企业更好发挥女职工组织作用；二是开展女职工权益保护宣传周活动，建立女职工法律援助站，设立女职工维权信箱，畅通女职工维权渠道，并协同人保部门对女职工特殊权益保护进行专项检查，推动区内1 050家企业签订女职工专项集体合同；三是举办“迎世博”礼仪知识竞赛、“迎世博、建新功，为世博添异彩”征文、巾帼文明岗创建、松江区职业技能大赛、“迎世博，学双语”等活动，建立迎世博女职工志愿服务队，为全区职工提供教育、法律、医疗等援助服务；四是开展为女职工“送保障、送健康、送温暖”活动，共为9 147名女职工办理特种重病保险，为1 000名困难企业女职工提供免费妇科检查，为150名困难、单亲女职工提供12万元帮困助学金；五是表彰10个松江区女性创业示范点，进一步营造以创业带动就业的社会氛围；六是组织425名女工干部参加松江区第14期女职工周末学校培训班，拓宽女工干部知识面。（莫永涛）

三八红旗手标兵、上海铁路公安英雄丁榕在接受采访 （汪建然）

【市机电工会注重弘扬女职工先进典型】 一是制作电视片，宣传在上海电气发展中的先进女职工典型；二是评比表彰44个三八红旗集体，64名三八红旗手，20名优秀女职工干部，20名关心支持女职工工作的“女职工之友”；三是成立上海市三八红旗手协会机电委员会，吸纳会员52名，搭建与女劳模、女先进交流学习平台，优化女职工成长环境。（随幼君）

【市纺织工会有效发挥“四女”联谊会的作用】 2009年，市纺织工会发挥以“女企业家、女科技人员、女党群干部、女劳模”为主体的“四女联谊会”的作用，通过开展各类联谊会活动，进一步增强工会工作在精英女性层面的影响力和号召力，其主要特点：一是坚持角色形象引导，把联谊会办成学习乐园；二是坚持资源共享共赢，把联谊会办成交流平台；三是坚持紧跟时代潮流，把联谊会办成时尚沙龙；四是坚持人文情感关怀，把联谊会办成友爱团队。10年来，会员人数从20余人到80余人，联谊会已成为纺织控股公司的知名品牌。（汪叶慧）

【上海石化先进女职工班组参加“上海市巾帼文明岗”创建】 2009年，公司8个先进女职工班组参加上海“迎世博600天”巾帼文明岗创建行动。班组结合“学习先进，强化管理年”、“我要安全”、“两带一挑战”等主题活动，以及低成本战略、节能减排、提合理化建议、职工素质工程建设等实际工作，开展了世博知识竞赛、礼仪培训、岗位技能练兵、节能降耗金点子、姐妹帮姐妹、我爱我岗演讲比赛等一系列形式多样的创建活动，使班组成为和谐劳动的园地、素质提升的高地、安全生产的阵地和管理措施落实的基地。12月，8个班组全部通过检查验收，被命名为上海市巾帼文明岗。（朱佳华）

上海化学工会召开女劳模女先进座谈会 （向　亮）

【中远集运公司工会重视做好女职工工作】 一是公司根据女职工特点，把提升女职工素质同开展“降本增效，同业领先”、“合理化建议”、“职工技能竞赛”等群众性活动相结合，动员广大女职工参与“巾帼建功，成才奉献”双文明立功竞赛，立足岗位，展示风采；二是履行女职工特殊利益专项集体合同，为女职工购买上海市女职工团体互助医疗特种保险，鼓励有条件的单位对40岁以上女职工每年再增加一次妇科检查；三是召开纪念三八妇女节99周年座谈会，对荣获“全国女职工建功立业标兵”、“上海市三八红旗手”、“上海市先进基层工会女职工组织”等称号的先进女职工集体和个人进行表彰，并通过公司局域网和工会信息等宣传阵地选树女职工集体和个人的先进典型，营造“学先进、赶先进”的良好氛围。（钱　华）

【市建设交通系统女职工周末学校举办世博知识讲座】 6月19日，市建设交通工会在市政工程设计研究总院报告厅举办建设交通系统女职工周末学校开学仪式暨世博专场讲座，邀请上海世博工程建设指挥部办公室佘志鹏博士作世博知识专题讲座。市建设交通工会所属单位工会女职工委员会主任（女工委员）、建设交通系统巾帼文明岗创建班组（集体）负责人、代表和工会女职工干部等120余人参加讲座。（钱　蓉）

【市建材集团工会开展女职工手工作品展评】　2009年，市建材集团工会女职工委员会举办了“庆祝三八国际劳动妇女节，迎世博、比才艺、创和谐”——女职工手工作品展评活动。这次展评活动有18家基层单位和120名女职工参与，报送了近200件编结、丝网花、十字绣、珠珠串、剪纸、布艺等作品。经初评和复评，共选出优胜作品10件，表扬作品20件，并通过开展义卖活动，为实施集团“姐妹帮姐妹，牵手献爱心”特困女职工帮扶活动筹集资金。（吴安吉）

【市监狱局工会以“四项举措”夯实女职工工作基础】　一是宣传贯彻《上海市实施〈中华人民共和国妇女权益保障法〉办法》，对112名名困难女职工进行定向、助学和节日帮困，帮困金额达7.5万元，组织200名外来务工和下岗女职工进行免费妇科体检，实现“女职工团体特种保障计划”参保全覆盖；二是组织岗位练兵、建功立业等活动，开展女职工干部培训班，通过素质工程活动，提高女干警女职工的整体素质；三是评选表彰12个局三八红旗集体和28名局三八红旗手，通过表彰会、座谈会和联欢会的形式宣传先进典型，2009年女子监狱还被评为全国“三八”红旗集体；四是做好局女职工委员会换届选举，坚持女职工干部例会制度，组织开展女职工工作调查研究和论文评选、“巾帼视野”女性征文摄影比赛和“巾帼杯”80分扑克牌比赛等。（江海群）

农民工权益

【上海工会广泛开展“百万农民工援助行动”】　2009年，上海工会切实按照全总“千万农民工援助行动”的部署计划，深入开展“百万农民工援助行动”，着力缓解来沪务工农民工在劳动就业、生产生活等方面的突出困难。一是市总工会在浦东、闸北、闵行等9个地区和纺织、船舶、港务等行业下属18家企业的2.37万名农民工中召开座谈会、发放调查问卷、个案访谈等，开展农民工就业状况的调查，重点研究当前农民工集中关注的就业利益需求、就业权益实现状况及就业利益诉求，提出相关对策和建议。二是实施农民工就业援助工作。开展“农民工就业援助周”活动，各级工会职工援助服务中心及职介、培训机构接待农民工政策咨询1.32万人，接受求职登记1.26万人，用工推荐6 940人，接受技能培训咨询及登记2 022人；开展“农民工招聘专场”活动，分设5个招聘专场，共组织439家用工单位设摊招聘，提供就业岗位近9 000个，近万名农民工进场求职，4个中心城区的农民工招聘专场接待求职3 955人，达成用工意向1 632人；开展“万名农民工技能培训”活动，重点实施各类适合农民工特点的就业技术技能培训。三是推动提高全市“外来从业人员综合保险”参保率，推动调整伤残津贴、生活护理费及抚恤金标准，进一步完善和落实对农民工的社会保障政策，不断提高农民工养老、医疗、工伤、住房待遇水平。四是推动提高市职工保障互助会“从业人员意外伤残计划”的覆盖面，截至年底，计划共有会员54.2万人，累计给付超过152万元。五是开展农民工团体医疗援助工作，共发放医药箱450个，发放团体医疗卡502张，帮扶总金额超过40万元。（曹宏亮）

【市总工会举行全国工会“千万农民工援助行动”电视电话会议上海分会场会议】　2月17日，市总工会召开全国工会“千万农民工援助行动”电视电话会议上海分会场会议。会议就贯彻党中央、国务院和市委市府关于当前经济形势下做好农民工工作的决策部署，落实全总开展“千万农民工援助行动”的总体要求，启动、实施上海工会“百万农民工援助行动”，有效做好对全市农民工援助服务工作做出了具体部署。一是统一思想，提高认识，把深入开展全总“千万农民工援助行动”和上海工会“百万农民工援助行动”作为工会的一项重点工作，抓实抓好，协助党政为广大农民工排忧解难；二是要突出重点，强化措施，深入开展“农民工就业援助周”、“农民工招聘专场”及“万名农民工技能培训”等就业援助活动，有效做好农民工维权服务和帮扶救助工作，切实推进农民工入会和会籍管理工作；三是要加强领导，周密部署，制定明确的工作计划和切实可行的工作措施，确保责任到位、措施到位、资金到位、工作到位，有步骤地推进上海工会农民工援助工作的深入开展。（曹宏亮）

【浦东新区总工会多措并举援助帮扶农民工】　一是开展以“服务世博、关

浦东新区总工会为外来建设者（农民工）提供免费体检　（陈建林）

爱健康”为主题的“世博建设者健康关爱行动”,向区内万名参与世博建设的农民工提供免费健康体检服务。二是组织农民工平安返乡。筹措500多辆农民工返乡专车,为近1.2万名在新区务工的农民工提供返乡便利,同时,购买团体票,帮助21家企业的4 183名农民工返乡。三是关心慰问留沪过节农民工。区总工会分赴浦东南路2标段、机场北通道3标段、中环线15标段、上海盛大金融中心等世博配套项目工程工地慰问留沪农民工,发放年货3 000多份。各级工会还通过赠送电话卡、组织年夜饭及迎春座谈会等多种形式做好关爱工作。

（谢金亮　蔡雪康　姚红钢）

【徐汇区总工会推进农民工援助行动】 一是启动实施“农民工就业援助周”活动。在上海长途客运南站广场举办农民工招聘徐汇职介专场,近50家用工单位进场设摊招聘,提供保安、服务员等近500个就业岗位,并对前来求职的农民工进行建档,跟踪了解录用情况。二是拨专款用于农民工培训。与市总培训中心、徐汇职业高级中学联手开办家政、水电工、烹饪等技能培训,提高农民工就业竞争力。三是完善困难农民工档案,全面掌握困难农民工家庭的就业和生产生活状况,整合助学帮、就业帮及节日帮、临帮、助医帮等形式,拓宽帮扶渠道,提高帮扶工作水平。四是组织农民工平安返乡,动员250人次职工志愿者在元旦春节期间赴上海火车南站为返乡乘客排忧解难。

（朱伟锋）

【普陀工会开展“农民工有困难找工会”百日行动】 2月16日,普陀区总工会启动实施“农民工有困难找工会”百日行动。活动当日,区总工会向2.2万人次农民工发放了“生活帮困金”、“医疗帮困卡”、“职工医疗互助保障计划”、“技能培训听课证”、“体检卡”、“子女助学金”和“农民工工会会员电影卡”,帮困金总额超过300万元,同时,向农民工发布最新各行业招聘、培训信息。在100天内,区总工会集中开展农民工建会入会帮扶援助行动,推广农民工“一次入会、持证接转、进出登记”的会员会籍管理制度,进一步叫响落实“农民工有困难找工会”。启动仪式上正式挂牌成立普陀区总工会农民工权益保障分中心“朱雪芹工作室”和“普陀区工会系统劳动争议调解委员会”。（赵　勇）

【普陀区总工会成立“朱雪芹工作室”】 2月16日,区总工会成立了以农民工全国人大代表、区总工会委员朱雪芹名字命名的“朱雪芹工作室”。工作室设在沪西工人文化宫湖滨大道1号,主要服务内容包括听取农民工群体的意见建议,了解农民工生产生活状况,反映农民工利益诉求,提供职业介绍、技能培训、法律咨询、困难帮助、医疗救助等服务。同时,调处涉及农民工切身利益的劳动合同、工资、保险、劳动保护等劳动争议。（赵　勇）

【普陀区总工会多形式多渠道开展农民工维权工作】 一是深入调查研究。及时分析国际金融危机给农民工维权工作带来的新情况、新问题,排摸掌握农民工生产生活状况、思想动态和利益诉求,切实做到早发现、早介入、早解决。二是加强会籍管理。围绕年内发展万名农民工入会目标,以世界500强等跨国公司工会组建和吸纳农民工、非在编人员入会为重点,健全完善农民工入会、流动会员管理等制度,推进建筑施工单位、各类经济组织和社会组织的工会组建工作,提高劳务中介机构和用工单位的农民工入会率。三是实施就业援助。依托“天天职场”和职工援助服务网络平台,及时搜集和发布劳动力市场用工信息,建立健全农民工求职登记、职业介绍、信息反馈等“一条龙”、“一站式”服务机制,同时,以开展1万名农民工技能培训为抓手,重点在农民工集中的行业、园区和企业实施多技能培训服务。四是加强机制建设。重点对受国际金融危机影响较大的劳动密集型企业进行专项检查,促进工资支付保障金制度的落实和完善,推进集体协商机制,扩大集体合同的覆盖面,开展劳动法律宣传,加大指导和帮助农民工与用工单位签订劳动合同的工作力度;五是提升综合素养。依托社区工会农民工教育培训中心和职工文化活动中心,开展农民工素质培训,加强对农民工的教育引导,推进“同舟共济保增长,建功立业促发展”竞赛活动和“共同约定”行动。（赵　勇）

【卢湾区总工会组织开展“送法律、送文化、送健康”活动】 2月22日,卢湾区总工会举办为农民工“送法律、送文化、送健康”活动。活动现场为600多名农民工发放高温慰问品、地铁纪念卡、世博宣传帽及世博文明卡片等,同时,还为农民工提供医疗咨询和法律援助。（陈金林）

【静安区江宁路街道总工会多措并举提升农民工综合素质】 一是开展培训。利用行业工会联合会平台,整合资源,开展业务交流、技术练兵、技术讲座等进行培训,并通过宣传动员,组

卢湾区总工会春节慰问农民工　（陈菊萍）

织农民工参加免费技能培训,获取相关的技能上岗证书,同时,建立若干农民工培训示范基地,推动农民工培训工作。二是与东方信息苑协调提供16个可周转使用的网点,供农民工免费上网,并开展"迎世博、学双语"活动、FLASH环保创意大赛、迎世博"三五"集中行动志愿者活动等。三是举办法律知识讲座、咨询、竞赛、宣传等活动,并通过职代会、楼宇接待日、联席会议等形式,为农民工提供援助服务。(王宛玲)

【静安区商务工会从三方面入手做好农民工维权工作】 一是关注农民工入会问题。通过制定计划、加强考核等措施,提高农民工的入会率。二是注重教育培训。12月5日,区商务工会、亚细亚工会配合"迎世博"三五行动,联合组织"练内功、强素质、展风采——静安副食品行业职工迎世博职业技能比赛"活动。三是注重解决实际困难。出资10万元为农民工装修宿舍和安装空调,并为部分农民工子女解决就学、入托问题,高温慰问生产一线农民工。(蒋玉琴)

【闵行区总工会建立来沪人员集中居住点工会服务站】 2009年,闵行区总工会分别在莘庄镇、梅陇镇、江川路社区(街道)等6个来沪人员集中居住点建立了工会服务站,并不断完善机制建设,就地开展就业帮扶、生活救助、医疗互助、法律援助、心理咨询热线、送文化等活动,为广大农民工提供援助服务。(许向东)

【崇明县进城务工人员服务站为农民工提供援助服务】 全年接待来信、来访、来电1 462件次,涉及1 784人次,信访办结率100%;举办营业员上岗知识、手工艺品编织技术、电脑基础知识、宾馆服务等各类业务培训班8期,培训586人次,其中,178人实现就业;召开各种座谈会31次,421人次进城务工人员及其家属参加;慰问帮困农民工151人次;为813名农民工子女落实转学事宜。(陈进修)

【市机电工会构筑多层次农民工帮扶机制】 一是出资15万元,为100名困难农民工提供生活帮困,为100名困难农民工子女实施助学帮困,为系统内19个农民工集中的企业发放集体助医卡及医药箱;二是为系统内2 561名女农民工参加女职工特种重病保障计划,参保金额4.46万元,参保率超过78%;三是为300名困难企业的女农民工提供免费妇科体检服务。四是开办农民工仓库保管员技能培训,30名农民工通过仓库保管员职业资格认定。(张宝霞)

【上汽集团工会对劳务工实行"四同"制度】 11月17日,上汽工会举行"讲学习、促发展——先锋号在行动"现场会。现场表彰上汽首批65位上汽优秀劳务工,并为上海大众、延锋伟世通、采埃孚、纳铁福、赛科利、上柴动力等6家"上汽员工教学点"授牌。上汽集团工会始终坚持劳务工同等教育培训、同等劳动保障、同等先进评选、同等帮助关怀的"四同"制度,高度重视劳务派遣员工的岗位培训,全系统共有2 000名劳务工从事管理岗位或担任班组长,并且取得高级工职称;上海大众、上汽变速器、上海汇众、联合电子、延锋江森等29家企业建立星级激励制度,2 950名劳务工被录用为合同制员工。(刘蔚婧)

浦东新区总工会组织专车送农民工平安返乡 (陈建林)

【上海铁路局工会开展"农民工平安返乡"活动】 上海铁路局工会主动靠前,提前谋划,下发通知,协调地方工会和局属主要客运单位工会,开展形式多样的农民工平安返乡活动。2009年春运期间,铁路工会主动与地方工会协调农民工返乡工作,与行政沟通取得支持,做好农民工平安返乡团体票预订工作,专设"农民工平安返乡团体票预订日",在站前广场设置了旅客临时候车专区;开展"春风行动",送车票进工厂、下工地,在车站显著位置张贴悬挂宣传标语,新闻媒体发布临客开行信息、票额信息;印发《春运出行指南》,设置民工平安出行服务台,配置常用应急药箱、信封信纸、针线包、电话卡等,为遇到困难的民工旅客提供应急药品、代写书信、车次票价查询、缝补衣物、代打电话等服务;发放民工旅客顺心出行服务卡,凭卡可享受专窗购票、专区候车、志愿者帮扶、优先进站等服务;组织专兼职工会干部和积极分子成立了农民工平安出行志愿者帮困服务队;联合上海铁道报社开展"和谐春运"征文活动,收集干部职工在春运期间涌现的感人事例。用局工会网页中信息、动态栏目,及时报道基层工作动态和交流好的做法等。据统计,春运期间,铁路局共开设为农民工返乡的临时(流动)售票点124个,发售团体票近900批计40余万张,开农民工返乡专列280列,维修绿皮车5 776辆等。组织铁路书画家现场为农民工旅客送写春联500多幅。组织工会志愿服务者1万余人次开展活动,印刷宣传品21万余份,设置小药箱208个。(董　平)

【上海复兴船务公司工会做好外来劳务工关爱慰问工作】 一是召开船厂外来劳务工座谈会，听取船舶电工与电焊工关于同等享受有毒有害津贴的诉求，并做好宣传解释工作；二是召开公司劳务工职业健康专题会议，就加强职业健康管理的具体工作进行梳理，明确各部门的相关责任；三是组织外来劳务工参加2年一次的体检和迎世博知识竞赛活动；四是召开外来劳务工“庆国庆、迎中秋”联欢会，慰问坚守工作岗位的外来劳务工。

（白玉娟）

【上海沪东集装箱码头公司工会为农民工搭建素质提升平台】 上海沪东集装箱码头公司工会通过搭建素质提升的“三个平台”，从根本上维护农民工权益。一是搭建思想道德素质提升平台。开展“学技能、强素质、创佳绩、做主人”主题教育系列活动和“做时代先锋，当行动楷模”知识竞赛，利用“农民工书屋”、“农民工小家”和班组学习时间，组织农民工阅读《迎世博——上海农民工基本素质教育培训读本》等书籍。二是搭建文化技术素质提升平台。先后制定“迎世博——上海农民工基本素质教育培训”活动安排和农民工培训计划，举办农民工世博知识、健康知识和装卸操作、安全教育等培训班，提高农民工安全生产意识。三是搭建自主创新能力提升平台。组织开展劳动竞赛和以“我为创建节约型企业建言献计”的合理化建议活动。

（宋　正）

【上海电信集团工会制定实施“关爱外协员工计划”】 上海电信集团工会会同行政制定实施外协员工关爱计划，主要内容：畅通外协员工入会、入团、入党和评先、评优、评模渠道；建立外协员工岗位贡献奖励机制和帮困救助金；建立定期沟通交流制度；改善外协员工的工作、学习场所的条件；加强对外协员工的业务培训，提升其能力素质；加大骨干核心人员的激励力度，帮助理顺岗位体系，打通外协员工的晋升通道；根据企业发展状况，提高外协员工的工资水平。同时，集团工会还推出三项文体设施共享措施：一是每月组织一次外协员工及家属免费电影专场；二是外协员工免费享用邮电俱乐部乒乓、棋牌等活动设施；三是外协员工可以与正式员工同样价格办理健身活动卡。

（朱东亚）

【上海中远船务公司工会重视农民工安全教育】 一是制定关于《农民工安全知识读本》学习考核方案；二是开展班前安全“交底”活动，要求上一工序作业人员必须对下一工序的人员进行安全“交底”，每个农民工必须落实好安全措施后方可作业；三是组织开展7期农民工安全知识学习辅导班，接受辅导人数达600多人次；四是邀请市消防学校警官到公司为农民工举办《动火作业人员消防安全》知识培训；五是组织500多名农民工参加安全知识测试，并组队参加安全知识竞赛。

（钱　华）

【锦江航运锦亿公司工会开展“农民工子女看上海”活动】 暑假期间，锦江航运锦亿公司工会组织农民工及子女看上海活动。公司党政主要领导陪同农民工及子女前往上海马戏城观看“ERA时空之旅”，增强企业的凝聚力。

（宋林强）

【上海中华商务联合印刷有限公司工会全方位关爱农民工】 一是组织外来建设者开展法律知识培训竞赛，并把参与培训竞赛与年度考核挂钩，作为考核依据之一；二是开展岗位业务技能培训，人均每年培训不低于4次；三是建立由30名农民工组成的合唱队参加市新闻出版工会“迎世博、展风采，新闻出版界女职工合唱大赛”；四是建造职工宿舍，从生活上关心农民工；五是免费为6对农民工新人举办“玫瑰婚礼”。

（朱国范）

退休职工权益

【浦东新区总工会开展双月为老服务】 10月26日，浦东新区总工会职工援助服务中心、浦东新区总工会职工志愿者协会会同周家渡社区总工会在周家渡街道搭台设摊，开展双月为老服务志愿者活动。期间共设法律咨询、司法咨询、养老政策咨询、医疗保障咨询、心理咨询、劳动争议调解咨询等6个项目，有41名志愿者参加服务，服务老人219人次。同时，在活动现场还进行“宣传世博、践行世博、奉献世博”志愿者迎世博宣传。

（叶新华）

【徐汇区总工会落实五项为老服务措施】 一是坚持深入社区开展双月为老服务，共在枫林、徐家汇等社区开展6次为老便民服务，服务老人近2 500人次；二是发动区内退休职工参与“清凉杯”老年桥牌大赛和老年书画展等活动；三是组织部分退休职工参加“万名老人游世博”游览活动，参观世博场馆和上海人文景点；四是围绕“迎重阳、送关爱”主题，开展徐汇区

黄浦区退管会坚持组织职工双月进社区为老服务　（吕诚陆）

第五届退休职工棋牌比赛；五是继续关心特困退休职工，落实“夏送清凉、冬送温暖”活动，为退休职工办实事，解难事。（朱伟锋）

【黄浦区总工会老年维权岗为退休职工提供援助服务】 区退管办、工会阿林法律工作室联手设立区总工会老年维权岗，通过定期上门解疑释惑、定时定点预约接待、及时回复来信来访等形式，为退休职工提供援助服务。年内共服务退休职工1 198人次，其中法律援助1 147人次。（林志祥）

【松江工会以“三项举措”服务退休职工】 一是为退休职工办实事做好事。重点对7 613名特困高龄、孤老、重病等8类对象和列为“三定帮困”对象的退休职工进行帮扶，帮困金总计458.61万元；帮助446家单位的3.07万名退休职工参保互助保障计划，办理给付3 089人，给付金额245.5万元；为6 020名退休职工办理“银发无忧”意外保险。二是丰富退休职工精神生活。组织退休职工艺术团参加《2009年上海市老年教育艺术节合唱展演》获银奖，参加“唱响中华”歌咏汇演获茉莉花奖，退休职工范雪英获“皇室杯”42式太极拳女子甲组一等奖；组织退休职工每月开展扑克、飞镖、夹弹子、钓鱼比赛和浦江观光等活动。三是提高退管工作服务水平。召开座谈会等，把退休职工反映的医疗费自负过重、企事业养老金差别大等问题及时反馈政府部门；有效实施定期例会制度和评估考核制度，不断提高退管工作水平。（莫永涛）

【崇明县总工会开展“迎世博、看发展、作贡献”活动】 11月11日，崇明县总工会退管办组织51名全县各级工会老领导、老劳模、老先进和老志愿者代表开展“迎世博、看发展、作贡献”活动。期间退休职工代表参观了长江隧桥、世博展览中心和建设中的世博园区。（易建军）

【上海飞机设计研究院工会举办退休职工迎新春团拜会】 1月27日，上海飞机设计研究院工会举办退休职工迎新春团拜会。会上院领导向原708设计院的退休职工介绍了C919大型客机的设计和建造情况，退休职工则通过团拜会表达对上飞院的感谢和祝福。（袁 海）

【中海集团工会做好退休运输船员关爱帮扶工作】 中海集团工会发挥退休运输船员帮困基金作用，向732名退休困难船员发放帮困金69.31万元，其中上海地区帮困501人次，帮困金近26万元。同时，集团工会还组织6批201人次退休船员携家属参加疗休养。（万小康）

【上港集团退管会开展退休职工健身活动】 上港集团退管会组建老年乒乓球队参加由市老体协举办的首届上海市“治拓杯”中老年乒乓球俱乐部比赛，共有26名退休职工参加4个年龄段组的团体、单打比赛。同时，还组织退休职工参加市退管会和市老体协举办的“垂钓比赛”、“清凉杯”桥牌比赛等活动，丰富集团退休职工精神文化生活。（顾均成）

职工疗休养

【市化学工会做好职工疗休养工作】 一是规范管理机制，本着平等、合法、公平、诚信的原则，与旅行社签订疗休养服务协议，明确双方职责，提高疗休养服务质量；二是精心组织安排，做好编组、配领队、下发领队和休养员须知等具体工作，确保旅程无安全事故发生；三是注重收集信息，就住宿、餐饮、景点、车辆、导游服务等方面作出客观评价，及时反馈旅行社，改进疗休养服务质量；四是精心选择线路，实行长中短线相结合与高中低价格相结合的运作模式，满足基层不同需求。年内，市化学工会共组织25批649名职工参加疗休养。（陆霞云）

【上海石化扩大职工疗休养费用报销范围】 7月，公司下发《职工疗休养报销补充办法》，扩大职工疗休养费用报销范围。《办法》规定：下半年起，职工疗休养费用可凭旅行社发票、旅游景点门票、住宿费、火车票、汽车票报销。全年有3 044名职工、133名劳模先进参加疗休养。（朱佳华）

【上港集团工会开展“红色之旅”全员职工疗休养活动】 上港集团工会开展以“红色之旅、教育之行”——上港集团二万五千名职工寻访红军二万五千里长征路为主题的全员疗休养活动。集团工会与相关部室组成职工疗休养工作小组，就实施范围、组织落实、相关规定、费用标准等制定详细计划，并采用招投标的方式选择实施疗休养计划的旅行社。4月至11月底，共组织1.03万名职工参加“红色之旅”疗休养活动。（俞志勇）

长江轮船公司工会组织先进职工参加疗休养（章 伟）

加强自身建设

Strengthening Union Building

综　述

2009年上海工会组织工作以"巩固、发展、提高"的工作思路，全面推进工会组织建设。(1)按照市总工会党组要求和在市总工会党组领导下，完成市总工会系统学习实践科学发展观活动的各项工作任务。(2)坚持"党工共建"的原则，不断扩大覆盖面，着力夯实工会工作的组织基础。全面完成工会组建工作各项目标任务。(3)开展工会干部教育培训。制定《2009年上海市工会干部教育培训计划》，与市委党校联办新任市总工会委员和部分区县局(产业)工会主席专题培训班，选送工会干部到全总劳动关系学院培训，与市总工会保障部、工会学院合办2期都江堰工会干部培训班，与工会学院合办1期云南边境地区工会主席培训班，与市合作交流办联办1期新疆阿克苏地区、西藏日喀则地区工会干部培训班。落实云南工会干部在沪挂职锻炼工作。(4)做好工会干部协管和工会组织体制调整工作。根据党管干部的原则和市总工会党组关于工会领导班子配备的要求，主动与有关党委、干部部门沟通，配齐配强工会领导班子。同时根据市委机构调整和市政府体制改革要求，对相关单位的工会组织体制进行调整。全年，文广集团、教育、科技等10个单位进行换届选举；公安、绿化和市容等7个单位新组建；上实集团新挂靠；另有23个单位进行班子调整，涉及89人。帮助指导南汇区整体划入浦东新区总工会建制；崇明县18个乡镇建立总工会，至此，上海所有街道乡镇全部建立了总工会。(5)落实工会系统大学生见习岗位工作。区县总工会见习基地通过自身渠道发布见习岗位招聘信息和举办招聘会。(6)开展调查研究工作。完成"农民工入会状况的调研"、"区县行业工会和基层工会联合会情况调研"、"街道乡镇工会组织状况的调研"、"职工之家开展情况的调研"、"出租车行业工会情况的调研"、"区县级工会主席协管工作的调研"等。正在开展的调研有"上海市工会干部管理办法"。(7)做好机关系统干部人事管理和离退休人员服务工作。按照市委组织部和市总工会党组要求，完成局级后备干部的推荐工作；招聘5名公务员，按照规定加强公务员管理工作；协助配合市总机关和劳动报社党委、纪委换届选举，主动关心和指导帮助机关工会换届选举；贯彻老干部工作会议精神，做好机关离退休人员工作；组织政治学习和组织生活，组织节假日和高温慰问，组织健康体检和疗休养，关心高龄和多病的老同志，完成机关及事业单位61位离休人员增加补贴的测算工作。

(刘卫新)

组织体制

【市总直属机关党委召开第六次代表大会】　3月12日，市总工会召开直属机关党委第六次代表大会。市总工会领导、市总工会直属机关第五届党委委员参加会议。市人大常委会副主任、市总工会党组书记、主席陈豪出席会议并讲话。市级机关工委副书记王禄宁、组织部部长何惠娟应邀出席。会议由市总工会直属机关党委书记、市总工会秘书长周志军主持。会上，任新我代表市总直属机关第五届委员会作工作报告；杨伟良代表市总直属机关第三届纪律检查委员会作工作报告；傅小龙代表市总工会直属机关第五届委员会作关于党费收缴使用管理的情况报告。大会总结回顾了上一届机关党委的主要工作，明确了今后机关系统党建工作的目标任务，选举产生了市总直属机关新一届委员会和纪律检查委员会，审议通过了市总直属机关第五届委员会工作报告和第三届纪律检查委员会工作报告；审议通过了市总直属机关第五届委员会关于党费收缴使用管理的情况报告。

(余　铮)

【卢湾区基层工会实行工会干部直选】　卢湾区总工会探索基层工会民主建设，在对基层企业工会进行排摸梳理的基础上，选择部分试点单位，通过总结经验，树立典型、以点带面，逐步推进，并将基层工会直选纳入大口工作考核目标。各基层工会在直选中结合自身特点和情况，按照程序，灵活运用网上公示、召开选举会和网上选举相结合等多种方法，并呈现"三个"有利因素。有利于优化工会干部队伍，使两新企业工会主席高学历、年轻化工会干部明显增多；有利于从机制上激发工会主席的责任感；有利于增强工会组织的凝聚力。经统计，全年区内共有125家基层工会实行工会干部直选。

(吕　炜)

【奉贤区总工会加强工会规范化建设】　奉贤区总工会坚持一手抓工会组建，一手抓规范运作，以"六有"工会(即有班子、有牌子、有经费、有制度、有硬件、有活动)标准加强非公企业工会规范化建设，以"六好"(即党委政府重视支持好、组织网络建设好、

浦东新区总工会召开二届七次全委会，选举南汇并入浦东新区后的工会领导班子

(陈建林)

奉贤区总工会召开二届七次全委会 (刘传军)

履行基本职责好、指导帮助基层好、服务职工群众好、围绕中心开展工作好)标准加强镇总工会规范化建设。11月,区总工会开展年度工会工作考核验收,并以听取汇报、查阅资料、实地走访和现场点评的方式检查全区116个基层企事业工会。申报考核验收的有"2007—2008年度奉贤区职工之家示范单位"47家、申报"奉贤区工会创业就业示范基地"40家、申报奉贤区工会"职工书屋"30家、2009年度工会组建工作先进18家和建立"奉贤区工会组织信息数据库"先进16家。 (刘传军)

【上海电信工会推进基层工会主席直选】 上海电信工会在推进基层工会主席直选工作中率先试点推广,坚持"五个第一次"。即第一次引入会员自荐,第一次引入公示制度,第一次采用竞职演说,第一次采用差额选举,第一次明确当选工会主席即按照同级副职管理。同时注重组织领导、宣传发动、履行程序、公开公平、形式多样等,从产生机制上增强工会主席责任感,实现工会主席对上负责与对会员群众负责的一致。至年底,上海电信有18家直属基层工会进行直选工会主席,其中8家已连续2届直选、电信账务中心工会已连续3届直选。

(杨 娟)

【中航商飞工会召开第二次会员大会】 11月20日,中航商用飞机有限公司工会召开了第二次会员大会。会议审议了公司工会第一届委员会工作报告,选举产生了以梁波为主席的新一届工会委员会。 (诸文洁)

【建材工会召开第五次代表大会】 10月,上海建筑材料(集团)总公司工会召开第五次代表大会。市总工会副主席肖堃涛,上海国盛(集团)有限公司党委副书记黄跃民,集团总裁林益彬、副书记徐尧湘等出席会议并讲话。中国机冶建材工会全国委员会专门发来贺信。大会审议通过了《上海建筑材料(集团)总公司工会第四届委员会工作报告》,审议批准了《上海建筑材料(集团)总公司第四届工会委员会财务工作报告》和《上海建筑材料(集团)总公司第四届工会经费审查委员会工作报告》。大会以无计名投票方式选举产生了集团第五届工会委员会;选举产生了集团第五届工会经费审查委员会。大会肯定了第四届工会委员会所取得的成绩,并对第五届工会委员会提出新的要求。同日,集团工会第五届委员会和经费审查委员会分别召开第一次全体会议,胡立强当选第五届工会委员会主席,周毅、冯霞当选第五届工会委员会副主席;冯霞、陈宁当选第五届经费审查委员会主任、副主任。 (冯 霞)

【市绿化和市容管理局工会召开第一次代表大会】 3月3日,上海市绿化和市容管理局工会召开第一次代表大会。来自局30个直属单位103名正式代表和49名列席代表参加了大会。会议审议通过了《上海市绿化和市容管理局工会第一次代表大会筹备工作报告》和《上海市绿化和市容管理局工会第一次代表大会决议》。会议选举产生了上海市绿化和市容管理局工会第一届工会委员会。徐文发当选工会主席,宋丽娜、黄琼当选副主席。

(唐鸿仙)

【上海虹桥开发区公司工会召开第五次代表大会】 4月17日,上海虹桥经济技术开发区联合发展有限公司工会召开第五次代表大会,近50名工会代表参加会议。市总工会副主席肖堃

建材集团第五届工会委员会全体委员 (冯 霞)

涛出席会议并讲话。大会审议通过了黄健健所作的第四届工会委员会工作报告,审议通过了第四届经费审查委员会工作报告和第四届工会财务工作报告。大会选举产生了公司第五届工会委员会和经费审查委员会。黄健健当选新一届工会主席,裘海明当选副主席,钱玉珍当选经审主任。

(裘海明)

【市税务工会召开第一次代表大会】 8月20日,市税务工会召开第一次代表大会。市税务系统工会会员代表,各区县税务局、各直属分局、市局机关各处室、各直属事业单位负责人等近200人参加大会。市总工会副主席陈国华、市税务局党组书记庄晓玖出席会议并讲话。大会选举产生由31名委员组成的市税务工会第一届委员会及由5名委员组成的经费审查委员会。刘新利当选市税务工会第一届委员会主席,施耀忠当选市税务工会第一届经费审查委员会主任。(臧 韬)

【市教育工会召开第八次代表大会】 4月22日,中国教育工会上海市委员会召开第八次代表大会。中国教科文卫体工会全国委员会主席王晓龙,上海市总工会副主席肖堃涛,市教卫党委书记李宣海,市教卫党委副书记薛明扬等领导出席会议。大会选举产生了由夏玲英等35人组成的第八届工会委员会和由张渭明等5人组成的第八届经费审查委员会。 (顾伯超)

宝山区总工会召开五届四次全委(扩大)会议 (胡立伟)

【良友集团召开第三次工会代表大会、三届一次职工代表大会暨经济工作会议】 12月30日,上海良友集团召开第三次工会代表大会、三届一次职工代表大会暨经济工作会议。集团党政领导,集团监事会主席及工会代表、职工代表等140人参加会议。市总工会副主席陈国华出席会议并讲话。会议审议通过了王淑萍所作的第二届工会委员会工作报告,审议通过了第二届工会委员会财务工作报告和经费审查工作报告。大会选举产生了集团工会第三届委员会和经费审查委员会,审议通过了集团集体协商职工方代表名单。

(刘国成)

【监狱局召开工会第四次代表大会】 6月26日,市监狱管理局工会召开第四次代表大会,111名正式代表,23名特邀代表参加会议。市总工会副主席茆荣华、监狱局党委书记郑善和出席大会并讲话。大会回顾总结第三届工会委员会5年来的工作,并提出今后五年工会工作的目标任务。大会审议通过了第三届工会委员会工作报告、财务工作报告和经审工作报告,选举产生了新一届工会委员会和工会经费审查委员会成员。郭增乔当选市监狱管理局工会第四届委员会主席,姚生当选第四届经费审查委员会主任。

(江海群)

良友集团召开第三次工会代表大会 (李建致)

【城建集团工会举行三届三次代表大会】 4月21日,城建集团工会召开三届三次代表大会,200多位工代会代表出席大会。大会回顾过去一年工作,明确今后各级工会的主要任务。大会围绕保增长、促发展目标,动员组织广大城建职工为确保迎世博重大工程建设节点目标实现、确保和谐企业建设有效推进、确保综合营业额超过300亿元目标实现。大会通过:(1)以集团发展规划为纲要,开展形势和任务教育,增强职工使命感。(2)以劳动竞赛为抓手,全面推进重大工程建设,创出更多城建品牌。(3)以人为本,加大职工培训力度,全面提升职工队伍整体素质。(4)以学习实践科学发展观活动为动力,推进工会自身建设,提升服务水平。 (徐新康)

【上海联通公司召开工会第一次代表大会暨第一届职工代表大会】 8月11日,上海联通公司召开工会第一次代表大会暨第一届职工代表大会。公司121名正式代表、29名列席代表及1名特邀代表参加会议。公司党委书记马学全出席会议并讲话。公司总经理蔡全根致开幕辞,公司副总经理、工会筹备组组长张承鹤作工会工作报告。大会选举产生了上海联通工会第一届委员会、经费审查委员会及第一届工会女职工委员会,选举产生了职代会3个专门委员会及上海联通职工爱心互助基金管理委员会。审议并通过了《中国联合网络通信集团工会上海市委员会工作条例》等3个工会委员会文件和《中国联合网络通信有限公司上海市分公司职工代表大会实施办法》等8个职代会相关文件,并举行了集体合同和女职工权益保护专项集体合同的签字仪式。 (康 迪)

干部管理

【闸北区加强社区(街道)、镇总工会规范化建设】 闸北区总工会经区委常委会研究同意,与区编办联合下发《关于完善社区(街道)、镇总工会机构设置及干部配备的意见》,对8街1镇总工会的规范化建设作出了明确要求。一是以"331"模式规范机构设置。在社区(街道)、镇总工会层面成立3个委员会(总工会委员会、经费审查委员会和女职工委员会);在社区(街道)、镇总工会下设办公室、基层建设部和权益保障部;在社区(街道)、镇总工会下设置工会工作指导站。二是实行双向兼职。社区(街道)、镇总工会主席由社区(街道)、镇党工委(党委)副书记兼任,副主席中一名由社区(街道)、镇综合党委专职副书记兼任,另配备一名专职副主席,享受正科职待遇。三是配强专职干部。要求每个社区(街道)、镇总工会配备至少2名公务员编制的专职工会干部,并由区总工会从社会上招聘一定数量的工会工作指导员,充实到社区(街道)、镇总工会工作。四是经费物质保障。按照"统一领导,分级管理"的财务管理体制,在社区(街道)、镇总工会单独设置银行账户,独立建账,独立预决算和经费审查监督制度,同时接受同级经审委的审查和上级工会的指导监督;明确要求各社区(街道)、镇为总工会配备必要的办公场所,满足专门的办公所需。 (王立成 杨 娟)

【静安区总工会试点推行工会主席"民推直选"】 8月25日,静安区总工会在世界500强辉瑞投资有限公司试点实行工会主席"民推直选"取得成功。辉瑞公司工会主席"民推直选"的特点是:(1)坚持群众性。针对公司职工分布于北京、上海及全国各地的实际情况,提出了工代会代表以各地职工数为基数按比例产生的原则,分别是北京地区占50%,上海地区占16.7%,其他地区占33.3%。体现了会员代表的广泛性和代表性,为"民推直选"打下群众基础。(2)坚持民主性。注重把握好4个环节。一是合理确定"两委"委员结构。除在年龄、性别、部门分布等方面要有合理结构外,在工作地区的分布上也要合理结构。二是民主推荐"两委"委员候选人。由全体代表采取自荐、互荐和联名推荐办法直接推荐"两委"委员候选人。候选人的范围不仅仅局限于与会代表,公司的工会会员只要符合条件都可以被推荐。三是差额选举"两委"委员。被推荐为"两委"候选人的会员,每个人发表竞选演说。与会代表对"两委"委员进行差额选举,差额率分别达到27.3%和66.7%。四是"民推直选"工会主席。先由全体新任工会委员通过无记名推荐的形式,民主推荐北京地区和上海地区工会主席候选人各一名,然后由全体与会代表投票选举工会主席。经审会主任也由同样方式选举产生。(3)坚持合法性。坚持按照《工会法》、《工会章程》和有关规定执行,区总工会分管主席和组织部长到大会会场现场办公,直接审核批准候选人名单,保证会议现场直接推荐的候选人合法有效。 (瞿乃栋)

【青浦区总工会切实加强基层工会主席履职能力建设】 青浦区总工会注重加强工会干部队伍建设,并着重提升基层工会主席的履职能力。一是研究制定基层工会干部三年轮训计划。年内,会同上海工会管理职业学院举办基层工会主席和工会干部培训班9期,累计参加培训人员超过1 000人次,发放工会干部培训证书934张。二是出台《关于进一步加强基层企业工会主席队伍建设的意见》,从工会主席工作职责、任职条件、考察选举、权益保障、目标考核、业务培训等六方面进行规范。根据文件精神,香花桥街道和白鹤镇在年内已试点探索基层工会主席公推直选、任前考察及实行津贴制度。 (马美君)

【嘉定区总工会创新工会组织体制】 嘉定区从工会组织体制入手,创新建会方式,拓宽职工入会渠道,推进工会组织全覆盖。至9月底,已建立村(园区)工会联合会95家,有效覆盖企业

闵行区江川路社区(街道)总工会培训工会工作指导员 (施佩玉)

906家,113个村(园区)实现工会组织全覆盖。一是体制创新起步早。区总工会对原有村联合工会组织体制进行探索和调整,在外冈镇长泾村试点成立全区首家村级工会联合会,由村工会联合会负责管理村行政辖区内的企业,并将小型企业实行全覆盖,以缓解镇总工会管理幅度过大、服务指导不到位等压力,督促基层工会由"建"向"转"的转变。二是推广经验步伐快。区总工会制定下发《2009年工会组建考核通知》,增加了全覆盖达标村(经济园区)的指标,到2010年底实现工会组织及工会工作全覆盖。三是开展调研重支持。区总工会先后举办封闭式村(园区)工会主席培训班、部分村(园区)工会主席座谈会,分组调研检查各街镇村(园区)全覆盖工作及工会联合会建设情况。制定下发《关于进一步加强村(园区)工会联合会建设的实施意见》,并由区委办进行转发。四是五年签约担责任。嘉定区召开由区委分管领导召集、各街镇分管书记参加的村(园区)工会联合会规范化建设现场会暨组建工作推进大会。会上区委副书记、区总工会主席、分别与各镇、街道、工业区、菊园新区党(工)委副书记、总工会主席开展《嘉定区工会组建目标责任书》签约行动。会议明确了村(园区)工会专兼职人员的配备,并选聘部分见习大学生到村(园区)担任专职工会干部。

(杨　娟)

【上海电信工会建立"五位一体"机制激发工会活力】 上海电信工会在基层382个三级部门工会中提出了"直选、培训、述职、测评考核与奖励补贴"五位一体的《上海电信部门工会主席管理办法》,从部门工会主席的产生机制、素质提升、考核激励等入手,进一步提升其专业素质和履职能力。《上海电信部门工会主席管理办法》实施以来,已有95%的部门工会主席通过政策、实务等方面的培训取得上岗证书。2月,上海电信工会首次对三级部门工会主席进行述职考评,295名部门工会主席参加考试,仅1人被评为"不合格部门工会主席"。直选模式及相关管理办法强化了工会干部的责任意识、提高了工会工作整体水平。

(朱东亚)

干部教育培训

【都江堰市工会干部培训班在沪举办】 由上海市总工会、四川省都江堰市总工会共同主办,上海市工会管理职业学院承办的两期都江堰市工会干部上海培训班分别于5月19—27日,6月22—30日在上海举行,共培训80名工会干部。培训方式包括课堂教学、实地考察、参观访问等。针对都江堰市工会干部培训班特点,市总工会和工会管理职业学院专门安排了《灾后心理援助的沟通技巧》等课程,以帮助学员从灾后的心理创伤中逐渐恢复,更好地投入到灾后重建工作中。培训期间还组织学员前往中共一大会址、上海博物馆等处开展现场教学。

(杨伟良　刘　睿　兰宇新)

【市总工会完成2009年上海工会干部教育培训任务】 2009年,上海工会干部教育培训工作根据"大规模培训干部,大幅度提高素质"的要求,按照工会干部教育培训"五年规划"和年度计划确定的目标,完成了各项任务。全年共举办各类培训班1032期,培训工会干部14.29万人次。其中,工会管理职业学院举办各类培训班102期,累计培训2.87万人次;各区县局产业工会举办各类培训班930期,累计培训11.43万人次。在加大培训力度的同时,市总工会和各区县局产业工会注重探索培训工会干部教育培训工作的新方法、新路子、新途径。一是在把握重点,深化服务上有新作为。主体班次免费培训继续拓展,重点班次全面完成。二是紧贴热点,开展专题研讨。如"直面金融危机,思考工会工作的对策"专题研讨班、"劳动关系协调与共同约定行动"专题研讨班、"工会维权与维稳的新观察"专题研讨班、"四中全会与工会工作"专题研讨班等。三是在攻克难点,开拓创新上有新突破。在培训内容上,开设结合形势任务的新课程,立足于为工会干部解疑释惑;在培训对象上不断延伸,涵盖各级工会干部;在培训重点上,强化对非公企业工会主席的培训;在培训形式上,不断创新发展,如闵行区总工会利用区内电视电话会议的硬件设备,开展了视频讲座,受训人员每次达千人。

(杨伟良)

【云南省边境县、藏区县工会主席培训班在沪举办】 4月8日,由上海市总工会、云南省总工会共同组织的云南省边境县、藏区县工会主席上海培训班开班。云南省25个边境县和3个藏区县的近60名工会主要负责人参加了培训。上海市人大常委会副主任、市总工会主席陈豪,云南省人大常委会副主任、省总工会主席江巴吉才对办好培训班专门作出批示。云南省总工会常务副主席卢正国,上海市总工会副主席肖堃涛等出席开班典礼。培训班邀请上海工会职业管理学院的

全国优秀工会干部先进事迹报告会在沪举行　(吴良荣)

知名专家授课，系统讲解中国特色社会主义工会维护观、金融危机与工会工作、非公企业工会工作等课程。（杨伟良 刘 睿）

【市总工会举办乡镇、街道总工会主席培训班】 10月20—22日，市总工会举办2009年度乡镇、街道总工会主席培训班。全市11个区的34名乡镇、街道总工会主席、副主席参加学习。培训班围绕贯彻中国工会“十五大”精神，深入学习中国特色社会主义工会理论，着重研究在新的历史条件下，乡镇、街道一级总工会所面对的特定对象、肩负的特殊使命、承担的工作职责以及工会主席应具备的基本素质，加强乡镇、街道工会工作，提高乡镇、街道工会干部的政治理论素质和业务工作水平。（杨伟良）

【西藏日喀则、新疆阿克苏工会干部培训班在沪举办】 8月17日，上海市人民政府合作交流办公室和市总工会联合举办的2009年西藏日喀则、新疆阿克苏工会干部上海培训班开班。市总工会副主席肖堃涛出席开学典礼并讲话。这期培训班是上海市对口支援西部地区的项目，为期2周，共有来自西藏和新疆的50名学员参加。课程设置以学习工会十五大精神为主线，结合对口支援地区需求和工作实际共安排了8次专家讲座。同时通过现场教学、交流座谈等创新方式，组织学员深入上海区县、企业、多个展示馆等开展交流互动和学习考察，探讨地区管理、经济发展和工会建设的新方式，提高工会干部的综合素质。（杨伟良 刘 睿）

【云南省工会干部挂职培训】 6月至11月，市总工会组织安排由云南省总工会选派的第七、第八批共9名工会干部来沪挂职培训，每批挂职历时45天。根据挂职人员所在单位性质和工作内容，这次挂职单位分别为浦东新区总工会、卢湾区总工会、船舶工业公司工会和教育工会。挂职培训注重突出两地工会的交流与合作、促进与提高。（杨 娟）

【浦东新区总工会学习考察昆明市“三中心”】 12月上旬，浦东新区总工会组团赴昆明总工会学习考察，旨在为浦东新区总工会在浦东二次创业的新形势下，结合自身实际，发挥自身优势，深入开展职工维权和帮扶工作，完善职工维权帮扶机制提供借鉴经验。在昆明市“三中心”（困难职工帮扶中心、农民工维权中心、工会会员服务中心），浦东新区总工会学习考察团一行逐一参观了“三中心”内的25个服务窗口、劳动争议仲裁派出厅、职工书屋、工惠大药房、爱心超市、职工培训教室等，了解“三中心”主席接待制度化、维权工作社会化、帮扶工作网络化、窗口设置需求化、资金筹集多元化、中心管理规范化的“六化”服务机制。（王建中）

工会管理职业学院举行都江堰工会干部培训班开学典礼 （兰宇新）

【长宁区总工会举办新上岗工会主席培训班】 长宁区总工会举办为期4天的“新上岗工会主席岗位资格培训班”，来自区属系统、小区和非公企业70多名基层工会主席参加培训。培训班邀请上海工会干部管理职业学院的老师授课。课程内容对当前金融危机形势下工会如何找准定位、凸现作为、强化维权作了全面分析和阐述，融理论知识与案例教学为一体，为基层工会建设发展提供见解和思路。培训班为结业学员颁发了工会主席岗位资格证。（陈琳杰）

【普陀区教育工会打造工会干部培训工作新格局】 普陀区教育工会着眼教育发展大局，注重把握工会干部教育培训的对象、内容、形式，打造“333”干训工作格局。（1）在培训对象上聚焦三个层面。一是工会干部全员培训。通过工作例会、讲座学习等形式，面向全系统工会干部进行多方面的学习培训，推进“学习型工会”创建。二是骨干人员专题培训。把“三委会”成员和重点单位的工会干部作为骨干队伍，重点抓好和落实各项学习培训。三是新任主席上岗培训。每年集中开展新任工会主席的实务培训。（2）在培训项目上突出三个重点。一是重点把握用党和工会最新的理论成果武装工会干部头脑。二是重点传授工会组织建设、素质工程、民主管理、职工援助工作等工会业务方面的基础性和发展性知识。三是重点培养和提高履行工会职责、依法表达和维护教职工合法权益的能力。（3）在培训模式上采取三种形式。一是课程性综合学习。与区教育学院干训部合作，先后组织2期各历时半年的工会主席教育培训课程班，140名工会干部参加了《中国特色社会主义工会发展道路》等近10门课程的学习。二是专题性阶段学习。在学期中或每年暑假，围绕“构建和谐校园建设”等主题，开展针对性的研讨和交流活动，体现阶段的学习成效。三是实践性过程学习。通过课题研究和小组活动的方式，在实践过程中不断吸取新知识，拓展新能力。（赵 勇）

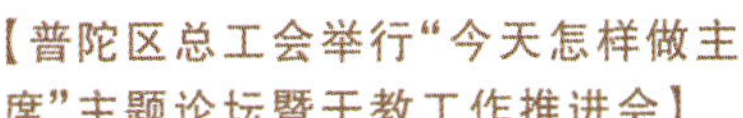
【普陀区总工会举行“今天怎样做主席”主题论坛暨干教工作推进会】

5月27日,区总工会举行学习、实践、发展——“今天怎样做主席”主题论坛暨普陀工会干部教育培训工作推进会,全区各级工会干部近200人参加。会议以“今天怎样做主席”主题论坛开始,江宁学校等6个基层单位工会干部以谈话方式阐述了在新的形势下,工会干部如何提高自身素质、承担社会责任的意义和途径。区教育工会作了《夯实基础、抓准载体、建立机制、突出实效》的大会发言。会议要求全区各级工会干部以岗位培训为基础,以工会各类专业人才培训为重点,坚持理论联系实际、学用一致、按需施教的原则,共同推动工会干部教育培训工作机制建设,造就一支适应形势发展需要的工会干部队伍。（赵　勇）

【杨浦区总工会开展深入学习实践科学发展观活动】 区总工会在深入学习实践科学发展观活动中,征求各方面意见建议,查找影响和制约工会科学发展的主要问题,形成5篇调研报告。对照基层工会与职工群众提出的64条意见建议,分析领导班子存在的不适应、不符合科学发展观的问题,召开专题民主生活会,形成分析检查报告,进一步明确推进工作的思路与整改方向。解放日报在“学实活动在身边”栏目、新民晚报在“百姓眼里的学习实践科学发展观活动”栏目介绍了杨浦区总工会在深入开展学习实践科学发展观活动所取得的成效。

（李学兵）

【黄浦区总工会通过学习实践科学发展观活动推进工会工作】 区总工会开展学习实践科学发展观活动,牢牢把握“坚持解放思想、突出实践特色”的原则,结合经济社会形势和工会工作实际,确定了“提高服务大局、服务职工水平,推进工会组织创新发展”的实践主题,明确学习调研、分析检查和整改落实各阶段的目标任务。8月27日,区总工会召开深入学习实践科学发展观活动情况通报测评会,群众满意度测评结果为满意和比较满意的分别达94.23%和5.77%。

（吕诚陆）

【黄浦区总工会多渠道推进工会干部培训】 区总工会以双月讲座为载体,开展各类知识讲座和业务培训,受训工会干部2 000余人次。其中,选送10名新任主席(副主席)分赴全总、市总参加上岗培训;组织非公企业81名工会主席上岗培训并颁发合格证书;邀请全国杰出律师等为工会干部作《劳动合同法》实务操作、区域性行业性工资平等协商及职代会建制运作等业务培训;年底结合新《工会会计制度》颁布,培训工会财务经审干部361名。（徐佳礼）

【卢湾区总工会开展学习实践科学发展观活动】 区总工会围绕“坚持科学发展,抓好世博机遇,建设精品城区”的中心工作,开展学习实践科学发展观活动。先后召开学习调研成果交流会、解放思想大讨论、专题民主生活会和专题组织生活会,形成全体党员特别是领导班子成员对科学发展的思想共识。区总工会领导班子成员以“工会如何坚持科学发展,围绕查找出的突出问题,进一步提高工会自身建设”为主题先后深入联系点17次,征得意见建议96条,并撰写了分析检查报告、形成5篇专题调研报告。经69名党员群众评议肯定。针对存在问题,区总工会以项目化方式制定整改落实措施,明确责任人和责任部室,在加强基层工会组织建设、完善职工维权机制、改进工作作风和推进党组自身建设等13个突出问题中,已有10个问题完成整改,完善和建立各项规章制度32项。（葛家敏）

【静安区总工会强化培训提高工会干部综合素质】 区总工会以丰富培训内容、强化分类指导,注重培训实效来提高各级工会干部的理论水平、专业技能和综合素质。一是组织新任工会主席上岗业务培训。培训内容涉及工会组织建设、企业民主管理、劳动争议调解、工资集体协商和集体合同等,49人获得上岗证书。二是开展工会干部适应性培训,共300人次受训。三是先后举办“以科学发展观指导工会工作”、“工会在促进维稳工作中应发挥的作用”的学习班,区总工会第四届工会委员会委员和经费审查委员会委员参加学习。四是组织街道工会干部、专职党群工作者、工会经审干部、工会财务干部等相关人员进行专项业务知识培训,有730人次受训。（黄世和）

【闵行区举办创建劳动关系和谐企业暨工资集体协商培训班】 为创建劳动关系和谐企业,推动企业开展工资集体协商提供支持,闵行区总工会、区人力资源和社会保障局联合举办了“闵行区举办创建劳动关系和谐企业暨工资集体协商培训班”,就工资集体协商、规范劳动用工、和谐企业创建申报等工作进行专题授课。培训班共举办14期,历时3个月。受训人员涉及全区工会主席、人事干部3 000余人,覆盖企业2 000余家。（汤　怡）

【闵行区总工会举行学习《中国工会章程》知识竞赛】 5月18—29日,闵

嘉定区总工会举办工会干部培训班　　（徐　浩）

行区总工会举行学习《中国工会章程》(修正案)知识竞赛。竞赛以区总工会网站为平台,采取网上答题方式,方便广大基层工会干部参与。据统计,全区8 000多名工会干部参加了竞赛活动。 (胡　译)

【闵行区总工会开设工会主席大讲坛】 区总工会开设的工会主席大讲坛,以集中学习、实践考察相结合的方式,组织工会干部到上海市集装箱码头有限公司、上海宝钢集团等知名企业进行实地学习考察,开展“对标”提升工作,使工会干部开阔视野,提升工作水平。 (洪　岩)

【闵行区总工会学习党的十七届四中全会精神开展“四最”大讨论】 闵行区总工会学习党的十七届四中全会精神,围绕“什么是最好的工会?最好的工会做什么?分管的工作怎样做得最好?如何做最好的自己?”的“四最”开展大讨论。大讨论根据“保增长、保民生、保稳定、保世博”的总体要求,联系闵行区工会工作实际,形成四点共识。一是要使工会组织真正成为职工信赖的代言人和维护者,工会工作要体现时代性、把握规律性、富于创造性,始终保持蓬勃活力。二是要深入基层、深入一线、深入职工开展调查研究,认真分析职工思想动态和意愿诉求,准确把握企业经营状况和劳动关系动向,创建劳动关系和谐企业。三是要找准服务大局的工作着力点和切入点,贴近职工需求,做到见事早、行动快、措施实、成效大。四是要着力提高理论政策水平和实际工作能力,进一步加强思想建设,以科学理论武装头脑。 (叶民强)

【嘉定区总工会培训提升村(园区)工会干部工作水平】 2月25—27日,嘉定区总工会举办了3天封闭式的村(园区)工会干部培训班。来自全区各街镇130多名村(园区)工会主席参加培训。培训班设置了“加强村(园区)工会建设、大力提升企业工会运作质量”、“发挥村(园区)工会作用,组织教育引导职工在‘迎世博、促发展’中建功立业”、“明确责任,健全机制,努力构建和谐稳定劳动关系”和“做好工会经费的收缴和管理工作,促进工会工作的健康发展”等专题讲座以及工作互动、咨询和当前重点工作安排等课程。培训班以集中授课与“启发式”交流互动的形式,向村(园区)工会主席们传授工会工作知识和技巧。区总工会在培训小结中,对全区村(园区)工会主席提出了“加强工会组建、加强劳动关系和谐企业创建、加强工会自身建设”三方面重点工作和“明确责任,求真务实,整合力量,提升形象”四方面工作要求。 (徐　浩)

【松江区总工会开展深入学习实践科学发展观活动】 3月,松江区总工会围绕“加强两个服务,提高履职水平,做好两篇文章”的主题,组织区总机关和所属党组织的全体党员干部,开展深入学习实践科学发展观活动,共有区总机关、文化宫和离退休干部4个支部的48名党员参加。(1)主要做法。在学习调研阶段,抓好区总班子和全体党员的学习,深入基层开展调研,围绕学实活动主题开展讨论和交流;在分析检查阶段,抓好征求党员意见、召开民主生活会、起草形成区总党组贯彻落实科学发展观情况的分析检查报告;在整改落实阶段,抓好制定整改落实方案,修订区总各项学习工作和干部廉政制度,解决突出问题。(2)呈现特点。坚持领导作表率,带动党员干部广泛参与;坚持解放思想,营造浓厚学习氛围;坚持群众路线,充分发扬民主;坚持统筹兼顾,活动工作两不误、两促进。(3)取得成效。思想认识有新提高,解放思想有新发展,服务能力有新提升,班子凝聚力战斗力有新增强。至8月底,区总党组对学实活动进行总结并举行满意度测评,满意的占91.3%,比较满意的占8.7%。期间,共落实4大类12项整改项目和“三个抓”的保障措施,11月,区总工会开展了学实活动“回头看”,初步达到区委提出“干部受教育、工作上水平、群众得实惠”的目标。 (莫永涛)

松江区总工会开展学习实践科学发展观活动 (莫永涛)

【奉贤区总工会编写《工会工作指南》】 区总工会组织专家编写指导手册——《工会工作指南》。手册包含了基层工会组建工作程序、职工代表大会程序、就业援助服务程序、工资集体协商程序、集体合同签订程序、劳动争议调解简要程序等内容,基本涵盖了基层工会工作的主要方面。至年底,共有3 000册《工会工作指南》送到基层工会工作者手中。 (刘传军)

【市机电工会举办工会主席培训班】 11月6—7日,市机电工会举办“学习党的十七届四中全会精神、思考2010年工作”工会主席培训班。市总工会副主席茆荣华作了“依法维护职工合法权益,确保企业劳动关系和谐稳定”的报告,市国资委副处级调研员李桦作了“学习十七届四中全会精神,推进国企改革”的专题报告。培训班同时形成了2010年工会工作的主要思路。一是学习李斌活动要做到坚持不懈、常抓不懈、常学常新、常做常新，发挥工人阶级主人翁作用、劳模的引领作用，推动高技能人才队伍的形成。二是建立和谐双赢的劳动关系。在改制中要发挥厂务公开机制和职代会制度的作用。涉及职工切身利益的重大事情，职代会要审议通过；要畅通职工的信息渠道，寻求主动获取信息的有效途径；要进一步推行和完善工资协商机制。三是建立帮困送温暖的长效机制。完善工会网上捐赠平台，形成正常运作的工作机制；要重点关心大病就医困难的职工。四是要进一步加强基层工会组织建设，提高基层组织的活力和凝聚力。（冯克华）

【市化学工会举办工会主席政治理论培训班】 市化学工会委托上海市委党校举办2期工会主席政治理论培训班。所属重点企事业单位工会主席、化学工会机关工作人员共74人参加学习。这次培训具有师资力量强、授课内容新、信息量大，富有权威性、前瞻性和指导性等特点，为创新工作机制，改变工作方法，提升工会工作水平奠定基础。（赵　峥）

【市纺织工会举办大规模工会干部培训班】 从3月份开始，市纺织工会以纺织控股公司党委开展深入学习实践科学发展观活动为契机，组织开展了6期以“应对国际金融危机、积极推进纺织三年发展规划”为主题的大规模工会干部培训。工会委员会委员、经审委员和基层企业工会干部共455人次参加了培训，参与率98%。培训班根据新形势下企业工会组织面临的新任务、新要求，结合工会工作热点难点问题，设置培训专题、制订培训计划，在提高培训的实效性和针对性上下功夫。突出三个方面重点。一是关于上海纺织发展战略方面的培训。加强工会干部从宏观高度掌握上海纺织发展战略的意识和能力，使工会工作适应企业经济发展需要。二是关于平等协商和集体合同实务知识的培训。提高各级工会干部在危机面前做好群众工作的组织能力和应变能力。三是关于工会基本理论及实务知识的培训，专门编写《工会工作实务操作手册》，帮助工会干部加强对日常工作中基本问题的认识和理解。培训班邀请纺织控股公司和纺织有限公司的行政领导和部室主管担任讲师，聘请社会知名教授、专家讲课，期间还安排了知识竞答和纺织工会职能部室点评互动。（俞进艺）

【医药工会举办工会干部实务培训班】 医药工会举办了新任工会干部实务培训和工会干部集中培训班。实务培训内容涉及组织、女工、经济、宣教、民管、保障、经费管理等各方面，来自各基层单位的60多名新任工会干部参加。集中培训面向医药工会全委会委员及基层工会的正副主席，内容包含如何开展心理辅导、如何在企业中开展群众工作、党的十七届四中全会精神学习辅导、上药集团的发展与未来等。（赵一鸣）

【宝钢集团工会举办工会主席研修班】 8月28—29日，宝钢集团公司工会与人才开发院联办2009年度工会主席研修班，共计151名工会干部参加。宝钢集团公司党委书记刘国胜就党群组织如何“以市场为导向、以用户为中心”开展工作、如何发挥工会组织独特优势等课题作专题报告。宝钢集团公司党委副书记欧阳英鹏作动员讲话，并对工会工作提出要求。一是把《工会法》赋予工会的任务具体化；二是力求工作的规范化；三是围绕中心工作实现工会工作的价值最大化。集团工会主席汪金德就《工会工作与领导方法》和《宝钢职工民主管理实现途径的研究与实践》进行了系统培训。培训班还邀请了全总民管部民主管理理论专家刘铁章系统讲解了职工民主管理的发展背景及趋势。（徐　卫）

【上海石化举办第五期工会干部培训班】 7—8月，公司举办第五期工会干部培训班。参加培训的人员有公司和两级单位工会专职干部、部分装置工会主席及部分兼职工会干部，总人数达到130人。培训内容为政治理论、实践操作和管理能力等3个模块，共10讲。培训结束进行书面考核，并表彰优秀学员。（张　敏）

【化学工业区工会举办工会干部业务培训班】 上海化学工业区工会根据年初制定的《上海化工区工会干部培训工作实施方案》，面向基层工会主席、新上岗的工会干部、工会工作者，举办了一期化学工业区工会干部业务培训班，共有60人参加学习。培训班设置形势教育、工会相关法律、工会理论与实务等3项课程。（张　俊）

【市烟草工会举办加强自身建设业务培训班】 市烟草工会以集中办班的形式对集团91名工会干部进行了为期五天的业务培训。培训以“练内功、强素质”为宗旨，把培训重点放在提升工会干部的自身素养和业务技能

上海铁路局举办基层工会主席培训班　（董　平）

上，强调针对性与应用性统一、实际需求与年度工作相结合，注重提高培训实效。培训班在局、(集团)公司人事劳资处的支持配合下，采用半脱产方式，按计划完成《工作总结与先进材料的写作》、《沟通与激励》、《当前形势报告》、《班组创建课题的思路和方法》、《贯彻落实科学发展观的世界观和方法论》、《贯彻劳动合同法工会应把握的问题》、《迎世博学礼仪》、《如何提高员工心理素质》等40课时的培训内容。 (江洪生)

【铁路局加强工会专兼职干部能力建设】 铁路局工会将工会干部培训工作纳入局干部培训计划，选送28名工会专职干部参加了铁总、省市总工会组织的培训，开办了5期兼职工会主席培训班，对272名兼职工会主席进行工会工作系统培训；会同铁路局人事处、党委组织部，将工会工作、民主管理工作纳入新任职党委书记、党支部书记培训课程；还注重在实施课题调研中加强对工会干部调研能力的培训，提高干部发现问题解决问题的能力。 (董 平)

【市建设交通党校工会为工会干部提供心理健康培训】 3月25日，市建设交通党校工会、上海城市管理职业技术学院工会联合组织举办“心理健康”知识讲座，促进广大工会干部能以良好的身心健康投入到工会工作中。讲座特别邀请了国家心理咨询师、副教授张伟民作心理健康专题辅导和咨询。 (刘国华)

【市进沪建筑施工企业工会工作促进会召开工会组建指导员培训会】 4月20日，市进沪建筑施工企业工会工作促进会举办2009年市建筑业农民工工会组建指导员培训会议。来自各区建交委、建管所、外省市驻沪办建管处等近50人参加。会议回顾了2008年进沪建筑施工企业工会工作促进会工作，并对2009年市建筑业农民工工作提出要求。一是在新的思想高度上形成新的认识；二是在新的尝试中创新和发展；三是在党委领导下继续依托政府服务平台，依靠地方工会组织开展工作。会议指出，做好建筑业农民工工作要坚持几项原则，一是始终坚持党的领导，围绕中心服务大局；二是始终坚持依托政府服务平台，使服务农民工的能力有新的提升；三是始终坚持条块结合，依靠地方工会组织，发挥行业管理的优势。 (钱 蓉)

【市医务工会举办医药卫生改革专题培训班】 4月24日，市医务工会举办“关于深化医药卫生体制改革工会主席专题培训班”。培训班邀请复旦大学公共卫生学院教授胡善联为卫生系统工会干部解读医改政策，解答医改疑虑。胡善联从医改方案的精神实质、政府卫生投入、重点抓好的5项工作等3个方面对深化医药卫生体制改革方案进行解读，并就工会干部关注的医疗资源配置、药事服务处方费、医疗保障、企业医院发展方向、医疗机构的集团化建设中的价值取向、民营医疗机构的社会定位等问题进行解答。来自区县医务工会、直属基层工会、部份企业职工医院、部分民营医院的工会主席、专职副主席约90人参加培训。 (池朝霞)

【上海新闻出版工会加强工会干部队伍建设】 一是开展政治理论学习。举办一年一度的工会干部学习培训班，编印学习辅导资料。组织学习十七大四中全会精神。二是开展工会业务培训，提高工会干部素质和工作能力。围绕职工热点难点问题，邀请有关专家解读党和国家新颁布的法律法规和政策。三是加强工会主席任前培训。组织行业所有新任工会主席(负责人)参加不同层面的上岗资格培训。四是加强财务和经审工作。规范工会经费使用和管理，强化工会经费审查监督职能，先后对15家基层工会进行了经济审查。 (陈宏华)

【市监狱局工会举办工会主席培训班】 市监狱局工会面向各基层工会正副主席、工会女工委主任举办了工会干部培训班，局党委领导到会并讲话。培训内容是传达贯彻全总执委会和市总全委会领导讲话精神，学习市监狱局工会第四次代表大会精神，贯彻落实局年中工作会议要求，讨论研究新时期监狱系统工会工作等。培训班邀请上海工会管理职业学院教授王连祥就新形势下如何开展工会工作和上海“迎世博”形势等为学员授课。 (江海群)

【上海联通工会加强工会干部培训】 5月21日，上海联通工会下属23个基层工会组织全部完成组建。为加强新当选的工会主席(直属工会小组组长)和工会委员对基层工会组织性质、任务和特点的认识了解，提高工会业务知识和工作水平，5月27日，联通工会举办第一期工会干部培训班，参加者有60人。 (康 迪)

【上海工会干部管理职业学院扩大工会干部免费培训规模】 2009年，上

市总工会直属机关召开第六次党代会 (陈进修)

海工会干部管理职业学院扩大工会干部上岗资格免费培训规模，更好地为基层工会、为基层工会干部服务。免费培训的范围扩大到包括新上岗工会主席岗位资格培训、工会领导干部培训以及非公企业工会主席培训三个层面。经统计，2009年学院承担了市总工会组织的各类工会干部免费教育培训班24期，免费培训数达2 099人，超额完成计划1 000名的指标，其中非公企业工会干部免费培训数达到1 114人。（兰新宇）

机关系统自身建设

【市总工会开展学习型机关创建工作】 市总工会推进学习型机关建设工作着眼机关干部队伍建设的实际，制定了《关于推进学习型机关建设的实施意见》，建立了市总工会学习型机关建设领导小组，逐步形成机关党委主抓、各部室主动配合的工作格局，营造出“人人重视学习、人人参与学习”氛围。在“上海党员干部远程教育平台”上，建立了市总机关系统“党建网页”，加强“创学”工作的网络化、信息化管理，运用“走出去、请进来”方式，深化学习教育。经市级机关党工委综合评估，市总工会被评为“上海市创建学习型机关先进单位”。（余　铮）

【市总党组制定《切实加强市总工会机关系统党的建设的实施意见》】 市总党组结合市总工会机关系统实际，在征询各基层党组织意见的基础上，制定《关于贯彻落实党的十七届四中全会和九届市委九次全会精神，切实加强市总工会机关系统党的建设的实施意见》。《实施意见》包括11个方面：一是深入学习领会中央和市委精神，切实增强新形势下加强市总机关系统党的建设的紧迫感和责任感；二是加强学习型领导班子建设，提高领导班子能力水平；三是建设学习型基层党组织，深入开展党员学习教育活动；四是贯彻党的民主集中制，加强党的纪律和党内民主决策机制；五是发扬党内民主，保障党员的主体地位和民主权利；六是加强干部工作，建设高素质工会干部队伍；七是加强直管单位领导班子建设，为工会企事业发展提供人力资源保障；八是加强基层党组织建设，增强基层党组织活力；九是弘扬党的优良传统和作风，为职工群众办实事做好事解难事；十是加强党风廉政建设，深入开展反腐败斗争；十一是全面落实党建责任制，确保各项工作落到实处。（余　铮）

【市总机关系统开展服务“四个确保”实践活动】 市总机关党委结合落实学习实践科学发展观活动整改方案和整改措施，认真组织开展“改进工作作风，服务四个确保”实践活动，重点整改影响“四个确保”实现的突出问题，引导广大党员解放思想、共克时艰，立足本职、提高绩效，在全球金融危机的特殊时期，发扬特殊精神，作出特殊贡献。市总工会机关7个部室结合调研成果，确立了“贯彻迎世博600天计划，进一步推动百万职工立功竞赛”、“促就业、保稳定——就业援助服务行动”、“上海工会建立大学生见习基地”等11项主题实践活动。各直管单位党组织在践行“四个确保”活动中，创造特色、形成亮点，发挥党建工作、党组织和广大党员作用，12家单位党组织就“加强党建基础工作、发挥党员领导干部作用、加强党员和职工队伍建设、自我加压不断创新、弘扬企业文化、维稳定创和谐”等专题进行交流学习。（余　铮）

【市总机关系统召开迎七一座谈会】 6月19日，市总直属机关党委召开迎七一座谈会，市总各直管单位党组织书记、机关部室党支部书记参加座谈。会上，市总直属机关党委对近期党建工作情况进行通报，市总直属机关党委委员，市总机关6个部室交流了推进主题实践活动项目的进展情况，12个直管单位党组织交流了服务“四个确保”、加强基层党建工作的经验和体会。市总工会党组副书记、市总工会副主席肖堃涛传达了“全国机关党的建设工作会议”精神，要求各级党组织和广大党员干部认真贯彻落实会议精神，着力加强“五项建设”。一是加强思想政治建设，为落实中央和市委决策部署、完成工会重点工作、重点任务提供动力和保障；二是加强业务能力建设，提高干部水平和工作效能；三是加强机关作风建设，密切机关干部和职工群众的直接联系；四是加强党内民主建设，激发机关党组织的生机活力；五是加强反腐倡廉建设，确保机关党员干部廉洁从政。（余　铮）

【市总工会加强机关作风建设】 2009年，市总工会把贯彻落实《关于进一步加强市总工会机关建设的若干意见》、《关于进一步加强机关作风建设提高工作效率的实施意见》作为加强机关作风建设的重点。机关部室建立健全了党员联系群众、服务群众的制度，14个机关部室党支部普遍制订并加强作风建设制度。通过学习吴大观同志先进事迹、观看诗朗诵“红色

运输工会以“深化职工素质工程，推进集团科学发展”为主题与基层工会开展共学活动（顾见华）

箴言”等,增强发扬传统、牢记宗旨的坚定性;通过健全完善“结对助学”、“结对帮扶”制度,加大帮困帮扶力度,增强“党员受教育,群众得实惠”的功效。在与贫困村结对帮扶工作中,机关党委和4家基层党组织,注重帮扶实效,落实了年度结对帮扶项目,受到帮扶对象好评;加强对困难党员帮扶力度,从精神上、经济上关心困难党员;重视职工群众的来信来访工作,加强职能部门之间、职能部门与直管单位之间的沟通协调,形成合力做好矛盾的化解工作,妥善处理和解决了一些直管单位职工关注的“三最”问题。（余 铮）

【普陀区总工会走访服务百家规模以上非公企业工会】 3月28日,区总工会走访服务100家规模以上非公企业工会,指导、帮助、检查、协调、督促基层工会各项工作的开展。从4个方面突出服务基层的实效:一是从学习实践科学发展观,加快构建和谐社会的高度出发,认识做好指导服务基层工会工作的重要性,转变工会机关工作作风,实现工作重心下移,着力激发基层工会活力,探索改进开展工会活动的方式方法,提升工作水平。二是以机关部室为单位走访基层工会。区总工会主席、副主席按分管部室对应走访基层工会。各部室定期通报和向区总工会主席室书面汇报进展情况,并撰写走访基层工会工作案例。三是加强对基层工会的工作指导,做到工作研究指导到位,先进经验总结到位,问题跟进解决到位,努力推进工作取得实效。四是区总工会各部室加强分类指导,对所走访联系的基层工会做好重点调查研究,及时总结经验,对遇到的困难和问题予以指导和帮助。（赵 勇）

【闵行区总工会实施机关干部联系基层“四项细则”】 闵行区总工会改进区总工会机关作风,推出“机关干部联系基层四项细则”,提高机关干部工作效能。一是“首问负责制”。谁最先接受基层单位或职工的询问,谁负责首问解答,使对方得到满意的答复。二是“首接责任制”。谁最先接到涉及部门业务范围内的事项,要尽快办理,负责到底。三是“流转处理制”。进一步完善拟办事项处理的流程及方法。四是“处理回访制”。进一步完善企业群体性劳资纠纷平息后的回访程序及规定。（叶民强）

信息化管理

【上海劳模信息动态管理系统建成运行】 为全面掌握上海劳模的基本情况,运用先进的网络和信息技术,通过信息资料库实现上海劳模日常的信息化运作,以便更好地为劳模服务,市总工会申请立项开发的“上海劳模信息动态管理系统”主要提供劳模所在单位及个人的基本情况信息,可根据不同属性对劳模进行分类管理,同时提供社保、医疗等相关数据信息的导入接口,具有自定义条件统计分析的功能,是各级党政领导和工会干部了解上海劳模动态信息的平台。（秦 伟）

【市总工会公务网站信息交流系统改版运行】 市总工会公务网站建成于2003年。为进一步加强上海市总工会公务网络信息发布和现代化管理,进一步简化市总工会办公流程,提高工作效率,经过周密调研论证,市总工会对公务网络重新构思改版。改版后的市总工会公务网站于2009年3月正式开通运行。系统主要由两部分组成,一是运用先进的网络和信息技术,通过市总工会公务网站信息发布实现上海工会工作信息交流和数据共享,使市总工会公务网网站成为市委及各级领导了解工会信息交流互动的平台。二是利用电子邮件模式对传统的市总机关发文办文流程进行简化,提高上海工会工作实效和水平。（秦 伟）

【市总工会机关实施计算机信息系统专项保密检查】 2009年,市总工会办公室根据有关文件精神,制定《关于开展市总机关计算机信息系统专项保密检查工作的方案》。按照机关计算机使用实际情况,开展计算机信息系统专项保密检查工作。为确保不漏掉一个检查项目,不漏掉一人、一机、一盘、一网,市总工会办公室根据检查要求制定了涉密计算机、非涉密计算机检查情况登记表,对机关涉密计算机、非涉密计算机开展全面检查,对每项检查内容逐项询问,并由检查人与被检查人双方共同签字确认,建立人机绑定的“户籍化”管理,责任到人。在检查过程中发现问题及时解决并上报分管领导,经过3个月工作,市总机关计算机信息系统专项保密检查工作通过了市有关部门的检查验收。对检查期间暴露出的在日常计算机操作上的不规范问题,市总工会办公室将进一步建立健全安全保密检查长效机制,加强网络系统管理,通过技术手段控制网络的安全运行。（崔 毅）

【市总工会举办工会组建数据库应用管理培训班】 为加强工会组建工作基础管理,更好的为推进世界500强

普陀区总工会举办青工e坊“迎世博e友都来赛”活动（赵 勇）

等跨国公司工会组建和中小型非公企业工会联合会组建工作服务，3—8月，市总工会组织部分别组织开展了“世界500强等跨国公司工会组建数据库”和“全国中小型非公企业工会联合会组建数据库”应用管理培训班。各区县总工会和开发区工会组织部长和数据库应用管理操作员参加培训。（杨 娟）

【市总工会机关系统“党建网页”开通】 经过一年多的筹备工作，市总工会机关系统“党建网页”于2009年下半年正式开通。“党建网页”设有“党建动态、党风廉政建设、群团动态、精神文明建设、党员心声、视频点播、网上调查”等7个专栏，其中“党建动态”专栏设“通知、文件、党建信息、简报交流、党员风采”等内容；“视频点播”专栏设“学习辅导材料、党员新视野、时事资料”等内容。（余 铮）

【普陀工会新版“青工e坊”论坛在东方网开通】 4月1日，普陀工会新版“青工e坊”论坛（www.ptqg.org）正式在东方网论坛上开通，以迎世博感言良策征集为先导的普陀工会“世博网上行”5项行动计划同时启动。作为上海市十佳职工素质工程品牌项目，普陀工会“青工e坊”始终发挥工会组织的网络优势，以网络论坛的形式，开展以读书活动、劳模宣传、网络摄影等多种形式在内的“青工网上行”的活动。为更好地利用网络平台配合普陀工会开展好迎世博主题活动，区总工会在东方网上设置了新的版面，利用东方网网络支持全面开展世博进程感悟、世博理念宣传、世博知识竞赛、世博建设展示和世博典型发布等5项主题活动，同时积极参与东方网论坛的各项迎世博主题活动，将“城市，让生活更美好”的世博主题通过网络演绎成广大青年职工群众“光荣劳动者，建功世博会，展现新普陀”的观念先导、文化自觉和生动实践，打造普陀职工网络学校。（赵 勇）

【杨浦工会网站开通“世博风采”专栏】 3月8日，区总工会网站开通“世博风采”专栏，成为世博宣传的又一重要阵地。区总网站“世博风采”专栏下辖3个子栏目：一是“迎世博杨浦职工在行动”，集中刊登区总工会围绕迎世博制定和发布的各类文件，重要活动、会议通知及相关信息，全区各行业、地区、直属工会及其下属基层企业工会组织开展的迎世博相关活动信息；二是“世博知识宣传”，主要刊载历届世博会基本知识以及上海世博会筹办、展览、参观相关知识和信息；三是“迎世博、学双语”，刊载“迎世博、学双语”市民读本（教材）及配套音频资料（可免费下载），发布双语培训、考试、颁证等相关信息。市民只需登陆杨浦区总工会网站（www.shypzgh.org）即可点击查看“世博风采”专栏的相关信息。（张念宏）

【奉贤区总工会建设工会组织信息数据库】 年内，奉贤区总工会成功开发了《基层工会组织数据信息库》软件，通过该软件可以方便地查询到区内任何一个工会会员的相关信息。3月20日，举办软件操作员培训班，通过现场操作演示的方式进行培训，使参加培训操作员都能掌握。（刘传军）

【市体育局工会开通工会工作网页】 6月18日，市体育局工会网页依托市体育局官方网站平台正式启用。局工会网页共分9个板块，以“基层工会”和“特色职工之家”展示为重点，开设新闻区域和图片中心，以图文并茂的形式及时报道工会工作动态；“劳模风范”板块是展示局工会先进人物、先进集体的窗口，结合全运会“十佳好人好事”评选表彰活动，网页专门开辟“好人好事”板块详细介绍候选人先进事迹；网页还设置“政策法规”和“公告栏”，在“资料中心”里可以方便查询局工会的各项活动情况；“网上调查”和“合理化建议”则是一个互动空间，可以通过点击或发表建议与局工会交流沟通。（乐俊平）

【监狱局工会运用“工会网站”推动工会工作】 网站由局工会自行研制开发，由局工会办公室人员更新维护。至今已有7个年头，已经过多次改版，设有工会动态、工会文件、图片新闻、工会俱乐部、政策法规、工会论坛和摄影作品等7大版块和13个链接栏。局工会网站每周2次定期更新，有重大新闻和信息及时更新，2009年共报道工会动态206条，基层工会信息318条，图片新闻102条。已有14个基层工会在单位的局域网上建立了工会网页，形成上下沟通、互相交流、促进工作的格局。（江海群）

【城建集团第二市政“轨一在线”构筑职工交流新平台】 城建集团第二市政轨一分公司工会利用网络信息化技术，建立博客“轨一在线”，并设立活动图片、了解轨一、人物风采、职工才艺、折叠论坛、奇文奇闻、巾帼智囊、代表巡视等8个栏目。“轨一在线”信息及时，内容有趣味性，让职工及时了解公司的最新信息，并从跟帖中反馈职工思想。博客开办半个月，职工点击已愈500人次，受到好评。（孙 群）

中交三航局工会召开工作年会（黄书展）

理论与调研

Theory and Research

综　述

2009年，全市各级工会坚持服务发展大局、服务职工群众，针对劳动关系和职工队伍出现的新情况新问题，抓住工会工作中的热点和难点问题，围绕工会在保增长、保民生、保稳定各项工作中全面履职的探索和实践，从三个层面深入开展理论研究和调查研究。一是围绕工会年度工作重点和目标任务，开展重点课题研究。市总工会设立了《关于以改革创新的精神加强工会建设的研究》、《关于区域性、行业性职代会定位及作用的研究》等8项重点课题，由市总工会领导担任课题指导，各职能部门组成课题组，集中力量开展调研。二是围绕工会工作阶段性的热点难点问题，委托区县局（产业）工会开展调研。市总工会设立了八项委托课题，通过招标、申报、审核等程序，委托24家单位承担这些课题的研究。三是发布调研参考选题，引导各级工会结合自身实际开展调研。市总工会设立了《关于职工经济技术创新机制的调研》等10项参考课题，推动各级工会从实际出发，以求真务实、改革创新的精神，对各条线工作中的难点问题进行深入研究，更好地把握新时期工会工作的特点和规律，为促进工会工作的创新发展奠定坚实的基础。总体而言，上海各级工会的调研成果主要涵盖了三方面内容。其一，高度关注国际金融危机影响下职工权益保障问题。如上海社科院工会、杨浦区总工会深入调研国际金融危机对企业女职工群体的影响，城乡建设和交通工会对全市出租车行业驾驶员收入状况的调研，普陀区总工会对物业管理行业、餐饮行业职工收入情况开展的调研，市容环境行业工会对全市道路保洁工劳动权益实现状况进行的调研，以及建工集团工会对职工思想状况和权益维护状况进行的调研等，在反映职工思想动态和利益诉求的同时，对进一步提高职工劳动经济权益提出了对策建议。其二，积极探索新形势下工会服务大局、服务职工的结合点和切入点。如闵行区总工会、嘉定区总工会、松江区总工会分别对推动劳动关系和谐企业创建活动进行调研；黄浦区总工会围绕保增长、稳岗位、稳收入、稳队伍，对开展“共同约定”行动进行调研；上港集团工会针对国际金融危机影响，开展节约型企业创建活动调研；宝钢集团下属特钢公司工会、股份公司本部工会分别对工会在应对危机中开展最佳实践者活动进行调研等。这些工会组织在大量实践基础上，对工会全面履行各项职能进行了理性思考和经验总结，具有较强的指导意义和推广价值。其三，深入研究工会工作创新发展的新思路和新举措。如针对劳动争议数量大幅上升的情况，浦东新区、徐汇区、黄浦区总工会分别开展了对健全完善基层劳动争议调解组织和工作机制的调研，普陀区总工会深入调研区域性、行业性职代会制度建立后职代会的功能定位及发展趋势，静安区总工会着重对非公企业工会主席的履职能力进行调研，宝钢集团工会对现代企业制度下职工民主管理实现途径进行深入研究等。这些调研成果针对工会工作面临的新课题，研究突破瓶颈、破解难题的对策措施，具有一定的前瞻性和探索性。2009年上海工会调查研究工作还体现了一些新的特点。一方面，调研成果运用突破了内部循环，在源头参与上有了新进展。如，按照市委要求，市总工会组成联合调查组，开展了“关于做好本市农民工工作的若干问题”的调研，从劳动就业、工资收入、社会保障、精神文化生活、子女教育、居住和户籍政策等方面，反映了农民工的利益诉求，提出了相应的政策建议。另一方面，调研基础工作得到了切实加强，在整合资源、增进合力上有所突破。以市工运研究会理事会换届改选为契机，进一步加强工会理论研究学术性社团建设；健全市总工会基层调研联系点工作制度，搭建日常工作交流和信息沟通的平台，进一步发挥基层调研点作为反映社情民意和职工诉求渠道、了解基层工会工作状况窗口的积极作用。2009年上海工会理论研究和调查研究工作取得了丰硕成果，在年度优秀调研报告、论文评选中，各级工会上报参评文章230余篇。　（桂晓燕）

工运研究会

【上海市工运研究会召开第八次会员大会暨2009年年会】　12月11日，上海市工人运动研究会召开第八次会员大会暨2009年年会。来自全市工会系统、政府机关和理论研究单位的工运研究会会员、理事和顾问、专家委员共200余人参加了会议。市人大常委会副主任、市总工会主席、市工运研究会名誉会长陈豪，市社联党组副书记桑玉成出席会议并讲话。大会审议通过了市总工会副主席、市工运研究会会长茆荣华代表第七届理事会所作的工作报告；选举产生了工运研究会第八届理事会，丁巍等99人当选为新一届理事会成员；并经新一届理事会

上海市工人运动研究会召开第八次会员大会暨2009年年会

（陈进修）

选举产生了理事会领导班子，茆荣华任会长，王水官、王剑明、肖长松、陈必华、陈鸿生、周文芳、夏玲英、顾骏、桂晓燕、傅小龙任副会长，桂晓燕兼任秘书长。会议总结了第七届理事会5年来的工作成果，提出了今后5年工运研究会的工作目标。一是以党的科学理论为指导，把实现新时期工会工作目标任务贯穿工运研究工作全过程。二是以加强课题研究为抓手，不断推进工运研究和工会工作创新。三是以推动制度化、规范化建设为重点，进一步夯实工运研究工作基础。进一步发挥研究会联系专家学者的桥梁纽带功能、课题研究的组织协调功能、服务大局的决策咨询功能、解疑释惑的宣传普及功能，为促进工运事业发展发挥更大作用。（吴　越）

【女职工问题研究专业委员会召开研讨会暨优秀论文颁奖会】　5月13日，市总工会女职工委员会、女职工问题研究专业委员会召开专题研讨会，就近期开展的女职工“三期”（孕期、产期、哺乳期）权益落实状况调研进行交流和研讨。由于一些行业部分岗位的特殊性，女职工的“三期”特殊权益落实情况存在复杂性和多样性。市女职工委员会牵头对航空、公交、铁路、教育、新闻、纺织服装、机场等行业进行调研，并形成系列调研报告。会上，青浦区总工会女职工委员会介绍了开展调研的经验和体会，解放报业集团工会介绍了通过减少工作指标等措施落实“三期”女职工特殊保护的做法。会议认为，落实女职工“三期”保护，需要从加强性别意识教育、加大执法力度、强化制度建设等各个层面和环节加以推动，为维护女职工合法权益和特殊利益营造更加良好的氛围。会上，表彰了2008年度女职工问题研究优秀论文评选获奖文章，共有15篇论文获得荣誉。其中中交三航局有限公司工会女职工委员会撰写的《三航局有限公司青年女职工状况问卷调查分析报告》一文获一等奖；上港集团物流有限公司工会女职工委员会撰写的《上港物流女职工工作调研报告》等4篇文章获二等奖；青浦区教育工会女职工委员会撰写的《建设学习型女职工组织，提升新时期女职工素质》等10篇论文获三等奖。（孙　华）

【徐汇区工运研究会组织开展重点课题调研】　由区总领导班子成员牵头组成课题组，深入基层企事业单位开展调研，重点开展的调研课题有：一是关于进一步提高工会服务科学发展水平的调研。调研分析了工会在区域产业结构调整、职工队伍发展变化情况下工作方式的不适应，以及在劳动就业、收入分配、社会保障等涉及职工切身利益的矛盾比较突出的情况下维权能力的不适应，研究提出了加强工会四项工作机制建设的建议。二是关于社区工会参与劳动争议调解工作的调研。针对近年来劳动争议纠纷数量急剧攀升和加强预防调解、把矛盾化解在基层的现实要求，分析研究了社区工会参与劳动争议调解的指导原则、方式途径等。三是关于应对全球金融危机提升工会资产运作质量的调研。针对国际金融危机对市场的影响，以及工会企事业的经营活动和运作效益受到的影响，从防范经营风险、加强资产管理、建立健全运作管理制度、调整工会企事业资产结构等方面，研究了工会资产增值保值的途径。四是关于加强企业职工文化建设的调研。调研反映了当前企业职工文化建设面临的困难、矛盾，研究提出了加强职工文化建设的措施和途径。徐汇区工运研究会在大力开展调查研究的同时，突出调研成果有效转化的主题。将调研成果的利用与为领导决策提供参考、与形成规范性文件相结合。调研所形成的对策建议，大都反映在区总工会2010年的工作思路中，其中关于社区工会参与劳动争议调解的研究成果，得到区委区府领导的高度重视，并责成区人保局、司法局同区总工会加强合作，在全区13个街镇全部挂牌成立社区工会劳动争议调解工作室，以发挥工会参与化解劳动纠纷、促进劳动关系和谐的积极作用。（吴　越）

【黄浦区总工会开展调研取得成果】　黄浦区总工会围绕深入开展学习实践科学发展观活动和以推进“保增长、稳岗位、稳收入、稳队伍”为内容的“共同约定”行动，广泛开展调查研究。区总工会组成了由领导班子成员领衔的6个调研小组，分别组织开展了《黄浦区工会应对企业经济困难的思考和行动》、《服务科学发展观，发挥工会组织立功竞赛在保增长中的作用》、《关于完善黄浦区基层工会劳动争议调处机制的调研》、《关于工会应对金融危机，稳岗位、促就业工作的情况调查》、《关于对协保“夹心层”人员关心工作的情况调研》、《在金融危机下关注职工收入分配，依法推进工资集体协商》、《工会积极应对金融危机，保持职工队伍稳定》等专题调研。通过走访、座谈、问卷、访谈等形式，全面反映应对国际金融危机背景下工会工作和职工队伍状况。在调研过程中加强分类指导、中途推进、验收管理，使专题调研在全区得到广泛落实。全区各级工会形成工作调研65篇，其中区总机关10篇。区总工会《关于完善黄浦区基层工会劳动争议调处机制的调研》被列为2009年度市总工会委托调研课题，并和《关于对协保“夹心层”人员关心工作的情况调研》共同入选2009年度全市工会优秀调研报告获奖范围。《开展共同约定行动的情况调查》和《关注职工收入分配，依法推进工资集体协商》两篇报告被编入《黄浦区学习实践科学发展观调研报告选编》一书。（吕诚陆）

【闵行区工会工作研究会完善工作制度推进规范化建设】　2009年，闵行区工会工作研究会着力完善四项工作制度：一是信息传递制度。设立信息载体，及时反映调研信息。在区总工会网站上设立了“工运研究”、“职工诉求”等栏目，编发《闵工简报》，及时交流基层工会的调研成果和工作经验，反映职工需求和呼声；创办《信息快报》，及时将有关调研信息和劳资关系状况报送领导参阅。二是基层团体会员联系制度。由区总工会机关干部担任基层联络员，每人负责联系2—3个基层团体会员，深入了解基层工会工作和工会干部情况，听取基层工会对区总工会开展工作的意见和建议，使基层工会的意见和呼声能及时反映到区总工会。三是基层调研点工作制度。在全区选择了10家单位作为基层调研点，调研点由区总机关干部专人联系，作为定期反映情况、听取职工意见呼声的渠道，成为掌握基层工会工作动态、培育先进典型的有效平台。四是理论学习制度。研究会每月组织一次学习交流，以集中学习、参观考察和专题培训等方式，帮助会员拓宽视野、提升理论水平和工作能力，同时研究会定期发布读书选题和推荐书目，在推动调查研究和理论学习上发挥作用。（吴　越）

【宝钢股份公司本部工会以“课题申报立项法”推进基层工会调查研究】宝钢股份公司本部工会以工运研究会为工作平台，组织基层会员认真开展工会理论和工作研究，为提升工会干部队伍素质、促进工会工作发展提供支撑。年初，制订下发年度工会工作理论研究计划，围绕企业发展和工会工作面临的重点难点问题，提出了3个重点课题和12个参考课题，要求基层工会结合自身实际开展调研。研究会下属17个分会员单位全部选择了课题开展调查研究。在管理上，实行申报批准立项的办法，以加强对研究工作的管理和指导。各基层工会课题组和会员个人上报的36篇论文，大多围绕企业生产经营中心和工会工作的重点内容展开，既紧扣公司发展大局，又结合工会工作的实际，具有一定的指导借鉴作用。（王俊民）

【建工（集团）工运研究会结合学习实践科学发展观活动调研职工“三最”问题】此项调研发放问卷1 226份，并召开一线职工和管理人员座谈会，直接听取职工群众呼声，反映职工“三最”利益问题。在调查基础上，重点研究了在集团重大工程建设任务繁重的情况下，工会如何运用立功竞赛的有效载体推进重大工程建设，以及在外埠项目上如何加强工会建设，如何关心“走出去”职工和解决他们的后顾之忧，当前职工有哪些思想反映和值得重视的问题与倾向等。集团层面的调研有如下特点：一是上下联动、发动面广。集团各级工会、研究会均按照部署开展调研，广泛听取职工意见呼声，认真分析研究职工思想动态和最关心的突出问题。二是调研的落脚点在于职工“三最”利益问题，促使“职工群众得实惠”的总体要求落到实处。三是调研围绕完善职工收入正常调整、增长机制和职工福利待遇保障机制建设，对职工关心的补充公积金、年金，交通费补贴、体检项目和补充医疗保险等福利待遇的增加和“走出去”职工的工作、生活、精神需求，加大帮困送温暖力度，改善困难职工的生活条件等提出了建议。（吴　越）

【上海卫生系统工会理论研究取得新进展】2009年，上海市卫生系统工会工作理论研究会聚焦重点、关注热点，将工会工作面临的难点作为工会理论研究的着力点，多层次、多角度地开展工作调研和理论研究。一是组织开展专题调研。在市级层面，申报并完成了市总工会委托课题《上海市卫生系统职工文化建设专题调研》。调查范围涉及市医务工会直属基层工会，区县医务工会所属的一、二级医疗机构工会，企业职工医院工会和民营医院工会等共88家；职工样本选择各医疗机构党政工主要领导、医生、护士、医技人员、管理人员等，涉及69家医疗卫生单位的1 560名职工。在市医务工会层面，重点组织开展了院务公开、派遣制职工入会等专题调研。涉及市级医疗单位、区县一、二级医院、企业职工医院和部分民营医院共83家单位，799位医务职工参与了问卷调查。在各成员单位，组织开展涉及工会维权、素质工程、民主管理、和谐医院建设等领域的重点课题征集。二是开展年会论文征集活动。共收到市医务工会及23家直属基层工会、8个区医务工会、1家企业职工医院推荐的论文141篇。三是举办专题讲座，提高研究会会员理论水平。举办了上海新一轮医改解读、如何撰写调研论文等专题讲座和专业知识培训10场，参加人员达1 000多人次；组织理论研究论文交流，编辑《工会理论研究》增刊，发表调研报告、工会理论研究论文36篇。（钱菊敏）

理论与调研

【市总工会开展坚持走中国特色社会主义工会发展道路，以改革创新精神加强上海工会建设的研究】由市总工会研究室承担调研并撰写报告，是市总工会重点调研课题之一。研究报告总结了上海工会在市委和全总的领导下，适应上海经济社会发展新形势新要求，对中国特色、时代特征、上海特点的现代化国际大都市工会工作新格局的探索。一是紧紧围绕改革发展稳定大局，为实现经济社会协调发展凝心聚力。在上海经济体制转轨、经济结构提升、社会结构转型、城市功能转换过程中，积极支持改革，加强改革改制的源头参与，加强就业政策的实施，加强职工劳动经济权益维护和工会互助保障事业建设，推进重大改革举措顺利实施。积极推动发展，深入持久开展百万职工建功立业主题实践活动，倡导岗位学习、岗位成才、岗位创新、岗位奉献，发挥了工人阶级主力军作用。积极维护稳定，健全困难职工帮扶体系，切实做好农民工援助服务工作，协助政府改善支内退休回沪定居人员生活状况，加大困难职工帮扶力度，在缓解矛盾、维护社会稳定方面发挥了积极作用。二是发展工人阶级先进性，全面推进职工素质工程建设。适应经济社会发展要求，加强职工素质工程总体规划，丰富职工素质工程内涵，着力在巩固职工群众团结奋斗的共同思想基础上、在提升职工队伍技术技能素质上、在培育职业道德规范上、在加强职工文化建设上下功夫；创新职工素质工程载体，不断强化职工素质工程的针对性和实效性，为加快造就适应现代化国际大都市建设要求的高素质职工队伍发挥积极作用。三是推动构建社会主义新型劳动关系，切实履行维权基本职责。加大源头参与力度，切实拓宽职工利益诉求表达渠道。健全劳动关系协调机制，大力推进工资集体协商制度，搭建企业和职工利益协调的制度化平台，加强劳动法律监督检查，建立完善职工利益诉求表达机制、职工权益维护保障机制、工会社会化维权协调机制，努力构建规范有序、公正合理、互利共赢、和谐稳定的社会主义新型劳动关系。四是切实加强组织建设，扩大工会工作覆盖面，增强工会组织凝聚力。创新组建方式，不断夯实工会组织基础。创新组织体制，大力推进街道、乡镇总工会建设，推动产业及行业、系统工会的调整组建，构建全面覆盖的工会组织格局。创新工作载体，贯彻《企业工会工作条例》，推动基层工会健全工作制度、积极发挥作用。积极探索在“三高”职工中开展工会工作的有效方式，推进工会工作民主化建设，切实增强基层工会活力。文章认为,坚持中国特色社会主义工会发展道路,必须科学判断和准确把握工会组织在中国特色社会主义事业中的历史方位和工作定位。要把握好经济关系、劳动关系深刻变化对工会改革创新提出的新要求,把握好职工队伍发展变化对工会改革创新提出的新任务,把握好新时期工会工作特点和规律对工会改革创新提出的新课题,把握好坚持走中国特色社会主义工会发展道路对工会改革创新提出的新理念,自觉把工会工作放到全市工作大局中思考和谋划,推动全市工会工作始终沿着正确方向创新发展。

(陈　晖)

【市总工会开展健全职工利益诉求表达机制的研究】　由市总工会办公室承担调研并撰写报告,是市总工会重点调研课题之一。报告认为,所谓职工利益诉求表达机制,是指工会表达和维护职工合法权益的各项制度、载体和渠道的总称。报告分析了全市工会系统职工利益诉求表达机制建设的现状。职工利益诉求表达机制的结构,在市总工会层面,主要包括建立向市委汇报、与市政府(部门)联系制度,代表职工参与国家和地方法律法规的研究制定,借助人大、政协等参政议政渠道,反映职工的利益诉求,建立专门信访接待制度、职工热线,为落实职工权益提供服务。在区县产业(局)层面,除具备类似市一级职工利益诉求机制的相关制度外,还根据实际加以创新发展,形成了一些新的诉求表达制度。如区域性职代会、区域性集体协商等机制,上级工会代表、服务下级工会制度,通常称之为工会上代下制度。在基层企事业工会层面,担当职工利益诉求的主渠道是职代会、平等协商集体合同2项制度。除上述基本渠道外,基层工会从实际出发,探索形成了一些新的利益诉求制度和相配套的各类工作机制。报告也分析了当前职工利益诉求有效表达机制的不足。主要表现:一是制度的缺失和制度的有效作用不足。二是现有的相关制度措施难以满足职工利益诉求表达的实际需求。三是工会系统劳动关系预警调处机制还没有真正形成规范可行的制度。报告认为,健全职工利益诉求表达机制需从组织建设、制度落实、载体创新、机制配套等多个方面着手,为此提出具体建议:(1)推进基层工会主席公推直选,着力推进工会组织的民主化群众化,提高工会主席在职工群众中的公信力和认可度,增强工会的吸引力、凝聚力。(2)开辟双向互动渠道,通过多种形式,促进工会主席与会员的坦率互动,建立工会组织与会员之间的信任关系。(3)充分利用互联网平台,处理好反映职工利益诉求与引导职工利益诉求行为的关系。(4)切实发挥职代会、平等协商集体合同等制度的主渠道作用,规范职代会运作程序,落实职工群众知情权、参与权、表达权和监督权,定期收集汇总职工的利益诉求,对职工的呼声及时作出积极回应。(5)将非工资性福利作为协商的主要内容,有效推进集体协商。(6)制定完善的配套机制,使职工的合理诉求得到切实落实。

(陈　晖)

【市总工会开展区域性、行业性职代会定位与作用的研究】　由市总工会民管部承担调研并撰写报告,是市总工会重点调研课题之一。该研究报告通过分析区域性、行业性职代会的实际成效与当前工作中存在的主要问题,围绕区域性、行业性职代会的职能定位、发展趋势及现实对策提出建议。报告认为上海区域性、行业性职代会工作开展几年来,各区县根据自身实际,大胆探索,创造了许多富有成效的典型经验,先后形成了以普陀为代表的机制联动的街镇社区职代会模式,以静安为代表的以白领维权为特色的商务楼宇职代会模式,以浦东、长宁等区域为代表低起点、重建制的居民小区职代会模式,以普陀的行业职代会为代表各具特色的区域内行业性职代会模式,以徐汇区的天平街道为代表循序渐进推进“区域—行业—企业”的多元职代会模式,以虹口区的凉城街道为代表的社区商圈职代会模式。文章认为,尽管区域性、行业性职代会工作已取得很大成效,但在很多问题上还存在不少争论,当前区域性、行业性职代会发展面临的难点与问题主要包括:一是定位问题。指区域性、行业性职代会的定位模糊或法律地位不明确以及有关各方的思想认识问题,如制度目标与功能、职代会职权的设置、制度的生命力和法律支撑、具体工作认知等方面。二是具体运作问题。主要有协商主体缺失,区域范围内企业差异性大,难以达成共识,职代会内容单薄,职工参与度不高,职工代表的代表性不高,会议缺乏核心议题,职代会所通过的决议及方案的法律效力与执行力不强,区域性和行业性职代会的交叉,工会组织的运作能力与人员、经费保障等方面的问题。此外还有理论研究滞后,难以对实践进行有效指导等等。研究报告认为,要对区域性、行业性职代会及整个职工民主管理工作作统筹规划与长远考虑,从参与社区治理的战略高度来重新培育并积极探索这一新的民主工作机制。在目标定位上,是凝聚区域或行业内企业和职工的力量,实现企业发展和职工利益同步增长的双赢目标;在性质定位上,是区域、行业工会和相应行政主体共同运作下,通过劳资双方围绕利益调整、共商企业发展、解决劳资矛盾,达成利益平衡的机制,具有政治与法治的双重属性;在职权定位上,区域性、行业性职代会的基本职权主要为:知情建议权、审议通过权、监督检查权,其核心为知情参与、协商共决与监督落实;在程序定位上,需要着重强化会前、会中、会后3个方面的工作程序。报告对当前加强区域性、行业性职代会工作建设提出对策和建议:(1)明确应对思路,即以党建指导工建,工建促进、服务党建,推动社区有效治理为指导思想,以协调企业内部劳动关系、优化企业外部劳动条件、促进社区经济、政治、社会、生态文明的整体协调发展为工作目标,以搭建社区民主管理平台、逐步延伸企业内部民主管理机制、营造两级民主管理体制为工作路径,以“结合实际、广泛建制、逐步规范、注重实效”为具体的工作方针,以区域性、行业性职代会建设为工作重点,辅之以其他的民主管理形式,突出工会在维护职工合法权益及促进和谐社区建设中的作用,保证职工劳动经济权利、民主政治权利、精神文化权利及社会权利的进一步落实,促进劳资两利。(2)具体措施:一是将区域性、行业性职工民主管理制度与基层民主政治、社区文明建设有机结合起来;二是通过有关立法,解决

上海轻工业工会联合会举行第四届长三角地区部分城市轻工工会论坛 （徐俊彦）

区域性、行业性职工民主管理的合法身份问题；三是采用循序渐进的工作路径推进区域性、行业性职工民主管理；四是对区域性、行业性职代会等各种形式的民主管理制度分开要求，分级制定相应操作实施细则，以增强工作针对性和实效性；五是强化行业性职代会建设，并适当与上级产业工会工作相衔接；六是借助基层企业代表组织，注重调动职工和企业主的两个积极性，发挥区域性和行业性职代会的作用；七是理顺组织体制，强化基层工会力量，提高维权能力。（陈　晖）

【市总工会开展发挥工会“大学校”作用，提高职工队伍整体素质的研究】由市总工会宣教部承担调研并撰写报告，是受全国总工会委托开展的市总工会重点调研课题之一。报告总结了近年来上海工会推进职工素质工程建设的主要实践。一是制定规划，明确目标。制定并实施《上海工会推进职工素质工程实施纲要》和《“十一五”期间上海职工素质工程发展规划》，明确了开展职工素质工程的指导思想、总体目标、主要任务和保障措施。二是多措并举，全面推进。拓展主题教育和文明创建活动多样化渠道，引导职工提升思想道德素养；深化“创建学习型组织，争做知识型职工”活动，促进职工自主学习、终身学习；深入开展职工劳动竞赛、科技创新、技能登高活动，动员职工立足岗位建功立业；广泛推进民主法制教育培训，增强职工民主法制意识；创新职工文化活动品牌，满足职工精神文化需求。三是构建机制，提供保障。形成了组织领导机制、资源整合机制、经费投入机制、激励示范机制等，为深入开展职工素质工程提供保障。报告总结了推进职工素质工程建设的基本经验：必须坚持服务大局与服务职工相结合，保持职工素质工程持续发展的动力；必须坚持先进性与普惠性相结合，致力于提高职工队伍整体素质；必须坚持发扬传统优势与创新工作载体相结合，增强工会“大学校”的吸引力和凝聚力；必须坚持挖掘内部潜力和争取社会支持相结合，丰富职工素质工程的资源和手段。报告分析职工素质工程建设中存在的问题，主要有：理论研究有待深化；政策保障有待健全；物质基础有待增强。为此建议：(1)充实工会发挥“大学校”作用的时代内涵，进一步增强职工素质工程的生命力；(2)加强新形势下工会发挥“大学校”作用的规划部署，进一步增强职工素质工程的贡献力；(3)营造新形势下工会发挥“大学校”作用的良好氛围，进一步增强职工素质工程的影响力；(4)完善新形势下工会发挥“大学校”作用的体制机制，进一步增强职工素质工程的持久力；(5)强化新形势下工会发挥“大学校”作用的工作特色，进一步增强职工素质工程的吸引力。（陈　晖）

【市总工会开展发挥工人阶级先进性，开展社会主义劳动竞赛的调研】由市总工会经济部承担调研并撰写报告，是市总工会重点调研课题之一。报告总结了上海工会开展劳动竞赛的基本情况和主要特点：在竞赛对象上注重广泛性，劳动竞赛的群众基础和社会影响力明显增强；在竞赛主题上注重时代性，劳动竞赛对经济社会发展的推动作用明显增强；在竞赛组织上注重科学性，坚持“以人为本，共建共享”并贯穿始终；在竞赛活动上注重参与性，积极整合资源，协同推进的作用明显增强；在竞赛载体上注重多样性，对职工的吸引力和感染力明显增强；在竞赛作用上注重实效性，凝聚力量、集聚智慧、激发活力、促进发展的成效明显增强。特别是以创建“工人先锋号”为载体，以“五个百万”为重点，推动劳动竞赛向纵深发展，显示出上海工会开展的劳动竞赛具有深厚的群众基础和广泛的参与性，能激发职工的首创精神和创造活力，已经成为发挥和发展工人阶级先进性的重要载体，有力地推动了先进生产力的发展。报告同时指出深化劳动竞赛工作需要重视的几个问题。如，对开展劳动竞赛存在不同认识，制约竞赛进一步向广度和深度拓展；劳动竞赛的组织体制有待健全；劳动竞赛的经费保障体制不够完善；劳动竞赛的推进机制尚需不断改进。为此，报告建议：(1)深刻认识开展劳动竞赛对于发展工人阶级先进性、促进经济发展的重要性。(2)进一步明确竞赛工作总体思路，开创上海劳动竞赛的新局面。要围绕上海率先转变经济发展方式，着力在增强自主创新能力和提高劳动者素质上下功夫，以创建“工人先锋号”为载体，构建党委领导、行政支持、工会运作、职工参与、各方协同、全面推进的工作格局，在促进企业发展、维护职工权益上见成效。(3)健全劳动竞赛的领导体制和组织机构，建立市级劳动竞赛委员会，加强对劳动竞赛的集中统一领导，明确竞赛委员会工作职责，形成工作合力，保障劳动竞赛必要的经费，实现“组织保障、制度保障和资金保障”三到位。(4)创新劳动竞赛运行机制，提高竞赛管理的科学化、制度化和规范化。强化“上下联动、内外互动”的资源整合机制，进一步形成劳动竞赛的合力；深化“分级管理、分类指导”的竞赛推进机制，进一步扩大竞赛的覆盖面和针对性；坚持“创新载体、活跃基层”的竞赛运行机制，不断激发参赛职工的劳动热情和创造活力；探索“项目管理、精细运作”的竞赛组织机制，狠抓过程管理，提高竞赛的实效性和对经济发展的贡献率；健全“评估考核、多元激励”的表彰激励机制，保护好、发挥好参赛职工的积极性。（陈　晖）

【市总工会开展上海工会就业援助服务体系建设的调研】　由市总工会保障部承担调研并撰写报告，是市总工会重点调研课题之一。调研报告分析全市工会就业援助服务体系的基本状况，认为近年来，上海工会充分发挥自身优势，协调社会各方力量，积极参与政府促进就业责任体系建设，不断构建、完善以“1+3”为核心的工会就业援助服务体系。即以开展“百企千岗进社区活动”为载体，着力推进工会职介服务、职业技能培训服务和扶持创业服务“三大平台”建设，逐步形成以数字化的目标责任、市场化的创业扶持、规范化的政策保障、网络化的就业服务和社会化的帮扶救助为主体的工作格局，深入有效地开展各项就业援助服务活动。但当前上海工会就业援助服务体系建设中仍存在一些亟待研究解决的突出问题。部分工会职介机构运营资金来源渠道单一，建设资金缺乏；部分工会职介机构标准化、规范化程度不高，信息化建设滞后；工会职介工作宣传不够到位，职介信息缺乏；部分工会职介机构过度追求市场化运作，承担公益性职能有所减弱；工会职业培训机构数量偏少，整体办学层次不高；工会职业技能培训科目层次较低，软、硬件建设力度有待加强；工会职业技能培训生源组织困难，区域发展不平衡；工会创业培训实效性不强，初始创业成功率有待提高；部分工会实施创业服务手段单一，促进创业带动就业工作机制尚未健全等。为加快推进上海工会就业援助服务体系建设，报告提出如下建议：(1)要继续加大源头参与力度，有效整合多方资源，努力实现工会就业援助工作向参与政府促进就业责任体系建设，宣传、强化政府公共就业服务转变。(2)切实强化职介服务职能，不断健全工会就业援助服务体系的岗位援助机制。推进工会职介机构规范化信息化建设，注重开发就业信息，多形式、多渠道实施岗位援助服务。(3)突出职业技能培训重点，要推进规范化建设，提高工会职业技能培训整体发展水平，要拓展培训对象，丰富工会职业技能培训工作的内涵，要创新培训方式，增强培训工作的实效性。(4)突出创业扶持主题，要发挥各级工会职工援助服务中心、分中心和培训机构作用，切实为创业职工提供有效服务；要拓宽创业扶持渠道，帮助职工提高创业初始成功率和稳定率；通过资金扶持、经营场地扶持、专业化创业培训扶持，逐步实现创业促进就业、创业促进发展、创业促进和谐的效应。（陈　晖）

【市总工会开展关于建立健全劳动争议调解组织和工作机制的调研】　由市总工会法律部承担调研并撰写报告，是市总工会重点调研课题之一。在对全市18个区县、16个产业局及152个企事业单位调查基础上，调研报告从上海劳动争议调解组织建设进程、覆盖状况、劳动争议调解员队伍3个方面反映了上海劳动争议调解组织建设的状况。调查反映，上海各级工会主动作为，构筑了多层次、广覆盖的劳动争议调解网络；与司法、劳动等部门加强合作，探索社会化劳动争议调解模式，如与司法、劳动等部门联合调解模式、劳动争议诉讼案件委托调解模式、劳动争议仲裁案件前置调解模式等；加强整合联动，形成预警、预防、调解一体化的工作格局。成功调解了大量劳动争议，发挥了劳动争议调解组织在维权和维稳中的作用。调查反映，当前上海劳动争议调解组织建设存在以下问题：组建率和覆盖面偏低，作用有待进一步发挥，运行制度和机制有待进一步健全，社会知晓率和影响力有待进一步增强，特别是劳动争议调解员数量和质量有待进一步提升。为此建议：(1)要着力增强责任意识、职责意识和阵地意识。(2)要着力健全多层次、广覆盖劳动争议调解组织网络，不断推进街镇劳动争议调解组织实体化建设，不断加大区县、产业局劳动争议调解(指导)组织的功能性建设。(3)要着力增强劳动争议调解组织的社会影响力。加强教育引导，强化职工和企业的劳动争议调解意识；畅通信息渠道，提高职工对劳动争议调解组织的知晓率；加大宣传力度，提高职工对劳动争议调解组织的认可度。(4)要着力提升劳动争议调解人员队伍素质。加强劳动争议调解员的能力建设，充实劳动争议调解员队伍，建立劳动争议调解员制度化管理体系。(5)要着力构建劳动争议社会化大调解格局。通过发挥三方机制协调作用，共同研究推进劳动争议调解工作；通过整合劳动、司法等部门的组织资源，构建社会化大调解格局；通过联合制订“加强劳动争议调解组织建设”意见，推进劳动争议调解组织规范化建设。（陈　晖）

【市总工会开展乡镇街道总工会运作状况的调研】　由市总工会组织部承担调研并撰写报告，是市总工会重点调研课题之一。调查反映，自2005年上海5个区6个街镇开展建立总工会试点起，到2009年8月底，上海在现有213个乡镇、街道中建立乡镇街道总工会195个。尽管乡镇街道总工会组织架构和运作模式上呈现了一定的差异性，但总体而言，乡镇街道总工会，不仅在构建“三级组织、四级网络”的工会组织新格局中发挥着基础性作用，而且在履行工会各项职能方面都发挥了积极有效的作用。一是夯实组织基础，推进工会组建。逐步形成了覆盖不同企事业单位，覆盖不同职工群体的市、区县、街道乡镇三级组织，小区、村、商务楼宇、工业园区四级网络工会组织格局。二是组织机构不断健全，职责任务更加明确。机构普遍得到加强，均已通过选举产生工会委员会、经审委员会和女职工委员会。基本履行了一级地方工会和所属基层工会领导机关的职责。三是人员力量得到充实，同级副职基本落实。平均每个乡镇街道总工会专职干部达到3人，同时建立了一支有群众工作经验、热心工会工作、敢于负责的工会指导员队伍。四是发挥一级地方工会作用，基本形成社会化维权格局。调查报告分析了面临的主要问题：工会地位的矮化，工会独立开展工作能力还不强，工会干部队伍与形势任务需要还不适应，职业化、社会化的工会工作者队伍建设还有难点,工会工作的开展还存在难点,维权工作的实效性还不足等。对此建议:(1)努力把乡镇街道总工会建设成为与上海城市管理体制相适应的一级地方工会。(2)进一步规范乡镇、街道总工会运作方式。要加强制度建设,结合实际健全相关工作制度,要以领导班子建设为重点、以名称和机构设置为基础、以财力支持体系为支撑,加强乡镇街道总工会的规范化建设。(3)建立和完善职业化的工会工作者队伍。健全科学的薪酬制度和激励约束制度,加强职业化社会化工会工作者队伍建设。健全教育培训制度,探索将企业工会主席委派制与工会工作者职业化相结合,从而摆脱企业工会主席在经济上对企业的依附,突破由市场经济下职工自由流动带来的企业工会主席流动频繁,避免基层企业工会"空壳化",确保企业工会维权的实效。（陈　晖）

【市总工会开展做好农民工工作若干问题的调研】 由市总工会组成调研组,调研并综合近2年的有关调查数据和情况分析材料,形成《关于做好本市农民工工作若干问题的调研报告》,报告于2009年7月16日上报市委。报告将农民工即这次调查对象定义为:常住上海、从事非农业生产、以工资为主要收入来源、未被纳入上海城镇社会保险制度的非上海市户籍务工人员,其中包括外省市农民,外省市城镇下岗、失业、无业人员和专业技术学校毕业的学生。认为"就业难、收入低、社会保障不健全"是农民工诉求集中的三大主要问题。同时,子女教育、居住条件、文化培训等,也已成为农民工迫切希望得到帮助的热点问题。具体表现为:就业渠道缺乏,用工形式多为劳务派遣;工资收入普遍较低,福利待遇与上海职工存在一定差距;综合保险待遇较低,养老、医疗缺乏保障;精神文化生活贫乏,文明素养亟待提升;子女受教育问题仍有较大限制;居住条件差异很大,居住问题亟需引起重视;培训意愿增强,期待户籍政策能惠及更多农民工等。为此,报告提出建议:(1)强化城市责任,完善农民工就业服务。要妥善处理农民工就业与上海职工、大学生等各类群体就业的关系,搭建一个统一的农民工就业信息网络平台,尽快整顿规范劳务职业中介机构,坚决打击和取缔非法"黑中介",遏制"黑中介"猖獗的上升势头。(2)提高农民工工资福利水平,健全农民工工资支付监控机制。要建立完善劳动定额制度,合理确定农民工工资;加大对全市最低工资标准和小时最低工资标准执行情况的检查,防止用人单位出现加班加点、延长工作时间却不依法支付加班工资的现象;建立农民工欠薪预警机制,在农民工集中的行业和企业建立工资预备金制度;开展区域性、行业性工资集体协商试点,以促进农民工工资的合理增长。(3)完善农民工社会保障制度,逐步实现制度并轨,推动实现劳动权益的平等化,切实解决农民工后顾之忧。(4)建立健全农民工教育培训保障制度,不断提高农民工综合素质。建议政府有关部门参照《上海市职工教育条例》,研究制定专门针对农民工教育培训经费的有关政策,从根本上保障农民工享有职业培训的权利,确保在2年内完成200万农民工的培训任务。(5)多渠道解决农民工子女义务教育阶段后的就学问题。建议教育部门从提高农民工子女职业技能、吸纳农民工子女在上海接受高等职业教育两方面入手,探索解决农民工子女初中后教育问题。(6)建立政府统筹规划的农民工居住管理公共服务平台,通过政策引导和财政税收等手段,进一步改善农民工的居住条件和生活质量。(7)研究制定上海市劳模农民工、优秀农民工户籍入沪政策。针对农民工大多没有固定住房的实际情况,建议采取"廉租房"、"经济适用房"、"集体户口"等特殊措施,为符合政策的农民工落户上海创造必要条件。（陈　晖）

【市总工会开展农民工入会状况的调研】 市总工会组织部开展了对全市农民工加入工会组织情况的调查。调查采取问卷、走访座谈、个案分析和历史文献资料研究相结合的方式。共发放农民工个人问卷146份、企业问卷16份;召开7个不同层次、不同人员参加的座谈会;走访了农民工相对集中的区县局(产业)工会、基层工会和建设施工项目工地等;参考了市总工会2007年形成的《关于农民工群体调查分析报告》和市总工会组织部历年来对农民工入会问题研究的一些成果,形成了调研报告。报告分析了全市农民工加入工会组织的基本情况,对如何进一步做好农民工入会工作,从而解决当前存在的主要问题提出了建议,主要包括3个方面:进一步探索农民工入会后的经费来源,进一步推进工会组建工作的双管齐下,进一步加强对农民工会员的会籍管理。（刘卫新　刘　睿）

【区县级工会主席协管情况调研】 按照全总组织部对地方工会干部协管和区县工会主席同级副职配备工作的调研要求,市总工会组织部对工会干部协管工作和同级副职配备情况进行了调研。调研采用问卷调查、重点调查和座谈会等办法。共召开区县工会干部、乡镇街道工会干部和党政干部座谈会15个,重点调查区县和乡镇街道10个。调研涵盖全市19个区县和214个乡镇街道。截至7月,上海18个区县中,已有16个区县总工会主席按照同级副职配备,占总数的89%。其中15名为人大副主任兼职,1名为副局级专职主席。214个乡镇街道中,199个乡镇街道工会主席按同级副职配备,占总数的93%。其中,59个乡镇街道工会主席直接为同级党政副职,86个乡镇街道工会主席由党委副书记兼任,27个乡镇街道工会主席由人大副主任兼任,27个乡镇街道工会主席由其他领导兼任。调研在进一步总结上海各级工会加强协管工作的经验和做法的基础上,发现了存在的薄弱环节和问题,为进一步做好上海工会干部协管和同级副职配备工作提出了建议和对策。（钱　婷）

【市总工会开展职工之家建设情况的调研】 根据全总《关于做好全国基层工会开展建设职工之家25周年纪念活动相关工作的通知》精神,市总工会开展了建设职工之家工作的专题调研。调研采用问卷调查、召开座谈会、个案访谈和参考历年来相关调研资料等方式,其中,发放区县局(产业)工会问卷调查表132份,收回93份,回收率70.1%;召开了乡镇街道、国有企业、外资企业以及民营企业工会主席座谈会;个案访谈4次。在此基础上形成了调研报告。报告反映，近年来，上海工会坚持“一手抓组建，一手抓运作”，在全市工会组织不断发展壮大的同时，以创建职工之家为主要载体的工会组织建设全面推进，并形成了“五以四注重”的做法，即以制度建设为基础、以组织健全为保障、以科学运作为动力、以创新发展为导向、以职工满意为目标，注重分类指导、注重突出重点、注重日常管理、注重形成合力，有效地推动了上海工会建家活动的开展。据调查统计，2003年至2008年，上海已有全国模范职工之家163家、全国模范职工小家226家、上海市模范职工之家1 092家、上海市模范职工小家1 060家。

（刘卫新　刘　睿）

【市总工会、市委宣传部联合开展“化解劳资矛盾中的思想政治工作”专题调研】 为做好国际金融危机影响下的思想政治工作，市总工会宣教部与市委宣传部宣传处、市思想政治工作研究会于2009年7月联合开展“化解劳动关系中思想政治工作”专题调研。先后5次召开不同系统、不同所有制单位党政领导、工会主席、职工代表和专家等座谈会，深入了解分析企业思想政治工作现状和职工群众思想心态，探索新形势下思想政治工作的思路和对策。在此基础上，市总工会开展了“构建和谐劳动关系中的思想政治工作”最佳案例征集活动，广泛征集适应企业改革发展目标和职工的现实需求的，在思想政治工作的理念、思路、机制、内容、形式、载体、方法等方面有创新发展和突出成效的，赢得职工群众广泛认可的工作经验和成果，共收到各区县局（产业）工会推荐的最佳案例70余篇。（程友谨）

【市总工会开展国际金融危机影响下企业女职工面临新情况新问题的调研】 由市总工会女职工部、上海社科院女职工委员会联合开展的国际金融危机对上海企业女职工的影响调查，是市总工会委托调研课题之一。调研涉及化学、纺织、电子、高新技术、汽车、钢铁、服务等行业，组织11次座谈会，发放108家企业问卷，1 173份女职工问卷。调研显示，国际金融危机对广大女职工工作生活造成了不同程度的冲击。主要表现在：一是四成以上女职工反映收入、福利受到影响，其中钢铁、电子和服装行业受影响最大，造成女职工收入减少的主要原因是直接减薪、放假或生产任务减少以及福利减少。二是面对国际金融危机，女职工最关注就业稳定，其次是收入和福利问题。影响女职工就业稳定的主要是企业经济性裁员、企业不再招工、劳动合同到期企业不再续签、内退或提前退休以及软性裁员。三是国际金融危机对女职工还带来了其他影响，主要是女职工对经济问题进一步关注，最担忧“收入减少”和“股市下跌”两大生活问题；对生活开支进一步精打细算，降低了消费标准；对生育计划进一步慎重考虑，更注意在工作与家庭之间权衡利弊；其中心理压力大于经济压力，不少女职工表现出焦虑、压力增强、再就业信心不足等心理问题。报告分析了国际金融危机对不同女职工群体的不同影响，对白领女性的影响表现为：一些白领女性原有的心理优越感逐步减弱，部分人对岗位、收入、职业前景产生担忧和焦虑；就业心态普遍从“跳槽”转为“卧槽”开始寻求稳定就业；消费习惯由“月光族”向“节约族”转变。对低学历女性的影响表现为：社会经济地位越低的女职工，越可能在金融危机中遭遇工作变动，她们改变自身的社会经济状况的难度将进一步增大。对外来务工女性的影响表现为：因就业岗位的减少、就业技能相对单一的外来务工女性普遍感觉找工作越来越难；对岗位薪酬的期望值下降；不少外来务工女性认为在上海生活压力越来越大。调查显示，金融危机下女职工对工会的需求集中在“收入”和“就业”方面。女职工对国有企业的期望最高，对民营企业的期望最低。报告对如何应对金融危机影响提出了对策与建议：（1）着力解决女职工最为关注的就业问题，以发展保障女职工就业。（2）切实解决女职工面临的实际问题，帮助女职工舒缓心理问题，做好女职工“四期”保护，关注女性退休年龄。（3）充分发挥工会女职工组织的教育、监督和指导作用，要加强法制教育与民主监督，积极营造维护女职工权益的良好氛围；要深化调研，分类指导，突出工会女职工工作的针对性，切实维护好女职工的各项合法权益和特殊利益。（孙　华）

【市总工会、市国资委党委联合开展女职工退休年龄情况调研】 由市总工会女职工委员会与市国资委党群处联合开展了企业管理、专业技术岗位女职工退休年龄情况调研。在对235家国有及国有控股企业开展问卷调查以及召开工会女职工干部座谈会的基础上形成调研报告，对全市国有企业执行退休年龄现状、存在问题进行分析，并提出建议。调查显示，国有企业在劳动用工管理上比较严格规范，99.15%的企业人事部门了解女性管理专业技术人员55周岁退休的规定，73.89%的企业表示执行女性管理技术人员55周岁退休的规定。问卷显示，26.11%的单位不执行女性管理技术人员55周岁退休的规定。12.79%的企业存在女职工因退休年龄问题产生的劳动争议，其中，产生争议的原因69.7%是因为女职工认为自己属于管理技术岗位应该55周岁退休，而企业则认为其应该50岁退休。另外，问卷还显示，54.29%的企业表示在制定女职工内退政策时，工人岗位与管理技术岗位女职工内退年龄没有差别。在对女职工退休问题的态度上，大部分企业对通过不再聘任50岁女职工在管理技术岗位任职，从而使其按工人岗位退休年龄退休这种行为不认可。报告分析了管理技术岗位女职工提前退休的表现形式及女职工因退休年龄问题与用人单位发生争议时，寻求法律途径解决成本高昂的苦恼。为此，报告提出建议：（1）要充分认识女性管理技术人员的独特优势及她们对企业和社会的特殊价值，确保管理技术岗位女职工到龄退休。（2）通过职代会等民主程序明确界定岗位性质，并以适当方式向全体职工公示，避免因岗位性质不明而引起的退休年龄争议。（3）加强对女职工岗位聘任工作的管理，对符合一定条件的女职工实行自主选择的弹性退休制度，杜绝通过调换岗位迫使女职工提前退休的错误行为。报告还就延迟女性人才的退休年龄提出建议：一是将紧缺的高级工、技师尤其是在女职工中稀有的高级技师纳入55岁退休范围，改变当前国有企业人才结构中缺乏高级技能人才的状况;二是对达到一定管理层级、具有一定技术职称或者对企业做出特殊贡献的女性管理技术人员在退休政策上适当倾斜。在身体健康、工作需要的情况下,由女职工本人提出申请,经企业批准可以推迟到60岁退休。

(朱莉颖)

【市总工会开展工会经审组织通则和工作条例调研】 由市总工会经审会组成课题组,就《工会各级经费审查委员会组织通则》(以下简称《组织通则》)、《基层工会经费审查委员会工作条例》(以下简称《工作条例》)的修改工作开展调研。调研采用座谈会、个别访谈和工会审计案例分析等形式,范围包括区县局工会经审会领导、专职干部和特约经审员,街道乡镇工会经审干部,企事业单位工会主席、经审会主任等。调研的内容主要针对印发于1985年11月的《组织通则》和印发于1990年11月的《工作条例》与当前形势发展的不适应,以及与此后颁布修订的《中华人民共和国工会法》、《中华人民共和国审计法》和《中国工会章程》等法律法规的不一致之处提出意见和建议。课题组遵循《工会法》、《审计法》、《中国工会章程》的有关精神,吸收近年来全国工会经费审查工作理论研究的成果和各级工会经审工作的实践经验,将近年来经过实践检验已成熟的内容和全会已形成共识的内容注入修改草案之中,并注意到《组织通则》和《工作条例》的不同性质,处理好两者的差异性。

(杨永平)

【浦东新区总工会开展基层工会劳动争议调解组织运行状况的调研】 由浦东新区总工会承担的《浦东新区基层工会劳动争议调解组织运行状况调查报告》,是市总工会委托调研课题之一。课题报告在调查新区基层劳动争议调解组织的组建及运转情况的基础上,结合对该组织运行现状和存在问题的把握,同时借鉴国内外基层劳动争议调解工作的做法和经验,对该组织的工作模式和发展方向提出相关意见和建议。报告认为,当前新区基层劳动争议调解组织和工作机制建设、运转现状呈现以下特点:一是基层劳动争议调解组织覆盖不平衡。二是人员配备优劣互现。三是基层劳动争议调解组织的运转不理想。四是基层劳动争议调解组织的供需矛盾尖锐。报告认为,在制度层面,立法定位偏低,缺乏统一的制度安排,调解组织可有可无;在机构层面,企业劳动争议调解组织设置的内设性和调解人员的人身依附性,缺乏公平、公正的前提条件,严重影响调解作用的发挥。在操作层面,机构、编制、人员仍是制约基层劳动争议调解组织功能发挥的"瓶颈"。为此,报告提出对策建议:(1)从三个层面构建一个相对完善、各司其职、各尽所能、优势互补的基层劳动争议调解组织体系,即企业劳动争议调解组织、区域性劳动争议调解组织和行业性劳动争议调解组织。(2)完善基层劳动争议调解组织配套制度构建,明确基层调解组织工作职责、劳动争议案件受理范围、劳动争议调解启动程序,优化劳动争议调解工作流程。(3)提高基层劳动争议调解组织的社会知晓度和调解的权威性。(4)加强基层劳动争议调解员队伍建设。建立一支工会劳动争议调解员、仲裁员队伍,实行调解员持证上岗和定期培训制度,完善调解人员配置框架、工作责任制和工作考核制。(5)明确基层劳动争议调解工作经费保障,建议地区财政设置基层劳动争议调解工作专项经费,各有关单位和部门也要专门增加基层调解工作经费预算,确保基层劳动争议调解工作正常开展。

(陈　晖)

【徐汇区总工会开展企业职工文化建设的调研】 由徐汇区总工会承担调研并撰写报告,是市总工会委托调研课题之一。课题组通过对区内10家不同类型企业的调查,了解企业在职工文化建设方面的成功经验和存在的问题,围绕如何让职工文化在提高职工综合素质、丰富职工精神文化生活,增强企业凝聚力、促进社会和谐方面发挥积极作用提出了建议。调研报告认为,现阶段职工文化建设中存在的主要问题有:一是企业领导对职工文化建设缺乏足够的思想认识,导致职工文化建设的人、财、物得不到保证,活动的内涵难以提高;二是职工文化建设的专职干部、专业人才缺乏,使文化活动的质量有所下降;三是职工文化的内容有所偏颇,体育活动多于文艺活动;四是职工文化局限在企业内部,没有实现区域性的资源共享、内外联动,导致职工文化建设创新能力不足。为此建议:(1)提高认识,完善企业职工文化建设的领导机制,不断提高职工文化建设的品质与内涵。要建立党政工齐抓共管的职工文化建设领导体制,形成党委领导、行政负责、工会推动、各方配合的工作格局,将职工文化建设纳入企业文化建设整体规划,共同设计、共同实施。(2)将职工文化进一步纳入到整个社会文化建设系列中去,政府在加大社区文化建设的同时,要更加重视职工文化的建设,建议工人文体中心(文化宫、俱乐部)参照社区文化活动中心的经营模式,由政府、工会全额拨款,这样才能恢复其往日的生机和活力,对职工文化的发展起更大的促进作用。(3)加强队伍建设,强化职工文化建设的育人机制,确保有专人负责,有专业指导,加强培养力度,打造符合企业实际的职工文化建设生力军,创造内涵丰厚、特色鲜明的职工文化。(4)建立企业职工文化建设的创新机制,实现区域性文化资源共享。推进职工文化与社区文化联动,向全员化、自主化、多元化、社区化方向发展,不断丰富和提高职工文化的内涵和质量,加大职工文化建设的投入,从而激发职工文化工作的积极性和竞争意识,推动职工文化持续创新。

(陈　晖)

【普陀区总工会开展推进基层工会组织建设调研】 由普陀区总工会承担的"四法并进、网格覆盖,全力推进基层工会组织建设"是市总工会委托调研课题之一。在对区总工会下辖的9个街镇总工会、7个系统工会、8个行业工会、9个直属工会和4个直管工会基本组织概况进行分析的基础上,就探索和创新工会组织体制、运作机制、活动方式作了研究。报告对普陀区近年来工会组织建设推行的"四法并进、网格覆盖"的主要做法进行了概述。一是加强网络建设,强化网格覆盖。包括以建立工会联合会为突破口,发展区域性工会工作两级平台三级网络,即搭建街镇总工会、园区(小区)工会联合会两级工作平台,完善街镇总工会,园区、小区、楼宇、特色街工会联合会，企事业独立工会、下属基层工会三级网络；以建立行业工会工作部为推动力，发展行业性工会工作两级平台三级网络；拓展系统工会新领域，发展系统工会三级网络。二是加强队伍建设，推进工会干部职业化进程，以强化培训和调研为主要途径，通过三步走、四方法，提升工会干部队伍能力素质，不断提高工会组织服务大局、服务职工的能力和水平。三是加强动态管理，提高工作的针对性和实效性。针对下辖企业规模小、开关多，职工流动大、变动快这一地区工会组织建设面临的实际情况，创新手段，建立工会组织建设动态化管理信息库，跟踪基层工会组织建设动态，提升工会组建工作的针对性和实效性。四是加强活力建设，创新企业工会活力“三三五”达标创优活动等基层工会活动载体。报告认为，深化以“四法并进、网格覆盖”为形式的基层工会组织工作格局，能有效破解微小企业组建难、维权难等问题，进一步夯实工会组织基础，不断提高工会服务大局、服务职工的能力和水平。

（邹卫民）

【杨浦区总工会开展工会推进职工创业带动就业工作的研究】　由杨浦区总工会承担的“工会在推进职工创业带动就业工作中的思考与建议”，是市总工会委托调研课题之一。调研报告总结了杨浦区总工会在创业带动就业工作中的实践与做法：其一，形成了推动创业带动就业工作的整体合力。积极争取党政赋予更多资源和手段，通过建章立制在全会上下形成扶持创业、帮助就业的共识，建立专门的“职工创业服务中心”，形成扶持创业、帮助就业的服务链。其二，形成了扶持创业、带动就业的“四种模式”。一是“1+1群”模式，即一个人创业带动一群人就业。二是“园区加项目”模式。建立了杨浦工会经济园区，为职工介绍创业信息和政策，提供各类开业服务、融资服务，帮助职工圆创业之梦。三是“总店加分店”模式。让成功创业者以自己公司为总店，帮助大学生创业者开分店，建立了大学生电子商务创业实训基地，帮助一群大学生“下海”经商。四是“公司加网站”模式。杨浦区总工会对原有的扬工劳务公司进行改制，以现代企业制度形式成立了新的上海工蕴人力资源有限公司，提升了工会为创业者找人才、为失业职工找岗位的能力。报告认为，杨浦区总工会积极探索扶持创业、帮助就业的工作模式和机制，虽然取得了一定的成效，但也存在一些亟需解决的问题。如：工会获得体制资源支持机制还需进一步深化，工会开展工作的专业化、社会化水平还有待提高。此外，在区域内的各个创业服务站之间没有形成工作联动，还需要进一步强化彼此之间的关联性。为此，报告建议：(1)要进一步加强工会参与创业带动就业工作的合力建设，在全市范围内制定统一的规划，按照一定的发展规范，整合包括工会在内的各政府部门、各社会组织的资源合力，统筹协调各创业基地之间的关系，构建和完善扶持创业、帮助就业的全覆盖网络。(2)要进一步完善创业带动就业工作的相关配套措施，推动政策的落地，逐步建立职工创业带动就业的项目筛选与合同管理制度，切实解决当前创业带动就业亟待解决的资金瓶颈问题。(3)要进一步强化工会创业带动就业工作的机制建设。建议应形成扶持创业带动就业的制度安排，形成稳定、长效的创业促进就业扶持机制，将工会扶持创业促进就业工作的稳定化、制度化。(4)要完善扶持创业、帮助就业的专业化、社会化服务体系，逐步完善和规范创业服务的专业化功能，构建社会化的创业促进就业的资源网络，增强集聚创业促进就业的扶持力度。

（陈　晖）

【黄浦区总工会开展对协保“夹心层”人员生活状况的调研】　协保“夹心层”人员即指距退休年龄5年以上，未被政策覆盖的协保人员。黄浦区现有协保“夹心层”人员近2 400人，他们大多年龄大、劳动技能水平低、身体状况差，是一个低收入、难就业的弱势群体。为使他们能够享受到改革开放成果，区总工会在全区范围开展了对协保人员、尤其是尚未被政策覆盖的协保“夹心层”人员生活情况的调查分析。区总工会先后走访了10多家区直属企业、6个社区（街道），召开了4次协保人员座谈会、4次基层工会主席座谈会。经过调研，摸清了全区协保人员尤其是“夹心层”人员的总量、现状和特点，并据此提出了“政策边缘、纳入视野、摸清情况、应帮尽帮”的工作措施。调研成果在工作中得到落实。国庆期间，全区开展了对协保“夹心层”人员的慰问，共投入资金69.06万元，慰问了1 930名协保“夹心层”人员。通过调研，各级工会在帮扶工作上有了新的突破，打破了过去企业对协保人员不闻不问、被动应付的现状。区总工会将调查中发现的符合帮困条件的协保“夹心层”人员一并纳入帮扶范围，直至他们享受政府补贴或者脱贫为止。

（江屹巍）

【松江区总工会开展深化劳动关系和谐企业创建活动问题的调研】　由松江区总工会承担调研并撰写报告，是市总工会委托调研课题之一。课题组深入企业，对松江区劳动关系的现状开展专题调研，对新形势下创建和谐劳动关系提出应对性思考。调研认为，当前松江区企业劳动关系总体稳定，但非公企业劳资纠纷数量趋多，劳资矛盾相对突出，群体性劳资矛盾有所增加，劳资矛盾表达方式呈过激倾向，劳动关系呈现短期化趋势，三方调节机制的作用还未真正发挥。报告分析影响劳动关系和谐的主要因素：一是用人单位违反或规避劳动法律法规，无故克扣和拖欠工资，发生工伤或职业病后，不按规定支付工伤赔偿费，不签劳动合同，不为职工缴纳社会保险金，随意辞退和解雇职工，引发职工上访求助。二是弱势劳动群体维权意识不强，留下劳动争议的隐患，有的直接引发争议。三是国际金融危机影响带来企业开工不足或降薪裁员，引发劳资纠纷。四是多样化的就业形式引发不稳定的劳动关系。五是有关法律刚性不强，对非公企业缺乏一定的权威性和制约力。六是劳动关系双方片面解读新法引发矛盾。报告总结了松江区总工会围绕经济发展中心，开展劳动关系和谐企业创建活动，促进全区劳动关系和谐稳定的主要实践：开展深化劳动关系和谐企业创建活动，参与并调处企业与职工劳资纠纷，开展签订劳动合同集体合同3年计划，以多种形式推进建立和谐劳动关系，与实行厂务公开民主管理同步推进。报告围绕新形势下创建和谐劳动关系进行应对性思索：(1)明确创建和谐劳动关系的责任，帮助企业建立健全利益协调机制、诉求表达机制、矛盾调处机制、权益保障机制，通过机制的有效运作来发挥作用、化解矛盾。(2)采取不同的劳动关系调整模式，指导用人单位对不同层次中的各类人员，分别签订不同的劳动合同，指导用人单位与员工建立协商、对话机制，健全企业的劳动争议调解组织，加强以职代会为主要形式的民主管理，加强协商沟通机制，促进劳动关系和谐稳定。(3)开展创建劳动关系和谐企业活动，继续会同区劳动和社会保障局等部门，围绕三方机制建设，在明确分工和各自职责、发挥各自优势的前提下，努力形成“党委领导、政府主抓、三方运作、多方配合、企业和职工积极参与”的工作格局。(4)充分发挥工会在创建和谐企业中的作用，引导职工合理表达诉求，实现理性维权。

（陈　晖）

【市机电工会开展班组建设现状调研】　机电工会于5月至10月开展了班组建设现状调研。按班组总数的10%比例印发了900份调查问卷表，问卷回收率为79.7%。同时通过走访企业和召开座谈会进行专题调研。经抽样调查数据分析和综合座谈会信息，企业班组建设工作呈现4个特点：一是班组建制基本延续不断，多数企业依然实行班组长和工会组长“两长制”，有部分企业通过相关民主程序实现“两长合一”。二是班组管理基本职能不乱，企业班组工作条例和班组长工作职责成为企业管理制度中的一个组成部分。三是技能登高和技术创新活动成为班组工作主流，技能登高和技术创新活动形式多样，成果丰富。四是各企业在传承企业班组建设良好传统的同时，紧密结合企业发展现状，积极创新班组建设工作载体，丰富班组建设工作内容，完善班组建设工作抓手，实现班组建设工作创新。调研提出的措施是：提高对班组建设的重视程度，不断创新班组建设工作载体和制度，加强对班组长的培养，真正落实班组建设党政工团齐抓共管的工作思路，优化班组建设环境，强化班组建设管理。

（朱汉民）

【市医药工会开展职工思想状况调研】　10—12月，为深入了解、分析上海医药系统职工的思想动态和利益诉求，市医药工会以问卷调查的形式，组织开展了上药集团基层职工思想状况调研。这次调研以上年开展的同类调研为基础，以便于进行动态对比和跟踪分析，同时根据上药集团发展变化的实际，对问卷中的部分选题内容进行了优化或调整。调研范围为下属各企业，共发放调查问卷3 050份，回收有效问卷3 028份，占问卷数的99.3%。此次调研既是一次基层企业情况和职工思想状况的了解和排摸，又是倾听职工呼声、收集民意的良好机会。调研报告得到了集团领导和下属企业各级党政工领导的高度重视，为上药集团凝聚人心、科学决策提供了有价值的信息与建议。

（黄德胜）

全国纺织服装行业工会工作研究会第五次年会暨香花桥纺织行业集体协商现场会　（徐志康）

【宝钢集团工会开展现代企业制度下职工民主管理的调研】　宝钢集团有限公司工会开展的“现代企业制度下职工民主管理实现途径的研究”，以央企为主要研究对象，以宝钢职工民主管理的具体实践为主要依据和参考模型，对探索现代企业制度下职工民主管理有效途径进行了研究分析。报告提出加强职工民主管理是现代企业制度的内在需求，是央企走可持续发展道路的现实需求，并全面分析了现代企业制度下职工民主管理的基本概念、价值目标，分析了参与企业管理、参与民主协调这2种当前国有企业职工民主管理的主要方式，分析了职工自主管理、职工代表大会、职工董事监事制度3种职工民主管理的重要制度。报告提出，组织领导与制度体系的保证是落实职工民主管理的两个基础，并提出现阶段推进职工民主管理必须切实解决好几个关键问题，即必须切实解决好“态度”和“功能定位”的认识问题，正确认识和发挥职工的主人翁作用，把职工民主管理的功能定位于驾驭现代企业的一种必备能力；必须在现有的法律框架内，将职工民主管理纳入公司的制度体系，不断加强职工民主管理的评价体系建设，发挥央企在推进职工民主管理中的示范作用；必须建立健全工会组织，配强配好工会干部队伍，把更多的资源和手段赋予工会组织，依托工会强有力的组织优势系统策划、扎实推进职工民主管理工作；必须坚持企业与职工共同发展的理念，不断促进职工全面成长发展，促进职工收入水平的提升，从根本上推动职工民主管理；必须大力实施职工素质工程，制订“职工综合发展目标体系”，坚持以职工素质的提升来促进职工民主管理的健康发展；必须高度重视信息网络发展对职工民主管理的巨大影响，从自身管理的实际出发，建立网络信息管理机制，做到信息技术与职工民主管理的有机结合;必须坚持从企业实际出发,服从服务于企业行业特性、管理方式、市场环境、队伍素质、文化传承、发展因素等因素,扎实有序地推进职工民主管理。 (邹卫民)

【上海石化开展职工热点问题调研】 4月至11月,公司就职工工作餐试行情况、通勤车、帮困工作等职工热点问题开展调研。5月,调研13家单位职工就餐情况,发放调研表520份。8月,测评工作餐试点职工满意度,发放测评表600份。9月,优化通勤车线路,对21家单位发放1 300份意见征询表。8月至11月,通过走访、发放调研表、召开座谈会等形式,调研各单位帮困基金运作情况、帮困措施、帮困标准、困难职工等情况,并就进一步推进帮困送温暖工作提出5个方面共14条建议和办法。

(朱佳华)

【中远集运工会对企业劳动关系情况进行调研】 中远集运工会通过调查问卷、召开不同类型的职工座谈会、深入基层调研等途径,广泛了解公司及各基层企业劳动关系、企业稳定及职工权益维护等方面的情况,听取职工群众的意见呼声,并就影响职工利益和企业稳定的现实问题进行探讨,提出对策建议。调研中发现,公司对在船船员伤病亡处理办法的部分规定与现实情况有些脱节,且操作流程以多年来约定俗成的办法运作,有待规范统一。工会牵头修订完善了《中远集运船员在船伤病亡处理办法(试行)》和实施细则,通过保险理赔的渠道大幅提高了公司在船船员工伤死亡补偿标准,对工伤致残、工伤患病的补偿标准也进行了调整,保障了职工的权益。

(钱 华)

【市建设交通工会开展"职工心声"调研】 调研主要在出租车行业和高速公路收费服务窗口从业人员中进行。在出租车行业,市建设交通工会与市交通港口局(行业)工会组成联合调研组,在大众、强生、巴士、锦江、海博和蓝色联盟等沪上出租汽车企业中,对1 054名驾驶员进行问卷调研,并进行出租车司机个别访谈,还召开了企业经营者、工会主席座谈会。调研形成的《上海出租车行业发展和队伍稳定联合调研报告》,反映了上海出租车司机的基本情况和出租行业存在的突出问题,并就适当降低承包指标,加强媒体舆论监管等提出建议。在高速公路收费服务窗口行业,调研对象为上海高速公路通行费和贷款道路通行费的一线收费人员,共有363人填写了调研问卷,占职工总数的10%以上,并召开了企业经营者座谈会。调研形成的《2009年上海高速公路收费服务窗口从业人员"职工心声"调查报告》分析了上海高速公路收费窗口职工的基本情况和工作状况,反映了职工对于改善收入与工作环境的呼声要求。报告还反映了劳动强度高收入水平低造成人员流动呈上升趋势、收费人员流动过快致使企业管理难度和成本加大等行业主要存在的问题,并就建立高速公路一线收费人员收入正常增长机制、尽快制订高速公路运行经费和收费人员定额标准、加强中级工技能培训等方面提出建议。

(钱 蓉)

【建工集团工会开展职工最关心的突出问题调研】 建工集团总公司工会与人力资源部联合开展了"当前形势下职工思想状况和最关心的突出问题的调研"。共发放与回收调查问卷1 226份,并召开一线职工和管理人员代表座谈会,直接听取职工群众的呼声和利益诉求。据调查问卷数据汇总情况和座谈会收集的相关资料分析,关心企业发展、提升市场竞争力、支持企业实施"走出去"战略,并希望企业把科学发展成果惠及广大职工是当前形势下职工群众最主要的意愿要求和最关心的突出问题。(1)对企业发展前景充满信心,愿为企业多做贡献,长期服务。(2)关注当前形势对企业的影响,希望企业化危为机,练好内功。(3)赞同实施"走出去"战略,盼望要有支撑和激励的配套措施。(4)对收入逐年提高感到满意,但一般职工希望有更大增幅。(5)对企业的福利待遇基本满意,希望有进一步的完善。(6)满意企业良好的氛围,希望有更好的个人发展机会。在调研的基础上,集团工会提出了相应的对策建议。

(杨钟春)

【市容环境行业工会开展道路保洁工队伍可持续发展的调研】 由市容环境行业工会、绿化和市容管理局工会共同承担的"上海道路保洁工队伍可持续发展状况调查",是市总工会委托调研课题之一。调研采用同比例一级抽样的方法,抽取分布于全市18个区县的55家以道路清扫保洁为主业的环卫企业中的1 000个调查样本,占全市道路保洁工总数的5%。调查反映,上海道路保洁人员队伍普遍存在着队伍年龄结构老化,文化层次偏低的问题。农民工已成为上海道路保洁工队伍的主体,由于农民工流动性大、受自身条件限制职业素养不高、来源地分布具有较强同质性,稍有不慎极易产生不稳定因素,可能影响正常作业,与提升上海城市市容市貌工作要求存在差距。同时,道路保洁工作劳动强度大、工作时间长、收入增长缓慢,与全市经济社会发展不相符。调查发现,道路保洁人员期望收入与实际收入存在较大差距,对收入和工作的不满意程度增加,保洁工身份转换后的养老待遇标准下降影响了队伍稳定。调研分析了造成道路保洁工队伍收入水平下降的三大原因:一是政府对环卫公共服务项目采购经费投入不足;二是具有公共服务性质的环卫企业市场化经营收益不能弥补财政拨款缺口;三是在政府投入不足的情况下,企业承担的公益性任务增加和税费的支出。为此,报告提出建议:(1)充分认识城市道路保洁工作的公益性性质,政府应在财政投入上给予有力保障。(2)各级政府应采取措施,提高道路保洁工的社会地位和收入。(3)作为应急措施,各级政府公共财政在近一、二年内应加大拨款和投入;对公共服务项目政府投入的经费,实行免营业税或实行政府含税采购,以增加企业发展后劲。(4)作为长期措施,应尽快改变环卫企业转制后仍然采用事业拨款和收费的计划经济办法,真正实现政府采购的市场运行机制。(5)政府主管部门要加强和指导对环卫企业改制后遗留问题和环卫企业内部分配制度的研究,做到政企分开,以体现企业的市场主体地位。(6)实行非沪籍保洁工与沪籍保洁工同工同酬的分配办法,以改变"活重酬轻"的状况。

(陈 晖)

优秀工运论文、调研报告简介

【国际金融危机对本市职工经济权益影响的调研报告】 上海市总工会保障部撰写。报告对32个区县局(产业)的160家企业和988个职工个人作问卷调查,分析了国际金融危机对上海职工经济权益影响的基本情况及其突出问题,并提出对策建议。报告指出,国际金融危机对上海职工经济权益的影响主要表现在以下方面:一是用工人数减少和职工就业压力增加,使就业形势更加严峻。2009年上半年有102家单位减少了在岗职工,占到被调查单位总户数的63.8%;劳务工总人数削减2 712人,同比下降25.3%。二是收入分配矛盾进一步凸显,欠薪成为引发劳资矛盾的主要因素。一线职工月平均工资增长缓慢,2009年上半年职工月平均工资比上年同期增长3.45%,66.8%的职工工资增幅低于平均增幅;近两成的企业职工月平均工资总体水平出现下降,涉及在岗职工1.42万人,月平均工资降幅为3.85%;部分企业因欠薪引发的劳资矛盾突出,2009年全市排查出的246起劳资突出矛盾中,因企业欠薪引发的占到排查单位总数的60.6%。三是少数企业无力按时足额缴纳社会保险费,申请政策扶持。全市共有225家"特殊困难企业"已享受社会保险费补贴或岗位补贴。报告认为,当前涉及职工经济权益的几个突出问题亟需研究。劳动力依然供大于求,失业登记人数仍然较多,外来从业人员和大学生的就业问题依然严峻;职工最低工资标准暂缓调整,企业工资增长指导线尚未公布,职工收入差距有可能进一步扩大;社会保障制度"碎片化"矛盾比较突出,社会救助制度不够完善,社会保障体系还需进一步完善。为此,报告建议:一要加大政策扶持,积极推进就业工作。建议将困难企业缓缴6个月社会保险政策并入特困企业社会保险费补贴;取消协保人员实现社会化就业并享受就业补贴的年龄条件限制等。二要努力提高职工收入水平,防止收入差距进一步扩大。尽快调整2009年度全市最低工资标准,合理确定并公布全市企业工资增长平均指导线、上线和下线。三要整合社会保险制度,完善社会救助机制。提高镇保、个保缴费比例,一步到位并入城保;进一步推进新农合全市统筹;将全市大学生统一纳入居保范围;把农民工纳入全市城镇职工框架体系范围;以家庭人均月收入为核定标准,探索建立"支出性贫困"救助机制。 (陈姣姣)

【浅论集体协商机制】 谈育明撰写。文章认为,集体协商机制有4层内涵:其一,集体协商机制是由集体协商制度和集体合同制度有机结合的统一体,两者之间既有联系又有区别;其二,集体协商是团体协商而不是个别商谈;其三,集体协商内容涉及劳动关系相关利益事项,以解决合理性问题为最终目的;其四,建立集体协商机制能够妥善化解群体性劳动关系矛盾,形成职工与企业相互依赖、相互支持的合作关系,构建和谐稳定的劳动关系。作为集体协商机制的两项基本法律制度,集体协商制度和集体合同制度既相互联系又相互区别。一方面,集体协商是签订集体合同的法定程序和关键环节,集体合同是集体协商的结果;另一方面,集体协商也是一种独立的协调劳动关系的有效手段,除签订集体合同外,在制定、修改或决定有关劳动报酬、休息休假、劳动安全卫生、保险福利等职工切身利益的规章制度或重大事项时应当进行集体协商。文章指出,工会在推进集体协商机制建设,开展集体协商活动具有不可替代的作用。尽管维护职工合法权益的渠道和途径很多,除工会外其他组织、团体和机构都能参与其中,但只有工会能够代表职工与用人单位进行集体协商谈判。因此,在市场经济条件下,工会与企业建立集体协商机制,就劳动关系中出现的情况和问题进行协商,是工会的权利更是工会义不容辞的义务。 (陈姣姣)

【浦东新区开发区企业和职工受金融危机影响程度调查】 蔡雪康撰文。文章对浦东新区产业集聚的陆家嘴、金桥、张江、外高桥四大国家级开发区调研后,分析了金融危机对浦东新区企业与职工的影响情况。报告认为,从国际金融危机对新区开发区的影响情况看,各企业受影响程度各有不同,其中金桥、外高桥是受影响最大的区域,随后为陆家嘴和张江开发区;就行业情况而言,电器、电子制造业、机械制造业、金融服务业和IT行业受影响最大,生物医药业受影响相对较小;就企业信心指数而言,港澳台、国有集体、民营企业信心指数相对较高,美资、欧资、日资企业信心指数排名最低。报告分析了企业在应对金融危机中采取的几种主要措施:一是不裁员、不降薪,比例约为52%,二是降薪资福利,三是实行灵活的企业内部"无薪休假"、离岗培训等阶段性停工措施,四是采取劳动合同到期后不续签或停产减员等退工裁员手段。报告提出3个方面的对策建议:(1)帮助企业,要从最需要的地方入手。调查显示,多数企业希望政府部门"出台临时性的财税减免政策"和"允许企业采取灵活的无薪休假措施"。(2)帮助职工,要从规范措施入手,分类指导,维护各类职工群体的合法权益。对企业关闭、搬迁的职工,要做好职工安置补偿工作;对遭受退工、经济性裁员的职工,在落实经济补偿的基础上,要做好心理安抚与再就业援助工作;对阶段性停工的职工,要做好稳定工作,对部分生活困难职工要纳入社会保障体系,并积极做好离岗培训工作;对降薪职工,要依法规范集体协商等有关程序,以保障企业劳动关系及职工队伍的稳定。(3)积极发挥政府部门、工会及有关企业协会的作用,给困难企业一份支持,给困难职工一份关爱,包括建立财税帮扶和中小企业融资机制、建立劳资矛盾信息共享机制、建立群体性劳资矛盾预警协调机制等,以切实帮助企业度过经营难关,帮助职工克服生活困难。 (邹卫民)

【普陀区餐饮行业职工收入情况调研】 普陀区总工会撰写。在调研基础上反映了国际金融危机影响下普陀区餐饮行业企业状况、职工队伍情况、职工收入现状和在劳动用工、收入分配方面存在的问题。调查显示,普陀区现有餐饮企业857家,其中97%以上为非公企业,大型、中型、小型企业比例分别为9%、19.8%、71.2%,从业人员共计15 273人,其中农民工比例为66.8%。从工会组建情况看,普陀区餐饮企业中已建工会企业占总数的55.6%，职工入会率为72.8%。从职工工资收入情况看，被调查的企业一线职工与一般管理人员的工资收入均低于市职工平均收入水平。报告认为，普陀区餐饮行业在劳动用工、收入分配上主要存在以下问题：一是不少企业缺乏科学、合理、规范的劳动工资分配制度，行业中企业经济效益与职工收入不挂钩、上下浮动不相符、晋级增资渠道不畅通矛盾相对突出；二是个别企业不执行上海市职工最低工资标准，导致行业一线职工收入水平较低；三是部分企业工会组织发挥作用有限，工会组织设置、干部配备、工作开展上皆存在一些问题。据此提出对策建议：(1)加快工会组建力度，夯实工会组织基础，一方面要努力实现餐饮行业工会组建工作的全覆盖，另一方面建议在大型餐饮企业中试点设立专职工会干部。(2)进一步完善行业工资集体协商机制，通过区域性行业性工资集体协商工作，规范行业收入分配、劳动用工行为，维护职工合法权益，构建和谐稳定的劳动关系。在工作对象上，行业性工资集体协商要实现重心下移，向街道、镇层面延伸，指导各企业制定公平、科学、合理的工资分配制度；在工作内容上，要紧紧围绕行业职工关心的劳动报酬、工时工假、安全卫生等重点难点问题开展协商。(3)加大监管力度，强化联合执法检查，把行业职工劳动经济权益保护纳入执法检查的重要内容之中。

（邹卫民）

【普陀区物业管理行业职工收入状况调研】 普陀区总工会撰写。报告反映了当前物业管理行业职工收入分配存在的问题。报告指出，当前物业管理行业职工水平明显偏低，保安、保洁、保绿职工收入大多维持在最低工资标准水平，甚至有部分职工工资低于最低工资标准，导致生活出现困难；在物业管理行业，正式职工与非正式职工在工资收入与福利待遇上存在明显差距，一些"4050"人员、退休人员、农民工等非正式职工心态失衡、工作情绪低落，在一定程度上影响了职工队伍的团结稳定。报告认为，当前影响物业管理行业职工收入的主要原因在于：一是物业租金、管理费等收缴标准多年未变，特别是直管公房和售后公房的收费标准过低。二是物业租金、管理费等收缴率偏低，其中尤以直管公房和售后公房为管理对象的物业管理企业更为突出。一些业主未形成支付物业管理费的应有意识，因对物业服务内容不清楚或对物业服务不满意，拒不支付物业费，对动迁或对开发商不满，也会成为部分业主不交物业管理费的理由，一些业主之间相互影响，使不交物业租金、管理费在个别小区成为一种不良风气。而物业管理企业对不交物业租金、管理费的业主缺乏制约措施。三是物业租金减免加重了物业管理企业的负担。随着最低工资标准和物价水平的逐步上调，物业管理企业的用工成本和能耗成本不断上升。报告提出了促进物业管理企业发展的对策建议：(1)建议政府对物业管理企业进行税收倾斜，并对以直管公房和售后公房为管理对象的物业管理企业进行适当的经济补贴。(2)适当提高直管公房的租金标准和售后公房的物业管理费标准，同时逐步提高直管公房和售后公房的物业服务质量。(3)对相邻小楼盘进行物业管理的整合，实现物业管理的规模效益和品牌效应。(4)充分发挥工会组织的维权作用，逐步提高物业管理行业职工的收入水平。(5)指导、协调和监督业主委员会的工作，充分发挥其职能和作用。(6)加强宣传教育，提高并强化居民支付物业管理费的意识。

（邹卫民）

【普陀区卫生系统职工队伍状况调研报告】 普陀区医务工会撰写。报告反映了区卫生系统职工队伍状况和职工权益实现状况。调查反映，当前普陀区卫生系统职工队伍呈现以下特点：一是学历起点高，普遍重视专业业务发展；二是职业素质较高，普遍具有职业奉献精神；三是需求层次较高，普遍期待社会尊重和自我实现，对单位的民主参与、人文环境、工作条件和文化氛围以及个体才干和价值的实现途径较其他职工群体更为重视。报告同时分析了当前存在的影响制约医务职工队伍建设发展的不利因素：人力资源的不足导致医务职工长期超负荷工作；医疗服务价格与医院经营成本的矛盾影响医务职工劳动价值的实现；社会大背景中的若干负面因素和行风建设存在的问题对职工队伍建设发展造成一定不利影响。据此提出对策建议：(1)积极促进卫生制度改革，努力从源头上维护好发展好职工利益。(2)贯彻以人为本的科学发展观，从政治上、思想上、事业上、生活上全面做好职工利益的维护、发展、促进工作。要深入推进职代会为基本形式的院务公开民主管理，深入开展"三观"、"三德"教育，千方百计改善职工的生活待遇，逐步提高工资福利，进一步完善保障机制，做好人才促进工作，为广大职工岗位成才和事业发展搭建平台，营造尊重人才、尊重知识、尊重职工创新精神的环境氛围。(3)加强宣传，增进沟通，争取全社会对制度转型期医疗卫生工作特殊性和医务职工实际状况的理解和支持，取得全社会对医务工作者的关心、理解和尊重。

（陈姣姣）

【当前形势下区域性职代会功能定位及发展趋势的思考】 普陀区总工会撰写。文章认为，在区域性职代会已成为基层民主政治建设一个重要实现形式的现实情况下，应对区域性职代会的功能、作用有一个更为清晰的定位，要对这项制度的发展趋势做一个更为深入的思考。报告从普陀区近年来区域性职代会的探索实践出发，总结了六种区域性职代会基本模式：一是街道、镇层面的社区职代会，二是工业园区、经济园区、科技产业园区等层面的园区职代会，三是居民区、村区为代表的小区职代会，四是以区域内企业性质为划分标准的系统职代会，五是各商务楼宇为单位的楼宇职代会，六是既顾及到行业特性又依托地区工会进行具体工作的区域内行业性职代会。报告分析了当前区域性职代会的主要职权设置情况，主要为知情建议权、协商共决权、评议推荐权、选举罢免权、检查监督权等5项职权。报告认为，区域性集体协商制度与职代会制度相结合，集体合同草案经职代会审议通过是区域性职代会的核心内容；在党组织领导下、在政府（行政）支持下，以工会为工作机构逐步推进，是区域性职代会应当依托的组织力量与资源环境。报告提出，区域性职代会应当服务区域经济发展，体现其保增长、促发展，保稳定、促和谐，保民生、促沟通的功能定位，并对区域性职代会的未来发展做如下思考：(1)区域性职代会与其他维权制度的整合联动及与实体维权的同步推进应成为必然趋势。(2)区域性职代会制度的推进必须紧贴区域功能定位与产业布局。(3)区域性职代会维权的落脚点应在企业，要在共性维权实现的基础上，再向企业内部延伸，实现个性维权，以更好地发挥区域性职代会保底、辐射与示范作用。 (邹卫民)

【闸北区社区、镇总工会工作体制机制思考】 闸北区总工会撰写。文章对闸北区社区(街道)、镇总工会成立以来的运作情况进行了总结，并对今后工作创新提出了思考。闸北区自2005年在彭浦镇开展街镇总工会试点以来，到2006年9月已在全区8个街道全部成立了社区(街道)总工会，全区社区(街道)、镇下属工会组织774个，占全区工会组织总数的61.3%，覆盖单位数2 963家，占总数的80.4%，工会会员71 403名，占总数的49.2%。报告分析了当前闸北区社区、镇总工会组织体制的几个特点：一是社区、镇总工会下辖组织呈现小而广的特点，50人以下的小型企业占绝大多数，社区、镇总工会承担的任务日益繁重。二是积极探索社区工会网格化管理模式，工会工作者队伍趋于职业化。三是社区、镇总工会组建模式走向多样化，工会组织的覆盖面日趋扩大。四是建立起街道(镇)、社工站、居民区三级劳动关系争议调解组织，维权机制的层次性凸显。五是依托工会网格化管理机制、基层企业工会考核机制，借助创建劳动关系和谐企业、职工之家建设等工作载体，社区、镇总工会运行方式更显灵活性。报告反映了当前社区、镇总工会工作体制机制中存在的问题：一些社区、镇总工会的组织机构尚未健全，影响了功能的发挥；管理体制尚未完善，在整合社区资源、项目联动、服务联动方面存在不足；一些社区、镇总工会的运作质量不高，一些社区工会干部队伍建设力度不够，工会干部整体素质、知识结构、年龄结构上存在不足；一些社区、镇总工会物质保障力度仍然不够，少数社区工会独立预算、决算及经费审查监督制度还不健全。报告提出，应在进一步推进社区、镇总工会工作创新上加强探索与思考：(1)进一步健全组织体系，明确各自职能定位。(2)进一步加强资源整合，巩固党工共建格局。(3)逐步建立健全区域性、行业性职代会制度，强化平等协商集体合同制度，健全完善各社区、镇厂务公开工作领导小组制度，不断完善工会各项维权机制，维护职工合法权益。(4)进一步加强工会干部队伍建设，注重干部配备的年轻化、素质化建设，不断焕发基层工会活力。(5)进一步建立健全管理和评价体系，促进工会功能的有效发挥与工会工作质量的稳步提高。(6)进一步加大经费缴拨力度，为工会工作提供有力的物质保障。 (邹卫民)

【以改革创新精神加强新形势下区域工会建设的研究】 虹口区总工会撰写。报告分析了经济社会发展对工会工作提出的新要求，提出了加强区域工会建设的思考与对策。报告认为，当前工会工作面临以下新挑战：一是着眼大局，需要工会在服务区域经济发展和发挥职工群众主力军作用中履行使命。在职工由单位人转变为社会人、外来务工人员不断增多的情况下，如何发挥社区(街道)总工会的承上启下作用，积极为职工群众提供维权服务；随着"航运虹口"建设的不断深入，工会如何抓住产业发展中的重点行业、重点领域体现作为。二是应对国际金融危机需要工会加大维护职工合法权益、构建和谐劳动关系的力度。如何强化工会维权举措，充分调动职工群众共克时艰的积极性、创造性；如何妥善应对当前劳动争议及职工群体性事件等不稳定因素影响，促进社会和谐稳定。三是紧扣中心，需要工会在服务党建中加强组织建设。如何更好地发挥工建优势，进一步融入党建、服务党建；如何适应当前职工队伍结构变化，强化工会组建工作。报告对加强区域工会建设提出建议：(1)加强理念创新，在转变发展方式、破解发展难题上深化思考。要延伸工会工作范围，实现工会工作由区属向区域的覆盖；要夯实工会工作目标，实现工会工作由软任务向硬任务转变；要创新工会工作方法，实现工会工作由刚性向柔性转型；要探索工会评价体系，实现工会工作由相对封闭向畅通开放的提升。(2)探索体制创新，在构建区域工建管理新格局上实现更大作为。要完善制度，切实加强区总工会的组织领导作用；要承上启下，逐步理顺社区(街道)工会组织体制；要加强建设，不断增强小区工会、基层企事业单位工会的活力。(3)强化运作机制创新，不断完善工会工作机制、激励机制、整合机制、维权机制、保障机制，在加强管理、规范运作上提升工作水平。 (邹卫民)

【国际金融危机对杨浦女职工影响调研】 杨浦区总工会女职工委员会撰写。报告分析了国际金融危机影响下女职工在生产、生活、心理上所面临的新情况新问题。报告认为，国际金融危机对杨浦区女职工的影响主要体现在以下5个方面：一是部分在岗女职工收入有所减少，女职工及其家庭消费受到一定波及。其中25.8%的被调查人员表示收入受到影响，月收入减少额多数在500元以内，多数女职工减少了自己的服饰消费与旅游消费等。二是女职工合法权益与特殊权益的维护难度加大。三是超过半数的女职工个人感受到金融危机对工作稳定性的影响，外来务工女性受影响的比例更高达63.5%，从行业看，钢铁、汽车、电子、服装、餐饮业岗位稳定性受影响最为明显。四是在国际金融危机的阴影下，多数女职工心理上存在压力，其中74.6%的女职工表示心态或多或少受到一定影响，8.3%的女职工比较焦虑，而在心理压力源上，76.4%的女职工担心的是就业问题。五是半数以上的女职工对战胜金融危机怀有信心，而四成多的人则对国际金融危机下一步的发展心存迷茫。报告认为，针对国际金融危机给女职工带来的影响，除了要继续发挥工会维护职能，还要进一步强化工会在就业援助中的作为，积极做好对女职工的心理疏导、心理援助工作。报告提出对策建议：(1)优化经济环境，促进企业发展，从经济发展、企业增产赢利的源头着手，缓解女职工面临的困境。(2)整合社会资源，加强工会与劳动保障、工商、审计等行政部门的协作，实现对女职工合法权益及特殊权益的联动维护。(3)加强职业技能培训、学历培训,引导女职工不断提升自身素质,增强应对各类风险的能力。(4)强化心理辅导,帮助女职工减缓心理压力,引导她们树立与企业共同发展、共度难关的信心,促进女职工队伍及家庭的和谐稳定。 (邹卫民)

【非公企业工资集体协商实务运作研究】 张念宏撰写。文章分析了非公企业开展工资集体协商工作的现状,并对进一步推进这项工作提出建议。文章认为,非公企业的工资集体协商已成为当前工资集体协商的重点与难点所在。从存在的问题看,一是思想认识上存在偏差,如部分党政干部片面看待招商引资工作,存在集体协商不让谈的思想;一些企业经营者片面理解企业自主决定工资政策,存在集体协商不想谈思想;一些工会干部有畏难情绪,存在集体协商不敢谈的思想。二是工资集体协商工作缺乏刚性法规及政策支持,导致工会代表职工与企业进行工资协商困难重重。三是一些非公企业存在工会组建难、工会运作不规范等问题,影响了工资集体协商的开展。文章提出了推进非公企业工资集体协商的对策建议:(1)充分发挥政府有关部门在工资集体协商中的作用。要完善工会工作目标管理制度,建立健全工资集体协商工会审查、劳动部门备案制度,完善联合执法检查制度等,促进工资集体协商工作逐步步入制度化、规范化、科学化的轨道。(2)充分发挥工会在推进工资集体协商工作中的优势。要加强工资协商代表队伍建设,强化上级工会指导力度,建立职工协商代表保护基金,为推进非公企业工资集体协商创造良好条件。(3)分类指导、分层推进区域、行业工资集体协商制度。在分类指导上,建议根据企业规范状况,依次建立企业工资集体协商机制、区域性工资集体协商机制、行业性工资集体协商机制等;在分层推进上,建议以街道(社区)为第一层面,小区为第二层面,基层企业为第三层面,不断扩大工资集体协商的覆盖面。(4)充分发挥典型示范效应,收集典型单位工资集体协商的实务经验,以点带面,逐步推开,不断提高工资集体协商工作的质量与水平。 (邹卫民)

【黄浦区围绕保增长、稳岗位、稳收入、稳队伍,开展共同约定行动的调查】 黄浦区总工会课题组撰写。报告总结分析了全球金融危机形势下黄浦区开展共同约定行动,促进"保增长、稳岗位、稳收入、稳队伍"的情况。调查显示,2009年黄浦区共有1 100多家企业开展了共同约定行动,覆盖职工近10万人。一是开展立功竞赛、献计献策活动,对于"保增长"起到了积极的作用。二是"不减员"成为全区多数企业的一种社会责任,全年区域内职工人数流动正常,劳动力市场平稳可控,有效缓解了国际金融危机带来的冲击。三是初步形成"不减薪"良好氛围,国际金融危机以来区域职工薪酬变动情况正常,1月至11月全区职工工资增加5.2%。四是职工队伍和企业劳动关系保持稳定,区域劳动争议案件增幅不大。五是协调劳动关系的机制建设得到进一步加强。深入开展劳动关系和谐企业创建活动,进一步推进工资集体协商,劳动关系预警机制逐步形成,工会法律援助服务体系不断健全,形成了区总、区属集团(社区)、基层三级法律服务网络,工会帮困工作的基础建设得到加强,由区职工援助服务中心和6个社区分中心构成的1+6体系已在全区形成。以非公企业为重点的工会组建工作取得明显成效。六是职工思想认识与职业素质得到进一步提高,不少企业把金融危机作为提升职工素质的良机,积极开展职工培训。七是促进了迎世博600天行动的深入开展。报告认为,开展共同约定行动中也存在以下问题:部分企业对共同约定行动的开展在认识上还存在差距,共同约定行动在推进上还不够平衡,新经济组织开展情况弱于区属国有、集体企业,一些企业在落实共同约定承诺上还存在不足。 (邹卫民)

【静安区非公企业工会履职能力调研】 周文芳撰写。文章认为,当前静安区非公企业工会工作存在以下特点:一是非公企业工会组织建设取得一定进展,但工作基础依然薄弱,充分履职缺乏组织保障,主要体现在工会组织机构不够健全,工会干部兼职现象较为普遍,部分企业工会经费不能足额到位。二是非公企业工会组织发挥了一定作用,但职能依然弱化,充分履职缺乏制度保障,主要体现在缺乏履职的动力驱动机制,工会缺乏服务企业和服务职工的有效途径与载体,企业工会难以参与涉及职工利益的重大决策,维权职能受到限制。三是非公企业工会组建工作取得一定成效,但社会影响依然有限,工会充分履职缺乏社会支持,既缺乏企业主的支持,也缺乏职工群众的支持。文章提出,要进一步提升非公企业工会的履职能力,涉及整个工会工作理念的创新发展,必须进一步解放思想,转变工作理念,坚持以职工为本,加强和改进工会组织的工作作风,做到重心下移,视野向下,增强工作的主动性、针对性、有效性;必须创新工作思路,充分发挥区域工会在整个工会体系中承上启下的作用,努力为基层工会开展工作创造良好环境;必须改变工作方法,探索与时代发展相适应的新机制、新方法、新载体,切实做好党政所需、社会所急、职工所求、工会所能的工作,不断提高工会促进社会和谐、服务职工群众的能力和水平。为此,文章提出如下对策建议:(1)深化认识,增强新时期做好非公企业工会工作的责任感与使命感。(2)明确重点,全面提升非公企业工会工作的整体水平,要着力提升非公企业工会组建与规范化建设,要指导非公企业工会组织结合企业生产经营特点及职工队伍状况开展工作,要全面履行工会协调劳动关系的职能,要通过技术创新促进职工队伍整体素质的提高,找准服务企业和服务职工的最佳结合点。(3)积极探索,大胆创新非公企业工会发挥作用的新机制,包括建立健全调查研究机制,企业工会工作机制,工会干部产生、培训与评价机制。(4)加强宣传,协调各方营造支持非公企业工会工作的社会氛围,包括积极争取党政对工会工作的重视与支持,协调各方争取劳动、工商、税务等相关部门及社会各界对工会工作的支持。 (邹卫民)

【以职业化、社会化为抓手,推进区域性、行业性工会建设】 宝山区总工会撰写。文章认为,随着区域工业化、城镇化进程的加快,中小企业呈现出快速增长的态势,由于不少中小企业中职工诉求渠道不完备、不畅通,劳资矛盾凸显，工会工作面临着不少新的课题与挑战，加强区域性、行业性工会建设应成为当前解决中小企业工会组织覆盖难的一个有效途径。文章认为，从现实意义看，加强区域性、行业性工会组建是贯彻"组织起来，切实维权"工作方针的具体体现，是扩大区域工会组织覆盖面的切实需求，是推进区域劳动关系和谐稳定的应有之义。就其工作实效看，加强区域性、行业性工会组建从区到村，层层落实，能有效理顺隶属关系，以更加灵活方式推进组建工作，有利于消除条块内无行政主管单位工会组建的空白，有利于推进外来务工人员入会、工资集体协商、职业技能培训、岗位练兵等工作。文章提出，通过近几年"工会工作社会化、工会干部职业化，推进区域性、行业性工会建设"的试点实践，宝山区已建立起餐饮、建筑等行业工会，部分直属工会正着手成立区域性行业工会。全区已初步形成了有宝山区域特点的区域性、行业性工会组建模式，即：组织架构上，形成以区总与区总直属行业工会为第一级，镇总工会及镇总工会直属行业工会为第二级，村、经济区区域工会、行业独立工会和行业工会分会（小组）为第三级的三级网络；配备保障上，以探索实现区域性、行业性工会主席职业化为核心，强化工会的干部配备、经费保障与职业管理；运作机制上，以推进工资集体协商工作，不断完善民主管理工作为着力点，充分发挥区域性、行业性工会维护职工合法权益、促进区域劳动关系和谐的工作职能。（邹卫民）

【闵行区企业劳动争议预警调解机制建设的实践与思考】 闵行区总工会撰写。文章分析了闵行区企业劳动争议调解机制建设的现状，在总结成功经验和存在问题的基础上，对发挥预警调解机制作用、创建和谐劳动关系提出建议。文章认为，近年来闵行区劳动关系日益复杂，劳动争议案件数逐年上升，类型集中在劳动报酬和合同解除方面，争议标的总金额直线上升。针对这些情况，闵行区委出台了《关于共创和谐企业劳动关系的实施意见》，构筑由区总工会牵头、12个部门参与的预警调解工作格局。区总工会围绕预警机制建设，加强普法宣传、培训教育和对企业的用工指导，通过集体协商、厂务公开、职工信箱、短信平台等形式畅通了职工诉求渠道，发挥工会组织"第一知情人、报告人"的作用，建立了劳资信息排摸报告机制和劳动关系动态监控系统。同时，积极推进企业劳动争议调解组织建设，年内在2 583家企业内部建立了劳动争议调解委员会，在全区成立了劳资突出矛盾预防化解指导小组，配合相关部门化解群体性劳动争议，并探索律师行业协会等社会组织参与承接劳动争议案件外包的工作机制，取得了良好的社会效应。文章认为，当前劳动争议预警调解机制最关键和缺失的环节在企业内部。部分企业主的认识误区导致工会集体协商等难以发挥作用，同时调解力量薄弱、队伍整体素质不高、运作不规范等因素也导致其作用发挥不明显。此外还存在相关部门缺乏有效信息沟通，劳动关系和谐企业创建活动评估不完善，业主欠薪逃逸缺乏有效监控等问题。文章建议，解决上述问题需要从源头上加以预防，加强工会干部队伍建设，完善企业劳动关系内部协调机制；加大队伍建设力度，探索调解与诉讼对接工作机制，完善劳动争议调解四级网络；政府相关部门加强对企业劳动关系的日常检查和综合评估，深入推进劳动关系和谐企业创建活动，形成共建和谐劳动关系的工作格局。（张海丽）

【关于加强村（园区）工会联合会建设的实践与探索】 蒋健炉撰写。文章对嘉定区加强村（园区）工会联合会建设的工作实践进行了总结，并对进一步深化完善这项工作进行了思考。文章提出，村（园区）工会联合会的产生适应了村、工业园区经济发展的需要，推动了基层工会组织的全面健康发展。扎根于村（园区）的中小非公企业，由于规模小、人员少、流动性大等原因，存在着组建难、维权难、开展工作难等问题，工会联合会为这些问题的解决构筑了一个重要平台，也为工会干部专职化、社会化提供了可能。文章指出，全面推动村（园区）工会联合会建设的条件已经成熟，村（园区）的经济规模不断扩大，嘉定区街镇总工会的规范化建设和村（园区）工会联合会建设试点为全面推动这项工作奠定了良好基础。文章总结试点经验，归纳了村（园区）工会联合会建设的主要做法：加强组织建设，理顺组织架构，将村（园区）工会联合会定位为街镇工会指导下的一级工会管理组织，坚持联合制、代表制原则；加强队伍建设，采取"专兼聘"相结合，确保"有人干事"，借力工会系统大学生见习基地，培养工会后备人才；加强制度建设，要求规范化工作，完善日常管理。文章提出，通过组建区域性的村（园区）工会联合会，推动中小非公企业工会组建、会员发展以及区域性、行业性集体合同等重点难点工作的发展。当前村（园区）工会联合会建设面临的主要困难是经费保障和干部队伍。建议在依法自愿的基础上推进小型非公企业工会经费委托基层工会联合会代管。同时，建议建立专职工会干部队伍，在经费上由区镇两级工会提供定额补贴，基层工会联合会从工会经费中列支给予绩效工资，选拔任用上由区总工会统一面向社会招考。（张海丽）

【工会在推进厂务公开民主管理中如何有所作为】 刘跃俊撰写。报告通过专题调研、问卷调查和座谈交流等途径，对工会推进厂务公开民主管理工作的进展情况、存在问题以及深化厂务公开民主管理工作的对策措施进行了探讨。报告认为，近年来金山区总工会大力推进厂务公开民主管理工作，在加强基层民主建设，推进经济社会和谐发展中发挥了积极作用。通过每年的厂务公开民主管理检查活动、联席会议制度等形式，加强了工作上的领导；在全区285家公有制和485家非公企业实现了不同程度的厂务公开，拓展了工作新领域；在国有、集体企业转改制工作中，加强工会源头参与，坚持民主程序，促进这项工作的顺利进行；建立了以工资集体协商为重点的集体协商制度，在应对国际金融危机中发挥积极作用。报告指出，当前厂务公开民主管理工作存在着认识不足、实施率下降、"重形式、轻效果"等问题，工会干部必须充分认识深化厂务公开民主管理工作对于推进基层民主政治建设的重要意义，切实肩负起职责，使职工当家作主落到实处。报告认为，工会要在深化厂务公开民主管理，发展基层民主政治中有所作为，应从两大方面着手。一方面要营造群众基础，获得广大职工的支持和拥护，在实践中总结、提炼，创新工作制度和机制，化解矛盾，促进劳动关系和谐稳定；另一方面要根据区域特点，探索区域（行业）性职代会制度、联席会议制度、完善职代会制度和集体合同制度相结合等工作举措，在构建和谐社会中发挥好工会维护职工合法权益的作用。（张海丽）

【对我区企业工会运作情况的调研与思考】 青浦区总工会撰写。报告反映了当前企业工会组织的运作现状和难点问题，并对完善基层工会运作机制进行了探讨。报告认为，青浦区工会工作总体处于向上发展的态势，具体表现为：一是工会组织覆盖面不断拓展，非工企业建会率突破90%；通过基层工会运作制度化、规范化建设和"双爱双评"等创建活动，有效提升了基层工会活力；二是加强源头参与，健全维权机制，非工企业实施厂务公开面达到80%以上；三是促进了职工队伍素质提高，涌现出一大批技术能手和创新能手。报告指出，企业工会运作存在的一些不足，必须引起关注和重视，主要表现在运转水平参差不齐，包括国营和集体企业在内的占工会总数50%的企业工会能有效开展工作，30%的企业工会能部分完成工作，占总数20%的一些小型企业、村级和开发区工会联合会运作尚未真正到位；部分工会独立自主开展工作的自觉性有待提高；一些企业工会建立后未及时建立工会账户，建账率不足50%；部分企业工会经费收缴不规范，只关注完成上交任务，工会活动所需经费却向行政申请。为此提出建议：(1)加强调研，探索制定不同类型企业的运作规范，如行业工会运作规范、工会联合会运作规范等。(2)与有关部门协调沟通，增配人员，解决村级和开发区工会联合会主席兼职过多的问题。(3)加强对街道、镇总工会干部的培训，充分发挥他们指导企业工会自主运行的职能。(4)搭建企业工会工作交流平台，召开工作会议推广先进经验，加强工会工作信息化建设，使企业工会工作经验相互借鉴。(5)加强对企业工会建账的督查工作，提高工会建账率和工会经费的实际到账率。（张海丽）

【加强劳动争议调解　健全工会维权机制】 刘金龙撰写。文章认为，市场经济条件下劳动关系的本质是对立统一、互惠互利的经济利益关系，呈现出市场化、多元化、契约化、法制化的特征，国际金融危机影响下的劳动关系又具有劳动争议增多和主体依赖性增强的特点。文章认为，当前形势下工会维权职能的日益凸显既是社会群体利益主体分化对增强工会社会代表性的要求，也是党和政府重视工会的维权职能、在构建和谐社会中需要工会发挥重要作用的表现，劳动关系规范化、法制化进程的加快也为工会维权提供了法律支持。文章提出，劳动争议调解是工会维权的重要方式和优势所在，与行政、司法维权有明显区别。工会维权必须注重调解，贯彻两个维护相统一的原则，通过协商沟通等手段，以"非诉"的方式解决劳动争议。文章认为，工会开展劳动争议调解具有政治性，有助于夯实政治体制改革的社会基础和法制基础，引导双方通过合法途径表达和维护自身利益诉求；具有社会性，要借助社会力量，实现联合调解，形成社会化多元化维权格局；具有法律性，加强劳动争议调解是法律赋予工会的职权，必须在法律原则的基础上寻求当事人双方的共识。文章认为要从以下方面加强劳动争议调解机制建设：一是组织建设。要加强镇级劳动争议调解组织建设，积极发展企业内劳动争议调解组织，将劳动争议化解在初始状态。二是环境建设。要加强法治环境建设，提高劳动争议调解的公信力和执行力，营造良好的社会环境，争取企业、职工和社会各界的支持。三是制度建设。要完善劳动合同制度，按照"预防为主、调解为主、基层为主"的方针，建立健全劳动关系预警机制和劳动争议处理机制。（张海丽）

【浅谈工会组织与构建企业和谐劳动关系之关系】 化学工会撰写。文章认为，当前国有企业的劳动关系呈现以下新变化，企业劳动关系由原来长期的、固化的劳动关系向相对松动的劳资关系转变，非正规、不稳定的劳动关系比重上升，劳动力流动频率加快，劳动关系出现明显的短期化趋势，企业内部岗位的稳定性下降导致劳动关系稳定性下降，劳动关系变更频率增多。随着企业管理体制机制的变革，国企劳动关系也出现了新特点，企业内部出现"有关系不劳动"的在册职工和"有劳动没关系"的劳务工这类"错位性"现象、同一企业内部多种用工形式劳动关系同时存在的"多元性"现象、企业中劳动关系历史遗留问题和新生矛盾交织在一起的"延续性"现象。分析上述新变化、新特点，文章认为当前国企劳动关系表现为多样化、动态化、复杂化、规范化的发展变化新趋势，需要引起广泛重视。文章提出，基于以上形势和实际，企业工会在维护和谐劳动关系中应该找准定位，体现作为。企业工会要定位成为知法、懂法、守法、用法的带头人，依法履行职责，加强法制教育，做好维护企业和职工合法权益的代表人，实现双方互利共赢，当好弱势群体"解困、帮困、扶助"的责任人，运用各种资源为职工排忧解难，做好企业中心工作的促进者，从根本上促进企业和谐稳定。在构建和谐企业劳动关系中，工会要主动迎接挑战，承担责任，全面提高工作水平，运用组织优势，协调企业劳动关系，为企业和社会创造稳定良好的发展环境。工会工作者需要不断提高自身素质和实际工作能力，适应并担当起新的职责和使命。（张海丽）

【在经济结构调整中发挥好产业工会的作用】 轻工业工会联合会撰写。文章认为，随着企业改革改制和经济结构调整步伐加快，淘汰落后产能等带有产业特殊性的问题呈发展趋势，涉及产业职工利益的问题日益突出，需要增强把行业职工组织起来的政治意识。文章指出，在轻工业结构性矛盾突出、产业转型升级与结构调整优化任务繁重的背景下，需要增强推动行业经济发展的大局意识。轻工工会引导职工正确看待产业结构调整中遇到的问题，动员职工坚定信心，抓住国家《轻工业调整和振兴规划》政策带来的机遇，组织行业职工积极参加"同舟共济、共克时艰"主题竞赛活动,加大对上海轻工行业自主品牌和知名品牌的宣传,支持轻工行业向时尚创意产业发展。文章认为,产业工会更熟悉自身产业的特点和发展方向,在表达行业职工意愿诉求方面有独特优势。轻工工会通过开展行业性调查研究,及时了解行业职工的利益诉求。如主动与劳动部门沟通,解决了"化工原料配置工"等岗位的职业技能鉴定工作空白,对家具制造行业职业卫生状况等方面的调研分析了行业共性问题,引起行业和企业的高度重视,为加强和改善行业职工的劳动条件提出了工会主张。文章认为,产业工会维权工作的主要特点是要做企业要办、地区难办、产业能办的事。轻工工会围绕这一特点,积极推进行业性集体协商工作,培育和确立行业性集体协商主体,明确行业协会作为企业方代表,产业工会和各行业工会为职工方代表,在协商内容上体现"两个维护",建立了联席会议制度、"上代下"形式等不同层面的行业性集体协商机制,拓展了协商渠道,提高了协商的有效性和实用性。 (张海丽)

【关于金融危机下行业集体协商机制作用的再认识】 王水官撰写。文章结合产业现状及近年来推行行业集体协商的实践,对金融危机下行业集体协商的重要性及作用作了深入思考。文章总结了近年来纺织工会与各区纺织行业工会一起积极探索实践,重点围绕劳动定额、工时工价标准开展集体协商,初步建立起劳动定额标准的协商机制的具体做法和过程。指出当前完善行业集体协商必须重点解决以下问题:(1)必须清除思想认识上的障碍,达成共识形成合力。要大力宣传集体协商的对话沟通作用、利益协调作用以及矛盾调处作用,提高公众认知度和社会影响力。(2)必须重视行业集体协商的指导和服务功能,形成多层次集体协商结构。相对单个企业内的工资协商,行业性集体协商具有调整劳动关系的层次更高、力度更大、范围更广的优点,通过行业性集体协商,探索上级工会代表下级工会、上级工会服务下级工会、上级工会指导下级工会的集体协商模式,以提高集体协商的谈判层次及协商质量。(3)必须进一步重视行业协会建设,培育行业集体协商的对应主体。当前行业协会的发展不平衡,行业工会缺少协商主体或沟通平台的情况比较突出。要重视市、区两级行业协会建设,凸显行业协会的资源优势、专业优势,要鼓励行业协会与工会沟通,发挥行业协会在规范行业竞争、协调行业事务、促进行业发展中的重要作用。(4)必须把建立行业集体协商制度作为保障劳动者合法权益、维护社会稳定和职工队伍稳定的重要措施。依靠党和政府强有力推动,坚持和完善行业集体协商工作。 (张海丽)

【在应对危机中开展"最佳实践者"活动的实践与思考】 宝钢股份特钢事业部工会撰写。文章思考和总结了国际金融危机背景下开展"最佳实践者"活动的具体做法和价值意义。文章认为,"最佳实践者"活动是宝钢工会应对国际金融危机的一项群众性活动。最佳实践者活动的意义在于"四个促进"目标:即达到促进宝钢文化落地、促进员工素质提升、促进干部作风转变、促进管理流程改善的目标。最佳实践者活动的根本出发点是依靠职工的力量提升企业的能力。必须把握好"发现"、"改善"、"提升"三者的递进关系。发现,是首要环节和基础;改善,是承上启下的关键与枢纽;提升,是活动的目标。在大量发现员工闪光点的基础上,审视和反省自身管理中存在的问题和缺陷,努力促进企业管理流程的改善,而持续的改善将使企业在管理上获得创新,在综合能力上得到质的飞跃。最佳实践者活动的长效化在于"三力聚合"。员工的原动力、组织的推动力、活动的持续力是构成最佳实践者活动的重要因素。合力推进最佳实践者活动,必须坚持企业党组织的政治核心优势,必须将最佳实践者活动纳入企业管理的重要组成部分,必须在密切联系群众的过程中把组织发动工作落到实处。最佳实践者活动要保持持续力,除了员工参与最佳实践者活动的原动力(个体的积极性)要给予保护外,还必须建立长效化的工作机制。一方面要吸引更多的最佳实践者在"实践—提升—再实践—再提升"的递进中得到磨练、提高,另一方面要建立相应的激励机制,鼓励更多的最佳实践者成为岗位明星、示范带头人(团队)、课题领头人,创造最佳实践者层出不穷的活动氛围。 (陈姣姣)

【关于加强工会信息预警调处一体化工作机制建设的研究】 烟草(集团)公司工会撰写。文章对近年来上海烟草(集团)公司工会结合实际,按照新形势下持续推进劳动关系和谐稳定发展的要求,建立健全信息获取与调处联动的一体化"维稳"工作机制方面的实践经验进行了总结和思考。其一,为增强维护职工合法权益的及时性,公司工会建立健全了职工思想动态预警机制,通过对信息的搜集、分析和判断,预先推测和把握劳动关系调整中的重点和难点,通过信息预测、预报,使上级工会及时掌握职工思想动态的现状和发展趋势,通过预防工作体系,把防范工作做在前,减少和避免事后防范现象的发生。其二,为妥善处理好职工的合理诉求,必须及时民主协商,建立健全职工诉求沟通工作机制,着力推进强化沟通协商工作力度,将职工的普遍愿望纳入工会实事工程,对关系职工切身利益的事项,进入厂务公开民主管理协商程序,并在集团范围开展"职工满意企业"创建活动,形成"依靠职工办企业"的企业文化。其三,为职工及时提供援助服务,建立健全职工法律保障机制。烟草工会已构筑起集团、厂、车间三级援助服务网络,培育一支由法律援助员、法律援助志愿者和联络员组成的队伍,通过开设法律援助接待室、法律援助热线、接待日制度和"法律伴我行"主题活动,为职工提供法律咨询服务,帮助职工及时化解矛盾,为职工维权开辟了快车道。其四,建立健全职工生活关爱工作机制,帮助职工及时排忧解难。烟草工会已建立了"自助、互助、救助"三种形式构成的职工生活关爱工作机制,通过参加多种保险,减轻职工因病住院后的经济负担,通过对困难职工实施救助的方法,使职工遭遇突发困难时能及时获得物质上的帮助。实践证明,建立健全信息预警调处一体化工作机制,对增强工会组织影响力,促进职工队伍稳定,实现劳动关系和谐发展起到了重要作用。 (张海丽)

【维护职工权益，提高“四个能力”——上汽工会应对金融危机的思考和探索】 吕平撰写。文章指出，受国际金融危机影响，汽车市场销售增速减缓，企业利润下降，员工对汽车市场未来发展有一定担忧，部分职工出现焦虑、担忧甚至埋怨的情绪。上汽工会认真分析国际经济形势对工会工作带来的新情况新要求，努力提高工会应对复杂情况的能力，为促进上海汽车工业健康平稳发展、维护企业和职工利益发挥积极作用。文章指出，动员和组织职工与企业共度时艰，共谋发展，是上汽工会提高促进经济发展的参与能力和保增长的首要任务。上汽工会充分发挥工人阶级的主力军作用，做到凝心，把职工群众的精力集中到上汽的发展目标上，引导职工积极行动起来，开展各项主题立功竞赛活动，作为凝聚职工、引导职工建功立业的重要载体。做到聚力，把职工群众的智慧凝聚到提升核心竞争力和国际经营能力的事业中，结合企业实际，开展群众性科技创新和节能减排活动，动员职工为企业发展集思广益、献计出力。做到合拍，以上汽价值观和愿景教育引领职工，提高职工文明程度和职业道德水平。其二，上汽工会以经济发展为要，以人为本，切实提高关爱职工的服务能力。号召职工“苦练内功”，着力提高职工整体素质，发挥工会“大学校”作用，不断推进职工队伍知识化、技能化进程；深入开展学习徐小平为代表的劳模活动，以劳模精神激励广大职工爱岗敬业；着力建设工会长效帮扶机制，加大帮困力度，拓宽帮困受惠面。其三，建立健全利益协调机制，促进劳动关系和谐。上汽工会积极推进企业与职工共同发展，广泛响应“共同约定”行动，创建劳动关系和谐企业；关注整体协同效应，充分发挥集体协商机制作用，为职工依法维权开辟“绿色通道”；针对不同群体的利益需求，加大利益协调力度，关注劳务工、离岗职工、外派职工等职工群体的特殊利益。其四，促进稳定，着力化解劳动关系矛盾。加强对职工的形势任务教育，引导职工用理性合法的方式表达利益诉求，维护职工队伍的团结稳定，建立健全劳动关系矛盾调查分析机制，发挥工会“第一道防线”作用，为上汽平稳健康发展营造和谐环境，加强对工会干部的培训，切实提高工会化解特殊矛盾的能力。 （张海丽）

【完善职工代表参与企业民主管理机制的研究与实践】 上海铁路局工会撰写。报告通过调研和总结铁路局职工代表参与企业民主管理工作，寻求完善职工代表参与企业民主管理相关机制建设的对策措施，以进一步提高民主管理工作科学化、规范化、制度化水平。调查显示，作为职工代表参与民主管理的基本形式，职代会制度已覆盖到路局、车间，成为职工代表参政议政的主要平台。在企业民主政治建设的进程中，厂务公开制度的建立健全，保证了职工知情权的落实，助推了民主监督。各公司制企业以抓职代会建制率为重点，努力发挥职工代表在推进企业改革改制改组中的积极作用。调查也发现，个别领导和代表认识上存在偏差，职代会机制不够完善，职工代表能力上的欠缺，这些问题影响了职工代表作用的发挥。报告认为，职工代表具有广泛性和群众性的优势，对于推动企业和谐发展具有重要作用。报告据此提出建议：(1)加强党的领导，完善职工代表参与企业民主管理的政治保证机制。要建立党委统一领导，行政主动支持配合、工会具体组织协调和职工代表全员参与的体制。(2)要发挥工会作用，完善职工代表参与企业民主管理的日常工作机制。(3)加强制度建设，完善职工代表参与企业民主管理的落实机制。要健全职工代表参与企业民主管理的基本工作制度，发挥好职工代表参与各层级企业民主管理的作用。(4)完善职工代表参与企业民主管理的权益维护机制。畅通职工代表与单位领导的沟通渠道，吸纳职工代表参加平等协商集体合同工作，在代表参与下处理劳动关系矛盾。(5)优化组织制度，提高职工代表素质。试行职工代表竞选制度，建立完善代表培训制度、联系制度、述职制度、激励制度等，为代表履行职责、参与管理创造条件。 （张海丽）

【加强基层班组建设，推进企业“三基”工作，实现企业科学发展——上海交运（集团）公司班组建设调研报告】 吴明撰写。通过专题座谈会、书面调查等形式，对近年来运输集团系统班组组织管理情况、制度建设、活动形式、班组建设经验等情况进行了调研，为进一步加强班组建设提供了依据。调查显示，交运集团下属单位根据不同情况，基本建立了班组学习制度、考勤制度、安全生产教育制度等各项班组制度，推动了企业各项工作的开展。班组根据不同企业情况，组织开展劳动竞赛、合理化建议、高师带徒活动，推动了学习型班组建设。公司规范班组长队伍建设，规范运作程序，将班组标准化管理运用到实践中，规范评选考核，为提升班组管理水平注入活力。报告总结了集团班组建设的基本经验和成效，分析了班组建设存在的问题，主要有班组组建未做到全覆盖，大量劳务工在班组编制过程中被遗忘；班组建设推进不平衡，一些单位存在有班组无管理的现象；部分班组长作用不明显，不少企业忽视班组长作用的发挥。报告对下一步班组建设提出对策和建议：(1)要深刻认识班组建设重要性，建议由集团制定相关指导意见，构建班组建设领导新格局。(2)引导各级领导和广大职工共同关注班组建设，营造班组建设良好氛围。(3)完善建制，健全制度，提高班组现代科学管理水平。(4)加强班组长培训，重视激励，为班组长成长创造良好条件。 （张海丽）

【值得商榷的劳务派遣用工形式】 俞元诚撰写。文章认为，劳务派遣用工形式存在多方面缺陷。一是劳务公司不能缓解就业压力。劳务公司属于中介性质的机构，其本身不具备解决就业或吸纳社会失业人员的能力。二是劳务公司不合理地参与分配。现行的劳务派遣用工形式，让劳务公司参与了原该属于劳动者所有的劳动收入分配，进而减少了劳动者的劳动收入。三是劳务公司无法保护被派遣劳动者的合法权益。在劳务派遣实践中，劳务公司在与用人单位签订“劳务派遣协议”时，迫于用人单位降低成本、规避用人责任、减少管理环节的压力，以及劳务公司自身营利的追求，往往采取牺牲被派遣劳动者利益，而向用人单位做出妥协。四是劳务公司的经营模式有悖于劳动法宗旨。劳务公司招聘劳动者但不使用劳动者，用人单位使用劳动者却不招聘劳动者，在这种变相的劳动力买卖模式中，劳动者的权益被损害或忽视，与劳动合同法的宗旨相背离。五是被派遣者在身份、地位、权利确认等诸多方面存在困惑。劳务公司招聘劳动者，劳动者与劳务公司签订“劳动合同”，双方形成劳动关系，该种法律关系适用于劳动法和有关劳动法规；劳动者被派遣到用人单位，劳务公司与用人单位签订“劳务派遣协议”，双方形成服务关系，该种法律关系适用于合同法和有关劳动法规。劳动者在双重法律关系中，其角色从“劳动合同”中的员工，转变为“劳务派遣协议”中的劳务派遣工。角色的转变使劳动者的法律地位趋于复杂化，使劳动者日后维护合法权益增加了难度和成本。此外，劳务派遣用工是廉价劳动力的产物，这一特点决定了劳务派遣工先天就沦为低收入阶层，难于与普通劳动者同工同酬。针对劳务派遣用工形式的种种弊端和问题，文章提出如下思考和建议。首先，要加强和完善劳务派遣制度的立法，对允许劳务派遣用工的部分行业、工种、技术含量等做出明确规定，从源头上规范劳务派遣用工形式。其次，要规范劳务公司的服务。建议劳务公司探索由低端廉价劳动力转向高端专业性技术人才派遣的途径。被派遣人员提供技术或特殊服务视为职务行为，劳务公司对被派遣劳动者负责。三是要强化职业介绍机构服务低端劳动力派遣的职能。四是要提高用人单位公平用工意识。对于企业低端劳动力的需求，可通过职业介绍所直接招聘，也可采取项目外包形式予以解决。（陈婈婈）

【从心理契约角度浅析港口企业劳务承包队员工管理】 冠东国际集装箱码头有限公司工会撰写。文章以心理契约论为理论依据，分析了劳务工群体心理契约的主要特征，并总结公司工会在制度建设、激励培训和企业文化三方面对劳务工的管理方法，对相关企业劳务工管理工作有一定的指导和借鉴意义。文章首先阐述了劳务工心理契约的含义和特征，将其界定为劳务工对于建立在承诺基础上的自身与劳务公司及用人单位相互义务的主观感知，表现为以工作绩效换取可持续就业能力的技能导向性、游离于组织外的不稳定性和对用工单位的心理依赖性等特征。文章认为，心理契约是规范和约束劳务工工作行为的一种重要形式。用人单位对维护劳务工心理契约的公正、健康和平衡的发展，对提高劳务工的工作满意感，稳定劳务工队伍，提高劳务工人力资源效能具有重要意义。文章指出，制度保障是维护劳务工心理契约健康发展的重要条件，冠东公司在实践中制定合理的劳务工薪酬体系，并要求劳务公司制定合理的考核及分配方法，公司工会帮助劳务承包队建立自己的工会组织，使劳务工组织可以通过合法渠道维护权利。文章认为，提高劳务工技能，拓宽劳务工职业发展通道是强化劳务工心理契约的最优途径。冠东公司在实践中通过建立长期的劳务工岗位竞聘机制、奖金激励机制，增加转岗、晋升机会和提供必要的培训，增强了劳务工心理契约，提高了他们的工作积极性，增强了他们的职业归属感。文章指出，劳务公司与用人单位联合建立动态管理机制是巩固劳务工心理契约的有效途径。冠东公司工会在实践中向各劳务承包队派兼职指导员开展思想工作，及时交流信息，形成共识，定期举办劳务工座谈会，了解思想动态，融洽关系，公司工会还积极参与劳务工的日常食宿管理，使劳务工切实从实事中受益。文章认为，企业文化的渗透管理是心理契约管理的核心。公司工会在实践中为劳务工创造参与多种形式的单位活动、参与团队建设的机会，不断丰富劳务工的业余生活，提高完善福利待遇和生活条件，强化了劳务工与冠东公司的心理契约。文章最后指出，外来劳务工问题关系到公司人力资源的有效配置、整合和利用，应该从以人为本、构建和谐社会的高度加深认识。（张海丽）

【上海市高速公路收费服务窗口从业人员“职工心声”调研报告】 由市城乡建设和交通工会撰写。报告在对9家高速公路经营管理企业收费窗口一线从业人员进行问卷调查的基础上，反映了这一职工群体的特点和利益诉求。当前，高速公路收费员队伍呈现女性居多、学历不高、青年比例大的特点。从收入和参保情况来看，绝大部分的收费员每月实际收入普遍较低，月收入1 500元以下的占66.77%。调查受访人员中，城保、镇保、外来务工人员综合保险的参保人数比例分别为34.99%、55.92%、9.09%。单位为其缴纳四金的人员仅占调查受访人员的30.30%，缴纳三金的占42.98%；另有26.72%的人员，单位仅为其缴纳两金甚至不缴。从工作满意度来看，有87.05%的受访者认为“噪音废气污染严重”成为在工作中最困扰的问题；另有66.11%的受访者表示对工作的付出和回报感到不满意，70.52%的感到收入偏低。报告认为，随着上海高速公路投资体制从管养一体化逐渐演变为多元化管理模式，高速公路收费员队伍的用工形式也逐步由过去的企事业单位的长期合同工变为从社会中介招聘而来的劳务工，一定程度上影响了高速公路收费从业人员的整体素质与队伍稳定。高劳动强度和低收入水平造成人员流动呈上升趋势，收费员的月流动率达20%；收费人员流动过快致使企业管理难度和成本加大；投资主体多元运行多样管理使得职工利益难以保障。对此报告提出建议：一是尽快制定符合上海城市特点的合理的高速公路运行经费及其收费人员定额标准，作为政府指导价格来规范高速公路收费人员的收入。二是尽快建立起由政府部门主导、企业和行业工会参与的高速公路收费人员工资正常增长机制。以2008年上海市职工平均工资作为核定基数，以后每年参照工资增长平均指导线为标准，核定下一年度的经费总额。三是加大高速公路收费人员技能培训力度，每年组织收费人员参加中级工技能考核，提高职工队伍的整体技能水平。（陈婈婈）

【关于上海市出租车行业驾驶员收入状况的调研】 由上海城市交通工会、上海市总工会保障部联合撰写。报告在对全市出租车司机收入状况与存在问题进行调查摸底的基础上，研究梳理了造成出租车司机收入问题的深层次原因，探索进一步完善全市出租车行业集体协商机制的实现途径。当前，全市出租车行业从业人员近10万人，其中95%为一线司机。出租车司机队伍呈现性别结构以男性为主、文化程度以初中和相当于初中水平为主、年龄结构以中年为主等特征。全市出租车日均服务165万车次，客运量300万人次，占城市公共交通客运总量22%左右。调查反映了出租车司机收入方面存在的三个问题：一是人均月收入水平相对下降，标准工时收入水平比全市职工平均工资水平低15%，社会保险费交缴标准偏低。二是工作时间过长，长年处于超时工作状态。三是出租车司机对工作现状不满意的人数比例上升。比对2009年与2005年抽样调查数据可以发现，对工作不满意的司机数所占比例已由2005年的三分之一上升到了50%。以上问题的产生有与出租车司机收入水平密切相关的直接原因，更有该行业自身诸多的深层次矛盾因素。直接原因包括：公共交通网络的快速发展、私家车的不断增多制约了出租车市场客流增长；过高的车辆承包费用，使得出租车司机不得不超时工作以保证收入水平不下降；行业经营模式和对不定时工作制理解上存在偏差。间接的深层次矛盾包括：公共服务的行业性质与出租车企业市场化经营之间存在矛盾，出租车行业亟待重新准确定位；名义上的公司经营与实际上的个体(单车)经营之间存在矛盾，出租车行业独特的经营模式形成具有行业特色的劳动关系；作为上市公司的出租车企业经营业绩、股民收益与司机利益三方之间存在矛盾，涉及社会财富公平合理分配的问题。基于以上两个层面的原因分析，报告提出如下对策建议：(1)尽早出台《关于进一步促进本市出租汽车健康持续发展的意见》，保障行业持续健康发展。(2)根据行业发展定位调整政府管理职能，提升政府综合服务能效。(3)建立由发改委、行业主管部门、财税、审计等多部门组成出租车行业成本监审工作小组，严格成本核算，坚决杜绝不合理的支出列入企业经营成本。(4)借油价联运机制实施之机，由行业与企业工会参与月车辆承包基数定额的制定。(5)试点改革行业经营模式，在出租车经营企业和司机之间建立真正意义上的劳动关系，探索维护出租车司机合法权益的实现途径。 (陈[illegible]婷)

【关于加强上海公共汽电车行业职工工资收入分配工作的指导意见实施情况的调研报告】 上海市交通运输和港口管理局工会撰写。报告在调查的基础上，反映了上海公共汽电车行业贯彻落实《指导意见》的主要做法和取得的成果：(1)在认真学习《指导意见》和调查摸底的基础上，制订职工增资计划。(2)全面推进工资集体协商的程序化、规范化、制度化建设，抓好协商的组织架构、程序内容、协议规范签订等工作。(3)合理确定职工工资的组成结构和固定、活动部分的比例，逐步过渡，解决好原各板块企业职工工资收入水平不平衡问题。(4)建立公交行业职工工资收入统计报表制度，明确填报范围、统计对象、上报要求和报送时间等基础工作，为今后科学统计分析公交职工工资提供基础数据。公交各单位连续两年实施职工增资工作，取得了职工工资收入总体水平逐步提高、工资构成结构更趋合理的良好效果。一是运营一线职工工资收入连续两年有两位数增长。二是工资收入分配明显向运营一线职工倾斜。三是公交行业各工种工资收入分配的比例关系基本达到《指导意见》的目标要求。四是行业内主要骨干企业间、同工种间的收入差距趋于合理。五是党政领导干部平均工资水平保持在合理范围内。但同时，也存在一些问题和不足，主要是在学习和宣传《指导意见》上还不够深入，对职工的教育和引导还不够细致，部分职工存在不少认识误区；工资正常增长机制在各企业推进不平衡，同一板块的运营单位之间在职工工资收入分配制度的规范性、完整性等方面差异较大；公交一线职工年平均工资仍低于当年全市职工平均工资，增资目标尚存在一定差距；公交行业驾驶员超时加班情况改善不大。报告据此提出对策建议：要进一步加强对职工的教育引导，引导职工全面、正确地理解、领会《指导意见》的精神实质，将落脚点放到努力构建和谐公交，不断提高公交运营服务水平上来；要采取先易后难、先局部后全面、先重点后一般的办法，逐步规范统一公交职工工资分配制度；要合理界定包括劳动力在内的各项企业成本和费用，尽快建立规范的收入和成本费用评价制度，从根本上促进公交企业建立职工工资与社会效益相联系的工资增长长效机制；要完善工资统计分析长效机制，使公交工资统计分析工作实现制度化、常态化。

(陈婷婷)

【关于建议上海远洋渔业企业船员纳入国家职业技能等级的调研】 上海水产(集团)总公司工会撰写。报告在专题调研的基础上，提出了将远洋渔业企业船员纳入国家职业技能等级的具体建议。近年来，随着集团加大引进国际先进的远洋渔轮、设备和捕捞技术的力度，远洋捕捞生产管理实现了大型化、专业化，涉及航海、轮机、机电、导航、助渔等多种设备的操作和使用，这就要求远洋船员既要掌握难度很高的无限航区航海技术，又要熟练掌握渔业捕捞生产技术，还要精通水产冷冻加工等技能。然而，由于历史原因和行业的特殊性，上海远洋渔业船员技术工种没有纳入国家职业技能等级范围，将不利于远洋渔业企业吸引人才、培养人才，不利于船员队伍提升技能和文化素质，在一定程度上抑制和挫伤了船员的积极性，也对上海远洋渔业企业新一轮发展造成制约。报告建议，面对新形势新要求，上海远洋渔业船员技术工种(岗位)应当尽快纳入国家职业技能等级的范围。第一，建立与远洋渔业发展相适应的职业技能队伍。在渔政渔港监督局有关机构对船员进行考试、考核、发证的基础上，将远洋渔业企业船员纳入国家职业技能等级考核、鉴定的范围，由市劳动职业技能鉴定部门对远洋渔业职务船员进行考核、鉴定并颁发职业技能证书。第二，建立与远洋渔业技术工种(岗位)相配套的职业技能等级考试、考核标准。将《渔业船舶适任证书》的考试、考核内容和标准纳入上海市职业技能等级考核。非职务船员从事其它各类技术工种(岗位)的职业技能等级考试、考核，可另行制定相关内容和标准。第三，职务船员的晋升，实行技能等级一次考试。考试合格后，先发放职务船员证书；对取得证书者，再加上任职年限、工作业绩、技术创新、表彰奖励、劳动竞赛等评审条件，评审合格后，发放职业技能等级证书。 (陈婷婷)

【关于建立本市农民工安全生产培训长效机制的调研】 石云撰写。报告着眼于农民工安全生产培训的制度建设,在农民工安全生产培训工作被市和区(县)两级政府连年列为实事项目、取得阶段性成果的情况下,提出应着力于长效机制建设,将临时性、突击性的政策项目,转变为常态化的制度安排的建议。文章提出,按照制度经济学理论,作为一种制度建设的农民工安全生产培训长效机制,其要素包括核心机制、实施机制、配套机制三个方面。在核心机制方面,要培育和发展农民工安全生产培训模式,加强定点培训机构建设,构建培训质量保障体系,优化培训经费来源渠道。在实施机制方面,针对全市农民工安全生产培训在执法检查方面存在着监督主体单一、执法难度大的问题,建议建立以安监部门为核心,人保部门、建设部门、工会组织为补充的多元化的监管机制,形成合力推动监督检查工作的开展。在配套机制方面,要完善就业、工商、税收等配套政策、使之与农民工安全生产培训相衔接。文章指出,建设农民工安全生产培训长效机制,需要做好3个方面的工作。首先,要总结试点经验以逐步推进农民工安全生产培训长效机制建设。其次,要多道关口控制以全面确保农民工安全生产培训生源的持续稳定。在继续加强中小企业农民工参加安全生产培训的基础上,规定劳务派遣公司做出农民工安全培训的强制规定,要求来沪人员就业服务中心将安全培训与指导农民工就业相结合。最后,要争取立法支持以使农民工安全生产培训成为新的法定模式。建议市安监局将农民工安全生产培训列入《上海市安全生产条例》修订准备工作计划,报请市人大审议;由市农民工工作联席会议牵头,对农民工安全生产培训及配套措施开展调研,以制定并下发相关规定,完善农民工安全生产培训长效机制中各项配套机制。 (陈姣姣)

【高校教职工在高校民主管理中的地位权力解析和保障研究】 沈秉钧撰写。文章对当前高校教职工参与民主管理存在的问题与原因、高校教职工在民主管理中的地位和权力以及高校工会如何做好教职工参与高校民主管理的地位权力保障工作进行探讨和研究。文章认为,近年来,高校教职工参与民主管理不断得到加强,但也存在参与形式需要拓展、参与职权需要落实、参与作用需要加强的问题。这些问题的存在,与高校教职工民主管理的参与意识不强,高校民主管理的制度建设不全,高校民主管理的实践探索不够密不可分。文章对高校教职工在高校民主管理中的地位和权力进行了解析。教职工是高校的主体和保证,高校民主管理是高校管理体制的重要基础。教职工在高校民主管理中享有知情权、话语权、参与权、决定权、监督权。对学校的重大事项,包括发展规划、工作计划、各项改革方案和各种规章制度的订立执行等有要求知情的权力;有通过合适渠道发表自己意见和建议、给予有效监督的权力;有积极参与学校重大决策的权力;有提交教职工代表大会审议讨论并通过事关自身切身利益和福利待遇的重要事项的决定权。要确保教职工在高校民主管理中确立主人翁地位和落实五大权力,高校工会必须在3个方面做好保障工作。一是要抓好教职工代表的培训,增强参与民主管理的责任意识,并通过校报校刊校园网、举办论坛讲座等途径,使广大教职工不断增强自己在学校民主管理中的地位和权力的认识。二是要针对学校校务公开制度、教代会制度方面存在的问题和不足,及时修订和完善相关制度,并根据学校推进民主管理工作的规划,加强前瞻性调研。三是要探索民主管理新的形式途径,建立信访接待、预约访谈、领导信箱、网上论坛等沟通渠道;在提案制度的基础上考虑教代会代表的日常提案受理机制,拓展教代会制度和校务公开制度的框架形式内容程序。 (陈姣姣)

【上海市卫生系统院务公开民主管理工作调研报告】 市医务工会撰写。报告对上海市卫生系统院务公开民主管理工作现状进行了全面总结。一是院务公开的组织机构和制度健全完善。96.3%的单位成立了院务公开三个小组,并根据"党委领导、行政主体、纪委监督、工会推进"的原则,建立院务公开工作责任制。各单位以党政工名义下发了文件,明确院务公开的内容、形式、程序、原则,有的单位还印制了《医院院务公开手册》,进一步提高院务公开工作的职工知晓率和参与率。二是以职代会为主要载体,公开渠道不断拓展。从调研情况看,卫生系统单位的职代会建制率达99.6%,一年开两次职代会的单位比例达到90.48%,并有89.29%的单位职代会程序规范,职代会作为院务公开的主渠道作用得到有效发挥;各种辅助公开渠道不断拓展,89.02%的单位建立了公示栏,65.85%的单位发行了院刊或院报,63.41%的单位通过内部局域网公开院务。三是一些院务公开的难点取得突破。有近75%的党组织领导参加职代会评议,58.2%的单位能将评议结果在职代会上公开;有78.67%的单位能根据六有原则开展领导干部收入公开;民营医院院务公开有新进展,50家民营医院已建立院务公开制度,41家单位建立了职代会制度,48家单位将职工养老、失业、医疗等社会保险金和外来务工人员综合保险缴纳情况向职工公开。报告对当前院务公开工作中的难点问题进行梳理。主要有:重形式轻实效的现象制约着公开的深度;院务公开的实施在单位之间存在着不平衡;个别单位领导对院务公开的主体认识还不够清晰;一些院务公开的难点问题缺乏有效的指导。报告据此提出对策与建议:(1)明确责任分工,形成党委负责、行政执行、工会促进的工作格局。将院务公开工作列入单位党政领导和相关职能部门的考核内容。(2)加强工作交流和学习,对不同类型单位进行分类指导,加强单位间的横向交流。(3)加强行业指导院务公开工作难点。建议尽快制定《上海市卫生系统职代会评议领导干部指导意见》,统一基层规范操作。下发《上海市卫生系统院务公开手册》,方便基层日常管理。(4)加强职能科室和职工代表院务公开工作的培训工作,增强院务公开的科学性、自觉性。 (陈姣姣)

【上海出版界编辑人员工作和生活状况调查报告】 市新闻出版工会、市总工会保障部联合撰写。报告在对全市39家出版社、700名在岗编辑进行抽样调查的基础上,反映了这一群体的特点和利益诉求。报告指出,出版单位一线编辑人员群体呈现队伍年轻化、人才高知化、聘用市场化的基本特征。编辑人员工作强度较大,调查中,表示"经常加班"和"有时加班"的人数分别占到27.5%和55.6%。相当一部分编辑感到工作压力较大,发展前景不明;被调查人员普遍认为所在单位劳动关系总体和谐,希望参与单位民主管理,关心的问题主要集中在"讨论职工生活福利方面重大问题"、"了解重大决策,有发表意见的机会"、"参与制定内部分配方案"3个方面。报告分析存在的问题并提出建议:一是分配方案和工资结构亟需完善。对于单位分配方案,有47.1%的职工表示不清楚,8.2%的职工认为没有经过职代会讨论,建议企业通过职代会等民主管理渠道,将工资分配方案及时向职工公开,充分听取民意,加大宣传力度,建立工资合理增长机制,改善工资结构。二是社务公开质量有待进一步提高。调查中,对社务公开作用认为"作用很大"的只占被调查者总数的18.4%,而认为"作用一般"的占到了58.2%,表明被调查者对社务公开的作用总体评价不高。建议要进一步巩固和深化社务公开工作成果,把社务公开融入企业经营决策、内部管理、干部述职述廉等制度建设之中,不断拓展社务公开工作内涵,提升社务公开工作水平。三是要重视并做好部分在岗编辑人员的心态调整工作。针对在岗编辑增加收入、减轻工作压力的迫切呼声,要多层次、多渠道进行教育引导,努力使职工保持积极的精神状态和健康的心理状态。四是工会组织要进一步加大工作力度。要关注编辑群体需求,从源头参与维护合法权益。紧紧依靠党政部门,进一步把职工代表大会纳入制度化、规范化、程序化轨道,紧贴编辑群体的需求,积极参与制定单位内部分配方案,大力推进集体合同签订工作,从源头上维护编辑群体的合法权益。要进一步加强工会干部队伍的自身建设,紧贴出版社的改革和发展,进一步探索新形势下出版社工会工作的新机制和新方法。 (陈婉婉)

【关于施工企业在新形势下提高立功竞赛工作针对性、实效性、导向性的实践与探索】 上海城建集团工会撰写。文章就新形势下如何提高立功竞赛活动的针对性、实效性,充分发挥立功竞赛凝聚人、激励人、鼓舞人的作用进行了探索和研究。文章总结了上海城建集团开展立功竞赛的主要做法和经验。主要有:贯彻立功竞赛"全员、全方位、全过程"的方针,达到竞赛的全覆盖,在竞赛中强调过程管理,注重竞赛实效;采取军民共建、警民共建、社区共建等形式,开展党建联建活动;充分发挥上海城建的技术优势和人才优势,依托设计院与施工企业强强联合的优势,以重大工程项目为载体,在立功竞赛中把"科技强企"落到实处。报告就新形势下集团工会进一步创新立功竞赛的内容和形式提出4点要求:(1)把开展重大工程立功竞赛活动与工程风险防范控制相结合,充分体现立功竞赛的针对性。着力强化安全生产责任考核,确保各项安全生产管理有效实施;着力加强现场安全生产监管力量,确保全年不发生重大安全事故;着力推行安全质量的标准化工作;着力加强重大危险源管理,确保工程安全险情能在第一时间得到遏制;着力加强分包单位的安全管理,大力推行农民工培训一人一卡制。(2)把专项竞赛作为开展重大工程立功竞赛活动的切入点,充分体现立功竞赛的实效性。深化"城建轨道杯"专项比赛,加强工程质量管理和现场安全监管力度,集中精力突破工程建设瓶颈,确保轨道交通工程如期达到节点要求;开展上海城建集团"建功世博会,展示新风采"窗口服务专项竞赛,以一线职工、一线窗口为重点,推动实现窗口服务的专业化和规范化。(3)把开展重大工程立功竞赛活动与科技创新相结合,充分体现立功竞赛的创新性。大力开展"金点子合理化建议"竞赛活动,充分发挥集团广大参赛职工的聪明才智,为重大工程建设献计献策。(4)把开展重大工程立功竞赛活动同职工素质工程相结合,充分体现立功竞赛的导向性,不断完善职工服务技能和职业素养,全面提升职工队伍整体素质。 (陈婉婉)

【建筑施工企业分包队伍工会组建及发展农民工会员的探索和思考】 周立新撰写。文章总结了上海城建集团分包队伍工会组建的做法、成效和经验,分析了当前农民工入会工作面临的问题并提出对策和建议。近年来,城建集团工会积极按照全总"组织起来,切实维权"的工作方针,每年召开专题工作会议,把农民工工作摆上重要议事日程。专门出台《上海城建集团进城务工人员加入工会组织和团体会员管理暂行规定》等细则,对农民工入会工作予以规范。经过多年的探索和实践,上海城建集团的农民工会员数已经从2004年的315人,增加到2008年的11 619人。在抓好组建工作的同时,集团各级工会积极关心农民工的生产生活,进一步增强农民工的入会意识,夯实工会组建的基础。集团所属各单位结合各自实际,因地制宜地开展形式多样的关爱农民工和维护农民工合法权益的活动。在不断改善农民工生活条件的同时,集团成立数十所农民工业余学校,把农民工素质提升任务抓紧抓好。通过播放安全教育短片、小品表演等职工喜闻乐见的宣传形式,加强农民工的安全知识教育,提高他们的安全操作技能和自我防护能力;以"上海市建筑业职业技能竞赛"为平台,为农民工进行技能培训辅导,建筑行业六大工种"应知""应会"考试合格率达92.5%。文章指出,习惯思维的影响,用工形式的多样化,使得农民工入会工作面临较大挑战,入会后的合法权益亦无法得到全部保障;农民工自身的流动性和不稳定性,直接导致其游离于工会组织之外。文章就进一步加快农民工入会步伐提出建议:一是多管齐下,扭转分包队伍经营者对工会的错误认识。积极宣传党的方针政策、法律法规,大力宣传工会为企业和员工带来双赢的成功经验,对于拒不建会者,在年度资质评定时予以否决。二是以点带面,整体推进。召开分包队伍组建工会的现场交流会,以抓主要矛盾、抓典型示范等手段推动集团内的分包队伍的工会组建。三是简化程序,方便建会。根据企业实际情况,实行"先搭台、后充实、再完善、逐步规范"方式建会。四是组织培训,提升素质。建议每年定期举办分包队伍工会干部岗位培训班,增强分包队伍工会在服务、维权、建设中的积极作用,为构建和谐企业、实现企业与职工双赢奠定坚实基础。

(陈婉婉)

【工会资源需求与运用策略研究】 周正言撰写。文章探讨了工会履行职能所需要的资源条件,工会资源需求的特征,以及如何积极有效地用好资源、发挥作用。文章认为,资源需求是一切人和组织开展活动的必要条件,工会要履行职能、发挥作用,至少需要包括政治资源(权力资源)、法律资源、经济资源(物质资源)、人才资源、舆论资源在内的五个方面的资源需求。文章分析了中国工会组织在特定社会历史条件下,其资源需求所体现出来的特殊性。(1)与组织属性、履行职能相联系,工会资源需求具有多面性。工会既要履行表达和维护职工权益的基本职责,又要承担巩固党的执政基础和支持人民政权的社会支柱的重要职责,发挥建设、教育、参与、维护等社会职能,决定了工会活动和资源需求必然跨越政治、经济、法律等多个领域,具有多面性、宽领域的特征。(2)与社会环境、职能变化相一致,工会资源需求具有发展性。随着社会进步和职工利益的发展,工会的资源需求随之丰富提高。在当前经济成分、组织形式、就业方式、利益关系和分配方式"四个多样化"的背景下,工会的身份定位和职能要求日益明晰,其资源需求也必须历史性地加以调整和补充。(3)与组织定位、社会分工相吻合,工会资源需求来源具有赋予性,有赖于社会资源的掌控方加以认可和赋予。基于以上分析,文章从思想观念和实际操作这两个层面对工会如何争取和运用资源的策略展开研究。在思想观念层面,要理性把握三对关系。一是运用资源和争取资源的关系,运用资源是基础、是目的;争取资源是发展、是条件。二是争取资源和履行职能的关系,对资源的争取和运用要有选择性和针对性,要以工会履行自身职能、发挥组织作用为目的。三是依托资源和发挥优势的关系,将依托外部资源和发挥工会组织自身优势结合起来,形成相辅相成、相得益彰的关系。在实际操作层面,要始终抓住三个环节。一是要注重整合、防止单一,力求资源运用的最佳效应。二是要注重规范、建立制度,保障资源运用的长远效应。三是要注重自身的改革创新,探索资源需求的内在动力。克服工会工作机关化、行政化倾向,激发和提升工会争取并用好资源的内在愿望和实际能力。 (陈婕婕)

【资源获取与内部治理:机关工会组织变革路径解析】 张琼撰写。文章从资源依赖理论的视角出发,在对机关工会组织获取和运作资源的现实状况进行全面阐述的基础上,分析了机关工会组织变革的内外环境驱力,并提出调整内部治理结构以进行组织变革的路径选择。资源依赖理论认为,所有组织都必须从外部环境中获取资源,组织的结构、功能和命运在很大程度上受到环境的影响和制约。机关工会组织深深嵌入在机关的环境当中,对机关资源的依赖性强。包括资金、人力、工作场地、办公设备在内的实物性资源和各种制度供给、规范制定、合法性支持等非实物性资源的供给和运作构成机关工会组织赖以生存和发展的关键。文章认为,机关工会组织不但受到机关环境的制约,同时也受到更为广阔的社会文化背景的影响。从外部环境来看,社会转型大背景使得所有组织都具有一种改革的社会惯性,谋求一定的发展和变革成为一种社会意义上的常态;社会治理的需求凸显,使得传统的管制型的政府职能逐渐转变,政府将更多地给予组合式团体(包括工会)一定的自主权,并让渡出一定的社会管理空间;党在领导方式上越来越注重依靠群团组织的力量,为机关工会组织改革提供了重要方向指针。以上三个层面的环境变化构成机关工会组织变革的外部驱力。从内部环境来看,机关职工具有政治素养高、社会地位高、学历高、精神文化需求高、生活质量要求高等特点,并且随着经济发展、收入水平提高、文化娱乐活动的日益丰富,机关职工的权利意识正在迅速觉醒和增强,利益诉求体现出层次较高和多元化趋势,这与机关工会依然停留在提供传统福利性服务的职能定位产生了结构性矛盾,机关工会对会员的吸引力和动员力的下降成为机关工会组织变革的直接动因。据此,文章提出机关工会组织变革的路径选择:通过在组织内部寻找机关党政需求与机关职工需求的结合点,积极探索和拓展中国特色社会主义机关工会发展道路。一是要因时、因势进行角色调试。明确机关工会在公共管理架构中所处的位置,探索将角色重点从自上而下地发挥桥梁纽带作用逐渐转移到自下而上地代表机关职工利益,从机关党政的施政助手转向机关党政稳固的施政基础。二是要在机关中心工作、机关职工群众的需求和机关工会职能三维交叉点上努力探索机关工会的最佳定位。在代表职工利益的基础上向拓展机关职工权益的新领域转变,在滞后维权的基础上向主动维权方向转变,在传统维权的基础上向参与型维权方向转变。三是要在组织网络、参与途径和工作方式三个方面进行机制创新,通过整合多层次网络以完善组织结构,通过拓展参与渠道以强化组织功能,通过项目式工作方式以增强组织效能。

(陈婕婕)

信息与信访

Information and Letters and Calls

信息综述

2009年,市总工会信息工作紧紧围绕大局,按照市委、全总的部署,根据市总工会领导对信息工作的要求,及时总结各级工会工作中的先进经验和工作成果,及时反映涉及职工切身利益的重要问题,及时报送突发事件信息,在为领导决策服务,推动上海工作创新发展等方面发挥了积极作用。2009年,市总工会信息名列市委党群口信息工作前茅,有9篇上报信息获得市委及全总领导的批示。年内,共编发47期《信息快报》,38期《工会简报》,12期《上海工会通讯》,网站刊登信息2 000余篇。上报全总信息51篇,被全总采用20篇;被市委办公厅采用信息161篇,其中转报中办的重要信息有22篇,信息质量分达352分。主要做法:一是整合信息载体,畅通信息渠道。按照市委办公厅要求,对市总工会内部信息载体进行整合。取消原有的《信息快报》,设置《工会简报》;取消上报市委及市总工会领导的《专报》。现由办公室主办的信息载体共有4个:《工会简报》、上报全总的《专报》、《上海工会工作通讯》、上海工会网站等。4个信息载体的设置,使上海工会信息能够上通下达,及时反映上海工会工作的成果和经验,及时反映工会工作中热点和难点,既扩大工会的对外宣传,提高工会工作的影响力,又反映了工会工作中的问题及对策,为推进工会工作起到了积极的作用。同时,针对国际金融危机的影响,建立了群体性事件信息周报制度和零报告制度,为维护职工队伍的稳定起到了积极的作用。二是制定信息需求计划,加强信息采编。做到有计划、有目标,日常信息与专题信息相结合,数量与质量相统一。紧紧围绕全总、市委和市总中心工作,加大信息采编力度,宣传各级工会开展重点工作的动态信息、典型经验;注重捕捉对社会上难点、热点问题及职工反响比较强烈的问题信息;组织各级工会结合重大活动、重大事件期间的职工思想动态报送社情民意等。另外,注重编发重大事件时领导关注的苗头性、倾向性信息。如针对国际金融危机的影响,编发《浦东新区总工会积极协调处理伟创力公司职工集访事件》、《上海市杨浦区总工会积极采取措施维护企业职工队伍稳定》等。为落实年初严峻的就业形势,编发《上海工会系统加大对职工创业支持力度》、《上海市杨浦区总工会打造四种模式全力推进创业带动就业》等。为落实全总的重要会议,编发《上海市总工会贯彻全总维稳座谈会精神抓好六项工作》。为迎接世博会,编发《上海机场集团工会开展"工人先锋号在航空为世博飘扬"主题活动》等。三是加强队伍建设,提高信息质量。以信息网络组为平台,加强信息网络组工作例会和特邀信息员工作例会,正常信息沟通,调动基层信息员采编信息的积极性。给基层信息工作以支持和指导。以《上海工会信息实例选编》为基础教材,加强对基层信息员培训,提高信息员采编信息的能力和水平。为了提高信息采编的质量,采取信息跟踪的方式,发现好信息的苗子,主动与基层联系,帮助他们共同完成。如《宝山区顾村镇总工会以"七化"为抓手推进工会工作规范化》。同时,对于基层上报的信息,由组长把关,分管主任审核,扩大信息采编量,调动基层上报信息积极性。年内共收到基层上报信息3 000余条。 (范　瑜)

信　息

【徐汇区总工会举办新闻报道工作培训会】 培训会特别邀请《工人日报》、《劳动报》、《上海工运》的记者与区各级工会干部交流工会新闻报道工作的新思路。一要努力发挥新闻宣传工作的"喉舌"作用,立足职工,抓住新闻宣传的重点。二要不断健全和规范新闻宣传工作制度,畅通工会源头信息。三要强化新闻宣传工作的信息员队伍建设,形成半年培训一次的工作制度。四要加强与新闻媒体的联系。 (宋抒音)

【黄浦区总工会发挥联络员作用做好信息工作】 区总工会以"总结正反典型、找出实质问题,提出可行建议,推进实际工作"为重点任务,明确信息联络员责任。同时组织培训,奖励先进,调动信息联络员积极性。结合阶段性工作重点,针对有关难点热点问题,积极收集职工群众实际困难、思想反映、意见建议;积极收集职工群众和基层工会对上级工会工作的意见建议。全年举行6次不同类型的双月职工社情民意座谈会,分别由民营企业工会干部、农民工、一线职工等不同对象参加。通过深入了解实际情况,形成工作材料,编发《黄工内参》多期,内容涉及区总职工物价监督分站开展餐饮行业价格检查情况、金融危机下的职工思想和困难情况、企业对工会和政府的希望需求、经营生产情况和应对危机的意见建议、区总紧急启动特殊时期促进就业与再就业工作、构成6个"建立"工作体系情况等。及时向区委办区府办报送《金融危机下

宝山区总工会举办信息员培训班 (胡立伟)

我区企业对工会和政府的希望》材料。（吕诚陆）

【闵行区总工会规范企业信息报送工作】 明确规定区属单位要及时报送：企业一次性减员10人以上的，企业员工减薪的，企业拖欠职工加班工资、欠交职工社保金的，企业经营发生困难，亏损严重的，企业歇业关闭的，企业临时性停产或安排员工短期培训、休假的，因劳资纠纷引发5人以上职工群体性事件等。对于发生职工群体性事件，各级工会要在第一时间现场了解，第一时间报告，协助政府和有关部门做好处置工作，把矛盾解决在萌芽状态，维护职工队伍的和谐稳定。（叶民强）

【宝钢股份中厚板分公司工会编发手机报】 宝钢股份中厚板分公司工会将每月主要工序产量、成本情况，以及公司重要司情及时编辑成《手机报》，并通过各级工会干部层层下发，受到了党政认可和职工欢迎，推动"全员、全面、全过程"成本改善活动的开展。（包　翔）

【市建设交通工会开展工会信息员培训】 4月，市建设交通工会开展2009年度工会信息员培训，归口管理和直属单位的工会信息员参加。培训以"如何做好工会信息工作及信息的写作技巧"为主题，从实用性和可操作性出发，讲授了关于信息定位、信息编写要求、抓取信息的渠道和如何准确简洁地撰写信息等内容。（钱　蓉）

【城投工会创办《上海城投工会》】 5月1日，《上海城投工会》创刊。《上海城投工会》采取季刊的形式，坚持实事求是，服务大局，服务基层，服务职工的办刊宗旨，在巩固和扩大城投工会宣传阵地，及时反映城投工会工作信息，增强城投工会宣传工作的时效性，推动和促进城投工会全面建设，进一步发挥工会组织在城投"改革、发展、稳定"中的重要作用，为领导决策提供参考。（朱文慧）

【财经大学工会开辟"今日话题"栏目】 "今日话题"栏目每周二中午举行，邀请学校领导和有关责任部门负责干部，介绍学校有关重大工作、出台的有关政策措施等，与教职员工进行面对面的交流沟通。"今日话题"栏目的开辟，让教职员工有一条与校领导交流看法与意见的沟通渠道，有利于学校有效解决工作中遇到的困难与问题。（顾伯超）

督　查

【督查工作综述】 （1）围绕工会重点工作开展督查。把落实《上海职工迎世博600天行动计划》作为督查工作重要内容，与相关部室加强联系，注重掌握各时间节点上的工作进展和落实情况，督查落实职工迎世博各项工作。一是重点推进"与世博同行，为世博添彩——世博企业行"宣传教育活动，推进上海职工迎世博学双语活动，深入开展以世博为主题的职工文化建设、"百万职工学礼仪"活动、"迎世博、讲文明、树新风"为主题的职工文明践行活动等，不断增强广大职工的世博意识、服务意识和文明意识。二是推动窗口服务行业立功竞赛活动深入发展，组织出租汽车行业、综合服务行业、金融系统、公路行业、公交车行业和机场安全检查等公共服务、交通运输、综合服务、文化娱乐等单位和行业开展立功竞赛；启动南京东路步行街等12个重点商圈（街）开展"五比五赛"班组流动红旗竞赛，提高了窗口单位整体服务水平。（2）贯彻落实中央、全总和市委领导关于维稳工作的批示精神，加大督查力度，落实各项措施。一是健全市区两级工会化解工作指导小组组织网络，定期搜集、交流和研判职工队伍稳定情况。建立维稳工作分片包干责任制，市总工会领导带头深入基层，各职能部室加强与分工对口联络工会的沟通、联系和指导，做好企业生产经营和职工稳定情况的调查摸底，及时发现问题，及时研究工作预案，及时做好化解工作。各区县局（产业）工会普遍建立群体性纠纷应急化解机制，发生重大劳资纠纷和群体性纠纷，要求基层工会迅速反应，人员及时到位，做好宣传教育，引导职工依法理性维权。二是制定实施工会系统重大事件信息及时报告和每周综合报告制度，加强做好"高危企业"和特殊群体困难情况的排摸工作，做到心中有数，精心做好各项工作预案。对重大劳资纠纷、群体性事件及时掌握信息，第一时间上报及做好处置预案。三是与市人力资源社会保障局、市企业联合会联合下发《关于积极发挥集体协商机制作用促进经济平稳较快发展维护社会和谐稳定的意见》指导性文件，同时制定《关于积极开展集体协商妥善处理企业群体性纠纷的指导意见》等配套文件，指导各级工会运用集体协商机制，主动参与协调劳动关系。加强对基层企业劳动争议调解委员会的工作指导，探索劳动关系预警、预防、调处、援助一体化工作机制，加大劳动争议调解力度。年内上报市委领导58期维稳专报。（3）根据领导重要批示督办落实情况。认真督促落实市委领导对《静安区楼宇职代会维护职工权益的新探索》和《"惠而浦"劳资冲突调处中暴露的问题需引起关注》等材料上作的重要批示，市总工会专门组织学习，并按照市委领导的要求认真抓好落实，将贯彻领导批示精神向市委作专题报告。认真贯彻落实俞正声书记在《文汇信访》第52期刊登的《受工伤无法鉴定》一文作的批示精神，督促有关部门和单位处理。在市总工会经济工作部和市城乡建设和交通工会、上海建工（集团）总公司工会等单位的努力下，对该事作出妥善处理。（4）做好人大书面意见、政协提案办理工作的督办。2009年，市总工会承办人大书面意见、政协委员提案共27件。（夏伟民）

新闻工作

【市委宣传部、市总工会联合开展"五一新闻奖"评选】 4月13日，由市委宣传部、市总工会联合开展的2008年度"上海市五一新闻奖"评选工作正式启动。评选中，共收到来自上海主要新闻单位的参评作品30件。经过评选委员会认真评审，评出一等奖3个，二等奖8个，三等奖10个。劳动报的《闵行150家工会与企业"抱团倡议"》、新民晚报的《20多家餐饮企业协商13个工种工资》、SMG电视新闻中心的《范期锦：水上长城》获一等奖;解放日报的《对工会主席依法履职不得打击报复》等8个作品获二等奖;SMG广播新闻中心的《本市逐步完善一线职工工资增长机制》等10个作品获三等奖。此次获奖的新闻作品,主题鲜明,题材丰富,视角新颖,深入挖掘了工人阶级和工会工作的新闻资源;深刻反映了上海工会围绕上海经济社会发展目标,坚持走中国特色社会主义工会发展道路,坚持"组织起来,切实维权"的工作方针,团结广大职工积极应对国际金融危机,推动世博筹办有序进行,维护上海经济平稳较快发展;充分展现了上海工人阶级的时代风采和在上海经济社会全面协调发展中创造的新业绩。8月20日,市委宣传部与市总工会联合下发了《关于表彰2008年度"上海市五一新闻奖"的决定》,对获奖者及其作品进行了表彰,并向获奖者颁发了荣誉证书。 (范小雨)

信访综述

2009年,市总工会信访办受理和办理职工群众信访总量达9 937件(次),与去年相比下降20.3%。其中,来信(含联名信)1 765件(次),与去年相比下降17.0%;来访(含集访)1 263批2 306人次,与去年相比,批次、人次分别下降1.9%和6.5%;来电6 909只,与去年相比下降23.7%。经综合分析,职工群众信访呈现4个特点:一是来信、来访和来电数量普遍下降;二是历史遗留问题信访突出,位居榜首;三是劳动关系、社会保障矛盾凸显,成为热点;四是信访诉求内容涉及面广、政策性强,化解难度大。(1)加强理论学习,提高思想认识。及时传达党的十七届三中全会、全总十五大和市总十二大精神,重点学习市委书记俞正声在全市信访工作表彰会议上的重要讲话。同时,组织专题学习《劳动合同法》和《劳动合同法实施条例》以及《劳动保障》报上刊登的劳动争议协调处理案例,联系实际,深入讨论,进一步提高认识,坚定信心,增强做好新时期信访工作的责任感和使命感。(2)加强制度建设,提高工作效率。健全信访统计制度,创新方法,规范流程,做到"三统一",即:统一统计内容、统一统计口径、统一报送时间,并以书面形式在工会系统内进行通报,加强对信访数据的开发利用。建立信访工作例会制度。每季度召开一次信访工作会议,沟通信访信息,交流工作经验,相互借鉴,相互促进,共同提高。健全信访情况分析制度。每季度对信访情况进行汇总排摸分析,形成书面材料报送,为领导及有关部门决策提供依据,发挥参谋助手作用。健全信访督办制度。落实专人负责,对上级领导批办信访件和重大信访事项予以督查督办,办结率达100%;以领导包案,职能部门具体落实的方式,完成了市联席办交办处理的重信重访案例34件,办结率达100%,化解率达82.3%。健全信访工作考评制度。根据日常工作考核情况并对照有关条件评选表彰了2008年度上海工会信访工作先进单位14家、先进个人20名,弘扬了先进,树立了典型,调动了工作积极性。健全信访资料管理制度。对信访案例材料进行整理装卷,妥善保管,方便查阅,为信访工作全过程管理奠定了基础。(3)加强业务培训,提高自身素质。举办以《劳动合同法》为主要内容的培训班,有60余名工会干部参加培训,进一步提高了自身素质和业务工作能力。此外,开展了网上信访工作,共受理回复各类电子信访77件(次),为沟通职工群众的联系,了解社情民意开辟了新的渠道,取得效果。

(包森祖 袁盛德)

信 访

【市总工会召开信访工作经验交流会】 2009年全市职工群众信访总量呈现下降趋势。为总结经验,市总工会办公室于11月25日在嘉定云杉苑召开上海市工会系统信访工作经验交流会。会上,徐汇区总工会作了如何积极参与劳动争议调处工作的交流发言,嘉定区总工会作了如何妥善处理劳动争议纠纷,促进劳资和谐共赢的交流发言,市邮政工会作了坚持排查化解机制,增强事前化解力度的交流发言,金山区总工会办公室主任李援朝作了怎样做好维稳工作的交流发言。市总工会办公室领导对做好工会信访工作提出了具体要求。

(包森祖)

【浦东新区总工会信访工作做到"四个结合"】 一是与普法工作相结合。通过多种渠道和方法,向劳资双方宣传劳动法律知识,使劳动者熟悉法律法规,增强自我保护意识,企业方明确依法办事规范操作的重要性和必要性,有效地预防和减少了因法律误解引发的劳动争议。二是与劳动法律监督检查相结合。将信访中反映的问题列入联合执法内容,通过联合执法,纠正企业违法行为,规范企业用工,有效地维护了职工的合法权益。三是与组建工会工作相结合。针对信访反映要求组建工会呼声,新区总工会在调解处理劳动纠纷时,加大了向企业方宣传劳动法律和组建工会的力度,对没有工会的企业积极推进组建工会。四是与帮困送温暖工作相结合。针对职工群众在信访中反映的生活困难及需要就业援助等问题,会同有关部门做好帮困送温暖工作。在开发区中,为单亲家庭、被裁减人员及家庭有特殊困难的职工争取每人4 000元以上的裁员经济补偿金;积极争取区财政拨款,向15 592名困难职工发放了292.49万元的生活补助费;筹措百万资金,开展为困难企业职工"送岗位、送技能、送培训、送咨询、送政策"活动,对188名困难家庭的应届毕业大学生开展了就业援助。 (包森祖)

【徐汇区总工会信访工作为职工排忧解难】 2009年,徐汇区总工会信访工作履行工会组织、引导、服务职工和维护职工合法权益的重要职能,千方百计为信访职工排忧解难,使职工群众反映的合法、合理问题及时得以解决,对信访事由合理但缺乏法律依据的,做好耐心解释,得到了信访职工的理解。据统计,全年区总工会共处理信访件231件,比去年上升3%。其中来信24件,来访126件,来电76件,网上转办信5件。办结231件,办结率100%。其中:涉及劳动争议136件(劳动合同50件;劳动保护及工伤22件;职工生活困难4件;福利待遇60件),占到案件总数的58.87%;其他类型案件:婚姻、财产纠纷等24件,占到案件总数的10.3%;接待外来务工人员47件,占到案件总数的20.3%;老年人24件,占到案件总数的10.3%。 (顾宝英)

【徐汇区总工会信访依托"三项制度"推进劳动关系和谐稳定】 徐汇区总工会着重建立"三项制度",(即日常预警制度、群体性劳动争议每日一报制度和企业裁员上报制度),提前介入各种劳资矛盾调处;发挥进城务工人员援助站等窗口作用,确保维权热线24小时畅通,与区法律援助中心共同建立农民工联合维权机制,将农民工维权案件列入特事特办范畴,免于经济困难审查;联合区劳动监察、公安分局等部门开展"打击违法用工"监督检查行动,督促用人单位规范用工;加强对职工来访来电所反映的新情况新问题分析研究,协调职工权益保障问题,做到早发现、早介入、早解决,防止重大劳动争议事件的发生;区总工会制定下发《关于做好当前企业群体性纠纷化解工作的通知》等文件,发挥工会组织在应对金融危机、维护社会稳定中的作用。在劳动争议调解过程中,如发现劳动者家庭生活困难,其合法权益确实受到严重侵害,侵权单位又拒不改正的,及时联系司法局法律援助中心给予法律援助,并从工会帮困基金中给予帮困救助,构筑"劳动仲裁—工会调解—司法援助—帮困救助"的链锁式维权体系,切实维护职工合法权益。

(沈蓓华)

【黄浦区总工会加强预警机制建设】 一是组织工会界别政协委员和人大代表中的工会干部提出书面意见和提案,向区委区政府连续报送《金融危机下我区企业对工会和政府的希望》等内参材料。二是开展共同约定行动、集体协商和深化厂务公开民主管理工作,帮助畅通金融危机下企业与职工的沟通渠道。以南京东路街道社区总工会为试点,探索协调劳动关系三方机制在街道层面的建立运作。健全区总工会行业楼宇社区小区等基层工会、企业、会员职工联系制度,广泛征集基层工会、会员职工意愿诉求。三是制定《黄浦区工会劳动关系突发事件预警办法》、《关于应对当前经济形势 维护劳动关系和谐稳定的意见》等文件,建立区总工会法律工作者月度例会制度,加强预警网络化建设。 (吕诚陆)

【嘉定区总工会坚持"三位一体"信访工作模式】 嘉定区总工会面对劳动争议频发和信访矛盾突出的实际,坚持"信访接待、法律咨询、诉讼代理"三位一体的工作模式,依托区总工会法律援助中心平台,着力服务职工群众,同时,积极配合区有关部门,通力协作,对接联动,参与调处各类劳动争议,依法维护职工群众的合法权益,取得了实效。一年来,共受理和办理职工群众来信来访474件(次),办结率100%;帮助职工代写诉状14份,代理仲裁诉讼7件,全部结案;参与调处群体性集访15件,调解处置劳动争议和劳资纠纷案件352件,为职工群众挽回经济损失达159.3万元。

(袁盛德)

【松江区总工会调处信访矛盾突出"三个抓"】 一是突出抓制度落实。即信访接待制度、信访督办制度、为农民工提供法律咨询、为困难职工提供法律援助等项制度;二是突出抓重点信访的调处。对受国际金融危机影响的上海意力速、海欣股份、海鸥照相机和安弗施无线射频等6家企业,因关闭、兼并、减薪、裁员引发的群体性劳资纠纷,按照"依法、及时、就地解决问题与疏导教育相结合的原则"认真进行调处,直至解决;三是突出抓上下联动。如在非公企业职工数量较多的工业区和街镇工会,建立信访办结上下联动调处机制,适时通报、反馈重大信访,及时掌握源头信访,共同沟通、协调、解决各类信访矛盾,把职工信访矛盾解决在基层萌芽状态,全年共调处职工来信来访来电176件、326人次。 (莫永涛)

【奉贤区总工会建立处置突发事件应急预案机制】 针对企业因劳动争议、生产事故、民主管理等缘由可能引起的重大突发事件,奉贤区总工会建立了处置突发事件应急预案的机制。应急预案按照事件性质、危害程度、可控性和影响范围等因素,将突发事件分为特别重大、重大及较大事件三类;应急处置工作由预测预警(事先)、应急处置(事中)和后期处置(事后)三个环节构成。区总工会所属各镇、开发区、工贸集团公司及有关委办局均建立了预测预警机制,开展劳资矛盾纠纷排查,做到早发现、早报告、早处置。对已发生的突发事件迅速启动预案进行处置,控制事态,化解矛盾。同时,积极配合党政做好善后工作,尽快恢复正常的社会秩序,并采取措施,解决职工的实际问题。 (袁盛德)

【市机电工会信访工作做到"三加强"】 一是加强学习培训,提高工作能力。组织系统内各级工会信访干部学习《信访条例》、《全国工会实施〈信访条例〉办法》,开展研讨,收到良好效果,2009年信访办结率达98%,有效减少了越级上访。二是加强调查分析,解决职工实际问题。针对困难群体开展调查,根据职工群众的信访诉求,进行认真的分析研究,实事求是地满足职工的需求,从根本上解决职工的实际困难,避免了矛盾的激化。三是加强制度建设,注重工作实效。加强信访接待制度,认真做好接待记录,当天可办结的事不拖到第二天。实行登记、归档制度,对职工群众的来信来访逐件逐次实行登记入册,将处理结果进行分类、归档;坚持领导阅批制度,领导亲自参与信访阅批处理工作,使一些难度较高的信访件得到了圆满的处理。 (包森祖)

【仪电工会加强信访工作促进和谐稳定】 仪电工会围绕集团公司改革发展的大局,认真做好信访工作,发挥了解沟通、化解矛盾、融洽关系,建设和谐企业的作用。首先,工会把信访工作列为重点工作之一,进行重点工作考核。第二,加强机制建设。一是明确责任机制,工会主要领导为责任人,实行分管负责制。二是抓效果质量。做到及时回复,提高办结率。三是强化预警机制。对重点单位、突出问题提前研究,制订预案,做到预防在先。第三,与有关工作相结合,发挥综合效应。一是与关心职工困难,加强送温暖工作相结合。重点关心困难群体,做好易发矛盾的调处工作。二是与完善民主管理,维护职工权益相结合。保证职工知情和参与权,畅通员工诉求渠道。三是与宣传引导相结合。通过劳动者权益法律法规的宣传教育和各种活动,形成企业与职工和谐融洽的环境。 (王建萍)

【航天局工会构建信访工作“四项机制”】 一是领导责任制。明确局工会主席为信访工作第一责任人，定期听取汇报，提出要求，阅批职工信件，现场处理信访事宜。二是分析研判机制。坚持召开信访工作例会，沟通情况，分析研判。在重要会议和重大节日期间，加强对矛盾纠纷和不稳定苗头进行全面排查，制定预案，把信访问题及矛盾纠纷化解在萌芽状态，解决在基层。三是调处化解机制。采取专题联席会议形式，发挥局工会各职能部门的作用，通力协作，确保落实。同时，整合资源，与局行政有关处室和市府、市经委信访办及市劳动监察部门沟通联系，联动合作，解决问题。四是督查督办机制。加大对领导批示信件和上级转办件及重大的群体性事件督查督办的力度，凡被列入督办事项均书面通知发至责任单位处理，明确办结日期，要求反馈结果，提高信访办结率。（袁盛德）

【邮政工会信访工作突出“三加强”】 一是加强领导，明确责任。按照“谁主管，谁负责”的原则，明确工会主席为信访稳定工作第一责任人，推行《上海邮政工会限期处理、解决重大信访问题承诺》制度，规范运作。工会主要领导阅批职工信件，参与信访接待。二是加强预测，源头防范。定期进行排摸梳理企业不稳定苗子，分析预测，提出处置预案，做到“早发现、早预报、早控制、早化解”。注重发挥工会劳动关系预警委员会、劳动争议调解委员会和劳动法律监督委员会的作用，及时调处，做到案结事了。三是加强检查，狠抓落实。会同行政有关部门对全系统信访工作目标管理和信访处理情况实施检查，对重大信访事项的处理结果进行回访，征求信访人意见，推动信访问题处理落实。

（袁盛德）

【中远集运工会重视做好信访工作】 坚持每月召开信访例会，定期对不稳定因素进行分析与排摸，抓住因公司效益下滑导致职工收入减少的不满情绪、陆地基层单位的合同纠纷问题、船员工伤后的理赔和待遇问题、和离退休人员要求提高待遇等主要矛盾，迎难而上，主动化解，切实解决实际问题。作为信访工作重点单位的上远公司，相关职能部门和人员从大局出发，确保第一时间到现场，不推诿、不回避，通力协作，共同研究，在情、理、法的基础上，探索解决办法，把问题解决在萌芽状态，并解决了一些历史遗留问题和热点信访。（钱　华）

【光明（集团）工会以“三个进一步”做好维稳工作】 一是围绕创建和谐劳动关系，进一步畅通职工诉求渠道。推进和完善劳动争议调处机制，实行首问责任制、开通诉求热线、规定信访回复等措施，使职工信访的渠道更加通畅。二是围绕职工“三最”问题，进一步发挥工会维权职能。加大对弱势群体的关爱力度，确定帮困对象，争取社会各方支持，为困难职工及其子女排忧解难。47 名困难职工子女获得了结对助学金，28 名患病困难职工获得了大病帮困金，30 名困难家庭的学生得到人均2 000元的金秋助学金。三是围绕联动机制建设，进一步确保职工共享经济发展成果。召开推进工资集体协商工作专题会议，集团国有及国有控股企业中全部实现了工资集体协商机制。与集团人力资源部联手，就职工收入和集体合同履约情况等民生问题开展调研，采取现场办公方式，督促基层企业规范运作。

（包森祖）

【市监狱管理局工会抓住“四个环节”做好信访工作】 一是落实责任制，加强对信访工作的领导。健全和完善两级工会信访管理网络，明确工会主席为信访工作第一责任人，对每起来信来访认真调查核实，会同有关部门和基层分类解决，做到“事事有回音，件件有落实”。局工会配合局信访工作领导小组做好劳动关系的信访件。二是源头参与各项改革政策的制定，在涉及干警职工切身利益的两家移交企业职工分流、工资调整等问题上，源头参与政策的制定。三是建立健全信访预测、预警、预报制度，基层工会每月向局工会上报预警报告，及时反映群众关心的热点和工作中遇到的难点问题，局工会及时了解基层信息。四是明确重点，特事特办。对于个别干警、职工患重病造成生活困难的信访件，工会主动关心解决。（江海群）

财务与经审

Finance and Audit

财务综述

2009年，市总工会财务部积极探索新形势下做好工会财务工作的新途径，努力完善经费收缴办法，强化经费管理，推进工会财务工作的有序运行。(1)实施经费依法收缴，规范转移衔接，加大检查力度，实现经费收缴的稳步增长。一是实施经费依法收缴，有序推进经费收缴的稳步递增。根据市统计局提供的职工工资总额、职工人数等方面的数据，结合工会组建状况，完善考核办法、调整收缴措施，通过创新收缴机制，进一步激发收缴热情，做大经费收缴蛋糕，确保经费收缴任务的全面完成。二是加强经费衔接，跟踪转移，确保经费收缴的连续性和资产转移的安全性、完整性。继续实行以职工人数和职工工资总额流动跟踪的指标分解体系，坚持"公开、公平、公正"的原则，对经费转移实行严格的考核管理办法，确保转入转出的一一对应，把经费转移工作做深做细。三是创新收缴办法，善于研究，不断深化和完善工会经费收缴管理的工作机制。加强与政府部门的协调与沟通，共同贯彻落实机关事业单位经费统一划拨的新办法，从2009年起，全面实行财政划拨工会经费。市财政直接划拨工会经费较以前增长247%。四是加大监督力度，严格检查，实现经费拨缴的足额、及时和规范。强化对区县局(产业)工会经费收缴率的考核力度，通过年度考核评分的自评与互评，提高经费收缴率，完善各区县局(产业)工会经费收缴率的考核办法。(2)完善基础管理，强化制度建设，坚持独立核算，确保财务管理机制的统一完善。一是加大培训力度，规范核算行为，严格核算要求，确保新旧制度的顺利过渡。二是严格规范检查，落实整改措施，完善工会会计核算的经济行为。三是加强制度落实，坚持独立管理，贯彻工会经费的核算管理原则。(3)全面部署落实"小金库"专项治理工作。认真开展"小金库"的专项治理自查自纠工作，做到"全面部署，统一认识，落实责任；目标明确，自查为主，主动纠正；突出重点，措施到位，落实整改"，多次召开专题分析研究会，排摸重点，开展自查与重点检查，发现问题及时整改。(4)全面实施预算管理，确保重点工作需要，突出中心内容，严格规范和确保经费使用方向。一是保证重点工作，为工会大局服务。重点工作的经费全部落实到位，对专项资金做到单独预算审报，专款专用，严格控制追加预算。二是严格管理制度，合理控制成本。严格控制工会行政费、业务费等项目支出，对专项费用和会议费开支明细项目进行严格的审查审核，确保工会经费的有效使用；加强大宗办公用品、设备等采购资金管理与监督，严格按照程序购置设备。三是强化监督指导，执行各项规定。严格基建项目的各项管理，制定相关财务制度和审批权限，合理控制项目的资金支出，做到合理、合法、合规，专款专用，保证基建项目的圆满完成。(5)压缩费用开支，削减量化指标，实现节能降耗，切实把贯彻中央厉行节约的文件精神落到实处。按照厉行节约的要求，结合部门工作特点，召开专题会议研究，在确保工作正常开展的前提下，实现削减支出的目标，研究并提出10项节能措施，达到预期的节约目标。（夏惠珍）

财　务

【市总工会推进工会新会计制度的实施】 为推进国家财政部制定的新版《工会会计制度》，市总财务部与市财政局相关部门共同协作，强化培训与监督检查。一是源头参与，加强市级层面的沟通协调。市总工会与市财政局多次沟通，明确双方职责，按照时间节点，合力落实新制度的实施工作。二是齐心协力，共同推进区县财政、区县局(产业)工会贯彻新制度的培训。联合举办5期以区县财政干部和区县局(产业)工会财务主管、经审主任、出纳、经审干部为主要对象的业务培训，每期集中培训3天，共举办相关培训班11个、培训人员2 100人次，培训面达到98%。三是检查督促，加强服务，确保新会计制度及时落实到基层工会。市总工会与市财政部门于年底联合开展专项监督检查，督促新工会会计制度及时落实到基层工会。同时，在市总工会网站上开设专栏，提供工会新会计制度培训讲义、新会计报表电子版、新会计核算专用软件等下载服务。（夏惠珍）

【上海工会区县财务组落实三项经费收缴措施】 区县财务组为将经费收缴工作落到实处，进行专题调研，并针对存在的"计提工会经费的工资预算基数不足、经费预算不随工资变动造成经费收缴不足、部分行政未将工会经费全额拨付给工会"等三方面问题落实工作措施。(1)加强与区县财政部门的沟通，加强三个环节。一是将工资总额全额纳入财政预算；二是按2%全额划拨至区县工会；三是经区县工会审核确认后的经费直接拨到基层工会的账户上。(2)建立财政、区县工会、基层工会划拨网络。各区县工会依法独立设账，独立管理经费；各基层工会严格按《基层工会经费使用管理办法》及有关规定使用经费；加强预算管理，保证工会经费正确合理有效地使用。(3)建立沟通机制，及时解决统一划拨工会经费工作中遇到的矛盾和问题。各区县总工会主动联系区县财政部门，对财政统发工资的单位职工工资总额逐一进行核对。遇到问题，通过召开联席会议及时沟通解决。对行政事业单位实行阳光工资后的职务工资、级别工资、生活补贴、工作津贴、改革性补贴等全部纳入工会经费计提范围，确保财政统一划拨工会经费的足额计提。截至年底，全市区县财政划拨经费资金已全部到位。（王　岚）

【徐汇区总工会结合区域实际加强工会经费管理】 (1)将工会经费收缴工作列入主席办公会议内容，落实经费收缴的三个结合：即"经费收缴与基层工会考核相结合、与各项评选先进相结合，与各项考评实施一票否决制相结合"，针对区域工会实际采取不同的收缴方式。对行政单位工会经费收缴，积极与区财政局协调，使辖区内行政单位工会经费收缴工作规范有序，当年经费收缴同比净增70万元。对集团公司工会经费收缴，落实经费收缴责任制集中进行经费收缴。对非公经济工会经费收缴，与非公企业集中的社区总工会、民营科技工会、中智工会联合会签订经费收缴回拨协议，扩大经费收缴面。对市属工会转移关系经费收缴，以及时做好属地关系转移，确保工会经费转移安全为重。对重组企业工会经费收缴，则坚持重组企业动态分析，及时反馈信息来促进经费收缴。(2)科学编制预算，规范合理高效地使用工会经费。采取“两上两下”方法编制预算，上报主席办公会议讨论，并经同级经审会审查，最后由全委会审定通过。区总财务部加强预算执行监督，定期向全委会和经审会报告经费使用情况。(3)加强对政府补贴专项资金和市总下拨专项经费稽核，对下拨的协管员专项资金使用情况定期开展跟踪检查，发现问题及时督促整改；对政府补贴工会组建专项经费使用情况，根据职能部室报送的材料，形成专项资金使用绩效报告，报送区政府，主动接受财政监督。

（华　连）

【普陀区总工会从五方面入手确保工会经费收入持续增长】 一是测算收缴率，实施动态化管理。摸清基层工会组建情况，测算基层工会经费收缴率，培育新的增长点，扩大工会经费收缴面。二是上门沟通，指导推进工作。根据“年初有计划、年中抓推进、年底显成效”的思路，年初听取基层工会意见，完善经费收缴考核激励机制。年中上门沟通经费收缴指标完成情况，为年底完成考核指标打下基础。三是反复宣传，增强依法拨缴意识。以提高经费收缴率、扩大覆盖面为重点，加大工作力度。四是大胆创新，搭建税务清算检查平台。按照“一改三政策”要求，尝试搭建税务清算平台，通过税务清算和工会经费拨缴款专用收据检查，堵塞经费欠缴漏洞。五是协调沟通，落实财政统一划拨经费。为确保工会经费稳步增长，加强财政统一划拨工作，经过与区财政局、人事局沟通协商，形成区财政统一划拨工会经费的操作办法，从制度上落实区财政统一划拨工会经费的办法。

（王宏志）

【闸北区总工会以实施新《工会会计制度》为契机落实审计回访制度】 2009年，闸北区总工会在落实“审计回访制度”时，认真分析存在的问题，还原财务真实数据，做好财务整改工作，从根本上解决困扰已久的历史遗留问题。一是正视历史遗留问题。在区工人俱乐部改建过程中，由于各种原因，造成区总工会与下属企事业单位之间来往款项不一致的问题。8月，市总工会第三次对区总工会财务进行审计，提出整改意见和建议。二是区总工会以实施新《工会会计制度》为契机，先后3次召开办公会议，对如何做好整改工作进行专题研究。三是落实“审计回访制度”，完善整改方案和措施。针对来往账款不一致的情况，翻阅了从区工人俱乐部改建以来的有关资料，认真核对每一笔有关的数据和资料，了解和掌握情况，根据整改方案，对相关会计科目进行调整，终于使区总工会与下属企事业单位来往款项不一致问题得到解决。

（陈　建）

【金山卫镇机关、事业单位工会经费由镇财政统一拨付】 4月7日，金山卫镇总工会与金山卫镇人民政府召开第四次联席会议，经双方协商，会议通过了《关于在机关、事业单位工会经费收缴实施财政拨付的建议》，从2009年度开始，机关、事业单位工会经费由镇财政按规定统一拨付。机关、事业单位工会经费由镇财政按规定统一拨付的办法实施后，对于理顺机关、事业单位工会经费依法收缴、规范收缴、合理使用具有重要作用。

（俞绍林）

【青浦区总工会开展新《工会会计制度》培训】 10月底，青浦区总工会联合区财政局对区级机关、事业单位、区属公司、各镇(街道)工会组织的财务和经审人员进行了为期两天的新《工会会计制度》业务集中培训，布置新旧制度的衔接工作，落实有关规定。基本实现了培训全覆盖，确保新旧会计制度的顺利衔接。

（马美君）

【崇明县行政机关事业单位工会经费实行直接划拨】 县总工会于3月份专门下发通知，对全县财政全额拨款的行政机关事业单位工会经费实行直接划拨。具体划拨的程序为，县财政局根据各单位年度部门预算中的2%工会经费数额，在每年年初统一全额划拨给县总工会，县总工会在收到此划拨款项后，再按照市财政局、市总工会的相关规定，按比例下拨到各基层工会。此项工作提高了工会经费收缴率，简化了工会经费收缴手续，使工会经费的收缴工作得到进一步规范和完善。

（易建军）

【市机电工会采取“四项措施”提升财务水平】 (1)加强政策指导。及时转发全国总工会关于《工会预算管理办法》以及《基层工会经费收支管理办法》的相关文件，结合实际，加大政策指导与服务力度，为工会财务工作顺利开展营造良好氛围。(2)加强经费收缴，促进经费收缴增长。将2%工会经费的提取及上缴写进集体合同，每年两次对集体合同履行情况进行检查。通过一系列措施，如会计达

市医务工会举办新《工会会计制度》专题培训班　（钱菊敏）

标、会计规范化检查、互助组活动、有效奖励机制等，带动基层工会财会人员的经费收缴积极性，超额完成市总工会确定的经费收缴目标。(3)加强资产管理。为准确反映工会资产的实际状况，通过对各级工会资产的摸底排查，根据市总工会文件精神，及时处置各级工会呆坏账，确保资产的有效完整。(4)加强学习培训，提高工会财务人员综合素质。先后组织607位财务、经审人员参加新《工会会计制度》培训班。（张新禾）

【中国海运工会经费收缴做到“五个依靠”、“四个抓”】 海运工会对经费收缴坚持做到“五个依靠”，即依靠法律法规保障、依靠上级工会指导、依靠同级党委和行政支持、依靠基层行政财务协调、依靠基层工会财务配合。具体落实“四个抓”。一是抓重点单位经费收缴。每年通过各种会议，加强宣传《工会法》，抓住中海集运、中海油运、中海货运3个航运公司工会，加强联系，督促工会及时足额上缴经费。二是抓经费来源的增长点。工会与有关单位密切配合，及时协调，使香港航运公司营运油轮新增工会经费48万元。三是抓长效机制建设。工会及时主动与各单位劳动人事部门建立沟通联系制度，并核查上缴的工会经费与行政工资总额比例是否一致，杜绝“两张皮”现象。四是抓基础工作。在抓工会经费大户的同时，不放小户、困难户，指导和帮助新建工会办理法人登记，开设独立账户，规范使用行政拨缴经费缴款书。对撤并重组单位，做到工会经费收入不减。（郑明德）

【上海交通系统工会以劳动工资表为抓手切实提高经费收缴率】 为进一步做好经费收缴工作，系统工会以“拓展思路、创新手段、提高收缴率”为指导，率先提出以各单位劳动工资表为经费收缴考核依据，通过每季度经费收缴率考核，促进经费收缴额的增长。通过制定工作目标、紧扣时间节点等一系列措施，实施经费收缴考核，并将经费收缴率作为经费收缴考核的一个重要评比指标，从而实现了“工资增长与经费收缴同步、经费收缴与考核标准同步、考核结果与收缴奖励同步”的目标。（姚荣根）

【市水务局工会举办新《工会会计制度》培训班】 11月18—20日，上海市水务局工会举办了新《工会会计制度》培训班。上海市水务局(市海洋局)直属单位和局机关工会主席、工会财务会计、出纳、经审主任(员)50余人参加了培训班。通过全面系统的学习，为贯彻实施新《工会会计制度》打下了良好的基础。（王佐仕）

【市教育工会举办新《工会会计制度》专题培训】 市教育工会举办《工会会计制度》专题培训活动，由上海市财政局专家作新工会会计制度专题辅导。各高校工会和直属工会分管主席、经审主任、工会财务干部以及市教育工会机关干部200余人参加培训。市教育工会要求各级工会组织，一要进一步学习和宣传新工会会计制度；二要加强领导，确保新《工会会计制度》得到全面的贯彻落实；三要认真做好新旧会计制度的衔接工作。（张渭明）

【市级机关工会把握重点促进经费收缴较快增长】 市级机关工会加强宣传，把握重点，拓展经费收缴思路，加大检查力度，促进经费收缴较快增长。一是环环推进，确保工会经费统一划拨工作任务的顺利完成。首先，加大宣传力度，利用舆论宣传工具，让行政了解依法成立工会并拨缴工会经费是法律规定的应尽义务，得到行政的重视和支持；其次，抓好落实关键，对基层工会情况进行全面调查摸底；最后，从源头上掌控机关事业单位工会经费拨缴，及时、准确、足额将经费划入基层工会账户。二是完善激励机制，严格检查，采取“自下而上、多收多留、多缴多返、多缴多奖”的办法，完善工会财务工作的激励机制。通过奖励先进，调动基层财务人员的积极性，年内共检查22家工会财务并出具检查报告，追回漏缴工会经费100多万元。三是跟踪目标，落实责任，确保工会经费拨缴持续增长。充分运用季报，做到季度有跟踪，年中有推进，年终有考评，把完成年度经费上解目标作为全年工会财务工作考核的重要指标，鼓励争先竞优，确保工会经费的及时足额入账。（陈　玲）

经审综述

2009年，市总经审办围绕市总经审会所确定的工作任务，不断加大审查审计监督力度，努力提高经审监督效能，确保经济活动规范运作。(1)认真履行审查审计监督职责，切实强化工会经审监督工作。开展了同级预算执行情况和市总财务部核算的所有账户审计、对直管单位的经营考核业绩审计、财务收支审计和对文体公司、住宅合作社、消费合作社的资产清理的专项审计、对40家区县局(产业)工会的预算执行情况的审计、对6家直管单位“小金库”专项清理检查和开展了市审计局对市总的首次审计的整改意见落实情况的审计调研。(2)开展调查研究，适应发展要求。认真落实《全总经审会常委2009年调研工作安排》，深入基层采用座谈会、个别访谈和工会审计案例分析等形式进行调研，完成了全总经审会要求对《工会各级经费审查委员会组织通则》和《基层工会经费审查委员会工作条例》修改的调研报告，另外还开展了《关于开展对上海市各区(县)总工会经审工作的调研》，对区县总工会经审工作的现状、存在问题提出了建议。(3)加强规范化考核，夯实工作基础。认真贯彻市总下发的《区县局(产业)工会规范化建设标准》文件，把它作为一项全面提升工会经审监督水平的基础性工作来抓，作为一项关系到工会工作全局的系统工程来抓，作为一项促进工会经费收缴、管理、使用的长效机制来抓。参与举办了3期247名新任基层工会主席参加的培训班，组织举办了4期432名新任基层工会经审委员参加的岗位培训班，组织举办了2期209名经审干部参加的新《工会会计制度》培训班，使工会经审干部业务素质得到显著提高。办好《上海工会通讯》经审专刊，宣传工会理论和经审业务，交流各级工会经审工作经验，健全经审工作信息网络；组织全市优秀工会审计项目展示交流，进一步落实审计规范，提高了审计报告质量。（杨永平）

经 审

【市总工会经审工作实行规范化建设标准考核】 （1）加强组织建设，完善监督机制。全市各级经审会与工会委员会的建立基本做到同时考察、同时选举、同时报批；各区县局（产业）工会基本按同级副职配备了经审会主任和有专业技术职称的经审工作人员；50%的区县总工会设立了经审会办公室；经审会负责人参加或列席涉及工会经费、工会经济活动的相关会议，经审专用经费、会议经费和办公经费按有关规定列入年度财务预算，为经审工作的开展创造了良好的环境和条件。（2）加强实务审计，突出监督成效。按照“全面审计、突出重点”原则，加强对工会经费收支、资产管理、重点项目、专项资金的审计监督。加大了以实务审计为基础的对下级工会的审查审计监督力度，在审计方法上实行全面审计与系统审计相结合。各级工会财务、资产监管等部门也积极配合审查审计工作，促进了经审监督工作不断深入。全市各级工会经审组织已经开展了同级审计、对286个直管单位开展效益审计，对992个下属工会进行专项审计，对43位工会主席进行离任经济责任审计。（3）加强规范考核，夯实工作基础。各区县局（产业）工会经审组织严格按照工作规范化建设的考核要求，坚持标准，寻找差距，推动了工会经审工作向纵深发展，从而使经审组织建设、制度建设和业务建设进一步健全和完善。有63家区县局（产业）工会经审工作达到A级标准，有39家达到B级标准，比上年有了较大提高。为此，市总工会经审工作获得全国总工会经审工作特等奖（A级）。 （杨永平）

【市总工会经审办实施基层工会经审工作规范化建设标准】 2009年，实施基层工会经审工作规范化建设标准管理。全市凡独立建立账户的基层工会都应按基层工会经审工作规范化建设标准进行管理。基层工会经审工作规范化建设标准管理分为：组织建设、制度建设、审查审计和特色工作四个方面，18项考核内容。（1）组织建设方面：工会要加强对经审工作领导，工会主席一年至少2次听取经审工作汇报；经审会主任（经审员）要参加工会委员会会议，经审委员要列席工会全委会会议；经审组织换届要与工会委员会“三同时”；经审委员会要具有一定数量的审计或财务从业资格人员。（2）制度建设方面：严格执行上级经审会下发的各项规章制度；要有年度经审工作计划和总结；要召开经审委员会会议。（3）审查审计方面：经审会要向会员（代表）大会报告工作；经审会要审查同级工会经费预算、半年预算执行情况、预算执行情况审计、会费收入审计、计拨工会经费审计和其他实务审计，并按所提意见督促财务整改。（4）特色工作方面：要求工会经审组织在审计范围、方法和监督等方面进行调研或理论研究。该规范化建设标准2009年在1 000家基层工会经审会试点。 （黄银萍）

【市总工会开展优秀审计项目评选】 年内，开展了上海市工会优秀审计项目评选活动。凡是上海各级工会经审会在2007年至2008年度组织实施的审查审计项目均能参加评选。评选条件：审计工作全过程是否严格按照《关于进一步规范本市工会经审审计工作程序的通知》和《关于加强本市工会系统审计报告质量控制的规定》要求进行；审计结果是否事实清楚，证据确凿，定性准确，评价客观公正，建议切实可行；审计意见建议是否得到较好采用，对被审计单位财务和资产管理产生较好影响；审计的方法是否合理，审计技术创新，工作效率高；审计组和审计人员在审计过程中是否能严格执行廉政纪律等。各区县局（产业）工会经审会在系统内评选基础上推荐1项候选优秀审计项目，在区县局经审会主任互助组例会上进行讨论审议，每组选出5项候选优秀审计项目报初评，然后报市总经审会审定。经市总经审会讨论，确定卢湾区总工会经审会的《卢湾区医务工会领导干部任期经济责任审计》、宝钢集团工会经审会的《宝钢股份有限公司机关工会经费预算执行情况审计》和市建设和交通工会经审会的《市建设和交通工会2007年度工会经费预算执行情况暨财务收支情况审计》等3个单位的审计项目被评为一等奖；徐汇区总工会经审会的《徐房集团工会2005—2006财务收支及资产审计》等5个单位的审计项目被评为二等奖；松江区总工会经审会的《松江区公路（市政）管理署工会主席离任审计》等7个单位审计项目被评为三等奖。 （黄银萍）

【市总工会开展“小金库”专项治理检查】 为贯彻落实市纪委、市检察院、市财政局等单位关于开展“小金库”专项治理的工作部署，经审办参与了市总机关纪委、市总财务部对市总机关本部、由财政拨款的事业单位和直属下级单位进行的重点抽查，其中：经审办和海鸥集团财务部组成“小金

市总工会经审会举行优秀审计项目评选会 （周 杰）

库"第二检查组对上海市总工会洞庭西山休养院、上海市工人疗养院、劳动报社、上海市职工保障互助会、上海市公惠医院、上海市总工会幼儿园、上海市总工会培训中心、上海工会管理职业学院等8家单位23套账户进行了"小金库"专项检查。检查期限为2008年1月1日至2009年6月30日。检查小组事先发放《"小金库"检查准备材料》通知书,要求各被查单位提供承诺书、会计凭证、报表等资料。检查小组进行了就地检查,结果表明,各单位按照市总工会的统一要求和部署,建立了"小金库"治理工作领导体制和工作机制,对各账户进行自查。上海工会管理职业学院和上海市公惠医院不仅自查,还对全院进行普查,要求出具"小金库"专项治理检查承诺书,把自查工作落实到每个部门。在检查过程中,各单位积极配合提供检查所需资料。对个别单位存在使用外购票据并且管理不规范、部分实物广告核算和管理不规范等问题,明确要求相关单位及时整改。

(黄银萍)

【市总工会实施区县局(产业)工会审计】 年内,市总经审办共安排审计40家单位,分别是医药、宝山、申通、化学、水务、烟草、监狱、蔬菜、联通、科技教育、电力股份、东海救助局、纺织局、国药集团、建材集团、金融、民政局、三航局、仪表电子、闸北区、建设交通、上海石化、金山区、外经集团、良友、大盛资产、社会系统、东方国际、通讯管理局、水产工会、运输工会、城投、锦江集团、兰生集团、申能集团、世博集团、现代设计、城建集团、青浦区、百联集团等工会。审计重点:一是预算编制的科学性、合理性,决算与预算的配比性;二是内控制度的健全性和有效性;三是收入的足额性、支出的合法性、规范性和结构比例;四是资产管理的规范性和效益性;五是专款资金的专属性和时间性,包括:抗震救灾资金、帮困资金、劳模经费、增收留成基金、财务专用基金和经审专用经费;六是审计整改情况;七是经审会工作情况;八是基层工会财务管理和经审工作开展情况。审计结果:大部分单位工会经费的列支都能紧紧围绕工会中心工作,切实保证重点工作的开展;大部分单位都比较重视预算编制的科学性和预算的约束力、比较重视制度的建设并且执行情况基本良好;专项资金能做到专款专用、抗震救灾资金收支合法合规;经审会能开展对同级工会和下属工会的审计;重视对市总工会经审办审计意见和建议的整改和落实。在审计过程中,对部分区县局(产业)工会在对外投资、预决算管理、经费开支、基层工会财务管理等方面存在问题提出意见和建议,提高了经费管理水平。

(黄银萍)

【市总工会本级工会经费收支预算执行情况审计】 市总经审会组成审计组,对市总本级2008年度工会经费预算执行情况暨财务部核算相关账套的财务收支情况进行了审计。结果表明,2008年市总本级预算执行情况总体良好。市总财务部门围绕工会工作重点,积极组织收入,规范经费转移管理,创新收缴办法,确保工会经费的稳定增长,拨交经费收入完成预算的102.68%,全年支出完成预算的105.7%;财务管理工作规范、有效;财务核算及时、内容清晰、附件完整、手续齐全;收据管理规范,经审计所有的收据均已入账;货币资金真实、专项资金能做到专款专用;各项财务报表真实地反映了单位的财务状况和收支情况。对预算管理中存在的问题,经审会提出了整改意见和建议。

(黄银萍)

【市总工会开展市总直管单位审计】 年内,市总工会经审办对工会管理职业学院、市工人文化宫、劳动报社、科技中心、幼儿园、培训中心、公惠医院、保障互助会、退休职工活动中心和海鸥集团等10家实行经营业绩目标考核的单位采取经审办和会计师事务所有限公司联合审计的方式进行审计。首先,审计人员按会计报表项目顺序进行实质性测试被审单位的经营业绩和财务收支实施审计,审计报告不仅反映财务状况和经营成果,而且对会计核算和管理中存在的主要问题进行了提示和披露,提出了改进建议。其次,开展了对文体总公司、住宅合作社、消费合作社资产鉴证委托和联合审计,对上述三个单位的资产、负债、净资产的现状、性质等进行审计,为这些把单位管理权由市总事业部向海鸥集团移交奠定了基础,为领导决策提供了科学依据。其三,对西山休养院改造工程、市工人文化宫消防改造等工程项目进行了工程竣工决算审计,送审价6 320.60万元,审定价5 542.46万元,核减额778.14万元,核减率12.31%。其四,第一次开展了对工程支出的审计(对文化宫大楼消防改造等工程支出、公惠医院门诊楼底层门厅等部门科室装修工程支出),对工程支出中组成的固定资产、低值易耗品及费用进行了分类,为规范管理和转账提供了依据。

(黄银萍)

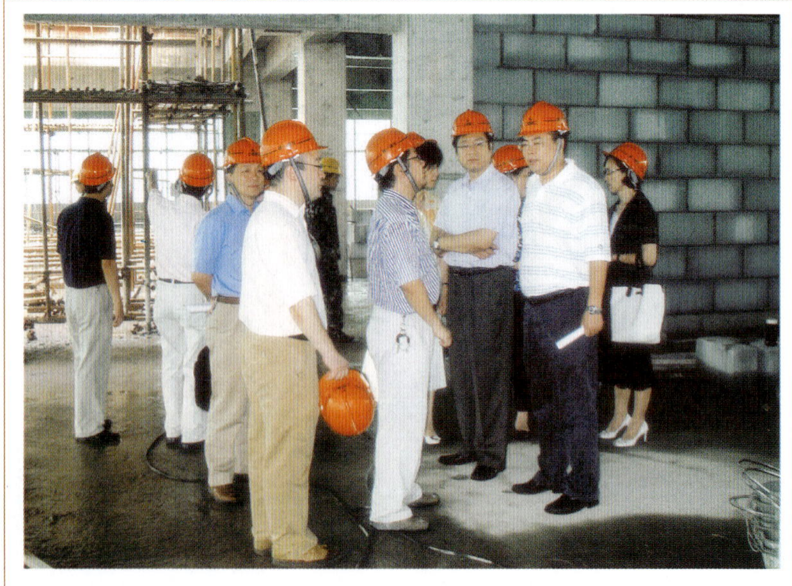

市总工会组织经审委员视察　(周　静)

【市总工会经审办加大工会经审人员业务培训力度】 2009年市总工会经审办根据各级工会不同人员的层次和水平，采用多种形式，分类培训。在坚持开展常规经审人员业务培训外，还与区县局（产业）工会经审会联合培训；组织工会经审主任采用走出去、请进来的方式，结合工作实际，开展经验交流，探讨工会经审工作中难点问题。同时，组织相关业务讲座，开展案例分析，用理论与实际相结合的办法，开拓思路，提高培训质量。2009年，完成了工会经审干部上岗业务培训432人，完成内部审计人员岗位资格证书继续教育培训380人，协助组织区县局（产业）工会经审干部209人参加《工会会计制度》培训班。（卢能飞）

【2009年度上海工会经审工作年会】 3月5日召开。参加人员有区县局（产业）工会经审主任、经审干部、部分基层工会经审干部代表、市总经审委员、市总"特邀经审员"及市总直管单位有关内审人员。市总工会副主席杜仁伟出席会议并讲话。会议总结市总经审办2008年工作，部署2009年工作；通报2008年上海工会经审工作规范化建设标准考核结果并颁奖。会议通过《市总工会经审会关于聘请2008年度"上海市总工会经审会特邀经审员"的决定》和《关于2008年上海工会经审论文评比获奖的通报》。杨浦区总工会经审会、上海石油化工公司工会经审会、中国电信集团工会上海市经审会、上海市水务局工会经审委员会、奉贤区总工会经审会、华源集团工会经费审查委员会、文新报业集团工会经审会、百联集团工会经审会等8家单位的代表作了交流发言。（周　静）

【市总工会经审办加强理论研讨工作】 为了加强对经审工作的理论研究，市总工会经审办积极开展经审工作理论研究。活动开展后共收到论文50多篇，并有多篇论文在相关刊物上刊载。市总工会经审办撰写的《求真求实求效，为工会工作保驾护航》、市总工会经审会主任杨永平撰写的《坚持把工会一切经济活动纳入审查审计监督范围》和经审办副主任黄银萍撰写的《参加高级审计师考评需要把握的几个关键环节》等论文发表在全国总工会经审会主编的《工会经审工作信息》期刊上。市总工会经审办撰写的《服务工会工作大局、履行审计监督职责》、市申能集团工会经审会周昌生撰写的《健全内审体系，发挥内审在企业监管中的作用》发表在《上海审计》期刊上。杨浦区总工会经审会范本国撰写的《上海市杨浦区总工会从4个方面推进工会经审工作、提高服务工会全局的能力》等两篇文章发表在《中国工会财会》期刊上。（周　杰）

【杨浦区总工会在街道、镇级同步建立工会经审会】 区总工会在街道、镇级推行"行业工会建在地区上"工作模式中，探索加强工会经审会组织建设。区总工会规定街道、镇级地区行业工会联合会建设中，要同步建立工会委员会和经费审查委员会。经审会设委员3—5名、主任1名，主任一般在规模较大的企业中产生，全区将共建60余个街道、镇级行业工会联合会经审会。地区行业工会工作经费来源分为由上级工会拨1—2万元，以及行政补助和其他收入等三个部分，建立地区行业工会经审会发挥监督作用的工作机制，定期开展对同级工会的审查审计，规范行业工会经费使用和资产管理，促进行业所属企业工会经费的收管用。（范本国）

【徐汇区总工会探索实施工会专项经费绩效审计】 徐汇区总工会按照"全面审计、突出重点"的原则，形成了同级工会预决算必审、对下级工会经费财务收支必审等"七必审"制度。通过对政府拨付的专项经费使用情况的绩效审计，积极探索工会经费绩效审计的方法和路径，在完善工会自身监督体系中切实发挥工会经审监督的主体作用。区总经审会把开展绩效审计作为提升服务工会大局能力的着力点，将开展绩效审计的立足点定位在通过检查内部控制、对比分析有关数据，提出合理化审计建议上，推进工会经审从收支审计为主向收支审计和绩效审计并重转变，以促进工会自身完善管理、降低风险、增收节支。区总经审会根据重要性、实效性和可行性原则，把具有特定用途且任务明确的专项资金确定为被审事项。如，对"工会社区工作"专项经费绩效审计，该项目用款部门申请经费时主要理由是"推进工会组建，完成当年的建会目标"。选择该项目为被审计事项考虑到其符合重要性、实效性和可行性原则，工会组建是工会重要工作，且有具体的目标任务，资金用途指向明确，是审计证据收集的重点和评价依据。审计既可从评价工会内部控制的健全、执行等方面着手，促进运行效果、效率的提高；也是从区总工会经审人员实际状况出发，量力而行。区总经审会实施工会

徐汇区经审会认真查审工会经费账目　（许妙根）

经费使用情况的绩效审计引起用款部门的关注，经费使用的绩效意识有所增强。（许妙根）

【徐汇区总工会推行经审规范化建设标准手册】 2009年，区选择40家社区非公经济工会、50家系统及集团公司工会，试用市总工会印制的《基层工会经审工作规范化建设标准考核手册》（简称《手册》），以促进基层工会经审工作的经常化、规范化、制度化建设。各基层工会对试用《手册》态度认真。区教育工会选择了30所学校填报了《手册》，实地到学校进行调研，并对基层经审干部进行《手册》使用培训，为2010年建立更加规范的经审制度打下扎实的基础。教育工会还把经审工作列入工会工作的重要议事日程，主席办公会议多次听取经审工作情况汇报，各基层学校工会积极支持经审会的工作，增强学校经审员的责任意识。（朱淑雯）

【黄浦区总工会全面落实《工会经审工作规范化建设标准》】 2009年，黄浦区总工会经审会加强工会经费审查监督规范化建设，审查监督能力和审查审计质量迈上新台阶。一是全会重视经审工作。区总经审会主任进入区总工会党组班子，参加主席办公会，定期听取经审工作汇报，配备专职经审办主任（享受部门正职）。全会30个直管工会经审会主任按同级副职配备率达100%。二是配强配齐经审人员，做到"三同时"。全会有大小经审组织1 227个，有专兼职经审干部1 875人，经审组织组建率达100%。三是注重对经审人员的培训。坚持把提高经审干部队伍素质作为促进工会经审工作不断发展的根本途径，每年自办直管工会经审干部业务培训，培训率达100%。四是坚持把工会所有经济活动纳入审计监督范围。对同级和直管工会坚持"七必审"制度，审计率达100%，有效防范了资产重大损失和经济案件的发生。五是全面落实市总《经审工作规范化制度建设标准》。每年从组织建设、规章制度、审查审计、业务建设、经费设备、工作创新方面对直管工会进行考核、评比和表彰，考核率达100%，有效提升了经审工作整体水平。（周荣盛）

【市机电工会从三方面发挥工会经审作用】 一是在经审监督过程中发挥经审组织的主体作用。在制定经审工作方针、方案时，健全内部经审制度，制定各级经审工作规范化建设考核标准，对工会经费预决算、专项基金的审查方面，通过审查审计代表广大会员实施民主管理。在经审干部的管理上，建立6个经审互助组，交流和传授经审技能。二是充分利用社会审计资源，加大下审监督力度。先后对64家基层工会进行了经费收支、离任、清算等审查审计。委托审计的所有审计费用由机电工会承担，不增加基层工会负担。使委托外审作为经审监督的一种补充手段，体现了审计行为独立、审计服务规范、审计效果明显的要求。三是构建审计整改机制，提升审计监督效果。经审会将"特约经审员"的主要职能转变为督促检查审计后的整改工作，并以他们为骨干，组织起5个落实整改情况的复查小组。保证审计意见落到实处，进一步规范工会经费收支管理。（姚明晋）

【上海汽车工业（集团）总公司工会经审会加强政策宣传确保外方人员工资纳入经费拨缴范围】 上汽（集团）工会经审会结合发展实际，积极开展工会拨缴经费审查审计工作，特别是在合资企业积极争取将外方人员的工资纳入经费拨缴范围。重点查看：（1）组成职工工资总额的内容是否有遗漏，特别是非正式职工和合资企业中外籍员工的工资是否列入工资总额。（2）应上解经费的单位是否有遗漏，特别是独立法人企业的工会经费是否经其投资母体企业一并上缴集团工会。（3）留存与上缴经费的比例是否正确，是否按行政计拨经费40%的比例上缴。集团工会经审会坚持和集团工会财务联手开展对基层工会拨缴经费情况的检查工作。在检查中发现，有个别企业存在因工资总额口径不一致而少交工会经费、个别合资企业外籍员工的工资没有列入工资总额、个别新建合资企业没有及时上缴工会经费等现象。为此，在检查中依据《工会法》积极宣传，并要求被检查单位及时纠正拨缴工会经费过程中存在的问题，按照国家有关规定计拨和上缴工会经费，指导合资企业工会就外籍人员工资计入工资总额问题与外方进行协商谈判。通过开展工会经费拨缴情况审计以及宣传指导工作，集团下属各企业拨缴工会经费的自觉性和上缴比例有了提高。（孙正尧）

【宝冶建设工会经审会以审带教提升基层经审干部业务水平】 经审会在抓好基层经审干部理论培训的同时，注重实战能力的培养，采取以老带新、以审带教的方法，结合对下审计活动时安排基层经审干部，特别是新上岗的经审干部参加，使其实务审计水平得到较快提高。首先，事前指导。审计前指导如何撰写好审计提纲，确定审计内容。其次，事中引导。针对审计过程中查出的问题，对照规章制度，指出正确的做法，起到了现学现用的效果。再次，事后辅导。由参与审计的基层经审干部执笔撰写审计报告，然后由审计小组做点评，指出优劣，提高审计报告质量。（毛一新）

【水产集团工会经审会落实"三勤工作法"】 水产集团经审会依据《工会法》、《审计法》和《中华全国总工会关于加强工会经费审查监督工作的意见》等法律法规，履行经审职责，规范考核制度，落实"三勤工作法"。勤宣传：一是加强对工会相关法律、法规、制度的培训；二是完善工会经审组织机构和工作制度的建设；三是提升工会经审干部的自身素质，明确任务，落实责任。勤沟通：向上与市总经审办加强沟通，提高工会经审工作规范化意识，得到上级的指导；向下与基层工会加强沟通，制定切实可行的工会经审工作考核办法，取得基层工会的支持，使工会经审工作合理、有序、规范地推进。勤总结：对工会经审工作的各类先进经验、典型事例，通过各种形式予以总结表扬和推广；对工会经审工作中存在的不足提出意见，促进整改措施的落实。（陈　蓉）

工会经济事业

Cause of Union Economy

综　述

2009年，市总工会事业部以加强工会企事业资产监管为重点，加强调查研究，完善制度建设，注重协调配合，加快创新发展，使上海工会企事业的资产质量和经营效益有了改善。截至年底，全市工会企事业单位共296家，比上年减少67家；资产总额87.42亿元，比上年增加4.61亿元；净资产32.89亿元，比上年增加0.41亿元；负债总额54.54亿元，负债率62.39%；总收入51.67亿元；利税总计6.47亿元；从业人员11 614人。(1)制定完善工会资产监管制度。一是根据工会企业管理发展的实际情况和需要，制定下发了《关于上海工会企业管理发展的若干意见》。二是为配合全市迎世博活动，事业部会同宣教部下发了《关于各区县文化宫、俱乐部、体育场做好迎世博环境综合整治的通知》。(2)检查督促3个《实施细则》的贯彻落实。《上海工会企事业单位固定资产监督管理实施细则》、《上海工会企业转改制中的资产处置实施细则》、《上海工会企事业单位产权管理实施细则》三个文件下发后，通过检查、调研等途径，主动督导各单位抓好文件的学习和贯彻落实。(3)工会资产整合发展工作。一是完成支点公司股权转让相关事宜。会同机关有关部门，指导协助培训中心做好接收市劳动和社会保障局工会控股的支点人力资源有限公司股权转让工作。二是加强区县工会文化场馆置换、改建中的资产监管。在静安区工人游泳池动迁置换、黄浦区工人体育场置换建设、卢湾区工人体育场改建、普陀区西宫整治方案协调等相关事宜处理中，从多方面加以指导协助，加强监督管理。三是配合做好工人疗养院祝家巷地块开发前期准备。会同海鸥集团，配合工人疗养院了解长宁区有关部门对祝家巷(51号地块)的规划等相关情况，为下一步开发建设做好准备工作。四是配合屏风山疗养院改建项目筹建处做好前期相关准备工作。会同海鸥集团研究推进屏风山三分院终止租赁合同协商谈判事宜。五是积极推进嘉定公寓改建前期筹备工作。会同退管办和嘉定公寓与17家集资单位进行了沟通协商，摸清了相关资产的权属关系，制定了资产整合处置方案。(4)加强对整修工程项目监管。一是启动对劳动报大楼整修工程项目。10月22日正式开工，主体工程将在2010年3月底前完工。二是审理科技中心大楼改扩建项目预算。会同有关部门多次到施工现场了解情况、调整造价，指导筹建组编制科技中心大楼改扩建项目估算与预算，协助海鸥集团采取限额设计、限额采购、限额施工等方式，严格控制各项经费开支。(5)加强在建项目监管。按照职责分工，认真推进在建工程施工，加强工程质量、进度、造价、安全等方面监管。工会学院三期工程最后一栋实验办公楼已于12月竣工；海鸥集团公司科技中心大楼项目已结构封顶，计划2010年3月底前竣工；世纪海鸥项目已在进行内装修，承租人已展开分项招租。(6)加强工会企事业资产监督管理。一是严格把握直管单位固定资产核销关。先后对劳动报等15家单位的固定资产实地核查，提出了处理意见，履行了审批程序，有效防止了工会资产流失。二是严格把握工会企业转改制(股权转让)资产处置关。完成了上海群工投资管理有限公司、上海欣臣和贸有限公司、上海络缘贸易有限公司等17家工会企业股权转让的审核及报批工作；对不俱备转改制条件的工会企业进行了必要的政策指导。三是完成了两项资产统计工作。按照全总资产统计的工作要求，组织实施2009年资产统计工作，并做好工会资产日常的基础管理和产权管理工作，以及全市第二次经济普查统计工作。四是积极推进工会资产房地产权证的办理工作。协助市总直管单位办理房地产权证，嘉定公寓房、沙家浜休养度假中心、退管会沙家浜小楼的房地产权证已办理完毕；海鸥饭店已完成面积检测，正在办理之中，指导督促区县工会，及时办理房地产权证。五是对市总直管单位房屋出租情况开展调查。按照《关于市总直管单位房屋出租和经济担保事宜的通知》精神，对22家直管单位房屋出租情况进行全面调查，在调查基础上，督促各单位规范做好房屋出租管理工作。(7)完成直管单位负责人年度业绩考核，并部署了2009年直管单位经营业绩考核工作，与直管单位党政负责人签订了工作业绩责任书。　(张　卉)

工会企事业

【市总工会建造海鸥商务大厦】　上海海鸥商务大厦定位为5A级的高档商务楼，地处中山北二路1800号(近伊敏河路)，毗邻上海曲阳商务中心。大厦由两幢楼和一个内花园组成。主楼14层，辅楼地下两层、地上五层，总建筑面积近3万平方米。大厦一层二层为商铺，三层以上均为大开间商务写字楼，地下两层及地面共计停车位近160个。预计海鸥商务大厦将于2010年6月对外试营业。　(孙继军)

【上海美兆健康体检中心正式开业】由海鸥集团与台湾美兆集团合资建立的上海美兆健康体检中心于5月15日正式开业。中心建筑面积3 500平方米，作为美兆健检在全球第8家服务网点，较其他网点新设了VIP－ROOM、口腔门诊、中医体质辨识、导医导诊等特色服务。体检中心秉持以人为本的管理理念，采用世界先进的全套医疗设备及通用电气(中国)医疗集团数字医疗影像技术，融健康体检、健康促进、健康管理为一体，是国内规模最大的现代化、自动化健康管理机构。　(孙继军)

【市工人疗养院新大楼落成开业】市工人疗养院位于上海虹桥古北开发区，占地面积96亩，绿化面积达70%以上。疗养院建于1952年，2009年上半年完成整体改建，并于当年5月20日举行新大楼竣工暨劳模体检基地揭牌仪式。重建后的市工人疗养院，已经改造成为集健康体检、医疗康复、宾馆餐饮为一体的高级保健康复中心。疗养院新大楼总建筑面积有1.9万平方米，分为A、B两座楼。B座是从普通到高端的专业化体检、保健功能综合大楼，其中2 500平方米的体检中心设施齐全，拥有各类国际先进医疗检验设备。A座为“康柏苑”酒店，拥有82间三星级以上标准的客房，100人使用的多功能会议室及各类大小会议室。今后，市工人疗养院将和市总工会劳模协会共同启动“劳模健康行动计划”，为全市劳模提供

建立健康档案、定期组织体检,开展健康讲座等服务。 (孙继军)

【市总工会培训中心接收上海支点人力资源有限公司股权】 原上海支点人力资源有限公司是上海市劳动和社会保障局工会下属一家依法合规、经营正常的工会投资企业。该公司于2007年2月注册,注册资金200万元(其中工会投资140万元、占70%股权),主要经营劳务派遣业务,有职工43人,派遣员工约2万人,涉及用工企业260余家,在全市劳务派遣市场中占有一定地位。根据市委、市府领导要规范企业劳务派遣用工行为、切实维护劳务派遣员工合法权益的指示精神,2009年3月20日,市劳动和社会保障局作出将局工会投资企业——支点公司实施整体股权转让的决定。3月23日,经市总工会第七次主席办公会议研究决定,同意由市总工会培训中心整体接收,并于3月30日,作出将支点公司全部股权转让给市总工会培训中心的批复。为稳妥接收支点公司,妥善处理接收工作相关事宜,市总工会专门成立了由事业部、财务部、经审办、组织部、培训中心等组成的支点公司接收工作小组。根据市总工会第七次主席办公会议的决定,接收工作小组及时制定详细工作实施计划,定期召开接收工作专题会议,共同商议和协调接收工作的相关事宜,并通过聘请第三方审计事务所,着重对支点公司全部资产进行了审计和评估,为支点公司最终股权转让价格的确定,提供了法律依据。11月11日,市总工会培训中心和市劳动和社会保障局工会双方举行了股权转让签字仪式,正式签订了支点公司股权转让协议。 (秦 峰)

黄浦区工人体育宫正式开工 (唐士龙)

【市总工会洞庭西山休养院完成改造正式开业】 洞庭西山休养院坐落在苏州太湖国家旅游度假村西山岛上,背依四龙山,面临浩瀚的太湖。休养院成立于1987年。为满足工会疗休养事业发展,2008年市总工会出资按四星标准对休养院进行重新改造。2009年2月18日休养院完成改造正式开业,30多名全国和上海市劳模为休养院揭牌,并成为正式营业后的第一批客人。作为市总工会的劳动模范疗养基地,改建后的西山休养院将以四星级的硬件设施和优良的服务为广大职工和劳模提供疗休养服务。 (孙继军)

上海劳模疗养基地西山休养院开业庆典 (吴良荣)

【徐汇区总工会加强对工会出租资产监管】 区总工会为加强对工会出租资产的管理,一方面开展题为《应对金融危机、进一步提升工会资产的运作质量》的调研;另一方面,针对出租宾馆拖欠房租及水电费等问题,经过司法途径主张权益,以法律诉讼的形式迫使承租方支付了拖欠债务,有效地解决了这块出租资产存在的问题,保证了工会资产的保值增值。 (陶 俊)

【黄浦区开工建设区工人体育馆】 12月5日,由区政府投资、区总工会负责建设、黄浦置地集团公司负责建造的区工人体育宫正式开工。体育宫移址黄浦江畔,占地1.07万平方米、3.25万平方米建筑面积(地上5层、底下2层)。 (吕诚陆)

【市工人疗养院引进设备建立工疗特色体检评估系统】 院体检中心新大楼落成后,引进加拿大DR、美国雅培免疫生化一体机,眼底摄片、胃肠摄片、远红外热成像仪、美国GE彩超、心电图仪等设备,培训相关工作人员,对体检系统电脑软硬件实施更新换代,编制了人体调控高级体检模块,建立了具有疗养院特色的体检评估系统。在传统人体调控理论的基础上,又提出维衡的思想理念,建立了维衡的基本理论框架。维衡是对人体采用中西医结合治疗的方法,配合心理、营养、运动等综合疗法,改善人体亚健康、超亚健康状态,体现“治未病”思想,达到保障健康,预防疾病的目的,更加突出院预防保健的特色。

(卓介江)

【市工人疗养院投资建立康柏苑酒店】 市工人疗养院全资注册成立上海康柏苑酒店管理公司。酒店设有标房80间,有套房、餐厅和大小会议室。酒店引进专业管理人才,于3月份试运营来,积极应对金融危机对酒店业经营带来的不利影响,与三菱电机、德高中国、日立、嘉盛石油等120余家知名公司签订用房协议,与携程、艺龙、国航里程网等30多家订房中心签约,与外经贸展览公司、上海浦东国际展览公司、纽伦堡会展公司等30家中外会展公司开展合作。 (卓介江)

【公惠医院医疗服务体现特色】 公惠医院坚持“医疗帮困,施惠于民”的办院宗旨,坚持“一级医院收费,二级医院设施,三级医院专家服务”的医疗特色,进一步做好为广大市民的医疗服务工作。2009年度医疗业务有了显著增长,全年门急诊58.36万人次,比上年度增长15.99%;出院病人4 982人次,比上年度增长33.35%。同时,医院继续做好农民工集体助医卡的使用、就诊、体检及医药箱的配药等工作。发放集体助医卡500元的502张,配备医药箱400只。

(张利平)

工会技协

【上海技协收获“海峡两岸职工创新成果展”三枚金奖】 由中华全国总工会主办、福建省总工会承办的第四届“海峡两岸职工创新成果展”于6月18—20日在福州金山展览城举行。上海市职工技协推荐了闸北区物流工程技术研究所“节能装卸搬运电动车”、上海锦礼水处理科技有限公司“超高速污水污泥一体化处理机”、上海餐余垃圾处理技术有限公司“餐厨垃圾资源化循环利用”等3项职工发明创新成果参展,参展项目突出了节能减排和促进循环经济发展。经过大会组委会评委评审,上海3个参展项目均获得了第四届“海峡两岸职工创新成果展”金奖。 (王小龙)

【上海技协为都江堰灾后重建送技术送技能】 6月3—15日,上海职工技协组织上海汽车(集团)汇众汽车制造有限公司和上海医药(集团)药材有限公司对来自四川都江堰海蓉药业有限公司、四川银河汽车集团挂车有限责任公司和四川都江机械有限公司的30名技术人员进行了为期2周的技术培训。成立了职工技术协会专家组,多次召开专题会议,周密计划,精心组织,有针对性地制订教学课程方案。对都江堰来沪技术人员安排了《半挂车的构造原理及结构分析》、《重型车的构造原理及工艺分析》、《ISTANA的制造和工艺》、《6S管理》、《TPM管理》、《零缺陷管理》、《6∑质量管理》等课程的培训,邀请上海工程技术大学汽车学院的博士生导师为学员们排疑解惑。培训期间,汇众汽车制造有限公司和上海医药(集团)药材有限公司还分别组织学员到上海汇众重型汽车厂、汇众汽车底盘厂、仪征汇众轻型客车厂、上海乘用车公司临港分厂、上海汽车博物馆、雷云上公司、信宜药业等单位参观学习,在生产现场进行技术交流。下半年,市职工技协又组织上汽帮扶“双送”活动专家组上门为都江堰结对企业送技术,传技能,深入现场,帮助都江堰结对企业解决了10多项生产工艺和产品质量问题。

(王小龙)

上海工会年鉴

友好交往

Friendly Intercourse

综　述

上海工会国际工作紧紧围绕上海工会工作全局，以服务大局、服务基层为主要宗旨，稳步发展，开拓创新。在对外交流中，注重与国（境）外同行就“如何化解金融危机给职工造成的不利影响”、“如何更好地维护职工权益”等方面内容进行深入研讨。坚持“围绕中心、服务全局、与时俱进、求真务实”的指导思想，积极开展与国（境）外友好工会组织的交往，宣传上海，树立上海的形象，为上海的改革发展服务。在继续加强与国（境）外已建立友好交流关系的工会组织交往的同时，积极拓展新的交流渠道，扩大中国工会的国际影响，树立起与国家经济社会发展总体水平相协调的中国工会形象，进一步扩大上海工会的影响。在对外交流中，积极宣传中国改革发展所取得的成果，展示上海改革开放30年以来的城市和经济新貌，及上海筹办世界博览会的进展情况，帮助外国工会朋友正确了解中国，了解上海，了解中国工会，了解上海工会，努力为中国改革开放和社会主义现代化建设营造良好的国际环境和有利的外部条件。积极组织专题研讨会，就工会热点问题进行交流。3月，邀请德国专家来沪就“经济危机中的劳动关系”问题进行研讨。9月，举办“中德职业技能培训”研讨会。10月，与美国工会同行就“女性在工会运动中的作用”进行了深入研讨。共接待来自世界各国和地区的63个工会代表团，616人次。通过交流，上海工会有选择地借鉴世界各国工会的有益经验，借鉴市场经济国家在长期劳资矛盾处理方式的探索中形成的成功经验和有效方法，了解如何化解全球金融危机对实体经济受到的影响，更好地维护职工的合法权益。市总工会接待的重要客人有美国洛杉矶县劳工联合会代表团、巴西工人总工会代表团、以色列海法市总工会代表团、美国服务雇员工会代表团、埃及公用事业工会代表团、及来自台湾高雄市总工会、香港工会联合会和澳门工会联会总会等地区的工会代表团等。上海工会在做好“请进来交流”的同时，还注重“走出去交流”的方式。共组织出访25批团组，103人次，分别赴澳大利亚、新西兰、日本、韩国、美国、加拿大、巴西、阿根廷、西班牙等国进行交流访问。基层产业工会的对外交流得到了进一步的拓展，使上海各级工会拓展了视野，进一步了解发达国家工会工作的有益经验。同台、港、澳地区工会组织的交流向更深层次发展。10月下旬，第三届“亚洲五城市工会工作研讨会”在日本大阪召开。市总工会、越南胡志明市劳动者联合会、韩国劳总釜山地域本部、台北市总工会及东道主日本工会联合会大阪府联合会等五个地区工会组织参加了此次研讨会，就“金融危机情况下如何更好地维护职工权益”等共同关心的问题进行了广泛交流。（沈雄德）

上海工会与外国和台港澳工会主要交往简表

团　名	时　间	交　往	人　数
市总工会访问美国代表团	2.9—15	出访	6
巴西总工会访华团	3.23—31	来访	5
以色列海法市总工会访华团	5.18—25	来访	7
市总工会访问韩国和日本代表团	6.29—7.8	出访	6
市总工会访问越南和澳大利亚代表团	7.8—17	出访	6
市总工会代表团访问巴西和阿根廷	9.22—28	出访	6
埃及公用事业工会访华团	10.8—14	来访	7
市总工会访问丹麦和挪威代表团	10.7—15	出访	6
市总赴日参加亚洲地方工会研讨会代表团	10.21—25	出访	3
美国洛杉矶县劳工联合会访华团	10.25—31	来访	8
台湾高雄市总工会参访团	11.7—16	来访	13
市总工会访问西班牙代表团	11.23—27	出访	6
香港工联会所属制造业总工会参观团	12.25—28	来访	30

（张国峰）

上海工会出访

【市总工会代表团出访越南和澳大利亚】 应胡志明市劳动者联合会和昆士兰州工会理事会的邀请，以上海市总工会副主席茆荣华为团长的上海市总工会代表团一行6人于7月8—12日访问了越南，7月13—17日访问了澳大利亚。访越期间，市总代表团受到胡志明市劳联的热情接待。该劳联副主席张林名到机场迎接，副主席阮氏璧水陪同第二天的参观访问。拜会胡志明市劳联时，阮辉近主席、陈青海常务副主席、阮越强副主席等领导出席了会谈，宾主双方在友好的气氛中互通信息，交流了工会工作经验。在访问庆和省芽庄市时，庆和省劳联副主席阮和会见了代表团一行。在首都河内，代表团拜访了河内市劳联，与阮进颖主席、冯文喜常务副主席等进行了深入的交流。在越南工会的安排下，代表团成员瞻仰了胡志明陵墓，并敬献花圈。在澳大利亚，昆士兰州工会理事会总书记罗恩·莫纳汉、副总书记阿曼达·理查兹等产业工会书记对代表团的造访表示热烈欢迎，双方就全球金融危机对中国和澳大利亚及两国工会运动的影响等问题进行了讨论。茆荣华向澳洲工会同行介绍了上海工会在促进就业和企业发展等方面所做的工作，并就中国工会如何应对国际金融危机、怎样促进内需等问题作了回答。茆荣华以陈豪主席的名义邀请越澳两地工会派团访华，胡志明市劳联主席阮辉近和昆士兰州工会理事会总书记莫纳汉表示将于2010年实现回访。 （张国峰）

【市总工会代表团访问巴西和阿根廷】 应巴西总工会和阿根廷工会联合会的邀请，由上海市总工会副主席肖堃涛率领的市总工会代表团一行6人于9月22—28日对巴西和阿根廷进行了友好访问。在巴西圣保罗期间，代表团拜会了巴西总工会，与里卡多·帕塔主席等主要领导进行了正式会谈；走访了圣保罗州保险业工会，并参观了为会员提供培训和医疗服务设施的工会大楼。在首都巴西利亚，拜访了巴西银行和保险业工会联合会，与该会主席洛伦索·普拉多等进行深入的交流。在阿根廷布宜诺斯艾利斯，代表团拜会了阿根廷司法工会联合会，同阿根廷工会联合会内务书记、司法工联总书记维克多·梅迪比尔等进行会谈，并参观了工会大楼。在拉普拉塔市，代表团应邀到市政厅拜会了市长巴勃罗·布鲁埃拉等政府官员，与之进行了友好交谈；代表团一行被授予"拉普拉塔市荣誉市民"的证书。肖堃涛向巴西和阿根廷工会同行介绍了上海经济社会的发展情况以及上海工会在维护职工权益等方面所做的工作。为了进一步发展友好合作关系，肖堃涛以市总工会主席陈豪的名义邀请两国工会在明年上海举办世博会期间派团访华。 （张国峰）

【市总工会代表团访问洛杉矶】 应美国洛杉矶县劳联的邀请，以市总工会副主席杜仁伟为团长的上海工会代表团一行6人于2月9—16日对洛杉矶县劳工联合会、旧金山劳工理事会等工会进行了友好访问。这次访问是中国首个地方工会代表团正式访美，旨在加强沟通、增进友谊、促进合作、推动发展。访问期间，代表团与洛杉矶县劳联、旧金山劳工理事会、拉斯维加斯宾馆业工会、洛杉矶国际码头和仓库工会以及洛杉矶国际电器工会进行了交流，参加了旧金山劳工理事代表大会，出席了由亚太劳工联盟和国际服务业雇员工会721分会合办的欢迎会，参观了加州大学洛杉矶分校劳工研究和教育中心、洛杉矶码头和电器工人培训中心，还应邀到洛杉矶市政府拜会国际贸易部负责人。访问中代表团与美方就工会工作、国际金融危机的影响等双方感兴趣的问题进行了交流。 （宋钟蓓）

应胡志明市劳动者联合会邀请，以茆荣华为团长的上海市总工会代表团访问了越南。7月9日，市总代表团拜会了胡志明市劳联，并与阮辉近主席等进行了会谈。 （张国峰）

【市总工会代表团访问西班牙】 应西班牙工人总联盟（UGT）加泰罗尼亚大区分会的邀请，以市总工会办公室主任李鸣为团长的上海市总工会代表团一行5人，于11月23—27日对西班牙进行访问。代表团此行的地点为巴塞罗那和马德里两大城市。在巴塞罗那，代表团走访了西班牙工人总联盟加泰罗尼亚大区分会，参观了阿尔斯通机车制造公司和在建的圣家族教堂建筑工地，并来到巴塞罗那市政厅，拜会该市副市长，与之进行友好会谈；在首都马德里，代表团拜访了西班牙工人总联盟（UGT）总部，与总联盟国际部长等进行会谈和交流。在交流中，西班牙工会同行介绍了在这次席卷全球的金融危机中，工会的主要应对策略和工作重点；李鸣介绍了上海工会在应对国际金融危机和筹办世博会过程中的积极参与和所作的努力。加泰罗尼亚大区工会对上海工会代表团的到访作了精心而周到的安排，总书记何赛·玛利亚·阿尔瓦雷斯会见并宴请代表团成员，欧洲政策和国际合作书记劳拉·佩莱·巴格罗参与接待，与大区工会国际部工作人员安娜一起，多次陪同参观和座谈；西亚特汽车制造公司工会、阿尔斯通机车制造公司工会和巴塞罗那银行工会的基层干部全程陪同考察，与代表团进行广泛交流。 （吴 越）

【市总工会代表团赴韩日友好访问】 应韩国劳总釜山地域本部和日本横滨市劳动组合联盟的邀请，6月29—7月8日，以市总工会秘书长周志军为团长的上海市总工会代表团一行6人对韩国的釜山、济州、首尔和日本的横滨、东京、神户、大阪等地进行了为期

11 月 24 日，上海市总工会代表团访问西班牙时参观一建筑工地。
（吴 越供）

10 天的友好访问。这次访问旨在了解在全球金融危机背景下韩国工会和日本工会的应对措施，并介绍中国工会和上海工会有关工作情况。
（崔春吉）

【市总工会代表团赴日参加亚洲地方工会研讨会】 应日本工会总联合会大阪府联合会（以下简称联合大阪）的邀请，以市总工会国际部部长沈雄德为团长的上海市总工会一行 3 人参加于 10 月 22 日在大阪举行的亚洲地方工会研讨会。与会的上海市总工会、胡志明市劳模、釜山劳总、台北市总工会和联合大阪代表社就"金融危机情况下的如何更好地维护职工权益"等共同关心的问题进行了广泛交流。最后，联合大阪安排上海市总工会代表团团长沈雄德为研讨会致闭幕辞。 （崔春吉）

【市总工会代表团访问丹麦、挪威】 应丹麦综合工会联合会和挪威奥斯陆总工会的邀请，以上海工会管理学院党委书记谢幼书为团长的上海市工会代表团一行，于 10 月 7—15 日对丹麦、挪威进行访问。在丹麦期间，代表团与丹麦工会同仁就丹麦工会组织状况、集体协商制度以及劳动安全卫生等情况进行座谈；听取了丹麦劳动环境管理局的官员就丹麦劳动法案、劳动监察、劳动法律评估等情况的介绍；参观了哥本哈根国家石油天燃气能源公司；听取了丹麦企业社会责任监督组织中国分社的工作介绍；赴丹麦工会学院听取了丹麦灵活就业保障制度以及工会对劳动卫生及安全培训等情况介绍。在挪威期间，代表团听取了挪威工会及集体协商制度和奥斯陆市总工会所属的海员工会注重社会环保工作的情况介绍；听取了挪威国家石油公司首席研究员就石油天燃气开发、再生能源、化学能源等运用情况，以及该公司工会干部就职工参与机制等情况介绍；与挪威卑尔根市总工会领导班子以及其所属的建筑行业、食品饮料行业、教育行业等工会干部座谈。丹麦和挪威工会对中国近年来的经济社会发展给予了高度的关注，对中国 60 周年的大庆以及改革开放以来所取得的成就给予了积极的评价。同时，也对中国工会以及职工群众的生产生活表示了浓厚的兴趣。在丹麦访问期间，丹麦工会同仁仔细了解中国工会与职工群众的基本情况；在挪威访问期间，奥斯陆市总工会安排了基层工会干部与代表团座谈，就他们关心的上海工会与职工的基本情况进行了座谈，代表团也就上海工会在维护职工合法权益，促进经济社会健康持续发展，应对金融危机、解决职工就业困难，以及发挥劳动关系协调机制建设等方面的情况向两国工会同仁作了介绍，宣传了上海工会在促进经济发展和创建和谐劳动关系方面的积极作用。 （周永宝）

工会友好团体来访

【中德职业技能培训研讨会在沪举行】 市总工会和德国艾伯特基金会上海办事处于 9 月 17 日就"中德工会职业技能培训"共同举办研讨会。市总工会副主席肖堃涛出席会议并致辞，德国艾伯特基金会驻上海办事处主任以及德国工会的代表出席会议，市总工会所属有关区县局产业工会、市总机关、市总工会有关事业单位约 40 余名代表出席了会议。德国五金工会理事会青年和教育处负责人克劳斯·海蔓博士首先介绍了《德国职业教育的概况与趋势》以及《工会在职业教育中的角色》。市总工会经济工作部部长彭剑明介绍了《上海工会大力开展职工技能培训，提升职工队伍技能素质》的情况。市机电工会副主席袁胜洲介绍了上海机电工会如何《发挥工会作用，加快高技能人才培训》等情况。与会代表达成 3 点共识：一是在世界各国正竭尽全力为保民生，努力恢复经济的背景下召开研讨会，对于更广泛地开展中德两国劳动界的交流，推动两地工会事业发展、提升职工的技能并促进企业的发展将产生积极的影响。二是当前世界各国正积极应对国际金融危机给本国经济和人民生活带来的负面影响，各国工会为促进企业发展和维护劳动者的权益进行着多方协调与创新。三是明年上海将迎来"世博会"的举办，作为上海工会感到机会与挑战同在。
（李 庆）

【埃及公用事业工会代表团访华】 应上海市总工会邀请，由总书记奥萨马·嘎马尔·阿卜杜萨枚率领的埃及公用事业工会代表团一行 7 人于 10 月 8—14 日访问上海。市总工会副主席肖堃涛会见了埃及工会客人，并向他们介绍了上海的经济发展情况和工会应对国际金融危机挑战所采取的措施。阿卜杜萨枚总书记表示，埃及因许多产品是从中国进口，只是间接受金融危机的影响。但工会仍有许多工作要做，一是要求企业不裁员，保障工人的合法权利；二是希望政府采取措施，使企业走出困境。埃及工会还希望中国经济的发展能带动埃及经济的

10 月 9 日，肖堃涛副主席会见由总书记奥萨马·嘎马尔·阿卜杜萨枚率领的埃及公用事业工会代表团 （张国峰）

好转。代表团在沪走访了市工人文化宫，赴苏州参观了工业园区。（张国峰）

【巴西总工会代表团访华】 应市总工会邀请，由巴西总工会地区主任、巴西银行和保险业工会联合会副主席何塞·赫苏斯·特拉武洛·索萨率领的巴西总工会代表团一行 5 人于 3 月 23—31 日对中国进行了友好访问。在沪期间，市总工会副主席杜仁伟会见了代表团一行，向客人介绍上海的情况和上海工会的工作。索萨介绍了巴西工会情况。代表团在沪还参观了上海贝尔股份有限公司，赴杭州参访了屏风山工人疗养院。 （张国峰）

【高雄市总工会应邀来访】 应市总工会邀请，以高雄市总工会理事长林明章先生为团长的大陆参访团一行13人，于11月7—16日对上海及周边地区进行了为期10天的参观与交流。高雄市总工会成立于1947年7月1日，现有产业工会100个、职业工会301个，会员22万人。现任理事长林明章于2005年1月当选，2008年1月再次成功连任。市总工会与高雄市总工会于1996年5月正式建立友好关系。两地工会通过定期互访，加强了两地工会在维护劳工权益等方面的交流，加深了两地工会组织在劳工间的理解与友谊。此次高雄市总工会大陆参访团的到访，除了进行两地工会近期工作动态信息沟通外，还就进一步促进两地工会包括同有关区县工会间的交流与合作，进而为推动两岸关系的健康发展进行探讨与规划。 （李 庆）

【美国洛杉矶县劳工联合会代表团访沪】 应市总工会邀请，以副主席戴维·坎贝尔为团长的洛杉矶县劳工联合会访华代表团一行 8 人于 10 月 25—31 日访问了上海。26 日，市总工会副主席肖堃涛会见代表团并举行会谈。双方就节能、发展绿色经济、抑制全球变暖等共同关心的问题进行交流。访沪期间，代表团参观了上海轨道交通 7 号线浦江南浦站和上海电气李斌技师学院，分别同上海建工（集团）总公司工会和上海市机电工会的领导进行了座谈。美国工会同行还与市总工会女工部就“妇女在工会运动中的作用”进行研讨。 （张国峰）

【香港工联会所属制造业总工会参观团访沪】 以香港工会联合会副会长梁富华为顾问、香港制造业总工会副主席陈荣宗为团长的香港制造业总工会参观团一行 30 人于 12 月 24 日抵沪。25 日晚，市总工会副主席肖堃涛会见并宴请了代表团一行。肖堃涛向来宾们介绍了上海经济的发展情况和工会工作所取得的成绩及面临的困难。梁富华表示，此次来访的香港制造业总工会参观团成员是在香港完成了“中华人民共和国 60 年走过的路”的学习培训后专程到上海等地看一看祖国大陆的发展情况，以增强香港工会干部对祖国的向心力和认同感。在市机电工会、纺织工会和宝钢工会的安排下，代表团一行参观了上海重型机器厂、汽轮机厂、三枪集团和宝钢股份有限公司，并就感兴趣的问题进行了交流。 （张国峰）

【以色列海法市总工会代表团访华】 应市总工会邀请，由巴勒克·扎尔兹主席率领的以色列海法市总工会代表团一行7人于5月18—25日对中国进行友好访问。在沪期间，市总工会主席陈豪在千禧海鸥大酒店会见了代表团一行。陈豪对以色列工会客人的来访表示热烈欢迎，并介绍了上海的发展情况和上海工会各项事业所取得的进展。同时，也谈到全球金融危机对工会工作带来的挑战。扎尔兹对受到热情接待表示感谢，并介绍了海法市总工会的情况。海法市总工会代表团参观了洋山深水港，并到上海贝尔股份有限公司工会进行了交流。 （张国峰）

【中美工会举行“妇女在工会运动中的作用”座谈会】 10 月 28 日，市总工会国际部和女工部与美国洛杉矶县劳工联合会访华代表团专门就妇女在工会运动中的作用等主题进行了研讨。会议由国际部部长沈雄德主持，女工部部长宋钟蓓向美国客人介绍了上海工会在维护女职工权益、促进男女平等、提高女职工素质、为女职工提供服务等方面所做的工作。美国州、县、市政府雇员工会 36 分会主席艾丽斯·戈夫作了专题发言。她介绍了美国在保护女性权益方面的做法，以及存在的问题。她表示，奥巴马总统上台后，有关男女同工同酬的法律业已制定。美国怀孕女性可暂不从事电脑工作；按照《联邦产假法》，孕妇享有 4 个月的产假。如今女性地位进一步提高，在劳联—产联最高层就有两位女性，洛杉矶县劳联总书记玛丽亚·埃莉娜·杜拉佐也是女性。美国州、县、市政府雇员工会还成立了处理家庭暴力事件的办公室。 （张国峰）

【普陀区总工会与台北市大安区工会签订对口友好交往协议】 9 月 14 日，普陀区总工会与台北市大安区产

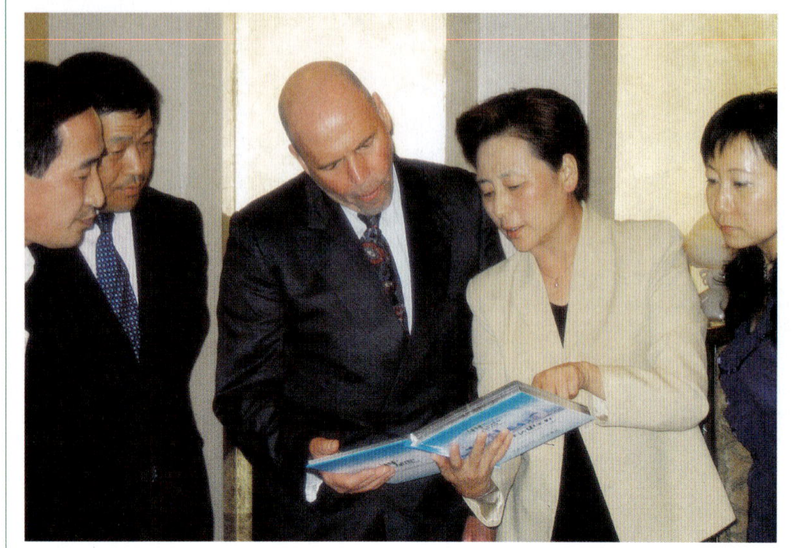

10月27日，汪兰洁副主席会见以色列工会代表团 （张国峰）

职业工会就共同推动两地工会对口友好交往的有关事项签订了合作协议。双方一致同意，在"加强了解、增进友谊、共同发展"的原则基础上，发展两会对口友好往来关系，进一步建立两地工会的学习、交流与合作制度，推动海峡两岸工会工作的发展。双方认为，两会有着广泛的合作前景，双方将充分发挥各自的优势，进一步加强两地工会的日常往来与合作，有重点地交流职工素质工程、协调劳动关系、推进民主建设、开展职工帮扶、培育劳模先进等各自工会的经验和体会，互相学习，互相借鉴，共同提高。双方商定将不定期地进行互访考察，共同推动两地工会和职工的交流更加健康、有序、迅速地发展，为两岸和平发展作出贡献。双方各自的特别重大的节庆活动也将邀请对方相关人员参加。

（赵　勇）

【普陀区接待联合国国际劳工组织访问团】 4月24日，联合国国际劳工组织工人活动局局长丹·库尼尔，亚太技术合作负责人拉赫万在中华全国总工会副主席、书记处书记徐振寰，全国总工会国际部部长江广平等陪同下来沪。在市总工会副主席肖堃涛的陪同下，到普陀区访问。普陀区委书记周国雄对客人的来访表示欢迎，座谈时表示希望能够加强与国内外工会的交流合作，学习借鉴成功经验和做法。区总工会主席严爱科就区总工会应对国际金融危机影响所推出的一系列抓发展、重民生、促和谐的具体举措。座谈会后，国际劳工组织和全国总工会领导参观了普陀区总工会职工援助服务中心、"朱雪芹工作室"、沪西工人文化宫、沪西职工技术交流站等。（赵　勇）

【上港集团工会与韩国釜山港运工会、日本大阪港湾工会开展友好交流】 10月19日，以李根泽委员长为团长的韩国釜山港运工会代表团到上港集团参观。集团工会主席王晓华陪同前往盛东国际集装箱码头公司参观，向客人介绍了集团在洋山深水港区的建设和生产情况，并进行了友好交流。20日，集团工会与代表团进行工会工作交流和探讨，并陪同参观了集团的展示厅，向客人们介绍集团的发展历史和现状。釜山港运工会对集团"承接历史、承载使命"所取得的成绩表示赞赏，并希望进一步加强两港工会之间的交流和友谊。10月29日，以佐野祥和议长为团长的日本大阪港湾劳动组合协议会访华团到上港集团考察，集团工会主席王晓华在集团总部与成员进行了工作交流，并陪同参观了集团的展示厅，向客人们介绍集团的发展历史和现状。大阪港湾工会的新老朋友们对近几年上港集团在改革发展中所取得的巨大变化表示祝贺。10日30—11月3日，王晓华陪同大阪港湾工会访华团成员前往宁波港等地参观考察，并在考察期间与大阪港湾工会的朋友们就共同关心的议题进行深入交谈。 （张晨琦）

国际友好工会

【日本横滨市劳动组合联盟】 横滨市劳动组合联盟（以下简称横滨市劳联）是由横滨市政机关、公用事业、教育、卫生等系统组成的地方公务员工会协议会组织。下属有6个产业工会，有会员2.4万人。现任执行委员长石井荣一，书记长的场信也，副执行委员长由6个加盟产业工会的委员长兼任。横滨市劳联每年举行一次大会，选举执行委员长、书记长、副执行委员长等领导集体。委员长、书记长、副委员长可以连任。2009年，横滨市劳联一方面为日本民主党在8月底的大选中战胜日本自民党进行大量的协助和宣传工作；另一方面，积极维护工会会员的经济利益。日本工会界强烈呼吁改善年收入在200万日元以下阶层的经济状况，以此来阻止正式职工的工资待遇继续下滑的颓势。上海市总工会与横滨市劳联已有24年的友好关系。1985年3月，该会原委员长乡内隆率团第一次应邀正式来访，双方建立了定期友好交流关系。横滨市劳联非常重视与上海市总工会的友好交流，除了定期组派代表团外，还多次派考察团，进行广泛的实质性交流和研讨。该会还协助上海培养了多名日语翻译。 （崔春吉）

国际工运动态与理论

【澳大利亚工会积极应对国际金融危机】 澳大利亚工会理事会有会员近180万，昆士兰州工会理事会下辖40个产业工会，会员35万。由于经济全球化、私有化、产业结构调整等原因，澳大利亚的大型企业越来越少，职工结构发生变化，蓝领工人减少，而小商人、承包商、小业主等自由职业者越来越多，服务业发展迅猛。企业变化给工会组建工作带来困难，会员数减少约20%，私营企业仅14%的员工加入工会。由于工会影响力较之先前有所下降，现今罢工手段较少采用，取而代之是为会员提供法律、税务、健康保险、儿童保护等咨询和服务，以及为职工争取终生学习的权利等。受世界金融危机影响，雇主认识到，在知识经济时代掌握高技能的员工是最宝贵的财富。为了提升领导能力，大型企业高级管理人员参加迎接挑战、节约成本、促进销售的培训。昆士兰州工会特别重视会员的技术和职业培训，并与有关教育机构合作开办了专业技能培训学校。由于受国际金融危机影响，雇主少付或迟付养老金的行为时有发生。工会要求政府授权工会调查并坚决制止这种严重侵权行为。工会警告倘不坚决扼制，将出现未来1/3的劳工（约250万）减少退休金的情况。世界金融危机对昆士兰州的影响大于澳大利亚的其他州。因向中国等国家出口煤炭销量下降，造成6 000多名煤矿工人失业，相关一些企业的职工也随之下岗；牛肉等食品的出口量在减少。澳洲的失业率从原先的4%上升到6%，但澳洲总体情况要好于美国和欧洲主要发达国家。（张国峰）

【巴西工会工作】 在巴西的社会政治格局中，工会具有极其重要的地位，现任总统卢拉原来就是巴西ABC地区的冶金工人工会主席，他的当选及执政都得到工会的大力支持。2010年是巴西的选举年，工会将通过参与政党活动，推选或支持其候选人，从而实现工会的要求主张，体现工会的作为。工会组织的联合壮大，也使工会的活动经费有了较充实的保证。根据相关规定，工会的会费来源两部分，一是劳资谈判后职工工资增长的当月，会员按工资总额的5%交给工会；二是每年3月份扣除会员每人一天工资的60%作为会费交给工会。以巴西商业工会为例，其45万会员每年交给工会的会费为600万美元。巴西法律规定每周工作44小时，但在不同的行业实行不同的工作时间，如商业行业的工作时间为每周52小时，而银行职员和电工则每周只工作30小时。巴西工会现正在积极推进实行每周40小时工作制，对于低于40小时工作制的行业规定，则不作反对。巴西工会非常重视工资协商，行业工会每年都要与资方进行工资谈判，提高职工收入。尽管这次国际金融危机对巴西实体经济有影响，但现巴西工业生产正步入复苏轨道。巴西工会同行特别提出，巴西银行业没有涉足次贷业务，经营状况良好，所以银行业工会向资方提出了工资增长12%的要求。工会在雇主没有回应的情况下决定2009年9月24日举行全行业总罢工。罢工当天，雇主代表致电行业工会主席要求协商谈判。对于结局，工会领导信心足，表示对资方赢利情况一清二楚，工会的要求并不过分。巴西工会认为，消除社会贫富差距的重要手段之一就是加强教育，因为提高受教育水平就能提高择业能力和竞争能力，进而提高收入水平，为此，工会除了要求政府增加教育投入以外，还举办培训基地。（张立群）

【丹麦、挪威工会工作基本情况和特点】 从两国的集体协商机制来看，具有五方面特征：一是国家的劳动法律制度较少对工人的工作时间、劳动报酬、福利待遇、休息休假等做出规定，而是注重通过工会与资方的劳资集体谈判进行规制。二是政府注重通过设立国家调解官、听证等制度为劳资集体谈判提供基础性而又强有力的支持，并始终扮演中立和公正的角色。三是自上而下各层面的集体谈判制度相互衔接，优势互补。四是高比例的覆盖广大职工。五是以规范性的罢工设置确保劳资集体谈判机制的有效运行。从工人参与机制的情况来看，两国工人代表制度在企业劳资关系调整过程中的作用独特。丹麦规定，企业雇员在6人以上，挪威企业雇员在26人以上，就必须由工人选举相应比例的代表，行使工人参与的权利。两国法律都要求，工人代表首先要做好自己本职工作，并及时掌握工人的工资、管理信息、工人心理状态等方面情况，以此与企业方沟通。同时，两国法律还规定，企业合并、分立、出售、全部或部分关闭等，以及由此影响工人生产生活等情况必须要告知工人代表，并与工人代表进行有效的协商。此外，两国法律还明确要求，企业的账目和财务事务必须要向工人代表公开，接受工人代表的监督。再次，丹麦工会最引以自豪的是掌管了工人的失业保险金，从而使工会在这方面拥有了较大的话语权，同时，丹麦工会还注重对工人的技术技能培训、劳动安全卫生培训，形成了一套较为完整的与政府劳动部门在劳动安全卫生等方面的合作机制。而挪威工会则注重与执政党工党的长期合作，使其在社会参与方面拥有很强的话语权，工会的主张和要求都能通过与政府的沟通渠道得到有效的解决，此外，挪威工会还注重对外来移民工的权益维护和对环境的保护，使工会的作用明显，地位突出。（周永宝）

【美国工会基本情况】 一是工作重点突出。从所访问工会的工作情况看，美工会强调组织起来，才有力量；主张工会要为工人谋利益，工人参加工会，权益可以得到保护，可以成为中产阶级；工会主要工作以争取劳工福利、实现体面劳动为主要内容，通过与雇主协会谈判，以工资增长、医疗保险、养老金为重点，签订集体合同。为使工会在谈判中掌握主动，工会内部设立研究会，专门研究企业赢利能力、资产运营能力、资产流动性等经营状况，以利在谈判中争取劳工有较高的福利保证。以洛杉矶电器工会为例，通过谈判雇主要为该区8 000多名会员支付健康保险和补充养老金。如今工会掌握着10亿美元的养老金和9 000万美元的健康保险，交由专门的信托基金管理。会员退休后，除享受每月2 000多美元政府养老金外，每月最高还可获6 000多美元的补充养老金，足以保证退休后的生活水平。又如拉斯维加斯宾馆业工会，其会员主要是宾馆服务员、餐饮服务员、酒保等低层面劳工，但通过谈判，这些会员能达到中层生活水平。再如洛杉矶国际码头和仓库工会通过谈判，使会员工资不断增加，现年平均工资达到10万美元，成为全美同行业最高收入。此外，各个工会还通过其他方式服务会员。洛杉矶电器工会重视会员的技能培训，与雇主联合建立了电器工人培训中心，设置多个正规的培训教室和实验室，人性化地设置了休息区，委托管理学院进行日常管理，聘请100多个兼职教师，每年培训2 000多名学员，形成规模。按照集体合同规定，学徒工在5年中必须每周两晚来中心学习，每周5~8个学时；学徒期满后自愿参加技能培训，培训费用可全免。拉斯维加斯宾馆业工会为了更好地帮助会员就业，与雇主建立就业信息沟通渠道，雇主将用工信息告诉工会，工会每天发布信息，安排待工会员就业。二是重视会员入会。在经济全球化背景下，资金外流、生产线转移致使岗位流失，美国工会入会率下降至12%，而洛杉矶县入会率也只有20%,非公企业只有8%,因此工会非常重视组织入会工作,创造了一些行之有效的方法来吸引工人入会。洛杉矶县劳联以环保推动建会,尽管码头和仓库工人大多加入工会,福利很好,但为仓库运货的1.5万个司机由于没有参加工会,收入和福利比较差,因此司机不愿意自己投资改进废气排放超标的车辆。洛杉矶县劳联紧紧抓住环保问题,推动大公司统一管理车辆,从而成功组织了劳工入会。洛杉矶县劳联正在将这一组建模式用于宾馆服务员、保安、洗车工人等群体。拉斯维加斯宾馆业工会有5.5万名会员,有100多个工会专职工作人员,其中50%为组织员,专门负责组建工作。根据集体合同规定,工会可选择一定数量的工会积极分子采取停薪留职的方式到工会参加3~6个月的培训,期间由工会支付一定生活费。经过培训,部分成为工会专职组织员,大多仍回原单位工作,成为工会兼职干部,从事发动劳工入会、处理劳资纠纷等工作;拉斯维加斯宾馆业工会已发展了1500多名工会骨干,在他们的帮助和努力下,该行业工会会员入会率达到了90%以上。三是工会斗争性强。在访问中代表团明显感觉到美国工会与资本的对抗和斗争,所到之处无论是会标、照片还是宣传画,都是集会、罢工、拳头、铁窗,宣传标语告诉会员:“只有当工人发出了声音,美国的工作才会变好”、“洛杉矶的工人为好工作而斗争”、“用好工作重建美国”、“没有合同,没有和平”等等,鼓励工人组织起来,通过斗争保证自己的权利和争取体面工作。工会的斗争性还体现在组织罢工和游行上,罢工是谈判破裂后工会经常采用的方式,拉斯维加斯宾馆业工会曾经组织过长达76个月的罢工。斗争最终使问题得到较好解决,如洛杉矶煤气工会因公司不执行集体合同准备停工,洛杉矶县劳联立即致电告诉公司老板,如果问题不解决,其它工会将予以声援,迫使老板与工会重新谈判,最终签订了一个令工人满意的合同。工会的斗争性有时表现得非常坚定。洛杉矶国际码头和仓库工会在去年刚签好新一轮集体合同就面临着金融危机冲击,雇主遂约工会协商,希望修改集体合同,工会表示不会妥协,认为雇主可以出售房产、股票等筹集资金应付挑战,不能借此而削减会员福利。现美国一些工会也在反思,尝试合作妥协,如拉斯维加斯宾馆业工会将雇主分为二大类,一类可通过妥协建立伙伴关系,约占90%;对另一类不愿合作的个别雇主,工会就集中力量与之进行斗争,为会员争取更多福利。四是工会干部敬业。在交往接触的工会干部中敬业精神给代表团留下深刻印象。代表团在旧金山期间,正逢旧金山召开劳工理事会代表大会,讨论并表决由工会提出的《雇员自由选择法案》,鼓动议员推动法案的通过,以实现工人参加工会的自由选择。 （宋钟蓓）

美国服务雇员工会主席乔西访问上海轻工业工会联合会 （徐俊彦）

【美国洛杉矶县劳工联合会】 长期以来,美国劳联—产联对中国工会持敌视态度。在经济全球化背景下,美国钢铁、制造业等传统工业逐渐萎缩,岗位流失严重,工会入会率降至12%,美国职工的平均工资较先前明显下降,且贫富差距拉大。于是劳联—产联把此种情形归咎于中国等发展中国家,希冀将国际贸易与国际劳工标准联系在一起。美国工会界的一些有识之士不满劳联—产联企图孤立中国工会的做法,积极推动两国工会关系发展。劳联—产联下属的一些工会组织也认为国际工运不能把中国工会排除在外,美中劳工运动间的合作能促进两国劳工团结,使双方受益。于是,这些工会不时派代表前来接触。1995年,旧金山劳工理事会主席乔西·穆尼应上海工会邀请来沪出席市总工会成立70周年纪念活动暨友好城市工会工作座谈会。应洛杉矶联合教师工会邀请,市教育工会代表团于2000年直接以工会的名义访美。通过交流,中美双方认识到尽管两国的社会制度和意识形态不同,工会的体制和职能有差异,但在维权方面却是目标一致的。劳联—产联副主席、美国最大的产业工会——国际服务业雇员工会主席安迪·斯特恩顶着压力,应全总邀请率团于2002年9月来访,在沪参观了上海通用汽车有限公司。不久,斯特恩再次率领美国工会代表团应全总邀请来访,双方就共同关心的问题坦诚友好地交换了意见。在上海交流时,斯特恩等对上海经济快速发展赞叹不已,认为中国正朝着正确的方向前进,至2020年GDP将达到美国水平。表示两国工会今后应多交往、多沟通,增进彼此间的了解。2007年7月4—7日,以总书记杜拉佐为团长的洛杉矶县劳联访华代表团一行13人应邀访问上海。7月4日,市总工会主席陈豪会见了代表团一行。代表团带来了3封信,一封是全体执委表决一致通过、杜拉佐总书记签名的与中国建立友好关系的协定书;一封是维拉雷戈萨等洛杉矶市领导的祝贺信;还有一封是全体代表团成员签名的希望开展交流的公开信。至此,两地工会正式建立友好交流和合作关系。 （张国峰）

【日本养老金制度和医疗保险制度改革的新动向】 日本民主党在去年竞

选时提出“一旦执政，将要建立一个崭新的、要珍惜每一个生命构筑生活优先的社会”的执政纲领。鸠山政权在新的执政纲领中提出对原自民党时代制定的诸多有争议的制度进行大刀阔斧地改革。其中同普通国民关系最密切的是：设立永久性的“养老金账册”，推出养老金新的制度，制定每月最低养老金7万日元（约合人民币5 000元）的保障线，以及废除《后期高龄者医疗保险制度》等。其改革：一是消除养老金记录差错后遗症，让高龄者安享晚年。日本于1942年（昭和17年）开始了对国民养老金进行记录管理。经过多次修改补充，养老金制度已较为完善，成为日本国民退休后赖以生存的重要经济保障。然而，2007年日本国会以及各大报刊和新闻媒体连续披露了日本加入养老金保险的1亿多名受保者的记录中，竟然半数的数据有差错。导致社会一片哗然，人心惶惶，这一事件或许是加速自民党垮台的重要因素之一。为此，在民主党的执政纲领中，首先将针对因“养老金记录差错”修正工作列为国家的行动计划工程，尽快把受害者的补偿工作落实，规定在两年时间内将弥补和修改工作告一段落。另外，要以养老金记录出错可能性较大的人群为对象，把修正记录简约化，向所有加入国民养老金者发放“养老金账册”，随时可以核对账册记录。此外，要求各有关职能部门要加强制度建设，避免类似问题的重演。要尽快实现国民重新对养老金制度的信赖。二是实现养老金制度的一元化和公平化。鸠山政权提出：要坚持建立透明的、简单明了的养老金制度，并制定了新的养老金最低保障线：每人每月不低于7万日元，以期让国民在高龄期能够生活稳定；在在职期能够放心工作，真正实现养老金制度的一元化和公平化。三是废除《后期高龄者医疗保险制度》，让国民得到均等保险。2008年4月15日，日本推出经酝酿一年之久的《后期高龄者医疗制度》。此项制度实施的背景是由以老年人为中心的医疗费占整个国民医疗费中的比例愈益增大，当时被纳入该制度的“后期高龄者”有1 300万人。鸠山政权还提出要废除原自民党制定的《后期高龄者医疗保险制度》，通过医疗保险制度的 元化运用，维护国民享受均等“医保”的权利，提高国民对“医保”制度的信赖度。此外，增加国家财政预算，以补充因废除《后期高龄者医疗保险制度》而增加的费用。（李 庆）

【西班牙工会】 西班牙工人总联盟（UGT）成立于1888年，是西班牙国内历史最悠久的工会组织，是西班牙两大主要工会之一，在国家的政治、经济和社会生活中具有重要的影响力。早在19世纪末，西班牙是欧洲第一个实行8小时工作制的国家，工会领导人拉尔吉·卡瓦耶罗被任命为政府劳工部长，工会的其他负责人也被选入国会议员。1939年4月，佛朗哥夺取政权、实行独裁统治，工人总联盟被宣布为非法组织，被迫转入了地下。1975年11月佛朗哥病逝，胡安·卡洛斯一世继承王位后实行改革，修订宪法、任命首相、推行议会民主制度，工人总联盟重新得到恢复。这一时期，西班牙有另一家工会组织——工人委员会（CCOO）成立。成为西班牙两家主要工会，各有100万会员，几乎囊括了西班牙80%的工会会员。西班牙工会积极参与社会事务，工作领域广泛。除了为工人争取利益、增进福利，提供就业帮助、法律服务和促进生产安全外，男女平等、制止家庭暴力、为工人解决住房、甚至工人子女的就学、就业等问题，也都是工会服务工人的工作内容。工会还设立青年委员会，为青年人提供服务，到学校做青少年工作，扩大工会在青年人中的影响力，吸引青年职工入会；参与社会事务，反对和干预通货膨胀，派出会员协助政府维持公共秩序等。近年来，工人总联盟积极推进工会运动的国际化，广泛开展国际交流，与东欧、拉丁美洲、北非和东南亚一些国家工会发展友好交流关系，每年拨出专款、帮助非洲、美洲一些西语国家培训工会干部。在这次席卷全球的国际金融危机中，西班牙是欧洲受冲击最为严重的国家之一。由于西班牙经济结构相对单一，高度依赖出口和外需，建筑业、旅游业和汽车制造业作为三大支柱产业，在国际金融危机导致的需求萎缩情况下，均遭受到沉重打击。西班牙的建筑业曾是国家经济发展的火车头，但在国际金融危机的影响下一蹶不振，房地产业经10多年的高速发展，自2008年开始泡沫破裂，房屋销售大幅度下降，直接带来大批建筑工人失业；旅游业由于国外游客的减少而收入下滑；汽车制造业占出口总额的25%，从业人员超过30万人，由于需求减少，2008年汽车销量同比下降28%以上。国际金融危机带来了严重的就业问题，西班牙国内失业率高达17.36%，青年人失业率更是高达31.8%。在危机面前，工人总联盟把帮助工人就业作为当务之急的工作。协助政府组织开展大规模的工人培训，帮助青年人和失业人员找到工作岗位；推动政府加大基础设施投资，以开展大规模的公共建设创造就业岗位；与企业主谈判，为工人争取权益。前不久，UGT和CCOO两大工会联合开展了与西班牙最大的商会组织—西班牙企业组织联合会（CEOE）之间的谈判，要求尽

8月13日，几内亚劳联代表团参观松江丽美服饰有限公司（张国峰）

量减少工人失业，提高失业工人的遣散费标准，在谈判僵持过程中，政府和工会站在了一起，表示：任何减少劳动力解雇成本的做法都是不可接受的。在2009年加拿大汽车零件制造企业麦格纳收购西班牙欧宝汽车公司的过程中，两大工会组织积极参与同政府、企业之间进行的艰苦谈判。在工会坚持不懈的努力下，麦格纳裁员提议从最初的近2 000人，削减至1 300人，后来在900人上达成了协议。工会坚持代表工人的利益，加强与政府之间的合作伙伴关系，积极参与社会事务，是西班牙工会工作的主要特色。工人总联盟（UGT）以两只紧握的、充满力量的大手为自己的组织标识，这正是工会在国家经济发展和社会事务中力量、参与和合作精神的写照。

（吴　越）

【越劳总及胡志明市劳联】 越南工会是越南工人阶级和其它劳动者最广泛的群众组织，是国家政权的坚强支柱。胡志明市劳联在越南劳动者总联合会和胡志明市共产党委员会的领导下开展工作，内设办公室、组织部、宣教文体部、经济和财务工作部、政策和法律工作部、女职工部、经费审查委员会办公室等8个职能部门，下辖19个区、5个县总工会，31个产业工会，国企的入会率几乎达100%，50%左右的合资和私营企业建有工会组织，入会率约为74%。胡志明市劳联是越南颇有实力的地方工会组织。在市场经济条件下，劳联积极参与社会政治活动，参与劳动法、工会法等有关法律、法规和条例以及有关政策的制定，严格监督法律和政策的执行情况，通过协商签订集体协议和劳动合同，保障会员和工人的就业和收入，关心职工生活，维护劳动者的合法权益；宣传胡志明思想和爱国精神，教育工人学习政治和劳动法、工会法等法律，鼓励工人通过培训提高教育、技能、外语和道德水平，规定50岁以下的市劳联部门负责人要初步掌握一门外语；支持工人参与对劳动和社会的管理及帮助企业的发展等。越南工会注重签订集体协议和协调劳动关系。根据越南《劳动法》和《工会法》，企业行政须与工会签订一份集体劳动协议。集体协议有效期为1到3年。规定集体协议的内容要让企业中所有职工知晓。从集体协议生效之日起，双方要严格按所签订的条款行事。集体协议实施6个月后任何一方可按协议规定所赋予的权力提出修改或增删意见。一方须在接到另一方要求修改的意见后15天内给予答复，并与之商量如何进行修改。集体协议期满前，签约双方可对是否签订新协议进行谈判。在谈判期间协议期满的话，该协议仍然有效并有约束力。如果协议期满后3个月内谈判仍无结果，原协议自动失效。如果双方都不提出签订新的条约，原条约继续在新的期限内生效。全球金融危机后，越南政府制定了一系列优惠政策，积极吸引外资。随着外资的不断进入，越来越多的劳动力受雇于外资企业，劳资关系比从前单一的经济形式复杂得多。近些年，在越南外资企业因工资等问题引起的劳资纠纷案件一直呈上升趋势。劳资矛盾激化往往引发罢工事件。越南政府为此设立劳动法庭专门处理劳资纠纷案件，逐步建立一个相对完善的调处劳资关系的机制。越南工会大力吸引工人入会，特别是提高外资和私营企业的工会组建率。根据越南《劳动法》和《工会法》规定，企业应在开业后6个月内成立工会，但由于政府强调引进外资，有关部门在执行法律政策上会作妥协，从而殃及工会和工人的权利。为了更好地维护外企和私企工人的权益，越南工会采取一系列措施，一是加快外资和私营企业工会组建。越劳总第9次代表大会要求发展100万工会会员，胡志明市劳联把发展"摩的"驾驶员作为工作重点；二是组织工会干部参加培训，宣传《劳动法》和《工会法》，提高职工素质；三是成立劳动法庭，专门调解劳资纠纷，工会代表有权参与审理；四是积极参与立法，完善有关法律法规；五是通过立法加强对工会干部的保护，保证外企工会工作的开展；六是学习外国工会工作经验，推广集体谈判和集体协议制度等。自2008年世界金融危机后，因外需减少，外贸等行业的职工也面临困境。对此，政府制定了促进就业、加强培训、减少贫困的五年计划。工会也把加强专业培训特别是高科技领域员工的培训、更有效地输出劳务和拓展就业渠道作为最紧要的任务来抓。通过广播电视、报刊杂志等传媒，帮助下岗失业工人寻找重新就业机会，通过培训让他们掌握新的技能。1992年中华全国总工会和越南劳动者总联合会实现关系正常化后，1995年6月，市总工会首次派遣代表团应邀访问了越南，受到胡志明市劳联的热情接待。胡志明市劳联也派代表团回访。2003年胡志明市劳联召开第8次工代会，特邀市总工会副主席汪兰洁为团长的代表团参加开幕式和闭幕式，2004年在沪召开亚洲五城市工会工作研讨会时，劳联主席阮辉近在会上作题为《经济全球化条件下的工会运动》的发言。市总工会定期给劳联寄《劳动报》，并希冀两地工会能有实质性的交流和合作。

（张国峰）

埃及公用事业工会代表团于10月9日走访了市工人文化宫

（张国峰）

区县工会概况

Brief Introduction of District and County Unions

概 况

浦东新区总工会

主 席
姜 鸣

【概 况】 浦东新区总工会下辖基层工会11 907个，覆盖单位21 729个，会员946 405人。8 月底，原浦东新区总工会和南汇区总工会合署办公，10 月 23 日召开二届七次全委会和经审会，选举两区合并后的新一届总工会领导机构。(1)调研学习，迈出两次创业坚定步伐。召开工会主席联系会、座谈会，实地调研 71 家基层工会运转情况，听取各方对新区工会工作的建议；赴昆明、太原、天津滨海等地，学习借鉴外省市工会工作经验。(2)聚焦世博，唱响建功立业主旋律。一是迎接世博。发起迎世博百万职工百项活动及 10 万职工 10 项志愿者行动，启动世博站点志愿者招募、培训计划。二是建功世博。在世博重大配套工程综合赛区开展立功竞赛；在窗口服务行业暨重点商圈赛区、城市管理赛区，开展全员大培训、对标大升级、环境大整治、顽症大攻关。三是服务世博。建立职工世博风采展示基地，举办“浦东职工世博建设风采”摄影展；建世博职工综合服务基地，为 30余万人次外来建设者提供服务。(3)提升素质，推动经济平稳较快发展。一是新建 10 个职工创新基地，评出职工创新成果、合理化建议、先进操作法229 项，申报创新专利 57 个，累计获创新专利 92 个，创造经济效益54 998.8万元；举办新区第三届职工科技节，以职工创新成果参加上海市科学与艺术年展。二是举办职业技能培训班 36 个，培训职工1 646人次；安全生产培训农民工3 200人次；参与新区培训特别行动计划，培训职工1 149人次；组织 4 个行业 10 场职业技能比武，覆盖企业 280 家、职工 6 万余人次。(4)依法维权，促进劳动关系和谐稳定。一是做好金融危机背景下的劳动争议调处工作，建立群体性劳资矛盾“不出街区、不出镇区、不出开发区”的工作网络，形成多方联动的工作机制，全年调处群体性劳动争议近 150起。二是依法指导监督企业与职工签订并履行劳动合同，重点推进集体合同签订工作。三是加强厂务公开民主管理建设，维护职工知情参与权、协商共决权和监督检查权。在区属国有企业继续推行“四方联动”机制，在非公企业进一步推行“2 + X”民主管理制度。至年底，国有企业职代会(职工大会)建制率逾 95%，非公企业建制率达 70%。(5)切实做好困难职工援助服务。一是建立覆盖全区职工的援助服务网络，在新区市民中心设立综合服务窗口，设立张江职工知识权益维护中心。二是开展困难职工帮扶。全年帮扶困难职工7 273人次，总金额计168.14 万元；为被裁员的困难职工争取到人均4 000元的补偿，为15 592名困难职工争取到 292.49 万元财政补助；筹措 110 万元资金为困难企业职工送岗位、送技能、送培训、送咨询、送政策。三是推进农民工属地维权服务。推动各社区、镇总工会设立 50 ~ 100 万元的农民工欠薪保障金；免费为 2 万名农民工健康体检，春节前夕送 1.3 万余名农民工平安回乡。四是项目化运作职工互助保障工作。职工参保290 117人次，理赔76 331人次，理赔金额5 474万元。继续推广职工个性化门急诊综合保障计划，拓展到 19 个单位。五是继续推进职工文化“4Z”机制建设，在全区各街镇和开发区分别建立“社区职工文化中心”，充实职工俱乐部协会，成立浦东新区职工艺术团，放映电影 98 场、文艺演出 15 场。(6)加强工会组建力度。重点攻坚世界500 强外资企业建会，网格式推进私营企业建会，新建工会 893 个，覆盖企业2 119家，规模企业建会率和外资企业建会率动态保持在 90% 以上。在世博建设工地与开发区推进农民工(外来建设者)属地入会，发展会员67 065人，动态入会率保持在 85% 以上。梳理各级工会工作队伍结构，重点加强直属两级工会建设，培训基层工会干部20 744人次。 (姜 鸣)

徐汇区总工会

主 席
乔德华

【概 况】 徐汇区总工会辖有社区、镇总工会，系统、集团公司及直属工会42 个，基层工会1 860个，联合工会376 个，基层工会涵盖企业14 178个；职工301 696人，会员291 888人，其中女会员111 341 人。(1)团结带领广大职工确保经济建设平稳较快发展。开展以“我与企业同命运，共克时艰求发展”为主题的“工会企业服务年”活动。区总工会牵头着力推动44 家世界 500 强企业开展“共同约定”行动，积极开展“五个在企业”活动。与有关部门联合举办农民工、女职工、白领等 8 场专场招聘会，558 家招工单位提供6 400多个岗位，现场接待应聘者9 860余人，帮助2 133人达成就业意向，到岗 500 多人。建立大学生见习基地，为应届毕业生提供80 个见习岗位。(2)着力推进职工素质工程建设。以迎世博倒计时为契机，组织开展“世博进企业”、“职业女性宣传世博行”、“迎世博文明出行”等系列活动。组织近 5 万名职工参加“迎世博、学双语”培训，4 400多名职工通过考核；组织 4 万多名职工参加《上海迎世博市民读本》培训并通过测试；对8 600名农民工开展迎世博基本素质教育培训。有 1.8万名职工参加徐汇职工迎世博窗口行业立功竞赛活动。广泛动员职工开展“我为节能增效献一计”合理化建议活动，区域内企业采纳职工合理化建议 436 件，实现经济效益1 846万元。(3)切实维护劳动者合法权益。组织 14.7 万人次在职、退休职工参加职工互助保障计划，参保总金额达1 478万余元；各类保障计划给付39 010人次，给付金额达2 907 万余元。13 个街镇成立工会劳动争议调解组织，组织120多名社区工会干部参加区劳动争议专职调解员培训。(4)推动劳动关系和谐企业创建活动。98%以上公有制企事业单位已建立职代会制度，职代会情况向上级报告制度的实施率达94.16%。非公企业职代会建制率达到已建工会企业的85%。全区6 221家单位签订集体合同，覆盖职工11.5万人；5 174家单位签订工资集体协议，覆盖职工9.8万人。(5)加大工会组织自身建设力度。学习实践科学发展观活动做到“四个结合”，即把学习活动与“工会企业服务年”活动相结合，与迎世博600天活动相结合，与区总工会年度中心工作和实事工作相结合，与“满意在徐汇工会”活动相结合。培训基层工会干部233人。加强经费保障监督，提高工会财务经审工作水平。非公经济企业工会经费收缴率比上年提高20%多。（宋抒音）

长宁区总工会

主　席
姜　翠

【概　况】 长宁区总工会辖有系统、集团(公司)工会18个，街道(镇)、园区工会11个，基层工会1 629个，覆盖企业7 063个，工会会员196 832人。(1)群策群力深化建功立业活动。一是加强宣传教育。举办企业员工心理优化与携手“过冬”等辅导讲座，策划组织“与祖国共命运、与世博共奋进、与企业共发展”主题教育系列活动。二是开展立功竞赛。以创建“工人先锋号”为载体，深入开展“同舟共济保增长，建功立业促发展”主题实践活动。开展职工职业技能竞赛、迎世博护理基础操作、服装定制工职业技能展示、“安康杯”劳动保护竞赛。三是弘扬劳模精神。命名表彰100个先进班组为区工人先锋号。开展第二轮劳模基本信息普查，组织在职劳模休养考察，安排退休劳模体检，慰问劳模80余人次。(2)提升迎世博服务品质。一是启动长宁区窗口服务行业迎世博立功竞赛，开展“五比五赛”，优化窗口服务形象。二是组织开展“迎世博上海农民工基本素质教育”主题活动。以“女职工周末学校”为平台，培训21 729名女职工。每周在区工人文化宫开办迎世博外语角活动。三是丰富文体活动。区工人文化宫被评为市“五星级工人文化宫”，区“百川之音”新上海人系列文化活动获“五一文化奖”。(3)完善维权机制。一是完善劳动纠纷预警调处网络的制度建设。二是扩大平等协商集体合同制度的覆盖范围。集体合同签订率同比上升12%，工资协议签订率同比上升16%。三是深入推进厂务公开民主管理工作。加强对独立建制的非公企业民主管理工作的指导。开展职工最满意企业创建活动。(4)帮扶困难职工。一是继续深化“五助”特色品牌帮困活动。推进“百家企业帮百名贫困学生”特色助学活动，173家企业参与资助学生722名；为困难企业的患病职工、外来务工人员发放医疗帮困卡300张，总金额为12.5万元；走访慰问退休困难职工3 463人次，慰问金额达104万元。二是加大就业与再就业扶持力度。将100名困难职工家庭的应届毕业生列为重点帮扶对象，确保困难职工子女得到推荐就业机会；设立工会见习基地助力就业；采取联合、联动方式，举办7次职介专场，吸引2 480名求职者参加，达成意向性用工协议426份。三是推进职工医疗互助保障计划。21.7万人参加各类医疗互助保障计划，受理各类保障给付3.2万人次，金额达2 138万元。(5)以点带面推进工会规范化组建。一是加大组建力度，以虹开发和临空园区为重点，新组建500强及规模型企业工会8家。全年净增建会单位2 508家，其中外资企业63家；净增工会组织244个，发展会员22 374名。二是推进社区工会建设规范化运作。三是强化工会服务功能，发挥“大学校”作用。积极推进“职工之家”达标建设。组织面向非公企业职工的“白领海峡鸡尾酒会”、“联邦快递杯长宁区外资企业乒乓球赛”、“三山岛野外拓展活动”等。（周　君）

普陀区总工会

主　席
严爱科

【概　况】 普陀区总工会下辖9个社区(街道)、镇总工会，7个委、办、局工会，8个行业工会，4个直管企事业单位；基层工会3 108个，会员203 553名。(1)推进工会组织建设把握“五个环节”。一是突出重点，推进工会组建工作。新建工会353个，发展会员15 032名，其中农民工会员7 710名。二是健全网络，实现组织信息动态管理。三是选拔工会职业化干部队伍。建立大学生工会志愿者见习基地，提供100个见习岗位，培育热心工会工作的职业化干部后备力量。四是注重效果，推进工会干部教育培训。举办基层工会干部任职培训、业务培训班85个，参加培训的工会干部达8 007人次。五是创新活动方式。开展“应对金融危机、走访服务基层”和“活力三三五”达标创优活动。(2)在保增长、促发展中发挥好工会“五大阵地”作用。一是依托职工优秀人才发展促进会，鼓励领军人才科技创新。二是依托职工技术协会，开展建功立业活动。三是依托劳动模范协会，推进职工迎世博600天行动计划。四是依托“青工e坊”网络，加强职工宣传思想工作。五是依托职工(农民工)教育培训中心，深化职工素质工程建设。加强工人文化宫、体育场、交流站、影剧院等职工文化阵地建设，举办第六届职工艺术节，承办大型职工文体活动46场，辅导基层企业文化活动168次，举办职工戏曲沙龙903场，开展“迎世博、学双语、学礼仪”专项培训等。(3)在保民生中发挥好工会“五大中心”作用。一是加强职工职业介绍分中心建设。举办就业专场招聘会146场，提供就业岗位11 544个，指导就业12 794人次，成功就业3 247人次，帮助126名困难职工家庭大学生子女就业。二是加强职工技能培训分中心建设。开办345个职工技能培训班，培训职工15 546人次，对1 000名困难农民工减免培训费用6万元。三是加强职工医疗互助保障分中心建设。组织25.7万人次职工参加职工互助保障计划，发放工会医疗帮困金3 770.7万元，受益职工56 315人次，向3 100名农民工赠送职工意外保障计划。四是加强职工法律援助分中心建设。整合工会法律顾问、公职律师等社会资源，健全"律师坐堂服务室"各项工作制度，提供法律援助371起，帮助职工401人次。五是加强农民工权益保障分中心建设。开展"农民工有困难找工会"百日行动，建立"朱雪芹工作室"。(4)在保稳定中发挥好工会"五大平台"的作用。以各级厂务公开工作领导小组为平台，进一步推动"2+X"制度运作；以劳动关系协调委员会为平台，进一步加强源头参与工作；以行业工会为平台，进一步推进工资集体协商；以职工法宣基地为平台，进一步深化职工"五五"普法活动；以企业群体性矛盾化解工作指导小组为平台，进一步加强劳动争议预警、调解。

（赵　勇）

闸北区总工会

主　席
虞国林

【概　况】　闸北区总工会辖有社区(街道)总工会8个，镇总工会1个，系统工会15个，区管重点企业工会6个，直属单位工会15个，基层工会1 472个，涵盖企业4 452个，职工159 521人，会员152 124人，其中女会员55 150人，农民工会员51 048人。(1)聚焦经济发展，发挥工人阶级主力军作用。一是广泛开展"同舟共济保增长，建功立业促发展——百万职工先锋号活动"主题实践活动。二是弘扬劳模精神，激励职工把爱国热情转化为实际行动。发挥工会"大学校"作用，开展庆祝建国60周年系列活动，大力加强职工宣传思想工作。(2)聚焦世博，深化职工素质工程建设。一是突出重点，提高窗口服务行业服务质量。围绕"闸北职工迎世博600天行动计划"，推进以"当好主力军、建功世博会、展示新风采"为主题的"七彩杯"劳动竞赛。二是抓好载体，组织广大职工积极参与世博、服务世博。建立"迎世博劳模窗口服务巡访团"，对窗口服务行业迎世博工作加强巡访指导。成功举行"世博企业行"、闸北区市北工业园区"迎世博、讲文明、树新风"、闸北职工"环境清洁日"集中行动等。积极组织10.13万人次职工参加世博知识培训，发动1.5万名职工参与"上海职工迎世博学双语"活动。(3)聚焦民生，职工共享发展成果。一是发动各级工会共同推进就业援助服务。在225家企业中开展"共同约定"行动，倡导企业不裁员，少减员，引导职工爱岗敬业，共度难关。举办4场职业招聘会，帮助485名下岗失业人员实现再就业。建立9个职工创业示范基地，帮助9人自主创业，带动就业586人。建立工会系统大学生见习基地。二是加大工会帮困送温暖工作力度。帮困资金投入比上年增100%，共慰问救助9 397人，慰问资金为426.87万元；"一日捐"活动捐款62.08万元；发放"金秋助学"金65.59万元；为1 150名农民工提供定向医疗服务；慰问56名劳模，组织劳模体检和疗休养；通过启动欠薪保障金帮助82名职工发放欠发工资累计14.86万元。(4)聚焦和谐，创建和谐劳动关系。一是加强职代会、厂务公开等民主管理制度建设，开展区第七次厂务公开调研检查。二是把握节奏，稳妥有序地开展工资集体协商，切实保障职工劳动经济权益。编印《闸北区劳动关系和谐企业创建活动工作台账》，通过工会代表职工与企业开展平等协商，确定薪酬水平，稳定职工岗位，督促企业履行社会责任，促进劳资双方相互理解、共克时艰。签订女职工权益保障专项集体合同438份，覆盖企业2 021个，覆盖女职工31 792名。集体合同覆盖率达到建会数的85%，工资专项协议1 732份，覆盖职工33 437名。(5)聚焦活力，加强工会自身建设。一是以开展学习实践科学发展观活动为契机，努力增强科学发展能力。二是贯彻落实"组织起来，切实维权"的工作方针，建立健全组建工作长效机制，进一步提高工会组建率和职工入会率。三是加强工会干部队伍建设。探索共享社区(街道)镇总工会与综合党委的网络，充分发挥社区工会的组织、引导、整合作用。

（黄　欢）

虹口区总工会

主　席
麦碧莲

【概　况】　虹口区总工会辖产业(局)街道、镇、集团公司工会41个，基层工会2 140个，涵盖企业5 519个，职工154 428人，会员148 357人、其中女会员58 171人。(1)推进重点商圈窗口服务单位立功竞赛，激发虹口职工迎世博工作热情。将四川北路纳入市迎世博窗口服务行业立功竞赛十大商圈，通过区域性工建联谊会把商圈内央属、市属企业、非公企业都纳入立功竞赛范围，上下联动、内外互动、条块结合、全面推进。(2)开展"百日节点"活动，有序实施迎世博600天行动计划。在迎世博倒计时400天举行世博建设我参与——"携手与世博同行，建功为世博添彩"窗口职工服务行业风采展示；300天举行世博成果我共享——虹口工会关爱农民工"四送"(送文化、送技能、送健康、送清凉)服务活动暨免费体检启动仪式；200天举行"我与祖国共成长、我与虹口共发展"迎新中国成立60周年暨迎世博倒计时200天活动；100天举行"建功立业迎世博、虹口职工展风采"——虹口职工迎世博先进集体表彰暨"我与世博共奋进"演讲会，集中表彰区"工人先锋号"和虹口职工迎世博先进集体。(3)加强区域性、行业性职代会建制,探索民主管理新模式。联手召开工资集体协商工作推进会,在社区街道积极推进园区、街场区域性民主管理,开展第七次厂务公开民主管理调研检查,总结近30家单位经验,编辑出版《虹口区厂务公开民主管理工作成果选编》。(4)服务职工群众,促进劳动关系和谐稳定。在发生安全事故和重大劳资矛盾时,协同有关方面做好化解工作,开展和谐劳动关系创建活动,组织劳模先进和区域内骨干企业,举办"和谐企业·发展共赢"研讨会,开展"共同约定"行动,向全区企业发出"不减员、不减薪、不减福利"的倡议。举办"百企千岗进社区,真情援助你我他"——2009年上海工会就业援助虹口专场活动,接待咨询5 113人,达成录用意向1 379人。开展大学生就业行动计划,与近百名大学生签订见习协议,已有30余名通过见习实现了就业。(5)开展"元旦春节帮困送温暖"、"金秋助学"、"农民工就业援助周主题日"、农民工"四送"服务等活动。组织3.4万余人参加"一日捐",捐款106万元;帮困金额为535.8万元;帮助135人次困难职工落实相关惠民政策,为下岗失业人员提供就业岗位490个,为困难职工提供就业培训1 038人次,提供医疗救助880人次,助学帮扶331人次,与困难职工结对帮扶200对;互助保障给付1 693人次,金额达363万余元,退休职工给付4.55万人次,金额达2 932万元。(6)推进工会组建和会员发展。以工会联合会或联合工会的组建模式,探索建立区域性和行业性工会组织,组建凉城社区商圈工会联合会和大地工业园区工会。

(徐　洁)

杨浦区总工会

主　席
袁建民

【概　况】 杨浦区总工会辖有行业、地区和直属工会32个,基层工会1 531个,涵盖单位4 991个,职工155 909人,工会会员149 987人,其中农民工会员43 439人。机构设办公室(经审办)、组织人事部、民管法律部、保障工作部、宣教经济部、财务管理部、退管(三产)办公室,事业单位有沪东工人文化宫、中原护理院、申原敬老院和职工援助服务中心。(1)发挥工会在应对金融危机中的作用。全年区总工会共开发岗位13 330个,成功推荐3 430人就业,对3 243名职工进行了就业技能培训。东亚进修学院被确定为全国工会就业技能培训基地。(2)宣传世博、服务世博。区总工会网站开设世博风采专栏,开展"世博企业行"行动,发放8 000册《迎世博简明读本》,组织职工参与世博知识测试,有2.4万名职工通过测试。(3)推进工会组建,扩大工会覆盖面。在定海、五角场地区试点"地区建行业工会"的新模式,以联合制、代表制的形式建立行业工会。(4)履行维权职责。参与调解企业劳资纠纷292件,成功调解257件。受理法院委托调解153件,结案111件,成功调解66件,调解成功率60%,做到案结事了。(5)做实帮困救助工作。举行2009年杨浦工会帮困送温暖大会和一日捐仪式,募集职工捐款共193万元。元旦春节期间,各级工会协助党政发放帮困慰问金达365万元,走访慰问10 779人次。完成1 036名困难职工档案的录入工作,帮扶信息与上级工会联网,做到有帮就有档。

(李学兵)

黄浦区总工会

主　席
徐少伯

【概　况】 黄浦区总工会辖有产业(局)、企业集团(公司)、机关、社区和直属工会30个;基层工会1 515个,涵盖企事业单位5 083个;职工174 823人,其中女职工72 978人;会员166 764人(含农民工),其中女会员68 957人。机构设办公室、研究室、财务部、组织民管部、保障部、法律部、经济(宣教)部、社区部、综合工会、经审办、工人文化宫、工人体育馆。(1)迎世博,奉献世博展现成果。开展商业职工迎世博600天、400天优质服务立功竞赛,承办迎世博全市窗口服务行业重点商圈立功竞赛启动仪式,开展"世博企业行"宣传和迎世博倒计时一周年暨南京路商圈劳模先进品牌展示;评选迎世博商业星级柜组,组织3个劳模巡访团多次巡查督促151家商业单位。(2)保增长,共同约定取得成效。在1 100家企业、10万名职工中开展"保增长、稳岗位、稳收入、稳队伍"共同约定行动,掀起"与企业同舟共济、为发展献计出力"和"保增长、促发展"竞赛热潮。提出合理化建议8 400条,实现经济价值1.5亿元。(3)重民生,职工服务体系继续深化。指导签订工资协议709份,覆盖职工66 589人,国有企业一线职工工资收入连续6年增长。投入99.6万元救助354名因病致贫职工,投入15万元帮扶100名协保离岗职工,投入69万元慰问1 930名协保人员。帮助困难职工子女和见习大学生就业。投入600万元调整区工人文化宫功能,开设培训中心、图书馆、羽球馆等,区工人体育宫开工建设,年初确定的11件实事项目全面完成。(4)促稳定,维权机制发挥作用。建立劳动关系协调沟通联席会议制度。推进12家区管企业集团领导成员业绩考核方案及收入标准公开,实行劳动关系突发事件报告制度,预警群体性劳动争议48起,妥善解决一批企业转制中的历史遗留问题。配备9名专职律师和仲裁员,组建区、街道工会法律工作者队伍,到各社区、企业巡回宣传,提供咨询、代书等法律服务4 386人次,化解企事业劳动争议积案173件。(5)强自身,组建运转扎实有效。全年净增155个工会和8 028名会员。经公推直选产生22个楼宇联合工会、500强等外企工会主席。20个小区建立区域性职代会。根据《黄浦区企业工会主席合法权益保护及援助办法》,

援助46名遭受困难的基层工会主席，推出《黄浦区非公企业工会主席工作津贴试行办法》，35名企业工会主席获津贴。（吕诚陆）

卢湾区总工会

主　席
邹建东

【概　况】 卢湾区总工会辖有基层工会1 832个，涵盖单位4 587个，职工106 925人，会员104 134人。（1）围绕经济建设，推进职工科技创新和“工人先锋号”创建活动。评选表彰区职工科技创新英才、能手和团队，涌现全国和市“工人先锋号”13个，区“工人先锋号”51个。以窗口服务行业和城市综合管理立功竞赛中涌现出的先进典型为重点，评选全国和市五一劳动奖章（奖状）7个。开展女职工建功立业活动，1个班组和1名个人分别获全国女职工建功立业标兵岗和标兵称号。（2）加强民主管理，推进和谐企业建设。开展第七次厂务公开民主管理调研检查，完善企事业单位民主管理制度，职代会“三项刚性”制度实施率达到90%。积极推进工资集体协商，覆盖职工53 008人。维护女职工特殊权益，指导签订女职工权益保护专项集体合同。成立区工会人民调解委员会和企业群体性纠纷化解指导组，参与调处群体性事件17起，处理职工来信来访47批104人次，追讨被拖欠职工工资87万元。（3）关注职工生活，实施帮困送温暖工程。一是组织一日捐活动，筹集帮困资金75.35万余元；救助困难职工和农民工4 685人次，发放慰问金267.43万元；走访退休职工24 645人次，慰问金额为598.9万元；对267位单亲困难女职工实施帮扶救助；对210位支援外地建设退休（职）回沪定居人员实施一次性特困补助；开展“金秋助学”，资助困难职工子女500名，金额达56万元。二是继续推进职工互助保障计划，145 417人次职工参加各类互助保障计划，48 628人次获965.8万元给付金。三是做好关爱劳模工作，组织劳模疗休养、健康体检。为122位退休劳模投保人身意外伤害综合险。（4）提升职工素质，活跃职工文化生活。加强职工培训，对661名农民工进行技能培训。举办迎世博职工大合唱比赛、庆五一联欢会、第二十九届庆八一军民长跑、庆国庆60周年职工美术、书法、篆刻展等活动，有5.3万余人次参加各类文化活动；组织“迎世博、建和谐、强体魄、立新功”职工健身系列活动，举办农民工纳凉晚会、第二届农民工运动会。（5）加强组织建设，提高工会服务大局、服务职工能力。突破组建难点和瓶颈，松下盛一电工、NTT数据、日立（中国）贸易等企业完成了工会组建。（葛家敏）

静安区总工会

主　席
周文芳

【概　况】 静安区总工会辖有街道总工会5个，系统、集团公司工会20个，基层工会1 402个，覆盖企事业单位4 667个，职工105 197人，其中女职工41 685人；会员100 146人，其中女会员39 892人。（1）在推进经济平稳较快发展中发挥作用。发起“共同约定”行动，2 500多家企业积极参与，覆盖职工5.9万名；召开“同舟共济保增长，建功立业促发展”主题活动动员会；以创建“工人先锋号”为载体，深化“当好主力军，建功十一五，建设国际静安”建功立业主题活动；举办第三届上海科技节静安分会场活动，万余名职工参与职业技能竞赛和岗位练兵活动，建立职工节能减排义务监督员队伍，发起节能减排优秀合理化建议征集活动。（2）在推进世博会有序筹办中展现作为。组织召开“当好主力军，建功世博会，展示新静安”迎世博倒计时400天推进会，开展以迎世博“楼宇职工在行动”为主题的志愿者行动，启动了静安区楼宇职工“迎世博、讲文明、树新风‘三五’集中行动”，以南京路商圈为重点，全面开展窗口服务行业立功竞赛活动，举办“微笑的静安，满意的窗口”迎世博倒计时300天主题活动，聘请10名窗口服务行业劳模组成“商业服务业优质服务劳模督导员队伍”，3次对窗口单位巡访督导。（3）创新思路深化厂务公开民主管理。注重发挥楼宇职代会作用，将“共同约定”内容纳入集体合同条款，楼宇职代会建制率达86.1%，公有制企事业单位职代会建制率保持在98%以上。召开区厂务公开民主管理工作会议，全面总结10年来取得的工作成绩和积累的经验，组织开展第七次厂务公开民主管理工作调研检查，会同区委组织部、区纪委、区国资委、区审计局对13家区属国有集团公司、区属公司领导班子成员进行了“五位一体”考核。（4）在保民生、保稳定工作大局中履行职责。深化“创建劳动关系和谐企业”活动，评选出一批“和谐劳动关系示范单位”。集体合同覆盖企业3 190家，覆盖职工5.3万余人；签订集体协商工资协议的企业2 547家，覆盖职工5万余人。开展了职工带薪年休假制度落实情况、企业职工收入状况等调研。举办各类招聘会15场，帮助近600名待岗失业职工和大学毕业生落实就业岗位，建立大学生职业见习基地。开展帮困送温暖活动，“一日捐”活动募集资金344.6万余元，各级工会慰问和帮扶救助困难职工近1.3万人次，发放帮困金755万余元。（5）在提高职工队伍素质上下功夫。举办学习贯彻党的十七届四中全会、市委九届九次全会精神主题宣讲报告会，以庆祝建国60周年为契机，采取多种形式开展爱国主义教育，在《静安时报》开设专栏连续报道劳模先进事迹。组织50个区“工人先锋号”班组认养延中绿地大树。对5 300余名农民工开展“迎世博”基本素质和职业技能培训，开展“创建学习型组织、争做知识型职工”活动，命名表彰30个学习型班组。(6)加强自身建设。指导世界500强企业辉瑞投资有限公司工会换届改选，试点以“民推直选”的方式产生工会“两委”委员和正副主席、经审会主任。推进世界500强等跨国公司及区纳税50强企业建会，新建楼宇工会联合会4个，楼宇工会组建率达92%。(程忠俊)

宝山区总工会

主　席
杨卫国

【概　况】 宝山区总工会辖有直属工会43家，基层工会1 909个，涵盖单位10 018家，职工356 463人，会员331 022人，其中女会员113 333人、农民工会员109 562人。(1)动员广大职工全力以赴促发展。开展“共同约定”行动，向全区企业、职工发出“同舟共济，共度难关”倡议，在职工中开展“讲团结才有力量、讲奉献才有收获、讲创造才有未来”的形势任务教育活动；开展“共度难关，为企业献计献策”活动，收到合理化建议2 149条，产生直接经济效益520余万元；开展节能减排和职工科技创新活动，24个项目和3名职工获市级相关奖项。(2)引领广大职工建功立业。召开庆五一劳模先进座谈会，编辑《楷模——宝山劳模集锦》画册，开展争创“用户满意服务明星”活动及“世博企业行”宣传活动，为近8万人次的农民工开展了“迎世博上海农民工基本素质教育培训”。联合人保、安监等部门开展职业技能竞赛和“安康杯”竞赛。(3)开展千方百计保民生“十送”活动。一送岗位。举办“百企千岗进社区，真情援助你我他”工会大型职介专场，提供岗位4 117个，达成录用意向2 732人。二送培训。为203名农民工开展职业技能培训。三送服务。庙行、吴淞等街镇职工援助服务分中心“一站式”标准化建设逐步推进，提供就业指导、法律咨询、法律援助、互助保障等一条龙服务。四送保障。为2 000名困难职工送团体意外保障，为997名困难女职工送团体女职工特种重病保障；为16万人次在职(退休)职工办理互助保障参保，比上年增15%。五送健康。为建筑工地(企业)赠送200只药箱，为1 480名女职工提供免费妇科体检。六送文化。组织庆祝新中国成立60周年歌咏大会，举办“百场电影进工地”活动，建成首批标准化职工书屋58个，举办女职工排舞大赛。七送法律。为基层工会干部和职工发放《职工法律知识手册》4 000册，聘请律师驻会每周四为职工提供法律咨询服务。八送温暖。实施元旦春节帮困、金秋助学和临时帮困，共发放帮困金610.8万元。九送清凉。全区各级工会投入资金523.3万元，为15万名职工送防暑降温用品。十送连心卡。向全区24万余名职工送上“工会是职工温暖的家，有事请往家里打电话”的工会与职工连心卡。(4)加强协调保稳定。开展工资协商工作，覆盖职工64 600人，集体合同覆盖率达87%，全区国有、集体企业职代会建制率100%，非公企业职代会建制率逾80%。工会兼职仲裁员参与劳动仲裁办案1 521件，参与调解577件，参与办案率为45.7%。开展区第七次厂务公开民主管理调研检查，并召开总结表彰大会。(5)推动工会自身建设上水平。新组建工会200家，新增会员2.5万人。

(胡立伟)

闵行区总工会

主　席
俞莉红

【概　况】 闵行区总工会辖有镇、社区(街道)总工会，莘庄工业区及委、局、公司工会36个，基层工会5 424个，覆盖各类单位14 214个，职工515 301人，工会会员485 845人，其中女会员211 761人。机构设办公室、组织保障部、经济宣教部、法律民管部，下辖直属事业单位3个。(1)围绕中心，引领职工成为保增长、促发展的主力军。为受国际金融危机影响而减产、停产的企业和困难职工提供帮助，引导企业实现“稳员增效”，把不裁员、少裁员，不减薪、少减薪作为首要责任。为困难企业和困难职工开展送政策、送慰问、送医疗、送捐助、送岗位、送技能、送法律、送助学等“暖冬行动”，有8 000多名职工接受“八送”服务，2 000多名困难农民工、1 916名下岗职工得到资助。为企业转型培养人才队伍，组织2 700多名职工参加60期岗位技能培训；有73 396多名职工参加32项技能竞赛；开展职工合理化建议活动，收到1万多条建议。(2)聚焦世博，激励职工迎世博、做贡献。组织10万名职工参加“世博知识”培训、1.7万多名农民工参加“迎世博基本素质”教育培训、6万多名职工参加“迎世博，学双语”培训，在“为农民工送文化”活动中融入世博礼仪，全年进工地放映电影420场，慰问演出6场，9万多名农民工受益。有1万多家企事业单位的47万名职工参与“三五”集中行动，在交通、环卫等行业开展“迎世博、作贡献”优质服务竞赛。(3)致力创新，成为保民生、促和谐的实践者。一是加强规模型企业工会组建。外商投资企业新建工会81个，世界500强企业新建工会7个，新增基层工会组织710个，新增会员4.4万人。基层工会换届中，工会主席“公推直选”的占33%。新建区纺织行业工会联合会。在莘庄、梅陇等6个来沪人员集中居住地建立工会服务站。二是和谐劳动关系建设取得新突破。拓宽职工诉求渠道，在10家企业建立短信平台，在251家规模企业设立职工意见箱，在外来人员集中居住点设立工会联系信箱。加强厂务公开民主管理，全区11 368家单位实施厂务公开民主管理，涵盖职工45.36万人，其中建立职代会制度1 583个，建立职工大会制度2 378个；新签集体合同233份，新签工资专项集体合同228份。新建企业劳动争议调解组织171个，累计达2 583个。(4)夯实基础，促进工会成为科学管理、科学发展的助跑者。召开42次各类座谈会，运用征询函、短信平台、工会网站等，征集意见55条，并落实了整改方案。编辑发行《闵工简报》、《信息快报》57期，区总工会网站编辑上传信息400余篇，短信平台传送工作信息1万余条。

（叶民强）

嘉定区总工会

主　席
沈贵楚

【概　况】 嘉定区总工会辖直属工会61个，基层工会3 166个，职工509 692人，工会会员441 747人。机构设办公室、组织基层部、保障法律部、经济工作部。(1)动员组织职工建功立业。在应对国际金融危机中，宣传"四个确保"的总体要求和目标任务，启动特别协商程序，签订《共同约定协议》，指导困难企业采取缩短工时、轮班工作、转岗培训等措施，稳定就业岗位。以创建"工人先锋号"活动为载体，广泛开展"同舟共济保增长，建功立业促发展"主题实践活动，创建区级"工人先锋号"班组304个。职工技能登高、科技创新活动持续推进，实施职业技能培训1.6万人次，组织区第四届职业技能竞赛，开展职工群众性科技创新活动，提出合理化建议3.5万余件，实施2.1万件。(2)全面实施服务世博600天行动计划。在迎世博倒计时500天、400天、300天、200天之际，分别启动嘉定职工"迎世博"知识竞赛和"世博礼仪百家企业行"活动及开展"我与世博同行"征文比赛、"迎世博，今天你微笑了吗"礼仪之星评选。举办嘉定职工"迎世博"知识竞赛。成立世博文明礼仪宣讲团，深入200多家企业，向5万多名职工宣传世博礼仪知识。19个系统、160多个窗口班组参加迎世博窗口服务行业工人先锋号行动，20人评为礼仪之星。(3)坚持维护企业和社会稳定，构建和谐劳动关系。继续以"5+X模式"推进新一轮劳动关系和谐企业创建活动，同时启动劳动关系和谐园区(村)创建工作，141家单位参加创建区级劳动关系和谐企业活动。在连续两年保持区"劳动关系和谐企业"称号的企业中评选区"劳动关系和谐模范企业"21家，并为企业负责人颁发"和谐劳动关系优秀企业家"证书。工资集体协商有序推进，工资集体协议覆盖职工11.8万人，企业691家，其中新签企业266家。新签集体合同346份，女职工专项集体合同297份。实行厂务公开民主管理的单位达1 094家。加强劳动关系矛盾调处。区总工会直接参与处置突发群体性劳资纠纷25件，职工援助服务中心接待职工信访474批次，区总工会人民调解委员会受理"区联调委"流转劳资纠纷案件、区劳动争议仲裁院委托调解案件352件，结案率达100%。(4)坚持服务职工"三最"问题。全力实施工会就业援助计划，举办大型人力资源招聘洽谈会、就业援助周专场招聘会和民营企业招聘专场。对64名困难职工家庭大学生就业采取托底措施，建立工会大学生见习基地，推出100个见习岗位。各级工会走访慰问困难职工、农民工、劳模1.3万人次，发放帮困、慰问金达675万元；开展"金秋助学"活动，着力开展"为困难企业、职工送保障"活动；进企业开展综合服务447场，免费放映电影485场；为27家单位、5 882名职工提供互助保障援助，为300名困难企业女职工提供免费妇科体检。(5)强化工会自身建设。深入基层调研，形成5篇调研报告，新出台18项制度和措施，继续以"区与街镇，街镇与村(园区)层层签约、步步落实"的工作方式，有效推进工会组建，新建企业工会389家，其中外资企业工会152家，新增会员3.8万名；积极推进村(园区)工会联合会建设，加快工会组织及工会工作全覆盖进程，新增村(经济园区)全覆盖达标单位49家，新增有效覆盖企业469家。

（徐　浩）

金山区总工会

主　席
刘跃俊

【概　况】 金山区总工会辖有镇、街道总工会10个，工业区、局、委、区属公司工会24家，基层工会1 256家，涵盖单位4 015家。会员248 070人，其中农民工会员141 619人。机构设办公室、组织工作部、经济宣教部、生活保障部、法律工作部、事业部、经审办和退休职工管理委员会办公室。(1)组织劳模企业家牵手困难企业，促进经济平稳较快发展。召开"同舟共济保增长，建功立业促发展——百名劳模元宵座谈会"，向全区460余名劳模发出"不停产、不裁员、不减薪"倡议，从源头上保障职工的合法权益。(2)建立劳动纠纷联合调解中心。主要接收从仲裁等部门移交的劳动纠纷案件，受理案件进行联合调解。年内已受理各类案件295件，成功调处225件，调结率76.3%，涉及金额260万元。(3)携手共迎世博。动员职工参加"当好主力军，建功世博会，展示新风采"主题实践活动，在职工中形成"人人都是东道主，个个争当主力军"的氛围。举办"文明、和谐、建功，我们与世博同行"金山区职工第四届读书节主题活动，先后组织8万名职工参加"文明世博知识竞赛"。举办"建功世博演讲大赛"。(4)推进工会组建。围绕"扩大覆盖面，增强凝聚力"的工会组建工作目标，将工会组建工作纳入年度直属单位领导班子绩效考核内容；制定《2009年金山区工会组织建设工作考核奖励办法》；实行工会组建情况双月通报制。全区形成"党委重视，政府支持，工会运作，各方配合"的组建工作新格局。

（李援朝）

松江区总工会

主　席
吴红星

【概　况】 松江区总工会辖有委、局、镇、街道、园区和区属公司及区直属单位工会49个，基层工会1 985个，职工516 884人，会员439 699人，其中女会员197 577人，农民工会员334 832人。机构设办公室、组织民管部、法律宣教部、保障女工部、经济工作部、财务部和经审办。(1)应对国际金融危机，服务发展大局。一是开展"共同约定"行动。深入企业，研究制定应对措施，落实"不减员、不减薪、不停产"的行动方案，帮助企业共克时艰、共度难关。二是维护职工队伍稳定。工会先后介入调处6家外资企业因关闭、兼并、减薪、裁员等引发的群体性劳资纠纷。调处职工来信来访176件、326人次，为2 672名农民工清欠工资达667万元。三是实施就业援助计划。培育创业示范点43家，为4 550名职工提供就业信息，推荐1 495人实现就业。举办14场"春风行动"就业招聘和民营企业招聘周活动，安排110名大学生参加岗位见习，举办65期多岗交叉技能培训班，培训职工8 700人次。(2)举办迎世博系列活动。一是宣传世博。发放各类迎世博宣传资料和书籍2万多册，世博知识竞赛明信片10万余张，建立"职工书屋"30家；培训农民工25万人，3万人参加世博专业知识测试；开展迎世博窗口服务文明示范点、优质服务示范员活动，23个班组评为市文明班组，66个班组评为区文明班组。二是服务世博。以窗口单位职工为重点，组织参与"三五"集中行动；组织10万名职工参加世博知识、文明礼仪、专业技能及双语、手语和接待用语等窗口示范用语学习。对服务世博成绩优秀的43个班组(科室)授予松江区世博服务卓越奖，67人授予世博服务明星奖。三是奉献世博。开展由2 633名职工参加的7大行业、23个项目职业技能大赛；深化"迎世博、筑和谐、安康学校进企业"活动，组织42家企业的2万名职工参加"安康杯"竞赛；开展"迎世博、建新功、为世博添异彩"征文活动；举办迎世博第二届职工文艺创作展演；举办"健康和谐、奔向世博、松江区排舞万人跳"大型广场展示活动及首届职工集邮展。(3)坚持推进工会重点工作。一是新建工会233家，其中外资企业72家，覆盖企业2 039家，吸纳会员45 996人。二是实施劳动合同制度三年行动计划，指导帮助90%以上职工签订劳动合同，并督促用人单位依法履约。通过平等协商，签订集体合同1 167份、工资专项协议239份、女职工权益保护专项集体合同1 050份。三是开展创建和谐企业活动。四是深化厂务公开民主管理。在新增的89家非公企业中推行"2＋X"民主管理模式，全区314家单位厂务公开建制率、公开率均达100%，非公企业厂务公开建制率为82.6%，区域性、行业性职代会建制覆盖率为88.8%。五是开展就业帮困。1 477名困难职工进入帮扶信息平台，7.35万人参加"一日捐"活动，慰问困难职工5 072名，发放慰问金达227.60万元。14.13万人次职工和3.07万名退休职工参加各类互助医疗保障计划，为1 702名职工、3 089名退休职工办理保障给付。实施农民工基本素质教育培训5万余人次、安全培训2.9万人。六是深化建"家"活动。深入基层企业调查研究，撰写调研论文12篇，创建区合格"职工之家"164家，累计824家。培训113名新任基层工会干部。 (莫永涛)

青浦区总工会

主　席
张海珍

【概　况】 青浦区总工会辖有直属工会62家，基层工会2 354个，涵盖企事业单位37 349个，会员426 367人，其中女会员189 175人，农民工会员281 752人。机构设办公室、基层组织部、法律宣教部、经济工作部和生活保障部，下属事业单位有区工人文化宫和朱家角工人俱乐部。(1)凝智聚力保增长。在全区职工中开展"渡难关、谋发展，我与企业共命运"的活动，发起"同舟共济谋发展，保障权益促稳定"的共同约定行动；开展"同舟共济保增长，建功立业促发展"活动，开展数控机床、服装制板师职业技能培训、考级、竞赛系列活动，有139名职工获得中高级技能证书；有6.56万名职工提出合理化建议1.37万条，采纳3 145条；推进"万名职工计算机培训"实事项目，全年培训4 369人。(2)克难奋进保稳定。工资集体协商覆盖职工21.2万人，独立建会企业三项合同签订率分别为90%、87%、88%。加强劳动争议案件调处，全年处理来信来访306起，涉及职工570人次；参与调处集体争议案件69起。研究出台《关于进一步关心和支持区劳动关系和谐企业的意见》，322家企业参与创建。(3)千方百计保民生。在医疗、助学、生活等方面帮助困难职工6 000多人次，帮困金额为300多万元，比上年分别增长80%和87%。为困难企业职工送体检、送意外保障、送女职工特种重病保障18万元，惠及9 300余人。互助保障计划参保10.56万人次，给付347.27万元。实施就业援助服务行动，创建就业基地114个、创业示范点59处；举办职介活动36场，帮助困难职工就业近5 000人。(4)全力以赴迎世博。在倒计时"百天"活动中，先后举办迎世博知识竞赛、"我们是主人——庆祝五一国际劳动节文艺汇演"、"我与世博同行"征文、"一起为世博加油"工会干部职工代表迎世博工作交流会、40万职工迎世博文明承诺行动等活动。组织导游、餐饮和卫生系统1 500余名职工开展迎世博立功竞赛。推进农民工"迎世博"基本素质教育，培训2.35万人。(5)开展职工文体活动。举办第九届沪苏浙三区三市职工文艺汇演和工会工作论坛。组织15期职工舞蹈健身培训班，举行6次职工乒乓球、桥牌等体育赛事，举办"一起为世博加油——同一片蓝天”为农民工“三送”文艺巡演8场，送电影下基层120余场，观众达2.6万人次。组织承办市“电气杯”第二届职工歌手大赛、第四届淀山湖艺术节职工文艺专场、“相约今宵”青年职工联谊交友等活动。(6)加强工会自身建设。制定基层工会主席队伍建设意见和基层工会干部3年轮训计划，培训基层工会主席1 000余人。推行基层工会主席的“公推直选”、任前考察及岗位津贴等制度。（马美君）

奉贤区总工会

主　席
季伯明

【概　况】　奉贤区总工会辖委、局、镇(开发区)工会、工贸集团公司、行业工会56个，基层工会2 125个，涵盖企业9 101家，职工367 162人，其中女职工130 366人，农民工166 483人；工会会员343 923人，其中女会员125 085人，农民工会员155 320人。新建工会组织225个，涵盖企业1 073家，新增工会会员3.33万人；755家企业签订工资集体协议，覆盖职工5.62万人。接待来信来访1 458人次，受理协调劳动争议纠纷687件。在50人以上建会企业中成立劳动争议调解组织304个；开展职工之家示范单位创建活动，建立职代会制度的企事业单位有1 667家，建制率82%；1 633家推行厂务公开，实施率80%。开展迎世博活动，“与世博同行，为世博添彩——世博企业行”宣传展版在百人以上企业巡展，下发“迎世博、讲文明、树新风”宣传广告牌，20万职工受教育。开展十大服务行业技能竞赛和百名服务能手评选。组织职工技能培训、技能比武1 975场，参加职工12.5万人次，其中2 242人次提升了技能等级。开展出租汽车行业立功竞赛活动，3家出租汽车公司1 200多名驾驶员参赛，30辆出租车被授予区“工人先锋号”，61名驾驶员获“文明驾驶员”称号。开展工会干部上岗培训及岗位轮训，举办各类培训班42期，有5 400人次参加培训。实施就业援助行动计划，推荐就业岗位10 673个，举办百强劳模企业招聘会，牵手帮助33名见习大学生实现就业。全区5.69万人次职工参加互助医疗保障计划，参保金额达750万元；获得给付职工9 200人次，给付总金额达585万元。（金国强）

崇明县总工会

主　席
张　荣

【概　况】　崇明县总工会辖有乡、镇总工会18个，委、局及县管公司、经济开发区工会19个，直属工会42个，基层工会856个，涵盖企业1 705家，职工139 845名，工会会员132 808人，其中农民工会员69 798人。机构设办公室、组织民管部、宣教生产部、法律保障部及职工技协办公室、劳动模范协会、退休职工管理办公室、职工互助医保服务处。直属单位有崇明工人文化宫、第二工人俱乐部及县总工会法律咨询服务所。(1)团结引领广大职工为经济社会发展建功立业。一是把外来务工人员、进城务工人员作为世博知识教育重点，投入15万元，购买和制作世博知识宣传资料，举办世博知识和文明礼仪培训班，8 000余名职工接受培训，发放世博知识宣传卡片6 000余张。举办迎世博“十佳”歌手比赛、庆五一迎世博文艺晚会、职工摄影书画优秀作品展等。二是开展立功竞赛和科技创新活动。联合组织“迎世博加强市容环境建设和管理立功竞赛活动”和“迎世博窗口服务行业立功竞赛活动”，评出县级“工人先锋号”28个。联合主办职业技能竞赛，95名职工参加了绿化工高级、餐厅服务员中级和电焊工中级技能竞赛。评选节能减排、科技创新活动“十佳”金点子，命名首批5个群众性科技创新示范基地。三是开展“渡难关、谋发展，我与企业共命运”教育活动。召开“崇明工会保稳定促发展”研讨会，组织开展“我为企业发展献一计”、技术革新、发明创造、节能减排、“名师育高徒”、“五小”等活动。(2)构建和谐共赢的劳动关系。一是先后4次举办大型法制宣传咨询活动，企业与职工劳动合同签订率达98%。二是加强企事业单位民主管理工作。有681家企事业单位建立职代会制度，占单独建立工会组织企事业单位的98.2%。开展厂务公开民主管理工作第七次调研检查，全县实施厂务公开民主管理企事业单位613家。已建工会的企业普遍建立平等协商机制，448家企业签订集体合同，315家企业签订工资集体协议。三是开展劳动安全检查和劳动保护工作。90%以上高危企业、343家非公企业、32 658名职工参加“安康杯”劳动保护竞赛。开展6次联合安全检查，参与28起劳动安全事故调查处理。投入高温慰问专项资金50万元，慰问职工2万余名。对全县企事业单位职工食堂、工地食堂进行专项安全检查，培训食堂负责人、饮食从业人员352人。(3)为困难职工做好事、办实事、解难事。一是对1 091名困难职工进行集中慰问，向特困职工家庭发放“爱心卡”200张，重病帮困、应急帮困、“金秋助学”帮困等共315人次，慰问全县特困劳模，全年共发放帮困资金147万余元。二是开展工会职介就业帮困。举办5期职业培训班，培训下岗职工和农村富余劳动力1 195人，推荐就业583人。三是组织63 085人次职工参加职工互助医疗保障计划，参保金额为817.52万元，给付11 926人次，给付总金额为867.31万元。(4)加强工会自身建设。一是完善机关干部联系基层工会制度和定期汇报交流制度。二是18个乡镇全部建立总工会。新发展会员8 050名，新建基层工会45个，覆盖基层企业156家。三是举办8期工会业务知识培训班，培训工会干部2 500人次。（易建军）

区、县总工会主席、副主席名录

单位名称	主　席	副　主　席
浦东新区总工会	姜　鸣	徐惠平　花盛强　胡亚平　陈丕贤　陈　英(女)
徐汇区总工会	乔德华	李　青　汪启昀　孙小林　陈　华(女)
长宁区总工会	姜　翠(女)	张龙福　徐雍安　周　华(女)赵永康
普陀区总工会	严爱科(女)	周　伟　张德鑫　吴　俊　沈丽萍(女)
闸北区总工会	虞国林	陆慧华(女)张劲松　杜嘉宝
虹口区总工会	麦碧莲(女)	张宝明　许金森
杨浦区总工会	袁建民	张建国　郑星霞(女)马　庆
黄浦区总工会	徐少伯	马忠荣　刘德祥　柏茜雯(女)
卢湾区总工会	邹建东	陈　卫(女)李　昉　张　珏　吴红正
静安区总工会	周文芳	瞿乃栋　王　赪(女)程忠俊
宝山区总工会	杨卫国	陆春萍(女)唐励良　高利华　曲国莉(女)
闵行区总工会	俞莉红(女)	朱冬梅(女)曹　宏
嘉定区总工会	沈贵楚	金伟荣　焦统骞　龚　英(女)杨炳康
金山区总工会	刘跃俊	张希泽　黄　政　方　浩
松江区总工会	吴红星	高兴欢　潘　瑛(女)顾　彬
青浦区总工会	张海珍(女)	朱俊华　陆桂芳(女)许　峰
奉贤区总工会	季伯明	金国强　卞　健　黄亚萍(女)高国弟
崇明县总工会	张　荣	姚美琴(女)李　彬

说明：1. 任职名单以 2009 年 12 月底为准。
　　2. 上述人员职务以市总工会批复为准。

（市总工会组织部）

中国电信集团工会上海市委员会

中共中央政治局委员、上海市委书记俞正声在总经理张维华陪同下参观上海电信信息生活体验馆

上海电信工会坚持服务大局关爱员工，深化厂务公开民主管理，以人为本促进和谐，发挥工会大学校作用，提升职工素质激发活力，各项工作取得实效。2009年先后获得全国安康杯竞赛优胜单位、全国通信体育先进单位、全国工会财务工作先进单位、国防邮电系统工会信息工作先进单位、上海市推进厂务公开民主管理工作先进单位、上海市推进学习型社会建设先进单位、上海市工会经审规范化建设标准考核特等奖等荣誉称号。

授予

模范职工之家

中华全国总工会
二〇〇八年四月

举行第四十五次双月沟通暨网上互动活动

举行公司第三届员工文化艺术节

副市长艾宝俊检查上海电信世博热线工作

公司党委副书记、工会主席陈鸿生在全国总工会“坚定不移地走中国特色社会主义工会发展道路理论与实践研讨会”上发言

上海重型机器厂有限公司工会

中共中央政治局委员、上海市委书记俞正声视察上重时参观“万吨精神”图片展

上海重型机器厂有限公司是国内东南地区最大的重机制造企业和铸锻中心，上海电气集团股份有限公司成员单位，上海电气重工集团骨干企业。近年来坚持自主创新，致力于发展大型铸锻件、核电等重点产品，着力推进世界级工厂建设。公司主要生产电站、冶炼、轧钢、锻压、水利、矿山采掘和建材化工设备等，为电站、核电、冶金、机械、造船和化工等行业提供优质大型铸锻件。公司拥有我国自制的第一台1.25万吨自由锻造水压机和1.65万吨自由锻造油压机、630吨/米操作机、450吨电渣重熔炉等三大世界第一的重型技术装备。公司工会围绕“劳动竞赛、合理化建议、安全生产、班组岗位持续改善、员工素质工程”等重点开展工作，有效地促进了企业经济发展，维护了员工的合法权益。

上：签订2010年公司集体合同
下：对员工合理化建议进行评审

上：退休劳模“回娘家”在世界第一的450吨电渣重熔炉前合影留念
下：举办国庆中秋联欢活动

普陀区中心医院

普陀区中心医院以创建具有中西医结合特色的一流区域性医疗中心和三级综合性医院为目标，认真实践科学发展观，着力提升医教研综合实力，在创建医疗特色、打造人性化服务品牌、实施科教兴院战略、推进院务公开民主管理，以及开展职业道德建设和建功立业岗位奉献活动中取得了丰硕成果，医院医疗护理质量连续多年名列全市区县中心医院榜首，病人满意度连续多年名列全市卫生系统榜首，先后荣获全国文明单位、全国五一劳动奖状、全国卫生系统先进集体、上海市职工最满意的企事业单位、上海市厂务公开民主管理先进单位等殊荣；工会获全国科教文卫体系统模范职工之家、上海市模范职工之家和上海市十佳女工工作集体；职工中涌现出全国职业道德建设百佳班组、全国职工创新能手、全国女职工建功立业标兵岗、市劳模和市模范集体、上海市职工科技创新标兵、上海市模范护士和优秀护士等先进典型。

中共中央政治局委员、上海市委书记俞正声在区委书记周国雄陪同下视察医院

中共上海市委副书记、市长韩正视察医院

医院党政班子共同谋划医院新一轮发展

下一：全国女职工建功立业标兵岗，全国巾帼文明岗急诊科黄瑾护理组

下二：抗震救灾医疗队员陈蓓在九州体育馆前进行入党宣誓

全国职工职业道德建设百佳班组、市模范集体中医科

上海黄浦江越江设施投资建设发展有限公司

上海黄浦江越江设施投资建设发展有限公司成立于2007年3月，主要负责外环线内黄浦江越江设施投资、建设管理及运营养护管理。承担军工路、上中路、龙耀路、虹桥路等越江隧道建设。公司成立以来，坚持以科学发展观为统领，逐步树立“精细管理、合作共赢、追求卓越”的企业理念，立足城市基础设施建设、运营管理一线，以统揽全局讲和谐、开拓创新求实效的精神面貌，充分调动全体员工的工作激情。不断完善企业民主管理工作机制，积极推行重大工程建设管理精细化、投资控制市场化、设计思路集约化、实施方案一体化的建设理念，致力为社会提供高质量、多功能、低成本的公共产品，实践着“越江建设，美好生活由我延伸”的企业愿景。

中共中央政治局委员、上海市委书记俞正声会见外滩建设者代表

左上：广泛开展立功竞赛活动
左下：工程推进大会上表彰先进党组织和优秀共产党员
右上：职工自编自导自演小品《情缘外白渡桥》参加上海城投总公司艺术节文艺展演

上海市第七建筑有限公司工会

上海市第七建筑有限公司系国家特级资质施工总承包企业，是上海建工集团全资子公司，现有职工1805名。2009年，面对激烈的市场竞争环境及繁重的重大工程建设任务,公司上下团结一心，奋力拼搏，践行“和谐为本，追求卓越”的企业价值观，积极实施市场拓展，创新机制体制，深化和谐企业建设，积极发挥公司工会作用，努力构建和谐稳定的劳动关系。公司大力开展立功竞赛活动，激励职工共谋企业发展，提高公司的综合竞争力、社会影响力和企业凝聚力，各项工作不断跨越新的目标，2009年，先后被评为全国文明单位、全国建筑业先进企业，并在上海市重大工程立功竞赛中3次摘得“金杯公司”荣誉称号。公司承建的世博工程、虹桥综合交通枢纽中心等重大工程已成为展示企业品牌与社会信誉的重要窗口。2009年，公司还有一大批工程被评为国优、市优、市观摩工地、市文明工地等。

中共上海市委副书记、市长韩正慰问公司世博工程建设者

精心组织开展各类立功竞赛活动

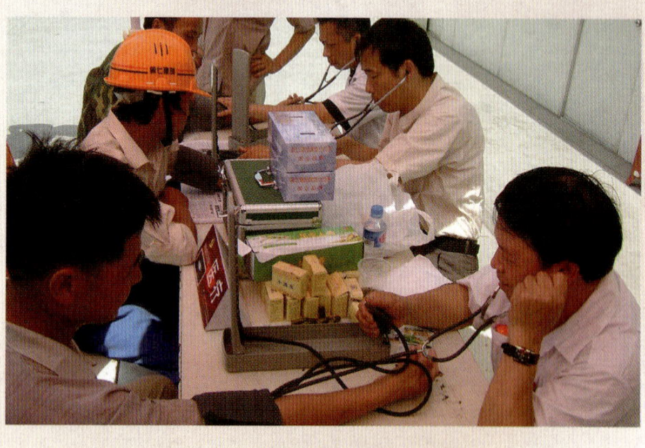

为世博工程建设者体检

授予：上海市第七建筑有限公司

全国建筑业先进企业

中国建筑业协会

二〇〇九年十月

举办七建职工摄影展

上海人民电器厂

左一：党委书记陈家政向困难职工子女发放助学金
左二：组队参加长宁区第二十届“三八”姐妹运动会
左三：参加电气（集团）文艺演出彩排
左四：组织棋类团体竞赛
左五：“李斌杯”职工技能大赛车工比赛

签订《2009年度集体合同》

上海人民电器厂第二届职工小改小革攻坚克难成果展示

上海人民电器厂是生产低压电器的国有企业。近几年来，厂工会深入学习贯彻科学发展观，坚持全心全意依靠职工办企业的方针，紧紧围绕企业经济发展目标，组织开展“做好做实，从本岗位做起”、“学习实践科学发展观，降本增效保发展”千人千条建议活动；建立了劳模工作室，聘任了首席技师；开展了关键岗位带教、核心人才培养、技术技能大练兵主题竞赛活动；举办了“小改小革，攻坚克难”成果展示节；建立完善了帮困送温暖长效机制；开展了“迎世博，我参与，我快乐”系列文体活动。厂工会被评为机电工会“模范职工之家”，“上海市民主管理先进单位”，触头分厂工会荣获2009年度上海市模范职工小家称号。

上海市房地产交易中心

上海市人大常委会主任刘云耕在上海市房地产交易中心视察

中共上海市委副书记殷一璀等领导出席上海市土地市场开业仪式

上海市人大常委会副主任、市总工会主席陈豪在上海市房地产交易中心调研

2009年，上海市房地产交易中心工会紧紧依靠广大职工，以“迎世博”为契机，以职工满意为目标，以创建职工之家为抓手，扎实推进学习型单位创建工作，在维护职工权益、提高职工素质、改善职工待遇、增强职工凝聚力、促进和谐等方面，取得了优异的成绩。一是以“职工满意不满意”为检验标准，扎实有效地推进组织建设、职工维权和民主管理，充分保障职工的知情权、参与权和表达权，2009年被评为局“优秀职工之家”。二是开展形式多样的立功竞赛活动，不断提升职工素质，努力提高服务水平。三是注重倾听职工心声，踏实为职工办实事、做好事，组织开展各类文体活动，丰富职工业余生活。四是加强基础管理，推进班组建设，规范财务运作，不断提高工会干部的理论水平和工作能力。2009年4月，上海市房地产交易中心荣获“全国五一劳动奖状”。

迎世博“五比五赛”授旗

组织爱心捐款活动

举行军民共建签约仪式

“世博杯”职业技能知识竞赛现场

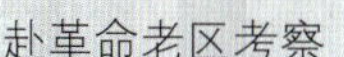
赴革命老区考察

举办职工运动会

组织职工文艺会演

上海市人大常委会主任刘云耕视察九星先进性教育工作

上海九星控股（集团）有限公司成立于2008年。如今的九星，连续6年蝉联上海市综合实力百强亿元村第一名；荣列2009年中国经济十强村第五位、中国名村影响力第四位；荣获“中国市场第一村”、“中国十佳小康村”、“全国创建文明村镇工作先进村镇”、全国民主法治示范村等荣誉称号；九星市场也先后被评为“全国文明诚信市场”、“AAAA全国著名品牌市场”、“全国十大装修综合交易市场”和“中国竞争力百强市场”等。上海九星控股（集团）有限公司2009年获“全国五一劳动奖状”、“中国百佳创新示范企业”等荣誉称号。九星秉承“创新、求实、文明、和谐”的理念，致力于“有形做大，无形做强”的宗旨，不断优化产业结构，强化管理水平。目前已成功打造具有较强市场竞争力的九星小额贷款股份有限公司、九星财务管理有限公司、九星广告有限公司、九星旅行社有限公司、九星电子商务有限公司、新九星物流有限公司等六大战略性的衍生产业，有效增强了九星持续稳定、和谐发展的核心竞争力。“创建是九星发展的关键，求实是九星腾飞的根本”。九星始终坚持“坚韧不拔、勤奋好学、自主创新、求强务实”的精神，恪守“不干则已，干则一流”的作风，求真务实，开拓进取；立足于科学发展、创新发展、和谐发展，以更美的环境、更优的质量、更好的服务，全面推进产业整合、产业优化和产业升级；坚持“一村富不算富、大家富才是富”的追求，以求强务实的精神和自主创新的科学管理、推动九星持续稳定发展，为中国市场的繁荣发展作出新的贡献。

九星村(市场)创建全国文明村知识竞赛

上海九星综合市场被评为“全国文明诚信市场”

支持山东省三元朱村实施“乐义果菜技术推广发展计划”

荣获全国商品交易市场系统先进单位称号

上海九星控股(集团)有限公司

团结奋进的九星领导班子

为中国加油，2008年北京奥运火炬手吴恩福

九星市场爱心捐助

上海九星控股(集团)有限公司董事长吴恩福

上海海博股份有限公司

中共上海市委副书记殷一璀向海博出租汽车公司总经理授旗

上海海博股份有限公司是在上海证券交易所挂牌的上市公司。旗下有“海博出租”、“海博物流”两大主业。公司认真贯彻落实科学发展观，以“超越自我，永不满足”的企业精神，树立了“品牌是我们共同的利益”的价值观，多年来，实施以“品牌”为核心的发展战略，推行“管理人员服务一线员工，一线员工服务社会大众”的服务链，确立了“服务致胜”理念。

海博出租驾驶员参加迎世博维持交通志愿者活动

世博召开之际，海博出租摆出“EXPO”造型，联合欢乐谷、上政学院、上海交通广播发出服务世博的誓言

长期以来，公司始终坚持人本管理理念，切实维护员工合法权益，调动了广大员工的工作热情，培育了一支爱岗敬业、劳动技能强、文明素养高的员工队伍，努力打造全国出租汽车行业的著名品牌和上海市民出行“打的”的首选品牌以及全国知名的物流品牌企业。

全国工人先锋号集体展示荣誉铭牌

古典而时尚的海博物流大厦

在庆祝上海人民广播电台成立60周年活动中，海博驾驶员代表行业从业人员献锦旗

公司连续两届被评为全国见义勇为好司机单位，连续五届被评为市文明单位，连续三届被评为全国用户满意企业，荣获上海市先进基层党组织、上海市模范职工之家、上海市安全工作先进集体、上海市见义勇为工作先进集体、上海市消费者最喜爱的出租汽车公司、全国交通系统先进集体等称号。

大众交通(集团)股份有限公司工会

大众出租荣获全国工人先锋号称号，市人大常委会副主任、市总工会主席陈豪向杨国平总经理授牌

2009年，大众交通（集团）股份有限公司工会深入学习贯彻科学发展观，努力维护职工的合法权益，维护企业稳健发展，在迎世博的活动中提升职工队伍素质，在克服经济困难的过程中提升企业竞争力，在全面落实全总十五大的精神中提升工会工作水平，各项工作取得了新的进步。工会大力推进基层集体协商和集体合同签订工作，深入一线排摸职工热点，积极参与劳动争议的调解。工会注重服务基层，创建工会工作品牌，逐步树立了职工素质工程品牌、职工群文活动品牌、职工满意企业品牌、大众先进群体品牌和劳务工工作品牌。

市总工会副主席汪兰洁和集团总经理杨国平为职工书屋揭牌

右一：集团党委书记、工会主席袁丽敏向优秀职工颁奖
右二：大众出租每年开展集体协商工作
右三：大众的哥臧勤代表全市职工在上海读书节开幕式上演讲
右四：大众物流配送中心在为世博企业行活动配送展板
右五：大众职工精心编排节目献演职工文化展演周

上海金桥出口加

2009年7月23日，上海市人大常委会副主任、市总工会主席陈豪到金桥工会联合会调研，并与金桥工会联合会工会干部合影

2008年6月17日，召开金桥出口加工区工会联合会第三次代表大会，选出的第三届金桥工会联合会全体委员与新区总工会和集团党委领导合影

2009年3月5日，威旭电子(上海)有限公司向金桥工会联合会赠送“为和谐不辞辛劳，为稳定竭尽全力”锦旗

工区工会联合会

金桥出口加工区是全国56个国家级经济技术开发区之一，也是上海重要的先进制造业基地和生产性服务业园区。区内集聚了一批欧美著名企业，其中54家世界500强跨国公司投资了84个企业。2009年，金桥开发区实现工业总产值1 673亿元，区内就业人员超过11万人。金桥出口加工区工会联合会经过10年努力探索和创新实践，已创建出具有金桥开发区特色的工会工作新路子，取得4项成果：一是实践党群联动工作模式。党群组织实行交叉任职、资源共享、工作联动，合力推进外资企业组建工会，近3年来均超额完成建会任务，使百余个基层工会组织健全、活动丰富。二是整合社会资源，建立劳资矛盾处置机制。受金融危机影响，区内有些企业裁员、关闭、搬迁，金桥工会联合会通过组织依法有序、快速有效的集体协商，使引发的劳资矛盾均得到妥善解决，维护了开发区的和谐稳定。三是创建中外交融的区域文化品牌。精心策划、组织“迎世博”主题系列活动，凝聚人心，激发活力。四是以科技创新引路，发掘职工潜能。组织开展“学知识，比岗位奉献；学技能，比业务本领；学科学，比创新成果”的“三学三比”活动，树立了百个科技创新团队和标兵典型，激励员工为“创新浦东”、“创新金桥”发挥更大作用，促进了企业与区域经济发展。工会联合会先后获得上海市模范职工之家、上海市和谐劳动关系创建示范单位、上海市迎世博宣传教育贡献奖等荣誉称号。

金桥出口加工区工会联合会2009年获得的荣誉及编辑的资料集

上海三国精密机械有限公司职工参加碧云社区第八届长跑活动

金桥开发区中外合资企业职工3000余人参加碧云社区第七届长跑活动

上海市人大常委会副主任、市总工会主席陈豪等一行在普陀区委书记周国雄等陪同下，到桃浦镇调研

桃浦镇政府与镇总工会2009年联席会议

桃浦镇总工会主席邹元和慰问奋战在一线的职工

2009年，桃浦镇总工会以服务大局的工作理念，踏踏实实，一步一个脚印，抓住重点，当好职工利益的代表者和维护者，团结引导职工齐心协力，在帮助企业应对国际金融危机中发挥积极的作用。工会与企业、职工同舟共济、共促发展；以发展和谐劳资关系、维护社会稳定为目标，找准位置，发挥自身优势，努力为全局服务、为职工服务，荣获2009年度上海市厂务公开民主管理工作先进单位和“创建诚信企业，拓展民主管理新渠道优秀成果奖”。

普陀区桃浦镇总工会

左上：真阳联合工会与企业共同约定签约仪式
左下：全国总工会基层组织建设部调研组一行到真阳公司调研工会工作

右上：桃浦镇总工会见习大学生与带教老师联谊活动
右下：桃浦镇总工会职工消防安全队伍参加普陀区“平安世博”职工消防演练比赛

中国能源化学工会华东电力工作委员会

市人大常委会副主任、市总工会主席陈豪一行到特高压奉贤换流站慰问

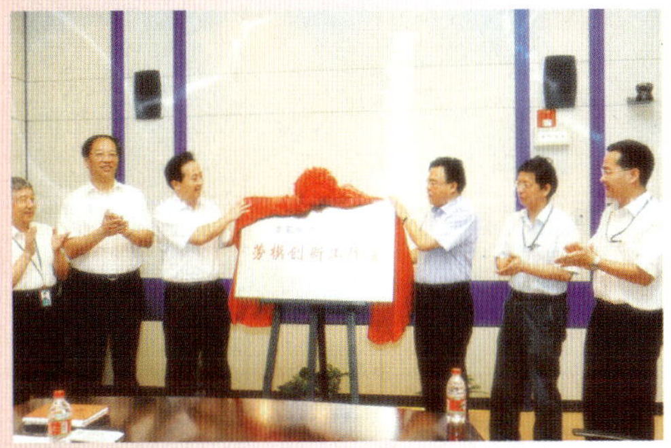

中国能源化学工会华东电力工作委员会是中国能源化学工会在华东地区的派出机构，履行华东电网产业工会和大型企业工会职责。2009年，工会围绕中心，服务大局，充分发挥桥梁纽带作用，有效地促进了各项工作的开展。华东电网公司荣获上海市五一劳动奖状，华东电力试验研究院电网规划中心被国家人力资源社会保障部和国务院国资委授予中央企业先进集体荣誉称号，公司财务部荣获全国女职工建功立业标兵岗称号。公司多名女职工获得全国女职工建功立业标兵和2008年度上海市三八红旗手称号。

左上：成立劳模创新工作室
左中：公司财务部会计税务处获“全国女职工标兵岗”称号
左下：召开职工代表团、组长(扩大)联席会议，深入学习科学发展观

公司举行庆祝建国60周年文艺汇演

上海电力建设有限责任公司工会

上海电力建设有限责任公司创建于1953年，主要从事大型电站工程和输配电工程建设。经过50多年的发展，已成为集电力工程总承包管理、建筑施工、设备安装、机组调试、工程监理、加工制造、物流管理和科研教育于一体的大型专业化施工企业。公司贯彻“工程创优、管理创新、诚信为本、服务满意”的方针，以“优质、准点、安全、文明、高效”为建设目标，为顾客打造满意的工程，多次获得“鲁班奖”、“白玉兰奖”、“市政工程金奖”、“申安杯”、“金钢奖”等国家和部市级优质工程奖。世界第一条向家坝——上海±800千伏特高压直流输电工程按期优质建成，实现了新的跨越。尤其是上海外高桥电厂三期工程被国家工程建设质量奖审定委员会授予“国家优质工程金质奖”，获得国家工程建设质量最高殊荣。公司工会围绕大局、服务职工，突出工会的维护职能，增强工会组织的凝聚力、吸引力和战斗力，推进工会工作制度化、规范化和标准化建设。公司连续3次荣获上海市厂务公开民主管理工作先进单位称号。

上海市人大常委副主任、市总工会主席陈豪在施工现场慰问职工

上海外高桥电厂三期工程荣获国家优质工程金质奖

上海电建公司建设“劳模先进示范基地”启动仪式

召开职代会联席会议

上：举办职工技能比赛
中：举办职工网球比赛
下：举行庆祝建国60周年活动

上海市城乡建设和交通工会工作委员会

上海市城乡建设和交通工会工作委员会紧紧围绕市委提出的“四个确保”的总体要求和建设交通行业所承担的任务，始终坚持“工建服务党建”的指导思想，努力实践、大胆探索，各项工作取得新成效。坚持围绕中心服务大局，团结动员广大职工，把全力以赴为世博作贡献作为首要任务；围绕转方式、调结构、促发展，不断深化群众性建功立业活动和职工素质工程，把推动城乡建设交通事业平稳较快发展作为基本要求；关心职工生产生活，推进民生持续改善，把维护建设交通各行业职工的合法权益和劳动关系和谐稳定作为工作重点；推进工会工作民主化、规范化、科学化，把加强工会自身建设实现创新发展作为长期目标，努力使工会在服务科学发展、服务基层工会、服务职工群众中发挥重要作用。

上海市人大常委会副主任、市总工会主席陈豪，市建设交通工作党委书记许德明慰问长江隧桥工地一线职工

上海城乡建设交通系统召开“建设世博、服务世博、奉献世博”迎五一劳模先进恳谈会

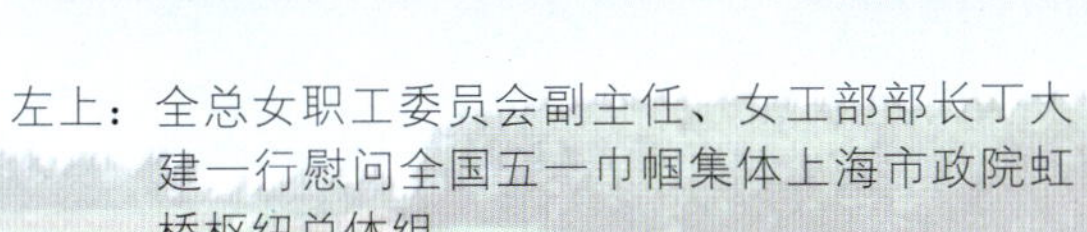

左上：全总女职工委员会副主任、女工部部长丁大建一行慰问全国五一巾帼集体上海市政院虹桥枢纽总体组

左下：上海支援都江堰市灾后重建立功竞赛动员大会召开

右三：上海建设交通行业庆祝中华人民共和国成立60周年文艺会演隆重举行

右四：迎世博建筑业农民工基本素质教育培训启动仪式在世博会主题馆工地举行

上汽职工为客户“递”上温暖服务

维权凸现“四个注重”

职工工作热情高涨

2009年上汽团拜会上职工歌舞表演

上海汽车工业（集团）总公司工会

2009年，上海汽车工业（集团）总公司工会围绕中心，服务大局，努力做到“五个坚持”：一是坚持上汽发展目标，充分发挥广大职工主力军作用。深入开展“先锋号在行动”实践活动，引导全行业职工认清形势，坚定信心，增强责任意识，确保完成上汽各项任务。进一步动员职工结合企业发展阶段的要求，围绕技术创新、产品质量、节能减排等主题开展立功竞赛活动。二是坚持以职代会为基本形式，深入推进厂务公开民主管理，使职工的自主管理意识逐步增强，进一步落实知情权、参与权和监督权等民主权益。三是坚持依法维权，努力创建劳动关系和谐企业。建立职工利益诉求表达机制、权益保障机制和利益协调机制，畅通职工诉求表达渠道，拓宽困难职工受惠面，维护职工队伍的和谐稳定。四是坚持“造车育人”理念，继续深入开展职工素质工程建设。开展“身边的徐小平”活动，发挥榜样示范和“名师带徒”作用，精心组织上汽职业技能竞赛。围绕企业文化建设，开展各项职工喜闻乐见、生动活泼的文体活动。五是坚持分类指导，加强工会自身建设，提高工会工作水平，充分发挥工会组织的桥梁纽带作用。

召开“奋战300天，拼搏A级车——先锋号在行动”会议

为失学儿童撑起一片天

牢牢把握产品质量命脉

立功竞赛如火如荼

上海港复兴船务公司工会

船舶建造

现场慰问

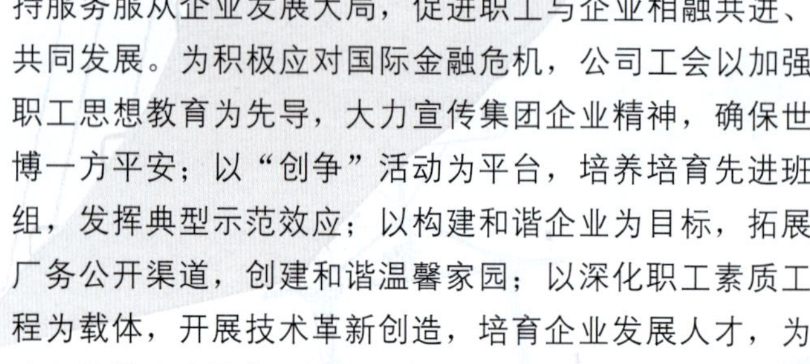

上海港复兴船务公司是全国最大的港口船舶服务企业，是上海市文明单位、上海市质量金奖企业、上海市平安单位、国家和上海市重合同守信用单位及全国实施卓越绩效模式先进企业。公司工会全面贯彻落实科学发展观，围绕发展和谐劳动关系、维护职工合法权益，突出建功立业活动、健全维权机制建设、建立职工帮困长效机制等重点工作，始终以构建和谐企业为主线，坚持服务服从企业发展大局，促进职工与企业相融共进、共同发展。为积极应对国际金融危机，公司工会以加强职工思想教育为先导，大力宣传集团企业精神，确保世博一方平安；以“创争”活动为平台，培养培育先进班组，发挥典型示范效应；以构建和谐企业为目标，拓展厂务公开渠道，创建和谐温馨家园；以深化职工素质工程为载体，开展技术革新创造，培育企业发展人才，为公司持续稳步的发展提供强有力的保障。

“工人先锋号”奖牌

海港18号轮荣获全国工人先锋号称号

参政议政

巾帼风采

明星员工

技术革新

比武练兵

师徒带教

春满复兴

红色之旅

上海国际机场股份有限公司

上海机场迎世博农民工素质大培训启动仪式暨农民工大专班开学典礼在浦东机场举行，市总工会副主席汪兰洁出席典礼表示祝贺

上海机场集团领导参观股份公司消防急救保障部职工书屋建设

上海国际机场股份有限公司成立于1998年2月10日，主要立足于浦东机场，经营国内外航空运输及旅客地面保障服务，以及其他与航空运输有关的业务等。浦东机场有2座航站楼、3条跑道，机场硬件设施已跻身国际一流机场行列，已有51家国际（地区）航空公司和20个中国国内航空公司与浦东机场通航，航线覆盖48个国家（地区）的111个国际（地区）城市和51个国内城市。2009年浦东机场共保障飞机起降28.79万架次，旅客吞吐量3 192.10万人次，货邮吞吐量254.34万吨，在全球排名第三。安全生产保持良好态势，顺利实现了第十个安全年。成功组织了"11·28"津巴布韦籍货机坠机事故应急救援，获得社会各界广泛好评。服务质量稳步提升，在全球机场中排名上升至第十七位。2010中国上海世博会将给公司带来新的发展动力。面对这一难得的历史机遇，公司上下继续以科学发展观为指导，以更坚定的决心、更激昂的斗志、更饱满的热情、更严格的标准，圆满完成各项工作，在建设国内最好、世界一流、最具吸引力的亚太核心航空枢纽机场的道路上迈出新的坚实步伐。

左上：股份公司消防急救保障部消防队员在"11.28"货机失事现场实施救援

左下：股份公司航站区管理部与上海世博局携手打造"世博宣传第一窗口"

右上：股份公司消防急救保障部代表机场参加了黄河流域七省一市共同举办的纪念"黄河大合唱"诞生70周年大合唱活动

松江区岳阳街道总工会

市总工会副主席汪兰洁授予岳阳街道总工会中华全国总工会“职工书屋”铭牌

松江区岳阳街道总工会于2005年11月成立以来，坚持以科学发展观统领工会工作全局，牢固树立以职工为本的理念，以组织建设为基础，以提高职工素质为抓手，以维护职工权益为重点，以发展和谐劳动关系为主线，以“建起来、转起来、活起来”为工作目标，扎实工作、不断创新、硕果累累。近5年来，指导组建基层工会91家，覆盖中小企业1 000余家，覆盖区域85%，发展会员14 200余名。街道总工会以创建“职工之家”为载体，以“职工书屋”为平台，深化职工素质工程，活跃职工业余文化生活，增强职工凝聚力。现有“职工书屋”41个，其中街道总工会的“职工书屋”被命名为中华全国总工会“职工书屋”。街道总工会先后被中华全国总工会授予全国新经济组织工会组建工作先进单位、全国百家示范乡镇（街道）工会和全国模范职工之家等荣誉称号。

传达贯彻中国工会十五大精神

举行庆五一活动

街道总工会工作会议

街道总工会领导走访慰问奋战在高温一线的会员

上海市政工程设计研究总院

院长在七届三次职工代表大会上作工作报告

上海市政工程设计研究总院创建于1954年，秉承“科技创新，诚信奉献”的企业精神，贡献社会、造福民生，经过半个多世纪的发展，综合实力位居全国同行前列，2008年获国家首批工程设计综合资质甲级证书。现有给水、排水、道路、桥梁、水工、建筑、轨道交通、磁浮、环境工程、城市景观、地下空间开发、岩土、测量、工程总承包等专业；先后完成7 000多项国内外重大工程的勘察设计和咨询，获国家、部、市级科技进步奖和优秀设计奖400多项，创建专利技术200多项。先后荣获全国建设系统基层思想政治工作先进单位、全国建设系统企业文化建设先进单位、全国模范职工之家、全国五一劳动奖状、上海市文明单位、上海市职工最满意企业、上海市金杯公司、上海市五一文化奖、上海市厂务公开民主管理先进企业、上海市花园单位、上海市现代服务业百强企业等称号。

“斯美杯”职工书画展

全总女工委主任丁大建、市总工会副主席汪兰洁慰问全国五一巾帼奖集体虹桥综合交通枢纽总体组

立功竞赛先进表彰

总院捐建的云南希望小学

院庆职工文艺演出

组织工会干部系列培训

“斯美杯”职工乒乓赛

上海市绿化和市容管理局工会

2009年，上海市绿化和市容管理局工会根据局党组提出的“机构整合、工作磨合、思想融合”和上级工会的要求，围绕中心，服务大局、找准定位、履行职能、体现作为。倡导大兴服务职工之风、大兴求真务实之风、大兴开拓创新之风、大兴艰苦奋斗之风，在迎世博立功竞赛、加强工会组织建设、职工素质工程教育、弘扬劳模精神、开展凝聚力工程以及社会主义核心价值观教育过程中，在为创造“整洁、有序、美观”的城市环境，实现世博“成功、精彩、难忘”的目标过程中发挥了积极的作用。

上海市绿化和市容管理工会、上海市市容环境行业工会举行上海绿化市容行业劳模同创共建结对签约仪式

上：由上海市总工会女职工委员会、上海市绿化和市容管理局工会、上海市插花协会在静安体育馆举行上海女职工庆祝建国60周年插花大赛

下：上海市绿化林业市容环卫城管执法行业隆重举行庆祝中华人民共和国成立60周年职工歌咏比赛

上：市绿化和市容局领导向首批荣获迎世博先锋号流动红旗的班组代表授旗颁奖

中：举行上海市市容环卫行业职业技能竞赛

下：举行迎世博农民工基本素质培训启动仪式

▲久事公司副总经理洪任初高温慰问一线司售人员

◀久事公司工会主席顾利慧为巴士公交优质服务示范车授牌

◀上海强生集团职工积极参加迎世博知识竞赛

▼“编织爱心，奉献世博”，上海久事女职工为世博工地建设者编织毛衣

上海久事公司工会

上海久事公司工会

久事公司党委书记、总经理张惠民,工会主席顾利慧正在认真观摩迎国庆职工艺术展

上海久事公司是以投资管理公共交通等城市基础项目为主体的综合性投资型公司。公司工会现有直属工会9家，基层工会60家，会员达8万余人。2009年，公司工会结合久事公司“十一五”战略规划目标，团结带领广大职工广泛开展建功立业主题实践活动，认真落实迎世博600天行动计划，深化厂务公开民主管理，深入开展帮困救助活动，切实维护职工合法权益，积极发展和谐劳动关系，为上海实现“四个确保”和推进公司“十一五”规划目标，为开创工会工作的新局面作出了新贡献。公司工会被全国总工会授予2008年度“安康杯”劳动保护竞赛优秀组织单位、被市总工会授予2009年度上海市工会组织工作优秀单位的荣誉称号。

久事公司副总经理洪任初、巴士集团工会主席夏家隆为新落成的巴士门诊部揭牌

闵行区总工会

2009年，闵行区总工会以求实创新精神，全面推进基层工会建设，团结动员广大职工在闵行的经济建设中发挥主力军作用，为社会和谐稳定发展作出了积极贡献。一是围绕中心，引领职工成为保增长、促发展的主力军。开展“暖冬行动”，夯实共同成长的思想基础；解决企业和职工实际问题，为“共同约定行动”提供精神支持；深化职工素质工程，为企业转型培养人才队伍。二是聚焦世博，激励职工成为迎世博、做贡献的参与者。以世博宣传为抓手，引导职工在学习中增强主人翁意识；以世博奉献为目标，推动职工在迎接世博中提高服务能力；以典型引路为手段，鼓励职工在建设世博中激发创造活力。三是致力创新，推动工会成为保民生、促和谐的实践者。做到在推进工会组织建设方面有新举措；在职工素质量工程建设中有新作为；在和谐劳动关系建设方面有新突破。四是夯实基础，促进工会成为科学管理、科学发展的助跑者。加强调研，提高践行科学发展观能力；加强学习，提高工会干部履职能力；加强基础，提高工会组织服务能力。

上海市总工会领导参加“整治环境，清洁家园暨梅陇镇双月为老服务示范活动”开幕式

闵行区总工会领导慰问高温一线职工

闵行区人大常委会副主任、区总工会主席俞莉红为闵行区职工集邮展剪彩

右一：闵行区“迎世博、作贡献”出租车行业职工立功竞赛活动启动仪式在闵行体育馆举行
右二：闵行区举行“我们是主人”庆祝2009年五一国际劳动节大会
右三：闵行区职工科技节在闵行科技馆隆重开幕
右四：闵行区总工会“为职工送文化活动暨流动电影首映式”在剑川路梅新苑三期工程建筑工地举行，近千名农民工观看
右五：闵行区总工会举行以“颂祖国，迎世博，庆中秋”为主题的见习大学生风采展示活动

闵行区总工会开设“工会主席大讲坛”，培训区属工会和基层工会干部

闵行区创建学习型企业工作推进会在颛桥镇多功能会议中心举行

闵行区厂务公开工作领导小组会议在区政府会议中心召开

上 海 市 医 药 工 会

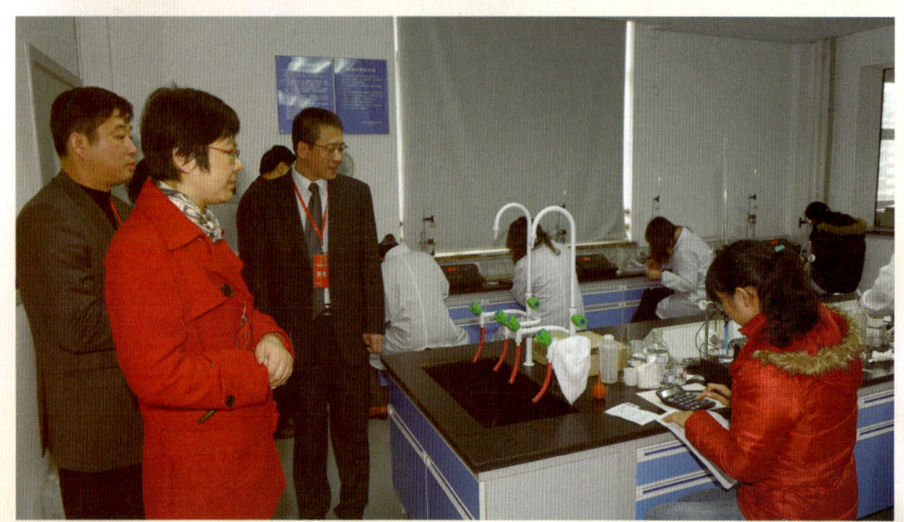

医药工会主席陈欣巡视上药集团技能竞赛考场。

上海市医药工会以上药集团经济工作为中心，以振兴上海生物医药产业为己任，积极组织开展劳动竞赛、合理化建议和技能竞赛等群众性经济技术活动，引领职工为建设新上药建功立业；以构建和谐企业为目标，通过厂务公开、职代会、平等协商等形式，沟通信息，了解民情，化解矛盾，积极推进企业民主管理和职工维权保障工作；以加强基础管理为重点，以班组建设为载体，充分发挥工会大学校作用，努力建设一支适应新上药发展的高素质职工队伍；以建设职工之家、职工小家为抓手，探索优化基层工会工作达标考核体系，不断提高工会工作的实效性。

右上：市医药工会举办工会干部培训班

右中：市医药工会在上海信谊药厂有限公司举行班组建设现场交流会

右下：市医药工会举行“上药集团劳动竞赛、合理化建议评审会”

左下：市医药工会举行“青春壮丽、劳动光荣——上药集团迎‘五一’、‘五四’先进表彰大会”

医药职工参加2009年上药集团技能竞赛。

上海信谊万象股份有限公司在金山沙滩上开展“迎世博、讲文明”志愿者活动

上海市女职工志愿者服务队医药分队在世博工地开展志愿者服务

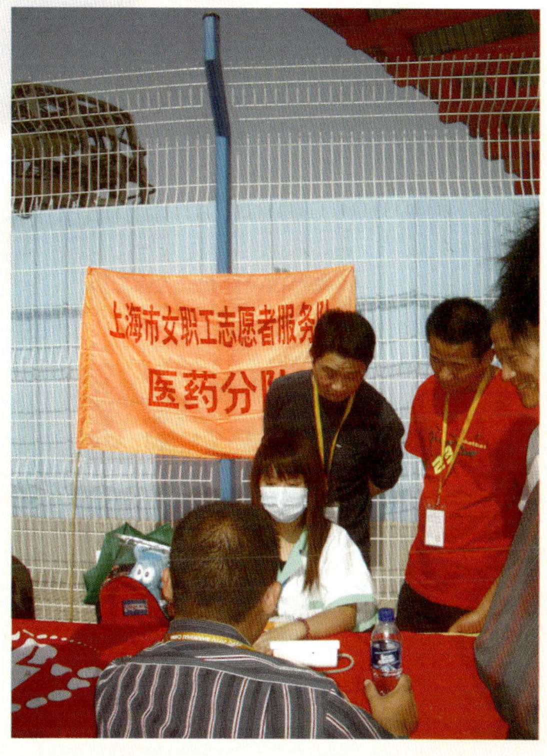

上海市医药工会举办庆祝中华人民共和国成立60周年歌咏大会

中智上海经济技术

中智上海工会联合会成立于2007年12月28日，是经上海市总工会审批的第一家对外资企业组建工会具有独立审批权的一级工会组织。

中智上海经济技术合作公司是长期从事人力资源服务的公司。中智上海工会联合会注重由管理型向服务型的转变，积极帮助企业工会协调劳动关系矛盾与纠纷，引导员工关心企业发展并与企业共同成长；公司工会联合会为会员组织各类活动，让会员充分感受到工会大家庭的温暖；增强公司与雇员间的沟通渠道，使企业在和谐健康的环境中稳步发展。中智上海工会联合会拥有一批工作经验丰富的专业人才，能够帮助各类外商投资企业独立组建工会、工会小组等，并使其有效运作，充分发挥工会组织的作用。同时，培训指导各外企工会主席开展工会日常工作，提高工会工作水平。工会联合会不但能够支持客户HR的运作，协调公司和雇员间的劳资关系，更注重从战略层面上提高企业的核心竞争力。

工作交流会促进了解

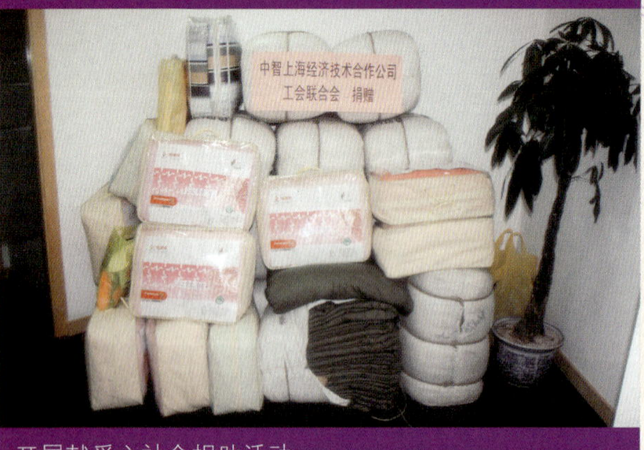

开展献爱心社会捐助活动

赈灾义卖，情系灾区

慈善健康跑为社会慈善事业添砖加瓦

“七夕良缘，情定浦江”白领联谊，创造交友平台

合作公司工会联合会

中国智慧讲座弘扬中华文明

欣赏交响乐讲座陶冶情操

办公室保健讲座关爱员工健康

球操班丰富会员业余生活

舞蹈培训班丰富业余生活

举办乒乓球比赛倡导全民健身

组织羽毛球比赛增强凝聚力

公司组织党员干部
学习党的基础知识

表彰工会工作先进

职工代表参观公司
在建工程

工会组织羽毛球比赛

徐汇滨江开发投资建设有限公司

公司坚持以高起点、高标准的规划为指导，注重规划研究的积累，以市政府批准的结构规划为基础，将城市形态、产业功能、市政设施、历史文化、生态景观等专业规划研究为补充，汇集成综合性的控制性详细规划，形成有机统一、完整规范的城市规划体系。公司承建的丰溪路道路桥梁新建工程、滨江公共开放空间综合环境建设工程、瑞宁路和丰谷路等世博配套项目于2008年底相继开工，在时间紧、任务重、建设规模大、工程类型多的情况下，公司通过科学规范的管理、精心合理的组织协调，整合各种社会资源，克服种种困难，完成了各项建设任务。在这过程中，公司工会充分发挥桥梁纽带作用，通过各种途径加强职工的思想教育，团结引领公司全体员工以极大的工作热情和饱满的精神状态，以“求真务实、顽强拼搏、迎难而上“的工作作风，积极投身于世博配套工程的建设中，并在世博会举办前，为广大市民呈现了一个和谐优美的滨水文化休闲活动空间，真正做到“还江于民”。

向区长汇报龙华港桥建设情况

公司领导安全巡查

领导视察防讯工程

上海南方(国际)集团工会

集团工会充分发挥工会组织对经济工作的推动作用，团结广大职工群众为集团又好又快发展贡献智慧和力量。深入开展主题宣传教育活动，增强广大职工应对金融危机、坚定企业发展的信心。积极开展立功竞赛活动，激发职工争当“工人先锋号”的激情。广泛开展迎世博主题实践活动，引导职工参与世博、奉献世博。坚持职工（代表）大会和厂务公开制度，切实维护职工的合法权益。涉及职工切身利益的重大事项交职工（代表）大会审议，企业出台重大的改革措施及生产经营情况向职工代表大会通报。积极开展送温暖工作，帮困救助的力度不断加大。完善职工互助保障机制，互助保障的覆盖面进一步扩大。坚持为退休职工办实事、做好事，使退休职工切实感受到社会的关爱、组织的温暖、企业的关心，让他们老有所养、老有所乐。加大工会组建力度，扩大工会组织覆盖面。认真贯彻“组织起来、切实维权”的工作方针，按照“哪里有职工，哪里就要组建工会”的工作要求，吸纳200多租赁经营户参加联合工会，发展工会会员350多名，开创了奉贤区大型专业市场联合工会组建之先河。近年来，集团工会连续举办六届“南方杯”职工体育运动会，积极组织开展篮球、乒乓球、象棋比赛等体育活动，举办各类知识竞赛、歌咏会以及征文比赛，丰富了职工业余文化生活，推动了企业文化建设，增强了工会组织吸引力和亲和力。还十分重视做好女职工工作，发挥女工委员会作用，涌现了一批优秀女职工及先进集体。

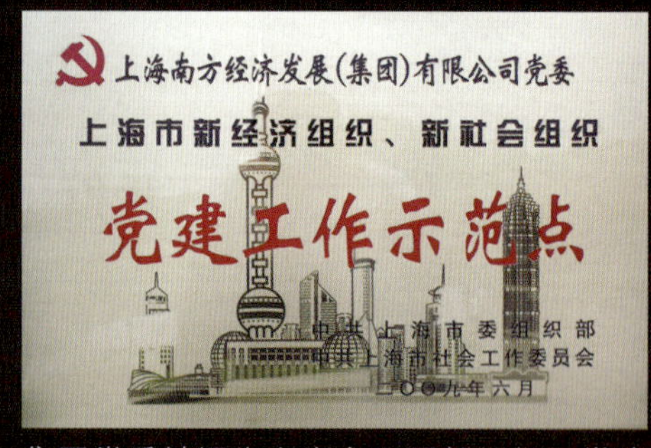

集团党委被评为上海市“两新组织”党建示范点

迅速崛起的南方(国际)集团

新当选的南方(国际)集团工会委员

与商业航母百联集团签订深度合作协议

公司花园　春色怡人

南方职工积极开展"迎世博"各项活动

举行"迎世博"知识竞赛

为汶川地震灾区捐款200多万元

职工运动会拔河比赛紧张激烈

上海现代建筑设计（集团）有限公司

集团党政工领导深入设计施工现场慰问职工

为百岁老人祝寿

上海现代建筑设计（集团）有限公司是以建筑设计为主业的科技型企业，旗下拥有华东建筑设计研究院和上海建筑设计研究院等20余家专业公司和机构。在国家建设部历年全国勘察设计企业营业收入排名中，始终位于三甲之列。2009年集团跻身于美国《工程新闻记录》（ENR）第88位，是国内建筑设计企业的最高排名，也是国内唯一进入排行榜百强的建筑设计企业。集团工会认真履行职责，围绕中心服务大局，维护职工合法权益，积极推进职工素质工程，广泛开展帮困送温暖活动，发挥了工会的桥梁纽带作用。

举行“现代设计集团职工践行世博主题演讲比赛”

集团工会召开第三次代表大会

举办“祖国颂·现代情”庆祝建国60周年歌咏大会

上海市建筑科学研究院(集团)有限公司工会

左一：职工畅言讲台
左二：市重点工程立功竞赛中途检查推进会
左三：集团召开六届一次职代会
左四：迎国庆劳模茶话会
左五：集团签订女职工专项保护集体合同

2009年，院工会团结全院职工，把握工会定位，深入学习实践科学发展观，积极配合院党政班子围绕能力建设、卓越企业目标对接等课题，将职工恳谈会提升为“职工畅言讲台”，开展了“畅言恳谈，同绘建科美好蓝图；建言献策，携手共谋发展大计”主题活动。建立了职工代表巡视制度，组织职代会部分代表、基层工会干部深入世博工程现场开展“当好东道主、建功世博会、展示新风采”主题巡视活动，发掘推荐和培育了重大工程中涌现出的先进典型。在市建设交通系统窗口服务行业迎世博立功竞赛活动中，把科技创新、节能减排和生态建筑的研发作为开展窗口服务立功竞赛活动的重点，发挥了科研单位的智力型、科技型、服务型作用，连续13年获得了市优秀公司称号。通过开展争创“职工最满意企业”、“职工信赖的经营（管理）者”活动，在争创和谐企业的良好氛围中促进了企业内部干群关系、同事关系的融洽和睦，增强了凝聚力和向心力。签订院《女职工专项保护集体合同》，使200多名女职工享受到专项保护集体合同带来的实惠。高温期间组织开展了以“送清凉、送健康、送慰问”，“进家庭、进一线”的“三送、二进”高温慰问活动。

立功竞赛中途检查

上海东洋电装有限公司

上海东洋电装有限公司是最早进入上海市松江工业区的中日合作企业，主要生产汽车、摩托车零部件，现有员工1 500余名。公司工会以“维护员工权益，共谋企业发展”为工作方针，从1995年起逐步建立了一套完善的集体协商谈判制度，并于1995年底成为工业区首家签定集体合同的外资企业，现在定期开展集体协商和签订集体合同已形成制度，正发挥着越来越重要的作用，集体合同履约率达100%。

2009年会员代表大会

成形车间

公司坚持从制度建设入手，建立了劳动争议调解委员会，集体合同监督委员会，并设立工会信箱及电子邮箱，积极听取职工意见和建议。成立了以外省市职工为主体的“新上海人俱乐部”，增强非上海籍员工的凝聚力。坚持抓好每年一次的三大业余群体活动，一年一度的体育运动会，覆盖全体员工的旅游活动，迎春联欢活动。

组装车间

公司积极开展“双爱双评”活动，先后多人获得全国优秀员工之友、上海市优秀员工之友，上海市优秀员工等光荣称号。公司先后获得上海市文明单位，全国外商独资双优企业，全国集体合同建制先进企业，全国模范职工之家等荣誉称号。

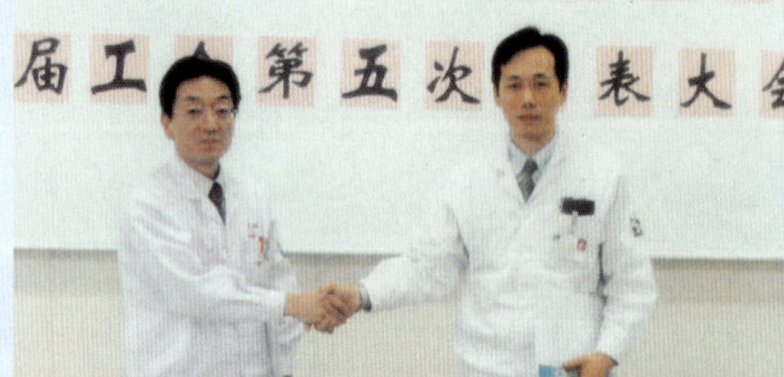

集体合同签约仪式

工资谈判

与日本新瀉大学友好交流

中国石化上海石油化工股份有限公司工会

2009年，面对非常严峻的形势和非常繁重的任务，上海石化工会在上海市总工会和公司党委的领导下，坚持融入中心、服务大局，紧紧围绕“学先进、强管理、扭困境、促发展、聚人心”的工作要求，进一步发挥职工群众在企业科学发展进程中的主力军作用；进一步维护职工民主政治权利，大力推进以职代会为基本形式的基层民主制度建设；进一步促进企业和谐稳定，大力发展和谐劳动关系，健全完善维权机制；进一步激发工会组织活力，不断增强工会组织的创造力、战斗力、凝聚力，推进了工会整体工作，在公司深化改革、促进发展、维护稳定中发挥了积极作用。

左一：签订公司集体合同
左二：公司领导走访慰问职工
左三：举办庆祝国庆60周年职工文艺汇演
左四：举行竞赛活动启动仪式
左五：召开劳动竞赛中途推进会

申能(集团)有限公司工会

左上：慰问困难职工
左下：召开工会工作例会
右上：开展送清凉及“安康杯”竞赛检查

申能（集团）有限公司工会辖有基层以上工会5个，基层工会26个，会员11 189人，其中女会员2 297人。集团工会深入学习实践科学发展观，积极贯彻中国工会十五大精神，紧紧围绕集团“促发展、保安全、强管理”的工作目标，团结和动员广大职工，逆势奋进、迎难而上，服务集团中心保增长，维护职工权益保民生，促进和谐文化增合力，为集团实现年度各项工作目标发挥了主力军作用。

左下：举行迎世博职工知识竞赛
右上：科技创新节能减排
右下：组织足球联赛

上海柴油机股份有限公司工会

在上海市学习型企业建设推进大会上作交流发言

上海柴油机股份有限公司工会贯彻落实市总工会“培育知识型员工、创建学习型企业”的要求，把“团队学习”拓展到更全面的“五项修炼”。通过构建“共同愿景”，孕育“生命共同体”。通过“干部读精一本书、职工读通一本书”活动、“岗位成才节节高”活动以及推出“读书大篷车”、“职工书市”、“双月”讲座、主题娱乐活动等展开“有效学习”，打造“知识武装工程”。通过“EQ”专项教育，“谈心吧”开展上柴“老娘舅”工作、“准律师”队伍“坐堂”咨询服务等，加强“人文关爱”，改善职工“心智模式”。通过开展“标杆瞄准”工作等，倡导“自我超越”，建设“激情团队”。“学习型组织”创建有效提高了企业和职工的学习力、竞争力，公司被评为上海市学习型企事业标兵单位。

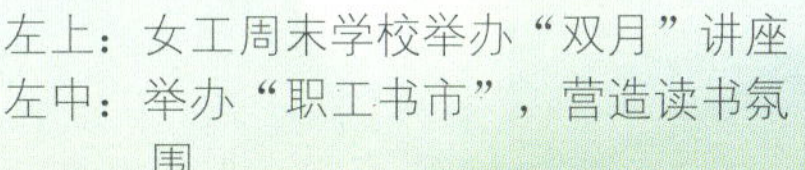

左上：女工周末学校举办“双月”讲座
左中：举办“职工书市”，营造读书氛围
左下：开展“岗位成才节节高”工作，搭建员工学习成长平台
右下：“准律师”队伍“坐堂”为职工提供法律咨询服务

上海铁路局工会

上海铁路局工会在路局党委、上级工会的正确领导和行政的大力支持下，坚持走中国特色社会主义工会发展道路，在运输、安全、建设、发展、经营、稳定等工作任务繁重的情况下，坚持以科学发展观为指导，深入学习贯彻党的十七大和中国工会十五大精神，紧密围绕上海局实现“建设和谐铁路局、率先实现现代化”战略目标，融入中心，服务大局，充分发挥工会组织的优势和作用，引导广大职工认清面临的形势和承担的任务，团结一致，凝心聚力，投身岗位多奉献，努力拼搏保安全，按照“高标准、讲科学、不懈怠”的要求，在新的历史起点上审视并创造性地开展工作，在推进和谐铁路局建设中迈出新的步伐。

第九届职工代表大会第四次会议

职工安居工程开工仪式

职业技能竞赛开幕式

组织庆祝建国60周年文艺演出

越南铁路代表团来局访问

组织劳动模范疗休养

局（产业）工会概况

Brief Introduction of Bureau(Industrial)Unions

概　况

上海市机电工会

主　席
左山虎

【概　况】　上海市机电工会辖基层工会249个，会员93 344人，其中女会员21 675人。(1)在应对全球金融危机中发挥积极作用。一是推进"工人先锋号"活动，组织职工参加第三届上海职工科技节，在第四届全国机械工业职工技术创新成果演示会上获得多项技术创新成果。二是建立和谐劳动关系。选举产生电气集团第二届职工董事和职工监事，参与26家企业转改制方案的讨论和审议。三是签订工资集体协商协议。四是加大帮困送温暖力度，开通机电工会网上捐赠平台，43家企业的8 616名职工参加"一日捐"活动，78家单位捐款561.5万元。定向帮困1 000名，有775名企业干部参加结对帮困，助学帮困1 200名。慰问困难职工家庭19 684人(次)，总金额达1 087.26万元。为困难职工家庭应届大学毕业生子女提供就业帮扶。(2)推进学习李斌活动，提升职工素质。一是组织"李斌杯"技能大赛，有73个单位的1 572名职工参赛。二是培养高技能人才。发出《关于进一步开展向李斌同志学习的决定》，评选表彰李斌式职工标兵、李斌式班组标杆、李斌式职工及李斌式班组。三是开展"3+3+3"技术培训，招生两个班级81名学员。四是培养"5+1"高技能人才。李斌工作室、"李斌杯"大赛、"李斌式"职工、"李斌论坛"、李斌技师学院及"3+3+3"技术工人培训新模式在全市推广。李斌技师学院成为全国工会就业培训基地和全国职工技能就业实训基地。五是举办企业班组长培训班，培训663名班组长。(3)开展庆国庆、迎世博活动，振奋职工精神。一是举办"我们的力量"上海电气庆祝中华人民共和国成立60周年文艺晚会。二是开展"世博知识进班组、万名职工学礼仪"活动。三是举办上海"电气杯"职工歌手大赛。(4)在务实创新中加强自身建设。一是举办学习党的十七届四中全会精神，思考2010年工作工会主席培训班。二是完成26家基层工会换届改选。三是加强财务、经审工作。组织500名工会财务、经审人员参加新《工会会计制度》培训班及13户会计软件培训。开展了工会技协实体和三产的清理工作。对50个基层工会进行会计基础工作规范化达标验收。四是充分发挥女职工委员会作用。

(冯克华)

上海市仪表电子工会

主　席
田　原

【概　况】　上海市仪表电子工会辖有5个子公司工会，49个基层工会。职工33 078人，其中女职工14 131人。工会会员31 256人，其中女会员13 250人。工作机构设办公室、基层工作部、经济事业部、权益保障部。(1)围绕集团新的发展战略，进一步抓好创新素质工程活动。一是劳动竞赛向纵深发展，全系统开展劳动竞赛81项，参加竞赛38 499人次。二是合理化建议效益进一步凸现，与"工人先锋号"创建活动结合，抓住节能减排重点，提出合理化建议627件，实施率45.6%。三是职工技能培训形成机制。制定下发"上海仪电系统技能培训技能竞赛奖励暂行办法"。指导仪电职工技能培训基地采用订单式服务。组织仪电系统职业技能竞赛。(2)加强劳动关系和谐企业建设，进一步深化厂务公开民主管理。一是巩固职代会制度，职代会建制率提高7个百分点；继续推进合资企业职代会建设；在企业重组、改制、歇业过程中，切实履行职代会民主程序。二是42家企业实行厂务公开。三是组织开展劳动关系和谐企业创建活动，专门下发《通知》，组织检查交流，授予8家企业"劳动关系和谐企业"称号。四是进一步推进集体协商集体合同工作，巩固建制率和履约率，不断提高合同质量。(3)健全帮困和保障体系，进一步开展送温暖活动。一是加大帮困力度，加大帮困资金的投入，扩大帮困救助面，3 157名困难职工得到帮扶。167名领导干部联系困难职工家庭380户，为上年的3.5倍。二是重视帮困机制建设。制定下发《关于进一步做好仪电系统帮困工作的意见》，使帮困工作更加规范。(4)加强企业文化建设，继续办好文化体育节。组织6项体育竞赛；庆祝建国60周年，组织职工书法绘画摄影作品展；通过多种形式宣传上海仪电文化理念，宣传优秀员工和劳动模范的先进事迹，弘扬劳模精神。(5)重视工会基础工作，进一步加强工会自身建设。组织开展形势任务教育，增强工会组织、广大员工与企业共同应对国际金融危机的责任意识；组织工会干部、班组长培训，提高工会干部的综合素质；及时完成基层工会换届。开展正确处理企业发展与关心员工切身利益问题的专题调研。

(王建萍)

上海市化学工会

主　席
黄岱列

【概　况】　上海市化学工会辖有18个子公司工会，111个基层工会，涵盖单位112个，共有职工40 376人，其中女职工7 903人，工会会员数35 968人，其中女会员7 457人，农民工会员1 571人。机构设办公室、组织宣传部、权益保障部和经济工作部。(1)团结引领职工群众，统一思想，共克时艰，共促发展,上下结合,分层分级开展形式多样的形势任务宣传教育。(2)团结动员职工群众,围绕中心,突出重点,促进发展。点面策动,抓好立功竞赛;携手联动,抓好万名员工安全知识大培训;上下互动,抓好万名员工岗位技能大练兵;表彰先进,营造学习劳模、争当先进的良好氛围。(3)竭诚服务职工群众,促进劳动关系和谐。加强源头参与,做好维权维稳工作;加大帮扶力度,做好"雪中送炭"工作,积极推进四项互助保障计划参保工作,全年有11 371人次获得给付金计1 260.08万元。帮助困难职工1.6万人次,帮困金达600万元。组织"改善作业环境"专题调研工作。(4)广泛组织职工群众,深化职工之家建设工作,加强自身建设。强化集体决策机制建设,提高工会干部综合素质;健全组织机构,理顺隶属关系。(5)强化财务预算,加强内控管理。(赵　峥)

上海市轻工业工会

副主席
姚志贤

【概　况】 上海市轻工业工会辖基层工会17个,职工5 476人,会员5 473人,其中女会员1 688人。轻工业工会联合会有48个团体会员单位工会15个行业分会,新增24个成员单位,会员单位总数已达320家,涵盖576家企业工会,职工17万人。机构设办公室、组织部、民管部、法律部、经济工作部、宣教部、生活保障部、财务部、技协三产办公室。(1)动员行业职工与企业同舟共济,应对危机挑战。组织迎世博上海经济形势报告会、精彩世博报告会和"双鹿品牌重新崛起的启示——振兴发展上海轻工老品牌座谈会"等活动;联合发出《"勇担社会责任,携手共克时艰"倡议书》,呼吁轻工行业职工以奋发有为的态度,与企业同呼吸、共命运、共谋发展;组织开展"同舟共济、共克时艰"主题竞赛活动,动员和组织行业职工针对企业发展中遇到的困难和突出问题,开展合理化建议、技术攻关、提升技能等活动,主办"轻工杯"生活用品时尚创意设计大赛,共收到参赛作品500多件,其中25件设计作品分别入围外观类及功能类设计优胜奖。经轻工工会"牵线",上海大学与上海澳星照明电器制造有限公司签署合作协议,分别设立上海大学人才培养及项目研发基地和上海澳星照明电器制造有限公司工业设计实验基地。(2)庆祝建国60周年。举办以"伴随共和国的彩虹——上海轻工60年风采"为主题的展览,编辑画册;开展"我的轻工情结、我的班组情谊、我的业余情趣"摄影征文活动。(3)推动行业性维权机制建设。坚持联席会议制度,命名表彰46家"上海轻工行业和谐劳动关系先进企业";逐步建立行业性协商合作机制;各行业工会建立与行业协会的信息沟通渠道。(4)加强联合会自身建设。重点选择10家企业作为联系点,开展"金融危机影响下上海轻工行业外资企业经济发展状况"、"新形势下行业劳动关系新变化"、"行业职业技能状况"等课题调研。继续加大行业工会组建力度,加强行业工会运行机制建设。举办工会干部培训班;组织工会财务和经审干部学习新《工会会计制度》;组织评选轻工行业先进职工之家、先进职工小家;举办第四届长三角地区部分城市轻工业工会主席论坛;选拔轻工行业优秀模具钳工选手参加全国第三届职工职业技能大赛;做好高温慰问等工作。

(徐俊彦)

上海市纺织工会

主　席
王水官

【概　况】 上海市纺织工会辖有子公司工会13家,直管单位工会21家,基层工会119家,职工20 266人,会员19 477人,其中女会员7 960人,农民工会员3 528人。另有地区纺织行业工会联合会8家,覆盖会员近17万人。机构设办公室(含法律部)、组织民管部(含地区工会工作部)、宣教部、生产部、女工生活部、退休职工管理办公室、经费审查管理委员会办公室。直属企事业单位有新东纺大酒店、马山疗养院、淀山湖疗养院、东纺宝洁产品专营公司、纺织职工疗休养度假服务中心。(1)服务大局,共克时艰,发挥职工主人翁精神。针对世界金融危机对上海纺织发展的影响,实施上海纺织三年发展规划主题教育活动。先后举办培训班,发动各级工会开展企业文化实践年活动。以创建"工人先锋号"活动为载体,开展群众性建功立业活动,77家企业工会组织了182项竞赛活动,参赛班组673个,职工1万多人。广泛开展群众性科技创新和节能减排活动,引导职工通过提合理化建议、小改小革、技术革新、发明创造等多种形式,提高企业盈利能力。职工提合理化建议1 083条,实施技术革新53项,实现经济效益438.42万元。(2)关注民生,共创和谐,保障职工各项权益。年初下发《关于工会重视发挥集体协商机制作用促进经济和劳动关系稳定发展的指导意见》。在正常运转的119家单位中,职代会和职工大会建制率为99%。90%以上企业签订了集体合同,工资专项集体合同签约率77%,覆盖职工1.9万人,女职工权益专项集体合同签约率为95%。80%的单位正常开展厂务公开工作。为地区行业工会提供集体协商及法律事务咨询,参与普陀区纺织行业工会法律咨询活动,指导青浦区香花桥街道纺织行业工会建立集体协商制度并签订首份集体合同。筹集送温暖资金313.45万元,慰问困难企业10家、困难职工9 803人次。为1 300名特困职工和3 000名外来务工人员赠送综合保障计划和意外伤害保障计划。组织36家企业参加"安康杯"竞赛,参赛职工近万名。组织854名职工参加疗休养。(3)规范运作,创新发展,完善工会自身建设。通过与各公司、直属单位工会主席签订责任书、组织工会干部轮训、下基层指导重组,职工入会率96%，外来务工人员入会率提高到90%。5家工会被命名为上海市模范职工之家，9个工会小组被命名为上海市模范职工小家。积极推进经审工作规范化建设，结合贯彻工会新财务制度，深入基层对工会财务经审干部开展全面培训。对4家子公司工会和纺织工会12家直属企事业单位进行了经济责任审计和专项审计。女职工委员会积极维护女职工权益，免费为600名困难企业女职工以及外来女农民工进行妇科体检，为单亲困难女职工优先提供结对助学帮困，98%以上女职工参加大病保障计划。组织女职工志愿者服务队4次进世博建设工地为建设者们提供纺织名优特商品，举办"四女"联谊会，展示纺织女职工"创意时装秀"，组队参加市总"繁花似锦颂祖国"插花比赛。

（王慎微）

上海市医药工会

主　席
陈　欣

【概　况】　上海市医药工会辖基层工会78个，职工24 222人，会员22 994人，机构设办公室、组织管理部、权益保障部、经济宣教部、财务室。(1)以员工学校为平台，以发展目标凝聚职工激发活力。一是开展"1＋x"全员培训，集中宣传企业三年发展纲要，在"窗口"单位开展迎世博、提高服务质量培训。二是举办主题为"讴歌新中国、建设新上药"的国庆60周年歌咏比赛及第三届员工文艺大赛；集邮协会举办医药职工集邮巡展；书画协会参加上海市第三届中老年人书画大赛。三是学习先进榜样，激励引领职工。集中表彰一批先进个人和先进集体。(2)以"工人先锋号"争创活动为动力，激励员工创新创优。一是围绕集团预算目标，开展劳动竞赛。二是推进班组建设，夯实管理基础。开展"五个一"活动，召开班组建设现场经验交流会，推广信谊药厂"以星级班组达标建设活动为抓手，提升企业综合管理水平"的先进经验。三是组织技能大赛，提升员工素质。(3)以职代会、厂务公开为基本形式，加强企业民主管理，构建和谐劳动关系。一是对50家国有、集体企业的民主管理状况进行调研。二是开展员工思想状况调查，畅通职工群众反映诉求，为集团领导了解民意、行政决策提供参考。三是组织集团下属25家企业、890个班组、11 568名职工参加"安康杯"劳动保护竞赛活动。四是"一日捐"活动共募集帮困资金96.35万元，受助对象1 944人次，助学帮困460人次。(4)以建设"职工之家"工作为重点，加强自身建设。一是深入基层调研，改进工作作风。组织集体下基层调研20多次。二是推进重点签约，提高工作能级。举行基层工会签约仪式，推进工会工作契约化管理。三是组织60名新任工会干部和120名基层工会正副主席参加培训。　（赵一鸣）

上海市电力公司工会

主　席
黄效喜

【概　况】　上海市电力公司工会下辖基层工会19个，职工17 112人，其中女职工3 238人，会员17 112人。(1)围绕中心推进建功立业活动。一是组织劳动竞赛。着力抓好500kV级变电站劳动竞赛、特高压奉贤换流站工程劳动竞赛、"迎世博立功竞赛"、"安康杯"竞赛等活动。二是开展技术创新活动。在第二十二届上海市科技节中获得多项荣誉和成果。(2)不断完善企业民主管理，为职工参政议政搭建平台。一是修订和完善公司《职工代表大会实施办法》、《职工代表大会闭会期间议事制度》、《职工代表大会职工代表提案征集处理实施办法》等6项制度；做好职工代表提案征集处理工作，收到47条，立案5条，办结率100%；两次召开深入学习实践科学发展观专题职代会，对公司领导班子进行民主测评；召开专题职代会，通过公司劳动组织综合改革方案，并开展"四个一"专题活动。组织部分职工代表和总经理联络员以安全生产、劳动保护、世博建设工程及"三节约"活动为主题，进行巡视调研；利用SG186网站，建立职工代表建言献策直通车，拓宽上下沟通渠道。二是总结公司10年来形成的"以职代会为基本载体，以局域网为支撑平台，以集体协商为沟通渠道，以三级网络为群众基础"的厂务公开民主管理经验，制定公司《进一步推进厂务公开民主管理工作的实施细则》。(3)注重构建新型劳动关系，以人为本打造和谐企业。一是指导基层单位修订续签集体合同，抓好合同履行情况的监督和检查，集体合同签订率和履约率均达100%。二是开展"一日捐"活动，1.7万名职工共捐款200余万元；节日慰问职工2 687名，慰问金额达306.6万元。还拨专款15.7万元慰问退休劳模和90岁以上的老职工。三是强化工会劳动保护三级网络建设，进一步形成依靠职工群众开展安全生产监督活动的格局。(4)"创争"活动深入班组，提升员工素质。一是强化核心价值观学习宣传教育。开展"讲诚信、树形象、比贡献"征文及格言征集并编印优秀作品集。二是组织"迎世博"金点子征集活动，推荐参加上海市"世博杯""十佳金点子"评选。三是开展"我与世博同行——世博知识'四进'活动"，发放《上海迎世博市民读本》2万余本，宣传覆盖到全体员工。四是开展"当好主力军，建功世博会，展示新风采"主题实践活动。开设"文明班组迎世博"专题论坛，编辑出版《班组与文明——文明班组迎世博》专辑；五是积极参加上海职工素质工程100个品牌项目推荐评选活动。市区供电公司的"首席岗位制"入选"十佳"品牌，公司工会"文明班组班组长联谊会"、市南供电公司"家属安全协会"入选百佳品牌。(5)内强素质外树形象，激发工会组织活力。一是开展工会工作标准化建设，完善制度，规范程序，统一标准。二是组织建设有序开展。指导基层工会开展换届改选;评比表彰2007—2008年度公司先进职工之家、先进职工小家、先进工会工作者和先进工会积极分子。三是“数字工会”起步建设。以“倡导和谐、资源共享、宣传工会、服务职工”为宗旨改版工会网站。（余传毅）

上海电力建设有限责任公司工会

主 席 李 苏

【概 况】 上海电力建设有限责任公司工会辖10个基层工会,职工4 824人,工会会员4 824人,其中女会员502人。(1)强化民主管理制度建设。一是规范实施民主评议企业领导干部工作,评议情况及时向职工代表反馈;二是开展项目职代会制度建设和民主管理工作调研;三是发挥职代会专门委员会作用,坚持活动制度,持续职代会闭会期间的民主管理工作;四是进一步规范厂务公开,组织自查和抽查,召开了厂务公开工作交流推进会;五是建立工资集体协商制度,确定试点单位并开展调研;六是提高集体合同的履约率。(2)注重职工素质工程建设。开展“劳模先进示范基地”创建活动,参与制定《推行首席技师制度促进高技能人才培养的实施意见》,与公司人力资源部开展第一批首席技师的申报和选拔工作,开展焊接、起重工技术培训和比武活动,开展了创建“工人先锋号”活动,推进创建“学习型组织、争做知识型职工”活动,上电安装二公司工会《劳模讲堂》获上海市职工素质工程“十佳”品牌提名奖,开展职工“五小成果”征集发布活动,公司工会获上海市第三届职工科技节优秀组织奖。(3)推进立功竞赛活动。从“组织领导、安全管理、进度管理、质量管理、文明施工、技术创新”等6个方面制定考核标准,组织竞赛检查考核;围绕市重点工程和“世博会”配套工程漕泾电厂1号机组年底投产发电的目标,开展了“迎难而上保发电”课题攻关“责任状”活动;在世界第一条特高压线路奉贤特高压换流站现场召开了向家坝—上海±800kV特高压直流输电示范工程立功竞赛工作会议。通过立功竞赛活动,实现了工程高速优质建成,外高桥电厂三期工程获“国家优质工程金质奖”。(4)积极开展“安康杯”劳动保护竞赛。组织安全生产、劳动保护格言警句征集活动,将60条优秀格言警句制成宣传牌张贴到各施工点;发动职工参加全国职工安全健康知识竞赛;举办上海电建“安全伴我行”演讲活动;进行分包队伍劳动保护检查员、劳动保护监督员培训;开展了工会劳动保护监督检查员工作评估,提高了基层工会劳动保护监督检查员的综合素质。(5)精心组织纪念中华人民共和国成立60周年系列活动。开展职工摄影、书画、征文活动,出版职工摄影、书画、文学作品集;举办职工“迎国庆”桥牌比赛和“振兴杯”职工网球比赛;组织女职工迎国庆艺术作品征集活动。(6)关心职工生活。建立职工大重病医疗互助基金,为困难职工提供及时帮助,全年救助74名职工,累计金额达59万余元。元旦春节期间慰问在职和退休职工1 035人,金额为44万元。高温慰问金额达39.7万元。(7)加强工会自身建设。组织学习党的十七届四中全会精神;召开公司工会第三次代表大会;举行工会工作研讨活动;对工会干部进行业务培训;继续开展工会工作目标责任制考核。（张文标）

宝钢集团有限公司工会

主 席 汪金德

【概 况】 宝钢集团有限公司工会辖子公司、直属工会32个,基层工会116个,职工9.1万人,其中农民工530人。会员90 485人,其中农民工会员521人。(1)应对国际金融危机,广泛开展发现、培养、宣传最佳实践者活动。围绕公司实现“业界最优”的经营目标和“产品经营、成本改善、管理变革”三项主体工作,提出指导意见。全集团涌现出6 000个最佳实践案例。11月份,市总工会在宝钢召开最佳实践者活动现场经验交流会。广大职工做最佳实践者、管理者创造最佳管理实践已经在公司形成氛围。(2)完成《现代企业制度下职工民主管理实现途径》课题研究,实现成果转化。起草《宝钢职工民主管理基本制度》,提交集团公司二届三次职代会审议通过。对基层管理者和工会干部进行职工民主管理知识培训。(3)围绕公司年度计划目标,开展全员、全面、全过程成本改善、产品经营劳动竞赛。按照“市场倒逼”要求,制定劳动竞赛方案。组织开展成本改善和安全管理两项竞赛。年初确定竞赛目标44.57亿元,年中调整为73.54亿元。各单位确定公司级竞赛项目515项,分厂车间级项目2 813项,作业区、班组项目5 050项,涉及职工岗位指标达数万项。集团全年共实现成本改善92.76亿元,完成全年目标的126.4%。(4)贯彻职工经济技术创新指导意见,深化职工素质工程。制定了《关于开展2009年宝钢职工经济技术创新活动的指导意见》。成立了领导小组。举办了“员工创新活动日”,建立了创新者工作室,组建了职工创新志愿者队伍,召开了成果转化会,开展沪外子公司创新培训等。全年实施合理化建议11.86万条,创经济效益20.2亿元,申报专利1 545项。(5)完成《宝钢管理者问卷》调查,建立起“管理者想知道、职工想说”的信息交流机制。将职工反映的277个“三最”问题分解落实,并将落实情况向职代会专题报告。(6)发挥工会安全三级网络作用,落实“群防、监督、基础”三项职能。建立1 896个工会三级网络。1万多个班组开展安全“100”班组创建活动,96%的班组达到创建标准。1万多名职工发挥安全员、监督员、信息员作用,群防体系基本建立。三级网络监督检查问题整改率达到97.2%，职工健康安全代表信息及时处理率达到96.7%。三级网络制度已成为公司安全管控体系重要组成部分。(7)开展工会干部能力培训。举办了工会主席研修班，近150多名工会干部参加培训。(8)加强文体工作管理。制定了《关于规范员工健康计划的意见》，完成了宝钢吴淞体育中心的改建。组织国庆60周年大型歌会等系列活动。开办职工文体培训班20余个，参加职工近2 000人。(9)开展帮困送温暖工作，21 168人次得到1 430万元的困难救助。

（钟　群）

上海市宝冶建设有限公司工会

【概　况】　宝冶建设工会辖基层工会14个，职工6 076人，会员5 889人，其中女会员1 136人。(1)聚焦发展，当好员工岗位建功活动的推动者。一是以世博工程项目为重点，开展“三树、四促进、五提高”主题立功竞赛活动，涌现一批先进典型，共对2个集体、3名个人记大功，11个集体、100名个人记功。二是聚集职工智慧，围绕加强管理、技术创新、降本增效，组织员工开展合理化建议活动，促进企业降本增效。职工提出合理化建议579条，实施309条，创经济效益1 300多万元。三是激发员工斗志，开展劳模“看世博、话发展”活动，劳模们向全体员工发出《科学发展重实践，同舟共济促发展》倡议书。(2)履行维护职能，当好企业民主管理的组织者。坚持和完善职代会制度。两级职代会对企业重大问题和涉及职工切身利益问题，发挥职工参与民主管理的积极作用，对33个文件报告进行审议，提出提案27件，被采纳22件。(3)促进安全生产，当好员工安康的监督者。一是建立职业健康年度工作报告制度，加强劳动保护监督，促进员工安康。开展专项检查活动88次，发现和提出问题71个，整改落实63项。健全和完善工会三级劳动保护监督检查网络，设立165名劳动保护监督检查员队伍。二是心系一线员工，开展高温送清凉活动。两级工会投入19万余元，开展慰问活动60多次，慰问一线职工1.1万多人次。(4)促进优秀团队建设，当好争创活动的组织者。一是以推进班组建设为出发点，深入开展“工人先锋号”创建活动。二是为重点工程项目搭平台、创品牌、出典型。按照贴近项目、服务项目的指导思想，开展世博工程主题立功竞赛、职工小家和工人先锋号创建，树立了一批先进典型。(5)推进凝聚力工程，当好帮困送温暖的实施者。一是开展慰问劳模活动。慰问公司22名历届劳模、五一劳动奖章获得者。二是开展帮困活动。两级工会采取多种方式关心困难职工，帮困318人次，发放帮困款19万余元。(6)提升员工素质，当好文化活动的策划者。先后举办职工篮球赛、文艺演出、书画摄影比赛、女职工才艺展示表演等活动。

（毛一新）

上海高桥石油化工公司工会

主　席
罗新富

【概　况】　上海高桥石油化工公司工会下属基层工会13个，工会会员8 031人。机构设民管宣教文体部、生产生活保障部和办公室。(1)坚持工会维权的基本职能。一是注重源头维护，充分发挥以职代会厂务公开为基本形式的职工民主管理，维护职工合法权益。二是注重制度维护，通过法律法规、集体合同和平等协商机制做好监督检查，维护职工的劳动保护权益。三是搭建领导和职工对话的“双向沟通”交流平台。(2)立足岗位创效，建设促进科学发展的服务型工会。一是以“安全、环保、管理、效益”为主题，组织职工围绕安全查隐患、围绕效益抓节约、围绕管理降成本献计献策，共收到合理化建议6 545条，采纳5 186条，实施1 224条，产生经济效益6 227.68万元。二是以“专业化管理进班组”为要求，激励职工岗位建业。确定量化指标，完善考核办法，加强班组长培训。三是以开展“我要安全”主题活动为契机，提高职工“我会安全”的能力。(3)营造成才氛围，建设学习型工会。组织开展同装置、同工种、同层次的职工技能操作比武。共奖励“师带徒”239名，29人取得国家认可的专业证书，奖金总额为26.4万元。(4)心系职工群众，建设职工信赖的实务型工会。一是关爱职工身心健康，实行职工3年内享受短途休养的办法。二是关心困难职工生活，对病假、长病假和内退患大病职工实施定补救助；对生病住院职工实施医疗救助；对家庭困难的职工子女实施助学救助；对家庭突遭困难的部分职工实施帮困救助。三是关注职工精神文化生活。积极参加集团公司组织的“为国庆放歌”职工文艺汇演、上海市国庆60周年万人“黄河大合唱”大型歌会和公司歌咏大会等。(5)增强基层活力，建设创新型工会。一是选举产生第六届工会委员会和经费审查委员会。二是完善职工之家的创建标准，坚持把“效益、安全、稳定”的内容纳入工会“建家”活动之中。三是加强工会干部培训，有35名干部参加为期5天的工会理论和实务操作培训班。

（沈根明）

中国石化上海石油化工股份有限公司工会

主　席
高金平

【概　况】　上海石化工会辖有基层工会26个，工会会员20 591人。工作机构设办公室、基层工作部、宣教文体部、生活女工部、经济工作部。(1)大力开展“增收节支、建功立业”竞赛活动，全面启动技术经济指标劳动竞赛，形成千个班组、万名员工共同参与劳动竞赛的格局；广泛开展群众性安全活动，提高职工安全生产、职业卫生、劳动保护意识。(2)深化职工素质工程建设,重点推进网络班组、网上练兵工作,进一步开展技能竞赛,积极组织"工人先锋号"、"智能型班组"、"学习型班组"的培育和创建活动,做好全国、上海市五一劳动奖状(奖章)、"工人先锋号"的推荐评选工作;开展"庆国庆、迎世博"系列活动,组织庆祝新中国成立60周年职工文艺汇演,举办文化艺术节。(3)推进厂务公开民主管理,坚持和完善职工利益诉求表达和利益协调机制,推进厂务公开政策信息平台的规范运作;提高职代会整体运作水平,建立和实施职代会巡视评估制度及其实施细则,强化提案的预审、审查、落实环节,完善职代会提案工作闭会管理机制;继续推行并完善职工代表承诺制、考核制和激励制,做好新一轮集体合同和女职工专项集体合同各项条款的分解、落实和宣传工作。(4)完善职工生活补充保障机制,开展领导干部对口联系困难职工送温暖工作,组织职工参加"一日捐"和上海市职工互助医疗保障计划;进一步关心职工生活,督促职能部门做好职工"医食住行学"等工作。(5)探索完善工作体系和运行机制,改进工会工作菜单式考核方式,发挥工会全委会实行集体领导和分工负责相结合的作用;开展"对标创先"活动,加强工会干部的教育培训,提高干部的综合能力;强化基础管理工作,积极开展财务和经审自查、自纠工作;加强对工会财务经审人员的业务培训。

(施东亮)

上海化学工业区工会

主　席
陈兆麟

【概　况】 上海化学工业区工会辖有基层工会24个,涵盖企业30个,职工4 669人,工会会员4 340人,其中女会员1 478人;基层直属单位工会24个。(1)深入开展"当好主力军,建功十一五,和谐奔小康"、"同舟共济保增长、建功立业促振兴"竞赛活动,以创建"工人先锋号"为载体,以"文明班组"建设为基础,大力推进职工素质工程,广泛开展"创建学习型组织、争做知识型职工"活动,引导广大职工焕发劳动热情和创造活力。(2)积极开展"与世博同行、为世博添彩"主题实践活动,以"诚信在我心、文明伴我行"为主题,强化员工职业道德建设和"创工人先锋号、为世博加油"立功竞赛活动;以"当好主力军、建功世博会、展示新风采"为主题,精心组织"世博企业行"、"世博网上行"、"世博身边行"活动;积极组建"迎世博职工志愿者"队伍,开展"迎世博三五行动"和各类志愿者活动;引导职工广泛参与语言文明、举止文明、形象文明等文明行动。(3)完善机制,构建和谐劳动关系。继续抓好基层工会组织建设,推进外资企业和世界500强企业组建工会工作。注重源头参与、源头维护,推进集体合同的签订工作;开展劳动关系和谐企业创建活动,推进劳动关系调解机制建设;深化工会生活保障机制建设,大力开展帮困送温暖活动。(4)立足基层,加强工会自身建设。进一步加强思想建设、作风建设和能力建设,把工作重心放在为基层工会发挥作用创造条件上,全面落实新会计制度,开展工会财务工作检查,强化财务经审规范化建设,做好审查审计工作,开展经审特色工作创新大讨论。

(张　俊)

国药控股股份有限公司工会

主　席
沈立年

【概　况】 国药控股股份有限公司工会上海地区辖有基层工会9个,职工2 314人,会员2 207人。(1)开展形势任务教育和职工读书活动,做好职工宣传思想工作,提高职工应对市场和经营业务变化能力,确保工作落到实处,促进公司健康、协调、可持续发展。(2)围绕公司目标任务和重点工作,广泛开展"五个一"活动,与深入开展职工的评先创优活动紧密结合,不断深化、提升评先创优活动内涵和水平,激发员工创造性、积极性、主动性。(3)积极开展"与世博同行,为世博添彩——世博企业行"活动,广泛动员职工参与世博,服务世博,贡献世博,组织职工学习世博知识和智力竞赛,举行大型公益活动,开展"五比五赛"(比服务环境,赛整洁优美;比服务设施,赛安全便捷;比服务品质,赛仪态仪表;比服务水平,赛技术技能;比服务管理,赛常态长效)活动。(4)推进职代会制度建设,畅通民主管理渠道,建立公司领导与职工代表沟通机制,通过总经理信箱等途径,充分反映职工对企业经营管理、整合转型和涉及职工切身利益等重要事项的意见、建议。(5)深入开展企业文化建设。举办以"祖国,我为你高歌"为主题的大型歌会和公司第四届职工运动会,开展读书主题征文、才艺展示、健身运动等小型多样的群众性文体活动。(6)有序推进集体合同制度建设,积极引导职工理性、依法、有序地表达利益诉求和维护自身权益,构建企业和谐劳动关系,维护企业和社会稳定。(7)关心职工生活。开展帮困送温暖活动,关心困难员工的生活,发放慰问补助金共计12万元。关心农民工的工作和生活,帮助解决实际困难。

(周国良)

长江计算机(集团)公司工会

主　席
魏　红

【概　况】 长江计算机(集团)公司工会辖有基层工会18个,职工1 360

人,会员1 251人,其中女会员357人。(1)以创建"工人先锋号"为主题,组织职工参加建功立业活动。坚持"抓立项、抓落实、抓推广、抓考核",以全面动员、分类指导、学习交流、重点推进、树立典型、表彰先进等方法,深化建功立业主题活动。年内共有13家企业工会申报建功立业活动项目28项,比上年提高22%。集团10家核心企业立项24项,比上年增1倍。(2)以创建"和谐劳动关系"为主题,推进各项民主制度建设。一是落实厂务公开与职代会制度,国有及国有控股企业公开率达93.94%,比上年上升9个百分点;非国有控股企业公开率达到91.67%。二是推进平等协商制度,集体合同签订率92.86%。工资集体协商实施率78.57%,比上年上升34个百分点。三是企业职工劳动合同签订率达100%。对以前制定的《员工手册》等规章制度进行清理修改,按照新的《劳动合同法》规定做到民主讨论、平等协商、共同确定、公示告知。四是执行职工董事监事制度,40%集团国有及国有控股企业建立职工董事或职工监事;62.5%非国有控股企业中工会主席列席董事会。(3)以"帮困救助献爱心"为主题,开展多种形式的送温暖活动,营造和谐的企业氛围。元旦春节送温暖活动共计投入资金近15.6万元,惠及困难职工317户。金秋助学活动发放助学金18 150元,惠及14名困难职工子女。还从帮困基金中列支5 700元,慰问19名退休职工。组织开展第24个敬老祝寿活动,累计为2 607人次寿星祝寿。组织14个企业参加市4项互助保障计划。(4)加强工会自身建设,开展职工文体活动,增强工会的向心力和凝聚力。一是在考评基础上,落实3名基层工会主席享受企业同级行政副职待遇。二是推进和谐企业建设,集团公司被评为上海市推进厂务公开民主管理工作先进单位,论文获上海市厂务公开民主管理工作优秀成果奖。三是评选表彰一批"工人先锋号"班组和"五一巾帼奖"。四是组织"祖国在我心中——长江集团庆祝建国六十华诞职工摄影比赛"和"数码杯"足球锦标赛等活动。 (朱毅敏)

中铝上海铜业有限公司工会

主　席
陈明奋

【概　况】 中铝上海铜业有限公司工会辖基层工会8个,职工2 417人,其中女职工428人;工会会员2 193人,其中女会员419人。机构设办公室、生产、生活保障及女工法律部。(1)组织开展"控亏增盈、班组先行"主题活动,及形式的劳动竞赛和技术操作比赛、合理化建议活动,收到合理化建议800条。加强劳动安全卫生状况的监督检查,高温期间慰问。(2)坚持和完善职工代表大会制度。召开公司第一届职工代表大会第三次会议,听取业务招待费、职工收入、社会保险费交缴情况的汇报,审议通过《中铝上海铜业有限公司困难员工重大疾病互助、互济基金会章程》,组织职工代表对公司领导干部民主评议,开展厂务公开调研检查。(3)加强工会生活保障工作,积极开展送温暖活动。元旦春节期间走访困难职工10人,送慰问金7 500元。全年补助550人次困难职工,金额15.53万元。公司困难员工重大疾病互助、互济基金会有会员2 204名,筹集基金21.49万元,为8名困难职工发放基金68 516元,缓解了困难职工就医难问题。(4)加强企业文化建设,开展寓教于乐的文体活动。举办第一届职工书法、摄影、绘画展览、第一届卡拉OK大奖赛和"迎国庆60周年、振精神聚信念"职工歌咏比赛。(5)加强工会自身建设,切实发挥工会组织作用。按照《中铝上铜公司班组建设条例》,对班组情况进行调研。对各级工会领导班子进行调整充实。公司女职工委员会组织女职工为世博工地职工编织100条围巾。与5个基层工会签订协议,明确公司工会与基层工会各自的权利和义务。举办了《工会会计制度(新版)》培训班。 (陈益林)

鲁中冶金矿业(集团)公司工会

主　席
沙宝珍

【概　况】 鲁矿集团工会辖有14个基层工会,75个车间(区队)工会,工会会员5 087人,其中女会员1 329人。机构设办公室、民管、生产(宣教)、保障(女工财务)部、俱乐部。(1)组织以"二期工程"竞赛为重点的群众生产活动,促进公司生产经营目标的实现。围绕公司生产经营的重点和难点,继续在集团主体单位小官庄铁矿和张家洼铁矿开展"首季开门红"和"井下重点开拓工程"劳动竞赛。以"三化"活动为抓手,扎实推进"安康杯"劳动保护竞赛。会同安环部、生产部开展"安全生产月"和"红旗设备"竞赛,组织职工学习《全国职工职业健康知识普及教材》,举办"安全生产图片展"。举行"安全伴我行"演讲比赛,积极参与集团公司安全大检查,提出安全隐患21项,督促整改18项。(2)推进班组建设和"创争"活动,提高基层管理水平和职工素质。通过开展班组长培训、职工读书节、班组长联谊、专题座谈会等活动,交流班组管理经验,提高班组长管理水平。组织电工、电焊工、汽车驾驶员、凿岩爆破工技术比武活动;举办2期60人参加的计算机应用能力考试培训班,其中52人取得相应等级证书;组织职工参加山东省总工会组织的竞技活动,开展金点子合理化建议征集活动,部分合理化建议送交有关部门组织实施。(3)贯彻"依靠"方针,切实保障职工的民主权利。召开十二届三次职代会。开展厂务公开满意度测评,推动此工作深入开展。对集体合同进行修订。会同人力资源部及职代会集体合同检查委员会成员、公司平等协商的职工代表组成3个检查组,就履行情况进行检查调研。

(4)做好职工的生活保障,促进企业的和谐稳定。救助特困职工163人次,发放救助金13.59万元,为80户特困职工家庭办理了特困证。为83户特困职工的子女发放助学帮困救助金5.81万元。组织劳模及公司先进个人到黄山休养,为14名省(部)级以上劳模免费体检,对生活困难的劳模进行慰问和救助。组织40多名职工外出疗休养。举办元宵节焰火晚会和"庆国庆、爱国歌曲大家唱"职工歌咏比赛,开展春季长跑及乒乓球、羽毛球、象棋等体育比赛,丰富职工业余文化生活。(5)加强工会自身建设,提高工会工作影响力。坚持工会机关与基层工会"点对点"工作联系制度。加强工会信息化建设,认真做好职工信访工作,全年接待职工来访60余人次,组织女工妇科普查和庆祝妇女节趣味体育健身娱乐等活动;会同人力资源部和医院联合开展护理人员业务技能比赛和论文征集。（吴玉圣）

上海航天局工会

主　席
吴海中

【概　况】 上海航天局工会下辖49个基层工会,会员18 806人,其中女会员5 360人。(1)围绕航天科研中心任务,开展群众性主题竞赛活动。组织开展以"保成功、促发展"为主题的劳动竞赛,共有20余家单位开展了180余项劳动竞赛,近400个班组参加活动;结合中国航天科技集团公司工会开展的"万人献万计,天天有改进,降本增效益"主题竞赛活动,在系统内开展了新一轮合理化建议活动,推行组建节能减排改进小组(JJ小组);推进职工科技创新活动,策划并启动为期5年的新一轮以"创新"为主题的班组工程建设,组织班组长创新沙龙,动员班组参与质量月活动,命名唐建平班组为局职工科技创新示范点。(2)切实加强以职代会为基本形式的厂务公开民主管理工作。组织局和基层两级职代会机制建设调研工作;召开局二届二次职代会,组织职工代表巡视;积极开展和谐企业创建活动,深入基层调研建立平等协商、集体合同机制以及实施情况。(3)围绕职工权益,切实加强保障机制建设。开展《关于在当前经济环境下,金融危机对国防产业以及职工群众影响的有关问题和劳动关系方面主要矛盾以及影响职工队伍稳定的若干问题》的调研;建立军民品企事业单位经济现状和职工收入情况直通道和观察点;组织19家基层单位参加"安康杯"竞赛活动;进一步完善困难劳模和困难职工帮扶机制,加大对特困退休职工群体的帮困力度。(4)深入推进职工素质工程建设。一是深化"创争"活动,组织系统内单位参加上海市学习型企事业单位申报并获奖;二是参加上海市第十一届读书节,营造读书氛围;三是推荐唐建平参加全国道德模范评选和"双百"人物评选;四是开启新一轮班组长培训工作,首期对100名班组长进行了培训,组队代表上海市职工参加全国数控加工中心技能大赛,获团体第二和个人第二;五是结合"迎世博"宣传年,举办三八节活动、十一歌咏大会、职工摄影展等丰富多彩的文体活动。(5)加强工会自身建设。组织学习党的十七届四中全会精神,举办专题讲座;重视组织建设,抓依法建会和按时换届工作;组织上海市模范职工之家和模范职工小家的评选推荐工作;重视开展工会研究会相关调研工作。（沈　恺）

中国商用飞机有限责任公司工会

主　席
刘林宗

【概　况】 中国商用飞机有限责任公司工会下属基层工会10个,职工6 297人,工会会员5 990人,其中女会员1 431人。(1)全力推进职工素质工程。一是加强班组建设。组织班组长参加初级工商管理(EBA)培训班;组织部分优秀班组长参加国资委举办的"企业班组建设与管理高级研修班";首批组织68名班组长参加由国资委与清华大学联合举办的班组长管理能力资格认证远程培训。召开班组建设工作研讨会,探讨交流推进班组建设的新思路、新方法。二是推进企业文化建设。举办新春团拜会、元宵联欢晚会、庆祝建国60周年劳模先进座谈会、职工歌咏大会、首届职工运动会及职工征文、书法、绘画、摄影作品展评等文化体育活动。(2)服务发展大局。一是开展立功竞赛活动。围绕ARJ21－700飞机取证、试飞、总装任务和大型客机发展工作,以"保质量、保重点、保安全、保节点、保交付"为主要内容,组织开展"抓五保、创一流,为民机研制发展作贡献"主题劳动竞赛。二是配合抓好安全生产劳动保护工作。会同行政组织开展夏季防暑降温和安全生产劳动保护工作情况检查,组织基层单位参加"安康杯"竞赛。三是挖掘职工群众的聪明才智。开展"我为型号研制和公司改革发展建言献策",共收到职工献计献策719条。四是选树先进典型,弘扬劳模精神。通过公司网站和《中国大飞机》报,加大对劳模先进典型的宣传力度。落实对劳模的奖励,建立健全劳模动态管理档案,做好劳模节日慰问和免费体检等工作。(3)履行维护职能,努力为职工做好事、办实事。一是关心女职工身心健康。组织纪念"三八"国际劳动妇女节座谈会暨联欢会,举办"迎世博文明礼仪礼节与职业女性形象塑造"主题培训班。落实女职工体检,支持举办"规范温馨、优雅大方"文明礼仪风采大赛。二是关心青年职工生活。举办以"共享蓝天　共筑辉煌"为主题的大龄单身青年联谊活动,共有100多名青年员工参加。三是坚持实施送温暖工程。各级工会在重大节假日组织走访慰问困难老劳模、老党员、老工人,坚持对职工生日、患病或家遇突发事故的职工家庭进行慰问。四是发动5 800名职工为受"莫拉克"强台风影响的台湾灾区同胞捐款。参加大学生见习岗位专场招聘会,并对6名见习学员落实带教老师，其中3名见习后在公司就业。(4)推进工会自身创新发展。一是制定下发《关于工会在学习实践科学发展观活动中发挥作用的意见》，编印《深入学习实践科学发展观活动资料汇编》，指导所属单位开展学习活动，分批选送20余名工会干部参加各类培训。二是指导下属两个公司工会按规定民主程序完成换届改选。三是参与拟定并由公司党委下发《关于加强和改进工会工作的意见》和《关于加强班组建设的意见》，推动工会建设和各项工作规范有序发展。（季玉进）

上海市烟草工会

主　席
解建伟

【概　况】 上海市烟草工会辖有基层工会10个，职工8 366人，其中女职工2 399人，会员8 366人。工作机构设办公室、一科、二科、退休职工管理办公室、职工活动中心。(1)推进企业管理上水平，强化班组建设。按照“实施方案注重规范务实、创建管理注重分级负责、评价内容注重特色创新、创建活动注重实际效果”原则，修订完善了“工人先锋号、50强班组”考核评价标准，采用“末位淘汰、择优升级”方式，形成有进有出、公平竞争的运行机制。评出集团“工人先锋号”25个，“50强班组”38个，5个获市级以上先进集体称号。(2)围绕“卷烟上水平、税利保增长”构筑“三个”平台。一是构筑以“提素质、促发展、保增长”为主题的劳动竞赛平台，6个项目被评为“上海市劳动竞赛优秀品牌项目”；二是构筑发挥劳模先进引领作用的榜样展示平台，做到培育有计划、有帮带、有评价、有宣传，有7人获市级以上劳模称号，上海卷烟厂、储运公司被评为2009年度“上海市学习型企业”；三是构筑传承弘扬企业文化的教育引导平台，组织开展“与祖国共命运、与世博共奋进、与企业共发展”主题教育和庆祝新中国成立60周年系列活动。(3)围绕和谐企业建设目标，加强职代会、职工满意企业和关爱服务体工作。抓好集团公司第六届职工代表改选、第四期集体合同续签和首期女职工权益保护专项集体合同签订工作，对36家单位的265名厂处级以上干部进行了民主评议。深化职工满意企业创建和“学法律、迎世博、促和谐”为主题的法律伴我行活动，做到每季度一个重点，为基层提供法律知识学习和法律援助、生活关爱服务。全年实施大病救助、救急济难、住院互助、困难救助职工615人，救助资金91.3万元。(4)围绕提升指导服务能力，加强自身建设。以职工和党政满意为目标，深入开展“星级职工之家”创建活动。2个工会获“2009年度上海市模范职工之家”称号，3个工会获“模范职工小家”称号。对91名工会干部举办了为时5天的工会业务培训班。烟草工会荣获“全国省(市)级工会财务先进单位”、“上海市工会统计工作先进单位”和“上海市职工技协先进集体”称号。（江洪生）

上海汽车工业(集团)总公司工会

主　席
吴诗仲

【概　况】 上海汽车工业(集团)总公司工会辖有基层工会48个。职工81 708人，会员78 673人。机构设综合管理办公室、组织民管部、生产宣教部、权益保障部和企业办公室。(1)坚持上汽发展目标，发挥广大职工主力军作用。深入开展“先锋号在行动”实践活动，制订6项主要内容和具体实践方法，扩大职工参与面，号召职工在“过紧日子”的特殊时期树立起“逆境中顶得住”的自信和“抱团取暖炼内功”的责任意识；围绕企业自主创新、产品质量、节能减排、百万创新等主题开展以主机厂为龙头，供应商和经销商相互联动的立功竞赛；69 232名职工参与合理化建议活动，提出合理化建议42.49万条，节约总金额达10.86亿元。(2)坚持以职代会为基本形式，推进厂务公开民主管理。组织开展厂务公开民主管理工作调研检查，及时总结推广经验。把人人成为“经营者”管理模式与厂务公开有机结合。(3)坚持依法维权，努力创建劳动关系和谐企业。成立上汽“先锋号帮扶中心”，对39家达标企业授予“上汽先锋号帮扶分中心”，筹措帮扶资金10 620.28万元。(4)坚持“造车育人”理念，深入开展素质工程建设。开展“身边的徐小平”活动，发挥“名师带徒”作用，精心组织上汽职业技能竞赛；围绕企业文化建设，开展多项职工喜闻乐见，生动活泼的文体活动。(5)提高工会工作水平。指导20家企业工会按期换届选举和调整充实；召开先进职工之家、职工小家特色工作成果发布会，编辑出版工会建家特色成果集《凝聚3》。（范　融）

上海久事公司工会

主　席
顾利慧

【概　况】 上海久事公司工会辖有直属工会9家、基层工会60家。职工80 733人，其中会员78 579人。(1)深入开展建功立业主题实践活动。一是以“当好主力军，建功世博会，展示新风采”为主题，深入开展以世博知识、市民文明行为礼仪、学双语和行业岗位规范为主要内容的全员大培训、岗位大练兵、技能大比武、风采大展示等活动，职工参与率达100%。二是广泛开展“同舟共济保增长，建功立业促发展——百万职工先锋号行动”主题实践活动。继续深化以“五个百万”为主要内容的立功竞赛和劳动竞赛。“安康杯”竞赛活动继续扩大覆盖面,结合实际开展彰显久事特色的各类活动,以市重大工程实事立功竞赛活动为载体,确保安全第一。三是大力弘扬劳模精神,完善劳模培育、选树、宣传、管理机制。四是深入开展"我为世博作贡献"、"五小"、"金点子"等合理化建议活动。(2)切实维护职工合法权益,进一步构建和谐劳动关系。一是坚持以职代会为基本形式的企业民主管理制度。二是直属企业工会突出重点,注重实效,深化厂务公开民主管理。三是大力推进平等协商和签订集体合同制度,进一步依法规范按实确定员工社保缴费基数。(3)积极关注民生,加大关心职工力度。一是以节日送温暖、"金秋助学"、"三定"帮困及农民工团体医疗帮困等为重点,深入开展工会帮困救助送温暖工作。全年帮困总金额达1 349.77万元,28 988人次受益。二是组织走访慰问"三老"活动。三是上下沟通协调,落实公交职工一年一次体检制度,积极推进职工互助保障计划的实施和达标。(4)深入开展主题教育活动,进一步发挥工会"大学校"作用。一是深化社会主义核心价值体系教育。举办"颂扬祖国、奉献世博"职工书画摄影展。二是开展技术技能培训,举办汽车驾驶员、维修工技能竞赛,10名员工晋升技师,近80名员工晋升高级工。(5)进一步加强工会自身建设。以"关心职工生活,构建和谐企业"为主题开展调研。继续加强工会组织建设。 (孙庆生)

上海市漕河泾新兴技术开发区发展总公司工会

主　席
陈　克

【概　况】 上海市漕河泾新兴技术开发区发展总公司工会辖有6个基层工会。共有职工1 182人,工会会员1 150人,其中女会员413人。2009年,总公司工会积极会同社区总工会抓开发区内外资企业工会组建,新建企业工会15个、覆盖企业100家,新增工会会员3 000人;围绕学习实践科学发展观活动,开展"我为漕河泾开发区科学发展献计献策"合理化建议主题活动;围绕工会职能开展司务公开、行政对话、工资专项集体合同签订等工作;开展上海市"工人先锋号"评选推荐活动,物业公司华美达酒店前厅部荣获上海市"工人先锋号"称号;举办"瞩目漕河泾——红歌会"及"庆国庆、迎世博　漕河泾开发区文艺演出";开展"迎世博物业杯——乒乓球、扑克牌比赛"及"工商银行杯"第四届漕河泾开发区篮球邀请赛;组织好元旦春节帮困送温暖工作及"爱心一日捐"等活动,对90多名退休职工、患病职工及家属进行送温暖活动,慰问帮困金8.9万元。 (汪海燕)

中国能源化学工会华东电力工作委员会

主　任
庄毅群

【概　况】 中国能源化学工会华东电力工作委员会是中国能源化学工会在华东地区的派出机构,履行华东电网产业工会和大型企业工会职责,领导上海、江苏、浙江、安徽、福建省(市)电力工会。上海地区直代管工会7家,职工2 038人,其中女职工529人;工会会员2 011人,其中女会员522人。机构设办公室、组织民管部、生产生活部、宣传文体部。(1)融入中心、服务大局,充分发挥工会组织的桥梁纽带作用。华东电网公司荣获上海市五一劳动奖状称号,全年有6名个人、7个单位(集体)分别被全国总工会、国家电网公司、上海市总工会授予国网劳模、上海市工人先锋号、全国女职工建功立业标兵、全国女职工建功立业标兵岗、先进基层工会女职工组织等荣誉称号。(2)围绕重点工程、重点领域,组织开展立功竞赛和技术技能竞赛活动,有效地促进各项工作的开展。(3)认真贯彻落实国资委、国家电网公司关于加强班组建设的意见,举办优秀班组长培训班,组织召开加强班组建设调研座谈会。(4)全面落实职代会、集体合同、厂务公开等制度,进一步深化企业民主管理,有效发挥民主议事平台作用。(5)注重培育劳模,发挥劳模作用。在华东电力调度通信中心成立首个劳模创新工作室,进一步发挥劳模在群众性科技创新活动中的作用,推动公司创新型企业建设。(6)丰富职工精神文化生活。以"播撒光明"为主题举办职工文艺汇演,展现华东电网60年来取得的辉煌成就。(7)加强工会自身建设,抓好调研、标准化建设、培训和舆论宣传工作。 (施炜伟)

申能(集团)有限公司工会

主　席
仇伟国

【概　况】 申能(集团)有限公司工会辖有基层以上工会5个,基层工会26个,职工11 304人,会员11 189人,其中女会员2 297人。(1)深化劳动竞赛,增强集团经济发展的助推力。一是关注职工生命安全健康。以"四抓四到位"为重点开展"安康杯"竞赛活动,并与安全"三项行动"、"安全隐患排查"、"迎世博,保安全"工作有机结合,促进了电力迎峰度夏、燃气高峰供应、重大项目建设等生产目标的顺利实现。二是发动职工开展科技创新活动,强化职工节能增效意识。开展群众性科技创新金点子征集活动,3项合理化建议获得市科技创新奖。三是开展集团"工人先锋号"评比表彰。(2)促进和谐劳动关系,完善厂务公开民主管理。一是维护职工合法权益,关注企业劳动报酬、休息休假、保险福利、劳动安全与卫生、农民工薪酬支付等制度的执行情况，深化系统单位集体合同的履行和工资集体协商机制建设。二是履行民主管理职能，完善厂务公开制度。用制度形式明确职代会民主评议领导班子成员的内容方法。三是开展厂务公开工作调研检查。(3)关注职工生活保障，增强企业内部的向心力。一是各级工会帮困3 853人次，帮困资金达231.95万元。二是落实大学生职业见习工作。三是继续落实职工互助保障计划。四是组织在职劳模赴云南疗休养，关心退休劳模的居家生活。(4)提升职工文化素养，拓展工会组织凝聚力。一是结合"创争"、"迎世博"活动，发动职工参与迎世博职业技能比武、"三五"集中行动、感言良策征集、"与世博同行"职工知识竞赛等。二是精心组织"爱祖国、迎世博、建和谐、促发展"系列主题教育和文化活动，开展"与世博同行"职工素质工程、"青春万岁"—"五四"文艺展演和摄影巡展、"庆五一劳动先锋慰问行"、"欢乐迎国庆、健身展风采"职工文体比赛月等活动。三是发挥工会文体协会和基层文化作用，满足职工不同文化需求。摄影协会组织摄影爱好者开展"临安摄影采风活动"。(5)发挥妇女"半边天"作用，促进女职工工作。一是开展岗位建功活动。二是维护女职工合法权益。三是加大爱心帮扶力度。四是开展女职工课题研讨。(6)推进工会自身建设，扩大工会工作影响力。 （倪　静）

上海电器科学研究所（集团）有限公司工会

主　席
曾思勤

【概　况】 上海电器科学研究所（集团）有限公司工会辖有基层工会9个，职工1 371人，会员1 201人，其中女会员376人。(1)以深入学习实践科学发展观活动为动力，继续加强工会自身建设。一是集团公司各级工会以科学发展观为统领，继续坚持"促进企业发展，维护职工权益"的工作方针。召开4次职代会主席团联席会议，1次工作年会。二是进一步提升工会干部政治理论素质和工作能力。组织基层工会主席学习《企业工会工作条例》、《职工代表大会工作规范》等文件，并开展工会特色工作交流。对新上任的工会主席进行岗位培训；对各级工会经费审查委员会主任进行业务培训；对新换届的3个子公司工会的职工代表进行专题培训。三是以工会新旧会计制度衔接过渡为契机，进一步规范工会财务管理工作和经费审查工作。开展工会固定资产清查工作。(2)加强职工素质工程建设，以"工人先锋号"为载体，深化"创建学习型班组、争做知识型职工"活动。深入开展"当好主力军、建功'十一五'"和"我为节能减排作贡献"活动，进一步落实"上海职工迎世博600天行动计划"。(3)加强工会维权机制建设，发展和谐劳动关系。完善《集体合同》和职代会制度，推进工资集体协商。完成集团《集体合同》的修订和签约工作，同时签订《女职工权益保护专项集体合同》。(4)围绕企业文化建设和建国六十周年大庆，积极组织开展文化体育活动。（查正纲）

中国铁路工会上海铁路局委员会

主　席
钱　铭

【概　况】 中国铁路工会上海铁路局委员会辖区分布苏、浙、皖、豫、沪四省一市，其中上海地区有38个基层工会，会员38 747人，女会员5 425人。机构设综合（财务）部、组织部、生产和文体部、保障和女工工作部；代管中国火车头体育协会上海理事会、局退休职工管理委员会。(1)推进企业民主政治建设。召开路局九届四次职代会和闭会期间的四次联席会，按民主程序审议通过《职工住房分配》、《职工竞争上岗》等涉及职工切身利益的办法；执行职代会报告制度，推进民主管理厂务公开工作的创新发展。(2)抓好群众性安全工作。一是组织开展了"同舟共济保增长，建功立业促发展"劳动竞赛及各具特色的"增收节支"保安全活动；继续在建设管理单位组织开展"建设强局"立功竞赛活动。二是开展保安全、增收节支为主要内容的职工合理化建议征集活动，征集合理化建议220条，有80条被采纳；三是发挥劳模先进引领示范作用。组织60名劳模"走天路、看拉萨，迎接国庆60周年"，600名劳模先进参加部"乘高铁、看发展、迎国庆"主题教育活动，会同铁道报社开展局全国劳模的专题宣传报道活动。(3)职工保障工作全面推进。修订路局《"三不让"承诺管理办法》，提升"三不让"承诺工作水平。全局共助困89 793人次、总金额3 385万元，助学补助3 405人、补助金为441万元，助医6 050人、补助金为3 002万元，坚持日常慰问和节日慰问相结合，路局专门下拨"送温暖"慰问金906万元，夏季高温"送清凉"慰问金820余万元。(4)加强工会自身建设。成功召开路局工会第七次代表大会，选举产生了新一届路局工会领导班子，完善《基层单位工会创建"职工之家"活动管理办法》，路局工会获上海市"模范职工之家"称号。选送28名工会专职干部参加铁总、省总组织的培训，对357名工会主席和职工董事、监事进行工会业务知识培训。 （白　杰）

中国海员工会中国海运（集团）总公司委员会

主　席
陈德诚

【概　况】 中国海运系国务院国资

委直管的跨省跨地区跨国经营的企业集团。上海地区有基层工会27个,职工18 331人,会员18 059人,其中女会员2 215人。(1)推进劳动竞赛,促进生产发展。继续深入推进“同舟共济保增长,建功立业促发展”为主题的第十二届“中海杯”劳动竞赛,积极应对国际金融危机,加强精细化管理,开展节能减排,确保安全生产。表彰劳动竞赛50个优胜集体和100名先进个人。(2)推进“双一流”素质工程建设,外拓市场,苦练内功,提升竞争力。大力开展岗位练兵、技能培训、技术交流活动。参加国务院国资委与国家人力资源和社会保障部主办的中央企业船舶水手、机工决赛取得优秀成绩。(3)推进民主管理,进一步完善职代会制度建设。修改颁发《关于进一步加强集团系统职代会制度建设的指导意见》,坚持厂务、船务、校务公开,坚持民主评议领导干部,坚持凡涉及职工切身利益的改革方案必须经职代会审议通过的制度。(4)推进企业文化建设,凝聚职工力量。组织大型文艺汇演。评比表彰9个学习型先进班组和11名知识型先进个人,编辑出版《学海泛舟》一书,发放到基层班组和船舶。加强“海上图书室”、“海上学校”建设,开展游泳、乒乓球、足球、羽毛球比赛,举办摄影班,参加上海大型邮展。(5)推进和谐稳定,关爱员工生活。“一日捐”活动捐款54.54万元,慰问困难职工3 274人次,发放慰问金达596万元,开展结对帮困137人,对732人次退休困难船员给予帮困补助88万余元。为12 436名退休职工办理住院补充医保计136.8万元,保障给付1 385人、计160.55万元;1 934人参加在职住院医保,8 848人参加重病医保,并为497名女职工办理了特种补充医保。帮困助学993人,金额为52.87万元。(6)推进工会自身建设,不断提高服务能力。深入学习实践科学发展观活动,牢固树立服务科学发展、服务职工群众的理念。加强新任工会主席的岗位培训,举办工会财务干部培训班,抓好工会主席的离任审计。 (柴淮生)

上海国际港务(集团)股份有限公司工会

主 席
王晓华

【概 况】 上海国际港务(集团)股份有限公司工会辖基层工会38个,工会会员35 088人,其中女会员3 632人。机构设办公室、基层工作部和生活保障部。(1)在庆祝新中国成立60周年之际,组织开展以“歌唱伟大祖国”为主题的系列职工文艺活动,增强企业凝聚力。(2)落实两项工作举措,深化企业民主管理。一是落实职代会质量评估和职工代表提案工作,集团一届四次职代会闭幕后,请职工代表对职代会的议程安排等5个方面进行评价,并对18件提案进行研究,立案14件。二是开展第7次厂务公开民主管理工作调研检查。(3)注重三个结合,推进各项竞赛活动。一是与企业安全生产相结合,发动职工开展以“寻找身边的危险源”、“关爱生命、安全发展”为主题的竞赛。二是与集团开展的“客户服务年活动”和“百人千万吨竞赛活动”相结合,为企业生产经营尽快走出低谷,发挥了工会组织的积极作用。三是与中国海员建设工会组织的活动相结合,积极参与全国港口系统“增产增收、开源节流”竞赛活动。(4)办好四件实事,构建和谐企业。一是大力推进节日期间的帮困送温暖活动,重点对11类困难职工群体进行了有针对性的帮困,发放各类帮困金327.56万元,11 626人受助。二是组织落实以“红色之旅、教育之行”为主题的职工全员疗休养,10 305名职工参加。三是不断完善外来劳务工补充医疗综合保障计划,32家基层单位为12 936名外来劳务工办理续保手续。四是切实做好第13次“8.15”爱心捐款活动,捐款总额达371.39万元。(5)开展五个方面工作,强化工会自身建设。一是开展深入学习实践科学发展观活动,开拓工作思路。二是召开工会全委会,明确工作目标。三是召开工会主席工作例会和座谈会,推进工作落实。四是加强工运理论研究,深化工作内涵,召开了“学习贯彻全总十五大精神,推进工会各项工作”专题工运论文发布会。五是组织工会干部培训,提升工作能力。 (张晨琦)

中国海员工会上海长江轮船公司委员会

主 席
高 峰

【概 况】 上海长江轮船公司工会辖基层工会15个,职工3 170人,会员2 941人。(1)大力开展劳动竞赛,确保公司各项任务全面完成。一是以创建“工人先锋号”活动为载体,开展“同舟共济保增长,建功立业促发展”劳动竞赛和岗位练兵活动。二是开展“安康杯”劳动保护竞赛,安全月活动期间组织13名职工代表参加安全巡查活动。发动各级工会广泛开展“征集安全家书”活动,共收到安全家书17封,在企业内部报刊上刊登宣传。开展评选职工十佳安全警句和“职工妻儿安全寄语”活动,共收到职工安全警句187条,“职工妻儿安全寄语”110条。三是开展“我为节能减排做贡献”活动,“长轮29004”趸船风力发电清洁能源的应用荣获上海市职工节能减排优秀合理化建议一等奖。(2)加强民主管理,促进企业和谐。一是建立健全职工代表大会制度。18个单位全部建立规范的职代会和职工大会制度。坚持职工代表巡视制度。提案委员会工作恢复开展,民主议事会普遍推行,民主评议领导干部制度得以完善。二是深入推进厂务公开工作。三是开展平等协商签订集体合同,并对集体合同履约情况、劳动安全、劳动保护等涉及职工切身利益的问题进行监督检查。四是维护企业稳定，工会干部深入各基层单位开展职工队伍状况调研，掌握情况，化解矛盾。(3)坚持“送温暖、办实事”，凝聚职工队伍。一是坚持开展元旦春节期间的全面慰问，共慰问劳模、先进、专家20名，慰问因公致伤致残职工、抚恤职工家属、公司困难离退休人员、孤老等112人，慰问特困职工70多名。开展秋季助学活动，向50多名困难职工子女发放助学款近5万元。组织劳模先进疗休养和体检。二是高温期间慰问一线船员，化7万多元为海司船员购买空调、电视机等物品。三是抓住农民工入会、教育培训、服务管理、困难帮扶等关键环节，切实加强农民工权益维护工作。(4)开展形式多样的职工文化体育活动，促进企业文化建设。举办第三届职工文化体育节，共有14个项目，近千人次职工参赛。组队参加长航集团举办的乒乓球赛。举办庆祝建国60周年文艺汇演。(5)抓好工会组织建设，提升工会干部素质。一是新组建的单位全部建立工会组织，指导基层单位做好换届选举。二是加强工会干部学习培训，优化工会干部知识结构。三是创建“模范职工之家”、“模范职工小家”活动取得新成效。

（马吉怡）

上海市运输工会

主　席
黄伟建

【概　况】 上海市运输工会辖基层工会53个，涵盖54个单位，工会会员1.54万人。机构设办公室、宣教部、保障部、事业部，并设女职工委员会和退休职工委员会，事业单位有交运俱乐部和交运休养院。(1)围绕大局，突出重点，工会组织在推进集团经济平稳较快发展中有新作为。一是组织开展“同舟共济保增长，建功立业促发展”活动。二是会同集团财务部、监察室、运输部等开展“催讨应收账款百日专项竞赛”。三是组织13家单位参加“安康杯”劳动保护竞赛，103个班组、74条船舶参加全国水运系统船舶、班组安全竞赛活动。四是组织开展“春运安全优质服务竞赛”和“关爱农民工、平安过新年”工作竞赛。(2)服务世博，奉献世博，交运窗口企业品牌效应和服务水平有新凸现。组织开展“三五”行动和“五比五赛”活动，树立30个集团迎世博优质服务示范点，组织6家单位成立迎世博志愿者队伍，开展了交运职工迎世博“五一”特别行动；组织集团迎世博优质服务示范点交流，并开展“迎世博，我们还需要改进什么”、“我为迎世博献金点子”等活动。(3)培育团队，交运职工素质工程建设有新发展。一是贯彻落实集团科技工作会议精神，编修《交运集团“十一五”期间职工素质工程计划书》。实施人才强企发展战略，在集团三大核心主业主体工种中，组织开展了会计电算化、计算机技能操作、厢式车驾驶员节油等10项职工技能操作比赛，共有209名选手参加决赛，其中46人获奖晋级。二是重视基层班组建设和班组长队伍建设，举办3期专题培训班。三是重视劳模培育工作，组织召开劳模培育“一带一”工作交流会。(4)关注民生、构建和谐，职工共建共享改革成果有新实效。组织开展第7次厂务公开民主管理调研检查，汇编《职工代表观察员巡检工作巡礼》，召开集团第7次集体协商会议，办好职工实事工程，全年164件实事项目全部完成。(5)深入开展学习实践科学发展观活动，工会整体工作水平有新提高。坚持集团领导与职工恳谈制度，首次实行技能竞赛优胜者与工资薪酬挂钩；召开八届十二次全委会，替补选举运输工会副主席、经审会主任；以创建“五好”基层工会活动为抓手，开展先进职工之家创建活动考核评选；组织优秀工运理论研究论文评选；编辑出版《交运人的追求》，开展集团精神文明十佳好事评选；组织职工书画作品赛、“前进中的上海交运”摄影比赛等活动。

（王　勤）

中国邮政工会上海市委员会

主　席
沈　华

【概　况】 上海邮政工会辖有基层工会42个，工会会员21 130人，其中女会员6 732人。机构设办公室、组织宣传部、基层工作部和权益保障部。(1)以迎世博、讲文明、树新风“三五”集中行动为抓手，广泛开展劳动竞赛。积极应对国际金融危机对企业发展带来的负面影响，深入开展“新形势、新任务、新起点、新作为”主题教育实践活动，广泛开展“迎世博、我为企业科学发展献一计”活动，员工提出合理化建议12 922条。组织实施《上海市邮政公司迎世博600天文明行动计划》，开展“五比五赛”立功竞赛，以争创“先锋号窗口”流动红旗为抓手，深入开展以“科学发展抓预防、预防为主重教育”为主题的“安康杯”竞赛。2万多名员工参加了“上海市安全生产知识竞赛”和“全国职业安全健康知识竞赛”。邮政服务窗口开展“三五”集中行动“洁齐美”竞赛取得成效。(2)坚持开展社会主义核心价值观教育，大力弘扬劳模精神，认真做好劳模推荐评选。(3)扎实推进职工素质工程，促进员工全面发展。组织开展精神文明十佳好事评选；开展创建学习型企业活动；组织“万名员工业务技术大练兵”，开展金融反假币操作比赛和营业投递业务技能决赛等。举办以“迎国庆、迎世博、强体魄、促发展”为主题的公司第二届员工运动会，设7大类32个比赛项目，上海邮政被评为全国通信行业体育先进单位。上海邮政合唱团积极参加社会公益活动，并代表上海市参加全国“爱国歌曲大家唱”展演，获上海市总工会颁发的“特别贡献奖”，上海邮政员工合唱文化活动被评为上海市“五一文化奖”十佳职工文化品牌。(4)切实履行工会维护职能,开展帮困送温暖和“献爱心”活动,走访慰问1 864人,支付帮困救助金67万元;25 796名员工参加“一日捐”,捐款近118万元;“金秋助学”活动资助困难员工子女176名,金额达13.68万元。重病医疗互助保障会为70人给付保障金84万元;住院医疗互助保障会为204人次给付住院互助保障金44万元。组织职工代表对20个直属单位进行防暑降温、员工生产生活等专题巡视检查。(5)坚持服务大局服务员工,不断加强工会自身建设。开展创建职工之家活动,6个班组获“迎世博600天”上海市五一巾帼示范岗称号。加强工会组织建设,指导帮助基层工会换届改选;开展优秀论文评选,完成25个基层工会的财务审计。 (陈千涛)

中国移动通信集团工会上海市委员会

主　席
张新康

【概　况】 中国移动上海公司工会辖直属工会30个,二级工会18个,工会小组481个。工会会员4 558名,其中女会员2 054名。机构设基层工作部、权益保障部和综合部。公司工会按照“着力机制,锐意创新;全面推进,重点突破;探索实践,注重科学;立足长远,构筑和谐”的工作方针,将常规工作的推进与重点工作相结合,通过建设长效体制机制,全方位推动各项工作;紧紧围绕公司中心工作和员工的需求,以“攻坚克难”为主题,深入开展劳动竞赛;发挥工会组织优势,开展迎世博传播活动;深化班组建设与管理,形成工作亮点和特色,引导员工为公司发展作贡献。围绕工会基本职能,推出多项员工关爱措施,有效凝聚员工、稳定员工,帮助员工树立信心,提升能力。加强工会自身建设,提高工会干部队伍整体素质。搭建各类交流平台,做好宣传工作,引导员工促进企业精神文明建设。 (史　旭)

中国电信集团工会上海市委员会

主　席
陈鸿生

【概　况】 中国电信上海市工会拥有基层工会53个,挂靠工会2个,职工23 075人,会员22 947人。(1)坚持发展第一要务,服务大局,关爱员工。开展“开门红”竞赛、基站寻址攻坚战、提高活跃度冲刺60天竞赛、满意服务优质服务竞赛、手机支付体验活动等劳动竞赛;联合开展“创e盈家杯”创意大赛、“啄木鸟”活动、窗口服务、以及我为全业务发展献一计等合理化建议活动;组织开展移动互联网业务技能操作练兵、窗口服务“2+3”技能比赛、窗口服务咨询顾问技能大赛、迎世博微笑服务大使等比赛。在助力企业发展的同时,关心员工生活,督促行政落实员工公休;全年慰问员工644人次,帮困金额计38.33万元。(2)深化厂务公开民主管理,以人为本,促进和谐。坚持公司重大事项通过职代会民主程序的制度。重视平等协商,聚焦公司员工的全面发展,使改革发展成果惠及广大员工,集体合同履约率达100%,基层单位集体协议签约率为75.86%。制定《深化和规范公司二级基层单位厂务公开实施意见》,从思想认识、组织领导、制度建设、工作创新等方面规范基层民主管理工作。(3)发挥工会“大学校”作用,提升素质,激发活力。开展“与祖国共命运,与世博共奋进,与企业共发展”专题教育;评选精神文明“十佳”好事;开展新一轮学习型班组创建,50%的班组在创建活动中达标;举办公司第三届员工文化艺术节、“每季一赛”和全员健身日等活动。(4)搞好自身建设,打造品牌,注重创新。全面推进基层工会主席直选,年内10家基层工会换届改选中7家实行直选。成立公司工会企事业管理委员会和办公室,制定各项管理办法和制度,使公司工会企事业健康发展。在集团工会网站登陆信息988条,被市级以上媒体采纳253篇。 (朱东亚)

中国海员工会交通运输部东海救助局委员会

主　席
金振泰

【概　况】 中国海员工会交通运输部东海救助局委员会辖有基层工会12个,会员995人,其中女会员63人。(1)紧扣救助中心工作,开展建功立业活动。积极开展建功立业主题劳动竞赛,注重职工安全生产和劳动保护,提高群众性安全工作的针对性、实效性。(2)深入实施职工素质工程,为创建“和谐救助”凝聚力量。以创建职工之家、和谐救助活动为载体,调动职工的积极性和主动性。以救助事业核心价值为导向,提高职工队伍的思想道德和科学文化素质。以劳模评选表彰活动为契机,发挥劳模先进典型的示范引领作用。(3)履行维护职能,保障职工生活,为群众办实事做好事。切实做好帮困送温暖工作。扎实推进局职工互助医疗保障工作。加强女职工委员会的各项工作,切实保障女职工的特殊权益。(4)夯实工会组织基础,提高各级工会工作水平。加强工会建设,增强基层工会组织活力。完善工会组织建设,建立适应救助事业特点的组织体系。实行民主管理,切实加强工会基础工作。 (吴　斌)

中国海员工会交通运输部上海打捞局委员会

主　席
姚世光

【概　况】 中国海员工会交通运输部上海打捞局委员会辖有基层工会8个,职工1 308人,工会会员1 308人,其中女会员107人。(1)注重理论学习。坚持抓好基层工会主席每月一次学习例会、每季度定期交流、每半年一次工会工作通报等制度;应对国际金融危机,组织开展"与打捞共发展、为打捞献计策"演讲比赛。(2)深化职工民主管理。召开局二届一次职代会暨工代会,进行局工委会、经审会、女工委的换届选举;以职代会为载体,坚持民主程序,开展领导干部"述学、述职、述廉"民主评议工作,推荐42名职工代表参与局学习实践科学发展观活动;围绕职工关心的问题,积极开展调研工作,帮助职工解决实际困难。(3)坚持发挥劳模示范引领作用。开展上海市五一劳动奖章、工人先锋号和局系统各项先进的推荐评选工作;组织职工观看电影《铁人》,大力宣传劳模先进精神,积极挖掘身边的先进人物和先进事迹。(4)积极引领职工发挥主力军作用。以"保增长、促发展,建功立业作贡献"为主题,组织局属单位开展形式多样、内容丰富的岗位技能培训和技术练兵活动;抓好"安康杯"竞赛、"全国水运系统船舶、班组安全竞赛"等活动。(5)深入开展精神文明建设。广泛开展"创建学习型组织、争做知识型职工"活动,引导和激励职工学习成才、岗位成才;开展读书活动,丰富职工精神文化生活;选送作品参加部救捞系统职工摄影比赛。(6)切实为职工办实事解难事。组织元旦春节帮困送温暖,走访慰问老劳模、特困职工和重病职工;关心困难职工子女,开展"六一"儿童节助学和"金秋助学"活动,共为66名困难职工提供帮困助学金3.84万元;继续开展局职工医疗互助保障工作,调高保障金缴拨费用;为1 563名在职职工办理职工互助医疗、工伤、意外定额补贴保障计划;组织在沪单身女工参观上海环球金融中心和世博会展示中心;组织夏季高温送清凉、重大工程慰问活动以及组织职工疗休养等。 （满竞璐）

中交上海航道局有限公司工会

主　席
王伯华

【概　况】 中交上海航道局有限公司工会下辖基层工会11个,职工4 546人,会员4 535人,其中女会员339人。(1)围绕建设国际一流疏浚公司目标,组织职工开展以"三聚焦、三拓展"(聚焦重大工程,在项目管理上有拓展;聚焦节能减排,在科技创新上有拓展;聚焦设备管理,在管修养用上有拓展)为主要内容的立功竞赛和职工技能登高活动,公司举行了船舶水手、技工、测量工、炊事员等11个工种的技术比武,在中央企业职工技能大赛中取得好成绩。(2)深入开展"创争"活动,以创建学习型船舶为抓手,重点抓理念导入。开展"推荐一本书、撰写一篇文章、提出一项建议"活动。(3)加强企务公开民主管理,做到在制度上落实,工作中创新,效果上提高。职代会召开率100%;两级职代会共收到代表提案98份,做到件件有落实,提案质量有新的提高;开展两级单位领导干部"述职、述学、述廉"的评议工作。(4)深入开展安康杯竞赛和职工保障工作。高温期间走访两级项目部15个,慰问员工3 883名,慰问金达60万元。组织1 678名职工参加《全国职业安全健康知识竞赛试题》答题活动,开展《安全伴我行》演讲。完善在沪11家企业内部的大病互助补充保障计划,参加上海市职工互助会综合补充医疗、意外(工伤)互助保障计划;加强对困难职工的管理,将困难职工的信息与全总联网。(5)进一步加强工会组织建设,制定《中交上海航道局有限公司项目部工会工作试行规定》,规范项目部工会工作;深入开展建家活动;做好劳务工会籍管理,开展职工之家和职工小家的创建活动。 （杨建平）

中交第三航务工程局有限公司工会

主　席
夏　昕

【概　况】 中交第三航务工程局有限公司工会辖有基层工会12个,职工3 779人,工会会员3 760人,其中农民工会员451人,女会员448人。(1)完善企业民主管理制度,推进劳动关系协调机制建设,促进企业劳动关系的和谐稳定。坚持职工代表大会制度,严格规定职工代表中一线职工所占比例。坚持行政向职代会报告养老、医疗、失业等社保基金缴交、业务招待费、教育经费等使用情况,落实职工知情权;坚持民主评议领导干部、坚持重大事项听取职工代表意见、涉及职工切身利益的决策提交职工代表大会审议通过,保证职工代表行使评议权、决定权。(2)依托上海市重点工程立功竞赛活动载体,借助世博工程、高速铁路工程等大舞台,组织职工开展"同舟共济保增长,建功立业促发展"和"工人先锋号"创建活动,以"共铸理想信念,共促科学发展"为主题,激发职工群众的创新热情和工作积极性。坚持深化和推进文明工地创建工作,促进公司文明工地建设上新水平。(3)持续推进职工素质工程建设,提高职工队伍综合能力素质。大力宣传劳模先进事迹,树好三航品牌。坚持开展职工读书活动,加强学习型组织建设,鼓励职工学知识、学技能。(4)积极履行工会组织联系职工、服务职工的职责，切实关心解决职工所想、所盼、所急，维护职工的具体利益。坚持通过集体协商等途径，反映和表达职工的意愿和要求，共商企业不减员，职工不下岗，确保平稳过渡。在企业稳定发展时，保障职工的收入稳中有升。积极参与协调劳动关系，加强与劳资等部门沟通，在企业制定相关政策的过程中，积极参与讨论，建言献策，促进企业规范劳动合同。重视做好帮困送温暖和职工队伍稳定工作，帮助引导职工在共建中共享，认真做好职工来信来访接待工作，及时化解矛盾。(5)加强工会自身建设，提高基层工会活力。建立健全基层工会组织，加强工会经费审查，推进经审工作规范化建设，组织直属上海地区单位的工会经审干部、财务专职干部开展新《工会会计制度》的专项培训，并指导基层工会做好新旧制度的衔接，重视做好工会的对外交流和信息上报工作。 (黄书展)

中国海员工会中远集装箱运输有限公司委员会

主　席
房迪坤

【概　况】 中国海员工会中远集装箱运输有限公司委员会隶属中国海员工会中国远洋运输集团委员会，辖22个基层工会。其中上海地区工会组织7个，工会会员10 686人，其中女会员1 406人。机构设综合宣教部、组织劳保部。(1)融入企业中心工作，团结带领广大职工为公司发展作贡献。广泛开展“降本增效、同业领先”主题活动，开设职工论坛信箱，征集合理化建议272条；深入开展安全主题活动，把“安全在我身边、降本增效从我做起”与“安康杯”劳动竞赛活动、“全国水运系统船舶、班组安全竞赛”和“安全生产月”活动结合起来，调动和激发广大职工的工作激情和安全意识，确保公司安全生产。(2)坚持和完善职代会制度，组织召开七届二次职代会，组织职工代表巡视检查，落实职工代表的监督权利。指导基层工会组织建设，确保基层工会组建率和职代会建制率、企务公开实施率、集体合同签约率均达100%。(3)把“创争”活动融入企业生产经营管理的全局。以岗位练兵、技能比武、操作竞赛等活动为载体，培养一批学习型企业、船舶、班组和诚实守信、敬业奉献、高素质的知识型职工队伍。继续深入开展“读书，让我改变”职工读书活动，倡导终身学习的理念。积极开展评先树模活动，大力宣传和营造学先进，树形象、比奉献的争创氛围。(4)关心职工生活，实施凝聚力工程。继续开展帮困送温暖、帮困助学活动；坚持每月召开信访例会，及时掌握职工思想动态，反映和协调解决职工热点问题；组织职工疗休养、体检，举办红歌会、趣味运动会、征文活动、书画摄影展、升旗仪式等系列主题活动和文化月活动，丰富职工文化生活。(5)加强自身建设，推动工会工作的创新发展。开展基层工会工作调研和企业劳动关系情况调研；加强“职工之家”、“职工小家”的创建活动，积极创造条件，向各船舶、各网点延伸“职工小家”的创建工作。 (钱　华)

中国海员工会中波轮船股份公司委员会

主　席
周万勤

【概　况】 中波轮船股份公司工会辖有6个基层工会，船岸职工999人，工会会员999人。(1)依靠职工群策群力，攻坚克难。面对国际金融危机的影响，团结动员船岸员工树信心、尽职责、拼效益、促发展，开展“我为管理增效献一计”金点子活动。激励职工从身边做起，立足岗位，建言献策、促进效益增长。(2)结合工人先锋号争创活动，深入开展船舶“五比五创”劳动竞赛，按精细管理、降本增效、强化培训、攻坚克难和优化服务5个方面、15项内容进行考核，激发职工的创新热情和工作积极性。(3)注重安全，抓好群防群治。突出四个重点：一是以“安康杯”、全国水运系统船舶、班组安全竞赛、安全生产月活动为载体，开展群众性的安全生产宣传教育；二是落实防范措施，强化“隐患排查治理”、“反三违”和“员工安全行为安全自查”；三是加强安全检查和监督，充分发挥工会劳动保护监督检查员的作用，落实安全生产责任制；四是结合实际抓好安全培训。(4)关爱员工，竭诚服务。公司及下属单位走访慰问职工及退休职工230人，发放慰问金12万元。帮扶困难员工26人，发放帮困资金4万元。资助员工子女上学6人，共1.6万元。(5)关注员工学习权、发展权。全年培训员工605人次，晋升中级工2人，高级工17人，技师1人，获得中级职称3人，高级职称3人。6名船员在“2009年中央企业职工技能大赛船舶水手、机工决赛”中获奖，被国务院国资委授予“中央企业技术能手”称号。(6)加强企业文化建设。充分发挥书画摄影协会、文艺协会、球类协会、钓鱼协会作用，举办庆祝中波公司成立58周年职工书画摄影展、庆祝建国60周年职工歌唱比赛等活动，培养和满足员工的情趣爱好，丰富员工的精神文化生活。 (潘根宝)

中国海员工会上海海事局委员会

副主席
樊卓越

【概　况】 上海海事局工会辖有基层工会20个，会员3 032人，其中女工会员321人。(1)认真组织召开两级职工代表和职工座谈会，分析评议两级班子的报告，帮助领导班子成员查找突出问题。(2)组织职工开展"围绕中心强服务，率先达标促发展"立功竞赛活动，营造"赛精神，赛技能，赛形象，赛实绩"的氛围，开展岗位技能练兵和英语竞赛活动。(3)进一步加强工会自身建设。指导基层工会加强各项制度建设。在季度例会上安排有工作特色的基层工会作经验介绍，并开展对口学习交流。(4)坚持把先进典型的培养、评选和宣传作为年度工作的重要内容，涌现一批先进集体和个人。(5)向全局职工发出为原罗兰A系统关闭后自愿辞职人员参加养老保险捐款的倡议书，一周内共有2 454名职工募捐，筹得捐款32.94万元。在元旦春节期间，坚持做到"两个确保，五个必访"，共走访慰问困难职工273人次，结对帮困33人次，发放送温暖资金达16.9万元。(6)进一步丰富职工的精神文化生活。组织开展以"强海事职工体魄，聚海事发展之力"为主题的职工体育比赛、以"展海事核心价值，增文化强局活力"为主题的职工文艺汇演、以"回眸难忘岁月，见证海事发展"为主题的海事故事征文、以"抒发真情实感，聚焦美的瞬间"为主题的职工美术摄影等4个文化体育系列活动。　（朱卫平）

上海市锦江航运有限公司工会

副主席
章　薇

【概　况】 上海市锦江航运有限公司工会辖有基层工会4个，职工545人，工会会员543人。(1)加强职业道德建设，提高职工整体素质。开展"荣誉、命运、利益共同体"的理念教育，实施"以人为本、依法管理"企业方针，积极开展"干事创业、岗位成才"和"创建双文明星级船舶、双文明星级部室评比"等活动。(2)关心职工疾苦，开展送温暖工程。全面开展多层次、全方位的慰问和帮困活动，把工作延伸到职工的家庭。(3)加大企业民主化管理的力度。继续开展集体协商和签订集体合同工作，举行工资集体协商。进一步发挥职代会作用，涉及公司发展的重大事项和关系职工切身利益的问题，均由公司职代会审议通过。对公司领导干部进行民主评议，并对公司中层干部进行述职述廉评议和信任投票。(4)加强工会自身建设。有针对性地对工会干部进行培训和教育。(5)为职工做好事、办实事。组织50名职工参加疗休养，建立船舶流动图书馆，为船舶提供活动经费和健身器材，为职工送生日贺卡和蛋糕等。(6)大力弘扬先进，开展评选表彰优秀员工活动。　（田　冰）

中国民航工会华东地区管理局委员会

主　席
唐伟斌

【概　况】 中国民航工会华东地区管理局委员会辖有华东六省及厦门、青岛航空安全监督管理局8个基层工会和上海地区8个基层工会，并协管民航华东地区28个民用机场(集团)公司工会。共有职工30 587人，其中女职工10 596人；会员26 461人，其中女会员9 186人。上海地区职工3 562人，其中女职工1 727人；会员3 320人，其中女会员1 636人，农民工60人，其中女农民工21人。(1)组织开展企业与职工的"共同约定"行动，充分发挥职工的积极性和创造性，与企业同舟共济，共克时艰。(2)深入开展"安康杯"竞赛活动，推动持续安全理念的宣传普及和安全责任的层层落实。(3)组织开展"同舟共济保增长、建功立业促发展"竞赛活动。(4)发挥工会"大学校"作用，深入推进职工素质工程，以班组建设为抓手，积极开展"创建学习型组织，争做知识型职工"活动。(5)以劳模、先进评选表彰为契机，组织开展局2008—2009年度各类先进的评选表彰工作。(6)深入开展创建劳动关系和谐企业活动，大力加强维权机制建设。(7)坚持"冬送温暖、夏送清凉"，认真做好元旦春节帮困送温暖活动。(8)围绕建国60周年、新中国民航成立60周年和"两航"起义60周年纪念，组织开展"爱与祖国同在"系列主题文化活动。6月下旬举办"爱与祖国同在"文艺汇演，来自管理局辖区各机场、监管局以及上海地区各单位的职工表演了声乐、器乐、舞蹈、戏剧小品等4个专场30多个节目。9月下旬举办"东航杯"职工书、画、摄影作品展，共展出316名作者的547幅作品。　（徐治河）

中国东方航空集团公司工会

主　席
罗朝庚

【概　况】 中国东方航空集团公司工会所辖直属工会11个，基层工会162个(其中上海市25个，外省市137个)，工会会员50 205名(其中上海地区19 744名)。(1)围绕公司改革发展，加强民主管理，维稳维权工作取得新进展。一是健全职代会制度。召开集团公司一届二次职代会，指导基层工会建立职代会制度，11家直属工会职代会建制率达100%。二是推动维权工作。对东航贯彻实施《劳动合同法》情况进行调研评估。三是在东方航空和上海航空重组过程中做好维护稳定工作。召开职代会审议联合重组方案获高票通过。四是实施第二期"东航工会职工特种重病互助金项目"，为5名患重病的员工提供资助；做好"冬送温暖，夏送清凉"工作，元旦春节前夕，集团拨款25万元用于帮困慰问。五是在昆明、上海、西安等地建立13个职工服务中心，相继推出公积金申请、汽车保险、医药费报销和心理咨询等5大类共25项服务内容。(2)以安全、服务、效益为主题，推动班组建设、先进评选和劳动竞赛新突破。一是加强制度建设,制定《关于开展创建“工人先锋号”活动的实施意见》。二是加强文化建设,组织参加市总工会举办的“繁花似锦颂祖国”上海女职工庆祝建国60周年插花比赛,组建心理健康志愿辅导员队伍,为基层员工提供心理咨询,组织各种形式的劳动技能竞赛23次,2万余名职工参与。(3)以庆祝建国60周年为契机,文体宣教工作取得佳绩。一是开展“优秀员工”评选表彰活动,集中评选表彰60名“优秀员工”及30名“优秀员工提名奖”获得者。二是集团工会、股份工会联合举办迎国庆职工文艺汇演。选拔13名运动员参加“中国节能杯”第四届央企乒乓球比赛,荣获女子团体A组冠军和男子团体B组第五名。三是举办“安全伴我行”演讲比赛,15名选手获奖。四是组织上海地区近2 000名职工观看电影《铁人》。(4)以开展学习实践科学发展观活动为动力,工会自身建设有新举措。组建东航集团公司工会女职工委员会;召开股份公司工会第五次会员代表大会,选举产生了新一届工会领导班子;选送工会干部到清华大学培训班学习,参加各类培训的工会干部逾200人次;工会宣传工作获“2009年度上海市工会系统信息工作优胜单位”称号。 (贺 晔)

上海机场(集团)有限公司工会

主 席
蔡 军

【概 况】 上海机场集团工会辖有基层工会26个,职工19 668人,其中工会会员19 633人。机场工会结合深入学习实践科学发展观活动深入调研,制定《密切联系职工群众工作机制》、《职代会民主评议领导干部工作规范》等制度,进一步畅通职工诉求渠道,签订新一轮《集体合同》、《工资集体协议》,广泛调动职工参与民主管理、民主协商工作。深入开展“安康杯”劳动保护竞赛活动,单位参赛率达到80%,培训540名工会小组劳动保护检查员,进一步强化职工劳动保护意识,工伤事故同比下降40%多。建立困难员工档案,进一步完善职工帮扶机制,不断扩大帮扶覆盖面。积极开展“让工人先锋号旗帜在航空港为世博飘扬”主题活动,广泛发动征集迎世博合理化建议,联合驻场单位共建“工人先锋号世博通道”,统一设计张贴红色标识腰带,叫响“工人先锋号”品牌,参加第三届上海市职工科技节的各项活动,申报群众性科技创新项目,选派6名安检青年技师参加绝技绝活展示活动,举办第三届职工技能大赛,设40多个综合类竞赛项目,1万多名员工参加技术比武和岗位练兵,1 000多名员工参加决赛,120名选手获优胜,8支安检通道参赛队组成“迎世博安检突击队”,2名安检员工荣获全国民航技术能手称号。举办职工周末运动会,组织基层文艺汇演,组队参加上级组织的有关文化活动并取得优异成绩,推动了企业文化建设。 (陆敏峰)

上海市城乡建设和交通工会工作委员会

主 任
周 炜

【概 况】 上海市城乡建设和交通工会工作委员会辖基层工会48个,职工29 020人,其中女职工7 353人;会员28 971人,其中女会员7 323人。(1)开展以迎世博为重点的建功立业活动。一是积极开展建设交通窗口服务行业“五比五赛”立功竞赛活动,覆盖20个行业,70余万名行业职工,充分发挥公共服务、窗口单位、交通运输等建设交通各行业职工在世博会举办期间的主力军作用;二是深入开展市重大工程立功竞赛活动,建设交通综合赛区努力做好筹建世博会各项工作,促进重大工程实事项目建设;三是支持配合都江堰援建工程推进立功竞赛活动。(2)坚持维权和维稳相结合,推进和谐劳动关系建设。一是关注行业职工队伍的热点问题,开展上海出租车行业和高速公路收费窗口从业人员“职工心声”调研,提出对策建议,促进行业发展和队伍稳定;二是完善以职代会为基本形式的企业民主管理,深入推进厂务公开制度建设,着手制定行业企业公开民主管理标准;三是加强建筑业农民工维权工作,建立进沪建筑施工企业工会工作促进会工作机制,组织文艺团体到世博工地慰问演出;四是深入开展困难职工帮扶工作,慰问系统内劳模和困难职工。(3)深化职工素质工程,发挥工会大学校作用。一是围绕迎世博600天行动,组织开展各种形式的职工技术练兵活动;二是启动建筑业农民工三年培训计划,组织开展农民工基本素质教育培训;三是举行市建设交通系统纪念“三八”国际劳动妇女节巡礼活动,召开建设交通系统迎五一劳模先进恳谈会,在国庆60周年之际举办以《城市,我们的自豪》为主题的文艺会演,并开展了“一季一赛”系列活动。 (钱 蓉)

上海建工(集团)总公司工会

主 席
肖长松

【概 况】 上海建工(集团)总公司工会辖企业工会62个,其中直属工会24个。职工104 524人(含分包单位农民工77 920人),会员104 203人(含分包单位农民工会员77 920人)。(1)推进世博及配套重大工程建设任务完成。先后在各重大工程施工现场召开“奋战100天,打造世博精品工程誓师大会”、“外滩综合改造工程奋战百日誓师大会”和“窗口服务单位迎世博优质服务竞赛动员会”,推进建功立业活动。定期组织竞赛检查和考核讲评,推进文明工地、文明生活区建设。首次开展“世博工程优秀建设者”和“世博工程优秀团队”的“即时评选”活动。(2)切实完善职工权益表达维护机制。在推进工资集体协商、提高福利待遇、完善职工体检和疗休养制度、解决“走出去”职工后顾之忧等方面做了大量工作。招聘见习大学生23名,帮助15名困难职工的应届毕业生子女落实就业。(3)实施“建精品、强素质、迎世博600天行动计划”,加大推进世博理念进企业、进工地、进班组的力度。集团工会女职工委员会组织女职工志愿者到世博工地为建设者服务,开展庆五一关爱百名劳模先进活动,组织丰富多彩的文娱体育活动。(4)进一步加强工会自身建设。联合组织“当前形势下职工思想状况和最关心的突出问题”调研,下发1 200多份调查问卷,走访20多家基层单位,直接听取和分析职工群众的利益诉求,提出有针对性的对策建议,对与工会工作直接相关的10项整改事项重点研究落实整改措施。开展2007—2008年度集团工会先进集体、先进个人评选活动,汇编12家基层工会《创建“职工之家”特色工作》。 (乔 瑜)

上海市交通运输和港口管理局工会

主 席 刘 岷

【概 况】 上海市交通运输和港口管理局工会辖有10个基层工会,职工1 722人,工会会员1 692人,其中女会员432名。(1)推进公交改革发展,提高公交职工收入。与市总工会等5部门联合下发《关于加强本市公共汽电车行业职工工资收入分配工作的指导意见》,分别召开公交企业劳资负责人和一线职工座谈会,部署增资统计工作。(2)推进迎世博立功竞赛。在行业内开展岗位练兵、技能比武,策划“公共秩序日”活动,举行出租车行业“工人先锋号”发车仪式,年底有5 000辆出租汽车挂上“工人先锋号”,上海公交行业有400辆“工人先锋号”挂牌,举行“关注、关心、关爱”——《出租车司机健康指南》赠书仪式。(3)加强工会组建。指导组建出租汽车行业工会和公交行业工会,出租车行业工会组建率升至92%,职工入会率升至91%,签订首份出租车行业集体合同。(4)做好帮困送温暖工作。元旦春节组织“送温暖、送政策、送亲情”活动,慰问困难职工690人,慰问金达60万元。“一日捐”活动募得捐款11.34万元。五一节帮困重病50人次,金额达5万元。开展金秋助学活动,为50名困难职工子女发放助学金。(5)举行迎世博,巾帼先行学礼仪活动,开展百名职业女性学知识学礼仪,向世博工地建设者赠送由女职工编织的帽子围巾100条。(6)举行纪念“公交三烈士”牺牲60周年活动。做好劳模慰问和帮扶工作,开展劳模征文活动,收到征文25篇。(7)加强工会信息工作。扩大信息员队伍,加强业务培训,定期召开工作交流会。(8)开展形式多样的文体活动。举办卡拉OK大赛、局机关职工乒乓球比赛、首届“交通港航杯”五人制足球赛,举行纪念新中国成立60周年群众文艺演出。(9)加强自身建设。2个基层工会按时完成换届,组建锦山公交工会,成立局厂务公开工作领导小组,制定推进局属事业单位厂务公开工作的若干规定,开展基层工会经审委员业务培训。 (陈 健)

上海申通地铁集团有限公司工会

主 席 胡洪威

【概 况】 上海申通地铁集团有限公司是上海轨道交通投资建设和运营的责任主体。2009年,建成并已投入运营的轨道交通线路有10条、运营线路总长度达到330公里。日最高客流量达527万人次。按照上海城市轨道交通近期建设规划,到2012年,上海将建成13条线路、570公里运营里程的上海轨道交通基本网络。企业资产将超过2 000亿元。申通集团工会,辖有基层工会26个,会员14 145人,其中女会员3 172人。(1)开展立功竞赛。在工程建设和安全运营等方面全面开展立功竞赛活动,培养了一批先进人物,有力地推动了工程建设和安全运营。(2)大力推进精神文明和职工综合素质工程建设。一是坚持在职工中开展风采人物评选,并以多种形式,表彰宣传他们的事迹;二是召开劳模座谈会,广泛宣传劳模精神;三是举办第三届职工运动会,吸引一大批职工参与全民健身运动;四是组建集团职工艺术团,参加纪念黄河大合唱100周年、建国60周年等大型演出活动。(3)加强组织建设。一是在集团内开展班组调研,摸清家底,及时调整派遣工会员的组织关系和日常管理。制定《关于加强班组建设的指导意见》;二是对下属改制单位,及时指导组建工会组织。(4)切实做好职工维权工作,建立集团职工大病医疗帮困机制,制定《上海申通地铁集团有限公司职工大病医疗互助实施办法》,为大病职工提供生活保障。 (李君俊)

上海市城市建设投资开发总公司工会

主 席 杨申鲁

【概 况】 上海市城市建设投资开发总公司工会辖直属工会22个、基层工会151个,共涵盖单位166个,工会会员19 093人,其中女会员5 277人。(1)围绕保发展,进一步做好服务企业中心工作。全面推进“五比五赛”立功竞赛活动,共有180余家单位、2万余名职工参赛,其中42个单位和集体、87名个人获市重点工程实事立功竞赛表彰。继续深化安全生产劳动保护工作。有84家单位、826个班组的1.3万余名职工参加全国"安康杯"竞赛活动,有4家单位分别被授予全国和上海市优胜单位。(2)围绕迎世博,进一步团结职工建功世博作贡献。一是以"当好主力军,建功世博会,展示新风采"主题活动为载体,激励职工建功世博会。开展"三五"集中行动、世博理念四进活动、感言良策征集活动、"迎世博、学双语"培训活动等。二是以举办"第二届文化艺术节"为契机,构建城投特色企业文化。(3)围绕保稳定,进一步夯实基础构建和谐企业。一是加强班组建设,开展职工之家创建、"五星五型"班组创建活动。9个集体获市"工人先锋号"称号。二是完善民主渠道,优化和谐环境。166家单位全部建立职代会制度。三是深化劳动关系协调机制,143家企业签订集体合同。(4)围绕保民生,进一步健全职工"三级帮困"体系。建立完善6大帮困办法,梳理帮困结对网络,组织参加市职工互助保障计划,持续开展金秋助学。加强帮困工作协调联动,建成3 500余万元三级帮困基金,动态跟踪600余名困难职工,将农民工帮困有序纳入整体帮困计划。(5)弘扬劳模精神,进一步深化素质工程建设。加大劳模先进宣传力度,推进"城投人奉献在城投"活动。(6)加强工会自身建设,组织工会干部业务培训,开展创新成果征集评比,创办《城投工会》简报,加强工会财务、三产管理,开展工会财务工作规范达标活动。 (朱文慧)

上海市住房保障和房屋管理局工会

主 席
王志兴

【概 况】 上海市住房保障和房屋管理局工会辖有基层工会12个,职工930人,其中工会会员859人。(1)以迎世博为契机,组织房屋维修、房地产登记、房屋检测和拆房管理等行业开展练兵比武活动。在交易和物业两大服务窗口行业开展以"五比五赛"为主要内容的立功竞赛活动,涌现出一批先进单位和个人。(2)深入开展全市住宅建设实事立功竞赛活动。有8个优秀公司,10个优秀集体,2名建设功臣,25名记功个人和5名优秀组织者受到市政府表彰。(3)举办房管系统"祖国颂"首届职工文艺汇演。其中小品《大年初一》被全国总工会推荐参加文化部"大地情深——全国城乡基层群众小戏小品展演。(4)举办市房管系统"迎世博、展风采"首届职工健身操(舞)比赛,有13支队伍参赛。(5)表彰21名局"三八红旗手"、先进女职工、女职工工作者和1个先进女职工集体。 (任大卫)

上海建筑材料(集团)总公司工会

主 席
胡立强

【概 况】 上海建筑材料(集团)总公司工会辖有基层工会39个,涵盖职工13 022人,其中女职工2 543人、农民工2 192人;工会会员11 271人,其中女会员2 413人。(1)围绕集团工作大局,积极投身经济建设。因地制宜地开展促进经济技术创新活动,提出合理化建议748件,实施62件,产生效益54.76万元;参与技术革新和科技创新项目29项,职工发明创造项目5项,获国家专利项目1项,推广先进操作法2项;配合上海建材协会与有关会员单位,参与全国"建材行业技术革新奖"评审。(2)坚持完善民主管理制度,努力探索和谐发展的新机制。召开集团总公司二届四次职工代表大会,发出《关于"齐心协力迎挑战,同舟共济促发展"的倡议书》;对20家国有及国有控股企业、5家事业单位和13家外商投资企业进行第7次厂务公开工作调研检查,700多名职工代表参加测评,满意与基本满意率达80.1%;积极推进集体协商,13个单位签订集体合同,覆盖职工5 701人,10个单位签订工资专项集体合同,覆盖职工4 550人。(3)依法履行维护职责,促进和谐劳动关系。13个企业建立工会劳动法律监督组织,20个企业建立劳动争议调解委员会;推进劳动保护监督工作,27个单位建立劳动保护监督检查委员会,建立分公司、分厂、车间一级工会劳动保护监督检查委员会的有107个,劳动保护监督检查员252人,参加安全检查392次,参与处理工伤事故18件;组织职工参加全国职业安全健康知识竞赛。(4)关心职工生活,努力实现帮困全覆盖。集团各级工会共发放各类帮困金176.45万元,受助职工达6 457人次。"一日捐"活动募得捐款13万余元,充实了帮困资金。(5)抓好工会自身建设。10月召开集团总公司工会第五次代表大会,选举产生第五届工会委员会和经费审查委员会;有8个工会进行换届改选或增补;组织新当选的工会主席参加培训;继续推进工会会计基础规范化,发挥工会经审组织的作用,加强对工会资产监管,确保工会资产管理安全有序运行;组织女职工参与"庆三八、迎世博、比才艺,绘和谐"活动,部分女职工把参展的手工作品捐献义卖,用于开展特困女职工帮扶活动。 (汤惠国)

上海海洋石油局工会

主 席
许鹤圣

【概 况】 上海海洋石油局工会辖有直属基层工会8个,工会会员1 305人,其中女会员214人。(1)坚持和完善职代会民主管理制度。召开局、分公司二届九次职代会，审议行政工作报告、财务预决算报告，听取局、分公司领导"三述"报告，开展民主评议。(2)动员职工开展岗位建功劳动竞赛。继续深入开展"建、创、做"活动，带动学习型班组、学习型企业创建和岗位建功、岗位创新活动的开展。全年有6个班组和8个岗位被表彰，2个班组被评为"上海市文明班组"。深入开展"三优一满意"为主题的劳动竞赛，"勘探三号"、"发现轮"获上海市"工人先锋号"荣誉称号，1人被评为全国能源化学系统女职工建功立业标兵。(3)推进劳动保护和安全生产工作。调整局劳动保护监督检查员网络，开展劳动保护知识的宣传和培训，推动企业修订和完善劳防用品使用管理办法，开展一线职工高温慰问和职工食堂卫生大检查，组织劳动保护和"安康杯"竞赛。(4)加强宣传教育工作。贯彻落实党的十七届四中全会精神、中国工会十五大精神。举办歌会、观摩电影《铁人》及开展"迎国庆、促和谐"系列文体活动。推进局、分公司《迎世博600天行动计划》，开展"三五"集中活动、世博知识讲座及世博知识巡展，宣传普及世博理念和知识。(5)关心职工生活。组织职工参加上海市职工互助保障计划，1 380人次职工参加综合医疗、在职住院、特种重病等保障计划。安排职工和6名劳模体检，走访慰问困难职工家庭和11名劳模，组织196名退休职工参加游园活动，落实1 240名退休职工参加住院医疗保障计划，做好341名协解退休人员的帮扶工作。 (耿卫军)

上海市绿化和市容管理局工会

主　席
徐文发

【概　况】 上海市绿化和市容管理局工会于2009年3月3日成立，与上海市市容环境行业工会合署办公。现有行业工会会员单位213个，职工4万余人。其中，局直属单位工会29个，联合工会1个，涵盖基层单位32个；职工1 599人，工会会员1 463人，其中女会员512人。(1)开展"整治城市、美化环境、奉献世博"为主题的立功竞赛。建立行业重点实事工程和"迎世博"城市管理立功竞赛领导小组，设9个分赛区，开展"五比五赛"活动。(2)提高职工素质，开展职工培训、技能比武活动，先后组织10多个工种、6.2万人次职工参与技能培训。1 134名职工参加技能比武，566名参赛选手获得职业资格证书，其中26名晋升两级获技师职业资格证书，205名获高级职业资格证书，204名获中级职业资格证书，131名获专项能力证书。(3)发挥劳模先进的引领示范作用。组织部分劳模、先进职工代表参加"迎世博上海百万职工五一特别行动"，巡访市区重要商圈——南京路步行街，就如何攻克顽症陋习、整治市容市貌、清洁美化城市、展示上海形象提出建议；举行上海绿化市容行业劳模同创共建结对签约仪式，邀请部分结对班组交流经验。(4)开展调研，形成《上海道路保洁工队伍可持续发展状况调查报告》，为领导决策提供参考。(5)开展高温慰问。共慰问4 000名职工，安排100名行业一线环卫女农民工参加妇科免费体检。(6)举行《祖国颂·世博情》——上海绿化市容行业职工歌咏比赛，有39个单位组成的30支歌队、近2 000名职工参加。 (唐鸿仙)

上海闵行经济技术开发区工会

主　席
沈旅铄

【概　况】 上海闵行经济技术开发区工会辖基层工会47个，其中外商投资企业37个，港澳台商投资企业3个，其他企业7个。员工15 693人，工会会员14 182人，其中女会员6 436人。(1)加强工会组织建设，扩大工会组织覆盖面，新组建工会1个，转入1个独资企业工会，4个企业举行首届工会委员会选举。(2)深入开展"创争"活动，1个集体获上海市"工人先锋号"称号。(3)培训开发区基层工会主席。学习《中国工会章程》、《工会女职工委员会工作条例》，增强企业工会干部的法制观念，促进工会工作规范运行。(4)履行工会职能，稳定企业劳动关系，全年调处群体性劳动争议7起，全部得到圆满解决。(5)开展"安全生产月"活动，对重点单位、重点岗位进行安全普查，发现隐患督促整改。(6)关心职工生活，为员工做好事、办实事、解难事。继续做好职工参加医疗互助保障工作，向困难职工发放帮困金3.46万元。高温季节做好"夏送清凉"和防暑降温工作。(7)开展形式多样、寓教于乐的群众性文体活动。组织开发区第八届乒乓球团体邀请赛，2次举办基层工会干部联谊活动，邀请企业行政领导参加，与行政领导加强沟通。 (叶　敏)

上海虹桥经济技术开发区联合发展有限公司工会

主　席
黄健健

【概　况】 上海虹桥经济技术开发区联合发展有限公司工会辖有基层工会5个，职工961人，工会会员753人。(1)做好公司工会换届改选工作。召开公司工会第五次代表大会，选举产生公司第五届工会委员会和经费审查委员会。完成4个基层工会的换届改选。(2)组织广大职工开展爱岗敬业、提高技能、争创先进等劳动竞赛和争先创优活动。新虹桥俱乐部公司获“上海市首届文明餐厅”称号，2个集体被市总工会授予“工人先锋号”称号。(3)积极为职工做好事办实事，组织职工开展各种有益的文体活动，春节期间举行一系列团拜和联欢活动，三八妇女节组织女职工参观考察，开辟职工健身房，开展工间广播操和羽毛球运动等活动，组织乒乓球和扑克牌比赛，开放职工阅览室，举办国庆60周年歌咏会，选派2名职工参加市建设交通系统庆祝国庆60周年大型文艺汇演。(4)关心退休职工，做好送温暖工作。探望生病住院和生活困难的退休职工20余人次，补助金达8万多元。(5)与长宁区总工会、虹桥街道工会协同，继续实行开发区与所在区域联动，推进开发区内企业的工会组建。(袁海明)

上海市水务局工会

主　席
卫洪达

【概　况】 上海市水务局工会辖有基层工会16个，工会会员1 255人，其中女会员371人。(1)加强职工思想政治教育。组织工会干部和全体职工学习党的十七届四中全会精神，开展“与祖国共命运，与世博共奋进，与企业共发展”主题教育活动。(2)围绕经济发展中心，开展建功立业活动。推进“百万职工先锋号”行动，开展以“当好主力军、建功世博会、展示新风采”为主题的立功竞赛，继续开展市重点工程实事立功竞赛，做好市重大工程优秀公司、先进集体、记功个人评选表彰，深化“迎世博600天上海女职工在行动”建功立业活动，深入开展群众性科技创新活动，继续推进“五小”活动，动员职工参加“我为节能减排作贡献”和“我为单位发展献一计”活动。(3)创建劳动关系和谐企业。执行职代会“三项刚性制度”，依法维护职工的民主权利。开展帮困送温暖活动，1 134名职工参加“一日捐”活动，共捐款7.26万元。慰问困难职工348人，助学帮困12户，慰问困难劳模6人，做好“夏送清凉、冬送温暖”工作。(4)开展群众性精神文明创建活动。开展“三五”集中行动和顽症陋习专项整治活动。举行《水之情》文艺会演。(5)加强工会自身建设。积极开展“建家”活动。深化学习型企事业单位创建工作，指导7家基层工会按民主程序换届改选。做好工会经费收缴工作。开展财务审计规范化达标活动，对5家直属单位工会主席进行离任审计，举办学习贯彻新《工会会计制度》培训班。(王佐仕)

上海大屯能源股份有限公司工会

主　席
姚惠兴

【概　况】 上海大屯能源股份有限公司工会辖有基层工会16个，职工23 197人，会员22 697人。机构设办公室、组织宣教部、生产保护部、民管法工部、生活保障部、女工部、财务部，事业单位有文体中心、图书馆。(1)紧贴经济发展中心，实施群众性经济技术创新工程。建立职工创新成果发布机制，组织职工优秀技术创新成果评选，开展劳动竞赛、“六小”活动、经济技术创新活动，创造效益8 800万元。评出百项职工优秀技术创新成果结集出版。成立中煤大屯公司劳动模范协会。(2)加强职工素质工程。一是组织技能培训和岗位练兵，参加职工1.5万人次，举办公司第六届技奥会。二是坚持抓好班组管理，实现班组台账网络化管理。三是组织群众文化活动，举办“颂歌献给党”、“颂祖国、话成就”纳凉晚会，其中小品《盼》、《矿山没有夜晚》被江苏省推荐参加全国汇演。举办“爱祖国、爱中煤、爱大屯、爱生活”为主题的职工书法、绘画、摄影、征文活动及“祖国颂”大型歌会；举办公司第十届职工田径运动会。四是开展学习中国工会十五大知识竞赛，3万名职工参与答卷。五是以女职工周末学校为平台，举办女职工与家庭文化建设、女职工心理压力与调试等内容的女性课堂，4 000余人参加；举办8期普法学习班，培训600余人。(3)开展创建和谐企业。举办工会法律“两员”培训，开展劳动法律法规监督检查，举办法制宣传月活动，制定下发《和谐企业创建活动意见》，坚持职工基本思想动态信息报送制度，积极参与群众集访事件的协调处理，处理职工来信来访37件。(4)抓好群众性安全生产工作。组织职工代表进行安全监督检查，深入开展“安康杯”竞赛，认真抓好安全生产月活动、运输专项整治、“一通三防”治理、百日安全竞赛等活动，举办安全知识竞赛100余场次，组织安全慰问演出60多场次，走访“三违”职工400余人次，组织家属开展“嘱安全、送关爱”、“亲人寄语、亲情关爱、亲人监督”活动，签订夫妻安全联保公约6 193份，制作平安幸福卡3 200份，征集安全家书近2万份。当年公司实现安全生产零死亡。(5)推进职代会民主管理。规范召开三级职代会，企业重大决策由职代会审议、涉及职工利益的重大事项由职代会实行票决；坚持厂务公开监督检查、总结表彰，修订完善厂务公开实施办法。(6)为职工办实事、解难事。建立贫困、特困职工档案及帮困工作制度，实行动态管理，加强大病基金和“一日捐”扶贫基金使用管理，“一日捐”募集资金53万余元，做好高温慰问和防暑降温工作，对6 531名女职工进行妇科体检；安排42批、1 220人赴外地休养。(7)加强工会自身建设。筹建公司工会干部培训基地，举办6期基层工会主席培训班，236人参加。26名工会干部外出参加培训。撰写调研文章110余篇。(8)深入开展建家活动。龙东矿、拓特厂荣获上海市2009年度“模范职工之家”。以女职工周末学校为平台，举办“女职工与家庭文化建设”等内容的女性教育课程，有4 000余人参加培训；举办8期普法教育、6期“女工安全协管员”学习班及8期1 000余人参加的女职工素质培训班。(王诗合)

上海现代建筑设计集团工会

主　席
姚延康

【概　况】　上海现代建筑设计集团工会辖基层工会16个，工会会员3 679人，其中女会员1 338人。(1)凝聚职工建功立业。开展市重点工程立功竞赛和世博会国家工程示范性竞赛及创建“工人先锋号”活动，涌现出全国和省市级先进集体、个人。(2)打造工会工作亮点。举行集团第五届职工文化艺术节，“践行世博”主题演讲、设计师工作格言征集、“祖国颂·现代情”歌咏大会等系列活动。(3)推进企业民主管理。召开集团三届四次职代会，听取和审议《集团公司行政工作报告》，集团公司及10家子公司成立劳动争议调解组织。(4)服务职工办实事。组织“一日捐”活动，募集捐款21万余元；看望和慰问困难职工、离退休老专家、老劳模200人次，发放专项救助金27.83万元；安排职工健康体检，慰问高温作业现场一线职工300人次。(5)加强工会自身建设。召开集团工会第三次代表大会，选举产生新一届集团工会领导班子。举办集团工会五年工作成果展，增强了工会组织的凝聚力。　(谢志群)

百联集团有限公司工会

主　席
刘晓敏

【概　况】　百联集团有限公司工会辖基层工会129个，职工47 872人，会员39 028人。(1)增强服务大局意识。面对国际金融危机对集团经营带来的冲击，提出“千方百计保岗位、保收入，尽最大可能让员工不下岗，少下岗，少减收入”的要求。面对社会大学生就业难的情况，主动承担社会责任，为集团困难家庭大学生子女托底帮困。面对集团经济效益遇到困难，坚持“职工工资不增长，经营者的工资收入也不得增长”的原则，形成“让职工群众得实惠”的“三送”方案。(2)“迎世博”提升员工素质。成立“迎世博600天”立功竞赛领导小组和办公室，制定《百联集团职工“迎世博600天”立功竞赛活动实施方案》，策划实施集团迎世博前进号、先锋号、突击号和冲锋号的大型系列活动方案。选树100家门店和柜组为迎世博示范门店和柜组，组织100名劳模先进督导员对迎世博工作督促。加大宣传教育力度，举办迎世博知识竞赛、书画摄影图片展。加大典型培育力度，推进“五比五赛”立功竞赛活动与集团“强店战略”，树立100家“迎世博”示范门店，75个门店和班组被评为上海市“迎世博工人先锋号”。加大技能培训力度。加强员工“三语”培训。开展岗位练兵和技能竞赛。举行百联职工技能展示，市总工会在百联召开迎世博工作现场会。(3)关爱员工，推进惠及职工的实事项目。向社会提供70个大学生见习岗位。36名大学生到集团系统工会工作岗位见习。高温期间走访慰问市内外120家企业(门店)。慰问“迎世博”重点商圈重点企业、重大工程项目、高温作业员工17 491人次，购置冰箱、冰柜、空调、微波炉、净水器等共计92万元。为6家企业(门店)、1 710名职工投保一年期“门急诊商业保险计划”，其中集团工会资助24万元。依托集团EAP中心开设女职工心理健康讲座，举办合唱、乒乓、桥牌、摄影书画、收藏鉴赏等活动。(4)加强工会自身建设。指导各级工会做好换届改选，基层工会“三会”同步组建，组建率达100%。规范日常工作，保证工会经费收缴。对7家工会开展会计规范化达标检查和经费收支情况审计。集团工会拨专款支持集团EAP中心开展工作，依托集团EAP中心开设女职工心理健康讲座，为员工提供心理健康咨询服务。利用集团文体协会，开展丰富多彩的员工业余活动。先后举办乒乓、桥牌、摄影、书画、收藏鉴赏等活动。集团合唱团多次代表集团参加市总工会组织的大型活动，获得“向祖国汇报”——庆祝中华人民共和国成立60周年全国产业(行业)系统职工歌咏比赛优秀作品奖。　(石义爱)

上海水产(集团)总公司工会

主　席
尹协仁

【概　况】　上海水产(集团)总公司工会辖有基层工会18家。职工5 357人(其中进城务工人员1 272人)，会员5 347人(其中女会员396人)。(1)开展“同舟共济保增长，建功立业促发展”活动。深入推进劳动竞赛，开展献计献策合理化建议活动，共提合理化建议350条，配合做好渔业船员技能鉴定。(2)坚持与完善职代会民主管理制度，推进厂务公开，完善企业民主管理。选树4个先进典型。推进集体合同签约，完善履约检查，修订完善集团《集体合同》，在四届四次职代会上审议通过。(3)增强扶贫帮困力度，落实职工基本生活保障。集团筹措帮困送温暖资金296万元，慰问困难职工和劳模先进等10 400多人次。全系统参加“三类保障计划”的职工达100%。(4)建立职工书屋，开展文体活动。35艘远洋渔轮及毛里塔尼亚、摩洛哥、阿根廷、斐济等4个海外基地，境外马绍尔鱼品加工厂分别建立船员和海外企业员工“职工书屋”、“职工书柜”、“流动书袋”。全系统13个企事业单位、近百名运动员参加乒乓球、羽毛球比赛。(5)加强自身建设。开展课题调研，撰写3篇论文与调研报告。集团评为2007—2008年度上海市推动厂务公开民主管理工作先进单位。　(汤宝龙)

上海蔬菜(集团)有限公司工会

主　席
姚黄平

【概　况】 上海蔬菜(集团)有限公司工会辖基层工会13个,职工2 685人,工会会员2 334人。(1)组织开展"在感动中加油,在感恩中成长"主题活动,调动职工投身集团改革发展的热情。(2)实施职代会"六项工作制度"和"三项刚性制度",在大会质量评估、提案工作、职工代表巡视等方面有所突破。(3)组织2个代表队参加江浙沪世博知识趣味挑战赛上海赛区比赛,组织职工参加上海市立功劳动竞赛获得各项荣誉。先后有8个集体和22名个人获得迎世博立功竞赛荣誉称号,有4个单位和2名个人获得上海市窗口服务行业示范窗口和示范员荣誉称号,有1个单位和4名个人被评为上海市商业服务先进集体和先进个人荣誉称号,1名个人被评为"上海市微笑服务大使"荣誉称号。(4)开展"安康杯"竞赛。推进企业"五个一"活动,重点开展全员安全知识测试、知识竞赛、月度红旗评比栏等活动。年内,集团有2个企业、4个班组、1名个人被评为市级"安康杯"先进称号,集团公司被评为市级"安康杯"优秀组织单位。与此同时,江桥公司被光荣推荐申报为全国"安康杯"先进单位。(5)开展创建"工人先锋号"活动。加强班组建设,结合"建、创、做"活动,强化对各级"工人先锋号"班组的管理,开展升级竞赛。(6)推进实事好事工程。贯彻落实集团三届三次职代会审议通过的《上海蔬菜集团关于做好2009年度员工福利工作的实施方案》,为员工办好补贴代购农副产品、疗休养、年度体检、巡回医疗、发放年货、投保理赔和医疗费补贴等7件实事。(7)开展职工文体活动。联合组织"健康迎世博,和谐展风采"军民联谊体锻一日赛和"119"消防运动会;2次开展爱心捐赠义卖义拍活动,收到捐赠物品135件,拍得善款16 756元。(8)做好大学生见习工作。共招聘4名应届毕业生,其中3名被所在企业聘为正式员工。

(高　敏)

上海兰生(集团)有限公司工会

主　席
徐尚仁

【概　况】 上海兰生(集团)有限公司工会辖有二级公司工会12个,三级基层工会6个,职工1 776人,会员1 766人。(1)深化职工素质工程。开展"创建学习型组织,争当知识型职工"读书活动。弘扬劳模精神,营造学习先进、争当先进的良好氛围。(2)开展劳动竞赛。开展"同舟共济保增长,建功立业促发展"主题活动,制订计划明确内容、范围、时间、步骤、要求,组织引导职工参与合理化建议、节能增效、优质创效等献计献策活动。(3)协调劳动关系。一是推进职代会制度建设,使企业民主管理工作制度化、规范化。二是深化厂务公开,确保职工对企业重大事项的知情权和参与权。三是组织平等协商、签订集体合同。为基层工会进行业务指导和政策辅导,与有关部门和企业行政加强沟通协商,提出建议。(4)组织送温暖工作。调整帮扶对象,健全管理档案。全年帮困3 619人次,帮困金达117.6万元。做好三项互助保障计划续保工作。(5)加强自身建设。落实《兰生集团成员企业工会工作达标条件》,加强企业工会规范化制度化建设,创建合格职工之家、合格职工小家,评选优秀工会积极分子。健全工会主席例会制度。做好工会经费的收缴管理工作。

(张　帆)

上海市金融工会工作委员会

副主任
卫国强

【概　况】 积极推进企业和谐文化建设。2009年通过文体协会先后承办市总工会"百万职工健身与健康生活同行"　上海市职工桥牌精英大赛和区县局工会主席桥牌邀请赛,共有220名选手参加;"东方证券杯"网球邀请赛有31支代表队参加24场比赛,396人次参与。"申万巴黎杯"游泳比赛有22个项目,170余人次参加。"国泰君安杯"龙舟比赛中有13支代表队,183人次参赛。举办"上海金融杯"羽毛球赛,南京、杭州、北京、上海分区赛和上海总决赛的系列活动,共有63个单位,448名运动员参加。举办"世博·平安"——上海金融系统庆"六一"家庭趣味运动会,金融系统荣获劳动模范、"五一劳动奖状""三八红旗手"等先进称号的81个家庭的246人参加。举办了"庆国庆·迎世博"-2009上海金融职工摄影比赛,有24个单位、10余个省市的333位金融员工上传作品1 525幅;开展"与祖国共命运——我们时代的故事"文学作品征文比赛,有12个单位投稿作品65篇,《上海金融报》发表作品21篇。组织参加上海国际艺术节"天天演"——上海职工文化展演周活动,共有24家单位的51个节目和721名演职人员参演。上海市金融工会工作委员会辖有基层工会69个,职工174 594人,会员171 033人。(1)加强企业民主管理,构建和谐劳动关系。加强职代会工作制度、提案制度、议事制度建设,举办职工代表培训班。贯彻落实《关于上海金融系统鉴订集体合同的实施意见》,开展集体协商,有7家单位签订集体合同。(2)围绕"上海金融系统迎世博600天行动计划",开展"迎世博,树形象,满意服务在金融"立功竞赛。开通"社区金融理财网”。在“窗口服务日”开展“百场反假币社区行”和“百场反诈骗社区行”活动,组织18家中资银行和10家证券公司赴100个社区信息苑为社区服务,开展迎世博文明礼仪、世博知识、语言等教育培训,推动上海市“金融理财师”认证和“银行柜员”鉴定工作。举办上海金融青年“迎世博”服务才艺大赛、“2009上海职业技能‘银行柜员’竞赛活动”等,完成大型宣传画册《星光灿烂》编辑出版;推进“身心健康管理”项目,为员工提供心理测试、体质检测、健康体检三位一体的健康管理服务,全年安排41家单位2.1万人次健康体检,提供60多人次医疗援助服务,为11人提供保险理赔约37万元。(3)开展“职工之家”创建活动。探索建立“职工之家”的评价、激励机制,规范先进职工之家产生和考核程序。指导基层工会换届选举,扩大建会的覆盖率和员工的入会率。(4)推进金融企业和谐文化建设,承办百万职工健身与健康生活同行——上海市职工桥牌精英大赛和区县局工会主席桥牌邀请赛、网球邀请赛、游泳比赛、龙舟比赛、羽毛球南京、杭州、北京、上海分区赛和上海总决赛的羽毛球比赛等大赛,举办“世博·平安”——上海金融系统庆“六一”家庭趣味运动会、上海金融职工摄影比赛、“与祖国共命运——我们时代的故事”文学作品征文比赛等,参加上海国际艺术节“天天演”——上海职工文化展演周活动。组织《铁人》电影专场观摩并座谈,收到影评文章72篇。 (卫国强)

上海市税务工会

主　席
刘新利

【概　况】 上海市税务工会辖有基层工会13个,职工1 502人,会员1 502人。(1)建立健全工会组织。因财税机构分设,2009年8月20日召开上海市税务工会第一次工会会员代表大会,选举产生上海市税务工会第一届委员会和经费审查委员会。(2)召开工会工作研讨会,就工会工作听取基层意见和建议。建立干部例会制度,组织工会工作交流。(3)在调研基础上,制定《上海市税务工会工作制度》、《上海市税务系统文体活动项目化运作实施办法》、《上海市税务系统职工爱心互助基金管理实施办法》等规章制度。(4)开展文体活动。组织税务系统“红色经典旋律——爱国歌曲大家唱文艺汇演”。举办市税务系统乒乓球比赛,通过比赛选拔优秀选手组队参加“永达杯”上海市第二届公务员乒乓球比赛。 (臧　韬)

上海市人力资源和社会保障局工会

主　席
高延平

【概　况】 上海市人力资源和社会保障局工会辖基层工会43个,职工2 622人,其中女职工1 217人;工会会员2 622人。(1)筹备建立局工会。据市人民政府机构改革方案,2009年初撤销上海市劳动和保障局、上海市人事局、上海市医疗保险局,设立上海市人力资源和社会保障局。11月召开局工会第一次代表大会,选举产生第一届上海市人力资源和社会保障局工会。(2)开展“迎世博”立功劳动竞赛。开展以“师傅带徒弟”、“彩虹带教培训”、“文字录入”、“换卡发卡”、业务技能比武为主题的劳动竞赛等。开展了“志愿者行动”、“与文明同行”、“美好环境美好生活”等21项活动,落实迎世博600天行动计划。(3)以创建模范职工之家为抓手,开展职工文化体育活动。各基层工会举行文艺演唱会、读书演讲会、观看爱国影片、参观图片展览等各种形式活动,丰富职工业余生活。(4)召开2008年度先进女职工(集体)表彰大会,主办以“巾帼绘和谐”为主题的局系统女职工手工作品展,选送21名女职工参加“繁花似锦颂祖国”上海女职工“迎国庆”插花比赛。(5)为职工办实事办好事。开展元旦春节送温暖活动,慰问患病、住院、家庭生活困难的职工。组织职工参加市职工住院补充医疗互助保障计划、女职工团体互助医疗特种保障计划;举办健康咨询活动。(6)加强工会财务管理。正确编制预决算方案,按规定收缴工会经费,对基层工会进行新的工会会计制度业务培训。 (王琳华)

中国教育工会上海市委员会

主　席
夏玲英

【概　况】 上海市教育工会辖有基层工会57个,涵盖单位72个,教职工72 768人,工会会员70 063人。机构设办公室、基层工作部、宣教文体部、生活保障部、女工部。2008年11月20日,根据上海市总工会沪工总组(2008)288号文决定,恢复中国教育工会上海市委员会,原上海市科技教育工会委员会自然撤销。2009年4月,召开第八次代表大会选举产生第八届委员会。(1)坚持工作机制创新。在“整合优势、保持特色、条块结合、以条为主”的工作模式下,坚持从高等院校和普教系统的不同特点出发,在集中做好全局性工作的同时,加强各系统之间的工作交流,形成鼓励创新、资源辐射、发展个性品牌,实现共同推进的机制;(2)突出工作重点。加强工会领导班子建设,提高工会干部组织群众、引领群众的能力和水平;加强对工作重点的指导,力求对新形势新情况下学校发展的瓶颈问题、教职工关心的难点热点问题有所突破;加强工作机制的转换,提高工作效率,在维护员工、服务员工上体现热情、高效、科学、有力。(3)扎实推进工会各项工作。一是明确工作目标，把推进建设教职工满意校园作为工会工作的主旋律，把加强组织建设和干部队伍建设作为提升工会工作水平的根本动力，把加强工会理论研究作为指导和创新工会工作的思想基础；二是按照"组织起来，切实维权"的方针，推进以教代会和校务公开为载体的民主政治建设，以弘扬师德为核心的教师素质建设，协调劳动关系为重点、以法律服务、医保、休养等为主要内容的生活保障建设，以全面提高工会干部履职能力和水平为主要目标的组织建设。 （顾伯超）

上海市医务工会

主　席
黄　红

【概　况】 上海市医务工会辖基层工会54个，职工53 743人，其中女职工35 013人。工会会员52 626人，其中女会员34 256人。(1)围绕世博筹建大局，开展岗位建功立业活动。把握时间节点，开展迎世博倒计时主题活动。加强窗口示范行动，推进岗位立功竞赛，全面启动实施"迎世博示范工程"，命名899个医务职工班组为"迎世博窗口服务示范岗"；对27家市级医院窗口文明服务进行劳模巡访；组织女医务志愿者参加上海女职工志愿者服务队，为世博工地农民工开展医疗咨询等服务。(2)推进素质教育，促进全面发展。以"建功立业迎世博，白衣天使展风采"为主题，开展迎世博知识技能竞赛、行业迎世博主题歌歌词征集、迎世博窗口服务合理化建议征集、世博礼仪文化论坛和"十佳"职工文化品牌评审等12项系列活动。评选推荐五一劳动奖状和奖章、市文明班组、红旗文明岗、巾帼文明岗和工人先锋号等活动；联手开展上海市卫生系统先进集体、先进个人评选；开展医务职工精神文明"双十佳"评选；开展市医务工会成立60周年系列纪念活动，编辑制作60周年纪录短片，召开大型座谈会，举行纪念文艺晚会；以职工科技节为平台，召开科技创新大会，举办科技创新讲座；组织开展"五个一"系列活动；开展医务职工科技创新新人奖、团队和基地评选。(3)关注特殊群体，履行工会保障职能。多次慰问应急防控甲型H1N1型流感工作人员；组织区县、基层工会主席赴都江堰慰问对口支援医疗队员，对大病、特困职工慰问补助，落实困难职工子女大学生毕业就业援助；吸纳31名应届大学生职业见习。切实做好安全生产保障，先后4次对32家市级医疗卫生单位的安全、职工劳动保护等情况进行大检查；组织参加"安全伴我行"全市演讲比赛活动。调整和完善医务工会法律咨询组织机构和成员，聘请常年法律顾问。(4)完善组织体系，强化民主管理，增强工会活力。召开市级医疗卫生单位劳模联谊会第三次代表大会，产生第三届理事会；开展为劳模生日送鲜花慰问活动，做好国庆期间的全国劳模帮困与慰问工作；开展2007—2009年度上海市卫生系统院务公开民主管理工作先进评选等。(5)加强内涵建设，提高自身素质。举办6期工妇退干部系列培训班及深化医药卫生体制改革工会主席专题培训班，举办新《工会会计制度》财务、经审培训；加强信息管理；完成医务工会网站改版，组织开展职工文化建设、院务公开和派遣制职工状况调研；组织第十三届工会理论研究年会征文评选。 （钱菊敏）

上海市新闻出版工会

主　席
李虹鸣

【概　况】 上海市新闻出版工会辖有集团工会3个，基层工会58个。职工8 906名，其中女职工3 608名，农民工1 510人；工会会员8 606名，其中女会员3 458名，农民工会员1 378名。(1)开展"迎世博"系列活动。举办上海出版界女职工"迎世博、展风采"合唱大赛，450名女职工组成36支代表队参加；开展"庆国庆，迎世博"职工DV拍摄比赛，23家单位选送职工拍摄的33部DV片参赛；举办"健康迎世博，和谐展风采"保龄球、五子棋比赛等。(2)加大工会组建力度。关注新建企业工会组建工作，完成2个单位新建工会，5个基层工会换届改选。吸纳245名外来建设者入会。(3)推进民主管理工作。制定下发《关于建立和完善厂务公开民主管理制度的实施意见》。向行业所属基层工会赠送1 500册《上海职工劳动保障权益手册》。(4)开展调查研究。对上海40家出版社和700名编辑人员的工作和生活状况开展调研，形成《上海出版界编辑人员工作和生活状况调查报告》。(5)提高职工队伍素质。工会划拨专项资金用于行业职工技能登高活动。与局有关职能部门联手，开展上海印刷行业职业技能竞赛，2人获技师称号，277人获高级职称。(6)做好帮扶送温暖工作。一是开展"献爱心一日捐"活动。73家基层单位参与捐款，募集资金24.3万元。二是下拨帮扶款32.08万元，受助困难职工592人次。三是新增重病医疗互助补充基金理赔品种，局退休职工重病医疗互助补充基金共资助180人、总金额达60.3万元。(7)加强工会干部队伍建设。举办工会干部学习党的十七大四中全会精神培训班，编印学习辅导资料。6名新任工会主席参加上岗资格培训。规范工会经费使用和管理，强化工会经费审查监督职能。召开财务经审专题会议，对18个基层工会进行经审。 （陈宏华）

解放日报报业集团工会

主　席
马笑虹

【概　况】 解放日报报业集团工会

辖有13个基层工会，职工1 959人，工会会员1 939人，其中女会员718人。(1)加强工会组织建设。开展基层走访调研，定期召开条块工作交流会、全体委员会议、主席办公会和工会办公室例会，提高工会干部的综合素质。选派10名基层工会主席参加岗位资格培训。举办集团工会干部实务培训班和新《工会会计制度》专题培训。汇编了《解放日报报业集团工会工作手册》。强化预决算管理，进一步严格经费审批制度。(2)推行厂务公开制度，完善民主管理机制。制定《集团厂务公开民主管理工作实施意见》，4月召开第三届职代会第二次会议，审议通过《集团工作报告》、《集团员工手册》，做好21件提案的办复工作，办结率100%，职工代表对结果满意率为95.2%，9月召开第三届职工代表大会临时会议，审议通过《解放日报报业集团企业年金暂行办法》。(3)健全民生保障机制，加大助困帮扶力度。做好春节慰问和帮困补助、医疗保险费续保和理赔、补充医疗保险基金和互助互济基金管理、职工体检和无偿献血等工作。(4)发挥先进示范作用，激励职工建功立业。利用内部信息网和宣传展板等形式，宣传先进事迹。评选表彰各类先进集体和先进个人。(5)推动职工文化建设，展示党报集团形象。成功举办以“解读文化之韵 放眼艺术之魅”为主题的集团第四届文化艺术节。300多名职工直接参与“丝艺人生”才艺展评、“咏动我心”歌唱比赛、“生活·精彩”视频秀和“魅力瞬间”摄影比赛等4项专题系列活动。（庞 力）

文汇新民联合报业集团工会

【概 况】 文汇新民联合报业集团工会下辖8个基层工会，87个工会小组，职工2 387人，工会会员2 299人，其中女会员814人。(1)开展主题教育和创先争优活动。开展评选全国、市五一劳动奖章和市工人先锋号工作，举办“我们身边的典型迎‘五一’劳模先进事迹”报告会。开展2008—2009年度集团工会先进集体、优秀工会工作者、工会积极分子评选表彰工作。为弘扬爱国主义精神，缅怀先烈，组织工会干部到金山区金山卫城南门抗日纪念爱国主义教育基地祭扫活动，组织集团各类先进赴江苏茅山苏南抗战革命根据地和贵州遵义“红色之旅”学习考察。积极参加第三届全国职工职业技能大赛“王码杯”速录师工种决赛。(2)坚持职工代表大会制度，推进基层民主管理。职工代表在二届五次职代会上发出《倡议书》，要求为完成集团各项工作目标贡献力量。落实职代会提案，对30项提案作出处理意见。召开季度通报会，开展“我为集团科学发展建言献策”活动，收到70条意见和建议。调整“厂务公开”工作领导小组、办公室及监督小组组成人员，完善《关于进一步推进厂务公开民主管理的实施意见》，制定《文新集团厂务公开民主管理工作规则》。(3)为职工做好事办实事。慰问困难职工170人次，补助金12.2万元。慰问41人次住院职工，补助金额3.25万元；为5名身患重病的职工落实补助金额4.8万元；做好市职工保障互助会各项保障计划的参保和给付工作。(4)重视加强工会组织自身建设。制定《关于加强文汇新民联合报业集团二级基层工会组织建设的若干意见》。做好基层工会主席培训工作。（刘玉平）

上海市文物管理委员会工会

主 席
黄 勇

【概 况】 上海市文物管理委员会工会辖有基层工会5个，工会会员672人，其中女会员284人。(1)全面落实迎世博600天行动计划。组织实施迎世博窗口服务单位立功竞赛。叫响“迎世博、比服务、赛形象——保持窗口天天明亮”的口号，组织“八比八赛”立功竞赛，共有7个班组、26名个人被评为市迎世博先进集体和个人。组织职工积极投身“世博”项目建设工程，启动系统职工迎世博、迎ICOM(国际博物馆协会第二十二届大会)学礼仪、学双语计划。窗口服务单位的98名职工参加市级考试，合格率为100%。实施五馆(店)千人“世博知识大普及”活动计划。举办文博行业迎世博、讲文明、树新风主题报告会、世博知识讲座等，制作印发宣传资料、组织职工参观主题展览和建设工地。全系统职工及劳务派遣工共1 072人参加世博知识测试并合格。组织7支志愿者服务队，381名志愿者参加迎世博志愿者活动。(2)结合文博事业发展和文明单位建设实际开展工会特色活动，建立职工代表大会及职工大会制度，有序推进民主管理、民主决策、民主监督，建立提案制度。对26名新进职工进行为期一周的政治理论、法律法规、职业道德、文博基础知识等方面培训。组织开放接待和后勤保障部门的职工进行岗位技能培训、技能比赛，40人次获得技能等级证书，2人分别获得市绝技绝招能手和享受市政府津贴的优秀高级技师称号。组织“同庆和谐盛世、共创文博辉煌——市文管委系统职工庆祝国庆60周年”系列活动，表彰先进，开展党史、共和国史、世博知识等竞赛，举行歌咏比赛。(3)为职工办好事、做实事。安排资深医务专家进行健康咨询、诊断答疑及中医理疗服务。规范“爱心互助会”活动，定期募集职工捐款，及时向病困职工发放互助慰问金，组织参加市职工保障互助会推出的各项保障计划。（朱世平）

上海社会科学院工会

主 席
徐霖恩

【概 况】 上海社会科学院工会辖有基层工会22个，其中局级所工会8个。工会会员787人，其中女会员319人。(1)围绕大局，服务中心工作。一是举办主题为“歌唱祖国、歌唱社会主义、歌唱中国共产党”的第七届“爱我中华”十月歌会。二是举行“迎世博,树新风,文明办公室”评选活动。(2)深化民主办院和院务公开工作,发挥“1+8”民主管理作用,形成了职工代表大会和8个工作委员会的工作机制。(3)做好职工福利保障工作。组织全院职工参加市职工保障互助会医疗保障、重病保障计划,为20多名患病住院职工办理了保障给付。组织“一日捐”献爱心活动。由“院大病重病帮困基金”援助30多名职工,做好“阳光助学”活动。组织两批职工参加疗休养。(4)开展形式多样的文体活动。组织迎五一职工乒乓赛、院书画小组活动、屋顶花园“职工之家”文体活动、职工自行车赛等。(5)加强工会理论研究。《金融危机下的女性心理状况调查》获得市总工会理论调研课题一等奖。《上海外来女性与城市建设安全研究》获市总工会“上海工运女职工问题研究论文评比一等奖”。 (徐霖恩)

上海市体育局工会

主　席
叶蓓伦

【概　况】 上海市体育局工会辖有基层工会32个,职工4 415人,工会会员3 151人。(1)加强职代会民主管理。针对新一轮体育事业改革中出现的新问题,以及事业单位改革中劳动关系的新变化,加强改革措施的配套协调,及时化解矛盾,进一步建立健全职工利益协调机制、诉求表达机制、矛盾调处机制和权益保障机制。(2)深化职工素质工程。一是组织开展“迎世博、迎全运”读书主题教育活动。分别向训练单位推荐《心路历程》及向中心场馆单位推荐《优秀员工的50个习惯》书籍。二是开办物业管理干部培训班,将培训纳入职业技能鉴定范畴。采用“1+X”鉴定模式,对考试合格者颁发由市劳动部门认定的职业资格证书。三是在女职工中开展“布艺堆绣画”制作培训,推荐优秀作品参加“2009上海国际科学与艺术展”。四是开展以“迎世博、迎全运”为主题的乒乓球、羽毛球、保龄球、龙舟等比赛。(3)切实关心职工生活。一是继续做好“一日捐”、“金秋助学”、“重大病补助”、“困难家庭慰问”等帮困送温暖工作。二是继续参加职工互助保障计划,参保率达100%。三是举办大学生见习专场招聘会,推出局系统大学生见习岗位,有8名大学生在局系统进行为期半年的岗位见习。(4)加强工会自身建设。深化“建家”工作,启动争创“优秀职工之家”活动,2个基层工会被授予“上海市模范职工之家”称号。开展经审规范达标工作,加强经审干部的学习培训,促进工会经济活动规范运作。 (乐俊平)

光明食品(集团)有限公司工会

主　席
周海鸣

【概　况】 光明食品集团工会辖有基层子公司级工会15个,公司以下基层工会203个,联合工会45个。从业人员93 670人,其中农民工12 676人;工会会员90 578人,其中女会员43 989名,农民工会员10 789人。(1)坚持发展第一要务,团结动员广大职工投身经济建设,发挥主力军作用。深入开展“同舟共济保增长,建功立业促发展——‘我为光明作贡献’职工合理化建议”主题竞赛活动,5月召开职工合理化建议工作推进现场会,命名“推进科技创新和合理化建议示范基地”。11月召开总结表彰会,全年职工提出6 581条合理化建议,其中被企业采纳1 998条,实施1 549条,创经济效益6 820万元。对获奖项目分别给予重奖。(2)创建和谐劳动关系,在维护企业和职工合法权益中实现新突破。召开工资集体协商工作专题会议,抓落实,促规范,集团国有及国有控股企业全部建立工资集体协商机制。中国农林水利工会在沪召开全国农垦系统集体合同制度建设经验交流现场会,推广光明集团在开展平等协商、集体合同和工资集体协商工作中的经验。(3)围绕职工“三最”问题,在改善和保障民生中进一步发挥工会维权职能。四大节日期间,集团各级工会协助党政慰问困难职工16 801人次,发放帮困慰问金953.19万元;向47名困难职工子女发放定向结对助学金;为28名身患大病的困难职工发放定向大病帮困金,全年累计发放帮困金达10万元;向30名困难家庭的学生发放帮困助学金5.85万元;20 438人次职工参加“一日捐”活动,募集善款计96万元;为22名列入集团帮困的应届大学毕业生落实了就业单位。(4)参与迎世博活动,在宣传世博、服务世博中提升职工的综合素质。深入开展“三创、四比”迎世博立功竞赛和“迎世博,上海女职工在行动”建功立业活动,积极推进迎世博“三五”集中行动,组织女职工志愿者为世博工地建设者服务;举办迎世博光明职工学“双语”培训班、出租车驾驶员服务规范大赛、女职工职业风采大赛和职工学“双语”、展风采大赛,帮助窗口服务行业提升服务质量。举办世博知识讲座,举办《庆祝建国六十周年,共创光明美好未来》——集团职工书法、美术、摄影大赛暨优秀作品展。 (桑树德)

上海良友(集团)有限公司工会

主　席
王淑萍

【概　况】 上海良友(集团)有限公

司工会辖有直属工会17个，基层工会32个，职工6 726人，会员6 506人，其中女会员1 932人。(1)围绕中心，服务大局，团结动员广大职工建功立业。广泛开展劳动竞赛和合理化建议活动，发起"千人看良友"活动，分批组织一线职工、班组长参观良友新港，推进"迎世博600天行动计划"，为每个班组发放《上海迎世博市民读本》，举办"迎世博、讲文明"知识竞赛，开展"为企业作贡献、为世博添光彩"大讨论，动员职工参与"清洁单位、美化环境"活动，举办"迎世博"窗口单位餐饮技艺展示活动，开展"迎世博"立功竞赛评选。(2)维护职工合法权益，构建和谐劳动关系。结合迎世博工作和"安康杯"竞赛，组织职工代表巡视职工工作环境和安全生产情况。深化厂务公开，抽查6家单位厂务公开民主管理情况。开展第三次工资集体协商，续签集团《集体合同》。开好集团领导干部与职工代表沟通座谈会，修订《进一步建立健全上海良友集团工会帮困送温暖工作长效机制的办法》和《上海良友集团职工医疗互助救助计划》，扩大救助范围，提高救助标准，全年帮困15 441人次，帮困金额达297.79万元。医疗补助266人次，救助金额为40.25万元。高温季节发放慰问品。为困难职工子女大学毕业生提供15个见习岗位。(3)深化职工素质工程，促进职工队伍全面发展。继续开展精神文明"十佳"好事评选活动，组织职工观看电影《铁人》，动员职工参与"双百"评选。落实集团《关于进一步加强班组建设的若干意见》，制订《良友集团班组建设考评标准》，组织开展评选集团红旗班组活动，召开班组建设推进会，介绍推广9个先进班组工作法。开展乒乓、卡拉OK、摄影作品评选等活动。(4)强化工会自身建设，提高工会工作整体水平。组建集团女职工委员会、劳动保护监督检查委员会和劳动法律监督委员会。指导下属公司工会做好换届改选工作。建立正常的工会干部学习和会议制度，推荐新当选的工会主席参加上岗资格培训，安排工会干部参加各类业务培训。

（刘国成）

上海市民政局工会

主　席
周其军

【概　况】 上海市民政局工会辖有二级工会5个，基层工会45个，职工6 246人，工会会员5 967人，其中女会员2 721人。(1)推进"工人先锋号"创建活动，开展当好主力军，建功民政"十一五"主题活动。(2)开展"迎世博、树新风、展风采"主题系列活动。先后举办"迎世博"图片展、知识竞赛、"世博杯"窗口服务合理化建议征集以及"我为世博作贡献、我为民政添光彩"立功竞赛活动，局属基层单位、个人分获世博服务风采奖、明星奖、品牌奖、卓越奖共45个。(3)以职工读书活动为抓手，深入开展"创建学习型组织、争做知识型职工"活动，14个基层单位建立"职工书屋"，2个基层单位获"第二届上海市学习型企事业单位"称号。(4)举办殡葬系统中级化妆工技能培训和操作比赛。全市15家殡仪馆的63名遗体化妆工参加了中级遗体整容师、遗体防腐师技能培训和操作比赛，57名遗体化妆工获中级技能资格证书，其中6名选手同时获"上海市民政系统技术能手"称号。(5)举办"颂伟大祖国，展民政风采"——市民政系统庆祝新中国成立60周年歌咏大会。2 000多名职工组成19个方队参加演唱。(6)弘扬劳模精神。落实劳模体检、疗休养、走访慰问等服务工作。(7)举办"情牵残疾职工　共建和谐民政"献爱心捐款仪式。11家局属单位累计捐款66万元；"一日捐"活动捐款19万元。(8)探索职工入会新路，建立劳务中介公司工会，殡葬服务中心所属基层单位的497名非编职工加入工会。

（胡积伟）

上海市监狱管理局工会

主　席
郭增乔

【概　况】 上海市监狱管理局工会辖有18个基层工会，共有干警、职工7 907人，工会会员7 858人，其中女会员2 179人。机构设组织宣传部和办公室。(1)召开监狱局工会第四次代表大会，回顾总结三届工代会以来的工作，提出今后五年的主要工作，选举产生新一届工会委员会和工会经费审查委员会。(2)抓好队伍整体素质，推进职工素质工程。评选表彰39个局文明班组和36个局红旗文明岗；完善自学奖励机制，投入职工自学奖励金9万元；分7批组织225名班组先进代表参加疗休养。(3)推进职代会和厂务公开民主管理工作。对5家局属企业、社区单位开展厂务公开工作调研检查；配合2家移交企业，通过职代会、座谈会、厂务公开等途径稳定职工。(4)加大劳动保护监督力度。"安全生产月"和高温期间，多次开展安全生产大检查；组成联合督导组对干警职工食堂及服刑人员炊场开展食品安全专项检查。(5)做好信访和突发事件预警工作。坚持基层工会每月上报预警报告制度，及时反映群众关心的热点难点问题；受理5起来信来访，及时配合化解矛盾。(6)关心弱势群体，做好帮困工作。对1 938名困难干警进行帮困送温暖，慰问金额达97.23万元；帮困助学203人次，金额为21.03万元；为24 803名干警职工续保上海市职工医疗互助保障计划，8 334人次获医疗救助金161.9万余元。(7)加强工会自身建设。举办工会主席、新《工会会计制度》、《知心》杂志通讯员和摄影技术等4个培训班；开展工会工作论文、调研报告和合理化建议评比活动；对皖南两监狱和社区工会进行合并调整,组织新当选工会主席参加岗位培训;办好局工会网站和内刊《知心》杂志,开展第五届"知心杯"征文活动;举办第六届乒乓球比赛、第九届"两棋一牌"比赛、"蓝盾杯"足球比赛和"巾帼杯"80分扑克牌比赛;调整局工会第四届女工委班子,表彰女职工先进,落实200名困难女职工免费妇科体检;搞好工会两级财务和经审工作。（江海群）

锦江国际(集团)有限公司工会

主　席
许新海

【概　况】 锦江国际(集团)有限公司工会辖有基层工会347个,工会会员62 283人,其中女会员25 004人。农民工9 073人,女性农民工5 159人。(1)加强培训树榜样。弘扬劳模精神,充分发挥劳模的示范带头作用,结合实际有针对性地开展岗位技能、世博知识、各国礼仪等专项培训,多次开展形势教育,练好内功,提升职工队伍素质。(2)节能减排促发展。发动职工集思广益、献计献策,参与第二届上海职工科技节,开展群众性科技创新活动,组织参加"节能宣传周"知识竞赛、"我与企业共命运"节能减排活动以及"我为节能减排献一策"金点子活动。(3)开展迎世博立功竞赛。以"迎世博、讲文明、树新风"为主题,开展窗口行业优质服务、微笑服务、规范服务等岗位劳动竞赛。进行"迎世博、学双语"、"绿色酒店与世博同行、文明窗口添世博丰采、接待服务为世博奉献"的应知应会考核。(4)维护权益保稳定。以保就业、保岗位为重点,加大工会帮困送温暖工作力度。以维护职工合法权益为基本职责,锦江国际做到不裁员、不降薪,确保员工队伍稳定。

（张祥伟）

上海市东湖(集团)公司工会

主　席
陆浩东

【概　况】 上海市东湖(集团)公司工会辖有基层工会16个,职工3 447人,工会会员3 404人,其中女会员1 269人。(1)开展"同舟共济保经营,建功立业促发展"活动。动员和组织广大职工积极应对严峻的市场形势,坚定信心、振奋精神、苦练内功、迎难而上、同舟共济、共克时艰。大力开展爱国主义教育,弘扬劳模精神,发挥劳模示范效应。(2)实施集团"迎世博600天行动计划",以"当好主力军、建功世博会、展示新风采"主题活动为抓手,参与迎世博窗口服务行业立功竞赛,组织员工学习《世博,让我们做得更好——上海旅游行业迎世博员工读本》、《世博知识150问》,举办迎世博礼仪讲座和迎世博知识竞赛,举办迎世博"食之有道"高档宴会烹饪技能竞赛。(3)开展以"科学发展抓预防、预防为主重教育"为主题的"安康杯"竞赛活动。签署安全责任书、安全承诺书,落实安全责任;开展防暑降温工作检查,开展119消防日活动。(4)关注民生。开展元旦春节帮困送温暖活动,走访慰问困难职工303人、退休职工598人,发放慰问金67.3万元。组织"一日捐"活动,捐款总额12.2万元;落实集团规定的带薪休假津贴和职工健康检查;组织集团员工代表会议,主动听取职工的诉求;继续组织职工参加互助团体医疗保障计划,推动"五项互助保障计划"覆盖全体职工;开展员工餐厅检查评比,举办员工餐厅厨艺比赛。(5)做好女职工工作。开展2007—2008年度"东湖巾帼奖"的评选和表彰工作,举办姐妹运动会。为150名女劳务工免费妇科检查和诊治。（胡　明）

上海市市级机关工会工作委员会

主　任
朱　祥

【概　况】 上海市市级机关工会工作委员会辖有工会组织398个,其中系统工会48个,直属基层工会54个,基层工会296个。职工58 952人,其中女职工20 062人。工会会员56 090人,其中女会员19 107人。公务员21 703人,其中女公务员6 969人。(1)元旦春节期间,走访慰问干部职工7 212人,慰问金共375万元。71个单位16 567人参加"一日捐"活动,募得捐款121万余元。(2)举办妇女节先进表彰大型座谈会。7名先进人物作交流发言。(3)在南京路步行街组织"迎世博,劳模和巾帼文明岗为民咨询活动",由劳模等先进人物领衔,19个单位的80多名干部参与。(4)"六一"节举办"学做小小志愿者,健康成长迎世博"——市级机关系统干部职工子女庆"六一"迎世博社会实践展示活动。(5)开展"世博有我更精彩"主题实践月活动,专门印制"世博知识学习资料"2 000册,2万余人参加世博知识网上在线测试,3 500多人参加"为世博抒感言献良策"活动。(6)举办第二届上海市公务员乒乓球比赛,61个单位的360多人参赛。(7)举办"托起城市的荣光"——上海市级机关庆祝建国60周年大型歌会。市领导与来自98个单位的4 500名干部职工同唱党和祖国的颂歌。表达市级机关广大干部职工热爱党、热爱祖国、忠于人民、求真务实、开拓创新的精神风貌。(8)举办第六届华东六省一市机关工会工作研讨会,近60人参加。邀请中央直属机关、中央国家机关,北京、天津、重庆直属机关工作党委的领导,近60人参加会议。促进华东六省一市区域机关工会工作的大交流、大

合作和大发展。（邱永前）

上海市社会系统工会工作委员会

主　任　施南昌

【概　况】　上海市社会系统工会工作委员会辖有直属工会11个，职工36 211人，其中女职工5 218人；工会会员32 316人，其中女会员3 833人。（1）加强职工思想教育，积极应对国际金融危机。深化世情、国情和市情教育，广泛开展“同舟共济保增长，建功立业促发展——百万职工先锋号行动”主题实践活动。（2）加强工会自身建设，增强工会组织的凝聚力。一是做好有关转入、转出基层工会的交接工作。指导帮助基层工会开展换届改选委员增补工作。督促各基层加大工会组建力度，两级基层工会的组建率达到100%。二是召开工会主席会议、工作例会等，组织政治和工会业务知识学习，做好新任工会主席的上岗资格培训，开展多种形式的工会干部岗位培训和适应性培训。三是推进集体劳动合同、工资专项集体合同、女职工权益保护专项集体合同的签订；加强统计工作基础建设，提高各类统计质量。做好工会会计制度的新老衔接培训，促进工会财务平稳过渡。四是深入基层一线，参与劳动关系突发事件的协调工作，加强对职工队伍稳定情况定期研判，建立健全企业群体性纠纷应急化解处置机制。（3）开展丰富多彩活动，增强工会活力和创造力。一是深化“迎世博、讲文明、树新风”职工文明践行活动，广泛开展“与世博同行，为世博添彩——世博企业行”宣传教育系列活动，以“当好主力军，建功世博会，展示新风采”为主题，以窗口服务行业为重点，广泛组织开展职工大培训、技能大比武、建议大征集、环境大整治、风采大展示等活动。二是举办庆祝建国60周年赛歌会，近400人参赛。三是召开女劳模、“三八”红旗手、“五一”巾帼奖获得者、女先进工作者代表大会。组织优秀女职工红色之旅。四是开展上海市模范职工之家、上海市模范职工小家、上海市推动劳动关系和谐企业创建活动先进单位等各类先进的推荐评选活动。（5）切实做好帮困送温暖工作。元旦春节期间走访慰问困难职工，落实困难劳模的补助和“三金”发放，做好系统内困难职工子女大学毕业生的就业援助工作。（孙守印）

上海城建（集团）公司工会

主　席　汤文洲

【概　况】　上海城建（集团）公司工会辖直属工会15个，基层工会99个，工会会员31 132人，其中女会员2 465人。（1）围绕“当好主力军、建功世博会、展示新风采”主题，在承建的轨道交通、越江隧道、外滩通道、世博园区、虹桥枢纽和都江堰对口援建等重大工程中大力开展立功竞赛，征集合理化建议和金点子评选活动，深化职工代表巡视重大工程活动，确保长江隧桥提前竣工通车、仙霞路隧道双线贯通、世博会燃气配套工程全面落实；在都江堰援建中高水平完成了都江堰七一聚源中学、友爱学校等工程，涌现出“优秀创新团队”、“杰出人物”、“金杯公司”、“金杯集体”等一批先进单位和个人。（2）以集团劳模协会为平台，弘扬劳模精神，组织劳模与北京建工交流学习，充分发挥劳模的引领作用；组织三千余名职工和农民工观看电影《铁人》，以座谈会、征文等形式营造学习劳模的氛围。（3）深化职工素质工程。推进创建学习型企业活动，1家单位获上海市推进学习型社会建设先进单位，3家单位获学习型企业称号；组织职工参加上海市建筑业第五届职业技能竞赛等技能比武活动，开展“班组特色工作评选”活动。（4）大力推进职工文化建设。成功举办职工运动会，以“做健康职工，庆祖国华诞，树城建品牌，迎精彩世博”为主题，开展龙舟、射击、乒乓球、羽毛球、拔河、游泳、桥牌等比赛，历时3个月，参与职工超过2 000人次；举办“城建杯”摄影大赛，征集作品超过500余幅并在上海展览馆展出，开展“与祖国共奋进，与城建共发展”征文活动，表彰集团精神文明十佳好事；在三八妇女节举行慈善义拍，所得善款捐助都江堰的学校援建工程。（5）促进企业和谐发展。工资集体协商实现全覆盖，建立了员工收入与企业效益同步增长的机制；健全和完善职代会制度，做好民主评议领导干部工作，积极为领导和职工搭建沟通平台。（6）竭诚服务职工群众。开展职工关注问题调研，并形成报告；帮助困难职工解决实际问题，使用帮困资金146.8万元，慰问困难职工3 113人（次）；成立三级49所农民工学校。（7）加强自身建设。坚持工会委员会集体学习和工作例会制度；抓好“职工之家”创建；做好工会会计制度转接工作，增强工会财务工作规范性。（朱　强）

上海地产（集团）有限公司工会

主　席　郑建今

【概　况】　上海地产（集团）有限公司工会辖有基层工会45个，员工2 637人，工会会员2 122人，其中女会员918人。（1）广泛深入开展学习实践活动，发挥工会组织、宣传、教育、引导的作用，促进企业和谐发展。（2）开展建功立业活动，确保企业平稳较快发展。广泛开展“同舟共济保增长，建功立业促发展——百万职工先锋号行动"主题实践活动。大力加强应对金融危机、与企业共度难关、共谋发展的宣传教育,激发广大职工充分发挥"工人先锋号"作用,推进企业改革发展。(3)落实上海职工迎世博600天行动计划,深入开展"与世博同行,为世博添彩——世博企业行"宣传教育,举办庆三八、树先进、"迎世博"知识竞赛活动,展示"当好主力军、建功世博会"的新风采。(4)推进和深化职工素质工程,造就高素质职工队伍。广泛开展职工技能培训、技术练兵、技能竞赛、技能登高等活动,培育一批科技创新团队、创新示范岗和一线创新人才。(5)深化厂务公开工作,推进企业民主管理。充分发挥职工群众在企业民主管理中的重要作用,积极推进厂务公开民主管理的制度化、规范化、程序化建设,形成党组织领导、行政支持、部门配合、工会运作、职工参与的工作格局。(6)积极组织帮困送温暖活动。推进中华企业、滩涂造地公司与崇明经济薄弱村结对帮扶活动。建立专项帮困基金,关心弱势职工群体,开展献爱心"日捐"活动,全年帮困232人次,总金额计31.24万元。 (林青云)

上海市申江两岸开发建设投资(集团)有限公司工会

主 席
赵文琪

【概 况】 申江集团工会辖有6个基层工会,职工141人,工会会员122名。(1)理顺工作思路。通过学习调研,形成三点共识:一要围绕企业的基本任务。二要围绕工会的基本要求。三要围绕员工的基本特点。(2)创建工作平台。筹备职工代表大会,自7月起启动,已经形成操作预案。推进"争先创优"工作,做到坚持把上级的要求与企业的实际结合起来,坚持把各类先进的申报与推动实际工作结合起来,坚持把一般号召与具体指导结合起来。全年获市级以上各类荣誉称号或相关奖项达32项。建设"职工之家",投资35万元的文化活动场所在年内投入使用,设有健身房、阅览室、乒乓房、多功能球场等。举行"申江杯"篮球、乒乓球、保龄球、羽毛球、棋牌和迎春长跑等比赛。(3)完善工作制度。集团工会与5家子公司工会建立起既分工又合作的工作定位。坚持第一时间掌握上级工会的要求;第一时间了解职工困难,送组织温暖;第一时间传递工会工作动态。工会班子着眼提高议事的效率和质量,从规范工会工作流程入手,依照工会相关规章,制定《申江集团工会议事制度》,对议事的范围、原则、流程与权限,以及事前的准备、事中的实施、事后的督办等作出明确的规定,为建立常态化的议事机制提供保证。 (李建鹤)

中国联合网络通信有限公司上海市分公司工会

主 席
张承鹤

【概 况】 中国联合网络通信有限公司上海市分公司工会是上海联通各级工会组织的管理机关,拥有工会会员1 432人,其中女会员562人。2008年10月15日,中国联通红筹公司、中国网通红筹公司成功合并,成立中国联合网络通信有限公司。2009年4月20日成立中国联通上海市分公司工会筹备组,8月11日召开中国联通上海市分公司第一次工会会员代表大会暨第一届职工代表大会,选举产生上海联通工会第一届委员会、经费审查委员会和工会女职工委员会,选举产生了职代会三个专门委员会以及上海联通职工爱心互助基金管理委员会。2009年,分公司工会按照中国工会十五大精神,深入贯彻市总工会和集团公司工会有关要求,贯穿"以人为本、业绩至上、敢于创新、正德和谐"的工作主线,紧扣公司融合、重组、发展的主题,围绕企业年度目标和任务,从完善工会组织建设提高工作效能、引导员工支撑企业经营发展、加强民主管理提高维权意识、重视员工感受增强企业凝聚力等四个方面入手开展一系列工作。 (康 迪)

上海市合作交流系统工会工作委员会

主 任
曹整国

【概 况】 上海市合作交流系统工会工作委员会辖有50个基层工会,职工2 671人,会员2 284人,其中女会员638人。组成单位主要为中央在沪单位和各省市、自治区政府驻沪办事处。(1)推进学习型组织建设。组织干部职工参加专家专题讲座,举行《工会法》、《劳动法》等辅导报告和形势报告,开展读书交流活动。(2)组织优秀员工、优秀公务员、工会干部赴黄山、厦门、贵阳等地疗休养和学习考察。(3)组织开展庆国庆、迎世博文艺演出活动。(4)以"当好主力军,建功世博会,展示新风貌"为主题,动员职工参与迎世博活动。(5)切实关心和维护职工权益,建立健全职工的诉求机制,针对全球金融危机的影响,组织开展维护职工权益的系列活动。(6)坚持为职工做好事、办实事,帮助职工解决实际困难。下发通知对防暑降温工作和元旦春节送温暖活动提出具体要求。(7)发挥劳动模范的示范引领作用,完善各项培育、宣传、管理机制,组织开展争优创先活动。年内有6家单位分别荣获上海市五一劳动奖状、上海市模范职工之家、上海市工人先锋号、上海市三八红旗集体称号,1人获"上海市三八红旗手"称号。 (葛 平)

民航华东地区空中交通管理局工会

主　席
来海根

【概　况】　中国民航华东地区空中交通管理局工会下辖华东地区10个分局(站)和上海地区15个运行单位,负责民航华东地区的空中交通管制、通信导航、航空气象和航行情报服务以及其他相关服务保障工作。上海地区职工1 599名,会员1 599名。2009年,提出以"正、勤、严、细、实"的工作作风为目标,在服务大局、服务职工上有新思路,在全面提高职工素质工程上有新办法,在完善民主管理、促进职工队伍的稳定上有新举措,在加强工会自身建设上有新作为,工会各项工作取得了新的突破和新的发展,在华东空管改革、安全保障、和谐发展中发挥了工会组织的重要作用。(1)局工会组织开展了"寒冬送温暖,和谐进万家"的主题活动,局领导分别带队走访慰问了江苏空管分局徐州导航站等6个边远台站,慰问重症职工9人、劳动模范5人、异地交流干部3人、援藏干部1人。(2)开展"安康杯"竞赛,举办华东地区空管系统"安康杯"气象专业技能大赛。在第二届中国民航空管(气象、情报)岗位职业技能大赛决赛中,获得情报专业总分第一名,2名选手被授予"全国民航技术能手"称号。(3)全面铺开"创建学习型班组"活动,召开华东空管局学习实践科学发展观活动成果展示暨"创建学习型班组"愿景发布会。(4)以创建"工人先锋号"为平台,完善劳模培育、选树、宣传、管理机制。2009年,有6个集体、4名个人获得省部级以上先进。(5)开展"职工之家"创建活动,坚持每两年进行创建升级达标评比工作,先进职工之家已达28%。加大对职工活动场所的资金投入。上海地区职工活动中心一期工程已于2008年10月正式启用,二期工程也将开放启用,并在全局建立山东、浙江、江西等有规模、有特色的职工活动中心示范点。12月,被上海市总工会授予"模范职工之家"称号。(6)坚持开展内容丰富、形式多样的文体活动。"空管之声"合唱团参加了上海市"五一"歌会。　(刘　海)

上海世博会事务协调局工会

主　任
陈安杰

【概　况】　上海世博会事务协调局工会辖有职工305人,其中女职工193人,工会会员305人。(1)围绕世博会筹办工作,开展"我为科学办博献一计"活动,139名员工提出合理化建议84条。(2)提升员工队伍整体素质。以"当好主力军、建功世博会、展示新风采"为主题,开展立功竞赛活动。通过《世博人》、世博网站等载体,宣传办博中涌现出的各类先进典型。开展文体活动,以"立足园区、自愿自治"为原则,先后组建员工摄影、书评、书法、舞蹈、羽毛球、篮球、游泳、太极拳、瑜伽等9个兴趣小组,组队参加"建工杯"职工游泳赛和"三林世博杯"乒乓赛;举办世博员工摄影、书法、绘画、手工艺品展示活动,编印精美的作品集。举办"颂祖国、唱世博"合唱比赛,开展世博局员工国庆歌咏比赛。(3)做好各项实事。全年走访110名员工,发放慰问款8.2万元。发放东方文化卡及旅游消费优惠券。为女职工举办美容讲座,开展以关注职工身心健康为重点的健康体检、健康讲座和咨询活动。全面检查局内33个工地食堂、2个职工食堂的食品安全情况。春节为176名职工代购回乡火车票。为876名职工代售世博会(第一套)金银纪念币,每逢周五组织"世博门票"代售活动。"六一儿童节"前举办"世博绘"活动,下半年开展"浏览世博景、激励爱国志"世博青少年摄影比赛。(4)不断加强工会自身建设。组建局系统部门工会39个。举办各部门工会组长参加的工会业务知识系统培训和保险知识讲座。开展"如何深入开展合理化建议活动"专题培训。　(郎爱民)

上海临港产业区工会工作委员会

主　任
戴伟中

【概　况】　上海临港产业区工会工作委员会辖有14个基层工会,职工1 249人,工会会员1 162人。机构设办公室、组织建设部、宣教文体部、民主法律部、财务管理部、公关联络部、生活保障部。(1)推进和谐园区创建。大力推进厂务公开民主管理工作,建立集体协商制度,落实签订集体合同。(2)围绕临港开发区中心任务,鼓励员工建功立业。在产业区内开展迎世博立功竞赛活动,开展文明班组、工人先锋号评比,市五一劳动奖章评选。(3)加强工会自身建设。组织26名基层工会干部参加业务培训,完成工会组建5家,其中包括1家世界500强企业。(4)打造区域文化品牌。组织"放歌临港、共创明天"临港产业区职工歌手大赛,与临港新城管委会合作举办"庆国庆、迎世博""临港杯"篮球联赛,承办"临港杯"上海市职工桥牌邀请赛。　(陈欣堂)

中国电信集团工会号百信息服务有限公司委员会

主　席
王忠春

【概　况】　中国电信号百公司工会辖有基层工会 2 个，部门工会 5 个，职工 422 人，其中女职工 200 人；工会会员 417 人。机构设办公室、员工文体活动中心。(1)建立健全职工民主管理制度。结合实际出台《关心关爱员工实施细则》。为畅通员工诉求渠道，建立每两月一次的员工热点问题收集通报机制。开展领导层与员工的季度沟通活动。出台《公司管理层与员工季度沟通制度》，7 月和 11 月举行两次季度沟通活动，主题分别为“关心关爱员工工作”和“企业业务发展、共建共享号百美好未来”。(2)深入开展帮困送温暖活动。组织“一日捐”活动，317 名员工捐款总额计 3.9 万元。春节前夕对 10 名困难员工进行帮困，帮困金额为 1.7 万元。开展“员工补充医疗保障”工作，全年给付 418 人次，给付金额近 10 万元。(3)开展“我为企业务发展献一计”合理化建议活动，共收到各类建议 166 条。(4)成立瑜珈、摄影兴趣小组。举办纪念新中国成立 60 周年员工摄影展。成功举办迎世博首届公司乒乓球比赛，9 月开展首届员工“健身日”活动，300 多名员工参与，10 月举办号百公司首届歌手大赛。(6)选送人员参加第二届上海市职工歌手大赛、区总工会文艺展演、上海市女职工插花比赛等。在“相约世博、共享知识”江浙沪职工世博知识趣味挑战赛中，电子商务部参赛队代表号百公司获决赛最高奖项“世博和谐之星”称号。

(沈　匀)

上海市农业委员会系统工会工作委员会

主　任
陶振华

【概　况】　上海市农业委员会系统工会工作委员会辖有基层工会 24 个，职工5 421人，会员5 297人。(1)履行工会职责，加强民主管理。坚持完善以职工代表大会为基本形式的职工民主管理，推行厂务公开和民主监督制度，开展基层单位厂务公开和民主管理自查工作。(2)开展“送温暖”、“送清凉”活动，为职工办实事、做好事。共慰问劳模、先进工作者 55 人次，看望困难职工1 535人次，慰问金共计 110.27 万元。(3)以“庆国庆、迎世博”为主题，开展“兴农杯”乒乓球比赛和定位投篮比赛，组织参加市级机关庆祝新中国成立 60 周年“托起城市的荣光”大型歌会、“永达杯”职工乒乓球比赛等活动。(4)加强工会自身建设，做好 6 个基层工会的换届改选，完善工会内部组织的运行机制。(5)两次举办新的工会会计制度业务培训，24 个基层工会的财务人员全部参加培训。

(陈颢姬)

上海国盛(集团)有限公司工会

主　席
沈松龄

【概　况】　上海国盛(集团)有限公司工会第一次代表大会于 2009 年 12 月 25 日召开，选举产生了上海国盛(集团)有限公司工会委员会、经费审查委员会、女职工委员会。集团工会下设上海国盛(集团)有限公司本部工会、上海建材(集团)总公司工会、上海蔬菜(集团)有限公司工会、上海家化(集团)有限公司工会、上海盛融投资有限公司与上海大盛资产有限公司联合工会筹备组、上海轻工科教发展有限公司工会筹备组等 6 个直属单位的工会和工会筹备组。共有工会会员17 025人。

(陈　洪)

局(产业)工会主席(主任)、副主席(副主任)名录

单位名称	主席(主任)	副主席(副主任)
上海市机电工会	左山虎	谢同伦　袁胜洲　史伟琳　麻秀娟(女)
上海市仪表电子工会	田　原	陶丽娟(女)生　青(女)
上海市化学工会	黄岱列	沈德蒂(女)
上海市轻工业工会(上海轻工业工会联合会)		姚志贤　应蓓卿(女)罗秋燕(女)
上海市纺织工会	王水官	肖荣珍(女)李援朝　李　盈(女)张世军
上海市医药工会	陈　欣(女)	胡秋信
上海市电力公司工会	黄效喜	王　芸(女)
上海电力建设有限责任公司工会	李　苏(女)	邵开铭

续 表

单 位 名 称	主席(主任)	副主席(副主任)
宝钢集团有限公司工会	汪金德	劳光熹　韩国钧
中冶宝钢技术服务有限公司工会	王　琦(女)	高荣祥
上海宝冶建设有限公司工会	徐立群	
上海高桥石油化工公司工会	罗新富	胡家春
中国石化上海石油化工股份有限公司工会	高金平	王艳君(女)成　斌
上海化学工业区工会	陈兆麟	严国基　李庆红(女)丁贵忠
国药控股股分有限公司工会	沈立年(女)	徐恒昌
长江计算机(集团)公司工会	魏　红(女)	陈觉民
中铝上海铜业有限公司工会	陈明奋	陈益林
鲁中冶金矿业(集团)公司工会	沙宝珍	李秀娥(女)彭树刚
上海航天局工会	吴海中	张爱娣(女)李　昕
上海船舶工业公司工会	吴金颤	方争音(女)
中国商用飞机有限责任公司工会	刘林宗	沈　伟(女)
上海市烟草工会	解建伟	刘晓晴(女)周明德
上海汽车工业(集团)总公司工会	吴诗仲	陈寿龙　马龙英(女)
上海久事公司工会	顾利慧	夏家隆　王雯洁(女)
上海广电(集团)有限公司工会		吴昌明　何　军(女)
上海市漕河泾新兴技术开发区发展总公司工会	陈　克	王佩萍(女)
中国能源化学工会华东电力工作委员会	庄毅群	乔谦明
申能(集团)有限公司工会	仇伟国	周燕飞(女)谈金龙
上海电器科学研究所(集团)有限公司工会	曾思勤(女)	龙　黛(女)
上海华虹(集团)有限公司工会	陈剑波	唐均君
中国铁路工会上海铁路局委员会	钱　铭	曹　阳
中国海员建设工会中国海运(集团)总公司委员会	陈德诚	陆洪新
上海国际港务(集团)股份有限公司工会	王晓华	胡庭亮
中国海员工会上海长江轮船公司委员会	高　峰	邵申祥
上海市运输工会	黄伟建	顾见华
中国邮电工会上海市邮政委员会	沈　华(女)	
中国移动通信集团工会上海市委员会	张新康	杨忆雯(女)
中国电信集团工会上海市委员会	陈鸿生	董海燕(女)
中国海员工会交通运输部东海救助局委员会	金振泰	岑志良　徐　华
中国海员工会交通运输部上海打捞局委员会	姚世光	张建浩
中交上海航道局有限公司工会	王伯华	李忠庆　苗庆良
中交第三航务工程局有限公司工会	潘业鸣	张　辉(女)
中国海员工会中远集装箱运输有限公司	房迪坤	
中国海员工会中波轮船股份公司委员会	周万勤	
中国海员工会上海海事局委员会		樊卓越　顾　平
上海市锦江航运有限公司工会		章　薇(女)

续 表

单 位 名 称	主席(主任)	副主席(副主任)
中国民航工会华东地区管理局委员会	唐伟斌	韩平章
中国东方航空集团公司工会		胡际东
上海机场(集团)有限公司工会	蔡 军	
上海航空股份有限公司工会	钱怀民	
上海市城乡建设和交通工会工作委员会	周 炜(女)	余忠兴 汪建然 张 静
上海建工(集团)总公司工会	肖长松	陈伟民 刘琰紫(女)金怡然
上海市交通运输和港口管理局工会	李介麟	王仁良 陆金菊(女)徐长华
上海城市交通行业工会	李介麟	汤雁月(女)陆金菊(女)周丽霞(女)臧晓敏 袁丽敏(女)夏家隆 凌春霞(女)
上海申通地铁集团有限公司工会	胡洪威	许雅琴(女)
上海市城市建设投资开发总公司工会	杨申鲁	徐 文 黄 洁
上海市住房保障和房屋管理局	王志兴	金宛平(女)
上海建筑材料(集团)总公司工会	胡立强	周 毅 冯 霞(女)
上海海洋石油局工会	许鹤圣	钱碧云(女)
上海市绿化和市容管理局工会	徐文发	宋丽娜(女)黄 琼(女)
上海市市容环境行业工会	徐文发	刘广登 宗守和 宋丽娜(女)黄 琼(女)
上海闵行经济技术开发区工会	沈旅铄	王理清 王利建
上海虹桥经济技术开发区联合发展有限公司工会	黄健健	裘海明
上海市水务局工会	卫洪达	石建兴 陆建峰 张海燕(女)
上海大屯能源股份有限公司工会	姚惠兴	李成国
上海现代建筑设计(集团)有限公司工会	姚延康	薛灵燕(女)
中国建筑第八工程局有限公司工会	张勇为	王为兵 许 红
中国华源集团有限公司工会	朱少雯(女)	
百联集团有限公司工会	刘晓敏(女)	王逢祥 柏 松
上海市商业行业工会联合会	刘晓敏(女)	尹协仁 姚黄平 王逢祥 郭志刚
上海水产(集团)总公司工会	尹协仁	徐明华 吴常产 张 蓉(女)
上海蔬菜(集团)有限公司工会	姚黄平	
上海兰生(集团)有限公司工会	徐尚仁	
东方国际(集团)有限公司工会	王 佳(女)	何志刚
上海市金融工会工作委员会		卫国强
上海市税务工会	刘新利	沈 青
上海市人力资源和社会保障局工会	高延平	陈 忠 邵岭华(女)
上海市教育工会	夏玲英(女)	张中韧 贾金平 赵 玲(女)
上海市科技工会	陈 龙	土 震
上海市医务工会	黄 红(女)	张 浩 丁 强 戴 谷
上海市新闻出版工会	李虹鸣(女)	陆 娜(女)
解放日报报业集团工会	马笑虹(女)	庞 力 张以帆 丁 波 董晋伟

续 表

单 位 名 称	主席(主任)	副主席(副主任)
文汇新民联合报业集团工会		严惠芬(女)陈荣忠 顾鸿德 倪 珺(女)
新华通讯社上海分社工会委员会	朱忠良	刘丽达(女)张持坚
上海市文化广播影视管理局工会	王金国	
上海文化广播影视集团工会	翟东升	李培红(女)王济明 宋俊雄
上海市文物管理委员会工会	黄 勇	吴 晶(女)
上海社会科学院工会	徐霖恩	王玉梅(女)何卫东
上海市体育局工会	叶蓓伦(女)	张黎明(女)吴晓莹(女)梁立刚
光明食品(集团)有限公司工会	周海鸣(女)	郭志刚 姜 伟
上海良友(集团)有限公司工会	王淑萍(女)	周黎琼(女)
上海市民政局工会	周其军	孙晓红(女)
上海市监狱管理局工会	郭增乔	王春华 侯瑞勤(女)
锦江国际(集团)有限公司工会	许新海	戚大安
上海市东湖(集团)公司工会	陆浩东	
上海市衡山(集团)公司工会	卢惠民	
上海市市级机关工会工作委员会	朱 祥	吴志华(女)
上海市经济和信息化系统工会	汪仲华	潘晓岗 王永涛 郑文才
上海市社会系统工会工作委员会	施南昌	袁建国
上海城建(集团)公司工会	汤文洲	范惠芳(女)朱晨红(女)
上海地产(集团)有限公司工会	郑建令	陈 力
上海市申江两岸开发建设投资(集团)有限公司工会	赵文琪	李建鹤
上海世博(集团)有限公司工会	童元凯	孙江宁
中国联合网络通信有限公司上海市分公司工会	张承鹤	谢远明 于东平
上海市合作交流系统工会工作委员会	曹整国	蒋传华 王 靖
上海市电力股份有限公司工会	王国良	廖学勤
上海市通信管理局工会	陈皆重	郑 敏(女)
民航华东地区空中交通管理局工会	来海根	
上海市宾馆业工会联合会	黄国忠	王行泽 徐中尼 高耀敏(女)徐连喜
上海世博会事务协调局工会	许伟国	王永涛 邱水平
上海临港产业区工会工作委员会	戴伟中	王 跃
上海市公安局工会	张准民	周海健 王建幸 傅海鹏
中国电信集团工会号百信息服务有限公司委员会	王忠春	刘德顺
上海市信息行业工会	黄肇达	张静星(女)李 军(女)
上海上实(集团)有限公司工会	史瑜倩(女)	
上海市农业委员会工会工作委员会	陶振华(女)	陈 赛
上海国盛(集团)有限公司工会	沈松龄	胡立强 姚黄平 王凌雨 钟晓慧(女)
华能上海分公司工会(筹备组)	张为民(组长)	

说明：1. 任职名单以2009年12月底为准。
2. 上述人员职务以市总工会批复为准。

(市总工会组织部)

直管单位概况

Brief Introduction of Affiliated Units

上海工会管理职业学院

【概　况】　学院是上海市总工会领导下负责工会干部教育培训的主阵地。学院凭借丰富的办学实践经验，培训了一大批工会干部。学院新校区坐落于奉贤区庄行镇，现有工会会员(教职工)221名，具有高级职称的专任教师占17.5%，硕士研究生以上学历教师占54%。2009年，学院以切实提高教育培训质量和管理水平为重点，以强化服务工会职能为目标，努力发挥干部教育培训主阵地的作用。(1)围绕工会中心工作，充分体现工会学院的教育培训职能。从2009年起，为全市各级工会干部实施免费教育培训。免费培训的范围包括新上岗工会主席岗位资格培训、区县局工会领导干部培训以及非公企业工会主席培训三个层面。1—10月共举办各类免费培训班24期，人数达1 720人。学院还举办了云南省边境县、藏区县工会主席培训班、都江堰市工会干部培训班、西藏日喀则和新疆阿克苏地区的工会干部培训班。(2)加强师资队伍建设，不断提升教育培训质量。学院突破编制、计酬、职称等用工界限，当年引进各类人才20人。不断深化教育管理制度改革，努力提高教育质量。《社会保险实务》课程被市教委评为省市一级精品课程。《劳动争议处理实训》、《小组社会工作方法与实务》、《心理咨询》等一批重点课程正在立项和申报。还编写出版了《职业素养与职场维权》、《社会保险实务》、《古籍修复》等教材。学院帮助市级机关工会完成了《关于加强机关工会的若干意见》专题调研报告；承担了市总工会下达的《关于深化创建劳动关系和谐企业活动的研究》，继续与复旦大学开展劳动关系和谐指数的研究；《工会资源需求与运用策略》论文被指定在全国工会学研究会年会上专题交流。(3)坚持以学历教育壮大工会教育资源的办学思路，不断推进学院建设。学院顺利完成了三期工程建设项目，总建筑面积达12万平方米，绿化面积超过10万平方米，教学科研仪器设备总值达到2 000万元，形成了25个以社区管理、安全健康和文物保护为主要特色的专业。学院的发展也得到了市教委的支持，当年市教委发放帮困助学专项基金达253万元，投入公共实训基地专项建设基金为220万元。　（兰宇新）

海鸥饭店（上海国际海员俱乐部）

【概　况】　海鸥饭店坐落于外滩黄浦江与苏州河交汇处，是上海四星级旅游观景酒店。饭店以“优美的海鸥在风浪中争第一”为企业精神，追求更高、更优、更新、更好，连续多年被评为上海市文明单位、A类纳税信用单位和诚信免检企业。2009年，由于受国际金融危机以及饭店周边道路环境影响，海鸥饭店遇到了建店以来最困难的外部环境。饭店紧紧依靠广大职工，坚定信心，共克时艰，扎实工作，积极制定应对困难的策略，开源节流，通过加强细节管理和提升服务质量，以“提升企业形象，拓展市场空间，打造国际酒店，建设和谐企业”为目标，按照国际酒店的运作标准，形成小型、舒适、温馨、高雅、精致的酒店特色和产品。饭店通过加盟Worldhotels，开始跻身于国际酒店的行列，正式加入了“世界金钥匙酒店联盟”，将“满意加惊喜”的金钥匙服务理念成功引入到实际工作中，使服务工作实现了细化、优化、精品化和个性化，被世界金钥匙酒店联盟授予最佳经营奖、管理创新奖和联盟“5C”品质奖；为此，饭店获得国家绿色旅游饭店银叶级称号；12月，饭店顺利通过了国家四星级饭店的重评。在抓好经营管理和优质服务的同时，注重提升全体员工绿色饭店的意识，开源节流，节约能源消耗、降低用工成本、控制办公费用等，各项工作取得较好成绩，全年完成经营收入4 806万元。　（张裕民）

上海市工人文化宫

【概　况】　上海市工人文化宫现有在编职工100人，其中中共党员41人。(1)2009年策划组织并承办了“爱国歌曲大家唱——上海职工歌手大赛”、“‘五一文化奖’颁奖典礼”、“春节劳模茶话会”、以“歌颂祖国，奉献世博”为主题的大型“五一”歌会、上海职工“奔向世博，拼搏200”主题活动、“锦绣中华月正圆——2009年上海市慰问对口支援干部家属和少数民族地区挂职干部中秋联欢会”等6场大型文艺演出；举办了“新年音乐会”、“琴童世界——古典名曲演奏会”、“新年沪剧大联欢”、“评弹流派演唱会”等135场公益性演出及剧场演出；为上海质监局、上海船舶工业公司、国药集团医药控股有限公司等单位策划承办职工歌咏大会；创作了诗朗诵《有我更精彩》、小品《期待这一天》、歌舞《微笑的城市》、民乐《远方的客人请你留下来》等文艺节目；参与“上海市迎世博百场文艺巡演”活动，并在高温季节带领茉莉花艺术团深入社区、工地、公园等演出10余场，以实际行动宣传和演绎“城市，让生活更美好”的主题。艺术培训部被授予上海市“世博服务卓越奖”称号。(2)文化交流部积极运作好两个平台，通过长三角城际工人文化宫联席会平台，组织举办17项跨地域的职工文化交流活动。举办“和风雅韵——庆祝建国60周年长三角戏曲展演”，在上海、南通、无锡等城市演出8场，观众达万余人。长三角城际工人文化宫联席会所开创的“职工文化直通车”项目获得了“上海市十佳职工文化品牌”。还参与举办了“60年·力量·作为——全国职工摄影展”、“阳光·艺术·活力——2009上海残疾人艺术博览会”等文化活动。(3)通过职工爱好者联合会参与举办了“上海市庆祝中华人民共和国成立60周年集邮展览暨第三届上海职工班组一框邮展”、“辣火灯谜霸王赛——职工元宵节灯谜会分赛场活动”，并由上广音乐频道直播。组织开展30余项职工桥牌邀请赛等群众性文化交流展示活动。(4)电视制作部拍摄制作了《与时代共奋进》、《百联集团迎世博》等8部反映各行各业参与世博、奉献世博的专题片，拍摄制作《院士风采》17集；为市总工会拍摄专题新闻及资料125条；首次尝试拍摄的电视局《女狙击手》已完成制作；组织策划并拍摄的台州市旅游宣传片，已在央视播出。电视制作部被评为“工人先锋号”团队。(5)举办了“上海工人文学创作60年研讨会”，并拟与文汇出版社、海派文化研究会联合编辑出版《上海工人创作60年》。以文化宫现有工人作家为主体，建立了曲信先、贺国甫和贾鸿源3个作家工作室，通过传帮带的方式培养职工创作新人。由贾鸿源领衔创作的电视连续剧《老马家的幸福往事》已开机拍摄；由曲信先创作的电视连续剧《姐妹帆》获得了上海文化发展基金会的资助。建立了宝钢、电力、电信、金融、机场、新东宫等6个职工文学创作基地，开展了"我们时代的故事"征文活动。(6)文艺创作部编辑出版的《百姓收藏》、《班组学习小百科》、《上海职工文学作品选》3本主人系列丛书和12期《主人》杂志，还为长江隧桥建设者编撰了《潜龙飞虹》纪实一书，公演14场话剧《杏花雨》，《文汇报》召开了"从话剧《丁无声处》到《杏花雨》市宫话剧创作现象透视"专题研讨会。开设各类文化、艺术和技能等培训班461次，参加学员8 688人次，接待会务活动315场。（王超颖）

劳动报社

【概　况】 劳动报社是上海市总工会直属事业单位。2009年，报社坚持正确的舆论导向，坚持工会机关报的正确定位，完成重大活动的报道任务。如积极应对国际金融危机影响、国务院关于加快上海两个中心建设、迎世博600天行动计划、上海实现"四个确保"、庆祝上海解放60周年、建国60周年等报道。在坚持正确导向的前提下，体现工会机关报的定位和特色，在采编质量和版面安排上力求有所突破。劳权周刊部获上海市五一劳动奖状；报社3篇作品获上海新闻奖，其中：二等奖1篇、三等奖2篇；4篇作品获上海"五一"新闻奖，其中：一等奖1篇、二等奖1篇、三等奖2篇；2篇作品获中国新闻奖报纸副刊作品铜奖，1篇作品获全国报纸副刊专栏年赛二等奖。报社被市委宣传部专报表扬6次，阅评表扬25次。为纪念劳动报创刊60周年，全体报社职工积极行动，完成了策划出版纪念特刊、制作多媒体宣传片、举办报庆60周年座谈会等活动。《劳权周刊》在原有基础上有所创新，与网站、培训相结合，继续做精做强劳权内容，加大法律服务的力度。举办《劳动合同法》等各类培训及咨询活动20场，共有1 900多人次参加。进一步优化改版网站，坚持以劳动关系为重点，增加服务职工的栏目，从职场"七件事"等角度细化对网民的服务，提供更多实用资讯，在网页设计上更趋时尚化，日点击率约为2万次。报社还举办了"上海市第二届徒步大会"、"世界500强企业白领三山岛交友活动"，参加了"2009年世界斯诺克上海赛媒体合作活动"等。在经营方面，逐步调整各周刊的版面安排，调整了部分周刊出版时间。同时，明确落实周刊的经济目标责任制考核。2009年报社广告收入达2 418万元，印务中心完成外接报收入1 107万元，组版中心外接报收入145万元，2010年报纸订阅达到20.2万份。报社加强队伍建设，实施完成了支部调整和6个支部委员会的换届改选，举办了党务知识应知应会培训班和报社党建工作研讨会，完成了党委、纪委以及工会的换届选举，完成了报社职工代表大会代表的换届改选工作，工会对职工代表进行了"怎样当好职工代表"的培训。（姚惠福）

上海市总工会休养度假中心（沙家浜休养院）

【概　况】 上海市总工会休养度假中心（沙家浜休养院）是上海市总工会直属事业单位。主要经营管理上海市总工会沙家浜休养院、常熟沙家浜大酒店，组织职工疗休养度假。沙家浜休养院（亦称沙家浜大酒店）是一个集疗休养、度假、教育培训、会务、旅游、娱乐、购物为一体的综合型场所。大酒店是沙家浜地区唯一的涉外三星级旅游酒店。休养院是中华全国总工会设定的全国劳动模范休养基地之一。度假中心积极做好全国各省市劳动模范休养团的接待任务，根据来自各地区劳模的生活习惯，精心安排了餐饮、游览、休闲、娱乐、住宿、交通等各方面预案，根据劳模的要求不断调整，确保完成接待工作任务。2009年，休养院直面国际金融危机的冲击，凝聚人心，坚定信心，一心一意谋发展，以经营管理为中心，以改革创新为动力，以服务质量为保证，以提高效益为目标，求真务实，开拓进取，科学管理，激励广大员工以饱满的工作热情投入到工作中，完成了年初确定的各项经济工作目标，企业的形象得到进一步提升。（杨　洁）

上海市工人疗养院

【概　况】 上海市工人疗养院设管理科室11个，现有职工121人。围绕院部"新大楼建设竣工和开业经营筹备并举"预定目标，齐心协力，紧扣节点，上下同心确保新大楼如期投入运营并完成年度营收指标。3月20日，体检中心正式投入营运。5月20日，"上海市总工会劳模体检中心"揭牌。新建成的疗养院集花园式环境和近3 500平方米的健康体检空间为一体，引进一流的进口设备和领先的自动化排检系统，实现了工会保健设施的更新换代。在企业管理上，积极探索后勤保障和配套服务系统的社会化管理模式，引进物业管理公司对安保、清洁和绿化等实现专业管理，聘请餐饮公司对职工食堂、酒店餐厅实行专业管理。以创建学习型单位和创建上海市文明单位为抓手，着力提高医疗业务人员队伍素质，努力提高康复治疗满意度。改善管理软件和服务质量，通过引进专业人才和培训现有营销队伍，大胆摸索市场化运作的规律，提高健康体检业务的市场份额。（卓介江）

上海市总工会洞庭西山休养院

【概　况】 上海市总工会洞庭西山休养院位于苏州市吴中区金庭镇西山岛上，是上海市总工会直管事业单位。休养院经过改造装修，于2009年2月18日重新开业，全体职工上下一心、克服困难、开拓创新，顺利地渡过了开业试营业的艰难磨合期，完成了年初集团下达的目标。一年来，职工队伍稳定，精神面貌积极向上。休养院在不断的碰撞与磨合中，寻找适合自身发展之路；新老职工在不断的磨合中，接受思想观念的更新，适应新老体制的转换。休养院团结和动员广大职工群众，成功接待了上海市人大、国资委等党政机关及中科院召开的高分子生物前沿国际研讨会，因而具备接待高档次、高规格团队的条件和能力。（沈建良）

上海市职工技协服务中心

【概 况】 上海市职工技协服务中心是上海市总工会的直属事业单位，也是上海市职工技术协会的办事机构，下设办公室、技协基层科、财务科、信息协作科、培训部、经济发展部。2009年主要工作：(1)围绕经济工作，推进科技创新活动。一是举办了以“岗位创新促发展，攻坚克难做贡献”为主题的第三届上海职工科技节。二是深化合理化建议活动，推进职工节能减排工作。深入上海汽车工业集团总公司等单位调查研究合理化建议和技术改进活动。三是开展优秀发明选拔赛，提高职工发明创造积极性。做好第二十三届优秀发明选拔赛的组织、宣传、动员报名参赛等工作。举办第二十三届优秀发明选拔赛新闻发布会，加强与联络员单位的联系，走访重点单位，上门宣传、发动，进一步扩大发明选拔赛的社会影响，已有1 433个职工发明创新项目报名参赛，比上届增长18%，还组织135项发明成果参加18届全国发明展，推荐3个职工发明项目参加“第四届海峡两岸职工创新成果展”。(2)深化科技服务，推进科技成果转化。一是加强“四技”活动的指导、协调和服务。注重研究技协开展“四技”活动的财税政策，并多次与市财税部门协调，争取技协优惠政策。二是加强职工科技创新服务平台建设。发挥技术合同认定站、职工创新基金、职工科技创新网站等服务机构在服务基层、推动项目协作、促进科技成果转化中的作用，开展技术项目推介，做好信息服务工作。(3)加强区域协作和对口支援。一是开展区域性对口协作，推进对口支援地区发展。注重发挥上海职工技协的人才、技术优势，以技术扶助为主，加强对对口支援地区的技能、技术培训，开展技术攻关、解决对口支援企业的技术难题；注重建立对口支援工作服务体系、帮扶工作网络、信息交流机制和“帮扶结对”机制，推进职工技协与对口支援地区的经济技术协作。二是开展“双送”活动，支援四川都江堰重建。在市职工技协的牵线下，上半年，对来自四川都江堰海蓉药业有限公司、四川银河汽车集团挂车有限责任公司和四川都江机械有限公司的30名技术人员进行为期2周的技术培训。下半年，又组织专家组上门为都江堰结对企业送技术，传技能，深入现场，帮助都江堰结对企业解决了10多项生产工艺和产品质量问题。三是加强创新合作，推进区域技协交流。举办了“2009长三角职工科技创新工作论坛”和“长三角地区职工科技创新成果推介暨上海职工技术创新基金对接项目签约发布会”，苏浙沪三地在会上推介发布了“循环流化床锅炉焚烧城市污水厂脱水污泥”等6项职工技术创新成果项目，网上推介了60项职工创新成果。(4)深化组织建设，推动技协规范管理。一是加强培训，会同市科委、市发明专利局等有关单位对全市近100家单位技协专职管理干部、合同初审员、财务人员进行集中培训。二是规范管理，坚持将职工技协的管理纳入到同级工会的统一管理中，自觉接受同级工会的领导和监督；落实职工技协工作目标管理考核办法，认真开展2009年度技协工作目标考核；及时召开全市财务工作会议，认真抓好财务工作检查，开展小金库的自查，改进技协的资金、会费管理，推进规范发展。 （王小龙）

上海市总工会培训中心

【概 况】 上海市总工会培训中心是上海市总工会直管单位，现为中华全国总工会就业培训示范点，上海市职业培训机构诚信等级A级单位。培训中心集上海工会人力资源有限公司、上海市企事业生活后勤协会、上海市总工会职业介绍所为一体，围绕做大做强工会职工技能培训的目标，开展了全方位、开放式、多元化的工作业务，已成为全市职工技能培训的示范窗口和基地。2009年，面对国际金融危机蔓延加深、国内经济结构调整压力加大、保民生和社会稳定任务加重等严峻挑战，中心紧紧围绕年初确定的工作目标，以学习贯彻科学发展观为动力，以做大做强中心为己任，在推动健全、完善工会职介服务、技能培训服务平台建设等方面，取得了成绩。以开展技术工人培训为抓手，累计完成各类培训6 300余人次，举办各类职场32场，通过职业培训机构诚信等级评定诚信优秀（诚信A级）资质评审，完成全市工会系统大学生职业见习牵头组织和日常管理工作，初步建立上海工会系统就业信息公共服务网网络平台并试运行，完成了上海支点人力资源有限公司股权整体接收工作。 （秦 峰）

上海市公惠医院

【概 况】 上海市公惠医院下属部门工会4个；职工268人，非在编职工18人，会员286人。(1)开展年度优秀文明班组、优秀文明岗位的评选工作。有9个班组、2个岗位被评为2007年—2008年度优秀文明班组、优秀文明岗位。根据“建、创、做”活动要求，结合迎世博活动，制定2009—2010年度新一轮文明班组、文明岗位创建计划，并制定相应的考核方案。全院共有14个班组、11个岗位进行申报。(2)制定“迎世博600天行动计划”，积极做好世博知识宣传。在每期院刊上刊登世博知识，让职工了解世博，开展世博知识竞赛、迎世博窗口服务岗位技能竞赛和迎世博窗口服务合理化建议征集，共收到合理化建议8份；组织开展内一、内二科护理组参加第二批“迎世博600天上海市巾帼文明岗”申报和创建工作。举办“迎世博、庆三八、迈出时代新步伐”服装展示会；组织各班组以“女职工八小时以外的精彩人生”为内容，用多媒体形式开展作品演示交流会，展示女性风采。在“知识始于学习，成功源于读书”的口号下，开展2009年职工读书活动，全年共举办了3次读书沙龙活动，进行读书心得的交流。组织职工参加医务工会向上海市推荐的“与祖国共命运，与世博共奋进，与企业共发展”感言征集活动。组织职工参加市总工会机关系统工会开展的“迎世博、全民健身”运动会，挑选出40多位职工参加运动会所有项目的比赛，获2项第一名，4项第二名，4项第三名的好成绩。(3)坚持开展帮困送温暖和“一日捐”活动，对单亲职工子女助学，对患大病、重病职工、家庭特殊困难等职工实施帮困。建立困难职工动态管理档案，做到帮困工作有预案、有落实。(4)进行新职工入会培训，全年新入会职工26人。参加上海市卫生系统 2006—2008 度先进工作者评选活动。11 月 17 日召开公惠医院第三次会员代表大会，选举产生第三届工会委员会和经费审查委员会。 （王蕙菁）

上海市职工保障互助会

【概 况】 2009 年，上海市职工保障互助会坚持服务大局、服务基层、服务职工，为构建和谐社会发挥作用。(1)做好各项互助保障计划的发展工作。截至 12 月，四项互助医保计划有效会员达 743.69 万人次，其中“在职住院计划”207.44 万人、“退休住院计划”290.62 万人、“特种重病计划”157.19 万人、“女职工特种计划”88.44 万人，共给付互助医疗保障金 88.41 万人次、5.43 亿元；“意外伤害保障计划”有效会员 78.68 万人，同比增加 15.39 万人；“从业人员意外伤残保障计划”有效会员 54.20 万人，同比增加 17.01 万人。(2)以“增强能力、提升服务、完善机制、促进科学发展”为载体，开展学习实践科学发展观活动，解决影响互助保障事业健康发展的突出问题。(3)做好“退休住院计划”缴费调整的准备工作。“退休住院计划”全年共有 291.56 万人参保，同比增加 9.42 万人，增幅达 3.3%。(4)扩大互助保障覆盖面，认真推进《综合补充医疗互助保障计划》的参保工作。已有 50.04 万人参保，带动了四项互助医疗保障计划参保率的提高。(5)以宣传动员为引导，通过参加互助保障计划情况的排摸，做好非公企业参保编码派发、统计工作，定期梳理比较，了解非公企业参保动态。(6)自主设计开发联网办理退休住院计划给付操作系统，覆盖全市 151 个互助保障服务处、点，覆盖率达到 99%。全年通过专线联网给付 58.03 万人次，给付保障金 3.53 亿元。单个服务点每日最多可为 452 位退休职工办理给付。(7)开展“出全勤、无投诉”的劳动竞赛，通过职能科室职工充实一线、开辟专门窗口区域集中办理、增加咨询服务等措施，尽可能缩短客户等候时间。(8)通过各项措施，顺利完成 6 月“社区参保对象”参保工作。当年参保达 16.44 万人次，同比增长 31.83%。(9)不断完善“多功能声讯咨询电话系统”（咨询电话：021－63503375），通过自助语音、人工咨询、传真和用户留言，方便企事业单位和个人咨询各类互助保障内容、掌握经办要求、获得投保单位传真件等。(10)做好全年退休职工参保代扣款业务，全年共为 138.73 万名退休职工办理代扣保费业务，占同期退休职工参保总数的 47.58%。(11)召开医疗专家咨询委员会年会，集中请教大病给付中出现的疑难问题，提高大病审核小组医生的业务水平，为做好大病给付工作打下基础。(12)严格资金管理，确保资金安全。严格执行有关财务制度，建立长效的提醒、警示、监督和制约机制。(13)开展“星级服务明星”评比，获得“世博服务卓越奖”和“世博服务明星奖”的称号。

（史 韵）

上海海鸥国际酒店投资管理有限公司（千禧海鸥大酒店）

【概 况】 上海海鸥国际酒店投资管理有限公司（千禧海鸥大酒店）是市总工会直属首家委托国际品牌酒店集团管理的酒店，于 2009 年 4 月通过国家旅游局五星评定。全年，酒店努力抵御国际金融危机冲击，攻坚克难，实现营业收入9 877万元。(1)经营工作。一是及时调整销售策略。立足国内市场，优化客源结构，增加会议型团队的比例，着重开发宴会和婚宴市场。会议团队、婚宴等市场的全年营业收入同期相比均有提高，其中婚宴市场的增幅高达 45%。二是加大投入力度，变被动为主动。通过市场分析，果断决策投资 300 余万元兴建全新宴会设施—“花月亭”，投入经营后短短 4 个月就创造近 200 万元营业收入。三是抓住固有客源，以良好服务赢得长期合作。酒店不仅保持与新加坡航空公司的良好合作关系，还成功争取到其所有在沪航班机组人员入住酒店，由原来 12% 的稳定客房出租率增加到 18%。(2)管理工作。一是增强业主掌控能力，确保酒店经营发展良好。通过探索总结，已形成行之有效的管理模式和管理方法，实现由学做业主到当好业主的转变。二是对酒店高层管理人员作较大调整。三是关注民生，稳定队伍。在应对国际金融危机中，酒店号召酒店上下同舟共济、抱团过冬。年终，提高一线基层岗位的最低工资线，并对在店内工作两年以上员工增长 5% 至 8% 的收入。四是严格财务管理，加强成本控制，监督固定资产购买和使用。(3)充分发挥党支部战斗堡垒作用，加强党员干部和酒店骨干教育，形成团结稳定的中坚力量。通过工会组织开展形式多样的活动，凝聚员工队伍。酒店以建国 60 周年、迎世博等为契机，开展“建国 60 周年中文演讲比赛”、“迎世博、促管理、岗位练兵、技术比武”、“2009 年上海职工迎世博窗口服务行业立功竞赛”评选等活动。 （张 启）

上海海鸥控股（集团）有限公司

【概 况】 上海海鸥控股（集团）有限公司是由上海市总工会全资组建的投资和资产管理集团公司，是实行市场化、企业化管理，自主经营、自负盈亏的企业法人实体。集团公司的发展宗旨是“参与市场竞争、增强经济实力、服务职工需求、提升工会影响”。集团公司进一步理顺工会企事业管理体制，加快现代企业制度建设，逐步形成充满活力、规范高效、监管有力的上海工会企事业集团；不断加强工会企事业经济结构战略性调整，优化资源配置，实现集约化、规模化、专业化发展，着力提升工会企事业核心竞争力；深入贯彻落实科学发展观和党的十七届四中全会精神，把握上海世博会发展机遇，以市场化为目标，以做强主业为方向，按类别资产指导（酒店、疗休养、旅游、商务楼）专业化发展，完善自身的经营业态（板块）：酒店（旅游）、疗休养业、商务楼宇；充分挖掘和发挥各板块的市场竞争优势，实现优势互补，增强市场竞争力，扩大工会组织影响力，打造市场经济与工会企事业特色有机结合的企业集团。

（孙建军）

上海市总工会直管单位法人代表名录

单位名称	职务	姓名
上海工会管理职业学院	院　长	傅小龙
上海市工人文化宫	主　任	段芬芳(女)
劳动报社	总　编	陈必华
上海市职工技协服务中心		高兴国
上海市职工科技中心		高兴国(兼)
上海市总工会幼儿园	园　长	周稼超(女)
上海市总工会培训中心(上海工会劳动就业服务中心)	主　任	高　越(女)
上海市公惠医院	院　长	赵宗慕(女)
上海市职工保障互助中心	主　任	顾学庆
上海市退休职工管理委员会办公室	主　任	王京平
上海海鸥控股(集团)有限公司	董事长、总裁	张　刚
上海海鸥国际酒店投资管理有限公司	总经理	杨伟健
上海职工国际旅行社有限公司	总经理	施建伟
上海国际海员俱乐部(海鸥饭店)	主　任(总经理)	史　方
上海市工人疗养院(上海市职工康复医院)	院　长	吕泰康
上海市总工会休养度假中心(上海市总工会沙家浜休养院)	主　任	郭金蓉(女)
上海市总工会屏风山工人疗养院	院　长	侯伟康
上海市总工会黄山休养院	副院长	胡俊道
上海市总工会洞庭西山休养院	院　长	郭金蓉(女)
上海市总工会东钱湖休养院	副院长	李荣泉

说明：1. 法人代表名录以2009年12月底为准。
2. 上述人员职务以市总工会批复为准。

(市总工会组织部)

表　彰

Commendation

2009年全国优秀工会工作者

丁向荣　普陀区教育工会主席
李虹鸣　上海市新闻出版社工会主席
李援朝　金山区总工会办公室主任
吴振祥　宝山区顾村镇总工会主席
何向东　上海大众汽车有限公司工会主席
汪啟昀　上海市徐汇区总工会副主席
张来生　静安区曹家渡街道总工会主席
陈柳宏　上海华东建筑机械厂有限公司党建督导员
林　强　上海新世界(集团)有限公司工会主席
周贤良　上海虹房(集团)有限公司工会主席
赵　玲　上海电力学院工会常务副主席
俞国强　上海机场(集团)有限公司工会办公室主任
袁建民　杨浦区人大常委会副主任、区总工会主席
黄伟健　上海市运输工会主席
黄建国　上海浦东发展(集团)有限公司工会主席
章海斌　青浦区徐泾镇总工会主席

全国五一劳动奖章

吴振祥　宝山区顾村镇总工会主席

全国先进离退休干部党支部

上海市总工会离休干部党总支

2009年上海市模范职工之家(共302家)

浦东新区(26家)
上海市浦东新区上钢新村社区总工会
上海文峰美发美容有限公司工会
上海浦东新区公路建设发展有限公司工会
上海市浦东新区陆家嘴社区总工会
上海市浦东新区潍坊社区总工会
上海高桥捷派克石化工程建设有限公司工会
上海界龙实业集团股份有限公司工会
上海市浦东新区张江镇总工会
上海通汇汽车零部件配送中心有限公司工会
上海市浦东新区高行镇劳动保障事务所工会
上海浦东新区环林绿化有限公司工会
上海市外高桥保税区工会联合会
金士顿科技(上海)有限公司工会
金桥出口加工区工会联合会
上海浦东新区医药药材有限公司工会
上海市东方医院工会
上海市浦东新区土地资产交易中心工会
上海红塔大酒店有限公司工会
中钞油墨有限公司工会
上海沪新城乡建设投资有限公司工会
上海浦周清运保洁服务有限公司工会
上海公元建材发展有限公司工会
上海老港申菱电子电缆有限公司工会
上海鹿城投资发展有限公司工会
上海市浦东新区宣桥镇劳动保障事务所工会
上海亚荣电梯设备制造有限公司工会

徐汇区(5家)
中国教育工会上海市徐汇区委员会
上海市徐汇区天平社区总工会
上海铭源企业发展(集团)有限公司工会
中国标准缝纫机公司上海惠工缝纫机三厂工会
上海天祥质量技术服务有限公司工会

长宁区(7家)
上海达吉斯高级内衣有限公司工会
上海市长宁区实验幼儿园工会
上海市长宁区同仁医院工会
上海服装集团进出口有限公司工会
上海市长宁区北新泾社区新泾五村小区联合工会
上海中山建设实业发展总公司工会
上海振宁环卫废弃物处理有限公司工会

普陀区(11家)
上海市普陀区就业促进中心工会
上海市江宁学校工会
上海市普陀区人民医院工会
上海运泰物业管理有限公司秋水云庐管理处工会
上海明凯投资(集团)有限公司工会
中国建材国际工程有限公司工会
上海春光实业有限公司工会联合会
新曹杨高新技术开发园区工会联合会
上海宏泉集团有限公司工会
上海市公安局普陀分局机关工会工作委员会
乐购商业流通集团工会

闸北区(6家)
上海市新中高级中学工会
上海市闸北区市北医院工会
上海市闸北区绿化管理署工会
上海欧亚多媒体产业发展有限公司工会
上海烟草集团闸北烟草糖酒有限公司工会
上海新新物业管理有限公司工会

虹口区(5家)
上海广同物业有限公司工会
上海市四平中学工会
上海烟草集团虹口烟草糖酒有限公司工会
上海中虹(集团)有限公司工会委员会
上海真盛国际贸易有限公司工会

杨浦区(7家)
上海市杨浦区定海地区总工会
上海市杨浦区五角场镇总工会
上海市杨浦区疾病预防控制中心工会
易保网络技术(上海)有限公司工会
上海中通置业(集团)有限公司工会
上海键尔斯装饰工程有限公司工会
上海东鑫电力工程安装有限公司工会

黄浦区(7家)
上海市黄浦区南京东路社区(街道)总工会
恒源祥(集团)有限公司工会
上海市黄浦区疾病预防控制中心工会
上海外国语大学附属大境中学工会
上海亚龙投资(集团)有限公司工会
杏花楼食品餐饮股份有限公司工会
上海豫园商城小商品有限公司工会

卢湾区(5家)
上海市华钟投资咨询有限公司工会
上海烟草集团卢湾烟草糖酒有限公司工会
上海路统实业有限公司工会
上海市卢湾高级中学工会
上海交通大学医学院附属瑞金医院卢湾分院工会

静安区(6家)
上海市静安区南京西路街道总工会
上海静安区建设总公司工会
力新仪器(上海)有限公司工会
上海市民立中学工会
上海市静安区石门二路街道西斯文小区工会联合会
上海律德大厦工会联合会

宝山区(8家)
上海市宝山区人民法院工会
上海淞南经济发展有限公司联合工会
吴淞街道社区事务受理服务中心工会
港宝彩印(上海)有限公司工会
上海市宝山区吴淞中心医院工会
上海市宝山区环卫作业质量监督中心(投诉处理中心)工会
上海大场环境卫生服务有限公司工会
上海长江口商城股份有限公司工会

闵行区(13家)
上海市闵行区浦江镇总工会
上海市闵行区莘庄镇总工会
上海市莘庄工业区工会
闵行区七宝镇社区区域工会联合会
中国教育工会上海市闵行区委员会
上海市闵行区医务工会
上海市闵行区财政局工会
上海电机成套联合有限公司工会
闵行区梅陇城乡建设发展公司联合工会
上海新闵太阳机械有限公司工会
上海永丰热镀锌有限公司工会
上海闵行区虹桥工业公司工会
上海闵华物业管理有限公司工会

嘉定区(14家)
上海大众经济城发展中心工会
重机(上海)工业有限公司工会
上海南亚覆铜箔板有限公司工会
上海连成(集团)有限公司工会
华荣集团有限公司工会
上海台安工程实业有限公司工会
上海遐和时装有限公司工会
禹辉(上海)转印材料有限公司工会
上海天灵开关厂有限公司工会
上海嘉定公共交通有限公司工会
上海市嘉定区委组织部机关工会
上海市嘉定区财政局工会
嘉定区中医医院工会
嘉定区外冈小学工会

金山区(10家)
上海信峰时装厂工会委员会
上海斯可络压缩机有限公司工会
上海金山石化物流有限公司工会
上海金瑞建设工程有限公司工会
上海嘉乐股份有限公司工会
上海博海餐饮有限公司工会
上海市食品药品监督管理局金山分局工会
上海市金山区第一实验小学工会
上海市金山区市政工程管理署工会
上海实业马利画材有限公司工会

松江区(7家)
蒂森克虏伯电梯(上海)有限公司工会
上海昭和汽车配件有限公司工会
上海沪杭路桥实业有限公司工会
上海市松江区新桥镇总工会
上海市松江区小昆山镇总工会
上海继顺磁性材料有限公司工会
上海新元锅炉设备有限公司工会

青浦区(5家)
上海市青浦区香花桥社区(街道)总工会
上海福寿园实业发展有限公司工会
新大洲本田摩托有限公司工会
上海中大科技发展有限公司工会联合委员会
上海金和生物技术有限公司工会

奉贤区(3家)

上海市奉贤区南桥镇总工会
伟星集团上海实业发展有限公司工会
上海浦东电线电缆(集团)有限公司工会

崇明县(1家)
崇明县农业技术推广中心工会

机电(7家)
上海电气临港重型机械装备有限公司工会
上海发电设备成套设计研究院工会
上海电气集团财务有限责任公司工会
上海电气先锋电机有限公司工会
上海日用-友捷汽车电气有限公司工会
上海电气核电设备有限公司工会
上海电气压缩机泵业有限公司工会

化学(3家)
上海华谊集团上硫化工有限公司工会
双钱集团股份有限公司工会
上海焦化有限公司工会

轻工(1家)
上海工艺美术职业学院工会

纺织(5家)
上海纺织控股(集团)公司党干校工会
上海申创建筑工程有限公司工会
上海新纺联汽车内饰有限公司工会
上海春明粗纺厂工会
上海华克拉斯实业公司工会

医药(4家)
上海市医药股份有限公司工会
上海信谊万象药业股份有限公司工会
上海罗氏制药有限公司工会
上海华宇药业有限公司工会

电力公司(1家)
上海市电力公司工会

宝钢集团(6家)
宝钢金属有限公司工会
上海宝钢化工有限公司工会
宝山钢铁股份有限公司工程设备部工会
宝钢资源有限公司工会
宝山钢铁股份有限公司不锈钢事业部工会
宝山钢铁股份有限公司中厚板分公司工会

高桥石化(1家)
上海高桥石油化工公司工会

上海石化(2家)
中国石化上海石油化工股份有限公司塑料事业部工会
中国石化上海石油化工股份有限公司化工研究所工会

长江计算机(1家)
上海新计实业有限公司联合工会

航天局(1家)
上海航天局第八〇二研究所工会

船舶(1家)
沪东中华造船(集团)有限公司工会

烟草(2家)
上海高扬国际烟草有限公司工会
上海海烟物流发展有限公司工会

汽车(5家)
上海汽车制动系统有限公司工会
上海实业交通电器有限公司工会
上海中国弹簧制造有限公司工会
上海小糸车灯有限公司工会
上海乾通汽车附件有限公司工会

华虹(1家)
上海华虹 NEC 电子有限公司工会

化工区(2家)
上海寰球石油化学工程有限公司工会
上海化学工业区物业管理有限公司工会

铁路(3家)
中国铁路工会上海铁路局委员会
中国铁路工会上海站委员会
中国铁路工会上海机务段委员会

港务(1家)
中国海员工会上海国际港务(集团)股份有限公司振东集装箱码头分公司委员会

长江轮船(1家)
上海长航船员劳务合作公司工会

运输(3家)
上海交运股份有限公司汽车零部件分公司工会
上海通华不锈钢压力容器工程有限公司工会
上海南站长途客运有限公司工会

邮政(2家)
中国邮电工会上海市邮政公司邮区中心局委员会
中国邮电工会上海市机要通信局委员会

中国电信(3家)

中国电信集团工会上海市松江电信局委员会
中国电信集团工会上海市北区电信局委员会
中国电信集团工会上海市浦东电信局委员会

航道局(2家)
中国海员工会中港疏浚股份有限公司委员会
中交上海航道局有限公司东方疏浚工程分公司工会

东海救助局(1家)
中国海员工会交通部东海救助局委员会

中交三航局(2家)
中交三航局第二工程有限公司工会
中交三航局工程船舶有限公司工会

中远集运(1家)
上海远洋运输有限公司工会

中波轮船(1家)
中国海员工会中波船员公司委员会

机场集团(3家)
上海机场(集团)有限公司工会
上海国际机场股份有限公司能源保障部工会
上海机场(集团)有限公司虹桥国际机场公司机电信息保障部工会

建设和交通(3家)
上海市公积金管理中心工会
上海市建筑建材业市场管理总站工会
上海市政养护管理有限公司工会

建工集团(4家)
上海市第二建筑有限公司工会
上海市建筑构建制品有限公司工会
上海建工设计研究院有限公司工会
上海野生动物园工会

建筑材料(1家)
上海市建筑材料供应总公司工会

现代设计(1家)
上海现代设计集团建设工程有限公司工会

闵开发(1家)
上海强生制药有限公司工会

水务(1家)
上海市水务工程设计研究院有限公司工会

中建八局(3家)
中建八局基础设施建设有限公司工会
中建八局第一建设有限公司工会
中建八局第三建设有限公司工会

大屯能源(2家)
上海大屯能源股份有限公司工会龙东煤矿委员会
上海大屯能源股份有限公司工会拓特机械制造厂委员会

金融(3家)
上海证券有限责任公司工会
上海银行松江支行工会
中国工商银行上海市虹桥开发区支行工会

人力资源和社会保障局(4家)
上海市劳动和社会保障局电话资讯中心工会
上海市外国人就业中心工会
上海市青浦区社会保险事业管理中心工会
上海市闵行区社会保险事业管理中心工会

科技(2家)
中国船舶重工集团公司第七一一研究所工会
核工业第八研究所工会

教育(4家)
中国教育工会上海体育学院委员会
中国教育工会上海第二工业大学委员会
中国教育工会上海理工大学委员会
上海医药高等专科学校工会

医务(8家)
上海中医药大学附属曙光医院工会
同济大学附属同济医院工会
上海市血液中心工会
上海市精神卫生中心工会
华东医院工会
上海中医药大学附属岳阳中西医结合医院工会
上海市第一妇婴保健院工会
华东疗养院工会

文广集团(2家)
上海文广新闻传媒集团工会
上海电影(集团)有限公司公司工会

体育局(2家)
上海市东方绿舟体育训练基地工会
上海体育职业学院工会

光明(3家)
上海市农工商投资公司工会
光明食品集团上海跃进有限公司工会
光明食品集团上海东海总公司工会

民政局(1家)

上海市龙华殡仪馆工会

锦江国际(1家)
上海市上海宾馆有限公司工会

市级机关(4家)
上海图书馆上海科学技术情报研究所工会
浦东出入境边防检查站工会
上海市测绘院工会
上海市地质调查研究院工会

百联集团(6家)
上海奥特莱斯品牌直销广场有限公司工会
东方商厦有限公司工会
上海百联集团股份有限公司上海时装商店工会
永安百货有限公司工会
上海物资贸易股份有限公司黑色金属分公司工会
上海乾通投资发展有限公司工会

申能(2家)
上海吴泾第二发电有限责任公司工会
上海燃气浦东销售有限公司工会

良友(2家)
上海粮油仓储有限公司工会
上海良友海狮油脂实业有限公司工会

久事(4家)
上海巴士电车有限公司工会
上海强生集团汽车修理有限公司工会
上海强生出租汽车股份有限公司第四分公司工会
上海交通投资信息科技有限公司工会

蔬菜(2家)
上海市江桥批发市场经营管理有限公司工会
上海江杨农产品批发市场经营管理有限公司工会

城投(1家)
上海自来水市南有限公司营业所工会

经济和信息化(7家)
中国石油化工股份有限公司上海石油分公司工会
电信科学技术第一研究所工会
上海商业会计学校工会
中国石油天然气股份有限公司西气东输管道分公司工会
上海市信息管线有限公司工会
中国石化集团上海工程有限公司工会
中国人民解放军第四七二四工厂工会

城建(4家)
上海市市政工程材料公司工会
上海煤气第二管线工程有限公司工会
上海市隧道工程轨道交通设计研究院工会
上海燃气工程设计研究有限公司工会

地产(1家)
上海住房置业担保有限公司工会

世博集团(4家)
上海市对外服务有限公司工会
上海世博(集团)有限公司贸易和物流事业总部工会
上海广告有限公司工会
上海艺发国际货运有限公司工会

合作交流(1家)
中建三局东方装饰设计工程有限公司工会

电力股份(1家)
上海电力股份有限公司吴泾热电厂工会

华东空管局(1家)
中国民用航空华东地区空中交通管理局工会

临港(2家)
上海漕河泾开发区新经济园发展有限公司工会
上海临港泥城经济发展有限公司工会

上实(2家)
上实管理(上海)有限公司工会
上海市医疗器械批发部工会

2009年上海市模范职工小家(共297家)

浦东新区(12家)
上海扬航水陆养护有限公司张家浜河道清洁班
上海三鑫混凝土制品有限公司财务部工会小组
上海伊顿发动机零部件有限公司安全检查小组
潍坊社区福竹小区联合工会
上海浦东高东建筑安装工程有限公司冷作车间工会小组
上海华龙测试仪器有限公司工会
上海界龙艺术印刷有限公司工会
上海浦发环境服务有限公司三林世博分公司工会
上海市浦东新区国家税务局第三税务所工会小组
上海奇士企业发展有限公司企业设计部工会小组
上海临港芦潮港经济发展有限公司行政工会小组
上海四通电力设备(集团)有限公司西沃特电器厂工会小组

徐汇区(5家)
上海美心餐饮管理有限公司美心酒家工会
上海日旭环境保洁服务有限公司田林作业队工会小组
徐汇区牙病防治所口腔修复科工会
上海徐家汇商城股份有限公司六百分公司总服务台工会

小组
徐汇公安分局交通协管服务社四中队女子协管队工会小组

长宁区(7 家)
上海申安物业管理有限公司建中伊顿大楼工会班组
上海宝岛药业有限公司新药郊区部工会
上海光华勘测设计院有限公司设计总工程师室工会
上海大雷鑫保洁有限公司神州数码班组
上海天山中学数学教研组工会
上海海尚物业管理有限公司海德花园管理处保安部工会
上海鸿申汽车修理有限公司机工班组

普陀区(11 家)
上海市普陀区民防车库综合管理中心杨奇勇班组工会小组
上海市普陀区质量技术监督局分工会
上海市普陀区中心医院黄瑾班组
上海威斯特经营有限公司分工会
普陀区教育学院教研室工会
上海永生助剂厂“三学”娘子军班
上海新泉实业总公司招商二部工会小组
上海新长征国际贸易有限公司龙吴进口水果部工会小组
上海普环实业有限公司第一分公司分工会
复地(集团)股份有限公司工会
上海普环实业有限公司第四分公司分工会

闸北区(5 家)
闸北区银都幼儿园工会
闸北区疾病预防控制中心病媒消毒科工会
上海电气工业园区管理有限公司工会
上海窗钩厂(传媒文化园)物业组
上海闸环环境卫生运输有限公司工程机械维修班

虹口区(5 家)
曲阳街道社区卫生服务中心社区科
上海市虹口区财政局工会
虹口区乍浦路街道泰华小区联合工会
上海市虹口区东余杭路幼儿园工会
上海振朗交通器材租赁有限公司工会

杨浦区(7 家)
杨浦区绿化市容管理局机关工会
上海平凉物业管理有限公司工会
上海万达广场商业管理有限公司营运部工会小组
上海五角场(集团)有限公司人力资源部
上海枞阳联发劳务服务有限公司洋山分公司工会
杨浦区景观管理所工会
上海上缆神州线缆有限公司技术部

黄浦区(7 家)
上海邵万生南货店尤珏珍班组
上海明华物业公司中国农业银行数据中心管理处安保礼仪班组
上海欣谊环境卫生服务有限公司人民广场保洁班
上海豫园旅游商城股份有限公司南翔馒头店鼎兴楼小组
上海海浦中心房地产有限公司房务部客房班组
上海市黄浦区就业促进中心职业介绍所工会小组
上海华瑞企业发展有限公司兴亚广场物业管理处

卢湾区(6 家)
高丝化妆品销售(中国)有限公司总务部
上海钢锋金属材料有限公司销售部
上海永业房屋销售有限公司工会
卢湾烟草糖酒有限公司卷烟营销市场组
上海路吉环境工程发展有限公司瑞南女子清道班工会小组
上海市向明中学高二年级工会小组

静安区(13 家)
上海市静安区第六粮油食品商店有限公司总店工会
金鹰国际购物广场有限公司现场管理部
上海百臣装潢工程有限公司工会
上海兴海房产综合开发公司动迁部
静安烟草糖酒有限公司营销部工会
上海长翎管理咨询有限公司物业部
上海西区老大房实业公司月饼糕点车间
上海凯司令食品有限公司生产部工会小组
静安区中心医院中医科
上海金缔保洁服务有限公司南京西路清道班
上海宝翔物业有限公司维修站班组
上海静安地产(集团)公司本部工会
上海开开百货有限公司销售部

宝山区(2 家)
上海汇众人才服务有限公司一分厂项目部丙班生产作业班组
上海张庙环境卫生服务有限公司长临路清道班工会小组

闵行区(12 家)
上海吴泾环卫综合服务有限公司道路公厕保洁班工会小组
上海星星肠衣有限公司工会
上海阀门二厂有限公司真空装配组工会小组
古美资产经营管理有限公司招商服务组工会小组
上海梅花刺轴有限公司生产技术乙组
上海市闵行区动物疾病预防控制中心技术科工会小组
上海市闵行区林业站林木种苗科工会小组
上海市闵行区水闸管理所中横沥北闸工会
闵行区电影发行放映管理站影剧管理组工会小组
闵行区人力资源和社会保障局机关工会
闵行区城市交通运输管理所客运管理科班组
上海市公安局闵行公安分局莘光派出所工会

嘉定区(2 家)
上海维娜斯洁具有限公司工会总装科
上海东方汽配城市场经营管理有限公司物业部

金山区(10 家)
上海枫泾城建市政工程队枫泾公墓工会
上海申宇医药化工有限公司硼氢化钠车间工会小组
金山区廊下镇万春村联合工会万春村民委员会工会小组
麦格纳唐纳利(上海)汽车系统有限公司行政人事工会小组
上海信谊金朱药业有限公司生产管理部工会小组
上海市公安局金山分局象州路派出所工会小组
复旦大学附属金山医院重症监护(ICU)病房工会小组
金山区就业促进中心上海职业介绍金山分中心工会
上海市工商行政管理局金山分局工会亭林工商所小组
上海市金山区司法局工会国信公证处工会小组

松江区(6 家)
松江区有线电视中心运行维护部工会小组
松江区泗泾小学体育组
上海日立电线有限公司立炉班组
上海松江公共交通有限公司陆安专线工会小组
上海市松江区方塔中医医院肿瘤科
上海吉貌固体废弃物处置有限公司灭蝇组

奉贤区(2 家)
氰特表面技术(上海)有限公司 PE 生产部工会小组
上海超日太阳能科技发展有限公司系统部

崇明县(1 家)
上海百顺锁业有限公司科研开发组

机电(11 家)
上海人民电器厂触头分厂工会
上海电气电站设备有限公司上海发电机厂制造部生产技术处技术组
上海锅炉厂有限公司装备公司配电站
上海电气风电设备有限公司工程服务部工会
上海电站辅机厂制造部容器车间装一工段自动焊一班
上海三菱电梯有限公司金工车间
上海重型机器厂有限公司一金工车间综合工段电气组
上海工具厂有限公司销售部门工会
上海汽轮机厂汽轮机车间转子装配组
上海船用曲轴有限公司曲轴公司立车组工会小组
上海电机厂有限公司轴承分厂数控班工会小组

化学(3 家)
上海吴泾化工有限公司有限公司醋酸装置区 2#装置
双钱集团股份有限公司双钱载重轮胎分公司压出工区分工会
上海氯碱化工股份有限公司电化厂氢气锅炉班组

纺织(9 家)
上海德福伦化纤有限公司泵板小组
上海龙头(集团)股份有限公司计划财务部
上海印染针织厂物业管理小组
上海东星手帕厂物业招商物业小组
上海汇龙汽车出租有限公司客运部
上海市纺织工业技术监督所国家纺织计量站上海分站
上海飞马进出口有限公司业务十五部
上海大众汽车沪东特约维修站服务部
上海服装研究所标准化室小组

医药(7 家)
上海医药科技发展有限公司工会
上海市医药股份有限公司全国销售部工会
上海新先锋华康医药有限公司工会
上海信谊药厂有限公司制药总厂技术工会
上海医药(集团)有限公司总部工会中央研究院工会小组
上海华氏大药房有限公司汾西分店
上海新先锋药业有限公司先锋药厂质检分工会

宝钢集团(9 家)
宝钢发展有限公司包装管理部冷轧包装一部甲班板包一组
上海宝钢钢材贸易有限公司工会
上海梅山矿业有限公司选矿厂工会
宝钢股份炼钢厂转炉二分厂工会
宝钢股份公司运输部汽车大队工会
宝钢集团上海梅山钢铁股份有限公司热轧板厂精整车间工会
上海宝信软件股份有限公司解决方案事业本部商务智能软件事业部 BPC 实施工会小组
宝钢股份特钢事业部条钢厂初轧分厂分工会
上海宝钢设备检修有限公司工会宝钢机械厂工会

宝冶建设(3 家)
上海宝冶建设有限公司工程物资设备分公司第二分会
上海宝冶建设有限公司检修工程分公司湘钢检修大队分工会
上海宝冶建设世博会 CI 标工程项目部工会

高桥石化(2 家)
中国石化上海高桥分公司炼油事业部作业三区工会
中国石化上海高桥分公司精细化工事业部一车间工会

上海石化(4 家)
中国石化上海石油化工股份有限公司烯烃事业部 2#烯烃联合装置工会
中国石化上海石油化工股份有限公司腈纶事业部金阳装置乙班工会
中国石化上海石油化工股份有限公司热电事业部制水车间工会
中国石化上海石油化工股份有限公司公用事业公司供电燃气营业室抄表工会小组

上海市杨浦区总工会	以菜单式推介，拓展非公企业厂务公开民主管理多元化模式
中共上海市静安区曹家渡社区（街道）工作委员会	创立楼宇职代会制度，促进和谐社区建设
上海市静安区厂务公开工作领导小组	稳步推进领导人员收入公开，促进企业收入分配制度的公平公正
上海市闵行区总工会	实行项目管理，提高厂务公开实效性
上海市机电工会	坚持"加强四个参与、把好四个关口"，在企业改革改制中有效维护职工权益，促进企业改革发展
上海华谊集团企业发展有限公司工会	规范企业调整民主程序，确保改制过程公开透明
上海纺织控股（集团）公司	建立与完善控股（集团）公司职代会制度，为源头维护职工权益搭建平台
宝钢集团有限公司工会	坚持和完善民主评议领导人员制度，强化职代会监督职能
中国石化上海石油化工股份有限公司	创新职工代表考核机制，深化厂务公开民主管理工作
上海三电贝洱汽车空调有限公司	推行人人成为"经营者"管理模式，拓展全心全意依靠职工办企业的有效途径
上海交运（集团）公司	建立职工代表"观察员"巡检制度，不断提高职工参与民主管理的执行力
中国电信股份有限公司上海分公司	建立职工代表"五制"，提高职工代表的整体素质
上海建工（集团）总公司工会	推进民主选聘，深化厂务公开
上海中医药大学附属曙光医院工会	发展和完善职代会提案制度，促进医院整体工作水平提高
上海自来水管线工程有限公司	实行经营者收入审计公开制，有效规范企业收入分配秩序

上海市厂务公开民主管理工作优秀成果奖（共44项）

获奖单位	工作成果
上海市浦东新区陆家嘴社区（街道）	建立区域性职代会制度，落实职工民主权利
上海浦东国有资产投资管理有限公司	坚持民主程序，推进企业有序改制
上海铭源实业集团有限公司	推进民主管理"三个转变"，为企业不断注入源源发展的动力
上海市徐汇区教育局	实现校务公开"三次跨越"，推动教育体制改革深入发展
上海市长宁区教育局	深入推进校务公开民主管理系统化工程建设，提升校务公开质量和水平
上海市快乐（集团）有限公司	运用ISO9004质量管理体系，探索厂务公开民主管理的程序化、规范化
上海市普陀区桃浦镇	创建"诚信企业"，拓展民主管理新渠道
上海宏泉集团有限公司	创新民营企业职工董监事制度，促进企业持续健康发展
上海市普陀区长征镇	建立健全区域性职代会制度，构建社会化维权新格局
上海市普陀区总工会	以"点圈链"模式推进劳动关系和谐企业创建，促进区域经济社会稳步发展
上海宏阳物业有限公司	拓展民主管理形式，推进企业文化建设
上海市虹口区教育局	健全民主管理工作制度，推进校务公开深入开展
上海豫园旅游商城股份有限公司	坚持和创新职代会制度，发展和谐劳动关系
上海新世界股份有限公司	建立双向交流沟通机制，促进企业和谐发展
上海市静安区石门二路街道恒安大厦工会联合会	建立楼宇民主共商会，开创民主管理新形式
第九城市计算机技术咨询（上海）有限公司	建立网上职代会，探索企业民主管理新形式
上海梅龙镇伊势丹百货有限公司	创立劳资恳谈会制度，促进企业和谐发展
上海市宝山区总工会	建立责任追究制，保证厂务公开落实到位
上海市宝山区总工会	规范转改制民主程序，确保改制顺利进行
崇明县教育局	健全和发展教代会制度，全面提升学校民主管理水平
上海涂料有限公司	探索职工代表列席公司行政办公会，拓展职工知情参与渠道
上海市医药工会	建立非法人事业部制职代会制度，构建多级职工民主管理新格局
上海市电力公司	推行总经理联络员制度，创新民主管理渠道
上海市电力公司市南供电公司	提高职工代表能力和水平，拓宽民主管理发展新途径
华东送变电工程公司党委	完善薪酬分配制度，促进职工权益维护
中国石化上海石油化工股份有限公司	积极探索厂务公开新途径，强化落实职工知情权
长江计算机（集团）公司	完善六项制度，建立三本手册，规范有效地推进厂务公开民主管理工作
上海航天设备制造总厂	建立专项定期公开机制，有效落实职工知情参与权

上海外高桥造船有限公司	实行经营策略发布，促进企业民主管理
上海烟草（集团）公司上海卷烟厂	实施职工代表竞选制、述职制，推进工厂民主管理
上海集装箱码头有限公司	建立劳务承包队职代会，切实维护职工合法权益
上海国际港务（集团）股份有限公司龙吴分公司	开好“厂情发布会”、“厂情共商会”，架起双向沟通的桥梁
上海交运股份有限公司	实施提案处理代表认可制，提升职工代表参政议政能力
上海市邮政公司	积极开展职工代表专题巡视检查活动，有效发挥职工代表参政作用
上海市邮政公司邮区中心局	实施科务公开评价标准，不断提高科学管理水平
中交上海航道局有限公司	积极推进“三化”工作流程，规范项目管理操作流程
中交第三航务工程局有限公司上海浦东分公司	厂务公开深入农民工班组，促进收入分配公正合理
中交第三航务工程勘察设计院有限公司	深化民主评议，构建和谐企业
上海市第七建筑有限公司	深化评议干部工作，推进和谐企业建设
上海建筑材料（集团）总公司	优化民主评议机制，促进干部队伍建设
上海中医药大学	建立校长办公会议旁听制度，组织和引导教职工直接参与学校决策
上海市卫生局	加强院务公开考核，建立健全长效机制
上海交通大学医学院附属瑞金医院	“瑞金茶室”体现瑞金文化，民主沟通促进民主管理经常化、机制化
上海水产（集团）总公司	六管齐下推进民主管理，促进水产集团和谐发展

上海市推进厂务公开民主管理工作先进工作者（共110位）

叶新华　滕建华　黄建国　周宝龙　岑薛宣
刘申生　沈培云　单幼新　金国伟　严爱科
宋海民　沈国法　陈阿根　陆正明　何国强
李怀珠　王阿金　倪忠平　姚家群　应忠强
傅胜毅　盛　龙　朱炜华　黄世和　孙金坤
董　放　朱建春　刘　健　施佩玉　钱翠仙
吴桂明　赵路明　肖惠方　许丽萍　倪军杰
高兴欢　张庆英　张　斌　陆桂芳　陈伟芬
李明云　姚　峰　郁铭中　肖春天　张忠浩
沈卫国　朱汉民　朱兆开　葛长荣　陶卫国
薛文海　戴振华　邱建立　林裕良　郑伯华
杨骏逸　耿海联　余金琦　张文标　冯树荣
张　帆　孙茂巽　金　蕴　王建民　王仁德
张爱娣　潘哲辉　王奇昇　丁昌梓　崔启明
倪莉萍　沈新月　陈鹤庭　孙国泰　高文华
张一钧　徐敢锋　焦小涵　韩　刚　俞景平
严文康　康国忠　王建农　魏定量　郑　缨
吴　林　刘昌明　戴　屏　张连官　余忠兴
朱玉福　沈明达　吴有德　陈柳宏　倪永明
杨庆荣　赵有全　黄公德　陈国庆　周崇礼
孔庆元　朱航明　沈敏惠　陈钟明　江　蓉
汪　涛　杨　敏　许　芹　吕　伟　徐　杰

2007—2008年度上海市推动厂务公开民主管理工作先进单位（共38家）

上海市浦东新区唐镇
上海市徐汇区
上海市长宁区
上海市普陀区
上海市普陀区长征镇
上海市普陀区桃浦镇
上海市闸北区
上海市虹口区
上海市杨浦区
上海市卢湾区
上海市静安区
上海市静安区曹家渡社区（街道）
上海市宝山区顾村镇
上海市宝山区大场镇
上海市闵行区
上海市嘉定区
上海市金山区金山卫镇
上海市松江区
上海市青浦区
上海市青浦区徐泾镇
上海市南汇区
上海医药（集团）有限公司
上海市电力公司
上海电力建设有限责任公司
上海高桥石油化工公司
上海石化投资发展有限公司
长江计算机（集团）公司
上海航天局
上海船舶工业公司
上海汽车工业（集团）总公司
上海市邮政公司
中国移动通信集团上海有限公司
中国电信股份有限公司上海分公司
中波轮船股份有限公司
上海市卫生局

上海市民政局
上海水产(集团)总公司
上海市锦江航运有限公司

2007—2008 年度上海市厂务公开民主管理工作先进单位(共 130 家)

上海市浦东新区高行社区卫生服务中心
上海界龙实业集团股份有限公司
后藤电子(上海)有限公司
上海金桥市政建设发展有限公司
上海新轻物业管理有限责任公司
上海徐汇市政工程有限公司
上海徐家汇商城(集团)有限公司
上海徐房(集团)有限公司
上海市长宁区同仁医院
上海市长宁区建设和交通工作委员会
上海市普陀区经济工作委员会
上海市普陀区教育局
上海市普陀区卫生局
上海九洲通医药有限公司
上海市普陀区市政工程管理署
上海市闸北区卫生局
上海闸环灵石环境卫生工程有限公司
上海亨通光电科技有限公司
上海锐力健身装备有限公司
上海市虹口区精神卫生中心
上海大铭冷气工程有限公司
上海富大胶带制品有限公司
上海市杨浦区市东医院
上海上机机床制造有限公司
上海市杨浦区教师进修学校
上海南市燃料物资有限公司
上海新世界(集团)有限公司
上海市卢湾区卫生局
上海凌锐建设发展有限公司
上海票据交换中心
上海九百(集团)有限公司
上海市静安区中心医院
上海东方投资监理有限公司
上海宝隆(集团)有限公司
上海申和热磁电子有限公司
第一人民医院宝山分院
上海亚太酿酒有限公司
上海市闵行区教育局
上海市第五人民医院
上海保华电子有限公司
上海众达汽车冲压件有限公司
重机(上海)工业有限公司
上海嘉定公共交通有限公司
上海金泰医院管理有限公司
上海市金山区第一实验小学
上海松江燃气有限公司
上海红斯服装有限公司
上海朱家角投资开发有限公司
上海中大科技发展有限公司
上海中加电炉有限公司
上海富臣化工有限公司
上海胜华电缆(集团)有限公司
上海市南汇区光明中医医院
上海市大团高级中学
上海申茂电磁线厂
上海美优制药有限公司
上海德惠特种风机有限公司
上海市崇明县供销合作总社
上海电气集团上海电机厂有限公司
上海亚明灯泡厂有限公司
上海吴泾化工有限公司
上海焦化有限公司
上海涂料有限公司
上海棉纺织印染联合有限公司
上海市医药股份有限公司
上海医药(集团)有限公司信谊制药二厂
上海电力安装第二工程公司
上海宝钢设备检修有限公司
上海宝冶建设有限公司机械动力分公司
上海宝冶工程技术有限公司
中国石化上海石油化工有限公司热电事业部
上海黄浦船用仪器有限公司
上海卫星工程研究所
上海新光电讯厂
上海外高桥造船有限公司
上海烟草包装印刷有限公司
上海纳铁福传动轴有限公司
上海采埃孚转向机有限公司
上海大众汽车有限公司
上海柴油机股份有限公司
延锋伟世通汽车饰件系统有限公司
上海索广映像有限公司
上海始安房产管理有限公司
华东电力试验研究院有限公司
上海铁路局上海站
上海国际港务(集团)股份有限公司上海港引航管理站
上海长江汽车检测维修有限公司
上海交运股份有限公司汽车零部件分公司
上海市客运轮船有限公司
上海市邮政公司市南邮政局
上海市邮政公司市北邮政局
中国电信股份有限公司上海浦东电信局
中国电信股份有限公司上海北区电信局
中港疏浚股份有限公司
中交上海航道局有限公司东方疏浚工程分公司
中交三航局兴安基建筑工程有限公司

中交三航局第二工程有限公司
上海远洋运输公司海事培训中心
上海中远国际货运有限公司
上海国际机场股份有限公司
中交第三航务工程勘察设计院有限公司
上海市建筑科学研究院(集团)有限公司
上海市政工程设计研究总院
上海市第四建筑有限公司
上海建工医院
上海浦江隧桥运营管理有限公司
鲁中冶金矿业集团公司选矿厂
上海市水利工程设计研究院
中国建筑第八工程局有限公司总承包公司
中建八局广州分公司
核工业第八研究所
上海海事大学
上海中医药大学附属岳阳中西医结合医院
复旦大学附属儿科医院
华东疗养院
上海市民政第一精神病院
上海宾馆有限公司
上海世纪出版股份有限公司
上海晶通化轻发展有限公司
上海乾通投资发展有限公司
上海科技管理学校
上海市自来水市南有限公司南市自来水厂
上海环境物流有限公司
上海市城市建设投资发展总公司路桥事业部
上海浦东威立雅自来水有限公司
上海外高桥第二发电有限责任公司
上海天然气管网有限公司
上海粮油仓储有限公司
上海市医药保健品进出口公司
上海燃气工程设计研究有限公司

第七届上海市十大工人发明家(10名)

王康健　宝山钢铁股份有限公司宝钢分公司冷轧厂
沈　宁　上海市城市排水有限公司白龙港第二污水输送分公司
金德华　上海锅炉厂有限公司
王　斌　上海市机械施工有限公司第二分公司
刘希沪　上海港复兴船务公司
杨庆华　上海市电力公司超高压输变电公司
胡镇雄　上海通用汽车有限公司
颜云虎　上海航天设备制造总厂
吉志勇　上海宝钢设备检修公司电气仪表修造厂
阎增兴　上海宝冶建设有限公司工业安装分公司

第二届上海市十大职工科技创新英才(10名)

宁　光　上海交通大学医学院附属瑞金医院
陈　晓　宝山钢铁股份有限公司宝钢分公司硅钢部
冯伟忠　上海市外高桥第三发电有限责任公司
高振锋　上海建工(集团)总公司
程继红　上海丰科生物科技股份有限公司
王　曦　中国科学院上海微系统与信息技术研究所
陈少明　上海浦东新区浦南医院
张　平　上海餐余垃圾处理技术有限公司
夏　艳　中国电信股份有限公司上海研究院
金　力　复旦大学

上海市工资集体协商工作示范单位(共50家)

上海浦东巴士旅游客运有限公司
上海新尚实国际贸易有限公司
席家花园华康酒家
天平社区餐饮行业
上海惠工缝纫机三厂
新路达华联吉买盛
上海服装(集团)服装机械有限公司
上海新锦华超市有限公司
上海金鹿建筑实业有限公司
上海长宁橡胶制品厂
普陀区纺织行业
普陀区非公餐饮行业
上海嘉万汽车修理有限公司
上海信潮电信系统集成实业有限公司
上海市快乐(集团)有限公司
上海亨通光电科技有限公司
上海电气集团恒联企业发展有限公司
芷江西路街道复元坊小区
上海兴城物业有限公司
凉城街道水电小区
上海建联橡胶制品厂
大桥街道餐饮服务行业
上海藏宝楼工艺品市场经营管理有限公司
上海新世界(集团)有限公司
上海老凤祥钻石加工中心有限公司
上海刀具厂有限公司
上海凌锐建设发展有限公司
力新仪器(上海)有限公司
上海城市国际企业发展有限公司
石门二路街道恒安大厦
曹家渡街道律德大厦
上海南华兰陵电器有限公司
重机(上海)工业有限公司

上海嘉定公共交通有限公司
上海中石化工物流有限公司
上海飞航电线电缆有限公司
上海东洋电装有限公司
上海烟草集团南汇烟草糖果有限公司
上海振泰化工总厂
上海水星家用纺织品有限公司
上海富士电机开关有限公司
上海市奉贤区南桥镇发展村工会联合会
崇明工业园区
上海市机电设计研究所有限公司
上海重型机器厂有限公司
上海阿海珐变压器有限公司
上海氯碱化工股份有限公司
上海三思试剂有限公司
上海市客运轮船有限公司
上海德科电子仪器有限公司

上海市优秀农民工

洪　刚　上海浦东金舟劳务工程有限公司
金卫国　上海开创远洋渔业有限公司

上海市农民工先进个人

乔连朋　上海国际机场股份有限公司
缪亚军　上海水务建设工程有限公司
张东军　中港疏浚股份有限公司
朱墩坚　中交三航局二公司崇启大桥项目部
王东飞　上海生物制品研究所
顾祖荣　上海电力安装第一工程公司

上海工会职工十佳创业示范点（共10家）

上海禹罡环保科技发展有限公司
上海卓越制衣有限公司
上海新志快餐有限公司
上海亚日家用电器有限公司
上海新港好帮手公益服务社
上海陈林声美发美容有限公司
上海康成铜材有限公司
上海圆通速递有限公司
上海朝昌包装机械有限公司
上海锦迪助剂材料有限公司

上海工会职工创业示范点（共90家）

上海清皎茶馆有限公司
上海乐帮康英电脑图文制作服务社
上海泓稷楼宇保洁服务有限公司
上海市长宁区祥和面馆
上海隆业企业管理有限公司
上海金沙江再就业服务中心有限公司
上海博星锅炉维修工程有限公司
上海鼎泰印刷厂
上海启蒙人才服务有限公司
上海琳方会计师事务所
上海金林家庭劳务服务社
上海大桶大投资管理有限公司
上海伊维纳制衣有限公司
上海宏大东亚会计师事务所有限公司
上海富太特种橡胶制品有限公司
上海互洋国际物流有限公司
上海翱飒物业管理有限公司
上海泰晤士西餐有限公司
上海殷行屹绣服装配送服务社
上海宝强图文制作服务社
上海万里石石材有限公司
上海坦坪市政工程有限公司
上海联发劳务服务有限公司
上海圣雷紧固件有限公司
上海成长驿站投资管理有限公司
上海平凉洁纯电脑硬件软件维护服务社
上海海略管理信息咨询有限公司
上海耀中物业管理有限公司
上海磊城建设发展有限公司
上海天跃科技有限公司
上海港湾软基地处理工程有限公司
上海伊华食品有限公司
上海百帮益顺快递服务社
上海彩跃数码图文有限公司
上海摩言广告有限公司
上海静安南西永帮家政服务社
上海锐尚文化传播有限公司
上海求必应咨询服务有限公司
上海震业财务咨询有限公司
上海前卫劳动服务有限公司
上海君航假日餐饮有限公司
上海龙柏蓝陶坊工艺品服务社
上海爱登堡电梯有限公司
上海创瀚信息技术有限公司
上海佩建机电设备安装有限公司
上海叶大园艺有限公司
禹辉（上海）转印材料有限公司
上海燕子花苑酒店有限公司
上海奥科化学品有限公司

上海钟书实业有限公司
上海华成针刺材料有限公司
上海百康电子元件有限公司
上海缘缘旅行社有限公司
上海明卓液压机械有限公司
上海市松江区车墩镇国庆标牌厂
上海文秀实业有限公司
上海农怡电子有限公司
上海扬盛印务有限公司
上海马龙铝业有限公司
上海沪工电焊机(集团)有限公司
上海国表厨卫用品有限公司
上海鸿鸿压铸有限公司
上海泖峰汽车塑料件厂
上海威贸电子有限公司
上海昕发工贸有限公司
上海方隆金属材料有限公司
上海汇益液压控制系统工程有限公司
上海乐美文具有限公司
上海益而益电器制造有限公司
上海博大企业(集团)有限公司
上海宝狮缝纫机有限公司
上海宝尼化工机械有限公司
上海申驰实业有限公司
上海盛辉塑料涂装有限公司
上海超日太阳能科技股份有限公司
上海华向橡胶履带有限公司
上海磐古石材有限公司
上海美优制药有限公司
上海健绿花菜专业合作社
上海机电职工福利院
上海皓尔雅建筑装饰有限公司
上海宜华轴承销售合作公司
上海军茂实业有限公司
上海静安南西舒怡居室保洁服务社
上海鼎兴铆钉制造有限公司
上海海杰汽车配件合作公司
上海广益餐饮管理有限公司
上海绿藤实业发展有限公司
上海珍灵后勤管理有限公司
上海市交通运输局职工疗养所汽车维修站

上海市荣获“全国工会就业培训基地”称号单位

上海市总工会培训中心
上海市东亚进修学院
上海市总工会沪西职工技术交流站
上海市黄工职业技能培训中心
上海电气李斌技师学院

2008—2009 年度上海工会职工援助服务中心创优考评优胜单位（共 4 家）

上海市黄浦区总工会
上海市长宁区总工会
上海市奉贤区总工会
上海市崇明县总工会

2008—2009 年度上海工会职工援助服务分中心创优考评优胜单位（共 40 家）

浦东新区总工会(6 家)
唐镇职工援助服务分中心
北蔡镇职工援助服务分中心
上钢新村社区职工援助服务分中心
川沙新镇职工援助服务分中心
潍坊社区职工援助服务分中心
金桥出口加工区职工(农民工)援助服务分中心

徐汇区总工会(4 家)
徐家汇社区职工援助服务分中心
虹梅社区职工援助服务分中心
田林社区职工援助服务分中心
斜土社区职工援助服务分中心

长宁区总工会(2 家)
新泾镇职工援助服务分中心
华阳社区(街道)职工援助服务分中心

普陀区总工会(4 家)
长寿社区(街道)职工援助服务分中心
长征镇职工援助服务分中心
桃浦镇职工援助服务分中心
新曹杨高新技术工业园区职工援助服务分中心

闸北区总工会(2 家)
芷江西路社区(街道)职工援助服务分中心
金贸公司职工援助服务分中心

虹口区总工会(2 家)
曲阳社区(街道)职工援助服务分中心
凉城社区(街道)职工援助服务分中心

杨浦区总工会(3 家)
定海地区职工援助服务分中心
殷行地区职工援助服务分中心
五角场镇职工援助服务分中心

黄浦区总工会(2 家)
南京东路社区职工援助服务分中心

外滩社区职工援助服务分中心

卢湾区总工会(1家)
淮海中路社区(街道)职工援助服务分中心

静安区总工会(1家)
石门二路社区(街道)职工援助服务分中心

宝山区总工会(2家)
吴淞社区(街道)职工援助服务分中心
庙行镇职工援助服务分中心

闵行区总工会(1家)
七宝镇职工援助服务分中心

嘉定区总工会(2家)
安亭镇职工援助服务分中心
马陆镇职工援助服务分中心

金山区总工会(2家)
金山卫镇职工援助服务分中心
金山工业区职工援助分中心

松江区总工会(1家)
泗泾镇职工援助服务分中心

青浦区总工会(2家)
盈浦街道职工援助服务分中心
白鹤镇职工援助服务分中心

奉贤区总工会(2家)
青村镇职工援助服务分中心
南桥镇职工援助服务分中心

崇明县总工会(1家)
上海兴港机械制作有限公司职工援助服务分中心

全国女职工先进集体和先进个人

全国五一巾帼奖集体
上海市政设计研究总院虹桥综合交通枢纽总体组

全国女职工建功立业标兵岗
上海交通大学医学院附属瑞金医院卢湾分院金鹤护理组
上海今亚珠宝有限公司
上海百群拆迁服务有限公司曹国珍班组
上海市第一医药商店第一医药热线
上海市自来水闵行有限公司“建华”抄表服务队
上海站软席候车室
上海现代轨道交通有限公司服务质量组
上海市曹杨第二中学语文教研组
上海新世界股份有限公司儿童内衣柜
中建八局工业设备安装有限责任公司女子焊接队
上海市邮政公司客户服务中心11185话务大组
上海机场(集团)有限公司虹桥国际机场公司航站区管理部旅客服务科蓝馨岗
虹口区四中心小学大教研组
上海雷允上药业西区有限公司雷允上药城分公司药品部
上海市闵行区婚姻(收养)登记中心
上海月罗环境卫生服务有限公司月浦清道班
嘉定区中心医院急诊科护理组
上海市青浦区法律援助中心
上海大屯能源股份公司铁路管理处车辆段乘务车间
延锋伟世通汽车饰件系统有限公司采购供应部原材料采购科
上海市长宁实验小学数学组
上海城建隧道股份机械制造分公司技术中心巾帼岗
上海烟草(集团)公司上海卷烟厂工艺质量科卷包丙班检验组
上海松下等离子显示器有限公司制造三科整机组装一班
上海世纪出版股份有限公司科技教育出版社综合教育编辑室
上海市疾病预防控制中心肿瘤防治科
上海市食品进出口公司富达分公司
上海市劳动保障电话咨询中心(考核组)
上海华亭宾馆预订班组
上海南站长途客运有限公司“阳光岛”服务台
上海瑞金宾馆VIP服务班组

全国女职工建功立业标兵(按姓氏笔画排列)

王　盈　亓安芳　石渔然　吕燕君　朱慧慧
庄婵娟　祁龙珍　阮珍珍　杨宝琴　李月华
李春花　李　霞　吴慧英　时蓓玲　汪一屏
陆一春　陈珏玉　陈　虹　陈　靖　陈　静
金宛平　周　仪　周　炜　郑晓玲　郑淑怡
钱金妹　黄阳滨　曹亚东　谢元宪　蔡兹红
谭　琦　樊　蓉

先进基层工会女职工组织

街道、乡镇总工会女职工组织(15个)
浦东新区川沙新镇总工会女职工委员会
徐汇区天平社区总工会女职工委员会
长宁区华阳社区(街道)总工会女职工委员会
普陀区长征镇总工会女职工委员会
杨浦区五角场地区总工会女职工委员会
静安区静安寺街道总工会女职工委员会
宝山区吴淞社区(街道)总工会女职工委员会
闵行区浦江镇总工会女职工委员会
嘉定区马陆镇总工会女职工委员会
金山区枫泾镇总工会女职工委员会
松江区永丰社区(街道)总工会女职工委员会

青浦区赵巷镇总工会女职工委员会
南汇区周浦镇总工会女职工委员会
奉贤区青村镇总工会女职工委员会
崇明县新河镇总工会女职工委员会

国有企事业单位工会女职工组织(65 个)
中国纺织机械股份有限公司工会女职工委员会
上海复兴建设发展有限公司工会女职工委员会
上海九百(集团)有限公司工会女职工委员会
上海青浦工业园区发展(集团)有限公司工会女职工委员会
上海南汇自来水公司工会女职工委员会
上海金陵股份有限公司工会女职工委员会
上海焦化有限公司工会女职工委员会
上海三枪集团有限公司工会女职工委员会
上海医药(集团)有限公司中药与天然药物事业部工会女职工委员会
上海市电力公司市南供电公司工会女职工委员会
宝山钢铁股份有限公司宝钢分公司工会女职工委员会
中冶宝钢技术服务有限公司机械制造分公司工会女职工委员会
中石化上海高桥分公司炼油事业部工会女职工委员会
上海石化腈纶事业部工会女职工委员会
沪东中华造船(集团)有限公司工会女职工委员会
上海飞机制造厂工会女职工委员会
上海烟草包装印刷有限公司工会女职工委员会
上海彭浦机器厂有限公司工会女职工委员会
华东电网有限公司工会女职工委员会
上海化工设计院有限公司工会女职工委员会
上海铁路局上海站工会女职工委员会
上海铁路局上海客运段工会女职工委员会
上港集团宝山分公司工会女职工委员会
上海长航医院工会女职工委员会
上海市联运总公司工会女职工委员会
上海交运股份有限公司工会女职工委员会
中国电信上海公司长途无线部工会女职工委员会
中交上海航道勘察设研公司工会女职工委员会
中交三航二公司工会女职工委员会
上海中远国际货运有限公司工会女职工委员会
上海虹桥国际机场公司工会女职工委员会
上海市政工程设计研究总院工会女职工委员会
上海市安装工程有限公司工会女职工委员会
上海市政养护管理有限公司工会女职工委员会
华东建筑设计研究院工会女职工委员会
上海建筑设计研究院工会女职工委员会
上海市水务工程设计研究院有限公司工会女职工委员会
中建八局广西分公司工会女职工委员会
第一食品股份有限公司工会女职工委员会
锦江国际酒店集团工会女职工委员会
上海世纪出版集团工会女职工委员会
上海燃气浦东销售有限公司工会女职工委员会
上海地铁运营有限公司工会女职工委员会
东方国际集团上海家纺有限公司工会女职工委员会
上海隧道工程股份有限公司工会女职工委员会
上海中星(集团)有限公司工会女职工委员会
中国建筑第二工程局有限公司(沪)工会女职工委员会
中铝上海铜业有限公司第一板带厂工会女职工委员会
浦东新区东方幼儿园工会女职工委员会
长宁区中心医院工会女职工委员会
上海市新光中学工会女职工委员会
上海市曹杨第二中学工会女职工委员会
上海行健职业学院工会女职工委员会
上海市北郊学校工会女职工委员会
蓬莱路第二小学工会女职工委员会
瑞金一路幼儿园工会女职工委员会
宝山区市容管理局工会女职工委员会
奉贤中等专业学校工会女职工委员会
上海航天局第八〇三研究所工会女职工委员会
上海航天局电子所工会女职工委员会
虹口区社会保险事业管理中心工会女职工委员会
复旦大学工会女职工委员会
上海市龙华殡仪馆工会女职工委员会
上海市女子监狱工会女职工委员会
上海市测绘院工会女职工委员会

非公企业工会女职工组织(20 个)
上海京瓷电子有限公司工会女职工委员会
上海大计数据处理有限公司工会女职工委员会
上海复星高科技(集团)有限公司工会女职工委员会
上海鲜鲜佳食品销售有限公司工会女职工委员会
上海三湘股份有限公司工会女职工委员会
上海长机自动化有限公司工会女职工委员会
上海梅陇镇伊势丹百货有限公司工会女职工委员会
上海松川精密电子有限公司工会女职工委员会
保力马科技(上海)有限公司工会女职工委员会
上海奇丽尔制衣有限公司工会女职工委员会
上海亨井联接件有限公司工会女职工委员会
正泰电气股份有限公司工会女职工委员会
上海美蓓亚精密机电有限公司工会女职工委员会
上海青浦爱思箱包有限公司工会女职工委员会
上海三景服装实业有限公司工会女职工委员会
上海水星家用纺织品有限公司工会女职工委员会
上海塞维斯玻璃有限公司工会女职工委员会
上海索广电子有限公司工会女职工委员会
上海华虹 NEC 电子有限公司工会女职工委员会
上海市浦江桥隧高速公路管理有限公司工会女职工委员会

统 计

Statistics

各区县局(产业)工会组织数据一览表(一)

单位名称	基层工会	基层工会涵盖单位	职工	女性	农民工	工会会员	女性	农民工
	个	个	人	人	人	人	人	人
总计	**51 952**	**200 769**	**7 869 900**	**2 969 045**	**3 090 159**	**7 268 373**	**2 785 329**	**2 826 226**
浦东新区总工会	10 093	16 039	711 073	319 350	201 657	648 413	290 107	180 106
徐汇区总工会	1 860	14 178	301 696	113 429	97 517	291 888	111 341	93 406
长宁区总工会	1 629	7 063	204 881	86 366	99 544	196 832	83 734	97 942
普陀区总工会	3 108	8 795	227 790	89 110	113 719	203 553	83 851	107 071
闸北区总工会	1 472	4 452	159 521	57 546	53 809	152 124	55 150	51 048
虹口区总工会	2 140	5 519	154 428	60 805	43 714	148 357	58 171	40 673
杨浦区总工会	1 531	4 991	155 909	58 753	44 402	149 987	56 637	43 439
黄浦区总工会	1 515	5 083	174 823	72 978	30 718	166 764	68 957	29 733
卢湾区总工会	1 832	4 587	106 925	39 441	27 191	104 134	38 676	27 024
静安区总工会	1 402	4 667	105 197	41 685	13 647	100 146	39 892	11 988
宝山区总工会	1 909	10 018	356 463	123 190	121 375	331 022	113 333	109 561
闵行区总工会	5 424	14 214	515 301	217 973	340 789	485 845	211 761	334 068
嘉定区总工会	3 166	14 734	509 692	213 424	287 923	441 747	197 907	262 567
金山区总工会	1 256	4 015	252 263	112 487	144 345	248 070	110 416	141 619
松江区总工会	1 985	233 58	516 884	224 773	374 906	439 699	197 577	334 832
青浦区总工会	2 354	37 349	500 784	206 037	318 202	426 367	189 175	281 752
南汇区总工会	1 814	5 690	317 159	137 626	187 323	297 992	128 560	174 744
奉贤区总工会	2 125	9 101	367 162	130 366	166 483	343 923	125 085	155 320
崇明县总工会	856	1 705	139 845	45 570	72 314	132 808	44 620	69 798
上海市机电工会	249	249	109 377	26 515	15 248	93 344	21 675	12 199
上海市仪表电子工会	49	49	33 078	14 131	6 806	31 256	13 250	5 214
上海市化学工会	111	112	40 376	7 903	4 526	35 968	7 457	1 571
上海市轻工业工会	17	17	5 476	1 688		5 473	1 688	
上海市纺织工会	119	119	20 266	8 390	3 909	19 477	7 960	3 528
上海市医药工会	78	78	24 222	11 173	426	22 994	10 601	114
上海市电力公司工会	19	19	17 112	3 238		17 112	3 238	
上海电力股份有限公司工会	17	17	7 421	999		7 421	999	
上海电力建设有限责任公司工会	10	10	4 824	502	129	4 824	502	129
上海宝钢集团有限公司工会	116	116	91 000	18 059	530	90 485	17 990	521
上海宝钢冶金技术服务有限公司工会	12	12	17 396	1 406	10 786	5 811	823	
上海宝冶冶金建设公司工会	14	14	6 076	1 137	1 166	5 889	1 136	1 100

续 表

单位名称	基层工会	基层工会涵盖单位	职 工	女 性	农民工	工会会员	女 性	农民工
	个	个	人	人	人	人	人	人
上海高桥石油化工公司工会	13	13	8 044	2 577		8 031	2 572	
中国石化上海石油化工股份有限公司工会	26	26	20 591	6 173		20 591	6 173	
长江计算机(集团)公司工会	18	20	1 360	437	99	1 251	357	35
中铝上海铜业有限公司工会	8	8	2 417	428	156	2 193	419	
上海航天局工会	49	49	19 255	5 445	1 398	18 806	5 360	949
上海船舶工业公司工会	24	24	85 787	11 075	47 068	61 862	8 098	25 278
中国商用飞机有限责任公司工会	10	10	6 297	1 547	294	5 990	1 431	22
上海市烟草工会	10	10	8 366	2 399		8 366	2 399	
上海汽车工业(集团)总公司工会	48	48	81 708	16 240	13 655	78 673	15 828	11 917
上海广电(集团)有限公司工会	42	43	22 875	10 334	7 196	17 592	7 512	3 284
上海市漕河泾新兴技术开发区发展总公司工会	6	6	1 182	420		1 150	413	
中国能源化学工会华东电力工作委员会	7	7	2 038	529		2 011	522	
上海华虹(集团)有限公司工会	7	7	2 916	822		2 820	807	
中国华源集团有限公司工会	18	18	4 111	1 352	535	2 930	852	58
上海化学工业区工会	24	30	4 669	1 597	111	4 340	1 478	109
国药控股股份有限公司工会	9	9	2 314	1 105	111	2 207	1 093	4
中国铁路工会上海铁路局委员会	38	38	40 565	5 433	1 716	38 747	5 425	532
中国海员建设工会中国海运(集团)总公司委员会	27	27	18 331	2 219		18 059	2 215	
上海国际港务(集团)股份有限公司工会	38	38	35 912	3 742	12 345	35 088	3 632	11 602
中国海员工会长江轮船公司委员会	15	15	3 170	667	711	2 941	616	534
上海市运输工会	53	54	17 746	2 276	3 878	15 400	2 157	1 797
中国邮电工会上海市邮政委员会	42	42	28 540	8 559	13 711	21 130	6 732	7 790
中国移动通信集团工会上海市委员会	1	1	4 558	2 054		4 558	2 054	
中国电信集团工会上海市委员会	53	53	23 075	7 365		22 947	7 334	
中国电信集团工会号百信息服务有限公司委员会	2	2	422	200		417	197	
中国海员工会交通部东海救助局委员会	12	12	995	63		995	63	
中国海员工会交通部上海打捞局委员会	8	8	1 308	107		1 308	107	
中交上海航道局有限公司工会	11	11	4 546	339	808	4 535	339	808

续 表

单位名称	基层工会	基层工会涵盖单位	职工	女性	农民工	工会会员	女性	农民工
	个	个	人	人	人	人	人	人
中交第三航务工程局有限公司工会	12	12	3 779	448	451	3 760	448	451
中国海员工会中远集装箱运输有限公司	22	22	11 053	1 514	17	10 686	1 406	1
中国海员工会中波轮船股份公司委员会	6	6	999	73	80	999	73	80
民航华东地区空中交通管理局工会	1	1	1 599	423		1 599	423	
中国民航工会华东地区管理局委员会	8	8	3 562	1 727	121	3 320	1 636	60
中国东方航空集团公司工会	25	38	23 209	8 035	983	19 744	7 416	787
上海机场(集团)有限公司工会	26	26	19 668	5 976	1 792	19 633	5 956	1 792
上海航空股份有限公司工会	8	8	10 809	4 386	6	10 809	4 386	6
中国海员工会上海海事局委员会	20	20	3 032	321		3 032	321	
上海市城乡建设和交通工会	48	48	29 020	7 353	567	28 971	7 323	558
上海建工(集团)总公司工会	62	407	104 524	4 855	77 920	104 203	4 778	77 920
上海市交通运输和港口管理局工会	10	10	1 722	446		1 692	432	
上海市住房保障和房屋管理局工会	12	12	930	267	19	859	252	19
上海建筑材料(集团)总公司工会	39	39	13 022	2 543	2 192	11 271	2 413	759
上海海洋石油局工会	8	8	1 305	214		1 305	214	
上海市绿化和市容管理局工会	29	32	1 599	551	24	1 463	512	
上海现代建筑设计(集团)公司工会	16	16	3 679	1 338		3 679	1 338	
鲁中冶金矿业(集团)公司工会	14	14	6 563	1 343	1 032	5 087	1 329	
上海闵行经济技术开发区工会	47	47	15 693	6 884	2 576	14 182	6 436	2 340
上海虹桥经济技术开发区联合发展有限公司工会	5	5	961	332	57	753	256	
上海市水务局工会	16	16	1 255	371		1 255	371	
中国建筑第八工程局工会	24	171	59 972	14 249	40 895	59 942	14 227	40 895
上海大屯能源股份有限公司工会	16	16	23 197	3 456	166	22 697	3 441	166
上海市金融工会工作委员会	69	69	174 594	90 789	55	171 033	88 541	55
上海市税务工会	13	13	1 502	723		1 502	723	
上海市人力资源和社会保障局工会	43	43	2 622	1 217		2 622	1 217	
上海市科技工会	46	46	20 024	6 754	387	19 205	6 376	46
上海市教育工会	57	72	72 768	32 332	1 644	70 063	30 850	845
上海市医务工会	54	54	53 743	35 013	930	52 626	34 256	930
上海市新闻出版工会	58	58	8 906	3 608	1 510	8 606	3 458	1 378
解放日报报业集团工会	13	13	1 959	718	260	1 939	718	260

续　表

单位名称	基层工会	基层工会涵盖单位	职　工	女　性	农民工	工会会员	女　性	农民工
	个	个	人	人	人	人	人	人
文汇新民联合报业集团工会	8	8	2 387	884	9	2 299	814	
新华通讯社上海分社工会委员会	1	1	138	71		138	71	
上海市文化广播影视管理局工会	13	13	751	316	6	751	316	6
上海文化广播影视集团工会	73	73	14 991	5 975	347	14 474	5 851	171
上海市文物管理委员会	5	5	672	284		672	284	
上海社会科学院工会	22	22	787	319		787	319	
上海市体育局工会委员会	32	32	4 415	1 524	79	3 151	1 036	
上海市经济和信息化系统工会	203	206	32 577	10 656	686	31 913	10 452	675
光明食品(集团)有限公司工会	202	309	93 670	45 319	12 676	90 578	43 989	10 789
上海市民政局工会	45	45	6 246	2 887	227	5 967	2 721	136
上海市监狱管理局工会	18	18	7 907	2 188	499	7 858	2 179	450
锦江国际(集团)有限公司工会	347	347	62 283	25 004	9 073	62 283	25 004	9 073
上海市东湖(集团)公司工会	16	16	3 447	1 284		3 404	1 269	
上海市衡山(集团)公司工会	9	9	3 627	775	810	3 359	660	764
上海市市级机关工会工作委员会	398	449	58 952	20 062	1 676	56 090	19 107	1 298
百联集团有限公司工会	129	129	47 872	23 611	3 844	39 028	17 267	1 808
上海水产(集团)总公司工会	18	18	5 357	397	1 272	5 347	396	1 269
上海申通地铁集团有限公司工会	26	26	14 584	3 318	329	14 145	3 172	
上海久事公司工会	60	67	80 733	15 202	7 170	78 579	14 453	6 900
上海市城市建设投资开发总公司工会	151	166	19 264	5 317	227	19 093	5 277	225
申能(集团)有限公司工会	26	26	11 304	2 347	371	11 189	2 297	358
上海电器科学研究所(集团)有限公司工会	9	9	1 371	399	186	1 201	376	146
上海良友(集团)有限公司工会	32	34	6 726	2 051	131	6 506	1 932	37
上海兰生(集团)有限公司工会	18	18	1 776	653	52	1 766	653	52
东方国际(集团)有限公司工会	46	46	4 870	1 892	422	4 327	1 662	146
上海市锦江航运有限公司工会	4	4	545	129		543	127	
上海蔬菜(集团)有限公司工会	13	13	2 685	636	261	2 334	608	16
上海市社会系统工会工作委员会	11	11	36 211	5 218	9 151	32 316	3 833	7 253
上海城建(集团)公司工会	99	99	31 152	2 465	18 529	31 132	2 466	18 529
上海地产(集团)有限公司工会	45	45	2 637	1 133	72	2 122	918	
上海市申江两岸开发建设投资(集团)有限公司工会	6	6	141	38	1	122	35	
上海世博(集团)有限公司工会	26	27	3 120	1 669	302	3 076	1 644	275

续 表

单位名称	基层工会	基层工会涵盖单位	职工	女性	农民工	工会会员	女性	农民工
	个	个	人	人	人	人	人	人
中国联合网络通信有限公司上海分公司工会	1	1	1 432	562		1 432	562	
上海市合作交流系统工会	50	58	2 671	770	43	2 284	638	27
上海市通信管理局工会	2	2	196	53		196	53	
上海大盛资产有限公司工会	7	9	2 009	919		2 009	919	
洋山保税港区工会	1	1	56	26	52	56	26	52
上海世博事物协调局工会	1	1	305	193		305	193	
上海上实(集团)有限公司工会	36	36	7 014	2 452	705	4 197	1 573	266
上海临港产业区工会工作委员会	14	14	1 249	234	371	1 162	198	371
上海市公安局工会	1	1	6 982			6 982		

各区县局(产业)工会组织数据一览表(二)

单位名称	专职工会工作人员	女性	兼职工会工作人员	女性	本级工会建立女职工委员会或设立女职工委员	本级工会女职工工作人员		建立工会经费审查组织
						专职	兼职	
	人	人	人	人	个	人	人	个
总计	**22 200**	**6 792**	**167 632**	**72 962**	**48 798**	**2 691**	**64 090**	**44 149**
浦东新区总工会	6 034	2 170	19 199	10 626	9 664	1 001	10 218	9 226
徐汇区总工会	84	38	5 235	2 682	1 728	16	2 153	1 545
长宁区总工会	72	22	4 355	2 379	1 622	17	1 822	1 629
普陀区总工会	606	372	6 360	3 140	2 883	160	3 765	1 878
闸北区总工会	89	30	4 219	1 820	1 223	17	1 404	1 149
虹口区总工会	515	274	4 780	2 393	2 057	130	2 145	1 952
杨浦区总工会	257	113	4 664	2 486	1 431	42	2 103	1 462
黄浦区总工会	238	91	5 396	2 256	1 495	55	2 306	1 227
卢湾区总工会	381	30	4 268	1 643	1 725	9	1 903	724
静安区总工会	508	243	3 632	1 766	1 383	103	2 051	1 358
宝山区总工会	86	27	13 192	3 108	1 709	25	1 969	1 709
闵行区总工会	3 625	104	19 794	9 107	5 192		7 190	5 331
嘉定区总工会	1 231	174	9 484	3 868	3 008	51	3 727	3 166
金山区总工会	316	98	4 364	1 867	1 201	39	1 598	995
松江区总工会	605	402	9 962	3 929	1 678	33	2 623	1 550

续　表

单位名称	专职工会工作人员	女性	兼职工会工作人员	女性	本级工会建立女职工委员会或设立女职工委员	本级工会女职工工作人员		建立工会经费审查组织
						专职	兼职	
	人	人	人	人	个	人	人	个
青浦区总工会	570	155	7 461	3 372	2 317	4	2 935	2 068
南汇区总工会	781	169	5 194	2 174	1 681	60	2 281	1 281
奉贤区总工会	692	248	4 873	2 094	1 953	225	1 991	1 370
崇明县总工会	346	72	2 915	893	784	8	870	674
上海市机电工会	294	90	1 211	480	226	45	516	232
上海市仪表电子工会	44	20	290	123	49	3	111	49
上海市化学工会	160	58	685	268	103	25	282	99
上海市轻工业工会	32	9	54	18	14	7	40	15
上海市纺织工会	78	25	368	172	116	14	177	119
上海市医药工会	55	19	370	185	64	8	122	65
上海市电力公司工会	62	29	223	72	18	16	95	18
上海电力股份有限公司工会	19	9	120	32	15	2	62	15
上海电力建设有限责任公司工会	25	6	135	42	10	4	38	10
上海宝钢集团有限公司工会	361	140	885	340	106	50	172	100
上海宝钢冶金技术服务有限公司工会	1		114	20	12		50	1
上海宝冶冶金建设公司工会	23	10	143	40	14		75	14
上海高桥石油化工公司工会	37	11	78	34	11	1	40	12
中国石化上海石油化工股份有限公司工会	78	37	261	89	23	15	96	25
长江计算机(集团)公司工会	18	12	31	17	18	1	17	15
中铝上海铜业有限公司工会	7	3	32	12	8	2	9	7
上海航天局工会	76	36	260	126	46	25	102	47
上海船舶工业公司工会	107	30	1 047	277	23	10	150	20
中国商用飞机有限责任公司工会	15	7	55	19	10	2	14	8
上海市烟草工会	38	18	85	36	10	5	43	10
上海汽车工业(集团)总公司工会	198	82	922	349	47	31	236	48
上海广电(集团)有限公司工会	21	8	220	101	42	2	82	40
上海市漕河泾新兴技术开发区发展总公司工会	3	1	29	11	6		14	6
中国能源化学工会华东电力工作委员会	12	2	47	15	5	2	16	7
上海华虹(集团)有限公司工会	3	1	60	25	7		34	7
中国华源集团有限公司工会	10	5	123	51	13	3	23	13

续 表

单位名称	专职工会工作人员	女性	兼职工会工作人员	女性	本级工会建立女职工委员会或设立女职工委员	本级工会女职工工作人员		建立工会经费审查组织
						专职	兼职	
	人	人	人	人	个	人	人	个
上海化学工业区工会	3	1	141	63	23		54	19
国药控股股份有限公司工会			24	11	9		10	8
中国铁路工会上海铁路局委员会	37	4	440	95	38	1	116	38
中国海员建设工会中国海运(集团)总公司委员会	34	4	158	44	24	2	39	24
上海国际港务(集团)股份有限公司工会	175	37	297	122	38	8	96	38
中国海员工会长江轮船公司委员会	15	1	64	26	14		26	15
上海市运输工会	101	19	188	60	51	11	81	28
中国邮电工会上海市邮政委员会	70	36	406	186	40	9	100	42
中国移动通信集团工会上海市委员会	20	17	10	6	1		13	1
中国电信集团工会上海市委员会	88	33	524	291	52	17	179	51
中国电信集团工会号百信息服务有限公司委员会	4	1	18	12	2		6	2
中国海员工会交通部东海救助局委员会	6		39	10	6	1	6	12
中国海员工会交通部上海打捞局委员会	6	1	39	6	7	1	6	8
中交上海航道局有限公司工会	18	2	4		11		11	11
中交第三航务工程局有限公司工会	29	7	46	17	10	1	16	11
中国海员工会中远集装箱运输有限公司	39	3	135	38	17	1	31	19
中国海员工会中波轮船股份公司委员会	3		40	5	3		5	6
民航华东地区空中交通管理局工会	7		68	18	1	2	14	1
中国民航工会华东地区管理局委员会	11	4	89	41	8		29	8
中国东方航空集团公司工会	60	33	167	90	21	11	47	22
上海机场(集团)有限公司工会	27	6	399	189	26		125	26
上海航空股份有限公司工会	13	7	58	24	4	2	14	6
中国海员工会上海海事局委员会	14	2	96	19	20	1	20	20
上海市城乡建设和交通工会	92	33	612	224	48	8	158	47
上海建工(集团)总公司工会	159	38	713	160	60		134	51
上海市交通运输和港口管理局工会	8	5	58	30	9	1	18	10
上海市住房保障和房屋管理局工会	2		49	22	11		20	12
上海建筑材料(集团)总公司工会	23	9	162	55	38	4	72	38
上海海洋石油局工会	5	3	33	10	8	3	9	8

续 表

单位名称	专职工会工作人员	女性	兼职工会工作人员	女性	本级工会建立女职工委员会或设立女职工委员	本级工会女职工工作人员		建立工会经费审查组织
						专职	兼职	
	人	人	人	人	个	人	人	个
上海市绿化和市容管理局工会	32	10	80	38	27	5	30	26
上海现代建筑设计(集团)公司工会	3	3	130	62	16	2	48	16
鲁中冶金矿业(集团)公司工会	26	6	123	37	14	5	40	13
上海闵行经济技术开发区工会			265	119	33		80	40
上海虹桥经济技术开发区联合发展有限公司工会	1		31	11	5		8	5
上海市水务局工会	4		90	37	16		20	16
中国建筑第八工程局工会	45	16	515	110	21	11	101	21
上海大屯能源股份有限公司工会	114	34	248	63	14	21	106	16
上海市金融工会工作委员会	106	53	1 564	777	69	27	223	43
上海市税务工会	13	8	57	26	9	7	22	12
上海市人力资源和社会保障局工会	3	1	184	78	43	1	89	42
上海市科技工会	27	8	375	168	46	5	104	43
上海市教育工会	172	88	1 326	545	53	31	477	54
上海市医务工会	122	65	441	219	54	33	253	54
上海市新闻出版工会	19	9	255	116	55	5	93	56
解放日报报业集团工会	1	1	72	29	3		18	2
文汇新民联合报业集团工会	5	3	57	24	7		12	7
新华通讯社上海分社工会委员会			4	1	1		1	1
上海市文化广播影视管理局工会	4	4	53	27	12	1	19	12
上海文化广播影视集团工会	24	10	364	154	67	2	117	60
上海市文物管理委员会	2	1	22	11	3		4	3
上海社会科学院工会			56	24	1		1	
上海市体育局工会委员会	5	3	140	56	20		39	30
上海市经济和信息化系统工会	75	34	744	330	149	23	216	164
光明食品(集团)有限公司工会	198	69	752	353	186	33	299	119
上海市民政局工会	18	5	228	120	45		114	45
上海市监狱管理局工会	53	27	314	90	18	14	51	18
锦江国际(集团)有限公司工会	347	260	974	413	338	11	405	342
上海市东湖(集团)公司工会	4		73	25	16	1	22	15
上海市衡山(集团)公司工会	6	2	60	23	9	1	21	9

续 表

单位名称	专职工会工作人员	女 性	兼职工会工作人员	女 性	本级工会建立女职工委员会或设立女职工委员	本级工会女职工工作人员		建立工会经费审查组织
						专职	兼职	
	人	人	人	人	个	人	人	个
上海市市级机关工会工作委员会	139	37	2 112	875	391	17	704	313
百联集团有限公司工会	130	32	514	243	107	10	200	129
上海水产(集团)总公司工会	13	1	57	15	16		18	18
上海申通地铁集团有限公司工会	27	13	134	72	24	6	64	23
上海久事公司工会	122	27	304	98	60	10	114	60
上海市城市建设投资开发总公司工会	149	65	656	295	146	29	238	140
申能(集团)有限公司工会	44	17	140	52	23	5	52	22
上海电器科学研究所(集团)有限公司工会	10	4	45	21	8	1	9	9
上海良友(集团)有限公司工会	32	7	103	48	30		44	32
上海兰生(集团)有限公司工会	11	1	52	23	13	1	23	13
东方国际(集团)有限公司工会	15	8	209	101	36	6	63	38
上海市锦江航运有限公司工会	5	3	20	7	4		6	4
上海蔬菜(集团)有限公司工会	14	6	42	19	11		17	13
上海市社会系统工会工作委员会	13	2	225	80	11	2	71	9
上海城建(集团)公司工会	58	15	316	122	87	2	119	35
上海地产(集团)有限公司工会	33	9	118	56	34	4	34	20
上海市申江两岸开发建设投资(集团)有限公司工会	6		14	8	6		6	6
上海世博(集团)有限公司工会	14	5	163	87	21	1	40	24
中国联合网络通信有限公司上海分公司工会	4	2	66	31	1	1	4	1
上海市合作交流系统工会	13	5	212	72	28		44	26
上海市通信管理局工会	1	1	11	4	2	1	2	2
上海大盛资产有限公司工会	5	1	29	16	5	1	14	5
洋山保税港区工会	1		3		1		1	1
上海世博事物协调局工会	3	1			1		1	1
上海上实(集团)有限公司工会	10	2	169	80	20	1	30	30
上海临港产业区工会工作委员会	16	2	49	20	12	2	14	13
上海市公安局工会	1							

续表

所在行业	专职工会工作人员	专职工会工作人员年龄构成				专职工会工作人员文化程度构成				
		女性	35岁及以下	36－50岁	51岁及以上	研究生	大学本科	大专	高中(中专、中技)	初中及以下
	人	人	人	人	人	人	人	人	人	人
(13)科学研究、技术服务和地质勘查业	456	107	151	179	126	28	226	129	72	1
(14)水利、环境和公共设施管理业	428	94	140	170	118	7	212	132	67	10
(15)居民服务和其他服务业	1 937	784	314	990	633	25	386	761	688	77
(16)教育	696	361	212	328	156	42	400	214	33	7
(17)卫生、社会保障和社会福利业	491	218	85	215	191	8	172	191	109	11
(18)文化、体育和娱乐业	246	76	59	109	78	9	81	98	54	4
(19)公共管理和社会组织	1 180	412	154	551	475	29	459	489	189	14
按经济类型分组										
(110)国有企业	2 716	888	264	1 170	1 282	96	825	1 276	487	32
(120)集体企业	1 110	235	283	506	321	7	270	351	401	81
(130)股份合作企业	968	357	519	215	234	7	181	434	214	132
(140)联营企业	39	17	10	21	8		11	14	12	2
(151)国有独资公司	261	93	36	96	129	12	89	129	29	2
(159)其他有限责任公司	1 432	353	283	628	521	30	379	490	355	178
(161)股份有限公司中的国有控股公司	972	338	116	475	381	49	378	423	115	7
(169)其他股份有限公司	341	122	48	137	156	7	102	162	63	7
(170)私营企业	7 394	2 212	2 091	3 475	1 828	89	1 817	2 545	2 481	462
(190)其他内资企业	79	41	14	38	27	5	23	31	20	
(200)台港澳商投资企业	999	197	407	376	216	18	406	326	216	33
(300)外商投资企业	2 922	742	1 052	1 239	631	82	1 187	1 026	572	55
(401)财政拨款的事业单位	1 287	607	152	653	482	57	618	435	154	23
(402)其他事业单位	569	204	149	241	179	11	203	244	98	13
(500)机关	748	248	118	334	296	25	357	276	85	5
(600)个体经济组织	363	138	54	223	86	4	73	152	121	13

工会组织建设状况（三）

所在行业	兼职工会工作人员	女性	本级工会建立女职工委员会或设立女职工委员	本级工会女职工工作人员	
				专职	兼职
	人	人	个	人	人
总计	**167 632**	**72 962**	**48 798**	**2 691**	**64 090**
按国民经济行业分组					
(01)农、林、牧、渔业	2 017	824	612	19	804
(02)采矿业	390	101	46	19	123
(03)制造业	53 255	21 565	16 523	883	20 144
(04)电力、燃气及水的生产和供应业	1 720	666	403	49	706
(05)建筑业	6 436	2 088	1 667	96	2 102
(06)交通运输、仓储及邮政业	6 089	2 357	1 478	105	2 158
(07)信息传输、计算机服务和软件业	3 543	1 830	1 292	88	1 539
(08)批发和零售业	18 793	5 672	4 356	195	5 583
(09)住宿和餐饮业	7 011	3 257	2 875	132	3 405
(10)金融业	2 384	1 180	407	51	625
(11)房地产业	3 863	1 708	1 322	81	1 554
(12)租赁和商业服务业	9 646	4 859	3 026	172	3 758
(13)科学研究、技术服务和地质勘查业	2 602	1 156	826	57	1 092
(14)水利、环境和公共设施管理业	2 416	1 099	741	46	962
(15)居民服务和其他服务业	18 557	9 139	6 038	261	7 694
(16)教育	12 096	7 400	2 553	126	4 634
(17)卫生、社会保障和社会福利业	4 505	2 465	1 123	95	2 061
(18)文化、体育和娱乐业	2 675	1 222	844	37	1 096
(19)公共管理和社会组织	9 634	4 374	2 666	179	4 050
按经济类型分组					
(110)国有企业	13 652	5 357	2 686	385	4 761
(120)集体企业	8 333	2 891	2 280	121	3 235
(130)股份合作企业	3 393	1 453	1 356	46	1 526
(140)联营企业	369	154	115	4	140
(151)国有独资公司	1 258	494	163	27	336
(159)其他有限责任公司	7 508	3 113	2 228	165	2 874
(161)股份有限公司中的国有控股公司	4 504	1 890	554	151	1 352
(169)其他股份有限公司	2 295	967	662	84	802

续 表

所在行业	兼职工会工作人员	女性	本级工会建立女职工委员会或设立女职工委员	本级工会女职工工作人员	
				专职	兼职
	人	人	个	人	人
(170)私营企业	66 772	27 133	20 987	829	25 420
(190)其他内资企业	1 208	620	328	15	414
(200)台港澳商投资企业	7 534	3 408	2 530	63	2 974
(300)外商投资企业	20 517	9 581	7 139	298	8 389
(401)财政拨款的事业单位	18 674	10 328	4 203	275	7 238
(402)其他事业单位	4 100	1 901	1 056	90	1 499
(500)机关	5 441	2 403	1 338	94	1 885
(600)个体经济组织	2 074	1 269	1 173	44	1 245

工会保障工作(一)

所在行业	工会所在单位本年度经济性裁员		本单位困难职工人数	困难职工中被帮助的	本年度领导干部联系生活困难职工户活动		工会送温暖工程工作	
	裁员人数	得到经济性补偿			参加活动的领导干部	联系的困难职工家庭	建立了送温暖工程基(资)金	送温暖工程基(资)金结存额
	人	人	人	人	人	户	个	元
总计	**17 154**	**12 154**	**125 563**	**115 265**	**35 507**	**40 003**	**5 874**	**744 739 566**
按国民经济行业分组								
(01)农、林、牧、渔业	35	29	4 840	4 623	1 145	1 101	91	631 167
(02)采矿业			3 332	3 327	94	129	12	2 313 810
(03)制造业	12 267	8 713	49 791	46 422	10 404	11 038	1 394	168 175 565
(04)电力、燃气及水的生产和供应业			854	734	511	533	117	19 155 280
(05)建筑业	124	54	5 835	5 604	1 421	1 829	226	23 297 946
(06)交通运输、仓储及邮政业	759	711	12 162	11 731	2 199	2 601	346	82 137 267
(07)信息传输、计算机服务和软件业	1 506	1 494	1 005	947	331	376	92	51 172 859
(08)批发和零售业	401	241	9 183	8 927	1 679	2 195	303	14 320 535
(09)住宿和餐饮业	206	106	3 529	3 450	888	1 214	226	47 657 397
(10)金融业	14	14	1 555	1 536	538	719	30	6 523 090
(11)房地产业	161	42	2 089	2 000	925	1 215	200	15 620 612

续 表

所在行业	工会所在单位本年度经济性裁员		本单位困难职工人数	困难职工中被帮助的	本年度领导干部联系生活困难职工户活动		工会送温暖工程工作	
	裁员人数	得到经济性补偿			参加活动的领导干部	联系的困难职工家庭	建立了送温暖工程基(资)金	送温暖工程基(资)金结存额
	人	人	人	人	人	户	个	元
(12)租赁和商业服务业	295	149	6 421	4 312	1 354	1 459	248	12 210 083
(13)科学研究、技术服务和地质勘查业	63	56	1 383	1 199	426	507	116	11 403 710
(14)水利、环境和公共设施管理业	30	26	1 745	1 718	947	1 057	141	158 744 337
(15)居民服务和其他服务业	591	287	8 351	6 353	1 796	2 154	473	24 220 094
(16)教育	316	15	5 022	4 879	6 016	6 598	1 103	27 904 244
(17)卫生、社会保障和社会福利业	182	180	2 988	2 916	1 474	1 664	319	64 544 542
(18)文化、体育和娱乐业	35	35	1 134	1 084	636	696	92	4 166 560
(19)公共管理和社会组织	169	2	4 344	3 503	2 723	2 918	345	10 540 468
按经济类型分组								
(110)国有企业	1 598	1 479	60 640	55 787	7 458	9 575	932	180 110 762
(120)集体企业	339	301	7 695	6 682	2 557	2 729	293	5 176 363
(130)股份合作企业	423	395	1 775	1 566	893	914	93	7 210 134
(140)联营企业	13	13	271	256	52	49	8	228 221
(151)国有独资公司	234	234	3 095	3 086	400	559	73	16 490 084
(159)其他有限责任公司	622	215	8 115	7 879	2 058	2 349	340	77 707 208
(161)股份有限公司中的国有控股公司	1 557	1 502	10 768	10 724	1 927	2 483	226	107 110 784
(169)其他股份有限公司	30	29	1 879	1 626	448	523	218	3 031 957
(170)私营企业	4 145	1 400	11 594	9 319	5 037	5 187	1 094	12 992 635
(190)其他内资企业	130	45	241	205	74	72	30	282 781
(200)台港澳商投资企业	2 380	2 239	1 665	1 610	833	789	159	4 648 688
(300)外商投资企业	5 201	4 301	4 324	4 114	2 049	2 037	4 54	65 351 463
(401)财政拨款的事业单位	307	1	9 109	8 706	8 269	9 231	1 511	246 167 350
(402)其他事业单位	120		1 924	1 662	1 077	1 034	176	8 474 051
(500)机关	50		1 847	1 757	2 339	2 403	234	9 611 114
(600)个体经济组织	5		621	286	36	69	33	145 971

工会保障工作（二）

所在行业	工会所在单位参加社会保险的人数					
	养老保险	医疗保险		工伤保险	失业保险	生育保险
		在职	退休			
	人	人	人	人	人	人
总计	**4 349 893**	**4 392 217**	**1 819 101**	**4 000 797**	**3 798 511**	**3 008 987**
按国民经济行业分组						
(01)农、林、牧、渔业	53 376	52 772	37 881	44 414	39 594	26 403
(02)采矿业	29 869	29 150	11 646	28 892	28 763	21 135
(03)制造业	1 657 464	1 671 769	878 116	1 540 856	1 382 415	1 145 228
(04)电力、燃气及水的生产和供应业	70 035	70 543	23 976	68 702	67 984	60 996
(05)建筑业	172 146	186 554	52 723	182 050	127 560	99 611
(06)交通运输、仓储及邮政业	383 435	376 120	117 351	366 217	368 781	294 187
(07)信息传输、计算机服务和软件业	98 162	99 347	7 285	91 408	92 144	71 824
(08)批发和零售业	269 597	272 895	145 154	244 625	234 659	201 407
(09)住宿和餐饮业	148 878	148 550	29 139	136 246	122 628	105 303
(10)金融业	140 216	138 445	12 559	135 845	135 683	85 263
(11)房地产业	72 885	77 249	16 632	69 565	70 097	52 414
(12)租赁和商业服务业	200 900	203 873	91 548	151 262	163 056	111 273
(13)科学研究、技术服务和地质勘查业	72 064	72 721	30 312	64 261	66 561	55 509
(14)水利、环境和公共设施管理业	54 800	62 184	18 655	58 773	58 051	42 836
(15)居民服务和其他服务业	284 374	283 942	57 948	250 882	236 096	156 822
(16)教育	219 107	224 911	166 728	194 153	213 442	158 577
(17)卫生、社会保障和社会福利业	173 288	175 819	62 911	165 002	169 931	153 599
(18)文化、体育和娱乐业	47 077	48 359	17 178	43 187	43 359	33 560
(19)公共管理和社会组织	202 220	197 014	41 359	164 457	177 707	133 040
按经济类型分组						
(110)国有企业	750 436	746 167	947 981	732 115	743 911	639 775
(120)集体企业	159 702	161 716	122 843	119 977	117 811	84 699
(130)股份合作企业	80 636	75 124	19 545	65 562	54 991	42 043
(140)联营企业	10 106	10 615	220	9 970	8 116	6 094
(151)国有独资公司	48 606	47 888	25 335	47 294	46 594	45 193
(159)其他有限责任公司	247 992	247 638	114 191	237 080	206 913	177 651
(161)股份有限公司中的国有控股公司	333 563	341 242	140 082	343 254	341 594	262 760

续 表

所在行业	工会所在单位参加社会保险的人数					
	养老保险	医疗保险		工伤保险	失业保险	生育保险
		在职	退休			
	人	人	人	人	人	人
(169)其他股份有限公司	93 236	93 887	14 983	90 805	88 201	81 593
(170)私营企业	1 121 309	1 086 513	77 995	907 869	812 720	580 242
(190)其他内资企业	30 138	30 315	973	29 003	28 465	25 495
(200)台港澳商投资企业	194 579	203 362	11 016	187 865	154 422	131 815
(300)外商投资企业	615 905	641 412	32 928	594 175	551 745	445 570
(401)财政拨款的事业单位	428 321	467 503	247 835	424 012	431 562	336 393
(402)其他事业单位	77 719	79 914	31 922	70 081	71 185	57 147
(500)机关	109 502	112 354	30 936	94 732	100 505	83 182
(600)个体经济组织	48 143	46 567	316	47 003	39 776	9 335

工会保障工作(三)

所在行业	工会所在单位离退休人员	工会所在单位已参加住房公积金
	人	个
总计	**2 442 496**	**24 994**
按国民经济行业分组		
(01)农、林、牧、渔业	47 018	332
(02)采矿业	11 979	29
(03)制造业	1 229 814	5 182
(04)电力、燃气及水的生产和供应业	29 123	290
(05)建筑业	63 249	892
(06)交通运输、仓储及邮政业	158 806	1 091
(07)信息传输、计算机服务和软件业	10 070	849
(08)批发和零售业	185 075	2 220
(09)住宿和餐饮业	38 366	1 207
(10)金融业	18 655	216
(11)房地产业	21 935	1 046
(12)租赁和商业服务业	116 277	1 670
(13)科学研究、技术服务和地质勘查业	42 572	636
(14)水利、环境和公共设施管理业	28 143	559
(15)居民服务和其他服务业	93 089	2 561
(16)教育	191 544	2 400

续　表

所 在 行 业	工会所在单位离退休人员	工会所在单位已参加住房公积金
	人	个
(17)卫生、社会保障和社会福利业	75 646	943
(18)文化、体育和娱乐业	22 143	664
(19)公共管理和社会组织	58 992	2 207
按经济类型分组		
(110)国有企业	1 327 654	2 798
(120)集体企业	182 259	1 218
(130)股份合作企业	29 914	632
(140)联营企业	408	46
(151)国有独资公司	27 938	170
(159)其他有限责任公司	137 217	1 577
(161)股份有限公司中的国有控股公司	183 442	557
(169)其他股份有限公司	19 696	337
(170)私营企业	96 791	6 691
(190)其他内资企业	2 069	143
(200)台港澳商投资企业	12 879	1 019
(300)外商投资企业	41 471	3 081
(401)财政拨款的事业单位	298 541	4 090
(402)其他事业单位	37 382	994
(500)机关	44 449	1 353
(600)个体经济组织	386	288

工会劳动合同、集体合同工作

所 在 行 业	工会所在单位签订劳动合同			
	基层工会	涵盖单位	签订劳动合同的职工人数	签订劳动合同的农民工
	个	个	人	人
总计	**43 965**	**153 270**	**5 812 384**	**1 702 250**
按国民经济行业分组				
(01)农、林、牧、渔业	541	2 286	70 196	26 970
(02)采矿业	44	44	32 392	2 133
(03)制造业	14 766	45 635	2 371 801	900 727
(04)电力、燃气及水的生产和供应业	390	397	73 158	4 745

续 表

所在行业	工会所在单位签订劳动合同			
	基层工会	涵盖单位	签订劳动合同的职工人数	签订劳动合同的农民工
	个	个	人	人
(05)建筑业	1 528	2 278	335 085	182 715
(06)交通运输、仓储及邮政业	1 492	1 832	403 824	41 371
(07)信息传输、计算机服务和软件业	1 297	1 944	119 060	19 352
(08)批发和零售业	4 342	14 679	364 210	61 223
(09)住宿和餐饮业	2 835	4 127	219 469	77 844
(10)金融业	371	466	150 004	4 300
(11)房地产业	1 307	1 730	89 723	13 164
(12)租赁和商业服务业	2 994	20 016	284 929	89 357
(13)科学研究、技术服务和地质勘查业	738	1 103	76 012	7 160
(14)水利、环境和公共设施管理业	628	964	66 633	14 991
(15)居民服务和其他服务业	5 421	35 655	511 473	186 229
(16)教育	2 305	2 401	198 059	3 258
(17)卫生、社会保障和社会福利业	900	2 263	164 170	12 824
(18)文化、体育和娱乐业	736	1 087	46 476	7 569
(19)公共管理和社会组织	1 330	14 363	235 710	46 318
按经济类型分组				
(110)国有企业	2 754	3 000	849 779	81 125
(120)集体企业	2 050	8 196	231 930	74 587
(130)股份合作企业	1 271	1 505	124 085	45 735
(140)联营企业	109	473	19 610	10 065
(151)国有独资公司	169	189	62 409	3 217
(159)其他有限责任公司	2 276	3 029	324 899	89 282
(161)股份有限公司中的国有控股公司	560	595	345 535	15 277
(169)其他股份有限公司	661	838	109 434	22 555
(170)私营企业	19 413	110 623	1 858 232	800 761
(190)其他内资企业	336	1 113	52 570	10 635
(200)台港澳商投资企业	2 136	2 791	319 521	162 339
(300)外商投资企业	6 606	10 303	929 068	287 055
(401)财政拨款的事业单位	3 447	4 022	384 111	27 642
(402)其他事业单位	895	1 470	115 363	46 571
(500)机关	141	141	12 110	46
(600)个体经济组织	1 141	4 982	73 728	25 358

工会签订集体合同情况(一)

类型	签订集体合同总数			单独企业合同			区域性集体合同			行业性集体合同		
	合同	覆盖企业	覆盖职工	合同	覆盖企业	覆盖职工	合同	覆盖企业	覆盖职工	合同	覆盖企业	覆盖职工
	份	个	人	份	个	人	份	个	人	份	个	人
总计(0)	**21 456**	**77 094**	**3 764 155**	**18 021**	**18 021**	**2 157 879**	**3 171**	**53 903**	**1 151 842**	**264**	**5 170**	**454 434**
国有企业及国有独资公司(1)		2 852	939 639		1 798	679 622		304	12 474		750	247 543
集体企业(2)		3 021	236 963		1 997	175 181		1 005	59 590		19	2 192
私营企业(3)		63 738	1 637 974		10 642	654 818		49 202	909 223		3 894	73 933
港澳台、外商投资企业(4)		4 979	630 195		2 331	463 303		2 513	121 676		135	45 216
其他(5)		2 504	319 384		1 253	184 955		879	48 879		372	85 550

工会签订集体合同情况(二)

类型	工资专项集体合同总数			单独企业工资合同			区域性工资合同			行业性工资合同		
	合同	覆盖企业	覆盖职工	合同	覆盖企业	覆盖职工	合同	覆盖企业	覆盖职工	合同	覆盖企业	覆盖职工
	份	个	人	份	个	人	份	个	人	份	个	人
总计(0)	**10 821**	**34 324**	**1 875 928**	**9 266**	**9 266**	**1 315 389**	**1 507**	**23 302**	**378 021**	**48**	**1 756**	**182 518**
国有企业及国有独资公司(1)		1 718	412 358		1 412	328 736		89	7 366		217	76 256
集体企业(2)		1 176	96 229		816	84 183		343	10 315		17	1 731
私营企业(3)		26 718	869 154		5 014	532 376		20 547	296 006		1 157	40 772
港澳台、外商投资企业(4)		2 602	318 229		930	234 867		1 568	42 212		104	41 150
其他(5)		2 110	179 958		1 094	135 227		755	22 122		261	22 609

工会签订集体合同情况(三)

类型	建立集体协商指导员队伍情况											
	集体协商指导员人数	区县局(产业)		街道、乡镇、经济开发区		指导参与签订集体合同	劳动安全专项集体合同			其他专项集体合同		
		指导员队伍个数	集体协商指导员人数	指导员队伍个数	集体协商指导员人数		合同	覆盖企业	覆盖职工	合同	覆盖企业	覆盖职工
	人	个	人	个	人	次数	份	个	人	份	个	人
总计(0)	**855**	**40**	**270**	**154**	**585**	**4 867**	**3 364**	**4 865**	**328 997**	**3 227**	**7 511**	**172 189**
国有企业及国有独资公司(1)								463	131 514		607	61 658
集体企业(2)								268	16 265		360	228 99
私营企业(3)								2 499	80 981		4 872	48 143
港澳台、外商投资企业(4)								1 118	57 480		1 281	32 412
其他(5)								517	41 757		391	7 077

女职工权益保护专项集体合同(一)

类型	女职工权益保护专项集体合同总数			单独企业签订合同				区域性合同				行业性合同			
	合同总数	覆盖企业	覆盖女职工	专项合同	集体合同附件	覆盖企业	覆盖女职工	专项合同	集体合同附件	覆盖企业数	覆盖女职工	专项合同	集体合同附件	覆盖企业数	覆盖女职工
	份	个	人	份	份	个	人	份	份	个	人	份	份	个	人
总计(0)	**16 562**	**61 380**	**1 362 341**	**11 176**	**2 399**	**13 592**	**860 561**	**1 240**	**1 686**	**45 661**	**404 810**	**42**	**19**	**2 127**	**96 970**
国有企业及国有独资公司(1)		1 756	241 741			1 317	202 096			24	1 928			415	37 717
集体企业(2)		2 520	93 992			1 470	73 039			1 037	19 485			13	1 468
私营企业(3)		50 105	724 051			7 135	389 988			41 628	313 630			1 342	20 433
港澳台、外商投资企业(4)		4 298	216 853			1 906	140 045			2 345	60 063			47	16 745
其他(5)		2 701	85 704			1 764	55 393			627	9 704			310	20 607

女职工权益保护专项集体合同(二)

类型	集体合同中有女职工权益保护专门章节总数			单独企业签订合同			区域性合同			行业性合同		
	专章总数	覆盖企业	覆盖女职工	专章数	覆盖企业	覆盖女职工	专章数	覆盖企业数	覆盖女职工	专章数	覆盖企业数	覆盖女职工
	份	个	人	份	个	人	份	个	人	份	个	人
总计(0)	**2 432**	**8 720**	**196 314**	**1 795**	**1 820**	**114 710**	**585**	**6 632**	**46 894**	**52**	**268**	**34 710**
国有企业及国有独资公司(1)		546	50 505		366	28 983					180	21 522
集体企业(2)		403	22 055		396	21 521		7	534			
私营企业(3)		7 389	87 592		781	36 236		6 553	43 881		55	7 475
港澳台、外商投资企业(4)		287	30 344		222	26 111		56	1 101		9	3 132
其他(5)		95	5 818		55	1 859		16	1 378		24	2 581

工会民主管理工作(一)

所在行业	建立职代会制度情况		本年度召开过职代会(包括职工大会)	职代会职工代表(建立职工大会制单位不填)	女职工代表	工会所在单位实行厂务公开
	建立了职代会制度	建立了职工大会制度				
	个	个	个	人	人	个
总计	**15 703**	**19 962**	**30 896**	**465 584**	**167 889**	**30 755**
按国民经济行业分组						
(01)农、林、牧、渔业	266	253	451	6 423	2 102	494
(02)采矿业	31	9	35	1 724	307	36
(03)制造业	5 755	6 179	10 199	170 789	59 685	10 309

续 表

所在行业	建立职代会制度情况		本年度召开过职代会(包括职工大会)	职代会职工代表(建立职工大会制单位不填)	女职工代表	工会所在单位实行厂务公开
	建立了职代会制度	建立了职工大会制度				
	个	个	个	人	人	个
(04)电力、燃气及水的生产和供应业	195	172	318	8 503	2 103	324
(05)建筑业	594	965	1 358	17 789	3 226	1 352
(06)交通运输、仓储及邮政业	709	577	1 116	24 982	5 614	1 149
(07)信息传输、计算机服务和软件业	264	687	814	8 950	3 489	794
(08)批发和零售业	1 073	2 022	2 592	29 563	10 556	2 410
(09)住宿和餐饮业	681	1 200	1 599	16 512	6 410	1 804
(10)金融业	119	170	220	3 760	1 413	240
(11)房地产业	397	745	1 014	9 633	2 641	979
(12)租赁和商业服务业	718	1 566	1 893	18 459	6 726	1 918
(13)科学研究、技术服务和地质勘查业	228	440	590	8 173	2 469	508
(14)水利、环境和公共设施管理业	239	393	560	7 341	2 230	588
(15)居民服务和其他服务业	1 786	1 984	3 211	47 707	16 518	3 101
(16)教育	1 265	1 207	2 425	42 289	23 358	2 377
(17)卫生、社会保障和社会福利业	493	429	856	19 915	11 072	847
(18)文化、体育和娱乐业	239	423	567	5 361	1 737	523
(19)公共管理和社会组织	651	541	1 078	17 711	6 233	1 002
按经济类型分组						
(110)国有企业	1 644	1 011	2 436	65 892	16 374	2 445
(120)集体企业	967	1 047	1 681	22 660	6 926	1 881
(130)股份合作企业	453	525	808	10 436	36 82	10 96
(140)联营企业	58	46	83	11 95	456	84
(151)国有独资公司	82	80	152	4 177	1 050	147
(159)其他有限责任公司	946	1 126	1 708	24 696	7 478	1 720
(161)股份有限公司中的国有控股公司	370	156	476	19 892	5 469	476
(169)其他股份有限公司	375	215	519	6 730	2 194	483
(170)私营企业	5 699	9 416	12 942	139 784	48 999	12 035
(190)其他内资企业	142	120	240	6 300	2 625	222
(200)台港澳商投资企业	740	856	1 395	24 716	10 391	1 383
(300)外商投资企业	1 919	2 590	3 770	62 829	24 110	4 023
(401)财政拨款的事业单位	1 694	2 072	3 591	61 780	32 160	3 616
(402)其他事业单位	392	524	805	10 188	4 100	726
(500)机关	47	6	49	1 577	991	54
(600)个体经济组织	175	172	241	2 732	884	364

工会民主管理工作（二）

所在行业	工会所在单位建立董事会	董事	职工董事	女性	工会主席进入董事会	工会所在单位建立监事会	监事	职工监事	女性	工会主席进入监事会	女职工委员会主任进入监事会
	个	人	人	人	人	个	人	人	人	个	个
总计	**6 375**	**27 875**	**3 243**	**1 293**	**2 178**	**3 840**	**8 983**	**2 522**	**1 117**	**1 555**	**888**
按国民经济行业分组											
(01)农、林、牧、渔业	73	290	31	17	22	39	89	20	11	17	17
(02)采矿业	2	4	3	1	1	1	1	1		1	1
(03)制造业	2 718	11 544	1 099	469	779	1 313	3 171	843	407	596	358
(04)电力、燃气及水的生产和供应业	87	441	62	19	37	70	190	59	23	34	8
(05)建筑业	394	1 810	303	71	192	297	724	234	67	126	41
(06)交通运输、仓储及邮政业	334	1 550	151	51	130	236	561	138	45	88	38
(07)信息传输、计算机服务和软件业	195	881	68	27	43	108	229	53	30	36	11
(08)批发和零售业	575	2 447	290	100	194	426	882	242	104	166	69
(09)住宿和餐饮业	234	1 049	87	35	71	138	319	83	42	52	40
(10)金融业	60	436	20	5	15	49	174	48	17	13	7
(11)房地产业	437	1 990	239	66	148	327	772	204	65	95	36
(12)租赁和商业服务业	444	1 743	260	102	190	305	642	180	86	95	54
(13)科学研究、技术服务和地质勘查业	73	309	46	18	25	58	123	42	12	23	5
(14)水利、环境和公共设施管理业	97	404	55	18	39	64	164	50	19	20	14
(15)居民服务和其他服务业	342	1 607	273	122	180	236	483	164	77	112	67
(16)教育	130	705	173	128	56	56	142	54	47	21	51
(17)卫生、社会保障和社会福利业	33	136	17	9	13	27	81	44	29	11	31
(18)文化、体育和娱乐业	72	320	25	5	13	48	116	24	10	17	8
(19)公共管理和社会组织	75	209	41	30	30	42	120	39	26	32	32
按经济类型分组											
(110)国有企业	645	2 898	265	64	202	523	1 183	279	91	143	78

续　表

所在行业	工会所在单位建立董事会	董事	职工董事	女性	工会主席进入董事会	工会所在单位建立监事会	监事	职工监事	女性	工会主席进入监事会	女职工委员会主任进入监事会
	个	人	人	人	人	个	人	人	人	个	个
(120)集体企业	290	1 106	182	64	135	203	501	142	62	78	49
(130)股份合作企业	369	1 598	297	104	185	244	532	187	59	100	33
(140)联营企业	19	109	10	3	4	10	25	3		1	1
(151)国有独资公司	95	442	47	11	35	80	206	49	14	27	6
(159)其他有限责任公司	1 008	4 512	547	133	336	802	1 680	476	134	246	73
(161)股份有限公司中的国有控股公司	278	1 697	105	25	59	239	726	184	61	118	29
(169)其他股份有限公司	322	1 330	251	184	216	288	796	269	198	210	157
(170)私营企业	1 528	5 817	1 040	456	651	847	1 792	599	281	387	225
(190)其他内资企业	51	325	52	23	19	18	36	15	10	9	2
(200)台港澳商投资企业	460	2 088	112	49	90	170	440	68	36	46	32
(300)外商投资企业	1 225	5 583	272	132	207	354	878	172	121	146	90
(401)财政拨款的事业单位	21	72	13	9	10	24	98	48	26	19	71
(402)其他事业单位	32	195	19	13	10	13	30	10	7	5	13
(500)机关											13
(600)个体经济组织	32	103	31	23	19	25	60	21	17	20	16

工会劳动保护工作（一）

所在行业	工会建立劳动保护监督检查委员会	工会建立分公司、分厂、车间一级工会劳动保护监督检查委员会	工会小组劳动保护检查员	本年度本级工会劳动保护监督组织受理举报案件	提请劳动安全卫生监督部门处理案件
	个	个	人	件	件
总计	**17 731**	**22 631**	**83 820**	**451**	**111**
按国民经济行业分组					
(01)农、林、牧、渔业	275	534	932	16	13
(02)采矿业	31	294	791	5	
(03)制造业	7 279	9 803	39 048	252	48
(04)电力、燃气及水的生产和供应业	229	486	3 781	1	1
(05)建筑业	926	1 458	5 383	12	4

续 表

所在行业	工会建立劳动保护监督检查委员会	工会建立分公司、分厂、车间一级工会劳动保护监督检查委员会	工会小组劳动保护检查员	本年度本级工会劳动保护监督组织受理举报案件	提请劳动安全卫生监督部门处理案件
	个	个	人	件	件
(06)交通运输、仓储及邮政业	687	1 634	8 352	21	1
(07)信息传输、计算机服务和软件业	301	237	1 440	12	1
(08)批发和零售业	1 164	3 785	5 302	23	5
(09)住宿和餐饮业	919	220	2 431	7	
(10)金融业	101	57	146		
(11)房地产业	489	213	956		
(12)租赁和商业服务业	938	771	2 426	7	1
(13)科学研究、技术服务和地质勘查业	207	196	791	6	
(14)水利、环境和公共设施管理业	300	246	1 074	17	2
(15)居民服务和其他服务业	1 749	1 489	4 402	18	8
(16)教育	962	284	2 078	13	2
(17)卫生、社会保障和社会福利业	533	579	3 003	11	1
(18)文化、体育和娱乐业	227	102	395	4	1
(19)公共管理和社会组织	414	243	1 089	26	23
按经济类型分组					
(110)国有企业	1 550	4 415	25 149	94	3
(120)集体企业	1 113	1 743	3 751	22	9
(130)股份合作企业	440	355	1 315	17	6
(140)联营企业	65	40	206	5	2
(151)国有独资公司	102	400	2 105		
(159)其他有限责任公司	1 006	4 509	7 926	31	10
(161)股份有限公司中的国有控股公司	288	1 229	8 097	5	1
(169)其他股份有限公司	353	275	658	7	5
(170)私营企业	7 186	5 708	15 139	95	20
(190)其他内资企业	68	57	198		
(200)台港澳商投资企业	1 068	834	3 250	54	13
(300)外商投资企业	2 394	2 014	8 831	58	8
(401)财政拨款的事业单位	1 504	841	5 513	17	2
(402)其他事业单位	382	206	1 203	46	32
(500)机关	97		319		
(600)个体经济组织	115	5	160		

工会劳动保护工作(二)

所在行业	本年度工会参加安全生产检查	本年度工会参加处理工伤事故	本年度工会参加"三同时"审查验收项目	女职工劳动保护		
				执行禁止安排女职工从事矿山井下及第四级体力劳动强度等有关规定	执行女职工在孕期、产期、哺乳期享有特殊待遇的有关规定	实行至少二年一次的女职工妇科体检制度
	次	件	项	个	个	个
总计	**145 146**	**3 442**	**3 712**	**39 457**	**40 033**	**29 311**
按国民经济行业分组						
(01)农、林、牧、渔业	2 184	81	58	538	542	509
(02)采矿业	402	20	19	42	42	35
(03)制造业	63 096	2 039	1 151	13 551	13 614	10 477
(04)电力、燃气及水的生产和供应业	2 362	22	73	350	354	306
(05)建筑业	9 349	150	509	1 367	1 382	1 011
(06)交通运输、仓储及邮政业	8 138	344	277	1 352	1 372	990
(07)信息传输、计算机服务和软件业	2 348	42	37	1 066	1 076	684
(08)批发和零售业	8 908	80	104	3 857	3 898	2 496
(09)住宿和餐饮业	5 839	126	146	2 525	2 534	1 557
(10)金融业	496	3	4	305	308	180
(11)房地产业	3 505	60	55	1 187	1 202	900
(12)租赁和商业服务业	6 658	64	85	2 291	2 318	1 431
(13)科学研究、技术服务和地质勘查业	1 454	18	50	673	684	508
(14)水利、环境和公共设施管理业	3 150	62	79	600	613	569
(15)居民服务和其他服务业	10 181	97	911	4 698	4 713	2 446
(16)教育	5 897	82	30	1 964	2 168	2 132
(17)卫生、社会保障和社会福利业	4 655	81	49	898	963	859
(18)文化、体育和娱乐业	1 683	16	39	733	765	608
(19)公共管理和社会组织	4 841	55	36	1 460	1 485	1 613
按经济类型分组						
(110)国有企业	19 533	517	538	2 651	2 690	2 466
(120)集体企业	9 944	155	118	1 932	1 943	1 604
(130)股份合作企业	4 747	167	146	1 232	1 254	903
(140)联营企业	467	25	6	96	94	78

续 表

所在行业	本年度工会参加安全生产检查	本年度工会参加处理工伤事故	本年度工会参加"三同时"审查验收项目	女职工劳动保护		
				执行禁止安排女职工从事矿山井下及第四级体力劳动强度等有关规定	执行女职工在孕期、产期、哺乳期享有特殊待遇的有关规定	实行至少二年一次的女职工妇科体检制度
	次	件	项	个	个	个
(151)国有独资公司	938	38	16	163	165	152
(159)其他有限责任公司	10 850	309	201	2 007	2 040	1 527
(161)股份有限公司中的国有控股公司	5 131	201	123	545	551	506
(169)其他股份有限公司	1 511	100	41	598	604	468
(170)私营企业	49 075	790	1 834	17 229	17 301	10 698
(190)其他内资企业	586	16	6	310	313	225
(200)台港澳商投资企业	7 885	238	138	2 177	2 187	1 723
(300)外商投资企业	17 739	613	377	5 459	5 486	3 478
(401)财政拨款的事业单位	12 956	188	121	3 213	3 497	3 423
(402)其他事业单位	2 775	77	47	833	882	835
(500)机关	85	4		396	399	939
(600)个体经济组织	924	4		616	627	286

工会法律工作(一)

所在行业	建立工会劳动法律监督组织	工会劳动法律监督员	本年度工会劳动法律监督组织受理违法、违规案件	本组织自行处理的案件	工会所在单位建立了劳动争议调解委员会	劳动争议调解委员会委员	劳动争议调解委员会中工会成员(职工代表)
	个	人	件	件	个	人	人
总计	**7 072**	**15 082**	**485**	**353**	**10 745**	**40 225**	**20 885**
按国民经济行业分组							
(01)农、林、牧、渔业	175	355	14	12	192	662	319
(02)采矿业	19	199	1	1	19	121	68
(03)制造业	3 179	6 715	198	120	4 521	15 682	7 801
(04)电力、燃气及水的生产和供应业	77	269	2	2	143	776	475
(05)建筑业	305	934	10	3	423	1 750	940
(06)交通运输、仓储及邮政业	347	1 171	16	13	461	2 162	1 240
(07)信息传输、计算机服务和软件业	75	209	3	3	136	542	298

续表

所在行业	建立工会劳动法律监督组织	工会劳动法律监督员	本年度工会劳动法律监督组织受理违法、违规案件	本组织自行处理的案件	工会所在单位建立了劳动争议调解委员会	劳动争议调解委员会委员	劳动争议调解委员会中工会成员（职工代表）
	个	人	件	件	个	人	人
（08）批发和零售业	350	552	15	8	564	1 970	1 052
（09）住宿和餐饮业	234	358	6	1	324	1 122	606
（10）金融业	37	218			44	283	152
（11）房地产业	240	393	7	4	314	1 061	583
（12）租赁和商业服务业	312	520	20	19	442	1 533	747
（13）科学研究、技术服务和地质勘查业	64	164	1	1	129	586	342
（14）水利、环境和公共设施管理业	116	225	5	2	167	634	365
（15）居民服务和其他服务业	534	952	126	122	738	2 434	1 212
（16）教育	486	758	3	1	1 339	5 596	2 889
（17）卫生、社会保障和社会福利业	242	575	5	2	419	2 041	1 162
（18）文化、体育和娱乐业	96	178	11	5	176	625	335
（19）公共管理和社会组织	184	337	42	34	194	645	299
按经济类型分组							
（110）国有企业	799	2 746	12	7	1 247	6 095	3 576
（120）集体企业	525	1 001	34	22	664	2 163	987
（130）股份合作企业	184	363	15	8	256	842	412
（140）联营企业	34	84	3	3	36	126	69
（151）国有独资公司	53	334	6	1	85	507	264
（159）其他有限责任公司	485	950	118	102	684	2 519	1 332
（161）股份有限公司中的国有控股公司	165	878	6	4	261	1 455	864
（169）其他股份有限公司	238	304	3	3	127	472	253
（170）私营企业	2 172	4 052	84	57	3 474	10 787	5 332
（190）其他内资企业	27	58			55	201	108
（200）台港澳商投资企业	409	690	56	33	554	1 892	909
（300）外商投资企业	946	1 672	66	47	1 196	4 232	2 020
（401）财政拨款的事业单位	801	1 462	5	2	1 721	7 351	4 005
（402）其他事业单位	172	348	57	45	332	1 410	660
（500）机关	14	35			16	67	36
（600）个体经济组织	48	105	20	19	37	106	58

工会法律工作(二)

所在行业	本年度劳动争议调解委员会受理劳动争议	受理的劳动争议案件按引发原因分类									本年度劳动争议调解委员会调解成功劳动争议
		变更、解除、终止、续订劳动合同	除名、辞退职工与职工自动离职、辞职	劳动报酬	保险福利	工作时间和休息休假	劳动安全卫生	职业培训	未成年工和女职工特殊保护	其他原因	
	件	件	件	件	件	件	件	件	件	件	件
总计	**7 030**	**4 003**	**1 603**	**358**	**461**	**94**	**56**	**148**		**307**	**1 053**
按国民经济行业分组											
(01)农、林、牧、渔业	79	42	14	8	3	3	5			4	28
(02)采矿业	5			1	1	1				2	5
(03)制造业	3 216	1 910	858	163	46	49	30	29		131	522
(04)电力、燃气及水的生产和供应业	50	4	3					42		1	
(05)建筑业	450	194	125	22	12	6	9	46		36	41
(06)交通运输、仓储及邮政业	221	116	66	12	2	5	1	7		12	31
(07)信息传输、计算机服务和软件业	12	2	7	2						1	5
(08)批发和零售业	83	45	15	2	10	5				6	34
(09)住宿和餐饮业	139	87	37	6	5			2		2	27
(10)金融业	3			2						1	3
(11)房地产业	36	13	6	5	5	4				3	2
(12)租赁和商业服务业	249	45	3	5	187	1		3		5	28
(13)科学研究、技术服务和地质勘查业	30	11	10	7			1			1	8
(14)水利、环境和公共设施管理业	86	74	6	3	1	1				1	4
(15)居民服务和其他服务业	1 128	690	95	80	176	16	5	14		52	186
(16)教育	81	27	4	4				1		45	44
(17)卫生、社会保障和社会福利业	1 076	708	338	17	8	3	1	1			16
(18)文化、体育和娱乐业	28	9	4	9	1			2		3	23
(19)公共管理和社会组织	58	26	12	10	4		4	1		1	46
按经济类型分组											
(110)国有企业	324	46	41	25	152	8	6	16		30	111
(120)集体企业	211	124	14	17	3	6	2	11		34	54
(130)股份合作企业	227	125	14	17	60	1	3	5		2	27

续　表

所在行业	本年度劳动争议调解委员会受理劳动争议	受理的劳动争议案件按引发原因分类									本年度劳动争议调解委员会调解成功劳动争议
		变更、解除、终止、续订劳动合同	除名、辞退职工与职工自动离职、辞职	劳动报酬	保险福利	工作时间和休息休假	劳动安全卫生	职业培训	未成年工和女职工特殊保护	其他原因	
	件	件	件	件	件	件	件	件	件	件	件
(140)联营企业	3	2		1							3
(151)国有独资公司	84	34	38	6	1			2		3	16
(159)其他有限责任公司	1 693	1 268	225	62	55	12	1	1		69	177
(161)股份有限公司中的国有控股公司	318	161	76	25	9	11	2	1		33	40
(169)其他股份有限公司	60	36	9	6	1	1	1	5		1	24
(170)私营企业	1 552	641	452	94	151	26	28	102		58	270
(190)其他内资企业	5	1	3							1	1
(200)台港澳商投资企业	735	465	229	15	8	7	3	1		7	124
(300)外商投资企业	1 433	890	446	42	11	15	8	1		20	76
(401)财政拨款的事业单位	283	178	46	8	1	3	1	2		44	60
(402)其他事业单位	84	32	10	29	9		1			3	53
(500)机关	1							1			
(600)个体经济组织	17			11		4				2	17

工会经济技术工作(一)

所在行业	开展劳动竞赛的基层工会	劳动竞赛项数	本年度参加劳动竞赛职工	本年度参加劳动竞赛的女职工	工会所在单位的班组数	开展劳动竞赛的班组
	个	项	人次	人次	个	个
总计	**11 758**	**29 262**	**1 973 442**	**895 518**	**157 383**	**99 946**
按国民经济行业分组						
(01)农、林、牧、渔业	180	277	17 195	4 146	1 735	685
(02)采矿业	27	222	19 938	2 583	2 206	1 173
(03)制造业	5 164	6 840	600 014	185 190	57 213	33 215
(04)电力、燃气及水的生产和供应业	219	1 590	67 123	12 093	4 650	3 887
(05)建筑业	466	19 20	115 636	10 326	6 041	3 971
(06)交通运输、仓储及邮政业	570	2 031	417 935	73 755	16 726	13 738

续 表

所在行业	开展劳动竞赛的基层工会	劳动竞赛项数	本年度参加劳动竞赛职工	本年度参加劳动竞赛的女职工	工会所在单位的班组数	开展劳动竞赛的班组
	个	项	人次	人次	个	个
(07)信息传输、计算机服务和软件业	124	1 146	63 623	21 145	2 878	2 357
(08)批发和零售业	616	1 278	133 808	82 172	12 345	8 354
(09)住宿和餐饮业	570	3 440	79 973	28 021	9 895	7 819
(10)金融业	40	856	85 034	34 907	1 867	1 720
(11)房地产业	346	525	20 349	4 697	3 001	1 557
(12)租赁和商业服务业	347	444	37 972	19 428	2 896	1 217
(13)科学研究、技术服务和地质勘查业	110	337	14 477	3 473	3 224	1 817
(14)水利、环境和公共设施管理业	264	499	43 248	15 948	2 390	1 795
(15)居民服务和其他服务业	624	501	34 903	8 172	7 213	2 073
(16)教育	1 130	5 065	87 747	66 357	10 356	6 840
(17)卫生、社会保障和社会福利业	539	1 543	102 201	312 163	8 046	5 110
(18)文化、体育和娱乐业	164	237	9 573	2 534	1 936	986
(19)公共管理和社会组织	258	511	22 693	8 408	2 765	1 632
按经济类型分组						
(110)国有企业	1 610	7 763	679 429	170 035	47 186	34 423
(120)集体企业	559	641	32 800	12 888	3 188	1 376
(130)股份合作企业	332	3 139	21 251	15 284	6 882	5 778
(140)联营企业	39	61	5 571	1 289	294	177
(151)国有独资公司	92	396	57 127	9 033	2 826	2 230
(159)其他有限责任公司	857	2 311	132 364	42 247	12 693	9 063
(161)股份有限公司中的国有控股公司	336	3 066	323 496	82 547	17 754	13 589
(169)其他股份有限公司	143	246	51 659	10 783	2 330	1 870
(170)私营企业	3 006	2 152	141 532	44 128	17 798	6 011
(190)其他内资企业	36	63	4 647	2 042	424	173
(200)台港澳商投资企业	851	391	63 041	22 417	4 101	2 178
(300)外商投资企业	1 699	1 596	218 258	91 170	16 727	7 245
(401)财政拨款的事业单位	1 769	6 403	198 789	364 541	20 126	13 023
(402)其他事业单位	270	657	40 592	19 130	3 448	1 854
(500)机关	147	370	2 428	7 908	1 560	946
(600)个体经济组织	12	7	458	76	46	10

工会经济技术工作(二)

所在行业	本年度职工提出合理化建议	本年度已实施合理化建议	本年度技术革新项目	本年度职工发明创造项目	本年度荣获国家专利项目	本年度推广先进操作法项目	建有职工技协组织	技协会员
	件	件	项	项	项	项	个	人
总计	**798 826**	**536 736**	**27 199**	**3 417**	**4 235**	**1 631**	**877**	**67 507**
按国民经济行业分组								
(01)农、林、牧、渔业	1 250	384	51	9		16	10	485
(02)采矿业	15 659	2 384	405	16	23	53	4	2 332
(03)制造业	700 771	515 924	25 114	2 332	2 486	1 052	199	15 765
(04)电力、燃气及水的生产和供应业	7 359	1 461	175	52	81	79	64	8 743
(05)建筑业	4 529	1 916	462	172	160	183	80	4 426
(06)交通运输、仓储及邮政业	18 840	3 605	342	25	15	31	87	9 148
(07)信息传输、计算机服务和软件业	6 305	519	64	66	59	30	17	2 913
(08)批发和零售业	8 557	1 515	19	7	3	5	22	378
(09)住宿和餐饮业	6 554	2 270	20	4		7	5	100
(10)金融业	3 457	160	170	49	5		5	597
(11)房地产业	3 102	747	32	18		8	94	3 585
(12)租赁和商业服务业	3 107	499	15	15	2	12	17	620
(13)科学研究、技术服务和地质勘查业	1 435	409	75	177	383	12	37	5 597
(14)水利、环境和公共设施管理业	1 659	420	18	4	4	17	111	6 006
(15)居民服务和其他服务业	5 286	2 144	48	6	14	42	32	965
(16)教育	7 059	1 031	10	331	944	17	13	483
(17)卫生、社会保障和社会福利业	2 398	831	155	115	40	58	49	4 060
(18)文化、体育和娱乐业	656	216	4	4	2	3	12	760
(19)公共管理和社会组织	843	301	20	15	14	6	19	544
按经济类型分组								
(110)国有企业	177 942	78 544	2 162	891	1 080	594	295	30 736
(120)集体企业	2 291	998	120	49	50	35	22	523
(130)股份合作企业	1 916	680	95	26	20	45	15	362
(140)联营企业	584	420	13	4	2	5	1	1
(151)国有独资公司	3 427	366	77	10	42	13	30	2 667
(159)其他有限责任公司	14 354	4 824	358	102	391	88	61	3 414
(161)股份有限公司中的国有控股公司	126 224	79 317	1 797	533	522	245	82	10 785
(169)其他股份有限公司	1 608	385	249	51	44	28	7	216

续 表

所在行业	本年度职工提出合理化建议	本年度已实施合理化建议	本年度技术革新项目	本年度职工发明创造项目	本年度荣获国家专利项目	本年度推广先进操作法项目	建有职工技协组织	技协会员
	件	件	项	项	项	项	个	人
(170)私营企业	8 917	3 341	20 618	277	286	208	79	1 415
(190)其他内资企业	351	67	8	7	24	2		
(200)台港澳商投资企业	9 474	5 095	218	57	63	32	18	755
(300)外商投资企业	438 129	359 944	1 147	890	499	228	35	2 453
(401)财政拨款的事业单位	11 109	2 323	314	490	1 096	97	184	11 984
(402)其他事业单位	1 784	199	19	22	108	7	46	2 123
(500)机关	395	203	4	8	8	4	2	73
(600)个体经济组织	321	30						

职工文化体育工作

所在行业	工会直属文化宫、俱乐部	工会直属图书馆（藏书1万册以上）	工会直属体育场、体育馆
	个	个	个
总计	**435**	**163**	**131**
按国民经济行业分组			
(01)农、林、牧、渔业	10	1	5
(02)采矿业	4	2	1
(03)制造业	129	43	44
(04)电力、燃气及水的生产和供应业	10	17	4
(05)建筑业	13	3	7
(06)交通运输、仓储及邮政业	16	13	8
(07)信息传输、计算机服务和软件业	20	4	2
(08)批发和零售业	12	2	2
(09)住宿和餐饮业	22	3	4
(10)金融业	5	4	2
(11)房地产业	6	1	2
(12)租赁和商业服务业	9	1	3
(13)科学研究、技术服务和地质勘查业	19	4	1
(14)水利、环境和公共设施管理业	4	3	3
(15)居民服务和其他服务业	36	6	3
(16)教育	56	21	14

续 表

所在行业	工会直属文化宫、俱乐部	工会直属图书馆（藏书1万册以上）	工会直属体育场、体育馆
	个	个	个
(17)卫生、社会保障和社会福利业	15	5	2
(18)文化、体育和娱乐业	25	9	15
(19)公共管理和社会组织	24	21	9
按经济类型分组			
(110)国有企业	80	46	23
(120)集体企业	10	5	2
(130)股份合作企业	15	1	1
(140)联营企业		1	1
(151)国有独资公司	1	3	
(159)其他有限责任公司	20	7	12
(161)股份有限公司中的国有控股公司	31	11	13
(169)其他股份有限公司	4		2
(170)私营企业	56	11	19
(190)其他内资企业	4	2	2
(200)台港澳商投资企业	8	6	3
(300)外商投资企业	63	11	11
(401)财政拨款的事业单位	78	31	17
(402)其他事业单位	21	12	17
(500)机关	43	16	8
(600)个体经济组织	1		

工会经审工作

所在行业	建立工会经费审查组织	工会经费审查委员会开展本级经费年度预、决算审查
	个	人
总计	**44 149**	**30 264**
按国民经济行业分组		
(01)农、林、牧、渔业	557	417
(02)采矿业	43	36
(03)制造业	15 584	10 026
(04)电力、燃气及水的生产和供应业	387	290
(05)建筑业	1 664	1 200

续 表

所在行业	建立工会经费审查组织	工会经费审查委员会开展本级经费年度预、决算审查
	个	人
(06)交通运输、仓储及邮政业	1 465	1 064
(07)信息传输、计算机服务和软件业	1 164	755
(08)批发和零售业	3 682	2 650
(09)住宿和餐饮业	2 518	1 670
(10)金融业	339	267
(11)房地产业	1 235	932
(12)租赁和商业服务业	2 831	1 947
(13)科学研究、技术服务和地质勘查业	763	551
(14)水利、环境和公共设施管理业	684	485
(15)居民服务和其他服务业	4 749	2 811
(16)教育	2 463	2 280
(17)卫生、社会保障和社会福利业	1 056	874
(18)文化、体育和娱乐业	771	563
(19)公共管理和社会组织	2 194	1 446
按经济类型分组		
(110)国有企业	2 564	2 343
(120)集体企业	2 164	1 369
(130)股份合作企业	1 300	843
(140)联营企业	109	68
(151)国有独资公司	153	143
(159)其他有限责任公司	2 039	1 489
(161)股份有限公司中的国有控股公司	534	481
(169)其他股份有限公司	616	449
(170)私营企业	18 976	11 612
(190)其他内资企业	283	144
(200)台港澳商投资企业	2 350	1 345
(300)外商投资企业	6 525	4 587
(401)财政拨款的事业单位	3 971	3 554
(402)其他事业单位	929	728
(500)机关	1 128	840
(600)个体经济组织	508	269

附录

Appendix

法律与法规

劳动人事争议仲裁办案规则

2009年1月1日人力资源和社会保障部令(第2号)

第一章 总 则

第一条 为公正及时处理劳动、人事争议(以下简称争议),规范仲裁办案程序,根据《中华人民共和国劳动争议调解仲裁法》以及《中华人民共和国公务员法》(以下简称公务员法)、《中国人民解放军文职人员条例》和有关法律法规、国务院有关规定,制定本规则。

第二条 本规则适用下列争议的仲裁:

(一)企业、个体经济组织、民办非企业单位等组织与劳动者之间,以及机关、事业单位、社会团体与其建立劳动关系的劳动者之间,因确认劳动关系,订立、履行、变更、解除和终止劳动合同,工作时间、休息休假、社会保险、福利、培训以及劳动保护,劳动报酬、工伤医疗费、经济补偿或者赔偿金等发生的争议;

(二)实施公务员法的机关与聘任制公务员之间、参照公务员法管理的机关(单位)与聘任工作人员之间因履行聘任合同发生的争议;

(三)事业单位与工作人员因除名、辞退、离职等解除人事关系以及履行聘用合同发生的争议;

(四)社会团体与工作人员之间因除名、辞退、辞职、离职等解除人事关系以及履行聘用合同发生的争议;

(五)军队文职人员聘用单位与文职人员之间因履行聘用合同发生的争议;

(六)法律、法规规定由仲裁委员会处理的其他争议。

第三条 仲裁委员会处理争议案件,应当遵循合法、公正的原则,先行调解,及时裁决。

第四条 劳动者一方在十人以上的争议,或者因履行集体合同发生的劳动争议,仲裁委员会可优先立案,优先审理。

仲裁委员会处理因履行集体合同发生的劳动争议,应当按照三方原则组成仲裁庭处理。

第二章 一般规定

第五条 因履行集体合同发生的劳动争议,经协商解决不成的,工会可以依法申请仲裁;尚未建立工会的,由上级工会指导劳动者推举产生的代表依法申请仲裁。

第六条 发生争议的劳动者一方在十人以上,并有共同请求的,劳动者可以推举三至五名代表人参加仲裁活动。

第七条 代表人参加仲裁的行为对其所代表的当事人发生效力,但代表人变更、放弃仲裁请求或者承认对方当事人的仲裁请求,进行和解,必须经被代表的当事人同意。

第八条 发生争议的用人单位被吊销营业执照、责令关闭、撤销以及用人单位决定提前解散、歇业,不能承担相关责任的,依法将其出资人、开办单位或主管部门作为共同当事人。

第九条 劳动者与个人承包经营者发生争议,依法向仲裁委员会申请仲裁的,应当将发包的组织和个人承包经营者作为当事人。

第十条 在争议申请仲裁的时效期间内,有下列情形之一的,仲裁时效中断;从中断时起,仲裁时效期间重新计算:

(一)一方当事人通过协商、申请调解等方式向对方当事人主张权利的;

(二)一方当事人通过向有关部门投诉,向仲裁委员会申请仲裁,向人民法院起诉或者申请支付令等方式请求权利救济的;

(三)对方当事人同意履行义务的。

第十一条 因不可抗力,或者有无民事行为能力或者限制民事行为能力劳动者的法定代理人未确定等其他正当理由,当事人不能在规定的仲裁时效期间申请仲裁的,仲裁时效中止。从中止时效的原因消除之日起,仲裁时效期间继续计算。

第十二条 劳动合同履行地为劳动者实际工作场所地,用人单位所在地为用人单位注册、登记地。用人单位未经注册、登记的,其出资人、开办单位或主管部门所在地为用人单位所在地。

案件受理后,劳动合同履行地和用人单位所在地发生变化的,不改变争议仲裁的管辖。

多个仲裁委员会都有管辖权的,由先受理的仲裁委员会管辖。

第十三条 仲裁委员会发现已受理案件不属于其管辖范围的,应当移送至有管辖权的仲裁委员会,并书面通知当事人。

对上述移送案件,受移送的仲裁委员会应依法受理。受移送的仲裁委员会认为受移送的案件依照规定不属于本仲裁委员会管辖,或仲裁委员会之间因管辖争议协商不成的,应当报请共同的上一级仲裁委员会主管部门指定管辖。

第十四条 当事人提出管辖异议的,应当在答辩期满前书面提出。当事人逾期提出的,不影响仲裁程序的进行,当事人因此对仲裁裁决不服的,可以依法向人民法院起诉或者申请撤销。

第十五条 当事人提出回避申请,应当说明理由,在案件开始审理时提出;回避事由在案件开始审理后知道的,也可以在庭审辩论终结前提出;当事人在庭审辩论终结后提出的,不影响仲裁程序的进行,当事人因此对仲裁裁决不服的,可以依法向人民法院起诉或者申请撤销。

被申请回避的人员在仲裁委员会作出是否回避的决定前,应当暂停参与本案的处理,但因案件需要采取紧急措施的除外。

第十六条 仲裁员是否回避,由仲裁委员会主任或其授权的办事机构负责人决定。仲裁委员会主任担任案件仲裁员是否回避,由仲裁委员会决定。

第十七条 当事人对自己提出的主张有责任提供证据。与争议事项有关的证据属于用人单位掌握管理的,用人单位应当提供;用人单位不提供的,应当承担不利后果。

第十八条　在法律没有具体规定,依本规则第十七条规定无法确定举证责任承担时,仲裁庭可以根据公平原则和诚实信用原则,综合当事人举证能力等因素确定举证责任的承担。

第十九条　承担举证责任的当事人应当在仲裁委员会指定的期限内提供有关证据。当事人在指定期限内不提供的,应当承担不利后果。

第二十条　当事人因客观原因不能自行收集的证据,仲裁委员会可以根据当事人的申请,参照《中华人民共和国民事诉讼法》有关规定予以收集;仲裁委员会认为有必要的,也可以决定参照《中华人民共和国民事诉讼法》有关规定予以收集。

第二十一条　仲裁委员会依法调查取证时,有关组织和个人应当协助配合。

第二十二条　争议处理中涉及证据形式、证据提交、证据交换、证据质证、证据认定等事项,本规则未规定的,参照民事诉讼证据规则的有关规定执行。

第二十三条　仲裁期间包括法定期间和仲裁委员会指定期间。

仲裁委员会送达仲裁文书必须有送达回证,由受送达人在送达回证上记明收到日期,签名或盖章。受送达人在送达回证上的签收日期为送达日期。

仲裁期间的计算和仲裁文书的送达方式,仲裁委员会可以参照民事诉讼关于期间的计算和送达方式的有关规定执行。

第二十四条　案件处理终结后,仲裁委员会应当将处理过程中形成的全部材料立卷归档。

第二十五条　仲裁案卷分正卷和副卷装订。

正卷包括:仲裁申请书、受理(不予受理)通知书、答辩书、法定代表人身份证明书、授权委托书、调查证据、勘验笔录、开庭通知、庭审笔录、延期通知书、仲裁建议书、调解书、裁决书、送达回执等。

副卷包括:评议记录、立案审批表、调查提纲、阅卷笔录、会议笔录、底稿、结案审批表等。

第二十六条　仲裁委员会应当建立案卷查阅制度。对不需要保密的内容,应当允许当事人及其代理人查阅、复印。

第二十七条　仲裁调解和其他方式结案的案卷,保存期不少于五年,仲裁裁决结案的案卷,保存期不少于十年,国家另有规定的从其规定。保存期满后的案卷,应按照国家有关档案管理的规定处理。

第二十八条　在仲裁活动中涉及国家秘密和军事秘密的,按照国家和军队有关保密规定执行。

第三章　仲裁程序

第一节　申请和受理

第二十九条　申请人申请仲裁应当提交书面仲裁申请,并按照被申请人人数提交副本。

仲裁申请书应当载明下列事项:

(一) 劳动者的姓名、性别、年龄、职业、工作单位、住所、通讯地址和联系电话,用人单位的名称、住所、通讯地址、联系电话和法定代表人或者主要负责人的姓名、职务;

(二) 仲裁请求和所根据的事实、理由;

(三) 证据和证据来源,证人姓名和住所。

书写仲裁申请确有困难的,可以口头申请,由仲裁委员会记入笔录,经申请人签名或者盖章确认。

申请人的书面仲裁申请材料齐备的,仲裁委员会应当出具收件回执。

对于仲裁申请书不规范或者材料不齐备的,仲裁委员会应当当场或者在五日内一并告知申请人需要补正的全部材料,申请人按要求补正全部材料的,仲裁委员会应当出具收件回执。

第三十条　仲裁委员会对符合下列条件的仲裁申请应当予以受理,并在收到仲裁之日起五日内向申请人出具受理通知书:

(一) 属于本规则第二条规定的争议范围;

(二) 有明确的仲裁请求的事实理由;

(三) 在申请仲裁的法定时效期间内;

(四) 属于仲裁委员会管辖范围。

第三十一条　对不符合第三十条第一、二、三项规定之一的仲裁申请,仲裁委员会不予受理,并在收到仲裁申请之日起五日内向申请人出具不予受理通知书。

对不符合第三十条第四项规定的仲裁申请,仲裁委员会应当在收到仲裁申请之日起五日内,向申请人作出书面说明并告知申请人向有管辖权的仲裁委员会申请仲裁。

对仲裁委员会逾期未作出决定或决定不予受理的,申请人可以就该争议事项向人民法院提起诉讼。

第三十二条　仲裁委员会受理案件后,发现不应当受理的,除本规则第十三条规定外,应当撤销案件,并自决定撤销案件后五日内,按照本规则第三十一条的规定书面通知当事人。

第三十三条　仲裁委员会在申请人申请仲裁时,可以引导当事人通过协商、调解等方式解决争议,给予必要的法律释明及风险提示。

第三十四条　仲裁委员会受理仲裁申请后,应当在五日内将仲裁申请书副本送达被申请人。

被申请人收到仲裁申请书副本后,应当在十日内向仲裁委员会提交答辩书。仲裁委员会收到答辩书后,应当在五日内将答辩书副本送达申请人。被申请人逾期未提交答辩书的,不影响仲裁程序的进行。

第三十五条　被申请人可以在答辩期间提出反申请,仲裁委员会应当自收到被申请人反申请之日起五日内决定是否受理并通知被申请人。

决定受理的,仲裁委员会可以将反申请和申请合并处理。

该反申请如果是应当另行申请仲裁的争议,仲裁委员会应当书面告知被申请人另行申请仲裁;该反申请如果是不属于本规则规定应当受理的争议,仲裁委员会应当向被申请人出具不予受理通知书。

被申请人在答辩期满后对申请人提出反申请的,应当另行提出,另案处理。

第二节　开庭和裁决

第三十六条　仲裁委员会应当在受理仲裁申请之日起五日内组成仲裁庭并将仲裁庭的组成情况书面通知当

事人。

第三十七条　仲裁庭应当在开庭五日前，将开庭日期、地点书面通知双方当事人。当事人有正当理由的，可以在开庭三日前请求延期开庭。是否延期，由仲裁委员会根据实际情况决定。

第三十八条　申请人收到书面通知，无正当理由拒不到庭或者未经仲裁庭同意中途退庭的，可以按撤回仲裁申请处理，申请人重新申请仲裁的，仲裁委员会不予受理。被申请人收到书面通知，无正当理由拒不到庭或者未经仲裁庭同意中途退庭的，可以缺席裁决。

第三十九条　开庭审理时，仲裁员应当听取申请人的陈述和被申请人的答辩，主持庭审调查、质证和辩论、征询当事人最后意见，并进行调解。

第四十条　仲裁庭应当将开庭情况记入笔录。当事人或者其他仲裁参加人认为对自己陈述的记录有遗漏或者差错的，有权申请补正。仲裁庭认为申请无理由或者无必要的，可以不予补正，但是应当记录该申请。

仲裁员、记录人员、当事人和其他仲裁参加人应当在庭审笔录上签名或者盖章。当事人或者其他仲裁参加人拒绝在庭审笔录上签名或者盖章的，仲裁庭应记明情况附卷。

第四十一条　申请人举证期限届满前可以提出增加或者变更仲裁请求；仲裁庭对申请人增加或者变更的仲裁请求审查后认为应当受理的，应当通知被申请人并给予答辩期，被申请人明确表示放弃答辩期的除外。

申请人在举证期限届满后提出增加或变更仲裁请求的，应当另行提出，另案处理。

第四十二条　当事人申请仲裁后，可以自行和解。达成和解协议的，可以撤回仲裁申请，也可以请求仲裁庭根据和解协议制作调解书。

第四十三条　仲裁调解达成协议的，仲裁庭应当制作调解书。

调解书应当写明仲裁请求和当事人协议的结果。调解书由仲裁员签名，加盖仲裁委员会印章，送达双方当事人。调解书经双方当事人签收后，发生法律效力。

调解不成或者调解书送达前，一方当事人反悔的，仲裁庭应当及时作出裁决。

第四十四条　仲裁庭裁决案件，应当自仲裁委员会受理仲裁申请之日起四十五日内结束。案情复杂需要延期的，经仲裁委员会主任批准，可以延期并书面通知当事人，但延长期不得超过十五日。

第四十五条　有下列情形的，仲裁期限按照下列规定计算：

（一）申请人需要补正材料的，仲裁委员会收到仲裁申请的时间从材料补正之日起计算；

（二）增加、变更仲裁申请的，仲裁期限从受理增加、变更仲裁申请之日起重新计算；

（三）仲裁申请和反申请合并处理的，仲裁期限从受理反申请之日起重新计算；

（四）案件移送管辖的，仲裁期限从接受移送之日起计算；

（五）中止审理期间不计入仲裁期限内；

（六）有法律、法规规定应当另行计算的其他情形的。

第四十六条　因出现案件处理依据不明确而请示有关机构，或者案件处理需要等待工伤认定、伤残等级鉴定、司法鉴定结论，公告送达以及其他需要中止仲裁审理的客观情形，经仲裁委员会主任批准，可以中止案件审理，并书面通知当事人。中止审理的客观情形消除后，仲裁庭应当恢复审理。

第四十七条　当事人因仲裁庭逾期未作出仲裁裁决而向人民法院提起诉讼的，仲裁委员会应当裁定该案件终止审理；当事人未就该争议事项向人民法院提起诉讼，并且双方当事人同意继续仲裁的，仲裁委员会可以继续处理并裁决。

第四十八条　仲裁庭裁决案件时，其中一部分事实已经清楚，可以就该部分先行裁决，当事人就该部分达成调解协议的，可以先行出具调解书。当事人对先行裁决不服的，可以依照调解仲裁法有关规定处理。

第四十九条　仲裁庭裁决案件时，裁决内容同时涉及到终局裁决和非终局裁决的，应分别作出裁决并告知当事人相应的救济权利。

第五十条　仲裁庭对追索劳动报酬、工伤医疗费、经济补偿或者赔偿金的案件，根据当事人的申请，可以裁决先予执行，移送人民法院执行。

仲裁庭裁决先予执行的，应当符合下列条件：

（一）当事人之间权利义务关系明确；

（二）不先予执行将严重影响申请人的生活。

劳动者申请先予执行的，可以不提供担保。

第五十一条　裁决应当按照多数仲裁员的意见作出，少数仲裁员的不同意见应当记入笔录仲裁庭不能形成多数意见时，仲裁应当按照首席仲裁员的意见作出。

第五十二条　裁决书应当裁明仲裁请求、争议事实、裁决理由、裁决结果、当事人权利和裁决日期。裁决书由仲裁员签名，加盖仲裁委员会印章。对裁决持不同意见的仲裁员，可以签名，也可以不签名。

第五十三条　对裁决书中的文字、计算错误或者仲裁庭已经裁决但在裁决书中遗漏的事项，仲裁庭应当及时予以补正并送达当事人。

第五十四条　对于权利义务明确、事实清楚的简单争议案件或经双方当事人同意的其他争议案件，仲裁委员会可指定一名仲裁员独任处理，并可在庭审程序、案件调查、仲裁文书送达、裁决方式等方面进行简便处理。

第五十五条　当事人对裁决不服向人民法院提起诉讼的，依照调解仲裁法的有关规定处理。

第四章　附　则

第五十六条　本规则未作规定的人事争议仲裁涉及事项，依照《人事争议处理规定》有关规定执行。

第五十七条　本规则规定的“三日”、“五日”，指工作日。

第五十八条　本规则自颁布之日起施行。1993 年 10 月 18 日原劳动部颁布的《劳动争议仲裁委员会办案规则》和 1999 年 9 月 6 日原人事部颁布的《人事争议处理办案规则》同时废止。

文件选编

上海市总工会关于深入开展劳动关系和谐企业创建工作的意见

各区县局(产业)工会:

为了深入贯彻落实科学发展观,积极应对当前国际、国内经济形势给劳动关系带来的影响,促进企业劳动关系的和谐稳定,进而促进社会主义和谐社会建设,上海市总工会就当前和今后一个时期本市工会深入开展劳动关系和谐企业创建工作提出如下意见。

一、紧扣当前经济形势,组织和引导职工在实现“四个确保”中发挥主力军作用

要教育职工自觉地以发展为第一要务,全面开展“同舟共济保增长,建功立业促发展——百万职工先锋号行动”;要充分运用各种行之有效的形式和载体,广泛开展以挖潜增效、增收节支为主要内容的立功竞赛,不断深化节能减排、降本增效劳动竞赛和合理化建议活动,动员职工为企业发展集思广益,献计献策;要围绕转变经济发展方式、调整产业结构的关键环节,深入实施职工科技创新;要着眼于发挥世博会对上海发展的重要推动作用,扎实推进迎世博建功立业劳动竞赛和创建“工人先锋号”活动,为保增长、扩内需、调结构,促进经济平稳较快发展作贡献。

要进一步发挥工会组织大学校的作用,全面提高职工队伍整体素质。要坚持在职工中深入开展社会主义核心价值体系教育,引导广大职工坚定中国特色社会主义理想信念,打牢团结奋斗的共同思想基础;要以开展新中国成立60周年庆祝活动为契机,以爱国主义凝聚人心、鼓舞斗志,把职工群众的爱国热情转化为敬业爱岗之举、奋发图强之志、振兴中华之情;要督促企业履行职工的培训义务,将职工教育培训经费的提取使用写入集体合同的内容,其履约情况应向职代会或职工大会报告;当前处于停产、转产期间的企业,应注重加强对在职职工的教育培训、对转岗富余人员的转业培训、对农民工的就业技能培训和综合素质教育;要注重高技能人才培养,推广实施企业首席技师制度,扎实推进职工技能登高活动,全面提升上海职工队伍整体素质;要充分运用工会新闻舆论宣传和文化体育服务阵地,进一步加强对职工的教育引导。

二、突出劳动关系协调机制建设,保证和促进劳动关系持续和谐稳定

进一步发挥工会在推进劳动合同制度建设中的作用,切实履行《劳动合同法》赋予工会的各项职责。要密切关注当前经济形势下企业实施《劳动合同法》过程中出现的新情况新问题,及时研究和采取有针对性的措施;督促用人单位规范劳动用工制度,全面履行劳动合同。要配合企业抓好劳动合同的实施管理工作,不断完善企业劳动合同文本,努力促使劳动合同条款规范、内容合法、标准量化。要积极主动参与调解企业与职工因劳动合同发生的争议,对用人单位规避法律引起影响社会稳定的群体性纠纷,要及时介入调查并向党委和上级工会报告,并配合政府劳动保障行政部门妥善处置。

进一步发挥集体协商机制在调处劳动关系中的积极作用。要统筹兼顾企业发展和职工利益,把握节奏,稳妥有序地推进以工资集体协商为核心内容的平等协商制度。对受国际金融危机影响而发生生产经营困难的企业,倡导不裁员不减薪,或少裁员少减薪,合理确定职工薪酬。要稳妥有序地推动实现市区两级直管国有企业普遍建立工资集体协商制度。要进一步提高女职工权益保护专项集体合同的建制率,切实维护女职工的特殊权益。要不断提高区域性、行业性平等协商的建制率,会同劳动行政部门大力推进社区、小区、村区、楼宇、工业园区等区域,以及地区餐饮、物业、卖场、印刷、建筑、环卫、IT等行业的平等协商,充分发挥区域和行业平等协商在协调劳动关系、维护中小企业职工基本权益和调处劳动关系突出矛盾等方面的重要作用。

进一步发挥职工民主管理制度平台的作用。要进一步强化职代会对企业生产经营发展状况的知情参与,引导职工代表正确把握共建共享的辩证关系;要落实职工代表提案制度,尊重职工的主体地位,依靠职工改善生产经营,促进企业与职工携手应对国际金融危机带来的各项挑战。要强化职代会对涉及职工切身利益事项的协商共决,并注重与集体协商制度的有机衔接与整合;要强化职工代表巡视检查制度,保证集体合同文本和职代会决定决议真正落到实处。要强化职代会闭会期间的日常民主管理制度,通过职工座谈会、双月沟通会、民主共商会和总经理联系信箱等行之有效的民主管理形式,畅通企业与职工的双向沟通渠道。要强化涉及职工切身利益事项的公开制度,对企业缴纳职工养老、失业、医疗等社会保险金情况,执行国家和政府规定的劳动安全卫生保护情况,集体合同及工资集体协议的签订、修订、续订、履行情况,企业制定劳动规章制度的有关情况,以及企业辞退和处分职工的情况与依据等情况必须公开,依法维护职工合法权益。

三、突出解决职工最关心、最直接、最现实的利益问题,增强各级工会组织服务职工的能力

深入推进“千方百计促就业,齐心协力保稳定”——就业援助服务行动,紧紧围绕上海工会就业援助“12345”工作计划,进一步发挥工会在就业咨询、创业指导、技能培训、职业介绍等方面的积极作用,多形式、多渠道开展就业援助服务。切实加大源头参与力度,推动落实政府促进就业“1+3”计划及扩大就业的各项政策、措施;发挥工会的组织优势,排摸就业援助对象,建立健全工会就业困难职工档案,及时对就业困难人员给予重点帮扶;继续广泛开展“百企千岗进社区”活动,建立完善工会职介服务平台;深入开展技术工人培训工作,全力打造工会职业技能培训服务平台;根据政府“创业带动就业专项计划”的部署和要求,加快形成政策宣传、创业培训、创业服务“三位一体”的工会促进创业带动就业的工作机制,着力完善工会扶持创业服务平台。

积极争取更多的社会资源和手段,进一步做好节日送温暖、“金秋助学”、“三定”帮困等工作,重点向受国际金

融危机影响较大的地区、行业、企业和困难职工群体倾斜，加大帮扶力度，扩大帮扶范围；推动“四项互助保障计划”向非公企业渗透，扩大参保覆盖面；深挖潜力，多渠道、多形式地开展各类实物医疗帮困，不断提高帮困实效；进一步加强各级职工援助服务中心、分中心标准化、制度化、规范化建设，充分发挥职工援助服务中心在当前形势下服务职工，促进社会稳定的功能。

及时准确掌握新形势下农民工权益受影响的阶段性特征，有针对性地做好维权工作。要切实加强对农民工的就业援助服务，千方百计帮助农民工实现就业、再就业；强化对农民工的职业技能培训，提升农民工就业竞争能力和抵御风险能力；深入开展上海工会“百万农民工援助行动”，确保农民工工资按时足额发放，继续推进预防和解决拖欠农民工工资长效机制建设；积极开展法律援助，健全完善农民工利益诉求机制和权益保障机制，帮助农民工解决因裁员、欠薪、断保等引发的劳动关系纠纷，引导农民工以理性合法的方式表达利益诉求；加大帮扶救助力度，切实缓解农民工的生活困难；继续开展为农民工送文化、送法律、送健康活动，增强文化服务意识，丰富农民工精神文化生活，把“农民工有困难找工会”落到实处。

四、紧紧抓住影响劳动关系和谐稳定的突出问题，不断强化研判、调处、监督力度，及时有效消除不稳定因素

各级工会组织要从积极应对当前国际金融危机、服务上海“四个确保”的战略高度出发，不断强化调研排摸工作力度，建立健全职工思想动态网络，及时掌握企业生产经营状况、职工思想动态，以及职工在就业和生产生活等方面存在的主要问题，积极寻求解决的办法和途径；要不断强化劳动关系预警、预防的工作力度，及时疏导、化解苗头性、倾向性问题，对可能引发群体性事件的劳动争议，力争在第一时间及时协助党政组织及有关部门妥善处理，努力把劳动争议化解在基层和萌芽状态；对由于经济效益下滑或企业困难引发的裁员、减薪等纠纷和矛盾，要主动介入，认真倾听职工的呼声和要求，配合党政组织、有关部门及时与企业沟通协商；要不断强化与各级人大、劳动保障部门联合执法监督检查的工作力度，及时处置欠薪欠保、非法用工等侵害职工权益行为，切实维护职工合法权益。

五、紧密结合工会组织自身建设，把创建工作作为发挥基层工会组织作用的重要抓手和载体

坚持一手抓组建，一手抓运作。进一步贯彻落实“组织起来，切实维权”的工作方针，继续做好企事业单位、社会组织等工会组建和农民工、非在编人员入会工作，进一步提高工会组建率和职工入会率；进一步贯彻落实《企业工会工作条例》，不断加强企业工会规范化、制度化建设，鼓励基层工会创新工作机制和活动方式，切实提高整体工作水平，不断增强工会在职工群众中的凝聚力和影响力；进一步加强工会干部教育培训工作，有效整合工会内部和社会各方面的培训教育资源，加大对工会干部理论水平、专业技能和综合素质的培育，不断提高工会干部应对国际金融危机，妥善处理各类劳动纠纷，维护职工合法权益的水平；要进一步加强工会组织的作风建设，不断增强做好新形势下工会工作的使命感、责任感和紧迫感，提高工会干部服从服务于党和政府工作大局的意识，把实现好、维护好、发展好职工群众根本利益作为一切工作的出发点和落脚点，努力推动工会的各项工作取得更大进步。

二〇〇九年二月二十七日

《劳动报》2009 年工会新闻要目

日　期	题　　目	作　者	版　面
1 月 1 日	为上海“四个确保”作出工会的努力	张　路	第三版
1 月 1 日	2.5 万职工新年拿到新劳动合同	刘　颖	第六版
1 月 2 日	温馨港湾，助你走出寒冬迎暖春	陈　雷　刘　颖　王　枫　范国忠　王业斐	第六版
1 月 3 日	为世博让路但不让职工下岗	赵竺安	第六版
1 月 6 日	紧扣发展主题服务职工和企业	刘　颖	第七版
1 月 7 日	我国建“绿色通道”方便劳动者申诉	新华社	第四版
1 月 8 日	团结动员职工群众和衷共济应对挑战	张　路	第二版
1 月 11 日	建“劳模讲坛”培育服务品牌	陈　雷　陈　颖	第六版
1 月 12 日	让心与心更贴近生活更美好	王　枫	第七版
1 月 15 日	工会提供见习岗位为应届生“添砝码”	王玉君　查建华	第五版
1 月 16 日	本市各级工会纷纷扶贫济困下基层	王业斐　刘　颖　陈　雷　王　枫　范国忠　李　貌	第十版

续　表

日　期	题　　目	作　者	版　面
1月18日	危机时刻工会大有可为	罗　菁	第三版
1月19日	"宝通"全体员工认同减薪自救	李　貌	第七版
1月22日	工会干部全程接送农民工	唐海华	第七版
1月27日	都江堰弟妹收到"爱心围巾"	王　枫	第六版
2月2日	力助40 000困难人员实现就业	张　路	第七版
2月7日	促就业,沪上处处春耕忙	李铁捷	劳权周刊 A8
2月11日	"工会大学校"育人计划亮点纷呈	陈　雷	第七版
2月15日	号角吹响,"第一方阵"逆势飞扬	张　路	第六版
2月18日	尼日利亚劳工大会代表团访沪	张　路	第二版
2月20日	全市各级工会亮实招出成效	张　路	第七版
2月21日	本刊劳动法律服务与读者零距离	赵竺安	劳权周刊 A2
2月21日	"朱雪芹工作室"首次援助传佳音	赵竺安	劳权周刊 A1
2月25日	今年目标:力争扩大非公企业职工受惠面	张　路	第七版
2月27日	陈豪:确保他们就业"一个不漏,一个不少"	张　路	第一版
2月28日	两次承诺:"尚光"给职工的不只是信心	赵竺安	劳权周刊 A2
3月3日	2万名建设者赛创新比贡献	张　路	第七版
3月3日	力助企业和职工顺利通过"冬考"	王　枫	第七版
3月4日	厂务公开走过十年	张　路	第十二版
3月5日	企业陷入困难不能归咎于劳动合同法	黄雨清　王玉君	第五版
3月5日	新一届市总女职工委员会成立	张　路	第七版
3月7日	乐购集团工会组建呈"连锁效应"	李　貌	第六版
3月10日	全总不赞成取消最低工资标准	黄雨清	第三版
3月11日	304家签约企业无一裁员减薪	范国忠	第七版
3月12日	"危机下,我们紧紧抱团干实事"	张　路	第七版
3月14日	"四天半工作制"离我们多远?	王　枫	第六版
3月16日	静安不少外企不靠裁员"过冬"	刘　颖	第七版
3月17日	上海工会为大学生就业"添砝码"	刘　颖	第七版
3月19日	2009年上海市五一劳动奖章候选人名单	上海市总工会	第十一版
3月21日	"公积金"写入集体合同的现实意义	周　斌	劳权周刊 A1
3月25日	上海工会主导企业"共同约定行动"	张　路	第七版
3月28日	买票企业:"让建设者都回来看一看"	罗　菁	第二版
3月31日	受处罚者可要求工会复查事实	范国忠	第八版
4月4日	"世博礼仪行"走进百家企业	刘　颖	第六版
4月7日	建歌团办刊物营造企业好氛围	范国忠	第七版
4月8日	鼓励优秀见习生投身工会事业	李　貌	第七版

续 表

日 期	题 目	作 者	版 面
4月10日	百家劳模企业提供岗位1 688个	张 路	第七版
4月16日	百万职工迎世博"三五"行动启动	张 路	第一版
4月17日	一季度发展近6千职工入会	刘 颖	第七版
4月19日	1 500名教职工过"双语"关	李 貌	第六版
4月20日	荣誉农民工享受同样待遇	范国忠	第七版
4月21日	"逆境中,企业更看重工会作用"	王业斐	第十版
4月24日	国际劳工组织工人活动局局长丹·库尼尔抵沪访问	张 路	第四版
4月25日	"劳模企业招聘会"的启示	周 斌	劳权周刊 A1
4月28日	本市隆重表彰五一劳动奖获得者	张 路	第一版
5月1日	同舟共济促发展 不辱使命作贡献	王业斐 王 枫 刘 颖 李 貌	第三版
5月2日	上海百万职工开展"迎世博'五一'特别行动"	张 路	第九版
5月4日	828 人享受4 种以上互助保障	范国忠	第六版
5月6日	本市出租汽车行业开出首个职工书屋	王 枫	第七版
5月8日	农民工援助行动有可靠资金保障	老 海	第七版
5月9日	一日之内,单位给了她四个处分	赵竺安	劳权周刊 A1
5月11日	以"铁人精神"奉献在岗位	王 枫	第六版
5月14日	资深律师"加盟"市总法律顾问团	张 路	第六版
5月15日	特困企业减薪需协商确定幅度	郁中华	第六版
5月18日	"工会号孵化器"的效应	张 路	第六版
5月19日	新"十大工人发明家"出炉	张 路	第七版
5月19日	上海工会全力以赴加快援建速度	张 路	第七版
5月20日	为上海职工守护健康	张 路	第七版
5月22日	竞技场上他们不输给别人	刘 颖	第七版
5月22日	今年高温季节津贴不低于10 元/天	张 路	第七版
5月23日	重点关注职工"医疗减负"问题	唐海华	第六版
5月23日	高温日已至高温费该怎么发	周 斌	劳权周刊 A1
5月24日	推动职工工资与服务质量同步提升	王 枫	第六版
5月26日	公交车上,"啄木鸟"在行动	贺 方	第十二版
5月28日	"奋战300 天拼搏A 级车"	张 路	第六版
5月31日	美国联合汽车工人工会通过通用让步协议	新华社	第八版
6月1日	市总工会部署推进就业援助工作	张 路	第六版
6月2日	"铁人精神"感动上海	王业斐	第七版
6月3日	街镇总工会分工更明晰更规范	王 枫	第七版
6月4日	251 只工会信箱送到企业生产一线	王业斐	第八版

续 表

日 期	题 目	作 者	版 面
6月5日	在办好世博和应对金融危机中发挥工人阶级主力军作用	张 路	第三版
6月9日	外企员工积极要求成立工会	王 枫	第七版
6月12日	上海工会举全力提供援助服务	张 路	第七版
6月13日	越是困难越要坚持以职工为本	唐海华	第六版
6月15日	周三招聘会提供1 900个见习岗位	张 路	第六版
6月18日	申城培训200万农民工迎世博	张 路	第六版
6月18日	每天聆听工会的声音	金国强	第六版
6月19日	改一改我们的就业观念	张 路	第七版
6月21日	一人一点子一百万、一集体一项目一百万	张 路	第六版
6月22日	为职工说话办事是劳动报人天职	范瑞章	第六版
6月23日	50年前的《劳动报》依然是我的珍藏	唐兆荣	第七版
6月25日	矛盾再尖锐，也要“有话好好说”	何文庆	第七版
6月27日	动员职工全力推动铁路建设和发展	王 枫	第六版
6月27日	劳动争议仲裁委员会由三方代表组成	邱 婕	劳权周刊A5
6月29日	普陀区首幢“亿元楼”成立工会联合会	李 貌 赵 勇	第七版
6月29日	为工会“大学校”扬帆	刘 颖	60周年特刊B3、B6
6月29日	见证上海工会前进的步伐	范国忠	60周年特刊B1、B8
6月29日	我们走在大路上	劳动报编辑部	60周年特刊A1、A8
6月30日	光阴六十载 豪情忆当年	陆 晴 王玉君	60周年特刊A3
6月30日	《劳动报》创刊60周年座谈会举行	张 路	第一版
6月30日	光荣和成就是我们前行的新起点	马 达	60周年特刊A2
7月1日	上海工会成立法律人才库	张 路	第七版
7月2日	《工会法》执法大检查本月开始	郑 莉	第十版
7月4日	《劳动报》改变了我的企业管理理念	袁 立	第六版
7月4日	在窗口服务行业培育万个明星	张 路	第六版
7月4日	申报工伤要及时掌握证据是关键	马永卿 崔 蔚	劳权周刊A6
7月5日	“工人先锋号”响彻300天	张 路	世博周刊B2
7月6日	与《劳动报》结伴而行	蔡 军	第六版
7月8日	万名职工献言世博会	小 荷	第六版
7月9日	围绕大局突出维护加强服务	张 路 徐 晗	第七版
7月10日	企业工会建一家“活”一家	王 枫	第七版
7月12日	农民工公寓为啥魅力不再?	刘 颖	第六版
7月13日	第三届上海市“五一文化奖”职工歌手大赛、职工文化活动品牌项目评选报名启动	张 路	第六版
7月15日	每个“第一”都从“安全”开始	张 路 徐 晗	第七版

续 表

日 期	题 目	作 者	版 面
7月16日	提前半小时上班，清洁我们的“家园”	范国忠 王 枫 刘 颖 李 貌	第七版
7月17日	团结引领职工为上海实现“四个确保”作更大贡献	张 路	第七版
7月22日	吉买盛新村店取消“凭卡”上厕所	罗 菁 冯一婷	第四版
7月23日	员工自请降薪，企业坚持“驳回”	范国忠	第十版
7月24日	在促发展保民生迎世博中主动作为	张 路	第二版
7月25日	上海职工科技节打造“魅力舞台”	张 路	第六版
7月26日	用工会之“长”吸引更多人才	何文庆	第六版
7月28日	青年干部要有“大视野”“大目标”	张 路 徐 晗	第七版
7月31日	全国总工会高度关注张海超事件	张 路	第十三版
8月1日	全总：建会企业女职工组织要全覆盖	文 沁	第六版
8月3日	力求又快又准化解劳资矛盾	李 貌	第六版
8月6日	2008年度“五一新闻奖”揭晓	张 路 徐 晗	第二版
8月6日	协商机制建设应列入政府工作考核目标	老 海	第七版
8月7日	12名在闽台籍员工首次加入大陆工会	新华社	第七版
8月8日	台北市工会客人抵沪拜会市总工会	张 路	第二版
8月8日	投诉第二天，他与单位握手言和	赵竺安	劳权周刊A1
8月9日	协商主体明确 谈判更有质量	李 貌	第六版
8月13日	文明迎世博从“车让人”做起	刘 颖	第七版
8月15日	社会各界积极建言《工伤保险条例》修改	李轶捷	劳权周刊A4
8月18日	市总号召职工参与整治七大顽症	张 路 徐 晗	第七版
8月20日	用“四步”战术应对和化解危机	张 路	第七版
8月22日	三次警告后辞退员工缘何败诉	刚 刚	劳权周刊A2
8月25日	女职工最大压力在“心”不在“钱”	张 路 徐 晗	第七版
8月27日	德国工会联合会代表团访沪	张 路	第二版
8月28日	“是工会力挺我重获生命”	李 貌	第七版
8月29日	世博工地食堂明察暗访得高分	张 路	第六版
9月2日	劳模先进评选“提前一步走”	刘 颖	第八版
9月4日	工会“大学校”提升城市“软实力”	张 路	世博周刊B2
9月6日	248项职工计策助企业“扬帆”	范国忠	第六版
9月10日	“你们为上海工会干部树立了榜样”	张 路	第七版
9月11日	全国优秀工会干部报告团来沪	张 路	第二版
9月14日	13个敏感事项公开接受职工监督	李 貌 王运亮	第六版
9月14日	上海市职工歌手大赛复赛精彩纷呈	黄 俊	第四版
9月19日	拖欠工资虽有因不做沟通实不该	马永卿 崔 蔚	劳权周刊A6

续 表

日 期	题 目	作 者	版 面
9 月 21 日	行走在新中国的“工业摇篮”	张 路	第六版
9 月 22 日	以改革创新精神加强党的建设	张 路	第一版
9 月 24 日	“工人先锋号”奋战百日保运行	张 路	第四版
9 月 26 日	单方调岗缘何能成功全因会议记录成证据	马永卿 崔 蔚	劳权周刊 A6
9 月 28 日	闵行重奖“不减薪不裁员”企业	王业斐	第六版
9 月 30 日	看上海工人阶级成长感受中国发展步伐	张 路	第十、十一版
10 月 1 日	用最美的声音祝福我们的祖国	李 貌 范国忠 王 枫 王业斐 刘 颖	第六版
10 月 3 日	从“夜校灯光”到“素质工程”	张 路	第三版
10 月 5 日	从“上海制造”到“中国创造”	张 路	第三版
10 月 7 日	风雨六十年的“维权”之重	张 路	第七版
10 月 8 日	职工民主管理有坚实制度保障	张 路	第六版
10 月 9 日	四百天，上海工会在行动	张 路	世博周刊 B2
10 月 12 日	260 家楼宇企业承诺共建和谐	李 貌	第六版
10 月 14 日	上海职工以三大行动“拼搏 200”	张 路	第五版
10 月 18 日	尉健行同志著《工会的基本职责》出版	新华社	第二版
10 月 19 日	营造 2 万员工“温馨之家”		第六版
10 月 20 日	“李斌杯”数控机床装调维修工决赛今在沪揭幕	张 路	第二版
10 月 23 日	蓝天下唱响世博 岗位上奉献至爱	王万龙	世博周刊 B2
10 月 25 日	职工文化展演周亮相“天天演”	陆兰迪	第四版
10 月 27 日	为浦东二次创业营造和谐环境	何文庆	第七版
10 月 30 日	全面动员全力以赴为世博作贡献	张 路	第七版
10 月 31 日	请给道路停车协管员多一些理解和尊重	赵竺安	劳权周刊 A2
11 月 4 日	“上海女性劳动权益令人羡慕”	张 路	第七版
11 月 5 日	市总和“市振兴中华读书活动”荣膺全国奖	程友谨	第五版
11 月 7 日	窗口服务行业是上海第一形象	张 路	第六版
11 月 8 日	陈豪会见高雄市总工会大陆参访团	张 路	第二版
11 月 8 日	职工的收入为啥要工地代管?	刘 颖	第六版
11 月 12 日	增强新时期工会工作服务党的事业的责任感使命感	张 路	第二版
11 月 15 日	4 700名职工无一人工资打折扣	范国忠	第六版
11 月 17 日	市总工会将着力于区域性行业性职代会建制	张 路	第六版
11 月 21 日	企业减员，工会始终站职工这边	王 枫	第六版
11 月 24 日	收费减免范围扩至低收入职工家庭	陆 晴	第四版
11 月 26 日	职工大会制度“登陆”所有项目部	范国忠	第十版
12 月 1 日	职工“草根”文化登上高雅艺术殿堂	张 路	第二版
12 月 4 日	交融:和谐“太阳花”显现“中国红”	张 路	第七版

续 表

日 期	题 目	作 者	版 面
12月5日	凝聚职工力量促进经济发展	忻诗杰	劳权周刊 A3
12月7日	发挥所能，维护职工合法权益	王 枫	第六版
12月9日	工会的大门就开在职工身边	王业斐	第五版
12月10日	全总打造职工岗位成才“快通道”	王娇萍 丁军杰	第七版
12月16日	直面厂务公开，难点将迎刃而解	张 路	第十版
12月18日	停拨经费半年影响工会正常工作	刘 颖	第七版
12月19日	北京市总牵头建立劳动争议调解联动机制		劳权周刊 A4
12月22日	围绕发展转型新任务凝聚力量	张 路	第七版
12月26日	香港工会联合会下属制造业总工会访沪	张 路	第二版
12月27日	工会贴心不贴心，请大家评说	刘 颖	第六版
12月31日	“创和谐劳动关系”显现巨大力量	张 路	第七版

《工会理论研究》2009年要目

栏 目	期号	页数	题 目	作 者
特 稿	5	1	走中国特色社会主义工会发展道路 为祖国和上海美好明天而努力奋斗	上海市工人运动研究会
专家论坛	1	1	制度性危机规律与制度性合作特色——从义乌经验看改革开放30年中国工会的变迁	冯同庆
	2	2	国际金融危机下的农民工就业问题	刘开明
	3	2	工会唯有改革创新才能真正贴近职工群众	冯同庆
	4	1	金融危机背景下工会的两难处境与对策	杨鹏飞
	5	6	构建国家主导的企业职工权益保护体系	程恩富
	6	1	社区工会与社会建设	陶 冶
热点透视	1	3	以科学发展观统领静安工会工作创新发展	周文芳
	1	6	打造五大平台 完善六项制度 加大工会服务中小企业发展的工作力度	普陀区总工会
	1	8	黄浦区工会应对企业经济困难的思考和行动	徐少伯
	2	4	国际金融危机对劳动关系的影响及其应对	王菊芬
	2	7	金融危机背景下完善职工技能培训服务的思考与对策	严爱科
	2	9	浅谈工会在金融危机中的独特作用	李学兵
	2	12	应对金融危机冲击 切实提高“四个能力”	吕 平
	3	5	国际金融危机对上海就业的影响及应对措施	王大奔
	3	8	国际金融危机下劳资关系利益均衡路径分析	武玉芳
	3	11	国际金融危机对江西企业和职工的影响	李运学 欧阳华
	3	14	金融危机下工会加强维护女职工权益的思考	江惠君
	4	5	世博文明和市民参与	卢汉龙

续　表

栏　目	期号	页数	题　　目	作　　者
热点透视	4	8	以世博会举办为契机　大力提升上海职工素质	上海市总工会宣教文体部 经济工作部
	4	9	世博竞赛台账建设的实践与思考	马　亮　刘　芳 邱炳波
	4	12	在世博工程建设中深入开展立功竞赛的实践与探索	上海城建(集团)公司工会
	4	14	在迎世博中努力提升职工服务技能	上海百联(集团)有限公司工会
	5	10	应对金融危机与劳动法治	胡鸿高
	5	13	金融危机背景下完善行业性集体协商机制探析	王水官
	5	16	开展行业性工资集体协商的实践与思考	普陀区总工会
	5	18	浅谈三方合力的劳动争议调处机制建设	静安区总工会
	6	4	城市化进程中基层工会组织的角色扮演与社会和谐	章友德
	6	8	社区治理视角下的社区工会建设	齐凌云
	6	12	上海社区工会建设的现状和作用	上海市总工会组织部
	6	15	社区工会参与劳动争议调解工作初探	徐汇区总工会
	6	18	强化行业工会建设　不断拓展社区工会工作新领域	普陀区长寿社区总工会
工运广角	1	11	学习李斌精神　重视人的劳动价值	傅小龙
	1	13	提高能力　对接资源　切实做好工会所能这篇大文章	范本国
	1	15	上海促进青年就业政策分析与思考	赵　文
	1	19	论我国工会社会工作人才队伍建设	刘斌志
	1	22	工会参与社会保险基金监督管理存在的问题和对策建议	张利军
	1	24	工会参与劳动争议协商的几个问题	吴亚平
	1	27	完善劳动要素参与分配的实现方式	叶维弘
	1	30	缓解职业女性身心压力的思考与对策	陈　萍
	1	32	搞好女职工劳动保护工作的四点建议	潘联芳
	2	14	关于加快建设高技能创新型职工队伍的思考	桂晓燕
	2	16	建立三级联动机制　创建和谐劳动关系	王亚文
	2	19	建筑施工企业的分包队伍工会组建及发展农民工会员的探索和思考	周立新
	2	22	班组建设是工会围绕中心工作的很好切入点	李　挚
	2	24	在推动《劳动合同法》实施进程中发挥工会组织的重要作用	孙　丽　王　伟
	3	17	非公企业工资集体协商实务运作研究	张建国　张念宏
	3	20	值得商榷的劳务派遣用工形式	俞元诚
	3	23	竞业禁止的权利冲突与协调	王旭丹
	3	26	浅谈企业工会在构建和谐劳动关系中的作用	金　蕴
	4	16	金融危机背景下培养高技能人才队伍的实践和思考	左山虎

续 表

栏目	期号	页数	题目	作者
工运广角	4	18	关于上海经济园区工会女职工工作的调研报告	上海市总工会女职工部
	4	21	工会干部教育培训质量的影响因素与对策	颜 琴
	4	23	新形势下做好企业工会工作的几点思考	叶勤发
	5	21	坚持"中国特色" 与党同心同德	王连祥
	5	24	基于制度经济学的工会组织分析	张 鑫
	5	26	新时期增强企业工会活力之我见	董国强
	5	28	浅谈工会文体活动的需求与创新	冯 臻
	5	30	关于工会在食品安全监管工作中作用的思考	赵建萍 陈美琴
	6	20	国际金融危机条件下工会维护破产企业职工权益的路径选择	赵健杰 黄河涛
	6	23	工会资源需求与运用策略研究	周正言
	6	27	关于工会主席"民推直选"的实践与思考	静安区总工会
	6	29	关于工会经济技术创新活动的创新思考	范洁人
	6	31	坚持完善民主管理 积极构建和谐企业	甘向红
工会建设	4	25	找准症结 创新方法 推进非公企业工会活力建设	范本国
	4	27	关于工会提升服务能力 建设和谐企业的思考	倪国富 郭树鸿
劳动关系	2	26	构建和谐劳动关系 共筑和谐社会基础 ——开展劳动关系和谐企业创建活动的实践与探索	南汇区总工会
	2	28	用科学发展观指导解决创建和谐医院的难点问题	周晓杭
	5	32	健全工会工作机制 推进劳动关系和谐	解建伟
	5	35	关于工会参与构建和谐劳动关系的思考	仇德敏
	6	33	构建社会主义新型劳动关系初探	王华生
	6	36	以和谐劳动关系为核心 创建和谐企业 ——以群宇信息科技(上海)有限公司为例	杨四平
工会培训	5	38	鱼与熊掌可以兼得 ——上海工会干部教育培训的探索之路	朱懂理
民主管理	2	30	《劳动合同法》背景下劳动者民主参与权在企业规章制度管理中的实现	詹 婧
	2	33	关于完善我国工资集体协商实现路径的思考	钮友宁
探索与争鸣	4	29	正确认识工会的资源需求	郭 霞
	4	32	借助职工影响力 全面提高工会管理水平	张丽云
院校工会	1	33	科学发展观是学校工会工作创新的灵魂	钟 岩
	1	35	浅析高校外来劳务人员入会问题	汪孝渔 殷建荣
	2	35	工会维权的重要载体:高校党政工联席会议	朱玉华
	2	37	发挥工会职能 抓好师德建设	盛济民
	3	36	浅析金融危机下高校工会职能的延伸	步德胜

续　表

栏　目	期号	页数	题　　目	作　者
院校工会	4	34	优化民主管理模式　共创阳光和谐校园	顾　炜
	5	41	浅论"更加关注民生"视野下高校工会帮困工作	杨佐平
	6	38	关于增强高校院级工会活力的实践与思考	刘金彪　王志健
工会培训	3	28	围绕中心　服务大局 ——工会干部教育培训坚持唱响主旋律的探索与实践	谢幼书　王连祥
	3	31	工会干部培训面临的形势和对策研究	安尔康
	3	34	工会参与农民工培训的现状及对策	张　举
社科论苑	1	36	上海养老社会化的问题与对策	王　波
	1	39	为职教事业的改革与发展指明方向 ——邓小平教育思想论略	顾琪章
	2	39	上海企业社会工作发展的基础和构想	刘茂香
	2	41	浅论企业和谐文化建设	冯贤伦
	3	39	科学发展观与职工利益诉求	胡时中
	3	41	加强医院文化建设　激发医院发展动力	赵　波
	4	36	试论文化软实力对企业竞争力的影响	汤红芳
	4	38	人才流动背景下人事档案社会化管理初探	王明丽
	4	40	金融危机背景下高职学生的就业及对策	张　群
	6	40	独居老人风险防范的应急机制研究	肖　晋　吴卉芳
国际工运	1	42	澳大利亚和新西兰工会工作与全球金融危机	张国锋
	2	43	国际金融危机背景下的日本工会运动	李　庆
	3	42	以色列工会工作掠闻	张国锋
	5	43	金融危机背景下英国就业状况及工会应对	沈雄德
	6	42	越南工会工作掠闻	张国锋
港澳台工运	4	42	台湾劳资关系发展的政治经济分析	黄安余

上海市职工保障互助会各区县服务处、服务点一览表

服务处、点名称	地　址	电　话	邮　编
浦东新区总工会服务处	丁香路716号C楼	68547205	200135
浦兴社区工会服务点	凌河路69号	50263779	200129
金杨社区工会服务点	博山东路699号	68501658－141	200136
洋泾社区工会服务点	博山路51弄60号	58603276	200135
潍坊社区工会服务点	潍坊路131弄1号	51029075－8015	200122
塘桥社区工会服务点	峨山路488号	58737200	200127
南码头社区工会服务点	南码头路400号	50905272	200125
上钢社区工会服务点	昌里路335号	51923200－6105	200126

续 表

服务处、点名称	地 址	电 话	邮 编
周家渡社区工会服务点	南码头路1136弄35号乙	50788875	200126
东明社区工会服务点	上南路4206弄1号	50842255	200124
陆家嘴街道工会服务点	福山路55号	68767121-193	200120
沪东社区工会服务点	蓝城路247号	58505256	200129
花木社区工会服务点	梅花路289号	50452710-8124	201204
川沙社区工会服务点	新川路645号	68397955-8011	201200
高桥镇工会服务点	欧高路15号	50408594-18	200137
北蔡镇工会服务点	沪南路1105号	68926111-1009	201204
三林镇工会服务点	灵岩南路380弄15号101室	68525010	200126
张江镇工会服务点	张江江东路27号101室	58956721	201203
曹路镇工会服务点	龚丰路85号	50683818	201209
唐镇镇工会服务点	唐镇唐兴路495号	58965096-757	201203
合庆镇工会服务点	合庆镇前哨路112号	58973677	201201
金桥镇工会服务点	佳林路585号1号楼213室	58545450	201206
高东镇工会服务点	光明路718号	58486217-1061	200137
高行镇工会服务点	东靖路1831号	68975015	201208
惠南镇工会服务点	惠南镇城西路238号	68001428	201300
周浦镇工会服务点	周浦镇祝家港路190号	20922226	201318
徐汇区总工会服务处	桂林路46号103室	54189734	200233
湖南路街道工会服务点	淮海中路1788号	64377570	200031
天平街道工会服务点	衡山路17弄1号	54658110	200031
斜土街道工会服务点	茶陵路38号	64045999-2206	200032
田林街道工会服务点	宜山路655弄3号	64839361	200033
康健街道工会服务点	桂林西街23号	54210576-8012、8013	200233
凌云街道工会服务点	老沪闵路1039弄48号	64552736-8018	200237
长桥街道工会服务点	罗秀路616号	64771771-137	200231
龙华街道工会服务点	天钥桥南路399号	54121093	200232
华泾街道工会服务点	华泾路505号	54821212-103	200231
徐家汇街道工会服务点	斜土路2431号	64417384	200030
枫林街道工会服务点	中山南二路857号	64416109	200032
虹梅街道工会服务点	虹梅路2017号	64062444	201103
漕河泾街道工会服务点	冠生园路211号	34140991	200235
长宁区总工会服务处	长宁路690弄3号304室	62133699	200042
天山街道工会服务点	天山二村64号乙大厅	62598183	200051
北新泾街道工会服务点	新泾一村144号	52600293-816	200335

续　表

服务处、点名称	地　址	电　话	邮　编
华阳街道工会服务点	长宁路 396 弄 79 号	62260707 –2109	200050
新华路街道工会服务点	法华镇路 521 号	62942155 –1117	200052
江苏街道工会服务点	江苏路 563 弄 8 号	62256600 –125	200050
周家桥街道工会服务点	云雾山路 551 弄 48 号	52061155 –118	200051
仙霞街道工会服务点	虹古路 206 号	62959244	200336
虹桥街道工会服务点	中山西路 1030 弄 51 号	62192118	200051
程家桥街道工会服务点	虹桥路 2282 号	62626600 –215	200336
新泾镇工会服务点	泉口路 66 号	52160606 –2010	200335
普陀区总工会服务处	武宁路 205 号	32250855	200063
曹杨新村街道工会服务点	棠浦路 52 号	62439020	200062
甘泉新村街道工会服务点	志丹路 125 号 201 室	66770313	200065
长寿街道工会服务点	胶州路 1087 号	62277887 –1153	200060
真如镇工会服务点	铜川路 1809 号	52791214	200333
长风街道工会服务点	枣阳路 251 弄 100 号 203 室	62430029	200062
宜川新村街道工会服务点	华阴路 202 号二楼	56080226	200065
石泉新村街道工会服务点	管弄路 268 号底楼	32060081	200061
桃浦镇工会服务点	武威路 1168 号	66278058	200331
长征镇工会服务点	清峪路 127 号工会窗口	62063779	200333
闸北区总工会服务处	西藏北路 770 号	56309576	200070
彭浦新村街道工会服务点	安泽路 78 号	56477367	200435
大宁街道工会服务点	彭江路 188 号	56033336	200072
宝山街道工会服务点	宝昌路 519 号	56301203 –8025	200071
芷江西街道工会服务点	中山北路 898 号	66583382 –123	200070
彭浦镇街道工会服务点	灵石路 725 号丙	66313084 –815	200072
临汾街道工会服务点	临汾路 335 号	56796194 –8108	200435
共和新街道工会服务点	平型关路 487 号	56332621	200072
北站街道工会服务点	国庆路 43 号	63800303 –1083	200070
天目西街道工会服务点	大统路 511 号	63540266	200070
虹口区总工会服务处	飞虹路 380 号 703 室	65030973	200086
凉城街道工会服务点	凉城路 465 弄 41 号	65287439	200434
曲阳街道工会服务点	伊敏河路 88 号	55881931 –1102	200437
欧阳街道工会服务点	曲阳路 483 弄 1 号	65754922	200081
四川北路街道工会服务点	溧阳路 1208 弄 18 号	65873014	200081
嘉兴街道工会服务点	二河路 388 号	65158800	200082
广中街道工会服务点	水电路 120 号	51812224	200083

续　表

服务处、点名称	地　址	电　话	邮　编
提兰桥街道工会服务点	杨树浦路 83 号	51680001 –809	200082
江湾镇工会服务点	奎照路 280 号	65612083、65612085	200434
杨浦区总工会服务处	通北路 538 号	65374180、65846612	200082
四平地区总工会服务点	鞍山路 158 号	65130912 –2178	200092
江浦地区总工会服务点	许昌路 1180 号	65853002	200082
长白地区总工会服务点	图门路 10 弄 7 号	55623223	200093
延吉地区总工会服务点	延吉中路 77 号	65482343	200093
定海地区总工会服务点	长阳路 3066 号	65670011 –1032	200090
平凉地区总工会服务点	吉林路 18 号	65850951 –8006	200082
五角场地区总工会服务点	政通路 100 弄 11 号	55225989	200433
控江地区总工会服务点	靖宇南路 99 弄 16 临 –1	55809221	200093
大桥地区总工会服务点	平凉路 1730 号	65191987	200090
殷行地区总工会服务点	国和路 1049 号	65881593	200438
五角场镇总工会服务点	国和路 425 号	65582183	200433
新江湾城地区总工会服务点	政立路 501 号	55130038	200438
黄浦区总工会服务处	普育东路 227 号 4 号楼	63080297	200011
豫园街道工会服务点	梧桐路 50 号	63365936	200010
南东街道工会服务点	江阴路 101 号	33110284	200003
小东门街道工会服务点	白渡路 252 号	63325694	200010
老西门街道工会服务点	蓬莱路 285 弄 4 号	33050114	200010
外滩街道工会服务点	河南中路 568 号	63295370	200002
半凇园路街道工会服务点	西藏南路 1360 号	63120055 –1097	200011
卢湾区总工会服务处	淡水路 464 号 103 室	53832096	200025
五里桥街道工会服务点	瞿溪路 768 号	53023712	200023
淮海街道工会服务点	马当路 349 号	53831172	200021
瑞金二路街道工会服务点	皋兰路 6 号地下一层	53822091	200020
打浦街道工会服务点	南塘浜路 103 号	63041102 –8101	200023
静安区总工会服务处	胶州路 699 号 101 室	62672387	200040
南京西路街道工会服务点	延安中路 955 弄 67 号	62896228	200040
江宁街道工会服务点	常德路 818 号	52527445	200040
石门二路街道工会服务点	武定路 139 号	62562905	200041
静安寺街道工会服务点	常熟路 115 号	54036167	200040
曹家渡街道工会服务点	万航渡路 676 弄 46 号底楼	62112892	200042
宝山区总工会服务处	友谊路 50 号	36071834	200900
张庙工会服务点	泗塘二村 108 号	56766139	200431

续 表

服务处、点名称	地 址	电 话	邮 编
吴淞镇街道工会服务点	淞青路 151 号	56572102	200940
大场镇工会服务点	沪太路 2518 号	61671008	200442
月浦镇工会服务点	德都路 111 号	36303757	200941
淞南镇工会服务点	长江南路 583 号	66186370	200441
友谊街道工会服务点	永清路 899 号	56122053	201900
顾村镇服务点	电台南路 11 号 409 室	56042969	201907
庙行镇街道工会服务点	长江西路 2700 号	56476890	200431
闵行区总工会服务处	闵行区莘建东路 210 号	64133704	201100
江川路社区(街道)工会服务点	鹤庆路 398 号	64632352	200240
浦江镇工会服务点	浦瑞路 326 号	34302196	201112
梅陇镇工会服务点	上中西路 762 号	54289346	200237
华漕镇工会服务点	平乐路 25 号 31 号	33509908 -3111	201107
古美街道工会服务点	古龙路 1139 号	54163600 -623	201102
七宝镇工会服务点	沪松公路 62 弄 42 号	54869562	201101
吴泾镇工会服务点	龙吴路 5530 弄 40 号 1005 室	64520590	200241
虹桥镇街道工会服务点	莲花路 2251 号	64658822 -107	201103
莘庄街道工会服务点	莘浜路 18 号	51519930	201100
颛桥镇工会服务点	联农路 297 号	51870877 -108	201108
马桥镇工会服务点	马桥西街 21 号	64090718 -116	201111
嘉定区总工会服务处	福宁路 41 号	59523738	201800
嘉定镇工会服务点	塔城路 360 弄 8 号	59928106 -8005	201800
新城路街道工会服务点	新城路 155 号	39980262	201822
真新街道工会服务点	清峪路 985 号	59197619	201824
菊园新村街道工会服务点	环城路 601 号	59927637	201800
安亭镇工会服务点	民丰路 988 号	69578879	201805
南翔镇工会服务点	古猗园路 358 号	39120108	201802
奉贤区总工会服务处	南桥镇南桥路 188 号 7 楼	57106326	201400
奉城镇工会服务点	奉城镇兰博路 2009 号	57514156	201414
松江区总工会服务处	人民北路 73 弄 1 号	57819333	201600
永丰街道工会服务点	松汇西路 1188 号永丰街道	57817206	201600
中山街道工会服务点	茸梅路 8 号 305 室	57786288 -168	201613
泖港镇工会服务点	中南路 35 号	37860097	201607
小昆山镇工会服务点	秦安街 55 号	57760068	201616
方松街道工会服务点	江学路 201 弄 8 号	37733427	201620
九亭镇工会服务点	九新公路 219 号	57634303	201615

续 表

服务处、点名称	地　址	电　话	邮　编
泗泾镇工会服务点	赵非村401号	37610068	201601
金山区总工会服务处	朱泾镇健康路工业大楼14—15号	57320225	201500
石化街道工会服务点	石化临潮新村18号	57951843	200540
朱泾镇工会服务点	朱泾镇健康路工业大楼14—15号	57320225	201500
张堰镇工会服务点	张漕公路8号	57213266	201514
青浦区总工会服务处	青浦区青松公路35号	59732688	201700
盈浦街道服务点	胜利路119号	69223619	201700
崇明县总工会服务处	城桥镇新城南路77号	39622067	202150
堡镇工会服务点	堡镇灵山路88号	59426492	202157
庙镇工会服务点	庙镇大街199号	59361150	202153
宝钢集团梅山公司工会	南京中华门外	025－86365601	210039

区县局(产业)工会通讯联系一览表

单位名称	地　址	总　机	直　线	传　真	邮政编码
上海市浦东新区总工会	浦东丁香路716号C幢4楼	58877988－1404	58871916	58871923	200135
上海市徐汇区总工会	漕溪北路336号8楼	64872222－1204		54258867	200030
上海市长宁区总工会	长宁路599号10楼		22051058 22051018	22051060	200050
上海市普陀区总工会	大渡河路1668号A区4楼	52564588	52500193	52564588－1422	200333
上海市闸北区总工会	秣陵路46号1812室	63805390	63542598	63542598	200070
上海市虹口区总工会	飞虹路380号	25658888	25658866	25658870	200086
上海市杨浦区总工会	江浦路549号	65419450－2214	65894612	65894612	200082
上海市黄浦区总工会	山东中路1号东4楼	33134800	63261963	33134800－10412	200001
上海市卢湾区总工会	重庆南路229弄5号		53511408	53511408	200025
上海市静安区总工会	胶州路699号B楼5楼	62175316	62175316	62181280	200040
上海市宝山区总工会	牡丹江路1188号3楼		56846819	56846819	200940
上海市闵行区总工会	沪闵路6258号	24033000	54179616	64121459	201100
上海市嘉定区总工会	嘉定镇清河路18号		39911506	59912126	201800
上海市金山区总工会	金山区金山大道2000号	57921001	57921090	57921090	200540
上海市松江区总工会	松江区中山中路38号		57822287	37736960	201600
上海市青浦区总工会	青浦区青松路35号	59721345	59721345	59721345	201700
上海市奉贤区总工会	奉贤区南桥镇南桥路188号	57106230	57106925	57106951	201400
上海市崇明县总工会	崇明县城桥镇朝阳门路11号		39622020	69692633	202150
上海市机电工会	四川中路110号	63215530	63217192	63519582	200002

续 表

单位名称	地 址	总 机	直 线	传 真	邮政编码
上海市仪表电子工会	田林路 168 号	24122600	24122731	24122736	200233
上海市化学工会	徐家汇路 560 号 2004 室	64736060	64457565	64457565	200025
上海市轻工业工会(上海轻工业工会联合会)	程家桥路 263 号		64050060	64500650	201103
上海市纺织工会	虹桥路 1488 号	62089000	62082160	62082163	200336
上海市医药工会	福州路 221 号		63234904 63234482	63213258	200002
上海市电力公司工会	源深路 1122 号		28925762 28925766	28926522	200122
上海电力建设有限责任公司工会	高邮路 68 号	64366865	64315507	64315507	200031
上海宝钢集团公司工会	浦电路 370 号宝钢大厦 2309 室	58350000	68403062	68404468	200122
中冶宝钢技术服务有限公司工会	宝山区月浦宝泉路 1 号		56935693	56935693	200941
上海宝钢冶金建设有限公司工会	宝山区月浦四元路 168 号		66930286	66930286	200941
上海高桥石油化工公司工会	浦东大道 3000 号	58711001	58713406	58711001 –22026	200129
中国石化上海石油化工股份有限公司工会	金山区金山卫金一路 48 号	57941941	57931272	57931272	200540
长江计算机(集团)公司工会	山东中路 337 号 712 室	63516236 –1711	63221591	63517610	200001
上海航天局工会	闵行区元江路 3888 号机关大楼 608 室		24180187 24180186	24180190	201109
上海船舶工业公司工会	周家嘴路 3255 号 909 室	65189966	65197965	65704520	200093
上海市烟草工会	长阳路 717 号	61666868	61669185	61669944	200082
上海汽车工业(集团)总公司工会	威海路 489 号	22011888	22011027	22011777	200042
上海广电(集团)有限公司工会	金都路 3800 号 202 室	64185050	54424406	54424406	201108
上海市漕河泾新兴技术开发区发展总公司工会	宜山路 900 号科技大楼 A 区 17 楼	64850000	64850438	64850523	200233
中国能源化学工会华东电力工作委员会	南京东路 201 号	23015222	23015152	23016434	200002

续 表

单位名称	地址	总机	直线	传真	邮政编码
上海华虹(集团)有限公司工会	浦东张江高科技园区碧波路177号A区3楼		61007971	61006700	201203
上海华源集团有限公司工会	中山北路1958号华源世界广场1809室	62031188	62037138	62031071	200063
上海化学工业区工会	月华路66号2号商务楼304室	67126666	67126666-6113	67120611	201507
国药控股股份有限公司工会	福州路221号	63211750	63291030	63212722	200002
中国铁路工会上海铁路局委员会	天目东路80号	51222150	63250568	51222339	200071
中国海运(集团)总公司工会	东大名路700号	65966666	65966363	65967356	200080
上海国际港务(集团)股份有限公司工会	东大名路358号(国际港务大厦26楼)		35308012	35308012	200082
中国海员工会上海长江轮船公司委员会	浦东张扬路800号	58351688	58351354	58351354	200122
上海市运输工会	恒丰路288号	32109588	63174307	63174307	200070
中国邮电工会上海市邮政委员会	北苏州路276号	63936666	63646787	63936666-5152	200085
中国移动通信集团工会上海市委员会	长寿路200号1209室	32069999		62271617	200060
中国电信集团工会上海市委员会	世纪大道211号1907室	63240069	63630417	63631663	200122
中国海员工会交通部上海东海救助局委员会	杨树浦路1426号	65191710-567	65196804	65196804	200090
中国海员工会交通部上海打捞局委员会	杨树浦路1426号	65191710-214	35120275	35120275	200090
中交上海航道局有限公司工会	中山东一路13号	63231994	63230059	63233024	200002
中交第三航务工程局有限公司工会	平江路139号	64030607-3730	64034173	64034173	200032
中国海员工会中远集装箱运输有限公司委员会	东大名路378号(远洋大厦)	35124888	65952751	35124888-2539	200080
中国海员工会中波轮船股份公司委员会	延安东路55号(工商联大厦)	63360108	63363654	63362892	200002

续　表

单位名称	地　址	总　机	直　线	传　真	邮政编码
中国民航工会华东管理局委员会	虹桥机场迎宾二路 300 号	62688899	22322177	22322187	200335
中国东方航空集团公司工会	虹桥路 2550 号(空港三路)	62686868		62690306	200335
上海机场(集团)有限公司工会	虹桥国际机场迎宾二路 200 号		62697985 51143755	51143370	200335
中国海员工会上海海事局委员会	四平路 190 号	53931500	53931417	53931417	200086
上海市建设和交通工会	大沽路 100 号 2817 室	23111111	23113133	23113119	200003
上海市建工(集团)总公司工会	浦东福山路 33 号	58885666 -1628	68871821	58766638	200120
上海市城市交通管理局工会(上海城市交通行业工会)	大沽路 100 号 608 室	23111111	23115195	63268932	200003
上海市住房保障和房屋管理局工会	大沽路 100 号 2014 室	23111111	23116105	23115998	200003
上海建筑材料(集团)总公司工会	北京东路 240 号	63217238	63213311	63213311	200002
上海海洋石油局工会	浦东商城路 1225 号 1525 室	68763242	68768392	68768392	200120
上海市绿化和市容管理局工会	胶州路 768 号	52567788	52567356	52567399	200040
上海现代设计(集团)有限公司工会	石门二路 258 号	52524567	62464284	62464284	200041
鲁中冶金矿业(集团)公司工会	山东省莱芜市		0634 -6811604	0634 -6811604	271113
上海闵行经济技术开发区工会	闵行文井路 135 号		64300141	64303688	200245
上海虹桥经济技术开发区联合发展有限公司工会	娄山关路 83 号 3466 室	62756888	62754097	62194505	200336
上海市水务局工会	江苏路 389 号	52397000	52397000 -6967、6924	52397000 -6938	200050
中国建筑第八工程局工会	浦东世纪大道 1568 号(中建大厦 27 楼)	61691998	61691758 61691761	61691999	200122
上海大屯能源股份有限公司工会	江苏省沛县大屯矿区		0516 -84025706	0516 -84015378	221611

续　表

单位名称	地　　址	总　机	直　线	传　真	邮政编码
上海市金融工会工作委员会	大沽路100号2316室	23111111	23116312	23116310	200003
上海市税务工会	肇嘉浜路800号	54679568	54906058	54906058	200030
上海市人力资源和社会保障局工会	天山路1800号	62748577－1618	62737951	62737951	200051
上海市科技工会	南昌路57号甲306室		53827720	53827703	200002
上海市教育工会	陕西北路500号		62530780	32185712	200041
上海市医务工会	北京西路1477号1104室		22121786	22121980	200040
上海市新闻出版工会	绍兴路5号	64370176－8505	64332436	64718532	200020
解放日报报业集团工会	汉口路300号	63521111	63528593	63514777	200001
文汇新民联合报业集团工会	威海路755号	52921234	52921340	52921340	200041
新华通讯社上海分社工会委员会	衡山路62号601室		64319844	64315274	200031
上海市文化广播影视管理局工会	北京东路2号	53088177	53089053	53089053	200002
上海文化广播影视集团工会	北京东路2号	53088177	53083316	53083316	200002
上海市文物管理委员会工会	人民大道201号	63723500	63727578	63727573	200003
上海社会科学院工会	淮海中路622弄7号	53060606－2210	53064337	53064337	200020
上海市体育工会委员会	中山南二路1800号奥林匹克俱乐部1307房	64391391	64814809	64814809	200030
上海市经济和信息化系统工会	斜土路2451号2楼		64698273		200030
上海市信息化行业工会	巨鹿路915号1904室		61121204		200040
光明食品（集团）有限公司工会	华山路263弄7号	62474500	62483751	62483751	200040
上海市民政局工会	江西中路215号	63232222	63210089	63210089	200002
上海市监狱管理局工会	长阳路111号	35104888	65414006	65414006	200082
锦江国际（集团）有限公司工会	延安东路100号17楼	63264000	63265208	63237115－71	200002
上海市东湖（集团）公司工会	宛平路9号甲		64746335		200030

续 表

单位名称	地 址	总 机	直 线	传 真	邮政编码
上海市衡山(集团)公司工会	宛平路169号	64377050-1818	64713981 64713990	64713960	200030
上海市市级机关工会工作委员会	大沽路100号1714室	23111111	63584485	23113372	200003
百联集团有限公司工会	张杨路501号19楼	58363636	58361138	58360558	200120
中能(集团)有限公司工会	复兴中路1号25楼	63900888	63900659	63900119	200021
上海良友(集团)有限公司工会	张扬路88号1411室	68871118-1411	58766861	58766861	200122
上海兰生(集团)有限公司工会	淮海中路8号	63191010		63860183	200021
上海久事公司工会	中山南路28号(久事大厦37楼)	63308888	63309429	63309408	200010
上海水产(集团)总公司工会	共青路448号	65686677	65691227	65691227	200090
上海申通地铁集团有限公司工会	桂林路909号综合管理楼402室	63189188	63189188-75658	64696809	201103
上海市锦江航运有限公司工会	淮海中路98号15楼	53862200	53866615	63904798	200003
上海蔬菜(集团)有限公司工会	中山南路76号	63306060-2020	63307015	63307015	200010
上海市城市建设投资开发总公司工会	永嘉路18号	64338222	64338222-3350		200020
上海电器科学研究所(集团)有限公司工会	武宁路505号	62574990-210		62570453	200063
东方国际(集团)有限公司工会	娄山关路85号2208室	62789999	62784061	62785429	200336
上海市社会系统工会工作委员会	威海路48号1908室	23111111	23116918	63584513	200003
上海城建(集团)公司工会	浦东福山路500号	58301000	58302286	58301000-7854	200122
上海地产(集团)有限公司工会	东湖路9号	54050999	54051889	54050006	200031
上海市申江两岸开发建设投资(集团)有限公司工会	耀华路699号	68588866	68588220	68588956	200126

续 表

单位名称	地址	总机	直线	传真	邮政编码
上海世博(集团)有限公司工会	延安中路837号	62892666	62895706	62895799	200040
中国联合网络通信有限公司上海分公司工会	浦东大道900号15楼		61587111	61581151	200135
上海市合作交流系统工会	大沽路100号913室	23111111	23115432	63556696	200003
上海市电力股份有限公司工会	中山南路268号		51171039	51171011	200010
中铝上海铜业有限公司工会	泰和路1010号	56679888	56679888－88074	56841162	200940
上海市通信管理局工会	延安东路1200号18楼	63902000		63903000	200001
上海市宾馆业工会联合会	大沽路100号10楼	23111111	23115495	63367121	200003
中国商用飞机有限责任公司工会	浦东张杨路25号	38588888	38588520	38588800	200120
民航华东地区空中交通管理局工会	虹桥国际机场空港一路171号		62688899	62689318	200335
上海世博会事务协调局工会	浦东南路3588号		22062656	22060506	200125
上海临港产业区工会工作委员会	临港新城新元南路555号3楼		68284018	58073390	201306
中国电信集团号百信息服务有限公司委员会	四川北路61号17楼		63632090	63635798	200085
上海上实(集团)有限公司工会	淮海中路98号21楼	53828866	53828866－2183		200021
上海市公安局工会	武宁南路128号		22020574	62326722	200042
上海市农业委员会工会工作委员会	大沽路100号	23111111			200003
上海国盛(集团)有限公司工会	镇宁路9号7楼	52388000	52388000－757 62406713	62406975	200050
华能上海分公司工会	陆家嘴环路958号38层	68865222		68865657	200120

索　　引

Index

A

B

C

D

F

G

H

J

L

M

N

P

T

W

X

Y

Z

交通银行上海市分行工会

靓丽风采迎世博——举行女职工礼仪大赛

2009年，交通银行上海市分行工会在分行党委和上级工会的正确领导下，以科学发展观为统领，认真贯彻中国工会十五大精神，紧紧抓住世博会全球唯一金融合作伙伴的契机，以“打造员工满意信赖的职工之家”为目标，以集聚员工智慧、激发员工热情、营造和谐环境为主线，着眼于世博金融服务实现“精密筹备、精致服务、精彩演绎”的要求，先后组织开展了“品牌服务迎世博”、“精湛技能迎世博”、“靓丽风采迎世博”、“健康快乐迎世博”四大主题活动，激发了广大员工服务世博、奉献世博的光荣感、责任感和使命感，促进了服务质量的全面、持续提升，为推进分行改革发展大业、构建和谐劳动关系发挥了积极的作用。分行工会被总行授予”模范职工之家“荣誉称号；分行工会主席孙小妹被授予“全国金融系统优秀工会干部”和”全国金融五一劳动奖章”称号；分行工会副主席茅晓佩授予“全国三八红旗手”荣誉称号。

分行工会主席孙小妹荣获“全国金融系统优秀工会干部”和“全国金融五一劳动奖章”

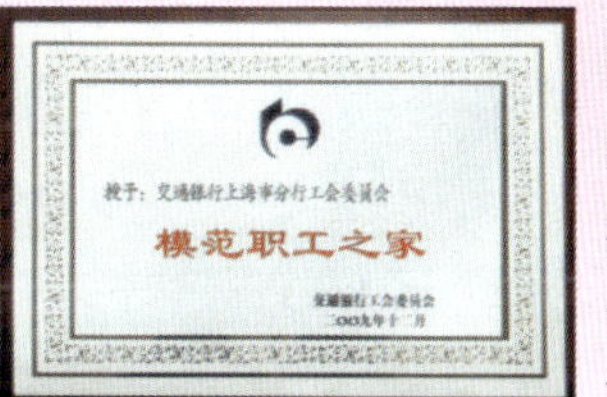

精湛技能迎世博——开展业务技能竞赛

健康快乐迎世博——组织职工运动会

“天天演”交行专场——演绎交行世博服务品牌形象与职工文化建设

上海市“微笑服务大使”袁贞

上海市自来水闵行有限公司工会

闵水公司成立10周年座谈会

表彰企业最具影响力员工

上水闵行公司成立于1999年11月4日。10年来，公司上下以“不以小而甘居人后”的进取理念，共同践行“勤于学习、勇于创新、敢于争先、乐于奉献”的企业精神，各项生产、经营、服务指标不断刷新，连续10年实现赢利，取得了企业物质文明、精神文明的双丰收。先后涌现了全国劳模、市劳模、劳模集体等一批先进集体和个人，获得百余项国家级、市级荣誉称号。2009年，公司工会紧紧围绕“树立科学发展理念，打造一流供水企业”的实践主题，积极营造和谐稳定的企业氛围，促进员工队伍整体素质的提高，出色地完成全年的各项任务指标，实现了上海市职工满意企业三连冠、上海市优秀公司十连冠。

闵水10年歌咏会

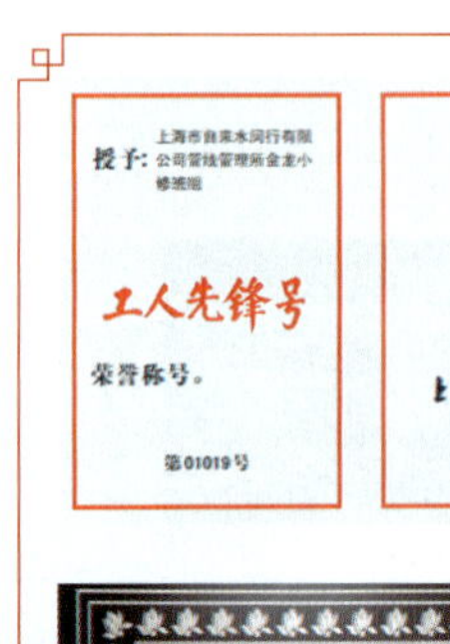

迎世博便民服务

职工文艺演出

上海梅山钢铁股份有限公司工会

员工创新室揭牌

公司召开三届一次职代会

最佳实践者活动推进会

新产线岗位技能大练兵大比武竞赛

2009年，上海梅山钢铁股份有限公司工会围绕企业经营发展目标，履行工会职责，做好各项工作。一是围绕企业中心任务策划组织开展原料供应成本改善、铁水成本改善、降低在制品与产成品库存等11项重点劳动竞赛和“挑战钢轧日产超万吨，实现‘三个一’目标”专项劳动竞赛；二是落实职代会职权，不断提高职代会质量，严格履行民主程序，坚持涉及职工切身利益的事项须经职代会表决通过，制定了《职工代表任内履职制度报告试行办法》，深入推进劳动关系和谐企业建设；三是从“发现、培养、宣传”三个环节入手，大力开展最佳实践者活动，促进了作风转变、提升了企业凝聚力，促进了后进转化、提升了职工素养，促进了现场管理、提升了管理水平；四是深入推进群众性经济技术创新工作，筹建成立员工创新室，并采取“降低发布平台，增加发布频次”的措施，积极推进班组合理化建议转化为自主管理成果，取得了车间（分厂）及作业区课题发布零的突破。五是深化职工素质工程，组织开展新产线岗位技术大练兵大比武竞赛活动，形成标准化作业文件402个、总结先进操作法57项、认定技术秘密57件、受理专利16件；六是推进班组建设，开展“三个一进班组”活动，要求每个班组“制定一个指标、确立一个项目，培育一个明星”，并建立“工会干部联系班组制度”，按照“了解信息、做好宣传、挖掘典型、指导管理”的工作要求，开展工会干部联系班组活动。

三八妇女节表彰先进

职工大众体育活动

上海市快乐(集团)有限公司

上海市快乐（集团）有限公司隶属于普陀区国资委，注册资金1.1亿元，主营烟酒、粮油批发零售、食品加工、商铺租赁、外贸等业务。近几年来，公司注意发挥工会作用，以“创建工人先锋号、构建和谐社会”为抓手，以科学发展观统领集团公司各项工作。开展了“六比一创”（比文明经商、比工作业绩、比规范管理、比创新能力、比安全稳定、比团结和谐——创建工人先锋号）迎世博立功竞赛活动，达到了提升工作业绩、强化企业管理、服务职工群众、企业稳定和谐的效果，促进了企业科学发展。进一步完善职代会、厂务公开工作制度，发挥职工群众的主人翁精神，为企业的发展献计献策。重民生，建立了不在岗职工联络员制度，积极为不在岗职工服务。集团公司在改革、发展、稳定中取得了较好的成效，2009年实现销售14.26亿元，利润4 358万元，税收7 383万元，被评为上海市和谐劳动关系创建活动示范单位。

左一：集团董、监事会议
左二：工会巡视活动
左三：安全稳定工作签约
左四：劳动竞赛颁奖仪式
右上：新春联欢会

盛东集装箱码头公司

洋山深水港是上海国际航运中心建设的核心工程，是上海服务全国、提升城市发展能级的战略平台。成立于2005年的盛东公司是上港集团旗下负责洋山一、二期码头生产经营的全资子公司，码头岸线总长3 000米，总资产达180亿元人民币，是当今全球最大的现代化集装箱单体码头之一，装卸效率已达到世界先进水平。公司工会以饱满的工作热情，认真履行好工会职责，努力为员工服务，工会的整体工作已与公司的中心工作、科学管理、精神文明建设、企业文化建设和员工素质提高等融为一体，在增强公司凝聚力和竞争力等方面发挥着积极的作用，并在确保公司和谐稳定上取得了较好成绩。近年来，公司先后荣获全国精神文明建设工作先进单位、中国企业影响力・十大（行业）品牌、连续3年中国港口前十强集装箱码头、上海市国资委“争创党建标杆“主题活动红旗党组织、上海市第十三、十四届文明单位等称号。

左上：盛东公司码头全景

左下：荣获2010年全国劳模称号的公司党委书记、总经理蒋工圣关心员工的工作、生活情况

右上：公司举办迎春联欢会

右中：以“安康杯”竞赛活动为平台开展安全知识竞赛

右下：工会开展形式多样的文体娱乐活动

上海蔬菜（集团）有限公司

召开三届四次职代会

上海蔬菜（集团）有限公司始终坚持“高效流通为农民、安全诚信为市民”的企业宗旨，大力宣传“对国资负责、对产业负责、对社会负责、对员工负责”的核心价值观和“经营创新，服务创优、管理精细、效益争先”的理念，致力于构建农产品安全流通网络，为农民提供公开、公平、高效、便捷的交易平台，为市民提供安全、卫生、优质的食用农产品，充分发挥农产品流通国有主渠道作用，是上海市政府确保市场供应、确保食品和稳定市场价格的重要平台。近几年，集团公司先后被评为全国菜篮子放心工程优秀企业、中国商业信用企业、全国构建和谐商业杰出贡献企业和全国商业文化优秀奖企业。被认定为国家农业重要龙头企业和上海市农业产业化重点龙头企业，集团公司和江桥市场、江杨市场被列入全国双百市场工程。另有多人被评为引领中国商业改革发展功勋企业家、全国商业优秀创业企业家、全国和上海市三八红旗手、上海市劳动模范、“上海市五一劳动奖章”获得者、上海市建设功臣等。

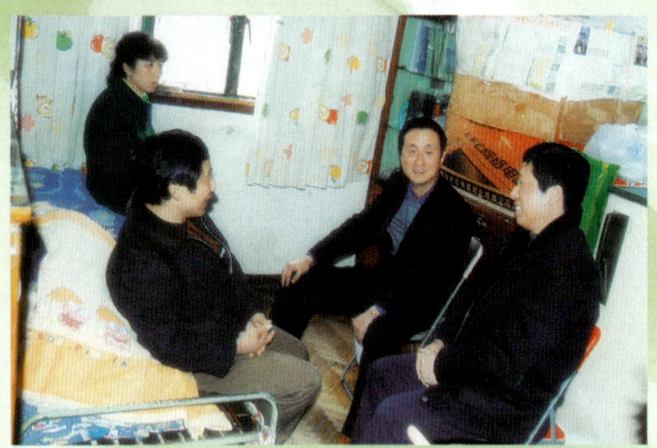

上一：行政与工会签订集体合同
上二：国盛集团与蔬菜集团领导慰问困难职工
右上：举行119消防运动会
右下：举办军民迎世博体锻一日赛

中国海运（集团）总公司工会

中国海运集团是中央直接领导和管理的重要国有骨干企业之一。集团工会成立于1998年1月18日。12年来，集团工会继承和发扬中国海员工会的优良传统，积极开展国内外工会工作交流与合作，取得了积极的成果。2009年团结发动广大职工共同应对国际金融危机和航运市场大幅下滑的局面，苦练内功，夯实基础，连续12年开展“中海杯”劳动竞赛，搭建“创建学习型班组、争做知识型员工”的平台。团结带领广大职工迎难而上、拼抢市场、增收节支、节能减排，加强安全生产，促进和谐稳定，加大推进产业结构调整和增长方式转变的力度，努力建设百年中海，争创世界一流。

左上：工会主席陈德诚和中海集团一线模范在一起
左中：慰问30万吨油轮一线船员
左下：向云南临沧永德县少数民族孩子赠送学习用品
右上：宣讲学习实践科学发展观辅导报告
右中：和韩国海员工会客人在一起
右下：向离休干部颁发奖章

中国建材国际工程集团有限公司

中国建材国际工程集团有限公司是全国综合性甲级科研设计单位和国际化工程集团公司、上海市高新技术企业，是在香港上市的中国建材股份有限公司的核心业务板块。公司经营业务涵盖建材行业主要业务门类及相关产业，设有联合国开发组织和中国政府合建的中国玻璃发展中心等7个行业性机构。公司连续多年跻身全国勘察设计企业、工程项目管理企业和工程总承包企业50强，入围美国权威杂志ENR 200强，近年来先后获得中央企业先进集体、全国五一劳动奖状、上海市模范职工之家、上海市文明单位、上海市学习型企事业先进单位、上海市职工最满意企（事）业单位、上海市实施“走出去”战略先进单位等荣誉称号。

中共中央政治局委员、上海市委书记俞正声会见公司董事长彭寿

左上：并购重组上海重型机械有限公司
右上：中国建材工程工会第五次会员代表大会召开
右中：召开职代会
右下：举办庆祝国庆60周年大型文艺演出

上海海事大学工会

上海海事大学是一所地处浦东新区临港新城，以航运技术、经济与管理为特色的具有工学、管理学、经济学、法学和文学等学科门类的多科性大学。近年来，校工会深入学习贯彻科学发展观，坚持走中国特色社会主义工会发展道路，积极推进以落实教代会民主评议权为核心的民主政治建设、以促进青年教师快速成长为重点的职工队伍建设，以组建劳动人事争议调解委员会为抓手的维权机制建设、以最大限度地吸收非在编职工入会为目标的工会组织建设，不断加强理论学习，深入开展调查研究，认真破解各种难题，充分发挥工会职能，热情主动地为教职工服务，努力构建和谐平安校园，工会工作水平得到进一步的提升，受到学校党政领导和广大教职工的一致好评，先后荣获全国教科文卫体系统和上海市模范职工之家称号。2009年又被评为上海市教育系统“先进教工之家免检单位”。

校工会编辑出版的书籍

吸收非在编职工入会

举办青年教师教学竞赛

普及太极拳运动

组织教职工暑期疗休养

加强两级教代会制度建设

东华大学前身是华东纺织工学院，创建于1951年，是教育部直属的全国重点大学，是中国首批博士、硕士、学士三级学位授予单位。东华大学致力于建设“国内一流、国际有影响、有特色的高水平大学”，坚持走“观念兴校、学术兴校、管理兴校”发展之路，在“211工程”国家重点建设的高等院校中独树一帜。东华大学工会认真学习贯彻科学发展观，紧紧围绕学校中心工作，努力服务大局，积极推进校务公开民主管理，主动为教职工服务，充分发挥了工会组织的桥梁纽带作用。重视自身建设，积极组织工会干部培训和理论研究，在民主政治建设、教职工素质建设、和谐校园建设、生活保障工程建设等方面取得了可喜成绩，被授予上海市教育工会先进职工之家免检单位。

东华大学工会

上：工会民主管理、民主决策
下：召开迎春教师茶话会

上：教职工文体活动丰富多彩
下：举行庆祝三八节暨表彰先进活动

上海电器科学研究所(集团)有限公司

上海电器科学研究所（集团）有限公司主要专业有电子信息技术、智能交通系统、数字化智能化系统集成、自动控制系统技术、新材料技术以及电机、电器、船用电机电器、电工合金材料等方面应用的新工艺、新技术。承担我国低压电器、中小型电机、无线电干扰3个行业的标准归口工作，国际电工技术委员会（IEC）10多个技术委员会（分技术委员会）的国内归口工作，是中国电器工业协会3个分会、中国电工技术学会4个专委会的秘书处挂靠单位，是上海市文明单位、全国机械行业文明单位、首届上海市学习型企事业单位，2008年4月获全国五一劳动奖状荣誉称号。

充分发挥電科所在電机電器方面的技術優勢加强智能電網用户端的研究為現代化建設作出新的貢献

江澤民
二〇一〇年二月五日

原国家主席、上海电器科学研究所老所长江泽民再次为上海电科集团题词

上海电科智能系统股份有限公司荣获上海市五一劳动奖状荣誉称号

集团公司工会2009年工作年会

庆祝国庆60周年文艺会演大合唱——《保卫黄河》

杨浦区中心医院是一所有着60余年历史的二级甲等综合性医院，共有职工近1 200名。医院工会在医院医疗用房比较紧张的情况下想方设法挤出250平方米空地，于2008年11月新建了职工休闲中心，配置了跑步机、脚踏车、乒乓台、瑜伽地毯等健身器材。休闲中心秉承“休闲、娱乐、愉悦身心，运动、健身、增强体魄”的宗旨，为全院职工服务，成为全院职工工作之余锻炼健身的一片乐土。工会也利用休闲中心的场地，开展了读书节、礼仪节、体育比赛等各项活动，组织院合唱团、腰鼓队排练，成为工会开展教育活动的有效阵地。

杨浦区中心医院工会

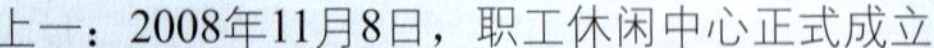

上一：2008年11月8日，职工休闲中心正式成立
上二：“传递微笑分享礼仪”迎世博庆国庆PPT制作演讲大赛在职工休闲中心举行
下一：职工休闲中心成为职工体育锻炼的好地方
下二：工会在职工休闲中心举行2009年迎世博趣味竞赛活动

国药控股股份有限公司

职代会代表投票

国药控股股份有限公司于2009年9月23日在香港港交所上市。公司成立7年多来，基本形成了药品分销及配送、零售连锁、药品制造、化学试剂等协同发展的企业竞争力和优势，在中国医药商业年度销售、利税排名中连续5年位居榜首。工会紧紧围绕“整合、转型、创新、跨越”的主题，以科学发展观统领工作，完善职代会制度，推进企务公开民主管理；推动构建和谐劳动关系，维护企业和谐稳定；坚持以职工为本，履行好维权基本职责；找准工作结合点，积极推进企业文化建设；不断加强自身建设，努力适应公司改革、创新、发展的要求，在促进公司发展、构建和谐企业中不断增强工会工作的创新力、凝聚力和影响力，团结广大职工为促进发展建功立业，努力把工会工作提升到一个新的水平。

党政领导与职工代表对话

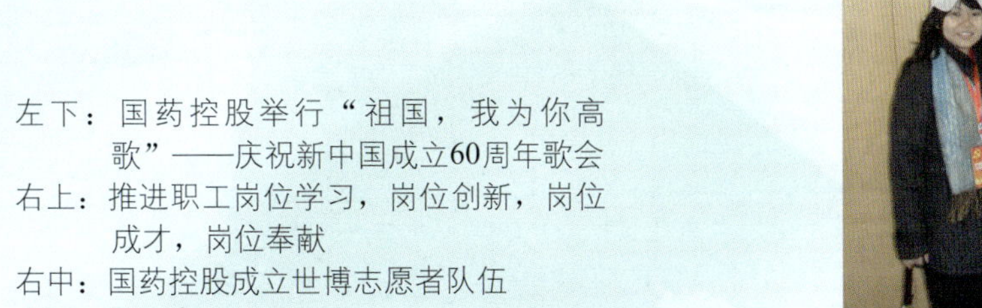

左下：国药控股举行“祖国，我为你高歌”——庆祝新中国成立60周年歌会

右上：推进职工岗位学习，岗位创新，岗位成才，岗位奉献

右中：国药控股成立世博志愿者队伍

右下：员工参加体育比赛

上海市城市科技学校工会

上海市城市科技学校是全国重点职业学校，上海市现代化标志性学校。学校位于风景秀丽的松江新城区，占地240亩，教职员工近300人，学生约4 000人。校工会的工作风格是踏实细致，认真做好每一件平凡的小事，使学校教职工队伍人心凝聚，不断增强归属感，增加幸福感，从而对学校的改革和发展起到良好的推动作用，近2年先后荣获市教育工会先进教工之家和上海市模范职工之家称号。在学校一届五次工会会员代表大会上，工会工作又一次获得满意度100%的评价。

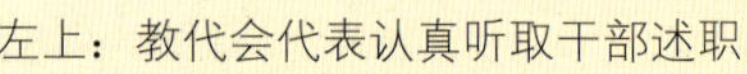

左上：教代会代表认真听取干部述职
左中：班主任合唱队在学生艺术节上表演
左下：2009年秋季教工广播操比赛
右上：部分教工赴新疆旅游
右下：青年教师在中秋节联欢会上自娱自乐

白龙港第一污水输送分公司

分公司开展应急预案的演练

白龙港第一污水输送分公司主要负责上海南部地区的防汛排水和污水输送的运营管理。分公司以迎世博为契机，以创文明单位为抓手，积极推进“迎世博、创文明、重内涵、树新风”系列活动。通过抓管理、树形象、创文明、促和谐，增强职工迎接世博的综合素质和奉献世博的土人翁精神。分公司党支部重视开展精神文明建设，通过与青浦监狱二监区开展党支部共建活动，将治污心得用于在押人员的帮教，被评为2003—2008年度上海市社会帮教先进集体。分公司充分发挥“党员技术交流站”的作用，通过集中培训和个性辅导，囊括排水公司技术比武3个第一名，使职工学技能的积极性进一步提高，服务世博的本领进一步增强。分公司工会实施“五位一体”的评估新机制，其成果获得城投系统工会创新工作三等奖。

荣誉证书

排水公司　白龙港第一污水输送分公司工会

你单位《创特色　树品牌　“五位一体”见实效》在2009年度城投系统工会工作创新创特色成果评选中荣获：

三等奖

特发此证，以资鼓励。

上海市城市建设投资开发总公司工会

二〇一〇年元月

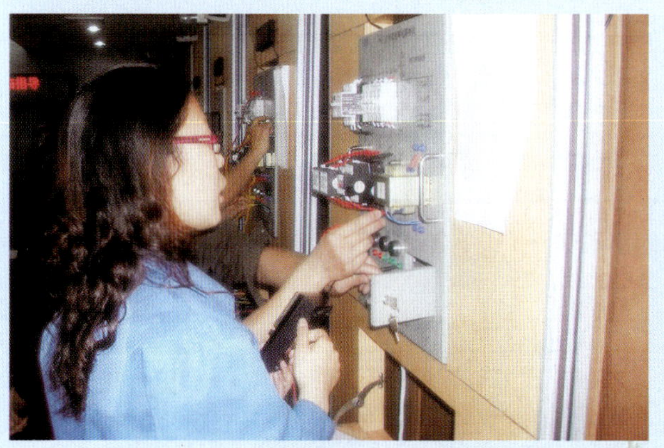

左一：迎世博，做文明秩序践行者
左二：开展技术练兵
左三：义务宣传环保知识

中国移动通信集团工会上海市委员会

数据中心开展知识竞赛，提高员工业务素质

中国移动上海公司十分注重班组建设，着力塑造高效能和谐班组，激发班组作为企业“神经末梢”的活力，使班组真正成为公司“人才培育的基地、团队成长的平台、战略落地的关键、和谐创新的细胞”。几年来，通过持续推进班组生产管理、质量管理、安全管理、现场管理、绩效管理、信息化建设、文化建设、经济技术创新、员工素质提升、员工心理管理等工作，推动班组建设工作不断上新台阶。

上：开展班组拓展活动
下：客服中心（10086）员工每天上班前“晒”心情

举办艺术节文化艺术展

开展班组建设与管理专题培训

网络优化中心应急通信班在世博园内进行应急通信演练

上海国际问题研究院

美国前总统卡特与研究院青年合影

上海国际问题研究院前身为上海国际问题研究所，成立于1960年，2010年上海国际问题研究院迎来了50周年华诞。研究院现有研究人员和科辅人员90余人。经过几代人的不懈努力，先后被评为中国十大智库和全球十大智库，在国内外享有较高声誉。研究院以建设“国内顶尖、国际一流”的社会主义创新型智库为战略目标，致力于从战略和政策角度对当代国际政治经济和安全问题及中国的对外关系进行跨学科的研究，为中央总体外交服务；与时俱进，积极开拓，努力服务于上海经济社会发展。院工会不断完善组织机制建设，积极探索新形势下工会工作的新思路和新方法，切实维护职工权益；开展丰富多彩的文体活动，提高职工工作积极性和集体认同感。2008年，研究院荣获上海市五一劳动奖状。

2010年上海国际问题研究院荣获上海市迎世博贡献奖——宣传教育奖

为老干部举办画展

职工参加市级机关大型歌会

举行庆祝新中国成立60周年歌咏会

举行国庆升旗仪式

上海市第一人民医院工会

2009年，上海市第一人民医院以“节俭隆重、奉献爱心”为主题，开展145周年院庆活动，由“三个一”组成：一场有心内、呼吸、肾内、内分泌等24个科室数十位专家参加的大型义诊，同时开放放射、检验、心电图、B超等科室，为市民提供包括健康咨询和疾病防治等服务；一场由职工自演的文艺汇演，主线为“百年走来、博爱奉献、追求第一”，通过重现医院百年发展历程，弘扬“白衣天使”博爱奉献精神；一次捐赠仪式，即把院庆费用节省10万元，捐赠给四川都江堰灾区。医院工会紧紧围绕医院中心工作，独立自主地开展工作，全面履行工会职能，为促进医院建设发展发挥了重要作用，荣获“市医务工会先进职工之家“、“2007—2009年度市职工科技创新示范基地”、“2004—2008年度市职工技协先进集体”等荣誉称号。副院长许讯荣获全国五一劳动奖章。

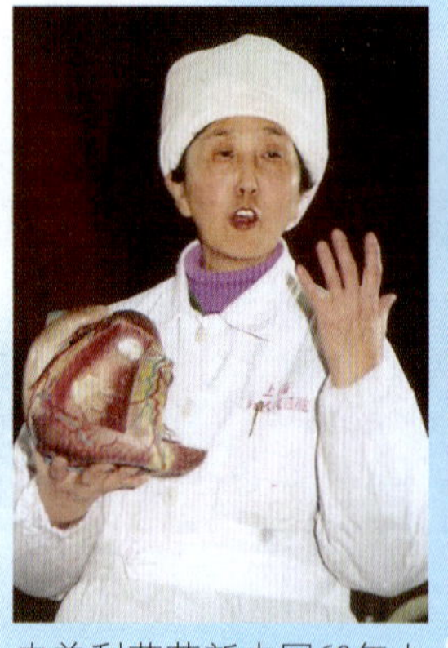

史美利荣获新中国60年上海百位优秀女性称号

副院长许迅荣获全国五一劳动奖章

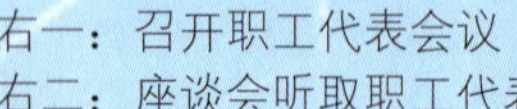

右一：召开职工代表会议

右二：座谈会听取职工代表的意见和建议

右三：护理部代表在市卫生系统科技创新推进会上交流发言

右四：“唱响世博”职工卡拉OK比赛

右五：“精彩世博，文明先行”迎世博专题培训讲座

左下：建院145周年庆典暨文艺演出

上海外高桥第二发电有限责任公司工会

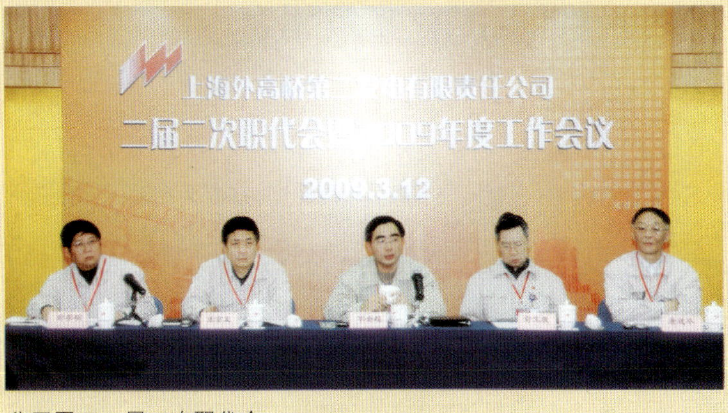

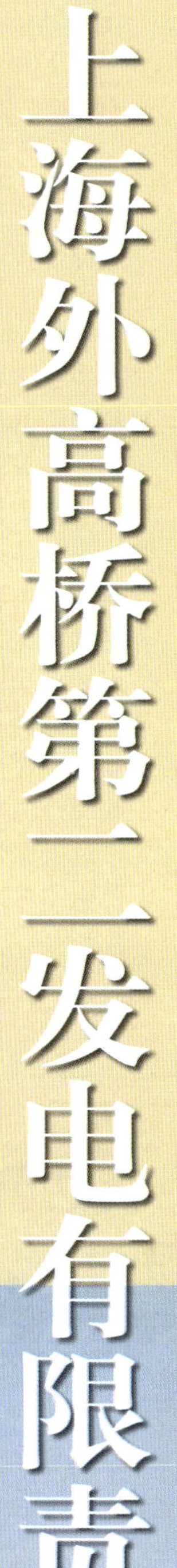

公司召开二届二次职代会

上海外高桥第二发电有限责任公司位于外高桥电力能源基地，是在单机容量、技术水准、运行参数等方面都居于国际领先水平的火力发电企业。公司工会紧紧围绕企业中心工作，建立健全职代会制度，不断推进厂务公开民主管理工作，切实履行维权职能。根据生产经营实际适时开展各项劳动竞赛和群众性建功立业活动，以构建“责任、感恩”为核心的企业文化为契机，充分利用网络平台、手机短信等载体，动员、引导员工参与建立贴近企业实际、具有鲜明特色的企业文化理念识别系统，团结、凝聚广大员工为企业生产发展贡献力量。公司先后荣获上海市文明单位、上海市厂务公开民主管理工作先进单位、全国电力行业企业文化成果优秀奖、上海市劳模集体、上海市职工最满意企事业单位、上海市模范职工之家等荣誉称号。

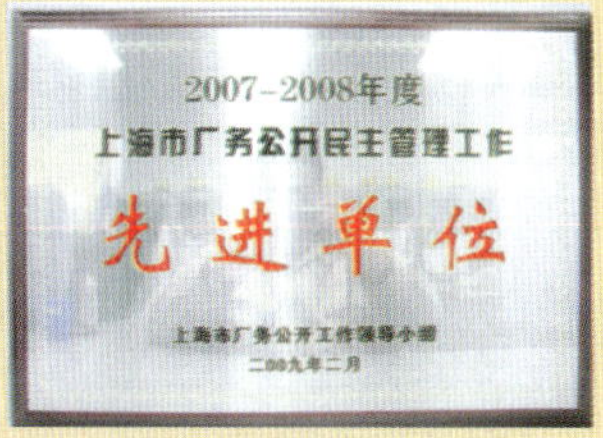

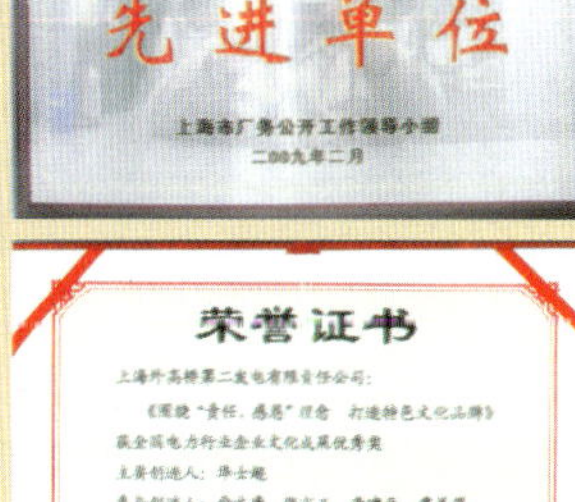

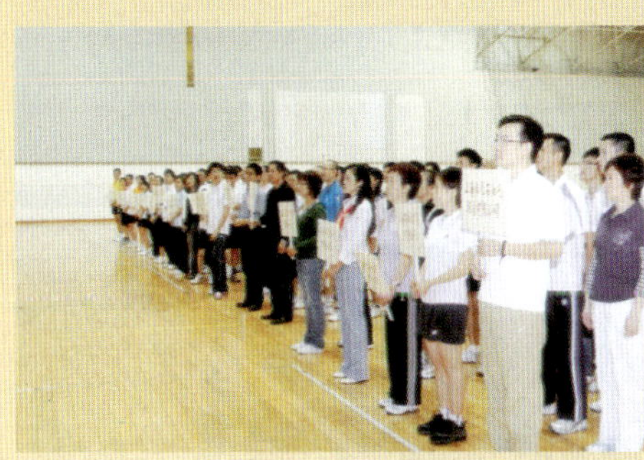

公司举办羽毛球比赛

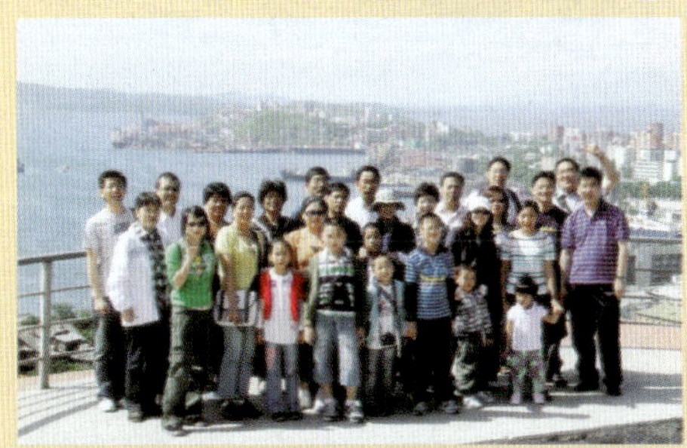

公司优秀员工携家属疗休养

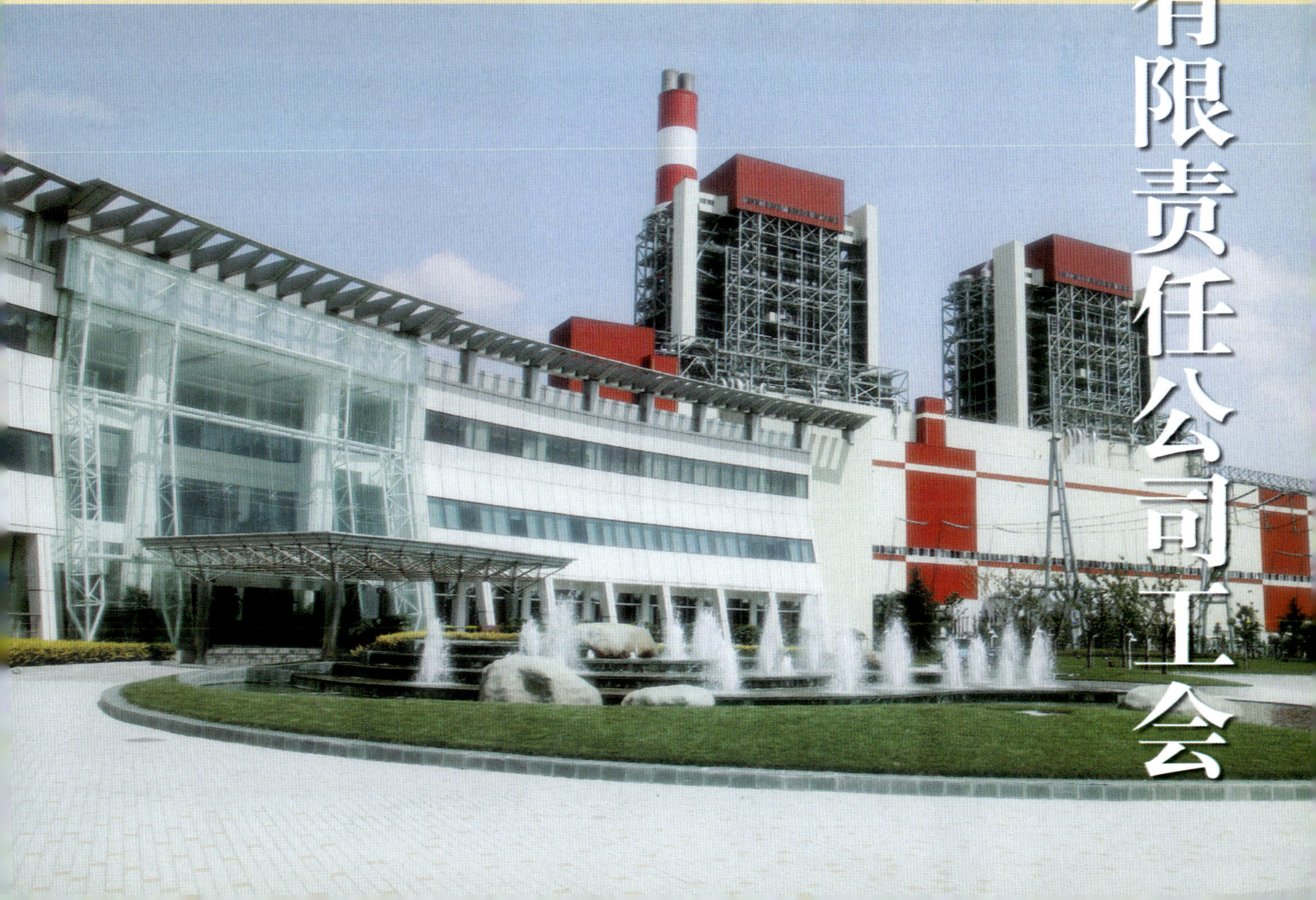

上海隧道工程股份有限公司

上海隧道工程股份有限公司是一家专门从事软土隧道施工的综合性企业，也是中国施工行业第一家上市的股份制公司和中国第一家设立博士后工作站的施工企业。曾先后获全国五一劳动奖状、全国优秀市政施工企业、全国最佳施工企业，中国建筑施工企业百强、上海市质量金奖企业、上海市“文明单位”、上海市“学习型企业创建奖”等殊荣，并夺得中国质量领域的最高奖项——全国质量奖。公司工会以贴近企业、服务员工为宗旨，以追求卓越、建立长效维权机制为抓手，不断完善企业民主管理，努力拓展工作内涵。通过职代会、平等协商、集体合同、厂务公开、民主评议领导干部、职工代表巡视等机制推进各类劳动竞赛、合理化建议、技术比武、技术创新、发明创造等活动，深入开展创建“工人先锋号”及创建学习型企业、争创智能型班组、争当智慧型员工读书活动，加强企业文化建设，举办艺术节、运动会和各类体育、娱乐活动，协助和督促行政做好劳动保护、劳动安全卫生工作，制定了《女职工特殊利益专项集体合同》、《职工脱岗疗休养规定》，同时加强自身建设，完善工会组织。吸收农民工、劳务派遣工入会，不断提高“建家”整体工作水平，获得上海市模范职工之家荣誉称号。

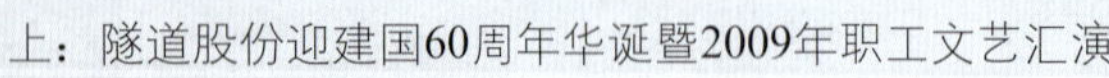

上：隧道股份迎建国60周年华诞暨2009年职工文艺汇演
右一：立功竞赛表彰会
右二：隧道股份工人先锋号与大众车队工人先锋号结对仪式
右三：隧道股份班组长联谊会
右四：在上海市党员世博先锋行动中，公司总经理杨磊宣读倡议书
右五：立功竞赛推进会

中钞油墨有限公司工会

公司董事长章星与公司工会主席张伟君签订集体合同

中钞油墨有限公司工会认真贯彻落实党的十七大精神，紧紧围绕行业和公司的中心工作，坚持以“促进企业发展、维护职工权益”为原则开展各项工作；加强民主管理，健全职工代表大会制度，不断强化工会组织的维权职能和监督职能；严格执行集体合同协商签订程序，认真落实集体合同条款，构建和谐稳定的劳动关系；积极开展主题劳动竞赛和技术比武，提升职工素质；广泛开展丰富的文体活动，凝聚职工，为创建和谐企业发挥积极的作用。2009年，公司被评为上海市文明单位，公司工会再次荣获上海市模范职工之家称号。

公司领导为先进个人颁奖

公司开展“为汶川地震灾区捐书献爱心”活动

公司员工参加“迎世博、千家企业、万辆世博文明示范车”命名大会

公司开展劳动竞赛活动

中国联通上海市分公司工会

左上：召开2008年度先进表彰大会
左下：举行异地单身员工联谊活动
右上：举行“迎国庆60周年，展联通新风采”歌咏比赛

中国联合网络通信有限公司是由中国联通红筹公司、中国网通红筹公司合并而成。2009年4月20日成立了中国联通上海市分公司工会筹备组，8月11日召开了中国联通上海市分公司第一次工会会员代表大会暨第一届职工代表大会，选举产生了上海联通工会第一届委员会、第一届经费审查委员会和第一届工会女职工委员会，选举产生了职代会3个专门委员会以及上海联通职工爱心互助基金管理委员会等。2009年，分公司工会按照中国工会十五大精神，深入贯彻市总工会和集团公司工会有关要求，贯穿“以人为本、业绩至上、敢于创新、正德和谐”的工作主线，紧扣公司融合、重组、发展的主题及形势的需要，围绕企业年度目标和任务，从完善工会组织建设提高工作效率、引导员工支撑企业经营发展，从加强民主管理提高维权意识、重视员工感受增强企业凝聚力等4个方面入手开展了一系列的工作，贴近员工，贴近一线，以具体行动将公司的关爱传递给广大员工，引起了广大员工的共鸣，进一步增强了企业凝聚力，扩大了工会组织在员工中的影响力。

公司领导春节慰问劳动模范

工会与行政签署《集体合同》

中铝上海铜业有限公司工会

举办首届职工摄影书法绘画展览

召开“控亏增盈，班组先行”主题活动总结表彰大会

举行行车工技术操作比赛

中铝上海铜业有限公司于2006年8月28日经中国铝业公司和上海市国有资产监督管理委员会批准成立，是中国铝业公司控股子公司。2009年，中铝上海铜业有限公司工会围绕公司经营发展目标，履行工会职责，认真开展“控亏增盈、班组先行”主题活动，深入推进厂务公开民主管理，实施送温暖工程，开展困难职工重大疾病互助互济工作，精心组织职工书法、摄影、绘画展览及卡拉OK大奖赛、“迎国庆60周年、振精神聚信念”职工歌咏比赛等业余文化活动，加强工会组织建设。通过一系列工作，有效地推进了公司经济发展，维护了广大员工合法权益，充分发挥了工会组织在构建和谐企业中的积极作用。

开展迎春职工“卡拉OK”大奖赛

组织职工足球比赛

举行庆祝建国60周年歌咏比赛

上海市基础工程有限公司

立功竞赛出精品，立功竞赛育精英，立功竞赛出精神

具有90年历史的上海市基础工程有限公司，是国内从事大型桥梁、顶管、隧道、深基础、水工港工及钢结构加工与安装等专业的建筑施工企业。公司以科技进步为先导，以“科技创新、和谐为本、追求卓越”为核心理念，崇尚“无坚不摧、奋发向上”的企业精神和“艰苦创业、四海为家”的企业作风，为上海乃至全国的经济建设作出显著贡献，赢得了广泛的社会信誉。公司工会积极开展“学实”活动，围绕企业发展战略，在重大工程建设中激发职工首创精神，积极开展立功竞赛等活动；宣传典范，发挥劳模和技术工人人才库作用，大力提升职工素质；切实维权，努力完善职代会民主管理制度，坚持促进企业发展与维护职工权益的统一，形成和谐发展局面。2009年，公司荣获全国建筑业先进企业称号；以全国劳模陆凯忠命名的“陆凯忠工作室”荣获全国和上海市工人先锋号称号。

左一：市总工会副主席杜仁伟视察陆凯忠工作室
左二：坚持职代会厂务公开制度
左三：积极普及、规范项目农民工业余学校
左四：国庆60周年“歌唱祖国、添彩世博、奉献企业”职工风采展示会

奉贤区工业总公司工会

左上：工会经审会在工作
左中：召开区厂务公开民生管理工作推进大会
左下：工会走访帮扶老职工
右下：工会慰问全国及部分市劳模

工会主席张忠浩

奉贤区工业总公司工会认真践行科学发展观，履行各项职责，工会组建率、职工入会率、集体合同签约率均达100%，在保增长、保民生、保稳定中发挥了不可替代的作用。区厂务公开现场会、区职工工资协商谈判推进会先后在总公司召开。2009年，全公司产值突破18亿元，是10年前的12倍，上交税收1.11亿元，是10年前的8.6倍，职工工资比10年前提高了3倍。所属企业60%评为区级以上文明单位，70%评为市级平安单位，总公司连续4年评为市级平安单位。总公司工会连续5年荣获区总工会目标管理考核一等奖。工会主席张忠浩被评为区优秀党务工作者、区十佳优秀工会工作者。

上海化学工业区物业管理有限公司工会

上海化学工业区物业管理有限公司是国家建设部物业管理二级企业，承担着上海化学工业区29.4平方公里范围内各类办公楼宇的物业管理、市政设施的管理养护、提供天然气供应和特约服务等工作。公司伴随化工区开发建设跨越式的发展而不断成长，各项经济指标均处于行业先进水平。

工会每年为特殊困难员工提供经济帮助

公司工会成立于2004年3月，目前已成为上海化学工业区内第一家劳务工入会率达100%的企业工会。几年来，工会不断探索新思路，积极采取新方法，在健全组织、加强民主管理、维护员工权益、关心帮扶员工、搞活企业文化、参与文明建设等方面做了大量工作。公司始终坚持不懈地推进企业精神文明建设，牢固树立“建家就是建企业”的指导思想，努力营造和谐的劳动关系，建设温暖的“职工之家”。

开展“岗位技能竞赛”系列活动

公司连续三届被评为“上海市文明单位”，曾先后被市总工会授予“上海市五一劳动奖状”、“上海市职工最满意企业”、“上海市模范职工之家”和“上海市学习型企业”等荣誉称号。

定期召开会员代表大会

举办迎春团拜会

承办上海化学工业区第一届文化艺术节手工艺品展

组织员工参加化工区第一届文艺节歌咏比赛

工作之余组织开展内容丰富的员工活动

组织员工参加化工区第二届运动会，蝉联团体总分第一

华山医院工会

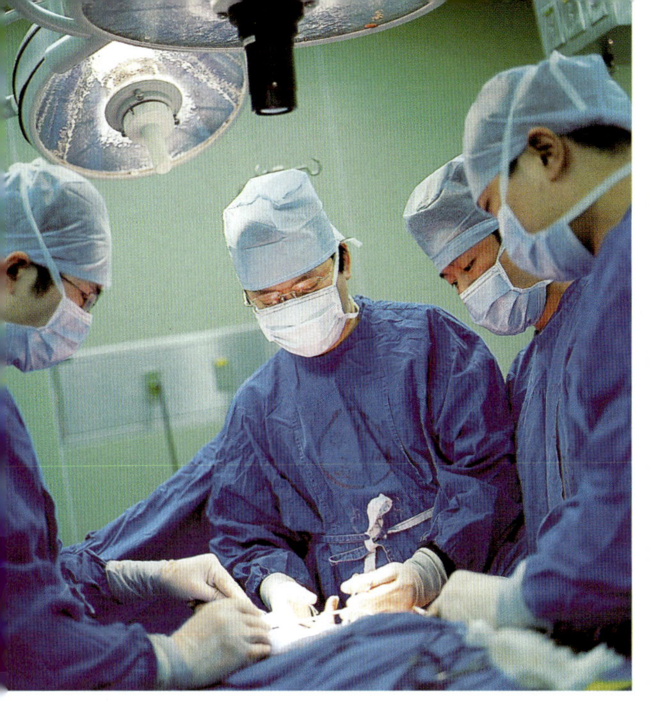

华山医院工会于1983年建成“全国模范职工之家”。“兴院建家”是院工会多年来坚持不变的重点工作。院工会以科学发展观为先导，努力开创工会工作新局面，以教育立“家”、法规治“家”、文明建“家”、特色创“家”、温暖兴“家”。紧紧把握时代的主题和脉搏，始终围绕医院中心工作，凸现群众组织的凝聚力。通过举办岗位技能立功竞赛、开办各类文化艺术节，开展“迎世博”六大板块主题活动和各类职工教育活动，繁荣医院文化建设，弘扬医院思想文化品牌，丰富职工精神文化生活，凝聚职工的心灵和力量。院工会注重加强自身建设，完善组织架构，加强制度管理和工会干部培训，认真贯彻《工会法》，紧密联系职工群众，积极当好党的助手、行政的帮手，重视职工代表培训，提高职工参与医院民主管理的能力，健全职代会和院务公开制度，促进医院持续发展。同时坚持实施帮困送温暖工程，不断完善工作流程，切实为职工办好事、做实事，营造安居乐业的和谐家园。将工会建成新时期组织健全、维权到位、工作规范、作用明显、职工信赖的模范职工之家。华山医院荣获2008—2009年度上海市职工最满意企(事)业单位和全国五一劳动奖状等称号。

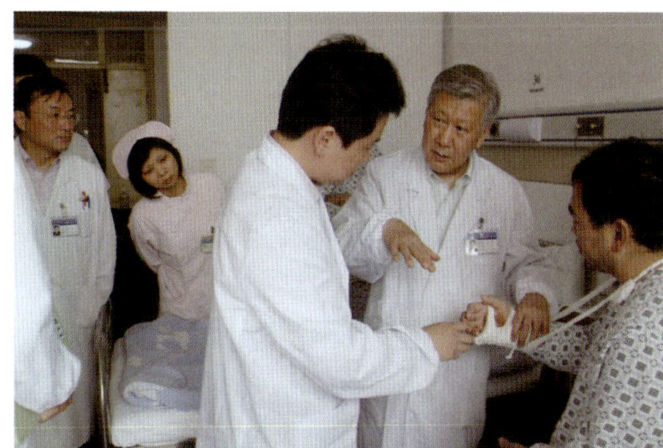

顾玉东院士热心向青年医生传授医术

左一：关心患者无微不至
左二：成立职工读书会
左三：迎世博岗位立功双语风采大赛
左四：职工消防运动会
左五：开展职工拔河比赛

左下：举行职工卡拉OK大赛
右上：医院文化艺术节开幕
右下：医院文化活动蓬勃开展

上海浦东国际集装箱码头有限公司

上海浦东国际集装箱码头有限公司是上海国际港务集团旗下的一家中外合资港口企业。合资6年多来，始终坚持党的领导，注意发挥党组织和工会在企业发展中凝聚、引领作用，深入学习实践科学发展观，坚持“科学发展、和谐发展”和“以人为本”的理念，积极推进企业文化建设和诚信企业、节约型企业建设，关心爱护员工，勇于承担社会责任，团结带领广大员工围绕经济中心和实现上海港强港的目标，抓好效率、效益、服务和安全质量，实现跨越式发展，各项经济指标名列各港区前茅，连续多年被中国港口协会授于中国港口最佳经济效率集装箱码头和中国港口每米岸线通过最高标准箱量集装箱码头称号，2009年又获上海市五一劳动奖状荣誉称号。

工会与行政领导签订《集体合同》

公司举行“结对帮困助学”慈善捐赠仪式

右上：公司工会俱乐部一流的文化设施
右中：公司合唱团放声歌唱伟大的祖国
右下：公司篮球队参加“东联杯”篮球邀请赛

上海市物业管理行政事务中心工会

市房管局局长刘海生出席物业服务热线开通仪式

上海市物业管理行政事务中心工会坚持开展创建“职工之家”工作，开展上海职工“迎世博”窗口服务行业立功竞赛，围绕物业服务热线，学习劳模精神，弘扬“世博”文化；坚持开展职工业务培训和岗位练兵活动，先后组织“962121”热线受理人员打字速度、路名检索的业务培训和技能比武，在第二届“城建杯”业务技能竞赛中，“962121”物业服务热线代表队获得组织奖；坚持推进班组建设，努力培育“一个班组一个品牌”，开展班组“用心务实，岗位建功”活动，形成“962121”物业服务热线品牌。2009年，维修监督科被授予上海市模范集体、上海市“工人先锋号”荣誉称号，荣获上半年度上海职工迎世博窗口服务行业立功竞赛活动“世博服务品牌奖”。

上：市房管局局长刘海生慰问962121物业服务热线工作人员
下：市局和中心领导参加热线开通仪式，并与工作人员合影

上：服务热线负责人樊金江参加劳模先进寻访活动
下：热线工作人员现场受理市民咨询和报修

东方国际（集团）有限公司工会

东方国际（集团）有限公司成立于1994年11月18日，为国有资产授权经营单位，是国家重点企业和中国最大的进出口商之一。集团业务涉及对外贸易、经济技术合作、物流、商业、房地产、旅游、广告展览和金融、实业投资等各领域，经营进出口商品5 000多个品种，设有海外机构20余家，与世界120多个国家和地区有着广泛的贸易往来。近年来，集团工会以科学发展观为统领，全面履行工会的各项职能，在依法维护职工合法权益、推进厂务公开民主管理、组织职工开展“创新杯”劳动竞赛和企业文化、精神文明建设、培育有理想、有道德、有文化、守纪律的职工队伍等方面努力工作，发挥了应有的不能替代的作用。

左上：集团工会和团委联合举行赈灾义卖会

左中：组织“一对一”牵手帮困助学活动

左下：组织首届“东方国际杯”篮球锦标赛

右下：以“和谐东方，共创未来”为主题的庆祝集团成立15周年职工文艺汇演

上海蔡同德药业有限公司

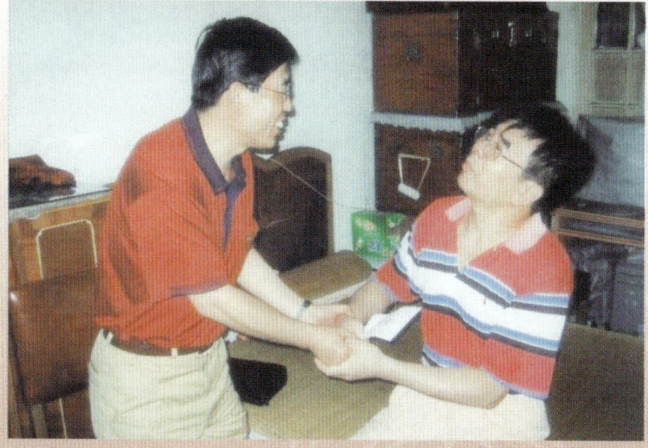

左上：公司每季度召开职工代表与党政领导联席会议
左中：公司召开第三次工代会暨四届一次职代会
左下：公司总经理柏巧明慰问患病职工
右上：开展"迎世博、庆七一、比技能、展风采——上海蔡同德药业有限公司员工礼仪、技能比武及展示"活动
右下：组织员工开展马路运动会

上海蔡同德药业有限公司集产、供、销、医于一体，经营各类中药材、中成药、西药等5 000余种，长期以来秉承"诚信经商，优质服务"的理念，全面提升公司的综合实力和品牌知名度。10多年来，公司顺利完成了向现代企业治理结构和法人治理结构的转变，按照现代企业制度的要求建立起制度完善、管理高效、充满活力的经营管理新模式，劳动关系和谐，被黄浦区总工会、黄浦区劳动和社会保障局评为工资集体协商示范单位和劳动关系和谐企业。公司总经理柏巧明先后荣获上海市五一劳动奖章和上海市劳动模范称号。公司下属的蔡同德堂药号和群力草药店双双蝉联上海市文明单位荣誉称号，并成功入选"中华老字号"名录，实现了经济效益和社会效益的同步增长。

公司总经理柏巧明

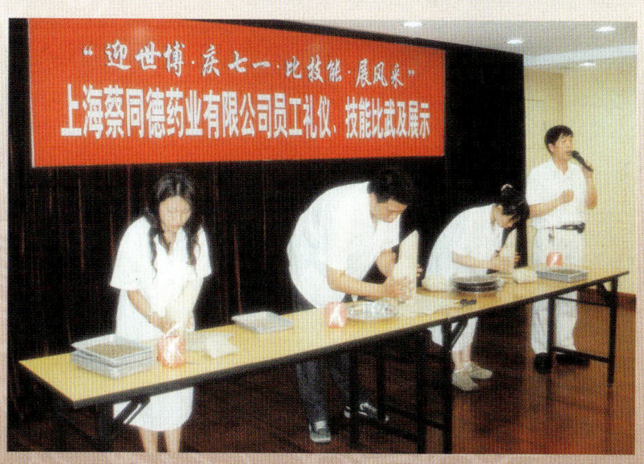

上海上电漕泾发电有限公司

上海上电漕泾发电有限公司负责建设的漕泾电厂（2×1000MW）工程是落实国家“上大压小、节能减排”政策，在金山漕泾易地建设的电源项目，也是2010年上海世博会配套工程之一。机组投入商业运营后成为华东和上海电网的主力电厂之一。公司正式成立后，立即筹建了工会组织。公司工会以争创工人先锋号、开展重大工程立功竞赛、争当百万机组优秀值班员活动等为载体，力争在项目建设中实现“竞赛出精神，工程出精品，建设出精英”目标，确保机组长期安全、经济、稳定、环保地运行，为上海世博会与上海经济社会发展多作贡献。

立功竞赛动员大会

争当“万名机组优秀值班员”活动动员大会

上海华宇毛麻(集团)有限公司

纺织工会主席王水官慰问市劳模赵长征

上海华宇毛麻（集团）有限公司创导“‘鑫’的园区，心的服务”的企业文化理念，努力探索时尚创意之路。继M50后，精心打造出了“西郊.鑫桥”、“鑫灵双创基地”、“鑫鑫1930”、“鑫谊海上新东方”等一批创意产业园区，已经形成具有鲜明特色的“鑫”字系列品牌。公司重视发挥工会作用，积极营造全员学习，全程学习的环境和氛围，把学习引入工作，争创工作学习化，学习工作化的学习型团队，全面提升公司的核心竞争力。公司连续3年被评为“上海市十大创意品牌（优秀）企业”，并被上海市总工会、市精神文明办、市国资委等授予“上海市学习型企事业单位”荣誉称号。

右上：邀请有关专家作形势报告
右中：评选先进职工之家并授牌
右下：开展第三届“鑫桥”杯牌类比赛

上海市申江两岸开发建设投资(集团)有限公司工会

申江集团位于浦东新区耀华路699号黄浦江畔，是经市政府批准设立的政府性投资公司，按照黄浦江两岸综合开发的总体规划，负责市级投入项目的投融资和建设，主要从事黄浦江两岸综合开发区域范围内的土地前期开发、市政环境建设、公益性和功能性项目投资以及相关资产经营等业务。集团工会以争创学习型组织、争做知识性、技能型职工活动为抓手，通过各种形式的群众性学习、培训活动，不断增强职工的学习能力、创新能力和竞争能力，推进职工队伍知识化进程；积极贯彻“组织起来、切实维权”的工作方针，建立劳动合同订立和工会会员入会联动机制；切实做好帮扶工作；和行政联手，针对世博安保、防汛、防台、维稳和反恐等工作重点，抓好安全生产工作；开展创建学习型工会活动，加强工会自身建设，较好地发挥了桥梁与纽带作用。

集团领导赴世博配套工程现场安全检查

黄浦江开发银企合作签约仪式

世博安保操练现场

迎世博安保人员演练

世博配套工程川杨河大桥合龙仪式

职工迎春长跑起跑仪式

左上：张江园区工会第二届委员会成员
右上：举办全国经济区、高新区工会年会
右下：张江白领青年迎世博文明活动

上海市张江高科技园区工会联合会

上海市张江高科技园区成立于1992年7月，规划面积25平方公里，1999年上海市委、市政府颁布“聚焦张江”政策以来，逐步形成了以集成电路、软件、生物医药为主导产业的高新技术园区。园区工会围绕张江建设世界一流科技园区的目标，以服务职工、满足广大职工需求为宗旨，积极开展各项工作：扩大工会覆盖面，提升工会影响力；协调劳动关系，保障职工权益；试点职工知识权益维护，协调处理知识产权纠纷；开展丰富多彩的文体娱乐活动等，打造多项张江园区品牌赛事。

开展丰富多彩的
青年联谊活动

“张江杯”篮球赛成为品牌赛事

华东电力试验研究院有限公司

总经理慰问老干部

华东电力试验研究院有限公司系华东电网有限公司和上海市电力公司共同出资组建的科技型企业，主要从事电网规划研究、开发、服务等工作。公司连续18年被评为上海市文明单位，连续3届被评为上海市厂务公开工作先进单位，2009年被评为上海市学习型企事业单位，2010年被评为全国模范职工之家。公司工会于2006年开始将劳务派遣工全部吸收加入工会组织，现有会员309人。公司工会积极参与企业民主政治建设，建立和完善了职代会、厂务公开、平等协商签订集体合同、民主评议领导干部等各项制度，切实保障了广大职工的知情权、参与权、表达权和监督权。工会建立了完善的帮困送温暖机制，积极营造具有企业特色的文化环境，整个公司劳动关系和谐，员工队伍稳定，科研成果喜人。

上一：党委书记组织学习讨论
上二：举行家庭助廉报告会
上三：召开工会代表大会

下一：成立志愿者服务队
下二：举行羽毛球比赛

上海燃气浦东销售有限公司

公司召开三届三次职工代表大会

上海燃气浦东销售有限公司是目前上海唯一一家纯天然气销售公司，组建于1995年，原为上海市天然气输配公司，主要经营原浦东新区地区，闵行区浦江镇地区，南汇康桥部分地区用户的天然气发展业务、销售服务、输配管理和天然气施工安装及相关业务。公司现有职工600余人，下设12个管理部室，7个基层单位，开设社区服务站7个。公司现有用户100.11万户。

2009年度上海市

模范职工之家

上海市总工会

二〇〇九年十二月

长期服务燃气行业职工座谈会

举办世博立功竞赛表彰会和世博知识竞赛

多年来，公司一直致力于科学发展、降差增效、供气安全、服务优质、管理规范、以人为本、企业和谐，在公司领导和全体职工的共同努力下，近2年来先后荣获上海市五一劳动奖状、上海市职工最满意企业、上海市模范职工之家、上海市厂务公开民主管理先进单位等荣誉称号，并实现荣获上海市重大工程立功竞赛优秀公司“八连冠”。

“迎世博、展风采、促和谐”女职工风采大赛

“激情六十迎国庆、携手世博创和谐”文体比赛月活动

上海市公路管理处

上海公路行业迎世博600天行动百日总结推进会

上海高速公路迎世博创建文明行业工作推进会

上海市公路管理处作为市“五一劳动奖状”获奖集体，已连续20次蝉联市优秀单位。多年来，公路处上下大力发扬“以人为本、以车为本”的核心理念，全力以赴为世博，不断践行公路精神，有效推动了全市公路事业的发展，为实现“打造优质公路精品、铸造优良服务品牌”的行业目标作出了突出贡献。一是党政工团促共管、行业上下齐联动。围绕上海“四个中心”建设和演绎“城市，让生活更美好”的世博主题，结合实际，广泛动员，依靠立功竞赛、“三五”行动等多种载体，确保迎世博600天行动的有效运转。二是突出重点抓项目、展现亮点显成效。通过有效治理、挖潜增效等多种措施，努力实现路况路貌的改善、窗口形象的提升、重大工程的推进、信息管理的优化。三是文化建设立根基、行业职工展风采。积极推动上海公路行业“六个一”文化建设工程，举办“迎世博、迎国检、弘扬公路文化”文化节，以进一步凝聚人心，团结力量，提升软实力。

高速公路标志更换

“迎世博、迎国检、弘扬公路文化”上海公路行业文化节

让“工人先锋号”旗帜在建设交通窗口飘扬

上海汽轮机厂工会

集体协商有力地推进企业民主管理

上海汽轮机厂是中国汽轮机生产的摇篮，国家装备制造业的重点骨干企业。“万众一心、爬坡登峰、追求卓越、永做一流”的企业精神，激励着一代代上汽人开拓创新、奋发图强，工厂生产经营实现了跨越式发展，企业的综合素质持续提升，获得了全国创建和谐劳动关系模范企业、全国模范职工之家、上海市职工最满意企业、上海市厂务公开民主管理工作先进单位等荣誉称号。

编撰刊物，强化工会自身建设

企业工会坚持服务大局、服务职工的正确方向，不断增强做好新形势下工会工作的责任感和使命感，动员广大职工群众，聚集“建设世界级工厂”的发展战略，促进企业“技术创新、管理提升”。在切实发挥组织职工、引导职工、服务职工、维护职工合法权益的作用中体现新作为、展现新风貌、创造新业绩。

左上：先进操作法评审汇聚职工聪明才智
左下：职工文化活动紧贴时代主旋律
右下：赈灾募捐弘扬奉献精神

上海市市级机关工会工作委员会辖有工会组织398个，工会会员56 090人。工会坚持服从服务大局，认真履行基本职能，结合机关实际开展各项活动，取得了显著成绩。2009年元旦春节期间组织市级机关系统干部走访慰问干部职工，深入开展帮困送温暖活动，举办市级机关纪念“三八”国际劳动妇女节99周年暨先进表彰大型座谈会；在南京路步行街组织“迎世博，劳模和巾帼文明岗为民咨询活动”；“六一”节举办“学做小小志愿者　健康成长迎世博”——市级机关系统干部职工子女庆“六一”迎世博社会实践展示活动；组织开展了“世博有我更精彩”主题实践月活动；举办了第二届上海市公务员乒乓球比赛和“托起城市的荣光”——上海市市级机关系统庆祝建国60周年大型歌会；还举办了第六届华东六省一市机关工会工作研讨会，促进了华东六省一市区域机关工会工作的大交流、大合作和共同发展。

上：市级机关工作党委常务副书记吴尧鑫出席公务员乒乓球比赛开幕式
中：副市长赵雯和前乒乓球世界冠军张德英为比赛开球
下：庆祝建国60周年大型歌会

上：迎世博文明出行形象展示活动启动仪式
下：市级机关工会领导深入基层慰问干部职工

上海市糖业烟酒(集团)有限公司

上海市糖业烟酒（集团）有限公司具有50余年历史，是以食品流通为主业的大型国有企业集团，是光明食品（集团）有限公司的全资子公司，2008年荣获中国商业服务业改革开放30周年“功勋企业”。烟糖集团已经形成了糖业产业、黄酒产业、品牌代理、零售连锁等四大核心主业，2009年实现销售300亿元，利润总额4.2亿元。烟糖工会遵循“倾听你的心声，找到家的感觉”的理念，充分发挥桥梁纽带作用，在维护职工权益上有新的进展，在关注民生上有新的力度，在发挥主力军作用上有新的起色，在开展群众性健身活动上有新的成果。集团工会2010年荣获全国模范职工之家称号。

烟糖集团第一食品无糖柜荣获全国工人先锋号称号

庆祝建国60周年文艺汇演

表彰优秀企业、优秀经营者、优秀员工

集团2009年合理化建议成果发布会

举办职工运动会

恒源祥（集团）有限公司工会

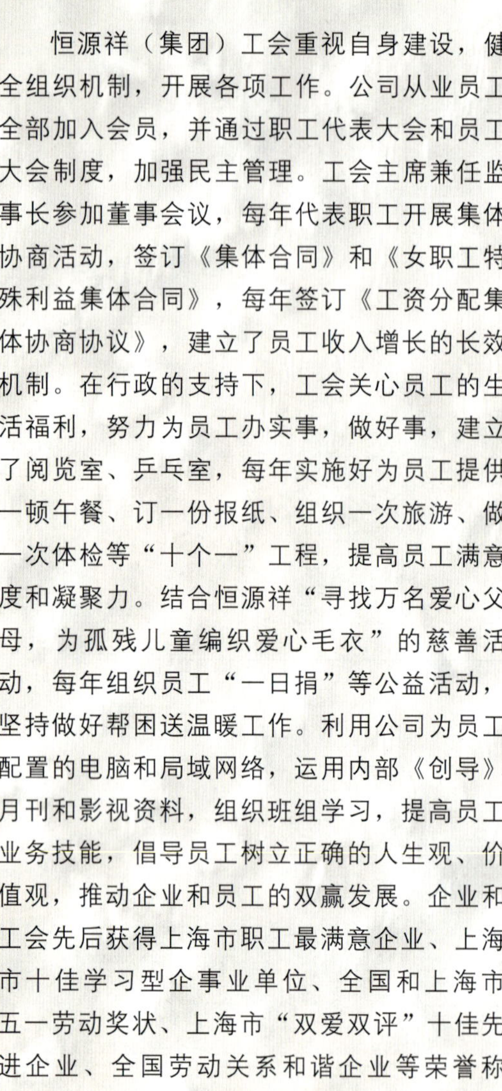

恒源祥（集团）工会重视自身建设，健全组织机制，开展各项工作。公司从业员工全部加入会员，并通过职工代表大会和员工大会制度，加强民主管理。工会主席兼任监事长参加董事会议，每年代表职工开展集体协商活动，签订《集体合同》和《女职工特殊利益集体合同》，每年签订《工资分配集体协商协议》，建立了员工收入增长的长效机制。在行政的支持下，工会关心员工的生活福利，努力为员工办实事，做好事，建立了阅览室、乒乓室，每年实施好为员工提供一顿午餐、订一份报纸、组织一次旅游、做一次体检等“十个一”工程，提高员工满意度和凝聚力。结合恒源祥“寻找万名爱心父母，为孤残儿童编织爱心毛衣”的慈善活动，每年组织员工“一日捐”等公益活动，坚持做好帮困送温暖工作。利用公司为员工配置的电脑和局域网络，运用内部《创导》月刊和影视资料，组织班组学习，提高员工业务技能，倡导员工树立正确的人生观、价值观，推动企业和员工的双赢发展。企业和工会先后获得上海市职工最满意企业、上海市十佳学习型企事业单位、全国和上海市五一劳动奖状、上海市“双爱双评”十佳先进企业、全国劳动关系和谐企业等荣誉称号。

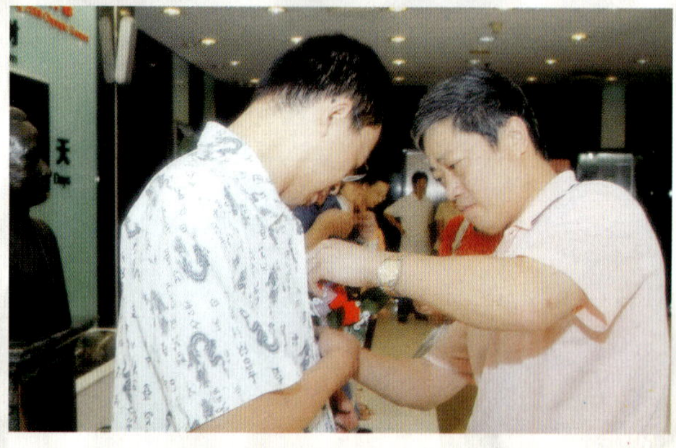

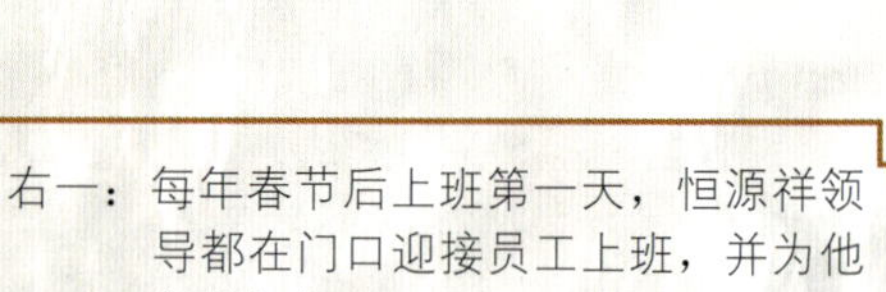

右一：每年春节后上班第一天，恒源祥领导都在门口迎接员工上班，并为他们送红包

右二：恒源祥为员工子女参加中考高考举行座谈会，并给予他们公假3天陪考

右三：恒源祥坚持每月一次组织班组学习，并为员工赠送书籍

右四：恒源祥董事长为义务献血的员工佩戴光荣花

右五：恒源祥工会举办运动会

上海市疾病预防控制中心工会

上海市疾病预防控制中心工会坚持以人为本的理念做好各项工作，为维护职工的合法权益、构建和谐环境，发挥了积极作用。2009年召开了两次职代会，发挥了工会的民主管理和监督作用。为进一步提高职工的技能水平，积极打造学习型团队，开展了迎世博青年应急队伍集训等工作。积极开展“与世博同行，为世博添彩——世博企业行”宣传教育系列活动，中心被列为卫生局直属单位中唯一一家巡展单位。2009年中心参加了市医务工会主办的迎世博大合唱比赛、迎世博歌词征集等系列活动，其中合唱团获大合唱比赛最佳表演奖；健身操代表队获“健康韵律”健身操比赛一等奖；中心工会获艺术节优秀组织奖。由中心工会主办的“庆国庆60周年、迎世博200天——上海市疾控系统十月歌会”得到同行的赞扬。连续9年举行了“疾控杯”乒乓球锦标赛。中心有7个科室和2名个人获得全国和上海市的先进荣誉。

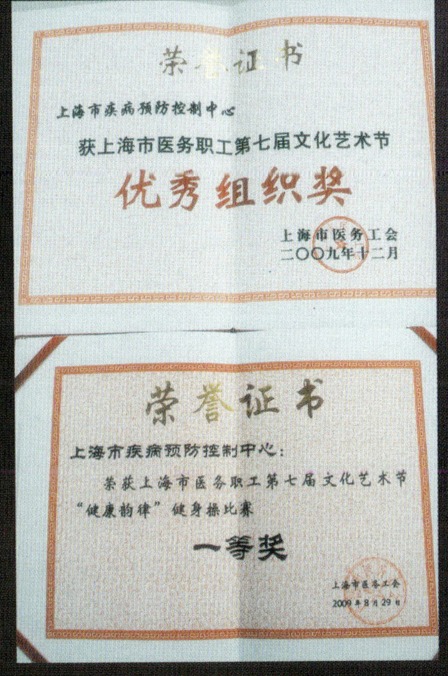
荣誉证书

上海市疾病预防控制中心

获上海市医务职工第七届文化艺术节

优秀组织奖

上海市医务工会
二〇〇九年十二月

荣誉证书

上海市疾病预防控制中心：

荣获上海市医务职工第七届文化艺术节

“健康韵律”健身操比赛

一等奖

上海市医务工会

左下：举行“七一”歌咏比赛
右上：召开二届五次职代会
右下：市疾控系统十月歌会

上海交通大学医学院附属瑞金医院工会

瑞金医院建于1907年，原名广慈医院，是一所三级甲等大型综合性教学医院。全院职工3 445人，拥有3位院士和大批医学专家。设34个临床科室、9个医技科室；有14个重点学科，9个研究所。核定床位1 600张。院工会围绕医院中心工作，深入学习贯彻科学发展观，弘扬“广博慈爱、追求卓越”精神，重视职工思想教育，开展迎世博劳动竞赛。开好职代会，增强责任感，维护职工合法权益。重视文化建设，获得上海市医务职工第七届文化艺术节团体总分第一名，促进了精神文明建设。全院职工共同努力，以人为本，构建和谐医院，促进医院可持续发展。工会“瑞金茶室”荣获上海市总工会颁发的上海职工素质工程品牌奖、上海市厂务公开民主管理优秀成果奖；医院获上海市卫生系统院务公开民主管理先进单位；连续2届获全国文明单位荣誉称号。

高温期间院领导慰问职工

上：医院九届四次职代会
下：党政领导班子和领导干部2009年度述职测评会议

上：医院庆百年华诞春季长跑
下：庆祝建国60周年文艺晚会

上海社会科学院工会

上海社会科学院工会辖有基层工会22个，工会会员794人。按照《工会法》的要求，积极履行“教育、引导、服务、维权”的工作职能，努力营造和谐氛围。一是贯彻院党委关于构建国内一流、国际知名的社会主义新智库的战略部署，紧紧围绕中心工作，积极发挥工会作用。二是开好职代会，完善民主办院工作机制。三是强化服务意识，做好福利保障工作。做好职工互助保障的续保工作；每年组织两批职工疗休养；举行“捐一日工资，献一份爱心”活动等。四是开展文化活动，举行自行车活动、乒乓球比赛、“迎中秋”棋牌赛、职工摄影展、2008新年联欢会等文化体育活动，活跃文化生活。五是成立工会理论研究中心，积极开展工会理论研究。各直属单位工会也根据各自实际开展了丰富多彩的活动。

院党委书记、院长王荣华等领导为书法绘画展揭幕

左上：副院长谢京辉为登高比赛女子组打响发令枪
左下：上海社会科学院第二届职工代表大会第二次会议
右上：世经政院在庆祝建国60周年“爱我中华”十月歌会上演唱
右中：隆重举行庆祝建国60周年“爱我中华”十月歌会
右下：“迎世博 树新风 讲文明”职工乒乓球比赛

上海轻工业工会联合会

（上海市轻工业工会）

上海轻工业工会联合会的前身是上海市轻工业工会，成立于1996年3月。按照上海市委、市政府的国资国企改革改制的部署，上海市总工会于2005年3月批准建立“上海轻工业工会联合会”，明确工作覆盖面为全市轻工行业的企业工会。5年多来，上海轻工业工会联合会组建了15个行业工会，会员单位320家，576个企业工会，覆盖22个行业，职工近17万人，形成了上海轻工业工会联合会、各行业工会、基层企业工会的城市产业工会三级组织网络体系。工会联合会遵循“变领导为指导，变指令为服务，变管理为沟通，变考核为研讨”的工作思路，探索“依托行业协会推动产业工会发展”的创新之路，形成了“从差异化角度确立产业工会立足点”的工作方法，重点做好“企业要办，地区难办，产业能办”的事。与行业协会建立了联席会议制度；制订了《上海轻工业工会联合会与上海轻工各行业协会协商沟通制度实施办法》；组织了日化、乐器、缝制机械等行业的技术比武、技能鉴定工作；组织“绿色照明进社区”大型公益活动；举办“伴随共和国彩虹—上海轻工60年大型图片展”、“轻工杯”生活用品时尚创意大赛，以及2010年上海轻工“巾帼世博风采”主题竞赛活动。

集体协商联席会

工会联合会一届十一次全委（扩大）会

“上海轻工60年风采展”介绍会暨工会工作通报会

轻工行业“我为节能减排做贡献”誓师大会

长三角地区部分城市轻工工会“平等协商职工首席代表”论坛

召开基层工会主席会议

奉贤区青村镇总工会

上海金力泰化工涂料有限公司参加奉贤区“唱响劳动者之歌”职工文艺专场演出

举行“青村镇工人先锋号”颁奖仪式

青村镇总工会举行职工维权活动，图为职工现场咨询工伤问题

青村镇党委书记吴召忠高温期间慰问企业职工

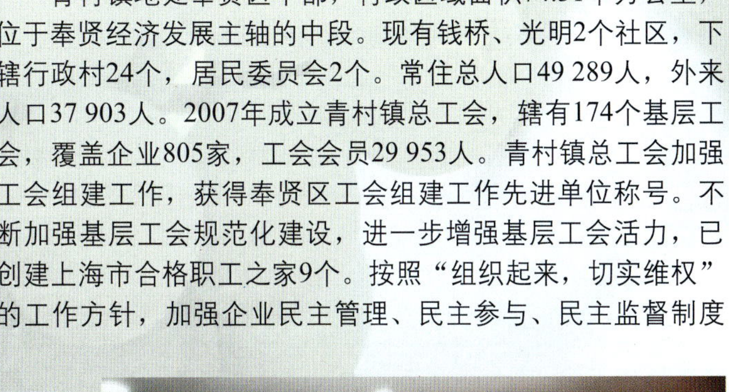

青村镇地处奉贤区中部，行政区域面积74.31平方公里，位于奉贤经济发展主轴的中段。现有钱桥、光明2个社区，下辖行政村24个，居民委员会2个。常住总人口49 289人，外来人口37 903人。2007年成立青村镇总工会，辖有174个基层工会，覆盖企业805家，工会会员29 953人。青村镇总工会加强工会组建工作，获得奉贤区工会组建工作先进单位称号。不断加强基层工会规范化建设，进一步增强基层工会活力，已创建上海市合格职工之家9个。按照“组织起来，切实维权”的工作方针，加强企业民主管理、民主参与、民主监督制度建设，推进厂务公开，签订企业集体合同、工资集体协议、女职工专项合同等多项协议。建立了劳动关系三方协调机制，成立了劳动争议调解委员会，各基层单位成立劳动争议调解小组，切实维护职工权益。同时广泛开展岗位练兵、劳动竞赛、合理化建议、技术比武等群众性技术创新活动。镇总工会凝聚职工力量，在打造实力青村、魅力青村、潜力青村的过程中积极发挥了工会的应有作用。

举行迎世博万名新青村人培训启动仪式，向企业代表赠送世博知识百宝箱

上海市堤防（泵闸）设施管理处工会

处工会全委扩大会议

安全知识竞赛

防汛应急抢险技能比赛

2009年三八妇女节参观滴水湖

上海市堤防(泵闸)设施管理处是2005年12月新组建的事业单位，隶属于上海市水务局，具体负责黄浦江及苏州河堤防、43座市属泵闸等市直管水利工程运行、养护、维修、管理。工会于2006年7月组建，有工会会员215名。2009年，工会以邓小平理论和“三个代表”重要思想为指导，深入学习贯彻科学发展观，围绕中心，服务大局，开展以迎世博600天行动计划为重点的立功竞赛系列活动，不断推进“当好主力军，建功世博会、展示新风采”主题实践活动，深化群众性建功立业和职工素质工程建设，关心职工生产生活，坚持维权维稳相结合，构建和谐劳动关系，团结和动员全体员工，为确保防汛、运行、维稳安全，较好地发挥了主力军作用。

职工篮球友谊赛

上海工程技术大学工会

上海工程技术大学是一所以工程技术为主，经济管理、艺术设计等多学科互相渗透，本科教育为主，研究生教育、高等职业教育和继续教育协调发展的地方高等学校。校工会紧紧围绕学校中心工作，深入学校贯彻科学发展观，充分发挥党密切联系群众的桥梁纽带作用，全面履行工会职能。积极组织教职工参与学校民主管理，民主监督，大力推进校务公开；全力维护教职工最关心、最直接、最现实的利益；团结和动员教职工积极参与学校各项改革和建设；努力提高全体教职工思想道德素质和科学文化素质，为学校改革、发展、稳定作出了积极的贡献。近年来，先后荣获上海市模范职工之家、上海市教育系统先进教工之家免检单位、上海市教育系统保障工作先进单位等称号。

召开教工代表大会

开展冬送温暖夏送清凉活动

加强工会干部教育培训

青年教师迎世博双语演讲比赛

组织职工参加校运会

上海纳铁福传动轴有限公司

上海纳铁福传动轴有限公司是一家专业生产汽车等速万向节传动轴、十字万向节传动轴、十字万向节总成、偏心轴和涡轮轴、输出轴等各类传动轴和相关轴类产品的中外合资企业，也是国内最早合资的汽车零部件企业之一。拥有完整的专业制造技术，并与全球几乎所有的汽车制造集团(公司)建立配套服务关系，等速万向节传动轴是中国名牌产品，国内市场占有率达到40%以上。公司工会围绕企业从优秀走向卓越的发展要求，重视建立厂务公开、民主评议干部、推进平等协商等员工民主参与制度；搭建合理化建议、立功竞赛和技术创新等经济建设实践平台；引导员工提升素质，激励员工走M型成长发展模式；构建员工思想动态调查机制，落实员工保障帮扶关怀机制。团结凝聚员工，促进建设和谐企业文化，形成风正、气顺、劲足的良好发展氛围。公司荣获全国五一劳动奖状和全国模范职工之家称号。

员工科技创新表彰

员工家属参观日

培训考试

召开二届四次职代会

技术比武

中外员工共庆公司成立20周年

全员安全运动会

上海浦江控股有限公司工会

上海浦江控股有限公司是一个踏着“超常规、跨越式”发展节拍的民营企业。7年来，以管理高档物业和著名公众物业为主业，汇集文化产业和综合投资开发，在全球性金融危机中逆势发展，硕果累累。公司工会融汇了深厚的党建文化底蕴和时代精神，伴随公司发展演绎了从初创走向成熟、追求卓越的传奇。工会组织建设、员工职业道德建设、企业文化建设全方位渗透到每个项目、每个班组。4 000多名员工成为浦江企业大舞台的真正主人。青年演讲比赛的构思创意，技术革新的奇思妙想，志愿者服务的孜孜以求，服务世博的热情奉献，诠释了浦江工会始终秉承“服务员工、服务企业、服务社会”的根本宗旨，见证了浦江员工的智慧之光和勤劳之果。2006年荣获上海市模范职工之家称号，2009年荣获上海市工人先锋号称号。

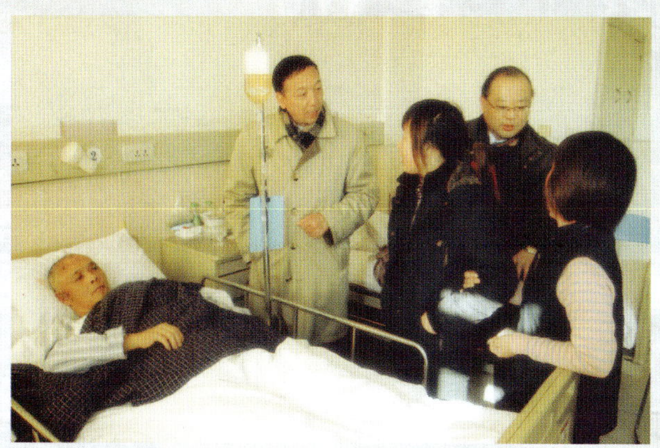

公司领导探望患病住院员工

主题馆让年轻工程技术人员实现梦想

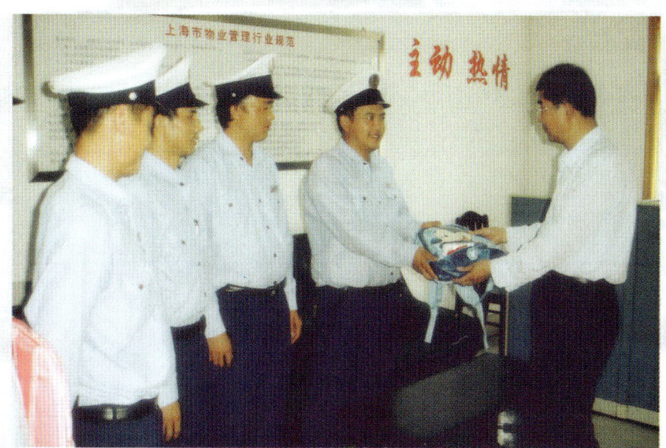

为外来务工人员子女发放书包

右上：英语沙龙成员在迎春晚会上表演英语歌曲

右中：员工自编自导的小品《抬花轿》

右下：公司合唱团参加庆五一合唱比赛

上海地铁盾构设备工程有限公司

获五一劳动奖章

与社区街道共建

围绕解决上海2010年世博会市民出行问题，2008年上海轨道交通项目进入建设高潮，上海地铁盾构设备工程有限公司盾构项目管理部受轨道交通建设指挥部的委托承担了全市近百台盾构设备和推进管理的职能。通过广泛开展"百日竞赛"等立功竞赛活动、开发"盾构设备保障体系"网络化远程信息管理系统以及在上海市首次尝试引进专业化工程安全管理力量等举措，有效地确保了盾构在安全受控的状态下推进。2008年，全市近百台盾构在各线路掘进里程达139公里，盾构设备进、退场240台次，创造了世界隧道掘进史上当年掘进里程数、管理盾构台数及盾构进、退场数的历史之最。盾构项目管理部荣获上海市五一劳动奖状。

发展苏州轨道交通

科技创新基地揭牌仪式

热心公益事业

金山区枫泾镇

班子举行会议

金山区枫泾镇是具有悠久历史和人文传统的江南古镇，享有“中国历史文化名镇”的盛誉，2009年被上海市评为“新沪上八景”。近年来，枫泾镇加快发展速度，吸引汇聚了来自全国各地的大量外来务工人员。目前，外来务工人员已达4万多人，占全镇职工的70%以上，已成为促进枫泾经济发展的重要力量，被亲切地称为“新枫泾人”。枫泾镇总工会从经济社会发展和构建和谐社会的高度，以建设“学习型、服务型、创新型”工会为目标，着力在为“新枫泾人”服务上下功夫，先后建立了“关心、体贴、服务”机制和“新枫泾人”素质工程服务站，为“新枫泾人”带来实实在在利益和效益，得到了上级政府和区总工会的肯定，先后荣获2006—2007年度金山区“人民满意的公务员集体”、全国模范职工之家、上海市职工素质工程十佳品牌等称号。

左上：资助“新枫泾人”较多的企业开办图书阅览室
右上：组织“新枫泾人”游览枫泾古镇参观新镇区建设活动
右中：为农民工牵线搭桥做“红娘”由镇总工会出资参加枫泾镇“水乡婚典“
右下：举行首届“新枫泾人”运动会

天地科技股份有限公司上海分公司

右一：以“感激、关爱、分享”为主题的公司年会
右二：公司积极组织青年职工参加上海科教系统青年羽毛球比赛
右三：组织参加庆祝建国60周年唱红歌比赛
右四：组织全体女职工旅游

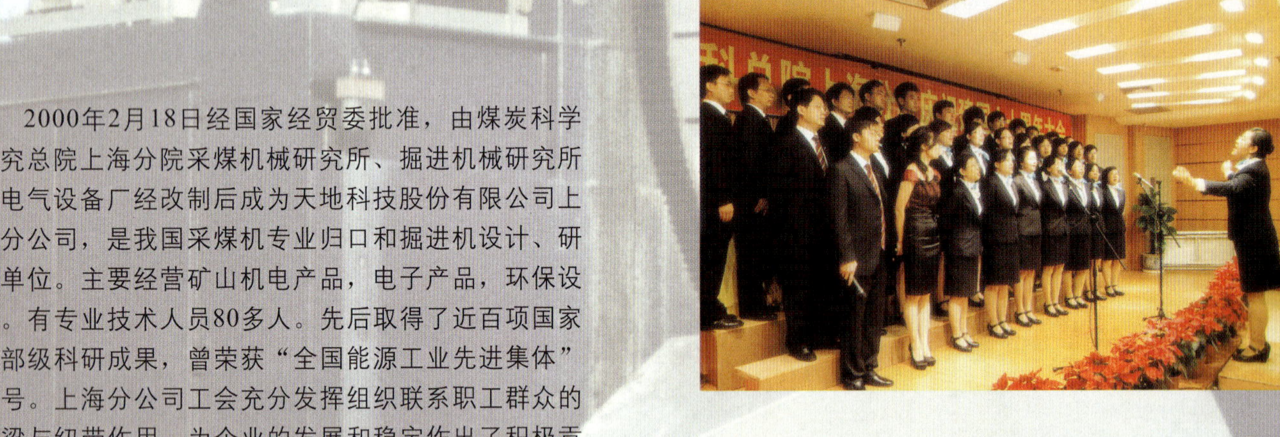

2000年2月18日经国家经贸委批准，由煤炭科学研究总院上海分院采煤机械研究所、掘进机械研究所和电气设备厂经改制后成为天地科技股份有限公司上海分公司，是我国采煤机专业归口和掘进机设计、研制单位。主要经营矿山机电产品，电子产品，环保设备。有专业技术人员80多人。先后取得了近百项国家及部级科研成果，曾荣获“全国能源工业先进集体”称号。上海分公司工会充分发挥组织联系职工群众的桥梁与纽带作用，为企业的发展和稳定作出了积极贡献。围绕企业中心工作任务，努力提高职工素质。重视关心职工生活，认真组织好节日慰问活动。及时组织职工开展为汶川、玉树地震灾区捐款。积极发挥女职工作用，组织全体女职工外出旅游，重视女职工身体健康，每年组织全体女职工进行专项体检。以企业文化引领职工，以多彩文化生活提升凝聚力。积极组织文体活动，陶冶职工情操。2年组织一次职工运动会，积极参与市科教系统组织的各种体育与文艺比赛。从每月一期的《天地之窗》中选出职工优秀作品，每年编辑出版一期《天地人》。

上海海立（集团）股份有限公司

公司荣获全国农民工工作先进集体称号

海立股份是一家以制冷压缩机为主业的上市公司，系上海电气旗下12个产业集团之一。拥有“海立”自主品牌，年产销制冷压缩机1 700万台。海立股份秉承“真心奉献”的经营理念；尊重员工的个人利益，珍视员工的生命、健康与安全；重视人才培养，努力搭建“Y型”的员工职业发展通道；积极建设学习型企业和团队，让员工终身学习并终身受益；努力构建和谐的劳动关系。海立股份曾荣获“全国优秀劳务工工作先进集体”，2009年再次荣获“第一财经中国社会责任榜”杰出企业奖20强之“员工关怀奖”。2010年海立旗下上海日立产销1亿台，对中国空调压缩机行业是一个新高度、新纪录。海立股份将团结一心、同心同德，再创新的辉煌。

公司董事长沈建芳慰问一线员工

公司荣获中国企业·第一财经 社会责任榜

公司向红十字会捐建海立博爱小学

公司成立海立动力学院

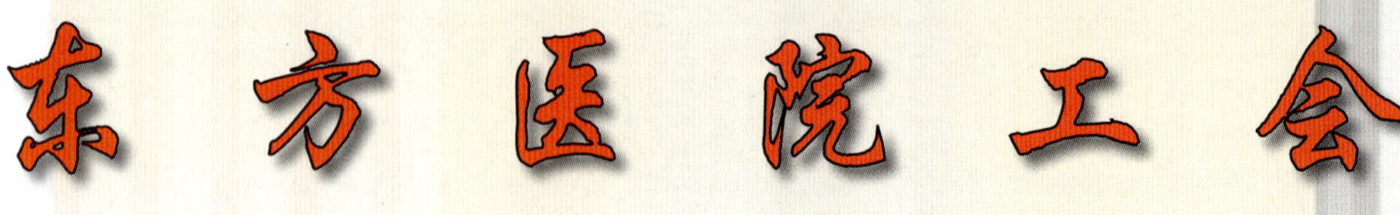

东方医院工会自2006年被浦东新区总工会评为创新基地以来，认真开展创新基地的各项活动，为临床科室的医护人员搭建创新平台，在科学技术研究创新方面给员工创造良好的条件，4年中共上报创新项目39项，其中24项获奖。全国五一劳动奖章获得者、口腔科主任黄远亮多年来潜心开展了牙种植外科计算机辅助设计、颅颌面种植外科CAD系统等多方面的学术研究。经过他在临床第一线给病人诊治的经验和研究，在相关的学术界取得丰硕成果，并获得上海市2008—2009年度科技创新新人称号。工会还认真开展“减压俱乐部”的各项活动，在工作之余开展毛笔书法比赛、篮球比赛、钓鱼、厨艺比赛以及世纪公园的踏青活动等有利于员工身心健康的活动，让员工真正感受到职工之家的快乐与团结，感受到医院这个大家庭团结向上的凝聚力。

全国五一劳动奖章获得者黄远亮

组织职工书法比赛

参加社区义务咨询

组织职工到世纪公园踏青

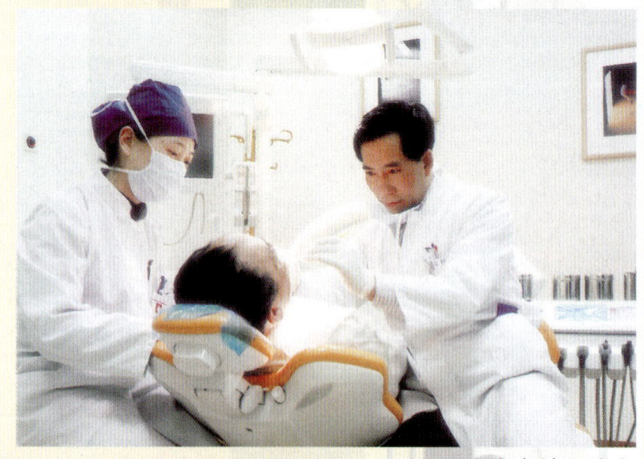
为患者精心治疗

举行职工篮球比赛

上海申通地铁集团有限公司工会

上海申通地铁集团有限公司目前已投入运营的轨道交通线路10条，运营线路总长度达到330公里，全年运营客流达到13亿人次、日均360万人次，日最高客流量达527万人次。2010年世博会前建成400公里轨道交通运营网络。公司工会服从服务大局，全面履行各项职责。一是围绕工程建设和安全运营等工作，全面开展以迎世博为主题的立功竞赛活动。二是大力推进精神文明和职工综合素质建设，坚持在职工中开展风采人物评选，并以不同的表演形式，表彰、宣传他们的事迹；召开劳模座谈会，大力弘扬劳模精神；举办第三届职工运动会，吸引一大批职工参与全民健身运动；组建集团职工艺术团，参加纪念黄河大合唱100周年、建国60周年等市级大型庆典活动。三是重视加强组织建设。通过班组调研，摸清家底，及时调整派遣工会员的组织关系和日常管理问题，起草了《关于加强班组建设的指导意见》；对下辖改制单位，及时指导组建新的工会组织。四是切实做好职工维权工作，建立了集团职工大病医疗帮困机制，制定了集团《职工大病医疗互助实施办法》，为身患大病的职工提供有力的生活保障。

日本大阪市劳联工作访问团来访

集团工会领导慰问困难职工

第三届职工运动会篮球比赛

举行《龙腾中华》职工文艺演出

通集团举行第三届职工运动会

奉贤区金汇镇总工会

金汇镇总工会成立于2007年，前身为金汇镇工会工作委员会。目前已建基层工会192家，会员3.1万余人。镇总工会始终坚持以促进经济社会和谐发展为中心，开拓思路，创新发展，全面履行职责，使工会工作取得了新发展。以非公企业建会和工会组织规范化建设为重点，创新组建形式，工会组织覆盖率逐年扩大。加强工会自身建设，工会干部素质提高，队伍不断壮大，活力增强，工作作风扎实有效。本着立足本职，团结职工，服务企业的工作思路，以送温暖活动为载体，加强困难职工帮扶工作，切实为职工办实事，做好事。加强基层创新工作，组织开展工人先锋号、五一劳动奖状（章）、节能减排先进、合理化建议、文明班组等评比活动。加强基层民主管理工作，完善职代会制度，推进厂务公开工作。加强基层文化建设，开展多种形式的文体活动，丰富职工业余生活。为维护职工的合法权益，协同司法部门化解劳资纠纷，维护社会稳定，关注民生，维护农民工合法权益，并在企业中推行集体合同、工资集体协商制度。镇总工会连续3年被区总工会评为组建工作先进单位，连续两年获工作目标考核一等奖，2008年度被区总工会评为财务工作一等奖。副主席余新明被市总工会评为组建工作先进个人。

金汇镇总工会成立暨工会第一次代表大会

工会年终总结表彰大会

工会每年组织乒乓、篮球、拔河、卡拉OK等文体活动

金汇镇基层工会代表在奉贤区总工会举行的“迎世博农民工世博基本素养培训启动仪式上接受区总工会领导授书

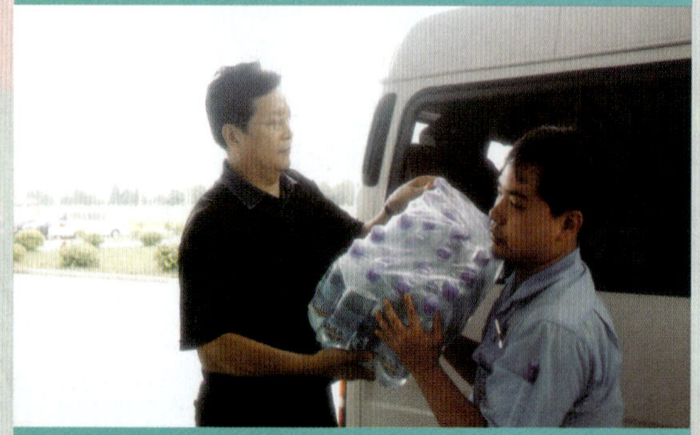
金汇镇党委书记钱勤观高温期间给企业送去慰问品毛巾和饮料

上海煤气第二管线工程有限公司

上海煤气第二管线工程有限公司是一个具有国家市政公用工程施工最高资质的专业施工企业。公司成立于1987年4月，伴随着浦东改革开放的步伐发展成长，为上海城市燃气的发展谱写了不朽的篇章。2009年，公司围绕企业“三个立足、三个发展”战略和“六个创新”工作思路，紧紧抓住机制创新与改革发展两大主题，统一思想，扎实工作，在拓展市场经营、夯实企业管理、优化生产机制、加快人才培养、提升企业文化等方面取得了良好成绩，保持了企业稳定、持续、健康发展。公司再次获得上海市文明单位、上海市学习型企业，上海市模范职工之家等荣誉称号。公司全体职工正以积极的态度，迎接新的挑战，以豪迈的步伐，奔向新的未来，为上海城市燃气新一轮的发展再作新的贡献，再创新的辉煌！

右上：公司新一届领导班子合影

右下：公司工会与行政领导进行工资集体协商

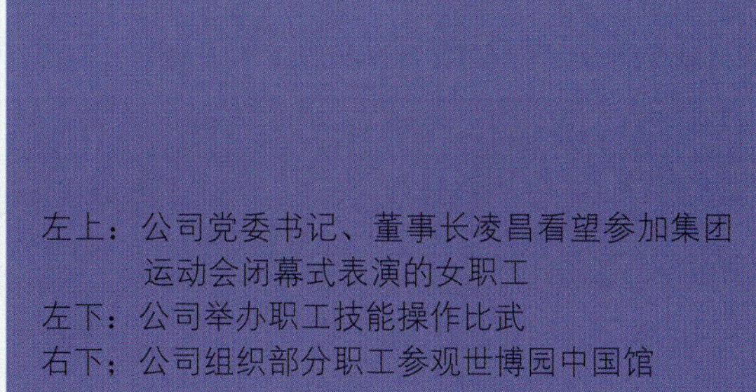

左上：公司党委书记、董事长凌昌看望参加集团运动会闭幕式表演的女职工

左下：公司举办职工技能操作比武

右下：公司组织部分职工参观世博园中国馆

闵行区教育工会

工会主席黄金龙在民办学校工会及教代会建设大会上作交流发言

闵行区教育工会辖有基层工会212家，工会会员14710人。工会组建率达100%，教职工入会率达98%。其中民办学校（幼儿园）全部组建工会，公办学校制度外用工入会率近100%。基层工会全部实行工会主席公推直选。教育工会认真贯彻落实科学发展观，把维护教职工合法权益作为工会工作的第一要务，紧紧围绕教育中心工作，发挥桥梁和纽带作用，协调各方关系，为党政分忧，为职工解难；发挥工会组织优势，开展丰富多彩的活动，陶冶情操，全面提高教职工素质，在推动和谐校园建设、促进闵行教育改革发展中发挥了积极作用。2009年，闵行区教育局荣获上海市厂务公开民主管理工作先进单位称号；“园丁之声”闵行教师合唱活动获第三届上海市“五一文化奖”十佳职工文化特色活动奖；工会获上海市模范职工之家光荣称号。

2009年度上海市
模范职工之家
上海市总工会
二〇〇九年十二月

闵行区教育系统“扬龙舟文化·颂世博盛会”第四届教工龙舟赛

闵行区教育系统举行“礼迎世博、教师先行”教师礼仪展示活动

“园丁之声”闵行教师合唱团在意大利参加国际合唱比赛

上海金环工业园区工会

上海金环工业园区成立于1997年5月，主要功能是战略性改组改造桃浦化工区，使之逐渐转变成符合现代工业的生产性服务业功能区。经过10多年的不懈奋斗，共改造工业区土地2 000余亩，建造各类花园式标准厂房和商务办公楼60万平方米，有200多家电子、医药、物流企业总部落户工业园区。2009年，园区共创工业产值35亿元，财政税收2.35亿元。园区工会联合会成立于2000年12月。近10年来，园区工会秉承“企业成长的环境是金环唯一的产品”这一理念，积极畅通民主管理渠道，为园区企业和员工提供最满意的服务，大力推进工会建设，健全职工代表大会制度，开展集体协商，签订集体合同，维护了员工利益，促进了企业和谐。园区连续2届被评为上海市文明单位，还评为上海市职工最满意企业、上海市和谐劳动关系创建活动示范单位。

市总工会副主席茆荣华向金环工业区党委书记张志慧授奖牌

园区工会主席与下属企业签订集体合同

园区三届一次职工代表大会

迎春文体活动

中建八局基础设施建设有限公司工会

中建八局基础设施建设有限公司工会坚持以公司提出的“扩规模、提效益、增收入、快发展”为工作目标；以突出维护、履行职能，把握大局、体现特色，以人为本、服务职工，合力推进、实现双赢为工作原则；以敬业、求实、关爱、维护、融入为创建模范职工之家的主题。一是融入中心抓建设，努力建设“兴旺之家”。开展公司重点项目工程创优暨“安康杯”立功竞赛活动，评出立功竞赛先进单位24个，通报表彰先进个人678人次。二是提高素质抓文化，努力建设“文明之家”。制定了《职工当主人行为规范》、《文明家庭成员行为规范》，开展了“文明员工”和“文明家庭”评比表彰活动。开展了企业文化、家庭助廉、我与企业共成长等演讲比赛和知识竞赛。三是强化制度抓维护，努力建设“保障之家”。建立了《职工代表大会暨会员代表大会运行规程》、《职工互助补充保险试行办法》、《公司职工子女上学补助暂行办法》等17项规章制度。建立了孤寡老人、一线职工、重症疾病、因工伤残、天灾人祸、女工生育、子女助学等“六送”制度。

民主评议干部

创建青年文明号动员大会

公司财务部获上海市妇联授予的三八红旗集体荣誉称号

首届女职工代表大会

上海交运巴士客运（集团）有限公司工会

上海交运巴士客运（集团）是一家立足上海、面向“长三角”地区、服务中外旅客的大型省际道路客运企业。公司点多面广，场站遍布上海的东西南北中，其中上海长途客运南站、上海长途客运东站和虹桥西站均位于上海的4个主站之列。公司拥有各类中高档大客车800余辆，营运线路400余条，线路辐射华东、华南、华中、华北和西南各省市。交运巴士工会围绕企业中心工作，贴近改革发展实际，以维护职工利益为己任，以构建和谐企业为重点，加强自身建设，通过参与民主管理，健全保障机制；提升队伍素质，树立服务形象；开展劳动竞赛，组织创建活动；加大关爱力度，办好实事项目；培育先进典型，营造向上氛围等工作，为实现“规模、品牌、管理、效益”四个第一的目标，成为埠际公路客运行业的龙头和标杆，充分发挥了工会桥梁纽带的独特作用。

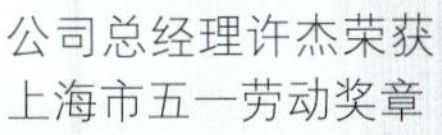

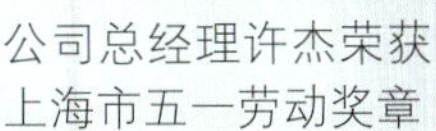

公司总经理许杰荣获上海市五一劳动奖章

左上：公司召开职工代表大会
左下：公司召开职工民情恳谈会
右上：公司领导慰问劳动模范
右中：公司青年员工参加迎世博双语智力竞赛
右下：参加巴士员工同贺祖国60华诞大合唱比赛荣获第一名

上海吴泾第二发电有限责任公司工会

上海吴泾第二发电有限责任公司是一家拥有2台600兆瓦亚临界燃煤发电机组的上海骨干电厂，现有职工328名，隶属于申能公司。近年来，公司工会以科学发展观为指导，以创建和谐企业为宗旨，以厂务公开民主管理为抓手，把维护职工的基本权益作为工作重点，每年坚持开好2次职代会，并进行民主评议公司领导，建立了公司董事、职工监事制度，从2006年开始签订了两轮《公司集体合同》，每年坚持开展“安康杯”竞赛，组织开展丰富多彩的劳动竞赛，实施送温暖工程，重视解决职工“最直接、最关心、最现实”的切身利益问题，努力为群众办实事、做好事。公司先后荣获上海市文明单位、上海市厂务公开民主管理工作先进单位、上海市职工最满意企业等称号，总经理被评为2004—2005年度上海市职工信赖的好经理（厂长）；公司工会2009年被评为上海市模范职工之家。

召开公司二届六次职代会

公司领导深入困难员工家庭慰问

举行全公司职工“安康杯”活动签名仪式

参加市总工会“荣威杯”双绳比赛

休息时间职工在文体活动室锻炼身体

举行公司成立10周年大型庆典活动

上海上实(集团)有限公司工会

上海上实(集团)有限公司注册在上海，与注册在香港的市政府窗口企业上海实业(集团)有限公司实行“两块牌子、一套班子”管理模式。2009年是上实集团工会隶属关系从市级机关工会调整至市总工会后的第一年。公司工会以邓小平理论和“三个代表”重要思想为指导，深入贯彻落实科学发展观，认真学习贯彻中国工会十五大和上海市工会十二大精神，坚持贯彻“跟着党组织走、围绕经济中心转、贴近广大职工干”的工作思路和集团“优化结构、防范风险、保持增长、促进发展”的工作方针，紧紧围绕世博筹办重要任务和集团经济发展中心任务，在建章立制、理顺机制，振奋精神、鼓舞干劲，喜迎国庆，展示形象，凝聚人心、服务职工，组织起来，切实维权等方面开展了一系列工作，团结引导广大职工振奋精神，锐意进取，共克时艰，较好地完成了全年各项目标任务。

司务公开民主管理工作经验交流会

上实集团举行迎世博礼仪培训

下一：上实集团世博志愿者到世博园区开展义务劳动
下二：上实集团庆祝新中国成立60周年职工文艺汇演

展上实风采，迎世博盛会——上实集团员工卡拉OK大奖赛

喜迎世博，强身健体——上实集团第二届职工运动会

上海海泰房地产（集团）有限公司

海泰房地产集团在虹口区开发的“海泰时代大厦”、“海泰国际大厦”和在建中的“中信广场”，目前已成为四川路商业街的代表性商务楼，对打造四川北路商业街的整体布局和形象以及改变商务办公环境有着重大的意义。企业的发展为虹口区的经济作出了很大贡献。集团领导注重加强企业规范管理，完善各项规章制度。在项目管理、行政管理、廉政建设等方面都制定了相应的流程和制度，并在管理中加强落实和改进。集团公司注重回报社会、服务社会，已连续7年共赞助资金100万元协办“虹口区元旦迎新长跑活动”。2007—2008年，海泰房地产集团累计向希望工程贫困村、地震灾区等慈善捐款已达1350余万元。集团公司董事长丁劲松先生获中华全国工商业联合会授予的“抗震救灾先进个人”荣誉称号。随着集团业务的发展，集团在虹口的直属子公司也不断增加，2008年1月成立了集团工会，统一指导下属4家子公司的工会工作。组织开展各类活动，促进部门间员工的思想沟通，增强企业凝聚力。坚持每年组织一次集团及所属企业员工体检和旅游。为活跃和丰富员工的业余生活，购置了乒乓台，协办了乍浦街道精神文明单位乒乓球比赛，并与关联企业海泰钢管集团工会组织了羽毛球比赛。

上一：总裁丁劲松在工会成立大会上发言
上二：捐建泰州福利院

上一：为光彩事业募捐
上二：员工义务献血

上海远洋运输有限公司船舶供应公司成立于1973年，是一家综合性船舶生产和船员生活物资供应、船用救生筏销售检修、消防设施检测的专业公司，是中国乃至亚太地区最大的船用物资供应商之一，是国际供应商协会（ISSA协会）会员单位，也是海外多家著名油漆、化学品、船舶备件制造企业在中国最大的代理商，供应网络遍布中国主要港口。上海远供奉行“远洋供应，至诚至信”服务宗旨，坚持365天全天候、全过程为船舶（客户）提供稳定的、连续的、质量和服务同行领先的、客户可感知的“上海远供”品牌服务。曾先后荣获上海市诚信企业建设奖、上海市五一劳动奖状、海关综合性保税仓库“信得过企业”等称号。

左一：召开党员大会
左二：双文明建设目标任务书下达仪式
左三：上远公司职代会代表巡视
左四：船供现场
左五：为雪龙号供应伙食
右上：公司中层以上干部和部分一线员工合影
右下：团员青年拓展训练

上海长江隧桥建设发展有限公司工会

上海长江隧桥建设发展有限公司工会从项目公司的性质特点出发，以维权维稳为目标，以解决职工最直接、最关心、最现实的利益问题为重点，以强化源头参与，实施厂务公开民主管理为核心，以扎实推进迎世博竞赛活动为平台，推进工程建设和运营养护工作，充分发挥了工会组织的桥梁纽带作用。公司荣获上海市文明单位、上海市五一劳动奖状、市优秀创新团队、市立功竞赛“优秀公司”四连冠等荣誉称号，并涌现出一批市五一劳动奖章、市建设功臣、市记功个人、市立功竞赛优秀组织者等先进个人。2009年10月31日，上海长江隧桥提前9个月建成通车。通车后运营养护工作规范、高效。

公司2010年第一次员工大会

立功竞赛、创“双优”工作表彰大会

2010年新春联欢会

抗震救灾捐款活动

“隧桥杯”职工运动会

龙舟赛

上海市电力公司超高压输变电公司

上海市电力公司超高压输变电公司是一家技术密集、知识密集、资金密集的大型国有骨干企业，承担着上海地区500千伏、220千伏及部分110千伏输变电设备的运行管理、检修维护和更新改造工作。至2009年底，公司辖有220千伏以上变电站95座，输电线路228条，总长度为3 746.91公里，输送占全市年用电量95%以上的过网电量。由于超高压电网的重要性及其特殊地位，公司被誉为上海电力的“脊梁骨”、“主动脉”。近年来，超高压公司各级工会以科学发展观为统领，以“建功在企业，和谐促发展”为主题，以发展和谐劳动关系为主线，积极推进员工和公司共同发展，在世博工程建设、迎峰度夏等中心工作中，充分发挥工会组织的积极作用，出色地完成了各项工作。

在市政府召开的2009年度上海市重大工程实事立功竞赛表彰大会上，公司荣获“金杯公司”荣誉称号

左一：公司工会坚持开展群众性科技创新活动，员工中涌现出“全国五一劳动奖章、上海市十大工人发明家”获得者杨庆华等一大批先进人物

左二：公司被表彰为上海市学习型企事业优秀单位

左三：公司多个集体分别获得“全国工人先锋号”、“上海市工人先锋号”荣誉称号

左四：顾路站、徐行站获得国家电网公司“标杆站”称号，黄渡变电站获得“红旗站”称号

上海城市国际企业发展有限公司工会

上海城市国际企业发展有限公司工会于2006年9月成立以来，积极推进工资协商制度，深化和谐劳动关系创建；积极开展“创建做”活动，推进企业精神文明建设；大力开展以合理化建议为主要内容的群众性经营管理活动；围绕“迎世博、迎奥运”工作，努力提高员工综合素质；以人为本，大力做好帮困送温暖工作；加强自身建设，不断增强工会组织的凝聚力、吸引力。2008年获区经委“迎世博、学双语”优秀组织奖称号，并获静安区基层工会特色工作一等奖。企业被评为上海市2008年度“双爱双评”活动先进企业、上海市工资集体协商工作示范单位、2007—2008年度上海市文明单位。

公司总裁崔轶雄为员工颁奖

乘豪华游轮游新马泰

在静安英语村学世博英语

市五一劳动奖章获得者沈丽萍与顾客亲切交谈

员工穿民族服装参加静安国庆歌会

参加文广集团春季龙舟赛

强生（上海）医疗器材有限公司工会

左一：选举工会班子
左二：北京办公室迎新春晚会
左三：广州办公室迎新春晚会
左四：员工参加滑雪运动

强生（上海）医疗器材有限公司成立于1994年，是强生公司在中国的独资企业，也是国内首家同时获得ISO13485质量体系的YY/TO288医疗器械应用专用标准两项权威认证的医疗器材公司。主要生产和销售强生公司先进的医疗器材产品，在冠心病的介入治疗、周围血管及神经介入治疗、骨科、外科手术、妇女健康、临床诊断、糖尿病的诊断和专业灭菌等方面都具有世界领先水平。公司工会成立于2009年6月，有会员1 600多人。工会发挥桥梁和纽带作用，在上海市外服雇员工会的指导下，以强生信条为指导，开展了一系列欢乐迎新活动和单身俱乐部活动，促进了员工之间的交流和沟通，使员工感受到公司工会的关心，从而增强了企业的凝聚力。

杨浦区四平地区总工会

地区总工会坚持每年召开两次全委会制度

四平地区总工会是在原四平社区工会基础上，于2006年6月经社区第一届职工代表大会民主选举产生。现辖基层工会92家，联合工会27家（覆盖企业559家），工会会员9 104人，其中外来务工人员2 079人。总工会成立以来，坚持可持续发展理念，坚持开放办会、广结良缘、广交朋友，工会组建实现了纵向到底、横向到边广覆盖；广泛深入开展“和谐企业、满意工会”创建活动，努力增强基层工会组织活力；通过典型示范，分类指导，大力推广地区企业英联马利公司首创的“圆桌会议”等职工民主管理形式，拓宽非公企业职工民主参与企业管理的渠道，切实履行维权职能。被杨浦区总工会评为2007年度职工援助分中心先进单位。

迎世博志愿者进社区为民服务

右上：开展和谐企业、满意工会创建活动
右中：组织工资协商操作实务培训
右下：同济大学留学生参加社区闹元宵民俗风情活动

左：落实教代会提案工作会议
右：教师课堂板书比赛

左：教工小家建设考评交流
右：表彰优秀对子

华东理工大学工会

华东理工大学工会坚持以人为本，服务科学发展，增强维权能力，切实履行工会各项职能，充分体现民主管理深度、维权保障力度、素质建设广度。坚持创新机制，以校务公开教代会建设为抓手，全面实施教代会提案网上行，不断推进校园民主建设工程；积极搭建舞台，以师德建设文体活动为抓手，建立“结对子”、文明岗位创建长效机制，不断丰富教职工素质发展工程；精心组织实施，以实事工程为抓手，形成多层多级的医保、休养、帮困、法律维护体系，不断深化教职工维护保障工程；注重拓宽思路，以营造温馨和谐教工之家为抓手，提高服务能力和水平，不断完善工会组织的自身建设工程。校工会努力团结广大教职工为建设国内一流、国际知名、学科特色鲜明的高水平研究型大学发挥积极作用，先后获得上海市及全国多项荣誉称号。

左：迎春团拜活动
右：教工歌咏比赛

左：教职工暑期休养
右：教工运动会齐心协力比赛

静安区建设总公司工会

静安区建设总公司工会坚持以邓小平理论和“三个代表”重要思想为指导，深入贯彻落实科学发展观，以创建职工之家为载体，紧扣工作重点，认真履行职责，不断开拓创新。多年来，坚持围绕经济建设，开展各类主题活动，加强职工思想工作。组织班组学习，抓好职工政治学习。开展立功竞赛活动，促进实事工程建设。开展“安康杯”竞赛活动，强化工会劳动保护监督作用。坚持围绕企业改革，突出维护职能，加强企业民主管理。加强制度建设，确保企业改革顺利进行。建立平等协商，集体合同制度，发挥工会劳动争议调解委员会作用，维护职工合法权益。推行厂务公开，加强职代会建设，发挥职工民主管理作用。坚持围绕企业稳定，完善保障机制，维护企业稳定。开展结对帮困活动，建立内部三个保障机制，增强职工抗风险的能力。坚持围绕创建目标，加强自身建设，组织工会干部学习培训，提高工作水平。通过建立项目工地工会、民工教育学校等多种形式，拓展新形势下工会工作新思路，为企业两个文明建设作出贡献，总公司先后获得上海市模范职工之家、上海市和谐劳动关系创建活动示范单位、上海市五一劳动奖状等荣誉称号。

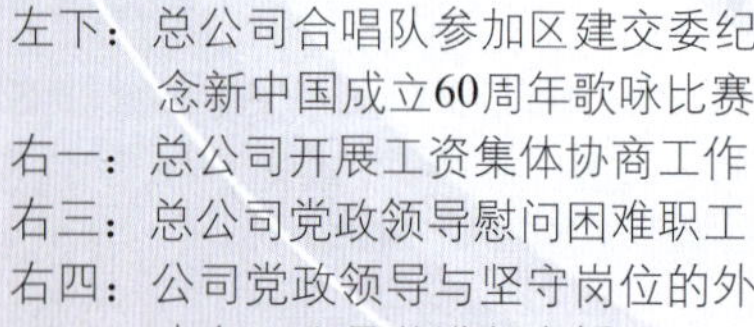

左下：总公司合唱队参加区建交委纪念新中国成立60周年歌咏比赛
右一：总公司开展工资集体协商工作
右三：总公司党政领导慰问困难职工
右四：公司党政领导与坚守岗位的外来务工人员共进年夜饭

晋元高级中学工会

普陀区教育局局长李学红向全国劳动模范、区信息学科名师工作室领衔人陈大波授予普陀教育重大贡献奖

市教委在晋元高级中学召开“信息技术与高中课程整合研究”现场会

晋元高级中学以“学会选择、主动学习、卓越发展”的办学理念为先导，以培养学生创新精神和实践能力为重点，积极进行各项改革，学校得到快速发展，教学质量逐年提升，社会声誉不断提高。校工会充分发挥教职工的主人翁作用，加强校内民主建设，构建民主管理常规化、校务公开制度化、群体活动多样化的工会工作新模式。大力倡导和弘扬“崇尚一流、追求卓越”精神，积极营造“团队互助、团结拼搏，正气大气，和谐发展”氛围和“民主法治、公平公正、诚信友爱、安定有序、和谐相处、共谋发展”理念，共筑美好精神家园。学校先后获得全国三八红旗集体、上海市中小学行为规范示范校、上海市教育科研先进单位、上海市科技教育特色示范学校和全国中小学信息技术创新应用示范学校等荣誉称号。

左上：学校召开五届六次教代会

左中：庆祝“三八”国际劳动妇女节100周年座谈会

左下：校长寄语青年学子“胸怀大志，报效祖国”

中冶宝钢技术服务有限公司工会

基层班组开展技能比武

基层班组开展师徒结对活动

班组是企业的细胞，班组管理是企业管理的重要基础。自分立改制以来，中冶宝钢技术公司把班组建设纳入到重要议事日程，紧紧围绕“服务宝钢”这一目标开展工作，指定专门部门、专门人员落实责任。采取三级网络检查、“五个坚持、五个结合”等措施，切实做到从领导体制到各班组上下共同推进班组建设的组织体系和工作体系，整个中冶宝钢技术班组建设成为系统建设。广大职工立足本职岗位积极参与，扎实开展班组建设工作，努力提高技术水平，为公司的发展和经济效益的提高做出了贡献。公司先后有2个班组获得上海市500强智能型班组典型示范荣誉；10个班组评为上海市文明班组；2个集体获上海市工人先锋号称号；1个集体获全国工人先锋号称号。

樊卫高班组获全国工人先锋号称号

基层班组行动军事化

上海临港产业区工会工作委员会

临港产业区开发建设始终坚持以科学发展观为统领，以推动国家先进制造业发展为己任，全力贯彻以“体现国家战略、体现上海优势、体现国际竞争力，以装备制造业为主、以自主创新为主、以产业集聚为主”这一开发建设总体思路，全力打造国家新型工业化产业示范基地。通过6年建设，已经形成大型船舶关键件、发电及输变电设备、海洋工程设备、整车及零部件、民用航空产业配套等5大装备制造基地发展格局。产业区工会成立后，以“促进产业区科学发展、维护产业区职工权益、建设产业区和谐环境”为工作宗旨，不断探索具有中国特色、时代特征和产业区特性的工会发展道路。致力于服务产业区中心工作，深入学习实践科学发展观；维护职工合法权益，构建产业区和谐劳动关系；加强产业区工会组织建设，提高工会整体工作水平。

上：工会工作委员会全体委员
中：工会主席联席会议合影
下：工会干部深入企业高温慰问

临港产业区企业形象展示

开展丰富多彩的文体活动

上海市工业合作联社工会

开展“工会之友”联谊活动

市总工会副主席陈国华到市联社开展工作调研

上海市工业合作联社工会以中国工会十五大精神为指导，以“履行职能、服务职工”为重点，努力开展各项工作。深化民主管理，进一步健全和完善了职工代表大会和职工持股会会员代表大会工作制度。在集体协商的过程中突出职工利益的“三最”内容，在国际金融危机的影响下，做到不裁员、不减薪，对工龄长、工资偏低的职工实施托底保障政策。坚持重大问题向员工通报。针对近年来外地员工逐年增加的趋势，制定了《系统工会会员会籍管理暂行规定》，加强吸收外来员工入会的工作，使会员管理工作逐步趋于规范化。为给工会工作的开展创造良好环境，开展了推荐“工会之友”活动。积极推进职工素质工程，开展了迎世博“当好东道主，热情迎嘉宾”主题劳动竞赛，促进了企业各项工作，提升了员工的综合素质。

市经信系统工会领导深入企业慰问高温下坚持奋战在一线的职工群众

员工利用午休时间参观世博会宣传展览